十三經注疏

十三經注疏

儀禮注疏

［漢］鄭玄 注
［唐］賈公彦 疏
王輝 整理

上

上海古籍出版社

圖書在版編目（CIP）數據

儀禮注疏 /（漢）鄭玄注；（唐）賈公彥疏；王輝整理. —上海：上海古籍出版社，2008.12（2023.8重印）
（十三經注疏）
ISBN 978-7-5325-5069-2

Ⅰ. 儀… Ⅱ. ①鄭… ②賈… ③王… Ⅲ. ①儀禮—中國—古代 ②儀禮—注釋 Ⅳ. K892.9

中國版本圖書館CIP數據核字（2008）第133087號

本書出版得到國家古籍整理出版專項經費資助

十三經注疏
儀禮注疏
（全三册）
[漢] 鄭玄注
[唐] 賈公彥疏
王　輝整理
上海世紀出版股份有限公司
上　海　古　籍　出　版　社　出版、發行
(上海市閔行區號景路159弄1-5號A座5F　郵政編碼201101)
(1) 網址：www.guji.com.cn
(2) E-mail：gujil@guji.com.cn
(3) 易文網網址：www.ewen.co
新華書店上海發行所發行經銷　上海展强印刷有限公司印刷
開本 890×1240　1/32　印張 51.375　插頁 18　字數 1,529,000
2008年12月第1版　2023年8月第8次印刷
印數：3,451-3,950
ISBN 978-7-5325-5069-2

K·1148　精裝定價：258.00元

如發生質量問題，請與承印公司聯系
電話：021-66366565

十三經注疏整理本編纂委員會

顧　問（按姓氏筆畫爲序）

任繼愈　李學勤

湯志鈞　蔡尚思

主　編　張豈之

副主編　周天游　王興康　金良年

執行編輯　王立翔　呂　健

十三經注疏整理本序

張豈之　周天游

十三經是儒學的基本典籍，是中華傳統文化中影響至深至遠的重要文獻之一。在中國古代，堪與十三經比肩的唯有二十四史。面對這兩大文化支柱，無論是諸子還是詩文，其中雖不乏角立特出者，甚或是叛逆者，却往往只能站在歷史舞臺的邊緣，難以撼動其中心的地位。

如果說二十四史是以記實爲本，縱貫古今，鑒往說來，宣彰資治，更多發揮的是實用的鏡鑒的作用，那末十三經則是整個封建社會的靈魂。自漢武帝接納董仲舒「罷黜百家，獨尊儒術」的建議，設立五經博士，立於學官之後，直至清代，經學一直是歷代統治者製定國策的理論依據，是士農工商各色人等齊家立身的行爲規範。不僅如此，十三經還被法典化，於是有了「春秋斷獄」，「禮」成了「禮法」，而且是法上之法。它更被神化、宗教化，於是儒學成爲國學、國教。它不但堂而皇之地被推廣到所有官私學校之中，又潛移默化地影響着包括目不識丁之人在内的社會不同階層的人們的思想與行爲。所以每當社會發生重大變革之際，總有人視其爲障礙，爲糟粕，必欲除之而後快；相反，也有人尊之爲聖典，爲良方，藉其足以安邦定國。時至今日，似依然如故。

從這一意義上講，不了解十三經，就不可能真正了解中國傳統文化，了解中國。特别是上世紀喊出「打倒孔家店」的口號之後，客觀上的確起到了振聾發聵、除舊迎新的作用，經學的地位開始一落千丈。然而正如在倒掉髒水的同時也倒掉了嬰兒一樣，十三經中的精華也同糟粕一道被棄置，殊爲可惜。更爲可怕的是，其中的許多糟粕并未得到真正的清理，又往往借尸還魂，死灰復燃，爲害社會。所以隨着時代的發展，人們對中華文化遺産更加珍視，開始呼唤讀經，呼唤科學的讀經，呼唤經學研究者在嚴謹的批判與借鑒中，讀懂十三經，使經學中的合理内核與有益營養，跟現代社會達到真正的和諧與交融，發揮它應有的作用。正是基於此，我們才萌生出整理出版新版十三經注疏的最初願望。

「經」本指經綫，是布帛等織物的綱，並引申出提綱絜領、傳之久遠的含義。於是作爲基本典籍常相傳授的書，便被稱作「經」。「經」本非儒家典籍所專有。最早被稱爲「經」的書是墨經，也就是墨子。墨子有經上、經下、經説上、經説下四篇。此外，管子、韓非子也稱爲「經」。儒家之書被稱作「經」，也始於戰國，那就是「六經」。莊子天運篇曰：「孔子謂老聃曰：『丘治詩、書、禮、樂、易、春秋六經，自以爲久矣。』」又天下篇曰：「詩以道志，書以道事，禮以道行，樂以道和，易以道陰陽，春秋以道名分。其數散於天下而設於中國者，百家之學時或稱而道之。」湖北荆州郭店所出竹簡中所記「六經」經名與順序，證莊子所言不虚。這「六經」的順序保持到西漢前期。〔一〕

「六經」是夏商周三代禮制文明的結晶，大體成型於周代。春秋戰國時期，禮崩樂壞，上下陵替。隨着周王室的衰敗，「六經」也失去往日的榮耀，被棄之不用。而諸子百家乘勢而起，爲新興的貴族出謀劃策，變法圖强。孔子尊崇周制，潛心整理「六經」，試圖恢復周禮所提倡的等級秩序，以平息紛争，因逆潮流而動，便到處碰壁，甚至陷入「惶惶若喪家之犬」的境地。當時，儒學並非顯學，「六經」也不神聖。秦併六國，天下歸一。秦始皇以法立國，一度焚書坑儒，儒家又遭沉重打擊。幸賴秦博士所藏及民間所匿，於漢初衆經才得以復出，而樂經已亡，僅餘「五經」。漢武帝之時，國力達於極盛，新的統治秩序得以鞏固，赤裸裸的法治或清静無爲的黄老之學無法滿足新秩序的需要，從此神學化的儒學脱穎而出，登上獨尊的國教地位。兩漢之際，「六經」順序有了微妙變化。漢書藝文志中六藝略所刊爲：易、書、詩、禮、樂、春秋。這順序沿用至今。而之所以有此改變，可能與劉向、劉歆當年整理文獻排列諸經成書年代次序有關。東漢時，加入了論語、孝經，除去已佚的樂經爲「七經」。唐時有「九經」之説，未見確論。據晁公武郡齋讀書志所言，至唐文宗太和年間（八二七—八三五）刻「十二經，立石國學」。這「十二經」有了實指，即易、書、詩、周禮、儀禮、禮記、春秋左氏傳、公羊傳、穀梁傳、論語、孝經、爾雅。到了宋代，經朱熹等理學家的推崇提倡，孟子進入「經」的行列，於是「十三經」始全。

十三經的成書年代，至今争論不休。然而易經、尚書形成於西周；詩經始於西周而成於春秋；儀禮、周禮、禮記基本編定於東周，漢代有所變更；左傳、論語、孟子、爾雅成書於戰國；孝經古本完成於戰國，而改定於漢初；公羊傳、穀梁傳寫定於漢代，基本内容源出於孔子弟子之説，還是大體可信的。

中國經學的研究，從漢初算起，至今已有二千二百年之久。西漢時期，今文經控制學壇。王莽代漢，古文經學抬頭。進入東漢，更一發不可收拾，經馬融、鄭玄等大家的推動，經今古文合流，但古文經處於上風。魏晉學術爲之一變，玄學成爲顯學。而到了唐代，漢學重新流行，並以古文經爲基礎。宋時疑古之風大盛，理學一統天下，至明而不墜。清代則提倡樸學，輕虛言，重實證，追本溯源，漢學由是復興，經學研究也達到頂峰。那時相關著作，接踵問世，如納蘭性德匯刻之通志堂經解、阮元輯刻之皇清經解、王先謙輯印之皇清經解續編，動輒收書數百種，總卷帙超千卷，其他專著則數不勝數。當然影響最大、流傳最廣且久的，仍當推阮元主持修訂的十三經注疏。

阮元字伯元，號芸臺，江蘇儀徵人。乾隆五十四年（一七八九）進士，歷任翰林院編修，浙江、河南、江西巡撫，湖廣、兩廣、雲貴總督，太子少保，體仁閣大學士。道光二十九年（一八四九）卒，享年八十六歲，謚文達。據清史稿阮元傳所載：「元博學淹通，早被知遇，勅編石渠寶笈，校勘石經。再入翰林，創編國史儒林、文苑傳。至爲浙江巡撫，始手成之。集四庫未收書一百七十二種，撰提要。」又曰：「歷官所至，振興文教。在浙江立詁經精舍」，「在粵立學海堂」。「撰十三經校勘記、經籍籑詁、皇清經解百八十餘種，專宗漢學，治經者奉爲科律。」

阮元重刊宋本十三經注疏，始於嘉慶二十年（一八一五），刊成於二十一年（一八一六），可謂神速。不過其準備工作則在嘉慶四年（一七九九），在浙江創辦詁經精舍之時，當時他糾集段懋堂、何元錫、顧千里、徐新田、臧在東、孫雨人、李尚之、嚴厚民等知名學者，分撰十三經校勘記，奠定深厚基礎，所以新本一出，倍受歡迎，享譽至今。

阮刻本雖稱善本，却並非無懈可擊，其存在問題概括起來有以下四點：

一、選用底本不當。阮刻本以「重刻宋本」爲名，實際所用乃元刻明修之南雍本，此本雖原出宋季建刻附音本，遞經修補，續有糾謬，然轉相承訛之處多有，阮校因之失誤之例甚多，因此，實非整理首選。相反，始於南宋初年浙東茶鹽司刻本之周易、尚書、周禮三種，繼以紹熙中黄唐刻毛詩、禮記二種，因半葉八行，故稱八行本。而經注及義疏合刻始於是本，書名題有「注疏」之稱，亦始於是本，勘刻之精審遠在十行本之上。以周禮、禮記爲例，因十行本錯而八行本不誤，阮刻校勘記可以不出者，大約在三分之一以上。

二、分卷無例。如尚書依正義作二十卷，儀禮依正義作五十卷，而周易則依經注本作九卷，與正義作十六卷異。又毛詩也依經注本作二十卷，却非正義作四十卷之舊。或依或違，所爲無定，遂使唐宋義疏原卷不可得以詳。

三、主事者意見不合，各執己見，勢同水火，正確建議未能採納，而致謬種流傳。如顧千里與段懋堂之争，事涉臧在東、何元錫二人，以至顧氏出走，爲張古餘刻儀禮注疏，以成己志。

四、急於呈送，校對未精。因阮元陞任兩廣總督，江西之盧宣旬以「創始者樂於觀成，板甫就，急思印本呈制軍，以慰其遺澤西江之意。局中襄事者未及細校，故書一出，頗有淮風別雨之訛」。〔二〕

有鑒於此，西北大學與上海古籍出版社共同發起，於一九九二年成立了新版十三經注疏整理本的編纂委員會。編委會草擬了有關的方案與體例，並約請國内十餘名中青年才俊，參預點校整理工作。各經均追本溯源，詳加考校，或採用宋八行本爲底本，或以宋早期單注、單疏本重新拼接，或取晚出佳本爲底本，在盡量恢復宋本原貌的基礎上，整理出一套新的整理本，來彌補阮刻本的不足，以期對經學研究、對中國傳統文化研究能起到推動作用，滿足廣大讀者的需要。但由於種種原因，有關工作遷延至今，這是我們深爲遺憾之處。

又當代缺乏經學大家，是客觀事實。今預役諸君各有特長，成果頗豐，但均有先天不足，不當之處，在所難免，望博雅君子，不吝賜教。

本項工作一直得到國家古籍整理出版規劃領導小組、全國高校古籍整理工作委員會以及上海古籍出版社的大力支持與幫助，在此一併致以誠摯的謝意。

二〇〇七年十一月

二〇〇八年八月修訂

〔一〕參閲蔣伯潛十三經概論、楊伯峻經書淺談導言、周予同經學歷史序言、李學勤經史總説，下同，恕不一一注明。

〔二〕見朱華臨重校宋本十三經注疏跋，載影印本十三經注疏第四頁，中華書局一九八〇年版。又參閲汪紹楹阮氏重刻宋本十三經注疏考，載文史第三輯。

校點前言

儀禮是中國先秦時代有關禮制、社會習俗的節目總彙，也是研究中國古代社會生活史的重要儒家經典。儀禮在漢代以前只稱爲禮，故禮記經解：「孔子曰：『入其國，其教可知也。……恭儉莊敬，禮教也。』」漢代則稱爲禮經、士禮或禮。史記儒林列傳：「言禮，自魯高堂生。……諸學者多言禮，而魯高堂生最。本禮固自孔子時，而其經不具。及至秦焚書，書散亡益多，於今獨有士禮，高堂生能言之，而魯徐生善爲容。孝文帝時，徐生以容爲禮官大夫，傳子至孫徐延、徐襄。襄其天姿善爲容，不能通禮經；延頗能，未善也。」亦或稱爲禮記，鄭玄注詩采蘩，引儀禮少牢饋食禮經文，而曰「禮記『主婦髲鬄』」，是其證。

關於儀禮的成書經過，今已不能確知。通鑑外紀卷三引尚書大傳曰：「周公攝政，一年救亂，……六年制禮作樂。」禮記雜記下：「恤由之喪，哀公使孺悲之孔子學士喪禮，士喪禮於是乎書。」有的學者因此認爲，儀禮最先作於周公，而由孔子最後刪定。如皮錫瑞經學歷史經學開闢時代云：「儀禮十七篇，雖周公之遺，然當時或不止此數而孔子刪定，或並不及此數而孔子增補，皆未可知。觀

『孺悲學士喪禮於孔子，士喪禮於是乎書』，則十七篇亦自孔子始定；猶之删詩爲三百篇，删書爲百篇。」不過這種説法並未得到學術界的普遍認可。多數人認爲，古禮來源甚早，但初始階段大多是由當時的知識份子口耳相傳，内容很複雜，即禮記禮器所謂「經禮三百，曲禮三千」。周公作爲周初的大政治家，孔子作爲春秋末的大思想家、大學者，對古禮作一些增删是可能的，但是否在他們手上寫成定本，並無確證。一般認爲，今本儀禮大約成書在春秋、戰國之際。

嬴秦焚書，儒家經典多罹其難，儀禮亦未能免。漢興，魯高堂生傳士禮十七篇，此後流傳不絶。漢文帝時，徐生及其孫徐延、徐襄都通禮經。史記儒林列傳云：「襄以容爲漢禮官大夫，至廣陵内史，延及徐氏弟子公户滿意、恒生、單次皆嘗爲漢禮官大夫。而瑕丘蕭奮，以禮爲淮陽太守。是後能言禮爲容者，由徐生焉。」漢書藝文志有「禮古經五十六卷」、「經七十篇」，又云：「漢興，魯高堂生傳士禮十七篇。訖孝宣世，后倉最明，戴德、戴聖、慶普皆其弟子，三家立於學官。禮古經者，出於魯淹中，及孔氏學七十篇，文相似，多三十九篇。」據劉歆説，所謂「經七十篇」、「孔氏學七十篇」，均指今文經儀禮十七篇，「七十」乃「十七」之誤；所謂「禮古經」則指古文經，古文經中有十七篇與今文經十七篇「文相似」，即語句大體相同；另「多三十九篇」，則爲古逸經，即劉歆移讓太常博士書中所説的「逸禮有三十九篇」，今已不傳。戴德又稱大戴，戴勝又稱小戴，至此，禮分三家之學，皆立於學官。到了東漢，大小戴之禮學衰微，惟慶氏禮較盛行。三家禮的本子今皆不傳，不過大小戴本的篇目、排列順序仍保留在賈公彦疏所引鄭目録中。一九五九年七月，甘肅武威磨咀子漢墓出土儀禮竹木簡四百六十九枚，二萬七千三百三十二字，有甲本士相見、特牲、少牢、有司、燕禮、泰射、服傳，乙本服傳，丙本喪服共九篇。簡本篇目次序與大小戴不同，文字與今本也略有出入，據陳夢家武威漢簡一書考證，簡本當是慶氏之禮，流傳時間在西漢末至王莽新朝時。

東漢一代，儀禮雖諸家傳授，有曹充、曹褒、曹鈞等，但已漸衰微。靈帝熹平四年（公元一七五年），蔡邕、楊賜、馬日磾、張訓、韓説、單颺等，「以經籍去聖久遠，文字多謬，俗儒穿鑿，疑誤後學」（後漢書蔡邕傳），乃「奏求正定六經文字，靈帝許之。邕乃自書丹於碑，使工鐫刻，立於太學門外。於是後儒晚學咸取正焉」。熹平石經乃今文經，今多亡逸，唯宋洪适隸釋保存二千餘字，中有儀禮殘文四十五字。一九二二年冬，漢石經又有殘石出河南洛陽故城南漢太學舊址，馬衡有所採獲，編爲漢石經集存，收儀禮殘文七十九條，約千字。據馬先生説，漢石經「蓋以大戴本爲主，而以小戴校之」，其與今本文字略有出入。

東漢末，鄭玄始給儀禮作注。後漢書儒林傳董鈞傳云：「玄本習小戴禮，後以古經校之，取其義長者。」鄭注雜採今古文，「若從今文，不從古文，……於注内疊出古文；……若從古文，不從今文，則古文在經，注内疊出今文」（賈公彦疏卷一）。此即所謂「鄭氏學」，也就是今本儀禮。

三國時，魏人王肅「善賈、馬之學，而不好鄭氏」（三國志魏書王朗傳附子王肅傳）。王肅亦混淆經今古文，但專與鄭玄作對。王肅之學行於西晉，今已不傳。東晉之後，仍通行鄭學。魏齊王芳正始年間（公元二四〇—二四八年），又以古文、篆、隸三體刻石經（酈道元水經注），今唯存零星殘石。

南北朝時期，經學分爲南學、北學，然「禮則同遵於鄭氏」（北史儒林傳），其中不乏專家。如南朝之雷次宗、鮑泉，北朝之徐遵明、熊安生、沈重等，皆名重一時。南朝齊之黄慶，撰有儀禮疏，賈公彦稱黄氏爲「齊之盛德」。

至隋，有李孟悊，也爲儀禮作過章疏，賈公彦稱李氏爲「隋日碩儒」。

唐高宗永徽年間（公元六五〇—六五五年），太學博士、弘文館學士賈公彦撰儀禮義疏。賈疏對南北朝的很多章疏，特别是黄慶、李孟悊二家之章疏，擇善而從，兼增己義，並與四門助教李玄植等討論。賈疏雖被阮元評爲「文筆冗蔓，詞意鬱轖，不若孔氏五經正義之條暢」，但它在儀禮的各種章疏中畢竟是較好的一種，所以流傳至今，成爲最權威的章疏。據舊唐書儒學傳，賈學亦承自鄭學。唐文宗太和七年（公元八三三年）刻十二經，立於太學，中有儀禮十七卷。石經完工於開成二年（公元八三七年），世稱開成石經，今存西安碑林博物館。

北宋一代，治儀禮者蓋鮮。南宋孝宗乾道八年（公元一一七二年），兩浙轉運判官曾逮命張淳校刊儀禮，淳因成儀禮識誤三卷，「其書專宗釋文，意在復古」（阮元語）。又李如圭撰儀禮集釋十七卷，「全載鄭注，微遜嚴本」。又魏了翁撰儀禮要義，「專録賈疏，多與單疏本合，有删節而絶無改竄」。又朱熹及其弟子黄榦撰儀禮經傳通解，「全載鄭注，節録賈疏」。宋學與唐學不同，務出新解。因朱熹名氣大，故明代刻儀禮者，多依通解。阮元儀禮注疏校勘記序云：「朱子作通解，於疏之文義未安者，多爲删潤。在朱子自成一家之書，未爲不可。而明之刻注、疏者，一切惟通解之從，遂盡失賈氏之舊。」又朱熹弟子楊復撰儀禮圖。

元、明兩代承宋學遺風，研究儀禮者蓋寡。元代敖繼公撰儀禮集説，「所載鄭注，多移易點竄，不足盡憑」。

清代乾、雍以後，經學復宗漢之樸學，治儀禮者甚多，且多影響較大。清初，顧炎武作九經誤字，以唐開成石經校明監本，多糾其謬。此後張爾岐儀禮鄭注句讀、吳廷華儀禮章句、盛世佐儀禮集編、程瑶田儀禮喪服足徵記、張惠言儀禮圖、凌廷堪禮經釋例等，皆一時名著。而胡培翬儀禮正義四十卷，尤爲重要，被認爲是儀禮學集大成的著作。

民國以來，治儀禮者日少。其中略可稱道者，武威簡本儀禮出土後，陳夢家曾作校記，沈文倬作禮漢簡異文釋，多有創見。二十世紀六七十年代，由考古學家李濟提倡，台灣大學中文、考古兩系，曾組織部分學生，結合考古學、民俗學、古器物學，作「儀禮復原研究」，其成果出有儀禮復原研究叢刊，包括宫室考、車馬考、樂器考、士喪禮墓葬研究等數種。

在宋代以前，儀禮經、注、疏皆分刻。南宋初，坊間欲省兩讀，各經合注與疏爲一書（十行本），然爾雅、儀禮兩種不在其内。儀禮注、疏合刻，一般認爲始於明正德間（公元一五〇六—一五二一年）的陳鳳梧刻本，其後李元陽刊本、明崇禎九年（公元一六三六年）汲古閣毛氏刻本（通稱毛本）皆沿此本。這一系統的本子，「一切惟通解之從，遂盡失賈氏之舊」，所以譌脱較多，爲人詬病。

儀禮經文，今有唐石經在，可以取正。注最佳者爲宋嚴州單注本，明嘉靖時徐氏翻刻本「祖嚴本而稍異」。嚴州本於清嘉慶乙亥(公元一八一五年)歸於吳縣黄丕烈士禮居,黄氏有刻本,並有嚴本儀禮鄭氏注校録,頗有可採。單疏本有宋景德間(公元一〇〇四—一〇〇七年)官刻本,清道光庚寅歲(公元一八三〇年),此本歸長洲汪士鐘,但已缺失卷三十二至三十七共六卷,又士冠禮、士昏禮、士相見禮、鄉飲酒禮、聘禮、特牲饋食禮、少牢饋食禮七篇缺失十三葉,此本後由汪氏翻刻。

清嘉慶丙寅歲(公元一八〇六年),江蘇江寧府知府張敦仁重刻儀禮注疏,經取正於唐開成石經,注用宋嚴州單注本,疏用顧千里所藏宋景德官本,所缺卷、葉用魏了翁儀禮要義補足,世稱張敦仁本。張本經、注、疏皆用善本,「袪數百年來承譌襲舛,以還唐、宋相傳之舊」(張氏序語),深得學界好評。

清嘉慶中(公元一七九六—一八二〇年),著名學者、浙江巡撫阮元建詁經精舍,集天下學人作十三經校勘記。阮氏云儀禮一書「最爲難讀」,他雖「舊有校本」,此次仍命德清縣貢生徐養原,「詳列諸本異同」,成校勘記。所用之本,據阮氏説,「大約經、注則以唐石經及宋嚴州單注本爲主,疏則以宋單行本爲主,參以釋文、識誤諸書」,實際上與張敦仁本取材相同。阮刻十三經注疏刊於嘉慶二十一年(公元一八一六年),一百八十年來,行用不衰,至今猶爲評價最好的本子。

我們這次校點儀禮,底本採用張敦仁本(北京圖書館藏本),這是因爲張本經、注、疏都採用當時最好的本子。張本也有一些不足。如卷三十冠禮記:「太古冠布,齊則緇之。」嚴本鄭注:「重古始冠,冠其齊冠,白布冠者,今之喪冠是也。」徐本同,毛本無「者」字,張本誤從毛本。又如卷十鄉飲酒禮經:

「賓、介不與。」通解鄭注：「古文『與』爲『預』。」「預」黄刊嚴州本、徐本俱作「豫」，張本誤從通解。預、豫皆從予得聲，字固通用，但經用字應有一定體例，不能無故更改。雖然如此，張本比之明監本、毛本，仍然優點較多。阮本雖後出，但它採用的本子與張本同一來源，優劣亦約略相當。阮本糾正了張本的一些錯誤，如卷十三鄉射禮鄭注：「腠，膚理也，進理者謂前其本。」黄刊嚴州本、徐本皆作「前」，陳、閩本誤作「首」，張本承之，阮本加以糾正。不過我們仔細比較阮、張兩本，發現阮本實際上承自張本，既承襲了其優點，也承襲了其缺點。如卷二十六下覲禮經：「乘墨車。」單疏：「周禮巾車職云『孤乘夏篆，卿乘夏縵，大夫乘墨車，士乘棧車，庶人乘役車』，故知墨車大夫制也。」張本誤「孤乘」之「乘」爲「墨」，誤「墨車大夫制也」之「墨」爲「乘」，阮本同誤。又如卷三十八既夕禮經：「加抗席，三。」鄭注：「席，所以禦塵。」單疏：「云『席，所以禦塵』者，上云抗木『所以禦土』，此抗席云『禦塵』者，此二者在壙口以承土、塵。但抗木在上，故云『禦土』；抗席在下，故云『禦塵』。」張本誤下「禦土」爲「禦塵」，與下句無别，阮本不察而搬用。實際上經云「抗木横三縮二」，注：「抗，禦也，所以禦止土者」，明是「土」字，且單疏作「土」，即是明證。阮本還有一些其他不足。鑒於此，我們未以阮本作底本。

張本有的地方與唐石經、嚴州本、單疏本不合，而明顯錯誤者，我們逕加改正。如卷四士昏禮經「壻御婦車，授綏，姆辭不受」，唐石經、黄刊嚴州本皆如此，張本涉下句誤作「壻以几姆加景，乃驅不受」；又如卷一士冠禮經「宰自右少退，致命」，嚴本注「自，由也」，徐本同，張本「由」誤作「猶」；又卷一「乃宿賓，……」條下單疏引特牲禮經云「前期三日宿尸」，阮校云陳本、要義同，而張本「三」作

「二」，查特牲饋食禮，亦作「三」；又如卷二十冠禮單疏引詩云「總角丱兮」，張本誤「丱」爲「廾」。凡屬此類情況，或出校，或不出校，而皆改字。

對唐石經、嚴州本、單疏本的錯誤，我們採取慎重的態度，分別不同情況作不同處理。如卷二十冠禮經「實勺、觶、角、柶」，嚴本鄭注「勺，尊升」，單疏引注同。此「升」字阮校引金曰追說，以爲是「斗」字之誤，引少牢疏「罍水有枓」，「枓」即「斗」。今按金說是，詩大雅行葦「酌以大斗」，正以斗爲酌酒器。古文字升作[illegible]，斗作[illegible]，極易混淆。我們據金說改注及疏，但在校記中說明理由及未改前原貌。但對異文難定其是非者，或皆可通者，或情況複雜者，皆保持原貌，輕易不作改動。比如卷三十二喪服大功九月章經：「大夫之妾爲君之庶子。女子子嫁者、未嫁者爲世父母、叔父母、姑、姊妹。」傳曰：「嫁者，其嫁於大夫者也；未嫁者，成人而未嫁者也。何以大功也？妾爲君之黨服，得與女君同。下言爲世父母、叔父母、姑、姊妹者，謂妾自服其私親也。」鄭玄已疑傳文有錯簡，賈疏疑「下言」及「者謂妾自服其私親也」共十一字非傳文，後之學者如阮元、胡培翬等多以爲「下言」至「親也」二十一字乃鄭注誤入傳文，胡氏儀禮正義還附列移正後的經、傳。武威簡甲、乙本服傳無「下言」以下二十一字，足證其確爲鄭注誤入。但簡本經、傳文字排列順序與唐石經以後諸本同，看來並無錯簡。對這類極其複雜的情況，我們只作校記，正文一概不動。

阮本各卷後附校勘記，阮校詳列各本異同，有的還以按語的形式分析其正誤，這些對儀禮研究都極爲有用。阮校也有一些不足，如有的地方有疏漏；有的地方承張敦仁本之誤而未改；有的按語不正確等。另外，阮氏及徐養原的校勘記原以毛本爲底本，單獨成書（皇清經解卷八六四—八八一），後由盧宣旬摘録附入嘉慶二十一年刊本十三經注疏儀禮注疏各卷之末，盧氏摘録亦有與阮氏原校不符者。如卷十七大射經：「後者徒相。入，」鄭注：「上列官之尊卑，此説先後之位，亦所以明貴賤。」單疏：「……是先後之位，既據入時行位，亦據升堂坐之先後。」毛本作「亦據升堂與坐先後之位」。阮校指出「亦據」陳、閩、通解作「既然則」，毛本「與坐先後之位」不誤。盧氏摘録云：「『與坐先後之位』毛本作『亦據升堂與坐之先後之位』。」盧氏以毛本爲單疏，張冠李戴；又「與坐之先後之位」，既非毛本，更非單疏，不知何據而言。筆者有阮元儀禮注疏校勘記補正一文，列其錯謬二百零一條（未刊）。雖然如此，阮校比之其前的各種校記，畢竟最爲詳審。所以，我們的校勘記，對阮校的成果儘可能加以吸收（引書簡稱亦同），但從以下幾方面加以改進：

一、對過長的校語不具引原文，僅撮述其大意。

二、底本不誤而他本明顯錯舛的校記不收。

三、對阮氏的誤校用按語的形式加以指出。爲與阮校的按語相區別，凡校點者所加的按語，均用「今按」二字。

阮校引書多用簡稱，表列如左：

一、石經補缺　明王堯愚補

二、石經考文提要　清彭元瑞等撰

三、通解　宋朱熹等儀禮經傳通解
四、楊氏　宋楊復儀禮圖
五、要義　宋魏了翁儀禮要義
六、集釋　宋李如圭儀禮集釋，阮校亦或稱「李氏」
七、張氏　宋張淳儀禮識誤
八、敖氏　元敖繼公儀禮集説
九、葛本　即明永懷堂單注本，明崇禎中葛鼒、葛鼐合刊
十、監本　明萬曆中北京國子監所刊注疏本
十一、閩本　明嘉靖中閩中御史李元陽所刊注疏本
十二、毛本　明汲古閣毛氏所刊注疏本

我們對張敦仁本所用的幾種本子作了覆核，這些本子是：

一、唐開成石經　用皕忍堂模刻唐開成石壁十二經本
二、清嘉慶甲戌黄丕烈士禮居刊宋嚴州本儀禮鄭氏注（簡稱黄刊嚴州本）及書後附嚴本儀禮鄭氏注校録（簡稱校録）
三、明嘉靖間徐氏刊本儀禮（簡稱徐本，用商務印書館一九二六年印四部叢刊初編本）
四、清道光十年汪士鐘刊宋景德本儀禮疏（簡稱單疏，用商務印書館一九三四年印四部叢刊續

編本）

校勘中，我們曾參用以下兩種本子：

一、嘉業堂叢書重刻張敦仁本儀禮注疏（北京文物出版社一九八二年影印本）

二、清嘉慶二十一年南昌府學刊本十三經注疏所收儀禮注疏（簡稱阮本）

另外，我們也利用近年出土的考古資料及阮校以後新出的成果進行校勘，主要有：

一、馬衡漢石經集存六儀禮部份（北京科學出版社一九五七年出版，有些條目後有馬氏校語，簡稱馬校）

二、甘肅省博物館、中國科學院考古研究所編武威漢簡（北京文物出版社一九六四年版，簡有甲、乙、丙三種本子，簡稱武威簡甲、乙、丙本；此書有陳夢家所作校記，簡稱陳校）

三、沈文倬禮漢簡異文釋（文史三十三—三十六輯，簡稱異文釋，北京中華書局一九九〇—一九九二年）

需要説明的是，漢簡與今本儀禮本子來源不同，在漢代屬慶氏學，慶氏與大小戴雖皆出后蒼學，但畢竟是不同的學派，有不同的家法，故我們的校勘記只列簡本異文，而不據以改今本經、傳文字。我們的本子只是想儘量恢復儀禮的唐、宋舊貌，故不糾纏於漢簡異文。

四、清道光己酉刊胡培翬撰、楊大堉補儀禮正義（四部備要本，上海中華書局據南菁書院續經解本校刊）

五、汪文臺十三經注疏校勘記識語中儀禮部份(簡稱識語,今附北京中華書局排印阮本十三經注疏後)。

我們的校點本在經、注後加了經典釋文的釋音,在前面加「〇」以作區别。所用本子爲北京圖書館藏(原清宫舊藏)宋、元兩朝遞修本(簡稱宋本,但此與清人所稱「宋本」不同,清人所謂「宋本」實指明末葉林宗影鈔本),並用清徐乾學通志堂本(北京中華書局一九八三年影印,簡稱徐乾學本)覆校。對釋文的校勘,我們利用了今人黄焯經典釋文彙校(北京中華書局一九八〇年版)的成果,個别地方有所訂正。因版本關係,釋文内容與注疏有不一致之處,今仍其舊。

儀禮經文斷句,前此已有一些成果。我們參考過黄侃白文十三經斷句本(上海古籍出版社一九八三年影印本)、十三經全文標點本(北京燕山出版社一九九一年版,儀禮部份爲王文錦標點)、楊天宇儀禮譯注(中華古籍譯注叢書本,上海古籍出版社一九九四年版),擇善而從。注今人多無標點,舊有的斷句如張爾岐儀禮鄭注句讀、吴廷華儀禮章句,雖有參考價值,但與今人的標點習慣已有相當距離。至於字數最多的疏之斷句,則一無依傍,只能依自己的理解與判斷。

標點符號使用依照古籍整理通例,但根據儀禮特點,略有變通:

一、經、記、注、疏等在正文和校記中不加書名號,所以唐石經不標作唐石經。

二、喪服的「傳曰」,傳不加書名號,但傳中引前人舊傳,則加書名號以示區别。如卷三十一經「繼父同居者」,以下喪服傳標作:「傳曰:何以期也?傳曰:夫死,妻穉子幼,子無大功之親，與之適人，而所適者亦無大功之親，所適者以其貨財爲之築宮廟，歲時使之祀焉，妻不敢與焉，若是則繼父之道也。」而武威簡的服傳因單獨成篇，所以加書名號。

三、注文引經、傳，多不用引號，如上條所引經、傳後鄭注標作：「妻穉，謂年未滿五十。子幼，謂年十五已下。」「妻穉」、「子幼」見子夏傳所引舊傳文，注中不另加引號。但疏引經、傳、記、注文，則多加引號，因疏引文較長，不加引號易生誤會。引文内又有引文，外用單引號，内用雙引號，内引號凡可用可不用者，儘量不用。如卷七士相見禮經：「主人對曰：『某不敢爲儀，固請吾子之就家也，某將走見。』」注：「今文『不』爲『非』。古文云『固以請』也。」疏引時標作：「云『今文不爲非』者，云『非敢』於義不便，故不從今文『非』也。云『古文云固以請』者，『固請』於文從便，若有『以』字，於文賒緩，故不從古文『固以請』也。」疏引注「今文『不』爲『非』」，「不」、「非」二字不再加引號，以免繁瑣。

四、疏所引他經如易、詩、書、周禮、禮記、春秋三傳等，大多覆核。凡引原文僅多或少一二字者，用引號，僅引述大意者，則不加引號。

標點一般依文意，遇有疑難之處，一般依注、疏之意見斷句。如卷三十八既夕禮經「商祝飾柩，一池」，鄭注「飾柩，爲設牆柳也」，疏引周禮縫人「翣柳之材」鄭注「必先纏衣其木，乃以張飾也。柳之言聚，諸飾之所聚」後，疏云：「若然，對，則帷爲牆。……」阮校云「對」字後要義、通解有「而言之」三字，單疏雖無，我們也只能在「對」下斷句。

朱熹曾言：「前賢嘗苦儀禮難讀，以經不分章，記不隨經，而注、疏各爲一書，故讀者不能遽曉。」阮元校勘儀禮，亦有甘苦之言：「儀禮最爲難讀。」又云：「賈疏文筆冗蔓，詞意鬱轖，不若孔氏五經正義之條暢。」孔德成爲儀禮復原研究叢刊作序，更深慨嘆儀禮云：「因爲其儀節的繁複，文法的奇特，句讀的難讀，所以專門來研究它的人，愈來愈少。」因爲這些原因，儀禮經、注，特别是它的疏，遠較他經難於標點。有時碰到意思實在難明之處，只能勉强斷句。例如卷三十九既夕禮經「出宫，踊襲」，注「哀次」，單疏「云『哀次』者，以經云『出宫，踊襲』，以出宫有此踊襲，以出宫有此踊者，……」阮校云疏第二個「襲」字陳、閩本俱作「者」，且此句下要義、毛本無「以出宫有此踊者」七字。我們懷疑單疏此句或有衍文，但又無確證。此句意義實不明確，只有勉强斷句，而在校勘記中加以説明。又如書中經常提到「鄉射」、「大射」、「特牲」、「少牢」、「聘」等，有時指儀禮的具體篇目，應加書名號；有時只泛指這種儀節本身，不應加書名號。但二者的界限在個别情況下不是很清楚，標點時便頗感困惑。如卷二十三聘禮經「一人舉爵」，鄭注：「三獻禮成，更起酒也。」疏：「云『三獻禮成』者，大夫、士家祭三獻，特牲、少牢禮是也。云『更起酒』者，此欲獻酬從者，是以特牲行酬時設『尊兩壺於阼階東，西方亦如之』，鄭注云『謂酬賓及兄弟』，則此亦當然，故知别取酒也。」疏文「特牲」兩見，後者加書名號，前者則不加。這樣處理，雖然有校點者自己的理由，但也不可能作到完全準確。這是要請讀者諒解的。

此書之分段，也幾經反覆，儀禮原有各種分段法，如武威簡本即有分段，每段之首標有黑圈或方點（乙本服傳爲空心圓圈），甚醒目。賈公彦疏每卷標明各段之起迄及大意，如卷一士冠禮篇首「筮于廟門」句疏開頭云「自此至『宗人告事畢』一節，論將行冠禮，先行取日之事」即是。此後之儀禮章句研究者也各有不同的分法，見仁見智，各有優劣。胡培翬儀禮正義在每段之末，附以小標題，如士冠禮「宗人告事畢」後另起一行，標「右筮日」之類。胡氏的分段注意儀節的順序，段意概括也精練、扼要，今人多採用。我們原先也想採用胡氏的分段法，但後來又考慮到，本書是爲賈疏作校點，所以仍應尊重賈氏原有的分段法。不過需要説明的是：

一、賈疏有時含混不清，似乎有些話分在上一段或下一段均可。如卷十一鄉射禮「司馬反爲司正，退，復觶南而立」句下云「自此盡『司正降，復位』，論射訖行旅酬之事」；但卷十二鄉射禮首「司正降，復位」句下又云「自此盡『唯賓』論舉觶於賓與大夫爲無筭爵之事」，好像「司正降，復位」既是上一段的結尾，又是下一段的開頭。有些地方賈疏分段明顯不合理，如卷八鄉飲酒禮「羹定」意爲肉熟，應與下文「主人速賓」連讀，而賈氏在「主人速賓」一句下始云「自此至『皆從之』論主人往賓門召之使來之事」，將「羹定」屬上段，顯然不妥。又如卷十鄉飲酒禮「使二人舉觶于賓、介」至「無筭樂」，「論賓主燕坐，爵樂無數之事」。但下文「賓出，奏陔，主人送于門外，再拜」是其餘事，應與上文爲一段，不應另作一段。凡是此類情況，我們皆對賈氏分段略加調整。

二、賈疏有時將一段分在兩卷之内，如卷一士冠禮末尾「夙興，設洗，直于東榮，南北以堂深，水在洗東」，此實未完，直到第二卷「賓升則東面」，此段方完。因爲疏五十卷的分法早已爲學人所熟悉，所以類似這樣的情況我們只有一仍賈氏之舊，把一段分留在兩卷之内。

三、賈疏分段並不完備，有的篇多數地方不標段落起迄，如士喪禮是。有的段落説明段意，但不標起迄。如卷七士相見禮「賓退，送再拜」後直至篇末，皆不標各段起迄；但「凡侍坐於君子」一段下述段意爲「此陳侍坐於君子之法」；「若君賜之食」節下云「此經及下經論臣侍君坐得賜食之法」。有的地方一段已完，隔了很長篇幅才另標一段起迄。如卷二士冠禮「主人玄端、爵韠，立于阼階下，直東序，西面」至「賓如主人服，贊者玄端從之，立于外門之外」爲一段；但此下「擯者告」句疏並未標明下一段起迄，直至「賓揖之，即筵坐，……」一節後疏方云「此當爲第二加皮弁之節」，顯然已是另一段。自「擯者告」至「出房南面」一部份，不知是賈氏原未分段，還是傳刻脱漏。凡是此類情況，我們便只有參酌其他本子分段，如上舉士冠禮一節便據胡培翬説分作兩段。

喪服是儀禮全書的重點，但賈疏僅於個别地方標明段意，未給通篇分段。我們對喪服逕採用胡培翬的分段法，但爲了使經與傳相區别，每條傳文皆提行。

儀禮各篇除大射、士相見禮外，皆有記（張爾岐、盛世佐、胡培翬疑士相見自「凡燕見于君」至篇末爲記文，但無確證）。賈疏僅對個别記文分段，如燕禮記「若以樂納賓」條下云：「自此盡『若舞，則勺』，論臣子有王事之勞與之燕之事。」對多數記文，賈疏則不分段。胡氏正義對鄉射禮記、燕禮記不分段，其他記則分段。我們對記略依胡氏分段，只是稍加調整，如將鄉射禮記分作兩段。

因爲上面的三條原因，所以我們的分段雖儘量保留賈疏的意見，但在不得已時又只好採用權宜之法，因而有些地方顯得標準不一，這是要請讀者理解的。

校點中凡遇避諱字，如「玄」、「弘」、「丘」之類，一律逕加改正，不出校。俗譌字、異體字的問題比較複雜，如「于」與「於」，經文多用「于」，注、疏多用「於」，但經文也有用「於」者；除今時已析作兩字如「已」「巳」之類須作辨分外，餘多一仍其舊，不加改動。阮本曾彙録俗譌字列爲一表，今作爲附録收入。

本書附録九種，有：四庫全書總目儀禮注疏十七卷、阮元儀禮注疏校勘記序、黄丕烈宋嚴州本儀禮經注精校重雕緣起、汪士鐘重刻宋本儀禮疏序、顧千里重刻宋本儀禮疏後序、張元濟重刻宋本儀禮疏跋、張敦仁重刻儀禮注疏序、莫棠重刻儀禮注疏記、劉承幹嘉業堂叢書本儀禮注疏跋，由這些序、跋大致可以了解儀禮一書的版本源流。

筆者校點儀禮注疏，孜孜矻矻，於兹三年。有時爲了一句之索解，數日爲之不怡。雖然如此，但因「儀禮最爲難讀」，加之筆者見聞不廣，學力所限，所以本書無論是校勘，還是標點、分段，都有很多不盡人意之處，切盼讀者多加指正。

整理者

目録

儀禮卷第一

唐朝散大夫行大學博士弘文館學士臣賈公彦等撰〔二〕

儀禮注疏卷第一〔一〕

儀禮疏序

〔三〕竊聞道本冲虚，非言無以表其疏；言有微妙，非釋無能悟其理，是知聖人言曲，事資注釋而成。至於周禮、儀禮，發源是一，理有終始，分爲二部，並是周公攝政大平之書，周禮爲末，儀禮爲本。本則難明，末便易曉，是以周禮注者則有多門，儀禮所注，後鄭而已。其爲章疏，則有二家：信都黄慶者，齊之盛德；李孟悊者，隋日碩儒。慶則舉大畧小，經注疏漏，猶登山遠望，而近不知。悊則舉小畧大，經注稍周，似入室近觀，而遠不察。二家之疏，互有脩短，〔四〕時之所尚，李則爲先。案士冠三加有緇布冠、皮弁、爵弁，既冠又著玄冠見於君，有此四種之冠。故記人下陳緇布冠、委貌、周弁，以釋經之四種。經之與記都無天子冠法，而李云委貌與弁皆天子始冠之冠，李之謬也。喪服一篇，凶禮之要，是以南北二家，章疏甚多，時之所以皆資黄氏。案鄭注喪服引禮記檀弓云「經之言實也，明孝子有忠實之心，故爲制此服焉」，則經之所作表心，明矣。而黄氏妄云「衰以表心，經以表首」。以黄氏公違鄭注，黄之謬也。黄、李之訓，畧言其一，餘足見矣。今以先儒失路，後宜易塗，故悉鄙情，聊裁此疏。未敢專欲，以諸家爲本，擇善而從，兼增已義。仍取四門助教李玄植，詳論可否，僉謀已定，庶可施以。〔五〕函丈之儒，青衿之俊，幸以去瑕取玖，得無譏焉。

士冠禮第一

○士冠，古亂反。禮第一，鄭云：「童子任職，居士位，年二十而冠，主人玄冠，朝服，則是於天子；諸侯之士，〔六〕朝服，皮弁，素積。古者四民世事，士之子恒爲士。」

【疏】「士冠禮第一」 鄭目録云：「童子任職，居士位，年二十而冠。主人玄冠，朝服，則是於諸侯；天子之士，朝服，皮弁，素積。古者四民世事，士之子恒爲士。冠禮於五禮屬嘉禮，大小戴及别録此皆第一。」鄭云「童子任職，居士位，年二十而冠」，爲士身加冠，知者，鄭見下昏禮及士相見皆據士身自昏自相見；又大戴禮公冠篇及下「諸侯有冠禮，夏之末造」，亦據諸侯身自加冠，故鄭據士身自加冠爲目也。鄭云「四人世事，士之子恒爲士」者，是齊語文。彼云桓公謂管仲曰：「成人之事若何？」管子對曰：「四人勿雜處也。」公曰：「處士、農、工、商若何？」管子對曰：「昔聖王之處士，就閑燕也；處工，就官府也；處商，就市井也；處農，就田野也。少而習焉，其心安焉。」是「四人世事，士之子恒爲士」也。引之者，證此士身年二十加冠法，若士之子，則四十彊而仕，何得者二十爲士，自加冠也。二十而冠者，鄭據曲禮文「二十曰弱冠」，故云「年二十而冠」。其大夫始仕者，二十已冠訖，五十乃爵命爲大夫，故大夫無冠禮。又案喪服小功章云「大夫爲昆弟之長殤」，鄭云「大夫爲昆弟之長殤，〔七〕小功謂爲士者，若不仕者也，以此知爲大夫無殤服也」。小記云「大夫冠而不爲殤」，大夫身已加冠，降兄殤在小功。是身有德行，得爲大夫冠，不以二十始冠也。若諸侯則十二而冠。故左傳襄九年晉侯與諸侯伐鄭，還，公送晉侯，以公宴于河上，問公年，季武子對曰「會于沙隨之歲，寡君以生」，注云「沙隨在成十六年」，晉侯曰「十二年矣，是謂一終，一星終也。國君十五而生子，冠而生子，禮也，君可以冠矣」，是諸侯十二而冠也。若天子亦與諸侯同十二而冠，故尚書金縢云「王與大夫盡弁」，時成王年十五。云「王與大夫盡弁」，則知天子亦十二而冠矣。又大戴禮云「文王十三生伯邑考」，左傳云「冠而生子，禮也」，是殷之諸侯亦十二而冠。若夏之天子、諸侯，與殷天子亦十二而冠可知。若天子之子，則亦二十而冠。故禮記祭法云「王下祭殤五」，又禮記檀弓云「君之適長殤，車三乘」，是年十九已下乃爲殤，故二十乃冠矣。若天子、諸侯冠，自有天子、諸侯冠禮，故大戴禮有公冠篇。天子自然有冠禮，但儀禮之内亡耳。士既三加，爲大夫早冠者，亦依士禮三加。若天子、諸侯禮則多矣，故大戴禮公冠篇云「公冠四加」者，緇布、皮弁、爵弁，後加玄冕。天下亦四加，後當加衮冕矣。案下文云「天子之元子猶士，天下無生而貴者」，〔八〕則天子之子雖早冠，亦用士禮而冠。案家語冠頌云「王大子之冠擬冠」，則天子元子亦擬諸侯四加。若然，諸侯之子不得四加，與士同三加可知。鄭又云「冠於五禮屬嘉禮」者，鄭據周禮大宗伯所掌五禮吉、凶、賓、軍、嘉而言，宗伯云「以嘉禮親萬民」，下云「以昏、冠之禮親成男女」，是冠禮屬嘉禮者也。鄭又云「大小戴及別録此皆第一」者，大戴，戴聖與劉向爲別録，十七篇次第皆冠禮爲第一，昏禮爲第二，士相見爲第三，自兹以下，篇次則異，故鄭云「大小戴，別録即皆第一」也。其劉向別録，即此十七篇之次是也，皆尊卑、吉凶，次第倫叙，故鄭用之。至於大戴即以士喪爲第四，既夕爲第五，士虞爲第六，特牲爲第七，少牢爲第八，有司徹爲第九，鄉飲酒第十，鄉射第十一，燕禮第十二，大射第十三，聘禮第十四，公食第十五，覲禮第十六，喪服第十七。小戴於鄉飲、鄉射、燕禮、大射四篇，亦依此別録次第，而以士虞爲第八，喪服爲第九，特牲爲第十，少牢爲第十一，有司徹爲第十二，士喪爲第十三，〔九〕既夕爲第十四，聘禮爲第十五，公食爲第十六，覲禮爲第十七。皆尊卑、吉凶雜亂，故鄭玄皆不從之矣。

儀禮

【疏】「儀禮」　儀禮者，一部之大名，士冠者，當篇之小號。退大名在下者，取配注之意故也。然周禮言周不言儀，儀禮言儀不言周，既同是周公攝政六年所制，題號不同者，周禮取別夏、殷，故言周；儀禮不言周者，欲見兼有異代之法，故此篇有醮用酒，燕禮云諸公，士喪禮云「商祝」、「夏祝」，是兼夏、殷，故不言周。又周禮是統心，儀禮是履踐，外内相因，首尾是一。故周禮已言周，儀禮不須言周，周可知矣。且儀禮亦名曲禮，故禮器云「經禮三百，曲禮三千」，鄭注云「曲猶事也，事禮謂今禮也。其中事儀三千，言儀者，見行事有威儀；言曲者，見行事有屈曲」，故有二名也。

鄭氏注

【疏】「鄭氏注」 後漢書云：「鄭玄字康成，青州北海郡高密縣人，鄭崇之後也。」言「注」者，注義於經下，若水之注物。亦名爲著，故鄭叙云「凡著三禮七十二篇」，云「著」者，取著明經義者也。孔子之徒言傳者，取傳述之意，爲意不同，故題目有異也。但周禮六官六十，叙官之法，事急者爲先，不問官之大小。儀禮見其行事之法，賤者爲先，故以士冠爲先，無大夫冠禮，諸侯冠次之，天子冠又次之。其昏禮亦士爲先，大夫次之，諸侯次之，天子爲後。諸侯鄉飲酒爲先，天子鄉飲酒次之，鄉射、燕禮已下皆然。又以冠、昏、士相見爲先後者，以二十而冠，三十而娶，四十彊而仕，即有摯見。鄉大夫見己君，及見來朝諸侯之等，又爲鄉大夫、州長行鄉飲酒、鄉射之事。已下先吉後凶，凶盡則行祭祀吉禮，次叙之法，其義可知，畧陳儀禮元本。至於禮之大義，備於禮記疏。

士冠禮。筮于庿門。

〔一〇〕筮者，以蓍問日吉凶於易也。冠必筮日於庿門者，重以成人之禮，成子孫也。庿謂禰庿。不於堂者，嫌蓍之靈由庿神。○士冠，古亂反，下以意求之。筮于，市例反。庿門，劉昌宗音廟。案庿古廟字。以蓍，音尸。謂禰，乃禮反，父庿也。

【疏】「士冠」至「廟門」 自此至「宗人告事畢」一節，論將行冠禮，先筮取日之事。案下文云「布席于門中，闑西，閾外」者，闑爲門限，即是門外，故特牲禮筮日，主人「即位於門外，西面」，此不言門外者，閾外之文可參，故省文也。注「筮者」至「廟神」 鄭知筮以蓍者，曲禮云「龜曰卜，蓍曰筮」，故知筮以蓍也。云「問日吉凶於易也」者，下云「若不吉則筮遠日，如初儀」，又案周禮大卜「掌三易：一曰連山，二曰歸藏，三曰周易。筮得卦以易辭占吉凶，故云「問日吉凶於易也」。不筮月者，夏小正云「二月綏多士女，冠子取妻時也」，既有常月，故不筮也。云「冠必筮日於廟門者，重以成人之禮，成子孫也」者，案冠義云「筮日筮賓，所以敬冠事。敬冠事，所以重禮」，是筮日爲重禮之事也。冠義又云「古者重冠。重冠，故行之於廟。行之於廟者，所以尊重事。尊重事，而不敢擅重事。不敢擅重事，所以自卑而尊先祖也」，是成人之禮，成子孫也。此經唯論父子、兄弟，不言祖孫，鄭兼言孫者，家事統於尊，若祖在則爲冠主，故兼孫也。云「廟謂禰廟」者，案昏禮行事皆直云廟，記云「凡行事受諸禰廟」，此經亦直云廟，故知亦於禰廟也。然儀禮之内，單言廟者，皆是禰廟。若非禰廟，則以廟名別之。故聘禮云「賓朝服問卿，卿受于祖廟」，又受聘在始祖廟，即云「不腆先君之祧」，是不言於廟，舉祖、祧以別之也。士於廟，若天子、諸侯冠在始祖之廟。是以襄九年季武子云「以先君之祧處之」。祧則與聘禮「先君之祧」，謂遷主所藏，始祖同也。若然，服氏注以祧爲曾祖者，以其「公還及衛，冠於衛成公之廟」，服注「成公，衛曾祖」，故以祧爲曾祖廟。時不冠於衛之始祖，以非己廟故也。無大夫冠禮，若幼而冠者，與士同在禰廟也。云「不於堂者，嫌蓍龜之靈由廟神」者，〔一一〕此據經冠在廟堂，此蓍筮在門外，不同處，故以廟決堂，以蓍自有靈，知吉凶，不假廟神，故云「嫌蓍龜之靈由廟神」也。案天府職云「季冬陳玉，以貞來歲之美惡」，注云「問歲之美惡，謂問於龜。凡卜筮者，實問於鬼神，龜筮能出其卦兆之占耳」。若然，卜筮實問七八九六之鬼神，故以六玉禮耳。而龜筮直能出其封兆之占，似無靈者，各有所對。若以蓍龜對生數、成數之鬼神，則蓍龜直能出卦兆，不得有神。若以卦對生成之鬼神，則蓍龜亦自有神。是以易繫辭云「蓍之德圓而神」，又云「定天下之吉凶，成天下之亹亹者，莫善於蓍龜」，又郭璞云「上有蔭叢蓍，下有千齡蔡」。凡蟲之智，莫善於龜；凡草之靈，莫善於蓍，蓍龜自有靈也。若蓍自有神，〔一二〕不假廟神也。不於寢門筮者，一取成人之禮，成子孫；二兼取鬼神之謀，故易繫辭云「人謀鬼謀」，鄭注云「鬼謀，謂謀卜筮於廟門」是也。

主人玄冠，朝服，緇帶，素韠，即位于門東，西面。主人，將冠者之父兄也。玄冠，委貌也。朝服者，十五升布衣而素裳也。衣不言色者，衣與冠同也。筮必朝服者，尊蓍龜之道。緇帶，黑繒帶。士帶博二寸，再繚四寸，屈垂三尺。素韠，白韋韠，長三尺，上廣一尺，下廣二尺，其頸五寸，肩革帶博二寸。〔一三〕天子與其臣，玄冕以視朔，皮弁以日視朝。諸侯與其臣，皮弁以視朔，朝服以日視朝。凡染黑，五入爲緅，七入爲緇，玄則六入與？○朝服，直遥反，注同，後朝服放此。緇帶，側其反。素韠，音畢，蔽膝也。黑繒，以陵反。再繚，音了，劉音遼。長三，直亮反，凡度長短曰長，直亮反；度廣狹曰廣，古曠反，他皆放此。上廣，古曠反。以眂，〔一四〕音視，本或作視，下同。皮弁，皮彦反。爲緅，則留反，〔一五〕劉子侯反。六入與，音餘。

【疏】「主人」至「西面」　此主人將欲謀日之時，先服即位於禰廟門外東，西面立，以待筮事也。

注「主人」至「入與」　經直云「主人」，當是父子加冠之禮。知兼有兄者，論語云「出則事公卿，入則事父兄」，父兄者，一家之統，父不在則兄爲主可知，故兼其兄也。又案下文「若孤子則父兄戒宿，冠之日，主人紒而迎賓」，則無親父親兄，故彼注云「父兄，諸父諸兄」，則知此主人迎賓，是親父親兄也。云「玄冠，委貌」者，此云「玄冠」，下記云「委貌」。彼云「委貌」，見其安正容體；此云「玄冠」，見其色，實一物也。云「朝服者，十五升布衣」者，雜記云「朝服，十五升布也」。云「素裳」者，雖經不言裳，裳與韠同色。云「素韠」者，〔一六〕故知裳亦積白素絹爲之也。云「衣不言色者，衣與冠同也」者，禮之通例，衣與冠同色，故郊特牲云「黄衣黄冠」是也。裳與韠同色，故下爵弁服，纁裳、韎韐，韎韐即纁之類是也。經直云「朝服」，不言色，與冠同可知也。若然，鄭不言裳與韠同色者，舉衣與冠同，裳與韠同亦可知，故不言也。其衣、冠色異，經即别言之。是以下云「爵弁服，純衣」是也。云「筮必朝服者，尊蓍龜之道」者，此決正冠時，主人服玄端，爵韠不服，此服朝服，是尊蓍龜之道也。若然，下又云「有司如主人服」，又宿賓，「賓如主人服」，又「宿贊冠者」，及「夕爲期」，皆朝服。云「尊蓍龜」者，案鄉飲酒主人朝服，則此有司賓主朝服，自是尋常相見所服，非特相尊敬之禮；此筮而朝服，決正冠時與士之祭禮，入廟常服玄端，今此筮亦在廟，不服玄端，故云「尊蓍龜之道」。此筮唯有蓍草，〔一七〕言龜者，按周禮小事徒筮而已，若大事先筮而後卜，龜筮是相將之物，同著朝服，故兼言龜。是以雜記卜筮皆朝服也。案特牲禮筮日與祭，同服玄端；少牢筮日與祭，同服朝服，不特尊著龜者，彼爲祭事，龜不可尊於先祖，故同服。此爲冠事，冠事龜可尊於子孫，故服異也。云「緇帶，黑繒帶」者，案玉藻云「君素帶，終裨，大夫素帶裨垂，士練帶率下裨」，注云「大夫裨其紐及末，士裨其末而已」，又云「雜帶，君朱緑，大夫玄華，士緇裨」。鄭云「君裨帶上以朱，下以緑終之。大夫裨垂外以玄，內以華。士裨垂之下，外內皆以緇，是謂緇帶」，鄭彼云「是謂」者，指此文也。若然，天子諸侯帶繞腰及垂者，皆裨之。大夫則不裨，其繞腰者直裨，垂之三尺，屈而重者。士則裨其末，繞三尺，所垂者不裨在者。若然，大帶所用物，大夫已上用素，士練繒爲帶體，所裨者用緇，則此言緇，據裨者而言也。云「士帶博二寸，再繚四寸，屈垂三尺」者，此亦玉藻文。〔一八〕大夫已上，大帶博四寸。此士卑，降於大夫已上，博二寸，再繚共爲四寸，屈垂三尺。則大夫已上，亦屈垂三尺，同矣。云「素韠，白韋韠」者，案玉藻云「韠，君朱，大夫素，士爵韋」，彼以韠爲揔目，而云「君朱，大夫素，士爵韋」，是韠色不同。下云韋者，是君大夫同用韋也。但彼是玄端服之韠，此士用素韋爲之，故鄭云「白韋韠」也。又云韠「長三尺」至「博二寸」，亦皆玉藻文。鄭彼注云「頸五寸」亦謂廣也。頸中央、肩兩角皆上接革帶，肩與革帶廣同。〔一九〕此韠即韍也，祭服謂之韍，朝服謂之韠也。云「天子與其臣玄冕以視朔，皮弁以日視朝」者，此約玉藻而知。案彼云「天子玄端聽朔於南門之外，皮弁以日視朝」，又云「諸侯皮弁以聽朔於大廟，朝服以日視朝於內朝」，彼注云「端當爲冕，謂天子以玄冕聽朔於南門之外，明堂之中」。彼皆不言臣，此鄭兼言臣者，欲見在朝君臣同服。引之者，證此玄冕朝服而筮者，是諸侯之士。則諸侯與其臣與子加冠，同服皮弁以筮日；天下與其臣與子加冠，同服玄冕以筮日矣。知天子服玄冕、諸侯服皮弁以筮日者，鄭既取君臣同服，明筮時還君臣同服。若云天子用玄冕，諸侯用皮弁，〔二〇〕其臣不得上同于君，君下就臣同朝服也。云「凡染黑，五入爲緅，七入爲緇，玄則六入與」者，案爾雅「一染謂之縓，再染謂之赬，三染謂之纁」，此三者皆是染赤法；周禮鍾氏染鳥羽云「三入爲纁，五入爲緅，七入爲緇」，此是染黑法，故云「凡染黑也」。但爾雅及周禮無四入與六入之文，〔二二〕禮有色朱、玄之色，故注此玄則「六入」。下經注云「朱則四入」，無正文，故皆云「與」以疑之。但論語有紺、緅連文，紺又在緅上，則以纁入赤爲朱，若以纁入黑則爲紺。故淮南子云「以涅染紺則黑于涅」，〔二三〕又以紺入黑汁則爲緅，故紺、緅連言也。若然，玄爲六入，緇爲七入，深淺不同，而鄭以衣與冠同，以緇與玄同色者，大同小異，皆是黑色，故云「同」也。

有司如主人服，即位于西方，東面，北上。有司，羣吏有事者，謂主人之吏，所自辟除府史以下，今時卒吏及假吏是也。〔二四〕○自辟，必亦反。卒吏，子忽反。假吏，古雅反。

【疏】「有司」至「北上」　此論主人有司從主人有事，故立位于廟門外西方，東面，以待事也。

注「有司」至「是也」　士雖無臣，皆有屬吏胥徒及僕隸，故云「有司，羣吏有事者」也。云「謂主人之吏，所自辟除府史以下」者，〔二五〕案周禮三百六十官之下，皆有府史、胥徒，不得君命，主人自辟除，去役賦，補置之是也。又案周禮皆云「府史」，此云「羣吏」，吏、史亦一也，故舉漢法爲證。又周禮鄭注云「官長所自辟除」，此云「主人」者，以此經云「主人」，故依經而直云「主人」，中亦爲長者也。又此注以有司爲羣吏，案特牲以有司爲士屬吏，不同者，言羣吏則爲府吏、胥徒也，言屬吏則謂君命之士。是以下文「宿贊冠者」，注云「謂賓若他官之屬中士若下士也」。又「主人贊者」亦云「其屬中士若下士」，是言屬者，尊之義。特牲之有司，士之屬吏，亦親類也。〔二六〕特牲「有司」之上，有「子姓」，此文無者，彼祭祀事重，故子姓皆來；此冠事稍輕，故容有不至，故不言。

筮與席、所卦者，具饌于西塾。筮所以問吉凶，謂蓍也。所卦者，所以畫地記爻，易曰：「六畫而成卦。」饌，陳也。具，俱也。西塾，門外西堂也。○具饌，劉仕轉反，〔二七〕一音士戀反。西塾，音孰，劉又音育，爾雅云：「門側之堂謂之塾。」以畫，音獲，下同。〔二八〕

【疏】「筮與」至「西塾」　下云「布席于門中，闑西，閾外」，彼據筮，此云「西塾」，據陳處。

注「筮所」至「堂也」　「筮所以問吉凶，謂蓍也」者，案曲禮云「龜爲卜，策爲筮」，故知問吉凶謂蓍。案易筮法用四十九蓍，分之爲二，以象兩卦，一以象三，揲之以四，以象四時，歸奇于扐以象閏，十有八變而成卦是也。云「所卦者，所以畫地記爻」者，筮法依七八九六之爻而記之，但古用木畫地，今則用錢。以三少爲重錢，重錢則九也；三多爲交錢，交錢則六也。兩多一少爲單錢，單錢則七也；兩少一多爲拆錢，拆錢則八也。案少牢云「卦者在左坐，卦以木」，故知古者畫卦以木也。云「易曰『六畫而成卦』」者，說卦文。彼云：「昔者聖人之作易也，將以順性命之理。是以立天之道曰陰與陽，立地之道曰柔與剛，立人之道曰仁與義，兼三才而兩之，故易六畫成卦。」〔二九〕注云：「三才，天地人之道。六畫，畫六爻。」引之者，證畫地識爻之法。云「西塾，門外西堂也」者，案爾雅云「門側之堂謂之塾」，即士虞禮云「羞燔俎在內西塾上，南順」是也。筮在門外，故知此經西塾，門外西堂也。

布席于門中，闑西，閾外，西面。闑，門橛。閾，閫也。古文「闑」爲「槷」，「閾」爲「蹙」。○闑，魚列反，門橜也。閾，音域，劉況逼反，門限。橜，其月反。閫，苦本反，劉音困。槷，魚列反。蹙，子六反。

【疏】「布席」至「西面」　此所布之席，擬卜筮之事。言在「門中」者，以大分言之。云「闑西，閾外」者，指陳席處也。

注「闑門」至「爲蹙」　云「闑，門橛」者，闑一名橛也。云「閾，閫也」者，曲禮云「外言不入于閫」，閫，門限，與閾爲一也。云「古文闑爲槷，閾爲蹙」者，遭于暴秦，燔滅典籍，漢興求録遺文之後，有古書、今文。漢書云：「魯人高堂生，爲漢博士，傳儀禮十七篇」，是今文也。至武帝之末，魯恭王壞孔子宅，得古儀禮五十六篇，〔三〇〕其字皆以篆書，是爲古文也。古文十七篇，與高堂生所傳者同，而字多不同。其餘三十九篇絶無師説，秘在於館。鄭注禮之時，以今古二字並之。若從今文，不從古文，即今文在經，闑、閾之等是也；於注内疊出古文，槷、蹙之屬是也。若從古文，不從今文，則古文在經，注内疊出今文，即下文「孝友時格」，鄭注云「今文格爲嘏」，又喪服注「今文無冠布纓」之等是也。此注不從古文槷、闑者，以槷、闑非門限之義，故從今不從古也。儀禮之内，或從今，或從古，皆逐義彊者從之。若二字俱合義者，則互挽見之，即下文云「壹揖壹讓升」，注云「古文壹皆作一」；公食大夫「三牲之肺不離，贊者辨取之，〔三一〕一以授賓」，注云「古文一爲壹」，是大小注皆疊今古文，二者俱合義，故兩從之。又鄭疊古今之文者，皆釋經義盡乃言之。若疊今古之文説，〔三二〕須别釋餘義者，則在後乃言之，即下文「孝友時格」，注云「今文格爲嘏」，又云「凡醮不祝」之類是也。若然，下記云「章甫，殷道」，鄭云「章，明也。殷質言，以表明丈夫也。甫或爲父，今文爲斧」，事相違，故因疊出合文也。

筮人執筴，抽上韇，兼執之，進，受命於主人。筮人，有司主三易者。韇，藏筴之器。〔三三〕今時藏弓矢者，謂之韇丸也。兼，並也。進，前也，自西方而前受命者，當知所筮也。

○執筴，初革反。上韇，音獨。

【疏】「筮人」至「主人」　釋曰：此經所陳，據筮時之事。案少牢云「史左執筮，右抽上韇，兼與筮執之，東面受命于主人」。得主人命訖，史曰「諾，西面于門西，抽下韇，左執筮，右兼執韇以擊筮」，乃立筮。此云筴，彼云筮，一也，但筮法不殊，此亦應不異。少牢具陳，此不言者，文不具，當與彼同。案三正記大夫蓍五尺，故立筮。士之蓍三尺，當坐筮，與彼異也。

注「筮人」至「筮也」　案周禮春官「筮人掌三易，一曰連山，二曰歸藏，三曰周易」，注云「問蓍曰筮，其占易」，是筮人主三易者也。云「韇，藏筴之器」者，韇有二，其一從下向上承之，其一從上向下韜之也。云「今時藏弓矢者，謂之韇丸也」者。此舉漢法爲況，亦欲見韜弓矢者，以皮爲之，故詩云「象弭魚服」，是以魚皮爲矢服，則此韇亦用皮也。知「自西方而前」者，上云「即位于西方」，故知前向東方受命也。云「受命者，當知所筮也」者，謂執之不知以請筮何事，宰遂命之也。凡卜筮之法，案洪範云「七，稽疑，擇建立卜筮人」，「三人占，從二人之言」，又案尚書金縢云「乃卜三龜，一習吉」，則天子、諸侯卜時三龜並用，于玉、瓦、原三人各占一兆也。筮時連山、歸藏、周易亦三易並用，夏、殷以不變爲占，周易以變者爲占。亦三人各占一易。筮皆三占從二，三者三吉爲大吉，一凶爲小吉，三凶爲大凶，一吉爲小凶。案士喪禮筮宅「卒筮，執卦以示命筮者。命筮者受視反之，東面旅占」。注云「旅，衆也。反與其屬共占之，謂掌連山、歸藏、周易者」。又卜葬日云「占者三人在其南」，注云「占者三人掌玉兆、瓦兆、原兆者也」。少牢大夫禮亦云「三人占」。鄭既云「反與其屬占之」，則鄭意大夫十筮，同用一龜、一易，三人共占之矣。其用一龜一易，則三代顯用，〔三四〕不專一代。故春秋緯演孔圖云「孔子脩春秋，九月而成，卜之得陽豫之卦」，宋均注云「陽豫，夏、殷之卦名，故今周易無文」，是孔子用異代之筮，則大夫卜筮，皆不常據一代者也。

宰自右少退，贊命。宰，有司主政教者。自，由也。〔三五〕贊，佐也。命，告也，佐主人告所以筮也。少儀曰：「贊幣自左，詔辭自右。」○少儀，詩召反。

【疏】「宰自」至「贊命」　注「宰有」至「自右」　知宰是「有司主政教」者，士雖無臣，以屬吏爲宰，若諸侯使司徒兼冢宰，以出政教之類，故云「主政教者」。引少儀者，取證贊命在右之義。以其地道尊右，故贊命皆在右，〔三六〕是以士喪禮亦云「命筮者在主人之右」，注云「命尊者宜由右出」。特牲云「宰自主人之左贊命」，不由右者，爲神求吉變故也。士喪在右，不在左者，以其始死，未忍異于生，故在右也。少牢宰不贊命，大夫尊屈，士卑不嫌，故使人贊命也。

筮人許諾，右還，即席坐，西面。卦者在左。即，就也。東面受命，右還北行，就席。卦者，有司主畫地識爻者。○右還，音旋，後皆放此。識爻，户交反。〔三七〕

【疏】「筮人」至「在左」　此言筮人於主人受命訖，行筮事也。但「即席坐，西面」者，主人爲筮人而言，〔三八〕則「坐」文宜在「西面」下，〔三九〕今退「西面」于下者，欲「西面」之文下就畫「卦」者，亦西向故也。

注「即就」至「爻者」　鄭知「東面受命」者，以其上文有司在西方，東面，主人在門東，西面，今從門西東而主人之宰命之，故東面受命可知也。知「右還北行，就席」者，以其主人在門外之東南，席在門中，故知右還北行，乃得西面就席坐也。云「卦者，有司主畫地識爻」者，上云「所卦者」謂木〔四〇〕，於此云「卦者」，據人以杖畫地，記識爻之七八九六者也。

卒筮，書卦，執以示主人。卒，已也。書卦者，筮人，以方寫所得之卦。〔四一〕

【疏】「卒筮」至「主人」　此言所筮六爻俱了，卦體得成，更以方版畫體，示主人之事也。

注「卒已」至「之卦」　云「書卦者，筮人」者，下文云「筮人還東面，旅占」，明此書卦是筮人也。不使他人書卦者，筮人尊卦，亦是尊蓍龜之道也。案特牲云「卒筮寫卦，筮者執以示主人」，注云「卦者主畫地識爻，六爻備乃以方版寫之」，則彼寫卦，亦是卦者，故鄭云「卦者，畫爻者」。彼爲祭禮，吉事尚提提，故卦者寫卦，筮人執卦以示主人。士喪禮注云「卦者寫卦示主人」，經無寫卦之文，是卦者自畫示主人。以其喪禮遽于事，故卦者自畫自示主人也。此冠禮筮者自爲，自示主人，冠禮異于祭禮、喪禮故也。

主人受眡，反之。反，還也。○反還，音環，一音旋。

【疏】「主人受眡，反之」　此筮訖，寫所得卦示主人，主人受得省視，雖未辨吉凶，主人尊，先受視以知卦體而已。主人既知卦體，反還與筮人，使人知其占吉凶也。

筮人還，東面。旅占，卒，進，告吉。旅，衆也，還與其屬共占之。古文「旅」作「臚」也。〔四二〕○作臚，力居反。

【疏】「筮人」至「告吉」　此言筮人既於主人受得卦體，還于門西，東面，旅共占之。是吉卦，乃進向門東，東面，告主人云吉也。

若不吉，則筮遠日，如初儀。遠日，旬之外。

【疏】「若不」至「初儀」　曲禮「吉事先近日」，此冠禮是吉事，故先筮近日；不吉，乃更筮遠日。是上旬不吉，乃更筮中旬，又不吉，乃更筮下旬。云「如初儀」者，自「筮于廟門」已下，至「告吉」是也。

注「遠日旬之外」　曲禮云「旬之內曰近某日，旬之外曰遠某日」，彼據吉禮而言。「旬之內曰近某日」，據士禮旬內筮，故云「近某日」，是以特牲「旬內筮日」是也。「旬之外曰遠某日」者，〔四三〕據大夫以上禮旬外筮，故言「遠某日」，是以少牢「筮旬有一日」是也。案少牢云「若不吉，則及遠日，又筮日，如初」，鄭注云「及，至也，遠日後丁若後己」，言至遠日，又筮日，如初，明不并筮。則前月卜來月之上旬；上旬不吉，至上旬又筮中旬；中旬不吉，至中旬又筮下旬，下旬不吉，則止不祭祀也。若然，特牲不言「及」，則可上旬之內筮，不吉，則預筮中旬，中旬不吉，又預筮下旬，又不吉，則止。若此冠禮，亦先近日，士冠禮亦于上旬之內，預筮三旬，不吉，則更筮後月之上旬。以其祭祀用孟月，不容入他月。若冠子，則年已二十不可止，然須冠，故容入後月也。若然，大夫已上筮旬外，士筮旬內，此士禮而注云「遠日，旬之外」者，此遠日旬之外，自是當月上旬之內筮，不吉，更筮中旬。云「遠日」，非謂曲禮文大夫以上前月預筮來月上旬爲「遠某日」者。彼自有遠日，與此別也。

徹筮席。〔四四〕徹，去也，斂也。

【疏】「徹筮席」　注「徹去也斂也」　據席則徹去之，筮則斂藏之，故兩訓之也。

宗人告事畢。宗人，有司主禮者。

【疏】「宗人告事畢」　注「宗人」至「禮者」　士雖無臣，亦有宗人掌禮，比于宗伯，故云「有司主禮者」。

主人戒賓，賓禮辭，許。戒，警也，告也。賓，主人之僚友。古者有吉事，則樂與賢者歡成之；有凶事，則欲與賢者哀戚之。今將冠子，故就告僚友，使來。禮辭，一辭而許，再辭而許曰固辭，三辭曰終辭，不許也。○警也，居領反。

【疏】「主人」至「辭許」　自此以下至「賓拜送」一節，論主人筮日訖，三日之前廣戒僚友，使來觀禮之事也。云「主人戒賓」者，謂主人親至賓大門外之西，東面，賓出大門外之東，西面，戒之。云「賓禮辭，許」者，即下云「戒賓曰：『某有子某，將加布于其首，願吾子之教之也。』賓對曰：『某不敏，恐不能共事，以病吾子，敢辭。』主人曰：『某猶願吾子之終教之也。』賓對曰：『吾子重有命某，敢不從。』」是一度辭，後乃許之，是「賓禮辭，許」者也。注「戒警」至「許也」　同官爲僚，同志爲友，此賓與主人同是官，與爲同志，故以「僚友」解之。此謂上、中、下士，嘗執摯相見者也。若未嘗相見，則不必戒，故鄭以「僚友」言之是也。云「古者有吉事，則樂與賢者歡成之」者，則此經戒賓使來者是也。云「有凶事，則欲與賢者哀戚之」者，則士喪禮始死，命赴者使告君及同僚之等是也。云「禮辭，一辭而許」者，即此文是也。云「再辭而許曰固辭」者，則士相見云「某也願見，無由達，某子以命命某見」，主人對曰「某子命某見，吾子有辱，請吾子之就家也，某將走見」，賓對曰「某不足以辱命，請終賜見」，主人對曰「某不敢爲儀，固請吾子之就家也，某將走見」，賓對曰「某不敢爲儀，固以請」，主人對曰「某也固辭不得命，將走見」，是其再辭而許，名爲固辭之義也。云「三辭曰終辭，不許也」者，又士相見云「士見于大夫，終辭其摯」，是三辭不許，爲終辭之義也。若一辭不許，後辭上許，〔四五〕則爲禮辭許。若再辭不許，後三辭上許，則爲再辭而許之，曰固辭。若不許，至于三辭，又不許，則爲三辭，曰終辭不許也。又三辭而許，則曰三辭；若三辭不許，乃曰終辭。是以公食大夫戒賓，「上介出請，入告，三辭」，又司儀云諸公相爲賓「主君郊勞，交擯，三辭。車逆拜辱，三揖三辭」，注云「先辭，辭其以禮來于外。後辭，辭升堂」，皆是三辭而許稱三辭。若然，此戒賓，賓禮辭許，不固辭。案鄉飲酒主人「謂賓，賓禮辭，許」，注云「不固辭者，素所有志」，是賓習道藝，本望賓舉，是素所有志，故不固辭。此亦素有志，樂與主人歡成冠禮，故不固辭。諸經云「禮辭，許」者，是素有志之類也。

主人再拜，賓荅拜。主人退，賓拜送。

退，去也，歸也。

【疏】案鄉飲酒：〔四六〕「主人戒賓，賓拜辱。主人荅拜，乃請賓。賓禮辭，許。主人再拜，賓荅拜。主人退，賓拜辱」，鄉射亦然，皆與此文不同，此經文不具，當依彼文爲正。但此不言拜辱者，亦是不爲賓己故也。

前期三日，筮賓，如求日之儀。

前期三日，空二日也。筮賓，筮其可使冠子者，賢者恒吉。冠義曰：「古者冠禮筮日，筮賓，所以敬冠事。敬冠事，所以重禮。重禮，所以爲國本。」

【疏】「前期」至「之儀」　此文下盡「宿贊冠者亦如之」，論筮賓若贊冠者之節。云「前期三日」者，加日爲期，〔四七〕期前三日也。「筮賓」者，謂於僚友、衆士之中，筮取吉者爲加冠之賓也。云「如求日之儀」者，亦「于廟門外」下至「告事畢」，唯命筮别，其餘威儀並同，故云「如求日之儀」也。命筮雖無文，宰贊蓋云主人某，爲適子某加冠，筮某爲賓，庶幾從之。若庶子則改適爲一庶字異，餘亦同。〔四八〕此經不云命筮，并上筮日亦不云命筮者，皆文不具也。

注「前期」至「國本」　云「前期三日，空二日也」者，謂正加冠日是期日，冠日之前空二日外，爲前期三日，故云「空二日也」。二日之中，雖有宿賓、宿贊冠者及夕爲期，但非加冠之事，故云「空也」。云「筮賓，筮其可使冠子」者，即下文「三加」，皆賓親加，冠于首者是也。云「賢者恒吉」者，解經先戒後筮之意。凡取人之法，先筮後戒，今以此賓是賢者，必知吉，故先戒賓。賓已許方始筮之，以其賢恒自吉，故先戒後筮之也。若賢恒吉，必筮之者，取其審慎，重冠禮之事，故鄭引冠義爲證也。云「重禮，所以爲國本」者，詩云「人而無禮，胡不遄死」，禮運云「治國不以禮，猶無耜而耕也」，故云「重禮，所以爲國本」也。然冠既筮賓，特牲、少牢不筮賓者，彼以祭祀之事，主人自爲獻主，羣臣助祭而已，天子、諸侯之祭，祭前已射于射宮，擇取可預祭者，故不筮之也。

乃宿賓。賓如主人服，出門左，西面，再拜。主人東面，荅拜。宿，進也。宿者必先戒，戒不必宿。其不宿者爲衆賓，或悉來，或否。主人朝服。○爲衆，于僞反。(四九)

【疏】「乃宿」至「荅拜」　此經爲宿賓，擯者傳主人辭，入内告賓，賓如主人服，出門與主人相見之儀也。

注「宿進」至「朝服」　鄭訓「宿」爲「進」者，謂進之使知冠日當來，故下文「宿曰：『某將加布于某之首，吾子將莅之，敢宿。』賓對曰：『某敢不夙興』」，是宿之使進之義也。云「宿者必先戒」者，謂若賓及贊冠同在上戒賓之内，已戒之矣，今又宿，是宿者必先戒也。云「戒不必宿」者，即上文戒賓之中，除正賓及贊冠者，但是僚友欲觀禮者，皆戒之使知而已，後更不宿，是「戒不必宿」者也。云「不宿者爲衆賓，或悉來，或否」者，此決賓與贊冠者戒而又宿，不得不來，衆賓主來觀禮，非要須來，容有不來者，故直戒不宿也。云「主人朝服」者，見上文筮日時朝服，至此無改服之文，則知皆朝服。凡有戒無宿者，非止於此。案鄉飲酒、鄉射主人戒賓、及公食大夫各以其爵，皆是當日之戒，理無宿也。又大射「宰戒百官，有事于射者。射人戒諸公、卿大夫射。司士戒士射，與贊者。前射三日，宰夫戒宰及司馬」，皆有戒而無宿是也。「射人宿視滌」，此言宿者，謂將射之前，於宿預視滌濯，非戒宿之意也。若然，特牲禮云「前期三日宿尸」，〔五〇〕前無戒而直有宿者，特牲文不具，其實亦有戒也。又禮記祭統云「先期旬有一日，宮宰宿夫人。夫人亦散齊七日，致齊三日」，注云「宿讀爲肅，肅猶戒也，戒輕肅重也」者，〔五一〕彼以夫人尊，故不得言戒。而變言宿，讀爲肅者，肅亦戒之意。彼以宿當戒處，非謂祭前三日之宿也。大宰云「祀五帝則掌百官之誓戒」者，謂戒百官使之散齊，至祭前三日，當致齊也。凡宿賓之法，案特牲云前期三日筮尸，乃宿尸。厥明夕陳鼎，則前期二日宿之也。少牢「筮吉」下云「宿」，鄭注云「大夫尊，儀益多，筮月既戒諸官以齊戒矣，至前祭一日又戒以進之，使知祭日當來」，又云「前宿一日，宿戒尸」，注云「先宿尸者，重所用爲尸者，又爲將筮」，「吉，則乃遂宿尸」，是前祭二日筮尸訖宿尸，至前祭一日又宿尸，天子、諸侯祭前三日宿之，使致齊也。

乃宿賓，賓許，主人再拜，賓荅拜。主人退，賓拜送。乃宿賓者，親相見致其辭。

【疏】「乃宿」至「拜送」　上據擯者傳辭，賓出與主人相見，此經據主人自致辭，〔五二〕故再舉「宿賓」之文也。

宿贊冠者一人，亦如之。贊冠者，佐賓爲冠事者，謂賓若他官之屬中士若下士也。宿之以筮賓之明日。

【疏】「宿贊」至「如之」　注「贊冠」至「明日」　案下文冠子之時，贊者坐、櫛、設纚、卒紘之類，是贊冠者佐賓爲冠事者。以其佐賓爲輕，故不筮也。云「謂賓若他官之屬」者，此所取本由主人之意，或取賓之屬，或取他官之屬，故鄭兩言之。案周禮三百六十官，每官之下皆有屬官，假令上士爲官首，其下有中士、下士爲之屬；若中士爲官首，其下即有下士爲之屬也。云「中士若下士也」者，此據主人是上士而言之，贊冠者皆降一等。假令主人是上士，賓亦是上士，則取中士爲之贊。假令主人是下士，賓亦是下士，則亦取下士爲之贊，禮窮則同故也。云「宿之以筮賓之明日」者，以下有「厥明夕爲期」是冠前一日，「宿賓」「宿贊」在「厥明」之上，則去冠前二日矣。筮賓是前期三日，則知宿賓、贊冠者是筮賓之明日可知。不在「宿賓」下而在「宿贊冠」之下言之者，欲取爲「厥明」相近故也。

厥明夕，爲期于廟門之外。主人立于門東，兄弟在其南，少退，西面，北上。有司皆如宿服，立于西方，東面，北上。厥，其也。宿服，朝服。

【疏】「厥明」至「北上」　自此至「賓之家」，論冠前一日之夕，爲明日加冠之期，告賓之事也。云「厥明夕，爲期」者，謂宿賓與贊冠明日，向暮爲加冠之期。必於廟門者，以冠在廟，知亦在廟爲期也。主人之類在門東，賓之類在門西者，各依賓、主之位夾處東西也。

注「厥其」至「朝服」　知「宿服，朝服」者，以其宿服如筮日之服，筮日朝服，轉相如，故知是朝服也。

擯者請期，宰告曰：「質明行事。」擯者，有司佐禮者，在主人曰擯，在客曰介。質，正也。宰告曰「旦日正明行冠事」。○擯者，必刃反，劉方刃反。

【疏】「擯者」至「行事」　上經布位已訖，〔五三〕故此經見爲期之事。言「請期」者，謂請主人加冠之期。言「告曰」者，即是宰贊命告之也。

注「擯者」至「冠事」　上云「有司」，此言「擯者」，故知擯者是有司佐主人行冠禮者也。云「在主人曰擯，在客曰介」者，案聘禮及大行人，皆以在主人曰擯，在客稱介，亦曰相，司儀云「每門止一相」是也。云「旦日正明行冠事」者，案特牲「請期曰羹飪」，鄭注云「肉謂之羹。飪，熟也。謂明日質明時而曰肉熟，重豫勞賓」，此無羹飪，故云「質明」。少牢云「旦明行事」，故此注取彼而言「旦日正明行冠事」也。

告兄弟及有司。擯者告也。

【疏】「告兄弟及有司」 注「擯者告也」 上文陳兄弟及有司位次，此告訖，下乃云「告事畢」，則兄弟及有司亦廟門之外矣。必告之者，禮取審慎之義故也。必知「擯者告」者，上擯者請期，此即云「告」，明還是擯者告可知。

告事畢。宗人告也。

【疏】「告事畢」 注「宗人告也」 知「宗人告」者，亦約上文筮日時「宗人告事」得知也。

擯者告期于賓之家。

【疏】「擯者」至「之家」 有司是家之屬吏者，則告期皆得在位，賓是同僚之等，爲期時不在，故就家告之。於夕爲期，當暮即得告之者，以其共仕於君，其家必在城郭之內，相近，故得告也。

夙興，設洗，直于東榮，南北以堂深，水在洗東。夙，早也。興，起也。洗，承盥洗者，棄水器也，士用鐵。榮，屋翼也。周制，自卿大夫以下其室爲夏屋。水器尊卑皆用金罍，及大小異。○直，音值，下放此。東榮，如字，劉云榮屋翼。堂深，申鴆反，凡度淺深曰深，後放此。承盥，音管。夏屋，户雅反，後同。罍，力回反。

【疏】「夙興」至「洗東」 自此至「賓升則東面」，論將冠子，豫陳設冠與服、器物之事也。

注「夙早」至「小異」 云「洗，承盥洗者，棄水器也」者，謂盥手洗爵之時，恐水穢地，以洗承盥洗水而棄之，故云「棄水器也」。云「士用鐵」者，案漢禮器制度，洗之所用士用鐵，大夫用銅，諸侯用白銀，天子用黄金也。云「榮，屋翼也」者，即今之博風。〔五四〕云榮者，與屋爲榮飾；言翼者，與屋爲翅翼也。云「周制自卿大夫以下，其室爲夏屋」者，言周制者，夏、殷卿大夫以下屋無文，故此經是周法，即以周制而言也。案此經是士禮，而云「榮」，鄉飲酒卿大夫禮，鄉射、喪大記大夫、士禮皆云「榮」。又案匠人云「夏后氏世室，堂脩二七，廣四脩一，五室」，此謂宗廟。路寢同制，則路寢亦然。雖不云「兩下爲之」，彼下文云「殷人重屋四阿」，鄭云「四阿四注屋」。重屋謂路寢，殷之路寢四阿，則夏之路寢不四阿矣，當兩下爲之。是以檀弓孔子云「見若覆夏屋者矣」，鄭注云「夏屋，今之門廡」，漢時門廡也，〔五五〕兩下爲之，故舉漢法以況。夏屋兩下爲之，或名兩下屋爲夏屋，夏后氏之屋亦爲夏屋。鄭云卿大夫以下，其室爲夏屋，兩下，而周之天子、諸侯皆四注。故喪大記云「升自屋東榮」，鄭以爲卿大夫士，其天子、諸侯當言東霤也。周天子路寢，制似明堂，五室十二堂，上圓下方，明四注也，諸侯亦然。故燕禮云「洗當東霤」，鄭云「人君爲殿屋也」。云「水器尊卑皆用金罍，及大小異」者，此亦案漢禮器制度，〔五六〕尊卑皆用金罍，及其大小異。此篇與昏禮、鄉飲酒、鄉射、特牲皆直言水，不言罍，大射雖云罍水，不云枓。少牢云「司宫設罍水於洗東，有枓」，鄭注云「設水用罍，沃盥用枓，禮在此也」，欲見罍、枓俱有。餘文無者，不具之意也。儀禮之内，設洗與設尊，或先或後。不同者，若先設洗則兼餘事，此士冠賓與贊共洗，昏禮有夫婦與御、媵之等，少牢、特牲兼舉鼎，不專爲酒，以是皆先設洗。鄉飲酒、鄉射先設尊者，以其專爲酒。燕禮、大射自相對，大射辨尊卑，故先設尊；燕禮不辨尊卑，故先設洗。又儀禮之内，或有尊無洗，或尊、洗皆有，文不言設之者，〔五七〕是不具也。

校勘記

〔一〕儀禮注疏卷第一　原作「儀禮疏卷第一」，唐石經、徐本作「儀禮卷第一」。阮校云儀禮之名，鄭學之徒加之，漢祇稱爲禮。按此當爲賈公彦作疏時所加，故不必與石經、徐本盡同。今據毛本改。

〔二〕唐朝散大夫行大學博士弘文館學士臣賈公彦等撰　阮校云毛本無「等」字，非是，疏爲賈氏與李元植合撰，故有「等」字。

〔三〕儀禮疏序　阮校云毛本「疏」上有「注」字，非是，此序專爲疏作。

〔四〕互有脩短　阮校云「脩」要義作「長」。

〔五〕庶可施以　阮校云「施以」要義作「以施」，毛本「以」作「矣」。今按似以要義爲優。

〔六〕則是於天子諸侯之士　徐乾學本「是」下有「仕」字，顧廣圻云無「仕」字是。又單疏與釋文「天子」、「諸侯」互倒。阮校引朱熹説，疏當於「諸侯」之下絶句，謂諸侯之士玄冠朝服，若天子之士則朝服皮弁素積，此從其説。

〔七〕大夫爲昆弟之長殤　阮校云「大」閩本、毛本作「丈」，而下昏禮疏引喪服小記亦作「丈」，「丈」字是。

〔八〕天下無生而貴者　「下」原作「子」，阮校云「下」字是。此據單疏改。

〔九〕士喪爲第十三　「士」字原無，據阮校補。

〔一〇〕庿門　唐石經作「庿」，釋文同，毛本作「廟」。阮校云庿、廟古今字，經文作「庿」，注作「廟」。

〔一一〕嫌著龜之靈由廟神者　阮校云此與下文「嫌蓍龜之靈由廟神也」二「龜」字毛本俱無。今按下文疏云「以著自有靈」，疑鄭注本無「龜」字。

〔一二〕若著自有神　毛本「若」作「是知」。

〔一三〕肩革帶博二寸　阮校云毛本「二」作「三」，嚴本、集釋、通解俱作「二」，作「二」與玉藻合。今按阮説是，徐本亦作「二」。

〔一四〕以眂　「眂」張淳作「眡」，上文注作「視」。今按依説文應作「眡」，玉篇以眂爲視之古文，誤。

〔一五〕爲緅則留反　「則」字徐乾學本作「側」。黄焯彙校云據類篇「緅」有將侯、遵須、遵遇三音，將、遵與則同屬精紐，不能以作「則」爲非。

〔一六〕云素韠者　阮校云通解作「既云素韠」，要義無此下十六字，别有「素裳積白素絹爲之」八字，在「其衣冠色異」上。

〔一七〕此筮唯有蓍草　阮校云「草」要義作「兼」，屬下句。今按疏下文云「故兼言龜」，知當以作「兼」爲是。

〔一八〕此亦玉藻文　毛本無「此」、「文」二字，「亦」下有「皆」字。應以單疏有「文」字爲是。

〔一九〕肩與革帶廣同　阮校云「革」毛本誤作「韋」。

〔二〇〕天子用玄冕諸侯用皮弁　阮校云單疏兩句俱作「用」，閩本兩句俱作「同」，陳本上句作「同」，下句作「用」。

〔二一〕無四入與六入之文　阮校云毛本無「與」字，陳本「四入」下衍「五入」二字。

〔二二〕禮有色朱玄之色　阮校云「有」下單疏、陳本俱有「色」字，似誤，毛本無。

〔二三〕以涅染緅　阮校云「緅」似當作「紺」，後爵弁服節引作「紺」。

〔二四〕今時卒吏及假吏是也　阮校云毛本「是」上有「皆」字。又引沈彤云「卒吏」據漢書倪寬傳、儒林傳、黄霸傳應作「卒史」。

〔二五〕府史以下者　阮校云「者」上要義有「今時卒吏及假吏是也」九字，與徐本注合。

〔二六〕亦親類也　阮校浦鏜云「親」字疑當作「此」。

〔二七〕劉仕轉反　「仕」宋本作「材」，徐乾學本作「仕」。阮校云當以「仕」爲是，此據改。

〔二八〕音獲下同　盧文弨本於此條下依通解增「記爻户交反」一條，然此非陸氏原文，故不加。

〔二九〕故易六畫成卦　阮校云毛本「畫」下有「而」字。

〔三〇〕得古儀禮五十六篇　阮校云「古」要義作「亡」，毛本從之。今按單疏亦作「亡」。

〔三一〕贊者辨取之　「辨」張敦仁本原作「辯」，此據單疏改。今按阮校云「辯諸本俱作辨」，而不改從單疏，未審何故。

〔三二〕若疊今古之文説　阮校云「今古」毛本作「古今」，又「説」一本作「訖」。

〔三三〕藏筮之器　「筮」徐本、單疏引注俱作「筴」，黃刊嚴州本作「筮」，阮校云通解、敖氏亦作「筮」。黃氏校録云作「筮」是，阮校云作「筴」是。今按黃説是，上文疏引少牢「史左執筮」可證筮亦爲占具。説文「筭」後省作「筮」，筭、筴形近而譌。説文無筴字，後世字書始以筴爲策字之異。又經文「執筴」疑亦「執筮」之誤。

〔三四〕則三代顆用　「顆」毛本作「類」，按之文義，似以毛本爲優。阮校云「顆」即科，似亦乏證。

〔三五〕自由也　「由」原作「猶」，黃刊嚴州本、徐本俱作「由」，此據改。

〔三六〕故贊命皆在右　阮校云要義、楊氏同，毛本無「皆」字。

〔三七〕識爻户交反　盧文弨據通解改「户交反」爲「音志」，與宋本及徐乾學本不合。

〔三八〕主人爲筮人而言　阮校引盧説，謂「主人」二字「人」衍。

〔三九〕則坐文　「則」單疏誤爲「作」，毛本作「則」，此據毛本改。

〔四〇〕上云所卦者謂木　阮校云毛本「謂」下有「木」字，單疏無此字，似誤；又謂此「木」字即少牢饋食禮「卦者在左坐卦以木」之「木」。今按阮説是，此據補。

〔四一〕寫所得之卦　徐本、毛本「卦」後有「也」字，黃刊嚴州本無。阮校云集釋亦無「也」字，又特牲饋食禮引亦無，是。

〔四二〕古文旅作臚也　徐本、黃刊嚴州本無「也」字。

〔四三〕旬之外曰遠某日者　毛本無「者」字。
〔四四〕徹筵席　黄氏校録云張本改「徹」爲「撤」，據陸氏釋文也。又後有司徹釋文云「字又作撤」。説文無「撤」字，嚴本蓋用正字。
〔四五〕後辭上許　「上」單疏、要義同，阮校云毛本作「而」，又下「三辭上許」同。今按似以毛本爲是。
〔四六〕案鄉飲酒　毛本「酒」下有「禮」字。
〔四七〕加日爲期　「日」上毛本有「冠」字。
〔四八〕則改適爲一庶字異餘亦同　毛本作「則改『適』字爲『庶』字，其餘亦同」。
〔四九〕爲衆于僞反　黄焯彙校引盧文弨考證云：注云「其不宿者爲衆賓」，朱熹於「賓」字注「爲讀如字」，陸氏此音誤。
〔五〇〕前期三日宿尸　「三」原作「二」。阮校云陳本、要義作「三」，毛本作「二」。今按單疏、特牲饋食禮作「三」，此據改。
〔五一〕戒輕肅重也者　阮校云要義同，毛本「肅」作「宿」。
〔五二〕此經據主人自致辭　阮校云毛本作「辭」，單疏作「時」誤，此據其説改。
〔五三〕上經布位已訖　阮校云「訖」要義作「畢」。按前後文皆作「訖」。
〔五四〕即今之博風　阮校云「今」監本誤作「令」。「博」陳本、通解、要義俱作「博」，一本改作「摶」。
〔五五〕漢時門廡也　阮校云「時」要義作「之」。
〔五六〕此亦案漢禮器制度　阮校云要義無「漢」字。
〔五七〕文不言設之者　阮校云陳本、要義同，毛本「又」誤作「丈」。

唐朝散大夫行大學博士弘文館學士臣賈公彦等撰

儀禮注疏卷第二

陳服于房中西墉下，東領，北上。墉，牆。

【疏】「陳服」至「北上」〔一〕 自此至「東面」論陳設衣服。器物之等，以待冠者。喪大記與士喪禮服或西領，或南領，此東領者，此嘉禮異於凶禮。故士之冠特先用皁服〔二〕。北上，便也。

爵弁服，纁裳，純衣，緇帶，韎韐。此與君祭之服。〔三〕雜記曰：「士弁而祭於公。」爵弁者，冕之次，其色赤而微黑，如爵頭然，或謂之緅，其布三十升。纁裳，淺絳裳。凡染絳，一入謂之縓，再入謂之赬，〔四〕三入謂之纁，朱則四入與？純衣，絲衣也。餘衣皆用布，唯冕與爵弁服用絲耳。先裳後衣者，欲令下近緇，明衣與帶同色。韎韐，縕韍也，士縕韍而幽衡，合韋爲之，士染以茅蒐，因以名焉，今齊人名蒨爲韎韐。韍之制似韠。冠弁者不與衣陳，〔五〕而言於上，以冠名服耳。今文「纁」皆作「熏」。○纁裳，許云反。韎，音妹，又武拜反，劉又武八反。韐，古洽反，又音閤。之源，七絹反，范散騎音倉亂反。再染，如琰反，下二字同。之赬，丑貞反。欲令，力呈反。下近，附近之近。縕，音温，劉烏本反。韍，音弗。而幽，於糾反。茅，七交反，一音妹。蒐，所留反。

【疏】「爵弁」至「韎韐」 此所陳從北而南，故先陳爵弁服。

注「此與」至「作熏」 士禮玄端自祭，〔六〕以爵弁服助君祭，故云「與君祭之服」也。云「爵弁者，冕之次」者，凡冕以木爲體，長尺六寸，廣八寸，績麻三十升布，上以玄，下以纁，前後有旒。其爵弁制大同，唯無旒，又爲爵色爲異。

又名冕者，俛也，低前一寸二分，故得冕稱。其爵弁則前後平，故不得冕名。以其尊卑次於冕，故云「爵弁，冕之次也」。云「其色赤而微黑，如爵頭然，或謂之緅」者，七入爲緇，若以纁入黑則爲紺，以紺入黑則爲緅，是三入，赤，再入黑，故云「其色赤而微黑」也。云「如爵頭然」者，以目驗爵頭赤多黑少，故以爵頭爲喻也。以緅再入黑汁，與爵同，故取鍾氏緅色解之。故鄭注鍾氏云「今禮俗文作爵，言如爵頭色也」。玄此言赤者，對文爲赤，若將緅比纁，則又黑多矣。故淮南子云「以涅染紺則黑於涅」，況更一入黑爲緅乎！故巾車云「雀飾」，鄭注云「雀黑多赤少之色」是也。云「其布三十升」者，取冠倍之義。是以喪服衰三升，冠六升，朝服十五升，故冕三十升也。云「纁裳，淺絳裳」者，絳則一染至三染同云淺絳，詩云「我朱孔陽」，毛傳云「朱，深纁也」，故從一染至三染皆謂之淺絳也。云「朱則四入與」者，爾雅及鍾氏皆無四入之文，經有朱色，故鄭約之，若以纁入黑則爲紺，若以纁入赤則爲朱，無正文，故云「與」以疑之也。然上注以解玄緇，故引鍾氏染黑法，此注解纁，故引爾雅染赤法也。云「純衣，絲衣也」者，案鄭解純字或爲絲，或爲色，兩解不同者，皆望經爲注。若色理明者，以絲解之；若絲理明者，以色解之。此經「玄衣」與「纁裳」相對，上玄下纁，色理自明，絲理不明，則以絲解之。昏禮「女次純衣」，注云「絲衣」，以下文有「女從者畢袗玄」，色理自明，則亦絲理不明，故亦以絲理解之。周禮媒氏云「純帛無過五兩」，注云「純實緇字也，古緇以才爲聲。納幣用緇，婦人陰也」。以經云「純帛」，絲理自明，故爲色解之。祭統云「蠶於北郊，以共純服」，絲理自明，故鄭亦以色解也。論語云「麻冕，禮也，今也純儉」，以純對麻，絲理自明，故鄭亦以色解之，是況有不同之事。〔七〕但古緇、紂二字並行，若據布爲色者，則爲緇字；若據帛爲色者，則爲紂字。但緇布之緇多在，本字不誤；紂帛之紂則多誤爲純。云「餘衣皆用布」者，此據朝服、皮弁服、玄端服及深衣、長衣之等，皆以布爲之。是以雜記云「朝服十五升布」，玄端亦服之類，〔八〕則皮弁亦是天子朝服，深衣或名麻衣，故知用布也。云「唯冕與爵弁服用絲耳」者，祭統云「王后蠶於北郊，以供純服」，爵弁服是冕服之次，故知亦用絲也。云「先裳後衣者，欲令下近緇，明衣與帶同色」者，衣在上，宜與冠相近，應先言衣，今退衣在裳下者，若衣與冠同色者，先言衣，後言裳，今爵弁與衣異，故退純衣於下，使與帶同色也。云「韎韐，緼韍也」者，此經云「韎韐」，〔九〕二者一物，故鄭合爲一物解之也。云「士緼韍而幽衡」者，玉藻文。言「幽衡」者，同繫於革帶，故連引之也。云「合韋爲之」者，鄭即因解名緼韍之字，言韐者韋旁著合，謂合韋爲之，故名韐也。〔一〇〕云「士染以茅蒐，因以名焉」者，案爾雅云「茹藘，茅蒐」，孫氏注「一名蒨，可以染絳」，若然，則一草有此三名矣。但周公時名蒨草爲韎草，以此韎染韋，合之爲韐，因名韍爲韎韐也。云「韍之制似韠」者，案上注已釋韠制，其韍之制亦如之，但有飾無飾爲異耳。祭服謂之韍，其他服謂之韠。易困卦九二「困於酒食，朱韍方來，利用享祀」，是祭服之韍也。又案明堂位云「有虞氏服韍，夏后氏山，殷火，周龍章」，鄭云「後王彌飾，天子備焉。諸侯火而下，卿大夫山，士韎韋而已」，是士無飾則不得單名韍，一名韎韐，一名緼韍而已。是韍有與緼異，〔一一〕以制同飾異，故鄭云「韍之制似韠」也。但染韋爲韍之體，天子與其臣及諸侯與其臣有異，詩云「朱芾斯黄」，鄭云「天子純朱，諸侯黄朱」。詩又云「赤芾在股」，是諸侯用黄朱。玉藻再命、三命皆云「赤韍」，是諸侯之臣亦用赤韍。易困卦九二云「困於酒食，朱韍方來，利用享祀」，鄭注云「二據初辰在未，未爲土，此二爲大夫有地之象。未上值天厨『酒食』，象困於酒食者，采地薄不足已用也。二與日爲體離，爲鎮霍，〔一二〕爻四，爲諸侯有明德受命當王者。離爲火，火色赤，四爻，辰在午時，離氣赤又朱」是也。文王將王天子，制用朱韍，故易乾鑿度云孔子曰「天子、三公、諸侯同色，困卦『困于酒食，朱韍方來』」，又云「天子、三公、大夫不朱韍，諸侯亦同色」者，其染之法同以淺絳爲名，是天子與其臣純朱，諸侯與其臣黄朱爲異也。云「冠弁不與衣陳而言於上，以冠名服耳」者，案此文上下陳服則於房，緇布冠及皮弁在堂下，是冠、弁不與服同陳，今以弁在服上，并言之者，以冠、弁表明其服耳，不謂同陳之也。云「今文纁皆作熏」者，纁是色，當從糸旁爲之，〔一三〕故疊今文不從熏，從經文古纁也。

皮弁服，素積，緇帶，素韠。此與君視朔之服也。皮弁者，以白鹿皮爲冠，象上古也。積，猶辟也，以素爲裳，辟蹙其要中。皮弁之衣用布亦十五升，其色象焉。○猶辟，必亦反，下同。其要，一遥反。

【疏】「皮弁」至「素韠」　此皮弁服卑於爵弁，故陳之次在爵弁之南。上爵弁服下玄端服皆言衣，此獨不言衣者，以其上爵弁服與爵弁異，故言衣，下玄端服但冠時用緇布冠，不用玄冠，既不言冠，故言衣也。今此皮弁之服，用白布衣與冠同色，故不言衣也。

注「此與」至「象焉」　案玉藻云「諸侯皮弁，聽朔於大廟」。又案鄉黨説孔子之服云「素衣麑裘」，鄭云「視朔之服。視朔之時，君臣同服也」。云「皮弁者，以白鹿皮爲冠，象上古也」者，謂三皇時冒覆頭，句頷繞項。〔一四〕至黄帝則有冕，〔一五〕故世本云「黄帝作旒冕」。禮運云「先王未有宫室」，又云「食草木之實，鳥獸之肉，未有麻絲，衣其羽皮」，鄭云「此上古之時」，則此「象上古」謂象三皇時，以五帝爲大古，以三皇爲上古也。若然，黄帝雖有絲麻、布帛、皮弁，至三王不變，是以下記云「三王共皮弁」，鄭注云「質不變」，鄭注郊特牲云「所不易於先代」，故孝經緯云：「百王同之，不改易也。」案禮圖仍以白鹿皮爲冠，故云「以白鹿皮爲冠，象上古也」。云「積猶辟也，以素爲裳，辟蹙其要中」者，經典云素者有三義，若以衣裳言素者，謂白繒也，即此人之等是也；畫繢言素者，謂白色，即論語云「繢事後素」之等是也；〔一六〕器物無飾亦曰素，則檀弓云「奠以素器」之等是也，是以鄭云「以素爲裳，辟蹙其要中」也。知皮弁之衣亦用十五升布者，雜記云「朝服十五升」，此皮弁亦天子之朝服，故亦十五升布也。然喪服注云「祭服、朝服辟積無數」，則祭服、皮弁皆辟積無數。餘不云者，舉皮弁可知，不並言也，唯喪服裳幅三袧有數耳。云「其色象焉」者，謂象皮弁之色，用白布也。以此言之，論語注云「素用繒」者，彼上服裼衣用素也。

玄端，玄裳、黄裳、雜裳可也，緇帶，爵韠。此莫夕於朝之服。玄端即朝服之衣，易其裳耳。上士玄裳。中士黄裳，下士雜裳。雜裳者，前玄後黄，易曰「夫玄黄者，天地之雜色，〔一七〕天玄而地黄」。士皆爵韋爲韠，其爵同。不以玄冠名服者，是爲緇布冠陳之。玉藻曰：「韠，君朱，大夫素。士爵韋。」○此莫，音暮。於朝，直遥反。夫玄，音扶。

【疏】「玄端」至「爵韠」　此玄端服，服之下，故後陳於皮弁之南。陳三等裳者，凡諸侯之下，皆有二十七士，公侯伯之士一命，子男之士不命不同。〔一八〕一命、不命皆分爲三等，故服分爲三等之裳以當之，上下經三等之服，同用緇帶者，以其士唯有一幅褘之帶，故三服共用之。大帶所以束衣，革帶所以珮韠及佩玉之等。不言革者，舉韠有革帶可知，故略不言耳。三裳之下云「可也」者，欲見三等之士，各有所當，當者即服之，故言「可」以許之也。

注「此莫」至「爵韋」　云「此莫夕於朝之服」者，當是莫夕於君之朝服也。案玉藻云「君朝服以日視朝于内朝，夕深衣，祭牢肉」，是君朝服朝服，夕服深衣矣。下又云「朝玄端，夕深衣」，朝時所服，〔一九〕與君不同，故鄭注云「謂大夫、士也」，則彼朝玄端，夕深衣是大夫、士家私朝也。若然，大夫、士既服玄端、深衣以聽私朝矣。此服注云「莫夕於朝之服」，是士向莫之時夕君之服。必以莫爲夕者，朝禮備，夕禮簡，故以夕言之也。若卿大夫莫夕於君，當亦朝服矣。案春秋左氏傳成十二年晉郤至謂子反曰「百官承事，朝而不夕」，此云「莫夕」者，無事則無夕法，〔二〇〕若夕有事須見君則夕。故昭十二年子革云「夕」、哀十四年子我亦云「夕」者，皆是有事見君非常朝夕之事也。云「玄端即朝服之衣，易其裳耳」者，上云「玄冠，朝服，緇帶，素韠」，此玄端亦緇帶，彼云「朝服」，即此「玄端」也。〔二一〕但朝服亦得名端，故論語云「端章甫」，鄭云「端，諸侯視朝之服耳」，皆以十五升布爲緇色，正幅爲之，同名也。云「易其裳耳」者，彼朝服素韠，韠同裳色，則裳亦素；此既易其裳，以三等裳同爵韠，則亦易之矣，不言者，朝服言素韠，不言裳，故須言「易」。彼言「素韠」，此云「爵韠」，於文自明，故不須言「易」也。云「上士玄裳，中士黄裳，下士雜裳」者，此無正文，直以諸侯之士皆有三等之裳，故還以三等之士記之。但玄是天色，黄是地色，天尊而地卑，故上士服玄，中士服黄，下士當雜裳。雜裳者，還用此玄黄，但前陽後陰，故知前玄後黄也。云「易曰」者，是文言文。引之者，證此裳等是天地二色爲之。云「士皆爵韋爲韠，其爵同」者，三裳同云爵韠，故知三等之士同用爵韋爲韠也，其爵韋者，所引玉藻文是也。云「不以玄冠名服者，是爲緇布冠陳之」者，今不以玄冠表此服者，此爲冠時，緇布冠陳之，冠既不用玄冠，故不言也。云玉藻者，案彼注云「此玄端服之韠也」，云「韠」者，與下君、大夫、士爲揔目。「韋」者，又揔三者用韋爲之。言「君朱、大夫素、士爵」者，韠之韋色也。云「君朱」者，見五等諸侯，則天子亦朱矣。韠同裳色，則天子、諸侯朱裳。士言爵，則此經「爵韠」亦一也。以其裳有三等，爵亦雜色，故同爵韠。若然，大夫素裳，則與朝服不異者，禮窮則同也。

緇布冠缺項，青組纓屬于缺，緇纚廣終幅，長六尺，皮弁笄，爵弁笄，緇組紘，纁邊，同篋。缺讀如「有頍者弁」之頍。緇布冠無笄者，著頍圍髮際，結項中，〔二二〕隅爲四綴，以固冠也。項中有𦁤，亦由固頍爲之耳。今未冠笄者，著卷幘，頍象之所生也。滕、薛名蔮爲頍。屬，猶著。〔二三〕纚，今之幘梁也。終，充也。纚一幅長六尺，足以韜髮而結之矣。〔二四〕笄，今之簪。有笄者屈組爲紘，垂爲飾；無笄者纓而結其條。纁邊，組側赤也。同篋謂此上凡六物。〔二五〕隋方曰篋。○缺，依注音頍，去蘂反，又音跬，劉音屈絹反，下皆同此。項，下講反。青組，音祖。屬于，章玉反，注同。緇纚，山買反，舊山綺反。笄，音鷄。組紘，音宏。纓從下而上者。同篋，丁略反，〔二六〕下著卷同。四綴，丁衛反。有𦁤，劉紀屈反。著卷，去圓反。名蔮，古内反。猶著，直署反。以叏，〔二七〕士刀反。之簪，側金反。以上，時掌反。隋方，他果反，狹而長。

【疏】「緇布」至「同篋」。注「缺讀」至「曰篋」。云「缺讀如『有頍者弁』之頍」者，讀從頍弁詩，義取在首「頍者，弁貌」之意也。云「緇布冠無笄者」，案經皮弁、爵弁言笄，緇布冠不言笄，故云「無笄」也。云「著頍圍髮際」者，無正文，約漢時卷幘亦圍髮際故知也。云「結項」者，此亦無正文，以經云頍，明于項上結之也。云「隅爲四綴，以固冠也」者，此亦無正文，以義言之，既武以下別有頍項，明于首四隅爲綴，上綴于武，然後頍項得安穩也。云「項中有緬，亦由固頍爲之耳」者，此亦無正文，以義言之，頍之兩頭皆爲緬，別以繩穿緬中結之，然後頍得牢固，故云「亦由固頍爲之」也。云「今之未冠笄者，著卷幘，頍象之所生」者，此舉漢法以況義耳。漢時男女未冠笄者，首著卷幘之狀，雖不智知，〔二八〕既言「頍圍髮際」，故以冠之，〔二九〕明漢時卷幘亦以布帛之等圍繞髮際爲之矣。云「頍象之所生」者，漢時卷幘是頍之遺，象所生至漢時，故云「頍象之所生也」。云「滕、薛名蔮爲頍」者，此亦舉漢時事以況之。漢時滕、薛二國云蔮，蔮，卷幘之類，亦遺象，故爲況也。云「纚，今之幘梁」者，亦舉漢法爲況耳。幘梁之狀，鄭目驗而知，至今久遠，亦未審也。云「纚一幅長六尺，足以韜髮而結之矣」者，人之長者不過六尺，〔三〇〕纚六尺，故云「足以韜髮」。既云「韜髮」，乃云「結之」則韜訖乃爲紒矣。云「有笄」者，即經云「皮弁」及「爵弁」，皆云「笄」者，是有笄也。云「屈組爲紘」者，經「緇組紘，纁邊」，是爲有笄者而設。言「屈組」，謂以一條組於左笄上繫定，遶頤下，右相向上，仰屬于笄，屈繫之，有餘因垂爲飾也。云「無笄者，纓而結其條」者，無笄即經「緇布冠」是也，則以二條組，兩相屬于頍，故經云「組纓，屬于頍」也，既屬訖，則所垂條于頤下結之，故云「纓而結其條也」。云「纁邊，組側赤也」者，纁是三入之赤色，又云「邊」，則于邊側赤也。若然，以緇爲中，以纁爲邊側而織之也。云「同篋，謂此上凡六物」者，「緇布」至「屬于頍」共爲一物；纚長六尺，二物；皮弁笄，三物；爵弁笄，四物；其「緇組紘纁邊」，皮弁、爵弁各有一，則爲二物，通前四爲六物。云「隋方曰篋」者，爾雅無文，此對笥方而不隋也，隋謂狹而長也。案周禮弁師云「掌五冕」而云「玉笄朱紘」，則天子以玉爲笄，以朱爲紘。又案祭義云「天子冕而朱紘，諸侯冕而青紘」，諸侯之笄亦當用玉矣。又案弁師韋弁與皮弁同科，皮弁有笄，則二者亦有笄矣。又爲笄者屬纓，不見有緌，則六冕無緌矣。然士緇布冠無緌，故下記云孔子曰「其緌也吾未之聞也」。若諸侯亦以緇布冠爲始冠之冠，則有緌，故玉藻云「緇布冠繢緌，諸侯之冠也」，鄭注云「尊者飾，其大夫紘」。案禮器云「管仲鏤簋朱紘」，鄭注云「大夫、士當緇組紘纁邊」是也。〔三一〕其笄亦當用象耳。

櫛實于簞。簞，笥也。○櫛實，莊乙反。于簞，音丹，笥也。笥，息嗣反，字林先字反。

【疏】「櫛實于簞」注「簞，笥也」　鄭注曲禮：「圓曰簞，方曰笥。」笥與簞方圓有異，〔三二〕而云簞、笥共爲一物者，鄭舉其類，注論語亦然。

蒲筵二，在南。筵，席也。

【疏】「蒲筵二，在南」注「筵席也」　「筵二」者，一爲冠子，即下云「筵于東序，少北」是也；一爲醴子，即下云「筵于户西，南面」是也。云「在南」者，最在南頭，對下文「側尊一甒醴，在服北」也。鄭注云「筵，席也」者，鄭注周禮司几筵云「敷陳曰筵，藉之曰席」，然其散言之，筵席通矣。前敷在地者皆言藉，〔三三〕取相承之義，是以諸席在地者，多言筵也。

側尊一甒醴，在服北。有篚，實勺、觶、角柶。脯醢，南上。側，猶特也，無偶曰側，置酒曰尊，側者無玄酒。服北者，纁裳北也。篚，竹器，如笭者。勺，尊斗，〔三四〕所以𣂏酒也。爵三升曰觶。柶狀如匕，以角爲之者，欲滑也。南上者，篚次尊，籩、豆次篚。古文「甒」作「廡」。○甒，云甫反，又音武。有篚，方尾反。實勺，上若反。觶，之豉反，爵容三升也，字林音支。〔三五〕角柶，音四，匕也。脯醢，音海。如笭，力丁反，一音泠。以𣂏，〔三六〕九于反，又音俱，挹也。作廡，音武。

【疏】「側尊」至「南上」　注「側猶」至「作廡」　云「側，猶特也；無偶曰側，置酒曰尊，側者無玄酒」者，凡禮之通例，稱側有二：一者無偶，特一爲側，則此文「側」是也，又昏禮云「側尊甒醴于房中」，亦是無玄酒曰側，至於昏禮「合升側載」、聘禮云「側襲」、士虞禮云「側尊」，此皆是無偶爲側之類也；一者聘禮云「側受几」者，側是旁側之義也。云「服北者，纁裳北也」者，此上先陳爵弁服之時，纁裳最在北，向南陳之，此云「服北」，明在纁裳北可知也。云「篚，竹器，如笭」者，其字皆竹下爲之，故以「竹器」言之；「如笭」者，亦舉漢法爲況也。云「勺，尊斗，所以剌酒也」者，案少牢云「罍水有枓」，與此勺爲一物，故云「尊斗」，對彼是罍枓，所以剌水，則此爲尊枓，剌酒者也。云「爵三升曰觶」者，案韓詩外傳云「一升曰爵，二升曰觚，三升曰觶，四升曰角，五升曰散」，相對爵、觶有異，散文則通，皆曰爵，故鄭以爵名觶也。云「柶狀如匕，以角爲之者，欲滑也」者，對士喪禮用木柶者，喪禮反吉也。云「南上者，篚次尊，籩、豆次篚」，知然者，以經云尊「在服北，南上」，則是從南北向陳之，以尊爲貴，次云篚，後云籩、豆，故知次第然也。云「古文甒作廡」者，此甒爲酒器，廡是夏屋兩下，故不從古文也。

爵弁、皮弁、緇布冠各一匴，執以待于西坫南，南面，東上。賓升則東面。爵弁者，制如冕，黑色，〔三七〕但無繅耳。周禮王之皮弁會五采玉璂，象邸玉笄，諸侯及孤、卿、大夫之冕、皮弁各以其等爲之，則士之皮弁，又無玉，象邸飾。緇布冠，今小吏冠其遺象也。匴，竹器名，今之冠箱也。執之者，有司也。坫在堂角。古文「匴」作「篹」，「坫」作「檐」。〔三八〕○一匴，素管反，本或作算。〔三九〕西坫，丁念反。無繅，音早。玉璂，〔四〇〕音其。象邸，丁禮反。爲篹，素管反，劉音纂。爲檐，以占反。

【疏】「爵弁」至「東面」　此一節論使有司三人各執其一，豫在階以待冠事。賓未入，南面以向；賓在堂，亦以向賓。言「升則東面」，據終言之也。

注「爵弁」至「作檐」　云「爵弁者，制如冕而黑色，但無繅耳」者，已於上解訖，今復言之者，上文直舉冠以表服，其冠實不陳，故畧言其冠。至此專爲冠言之，是以注并引皮弁以下之事。案弁師言冕有五采繅玉，皮弁有五采玉璂，象邸玉笄，下云「諸侯及孤、卿、大夫之冕、韋弁、皮弁，弁絰各以其等爲之」，鄭注云「各以其等，繅、斿、玉璂，如其命數也」。但上文已言上公之法,故此「諸侯」唯據侯、伯、子、男,是以鄭云:「冕則侯、伯繅七就,用玉九十八;子男繅五就,用玉五十,繅玉皆三采。孤繅四就,用玉三十二;三命之卿繅三就,用玉十八;再命之大夫繅再就,用玉八,藻玉皆朱緑。韋弁、皮弁,則侯、伯璂飾七,子、男璂飾五,玉亦三采;孤則璂飾四;三命之卿璂飾三;再命之大夫璂飾二,玉亦二采。弁經之弁,其辟積如冕繅之就。然庶人弔者素委貌,一命之大夫冕而無旒,士變冕爲爵弁,其韋弁、皮弁之會無結飾,弁經之弁不辟積。」彼經文具言之,今此注畧引以證士皮弁無玉,以象爲飾之意。不取於韋弁弁經及依命數之事,故不具引之。云「緇布冠,今小吏冠其遺象也」者,但緇布冠,士爲初加之冠,冠訖則弊之不用,庶人則常著之,故詩云「臺笠緇撮」,是庶人以布冠常服者,以漢之小吏亦常服之,故舉爲況。云「匴,竹器名,今之冠箱也」者,此亦舉漢法爲況。云「執之者,有司也」者,則上云「有司如主人服」,有司不主一事,故知此亦有司也。云「坫在堂角」者,但坫有二文:一者謂若明堂位云「崇坫亢圭」,及論語云「兩君之好有反坫」之等,在廟中有之,以亢反爵之屬;此篇之内言坫者,皆據堂上角爲名,故云「堂角」。云「古文匴爲篹,坫作檐者」,皆從經今文,故疊古文也。

主人玄端、爵韠,立于阼階下,直東序,西面。玄端,士入廟之服也。阼,猶酢也,東階所以荅酢賓客也。堂東西牆謂之序。〇于阼,才故反。猶酢,才各反。

【疏】「主人」至「西面」　上文已陳衣、冠、器物,自此以下至「外門外」論賓主、兄弟等著服及位處也。云「玄端、爵韠」者,主人之服,與上所陳子加冠玄端服亦一也。云「立於阼階下」者,時欲與賓行禮之事也。云「直東序」者,直,當也,謂當堂上東序牆也。

注「玄端」至「之序」　案特牲，士禮祭服用玄端，此亦士之加冠，在廟，故與祭同服，故云「士入廟之服也」。云「東西牆謂之序」者，爾雅釋宮文。

兄弟畢袗玄，〔四一〕立于洗東，西面，北上。兄弟，主人親戚也。畢，猶盡也。袗，同也。玄者，玄衣、玄裳也，緇帶、韠。位在洗東，退於主人。不爵韠者，降於主人也。古文袗爲均也。○袗玄，之忍反。〔四二〕劉之慎反，一音真，同。

【疏】「兄弟」至「北上」　此論兄弟來觀禮之服也。

注「兄弟」至「均也」　云「兄弟，主人親戚也」者，既云兄弟，故是親戚。云「袗，同也。玄者，玄衣、玄裳也，緇帶、韠」者，以其同玄，故知上下皆玄。云「緇帶、韠」者，緇亦玄之類，因士有緇帶，故韠亦言緇，實亦玄也。云「位在洗東，退於主人」者，主人當序南，西面，洗當榮，兄弟又在洗東，故云「退於主人」也。云「不爵韠者，降於主人也」者，爵弁同色，〔四三〕主人尊故也；兄弟用緇韠，不用爵韠，兄弟卑，故云「降於主人也」。

擯者玄端，負東塾。東塾，門内東堂，負之，北面。

【疏】「擯者」至「東塾」　擯者不言「如主人服」，別言玄端，則與主人不同可知。主人與兄弟不同，故特言玄端。與下「贊者玄端，從之」同言玄，則此擯者是主人之屬中士若下士也，故直舉玄端，不言裳也。

注「東塾」至「北面」　知是擯者是主人擯相，事在門内，故知在門内東堂，負之北面，向主人也。

將冠者采衣，紒，在房中，南面。采衣，未冠者所服。玉藻曰：「童子之節也，〔四四〕緇布衣，錦緣，錦紳并紐，錦束髮，皆朱錦也。」紒，結髮。古文「紒」爲「結」。○紒，音計，後同。錦緣，以絹反。并紐，九女反。

【疏】「將冠」至「南面」　注「采衣」至「爲結」　「將冠者」，即童子二十之人也，以其冠事未至，故言「將冠者」也。云「緇布衣，錦緣」者，以其童子不帛襦、袴，不衣裘裳，故云「緇布衣」，以錦爲緇布衣之緣也。云「錦紳」者，以錦爲大帶也。云「并紐」者，亦以錦爲紐，紳之垂也。云「錦束髮」者，以錦爲總。云「皆朱錦也」者，童子之錦皆朱錦也。云「紒，結髮」者，則詩云「總角丱兮」是也。〔四五〕以童子尚華飾，故衣此也。

賓如主人服，贊者玄端從之，立于外門之外。外門，大門外。

【疏】「賓如」至「之外」　注「外門大門外」　云「賓如主人服」者，以其賓與主人尊卑同，故得如之。贊者皆降主人一等，其衣冠雖同，其裳則異，故不得如主人服，故別玄端也。若然，此冠兄弟及賓、贊皆得玄端，特牲主人與尸、祝、佐食玄端，自餘皆朝服者，彼助祭在廟，緣孝子之心欲得尊嘉賓，以事其祖禰，故朝服與主異也。

擯者告。告者，出請入告。

【疏】「擯者告」　注「告者出請入告」　「出請入告」者，告主人也。

主人迎，出門左，西面，再拜。　賓荅拜。左，東也。出以東爲左，入以東爲右。

【疏】「主人」至「荅拜」　注「左東」至「爲右」　「出以東爲左，入以東爲右」，據主人在西，出則以西爲右，入以西爲左也。

主人揖贊者，與賓揖，先入。贊者賤，揖之而已。又與賓揖，先入道之，贊者隨賓。○道之，音導。

【疏】「主人」至「先入」　注「贊者」至「隨賓」　云「贊者賤，揖之而已」者，正謂贊者降于主人與賓一等爲賤也。云「又與賓揖」者，對前爲賓拜訖，今又揖者，爲主人將先入故又與賓揖乃入也。云「贊者隨賓」者，後不見更與贊者爲禮，故知隨賓入也。

每曲揖。周左宗廟，入外門將東曲，揖；直廟，將北曲，又揖。

【疏】「每曲揖」　注「周左」至「又揖」　「周左宗廟」者，祭義與小宗伯俱有此文，對殷右宗廟也。〔四六〕言此皆欲見入大門東向入廟。云「入外門，將東曲，揖」者，主人在南，賓在北，俱東向，〔四七〕是一曲，故一揖也。至廟南，主人在東，北面，賓在西，北面，是曲爲二揖，〔四八〕故云「直廟將北曲，又揖」也。通下將入廟又揖，三也。

至于廟門，揖入。三揖至于階，三讓。入門將右曲，揖；將北曲，揖；當碑，揖。○當碑，彼宜反。

【疏】「至于」至「三讓」　注「入門」至「碑揖」　經直云「入門揖」，鄭知此爲三揖者，以上云「每曲揖」，據入門東行時，此入廟門三揖，是據主人將右，欲背客，宜揖；將北曲，與客相見，又揖。云「當碑，揖」者，碑是庭中之大節，又宜揖，是知三揖據此而言也。案昏禮注「入三揖」者：至內霤將曲，揖；既曲北面，〔四九〕揖；當碑，揖，及聘禮、鄉飲酒「入三揖」，注雖不同，皆據此三節爲三揖，義不異也。

主人升，立于序端，西面。賓西序，東面。主人、賓俱升，立相鄉。○相鄉，許亮反，本又作嚮。

【疏】「主人」至「相鄉」　注「主人」至「相鄉」　此文主人與賓立相鄉，位定，將行冠禮者也。主人升堂，不拜至者，冠子爲賓客，〔五〇〕故異於鄉飲酒之等也。

贊者盥于洗西，〔五一〕**升，立于房中，西面，南上。**盥於洗西，由賓階升也。立于房中，近其事也。南上，尊於主人之贊者。古文「盥」皆作「浣」。○近其，附近之近。作浣，户管反。

【疏】「贊者」至「南上」　注「盥於」至「作浣」　此賓者之贊冠者，不在堂，升即位于房中，與主人贊者並立者，以其與主人贊者俱是執勞役之事，故先入房並立待事，〔五二〕故鄭云「近事也」。云「盥於洗西，由賓階升也」者，贊者盥於洗西，無正文。案鄉飲酒主人在洗北，南面，賓在洗南，北面，如此相鄉；又主人從内，賓從外來之便，贊者亦從之，又卑不可與賓並，明在洗西，東面，及向賓階便，知在洗西也。云「由賓階升」者，以與主人贊者在房並立，恐由阼階，〔五三〕；故明之同於賓客也。云「南上，尊於主人之贊者」，以其賓主贊者俱降一等，兩贊尊卑同，而云尊者，直以主人尊敬賓之贊，故云「尊於主人之贊」。又知與主人贊並立者，以贊冠一人而已，而云「南上」，明與主人爲序也。

主人之贊者筵于東序，少北，西面。主人之贊者，其屬中士若下士。筵，布席也。東序，主人位也。適子冠於阼少北，辟主人。○適子，丁歷反。辟主，音避，下辟爲同。

【疏】「主人」至「西面」　注「主人」至「主人」　云「主人之贊者，其屬中士若下士」者，以主人上士爲正，故云「其屬中士」；若主人是中士，贊是其屬，下士爲之，賓與贊冠者同。云「筵，布席也」者，謂布冠者席也。云「東序，主人位也」者，引冠義云「適子冠於阼」爲證是也。

將冠者出房，南面。南面，立于房外之西，待賓命。

【疏】「將冠」至「南面」 注「南面」至「賓命」 知在「房外之西」，不在東者，以房外之東南當阼階，是知「房外」者，皆在房外之西，故昬禮「女出于母左」，母在房外之西，故得出時在母左也。云「待賓命」者，以其下文有「賓揖將冠」，則賓有命也。

贊者奠纚、笄、櫛于筵南端。贊者，賓之贊冠者也。奠，停也。古文「櫛」爲「節」。

【疏】「贊者」至「南端」 注「贊者」至「爲節」 前頍項已下六物同一篋，陳於房，今將用之，故贊冠者取置于將冠之席南擬用。若然，六者俱用，不言纓、紘等四物，大畧，其實皆有可知。不言櫛盛于簞，今亦并簞將來置於席南端也。服不將來置於席南者，皆加冠訖，宜房中隱處加服訖，〔五四〕乃見容體也。知贊者是其「賓之贊冠者也」者，以其贊冠者主爲冠事而來，故知取笄、纚是賓之贊冠者。若非賓之贊者，則云「主人」以別之，故上云「主人之贊者」是也。

賓揖將冠者。將冠者即筵坐。贊者坐，櫛，設纚。即，就。設，施。

【疏】「賓揖」至「設纚」 此二者勞役之事，故贊者爲之也。

賓降，主人降。賓辭，主人對。主人降，爲賓將盥，不敢安位也。辭對之辭未聞。○爲賓，于僞反，下爲不同。

【疏】「賓降」至「人對」 云「辭對之辭未聞」者，上筮賓宿賓之時，雖不言其辭，下皆陳其辭，此賓主之辭，下皆不言，〔五五〕故云「未聞也」。

賓盥，卒，壹揖，壹讓，〔五六〕升。主人升，復初位。揖、讓皆壹者，降於初。古文「壹」皆作「一」。

【疏】「賓盥」至「初位」　云「主人升，復初位」者，謂初升序端也。

注「古文壹皆作一」　一、壹得通用，雖疊古文，不破之也。

賓筵前坐，正纚。興，降西階一等。執冠者升一等，東面，授賓。正纚者，將加冠宜親之。興，起也。降，下也。下一等，升一等，則中等相授。冠，緇布冠也。

【疏】「賓筵」至「授賓」　注「正纚」至「冠也」　云「正纚者，將加冠宜親之」者，以其贊者前已設纚訖，今賓復出正之者，雖舊設已正，以親加冠，故纚亦宜親之也。云「下一等，升一等，則中等相授」者，案匠人「天子之堂九尺」，賈、馬以爲傍九等爲階；則諸侯堂宜七尺，則七等階；大夫堂宜五尺，則五等階；士宜三尺，則三等階，故鄭以「中等」解之也。知冠是緇布冠者，以下文有皮弁、爵弁，故知此是緇布冠也。

賓右手執項，左手執前，進容，乃祝，坐如初，乃冠。興，復位。贊者卒。進容者，行翔而前鶬焉，〔五七〕至則立祝。坐如初，坐筵前。興，起也。復位，西序東面。卒謂設缺項結纓也。○鶬焉，七良反。

【疏】「賓右」至「者卒」　注「進容」至「纓也」　知「進容者，行翔而前鶬焉」者，曲禮云「堂上不趨，〔五八〕室中不翔」則堂上固得翔矣；又云「大夫濟濟，士蹌蹌」，注云「皆行容止之貌」，此進容是士，故知「進容謂行翔而前鶬焉」。云「至則立祝」者，以經祝下乃云「坐如初」，故祝時立可知。云「坐如初，坐筵前」者，上正纚時，筵前坐，是初坐也。云「卒謂設缺項結纓也」者，下文皮弁「贊者卒紘」，此謂緇布冠，無笄紘，直「頍項，青組纓屬於頍」，故卒者終頍項與結纓也。若然，經云「右手執項」，謂冠後爲項，非頍項，其下皮弁、爵弁，無頍項，皆云執項，故知非頍項也。

冠者興，賓揖之，適房，服玄端，爵韠，出房，南面。復出房南面者，一加禮成，觀衆以容體。○復出，扶右反。

【疏】「冠者」至「南面」　注「復出」至「容禮」　言「復」者，對前出房，故云「復」。前出爲待賓命，此出爲觀衆以容體也。案郊特牲論加冠之事云「加有成也」，故此鄭云「一加禮成」也。云「觀衆以容體」者，以其既去緇布衣、錦緣童子服，著此玄端成人之服，使衆觀知，故云「觀衆以容體」也。

賓揖之，即筵坐，櫛，設笄。賓盥、正纚，如初。降二等，受皮弁。右執項，左執前，進、祝，加之，如初。復位，贊者卒紘。如初，爲不見者言也。卒紘，謂繫屬之。○見者，賢遍反。屬，音燭。

【疏】「賓揖」至「卒紘」　注「如初」至「屬之」　此當第二加皮弁之節。云「即筵坐，櫛」者，坐訖當脱緇布冠，乃更櫛也。云「設笄」者，凡諸設笄有二種：一是紒內安髮之笄，一是皮弁、爵弁及六冕固冠之笄。今此櫛訖，未加冠即言設笄者，宜是紒內安髮之笄也。若安髮之笄，則緇布冠亦宜有之，前櫛訖不言設笄者，以其固冠之笄，緇布冠無笄，而皮弁、爵弁有笄，上文已陳訖，今若緇布冠亦言設笄，即與皮弁、爵弁相亂，故緇布冠不言設笄，其實亦有也。若然，緇布冠不言「設笄」，而言「設纚」，皮弁冠言「設笄」不言「設纚」，互見爲義，明皆有也。其於固冠之笄，則於賓加弁之時自設之可知。云「如初，爲不見者言也」者，上加緇布冠時，有「賓降，主人降，賓辭，主人對。賓盥卒，一揖，一讓，升。主人升，復初位。賓筵前坐」之等相次，此皆不見，故設經省文，如之而已，故云「爲不見者言也」。云「卒紘，謂繫屬之」者，即上注云「有笄者，屈組以爲紘」，伸屬之，左相繫定，右相繦繫，〔五九〕擬解時易爲「繫屬之」也。

興，賓揖之，適房，服素積、素韠，容，出房，南面。容者，再加彌成，其儀益繁。

【疏】「興賓」至「南面」　興，謂冠者加皮弁訖，起待賓揖之也。〔六〇〕云「適房，服素積、素韠」者，上陳服皮弁云「緇帶、素韠」，此不言緇帶者，上唯有一帶，不言可知，故不言也。

注「容者」至「益繁」　此對上加緇布冠時直言「出房，南面」，不言「容」，此則言「容」，以「再加彌成，其儀益繁」，故言「容」，其實彼出亦是容，故鄭注云「觀衆以容體也」。

賓降三等，受爵弁，加之。服纁裳、韎韐，其他如加皮弁之儀。降三等，下至地。他謂卒紘容出。

【疏】「賓降」至「之儀」　注「降三」至「容出」　云「降三等，下至地」者，據士而言。云「他謂卒紘容出」者，以其自餘皆緇布冠，見訖，皮弁如之，而以至「卒紘容出」，唯皮弁有之，故知「他」謂此二者也。

徹皮弁、冠、櫛，筵，入于房。徹者，贊冠者，主人之贊者爲之。

【疏】「徹皮」至「于房」 注「徹者」至「爲之」 冠即緇布冠也，不言緇布冠者，可知故也。皮弁具言者，以有爵弁之嫌。然不言爵弁者，著之以受醴，至見母、兄弟、姑姊訖，乃易服故也。云「徹者，贊冠者、主人之贊者爲之」者，以其贊冠者奠櫛，主人之贊者設筵，故知還遣之也。

筵于户西，南面。筵，主人之贊者。户西，室户西。

【疏】「筵于户西，南面」 注「筵主」至「户西」 知主人之贊者設筵者，以上文「筵于東序」已遣主人之贊，故知此亦主人之贊者也。云「户西，室户西」者，以下記醮于客位，在户西，醮、醴同處，故知「户西」也。

贊者洗于房中，側酌醴，加柶，覆之，面葉。洗盥而洗爵者，昏禮曰：「房中之洗在北堂，直室東隅。篚在洗東，北面盥。」「側酌」者，言無爲之薦者。面，前也。葉，柶大端。贊酌者，賓尊不入房。古文「葉」爲「擖」。〔六一〕

【疏】「贊者」至「面葉」 注「洗盥」至「爲擖」 云「洗盥而洗爵」者，凡洗爵者必先盥，盥有不洗爵者，此經直云「洗」，明盥手乃洗爵，故鄭云「盥而洗爵」。引昏禮「房中之洗」至「北面盥」者，證房中有洗之事。若然，前設洗于庭者，不爲醴，以房中有洗、醴，尊也。云「側酌者，言無爲之薦」者，謂無人爲之薦脯醢，還是此贊者，故下直言「薦脯醢」，不言别有他人，明還是贊者也。昏禮「贊醴婦」，〔六二〕是贊者自酌自薦，經雖不言「側酌」，側自明也。云「葉，柶大端」者，謂扱醴之面，柄細，故以爲柶大端。此與昏禮禮賓皆云「面葉」者，〔六三〕此以賓尊不入户，贊者面葉授賓，賓得面枋授冠者，冠者得之，面葉以扱醴而祭。昏禮禮賓亦主人，尊不入房，贊者面葉以授主人，主人面枋以授賓，賓得面葉以扱祭。至於聘禮禮賓，宰夫實觶以醴，加柶于觶，面枋授公者，凡醴皆設柶，聘禮宰夫不訝授公，側受醴則還，〔六四〕面枋以授賓，故面枋也。

賓揖冠者就筵，筵西，南面。賓受醴于户東，加柶，面枋，筵前，北面。户東，室户東。今文「枋」爲「柄」。

【疏】「賓揖」至「北面」　注「户東」至「爲柄」　知「室户東」者，以其冠者筵室户西，〔六五〕賓自至房户取醴酌醴者，出向西以授也。

冠者筵西拜，受觶。賓東面荅拜。筵西拜，南面拜也，賓還荅拜於西序之位。東面者，明成人與爲禮，異於荅主人。

【疏】「冠者」至「荅拜」　注「筵西」至「主人」　云「筵西拜，南面拜也」者，上云「冠者筵西，南面」，知受觶拜，還南面也〔六六〕。知賓東面在西序者，以上文與主人相對，本位於西序也。云「東面者，明成人與爲禮，異於荅主人」者，案鄉飲酒、鄉射賓於西階北面荅主人拜，今此於西序東面拜，故云「異於荅主人」。又昬禮禮賓、聘禮禮賓皆云「拜送」，此云「荅拜」不云「拜送」者，彼醴是主人之物，故云「拜送」，此醴非賓物，故云「荅拜」也。

薦脯醢。贊冠者也。○薦脯，本又作𧀌，子見反；或作廌，非也，廌依字，直買反，解爲獸名，後放此。

【疏】薦脯醢　注「贊冠者也」　上文云贊「側酌醴」，是贊冠者，明此「薦」亦是贊冠者也。

冠者即筵坐，左執觶，右祭脯醢，以柶祭醴三；〔六七〕興；筵末坐，啐醴，建柶，〔六八〕興；降筵。坐奠觶拜，執觶興，賓荅拜。建柶，扱柶於醴中。〔六九〕其拜皆如初。古文「啐」爲「呼」。○啐，七内反。捷柶，初洽反，本又作插，亦作扱。

【疏】「冠者」至「荅拜」　云「祭醴三，興」者，三祭者一如昏禮，〔七〇〕始扱一祭，又扱再祭也。云「筵末坐，啐醴，建柶，興；降筵」，此啐醴不拜既爵者，以其不卒爵，故不拜也。

冠者奠觶于薦東，降筵，北面坐取脯，降自西階，適東壁，北面見于母。薦東，薦左。凡奠爵，將舉者於右，不舉者於左。適東壁者，出闈門也，時母在闈門之外。婦人入廟由闈門。○見于母，賢遍反，下及注入見、如見、見于君、贄見與見姑、見母同。闈，音韋，劉音暉，宮中小門也。

【疏】「冠者」至「于母」　注「薦東」至「闈門」　云「薦東，薦左」者，據南面爲正，故云「薦左」也。云「凡奠爵，將舉者於右」者，謂若鄉飲酒、鄉射是也。此文及昏禮贊醴婦，是不舉者皆奠之於左也。云「適東壁者，出闈門也」者，宮中之門曰闈門，母既冠子無事，故不在門外，今子須見母，故知出闈門也。云「婦人入廟由闈門」者，雜記云「夫人奔喪，入自闈門，升自側階」，鄭注云「宮中之門曰闈門，爲相通者也」是也。

母拜，受。子拜，送。母又拜。婦人於丈夫，雖其子猶俠拜。○俠，古洽反，劉古協反，下同。

【疏】「母拜」至「又拜」　注「婦人」至「俠拜」　鄭云「婦人於丈夫，雖其子猶俠拜」者，欲見禮子之體例，但是婦人於丈夫皆使俠拜，故舉子以見義也。

賓降，直西序，東面。主人降，復初位。初位，初至階讓升之位。

【疏】「賓降」至「初位」 此將欲與冠者造字而迎之位也。〔七一〕注「初位」至「之位」 云「初位，初至階讓升之位」者，謂初迎賓至階讓升之位。其賓直西序，則非初讓升之位。主人直東序西者，欲迎其事，聞字之言故也。

冠者立于西階東，南面。賓字之，冠者對。對，應也，其辭未聞。○應也，應對之應。

【疏】「冠者」至「者對」 注「對應」至「未聞」 云「賓字之」者，即下文有字辭，又有「某甫」之字，若孔子云尼父之字是也。云「其辭未聞」者，下有賓祝辭，不見冠者應辭。故云「未聞」也。案禮記冠義云「既冠而字之，成人之道也。見於母，母拜之」，據彼則字訖乃見母。此文先見乃字者，此文見母是正見；彼見母在下者，記人以下有「兄弟之等皆拜之」，故退見母於下，使與「兄弟拜」，文相近也。若然，未字先見母，字訖乃見兄弟之等者，急於母，緩於兄弟也。

賓出，主人送于廟門外。不出外門，將醴之。

【疏】「賓出」至「門外」 注「不出」至「醴之」 以下云「請醴賓」，故云「將醴之」也。

請醴賓，賓禮辭，許。賓就次。此醴當作禮。「禮賓」者，謝其自勤勞也。〔七二〕次，門外更衣處也，必帷幕、簟席爲之。〔七三〕○處也，冒慮反。帷幕，武博反。

【疏】「請醴」至「就次」　注「此醴」至「爲之」　云「此醴當作禮」者，對上文有「酌禮」、「受醴」之等不破之，此當爲上於下之禮，不得用醴，禮即從醴字。何者，周禮云「諸侯用鬯」，〔七四〕不云鬯賓。明不得以醴禮賓即爲醴，故破從禮也。云「次，門外更衣處也」者，次者，舍之名，以其行禮衣服或與常服不同，更衣之時須入於次，故云「更衣處」也。云「必帷幕、簟席爲之」者，〔七五〕案聘禮記云「宗人授次，次以帷，少退于君之次」，注云「主國之門外，諸侯及卿大夫之所使者，次位皆有常處」。又案周禮幕人「掌帷幕、幄、帟綬之事」，注云「帷、幕皆以布爲之，四合象宫室曰幄」。〔七六〕云「簟席」者，士卑或用簟席，是以雜記諸侯、大夫喪皆用布，士用簟席爲之，次亦當然。

冠者見於兄弟，兄弟再拜，冠者荅拜。見贊者，西面拜，亦如之。見贊者，西面拜，則見兄弟東面拜。贊者後賓出。○後賓，户豆反。

【疏】「冠者」至「如之」　注「見贊」至「賓出」　兄弟位在東方，此贊冠者則賓之類，故贊者東面也，言贊者先拜，冠者荅者也。知「贊者後賓出」者，文於「見兄弟」下始見之，明「贊者後賓出」也。出亦當就次，待禮之也。

入見姑、姊，如見母。入，入寢門也。廟在寢門外。如見母者，亦北面，姑與姊亦俠拜也。不見妹，妹卑。

【疏】「入見」至「見母」　注「入入」至「妹卑」　男子居外，女子居内，廟在寢門外，入見，入寢門可知。不見父與賓者，蓋冠畢則已見也。不言者，從可知也。云「不見妹，妹卑」者，以其妹卑於姑、姊，故不見也。

乃易服，服玄冠、玄端、爵韠。奠摯，〔七七〕見于君。遂以摯見於鄉大夫、鄉先生。易服不朝服者，非朝事也。摯，雉也。鄉先生，鄉中老人爲卿大夫致仕者。○奠贄，本又作摯，音至。非朝，直遥反。

【疏】「乃易」至「先生」　注「易服」至「仕者」　云「易服」者，爵弁既助祭之服，不可服見君與先生等，故易服服玄端也。云「易服不朝服者，非朝事也」者，此乃因加冠，以成人之禮見君，非正服之節，故不朝服。經直云「玄端」，則兼玄冠矣，今更云「玄冠」者，以初冠時服玄端，爲緇布冠，服緇布冠非常著之冠，而弊之，易服，宜服玄冠，配玄端，故兼云「玄冠」也。朝服與玄端同，玄端則玄裳、黄裳、雜裳、黑屨。若朝服，玄冠、玄端雖同，但裳以素而屨色白也，以其但正幅，故朝服亦得端名。然六冕皆正幅，故亦名端，是以樂記云：「魏文侯端冕而聽古樂。」又論語云「端章甫」，鄭云「端，玄端，諸侯視朝之服」，則玄端不朝，〔七八〕得名爲玄端也。云「摯，雉也」者，士執雉是其常，故知摯是雉也。云「鄉先生，鄉中老人爲卿大夫致仕者」，此即鄉飲酒與鄉射記「先生」及書傳「父師」，〔七九〕皆一也。先生亦有士之少師，鄭不言者，經云「鄉大夫」，不言士，故先生亦畧不言，其實亦當有士也。

乃醴賓，以壹獻之禮。壹獻者，主人獻賓而已，即燕無亞獻者。獻、酢酬賓、主人各兩爵而禮成，特牲、少牢饋食之禮獻尸，此其類也。士禮一獻，卿大夫三獻。禮賓不用柶者，〔八〇〕泲其醴。內則曰：飲重醴清糟：「稻醴清糟、黍醴清糟、粱醴清糟。」〔八一〕凡醴事質者用糟，文者用清。○少牢，詩召反。泲其，子禮反，下同。清糟，子曹反。劉本作莤，音糟。

【疏】「乃醴」至「之禮」　注「壹獻」至「用清」　此醴亦當爲禮，不言可知也。云「壹獻者，主人獻賓而已，即燕無亞獻者」，案特牲、少牢主人獻尸，主婦亞獻爲二獻，此則主人獻賓而已，無亞獻。知即燕者，鄉飲酒未有燕，故知獻後有燕。云「獻、酢酬賓、主人各兩爵而禮成」者，主人獻賓，賓酢主人，主人將酬賓，先自飲訖，乃酬賓，奠而不舉，是「賓、主人各兩爵而禮成」也。〔八二〕必知一獻之禮，禮備有酬酢者，昏禮舅姑饗婦以一獻之禮，奠酬得正禮，不旅；

又曰「婦酢舅更爵自薦」，是備酬酢也。鄉飲酒亦備獻、酢酬，是其義也。云「特牲、少牢饋食之禮獻尸」，此其類也」者，此賓、主人各兩爵，無亞獻；彼主人、主婦各一爵，有亞獻，雖不同，得主人一獻義類同，故云「此其類也」。云「士禮一獻」者，即士冠及昏禮、鄉飲酒禮、鄉射皆是一獻也。云「卿大夫三獻」者，案左氏傳云「季孫宿如晉，拜莒田也。晉侯享之，有加籩。武子退，使行人告曰：小國之事大國也，苟免於討，不敢求貺，得貺不過三獻」，又禮記郊特牲云「三獻之介」，亦謂卿大夫三獻之介。案大行人云上公饗禮九獻，侯伯七獻，子男五獻，是以大夫三獻，士一獻，亦是其差也。云「禮賓不用柶者，泲其禮」者，此有獻、酢酬飲之泲者，故不用柶。冠禮禮子用醴，不泲，故用柶也。云「內則曰飲」者，鄭注云「目諸飲也」。云「重醴清糟」者，〔八三〕鄭云「重，陪也。糟，醇也。清，泲也。致飲有醇者，有泲者，陪設之」，稻醴以下是也。云「凡禮事質者用糟，〔八四〕文者用清」者，質者謂若冠禮禮子之類是也，故以房户之間顯處設尊也。

主人酬賓，束帛、儷皮。飲賓客而從之以財貨曰酬，所以申暢厚意也。束帛，十端也。儷皮，兩鹿皮也。古文「儷」爲「離」。○儷皮，音麗，兩也。飲賓，於鴆反。

【疏】「主人」至「儷皮」　注「飲賓」至「爲離」　「主人酬賓」，〔八五〕當奠酬之節，行之以財貨也。此禮賓與饗禮同，但爲饗禮有酬幣則多，故聘禮云「若不親饗，致饗以酬幣」，注云「禮幣束帛、乘馬，亦不是過也」。又案大戴禮云「禮幣采飾而四馬」，是大夫禮多，與士異也。案禮器云「琥璜爵」，鄭云「天子酬諸侯，諸侯相酬以此玉將幣也」，則又異於大夫也。下凡酬幣之法，尊卑獻數多少不同，及其酬幣，唯於奠酬之節一行而已。春秋秦后子出奔晉，后子享晉侯，「歸取酬幣，終事八反」，杜注云「備九獻之儀。始禮，自齎其一，故續送其八酬酒幣」，彼九獻之間，皆云「幣」。〔八六〕春秋之代，奢侈之法，非正禮也。云「束帛，十端也」者，禮之通例，凡言束者，無問脯與錦，皆以十爲數也。云「儷皮，兩鹿皮也」者，當與射禮庭實之皮同。禮記郊特牲云「虎豹之皮，示服猛也」，又覲禮用馬，則國君用馬或虎豹皮。若臣聘則用鹿皮，故鄭注聘禮云「凡君於臣，臣於君，麋鹿皮可也」。言「可」者，以無正交。若然，兩國諸侯自相見，〔八七〕亦用虎豹皮也。

贊者皆與，贊冠者爲介。贊者，衆賓也。〔八八〕皆與，亦飲酒爲衆賓。介，賓之輔。以贊爲之，尊之。飲酒之禮，賢者爲賓，其次爲介。

【疏】「贊者」至「爲介」　注「贊者」至「爲介」　鄭知「贊者，衆賓」者，以其下別言「贊冠者」，明上云「贊者」是「衆賓」也。云「介，賓之輔」者，以其鄉飲酒之禮，賢者爲賓，其次爲介，又其次爲衆賓。彼據將貢以爲優劣之次也，此雖不貢，以飲酒之禮立賓主，亦以優劣立介以輔也。云「以贊爲之，尊之」者，謂賓此贊冠者，〔八九〕故遣爲介也。云「飲酒之禮，賢者爲賓，其次爲介」者，取尊爲義也。

賓出，主人送于外門外，再拜，歸賓俎。一獻之禮有薦有俎，其牲未聞，使人歸諸賓家也。

【疏】「賓出」至「賓俎」　注「一獻」至「家也」　賓不言薦脯醢者，案舅、姑共饗，婦以一獻，有姑薦，則此一獻亦有薦脯醢可知。經有俎必有特牲，但鄉飲、鄉射取擇人而用狗，此冠禮無擇人之義，則不用狗，但無正文，故云「其牲未聞也」。知「使人歸諸賓家」者，以「賓出，主人送於門外」，乃始言歸賓俎，明歸於賓家也。

校勘記

〔一〕陳服至北上　阮校：浦鏜云疏中「自此至東面」云云十八字已見上「夙興」節疏，此重出。按此兩節適在兩卷交接處，故重出。疏分五十卷，與唐書新、舊志合。今本依注作十七卷，便無此問題。

〔二〕故士之冠特先用卑服　阮校云「特」通解作「時」，單疏、陳本、要義作「特」。「士之」要義作「也士」。

〔三〕此與君祭之服　阮校云「與」通典作「助」。疑當以作「助」爲是，因「與」當讀去聲，而釋文無音。今按阮説亦無版本根據。

〔四〕再入謂之赬　「入」釋文作「染」，下二字同。

〔五〕冠弁者　阮校引盧文弨云「者」字衍。今按黄刊嚴州本、徐本俱有「者」字，似非衍。

〔六〕士禮玄端自祭　「端」原作「冠」，此據單疏改。

〔七〕是況有不同之事　阮校云「況」要義作「注」。

〔八〕玄端亦服之類　阮校浦鏜云「亦」下當脱「朝」字。

〔九〕此經云韎韐　阮校浦鏜云此下當脱「禮記云緼韍緼韍韎韐」九字。

〔一〇〕言韐者韋旁著合謂合韋爲之故名韐也　「韐」原誤作「韐」，此據各本改。

〔一一〕是韍有與緼異　阮校浦鏜云「緼」當爲「韠」字之誤。阮氏則疑當云「是韍又與緼韍異」。

〔一二〕二與日爲體離爲鎮霍　上六字阮校引要義説，當作「二與四爲離體」。今按此句似有錯簡，語意晦澀，要義之説亦無版本根據，待考。

〔一三〕當從糸旁爲之　「糸」原作「絲」。阮校云段玉裁校本作「糸」，此據改。

〔一四〕冒覆頭句頷繞項　毛本「冒」上有「以白鹿皮」四字，「句」作「鉤」。阮校云通解與毛本同。

〔一五〕至黄帝則有冕　阮校云「冕」陳、閩作「異」。今按下文云「黄帝作旒冕」，陳、閩誤。

〔一六〕饋事後素之等是也　阮校云「繢」毛本作「繪」，「是」毛本作「事」。今按繢説文訓畫，繪説文訓五采繡，依本義應作繢，今本論語八佾或作「繪」，通假也。

〔一七〕夫玄黄者天地之雜色　「色」黄刊嚴州本、徐本同。張本改「色」爲「也」，李本同。黄氏校録以爲張本誤，阮氏亦云。

〔一八〕不命不同　阮校浦鏜説「同」爲「問」之誤，又引盧文弨説「不同」二字屬上亦可。今按似當以盧説爲是。

〔一九〕朝時所服　「所」原作「不」，阮校云要義作「所」，此據改。

〔二〇〕無事則無夕法　阮校云陳、閩、要義同，毛本「則」作「亦」。

〔二一〕即此玄端也　阮校云「端」毛本作「冠」誤。

〔二二〕結項中　阮校云疏無「中」字。

〔二三〕屬猶著　阮校云「著」下通典有「也」字。

〔二四〕足以韜髮而結之矣　「韜」釋文作「弢」。阮校引張氏云「士昏禮注之『縚髮』釋文亦云『本又作弢』，不爲弢則爲縚，今之爲韜，未知孰據」。阮氏則謂弢爲弓衣，韜爲劍衣，二字音義相近，故古通用，如六韜一作「六弢」是也，弢乃弢之省，縚則韜之俗字。

〔二五〕謂此上凡六物　阮校云通解、要義「此」下有「以」字，釋文亦以「以上」注音，徐本、通典、要義俱無。

〔二六〕丁略反　「丁」徐乾學本作「陟」。

〔二七〕以支　「支」徐乾學本作「攴」，誤。

〔二八〕首著卷幘之狀雖不智知　阮校云「之」要義作「其」。「智」單疏、陳本同，通解、要義俱作「審」，毛本作「可」。

〔二九〕故以冠之　阮校云「故」要義作「況」。

〔三〇〕人之長者　阮校云單疏、要義同，毛本「人」下有「髮」字。阮以爲毛本近是。

〔三一〕大夫士當緇組紘纁邊　阮校云毛本「組」下有「紘」字，單疏、陳本無。阮氏以爲無「紘」與經文及禮器注不合，是。此據阮說補「紘」字。

〔三二〕筲與簞方圓有異　阮校云毛本「與」上無「筲」字。

〔三三〕前敷在地者皆言藉　阮校云毛本「藉」上有「筵」字，單疏、陳本俱無。

〔三四〕勺尊斗　「斗」原作「升」，阮校引金曰追說「升」爲「斗」之訛，少牢疏「罍水有枓」，枓即斗。今按金說是，詩大雅行葦「酌以大斗」，正以斗爲酌酒器。此據金說改注及疏。

〔三五〕字林音支　「支」宋本作「文」，徐乾學本作「至」。黃焯彙校云宋本「文」爲「支」之誤。此據黃說改。

〔三六〕以斞　「斞」徐乾學本作「斔」，今按邵瑛說文解字群經正字說斔爲斞之譌字。疏中「斔」皆改作「斞」。

〔三七〕制如冕黑色　單疏「黑」上有「而」字。

〔三八〕古文匴作纂坫作檜　「纂」黃刊嚴州本、集釋同，徐本作「簒」。上「作」字釋文及疏作「爲」，徐本下「作」字作「爲」。「檜」原作「襘」，此據釋文改。

〔三九〕本或作算　「算」徐本作「𥰡」，阮云通典作「算」，與或本合。

〔四〇〕玉琪　「琪」徐乾學本作「璂」，疏同。

〔四一〕兄弟畢袗玄　阮校引朱子云「袗」古文作「均」，鄭注訓同，漢書字亦作「袀」，則字當從「袀」爲是。阮氏以爲袗，均之爲袀，猶玄之爲袨，皆俗字也。袗本玄服，以經既有玄字，故鄭轉訓爲同。袗、均音同，得相假借也。

〔四二〕之忍反　「忍」原作「刃」，黃焯彙校云士昏禮内作「之忍反」，作「刃」將與劉音無別。此據黃說改。

〔四三〕爵弁同色　阮校云毛本「爵」作「韠」，陳本、要義俱作「爵」。

〔四四〕童子之節也　阮校云「節」毛本作「飾」，集釋、楊氏、敖氏俱作「節」，作「節」與玉藻合。

〔四五〕詩云總角丱兮　「丱」原作「廾」。今按詩齊風甫田作丱，此據改。又「云」毛本作「曰」。

〔四六〕對殷右宗廟也　阮校云毛本同，陳、閩俱無「宗廟」二字。

〔四七〕倶東向　阮校云毛本「東向」作「向東」，誤。

〔四八〕是曲爲二揖　「二」單疏誤作「子」。

〔四九〕既曲北面　阮校云陳、閩同，毛本「既」作「即」。

〔五〇〕冠子爲賓客，毛本「爲」上有「非」字。

〔五一〕贊者盥于洗西　阮校引浦鏜説「于洗西」三字當爲衍文。疏云：「贊者冠於洗西，無正文」，經當因注「盥於洗西」之文而誤衍之。今按浦鏜説或是，然唐石經以來諸本皆有此三字，未敢遽删。

〔五二〕故先入房並立待事　「待」毛本作「侍」。

〔五三〕恐由阼階　毛本「由」作「作」。

〔五四〕宜房中隱處加服訖　阮校云「宜」陳本誤作「冠」，毛本作「適」。按單疏作「宜」是也。

〔五五〕下皆不言　阮校云「下皆」毛本作「不陳」，陳本誤作「不贊」，下與不，贊與皆并因形似而誤，今本作「陳」則近理，而莫究其原。

〔五六〕壹揖壹讓　阮校引瞿中溶云唐石經兩「壹」字初刻作「一」，後改。

〔五七〕行翔而前鶬焉　阮校云陳、閩同，毛本「前」作「後」。

〔五八〕堂上不趨　「上」原作「下」，此據單疏改。

〔五九〕右相緇纚　毛本「緇」作「屈」。

〔六〇〕起待賓揖之也　毛本「待」作「而」。

〔六一〕古文葉爲擖　阮校云「擖」陳、閩、監本俱誤作「揭」，而字本當作「擸」。今按聘禮「尚擸」條下阮氏校云凡字之从巤者，俗皆从葛，如臈、蹋、獦之類，是。

〔六二〕昏禮贊醴婦　阮校云諸本俱作「醴婦」，毛本作「酌禮」誤。

〔六三〕此與昏禮禮賓　「禮」字原不重，阮校引盧文弨説，「禮」下脱一「禮」字，下同。浦鏜、金曰追皆云當補，此據諸説補。

〔六四〕受醴　「受」毛本作「授」。

〔六五〕筵室户西　「筵」單疏作「在」，阮校云通解、要義俱作「在」。

〔六六〕知受觶拜還南面也　「受」原作「以」，單疏作「受」，阮校云要義亦作「受」，此據改。

〔六七〕以柶祭醴三　阮校云「三」毛本誤作「二」。

〔六八〕建柶　阮校云「建」唐石經、徐本、集釋、敖氏俱作「建」，通解作「捷」。錢大昕云士昏禮亦有「建柶」之文，以作「建」爲是。

〔六九〕扱柶於醴中　「扱」釋文作「捷」，云「本又作插，亦作「扱」。阮校引盧文弨云釋文云云，正指注言，後人誤會，乃改經文「建柶」爲「捷柶」，失之矣。又引張氏説，鄉射之注云：「搢，插也……」，釋文皆作「捷」，是釋文之前，「捷」字猶存，釋文之後，始盡變爲「插」與「扱」。又集釋云：「建，陸作捷」，其誤自李氏始。

〔七〇〕一如昏禮　阮校云「一」要義作「亦」。

〔七一〕而迎之位也　阮校疑此與下「欲迎其事」兩「迎」字皆當作「近」。

〔七二〕禮賓者謝其自勤勞也　阮校云「禮賓」以下九字毛本俱脱。徐、敖、通解、集釋俱有，按黄刊嚴州本亦有。

〔七三〕必帷幕簟席爲之　「必」原作「以」，阮校云毛本「以」作「必」，徐、敖、通解、要義俱作「以」，此據毛本改，説見下。

〔七四〕諸侯用㿝　阮校云單疏、要義同，毛本「諸」上有「天子禮」三字。

〔七五〕云必帷幕簟席爲之者　「必」原作「心」。阮校云「心」乃「必」之譌，要義作「以」。

〔七六〕四合象宫室　「宫」原作「官」，此據單疏改。

〔七七〕奠摯　「摯」釋文作「贄」，阮校云摯、贄今本錯出，宜俱從手。按黄刊嚴州本亦作「摯」。

〔七八〕玄端不朝　阮校云「不」監本作「以」。

〔七九〕與鄉射記先生　阮校云「記」毛本作「禮」，誤。單疏、要義、陳本俱作「記」，是。

〔八〇〕禮賓不用柶者　「禮賓」毛本作「賓禮」。

〔八一〕飲重醴清糟稻醴清糟黍醴清糟粱醴清糟　阮校云「稻醴」以下十二字今本俱無，徐本、集釋、通解俱有，敖氏無末「清糟」二字。又「粱」字黄刊嚴州本、徐本俱作「粱」，内則作「粱」。

〔八二〕而禮成也　阮校云通解、要義同，毛本作「成禮」。

〔八三〕云重醴清糟者　阮校金曰追云「醴」下當補「至」字，云疏括注語。阮氏謂金説無據。内則「重醴」下無「清糟」二字，故校者疑鄭注本固有脱句而古本亦有衍字也。然古書多異文，未可臆爲刊削。今按阮説是，注文實謂「重醴」有清、糟二種，則下引内則是也，「重醴清糟」非引文。

〔八四〕云凡禮事　阮校云陳本、要義同，各本注「禮」俱作「醴」。

〔八五〕主人酬賓　毛本「主」上有「云」字。

〔八六〕彼九獻之間皆云幣　阮校云「獻」單疏、通解、要義俱作「獻」，是，毛本作「酬」，誤。「云」通解、毛本作「有」。

〔八七〕兩國諸侯自相見　「國」原作「說」，毛本作「國」，阮校謂作「國」是，此據改。

〔八八〕贊者衆賓也　阮校引朱子云：「贊者，謂主人之贊者也。恐字誤作『衆賓』耳。」按如朱子說，則疏中兩「衆賓」亦當改爲「主人之贊者」。

〔八九〕謂賓此贊冠者　阮校云「此」毛本作「之」，又「賓」亦宜作「尊」。

儀禮注疏卷第三

唐朝散大夫行大學博士弘文館學士臣賈公彦等撰

若不醴，則醮用酒。若不醴，謂國有舊俗可行，聖人用焉不改者也。曲禮曰「君子行禮，不求變俗。祭祀之禮，居喪之服，哭泣之位，皆如其國之故，謹脩其法而審行之」，是酌而無酬酢曰醮。醴亦當爲禮。○則醮，子召反，劉側教反。

【疏】「若不」至「用酒」　注「若不」至「爲禮」　自此已上説周禮冠子之法。自此已下至「取籩脯以降，如初」説夏、殷冠子之法。云「若不醴，則醮用酒」者，案上文適子冠於阼，三加訖一醴於客位，是周法，今云「若不醴，則醮用酒」，非周法，故知先王法矣，故鄭云「若不醴，謂國有舊俗可行，聖人用焉不改者也」。云「聖人」者，即周公制此儀禮用舊俗，則夏、殷之禮是也。云「曲禮曰」已下者，是下曲禮文也。云「君子行禮，不求變俗」者，與下文爲目，謂君子所往之國，不求變彼國之俗，若衛居殷墟者也。云「祭祀之禮」者，若郊特牲云「殷人先求諸陽，周人先求諸陰」。求諸陽者，先合樂乃灌地降神也；求諸陰者，謂先灌地乃合樂。若衛居殷地用殷禮，則先合樂乃灌也。云「居喪之服」者，謂若檀弓周之諸侯絶旁期，降上下；殷之諸侯服旁期，不降上下，衛居殷墟，亦不降上下也。云「哭泣之位」者，殷禮無文，亦應有異也。云「皆如其國之故」者，謂上所云皆如其故國之俗而行之。云是者，依先王舊俗，而行不改之事。向來所解，引曲禮，據人君施化之法，不改彼國舊俗，證此醮用酒舊俗之法也。故康誥周公戒康叔居殷墟，當用殷法。是以云「茲殷罰有倫」，使用殷法，故所引曲禮皆據不變彼國之俗。但君子行禮不求變俗有二途，若據曲禮之文，云「君子行禮，不求變俗」，鄭注云「求，猶務也。不務變其故俗，重本也，謂去先祖之國居他國」，又云「祭祀之禮，居喪之服，哭泣之位，皆如其國之故，謹脩其法而審行之」，注「其法謂其先祖之制度，若夏、殷」者，謂若杞、宋之人居鄭、衛，鄭、衛之人居杞、宋。若據彼注，謂臣去己國居他國，不變己國之俗。是以定四年祝佗云「殷人六族，在魯，啓以商政」，亦不變本國之俗，故開商政示之，皆據當身居他國，不變己國之俗。與此注引不同者，不求變俗，義得兩合，故各據一邊而言也。云「酌而無酬酢曰醮」者，鄭解無酬酢曰醮，唯據此文而言。所以然者，以周法用醮，無酬酢曰醮。案曲禮云「長者舉未釂」，鄭注云「盡爵曰釂」，是醮不專於無酬酢者。若然，醴亦無酬酢，不爲醮名者，但醴大古之物，自然質無酬酢，此醮用酒，酒本有酬酢，故無酬酢得名醮也。云「醴亦當爲禮」者，亦上「請醴賓」之醴，故破之也。

尊于房、户之間，兩甒，有禁，玄酒在西，加勺，南枋。房户間者，房西室户東也。禁，承尊之器也。名之爲禁者，因爲酒戒也。玄酒，新水也，雖今不用，猶設之，不忘古也。

【疏】「尊于」至「南枋」　注「房户」至「古也」　云「禁，承尊之器也。名之爲禁者，因爲酒戒也」者，以醴不言禁，醴非飲醉之物，故不設戒也，此用酒，酒是所飲之物，恐醉，因而禁之，故云「因爲酒戒」。若然，玄酒非飲亦爲禁者，以玄酒對正酒，不可一有一無，故亦同有禁也。云「不忘古也」者，上古無酒，今雖有酒猶設之，是不忘古也。

洗，有篚在西，南順。洗，庭洗，當東榮，南北以堂深。篚亦以盛勺、觶，陳於洗西。南順，北爲上也。○以盛，音成。

【疏】「洗有」至「南順」　注「洗庭」至「上也」　知「洗，庭洗」者，上周法用醴之時，醴之尊在房，今醮用酒，與常飲酒同，故洗亦當在庭。是以下云「賓降，取爵于篚。卒洗，升酌」，故知洗在庭也。設洗法在設尊前，此洗亦當在設尊前設之，故此直云「洗，有篚在西」，〔一〕不言設也。若然，上不言設洗者，以其上云「醮用酒」，即連云尊，文勢如此，故不言設洗。云「當東榮，南北以堂深」者，上已有文也。云「篚亦以盛勺、觶」者，周法用醴在房，庭洗無篚；此用酒，庭洗有篚，故周公設經，辨其異者。但醴篚在房，以盛勺、觶，此庭洗篚亦盛勺、觶，故云「亦」也。云「南順，北爲上也」者，〔二〕席之制有首尾者，據識之先後爲首尾，此篚亦云「上」者，應亦有記識爲上下，以其「南順」之言，故北爲上也。〔三〕

始加，醮用脯醢。賓降，取爵于篚，辭降如初。卒洗，升酌。始加者，言一加一醮也，加冠於東序，醮之於户西，同耳。始醮，亦薦脯醢。賓降者，爵在庭，酒在堂，將自酌也。辭降如初，如將冠時降、盥，辭主人降也。凡薦出自東房。

【疏】「始加」至「升酌」　注「始加」至「東房」　云「始加，醮用脯醢」者，此言與周别之事。周家三加訖，乃一醴於客位，用脯醢，此加訖即醮於客位，用脯醢，是其不同也。但言「始加，醮用脯醢」者，因言與周異之意，〔四〕其實未行事，是以下乃始云「賓降，取爵于篚」也。云「加冠於東序，醮之於户西，同耳」者，經不見者，嫌與周異，故辨之，其經不言冠者醮之處，即與周同，故經不見也。云「始醮，亦薦脯醢」者，以其經云「醮用脯醢」汎言，若醮用酒，未著其節，故亦如上周家三加，始薦脯醢。云「賓降者，爵在庭，酒在堂，將自酌也」者，決周家醴在房，贊者酌授賓，賓不親酌，此則賓親酌酒洗爵，故有升降也。云「辭降如初，如將冠時降、盥，辭主人降也」者，欲見用醴時直有將冠時賓降，無賓降取爵，以其酌在房故也；今云「如初」者，唯謂如將冠降、盥之事也。云「凡薦出自東房」者，用醴時尊在房，脯醢出自東房，醮用酒，酒尊在堂，脯醢亦出自東房，鄉飲酒、鄉射、特牲、少牢薦者皆出東房，故云「凡」以該之也。

冠者拜受，賓荅拜如初。贊者筵于户西。賓升揖冠者，就筵，乃酌。冠者南面拜，受，賓授爵，東面荅拜，如醴禮也。於賓荅拜，贊者則亦薦之。

【疏】「冠者」至「如初」　注「贊者」至「薦之」　此經畧言拜，受、荅拜，不言處所、面位。言「如初」者，以其雖用酒與周異，自外與周同，故直言「如初」也。是以鄭取上醴子法以言之，故言「如初」以結之也。云「於賓荅拜，贊者則亦薦之」者，經直云「拜受，荅拜如初」，亦不言出薦之時節，故鄭别言之，亦當如周家醴子時薦也。凡醴子、醴婦并昏禮禮賓，面位不同者，皆隨時之便，故不同也。

冠者升筵，坐，左執爵，右祭脯醢，祭酒，興，筵末坐，啐酒，降筵，拜，賓荅拜。冠者奠爵于薦東，立于筵西。冠者立俟賓命，賓揖之，則就東序之筵。

【疏】「冠者」至「筵西」　注「冠者」至「之筵」　此經雖用醴酒不同，其於行事與周禮醴子同，但位有異。彼一加訖，入房易服訖，出房，立待賓容命；〔五〕此則醮訖，立於席西，待賓命爲異，皆爲更加皮弁也。云「興，筵末坐，啐酒」者，爲醮於客位敬之故也。昏禮禮賓與聘禮禮賓在西階上啐醴者，昏禮注云「此筵不主爲飲食起」，聘禮注云「糟醴不卒」故也。冠子用醴拜，此醮子用酒亦拜者，以與醴子同是成人法，拜啐，故雖用醮亦拜啐也。

徹薦、爵，筵、尊不徹。徹薦與爵者，辟後加也。不徹筵尊，三加可相因，由便也。○由便，婢面反。

【疏】「徹薦」至「不徹」　注「徹薦」至「便也」　云「徹薦與爵者，辟後加也」者，案下文云「加皮弁，如初儀。再醮，攝酒。其他皆如初」，酒則云「攝」，明因前也。除酒之外，云「其他如初」，明薦、爵更設，是後加，卒設於席前也，〔六〕故知前云「徹薦、爵」爲「辟後加」也。

加皮弁，如初儀。再醮，攝酒。其他皆如初。攝，猶整也，整酒謂撓之。今文「攝」爲「聶」。○撓之，劉好高反。爲聶，女輒反。

【疏】「加皮」至「如初」　注「攝猶」至「爲聶」　云「攝，猶整也，整酒謂撓之」者，案有司徹云「司宮攝酒」，注云「更洗益整頓之」，不可云洗，亦當爲撓，謂更撓攪，添益，整頓示新也。

加爵弁，如初儀。三醮，有乾肉折俎，嚌之，其他如初。北面取脯，見于母。乾肉，牲體之脯也，折其體以爲俎。嚌，嘗之。○折俎，之說反，〔七〕注同。嚌之，才謂反，〔八〕嘗也。

【疏】「加爵」至「于母」　注「乾肉」至「嘗之」　前二醮有脯醢，更加此乾肉折俎。言「嚌之」者，嚌謂至齒嘗之。案下「若殺」、「再醮」不言攝，此經再醮言攝，三醮不言攝，則再醮之後皆有攝，互文以見義也。云「取脯，見于母」者，亦適東壁，俠拜，與周同。案下文「若殺」已下云「卒醮，取籩脯以降」，此亦取籩脯，乾肉曰脯。云「乾肉，牲體之脯也」者，案周禮腊人云「掌乾肉，凡田獸之脯腊」，鄭注云「大物解肆乾之，謂之乾肉，若今涼州烏翅矣。薄析曰脯，捶之而施薑桂曰腶脩」。若然，乾肉與脯脩別。言「若今涼州烏翅」者，〔九〕或爲豚解而七體以乾之，謂之乾肉，及用之，將升于俎，則節折爲二十一體，與燕禮同，故總名「乾肉折俎」也。

若殺，則特豚，載合升，離肺實于鼎，設扃鼏。特豚，一豚也。凡牲皆用左胖，煑於鑊曰亨，在鼎曰升，在俎曰載。「載合升」者，明亨與載皆合左右胖。離，割也。割肺者，使可祭也，可嚌也。今文「扃」爲「鉉」。古文「鼏」爲「密」。○若殺，如字，劉色例反，下同。離肺，芳吠反。扃，古螢反，扛鼎也。〔一〇〕鼏，亡歷反，鼏覆也。胖，普半反。於鑊，户郭反。曰亨，普庚反。爲鉉，玄犬反，范古顔反，劉音關，又玄犬反。〔一一〕

【疏】「若殺」至「扃鼏」　注「特豚」至「爲密」　上醮子用乾肉，不殺，自此至「取籩脯，以降」論夏、殷醮子殺牲之事。殺言「若」者，是不定之辭，殺與不殺，俱得云若也。云「載合升」者，「在鼎曰升，在俎曰載」，載在後，今先言載，後言升，又合字在載升之間通事之者，欲見在俎在鑊俱曰合也。云「設扃鼏」者，以茅覆鼎，〔一二〕長則束其本，短則編其中。案冬官匠人「廟門容大扃七个」，注云「大扃，牛鼎之扃，長三尺」，又曰「闈門容小扃參个」，注云「小扃膷鼎之扃，長二尺」，皆依漢禮而知。今此豚鼎之扃，當用小扃也。云「特豚，一豚也」者，此「特」若郊特牲之「特」，皆以特爲一也。云「凡牲皆用左胖」者，案特牲、少牢皆用右胖，少儀云「大牢，則以牛左肩折九个」，爲歸胙用左，則用右而祭之。鄉飲酒、鄉射主人用右體，生人亦與祭同用右者，皆據周而言也。此云用左，鄭據夏殷之法與周異也。但士虞喪祭用左，反吉故也。云「煑於鑊曰亨」者，案特牲云「亨于門外東方，西面，北上」，注云「亨，煑也。亨豕、魚腊以鑊，〔一三〕各一爨。詩云『誰能亨魚，溉之釜鬵』」，是鑊爲亨也。云「在鼎曰升，在俎曰載」者，案昏禮云「特豚合升」，又云「側載」，特牲亦云「卒載加匕于鼎」，少牢云「司馬升羊實于一鼎」，皆是「在鼎曰升，在俎曰載」之文。但在鼎直有升名，在俎則升、載兩稱也。故少牢云「升羊載右胖，升豕其載如羊」，有司徹亦云「乃升」，注云「升牲體於俎也」，是在俎升、載二名也。云「載合升者，明亨與載皆合左右胖」者，以升、載並陳，又合在二者之間，故知從鑊至俎皆合左右胖也。云「離，割也。割肺者，使可祭也，可嚌也」者，凡肺有二種，一者舉肺，一者祭肺。就舉肺之中，復有三稱：一名舉肺，爲食而舉；二名離肺，少儀云「三牲之肺離而不提心也」；三名嚌肺，以齒嚌之，此三者皆據生人爲食而有也。就祭肺之中，亦復有三稱：一者謂之祭肺，爲祭先而有之；二者謂之忖肺，〔一四〕忖切之使斷；三者謂之切肺，名雖與忖肺異，切肺則忖肺也，三者皆爲祭而有。若然，切肺、離肺，指其形，餘皆舉其義稱也。云「今文扃爲鉉。古文鼏爲密」者，一部之内皆然，不從今文，故疊之也。

始醮，如初。亦「薦脯醢」、「徹薦、爵，筵尊不徹」矣。

【疏】「始醮，如初」 注「亦薦」至「徹矣」 云「始醮，如初」者，此一醮與不殺同，未有所加，故云「如初」也。

再醮，兩豆：葵菹、蠃醢；兩籩：栗、脯。蠃醢，螔蝓醢。今文「蠃」爲「蝸」。○蠃醢，力禾反。螔，音移，劉音夷。蝓，音揄，劉又音由。爲蝸，力禾反，又古華反。

【疏】「再醮」至「栗脯」 注「蠃醢」至「爲蝸」 此二豆二籩增數者，爲有殺牲，故盛其饌也。案鄭注周禮醢人云「細切爲虀，全物若䐑爲菹」，「作醢及臡者，先膊乾其肉，乃後莝之，〔一五〕雜以粱麴及鹽，漬以美酒，塗置甀中，百日則成矣」，是作醢及菹之法也。云「蠃醢，螔蝓醢」者，爾雅文。

三醮，攝酒如再醮。加俎，嚌之，皆如初，嚌肺。攝酒如再醮，則再醮亦攝之矣。加俎，嚌之，嚌當爲祭，字之誤也。祭俎如初，如祭脯醢。○加俎嚌之，嚌音祭，出注。

【疏】「三醮」至「嚌肺」 注「攝酒」至「脯醢」 云「攝酒如再醮，則再醮亦攝之矣」者，周公作經，取省文，再醮不言「攝酒」，以三醮「如」之，則再醮攝之可知，故鄭云「再醮亦攝之矣」。云「加俎嚌之，嚌當爲祭，字之誤也」者，經有二嚌，不破「如初嚌」之嚌，唯破「加俎，嚌之」字者，以祭先之法，祭乃嚌之，又不宜有二嚌，故破「加俎」之「嚌」爲「祭」也。云「祭俎如初，如祭脯醢」者，以三醮唯祭俎之肺，不復祭脯醢也。若然，前「不殺」之時，一醮徹脯醢爲辭再醮之脯醢。至再醮不言徹脯醢者，以三醮上唯加乾肉，不薦脯醢，故不徹也。今殷亦然，〔一六〕一醮徹薦辭，至再醮亦不徹薦，直徹爵而已，〔一七〕亦爲三醮。以不加籩豆加牲俎，是以祝辭一醮亦云「嘉薦」，至三醮者，直云「籩豆有楚」，楚，陳列貌，是三醮不加籩豆，明文也。

卒醮，取籩脯以降，如初。

【疏】「卒醮」至「如初」　此取籩脯見母，與前不異。上周法與「不殺」皆不云「籩」者，上皆直薦脯醢，不云籩豆，此「若殺」云「兩籩」，故云「籩脯」。若然，既殺有俎肉而取脯者，見其得禮而已，故不取俎肉。如若得束帛者，不須取脯，是以冠禮禮賓得束帛，皆不取脯也。

若孤子，則父、兄戒宿。父、兄，諸父諸兄。

【疏】「若孤」至「戒宿」　注「父兄諸父諸兄」　上陳士有父加冠禮訖。自此至「東塾，北面」論士之無父自有加冠之法也。周公作文，於此乃見之者，欲見周與夏、殷孤子同冠於阼階，禮之於客位，唯一醮三醴不同耳，是以作經，言其與上異者而已。言「父、兄，諸父諸兄」者，以其上文父、兄非直戒宿而已，故知此是「諸父諸兄」，非己之親父親兄也。

冠之日，主人紒而迎賓。拜、揖、讓，立于序端。皆如冠主，禮於阼。冠主，冠者親父若宗兄也。古文「紒」爲「結」。今文「禮」作「醴」。

【疏】「冠之」至「於阼」　注「冠主」至「作醴」　云「主人紒而迎賓」者，即上「采衣紒」是也。云「拜、揖、讓，立于序端」者，謂主人出先拜，賓荅拜訖，揖、讓而入于廟門。既入門，又三揖至階，又三讓而升堂，乃立于東序端，賓升立西序端，一皆如上父、兄爲主人，故作文省畧，總云「揖、讓，立于序端，皆如冠主」也。云「禮於阼」者，別言其異者也。

云「今文禮作醴」者，鄭不從今文者，以其言醴則不兼於醮，言禮則兼醴、醮二法故也。

凡拜，北面于阼階上，賓亦北面于西階上荅拜。

【疏】「凡拜」至「荅拜」　此亦異於父在者。云「凡拜」者，謂初拜至及啐拜之等。賓主皆北面，與父在時「拜于筵西，南面，賓拜于序端，東面」爲異也。

若殺，則舉鼎陳于門外，直東塾，北面。孤子得申禮，盛之。父在，有鼎不陳於門外。

【疏】「若殺」至「北面」　云「若殺」者，有則殺，無則已，故云「若」，不定之辭也。言「舉鼎」者，謂於廟門外之東壁鑊所，舉至廟門外之東。「直東塾」，二鼎豚、魚腊鼎皆北向，相重而列之也。

注「孤子」至「門外」　案上文父在亦有殺法，今鄭云「孤子得申禮，盛之」者，不爲殺起，止爲陳鼎于外而言。鄭知「父在，有鼎不陳於外」者，以上文「若殺」直云「特豚載合升」，不辨外内，孤子乃云「舉鼎陳于門外」，類于上父在陳鼎不於門外也。凡陳鼎在外者，賓客之禮也；在内者，家私之禮也，〔一八〕是在外者爲盛也。今孤子則陳鼎在外，故云「孤子得申禮，盛之」也。

若庶子，則冠于房外，南面，遂醮焉。房外，謂尊東也。不於阼階，非代也。不醮於客位，成而不尊。

【疏】「若庶」至「醮焉」　上已言三代適子冠禮訖，此經論庶子加冠法也。周公作經於三代之下言之，則三代庶子冠禮皆於房外，同用醮矣，但不知三代庶子各用幾醮耳。今於周之適子三加一醴，夏、殷適子三加三醮，是以下文祝辭三，〔一九〕醴一而醮三，皆爲三代而爲言。至於三代庶子，皆不見別辭，則周之庶子宜依適子用一醮，夏、殷庶子亦依三醮。三代適子有祝辭，言庶子則無，故下文注云：「凡醮者不祝。」注「房外」至「不尊」　知「房外，謂尊東也」者，上陳尊在房、户之間，案鄉飲酒「賓東」，則「東」則尊東，〔二〇〕明此亦於尊東也。云「不於阼階，非代也」者，案下記云「適子冠於阼，以著代也」，明庶子不於阼，非代故也。云「不醮於客位，成而不尊」者，下記云「醮於客位，加有成也」，是適子於客位，成而尊之，此則成而不尊，故因冠之處遂醮焉。

冠者母不在，則使人受脯于西階下。

【疏】「冠者」至「階下」　案内則云「舅没則姑老」，若死當云「没」，不得云「不在」，且母死則不得使人受脯，今言「不在」者，或歸寧或疾病也。「使人受脯」，爲母生在，於後見之也。

戒賓曰：「某有子某，將加布於其首，願吾子之教之也。」吾子，相親之辭。吾，我也。子，男子之美稱。古文「某」爲「謀」。○美稱，尺證反，下之稱、美稱同。

【疏】「戒賓」至「之也」　注「吾子」至「爲謀」　自此至「唯其所當」者，周公設經，直見行事，恐失次第，不言其辭；今行事既終，總見戒賓、醮及爲字之辭也。云「某有子某」者，上「某」主人名，下「某」子之名。「加布」，初加緇布冠也。云「願吾子之教之也」者，即此以加冠行禮爲教之也。云「吾子，相親之辭。吾，我也」者，謂自己身之子，故云「吾子，相親之辭」也。云「子，男子之美稱」者，古者稱師曰子，又公羊傳云「名不若字，字不若子」，是子者，「男子之美稱」也。今請賓與子加冠，故以美稱呼之也。

賓對曰：「某不敏，恐不能共事，以病吾子，敢辭。」病，猶辱也。古文「病」爲「秉」。○能共，音恭。

主人曰：「某猶願吾子之終教之也。」賓對曰：「吾子重有命，某敢不從。」敢不從，許之辭。○重有，直用反，下注同。

宿曰：「某將加布於某之首，吾子將莅之，敢宿。」賓對曰：「某敢不夙興。」莅，臨也。今文無「對」。○涖之，〔一二〕音利，一音類。

始加，祝曰：「令月吉日，始加元服。令、吉，皆善也。元，首也。〔一二〕

【疏】注「令吉」至「首也」「元，首」，左傳曰「先軫入狄師而死之，狄人歸先軫之元」，是元爲首。又尚書云「君爲元首」，亦是元爲首也。

棄爾幼志，順爾成德。壽考惟祺，〔一三〕介爾景福。」爾，女也。既冠爲成德。祺，祥也。介、景皆大也。因冠而戒且勸之，女如是則有壽考之祥，大女之大福也。○惟祺，音其。爾女，音汝，下同。

【疏】注「爾汝」至「福也」云「既冠爲成德」者，案冠義既冠，責以父子、君臣、長幼之禮，皆成人之德。云「祺，祥也」者，祺訓爲祥，祥又訓爲善也。云「因冠而戒」者，則經「棄爾幼志，順爾成德」是也。云「且勸之」者，即經云「壽考惟祺，介爾景福」是也。

再加曰：「吉月令辰，乃申爾服。辰，子丑也。申，重也。

【疏】「再加」至「爾服」　注「辰子」至「重也」　上云「令月吉日」，此云「吉月令辰」，互見其言，是作文之體，無義例也。云「辰，子丑也」者，以十干配十二辰，直云「辰，子丑」，明有干可知，即甲子、乙丑之類，略言之也。

敬爾威儀，淑慎爾德。眉壽萬年，永受胡福。」胡，猶遐也，遠也。遠，無窮。古文「眉」作「麋」。○作麋，亡悲反。

三加曰：「以歲之正，以月之令，咸加爾服。正，猶善也。咸，皆也，皆加女之三服，謂緇布冠、皮弁、爵弁也。

兄弟具在，以成厥德。厥，其。

黃耇無疆，受天之慶。」黃，黃髮也；耇，凍梨也，〔二四〕皆壽徵也。疆，竟。○黃耇，音苟。無疆，居良反，竟也，下同。疆竟，音敬，又音景。

【疏】注「黃黃」至「疆竟」　爾雅云「黃髮，齯齒」，故以黃爲黃髮也。云「耇，凍梨」者，爾雅云「耇，老壽也」，此云「耇，凍梨」者，以其面似凍梨之色故也。

醴辭曰：「甘醴惟厚，嘉薦令芳。嘉，善也，善薦謂脯醢芳香也。

【疏】「醴辭」至「令芳」　注「嘉善」至「香也」　謂「脯醢爲善薦芳香」者，謂作之依時，又造之依法，故使芳香而善也。

拜受祭之，以定爾祥。承天之休，壽考不忘。」休，美也。不忘長有令名。○之休，虛蚪反。

醮辭曰：「旨酒既清，嘉薦亶時。亶，誠也。古文「亶」爲「癉」。○亶，丁但反。時，劉本作古旹字。爲癉，劉音旦，一音丁但反。

始加元服，兄弟具來。孝友時格，永乃保之。」善父母爲孝，善兄弟爲友。時，是也。格，至也。永，長也。保，安也，行此乃能保之。今文「格」爲「嘏」。凡醮者不祝。○爲嘏，古雅反，又作假。

【疏】注「善父」至「不祝」　「善父母爲孝，善兄弟爲友」者，〔二五〕爾雅文。不言善事父母、善事兄弟者，欲見非且善事兄弟，〔二六〕而亦爲兄弟之所善者，諸行周備之意也。云「凡醮者不祝」者，案上文前後例，周與夏、殷冠子法，其加冠祝辭三節不辨三代之異，則三代祝辭同可知也；至於周醮之辭，三等别陳之者，以其數異辭，宜不同故也；若然，醮辭唯據適子而言，以其將著代重之，故備見祝辭也；此注云「凡醮者不祝」者，言「凡」謂庶子也，既不加冠於阼，〔二七〕又不禮於客位，無著代之理，故畧而輕之也。亦不設祝辭者，曾子問注云「凡殤不祭」之類也。其天子冠禮祝辭，案大戴禮公冠篇，成王冠，〔二八〕周公爲祝詞「使王近於人，遠於天，〔二九〕嗇於時，惠於財」，其辭既多，不可具載。其諸侯無文，蓋亦有祝辭，異於士也。

再醮曰：「旨酒既湑，嘉薦伊脯。湑，清也。伊，惟也。○既湑，息呂反。

【疏】注「湑清也伊惟也」　湑，泲酒之稱，故伐木詩云「有酒湑我」，注云「湑，莤之文」，〔三〇〕鳧鷖詩云「爾酒既湑」，注云

「湑，酒之泲者」，是湑爲清也。云「伊，惟也」者，助句辭，非爲義也。

乃申爾服，禮儀有序。祭此嘉爵，承天之祜。」祜，福也。○之祜，音户，福也。

三醮曰：「旨酒令芳，籩豆有楚。旨，美也。楚，陳列之貌。

【疏】注「旨美」至「之貌」　楚茨詩亦云「籩豆有楚」，注云「楚，陳列之貌」，是用其再醮之籩豆，不增改之，故云「有楚」也。

咸加爾服，肴升折俎。肴升折俎，亦謂豚。

【疏】注「肴升」至「謂豚」　云「折俎」者，即謂折，上「若殺」之「豚」也。

承天之慶，受福無疆。」

字辭曰：「禮儀既備，令月吉日，昭告爾字。昭，明也。

爰字孔嘉，髦士攸宜。爰，於也。孔，甚也。髦，俊也。攸，所也。

【疏】「字辭」至「爾字」　此字文在三代之下而言，則亦遂三代字辭同。此辭賓直西序，東面，與子爲字時言之也。

宜之于假，〔三一〕永受保之。曰伯某甫。」仲、叔、季，〔三二〕唯其所當。于，猶爲也。假，大也，宜之是爲大矣。伯、仲、叔、季，長幼之稱。甫是丈夫之美稱，孔子爲尼甫，周大夫有嘉甫，宋大夫有孔甫，是其類。「甫」字或作「父」。○于假，古雅反，大也。長幼，丁丈反。作父，音甫，又如字，下同。

【疏】「宜之」至「所當」　云「伯某甫」者，某若云嘉也，但設經不得定言人字，故言甫爲且字。是以禮記諸侯薨復曰「皐某甫復」，鄭云「某甫，且字。以臣不名君，且爲某之字呼之」，即此某甫立爲且字。〔三三〕言「伯、仲、叔、季」者，是長幼次第之稱，若兄弟四人則依次稱之。夏、殷質，則積仲，周文則積叔，〔三四〕若管叔、霍叔之類是也。云「唯其所當」者，二十冠時與之作字，猶孔子生三月，名之曰丘，至二十冠而字之曰仲尼。有兄曰伯，居第二，則曰仲。但殷質，二十爲字之時，兼伯、仲、叔、季呼之；周文，二十爲字之時未呼伯、仲，至五十乃加而呼之。故檀弓云「五十以伯、仲，周道也」，是呼伯、仲之時，則兼二十字而言，若孔子生於周代，從周禮呼尼甫，至五十去「甫」，以「尼」配「仲」而呼之曰仲尼是也。若然，二十冠而字之，未呼伯、仲、叔、季，今於二十加冠而言者，一則是殷家冠時遂以二十字呼之，二則見周家若不死，至五十乃加而呼之，若二十已後死，雖未滿五十，即得呼伯、仲。知義然者，見慶父乃是莊公之弟，桓六年莊公生，至閔公二年慶父死時，〔三五〕莊公未滿五十，慶父乃是莊公之弟，時未五十，慶父死，號曰共仲，是其死後雖未五十，得呼仲、叔、季。故二十冠時，則以伯、仲、叔、季當擬之，故云「唯其所當」也。

注「于猶」至「作父」　知「甫是丈夫之美稱」者，以其人之賢愚，皆以爲字。故隱元年公及邾儀父盟于蔑，穀梁傳云「儀，字也；父猶傅也，男子之美稱也」是也。云「孔子爲尼甫」者，哀十六年孔丘卒，哀公誄之曰「哀哉尼甫」，因字號謚曰尼甫也。云「周大夫有嘉甫」者，〔三六〕桓公十五年，「天王使嘉甫來求車」是也。云「宋大夫有孔甫，是其類」者，案左氏傳桓二年「孔父嘉爲司馬」是也。鄭引此者，證有冠而爲此字之意，故云「是其類」也。又「甫字或作父」者，〔三七〕字亦通，或尼甫、嘉甫、孔甫等見爲父字者也。

屨，夏用葛。玄端黑屨，青絇、繶、純，純博寸。屨者順裳色，玄端黑屨，以玄裳爲正也。絇之言拘也，以爲行戒，狀如刀衣鼻，在屨頭。繶，縫中紃也。純，緣也。三者皆青。博，廣也。○屨，九遇反。青絇，其于反。繶，於力反。純，章允反，劉之閏反，注下同。縫中，扶用反。紃也，音旬。純緣，以絹反。

【疏】「屨夏」至「博寸」　注「屨者」至「廣也」　自此至「繐屨」論三服之屨。不於上與服同陳者，一則屨用皮葛，〔三八〕冬夏不同，二則屨在下，不宜與服同列，故退在於此。此言「夏用葛」，下云「冬皮」，則春宜從夏，秋宜從冬，故舉冬夏寒暑極時而言。詩魏地以葛屨「履霜」刺褊也。〔三九〕云「屨者順裳色」者，禮之通例，衣與冠同，屨與裳同，故云「順裳色」也。云「玄端黑屨，以玄裳爲正也」者，以其玄端有玄裳、黃裳、雜裳，經唯云「玄端黑屨」，與玄裳同色，不取黃裳、雜裳，故云「以玄裳爲正也」。云「絇之言拘也，以爲行戒」者，以拘者自拘，持之言，〔四〇〕故云「以爲行戒」也。云「狀如刀衣鼻，在屨頭」者，此以漢法言之，今之屨頭見有下鼻，似刀衣鼻，故以爲況也。云「繶，縫中紃也」者，謂牙底相接之縫中，有絛紃也。云「純，緣也」者，謂繞口緣邊也。云「皆青」者，以經三者同云青也。云「博，廣也」者，謂純所施廣一寸也。

素積白屨，以魁柎之。緇絇、繶、純，純博寸。魁，蜃蛤。柎，注者。〔四一〕○以魁，苦回反。柎，方于反，劉音趺。蜃，上忍反。蛤，音閤。

【疏】「素積」至「博寸」　注「魁蜃蛤柎注者」　以魁蛤灰柎之者，取其白耳。云「魁，蜃蛤」者，魁即蜃蛤一物，是以周禮地官掌蜃掌「共白盛之蜃」，鄭司農云「謂蜃炭」，引此士冠「白屨，以魁柎之」，玄謂「今東萊用蛤，謂之义灰云」是也。云「柎，注者」，以蛤灰塗注於上，使色白也。

爵弁纁屨，黑絇、繶、純，純博寸。爵弁屨以黑爲飾，爵弁尊，其屨飾以繢次。○以繢，户内反。

【疏】「爵弁」至「博寸」　注「爵弁」至「繢次」　案此三服見屨不同，何者？玄端以衣見屨，以玄端有黄裳之等裳，不得舉裳見屨，故舉玄端見屨也；皮弁以素積見屨，屨裳同色，是其正也；爵弁既不舉裳，又不舉衣，而以爵弁見屨者，上陳服已言纁裳，裳色自顯，以與六冕同玄衣纁裳與冕服之嫌，故不以衣裳，而以首服見屨也。云「爵弁屨以黑爲飾，爵弁尊，其屨飾以繢次」者，案冬官畫繢之事云「青與白相次，赤與黑相次，玄與黄相次」，鄭云「此言畫繢六色所象及布采之第次，繢以爲衣」；又云「青與赤謂之文，赤與白謂之章，白與黑謂之黼，黑與青謂之黻」，鄭云「此言刺繡，采所用繡以爲裳」，此是對方爲繢次，比方爲繡次。案鄭注屨人云「複下曰舄，禪下曰屨」，又注云「凡舄之飾，如繢之次，凡屨之飾如繡之次也」者，即上黑屨以青爲絇、繶、純，白屨以黑爲絇、繶、純，則白與黑，黑與青爲繡次之事也。(四二)今次「爵弁纁屨」，纁，南方之色赤，不以西方白爲絇、繶、純，而以北方黑爲絇、繶、純者，取對方繢次爲飾。舉舄者，尊爵弁是祭服，故飾與舄同也。

冬皮屨可也。

【疏】「冬皮屨可也」　冬時寒，許用皮，故云「可也」。

不屨繐屨。

繐屨，喪屨也。縷不灰治曰繐。○繐屨，音歲。

【疏】「不屨繐屨」　注「繐屨」至「曰繐」　案喪服記云「繐衰四升有半」，繐衰既是喪服，明繐屨亦是喪屨，故鄭云「喪屨也」。云「縷不灰治曰繐」者，「斬衰冠六升」，傳云「鍛而勿灰」，則四升半不灰治可知。言此者，欲見大功未可以冠子，恐人以冠子，故於屨末因禁之也。

記。冠義：

【疏】「記。冠義」 凡言「記」者，皆是記經不備，兼記經外遠古之言。鄭注燕禮云「後世衰微，幽、厲尤甚，禮樂之書，稍稍廢棄」，蓋自爾之後有記乎？又案喪服記子夏爲之作傳，不應自造，還自解之，記當在子夏之前，孔子之時，〔四三〕未知定誰所録。云「冠義」者，記士冠中之義者，〔四四〕記時不同，故有二記，此則在子夏前。其周禮考工記六國時所録，故遭秦燔滅典籍，有韋氏、雕氏闕其「記」，則在秦、漢之際，儒者加之。〔四五〕故王制有正「聽之棘木之下」，異時所記，故其言亦殊也。

始冠，緇布之冠也。大古冠布，齊則緇之。其緌也，孔子曰：「吾未之聞也。冠而敝之可也。」 大古，唐、虞以上。緌，纓飾。「未之聞」，大古質，蓋亦無飾。重古始冠，冠其齊冠，白布冠者，〔四六〕今之喪冠是也。○大古，音泰，注同。齊則，側皆反，注同，本亦作齋。其緌，如離反，注同。而敝，婢世反，劉齋斃反。〔四七〕以上，時掌反，下以上同。

【疏】「始冠」至「可也」 注「大古」至「是也」 此經直言加緇布冠，不言有緌無緌，又不言加冠之後此緇布冠更著以不，故言不緌不更著之事也。云「大古冠布」者，謂著白布冠也。云「齊則緇之」者，將祭而齊則爲緇者，以鬼神尚幽暗也。云「其緌也，孔子曰：『吾未之聞也』」者，孔子時有緌者，故非時人緌之，諸侯則得著緌，故玉藻云「緇布冠繢緌，諸侯之冠也」，鄭云「尊者飾也」，（元缺一字）士冠不得緌也。云「冠而敝之可也」者，據士以上冠時用之，冠訖則敝去之不復著也。〔四八〕若庶人猶著之，故詩云「彼都人士，臺笠緇撮」，是用緇布冠籠其髮，是庶人常服之矣。云「大古，唐、虞以上」者，此記與郊特牲皆陳三代之冠，云牟追、章甫、委貌之等，鄭注郊特牲云「三代改制，齊冠不復用也，以白布冠質以爲喪冠也」，三代既有此，明大古是唐、虞已上可知。云「未之聞，〔四九〕大古質，蓋亦無飾」者，此經據孔子時非其著緌，未知大古有緌以不，〔五〇〕故鄭云「大古質無飾」也。云「重古始冠，冠其齊冠」者，以經云「始冠，緇布之冠」，即云「大古冠布」，則齊冠一也，故鄭云「冠其齊冠」也。云「白布冠者，今之喪冠是也」者，以其大古時吉凶同服白布冠，未有喪冠，三代有牟追之等，則以白布冠爲喪冠。若然，喪服起自夏禹以下也。

適子冠於阼，以著代也。醮於客位，加有成也。醮，夏、殷之禮，每加於阼階，醮之於客位，所以尊敬之，成其爲人也。〔五一〕適子，丁歷反，本又作嫡。

【疏】「適子」至「成也」　注「醮夏」至「人也」　此記人説夏、殷法可兼于周，以其「於阼」及「三加」皆同，唯醮醴有異，故知舉二以見一也。

三加彌尊，諭其志也。彌，猶益也，冠服後加益尊。諭其志者，欲其德之進也。

冠而字之，敬其名也。名者質，所受於父母。冠，成人益文，故敬之也。今文無「之」。

【疏】「冠而」至「名也」　注「名者」至「無之」　案内則云「子生三月，父名之」，不言母，今云「受於父母」者，夫婦一體，受父即是受於母，故兼言也。云「冠，成人益文」者，對名是受於父母爲質，字者受於賓爲文，故君父之前稱名，至於他人稱字也，是敬定名也。〔五二〕

委貌，周道也；章甫，殷道也；毋追，夏后氏之道也。委，猶安也，言所以安正容貌。章，明也，殷質，言以表明丈夫也。「甫」或爲「父」，今文爲「斧」。毋發聲也，追猶堆也，夏后氏質，以其形名之。三冠皆所服以行道也，其制之異同未之聞。○毋追，音牟，下丁回反。猶堆，丁回反，本或作塠同。

【疏】「委貌」至「道也」　記人歷陳此三代冠者，上緇布冠也，諸元缺起此侯已下始加之冠，此委貌之等，記人以經有緇布冠、皮弁、爵弁、玄冠，故還記緇布冠以下四種之冠，以解經之四者。此委貌即解經「易服服玄冠」是也。

注「委猶」至「之聞」　云「今文爲斧」者，義無取，故疊之不從也。云「毋，發聲也」者，若在上謂之發聲，在下謂之助句，義無取，則是發聲也。云「三冠皆所常服以行道」者，以釋經三代皆言道，是諸侯朝服之冠在朝以行道德者也。云「其制之異同未之聞」者，委貌、玄冠於禮圖有制，但章甫、毋追相與異同未聞也。

周弁，殷冔，夏收。弁名出於槃，槃，大也，言所以自光大也。冔名出於幠，幠，覆也，言所以自覆飾也。收言所以收斂髮也。其制之異亦未聞。○殷冔，況甫反。於槃，畔干反。幠，火吴反。

【疏】注「弁名」至「未聞」　又歷陳此三者，欲見三代加冠皆有弁。云「周弁」者，弁是古冠之大號，非直含六冕，亦兼爵弁於其中，見士之三加之冠者爵弁者。〔五三〕故云弁，弁者，冠名也。云「弁名出於槃，槃，大也」者，無正文，鄭以意解之。論語云「服周之冕」，以五色繅服有文飾，則知有德，故云「言所以自光大也」。云「冔名出於幠，幠，覆也，言所以自覆飾也。收言所以收斂髮也」者，皆以意解之也。云「制之異亦未聞」者，案漢禮器制度，弁、冕周禮弁師相參，周之冕以木爲體，〔五四〕廣八寸，長尺六寸，績麻三十升布爲之，上以玄，下以纁，前後有旒，尊卑各有差等。天子玉笄朱紘，其制可聞，云「未聞」者，但夏、殷之禮亡，其制與周異，亦加上「未聞」也。〔五五〕

三王共皮弁素積。質不變。

【疏】注「質不變」 此亦三代自天子下至士皆是再加，當在周弁三加之上，退之在下者，欲見此是三代之冠，百王同之，無別代之稱也，故郊特牲云「三王共皮弁」，注云「所不易於先代」，故孝經亦云「百王同之，不改易也」。 若然，「百王同之」言「三王共」者，以損益之極，極於三王，又上三冠亦據三代，故云「三王共皮弁」，其實先代後代皆不易，是以鄭云「質不變」也。

無大夫冠禮，而有其昏禮。古者五十而后爵，何大夫冠禮之有？

據時有未冠而命爲大夫者。周之初禮，年未五十而有賢才者，試以大夫之事，猶服士服，行士禮。二十而冠，急成人也。五十乃爵，重官人也。大夫或時改取，有昏禮是也。

【疏】「無大」至「之有」 此經所陳欲見無大夫冠禮之事，有大夫冠禮，記者非之。

注「據時」至「是也」 鄭云「據時有未冠而命爲大夫」者，言周末作記之時，有二十已前未加冠而命爲大夫者，記非之也。 云「周之初禮，年未五十而有賢才者，試以大夫之事，猶服士服，行士禮」者，鄭解「古者五十而後爵，何大夫冠禮之有」是古者未有，周大夫有冠禮，故非之。 此鄭云「未五十」，則二十已上，或有未二十有賢才，亦得試爲大夫者。 故喪服殤小功章云「大夫爲昆弟之長殤」，鄭云「大夫爲昆弟之長殤，小功謂士若不仕，以此知爲大夫無殤服」，言爲大夫無殤服，謂兄殤在小功，則兄十九已下死，大夫則十九已下既爲兄殤服，已爲大夫，則早冠矣，大夫冠而不爲(元缺止此)殤故也。〔五六〕雖早冠，亦行士禮而冠，是大夫無冠禮也。 云「二十而冠，急成人也。 五十乃爵，重官人也」者，解試爲大夫二十，則其爵命要待五十意也。 云「大夫或時改娶，有昏禮」者，釋經「而有其昏禮」。 以其三十而取，五十乃命爲大夫，則昏時猶爲士，何得有大夫昏禮乎？ 五十已後容改娶，故有大夫昏禮也。 若然，案下文「古者生無爵」，鄭云「古謂殷」。 此經以古爲周初者，下云「古者生無爵」，對周時士生有爵，故知「古者生無爵」據殷也。今此云「古者」，以周末時大夫冠對周初時無，若以古者爲殷時，則周家有大夫冠禮，何得言周末始有乎，明「古者」據初而言也。

公侯之有冠禮也，夏之末造也。造，作也。自夏初以上，諸侯雖父死子繼，年未滿五十者，亦服士服行士禮，五十乃命也。至其衰末，上下相亂，篡殺所由生，〔五七〕故作公侯冠禮，以正君臣也。坊記曰：「君不與同姓同車，與異姓同車不同服，示民不嫌也。以此坊民，民猶得同姓以殺其君也。」〔五八〕○篡，初患反。殺，本又作弑，亦作試，同，申志反，下同。坊記，音房。

【疏】「公侯」至「造也」　注「造作」至「君者」　記人言此者，欲見夏初已上，雖諸侯之貴，未有諸侯冠禮，猶依士禮，故記之於士冠篇末也。云「自夏初以上」者，以經云「公侯之有冠禮，夏之末造」，明夏初未有。言「以上」者，夏以前唐、虞之等，亦未有諸侯冠禮也，未滿五十者，亦服士服行士禮。「五十乃命也」者，既云「服士服行士禮」，亦如上文「五十而後爵，何公侯冠禮之有」，以其與大夫同，未五十服行士禮也。〔五九〕云「至其衰末，上下相亂」至「以正君臣也」者，解經「夏之末造」公侯冠禮也。引坊記者，欲見夏末以後，制諸侯冠禮，以防諸侯相篡弑之事也。云「同車」者，謂參乘爲車右及御者也。云「不同服」者，案玉藻云「君之右虎裘，厥左狼裘」，又云「僕右恒朝服，君則各以時事服」，是不同服。此謂非在軍時，若在軍時，君臣同服韋弁服也。

天子之元子猶士也，天下無生而貴者也。元子，世子也。無生而貴，皆由下升。

【疏】「天子」至「者也」　注「元子」至「下升」　此記者見天子元子冠時，亦依士冠禮，故於此兼記之也。天子之元子雖四加與十二而冠，其行事猶依士禮，故云「猶士」也。元子尚不得生而貴，則天下之人亦無生而貴者也。云「無生而貴，皆由下升」者，天子元子冠時行士禮，後繼世爲天子，是由下升，自餘天下之人從微至著，皆由下升也。

繼世以立諸侯，象賢也。象，法也。爲子孫，能法先祖之賢，故使之繼世也。

【疏】「繼世」至「賢也」　記此者，欲見上言天子之子冠行士禮，此諸侯之子冠亦行士禮。以其士之子恒爲士，有繼世之義，諸侯之子亦繼世象父祖之賢，雖繼世象賢，亦無生而貴者，行士冠禮，故記之於此也。云「能法先祖之賢」者，凡諸侯出封，皆由有德，若周禮典命云「三公八命，其卿六命，大夫四命，及其出封，皆加一等」，出爲五等諸侯，即爲始封之君，是其賢也。於後子孫繼立者，皆不毁始祖之廟，是象先祖之賢也。

以官爵人，德之殺也。殺，猶衰也。德大者爵以大官，德小者爵以小官。○之殺，色界反，舊所例反，注同。

【疏】「以官」至「殺也」　注「殺猶」至「小官」　記人記此者，欲見仕者從士至大夫，而冠無大夫冠禮者也。云「以官爵人」者，以，用也，謂用官爵命於人也。云「德之殺也」者，殺，衰也，以德大小爲衰殺，故鄭云「德大者爵以大官，德小者爵以小官」，官者管領爲名，爵者位次高下之稱也。

死而謚，今也。古者生無爵，死無謚。今謂周衰，記之時也。古謂殷，殷士生不爲爵，死不爲謚。周制以士爲爵，死猶不爲謚耳，〔六〇〕下大夫也。今記之時，士死則謚之，非也。謚之由魯莊公始也。○而謚，時志反。

【疏】「死而」至「無謚」　注「今謂」至「始也」　記人記此者，欲見自上所陳冠禮以士爲本者，由「無生而貴」，皆從士賤者而升也。云「死而謚，今也」者，據士生時雖有爵，死不合有謚，若死而謚之，正謂今周衰之時也。云「古者生無爵，死無謚」者，古謂殷以前夏之時，士生無爵，死無謚，是士賤，今古皆不合有謚也。鄭云「今謂周衰，記之時也」者，以記者自云「今也」，明還據周衰，記之時。案禮運云孔子曰「我觀周道，幽、厲傷之」，是周衰也。自此已後，始有作記，故云「周衰，記之時也」。云「古謂殷」者，周時士有爵，故知古謂殷。云「殷士生不爲爵，死不爲謚」者，對周士生有爵，死猶不謚也。云「周制以士爲爵，死猶不謚耳，下大夫也」者，案周禮掌客職云「羣介行人宰史，以其爵等爲之牢禮之陳數」，鄭注云「以命數則參差難等，畧於臣用爵而已」，羣介行人皆士，故知周士有爵，雖有爵，死猶不謚，卿大夫已上則有謚也。云「今記之時，士死則謚之，非也」者，解經「死而謚，今也」。云「謚之由魯莊公始也」者，案禮記檀弓云「魯莊公及宋人戰於乘丘，縣賁父御，卜國爲右。馬驚敗績，公墜，佐車授綏，公曰：『末之卜也。』縣賁父曰：『他日不敗績，而今敗績，是無勇也。』遂死之。圉人浴馬，有流矢在白肉。公曰：『非其罪也！』遂誄之。士之有誄，自魯莊公始也」。若然，作記前莊公誄士，至記時亦行之，故此禮云「死而謚，今也」，故鄭云「今謂周衰之時也」。案郊特牲云「死而謚之，今也。古者生無爵，死無謚」，鄭注云「古謂殷以前也，大夫以上乃謂之爵，死有謚也」，以此而言，則殷大夫以上死有謚，而檀弓云「幼名，冠字，五十伯仲，死謚，周道也」者，殷已前皆因生號爲謚，若堯、舜、禹、湯之屬是也。因生號以謚，故不得謚名，周禮死則別爲謚，故云「死謚，周道也」。

校勘記

〔一〕故此直云洗有篚在西　阮校云「云」毛本作「言」。

〔二〕云南順北爲上也者　阮校云毛本「南」上有「西」字。

〔三〕以其南順之言故北爲上也　阮校云「言故」毛本作「故言」。

〔四〕因言與周異之意　阮校云要義同，毛本「因言」作「言商」。

〔五〕立待賓容命　阮校云毛本「容」作「客」。

〔六〕卒設於席前也　阮校云通解同，「卒」毛本作「啐」，閩本作「嚌」。

〔七〕之説反　「説」徐乾學本作「設」。

〔八〕才謂反　「謂」徐乾學本作「計」，黄焯彙校云「謂」爲「詣」之譌，集韻、類篇並有才詣一切。

〔九〕若今梁州烏翅者　單疏作「烏」，與周禮注合，阮校云毛本作「鳥」。

〔一〇〕扛鼎也　徐乾學本同，盧文弨本改爲「鼎扛矣」。

〔一一〕又玄犬反　徐乾學本「玄犬」作「胡吠」。

〔一二〕以茅覆鼎　阮校云單疏、通解、要義同，毛本「鼎」作「鼏」。

〔一三〕亨豕魚腊以鑊　阮校云「豕」毛本作「豚」，餘本皆作「豕」。

〔一四〕二者謂之忖肺　阮校云「忖」毛本作「刌」。盧文弨云忖與刌通，玉藻：「瓜祭上環。」鄭注：「上環，頭忖也。」

〔一五〕乃後莝之　阮校云「莝」陳、閩作「挫」，毛本作「剉」。

〔一六〕今殷亦然　阮校云陳本、要義同，毛本「殷」作「殺」。今按，似以毛本爲是。

〔一七〕直徹爵而已　阮校云要義同，陳本「直」誤作「其」，毛本作「唯」。

〔一八〕家私之禮也　阮校云通解、要義、楊氏同，「家私」毛本作「私家」。

〔一九〕祝辭三　阮校云要義同，毛本無「三」字。

〔二〇〕案鄉飲酒賓東則東則尊東　阮校云毛本「賓」下有「在」字，無「則東」二字。

〔二一〕涖之　「涖」經及注皆作「莅」，釋文監本亦作「莅」，黄焯彙校云「莅」、「涖」皆後起字，依説文作「竦」。

〔二二〕元首也　阮校云「首」通典引作「長」。今按後文疏釋元爲首，依疏不破注例，知注文當作「首」，通典引誤。

〔二三〕壽考惟祺　阮校云「惟」集釋作「維」。今按詩大雅行葦曰：「壽考維祺，以介景福。」

〔二四〕凍梨也　阮校云「梨」監本作「黎」。今按説文作「凍黎」，玉篇引作「凍梨」。

〔二五〕善兄弟爲友者　阮校云「弟」毛本作「長」。今按爾雅釋訓作「弟」，毛本誤。

〔二六〕欲見非且善事兄弟　阮校云「且」毛本作「但」。

〔二七〕既不加冠於阼　阮校云「加」要義作「出」。

〔二八〕大戴禮公冠篇　阮校云毛本無「禮」字。

〔二九〕近於人遠於天　阮校云毛本「天」作「年」。今按公冠篇作「年」，要義作「天」，應以作「年」爲是。

〔三〇〕滑莤之文　「文」疑爲「也」之誤，伐木鄭注：「滑，莤之也。」

〔三一〕宜之于假　阮校云通典「假」作「嘏」。今按類聚卷四十引作「嘏」，唐以後冠禮祝辭文作「嘏」，鄭注訓假爲大，爾雅亦訓嘏爲大，是兩者可通假。

〔三二〕仲叔季　阮校云通典「仲」上有「伯」字。

〔三三〕即此某甫立爲且字　「即」原作「既」，今據單疏改。毛本作「既」，誤。

〔三四〕夏殷質則積仲周文則積叔　阮校云「積」單疏、通解、要義同，毛本作「稱」。

〔三五〕至閔公二年　阮校云毛本同，陳、閩俱無「至」字。

〔三六〕云周大夫有嘉甫者　阮校云「嘉」要義作「家」，與春秋合。

〔三七〕又甫字或作父者　阮校云「又」要義作「云」。

〔三八〕一則屨用皮葛　阮校云「葛」上毛本有「用」字。

〔三九〕詩魏地以葛屨履霜刺褊也　阮校云要義同，毛本「地」作「風」。

〔四〇〕自拘持之言　阮校云陳本同，毛本「言」作「意」。

〔四一〕柎注者　「柎」阮云宋本釋文从手。今按阮氏所謂「宋本」，乃錢謙益絳雲樓藏本，非清内府藏本，内府本「柎」不从手。又「者」敖氏作「之」，集釋作「也」。

〔四二〕爲繡次之事也　阮校云「事」陳、閩俱作「序」。

〔四三〕當在子夏之前孔子之時　阮校云「時」上毛本無「之」字。

〔四四〕記士冠中之義者　阮校云要義同，毛本作「記子冠中之義也者」。阮氏疑此節當有注云「冠義者，記士冠中之義」，故疏疊其文而釋之，今本佚脱耳；疏云「記時不同，故有二記」，此釋注中「記」字也。今按，阮説未必是，此賈氏自釋「冠義」二字，所謂「二記」，一指此記之冠義，一指禮記之冠義篇，二者「記時不同」。

〔四五〕儒者加之　阮校云「加」要義作「記」。

〔四六〕白布冠者　「者」字原無，此據黄刊嚴州本補。毛本無「者」字，與疏不合。

〔四七〕劉齋斃反　黄焯彙校引吴云「齋」字定誤。黄氏則疑「齋」爲「音」字之譌，「反」字後加。

〔四八〕冠訖則敝去之　「去」原作「經」，此據單疏改，毛本無此字。今按阮校云「敝下單疏本有『經』字，要義有『去』字」，阮校誤乃承自張敦仁本。

〔四九〕云未之聞　阮校云毛本「云」下有「緌纓飾」三字。阮氏以爲此三字當有。

〔五〇〕未知大古有緌以不　阮校云陳、閩同，毛本「不」作「是」。阮引盧文弨云「以不」猶「與否」，疏中往往見之。

〔五一〕醮夏殷之禮每加於阼階醮之於客位所以尊敬之成其爲人也　阮校云徐本、集釋俱有此注，在「加有成也」下，楊氏有「於客位」上四句，今本並脱。今按單疏「適子至成也……舉二以見一也」云云四十六字正釋此注，明其當有。唯張敦仁本誤置此四十六字於「三加彌尊」條下，阮本亦承其誤，今移正。

〔五二〕是敬定名也　阮校云要義作「是敬其名也」，毛本作「是字敬名也」。

〔五三〕見士之三加之冠者爵弁者　阮校浦鏜云上「者」字疑「有」字誤。

〔五四〕相參周之　阮校云「周」陳本作「尚」，毛本作「考」，均誤，文當於「參」下絶句。今按阮氏説是，此據其説斷句。

〔五五〕亦加上未聞也　此處單疏缺頁，據要義也，「加」疑爲「如」字之誤。

〔五六〕丈夫冠而不爲殤故也　「丈」原作「大」，阮校云陳本、要義作「大」，毛本作「丈」。汪文臺識語云喪服小功疏作「丈」，此據汪説改。

〔五七〕篡殺所由生　阮校云「殺」毛本作「弑」，今按毛與釋文一本同。

〔五八〕以殺其君也　黄刊嚴州本、徐本同，「也」阮校云毛本作「者」，與疏標目合。

〔五九〕五十服行士禮也　阮校云單疏、陳本同，毛本「服」下有「士服」二字。今按，似以毛本爲是。

〔六〇〕死猶不爲謚耳　阮校浦鏜云疏無「爲」字。

儀禮卷第二

唐朝散大夫行大學博士弘文館學士臣賈公彥等撰

士昏禮第二

○士昏禮第二，鄭云：「士娶妻之禮，以昏爲期，因而名焉。必以昏者，取其陽往而陰來。」

【疏】「士昏禮第二」　鄭目録云：「士娶妻之禮，以昏爲期，因而名焉。必以昏者，陽往而陰來。日入三商爲昏。昏禮於五禮屬嘉禮，大小戴及别録此皆第二。」

鄭知是「士娶妻之禮」者，以記云「記士昏禮」，故知是「士娶妻」。鄭云「日入三商」者，商謂商量，是漏刻之名，〔一〕故三光靈曜亦日入三刻爲昏，〔二〕不盡爲明。案馬氏云「日未出、日没後皆云二刻半，前後共五刻」，今云「三商」者，據整數而言，其實二刻半也。

儀禮　鄭氏注

昏禮。下達，納采，用鴈。達，通也。將欲與彼合昏姻，必先使媒氏下通其言，女氏許之，乃後使人納其采擇之禮。用鴈爲摯者，取其順陰陽往來。〔三〕詩云：「取妻如之何？匪媒不得。」昏必由媒交接設紹介，皆所以養廉耻。○納采，七在反，擇也。〔四〕取妻，七住反，亦作娶，下同。紹介，音界。

【疏】「昏禮」至「用鴈」　從此下至「主人許，賓入授，如初禮」，陳納采、問名之禮。云「下達」者，謂未行納采已前，男父先遣媒氏女氏之家，〔五〕通辭往來，女氏許之，乃遣使者行納采之禮也。言「下達」者，男爲上，女爲下，取陽倡陰和之義，故云「下達」，謂以言辭下通於女氏也。是以下記昏辭云「吾子有惠，貺室某也」，注云「稱有惠，明下達」，謂此「下達」也。云「納采，用鴈」者，昏禮有六，五禮用鴈：納采、問名、納吉、請期、親迎是也。唯納徵不用鴈，以其自有幣、帛可執故也。且三禮不云納，言納者，恐女氏不受，若春秋納納之義。若然，納采言納者，以其始相采擇，恐女家不許，故言納。問名不言納者，女氏已許，故不言納也。納吉言納者，男家卜吉，往與女氏，復恐女家翻悔不受，故更言納也。納徵言納者，納幣帛則昏禮成，復恐女家不受，故更云納也。請期、親迎不言納者，納幣則昏禮已成，女家不得移改，故皆不言納也。其昏禮有六，尊卑皆同。故左氏莊公二十二年經書：「冬，公如齊納幣。」穀梁傳曰：「納幣，大夫之事也。禮有納采、有問名、有納徵、有告期，四者備而後娶，禮也。公之親納幣，非禮也，故譏之」。彼無納吉者，以莊公在母喪内，親行納幣非禮之事，故闕其納吉以非之也。〔六〕

注「達通」至「廉恥」　鄭云「必先使媒氏下通其言，女氏許之，乃後使人納其采擇之禮」者，欲見納采之前，有此「下達」之言也。案周禮地官有媒氏職，是天子之官，則諸侯之國亦有媒氏傳通男女，使成婚姻，故云「媒氏」也。云「用鴈爲摯者，取其順陰陽往來」者，案周禮大宗伯云「以禽作六摯：卿執羔，大夫執鴈，士執雉」，此昏禮無問尊卑，皆用鴈，故鄭注其意云「取順陰陽往來」也。順陰陽往來者，鴈木落南翔，冰泮北徂，夫爲陽，婦爲陰，今用鴈者，亦取婦人從夫之義。是以昏禮用焉。〔七〕引詩者，證須媒下達之義也。云「昏必由媒交接，設紹介」者，詩云「匪媒不得」，是由媒也。其行五禮，自納采已下，皆使使往，是交接設紹介也。云「皆所以養廉恥」者，解所以須媒及設紹介者，皆所以養成男女，使有廉恥也。使媒通之，媵、御沃盥交之等，皆是行事之漸，養廉恥之義也。

主人筵于户西，西上，右几。主人，女父也。筵，爲神布席也。户西者，尊處。將以先祖之遺體許人，故受其禮於禰廟也。席，西上，右設几。神不統於人，席有首尾。○爲神，于僞反，下明爲、鄉爲、今爲同。尊處，昌慮反。於禰，乃禮反。

【疏】「主人」至「右几」　此女將受男納采之禮，故先設神坐乃受之。注「主人」至「首尾」　云「筵，爲神布席也」者，下文禮賓云「徹几，改筵」，是爲人設席，故以此爲神席也。云「户西」者，以户西是賓客之位，故爲「尊處」也。必以西爲客位者，以地道尊右故也。知「受禮於禰廟」者，〔八〕以記云「凡行事受諸禰廟」也。云「席，西上，右設几，神不統於人」者，案鄉射、燕禮之等，設席皆東上，是統於人。今以神尊，不統於人，取地道尊右之義，故席西上，几在右也。云「席有首尾」者，以公食記蒲筵、萑席「皆卷自末」，是席有首尾也。

使者玄端至。使者，夫家之屬，若羣吏使往來者。玄端，士莫夕之服，又服以事其廟。有司緇裳。○使者，所吏反，後使者、舉使皆同。〔九〕莫夕，音暮。

【疏】「使者玄端至」　注「使者」至「緇裳」　云「使者，夫家之屬」者，案士冠贊者於中士下差次爲之，〔一〇〕此云「夫家之屬」亦當然。假令主人是上士，屬是中士；主人是中士，屬是下士；主人是下士，屬亦當是下士，禮窮即同也。云「玄端，士莫夕之服，又服以事其廟」者，此亦如士冠禮玄端，士莫夕於朝之服也，但士以玄端祭廟，今使者服玄端至，亦於主人廟中行事，故云「又服以事其廟」也。云「有司緇裳」者，案士唯有三等之裳，玄裳、黄裳、雜裳，此云「緇裳」者，即玄裳者矣。以其緇、玄大同小異也。然士有三等裳，今直言玄裳者，據主人是上士而言。案士冠云「有司如主人服」，則三等士之有司，亦如主人服也。

擯者出請事，入告。擯者，有司佐禮者。請，猶問也。禮不必事，雖知猶問之，重慎也。

【疏】「擯者」至「入告」　注「擯者」至「慎也」　云「擯者，有司佐禮」者，案士冠禮有司並是主人之屬及羣吏佐主人行禮之人，故知此擯者亦是主人有司佐禮者也，在主人曰擯。云「請，猶問也。禮不必事，雖知猶問之，重慎也」者，案論語云「無必」，故云「不必事」也，以其前已有下達之事，今使者來在門外，〔一一〕是知有昏事也。而猶問之，重慎也。

主人如賓服，迎于門外，再拜。賓不答拜。揖入，門外，大門外。不答拜者，奉使不敢當其盛禮。

【疏】「主人」至「揖入」　案士冠禮主人迎賓於大門外，云「主人西面，賓東面」，此及鄉飲酒、鄉射皆不言面位者，文不具耳，當亦如士冠也。

注「門外」至「盛禮」　知「門外」是「大門外」者，以其大夫唯有兩門，寢門、大門而已，〔一二〕廟在寢門外之東，此下有「至于廟門」，明此「門外」是「大門外」可知也。云「不答拜者，奉使不敢當其盛禮」者，此士卑，無君臣之禮，故賓雖屬吏，直言「不荅拜」，不言辟。若諸侯於使臣則言辟，是以射禮擯迎入門，〔一三〕公拜，賓辟，不荅拜；公食大夫主爲賓己，故賓荅拜稽首，亦辟乃拜之，以其君尊故也。

至于廟門，揖入。三揖至于階，三讓。入三揖者：至內霤，將曲，揖；既曲，北面，揖；當碑，揖。○霤，力又反。

【疏】「至于」至「三讓」　注「入三」至「碑揖」　凡入門三揖者，以其入門賓、主將欲相背，故須揖；賓、主各至堂塗，北面相見，故亦須揖；至碑，碑在堂下，三分庭之一，在北，是庭中之節，故亦須揖。但士冠注云「入門將右曲，揖；將北曲，揖；當碑，揖」，此注「至內霤，將曲，揖；既曲，北面，揖；當碑，揖」，文不同者，鄭舉二文，相兼乃足也。三者禮之大節，尊卑同，故鄉飲酒、鄉射、聘禮、公食大夫皆有此三揖之法，但注有詳畧耳。

主人以賓升，西面。賓升西階，當阿，東面致命。主人阼階上北面再拜。阿，棟也。入堂深，示親親。今文「阿」爲「庪」。

【疏】「主人」至「再拜」 賓則使者也。禮之通例，賓主敵者，賓主俱升，若士冠與此文是也。若鄉飲酒、鄉射皆主尊賓卑，故初至之時，主人升一等，賓乃升，至卒洗之後，亦俱升。唯聘禮公升二等，賓始升者，彼注云：「亦欲君行一，臣行二也。」覲禮王使人勞侯氏，使者不讓先升者，奉王命尊故也。「主人阼階上北面再拜」者，主人不言當阿，則如鄉飲酒主人當楣再拜。

注「阿棟」至「爲庪」 案鄉飲酒、聘禮皆云賓「當楣」，無云「當阿」者，獨此云賓「當阿」，故云「示親親」也。凡士之廟五架爲之，棟北一楣下有室户，中脊爲棟，棟南一架爲前楣，楣前接簷爲庪。鄉射記云「序則物當棟，堂則物當楣」，故云是制五架之屋也。〔一四〕鄉大夫射於庠，庠則有室，故物當前楣。士射於序，序則無室，故物當棟。此士之廟雖有室，其棟在室外，故賓得深入當之也。

授于楹間，南面。授於楹間，明爲合好，其節同也。南面，並授也。○楹間，音盈。合好，呼報反。

【疏】「授于楹間，南面」 注「授於」至「授也」 楹間，謂兩楹之間。賓以鴈授主人於楹間者，明和合親好，令其賓主遠近節同也。凡賓主敵者，授於楹間；不敵者不於楹間。是以聘禮賓覿大夫云「受幣于楹間，南面」，鄭注云「受幣楹間，敵也」。聘禮又云「公側襲，受玉于中堂與東楹之間」，鄭注云「東楹之間，亦以君行一，臣行二」。至禮賓及賓私覿皆云「當東楹」，是尊卑不敵，故不於楹間也。今使者不敵而於楹間，故云「明爲合好」也。云「南面，並授也」者，以經云「南面」，不辨賓主，故知俱「南面，並授」也。

賓降，出。主人降，授老鴈。老，羣吏之尊者。

【疏】「賓降」至「老鴈」 授鴈訖，賓降自西階出門，主人降自阼階，授老鴈於階，立待後事也。注「老羣吏之尊者」 大夫家臣稱老，是以喪服公士、大夫以貴臣爲室老。春秋左氏傳云「執臧氏老」，論語云「趙魏老」，禮記「大夫室老行事」，皆是老爲家臣之貴者。士雖無君臣之名，云「老」亦是羣吏中尊者也。

擯者出請。不必賓之事有無。

【疏】「擯者出請」 注「不必」至「有無」 此主人不知賓有事，使擯出請者，亦是不必賓之事有無也。

賓執鴈，請問名。主人許。賓入授，如初禮。問名者，將歸卜其吉凶。古文「禮」爲「醴」。

【疏】「賓執」至「初禮」 此之一使，兼行納采、問名，二事相因，又使還須卜，故因即問名，乃還卜之，故共一使也。云「主人許」者，擯請入告，乃報賓，賓得主人許，乃入門升堂，授鴈與納采禮同，故云「如初禮」也。注「問名」至「爲醴」 言「問名」者，問女之姓氏，不問三月之名，故下記問名辭云：「某既受命，將加諸卜，敢請女爲誰氏？」鄭云「誰氏者，謙也，不必其主人之女」，是問姓氏也。然以姓氏爲名者，名有二種，一者是名字之名，三月之名是也；一者是名號之名。故孔安國注尚書以舜爲名，鄭君目録以曾子爲姓名，亦據子爲名，皆是名號爲名者也。今以姓氏爲名，亦名號之類也。鄭云「將歸卜其吉凶」者，亦據下記文也。

擯者出請。賓告事畢，入告，出請醴賓。此醴亦當爲禮。禮賓者，欲厚之。

【疏】「擯者」至「醴賓」 注「此醴」至「厚之」 此下至「送于門，再拜」，主人禮賓之事。云「此醴亦當爲禮」者，亦士冠禮「賓爲醴」字，彼已破從禮，〔一五〕故云「亦」。此以醴酒禮賓，不從醴者，〔一六〕以大行人云上公「再祼而酢」，侯伯「一祼而酢」，子男「一祼不酢」，及「以酒禮之」，用齊禮之，皆不依酒醴爲名，皆取相禮，故知此醴亦爲禮敬之禮，不取用醴爲醴之義也。秋官司儀云「諸公相爲賓」及「將幣」，「賓亦如之」，注云「上於下曰禮，敵者曰儐」，聘禮卿亦云「無擯」，注云「無擯，辟君」。是大夫已上尊，得有禮擯兩名，士以下卑，唯稱禮也。

賓禮辭，許。禮辭，一辭。

【疏】「賓禮辭，許」 注「禮辭一辭」 禮賓「一辭」許者，主人禮賓之常法。鄉已行納采、問名，賓主之情已通矣，〔一七〕故畧行一辭而已。

主人徹几，改筵，東上，側尊甒醴于房中。徹几改筵者，鄉爲神，今爲人。側尊亦言無玄酒。側尊於房中，亦有篚、有籩豆，如冠禮之設。○甒醴，亡甫反。下音禮。鄉爲，神亮反。本又作嚮。如冠，古亂反，下同。

【疏】「主人」至「房中」 「徹几，改筵」者，於户西禮神，坐，徹去其几於後，授賓，改設其筵，設側尊甒醴在東房之中，以禮賓也。

注「徹几」至「之設」 經云「東上」者，統於主人。注云「鄉爲神，今爲人」者，爲神則西上，爲人則東上，不同故辨之。云「側尊亦言無玄酒」者，醴糟例無玄酒配之，〔一八〕以其醴象大古質，故士冠與此昏禮之等，皆無玄酒也。鄭知此亦有篚，有籩豆，如冠禮者，此下云「贊者酌醴，加角柶」，明有篚盛之；又云「贊者薦脯醢」，則有籩豆可知。但冠禮尊在服北，南上，則此尊與篚等亦南上，故云「如冠禮之設」也。

主人迎賓于廟門外，揖讓如初，升。主人北面再拜，賓西階上，北面荅拜。主人拂几，授校，拜送。賓以几辟，北面，設于坐左，之西階上荅拜。拂，拭也。拭几者，尊賓，新之也。校，几足。辟，逡巡。古文「校」爲「枝」。○授校，劉胡飽反，又下孝反，一音苦交反，注同。〔一九〕几辟，劉房益反，一音避，注同。拂拭，上音弗，下音式。逡巡，七旬反。下音旬。〔二〇〕

【疏】「主人」至「荅拜」　云「主人迎賓于廟門外，揖讓如初，升」者，如納采時三揖三讓也。云「主人北面再拜」者，拜賓至此堂飲之，是以公食大夫、燕禮、鄉飲酒、鄉射、大射皆云「拜至」，並是拜賓至此堂也。但燕禮、大射、公食大夫皆云「至，再拜」，先言至者，欲見賓至乃拜之，是有尊卑不敵之義。餘皆言「拜至」至在拜下者，體敵之義也。若然，此爲禮賓，有拜至者。前雖有納采、問名之事，以昏禮有相親之義，故雖後亦拜至也。聘禮享禮及禮賓不拜至者，聘禮不取相親之義，故不拜至。是以彼鄭注云「以賓不於此始至也」。云「主人拂几」者，此拂几雖不言外拂、內拂，又不言三，案有司徹「主人西面，左手執几，縮之，以右袂推拂几三。二手橫執几，進授尸于筵前」，注云「衣袖謂之袂，推拂，去塵示新」，云「拂」者，外拂之也，則此亦外拂之三也。凡行敵禮者，〔二一〕拂几皆若此。卑於尊者，則內拂之，故聘禮云「宰內拂几三，〔二二〕奉兩端以進」，鄭云「內拂几，不欲塵坋尊者」是也。若然，冠禮禮賓無几者，冠禮比昏爲輕，故無几。鄉飲酒、鄉射及燕賓賓輕，故無几。聘賓及公食大夫賓重，故有几也。云「授校」者，凡授几之法，卑者以兩手執几兩端，尊者則以兩手於几間執之，授皆然。是以聘禮宰夫「奉兩端以進」，有司徹云「尸進二手，受于手間」，注云「受從手間，謙也」，雖不言兩手，兩手授之可知。又案聘禮云「公東南鄉外拂几三，卒，振袂中攝之，進，西鄉。賓進訝受几于筵前」，以此言之，公尊，中執几以一手，則賓以兩手於几兩端執之也。而此亦賓主不敵，授校者，昏禮異於餘禮。云「拜送」者，此當再拜送君。於聘，賓則一拜，故聘禮云「公一拜送」，鄭注云「公尊也」是也。此几以安體，非已所得，故賓受訖，然後荅拜。下經受醴之時，先拜乃受者，彼是入口之物，已所當得，故先拜乃受之。云「賓以几辟」者，以賓卑，故以几辟。聘禮賓卑，亦云「以几辟」。有司徹不云「以几辟」者，尊尸故也。覲禮不云「以几辟」者，尊王使也。〔二三〕凡設几之法，受時或受其足，或受于手間，皆横受之。及其設之，皆旋几縱執，乃設之於坐南，北面陳之。位爲神則右之，爲人則左之，爲異。不坐設之者，几輕故也。注「拂拭」至「爲枝」　鄭知「校，几足」者，既夕記云「綴足用燕几，校在南，御者坐持之」，故知校是几足也。

贊者酌醴，加角柶，面葉，出于房。贊，佐也，佐主人酌事也。贊者亦洗酌，加角柶，覆之，如冠禮矣。出房，南面，待主人迎受。〔二四〕古文「葉」作「擖」。○角柶，音四。梧授，吾故反。

【疏】「贊者」至「于房」　注「贊佐」至「作擖」　云「贊者亦洗酌，加角柶，覆之，如冠禮矣」者，案冠禮云「贊者洗於房中，側酌醴，加柶，覆之」，此與冠禮同，故知如冠禮矣。

主人受醴，面枋，筵前西北面。賓拜受醴，復位。主人阼階上拜送。主人西北面疑立，待賓即筵也。賓復位於西階上，北面，明相尊敬，此筵不主爲飲食起。○面枋，彼命反。疑立，魚乙反，又音凝。主爲，于僞反，下巾爲、蓋爲同。

【疏】「主人」至「拜送」　注「主人」至「食起」　經唯云主人「西北面」，知疑立者，鄉飲酒云「主人阼階東疑立」，明此亦然也。凡主人將授酒醴於筵前，待賓即筵前乃授之。此鄭云「即筵」，謂就筵前，與下「賓即筵」別也。是以冠禮禮子及下禮婦皆於筵西受禮。〔二五〕然禮賓進筵前受醴，是不躐席之事也。云「賓復位於西階上，北面，明相尊敬，此筵不主爲飲食起」者，但此筵爲行禮，故拜及啐皆於西階也。

贊者薦脯醢。薦，進。

賓即筵坐，左執觶，祭脯醢，以柶祭醴三。西階上北面坐，啐醴，建柶，興，坐奠觶，遂拜。主人荅拜。即，就也。左執觶，則祭以右手也。凡祭於脯醢之豆間，必所爲祭者，謙敬示有所先也。啐，嘗也，嘗之者，成主人意。建，猶扱也。興，起也。奠，停也。○執觶，之豉反。坐啐，七内反。猶扱，初洽反。

【疏】「贊者」至「荅拜」〔二六〕　此經云「坐奠觶，遂拜」，言遂者，因事曰遂，因「建柶，興，坐奠觶」，不復興，遂因坐而拜。冠禮禮子并醮子，及此下禮婦不言「坐奠觶，遂」者，皆文不具。聘禮賓不言拜者，理中有拜可知也。

注「即就」至「停也」　鄭云「祭以右手」，出于鄉射也。云「凡祭於脯醢之豆間」者，謂祭脯醢、俎豆皆於豆間。此及冠禮、鄉飲酒、鄉射、燕禮、大射皆有脯醢，則在籩豆之間。此注不言籩，直言豆者，省文。公食大夫及有司徹豆多者，則言祭於上豆之間也。云「必所爲祭者，謙敬示有所先也」者，案曲禮云「主人延客祭」，注云「祭，祭先也。君子有事，不忘本也」。此云「謙敬示有所先」，先即本，謂先世造此食者也。云「啐，嘗也。嘗之者，成主人意」者，主人設饌，望賓爲美之，今客嘗之告旨，是成主人意也。

賓即筵，奠于薦左，降筵，北面坐，取脯。主人辭。薦左，籩豆之東。降，下也。自取脯者，尊主人之賜，將歸執以反命。辭者，辭其親徹。

【疏】「賓即」至「人辭」　此奠於「薦左」，不言面位，下贊禮婦，「奠于薦東」，注云「奠于薦東，升席奠之」，此云「奠于薦東，升席奠之」，〔二七〕明皆升席南面奠也。必南面奠者，取席之正。又祭酒亦皆南面，並因祭酒之面奠之，則冠禮禮子亦南面奠之。聘禮禮賓賓北面奠者，以公親執束帛待賜已，不敢稽留，故由便疾北面奠之也。鄉飲酒、鄉射酬酒，不祭不舉，不得因祭而奠于薦東也。燕禮、大射重君物，君祭酬酒，故亦南面奠。云「降，下也」。自取脯者，尊主人之賜，將歸執以反命」者，案下記云「賓右取脯，左奉之，乃歸執以反命」是也。

賓降，授人脯，出。主人送于門外，再拜。人謂使者從者，授於階下西面，然後出去。○從者，才用反，後從者皆同。

【疏】「賓降」至「再拜」　注「人謂」至「出去」　釋曰：鄭知「人謂使者從者」者，以其此脯使者將歸，故授從者也。又知「授於階下西面，然後出去」者，以其賓位在西，授脯文在「出」上，故知西階下西面授之，然後出去也。

納吉，用鴈，如納采禮。歸卜於廟，得吉兆，復使使者往告，昏姻之事於是定。〔二八〕○復使，扶又反，下不復皆同。

【疏】「納吉」至「采禮」　案上文納采在前，問名在後，今此不云「如問名」，而云「如納采」者，問名賓不出大門，故此納吉如其納采也。

注「歸卜」至「是定」　釋曰：鄭知義然者，案下記云「納吉曰：『吾子有貺，命某加諸卜。占吉，〔二九〕使某也敢告』」，凡卜並皆於禰廟，〔三〇〕故然也。未卜時恐有不吉，婚姻不定，故納吉乃定也。

納徵，玄纁束帛，儷皮，如納吉禮。徵，成也，使使者納幣以成昏禮。用玄纁者，象陰陽備也。束帛，十端也。周禮曰：「凡嫁子取妻，入幣，純帛無過五兩。」儷，兩也。執束帛以致命，兩皮爲庭實。皮，鹿皮。今文「纁」皆作「熏」。○玄纁，許云反。儷皮，音麗，偶也。純帛，側其反。

【疏】「納徵」至「吉禮」　此納徵無鴈者，以有束帛爲贄故也。是以孝經鉤命決云「五禮用鴈」是也。案春秋左氏莊公二十二年「冬，公如齊納幣」，不言納徵者，孔子制春秋，變周之文，從殷之質，故指幣體而言；〔三一〕周文，故以義言之。徵，成也。納此則昏禮成，故云徵也。

注「徵成」至「作纁」 云「用玄纁者，象陰陽備也。束帛，十端也」者，周禮「凡嫁子，娶妻，入幣，緇帛無過五兩」；鄭彼注云：「納幣帛緇，〔三二〕婦人陰也。凡於娶禮，必用其類。五兩，十端也。必言兩者，欲得其配合之名。十象五行，十日相成也。士大夫乃以玄纁束帛；天子加以穀圭；諸侯加以大璋。」雜記云：「納幣一束，束五兩，兩五尋。」然則每端二丈。若彼據庶人空用緇色，無纁，故鄭云「用緇」。婦人陰，此玄纁俱有，故云「象陰陽備也」。案玉人「穀圭，天子以聘女。大璋，諸侯以聘女」，故鄭據而言焉。玄纁束帛者，合言之陽奇陰耦，三玄二纁也。其大夫無冠禮，而有昏禮，若試爲大夫，及幼爲大夫者，依士禮；若五十而爵，改娶者，大夫昏禮玄纁及鹿皮，則同於士，餘有異者，無文以言也。

請期，用鴈。主人辭，賓許，告期，如納徵禮。「主人辭」者，陽倡陰和。期日，宜由夫家來也。夫家必先卜之，得吉日乃使使者往辭，即告之。○請期，音情，又七井反。〔三三〕陰和，户卧反。

【疏】「請期」至「徵禮」 請期如納徵禮，納吉禮如納采禮。案上納采之禮，下至「主人拜送於門外」，其中揖讓升降及禮賓迎送之事，此皆如之。

注「主人」至「告之」 婿之父使使納徵訖，乃下卜婚月，〔三四〕得吉日，又使使往女家告日，是期由男家來。今以男家執謙，故遣使者請女家，若云期由女氏，故云「請期」。女氏知陽倡陰和，當由男家出，故主人辭之。使者既見主人，辭，遂告主人期日也。是以下記云使者曰「某使某受命，吾子不許，某敢不告期曰某日」，注云「某吉日之甲乙」，是告期之辭，故鄭云「辭即告」也。

期，初昏，陳三鼎于寢門外東方，北面，北上。其實特豚，合升，去蹄，舉肺脊二，祭肺二，魚十有四，腊一肫，髀不升。皆飪，設扃鼏。期，取妻之日。鼎三者，升豚、魚、腊也。寢，壻之室也。北面，鄉内也。特猶一也。合升，合左右胖升於鼎也。去蹄，蹄甲不用也。舉肺脊者，食時所先舉也。肺者，氣之主也，周人尚焉。脊者，體之正也，食時則祭之。飯必舉之，貴之也。每皆二者，夫婦各一耳。凡魚之正十五，而鼎減一爲十四者，欲其敵偶也。腊，兔腊也。肫或作純，純，全也，凡腊用全。髀不升者，近竅賤也。飪，孰也。扃，所以扛鼎。〔三五〕鼏，覆之。古文「純」爲「鈞」、「髀」爲「脾」。今文「扃」作「鉉」，「鼏」皆作「密」。〔三六〕○去蹄，起呂反，注同。下大西反。肫，劉音純，又音之春反，〔三七〕字林之閏反。髀，步米反，字林方爾反，云骰骨也，又作脾。皆飪，而甚反。扃，古螢反。鼏，亡狄反。壻之，悉計反，從士從胥，俗作埍，女之夫。鄉内，許亮反。右胖，音判。飯必，扶俛反。〔三八〕近竅，附近之近，下苦弔反。以扛，音江。爲髀，必爾反，又毗支反。作鉉，胡犬反。

【疏】「期初」至「扃鼏」 此文下盡「合巹」一節，論夫家欲迎婦之時，豫陳同牢之饌也。云「陳三鼎於寢門外東方，北面，北上」者，謂在夫寢門外也。言「東方，北面」，是禮之正，但數鼎，故云「北面，北上」，則此及少牢皆是也。特牲陳鼎於門外，北面，北上，當門而不在東方者，辟大夫故也。今此亦東方，不辟大夫者，重昏禮攝盛也。鼎不言北上，直言「北面」，士冠所云是也。凡鼎陳於外者，北面爲正，阼階下西面爲正。士喪禮小斂陳一鼎於門外西面者，喪禮少變在東方者，〔三九〕未忍異於生。於大斂，大奠及朔月奠，既夕陳鼎皆如大斂奠，門外皆西面者，亦是喪禮，既夕變也。士虞陳三鼎于門外之右，北面，北上，入設于西階前，東面，北上，不在東者，既葬鬼事之，反吉故也。公食陳鼎七，當門南面，西上者，以賓是外人，向外統之。

注「期取」至「作密」　云「期，娶妻之日」者，此陳同牢之饌，下云親迎之禮，其中無「厥明」之文，明是娶婦之日也。云「鼎三者，升豚、魚、腊也」者，即經文自顯也。云「寢，壻之室也」者，命士以上之父子異宮，自然別有寢；若不命之士，父子同宮，雖大院同居其中，亦隔別各有門户，故經總云「寢門外」也。云「合升，合左右胖升於鼎也」者，以夫婦各一，故左右胖俱升，若祭則升右也。云「去蹄，蹄甲不用也」者，以其踐地穢惡也。云「舉肺脊者，食時所先舉」者，案下文「贊者告具，揖婦，即對筵，皆坐祭，祭薦、黍、稷、肺」，即此「祭肺」也。下文云「贊爾黍稷，〔四〇〕授肺脊，皆食以湆、醬，皆祭舉、食舉也」，即此「舉肺脊」也。祭時二肺俱有，生人唯有舉肺，皆祭。今此得有祭肺者，禮記郊特牲論娶婦「玄冕齊戒，鬼神陰陽也」，故與祭祀同二肺也。據下文先用祭肺，後用舉肺，此經先言舉肺，後言祭肺者，以舉肺脊長大，故先言。是以特牲、少牢入鼎時舉肺脊在前。云「肺者，氣之主也，周人尚焉」者，案禮記明堂位云「有虞氏祭首，夏后氏祭心，殷祭肝，周祭肺」，鄭注云「氣主盛也」，但所尚不同，故云「周人尚焉」。云「脊者，體之正也，食時則祭之」者，對祭肺未食時祭也。云「飯必舉之，貴之也」者，但一身之上體，總有二十一節，前有肩、臂、臑，後有肫、胳，脊在中央，有三脊、正脡、横脊，而取中央正脊，故云「體之正」。凡云先以對後，案特牲「舉肺脊後食幹骼」，注云「肺，氣之主也；脊，正體之貴者。先食啗之，所以導食通氣」，此不言「先食啗之」，從彼可知也。云「每皆二者，夫婦各一耳」者，釋經多之義。云「凡魚之正十五，而鼎減一爲十四」者，據特牲記云「魚十有五」，注云「魚，水物，以頭枚數。陰中之物，取數於月十有五日而盈」，〔四一〕少牢饋食禮亦云「十有五而俎，尊卑同」，則是尊卑同用十五，而同鼎也。云「欲其敵偶也」者，夫婦各有七也。此夫婦鬼神陰陽，故同祭禮十五而去一。若平生人，則與此異，故公食大夫一命者七魚，再命者九魚，三命者十有一魚，天子諸侯無文，或諸侯十三魚，天子十五魚也。云「腊，兔腊也」者，少牢用麋腊，士兔腊可知，故曲禮云「兔曰明視」也。云「肫或作純，純，全也，凡腊用全」者，此或少牢文。案少牢「腊一純」，注云「純，猶全也」，凡牲體則用一胖，不得云全，其腊則左右體脅相配，共爲一體，故得全名也。特牲、少牢亦用全，士喪大斂與士虞皆用左胖，不全者，喪禮畧。云「今文鼏皆作密」者，鄭以省文，故兼下紒幂總疊之，故云「皆」也。

設洗于阼階東南。洗，所以承盥洗之器棄水者。○承盥，音管。**饌于房中，**〔四二〕**醯醬二豆，菹醢四豆，兼巾之；黍稷四敦，皆蓋。**醯醬者，以醯和醬，生人尚褻味。兼巾之者，六豆共巾也。巾爲禦塵，蓋爲尚溫。周禮曰：「食齊視春時。」○饌于，仕戀反，劉仕轉反。醯醬，呼西反。巾之，如字，劉居近反。四敦，音對，劉又部愛反，〔四三〕下敦南、對敦同。食齊，上音嗣，下才計反，下同。

【疏】「饌于」至「皆蓋」　注「醯醬」至「春時」　鄭知「以醯和醬」者，得醯者無醬，得醬者無醯，若和之，則夫妻皆有，是以知「以醯和醬」也。云「生人尚褻味」者，此文與公食皆以醯和醬，少牢、特牲不言之，故云然也。引周禮釋敦皆有蓋者，飯宜溫，比春時故也。

大羹湆，在爨。大羹湆，煑肉汁也，大古之羹無鹽、菜，爨火上。周禮曰：「羹齊視夏時。」今文「湆」皆作「汁」。○大羹，竝如字。大又音太，亦作泰。羹，劉音戶庚反，字林作䐪，云：「肉有汁也，戶耕反。」劉亦太，義同。湆，劉云：「范去急反，他皆音泣。」字林云：「羹汁也，口恰、口劫二反。」在爨，七亂反。大古，音泰。

【疏】「大羹湆，在爨」　注「大羹」至「作汁」　湆與汁一也。知「大古之羹無鹽菜」者，左傳桓二年臧哀伯云「大羹不致」，禮記郊特牲云「大羹不和」，謂不致五味，故知不和鹽、菜。唐虞以上曰大古，有此羹。三王以來更有鉶羹，則致以五味。雖有鉶羹，猶存大羹，不忘古也。引周禮者，證大羹須熱，故在爨，臨食乃取也。

尊于室中北墉下，有禁，玄酒在西，綌冪加勺，〔四四〕皆南枋。墉，牆也。禁，所以庋甒者。玄酒，不忘古也。綌，麤葛。今文「枋」作「柄」。○北墉，音容。牆也。綌冪，去逆反。加勺，上灼反。以庋，居委反，劉居綺反。

【疏】「尊于」至「南枋」。注「墉牆」至「作柄」。云「禁，所以庋甒者」，士冠云「甒」，此亦士禮，雖不言甒，然此尊亦甒也。庋承於甒云禁者，因爲酒戒，故以禁言之也。云「玄酒，不忘古也」者，古謂黃帝已前，以禮運云「汙尊而抔飲」，謂神農時，雖有黍、稷，未有酒醴，則神農以上，以水爲玄酒也。禮運又云「後聖有作，以爲醴酪」，據黃帝以後，雖有酒醴，猶是不忘古也。

尊于房户之東，無玄酒。篚在南，實四爵。合巹。無玄酒者，畧之也。夫婦酌於內尊，其餘酌於外尊。合巹，破匏也。四爵兩巹，凡六，爲夫婦各三酳。一升曰爵。○合巹，音謹，劉羌愍反，字林作䔿，居畝反，蠡也，以此巹爲警身所奉之警。破匏，白交反。三酳，以刃反，劉士吝反，下文同。

【疏】「尊于」至「合巹」。注「無玄」至「曰爵」。云「無玄酒者，畧之」者，此對上文夫婦之尊有玄酒，此尊非爲夫婦，故畧之也。云「夫婦酌於內尊，其餘酌於外尊」者，據上文玄酒知之。云「一升曰爵」者，韓詩外傳云「一升曰爵，二升曰觚，三升曰觶，四升曰角，五升曰散」是也。

主人爵弁，纁裳，緇袘。從者畢玄端，乘墨車。從車二乘。執燭前馬。主人，壻也，壻爲婦主。爵弁而纁裳，玄冕之次。大夫以上親迎，冕服。冕服迎者，鬼神之。鬼神之者，所以重之，親之。纁裳者，衣緇衣。不言衣與帶，而言袘者，空其文，明其與袘俱用緇。袘，謂緣。袘之言施，以緇緣裳象陽氣下施。從者，有司也。乘貳車，〔四五〕從行者也。畢猶皆也。墨車，漆車，士而乘墨車，攝盛也。執燭前馬，使徒役持炬火，〔四六〕居前炤道。○緇袘，以豉反，又音移，注同。從車，才用反，下注同。二乘，繩證反。以上，時掌反，後以上倣此。親迎，魚正反，〔四七〕下同。衣緇衣，上魚既反，下如字。謂緣，以絹反，又以全反，〔四八〕下皆同。持炬，音巨。炤道，音照。

【疏】「主人」至「前馬」　此至「俟于門外」，論婿親迎之節。

注「主人」至「炤道」　云「主人，婿也」者，以其親迎向女家，女父稱主人，男稱婿，已下皆然，今此未至女家，仍據男家而言，故云「主人」，是婿爲婦主，故下親迎至男家，婿還稱主人也。云「爵弁而纁裳」者，下爵弁亦冕之類，故亦纁裳也。云「玄冕之次」者，鄭注周禮弁師云「一命之大夫，冕而無旒。士變冕爲爵弁」，故云「冕之次」也。云「大夫以上親迎冕服」者，士家自祭服玄端，助祭用爵弁，今爵弁用助祭之服親迎，一爲攝盛。則卿大夫朝服以自祭，助祭用玄冕，親迎亦當玄冕攝盛也。若上公有孤之國，孤絺冕，卿大夫同玄冕。侯、伯、子、男無孤之國，卿絺冕，大夫玄冕也。孤卿大夫士爲臣卑，復攝盛，取助祭之服以親迎。則天子諸侯爲尊則衮矣，不須攝盛，宜用家祭之服。則五等諸侯玄冕，以家祭，則親迎不過玄冕。天子親迎，當服衮冕矣。是以禮記郊特牲云「玄冕齋戒，鬼神陰陽也。將以爲社稷主」，以社稷言之，據諸侯而説，故知諸侯玄冕也。其於孤卿，雖絺冕以助祭，至於親迎，亦用玄冕，臣乃不得過君故也。云「冕服迎者鬼神之，鬼神之者，所以重之，親之」者，郊特牲文。云「纁裳者，衣緇衣，不言衣與帶，而言袘者，空其文，明其與袘俱用緇」者，鄭言「纁裳者，衣緇衣」，言緇衣即玄衣，大同故也。上士冠陳爵弁服云「緇衣、緇帶」，此文有緇袘，無衣、帶二字，故云「空其文」。以袘著緇者，欲見袘與衣、帶色同，故云「俱用緇」也。云「袘，謂緣」者，謂純緣於裳，故字從衣。云「袘之言施」者，義取施及於物，故作施也。云「以緇緣裳象陽氣下施」者，男陽女陰，男女相交接，示行事有漸，故云「象陽氣下施」。故以衣帶上體同色之物，下緣於裳也。云「從者，有司也。乘貳車，從行者也」者，以士雖無臣，其僕隸皆曰有司，使乘貳車，從壻。大夫已下，有貳車，士無貳車，此有者亦是攝也。〔四九〕云「墨車，漆車」者，案巾車注云「棧車不革鞔而漆之」，則士之棧車漆之，但無革爲異耳。案考工記云「棧車欲其弇」，鄭云「無革鞔」，又云「飾車欲其侈」，鄭云「革鞔」，則大夫已上皆以革鞔，則得飾車之名。飾者，革上又有漆飾。〔五〇〕士卑，無飾，雖有漆，不得名墨車，故唯以棧車爲名。若然，自卿已上，更有異飾，則又名玉、金、象、夏篆、夏縵之等也。云「士乘墨車，攝盛也」者，案周禮巾車云「一曰玉路，以祭祀」，又云「金路，同姓以封」；象路，異姓以封」；革路，以封四衛」；木路，以封蕃國。孤乘夏篆，卿乘夏縵，大夫乘墨車，士乘棧車，庶人乘役車」，士乘大夫墨車爲攝盛，則大夫當乘卿之夏縵，卿當乘孤之夏篆，已上有木路，質而無飾，不可使孤乘之，禮窮則同也。孤還乘夏篆，又於臣之外特置，亦是尊，尊則尊矣，不欲攝盛。若然，庶人當乘士之棧車。則諸侯、天子尊則尊矣，亦不假攝盛，〔五一〕依巾車自乘本車矣。玉路祭祀，不可以親迎，當乘金路矣。以攝言之，士之子冠與父同，則昏亦同，但尊適子，皆與父同，庶子宜降一等也。

婦車亦如之，有裧。亦如之者，車同等。士妻之車，夫家共之。大夫以上嫁女，則自以車送之。裧車裳幃，周禮謂之容。車有容，則固有蓋。○有裧，昌占反。共之，音恭。

【疏】「婦車」至「有裧」。注「亦如」至「有蓋」。婦車亦墨車，但有裧爲異耳。曰「士妻之車，夫家共之」者，即此是也。云「大夫以上嫁女，則自以車送之」者，案宣公五年冬左傳云「齊高固及子叔姬來反馬也」，休以爲禮無反馬，而左氏以爲得禮。禮，婦人謂嫁曰歸，明無大故不反於家。經書「高固及子叔姬來」，故譏乘行匹至也。士昏皆異，據士禮無反馬，蓋失之矣。士昏禮曰「主人爵弁、纁裳、緇袘，從者畢玄端，乘墨車。從車二乘，執燭前馬。婦車亦如之，有裧」，此婦乘夫家之車。鵲巢詩曰「之子于歸，百兩御之」，又曰「之子于歸，百兩將之」，國君之禮，夫人始嫁自乘其車也。何彼襛矣篇曰「曷不肅雍，王姬之車」，言齊侯嫁女，以其母王姬始嫁之車遠送之，則天子、諸侯女嫁，留其車可知。今高固大夫反馬，大夫亦留其車，禮雖散亡，以詩論之，大夫以上至天子有反馬之禮。留車，妻之道。反馬，壻之義。高固秋月逆叔姬，冬來反馬，則婦人三月祭行，故行反馬禮也。以此鄭箴膏肓言之，則知大夫已上嫁女，自以其車送之。若然，詩注以爲王姬嫁時，自乘其車，箴膏肓以爲齊侯嫁女，乘其母王姬始嫁時車送之。不同者，彼取三家詩，故與毛詩異也。凡婦車之法，自士已上至孤卿，皆與夫同，有裧爲異。至於王后及三夫人，并諸侯夫人，皆乘翟車。案周禮巾車王后之五路：重翟、厭翟、安車「皆有容蓋」，又云「翟車、輦車」，鄭注云「詩國風碩人曰『翟蔽以朝』，〔五二〕謂諸侯夫人始來乘翟蔽之車，以朝見於君，成之也。此翟蔽蓋厭翟也，然則王后始來乘重翟受」。〔五三〕又詩序云「王姬下嫁於諸侯，車服不繫其夫，下王后一等」，以此差之，王后始來乘重翟，則上公夫人用厭翟，侯、伯、子、男夫人用翟車。若然，巾車、安車次厭翟，在翟車之上者，以其安車在宫中所乘，有容、蓋，與重翟、厭翟有屈，〔五四〕退之在下。其實安車無翟飾，不用，爲嫁時所乘也。三夫人與三公夫人當用翟車，九嬪與孤妻同用夏篆，世婦與卿大夫妻同用夏縵，女御與士妻同用墨車也。其諸侯夫人姪娣及二媵并姪娣，依次下夫人以下一等爲差也。云「裧，車裳幃，周禮謂之容」者，案巾車職重翟、厭翟、安車皆有容、蓋，鄭司農云「容謂幨車，山東謂之裳幃，或謂之潼容」，後鄭從之。衛詩云「漸車帷裳」，是山東名幃裳也。云「車有容，則固有蓋」者，巾車云「有容、蓋」，容、蓋相配之物，此既有裧之容，明有蓋可知，故云「固有蓋」矣。

至于門外。婦家大門之外。

【疏】「至于門外」 注「婦家大門之外」 知是大門外者，以下有「揖入」，乃至廟，廟在大門内，〔五五〕故知此大門外也。

主人筵于户西，西上，右几。主人，女父也。筵，爲神布席。○爲神，于僞反，下主爲、爲行同。〔五六〕

【疏】「主人」至「右几」 注「主人」至「布席」 以先祖之遺體許人，將告神，故女父先於廟設神席，乃迎壻也。

校勘記

〔一〕是漏刻之名　「之」單疏作「也」，誤。

〔二〕故三光靈曜　胡培翬正義引惠棟説，「三光靈曜」當作「考靈曜」。

〔三〕用鴈爲摯者取其順陰陽往來　阮校云徐本、集釋、要義、單疏同。此二句通解，毛本在「詩云」之下，「用」上有「納采而」三字。

〔四〕納采七在反擇也　「七」徐乾學本作「亡」，誤。「擇」原作「釋」，此據徐乾學本改。

〔五〕男父先遣媒氏女氏之家　阮校云「女」字上一本增「至」字。阮又疑「女氏之家」當作「之女氏家」。

〔六〕故闕其納吉以非之也　「闕」原作「闗」，阮校云「闗」要義、毛本作「闕」，是，此據改。

〔七〕是以昏禮用焉　單疏「焉」作「須」，誤。

〔八〕知受禮於禰廟者　阮校云要義「知」下有「將以先祖之遺體許人故」十字。

〔九〕後使者舉使皆同　「舉使」徐乾學本作「及注」。

〔一〇〕於中士下差次爲之　阮校云毛本「差」上有「士」字。

〔一一〕今使者來在門外　「門」原作「問」，單疏作「門」，此據改。

〔一二〕寢門大門而已　「已」原作「矣」，阮校云要義、毛本作「已」，此據改。

〔一三〕是以射禮擯迎入門　阮校云「射」諸本同，毛本作「躬」，誤，此爲聘禮，是。

〔一四〕故云是制五架之屋也　阮校云「故」要義作「鄭」。按單疏同。

〔一五〕彼已破從禮　阮校云要義同，毛本「從」作「爲」。

〔一六〕不從醴者　阮校云「不」毛本作「字」，「從醴」一本作「從豊」。

〔一七〕賓主之情已通矣　「情」原作「清」，單疏作「情」，此據改。

〔一八〕醴糟例無玄酒配之　阮校云要義同，毛本「糟例」作「禮側」。

〔一九〕注同　「注」原作「雜」，徐乾學本作「注」，此據改。

〔二〇〕逡巡　「巡」盧文弨本作「遁」。阮校云注「避逡巡」，徐本、集釋、敖氏俱作「巡」，通解、楊氏作「遁」。

〔二一〕凡行敵禮者　阮校云要義同，毛本「敵禮」作「禮敵」。

〔二二〕宰内拂几三　阮校云要義同。毛本「宰」下有「夫」字，與聘禮合。

〔二三〕尊王使也　阮校云要義同，陳本作「尊主使也」，毛本作「尊王故也」。

〔二四〕待主人迎受　「迎受」釋文作「梧授」。阮校云「梧」字李本作「捂」，而「牾」阮氏疑與锫通，義與迎近。黄氏校録引段玉裁曰：「梧是也。捂者字之譌，迎者梧之義也。」

〔二五〕皆於筵西受禮　阮校引浦鏜云「醴」誤作「禮」。

〔二六〕贊者至荅拜　阮校云「贊者」二字在上節，此當作「賓即」，是。

〔二七〕此云奠于薦東升席奠之　阮校引浦鏜説「薦左」誤爲「薦東」，又「升席奠之」四字當衍。今按胡氏正義引賈疏作「此奠于薦左不言面位」，與浦鏜説合。

〔二八〕昏姻之事於是定　「昏」唐石經、黄刊嚴州本、徐本俱作「昬」，疏則作「婚」。昬，婚古今字。

〔二九〕占吉　阮校云毛本「占」下有「曰」字。

〔三〇〕凡卜並皆於禰廟　阮校云「並」毛本作「筮」。

〔三一〕故指幣體而言　阮校云要義同。「體」毛本作「禮」，是。

〔三二〕納幣帛緇　阮校云要義同。「帛」毛本作「用」。要義又云「緇」原本作「純」。

〔三三〕音情又七井反　「七」宋本作「士」，徐乾學本作「七」，黄焯彙校説作「七」是，此據改。

〔三四〕乃下卜婚月　阮校云毛本無「下」字，「月」作「日」。

〔三五〕扃所以扛鼎也　「扛」徐本作「杠」，釋文作「扛」，阮校云集釋、通解俱作「扛」，是。

〔三六〕今文扃作鉉鼏皆作密　阮校云：「依注例『鼏』上當有『古文』二字。按儀禮『扃鼏』屢見，恐經、注俱有誤説。説文鼎部鼏字注云『以木横貫鼎耳舉之』，則鼏即扃也，不得爲兩字。又金部鉉字注云『易謂之鉉，禮謂之鼏』，是鉉字唯易有之，禮經安得有鉉？今本儀禮覆尊則爲冪，覆鼎則爲鼏，釋文則多作鼏。或强爲分別曰：『冪字从巾，覆尊以巾則稱冪，覆鼎以茅故不得稱冪。』然則扃字从户，何以得施於鼎？且賈氏云『鄭兼下綌冪總疊之，故云皆』，可見覆鼎、覆尊皆作冪矣。又士喪禮及既夕『冪用疏布』古文皆作密，是古文無分尊、鼎，尤爲明證矣。按扃、鼏二字，古文當爲扃、密，今文當爲鼏、幎，鄭于上字從古，下字从今，當注云『今文扃爲鼏，古文幎爲密』。鼏之从冂，乃諧聲，非會意也。古蓋音冥，冥扃聲相近，故通作扃。又音瞑，瞑、鉉聲相近，故别作鉉。」今按阮校云「鼏」上有「古文」二字，當是。然混淆扃、鼏二字，則非。扃爲貫穿鼎耳之横杠，鼏則覆鼎之物。鼏字又見秦公簋、秦公大墓磬銘等，皆讀如宓，説文訓「安」。又武威簡本有司「乃設扃、密」，今本「密」作「鼏」。

〔三七〕又音之春反　「又」字宋本空白，徐乾學本有。

〔三八〕扶俛反　「俛」徐乾學本作「晚」。

〔三九〕喪禮少變在東方者　阮校云要義同，「少變」毛本作「小斂」，陳作「小寑」。

〔四〇〕贊爾黍稷　阮校引浦鏜説，「稷」爲衍文。

〔四一〕取數於月十有五日而盈　「取」原作「重」，阮校云毛本作「取」，特牲記同。今按阮説是，此據改。

〔四二〕饌于房中　「中」原作「于」，徐本、黄刻嚴州本皆作「中」，此據改。

〔四三〕劉又部愛反　黄焯彙校引吴云：「部爲都之形譌。」

〔四四〕綌冪加勺　「冪」釋文作「鼏」。

〔四五〕乘貳車　嚴州本同，徐本「貳」作「二」。

〔四六〕使徒役持炬火　「徒」阮校云徐本、楊、敖同，集釋、通解俱作「從」。

〔四七〕魚正反　「正」徐乾學本作「令」。

〔四八〕又以全反　盧文弨本同，徐乾學本「全」作「令」。

〔四九〕此有者亦是攝也　阮校云要義同，陳、閩「者」俱作「二」，毛本「攝」下有「盛」字。

〔五〇〕革上又有漆飾　阮校云「又」毛本作「文」。

〔五一〕亦不假攝盛　阮校云聶氏、要義同，毛本「假」作「欲」。

〔五二〕翟蔽以朝　阮校云要義同，毛本「蔽」作「茀」。今按毛詩作「茀」。

〔五三〕然則王后始來乘重翟受　阮校云「受」毛本作「車」，要義作「矣」，當以要義爲是。今按巾車鄭注作「乎」，「受」殆爲「乎」之譌字。

〔五四〕與重翟厭翟有屈　「屈」阮校云毛本作「差」，是也。

〔五五〕廟在大門内　阮校云「在」陳、閩俱誤作「乃」，毛本作「在」。今按單疏作「在」，此據改。

〔五六〕下主爲爲行同　「主」原作「注」，徐乾學本作「主」。阮氏云陸氏此句指五卷注「明主爲授女耳」，及「加之以爲行道御塵」，作「注」乃譌字。

儀禮注疏卷第五

唐朝散大夫行大學博士弘文館學士臣賈公彥等撰

女次，純衣，纁袡，立于房中，南面。次，首飾也，今時髲也。周禮追師掌「爲副編次」。純衣，絲衣。女從者畢袗玄，則此衣亦玄矣。〔一〕袡，亦緣也。袡之言任也，以纁緣其衣，象陰氣上任也。凡婦人不常施袡之衣，盛昏禮爲此服。喪大記曰「復衣不以袡」，明非常。○纁袡，如占反。髲也，皮義反。追師，丁回反。編次，必連反，劉步典反。袗玄，之忍反，一之慎反，又普真，〔二〕後同。

【疏】「女次」至「南面」　注「次首」至「非常」　不言裳者，以婦人之服不殊裳，是以內司服皆不殊裳，彼注云「婦人尚專一德，無所兼連，衣裳不異其色」是也。注云「次，首飾也，今時髲也。周禮追師掌『爲副編次』」者，案彼注云「副之言覆，所以覆首爲之飾，其遺象若今步繇矣。編，編列髮爲之，其遺象若今假紒矣。次，次第髮長短爲之，所謂髲髢」。言「所謂」，謂如少牢「主婦髲鬄」也。又云「外內命婦衣鞠衣、襢衣者，服編衣、褖衣者，服次」，其副唯於三翟祭祀服之，士服爵弁，助祭之服以迎，則士之妻亦服褖衣助祭之服也。若然，案內司服「王后之六服：褘衣、揄翟、闕翟、鞠衣、展衣、褖衣、素沙」，素沙與上六服爲裏。五等諸侯、上公夫人與王后同，侯伯夫人自揄翟而下，子男夫人自闕而下。〔三〕案玉藻有鞠衣、襢衣、褖衣，注云「諸侯之臣皆分爲三等，其妻以次受此服。公之臣孤爲上卿，大夫次之，士次之。侯伯子男之臣卿爲上，大夫次之，士次之」，其三夫人已下、內命婦，則三夫人自闕翟而下，九嬪自鞠衣而下，世婦自襢衣而下，女御自褖衣而下，嫁時以服之。諸侯夫人無助天子祭，亦各得申上服，與祭服同也。云「純衣，絲衣」者，此經純亦是絲理不明，故見絲體也。〔四〕云「女從者畢袗玄，則此衣亦玄矣」者，此鄭欲見既以純爲絲，恐色不明，故云女從袗玄，則此絲衣亦同玄色矣。云「袡，亦緣也」者，上纁裳緇袘，袘爲緣，故云「袡，亦緣也」。云「袡之言任也，以纁緣其衣，象陰氣上任也」者，婦人陰象陰氣上交於陽，亦取交接之義也。云「凡婦人不常施袡之衣，盛昏禮爲此服」者，此純衣即褖衣，是士妻助祭之服，尋常不用纁爲袡，今用之，故云「盛昏禮爲此服」。云「喪大記曰：『復衣不以袡』，明非常」者，以其始死招魂，復魄，用生時之衣。生時無袡，知亦不用袡，明爲非常所服，爲盛昏禮故服之。引之者，證袡爲非常服也。然鄭言「凡婦人服不常施袡」者，鄭欲見王后已下，初嫁皆有袡之意也。

姆纚笄，宵衣，在其右。姆，婦人年五十無子，出而不復嫁，能以婦道教人者，若今時乳母矣。纚，縚髮。〔五〕笄，今時簪也。纚亦廣充幅，長六尺。宵讀爲詩素衣「朱綃」之綃，魯詩以綃爲綺屬也。姆亦玄衣，以綃爲領，因以爲名，且相別耳。姆在女右，當詔以婦禮。○姆，莫猴反，字林亡又反，劉音母，又音茂。纚笄，山買反，劉霜綺反。縚髮，〔六〕他刀反，本又作叏，同。朱綃，音消。相別，彼列反，下別出同。

【疏】「姆纚」至「其右」　此經欲見女既在房，須有傳命者之義也。

注「姆婦」至「婦禮」　云「姆，婦人年五十無子，出而不復嫁，能以婦道教人」者，婦人年五十陰道絶，無子乃出之。案家語云：「婦人有七出：不順父母出，淫辟出，無子出，不事舅姑出，惡疾出，多舌出，盗竊出。」又莊二十七年何休注公羊云：「無子，棄絶世也；淫佚，棄亂類也；不事舅姑，棄悖德也；口舌，棄離親也；盗竊，棄反義也；嫉妒，棄亂家也；惡疾，棄不可奉宗廟也。」又家語有三不去。「曾經三年喪不去」，休云「不忘恩也」。「賤取貴不去」，休云「不背德也」。「有所受無所歸不去」，休云「不窮窮也」。休又云：「喪婦長女不娶，無教戒也；世有惡疾不娶，〔七〕棄於天也；世有刑人不娶，棄於人也；亂家不娶，〔八〕類不正也；逆家女不娶，廢人倫也。」是五不娶。又案易同人六二鄭注云「天子、諸侯后、夫人無子不出」，則猶有六出。其天子之后，雖失禮，鄭云「嫁於天子，雖失禮無出道，遠之而已。若其無子，不廢，遠之」，后尊如，故其犯六出則廢之。然就七出之中，餘六出是無德行，不堪教人，故無子出能以婦道教人者，以爲姆。〔九〕既教女，因從女向夫家也。云「若今時乳母」者，漢時乳母與古時乳母別。案喪服乳母者，據大夫子有三母，子師、慈母、保母，其慈母闕，乃令有乳者養子，謂之爲乳母，死爲之服緦麻。師教之，乳母直養之而已。漢時乳母則選德行有乳者爲之，并使教子，故引之以證姆也。云「纚，縚髮」者，此纚亦如士冠纚，以繒爲之，廣充幅，長六尺，以縚髮而紒之。姆所異於女者，女有纚，兼有次，此姆則有纚而無次也。云「笄，今時簪」者，舉漢爲況義也。云「宵讀爲詩素衣朱綃之綃」者，引詩以爲證也。云「姆亦玄衣，以綃爲領，因以爲名」者，此衣雖言綃衣，亦與純衣同是褖衣，用綃爲領，故因得名綃衣也。必知綃爲領者，詩云「素衣朱綃，詩又云「素衣朱襮」，爾雅釋器云「黼領謂之襮」，襮既爲領，明朱綃亦領可知。案上文云「女褖衣」，下文云「女從者畢袗玄」，皆是褖衣，則此綃衣亦褖衣矣。女與女從禪黼領，此姆以玄綃爲領也。若然，特牲云「綃衣」者，謂以綃繒爲衣。知此綃爲領者，以下女從者云「被顈黼」，據領，明此亦據領也。云「姆在女右，當詔以婦禮」者，案禮記少儀云「贊幣自左，詔辭自右，地道尊右之義」，故姆在女右也。

女從者畢袗玄，纚、笄、被顈黼，在其後。女從者，謂姪娣也，詩云「諸娣從之，祁祁如雲」。袗，同也，同玄者，上下皆玄。顈，禪也。詩云「素衣朱襮」，爾雅云「黼領謂之襮」，周禮曰「白與黑謂之黼」，天子、諸侯后、夫人狄衣，卿大夫之妻刺黼以爲領，如今偃領矣。士妻始嫁，施禪黼於領上，假盛飾耳。言被，明非常服。○被，皮義反，下及注同。顈，苦迥反，〔一〇〕劉音古熒反。禪也。黼，音斧，劉音補。姪，大結反，字林丈一反。娣，大計反。禪也，音丹。朱襮，音博。刺黼，士亦反，劉音刺史之刺。〔一一〕

【疏】「女從」至「其後」　此是從女之人，在女後爲尊卑威儀之事也。

注「女從」至「常服」　知女從是姪娣者，案下文云「雖無娣媵」，先鄭云：「古者嫁女，必姪娣從，謂之媵」，即此「女從」，故云「女從者，謂姪娣也」。云詩者，韓奕篇，引之證姪之義也。〔一二〕云「袗，同也。同玄者，上下皆玄」者，此袗讀從左氏「均服振振」，一也，故云「同玄，上下皆玄也」。同者，即婦人之服，不殊裳也。云「潁，禪也」者，此讀如詩云「褧衣」之褧，故爲禪也。引詩、爾雅、周禮者，證黼得爲領之義也。黼謂刺之在領，爲黼文，名爲襮，故云「黼領謂之襮」。云「天子、諸侯后、夫人狄衣」者，案周禮内司服云「掌王后之六服：禕衣、揄狄、闕狄」，又注云「侯伯之夫人揄狄，子男之夫人亦闕狄，唯二王後禕衣」，故云「后夫人狄衣也」。云「卿大夫之妻刺黼以爲領」者，以士妻言被，明非常，故知大夫之妻刺之常也。不於后夫人下言領，於卿大夫妻下乃云「刺黼爲領」，則后夫人亦同刺黼爲領也。但黼乃白黑色爲之，若於衣上，則畫之，若於領上則刺之，以爲其男子冕服衣畫，而裳繡，繡皆刺之。其婦人領，雖在衣亦刺之矣。然此士妻言被禪黼，謂於衣領上別刺黼文，謂之被，則大夫以下刺之，〔一三〕不別被之矣。案禮記郊特牲云「綃黼丹朱中衣，大夫之僭禮也」，彼天子、諸侯中衣有黼領，服則無之，〔一四〕此今婦人事華飾，故於上服有之，中衣則無也。云「如今偃領矣」者，舉漢法，鄭君目驗而知，至今已遠，偃領之制亦無可知也。云「士妻始嫁施禪黼於領上，假盛飾耳。言被，明非常服」者，對大夫已上妻，則常服有之，非假也。〔一五〕

主人玄端迎于門外，西面再拜。賓東面荅拜。賓，壻。

【疏】「主人」至「荅拜」 此言男至女氏之大門外，女父出迎之事也。

主人揖，入。賓執鴈從。至于廟門，揖入，三揖至于階，三讓。主人升，西面。賓升，北面，奠鴈，再拜稽首，降，出。婦從，降自西階。主人不降送。賓升，奠鴈，拜，主人不荅，明主爲授女耳。主人不降送，禮不參。

【疏】「主人」至「降送」 此言女父迎賓，壻入廟門，升堂，父迎出大門之事也。〔一六〕云「賓升，北面，奠鴈，再拜稽首」者，此時當在房外，當楣，北面。知在房户者，見隱二年「紀履緰來逆女」，公羊傳曰「譏始不親迎也」，何休云「夏后氏逆於庭，殷人逆於堂，周人逆於户」，後代漸文，迎於房者，親親之義也。注「賓升」至「不參」　云「賓升，奠鴈，拜，主人不荅，明主爲授女耳」者，案納采阼階上拜至、問名、納吉、納徵、請期，轉相如，皆拜。獨於此主人不荅，明主爲授女耳。云「主人不降送，禮不參」者，禮賓主宜各一人，今婦既從，〔一七〕主人不送者，以其禮不參也。

壻御婦車，授綏。姆辭不受〔一八〕壻御者，親而下之。綏，所以引升車者。僕人之禮，必授人綏。○而下，遐嫁反。

【疏】「壻御」至「不受」　注「壻御」至「人綏」　云「僕人之禮，必授人綏」者，曲禮文，今壻御車，即僕人。禮，僕人合授綏，姆辭不受，謙也。

婦乘以几，姆加景。乃驅，御者代。乘以几者，尚安舒也。景之制蓋如明衣，〔一九〕加之以爲行道禦塵，令衣鮮明也。景，亦明也。驅，行也。行車輪三周，御者乃代壻。今文「景」作「憬」。○婦乘，如字，劉音繩證反，下記同。御塵，魚呂反。令衣，力呈反。作憬，劉音景。

【疏】「婦乘」至「者代」　注「乘以」至「作憬」　云「乘以几」者，謂登車時也。几，所以安體。謂若尸乘以几之類，以重其初昏，與尸同也。云「景之制蓋如明衣」者，案既夕禮「明衣裳用布，袂屬幅，長下膝」，鄭注云「長下膝，又有裳，於蔽下體深也」，此景之制，無正文，故云「蓋如明衣」。直云制「如明衣」，此嫁時尚飾，不用布。案詩云「衣錦褧衣，裳錦褧裳」，鄭云「褧，禪也，蓋以禪縠爲之。中衣裳用錦，而上加禪縠焉，爲其文之大著也，庶人之妻嫁服也。士妻紂衣纁袡」，彼以庶人用禪縠，連引士妻紂衣，則此士妻衣上亦用禪縠。碩人是國君夫人，亦衣錦褧衣，則尊卑同用禪縠。庶人卑，得與國君夫人同用錦，爲衣大著，此士妻不用錦，不爲文大著，故云「行道禦風塵」也。

壻乘其車，先，俟于門外。壻車在大門外。乘之先者，道之也。男率女，女從男，夫婦剛柔之義自此始也。俟，待也。門外，壻家大門外。○道之，音導，下同。

【疏】「壻乘」至「門外」 注「壻車」至「門外」 云壻車在大門外者，謂在婦家大門外。知者，以其壻於此始言「乘其車」，故知也。云「男率女，女從男，夫婦剛柔之義自此始也」者，並郊特牲文。云「門外，壻家大門外」者，命士已上，父子異宫，故解爲壻家大門外。若不命之士，父子同宫，則大門父之大門外也。

婦至，主人揖婦以入。及寢門，揖入，升自西階。媵布席于奥。夫入于室即席。婦尊西，南面。媵、御沃盥交。升自西階，道婦入也。媵，送也，謂女從者也。御當爲訝，訝，迎也，謂壻從者也。媵沃壻，盥於南洗，御沃婦盥於北洗。夫婦始接，情有廉恥，媵、御交道其志。○媵席，以證反，又御證反，下及注同。〔二〇〕于奥，烏報反。西南隅。媵御，依注音訝，五嫁反。迎也。下注媵御、御受、御衽餕、御贊竝者。〔二一〕

【疏】「婦至」至「盥交」 此明夫導於婦入門、升階及對席，媵、御沃盥之儀。云「主人揖婦以入」者，此則詩云「好人提提，宛然左辟」是也。云「夫入于室即席」者，謂壻也。婦在尊西，未設席。壻既爲主，東面，須設饌訖，乃設對席揖，即對席爲前後，至之便故也。

注「升自」至「其志」 云「升自西階，道婦入也」者，以尋常賓客，主人在東，賓在西，今主人與妻俱升西階，故云「道婦入也」。云「媵，送也，謂女從者也」，〔二二〕即姪娣也。云「御當爲訝。訝，迎也，謂壻從者也」者，以其與婦人爲盥，非男子之事，謂夫家之賤者也。知「媵沃壻，盥於南洗。御沃婦，盥於北洗」者，以其有南、北二洗，又云「媵、御沃盥交」，明知夫婦與媵御南北交相沃盥也。

贊者徹尊冪，舉者盥，出，除冪，舉鼎入，陳于阼階南，西面，北上。匕、俎從設。執匕者、執俎者從鼎而入，設之匕所，以別出牲體也。俎所以載也。

【疏】「贊者」至「從設」　注「執匕」至「載也」　案特牲、少牢、公食與有司徹及此昏禮等執匕、俎，舉鼎各別人者，此吉禮尚威儀故也。士喪禮舉鼎，右人以右手執匕，左人以左手執俎，舉鼎人兼執匕、俎者，喪禮畧也。云「從設」者，以從男之事，故從吉祭法也。公食執匕、俎之人，入加匕於鼎，陳俎於鼎南，其匕與載皆舉鼎者爲之。特牲注云「右人也尊者，於事指使可也」，則右人於鼎北，南面，匕肉出之，左人於鼎西俎南，北面承，取肉載於俎。士虞右人載者喪祭少變，故在西方，長者在左也。今昏禮鬼神陰陽，當與特牲禮同，亦右人匕，左人載，遂執俎而立，以侍設也。云「匕所以別出牲體也」者，凡牲有體，別謂肩、臂、臑、肫、胳、脊、脅之等，〔二三〕於鼎以次別匕出之，載者依其體，別以次載之於俎，故云「別出牲體」也。

北面載，執而俟。執俎而立，俟豆先設。

【疏】「北面載，執而俟」　注「執俎」至「先設」　知「俟豆先設」者，下文「菹醢」後乃云「俎入設于豆東」，故知也。

匕者逆退，〔二四〕復位于門東，北面，西上。執匕者事畢，逆退由便。至此乃著其位，畧賤也。○朼者，必復反。劉云：匕，器名；朼，載也。由便，婢面反，下同。

【疏】「匕者」至「西上」　注「執匕」至「賤也」　云「至此乃著其位，畧賤也」者，案士冠未行事陳主人位訖，即言兄弟及擯者之位，於此初陳鼎門外時，不見執匕者位，至此乃著其位，故言「畧賤也」。

贊者設醬于席前，菹醢在其北。俎入，設于豆東，魚次，腊特于俎北。豆東，菹醢之東。

【疏】注「豆東菹醢之東」　醬與菹醢俱在豆，知不在醬東者，下文醬東有黍、稷，故知在菹醢東也。

贊設黍于醬東，稷在其東，設湇于醬南。饌要方也。

【疏】「贊設」至「醬南」　注「饌要方也」　釋曰：豆東兩俎，醬東黍稷，是其要方也。

設對醬于東，對醬，婦醬也，設之當特俎。

【疏】「設對醬于東」　注「對醬」至「特俎」　壻東面，設醬在南爲右；婦西面，則醬在北爲右，皆以右手取之爲便，故知設之當特俎東也。

菹醢在其南，北上。設黍于腊北，其西稷，設湇于醬北。御布對席。贊啓會，卻于敦南，對敦于北。啓，發也。今文「啓」作「開」，古文「卻」爲「綌」。○啓會，古外反。卻于，去逆反。

【疏】「菹醢」至「于北」　「菹醢在其南，北上」者，謂菹在醬南，其南有菹有醢。若壻醢在菹北，從南向北陳爲南上，此從北向南陳，亦醢在菹南，爲北上也。云湇即上文「大羹湇在爨」者，羹宜熱，臨食乃將入，〔二五〕是以公食大夫云「大羹湇不和，實于鐙，由門入，公設之于醬西」是也。又生人食，公食大夫是也。特牲、士虞等爲神設，皆爲敬尸，尸亦不食也。鄉飲酒、鄉射、燕禮、大射不設者，湇非飲食之具，故無也。少牢無湇者，又不備。有司徹有湇者，賓尸禮褻，故有之與少牢禮異也。云「設湇于醬北」者，案上設壻湇於醬南，在醬黍之南，特俎出於饌北，此設婦湇於醬北，在特俎東饌。内則「不得要方上」，注云「要方者，據大判而言耳」。云「啓會卻于敦南，對敦于北」者，取壻東面以南爲右，婦西面，以北爲右，各取便也。卻，仰也，謂仰於地也。

贊告具，揖婦即對筵，皆坐，皆祭，祭薦、黍、稷、肺。贊者西面，告饌具也。壻揖婦使即席，薦菹醢。

【疏】「贊者」至「稷肺」 注「贊者」至「菹醢」 知「贊者西面，告饌具」者，以其所告者，宜告主人，主人東面，知西面告也。云「薦菹醢」者，以其儀禮之内，單言薦者，皆據籩、豆而言也。

贊爾黍，授肺脊。皆食以湇、醬。皆祭舉、食舉也。爾，移也，移置席上，便其食也。皆食，食黍也。以，用也，用者，謂啜湇咂醬。古文「黍」作「稷」。○啜湇，昌悅反。咂醬，子闔反。

【疏】「贊爾」至「舉也」 云「祭舉，食舉也」者，舉謂舉肺。以其舉以祭，以食，故名肺爲舉。則上文云祭者，祭肺也。注「爾移」至「作稷」 云「爾，移也」者，爾訓爲近，謂移之使近人，故云「移置席上，便其食也」。案玉藻云「食坐盡前」，謂臨席前畔，則不得移黍於席上，此云「移置席上」者，鬼神陰陽，故此昏禮從特牲祭祀法。云「皆食，食黍也」者，案特牲、少牢祭舉、食舉乃飯，此先食黍，乃祭舉，相反者，彼九飯禮成，〔一六〕故先食舉以爲導食氣。此三飯禮畧，故不須導也。此先爾黍、稷，後授肺，特牲亦然，以其士禮同也。少牢佐食先以舉肺者，授尸乃爾黍者，大夫禮與士異故也。然士虞亦先授舉肺者，後乃爾黍者，喪禮與吉反故也。云「用者，謂啜湇咂醬」者，〔一七〕以其大羹汁不用箸，醬，又不須以箸，故用口啜湇，用指咂醬也。

三飯，卒食。卒，已也。同牢示親，不主爲食起，三飯而成禮也。○三飯，扶晚反，注及下同。主爲，于僞反，下爲媵、爲尊竝同。

【疏】「三飯，卒食」注「同牢」至「禮也」　云「同牢示親，不主爲食起」者，少牢十一飯，特牲九飯而禮成，此獨三飯，故云「同牢示親，不主爲食起，三飯而成禮也」。

贊洗爵，酌，酳主人，主人拜受，贊户内北面荅拜。酳婦亦如之。皆祭。酳，漱也。酳之言演也，安也，漱所以絜口，〔二八〕且演安其所食。酳酌内尊。○漱也，所又反。演也，以善反。

【疏】「贊洗」至「皆祭」　自此至「尊否」，論夫婦食訖，酳及徹饌於房節。云「主人拜受」者，壻拜當東面。「酳婦亦如之」者，婦拜當南面，是以少牢云「養皆荅拜」，〔二九〕鄭注云「在東面席者，東面拜。在西面席者，皆南面拜」，故知婦拜南面，若贊荅婦拜，亦於户内北面也。云「皆祭」者，祭先也。

注「酳漱」至「内尊」　云「酳，漱也。酳之言演也，安也，漱所以絜口，且演安其所食」者，案特牲云「主人洗角，升酌，酳尸」，注云「酳猶衍也，是獻尸也，謂之酳者，尸既卒食，又欲頤衍養樂之」，又少牢云「主人酌酒，乃酳尸」，注云「酳猶羡也，既食之而又飲之，所以樂之」，三注不同者，文有詳畧，相兼乃具。士虞亦是酳尸，注直云「酳，安食也」，不言養樂及羡者，喪故畧之。此三酳俱不言獻，皆云酳，直取其絜，故注云「漱所以絜口，演安其所食」，亦頤養樂之義。知「酳酌内尊」者，以下文云「贊酌于户外尊」，故知此夫婦酌内尊也。

贊以肝從，皆振祭。嚌肝，〔三〇〕**皆實于菹豆。**肝，肝炙也。飲酒宜有肴以安之。○嚌肝，才計反。肝炙，諸夜反。

【疏】「贊以」至「菹豆」　案特牲、少牢獻尸以肝從，尸嚌之，加于菹豆，與此同，禮之正也。主人與祝亦以肝從，加於俎。不加於豆者，下尸，故不敢同之也。士虞獻尸，尸以肝加於俎者，喪祭，故鄭云「加於俎，從其牲體也，以喪不志於味」。但此云「實」不云加，異於祭故也。

卒爵，皆拜，贊荅拜，受爵。再酳，如初，無從。三酳，用巹，亦如之。亦無從也。

【疏】「卒爵」至「如之」 注「亦無從也」 「卒爵，皆拜，贊荅拜」者，獻主處也。云「再酳，如初」者，如自「贊洗爵」已下至「荅拜，受爵」也。云「亦無從也」者，「三酳用巹，亦如之」，亦自「贊洗爵」至「受爵」，鄭直云「亦無從」，「用巹」文承「再酳」之下，明知事事如再酳。以其初酳有從，再酳如初無從，三酳用巹，亦無從，故鄭以「亦無從」言之，其實皆同再酳也。

贊洗爵，酌于户外尊，〔三一〕入户，西，北面，奠爵，拜。皆荅拜。坐祭，卒爵，拜。皆荅拜，興。贊酌者，自酢也。

【疏】「贊洗」至「拜興」 言「皆」者，皆夫婦也。三酳乃酌外尊自酢者，皆是畧賤者也。既隔合巹，〔三二〕乃用爵，不嫌相襲爵，明更洗餘爵也。

主人出，婦復位。復尊西南面之位。

【疏】「主人出，婦復位」 注「復尊西南面之位」 直云「主人出」，不云處所。案下文云「主人説服于房」矣，則此時亦向東房矣。云「復尊西南面之位」者，婦人不宜出復入，故因舊位而立也。

乃徹于房中，如設于室，尊否。徹室中之饌，設于房中，爲媵、御餕之。徹尊不設，有外尊也。○迺撤，〔三三〕劉直列反。餕之，音俊。

【疏】「乃徹」至「尊否」　經云「乃徹于房中，如設于室」，雖據豆俎而言，理兼於尊矣，故云「徹尊不設，有外尊」，明徹中兼尊也。云「尊否」者，唯尊不設于房中而言也。知爲「媵、御餕之」者，下文云「媵餕主人之餘」已下是也。

主人說服于房，媵受；婦說服于室，御受，姆授巾。巾所以自絜清。今文「說」皆作「稅」。○說服，吐活反，劉詩悅反，下親說同，劉云訓解通同，勿言脫也。絜清，如字，又才性反，下倣此。作稅，舒銳反，劉詩說反。

【疏】「主人」至「授巾」　自此至「呼則聞」，論夫婦寢息及媵、御餕之事也。云「主人說服于房，媵受。婦說服于室，御受」者，與沃盥文同，亦是交接有漸之義也。疊今文爲「稅」，不從者，稅是追服之言，非脫去之義，故不從也。

御衽于奧，媵衽良席，在東，皆有枕，北止。衽，卧席也。婦人稱夫曰良，孟子曰：「將見良人之所之。」止，足也。古文「止」作「趾」。○御衽，而甚反，又而鴆反，卧席。將瞯，劉古遍反，〔三四〕今本亦作見。

【疏】「御衽」至「北止」　注「衽卧」至「作趾」　衽于奧，主于婦席。使御布婦席，使媵布夫席，此亦示交接有漸之義也。云「衽，卧席也」者，案曲禮云「請席何鄉，請衽何趾」，鄭云「坐問鄉，卧問趾，因於陰陽」，彼衽稱趾，明衽卧席也。若然，前布同牢席，夫在西，婦在東，今乃夫在東，婦在西，易處者，前者示有陰陽，交會有漸，故男西女東；今取陽往就陰，故男女各於其方也。云孟子者，案孟子離婁篇云「齊人有一妻一妾而處室者，其良人出，則必厭酒肉而後反。其妻問所與飲食者，則盡富貴者。其妻告其妾曰：良人出，則厭酒肉而後反。問所與飲食者，則盡富貴者也，而未嘗有顯者來。吾將瞯良人之所之」，〔三五〕注云「瞯，視也」，彼瞯爲視，亦得爲見，故鄭此注爲見也。引之者，證婦人稱夫爲良人之義也。云「古文止作趾」者，雖疊古文，趾爲足，亦一義也。

主人入，親説婦之纓。入者，從房還入室也。婦人十五許嫁，笄而禮之，因著纓，明有繫也，蓋以五采爲之，其制未聞。○因著，丁略反。

【疏】「主人」至「之纓」　注「入者」至「未聞」　知「從房還入室」者，夫前出，「説服於房」，今言「入」，明從房入室也。云「婦人十五許嫁，笄而禮之，因著纓」者，案曲禮云「女子許嫁，纓」，又云「女子許嫁，笄而字」，鄭據此諸侯文而言，〔三六〕但言十五許嫁，則以十五爲限，則自十五已上，皆可許嫁也。云「明有繫也」者，纓是繫物爲之，明有繫也。云「蓋以五采爲之」者，以周禮巾車職「五路」皆有繁纓就數，鄭注「纓皆用五采罽爲之」，此纓雖用絲爲之，當用五采，但無文，故云「蓋」以疑之也。云「其制未聞」者，此纓與男子冠纓異，彼纓垂之兩傍，結其絛。此女子纓不同於彼，故云「其制未聞」。但纓有二時不同。內則云「男女未冠笄者，總角衿纓，皆佩容臭」，鄭注云「容臭，香物也。以纓佩之，爲迫尊者，給小使也」，此是幼時纓也。內則又云「婦事舅姑，子事父母，衿纓綦屨」，注云「衿，猶結也。婦人有纓，示繫屬也」，是婦人女子有二時之纓。內則示有繫屬之纓，即許嫁之纓，與此説纓一也。若然，笄亦有二等。案問喪親始死笄纚，據男子去冠仍有笄，（元缺一字）與婦人之笄，並有安髮之笄也，爵弁、皮弁及六冕之笄，皆是固冠、冕之笄，是其二也。

燭出。昏禮畢，將卧息。**媵餕主人之餘，御餕婦餘，贊酌外尊酳之。**外尊，房户外之東尊。

【疏】「媵餕」至「酳之」　釋曰：亦陰陽交接之義。云「酌外尊」者，賤不敢與主人同酌内尊也。

媵侍于户外，呼則聞。爲尊者有所徵求。今文侍作待。〔三七〕

【疏】「媵待」至「則聞」　不使御待于户外，供承夫婦者，以女爲主，故使媵待于户外也。

夙興，婦沐浴，纚、笄、宵衣以俟見。夙，早也，昏明日之晨。興，起也。俟，待也，待見於舅、姑寢門之外。古者命士以上，年十五父子異宮。○俟見，賢遍反，注及下皆同。

【疏】「夙興」至「俟見」　自此至「授人」，論婦見舅姑之事。云「纚、笄、宵衣」者，此則特牲主婦宵衣也。不著純衣、纁袡者，彼嫁時之盛服，今已成昏之後，不可使服，故退從此服也。

注「夙早」至「異宮」　言「昏明日之晨」者，以昨日昏時成禮，此經言「夙興」，故知是昏之晨旦也。云「興，起也。俟，待也，待見於舅、姑寢門之外」者，因訓即解之也。云「古者命士以上，年十五父子異宮」者，案内則云「由命士以上，父子異宮」，不云年限；今鄭知十五爲限者，以其十五成童。是以鄭注喪服亦云「子幼謂年十五以下，則不隨母嫁」，故知十五以後，乃異宮也。鄭言此限者，欲見不命之士，父子同宮，雖俟見，不得言舅姑寢門外也。

質明，贊見婦于舅姑。席于阼，舅即席。席于房外，南面，姑即席。質，平也。房外，房户外之西。古文「舅」皆作「咎」。

【疏】「質明」至「即席」　注「質平」至「作咎」　此經論設舅、姑席位所在。鄭知「房外」是「房户外之西」者，以其舅在阼，阼當房户之東，若姑在房户之東，即當舅之北，南面向之，不便；又見下記云「父醴女而俟迎者。母南面於户外，女出於母左」，以母在房户西，故得女出於母左，是以知此房外亦「房户外之西」也。

婦執笲棗、栗，自門入，升自西階，進拜，奠于席。笲，竹器而衣者，其形蓋如今之筥、𥫱蘆矣。〔三八〕進拜者，進東面乃拜。奠之者，舅尊，不敢授也。○執笲，音煩。竹器。而衣，於既反。𥫱，劉羌居反。蘆，劉音盧。

【疏】「婦執」至「于席」　此經論婦從舅寢門外入見舅之事也。必見舅用棗、栗，見姑以腶脩者，案春秋莊二十四年經書「秋八月丁丑，夫人姜氏入。戊寅，大夫、宗婦覿用幣」，公羊傳云「宗婦者何？大夫之妻也。覿者何？見也。用者何？用者不宜用也，見用幣非禮也。然則曷用棗、栗云乎，腶脩云乎」？注云：「腶脩者，脯也。禮，婦人見舅，以棗、栗爲贄；見姑，以腶脩爲贄，見夫人至尊，兼而用之。云乎，辭也。棗、栗取其早自謹敬，腶脩取其斷斷自脩正，是用棗、栗、腶脩之義也。」案雜記云「婦見舅、姑、兄弟、姑姊妹，皆立于堂下，西面，北上，是見已」，注云「婦來爲供養也，其見主於尊者。兄弟以下在位，是爲已見，不復特見」，又云「見諸父，各就其寢」，注云「旁尊也，亦爲見時不來」，今此不言者，文畧也。

注「笲竹」至「授也」　知「笲，竹器」者，以字從竹，故知竹器。知有衣者，下記云「笲，緇被纁裏加于橋」，注云「被，表也」。笲有衣者，婦見舅、姑以飾爲敬，是有衣也」。云「如今之筥、𥫱𥮉矣」者，此舉漢法以況義。但漢法去今以遠，其狀無以可知也。〔三九〕云「進拜者，進東面乃拜」者，謂從西階進至舅前而拜。云「奠之者，舅尊不敢授也」者，案下姑「奠于席」，不授，而云「舅尊不敢授」者，但舅直撫之而已，至姑則親舉之。親舉者，若親授之然。故於舅得云「尊不敢授」也。

舅坐撫之，興，答拜。婦還，又拜。還又拜者，還於先拜處拜。婦人與丈夫爲禮，則俠拜。○拜處，昌慮反。則俠，古洽反，劉古協反，後倣此。

【疏】「舅坐」至「又拜」　注「還又」至「俠拜」　云「先拜處」者，謂前東面拜處也。云「婦人與丈夫爲禮，則俠拜」者，謂若士冠冠者見母「母拜受，子拜送，母又拜」，母於子尚俠拜，則不徒此婦於舅而已，故廣言「婦人與丈夫爲禮，則俠拜」。

降階，受笲腶脩，〔四〇〕升，進，北面拜，奠于席。姑坐舉以興，拜，授人。人，有司。姑執笲以起，荅婦拜，授有司徹之。舅則宰徹之。○腶脩，丁亂反。本又作股，〔四一〕同，脯也。

【疏】「降階」至「授人」　此經論婦見姑之事。注「人有」至「徹之」　云「人，有司」者，几行事者，皆主人有司也。知舅則使宰徹者，此見下記云「舅荅拜，宰徹」是也。

贊醴婦。醴當爲禮。贊禮婦者，以其婦道新成，親厚之。

【疏】「贊醴婦」　注「醴當」至「厚之」　自此至「於門外」，論舅、姑堂上禮婦之事。云「醴當爲禮」者，士冠、內則、昏義諸文禮皆破從禮者，案司儀注「上於下曰禮，敵者曰儐」，又案大行人云「王禮再祼而酢」之等用鬱鬯，不言王鬯再祼而酢而言禮，則此諸文雖用醴禮賓，不得即言主人醴賓，故皆從「上於下曰禮」解之。

席于户、牖間。室户、西牖東南面位。○户牖，予九反。

【疏】「席于户、牖間」　注「室户」至「面位」　知義然者，以其賓客位於此，是以禮子、禮婦、禮賓客皆於此，尊之故也。

側尊甒醴于房中。婦疑立于席西。疑，正立自定之貌。○疑立，魚乙反，又音嶷，注同。

【疏】「側尊」至「席西」　注「疑正立自定之貌」云「婦疑立于席西」者，以其禮未至而無事，故疑然自定而立，以待事也。若行之間而立，〔四二〕則云立，不得云疑立也。

贊者酌醴，加柶，面枋，出房，席前北面。婦東面拜，受。贊西階上，北面拜送。婦又拜。薦脯醢。婦東面拜，贊北面荅之，變于丈夫始冠成人之禮。○始冠，古亂反，下猶冠、冠子同。

【疏】「贊者」至「脯醢」　云「面枋，出房」者，以其贊授，故面枋。冠禮贊酌醴，將授賓，則面葉；賓受醴，將授子，乃面枋也。此「婦又拜」，并下經「婦又拜」者，皆俠拜也。

注「婦東」至「之禮」　云「婦東面拜，贊北面荅之」，變於丈夫始冠成人之禮者，案冠禮禮子與此禮婦俱在賓位，彼禮子南面受醴，此則東面，不同，故決之。彼南面者，以向賓拜。此東面者，以舅、姑在東，亦面拜之也。

婦升席，左執觶，右祭脯醢，以柶祭醴三，降席，東面坐啐醴，建柶，興，拜。贊荅拜。婦又拜，奠于薦東，北面坐，取脯，降，出，授人于門外。奠于薦東，升席奠之。取脯，降，出，授人，親徹，且榮得禮。人，謂婦氏人。

【疏】「婦升」至「門外」　注「奠于」至「氏人」　鄭知奠者「升席奠之」者，見上冠禮禮子、禮賓皆云「即筵，奠于薦東。降筵，北面坐，取脯」，明此奠時升席，南面奠，乃降北面，取脯，降，出，授人。云「親徹，且榮得禮」者，言「且」，兼二事。何者?下饗婦之俎,不親徹,〔四三〕又自出門授人,是且榮得禮。下饗不親徹俎者,於禮時禮訖,故於後署之。知人是婦氏人者,以其在門外,婦往授之,明是婦氏之人也。

舅、姑入于室。婦盥饋。饋者,婦道既成,成以孝養。○盥饋,其位反。孝養,予亮反,記注共養同。特豚,合升,側載,無魚、腊,無稷,並南上。其他如取女禮。側載者,右胖載之舅俎,左胖載之姑俎,異尊卑。並南上者,舅、姑共席于奧,其饌各以南爲上。其他,謂醬、湆、菹、醢。女,謂婦也,如取婦禮同牢時。今文「並」當作「併」。○取女,七住反。作併,步頂反。

【疏】「舅姑」至「女禮」　自此至「之錯」,論婦饋舅、姑,成孝養之事。云「其他如取女禮」者,則自「側載」以下「南上」以上,與取女異。異者,彼則有魚、腊并稷,此則無魚、腊與稷;彼男東面,女西面,别席,其醬、醢、菹,夫則南上,婦則北上,今此舅、姑共席,東面,俎及豆等皆南上,是其異也。

注「側載」至「作併」　豚載皆合升,若成牲。載一胖是常,得云側,〔四四〕此乃載胖,故云側。但周人尚右,故知右胖載之舅俎,左胖載之姑俎,是以鄭云「異尊卑也」。云「並南上者,舅、姑共席于奧,其饌各以南爲上」者,決同牢男女東西相對,各上其右也。云「其他謂醬、湆、菹、醢」者,以同牢時夫婦各有此四者,今以饋舅、姑,亦各有此四物,故云「如同牢時也」。雖不言酒,既有饋,明有酒在。「其他」中酒在内者,亦在北牖下,外尊亦當在房户外之東,鄭不云者,畧耳。

婦贊成祭,卒食,一酳,無從。贊成祭者,授處之。今文無「成」也。

【疏】「婦贊」至「無從」　注「贊成祭者授處之」　「贊成祭」者，謂授之又處置，令知在於豆間也。

席于北墉下。墉，牆也。室中北牆下。

【疏】「席于北墉下」　此席將爲婦餕之位處也。

婦徹，設席前如初，西上。婦餕，舅辭易醬。婦餕者，即席將餕也。辭易醬者，嫌淬汙。○淬，劉七内反，本或作染，如琰反。汙，汙穢之汙。

【疏】「婦徹」至「易醬」　「婦徹，設于席前如初，西上」者，此直餕餘。「舅辭易醬」者，舅尊故也。不餕舅餘者，以舅尊，嫌相褻。言「西上」者，亦以右爲上也。

注「婦餕」至「淬汙」　言將者，事未至。以其此始言婦餕之意，至下文「婦餕姑之饌」，乃始餕耳。云「辭易醬者，婦嫌淬汙」者，（四五）以其醬乃以指咂之，淬汙也。

婦餕姑之饌。御贊祭豆、黍、肺、舉肺、脊。乃食，卒，姑酳之，婦拜受，姑拜送，坐祭，卒爵，姑受，奠之。奠之，奠于篚。

【疏】「婦餕」至「奠之」　注「奠之奠于篚」　云「御贊祭豆、黍、肺、舉肺、脊」者，御贊婦祭之也。鄭知「奠之於篚」者，此云「如取女禮」，取女有篚，明此亦奠之于篚，可知也。

婦徹于房中，媵、御餕，姑酳之。雖無娣，媵先。於是與始飯之錯。古者嫁女必姪、娣從，謂之媵。姪，兄之子。娣，女弟也。娣尊，姪卑，若或無娣，猶先媵，容之也。始飯，謂舅、姑。錯者，媵餕舅餘，御餕姑餘也。古文「始」爲「姑」。○娣從，才用反。

【疏】「婦徹」至「之錯」　注「古者」至「爲姑」　云「古者嫁女必姪、娣從，謂之媵」者，媵有二種，若諸侯有二媵外，別有姪、娣。是以莊公十九年經書：「秋，公子結媵陳人之婦于鄄。」公羊傳曰：「媵者何？諸侯娶一國，則二國往媵之，以姪、娣從。姪者何？兄之子也。娣者何？弟也。」(四六)諸侯夫人自有姪、娣，并二媵各有姪、娣，則九女。是媵與姪、娣別也。若大夫、士無二媵，即以姪、娣爲媵。鄭云「古者嫁女，必姪、娣從，謂之媵」，是據大夫、士言也。云「姪，兄之子。娣，女弟也。娣尊姪卑」者，解經云「雖無娣，媵先」之義，以其若有娣，乃先媵即姪也。云「猶先媵，容之也」者，對御是夫之從者，爲後。若然，姪與娣俱名媵，今言「雖無娣，媵先」，似娣不名媵者，但姪、娣俱是媵，今去娣，娣外唯有姪，姪言「媵先」，以對御爲先，非對娣也。稱媵，以其姪、娣俱是媵也。云「始飯，謂舅姑」者，舅姑始飯，而今媵餕舅餘，御餕姑餘，是交錯之義，若媵、御沃盥交也。舅姑爲飯始，不爲餕始。俗本云「與始餕之錯」者，誤也。

舅姑共饗婦以一獻之禮。舅洗于南洗，姑洗于北洗。奠酬。以酒食勞人曰饗。南洗在庭，北洗在北堂，設兩洗者，獻酬酢以絜清爲敬。奠酬者，明正禮成，不復舉，凡酬酒皆奠於薦左，不舉，其燕則更使人舉爵。○勞人，力報反。

【疏】「舅姑」至「奠酬」　注「以酒」至「舉爵」　自此至「歸俎于婦氏人」論饗婦之事。此饗與上盥饋同日爲之，知者，見昏義曰「舅姑入室，婦以特豚饋，明婦順也。厥明，舅姑共饗婦」，鄭彼注云「昏禮不言厥明，此言之者，容大夫以上禮多，或異日」，故知此士同日可也。此與上事相因，亦於舅姑寢堂之上，與禮婦同在客位也。云「共饗婦以一獻之禮」者，案下記云「饗婦姑薦焉」，注云「舅姑共饗婦，舅獻，(四七)姑薦脯醢」，但薦脯醢，無盥洗之事。今設此洗，爲婦人不下堂也。云「姑洗於北洗」，洗者，洗爵。則是舅獻，姑酬，共成一獻，仍無妨「姑薦脯醢」也。云「凡酬酒皆奠於薦左，不舉」者，此經直云「奠酬」，不言處所，故云「凡」，通鄉飲酒、鄉射、燕禮之等。云「燕則更使人舉爵」者，案燕禮獻酬訖別有人舉旅行酬是也。饗亦用醴酒，知者，以下記云「庶婦使人醮之」，注云「使人醮之，不饗也。酒不酬酢曰醮，亦有脯醢。適婦酌之以醴，尊之。庶婦酌之以酒，卑之」是也。若然，知記非醴婦者，以記云「庶婦使人醮之」，明適婦親之。案上醴婦，雖適，使贊者親，明記醮庶婦使人當饗，節也。

舅、姑先降自西階，婦降自阼階。授之室，使爲主，明代己。

【疏】「舅姑」至「阼階」　注「授之」至「代己」　案曲禮云子事父母，「升降不由阼階」，是主人尊者之處。〔四八〕今舅、姑降自西階，婦降自阼階，是授婦以室之事也。云「授之室」，昏義文也。

歸婦俎于婦氏人。言俎則饗禮有牲矣。婦氏人，丈夫送婦者，使有司歸以婦俎，當以反命於女之父母，明其得禮。〔四九〕

【疏】「歸婦俎于婦氏人」　注「言俎」至「得禮」　案雜記云「大饗卷三牲之俎，歸于賓館」，是賓所當得也。饗時設几而不倚，爵盈而不飲，肴乾而不食，故歸俎。此饗婦，婦亦不食，故歸也。經雖不言牲，既言俎，俎所以盛肉，故知「有牲」。此婦氏人，即上婦所授脯者也。故上注引此婦氏人，證所授人爲一也。

舅饗送者以一獻之禮，酬以束錦。送者，女家有司也。爵至酬賓，又從之以束錦，所以相厚。古文「錦」皆爲「帛」。〔五〇〕

【疏】「舅饗」至「束錦」　注「送者」至「作帛」　此一獻與饗婦一獻同，禮則異。彼兼有姑，此依常饗賓客法。知送者是「女家有司」者，故左氏傳云「齊侯送姜氏，非禮也」，凡公女嫁于敵國，姊妹則上卿送之，以禮於先君，公子則下卿送之；於大國，雖公子亦上卿送之，於天子則諸卿皆行，公不自送；於小國，則上大夫送之。以此而言，則尊無送卑之法，則大夫亦遣臣送之，士無臣，故知有司送之也。云「古文錦皆爲帛」者，此及下文錦皆爲帛。不從古文者，禮有玉錦，非獨此文，則禮有贈錦之事，故不從古文也。

姑饗婦人送者，酬以束錦。婦人送者，隸子弟之妻、妾，凡饗速之。

【疏】「姑饗」至「束錦」　注「婦人」至「速之」　左氏傳云「士有隸子弟」，士卑無臣，自以其子弟爲僕隸，并己之子弟之妻、妾。但尊無送卑，故知婦人送者，是隸子弟之妻、妾也。云「凡饗速之」者，案聘禮「饗食速賓」，則知此舅、姑饗送者，亦速之也。凡速者，皆就館召之。〔五一〕是以下云「若異邦，則贈丈夫送者以束錦」，鄭云「就賓館」，則賓自有館。若然，婦人送者亦當有館。男子則主人親速，其婦送者不親速。以其婦人迎客，不出門，當别遣人速之。

若異邦，則贈丈夫送者以束錦。贈，送也，就賓館。

【疏】「若異」至「束錦」　注「贈送也就賓館」　案莊二十七年冬，「莒慶來逆叔姬」，〔五二〕公羊傳曰「大夫越竟逆女，非禮也」。鄭注喪服亦云「古者大夫不外娶」，今言異邦，得外娶者，以大夫尊，外娶則外交，故不許；士卑，不嫌，容有外娶法，故有異邦送客也。鄭知就館者，贈賄之等，皆就館，故知此亦就館也。

校勘記

〔一〕則此衣亦玄矣　黄刊嚴州本、徐本無「衣」字。黄氏校録云張本、李本有，阮校云毛本亦有，與單疏合。此據補。

〔二〕 又普真 「真」後徐乾學本有「反」字。阮氏疑「普」爲「音」字之譌，「反」字衍。今按，阮說「反」字衍與宋本合，是。

〔三〕 子男夫人自闕而下 阮校云毛本「闕」下有「翟」字。

〔四〕 故見絲體也 阮校云陳、閩「見」俱作「是」。

〔五〕 縚髮 阮校云聶氏「髮」下有「纚也」二字。

〔六〕 縚髮 黄焯彙校引張氏識誤云「縚」唐本作「韜」，戴震云「縚」爲「韜」之異體。

〔七〕 世有惡疾不娶 「娶」原作「取」，此據單疏改。

〔八〕 亂家不娶 阮校云毛本「不」上有「女」字。

〔九〕 故無子出能以婦道教人者以爲姆 阮校云聶氏「無」上有「取」字，「出」上有「而」字，「出」下有「不復嫁」三字，「者」下有「留」字。

〔一〇〕 苦迵反 「迵」宋本作「迴」，誤，此從徐乾學本。

〔一一〕 劉音刾史之刾 徐乾學本「刾」作「刺」。

〔一二〕 引之證姪之義也 阮校云毛本「姪」上有「娣」字。

〔一三〕 則大夫以下刺之 阮校浦鏜云「下」爲「上」字之誤。

〔一四〕 中衣有黼領服則無之 阮校云陳本、要義同，毛本「領」下有「上」字，閩本「上服」二字擠入。

〔一五〕 非假也 阮校云毛本「假」作「被」。

〔一六〕 父迎出大門之事也 阮校浦鏜云「父迎」當爲「婦從」之誤。

〔一七〕今婦既從　阮校云單疏「送」，毛本作「從」，是。此據改。

〔一八〕壻御婦車授綏姆辭不受　此句原作「壻以几姆加景乃驅不受」，大誤。此據黄刊嚴州本、徐本改。今按，底本乃涉下句而誤。

〔一九〕景之制蓋如明衣　「衣」原作「矣」，黄刊嚴州本、徐本俱作「衣」，與單疏合，此據改。

〔二〇〕幐席以證反又御證反下及注同　「幐席」，黄焯彙校引盧云經文作「幐布席」，陸氏所見本無「布」字，似無者是。黄氏引阮氏石經校勘記及嚴氏石經校文皆謂石經作「幐布席」，有「布」字是。「下及注同」四字宋本空白，徐乾學本有，此據補。

〔二一〕下注幐御御受御衽餕御贊竝者　此條徐乾學本作「下幐御、御授、御衽、御餕、御贊，竝注同者」。黄焯彙校云「餕」上當補「御」字，「竝注同者」當依張本作「竝同」。

〔二二〕謂女從者也　阮校云毛本「也」下有「者」字，當是。

〔二三〕謂肩臂臑肫胳脊脅之等　阮校云毛本「謂」作「爲」，「臑」作「臕」。

〔二四〕匕者逆退　「匕」釋文作「朼」，引劉云謂匕、朼義別。黄焯彙校引嚴説，謂匕、朼一字。今按嚴説是，有司徹「朼豕」，武威簡甲本有司作「匕豕」。又少牢饋食禮「長朼」，鄭云古文「朼爲匕」，是也。

〔二五〕醢食乃將入　阮校云「醢」要義作「臨」。

〔二六〕彼九飯禮成　阮校浦鏜云「盛」誤爲「成」。今按成、盛古今字。

〔二七〕用者謂啜湇肺呞醬　阮校云毛本無「肺」字，是。但毛本「謂」下有「用口」二字，「湇」下有「用指」二字，則非。

〔二八〕漱所以絜口　「絜」，黄刊嚴州本、徐本同。阮校云毛本作「潔」。今按絜、潔古今字。

〔二九〕蓑皆荅拜　單疏同。阮校云「蓑即説文「簑」字，是。今按「蓑」字上從莫得聲，而莫即「算」之譌，古字竹、艸義近通用，曰又目之譌。

〔三〇〕嚌肝　「嚌」釋文宋本作「齊」，徐乾學本仍作「嚌」，齊、嚌古今字。

〔三一〕酌于户外尊　阮校引戴震説謂「户」字衍，疏止稱「外尊」。

〔三二〕既隔合巹　阮校云毛本無「隔」字。

〔三三〕迺撤　經文作「乃徹」。

〔三四〕劉古遍反　「遍」徐乾學本作「徧」，徧、遍古今字。

〔三五〕吾將瞷良人之所之　「瞷」阮校云毛本作「覵」。今按古字从目从見義近偏旁通用。

〔三六〕鄭據此諸侯文而言　阮校云單疏、陳本、要義同，毛本「諸侯」作「許嫁」，是。

〔三七〕今文侍作侍　阮校云單疏標經起止云「媵侍至則聞」，單疏兩「侍」字亦俱作「待」，依單疏本，則注當云「今文待作侍」。

〔三八〕其形蓋如今之筥𥮅籚矣　「𥮅籚」黄刊嚴州本同，徐本作「笭籚」。釋文與嚴州本同，阮校云毛本作「笭籚」。説文：「𠙴盧，飯器。𠙴或从竹去聲。」

〔三九〕其狀無以可知也　阮校云要義同，毛本「無以可」作「已無可」，陳、閩俱作「無已可」。

〔四〇〕降階受笲腶脩　「腶」唐石經作「股」，釋文作「叚」，即「段」之譌。阮校引瞿中溶説，石經原作段，朱梁重刻譌作「股」。

〔四一〕本又作腶　「腶」從盧文弨本，宋本作「䠢」。

〔四二〕若行之間而立　阮校云毛本「行」下有「禮」字。

〔四三〕不親徹 阮校云毛本此三字下有「此親徹」三字。今按毛本似合文意。

〔四四〕是常得云側 阮校浦鏜云「常」下疑脱「法不」二字。

〔四五〕婦嫌湥汙 單疏同，阮校云依注「婦」字衍。

〔四六〕娣者何弟也 阮校云毛本「弟」上有「女」字。

〔四七〕舅獻 按下記注「獻」下當有「爵」字。

〔四八〕是主人尊者之處 阮校云要義同，毛本「是」上有「阼階」二字，「之」上有「升降」二字。

〔四九〕明其得禮 阮校云通解作「明得其禮」，要義作「明所得禮」。阮按疏云「三牲是賓所當得」，則作「所」字爲是。

〔五〇〕古文錦皆爲帛 黄刊嚴州本、徐本同。阮校云通解「爲」作「作」，疏中標目是「作」字，疊注是「爲」字，必有一誤。

〔五一〕皆就館召之 單疏本「之」字空缺。「召」字阮校云毛本作「速」，誤。

〔五二〕莒慶來逆叔姬 「逆」原作「迎」，阮校云「迎」要義作「逆」。今按單疏亦作「逆」，與公羊傳合，此據改。

儀禮注疏卷第六

唐朝散大夫行大學博士弘文館學士臣賈公彦等撰

若舅姑既没，則婦入三月乃奠菜。没，終也。奠菜者，以篚，祭菜也，蓋用菫。○用菫，音謹。

【疏】「若舅」至「奠菜」　自此至「饗禮」，論舅、姑没，三月廟見之事。必三月者，三月一時，天氣變，婦道可以成之故也。此言「舅姑既没」者，若舅没姑存，則當時見姑，三月亦廟見舅；若舅存姑没，婦人無廟可見，或更有繼姑，自然如常禮也。案曾子問云「三月而廟見，稱來婦也。擇日而祭於禰，成婦之義也」，鄭云「謂舅姑没者也。必祭成婦義者，婦有供養之禮，猶舅、姑存時，盥饋特豚於室」，此言「奠菜」，即彼「祭於禰」，一也。奠菜亦得稱祭者，若學記云「皮弁祭菜」之類也。

注「没終」至「用菫」　此注云「奠菜者，以篚」，案下云「婦執笲菜」，篚即笲，一也。鄭知「菜，蓋用菫」者，舅姑存時用棗、栗、腶脩，義取早起肅栗，治腶自脩，則此亦取謹敬。因内則有「菫荁枌榆」供養，是以疑用菫，故云「蓋」也。

席于廟奥，東面，右几。席于北方，南面。廟，考妣之廟。北方，墉下。○考妣，必履反。

【疏】注「廟考」至「墉下」　案周禮司几筵云「每敦一几」，鄭注云「周禮雖合葬，及時同在殯，（二）皆異几，體實不同。祭於廟，同几，精氣合」。又祭統云「設同几」，同几即同席。此即祭於廟中，而别席者，此既廟見，若生時見舅、姑。舅、姑别席異面，是以今亦異席别面，象生，不與常祭同也。鄭知「廟，考妣廟」者，曾子問云「擇日而見於禰」，又象生時見舅、姑，故知考妣廟也。

祝盥。婦盥于門外。婦執笲菜，祝帥婦以入。祝告，稱婦之姓，曰：「某氏來婦，敢奠嘉菜于皇舅某子。」帥，道也。入，入室也。某氏者，齊女則曰姜氏，魯女則曰姬氏。來婦，言來爲婦。嘉，美也。皇，君也。○帥道，音導，下帥道同。

【疏】洗在門外，祝與婦就而盥之者，此亦異於常祭，象生見舅、姑，在外沐浴，乃入舅、姑之寢，故洗在門外也。云「祝帥婦以入」者，象特牲陰厭，祝先主人入室也。云「某子」者，言若張子、李子也。

婦拜，扱地，坐奠菜于几東席上。還，又拜如初。扱地，手至地也。婦人扱地，猶男子稽首。○扱地，初洽反，劉羌及反，又魚及反。

【疏】注「扱地」至「稽首」。云「扱地，手至地」者，以手之至地，[一]謂之扱地，則首不至手，又與男子空首不同。云「婦人扱地，猶男子稽首」者，婦人肅拜爲正，今云「扱地」，則婦人之重拜也，猶男子之稽首，亦拜中之重，故以相況也。案周禮大祝「辨九拜：一曰稽首，二曰頓首，三曰空首，四曰振動，五曰吉拜，六曰凶拜，七曰奇拜，八曰褒拜，九曰肅拜」，鄭云「稽首，拜頭至地也；頓首，拜頭叩地也；空首，拜頭至手，所謂拜手也；吉拜，拜而後稽顙，謂齊衰不杖以下者，言吉者，此殷之凶拜，周以其與頓首相近，故謂之吉拜；云凶拜，稽顙而後拜，謂三年服者；振動謂戰栗變動之拜」；鄭大夫云「奇拜謂一拜也，褒讀爲報，『報拜再拜是也』」；鄭玄謂「一拜荅臣下拜，再拜拜神與尸」；鄭司農云「肅拜但俯下手，今時撎是也」。但九拜之中，四者是正拜，即稽首、頓首、空首、肅拜是也。稽首拜中之重，是臣拜君之拜也。頓首平敵相與之拜，故左氏傳齊侯拜魯侯爲稽首，魯君荅以頓首。齊於魯責稽首，荅曰：「天子在，無所稽首。」是臣於君以稽首，故燕禮臣與君皆云「稽首」也。空首者，君荅臣下拜也。肅拜者，婦人以肅拜爲正，若以男子於軍中，亦肅拜，故左氏傳晉郤至云「敢肅使者」，是也。餘五者皆依於正拜。振拜鄭云書曰「王動色變」者，是武王觀兵，白魚入王舟，王動色變，武王於時拜天神，爲此拜，當稽首也。奇拜既爲一拜，是君荅臣下之拜，當以附空首也。褒拜爲尸及神，亦當附稽首也。其吉拜先吉拜爲頓首，後稽顙，則吉拜當附頓首也。凶拜爲先稽顙，後吉拜之，此周之三年之喪拜，後爲吉拜，當附稽首也。左氏傳穆嬴抱太子適趙氏，頓首於宣子者，私求法，故不爲肅拜。喪小記云「婦人爲夫與長子稽顙」者，爲重喪，故亦不肅拜也。

婦降堂，取笲菜，入。祝曰：「某氏來婦，敢告于皇姑某氏。」奠菜于席，如初禮。 降堂，階上也。室事交乎户，今降堂者，敬也。於姑言敢告，舅尊於姑。

【疏】「婦降」至「初禮」 此爲來婦奠於姑，設於北坐之前以見姑也。

注「降堂」至「於姑」 不直云降而云「降堂」者，則在階上，故云「降堂，階上也」。云「室事交乎户，今降堂者，敬也」者，「室事交乎户」，禮器文，彼子路與季氏之祭，云：「室事交乎户，堂事交乎階。」今此既是室之事，當交於户，今乃交於階，故言「敬也」。云「於姑言敢告，舅尊於姑」者，上文於舅言「敢奠嘉菜」，不言告，〔三〕是舅尊於姑；言「告」，是姑卑也。

婦出，祝闔牖户。 凡廟無事則閉之。

【疏】注「凡廟無事則閉之」 先言牖後言户者，先闔牖，後閉户，故爲文然也。以其祭訖則闔牖户，明是「無事則閉之」，以其鬼神尚幽闇故也。

老醴婦于房中，南面，如舅姑醴婦之禮。 因於廟見禮之。

【疏】舅姑生時，見訖，舅姑使贊醴婦於寢之户牖之間。今舅姑没者，使老醴婦於廟之房中，其禮則同，使老及處所則别也。

注「因於廟見禮之」 象舅、姑生時，因見禮之，故此亦因廟見禮之也。

壻饗婦送者丈夫、婦人，如舅姑饗禮。

【疏】舅、姑存，舅姑自饗送者，如上文。今舅姑没，故壻兼饗丈夫、婦人，如舅姑饗禮，并有贈錦之等。

記。士昏禮，凡行事必用昏、昕，受諸禰廟，辭無「不腆」，無「辱」。用昕使者，用昏壻也。腆，善也。賓不稱幣不善，主人不謝來辱。○昏昕，音欣。不腆，他典反。

【疏】記「士昏」至「無辱」 凡言「記」者，皆經不備者也。

注「用昕」至「來辱」 云「用昕使者」，謂男氏使向女家納采、問名、納吉、納徵、請期，五者皆用昕。昕，即明之始。君子舉事尚早，故用朝旦也。云「用昏壻也」者，謂親迎時也。知辭無「不腆」者，郊特牲云「告之以直、信，信事人也，信婦德也」，注云「此二者所以教婦正直、信也」，是賓納徵之時，不得謙虚爲辭也。云「主人不謝來辱」者，此亦是不爲謙虚，教女正直之義也。

摯不用死，皮帛必可制。摯，鴈也。皮帛，儷皮束帛也。

【疏】云「摯不用死」者，凡摯亦有用死者，是以尚書元缺起卷首止此云「三帛，二牲，〔四〕一死摯」，即士摯雉，今此亦是士禮，恐用死鴈，故云「不用死也」。云「皮帛必可制」者，可制爲衣物，此亦是教婦以誠信之義也。

腊必用鮮，魚用鮒，必殽全。〔五〕殽全者，不餒敗，〔六〕不剥傷。○用鮒，音附。不餒，奴罪反。

【疏】「腊必」至「殽全」　注「殽全」至「剥傷」　腊用鮮者，義取夫婦日新之義。云「魚用鮒」者，義取夫婦相依附者也。云「殽必全」者，義取夫婦全節無虧之理。此並據同牢時也。

女子許嫁，笄而醴之，稱字。○許嫁，已受納徵禮也。笄女之禮猶冠男也，使主婦、女賓執其禮。

【疏】「女子」至「稱字」　女子許嫁，謂年十五已上，至十九已下。案曲禮「女子許嫁纓」，有笄兼有纓，示有繫屬，此不言纓，文不具也。云「醴之，稱字」者，猶男子冠醴之稱字同。〔七〕是以禮記喪服小記云「丈夫冠而不爲殤，婦人笄而不爲殤」，是其義同也。

注「許嫁」至「其醴」　知「許嫁，已受納徵禮也」者，以納采、問名、納吉三禮，雖使者往來，未成交親，故曲禮云「非受幣不交不親」。鄭據納徵，唯未行請期，親迎也，二者要待女二十爲之。云「笄女之禮猶冠男也，使主婦、女賓執其禮」者，案雜記云「女雖未許嫁，年二十，而笄禮之，婦人執其禮」，鄭注云「言婦人執其禮，明非許嫁之笄」，彼以非許嫁笄輕，故無主婦、女賓，使婦人而已，明許嫁笄，當使主婦對女賓、執其禮，其儀如冠男也。又許嫁者，用醴禮之；不許嫁者，當用酒醮之，敬其早得禮也。

祖廟未毁，教于公宫，三月。若祖廟已毁，則教于宗室。祖廟，女高祖爲君者之廟也，以有緦麻之親，就尊者之宫，教以婦德、婦言、婦容、婦功。宗室，大宗之家。

【疏】「祖廟」至「宗室」　注「祖廟」至「之家」　此謂諸侯同族之女，將嫁之前，教成之法。經直云「祖廟」，鄭知「女高祖爲君者之廟也，以有緦麻之親」者，以其諸侯立五廟，大祖之廟不毁，親廟四以次毁之。經云「未毁」與已毁是據高祖之廟而言，故云「祖廟，女高祖爲君者之廟也」。共承高祖，是四世緦麻之親；若三世共曾祖，曾祖小功之親；若共祖，大功之親；若共禰廟，是齊衰之親，則皆教於公宫。今直言「緦麻」者，舉最疏而言親者，自然教於公宫可知也。云「教以婦德、婦言、婦容、婦功」者，昏義文，鄭彼注云：「婦德貞順也，婦言辭令也，婦容婉娩也，婦功絲麻也。」云「宗室，大宗之家」者，案喪服小記「繼別爲宗」，謂别子之世，適長子族人來宗事之者。謂之宗者，收族者也。高祖之廟既毁，與君絶服者，則皆於大宗之家教之。〔八〕又小宗有四，或繼祖，或繼禰，或繼曾祖，或繼高祖。此等至五代皆遷，不就之教者，小宗卑故也。

問名，主人受鴈，還，西面對。賓受命，乃降。受鴈于兩楹間，南面，還于阼階上，對賓以女名。

【疏】「問名」至「乃降」　注「受鴈」至「女名」　此亦記經不具者。案經直云「問名，如納采之禮」，納采禮中無主人西面對事，故記之也。知「受鴈於兩楹間南面」者，納采時賓當阿東面，致命，主人阼階上北面，再拜，又云「授于楹間，南面」，問名如納采之禮，故亦楹間，南面，授鴈於彼，唯不云「西面」，故記之也。云「還于阼階上，〔九〕對賓以女名」者，此即西面對，與拜時北面異處也。

祭醴，始扱壹祭，又扱再祭。賓右取脯，左奉之，乃歸，執以反命。反命，謂使者問名、納吉、納徵、請期，還報於壻父。○始扱，初洽反，劉羌及反。左奉，芳勇反。

【疏】「祭醴」至「反命」　云「祭醴」者，謂賓醴婦之時，禮成於三。其爲三祭之時，始祭醴云初，故始扱壹祭，後祭醴又扱爲再祭也。〔一〇〕云「賓右取脯，左奉之，乃歸」者，經直云「降筵北面坐，取脯」，不言用左右手，故記之也。云「右取脯，左奉之」者，謂先用右手取得脯，乃用左手兼奉之以降，授從者於西階下，乃歸執以反命。

注「反命」至「壻父」　知反命是此問名、納吉、納徵、請期者，以下云「凡使者歸，反命曰：某既得將事矣，敢以禮告」，言凡非一，則知四者皆有反命也。以納采與問名同，使親迎，又無使者，故據此四者而言也。

納徵，執皮，攝之，内文，兼執足，左首。隨入，西上，參分庭一，在南。攝，猶辟也。兼執足者，左手執前兩足，右手執後兩足。左首，象生，曲禮曰：「執禽者，左首。」隨入，爲門中阨狹。西上，中庭位併。○攝之，之涉反，注及下同。猶辟，必亦反。爲門，于僞反。阨狹，於賣反，下音洽。

【疏】「納徵」至「在南」　案經直云「納徵，玄纁、束帛、儷皮，如納吉禮」，則授幣得如授鴈之禮，至於庭實之皮，無可相如，故記之。

注「攝猶」至「位併」　執皮者相隨而入，至庭北面，皆以西爲左。一手執兩足，毛在内，故云「内文」。云「左首，象生」者，案聘禮「執皮者，皆左首」，〔一一〕此亦執皮而左首，故云「象生」，與執禽者同，故引曲禮「執禽者左首」爲證。必象生者，取婦人生息之義。云「隨入，爲門中阨狹」者，皮皆横執之。案匠人云「廟門容大扃七个」，注云「大扃，牛鼎之扃，長三尺，〔一二〕每扃爲一个，七个二丈一尺，彼天子廟門；此士之廟門，降殺甚小，故云「門中阨狹」，故隨入得並也。云「西上，中庭位併」者，俱北面西上也。

賓致命，釋外足，見文。主人受幣。士受皮者自東出于後，〔一三〕自左受，遂坐攝皮，逆退，適東壁。賓致命，主人受幣，庭實所用爲節。士謂若中士、下士，不命者，以主人爲官長。自，由也。○見文，賢遍反，下注「婦見」同。官長，丁丈反。

【疏】「賓致」至「東壁」　此亦爲經不見主人之士受皮之事，故記之也。云「釋外足」者，據人北面，以足向上執之，足遠身爲外，受之則文見，〔一四〕故「釋外足，見文」也。云「士受皮者取皮，自東方出于後」者，謂自東方出於執皮者之後，至於左北面受之，故云「自左受也」。云「逆退」者，二人相隨自東而西，今以後者先向東行，故云「逆退」也。

注「賓致」至「由也」　云「賓致命，主人受幣，庭實所用爲節」者，以其上經納徵、授幣如納吉之禮，其目已具，今言之者，爲執皮者，釋外足見文，及士受皮時節不見，故云賓堂上致命時，庭中執皮者，釋外足見文；主人堂上受幣時，〔一五〕主人之士於堂下受，取皮，是其庭實所用爲節也。云「士謂若中士、下士，不命」者，但諸侯之士，國皆二十七人，依周禮典命侯伯之士一命，子男之士不命，命與不命，國皆分爲三等，上九，中九，下九。案周禮三百六十官，皆有官長，其下皆有屬官，但天子之士，上士三命，中士再命，下士一命，與諸侯之士異。若諸侯上、中、下士同命，今言「士謂若中士、下士、不命」者，據上士爲官長者。若主人是中士，則士是下士。若主人是下士，則士是不命之士、府史之等。此不命與子男之士不命者别，彼雖不得君簡策之命，仍得人君口命爲士。此則不得君命，是官長自辟除者也。案既夕「宰舉幣」，是士之府、史，則庭實胥、徒爲之。云「自，由也」者，謂由執皮者之左受之也。

父醴女而俟迎者，母南面于房外。女既次、純衣，父醴之于房中，南面，蓋母薦焉，重昬禮也。女奠爵于薦東，立于位而俟壻。〔一六〕壻至，父出，使擯者請事；母出南面房外，示親授壻，且當戒女也。○俟迎，魚敬反，下親迎同。

【疏】「父醴」至「房外」　注「女既」至「女也」　此亦前經不具，故記之。云「女既次、純衣，父醴之于房中，南面」者，見於上文。云「蓋母薦焉」者，舅、姑共饗婦，姑薦脯醢，故知父、母醴女，亦母薦脯醢，重昏禮，故母薦也。云「女奠爵于薦東，立于位而俟壻」者，案士冠禮子與醮子及此篇禮賓、禮婦，皆奠爵于薦東，明此亦奠薦東也。云「壻至，父出使擯者請事」者，見于上文。云「母出南面房外，示親授壻，且當戒女也」者，並參下文而言也。

女出于母左，父西面戒之，必有正焉，若衣，若笄。母戒諸西階上，不降。必有正焉者，以託戒使不忘。

【疏】「女出」至「不降」　此記亦經不具。以母出房户之西南面，女出房西行，故云「出于母左」。父在阼階上西面，故因而戒之。云「母戒諸西階上」者，母初立房西，女出房，母行至西階上，乃戒之也。注「必有」至「不忘」　云「託戒使不忘」者，謂託衣、笄恒在身而不忘，持戒亦然，故「戒使不忘」也。下文父、母及庶母重行戒者，〔一七〕並與此文相續成也。此士禮，父母不降送。案桓公三年經書「九月，齊侯送姜氏于讙」，穀梁傳曰「禮，送女，父不下堂，母不出祭門」，「祭門」則廟門，言不出廟門，則似得下堂者，彼諸侯禮與此異。以其大夫、諸侯、天子各有昏禮，故不同也。

婦乘以几，從者二人坐持几，相對。持几者，重慎之。

【疏】「婦乘以几」注「持几者，重慎之」　上經雖云「婦乘以几」，不見從者二人持之，故記之也。此几謂將上車時而登，若王后則履石，大夫、諸侯亦應有物履之，但無文以言。今人猶用臺，是石、几之類也。〔一八〕

婦入寢門，贊者徹尊冪，〔一九〕酌玄酒，三屬于尊，棄餘水于堂下階間，加勺。屬，注也。玄酒涚水貴新，昏禮，又貴新，故事至乃取之，三注于尊中。○三屬，音燭，注同。涚水，舒鋭反。〔二〇〕

【疏】「婦人」至「加勺」　經中唯置酒尊，不見徹冪以下事，故記之。注「屬注」至「尊中」　經云「酌玄酒三注於尊」，謂於外器中酌取此涚水，三度注於玄酒尊中，禮成於三，故三注之也。云「玄酒涚水貴新」者，案郊特牲云「明水涚齊貴新也」，又云「凡涚新之也」，是禮有貴新也。今昏禮事至，乃取之，故云「貴新也」。若然，禮有玄酒、涚水、明水三者，各逐事物生名。玄酒據色而言，涚水據新取爲號，其實一也。以上古無酒，用水爲酒，後代雖有酒，用之配尊，不忘本故也。明水者，案周禮秋官司烜氏云「以陰鑒取明水於月」，郊特牲云「其謂之明水也，由主人之絜著此水也」，注云「著，猶成也，言主人齊絜此水，乃成可得也」。配尊之酒，三酒加玄酒，鬱鬯與五齊，皆用明水配之。郊特牲云「五齊加明水，三酒加玄酒」，不言鬱鬯者，記人文略也。以其相對玄酒與明水別，通而言之，明水亦名玄酒，故禮運云「玄酒在室」，彼配鬱鬯、五齊，是明水名爲玄酒也。以其俱是水，故通言水也。若天子、諸侯祭祀，得鬱鬯與五齊、三酒並用，卿大夫、士祭直用三酒與玄酒，無五齊與鬱鬯，又明水若生人相禮，不忘本，亦得用，以其用醴，醴則五齊之中醴齊之類也。

笲，緇被纁裏，加于橋。舅荅拜，宰徹笲。被，表也，笲有衣者，〔二一〕婦見舅姑以飾爲敬。橋所以庪笲，其制未聞。今文「橋」爲

「鎬」。○緇被，皮義反，注同。纚裏，劉音里。爲鎬，户老反。

【疏】「笄緇」至「徹笄」　上經雖云笄，不言表裏、加飾之事，故記之也。

婦席、薦，饌于房。醴婦、饗婦之席薦也。

【疏】「婦席薦，饌于房」　注「醴婦」至「薦也」　此亦於經不見，故記之。但醴婦時，唯席與薦，無俎。其饗婦非直有席、薦，〔一二〕并有俎。俎則不饌于房，從鼎升于俎，入設于席前。今據醴婦時同有席與薦饌于房中者而言也。

饗婦，姑薦焉。舅、姑共饗婦，舅獻爵，姑薦脯醢。

【疏】「饗婦，姑薦焉」　經直言「舅、姑共饗婦以一獻之禮」，時同自明，不言姑薦，故記之也。

婦洗在北堂，直室東隅。篚在東，北面盥。洗在北堂，所謂北洗。北堂，房中半以北。洗南北直室東隅，東西直房户與隅間。

【疏】「婦洗」至「面盥」　經唯言北洗，不言洗處及篚，故記之也。

注「洗在」至「隅間」　房與室相連爲之，房無北壁，故得北堂之名，故云「洗在北堂」也。云「所謂北洗」者，所謂經中「北洗」也。〔一三〕云「北堂，房半以北」者，〔一四〕以其南堂是户外半以南得堂名，則堂是户外之稱，則知此房半以北得堂名也。知房無北户者，見上文，云「尊于房户之東」，房有南户矣。燕禮、大射皆云「羞膳者，升自北階，立于房中」，不言入房，是無北壁而無户，是以得設洗「直室東隅」也。云「洗南北直室東隅」者，是南北節也。云「東西直房户與隅間」者，是東西節也。

婦酢舅，更爵，自薦。更爵，男女不相因也。

【疏】「婦酢舅，更爵，自薦」　謂舅、姑饗婦，獻時，舅、〔二五〕姑薦，今婦酢舅，婦自薦之，嫌别人薦，故記之也。

不敢辭洗。舅降，則辟于房，不敢拜洗。不敢與尊者爲禮。○則辟，音避。

【疏】「不敢」至「拜洗」　此事當在「婦酢舅」之上，退之在下者，欲見酬酒洗時亦不辭故也。此對士冠、鄉飲酒之等主與賓爲禮，皆辭洗，此則不敢也。此事於經不見，故記之也。

凡婦人相饗無降。姑饗婦人送者于房，無降者，以北洗篚在上。

【疏】「凡婦人相饗無降」　注「姑饗」至「在上」　本設北洗，爲婦人有事不下堂，今以北洗及篚在上，故不降。經不言，故記之也。言「凡」者，欲見舅、姑共饗婦，及姑饗婦人送者皆然，故言「凡」也。

婦入三月，然後祭行。入夫之室三月之後，於祭乃行，謂助祭也。

【疏】「婦入」至「祭行」　注「入夫」至「祭也」　此據舅在無姑，或舅没姑老者。若舅在無姑，三月不須廟見，則助祭。案内則云「舅没則姑老」者，謂姑六十，亦傳家事，任長婦。婦入三月，廟見祭菜之後，亦得助夫祭，故鄭云「謂助祭也」。此亦謂適婦，其庶婦無此事。亦以經不見，故記之也。

庶婦，則使人醮之，婦不饋。庶婦，庶子之婦也。使人醮之，不饗也。酒不酬酢曰醮，亦有脯醢。適婦酌之以醴，尊之；庶婦酌之以酒，卑之，其儀則同。不饋者，共養統於適也。○醮之，子召反。適婦，丁狄反，下同。共養，九用反。

【疏】「庶婦」至「不饋」　注「庶婦」至「適也」　「不饗」者，以適婦不醮而有饗，今使人醮之，以醮替饗，故「使人醮之，不饗也」。云「酒不酬酢曰醮」者，亦如庶子醮。然知「亦有脯醢」者，以其饗婦及醮子皆有脯醢，故知「亦有脯醢」也。云「其儀則同」者，適婦用醴於客位，東面拜受醴，贊者北面拜送。今庶婦雖於房外之西，亦東面拜受，醮者亦北面拜送，故云「其儀則同」也。云「不饋者，共養統於適也」者，謂不盥、饋特豚，以其共養統于適婦也。

昏辭曰：「吾子有惠，貺室某也。昏辭，擯者請事告之辭。吾子，謂女父也。稱有惠，明下達。貺，賜也。室猶妻也，子謂「公冶長可妻也」。某，壻名。○貺，音況，賜也。可妻，七計反。

【疏】「昏辭」至「某也」　注「昏辭」至「壻名」　鄭知昏辭是「擯者請事告之辭」者，以其言「吾子有惠，貺室某也」，是使告主人之辭明，知是擯者出門請事，使者告之辭也。知「吾子，謂女父」者，使人告擯者，稱前已有惠，貺其妻於壻某，申明是女父，乃得以女許人，故知「吾子，女父也」。云「明下達」者，此擯者稱「有惠，貺室」，即壻家舊已有辭下達，女家見許，今得言「貺室」也，故引上文「下達」以釋此也。引「子謂公冶長可妻也」者，證以女許人，稱貺室，室，猶妻也。

某有先人之禮，使某也請納采。」某，壻父名也。某也，使名也。

【疏】「某有」至「納采」　注「某壻」至「名也」　此亦是使者門外通連上語告擯者之辭也。以其使者稱向主人擯者，故知上某是壻父，下某是使者名也。

對曰：「某之子惷愚，又弗能教，吾子命之，某不敢辭。」對曰者，擯出納賓之辭。某，女父名也。吾子，謂使者。今文「弗」爲「不」，〔二六〕無「能」字。○惷，失容反，劉勑用反，又池江反，一音竹降反；字林丑凶反，又丑降反，愚也。

【疏】「對曰」至「敢辭」　注「對曰」至「能字」　鄭知「對曰者，擯出納賓之辭」者，以其上文賓告擯者辭，下經致命主人，明此是中間擯者出領賓告者辭。下經致語入告主人，擯者又領主人此語，以告使者知也。

致命曰：「敢納采。」

問名曰：「某既受命，將加諸卜，敢請女爲誰氏？」某，使者名也。誰氏者，謙也，不必其主人之女。

【疏】「致命曰：敢納采」　此使者升堂致命於主人辭。若然，亦當有主人對辭，如納徵致命主人對辭，不言之者，文不具也。問名，賓在門外，請問名，主人許。無辭者，納采、問名同使，前已相親於納采，許昏訖，故於問名，畧不言主人所傳辭也，是以於此直見賓升堂致命主人之辭也。自此已下有納吉、納徵、請期之等，皆有門外賓與擯者傳辭，及升堂致命主人對，或理有不須而言，或理須辭而文不具，以情商度義，可皆知也。

注「某使」至「之女」　知「某，使者名也」者，以使者對主人稱「某既受命」，明是使者之名也。云「誰氏者，謙也」者，以其下達乃納采，則知女之姓矣，今乃更問主人女爲誰氏者，恐非主人之女，假外人之女收養之，是謙不敢必其主人之女也。其本云「問名」，而云「誰氏」者，婦人不以名行，明本不問女之三月名，此名即姓號之名，若尚書孔注云「虞氏舜名，舜爲謚號，猶爲名」解之，明氏姓亦得爲名。若然，本問名上氏姓，故云誰氏也。

對曰：「吾子有命，且以備數而擇之，某不敢辭。」卒曰某氏，不記之者，明爲主人之女。

【疏】「對曰」至「敢辭」云「吾子有命」者，正謂行納采、問名，使者將命來是已。有命來擇，即是且「以備數而擇之」也。注「卒曰」至「之女」云「卒曰某氏」者，主人終卒對客之辭，當云「某氏」，對使也。云「不記之者，明爲主人之女」者，若是他女，當稱女氏以荅，今不言之者，明是主人之女，容舊知之，故不對，是以云「明爲主人之女」也。

醴曰：「子爲事故，至於某之室，某有先人之禮，請醴從者。」言從者，謙不敢斥也。今文「於」爲「于」。○子爲，一僞反。

對曰：「某既得將事矣，敢辭。」將，行。「先人之禮，敢固以請。」主人辭。固，如故。

「某辭不得命，敢不從也。」賓辭也。「不得命」者，不得許己之命。

納吉曰：「吾子有貺命，某加諸卜，占曰吉，使某也敢告。」貺，賜也。賜命，謂許以女名也。某，壻父名。

【疏】注「既賜」至「父名」　知某是「壻父名」者，以其云「命某加諸卜」，是壻父卜，故知某是壻父名。

對曰：「某之子不教，唯恐弗堪。子有吉，我與在，某不敢辭。」與，猶兼也。古文「與」爲「豫」。

○我與，音預，注同。

【疏】「對曰」至「敢辭」　注「與猶兼也」　云「我與在」，以其夫婦一體，夫既得吉，婦吉可知，故云「我兼在」名吉中也。

納徵曰：「吾子有嘉命，貺室某也，某有先人之禮，儷皮束帛，使某也請納徵。」致命，曰：「某敢納徵。」對曰：「吾子順先典，貺某重禮，某不敢辭，敢不承命。」典，常也，法也。

【疏】「納徵」至「承命」　「吾子有命」以下至「請納徵」，是門外向擯者辭也。云「致命，曰：某敢納徵」者，是所升堂致命辭也。云「對曰」者，是堂上主人對辭也。

請期曰：「吾子有賜命，某既申受命矣，惟是三族之不虞，使某也

請吉日。」三族，謂父昆弟、己昆弟、子昆弟。虞，度也。不億度，謂卒有死喪，此三族者己及子皆爲服期，期服則踰年，欲及今之吉也。雜記曰：「大功之末，可以冠子嫁子。」○虞度，大各反，下同。不億，於力反。謂卒，七忽反。服期，音朞，下同。

【疏】「請期」至「吉日」　云「某既申受命矣」者，申，重也，謂前納采已後，每度重受主人之命也。云「惟是三族之不虞，使某也請吉日」者，今將成昏，須及吉時，但吉凶不相干，若值凶不得行吉禮，故云惟是三族死生不可億度之事，若值死時，則不得娶，及今吉時，使某請吉日，以成昏禮也。

注「三族」至「嫁子」　鄭知三族是父、己、子三者之昆弟者，若大功之喪服內，不廢成禮，若期親內則廢，故舉合廢者而言。以其父昆弟則伯、叔及伯、叔母，己昆弟則己之親兄弟，子昆弟則己之適子、庶子者，皆己之齊衰、期服之內親，故三族據三者之昆弟也。引雜記者，見大功、小功之末，既葬，則可以嫁子娶妻，經曰「三族」，不據之矣。今據父之昆弟期，於子小功，不得與子娶妻，若於子期，於父小功，亦不得娶妻，知今皆據壻之父而言。若然，己父昆弟於子爲小功，而言此三族者，己與子皆爲服期者，亦據大判而言耳。

對曰：「某既前受命矣，唯命是聽。」前受命者，申前事也。

曰：「某命某聽命于吾子。」曰某，壻父名也。**對曰：「某固唯命是聽。」使者曰：「某使某受命，吾子不許，某敢不告期，曰某日。」**某，吉日之甲乙。

【疏】注「某吉日之甲乙」　云「曰某日者」，是使者付主人吉日之辭。〔二七〕云「某，吉日之甲乙」者，謂以十日配十二辰，若云甲子、乙丑、丙寅、丁卯之類，故鄭畧舉甲乙而言之也。

對曰：「某敢不敬須。」須，待。

凡使者歸，反命曰：「某既得將事矣，敢以禮告。」告禮所執脯。

【疏】注「告禮所執脯」　知禮是「所執脯」者，上文禮賓，賓皆「北面取脯，降，授從者」，今此云歸以反命，故知禮是所執脯也。

主人曰：「聞命矣。」

父醮子。子，壻。

【疏】「父醮子」　女父禮女用醴，又在廟，父醮子用酒，又在寢。不同者，父禮女者，以先祖遺體許人，以適他族，婦人外成，故重之而用醴，復在廟告先祖也；男子直取婦入室，無不反之，故輕之而用酒，在寢。知醮子亦不在廟者，若在廟，以禮，筵於户西，右几，布神位，〔二八〕今不言，故在寢可知也。

命之曰：「往迎爾相，承我宗事。相，助也。宗事，宗廟之事。○爾相，息亮反，注同。助也。

勗帥以敬先妣之嗣，若則有常。」勗，勉也。若，猶女也。勉帥婦道，〔二九〕以敬其爲先妣之嗣。女之行，則當有常深戒之，詩云「大姒嗣徽音」。○勗帥，許玉反，劉朽目反。猶女，音汝，下同。大姒，音泰。

【疏】「勗帥」至「有常」 注「勗勉」至「徽音」 云「以敬其爲先妣之嗣」者，謂婦人入室，使之代姑祭也。詩云「大姒嗣徽音」者，大雅文王詩。大姒者，文王妃。嗣，繼；徽，美也。娶大姒，明以繼先妣美音也。引之者，證「敬其爲先妣之嗣」也。

子曰：「諾。唯恐弗堪，不敢忘命。」

賓至，擯者請，對曰：「吾子命某，以茲初昏，使某將請承命。」賓，壻也。命某，某，壻父名。茲，此也。將，行也。使某行昏禮，來迎。

【疏】「賓至」至「承命」 注「賓壻」至「來迎」 云「命某，某，壻父名」者，以其經有二某，「命某」者，是壻自稱之，以對擯者也。經云「使某」者，是壻名，故不言也。

對曰：「某固敬具以須。」

父送女，命之曰：「戒之敬之，夙夜毋違命。」夙，早也，早起夜臥。命，舅、姑之教命。〔三〇〕古文「毋」爲「無」。○毋違，音無，注同。

【疏】「父送」至「違命」　上送女之時，父母俱戒訖。今此記人又云此戒者，當同是送女時，并有此戒，續成前語，〔三二〕庶母所戒亦然，以前後語時不同，故記人兩處記之。但父戒之，使無違舅命；母戒之，使無違姑命，故父云「命」，母云「戒」也。然若此注有云〔三三〕「命，舅、姑之教命」，有「姑」字者，傳寫誤也。云「古文毋爲無」，不從者，以許氏說文「毋」爲禁辭，故從經今文「毋」爲正也。

母施衿結帨，曰：「勉之敬之，夙夜無違宮事。」帨，佩巾。○施衿，其鴆反。結帨，舒銳反。

【疏】「宮事」　則姑命婦之事，若內宰職云「后教六宮」，婦人稱宮故也。

庶母及門內，施鞶，申之以父母之命，命之曰：「敬恭聽，宗爾父母之言，夙夜無愆。視諸衿、鞶。」庶母，父之妾也。鞶，鞶囊也，男鞶革，女鞶絲，所以盛帨巾之屬。爲謹敬。申，重也。宗，尊也。愆，過也。諸，之也，示之以衿、鞶者，皆託戒使識之也。不示之以衣、笄者，尊者之戒不嫌忘之。「視」乃正字，今文作「示」，俗誤行之。○施鞶，步干反。無愆，去連反。以盛，音成。申重，直用反。使識，申志反，又音式。

【疏】「庶母」至「衿鞶」　注「庶母」至「行之」　云「男鞶革，女鞶絲」者，內則文，男女用物不同，故并引。男子鞶革，於經無所當也。云「所以盛帨巾之屬，爲謹敬」者，案內則云「箴、管、線、纊，施鞶袠」，鄭云「鞶袠言施，明爲箴、管、線、纊有之」，是鞶以盛帨巾之屬。此物所以供事舅、姑，故云「謹敬」也。云「不示之以衣、笄者，尊者之戒不嫌忘之」者，前文父戒以衣、笄，此經母施衿，結帨，庶母直示之以衿、鞶，不示以衣、笄，故鄭決之也。云「視乃正字，今文作示，俗誤行之」者，案曲禮云「童子常視毋誑」，注云「視今之示字」，彼注破視從示，此注以視爲正字，以示爲俗誤，不同者，但古文字少，故眼目視瞻，〔三三〕與以物示人皆作視字，故此注云「視乃正字」，今文作「示」，是俗人以今「示」解古「視」，故云「誤也」。彼注云「視今之示字」者，以今曉古，故舉今文「示」而言。兩注相兼乃具也。

壻授綏，姆辭曰：「未教，不足與爲禮也。」

姆，教人者。

宗子無父，母命之。親皆没，己躬命之。

宗子者，適長子也。命之，命使者。母命之，在春秋「紀裂繻來逆女」是也。躬，猶親也。親命之，則「宋公使公孫壽來納幣」是也。言宗子無父，是有父者。〔三四〕禮，七十老而傳，八十齊喪之事不及。若是者，子代其父爲宗子，其取也父命之。○適長，丁狄反，下丁丈反。紀裂，上音己，下音列。繻，音須。而傳，直專反。齊喪，側皆反。

【疏】「宗子」至「命之」　注「宗子」至「命之」　云「宗子者，適長子也」者，案喪服小記云「繼別爲宗，〔三五〕繼禰者爲小宗」，大宗、小宗皆是適妻所生長子也。云「命之，命使者」者，謂納采已下至請期五者，皆命使者也。云「母命之，在春秋『紀裂繻來逆女』是也」者，案隱二年經書：「秋九月，紀裂繻來逆女」，公羊傳曰「裂繻者何？紀大夫也。何以不稱使？昏禮不稱主人」，何休云「爲養廉遠耻也」。又云「然則曷稱？稱諸父兄、師友。宋公使公孫壽來納幣，則其稱主人何？辭窮也。辭窮者何？無母也」，休注云「禮，有母，母當命諸父兄、師友，稱諸父兄、師友以行。宋公無母，莫使命之，辭窮，故自命之。自命之，則不得不稱使。」又云「然則紀有母乎？曰有。有則何以不稱母？母不通也」，休注云「禮，婦人無外事，但得命諸父兄、師友，稱諸父兄、師友以行耳。母命不得達，故不得稱母通使文，所以遠別也」，服注亦云「不稱主人，母命不通，故稱使。婦人無外事」。若然，直命使子之父兄、師友使，命使者，不自親命使者，此注云「命之，命使者」似母親命者，鄭畧言之，其實使子父兄、師友命使者也。云「躬，猶親也，親命之，則『宋公使公孫壽來納幣』是也」者，成八年文。義取公羊傳如向説舉納幣，其餘使親命之也。云「言宗子無父」至「不及」者，案曲禮「七十曰老而傳」，注云「傳家事在子孫，〔三六〕是謂宗子之父」；又王制云「八十齊衰之事弗及也」，注云「八十不齊則不祭也，子代之祭，是謂宗子不孤」，二者皆是宗子有父，雖主家事，其昏事則父命使者也。

支子，則稱其宗。支子，庶昆弟也，稱其宗子命使者。

【疏】「支子，則稱其宗」　云「稱其宗」者，謂命使者，當稱宗子以命之，以大、小宗皆然也。

弟稱其兄。〔三七〕弟，宗子之母弟。

【疏】「弟則稱其兄」　注「弟宗子之母弟」　知此弟是宗子同母弟者，以上支子謂庶昆弟，稱其宗子命使者，故知此弟宗子同母弟也。

若不親迎，則婦入三月，然後壻見，曰：「某以得爲外昏姻，請覿。」女氏稱昏，壻氏稱姻。覿，見。〔三八〕○壻見，賢遍反，注下除相見皆同。請覿，音狄，見下。

【疏】「若不」至「請覿」　上已言親迎，自此已下至篇末，論壻不親迎，過三月，及壻往見婦父、母事也。必亦待三月者，亦如三月婦廟見，一時天氣變，婦道成，故見外舅、姑。自此至「敢不從」，並是壻在婦家大門外，與擯者請對之辭。

注「女氏」至「覿見」 「女氏稱昏，壻氏稱姻」者，爾雅釋親文。所以别男女，則男曰昏，女曰姻者，義取壻昏時往娶，女則因之而來；及其親則女氏稱昏，男氏稱姻，義取送女者昏時往，男家因得見之故也。

主人對曰：「某以得爲外昏姻之數，某之子未得濯溉於祭祀，〔三九〕是以未敢見。今吾子辱，請吾子之就宫，某將走見。」主人，女父也。以白造緇曰辱。○得濯，丈角反。溉於，古代反。造緇，七報反。

【疏】「主人」至「走見」 云「某之子未得濯溉於祭祀」者，前祭之夕，濯溉祭器；以其自此以前未廟見，未得祭祀，故未敢相見也。云「請吾子之就宫」者，使壻還就家，是欲往就見也。

注「主人」至「曰辱」 云「以白造緇曰辱」者，謂以絜白之物，造置於緇色器中，〔四〇〕是汙白色；猶今賓至己門，亦是屈辱，故云「以白造緇曰辱」也。

對曰：「某以非他故，〔四一〕不足以辱命，請終賜見。」非他故，彌親之辭。命，謂「將走見」之言。今文無「終賜」。

【疏】「對曰」至「賜見」 注「非他」至「終賜」 此壻對擯者辭。云「非他故，彌親之辭」者，上擯云「得爲外昏姻」，是相親之辭，今又云「非他故」，是爲壻而來見，彌相親之辭也。

對曰：「某得以爲昏姻之故，〔四二〕不敢固辭，敢不從。」不言外，亦彌親之辭。古文曰「外昏姻」。

主人出門左，西面。壻入門，東面，奠摯，再拜，出。出門，出内門。入門，入大門。出内門不出大門者，異於賓客也。壻見於寢。奠摯者，壻有子道，不敢授也。摯，雉也。

【疏】「主人」至「拜出」　注「出門」至「雉也」　云「出内門」、「入大門」者，以大夫、士迎賓皆於大門外，故此決之也。云「壻見於寢」者，聘禮凡見賓客及上親迎，皆於廟者，〔四三〕聘禮敬賓客，故在廟親迎，在廟者，以先祖之遺體許人，故在廟；此壻見外舅、姑非賓，非親迎，故知在適寢也。云「奠摯者，壻有子道，不敢授也」者，凡執摯相見，皆親授受，此獨奠之，象父子之道質，故不親授，奠之而已。云「摯，雉也」者，以其士執雉，是其常也。

擯者以摯出，請受。欲使以賓客禮相見。

【疏】「擯者以摯出，請受」　注「欲使」至「相見」　案聘禮賓執摯入門右，從臣禮辭之，〔四四〕乃出由門左，西進北面，〔四五〕從賓客禮，此亦然，故知所「請受」者，請退從賓客相見受之。

壻禮辭，許，受摯，入。主人再拜，受。壻再拜送，出。出，已見女父。

【疏】「壻禮」至「送出」　注「出，已見女父」　云「受摯，入」者，亦如聘禮受摯乃更西入也。云「出，已見女父」者，以其相見訖，擬出，更與主婦相見也。

見主婦。主婦闔扉，立于其内。主婦，主人之婦也。見主婦者，兄弟之道宜相親也。闔扉者，婦人無外事。扉，左扉。○闔扉，音非。

【疏】「見主」至「其内」　注「主婦」至「左扉」　云「見主婦者，兄弟之道宜相親也」者，爾雅「母與妻之黨爲兄弟」，故知主婦於壻者，兄弟之道也，故云「宜相親也」。云「闔扉者，婦人無外事」者，婦人送、迎不出門，見弟不踰閾，〔四六〕是無外事也。云「扉，左扉」者，士喪禮卜葬云「闔東扉，主婦立于其内」，既言「東扉」，即是左扉，故知是「左扉」也。

壻立于門外，東面。主婦一拜，壻荅再拜，主婦又拜。壻出。必先一拜者，婦人於丈夫必俠拜。

主人請醴，及揖、讓，入，醴以一獻之禮。主婦薦，奠酬，無幣。及，與也。無幣，異於賓客。

【疏】「主人」至「無幣」　注「及與」至「賓客」　訓及爲與者，以主人與壻揖、讓而入寢門，升堂醴壻，故訓及爲與也。云「無幣，異於賓客者」，上冠禮醴賓酬之以幣，昏禮饗賓酬以束錦；燕禮、大射酬賓客皆有幣，此無幣，故云「異於賓客」也。

壻出，主人送，再拜。

校勘記

〔一〕及時同在殯　今按周禮司几筵鄭注「時同」作「同時」。卷六單疏原本缺兩頁，此本張敦仁據要義補，殆要義誤。

〔二〕以手之至地　阮校云毛本同，陳、閩俱無「之」字。

〔三〕不言告　「告」原作「吉」，阮作「告」，與經合，此據改。

〔四〕三帛二牲　阮校云單疏、要義同，毛本「牲」作「生」。

〔五〕必殺全　疏作「殺必全」。又「必」下原重「必」字，此删。

〔六〕不餧敗　黄刊嚴州本、徐本同，釋文、毛本「餧」作「餒」。今按集韻云餧或作餒，魚敗也。

〔七〕猶男子冠醴之稱字同　「子」字原作「于」，此據單疏改。

〔八〕則皆於大宗之家教之　阮校云「於」毛本作「以」。

〔九〕還于阼階上　「于」原作「子」，此據單疏改。

〔一〇〕始祭醴云初故始扱壹祭後祭醴又扱爲再祭也　阮校云毛本作「始祭醴之初故云始扱一祭及又扱則分爲兩故云又扱再祭是爲三也」，此乃從通解。

〔一一〕執皮者皆左首　阮校浦鏜云「右」誤「左」是也。

〔一二〕長三尺　「尺」原作「人」，此據單疏改。

〔一三〕士受皮者自東出于後　阮校引朱熹説，疏引此文，「皮者」下有「取皮」二字，未詳孰是。

〔一四〕受之則文見　阮校云「受」毛本作「釋」，是。

〔一五〕主人堂上受幣時　阮校云陳、閩同，毛本「受」作「授」。

〔一六〕立于位而俟壻　「俟」原作「侯」，此據黄刊嚴州本、徐本改。

〔一七〕重行戒者　「行」單疏作云，毛本同，阮校云陳、閩俱作「行」。

〔一八〕是石几之類也　阮校引段玉裁云「石几」爲「几石」之誤倒。

〔一九〕贊者徹尊冪　阮校云「冪」要義作「鼏」。

〔二〇〕涚水　「涚」宋本作「説」，此據徐乾學本改。

〔二一〕笲有衣者　阮校云「衣」聶氏作「表」。

〔二二〕非直有席薦　阮校云「非」閩本作「亦」。

〔二三〕所謂經中北洗也　阮校云要義同，毛本作「經中所謂」。

〔二四〕房半以北者　阮校云「房」下要義有「中」字。

〔二五〕謂舅姑饗婦獻時舅　阮校云「獻時舅」毛本作「時舅獻」，今按，似當以毛本爲是。

〔二六〕今文弗爲不　黄刊嚴州本、徐本同。阮校云「今」毛本作「古」。

〔二七〕是使者付主人吉日之辭　阮校云毛本「付」作「傳」。

〔二八〕右几布神位　阮校云要義同，毛本「布」作「在」。

〔二九〕勉帥婦道　黄刊嚴州本、徐本同。黄氏校補云張淳本作「勉帥道婦」，據陸氏釋文「下帥道同」句也。阮校亦以張説爲是。

〔三〇〕舅姑之教命　阮按疏以「姑」字乃衍文。

〔三一〕續成前語　阮校云毛本「語」作「文」，陳本誤作「女」。今按「文」、「女」形近，似以作「文」爲是。

〔三二〕然若此注有云　阮校云「然若」毛本作「若然」。

〔三三〕故眼目視瞻　「目」原作「日」，此據單疏改。

〔三四〕是有父者　黄刊嚴州本、徐本同。阮校云毛本「有」下有「有」字，集釋同。今按，察之文意，當以集釋、毛本爲是。

〔三五〕繼別爲宗　「爲」字單疏無，阮校云要義、毛本有。今按喪服小記有，此據補。

〔三六〕傳家事在子孫　阮校浦鏜云「在」爲「任」之譌。今按此説是，曲禮鄭注作「任」。

〔三七〕弟稱其兄　黄刊嚴州本、徐本、唐石經同。阮校云通解、楊氏「弟」下有「則」字，單疏標目亦有。

〔三八〕覿見　黄刊嚴州本、徐本「見」後俱有「也」字。阮校云嚴本無「也」字，與單疏標目合。今按阮説不合嚴州本。

〔三九〕未得濯溉於祭祀　黄刊嚴州本、徐本同。阮校云「溉」敖氏作「摡」，張淳引釋文作摡；按宋本釋文作「摡」，徐乾學本作「溉」，張氏所見乃宋本；據説文，當作訓滌之「摡」。今按武威簡本少牢「溉鼎」，今本皆作

「摡」，又詩檜風匪風「溉之釜鬵」，毛傳：「溉，滌也」，則經作「溉」亦不誤。

〔四〇〕造置於緇色器中　阮校云「置」要義作「之」。

〔四一〕某以非他故　阮校云「他」通解作「它」，二字諸本錯出，下不悉校。

〔四二〕某得以爲昏姻之故　唐石經、黄刊嚴州本、徐本同。阮校云「得以」張氏、通解、楊氏、敖氏同，集釋、毛本作「以得」。阮氏引敖氏説當以「以得」爲是。又上文言「某以得爲外昏姻之數」，此言「某得以爲昏姻之故」，「數」、「故」必有一誤。

〔四三〕凡見賓客及上親迎皆於廟者　阮校云毛本「上」作「士」，末無「者」字。

〔四四〕從臣禮　阮校云毛本「從」下有「君」字，陳本「從」下空一字。

〔四五〕西進北面　阮校云毛本「進」作「向」。

〔四六〕見弟不踰閾　阮校云要義無「見」字，毛本「見」下有「兄」字。

儀禮注疏卷第七

唐朝散大夫行大學博士弘文館學士臣賈公彦等撰

士相見禮第三

【疏】「士相見禮第三」　鄭目録云：「士以職位相親，始承摯相見。〔一〕禮雜記會葬禮曰：『相見也，反哭而退，朋友虞、祔而退。』士相見於五禮屬賓禮，大小戴及別録皆第三。」　鄭云「士以職位相親，始承摯相見」者，釋經亦有大夫及庶人見君之禮，亦士見大夫之法，獨以士相見爲名者，以其兩士職位不殊，同類昵近，故以士相見爲首。　云雜記〔二〕「相見也，反哭而退，朋友虞、祔而退」者，以送葬之禮恩厚者退遲，恩薄者退疾。　引之者，證有執摯相見之義也。　云「士相見於五禮屬賓禮」者，案周禮大宗伯「五禮」賓禮之別有八：春朝、夏宗、秋覲、冬遇、時會、殷同，此六者是五等諸侯見天子，兼有自相朝覲之禮。　彼又云「時聘曰問，殷覜曰視」，二者是諸侯使臣出聘天子及自相聘之禮，並執玉帛而行，無執禽摯之法。　此屬直新升爲士、大夫之等，同國，執禽摯相見及見君之禮，雖非出聘，亦是賓主相見之法，故屬賓禮也。　且士卑，唯得作介從君與卿大夫出向他國，無身自聘問之事。　案周禮行夫是士官，其有「美惡無禮」，特行無介，始得出向他邦，亦非聘問之法也。　然昏、冠及喪、祭，尊卑各自有禮，及執摯相見，唯有此士相見。　其篇内含卿大夫相見，以其新升爲士或士自相見，或士往見卿大夫，或卿大夫下見士，或見己國君，或士大夫見他國君來朝者，新出仕從微至著，以士爲先後，更有功乃升爲大夫已上，故以士爲總號也。　又天子之孤卿、大夫、士，與諸侯之孤卿、大夫、士，執摯既同，相見之禮亦無別也。

儀禮　鄭氏注

士相見之禮。摯，冬用雉，夏用腒，〔三〕左頭奉之。〔四〕曰：「某也願見，無由達，某子以命命某見。」摯，所執以至者。君子見於所尊敬，必執摯以將其厚意也。士摯用雉者，取其耿介，交有時，別有倫也。雉必用死者，爲其不可生服也。夏用腒，備腐臭也。左頭，頭陽也。無由達，言久無因緣以自達也。某子，今所因緣之姓名也。以命者，稱述主人之意。今文「頭」爲「脰」。○贄，本又作摯，音同。用腒，其居反，乾雉也。奉之，芳勇反，下同。願見，賢遍反，凡卑於尊曰見，敵而曰見，謙敬之辭也，下以意求之，他皆倣此。耿，古幸反。介，音界。別有，彼列反。爲其，于爲反，下爲其同。爲脰，音豆，頸也。

【疏】「士相見」至「某見」　自此至「送于門外，再拜」，論士與士相見之事也。云「某也願見，無由達」者，謂新升爲士，欲見舊爲士者，謂久無紹介中間之人，達彼此之意，雖願見，無由得與主人通達相見也。云「某子以命命某見」者，某子是紹介中間之人姓名，以主人之命命，某是賓之名，命某來見主人也。案少儀始見君子者，辭曰：「某固願聞名於將命者」，謂以卑見尊法。彼又云敵者曰：「某固願見於將命者。」此兩士相見，亦是敵者，不言「願見於將命者」者，此既言「願見無由達」，見敵者始欲相見。案下文及還摯者皆云「於將命者」，明此亦有願見於將命者，不言者，文不具也。

注「摯所」至「爲脰」　云「摯，所執以至」者，摯得訓爲至。升爲士者，元缺一字彼人相見，欲相尊敬，必執禽鳥始得至，故云「摯，所執以至者也」。云「士摯用雉」者，對大夫已上所執羔、鴈不同也。云「取其耿介，交有時，別有倫也」者，倫，類也，交接有時，至於別後，則雄雌不雜，謂春交秋別也，士之義亦然，義取耿介不犯於上也。云「雉必用死者，爲其不可生服也」者，經直云「冬用雉」，知用死雉者，尚書云「三帛二牲一死摯」，則雉義取耿介，爲君致死也。云「夏用腒，備腐臭也」者，案周禮庖人云「春行羔豚，夏行腒鱐」，鄭云「腒，乾雉；鱐，乾魚。腒、鱐暵熱而乾，乾則不腐臭」，故此取「不腐臭」也。冬時雖死，形體不異，故存本名，稱曰雉。夏爲乾腒，形體異，故變本名稱曰「腒」也。云「左頭，頭陽也」者，曲禮云「執禽者左首」，雉與羔、鴈同是合生執之物，以不可生服，故殺之，雖死猶尚左，以從陽也。云「某子，今所因緣之姓名也」者，謂紹介之姓名。云「以命者，稱述主人之意」者，言紹介之人稱述主人之辭意，傳來賓也。云「今文頭爲脰」者，鄭不從今文者，以其脰，項也，項不得爲頭，故不從也。但此云「某子以命命某見」，謂舊未相見，今始來見主人，故須某子傳通。孺悲欲見孔子，不由紹介，故孔子辭以疾。且經云「某子」，鄭云「某子，今所因緣之姓名」，案鄉飲酒云「某子受酬」，注云「某者，衆賓姓」，又鄉射云「某酬某子」，注云「某子者氏也」，與此注「某子」爲姓名不同者，彼旅酬下爲上，尊敬在上，以公羊傳「名不若字，字不若子」，故下者稱姓以配子，彼對面語，故不言名；此非對面之言，於彼遥稱紹介之意，若不言名，直稱姓，是何人？故鄭以姓名解之也。若然，特牲云「皇祖某子」，注爲「伯子、仲子」者，以孫不宜云父祖姓，故以伯子、仲子言之。望經爲義，故注有殊。若然，注宜有名，無者誤也。

主人對曰：「某子命某見，吾子有辱，〔五〕請吾子之就家也，某將走見。」

有，又也。某子命某往見，今吾子又自辱來，序其意也。走，猶往也。今文無「走」。

【疏】「主人」至「走見」　云「某子命某見」者，「某子」則是紹介姓名，以「某子」是中間之人，故賓主共稱之也。此上下皆言請，不言辭，辭而不受，須相見，故言請而已。

注「有又」至「無走」　鄭轉有爲又者，以言某子以命命某往就彼見，吾子又自辱來，於義爲便，故從又不從有也。

云「走，猶往也」者，以言走直取急往相見之意，非走驟之義，故釋從往也。云「今文無走」字者，無走於文義不足，故不從今文，從古文也。

賓對曰：「某不足以辱命，請終賜見。」命，謂「請吾子之就家」。

主人對曰：「某不敢爲儀，固請吾子之就家也，〔六〕某將走見。」不敢爲儀，言不敢外貌爲威儀，忠誠欲往也。固，如故也。今文「不」爲「非」。古文云「固以請」也。

【疏】注「不敢」至「以請」 「固，如故也」者，固爲堅固，堅固則如故，以再請如前，故云「固，如故也」。云「今文不爲非」者，云「非」敢於義不便，故不從今文「非」也。云「古文云固以請」者，「固請」於文從便，若有「以」字，於文賒緩，故不從古文「固以請」也。

賓對曰：「某不敢爲儀，固以請。」言如固請，終賜見也。今文不爲非。

主人對曰：「某也固辭不得命，〔七〕將走見。聞吾子稱摯，敢辭摯。」不得命者，不得見許之命也。走，猶出也。稱，舉也。辭其摯，爲其大崇也。古文曰「某將走見」。○大崇，音泰，劉唐餓反。

【疏】注「不得」至「走見」 云「走，猶出也」者，亦如上之走往，彼據向賓家，故走爲往，此據出門，故云「走，出也」。云「辭其摯，爲其大崇也」者，凡賓主相見，唯此新升爲士有摯，又初不相識，故有摯爲重，對重相見，則無摯爲輕，是以始相見辭之，爲大崇故也。云「古文曰某將走見」者，上再番皆云「某將走見」，今此三者，亦云「某將走見」，與前同，此疊古文不從者，以上第一番請，賓主皆無「不敢爲儀」；第二番賓及主人皆云「不敢爲儀」，文句既異，若不云某，於文不便，故須云某也；此三番於上已云「某也固辭不得命」，於下不須云某，於文便，古文更云「某將走見」，文疊，故不從也。

賓對曰：「某不以摯不敢見。」見於所尊敬而無摯，嫌大簡。

【疏】注「見於」至「大簡」 此士相見，唯是平敵相伉。案曲禮云「主人敬客則先拜客，客敬主人則先拜主人」，並不問爵之大小，唯以相尊敬爲先後，故雖兩士亦得云「相尊敬」，不敢空手，須以摯相見。若無摯相見，是則大簡畧也。

主人對曰：「某不足以習禮，敢固辭。」言「不足習禮」者，不敢當其崇禮來見己。

【疏】注「言不」至「見己」 案上經賓云「某不以摯不敢見」，是賓以崇禮來見主人；今主人不敢當其崇禮來見己，故變文言「不足以習禮」，故鄭云「言不足習禮者，不敢當其崇禮來見己」也。

賓對曰：「某也不依於摯不敢見，〔八〕固以請。」〔九〕言「依於摯」，謙自卑也。今文無「也」。

【疏】注「言依」至「卑也」 凡相見之禮，以卑見尊必依摯。禮記檀弓云「魯人有周豐也者，哀公執摯請見之」者，是下賢，非正法。今士相見云「不依於摯不敢見」，謙自卑也。

主人對曰：「某也固辭不得命，敢不敬從。」〔一〇〕出迎于門外，〔一一〕再拜。

賓荅再拜。〔一二〕主人揖，入門，右。賓奉摯，入門，左。主人再拜，受。賓再拜，送摯，出。右，就右也。左，就左也。受摯於庭，既拜，受，送則出矣。不受摯於堂，下人君也。今文無「也」。〔一三〕○下人，遐嫁反。

【疏】注「右就」至「文無」。凡門，出則以西爲右，以東爲左；入門則以東爲右，以西爲左，依賓西主東之位也。知「受摯於庭」者，以其入門左、右，不言揖讓而升之事，故知在庭也。云「既拜，送則出矣」者，〔一四〕欲見賓拜送摯訖，而言出，則去還家，無意得待主人留己也。云「不受摯於堂，下人君也」者，聘禮賓升堂致命，授玉，又下云「君在堂，升見無方階」，亦是升堂見君法，故云「不於堂，〔一五〕下人君也」。

主人請見，賓反見，退。主人送于門外，再拜。請見者，爲賓崇禮來相接，以矜莊，歡心未交也，賓反見則燕矣。下云「凡燕見於君」至「凡侍坐於君子」，博記反見之燕義。臣初見於君，再拜奠摯而出。

【疏】「主人請見」至「再拜」。注「請見」至「而出」。鄭解主人留賓之意。云「請見者，爲賓崇禮來相接」，則執摯來是也。云「以矜莊，歡心未交也」者，正謂入門拜，受拜；送時賓主俱矜莊、相敬，歡心未交也。云「賓反見則燕矣」者，上士冠禮賓、士昏納采之等，禮記皆有禮賓、饗賓之事，明此行禮，主人留必不虛，宜有歡燕，故云「則燕矣」。以摯相見，非聘問之禮，燕既在寢，明前相見亦在寢之庭矣。若諸文有留賓者，多是禮賓之事，知此不行禮賓而云燕者，彼諸文皆是爲餘事相見，以其事重，故爲禮賓；此直當身相見，其事輕，故直有燕矣，是以諸文禮賓，此燕賓，故直云「請見」也。云「凡燕見於君」至「反見之燕義」者，凡燕見或反見，或本來侍坐，非反見，下注云「此謂特見圖事，非立賓主之燕」是也。「侍坐於君子」之下，乃有「侍坐，問夜膳葷」，賜食爵之等，不引證燕見者，彼直是侍坐法，非燕見之禮故也。云「臣初見於君，再拜，奠摯而出」者，鄭欲見「自燕見于君」，下至「凡侍坐於君子」，皆反見燕法，其中仍有臣見于君法。臣始事見于君法，禮畢奠摯而出，君亦當遣人留之燕也。若然，下有「他邦之人則還摯」，雖不見反燕，臣尚燕，他邦有燕可知，但文不具也。

主人復見之，〔一六〕以其摯，曰：「曏者吾子辱，〔一七〕使某見，請還摯於將命者。」復見之者，禮尚往來也。「以其摯」，謂曏時所執來者也。曏，曩也。將，猶傳也，傳命者，謂擯相者。〔一八〕○復見，扶右反，又音服，注同。曰曏，許亮反。曩也，乃蕩反。猶傳，丈專反，下文皆同。謂擯，必刃反。相者，息亮反。

【疏】「主人」至「命者」　自此至「賓退，送再拜」，論主人還于賓之事。

注「復見」至「相者」　云「復見之者，禮尚往來也」者，鄭解主人還摯之意。云「禮尚往來」，曲禮文。五等諸侯身自出朝，及遣臣出聘，以其圭璋重，不可遥復，朝聘訖即還之，璧琮財輕，故不還。彼朝聘用玉，自爲一禮，有不還之義。其在國之臣，自執摯相見，雖禽摯皆還之。臣見於君，則不還，義與朝聘異，不可相決也。云「將，猶傳也，傳命者，謂擯相者」者，謂出接賓曰擯，入詔禮曰相，一也，故聘禮與冠義皆云每一門止一相，是謂擯介爲相也。

主人對曰：「某也既得見矣，敢辭。」讓其來荅己也。

【疏】「主人」至「敢辭」　釋曰：上言「主人」，此亦言「主人」者，上言「主人」者，據前爲主人而言，此云「主人」者，謂前賓今在己家而説也。

賓對曰：〔一九〕「某也非敢求見，請還摯于將命者。」言不敢求見，嫌褻主人，不敢當也。今文無「也」。〔二〇〕○請還，劉音旋，下皆同。嫌褻，息列反。

【疏】注「言不」至「當也」　云「嫌褻主人，不敢當也」者，鄉者主人見己〔二二〕，今即來見主人，賓主頻見是褻也，今云「非敢求見」，嫌褻主人，不敢更相見也，故不敢當相見之法，直云「還摯」而已。

主人對曰：「某也既得見矣，敢固辭。」固，如故也。

賓對曰：「某不敢以聞，固以請於將命者。」言不敢以聞，又益不敢當。

【疏】注「言不敢」至「敢當」　上云「非敢求見」，已是不敢當，此云「不敢以聞」，耳聞疏於目見，故云「又益不敢當」也。

主人對曰：「某也固辭不得命，敢不從。」許受之也。異日則出迎，同日則否。

【疏】注「異日」至「則否」　下云「賓奉摯入」，不言主人出迎，又不言「厥明」，是與前相見同日。知異日出迎者，鄉飲酒禮云明日「乃息司正」，主人出迎之，司正猶迎之，況同僚乎，是知異日出迎也。若然，〔二三〕聘禮公迎于大門內，至醴賓又出迎者，彼初是公迎，彼初之命不爲迎賓身，故至醴賓身，雖同日亦出迎之，故鄭注云「公出迎者，己之禮更端」是也。昏禮賓爲男家使，初時出迎，至醴賓身，雖同日亦出迎也。有司徹前爲尸，後爲賓，所爲異，故云「雖同日亦出迎」，此二者亦是更端之義也。案鄉飲酒及公食大夫皆於戒賓之時，未行賓主之禮，是以賓至乃迎之，故雖同日亦迎賓，非更端之義也。

賓奉摯入，主人再拜，受。賓再拜，送摯，出。主人送于門外，再拜。士見於大夫，終辭其摯。於其入也，一拜其辱也。〔二三〕賓退，送再拜。〔二四〕終辭其摯，以將不親荅也。凡不荅而受其摯，唯君於臣耳！大夫於士，不出迎，入一拜，正禮也，送再拜，尊賓。

【疏】「士見於大夫」至「再拜」　注「終辭」至「尊賓」　云「以將不親荅也」者，事未至謂之將，如上士相見，賓來見，士後將親荅就士家，則辭而受其摯；此則以將不親荅，終不受也。若然，經直云「終辭其摯」，不言一辭、再辭，亦有可知，但畧而不言也。又少儀云始見君子曰「願聞名」，此不言願聞，亦文不具也。云「凡不荅而受其摯，唯君於臣耳」者，見下文「他邦之人，則使擯者還其摯」，見己君不言還摯。又文有三辭：初辭、中辭、終辭。初辭之時，則云「使某」，中辭云「命某」，以辭在中者，傳言而已，故云「命某」。然「使某」者，是尊君卑臣之義，其心重；若云「命某」者，尊君卑臣稍淺漸輕之義，故鄭云「或言命某，傳言耳」。必知有此義者，案僖九年左傳曰「天子有事於文、武，使孔賜伯舅胙，以伯舅耋老，加勞賜一級，無下拜」，是尊君稱使傳言，云命有輕重之義也。

若嘗爲臣者，〔二五〕則禮辭其摯。曰：「某也辭不得命，不敢固辭。」〔二六〕禮辭，一辭其摯而許也，將不荅而聽其以摯入，有臣道也。

賓入，奠摯，〔二七〕再拜，主人荅壹拜，奠摯，尊卑異不親授也。古文「壹」爲「一」。

賓出。使擯者還其摯于門外，曰：「某也使某還摯。」還其摯者，辟正君也。○辟正，音避。

賓對曰：「某也既得見矣，敢辭。」辭君還其摯也。今文無「也」。〔二八〕

擯者對曰："某也命某，某非敢爲儀也，〔二九〕敢以請。"〔三〇〕還摯者請使受之。

賓對曰："某也夫子之賤私，不足以踐禮，敢固辭。"家臣稱私。踐，行也，言某臣也，不足以行賓客禮。賓客所不答者，不受摯。

擯者對曰："某也使某，不敢爲儀也，〔三一〕固以請。"言"使某"，尊君也。或言"命某"，傳言耳。

賓對曰："某固辭不得命，敢不從。"再拜受。受其摯而去之。

【疏】注"受其摯而去之"云"受其摯而去"者，以其嘗爲臣爲輕，既不受其摯，又相見無饗、燕之禮，故鄭云"而去"以絶之也。

下大夫相見，以鴈，飾之以布，維之以索，如執雉。鴈取知時，飛翔有行列也。飾之以布，謂裁縫衣其身也。維，謂繫聯其足。○以索，悉各反，注同。有行，户郎反。衣其，於既反。繫聯，音連。

【疏】"下大夫"至"執雉"　言"下大夫"者，國皆有三卿、五大夫，言上大夫據三卿，則此"下"是五大夫也。二十七士與五大夫轉相副貳，則三卿宜有六大夫，而五者，何休云司馬事省，闕一大夫。

注"鴈取"至"其足"　云"鴈取知時"者，以其木落南翔，冰泮北徂，隨陽南北，義取大夫能從君政教而施之。云"飛翔有行列也"者，義取大夫能依其位次，尊卑有叙也。上士執雉，"左頭奉之"，此云"如執雉"，明執鴈者亦"左頭奉之」也。案曲禮云「飾羔鴈者以繢」，彼天子卿大夫非直以布，上又畫之，此諸侯卿大夫，執摯雖與天子之臣同，飾羔、鴈者直用布爲飾，無繢。彼不言士，則天子之士與諸侯之士同，亦無飾，士賤，故無別也。

上大夫相見，以羔。〔三二〕**飾之以布，四維之，結于面。左頭，如麛執之。**〔三三〕上大夫，卿也。羔取其從帥，〔三四〕羣而不黨也。面，前也。繫聯四足，交出背上，於胸前結之也。「如麛執之」者，秋獻麛，有成禮如之。或曰，麛，孤之摯也，其禮蓋謂左執前足，右執後足。今文「頭」爲「脰」。○麛，莫兮反。

【疏】「上大夫」至「執之」　注「上大」至「爲脰」　云「上大夫，卿也」者，即三卿也。云「羔取其從帥」者，凡羔羊羣皆有引帥，若卿之從君之命者也。云「羣而不黨也」者，羊羔羣而不黨，義取三卿亦皆正直，雖羣居不阿黨也。云「繫聯四足，交出背上，於胸前結之」者，謂先以繩雙繫前兩足，復以繩繫後兩足，乃以雙繩於左右，從腹下向背上交過，於胸前結之也。云「如麛執之者，秋獻麛，有成禮如之」者，案周禮獸人云「冬獻狼，夏獻麋，春、秋獻獸物，鹿、豕羣獸及狐狸可也」，麛是鹿子，與鹿同時獻之。又庖人云「秋行犢麛」，則獻當在秋時，故云「秋獻麛」也。又案禮器「曲禮三千」，鄭云「曲猶事也，事禮謂今禮也，其中事儀三千」，則禮未亡之時，三千條內，有此獻麛之法，是有成禮可依，故此經得「如之」也。云「或曰，麛孤之摯也」者，案大宗伯及大行人與聘禮皆云「孤執皮帛」，謂天子之孤與諸侯之孤執皮帛，今此執麛者，謂新升爲孤見己君法，至餘事則皆皮帛也。云「其禮蓋謂左執前足，右執後足」者，案經云「左頭」，則與雉、鴈同。是以曲禮云「執禽者左首」。此鄭又云「執之蓋謂左執前足，右執後足」者，元缺起此此釋經「麛執之」據四足而言之。凡以摯相見之法，唯有新升爲臣，及聘朝，及他國君來，主國之臣見，皆執摯相見，常朝及餘會聚，皆執笏，無執摯之禮。又執摯者，或平敵，或以卑見尊，皆用摯，尊無執摯見卑之法。檀弓云哀公執摯見己臣周豐者，彼謂下賢，非正法也。

如士相見之禮。大夫雖摯異，其儀猶如士。

【疏】「如士相見之禮」　此下大夫及卿其摯雖有羔、鴈之異，其相見之儀則皆如士也。

注「大夫」至「如士」　云「儀猶如士」者，或兩大夫，或兩卿相見，皆如上文「某也願見，無由達」已下，至「主人拜，送于門外」也。

始見于君，〔三五〕執摯至下，容彌蹙。〔三六〕下，謂君所也。蹙，猶促也。促，恭慤貌也，其爲恭，士、大夫一也。○彌蹙，子六反，注及下同。恭慤，苦角反。

【疏】注「下謂」至「一也」　直云「見于君」，不辨臣之貴賤，則臣之貴賤皆同，故鄭云「其爲恭，士、大夫一也」。不言所而言下者，凡臣視袷已下，故不言所言下也。

庶人見於君，〔三七〕不爲容，進退走。容，謂趨翔。

【疏】注「容謂趨翔」　此不言民而言「庶人」，則是庶人在官，謂若王制云「庶人在官者，其禄以是爲差」，即府、史、胥、徒是也。按鄭注曲禮云「行而張足曰趨，行而張拱曰翔」，皆是庶人貌也，此庶人見君不趨翔，謂是常法。論語是孔子行事，而云「趨進翼如」者，彼謂孔子與君圖事於堂，圖事訖，降堂，向時揖處，至君前横過，向門，特加肅敬，與庶人同也。

士、大夫則奠摯，再拜稽首，君荅壹拜。〔三八〕言君荅士、大夫一拜，則於庶人不荅之。庶人之摯鶩。古文「壹」作「一」。○摯鶩，亡卜反。鴨也。

【疏】注「言君」至「作一」　臣拜君云「再拜稽首」，則「君荅一拜」者，當作空首，則九拜中「奇拜」是也。云「言君荅士、大夫一拜，則於庶人不荅之」者，案曲禮君於士不荅拜，謂已士。此得與大夫同荅一拜者，士賤，君不荅拜。此以新升爲士，故荅拜。聘禮問勞云「荅士拜者，亦以新使反，故拜之也」。云「庶人之摯鶩」者，案大宗伯云「以禽作六摯，庶人執鶩」，注云「鶩取其不飛遷，象庶人安土重遷」是也。

若他邦之人，〔三九〕則使擯者還其摯，曰：「寡君使某還摯。」〔四〇〕賓對曰：「君不有其外臣，臣不敢辭。」再拜稽首，受。

【疏】賓不辭即受摯，以君所不臣。禮無受他臣摯法，賓如此法，故不敢亢禮於他君，故不辭即受之也。凡臣無境外之交，今得以摯執見他邦君者，謂他國之君來朝，此國之臣因見之，謂若掌客「卿皆見以羔」之類是也。春秋卿大夫與他國之君相見者，皆因聘會乃見之，非特行也。

凡燕見于君，必辯君之南面。若不得則正方，不疑君。辯，猶正也。君南面，則臣見正北面。君或時不然，當正東面，若正西面，不得疑君所處，邪鄉之。此謂特見圖事，非立賓主之燕也。疑，度之。○必辯，皮勉反，劉方勉反。不疑，音擬，又如字，注同。邪鄉，似嗟反，下許亮反。疑度，大各反。

【疏】案上文注以此爲博記反見之燕義，則此與燕義、燕禮立賓主之燕別。以其此經君之面位正南，臣北面向之，若不得南面，或君東、西面，則臣亦正方向之，不可預度君之面位，邪立向之，皆與燕禮君在阼階西面爲正異，故知此經是特見，皆圖事，并與賓反見之燕義也。知有「圖事」者，論語鄉黨云孔子與君圖事于庭，圖事于堂，燕禮亦云君與卿圖事之時有此面位，無常之法也。

君在堂，升見無方階，辯君所在。〔四一〕升見，升堂見於君也。君近東則升東階，君近西則升西階。○君近，附近之近，下同。

【疏】注「升見」至「西階」　此文據君所在隨便升階無常之事，亦謂反燕及圖事之法。若立賓主，君升自阼階，賓及主人升自西階，燕禮所云是也。

凡言，非對也，妥而後傳言。〔四二〕凡言，謂己爲君言事也。妥，安坐也。傳言，猶出言也。若君問，可對則對，不待安坐也。古文「妥」爲「綏」。○妥而，他果反，安坐也。己爲，于僞反，下爲謙、示爲皆同。

【疏】「凡言」至「傳言」　注「凡言」至「爲綏」　此據臣與君言之法也。云「凡言，謂己爲君言事也」者，謂臣有圖爲君言也。禮記少儀云「量而後入，不入而後量」，是臣有事將入見君，須量己所言，亦當量君安坐，乃可得入，而後傳出己言，向君道之。云「妥，安坐也」者，爾雅釋詁文。

與君言，言使臣；與大人言，言事君；與老者言，言使弟子；與幼者言，言孝弟於父兄；與衆言，言忠信慈祥；與居官者言，言忠信。〔四三〕博陳燕見言語之儀也。言使臣者，使臣之禮也。大人，卿大夫也。言事君者，臣事君以忠也。祥，善也。居官，謂士以下。○孝弟，音悌。

【疏】「與君」至「忠信」　上文據與君言，此文則總説尊卑言語之別。云「與君言，言使臣；與大人言，言事君」者，但君臣相對，有事即言，不必與君言恒言使臣，與臣言恒言事君，今唯言「使臣」、「事君」者，下供上命，禮法當然，故君以使臣爲主，臣以事君爲正，無妨更言餘事，已下皆隨事爲主可也。云「與老者言，言使弟子」者，謂七十致仕之人，依書傳大夫致仕爲父師，士致仕爲少師，教鄉閭子弟。雷次宗云「學生事師雖無服，有父兄之恩」，故稱弟子也。云「與幼者言，言孝弟於父兄」者，幼既與老者相對，此幼即弟子之類，孝弟，事父兄之名，〔四四〕是人行之本，故云「言孝弟于父兄」。「與衆言，言忠信慈祥」者，此文承老幼之下，亦非朝廷之臣，但是鄉閭長幼共聚之處，使之行忠信慈善之事也。云「與居官者言，言忠信」者，此與在朝之士言，以忠信爲主也。

注「博陳」至「以下」　云「博陳燕見言語之儀也」者，據已上博陳與君燕見舉動言語，知此博陳也。云「言使臣者，使臣之禮也」者，并「事君以忠」，〔四五〕並是論語孔子對定公之文。云「大人，卿大夫也」者，此云「言事君」明非天子、諸侯，又非士，是卿大夫可知。〔四六〕又案下文云「凡與大人言，始視面，中視抱，卒視面」，並是臣視君之法，則「大人」據君也。又禮運云「大人世及以爲禮」，鄭解爲諸侯者，以彼上文云「天下爲家」，以據天子，明下云大人是諸侯可知。易革卦云「君子豹變」，據諸侯，則「大人虎變」是天子可知。又案論語云「狎大人」注「爲天子、諸侯爲政教」者，彼據小人不在朝廷，故以大人「爲天子、諸侯政教」解之。鄭皆望文爲義，故解「大人」不同。云「居官謂士以下」者，以上大夫云「事君」，已據居官卿大夫，其居官之内，唯有二十七士，并府、史、胥、徒，故云「士以下」也。

凡與大人言，始視面，中視抱，〔四七〕卒視面，毋改，衆皆若是。〔四八〕 始視面，謂觀其顔色，可傳言未也。中視抱，容其思之，且爲敬也。卒視面，察其納己言否也。毋改，謂傳言見荅應之間，當正容體以待之，毋自變動，爲嫌解惰不虚心也。衆，謂諸卿大夫同在此者。皆若是，其視之儀無異也。古文「毋」作「無」，今文「衆」爲「終」。○中視，如字，劉丁仲反。抱，劉薄報反。毋改，音無，下同。嫌解，古解反。惰，他卧反。

【疏】「凡與」至「若是」　注「始視」至「爲終」　云「中視抱，容其思之，且爲敬」者，案曲禮「天子視不上於袷」，袷，交領也；「不下於帶」，上於袷則敖，下於帶則憂。視大夫得視面，此視君得視面者，彼據尋常視君法，此據與君言時，故不同也。云「且爲敬」者，此言抱即面相袷不視袷，是敬君之常禮，故云「且爲敬」也。云「爲嫌解惰不虚心也」

者，禮記云「虚中以治之」，鄭注云「虚中言不兼念餘事」，是虚心之意也。云「衆謂諸卿大夫同在此者」，言於君視之，高下如此，其卿大夫視君之儀，與言者無異也。云「古文毋作無」，不從者，説文云「毋，蓋亦禁辭」，故不從有無之無也。云「今文衆爲終」，不從者，以上已有卒，卒爲終，故從古爲「衆」也。

若父則遊目，毋上於面，毋下於帶。(四九)子於父主孝，不主敬，所視廣也，因觀安否何如也。今文「父」爲「甫」，古文「毋」作「無」。(五〇)○毋上，辟掌反。(五一)

【疏】「若父」至「於帶」　注「子於」至「作無」　案曲禮大夫之臣視大夫得視面，不得遊目；士之臣視士得旁遊目，今子視父應與視君同，不上於袷。與士大夫同者，以子於父主孝不主敬，所視廣者，因視安否何如也。

若不言，立則視足，坐則視膝。不言，則伺其行起而已。

【疏】「若不」至「視膝」　注「不言」至「而已」　已上皆據臣子與君父言語之時，此據不言之時。鄭言「伺其行起」者，「行」解經「立」。行由立始，故以行解立，是以論語云「立不中門」，鄭云「立行不當棖闑之中央」，是亦以行解立，一也。又以「起」解「坐」，以其起由坐始故也。

凡侍坐於君子，君子欠伸，(五二)問日之早晏，(五三)以食具告。改居，則請退可也。(五四)君子謂卿大夫及國中賢者也。志倦則欠，體倦則伸。問日晏，近於久也。具，猶辦也。(五五)改居，謂自變動也。古文「伸」作「信」，「早」作「蚤」。○侍坐，如字，又才卧反。欠，起劍反，劉欺劍反。伸，音申。猶辦，皮莧反。作蚤，音早。

【疏】「凡侍」至「可也」　注「君子」至「作蚤」　此陳侍坐於君子之法。鄭云「君子，卿大夫」者，〔五六〕禮之通例，大夫得稱君子，亦得稱貴人，而士賤不得也。知「及國中賢者」者，鄉射禮云「徵唯所欲，以告於鄉先生君子可也」，鄭云「鄉先生，鄉大夫致仕者」。君子有大德行不仕者，則曲禮云「博聞强識而讓，〔五七〕敦善行而不怠，謂之君子」是也。云「志倦則欠，體倦則伸」，鄭注曲禮亦然。云「古文伸作信，早作蚤」者，此二字古通用，故大宗伯云「侯執身圭」，〔五八〕爲信字；詩云「一之日其蚤，獻羔祭韭」，爲蚤字。既通用，疊古文者，據字體，非直從今爲正，亦得通用之義也。

夜侍坐，問夜，膳葷，請退可也。問夜，問其時數也。膳葷，謂食之葷辛物葱、薤之屬，食之以止卧。古文「葷」作「薰」。○膳葷，香云反。葱薤，户界反。

【疏】「夜侍」至「可也」　注「問夜」至「作薰」　云「問夜，問其時數也」者，謂若鍾鼓漏刻之數也。云「古文葷作薰」者，玉藻云「膳於君，有葷、桃、茢」作此葷，鄭注論語作焄，義亦通。若作薰，則春秋「一薰一蕕」，薰，香草也，非葷辛之字，故疊古文不從也。

若君賜之食，則君祭，先飯，徧嘗膳，〔五九〕飲而俟。君命之食，然後食。〔六〇〕君祭先飯，食其祭食。〔六一〕臣先飯，示爲君嘗食也。此謂君與之禮食。〔六二〕膳，謂進庶羞。既嘗庶羞，則飲俟君之徧嘗也。今云「呫嘗膳」。○先飯，扶晚反，注同。徧嘗，音遍，注同。呫嘗，音貼，他篋反，穀梁：「未嘗有呫血之盟。」呫，嘗也；劉音當密反，云此意謂未快或楚，未詳，或音沾。

【疏】「若君」至「後食」　注「君祭」至「嘗膳」　此經及下經論臣侍君坐得賜食之法。鄭云「先飯，示爲君嘗食也」者，凡君將食，必有膳宰進食，則膳宰嘗君前之食，備火齊不得，下文是也；今此文謂膳宰不在，則侍食者自嘗自己前食，既不嘗君前食，則不正嘗食，故云「示爲君嘗食也」。云「此謂君與臣小小禮食法，仍非正禮食，正禮食則公食大夫是也。彼君前無食，此君臣俱有食，故知小小禮食。此即玉藻云「若賜之食，而君客之，則命之祭然後祭」，彼云「客之」，則此注「禮食」亦不得祭，故一也。但此文不云「客之」「命之祭，然後祭」，文不具也。若臣嘗食，〔六三〕不得云「禮食」，亦不得祭，故鄭注玉藻云「侍食則正，不祭」是也。

若有將食者，則俟君之食，然後食。將食，猶進食，謂膳宰也。膳宰進食，則臣不嘗食。周禮膳夫：「品嘗食，〔六四〕王乃食。」

【疏】「若有」至「後食」　注「將食」至「乃食」　云「膳宰進食，則臣不嘗食」者，臣爲君嘗食，本爲膳宰不在，今膳宰既在，明臣不嘗食也。是以玉藻云「若有嘗羞者，則俟君之食然後食，飯飲而俟」，注云「不祭，侍食不敢備禮也；不嘗羞，膳宰存也」是也。云「膳夫」者，天子膳夫，則諸侯之膳宰。引之者，證經將食之人是膳宰，因將膳與君品嘗食。凡君食臣，有侍食之時，唯子不侍食，是以文王世子云「命膳宰曰『末有原』，應曰『諾』，然後退」，是大子不侍食。若卿大夫已下，則有侍食法，故内則云「父没母存，冢子御食，羣子婦佐餕」是也。

若君賜之爵，〔六五〕則下席，再拜稽首，受爵，〔六六〕升席，祭，卒爵而俟，君卒爵，然後授虚爵。〔六七〕受爵者於尊所，至於授爵，坐授人耳。必俟君卒爵者，若欲其釂然也。今文曰「若賜之爵」，無「君」也。○其釂，子召反。盡爵也。

【疏】「若君」至「虚爵」　注「受爵」至「君也」　云「受爵者於尊所」者，曲禮亦是賜爵法，而云「酒進則起，拜，受於尊所」是也。云「至於授爵，坐授人耳」者，見曲禮與玉藻并此文並無立授之文，故知「坐授」也。云「必俟君卒爵者，若欲其釂然也」者，此經文與玉藻文同，皆燕而君客之賜爵法，故臣先飲，以酒是甘味，欲美君之味，故先飲。必待君卒爵，而後授虛爵者，臣意若欲君盡爵然也。案曲禮云「侍飲於長者，酒進則起，拜受於尊所。長者辭，少者反席而飲。長者舉未釂，少者不敢飲」，彼是大燕飲禮，故鄭注引燕禮曰：「公卒爵而後飲。」案燕禮當無筭爵，後得君賜爵，待君卒爵乃飲，是也。

退，坐取屨，隱辟而后屨。〔六八〕君爲之興，則曰：「君無爲興，臣不敢辭。」君若降送之，則不敢顧辭，遂出。謂君若食之、飲之而退也。隱辟，俛而逡巡。〔六九〕興，起也，辭君興，而不敢辭其降，於己大崇，不敢當也。○隱辟，匹亦反，一音避，劉房益反，此同。君爲，于僞反。若食，音嗣。飲之，於鴆反。俛而，音逸。逡，七旬反。遁，音巡。

【疏】「退坐」至「遂出」　注「謂君」至「當也」　云「謂君若食之、飲之而退也」者，以上云「若君賜之食」、「若君賜之爵」，下而云「退」者，明爲此二者而退也。云「隱辟，俛而逡巡」者，案曲禮云「鄉長者而屨」，此亦當然。云「不敢辭其降」者，謂君降送，時明有不降法，故曲禮云「就屨跪而舉之，屏於側」，注云「謂獨退也」。云若者，不定之辭也。

大夫則辭退下，比及門，三辭。下，亦降也。〔七〇〕○比及，比利反。

【疏】「大夫」至「三辭」　云「大夫則辭退下」者，對上「不敢辭」是士，士卑，不敢辭降。大夫之内兼三卿、五大夫，臣中尊者，故得辭降也。

若先生異爵者，〔七一〕請見之，則辭。辭不得命，〔七二〕則曰：「某無以見，辭不得命，將走見。」先見之。先生，致仕者也。異爵，謂卿大夫也。辭，辭其自降而來。走，猶出也。先見之者，出先拜也，曲禮曰「主人敬賓則先拜賓」。

【疏】「若先」至「見之」　注「先生」至「拜賓」　此先生即鄉飲酒云「就先生而謀賓介」，亦一也，故彼注與此注皆云「致仕者也」。云「異爵，謂卿大夫也」者，此士相見，本文是士，故以卿大夫爲異爵也。訓走爲出者，亦謂士見異爵，取急意而言走，其實非走，直出也。引曲禮者，欲見言敬客，先拜也。彼云客，此云賓者，對文賓、客異，散文賓、客通，故變文云賓也。

非以君命使，則不稱寡。大夫、士，則曰寡君之老。〔七三〕謂擯贊者辭也。不稱寡者，不言寡君之某，言姓名而已。大夫卿士其使，則皆曰寡君之某，檀弓曰：「仕而未有禄者，〔七四〕君有饋焉曰獻，使焉曰寡君之老。」○命使，所吏反，注同。有饋，其位反。

【疏】「非以」至「之老」　注「謂擯」至「之老」　云「非以君命使，則不稱寡」者，此則玉藻云「大夫私事使，私人擯則稱名」，以其非聘問之禮，則爲私事，使私人擯也。聘禮云「若有言，則以束帛，如享禮」，引春秋「晉侯使韓穿來言汶陽之田歸於齊」，玉藻注亦引之是也。鄭云「謂擯贊者辭也」者，以玉藻自「諸侯之於天子」以下至大夫，皆云「擯者曰」，故知不自稱，是擯贊之辭也。云「其使則皆曰寡君之某」者，釋經「大夫士則曰寡君之老」，爲公事使者也。此則玉藻云「公士擯則曰寡大夫寡君之老，〔七五〕大夫有所往必與公士爲賓」，亦一也。彼注云「謂聘也，大聘使上大夫，小聘使下大夫，則曰寡君之某」，故鄭總云某也。若然，經直云大夫，鄭兼云士者，經本文是士，則云「非以君命使」，可以兼士也。但士無特聘問，或作介往他國，亦有稱謂，而云寡君之士某也。云「檀弓曰仕而未有禄」者，謂試爲大夫，士直有試功之禄，未有正禄。云「君有饋焉曰獻」者，謂有饋物于君，亦與正禄者同稱獻。云「使焉云寡君之老」者，於他國君邊自稱寡君之某，此文亦兼士、大夫，引之者，證公事使稱寡君之某也。

凡執幣者，〔七六〕不趨，容彌蹙，以爲儀。不趨，主慎也，以進而益恭，爲威儀耳。今文無「容」。

【疏】「凡執」至「爲儀」　案小行人「合六幣」玉、馬、皮、圭、璧、帛皆稱幣，下文别云「執玉」，則此幣謂皮、馬享幣及禽摯皆是。

注「不趨」至「無容」　凡趨有二種：有疾趨，行而張足曰趨是也；有徐趨，則下文「舒，武舉前曳踵」是也。今此經云「不趨」者，不爲疾趨，故云「主慎也」。既不云疾趨，又不爲下文徐趨，但徐、疾之間爲之，故「以進而益恭爲威儀也」。

執玉者則唯舒武，舉前曳踵。〔七七〕唯舒者，重玉器尤慎也。武，迹也。舉前曳踵，備蹺跲也。今文無「者」，古文「曳」作「抴」。○曳踵，〔七八〕諸勇反。備蹺，音致。跲也，其業反，劉居業反。作抴，以制反，劉音泄。

【疏】「執玉」至「曳踵」　此篇直見在國以禽摯相見之禮，〔七九〕無執玉朝聘鄰國之事，而云「執玉者」，因執摯相見，故兼見朝、聘執玉之禮也。〔八〇〕案玉藻記徐趨之節云「圈豚行」，又與此不同者，文有詳畧，俱是徐趨也。

注「唯舒」至「作抴」　云「唯舒者，〔八一〕重玉器尤慎也」者，案玉藻云「執龜玉不趨」，不趨者，不爲疾趨，又曲禮云「凡執主器，執輕如不克」，故爲「重玉器尤慎也」。云「備蹺跲也」者，蹺跲則顛倒，恐損玉，故徐趨也。

凡自稱於君，士、大夫則曰下臣，宅者在邦則曰市井之臣，在野則曰草茅之臣，庶人則曰刺草之臣，他國之人則曰外臣。宅者，謂致仕者也。致仕者，〔八二〕去官而居宅，或在國中，或在野。周禮載師之職：「以宅田任近郊之地。」剌，猶剗除也。今「宅」爲「託」。〔八三〕古文「茅」作「苗」。○草茅，莫交反。剌草，七亦反，劉此歷反。猶剗，初限反，劉測展反。

【疏】「凡自」至「外臣」　云「凡自稱於君，士、大夫則曰下臣」者，此與君言之時。案玉藻云「上大夫曰下臣」，與此同也。注「宅者」至「作苗」　此亦自稱於君。以其致仕不在，故指宅而言，故曰「宅者，謂致仕者也」。云「或在國中，或在野」者，案爾雅「郊外曰野」，則自郊至畿五百里内，皆名野。又案鄉大夫職「國中七尺，野自六尺」，此亦云在國、在野，相對其言，國外則云野，則云宅在野者，〔八四〕城外畿内皆是也。云「載師之職」者，彼鄭注云：「宅田，致仕者之家所受田也。」引之證彼言「宅田」據地，此言「宅」據所居，一也。云「剌，猶剗除也」者，案詩有「其鎛斯趙」，注云「趙，剌也」，故以剌爲剗除草木者也。

校勘記

〔一〕始承摯相見　釋文作「始承贄相見之禮」。單疏無「之」字。阮校云疏讀「見」字絶句，似無「之」字。「禮」字宜屬下讀。今按阮説是。錢大昕十駕齋養新録摯謂摯正字，贄俗字，士相見本或作贄，乃張淳所改。摯、贄通用。贄已見漢華山廟碑。

〔二〕云雜記　阮校云毛本「記」下有「會葬禮曰」四字。

〔三〕摯　武威簡甲本作「𢪿」，下文此字或作「執」（第二號簡第四字），然多數作「𢪿」。𢪿、摯通用。

〔四〕左頭　「頭」武威簡甲本作「桓」。今按桓即禮器豆之異體。禮器碑：「爵鹿相桓。」

〔五〕有辱　「有」武威簡甲本作「又」。今按有、又通用，注「今吾子又自辱來」，則依文意應以「又」爲是。

〔六〕固請吾子之就家也　武威簡甲本無「固」、「也」二字。

〔七〕某也固辭不得命　武威簡甲本「某」下無「也」字，「辭」作「辤」。辤見説文，爲辭之本字。

〔八〕某也不依　武威簡甲本無「也」字。鄭注：「今文無也。」

〔九〕固以請　武威簡甲本「固」前有「敢」字。沈文倬異文釋云有「敢」字或爲古文。

〔一〇〕敢不敬從　武威簡甲本無「敬」字。

〔一一〕出迎于門外　武威簡甲本脱「于門外」三字。下文「主人送于門外」簡本亦脱「于門外」三字。

〔一二〕賓荅再拜　武威簡甲本「荅」作「合」，脱「再」字。下文「主人再拜，受。賓再拜」二「再」字簡本亦無。

〔一三〕今文無也　「也」字原無。阮校云集釋、通解、毛本有，此據其説補。

〔一四〕云既拜送則出矣者　阮校引浦鏜説，「拜」下脱「受」字。阮氏則疑注文「受」字衍。按阮説非是，經云「主人再拜受」，此自主人角度言，故浦鏜説是。

〔一五〕故云不於堂　「於」原作「升」，字單疏作「於」。今按注云「不受摯於堂，下人君也」，「升」當改「於」。

〔一六〕主人復見之　武威簡甲本無「主人」二字。

〔一七〕曏者　「曏」武威簡甲本作「鄉」。今按鄉、曏古今字。

〔一八〕謂擯相者　單疏、徐本同。阮校云「者」毛本作「也」。似以徐本爲是。

〔一九〕賓對曰　武威簡甲本無「賓」字。沈文倬異文釋云簡本抄寫者不明賓主互易之故，遂誤删「賓」字。

〔二〇〕今文無也　阮校云毛本此四字脱。

〔二一〕曏者　「曏」阮校云毛本作「曰鄉」，誤。

〔二二〕若然　阮校云毛本「若」下無「然」字。

〔二三〕一拜　武威簡甲本「一」作「壹」，下文同。鄭注：「古文壹爲一。」

〔二四〕送再拜　武威簡甲本脱「送」字。

〔二五〕若嘗爲臣者　「若嘗」武威簡甲本作「如當」。如、若義同，今本「若」字簡皆作如。當、嘗通用。「嘗」唐石經、徐本、楊、敖俱作「嘗」，集解、通解、毛本俱作「常」。按作「嘗」是。

〔二六〕曰某也辭不得命不敢固辭　武威簡甲本脱此十一字。

〔二七〕奠摯　武威簡甲本「奠」作「鄭」，二字通用。「摯」作「墊」。

〔二八〕今文無也　黄刊嚴州本、徐本無「也」字，阮校云集釋、通解有。今按依文意當據集釋補。

〔二九〕某也命某某非敢爲儀也　武威簡甲本作「某使某非敢爲儀」。沈文倬異文釋云今本衍一「某」字。

〔三〇〕敢以請　武威簡甲本「敢」作「固」。

〔三一〕某也使某不敢爲儀也　武威簡甲本兩「也」字俱無。

〔三二〕以羔　「羔」武威簡甲本作「睪」。今按睪亦作睾，即臯字，音高，與羔通。

〔三三〕如麛　武威簡甲本「麛」作「麃」。今按史記武帝本紀集解引韋昭曰「楚人謂麋爲麃」，麛爲幼鹿，與麋同類。

〔三四〕羔取其從帥　「從」字徐本作「後」。阮校云集釋、通解、楊氏俱作「從」。按後、從形近，故傳寫誤。

〔三五〕始見于君　武威簡甲本脱「始」字。

〔三六〕容彌蹙　武威簡甲本「彌」作「送」，「蹙」作「俶」。沈文倬異文釋云「送」爲「迷」字之譌，「蹙」當爲「踧」，説文：「踧，行平易也。」踧、俶通用。

〔三七〕庶人見於君　「於」武威簡甲本作「于」。今按經文作「于」，注、疏作「於」，此爲儀禮注、疏通例。前經文「始見于君」、後經文「凡燕見于君」，皆用「于」而不用「於」。然例外亦不少，今皆從舊刻不改。

〔三八〕君荅壹拜　武威簡甲本無「君」字。

〔三九〕若他邦　武威簡甲本作「如也國」。今按也、他通用。邦、國同義，漢簡諱邦字，故用「國」。

〔四〇〕曰寡君使某還摯　武威簡甲本無此七字。沈文倬異文釋云此重出之文，爲後人所臆加。

〔四一〕辯君所在　「辯」武威簡甲本作「辨」，古辯、辨多通用。

〔四二〕妥而後傳言　武威簡甲本「妥」作「稱」，「後」作「復」，今按復爲後形近而譌。

〔四三〕忠信慈祥　武威簡甲本「祥」作「諹」，二字通用，漢綏民校尉熊君碑：「治歐羊尚書。」「歐羊」即歐陽。又簡本「慈諹」上下有圓括號，陳夢家説是讀者刪去號。「忠信」與「慈祥」相重，故此讀者欲刪去之。而大戴記注引此句，無「忠信」二字，可見不同家法，或刪「忠信」，或刪「慈祥」。阮校引敖氏説，謂「忠信」二字衍，然唐石經及嚴本有，自簡本觀之，可見古已如此，敖説非是。沈文倬異文釋則云敖説近是，「忠信」與「慈祥」義不重複。

〔四四〕孝弟事父兄之名　「事」單疏作「貳」，誤。

〔四五〕并事君以忠　單疏末字作「服」，阮校云毛本首字作「臣」，阮氏謂首字作「并」是，末字作「忠」是。

〔四六〕又非士是卿大夫可知　阮校云「士是」閩本作「是士」。

〔四七〕中視抱　「抱」武威簡甲本作「袍」。沈文倬異文釋云「袍」、「抱」古今字，皆訓懷抱。

〔四八〕衆皆若是　「衆」武威簡甲本作「終」。今按鄭注：「古文衆爲終。」

〔四九〕毋下於帶　此與上文「毋改」二「毋」字武威簡甲本皆作「無」。今按鄭注：「古文毋作無。」

〔五〇〕古文毋作無　阮校云「作」通解作「爲」，徐本、集釋俱作「作」，與單疏標目合。

〔五一〕毋上辟掌反　「辟」徐乾學本作「時」。今按廣韻上「時亮切」，當從徐本作「時」，宋本誤。

〔五二〕君子欠伸　武威簡甲本「欠」作「吹」，乃誤加形旁。

〔五三〕日之早晏　「早」武威簡甲本作「蚤」。今按鄭注：「古文早作蚤。」

〔五四〕則請退可也　武威簡甲本無「則」字。

〔五五〕具猶辯也　「辯」徐本、黄刊嚴州本作「辯」，釋文作辨，張本作「辨」。阮校云張氏所見注作「辨」，説文有辨無辨，當以辨爲正，辨非，辯尤非。阮説是。

〔五六〕君子卿大夫者　阮校云各本及注「子」下有「謂」字，單疏無。

〔五七〕博聞强識而讓　「聞」原作「文」，阮校云毛本「文」作「聞」。按此引曲禮文，作「聞」，當從毛本。

〔五八〕侯執身圭　「身」阮校云毛本作「伸」，單疏、要義、閔本俱作「身」。按此引大宗伯作「信」，鄭注：「信當爲身，聲之誤也。」毛本誤。

〔五九〕徧嘗膳　武威簡甲本「徧」作「呫」。鄭注：「今〔文〕云呫嘗膳。」今按釋文亦作「呫嘗」，與簡本同。黄焯經典釋文彙校及阮校皆引臧琳説，謂「嘗」爲衍文，呫、嘗同訓。沈文倬異文釋云臧説是，但簡本已誤。

〔六〇〕然後食　武威簡甲本「食」後衍一「授」字。

〔六一〕食其祭食　阮校云「食其」敖本作「謂君」，盧文弨云宋本作「於其」。黄校録云李本作「於其」，則盧所謂「宋本」即李本，黄從李説，是。

〔六二〕此謂君與之禮食　阮校云「此」楊氏作「食」，「與」下集釋有「臣」字。

〔六三〕若臣嘗食　阮校云「臣嘗」要義作「尋常」。

〔六四〕周禮膳大品嘗食　阮校云徐本、楊、敖、集釋同，通解、毛本「品」上有「授祭」二字，當以徐本爲是。

〔六五〕若君賜之爵　武威簡甲本作「如賜之爵」，鄭注：「今文曰若賜之爵，無君也。」

〔六六〕受爵　武威簡甲本無「爵」字。

〔六七〕然後　武威簡甲本「然」作「而」。王引之經傳釋詞：「然猶而也，然後，而後也。」

〔六八〕而后屨　武威簡甲本「后」作「後」。今按后、後通用，依上下文應作「後」。

〔六九〕俛而逡巡　「巡」釋文作「遁」，阮校云楊氏亦作「遁」。

〔七〇〕下亦降也　阮校云「亦」通解作「猶」。

〔七一〕若先生異爵者　「異」武威簡甲本誤作「與」。

〔七二〕則辭辭不得命　武威簡甲本無第二個「辭」字。沈文倬異文釋云今本衍一「辭」字。

〔七三〕大夫士則曰寡君之老　武威簡甲本無「士」字。沈文倬異文釋云今本誤衍「士」字。

〔七四〕仕而未有禄者　「仕」黄刊嚴州本同，是。徐本作「往」，誤。

〔七五〕則曰寡大夫君之老　阮校云毛本「君」上有「寡」字。今按毛本是，此引玉藻有「寡」字。

〔七六〕凡執幣者　武威簡甲本作「凡執敝執敝者」。今按敝、幣古今字。沈文倬異文釋云「凡執幣」乃總冒六幣，下分兩段：一爲皮、帛等稱「執幣者」，二爲圭、璋等，稱「執玉者」，故簡本是。

〔七七〕舉前曳踵　武威簡甲本「曳」作「肆」。沈文倬云簡本用古文，「肆」與「枻」通。

〔七八〕曳踵　徐乾學本同，盧本改「踵」爲「踵」。

〔七九〕以禽摯相見之禮　阮校云「以」毛本作「爲」。

〔八〇〕故兼見朝聘執玉之禮也　阮校云「見」毛本作「言」。

〔八一〕唯舒者　阮校云敖氏「舒」下有「武」字，阮氏引盧文弨説，以有「武」字爲是。而朱熹、黄侃則云注、疏皆自「舒」下絶句，是。

〔八二〕謂致仕者也致仕者　阮校云通解、毛本無下四字。徐本、集釋俱有。

〔八三〕剌猶剗除也今宅爲託　阮校云毛本「剌猶剗除也」在「今文宅或爲託」之下，「今」下有「文」字，「宅」下有「或」字。徐本無「文」、「或」二字，集釋僅有「文」字，通解僅有「或」字。今按經文「宅者在邦」，「宅」字武威簡本作「詫」，沈文倬異文釋云即「託」之誤加「宀」旁。

〔八四〕則云宅　阮校云毛本「則」上有「國內」二字。

儀禮注疏卷第八

儀禮卷第四

唐朝散大夫行大學博士弘文館學士臣賈公彦等撰

鄉飲酒禮第四

○鄉飲酒禮第四，鄭云：「諸侯之鄉大夫，〔一〕三年大比，將獻賢者、能者於其君，以禮賓之，與之飲酒之禮。」

【疏】「鄉飲酒禮第四」 鄭目録云：「諸侯之鄉大夫，三年大比，獻賢者、能者於其君，以禮賓之，與之飲酒，於五禮屬嘉禮。大戴此乃第十，小戴及別録此皆第四。」 鄭知此鄉飲酒是諸侯之鄉大夫獻賢能法者，案春官小胥掌樂縣之法，而云「凡縣鍾、磬，半爲堵，全爲肆」，注云「鍾、磬者編縣，二八十六枚而在一虡，謂之堵，鍾一堵磬一堵謂之肆。半之者，謂諸侯之卿大夫、士也。諸侯之卿大夫半天子之卿大夫，西縣鍾，東縣磬；士亦半天子之士，縣磬而已」，今此下唯縣磬而無鍾，故以爲諸侯鄉大夫也。 若然，謂諸侯鄉大夫是大夫爲之，〔二〕亦應鍾、磬俱有，而直有磬者，鄭彼注方〔三〕賓鄉人之賢者，從士禮也，故縣磬而已。 若然，天子鄉大夫賓賢能從士禮，亦鍾、磬俱有，不得獨有磬也。 知諸侯之鄉大夫非士者，案鄉射記云「士則鹿中，大夫則兕中」，又經有「堂則物當楣，序則物當棟」，則非直州射，兼有諸侯鄉大夫「以五物詢衆庶」行射之禮，則知諸侯鄉大夫是大夫爲之可知也。 凡鄉飲酒之禮，其名有四：案此賓賢能謂之鄉飲酒，一也；又案鄉飲酒義云「六十者坐，五十者立侍」，是黨正飲酒亦謂之鄉飲酒，二也；鄉射州長春秋習射於州序，先行鄉飲酒，亦謂之鄉飲酒，三也；案鄉飲酒義又有卿大夫、士飲國中賢者用鄉飲酒，四也。 其王制云「習射尚功，習鄉尚齒」，還是鄉飲酒、黨飲酒法。〔四〕

儀禮 鄭氏注

鄉飲酒之禮。主人就先生而謀賓、介。主人，謂諸侯之鄉大夫也。先生，鄉中致仕者。賓、介，處士賢者。〔五〕周禮大司徒之職：「以鄉三物教萬民，而賓興之：一曰六德：知、仁、聖、義、忠、和；二曰六行：孝、友、睦、姻、任、恤；三曰六藝：禮、樂、射、御、書、數。」鄉大夫：「以正月之吉受法于司徒，退而頒之于其鄉吏，使各以教其所治，以考其德行，察其道藝。及三年大比，而興賢者、能者，鄉老及鄉大夫帥其吏，與其衆寡，以禮禮賓之。厥明，獻賢能之書於王。」是禮乃三年正月而一行也，諸侯之鄉大夫貢士於其君，蓋如此云。〔六〕古者年七十而致仕，老於鄉里，大夫名曰父師，士名曰少師，而教學焉，恒知鄉人之賢者，是以大夫就而謀之。賢者爲賓，其次爲介，又其次爲衆賓，而與之飲酒，是亦將獻之，以禮禮賓之也。今郡國十月行此飲酒禮，以黨正每歲「邦索鬼神而祭祀，則以禮屬民，而飲酒于序，以正齒位」之説然。此篇無正齒位之事焉。凡鄉黨飲酒，必於民聚之時，欲其見化，知尚賢尊長也。孟子曰：「天下有達尊三：爵也、德也、齒也。」○賓介，音界。知仁，音智。六行，下孟反，下德行同。而頒，音班。大比，毗志反，劉音鼻。少師，詩照反。邦索，色白反。禮屬，音燭，下文共注同。尊長，丁丈反。

【疏】「鄉飲」至「賓介」　自此至「介亦如之」論鄉大夫與先生謀賓、介并戒告之儀。「主人就先生而謀賓、介」者，謂鄉大夫尊敬之，先就庠學者若先生謀。此二人道藝優者爲賓，稍劣者爲介。

注「主人」至「齒也」　云「賓、介，處士賢者」，案玉藻云「大夫素帶，士練帶，居士錦帶，弟子縞帶」，鄭玄以「居士」在「士」之下，「弟子」之上，解爲「道藝」處士，非朝廷之士。此處士亦名「君子」，即鄉射禮云「徵唯所欲，以告於先生、君子可也」。鄭亦云「君子，有大德行不仕者」，以其未仕，有德自處，故名處士君子也。云「賢者」義取鄉大夫之興賢能者而言也。云周禮至「書數」，並大司徒職文，故彼鄭注云：「物，猶事也。興，猶舉也。民三事教成，鄉大夫舉其賢者、能者以飲酒之禮賓客之，既則獻其書於王矣。知，明於事。仁，愛人以及物。聖，通而先識。義，能斷時宜。忠，言以中心。和，不剛不柔。善於父母爲孝，善於兄弟爲友。睦，親於九族。姻，親於外親。任，信於友道。恤，振憂貧者。禮，五禮之義。樂，六樂之歌舞。射，五射之法。御，五御之節。書，六書之品。數，九數之計。」引此天子司徒者，欲兼諸侯司徒，亦使鄉大夫教民以三物，教成亦使鄉大夫行鄉飲酒之禮，尊之爲賓客，興舉之也。云「鄉大夫」已下至「於王」，並周禮地官鄉大夫職文。云「正月之吉」，謂周之正月朔日也。云「受法于司徒」者，謂六鄉大夫皆於大司徒處受三物，教民賓舉之法也。云「退而頒之于其鄉吏，使各以教其所治」者，吏即州長、黨正、族師、閭胥之等是也。云「以考其德行，察其道藝」者，「德行」即六德、六行，道藝正謂民中有道藝者，考察知其優者，擬舉之也。云「及三年大比，而興賢者、能者」，「大比」謂三年大案，比户口之時，而興舉之。賢者即德行者也，能者即道藝者也。云「鄉老」謂三公，二鄉公一人。〔七〕云「及鄉大夫帥其吏」者，即帥其鄉吏、州長已下。云「與其衆寡」者，即鄉中之人也。云「以禮禮賓之」者，以鄉飲酒之禮禮而賓舉之也。云「厥明，獻賢能之書於王」者，今日行鄉飲酒之禮，至其明日，獻此賢能之書于王，王再拜而受之，登于天府也。云「是禮乃三年正月而一行也」者，欲見彼是天子鄉大夫法，諸侯鄉大夫無文，以此約之，故云「諸侯之鄉大夫貢士於其君，蓋亦如此云」，但無正文，故云「蓋」以疑之也。云「古者年七十」至「學焉」，案畧説云「大夫七十而致仕，老於鄉里，名曰父師，士曰少師，以教鄉人子弟於門塾之基，而教之學焉」〔八〕是也。云「賢者爲賓，其次爲介，又其次爲衆賓，而與之飲酒，是亦將獻之，以禮禮賓之也」者，謂據此經，諸侯鄉大夫貢士之法，亦如天子之鄉大夫貢法，故云「亦」也。〔九〕若據鄉貢一人，其介與衆賓不貢之矣，但立介與衆賓，輔賓行鄉飲酒之禮，待後年還以貢之耳。案射義云「古者天子之制，諸侯歲獻貢士」，注引舊説「大國三人，次國二人，小國一人」，大國三鄉，次國二鄉，小國一鄉，所貢之士與鄉同，則鄉送一人至君所，其國有遂，數亦同，其鄉并有公邑、采地，皆有賢能貢之，而貢士與鄉數同。不言遂與公邑、采地所貢者，蓋當鄉送一人至君所，君又總校德之大小，取以貢之，縱取鄉外，仍準鄉數爲定。鄉大夫雖行飲酒禮，賓之于君其簡訖，仍更行飲酒禮，賓之於王。是易觀「盥而不薦」，鄭注云「諸侯貢士於天子，鄉大夫貢士於其君，必以禮賓之，唯主人盥而獻賓，〔一〇〕賓盥而酢主人，設薦俎，則弟子也」，是鄉大夫及諸侯貢士皆行飲酒禮禮賓也。

云「今郡國」至「之説然」者，鄭欲解此鄉飲酒貢士法，彼漢時所行飲酒禮者是正齒位，與此不同之意。漢時已罷諸侯之國而爲郡，郡有大守，而封王子、母弟者仍爲國，故云「郡國」也。云「十月行此飲酒禮」者，謂行此鄉飲酒禮也。云「以黨正每歲邦索鬼神而祭祀」者，則禮記郊特牲云「蜡者，索也，歲十二月合聚萬物而索饗之」，周謂之十二月，即夏之十月，農功畢而蜡祭也」。云「則以禮屬民而飲酒于序，以正齒位」者，屬，聚也，謂當蜡祭之月，黨正聚民於序學中，以三時務農將闕於禮，此時農隙，故行正齒位之禮。則禮記鄉飲酒義云「六十者坐，五十者立侍。六十者三豆，七十者四豆，八十者五豆，九十者六豆」，年長者在上，是正齒位之法也。云「之説然」者，漢時十月飲酒禮取此黨正之文而然，與此篇鄉飲酒禮異也。云「此篇無正齒位焉」者，以其此篇以德行爲本而貢之，無黨正正齒位法也。云「凡鄉黨飲酒，必於民聚之時」者，此鄉飲酒必於三年大比民聚之時，黨正鄉飲酒亦於大蜡民聚之時也。云「皆欲其見化，知尚賢尊長也」者，尚賢據此篇鄉飲酒，尊長據黨正鄉飲酒也。但黨正飲酒以鄉大夫臨觀行禮，或鄉大夫居此黨內，則亦名鄉飲酒也。云孟子者，孟子公孫丑篇。齊王召孟子，不肯朝，後不得已而朝之，宿於大夫景丑之家。景子譏之曰：〔一一〕「禮云，父召無諾，君召不俟駕而行，〔一二〕固將朝矣。聞君命而遂不果，宜與夫禮，若不相似然？」對曰：「天下有達尊三：爵也，德也，齒也。朝廷莫如爵，鄉黨莫如齒，輔世長民莫如德，惡有得其一以慢其二哉」〔一三〕是也。引之者，證鄉大夫飲酒是尚德也，黨正飲酒尊長尚齒也。〔一四〕爵則於此無所當，連引之耳。

主人戒賓，賓拜辱，主人荅拜。乃請賓，賓禮辭，許，主人再拜，賓荅拜。戒，警也，告也。拜辱，出拜其自屈辱，至己門也。請告以其所爲來之事。不固辭者，素所有志。○警也，音景。所爲，于僞反。

【疏】「主人」至「荅拜」　注「戒警」至「有志」　云「拜辱，出拜其自屈辱，至己門也」者，知賓出門者，見冠禮「主人宿賓，賓出門，左」，鄉射戒賓亦出門，故知此亦出門。云「所爲來之事」者，謂行鄉飲酒之禮也。云「不固辭者，素所有志」者，不如士相見「固辭」，此禮辭即許者，以其主人與先生謀時，賓已知欲貢己，又賓以學習德業，擬爲賓主，情意相許，是以不固辭爲素有志也。案冠禮主人先拜，賓荅拜，此賓先拜，主人荅拜者，彼冠禮主人戒同寮，同寮尊，〔一五〕又使之加冠於子，尊重之，故主人先拜；此則鄉大夫尊矣，賓是鄉人，卑矣，又將貢己，宜尊敬主人，故賓先拜辱也。是以下注云「去又拜辱者，以送謝之」也。

主人退，賓拜辱。

退，猶去也。去又拜辱者，以送謝之。

介亦如之。

如戒賓也。

【疏】「介亦如之」　注「如戒賓也」　言「如戒賓」者，亦如上「主人戒賓」已下，「賓拜辱」已上之事。「謀賓、介」及「戒」亦言賓、介意，不言衆賓，〔一六〕衆賓德劣。但謀介時，雖不言衆賓，亦當謀之。故上注兼言「其次爲衆賓」。至於戒速之日，必當遣人戒速使知，但畧而不言，故下云「賓及衆賓皆從之」是也。鄉飲酒義云「主人親速賓及介，而衆賓自從之」，亦據不得主人戒速，而爲自從也。

乃席賓、主人、介。

席，敷席也。夙興往戒，歸而敷席。賓席牖前，南面。主人席阼階上，西面。介席西階上，東面。○敷席，音孚，又普吴反，劉豐吴反。牖前，音酉。

【疏】「乃席賓、主人、介」　注「席敷」至「東面」　知「夙興往戒，歸而敷席」，不別日者，下記云「鄉朝服而謀賓、介，皆使能」，而「不宿戒」，是同日也。鄭知賓、介與主人席位如此者，案鄉飲酒義云「主人者尊賓，故坐賓於西北，而坐介於西南以輔賓。賓者，接人以義者也，故坐於西北。主人者，接人以仁以德厚者也，故坐於東南。而坐僎於東北，以輔主人也」。又云「賓必南面，介必東鄉，介賓主也」，鄉射云「乃席賓，南面。席主人于阼階上，西面」，以此故知賓、主及介其位然也。

衆賓之席，皆不屬焉。席衆賓於賓席之西。不屬者，不相續也，皆獨坐，明其德各特。

【疏】「衆賓」至「屬焉」　注「席衆」至「各特」　鄭知衆賓席在「賓席之西」者，見鄉射云「席賓南面，東上，衆賓之席繼而西」，此衆賓之席亦當然，但此不屬爲異耳。云「皆獨坐，明其德各特」者，鄉射注云「言繼者，甫欲習衆庶，未有所殊別」，此乃特貢於君，故衆賓之席皆不屬焉，明三物已久，其德各特，故不屬續。其席雖不屬，猶統賓爲位，同南面也。

尊兩壺于房户間，斯禁，有玄酒，在西。設篚于禁南，東肆。加二勺于兩壺。斯禁，禁切地無足者。玄酒在西，上也。肆，陳也。○斯禁，如字，劉音賜。二勺，上灼反。

【疏】「尊兩」至「兩壺」　注「斯禁」至「陳也」　凡設尊之法，但醴尊見其質，皆在房內，故士冠禮禮子、婚禮禮婦醴皆在房隱處。若然，聘禮禮賓尊於東廂，不在房者，見尊欲與卑者爲禮相變之法。設酒之尊皆於顯處見其文，是以此及醮子與鄉射、特牲、少牢、有司徹皆在房户之間是也。燕禮、大射尊在東楹之西者，君尊專大惠也。云「設篚于禁南，東肆」者，言「東肆」以頭首爲記，從西向東爲肆，則大頭在西也。云「斯禁，禁切地無足者」，斯，澌也，澌盡之名，故知「切地無足」。昏禮、冠禮皆云禁者，士禮以禁戒爲名，卿大夫、士並有禁名，故鄭以大夫、士雙言也。是以玉藻云「大夫側尊用棜，士側尊用禁」，注云「棜，斯禁也」，大夫、士禮之異也。禮器云「大夫、士棜禁」，注云「棜，斯禁也，謂之棜者，無足有似於棜，或因名云耳。大夫用斯禁，士用棜禁」，然則禁是定名，言棜者是其義稱，故禮器大夫、士總名爲棜禁。案特牲禮云「實獸」於「棜」，注云「棜之制如今大木轝矣」，則棜是轝，非承尊之物，「以禁與斯禁無足似輿，故世人名爲棜」。若然，周公制禮，少牢名爲棜，則以周公爲「世人」，或有本無「世人」字者，是以少牢不名斯禁，謂之爲棜，取不爲酒戒。特牲云「壺禁在東序」，記云「壺、棜禁饌于東序」，注云「禁言棜者，祭尚厭飫，得與大夫同器，不爲神戒也」，其實不用。云「棜禁」，不敢與大夫同名「斯禁」，作記解注，故云「士用棜禁」，明與少牢棜同也。若然，士之棜禁，大夫之斯禁，名雖異，其形同，是以禮器同名「棜禁」也。其餘士冠、昏禮禮賓用醴，不飲，故無禁，不爲酒戒。若天子、諸侯承尊之物謂之豐，上有舟，是尊與卑異號也。

設洗于阼階東南，南北以堂深，東西當東榮。水在洗東，篚在洗西，南肆。榮，屋翼。○堂深，申鴆反，後皆放此，更不音。東榮，如字，劉音營，禮内皆放此。

【疏】「設洗」至「南肆」　注「榮屋翼」　云「南北以堂深」者，堂深謂從堂廉北至房室之壁，〔一七〕堂下，洗北去堂遠近深淺，取於堂上深淺。假令堂深二丈，洗亦去堂二丈，以此爲度。云「榮，屋翼」者，榮在屋棟兩頭，與屋爲翼，若鳥之有翼，故斯干詩美宣王之室云「如鳥斯革，如翬斯飛」，與屋爲榮，故云榮也。

羹定，肉謂之羹。定，猶孰也。○羹，如字，劉户庚反，卷内皆同。定，丁佞反，注同。

【疏】「羹定」　注「肉謂」至「孰也」　云「肉謂之羹」者，爾雅文，言「肉」正謂其狗孰。云「定」者，孰即定止然，故以定言之。言此者，以與速賓時節爲限，不敢煩勞賓，故限之也。

主人速賓，賓拜辱，主人荅拜，還，賓拜辱。速，召也。還，猶退。

【疏】「主人」至「拜辱」　自此至「皆從之」，論主人往賓門召之使來之事。案鄉射云「主人朝服，乃速賓，賓朝服出迎，再拜」，彼云「乃速賓」，此不云「主人乃」者，彼戒、速別服，故云「乃」以間之；此戒、速雖與彼同，但此戒、速同服，故不云「乃」。云「主荅拜，還，賓拜辱」，案聘禮云「賓入境，至近郊，使下大夫至賓館，下大夫遂以賓入，賓送不拜」，又公食大夫禮「使大夫戒賓，大夫還，賓不拜送，遂從之」，鄭注云「不拜送者，爲從之，不終事皆不拜送」，此獨拜送者，亦是鄉大夫尊，賓卑；又擬貢，故特拜辱而送之，異於餘者。

介亦如之。如速賓也。〔一八〕賓及衆賓皆從之。從，猶隨也。言及衆賓，介亦在其中矣。

【疏】「賓及」至「從之」　注「從猶」至「中矣」　鄭云「言及衆賓，介亦在其中矣」者，上文戒及速皆言賓與介，不言衆賓，及從主人來，即言賓及衆賓，衆賓不戒不速，尚從主人，則介在，從主人可知也。

主人一相，迎于門外，再拜賓，賓荅拜。拜介，介荅拜。相，主人之吏，擯贊傳命者。○一相，息亮反。傳命，丈專反。

【疏】「主人」至「荅拜」　注「相主」至「命者」　自此至「荅再拜」，論主人迎賓入，升堂并拜至之事。云「主人一相，迎于門外」者，謂主人於羣吏中立一相，使傳賓主之命，主人乃自出迎賓於大門外，必非一相迎賓者。案鄉飲酒義云「主人拜，迎賓于庠門之外」，明主人自迎。若然，主人輒言「一相」者，欲見使一相傳命乃迎，故云「相，主人之吏，擯贊傳命者」也。若然，士相見注「異日則拜迎，同日不拜迎」者，彼以摯相見法，此自以賓舉賢、能，故與彼異也。

揖衆賓。差益卑也。拜介、揖衆賓，皆西南面。

【疏】「揖衆賓」注「差益」至「南面」 云「差益卑」者，以上文主人迎賓而拜介，是介差卑於賓，今於衆賓不拜，直揖之而已，故云「差益卑也」。知「拜介、揖衆賓，皆西南面」者，以其賓、介、衆賓立位在門外，位以北爲上，主人與賓正東西相當，則介與衆賓差在南東面，明知主人正西面拜，賓則側身向西南拜，介揖衆賓矣。

主人揖，先入。揖，揖賓也。〔一九〕先入門而西面。

【疏】「主人揖，先入」注「揖揖」至「西面」 此鄉大夫行鄉飲酒在庠學，唯有一門。即向階，門内既有三揖，故主人導賓，揖而先入門，至内霤，西向待賓也。

賓厭介，入門，左。介厭衆賓，入。衆賓皆入門，左，北上。皆入門西，東面。賓之屬相厭，變於主人也。推手曰揖，引手曰厭，今文「皆」作「揖」，又曰「衆賓皆入左」，無「門」。○賓厭，於涉反。推手曰揖，引手曰厭，已下皆同。

【疏】「賓厭」至「北上」 注「皆入」至「無門」 主人入後，賓乃厭介，介厭衆賓相隨入門，皆東面北上定位。〔二〇〕賓既北上，主人西面相向。揖訖，乃相背各向堂塗，介與衆賓亦隨賓至西階下也。云「賓之屬相厭，變於主人也」者，以賓與介、衆賓等自用引手而入，故不揖是變於主人也。云「推手揖，引手曰厭」者，〔二一〕厭字或作撎字者，古字義亦通也。云「推手揖」者，案周禮司儀云「土揖庶姓，時揖異姓，天揖同姓」，鄭以「推手小下之」爲「土揖」，「平推手」爲「時揖」，「推手小舉之」爲「天揖」，皆以推手爲揖。又案僖二年公羊傳「荀息進曰：『虞、郭見與？』獻公揖而進之」，何休云「以手通指曰揖」，與此別者，「推手」解其厭狀，「通指」道其揖意也，鄭則解揖體，何氏釋其揖意，相兼乃足也。云「引手曰厭」者，以手向身引之。云「今文皆作揖」者，鄭不從也。云「又曰衆賓皆入門左，無門」，亦不從也。

主人與賓三揖，至于階，三讓，主人升，賓升。主人阼階上，當楣，北面，再拜。賓西階上，當楣，北面，荅拜。三揖者，將進，揖；當陳，揖；當碑，揖。楣，前梁也。復拜，拜賓至此堂，尊之。○當楣，亡悲反。復拜，扶又反，下復盥、不復、復重同。

【疏】「主人」至「荅拜」。注「三揖」至「尊之」。云「三讓，主人升」者，主人先升，賓後升，故鄉射云「主人升一等，賓升」是也。云「三揖者：將進，揖；當陳，揖；當碑，揖」者，爾雅：「陳，堂塗也。」云「楣，前梁也」者，對後梁爲室戶上。云「復拜，賓至此堂尊之」者，案公食禮云「公升二等，賓升」、「公當楣，北鄉，至再拜」，燕禮、大射皆云「主人升自西階，賓右，至再拜」，鄉飲酒義亦云「拜至，拜洗」，此不云「至」者，畧之。是知此升堂拜，亦是拜至可知，凡拜至者，皆是尊之也。

主人坐，取爵于篚，降洗。將獻賓也。

【疏】「主人」至「降洗」。注「將獻賓也」。自此至「主人阼階上荅拜」論主人盥洗、獻賓之節也。云「主人坐，取爵于篚」者，篚在堂上尊南，故取之乃降也。

賓降。從主人也。主人坐奠爵于階前，辭，重以己事煩賓也。事同曰讓，事異曰辭。

【疏】注「重以」至「曰辭」　主人獻賓，乃是主人事，故云「重以己事煩賓也」。云「事同曰讓，事異曰辭」者，事同謂若上文主人與賓俱升階，而云「三讓」是也。事異若此文主人有事，賓無事，是事異則曰辭。此對文爲義，若散文則通。是以周禮司儀云「主君郊勞，交擯，三辭，車逆拜辱，三揖三辭，拜受」，注云「三辭重者先辭，辭其以禮來於外，後辭辭升堂」，事同而云辭，是其通也。

賓對。對，荅也。賓主之辭未聞。

【疏】注「賓主之辭未聞」　其辭未聞者，謂若冠禮醮辭之等，雖行事辭不見，於後以次見辭，此則無見辭之事，故云「未聞」也。

主人坐取爵，興，適洗，南面坐，奠爵于篚下，〔二三〕**盥洗。**已盥乃洗爵，致絜敬也。今文無「奠」。

【疏】「主人」至「盥洗」　注「已盥」至「無奠」　案鄉飲酒義云主人「盥洗揚觶，所以致絜也」。拜至，拜洗，拜受，拜送，所以致敬也」，此經先言盥，後言洗，則盥手乃洗爵者，所以致絜，鄭取鄉飲酒義爲言也。若然，盥手洗爵，止是致絜；拜受之等，乃是致敬。并言敬者，鄭注兼拜至、拜受而言耳。

賓進東，北面辭洗。必進東行，示情。

【疏】「賓進東，北面，辭洗」　案下經云「賓復位，當西序，東面」，注云「言復位者，明始降時位在此」者，案鄉射「賓進東，北面辭洗」，彼注云「必進者方辭洗，宜違其位也，言東北面，則位南於洗矣」，是其賓初降立，至于序南，東鄉，至於主人洗爵，乃東行，故此得「北面辭洗」也。云「示情」者，賓進前就主人，示謙下主人之情也。

主人坐奠爵于篚，興，對。賓復位，當西序，東面。言復位者，明始降時位在此。

【疏】「主人」至「東面」　注「言復」至「在此」　上經奠爵于階前者，主人未洗，見賓降，即奠爵，故在階前奠爵。此既至洗，〔一三〕將洗爵，見賓辭，故「奠爵於篚，興，對」，故不同也。云「言復位者，明始降時位在此」者，上始降時直云「賓降」，不言處所，於此見之，是舉下以明上之義也。

主人坐取爵。沃洗者西北面。沃洗者，主人之羣吏。

【疏】「主人」至「北面」　注「沃洗」至「羣吏」　知「主人羣吏」者，下記云「主人之贊者西面，北上，不與」，注云「贊，佐也，謂主人之屬佐助主人之禮事，徹鼏沃盥，設薦俎」是也。

卒洗，主人壹揖，壹讓，升。俱升。古文「一」作「壹」。〔一四〕

【疏】「卒洗」至「讓升」　注「俱升」　知「俱升」者，鄉射云「主人卒洗，一揖，一讓，以賓升」，明俱升可知。若然，上文主人先升，賓乃升者，以初至之時，賓客之道，進宜難，故主人升導之。至此以辭、讓訖，故畧威儀而俱升也。

賓拜洗。主人坐奠爵，遂拜。降盥。復盥，爲手坋汙。○爲手，于僞反。坋汙，步困反，劉扶問反。

【疏】「賓拜」至「降盥」　注「復盥，爲手坋汙」　言「奠爵，遂拜」者，因事曰遂。是以燕禮云「賓受酬，坐祭酒，遂奠于薦東」，注云「遂者，因坐而奠，不北面」，是其類也。凡賓、主行事相報，皆言荅，此不言荅，省文也。

賓降。主人辭，賓對，復位，當西序。卒盥，揖，讓，升。賓西階上疑立。疑讀爲「疑然從於趙盾」之疑。疑，正立自定之貌。〔二五〕○疑立，魚乞反，又魚力反，注同。後疑立皆放此。趙盾，徒本反。

【疏】「賓降」至「疑立」　注「疑讀」至「之貌」　言「揖，讓，升」，不言「一揖，一讓」從上可知。云「疑讀爲疑然從於趙盾之疑。疑，正立自定之貌」者，〔二六〕案宣公六年公羊傳云晉靈公欲殺趙盾，「於是伏甲于宫中，召趙盾而食之。趙盾之車右祁彌明者，國之力士也，仡然從乎趙盾而入，放乎堂下而立」，何休云「仡然，壯勇貌」，鄭氏以「仡然從乎趙盾而入，放乎堂下而立」，不取何休注義，以鄉射注云「疑，止也，有矜莊之色，自定」，其義不殊，字義與何少異也。

主人坐取爵，實之，賓之席前西北面獻賓。獻進也，進酒於賓。

【疏】「主人」至「獻賓」　注「獻進」至「於賓」　云「西北面」者，賓在西階北面，將就席受，故「西北面」，向其席故也。

賓西階上拜，主人少退。少退，少辟。○小辟，〔二七〕音避，劉房益反。賓進，受爵，以復位。主人阼階上拜送爵，賓少退。復位，復西階上位。

【疏】「賓進」至「少退」　云「賓進」者，以賓西階上疑立，今見主人西北面獻於己席前，故賓進，將於席前受之故也。案鄉射云「賓進受爵於席前，復位」，此不言席前，文不具也。

薦脯醢。薦，進也。進之者，主人有司。

【疏】「薦脯醢」　注「薦進」至「有司」　知非主人自薦者，案昏禮禮賓贊者薦脯醢，周禮膳宰薦脯醢，皆非主人，故知此亦非主人，是有司也。

賓升席自西方。升，由下也，〔二八〕升必中席。

【疏】「賓升席自西方」　注「升由」至「中席」　案曲禮云「席南鄉北鄉，以西方爲上」，今升席自西方。云「升，由下」者，以賓統於主人，以東方爲上，故以西方爲升，由下也。

乃設折俎。牲體枝解，節折在俎。○設折，之設反，注及下同。

【疏】「乃設折俎」　注「牲體」至「在俎」　凡解牲體之法，有全蒸，其豚解爲二十一體，體解即此折俎是也。是以下有「賓俎，脊、脅、肩」，「介俎，脊、脅、肫、胳」，是體解也。

主人阼階東疑立。賓坐，左執爵，祭脯醢，坐，坐於席。祭脯醢者，以右手。

【疏】「主人」至「脯醢」　注「坐坐」至「右手」　知賓「坐，坐於席」上者，上文賓升席，下文降席，故知此坐在席可知。云「祭脯醢者，以右手」者，此經左執爵，明祭用右手，是以鄉射亦云「右祭脯醢」。

奠爵于薦西，興，右手取肺，卻左手執本，坐，弗繚，右絶末以祭，尚左手，嚌之，興。加于俎，興，起也。肺，離之本端厚大者。繚，猶紾也，大夫以上威儀多紾絶之。尚左手者，明垂紾之，乃絶其末。嚌，嘗也。○弗繚，音了，劉力彫反，又力弔反。嚌，才計反，字或作嚙，同嘗也。猶紾，音軫，又徒展反，劉徒典反，一音土展反。以上，時掌反。

【疏】「奠爵」至「于俎」　注「興起」至「嘗也」　奠爵於薦右者，爲取肺奠之，將舉，故奠於右。禮記少儀云「取俎進俎，不坐」，是以取時奠爵，興；」至「加于俎」，又興也。云「肺，離之本端厚大者」，此是舉肺刲者於下，記文本謂根本，〔二九〕肺之大端，故云「厚大」。云「繚，猶紾也」者，「弗繚」即弗紾，一也。云「大夫以上威儀多」者，此鄉飲酒大夫禮，故云繚祭，鄉射士禮云「絶祭」，但云繚必兼絶，言絶不得兼繚，是以此經云繚，兼言絶也；言大夫以上，則天子、諸侯亦繚、絶兼有，但禮篇亡，無以可知也。案周禮大祝云辨九祭，「七曰絶祭，八曰繚祭」，注云。〔三〇〕「本同禮多者繚之，禮畧者絶則祭之」，亦據此與鄉射而言也。大夫已上爲繚祭，燕禮、大射雖諸侯禮，以賓皆大夫爲之，臣在君前故不爲繚祭，皆爲絶祭也。云「嚌，嘗也」者，嚌至齒則嘗之也。

坐挩手，遂祭酒，挩，拭也。古文「挩」作「説」。〔三一〕○坐挩，始鋭反，拭也，注悦同。

【疏】「坐挩手遂祭酒」 注「挩拭」至「作説」 案内則事佩之中有帨，〔三二〕則賓客自有帨巾以拭手也。坐挩手，因事曰遂，因坐祭酒，故云「遂」也。案鄉射「坐挩手執爵，遂祭」，此不言執爵，省文也。

興，席末坐，啐酒，啐，亦嘗也。○啐酒，七内反。嘗也。

【疏】「興，席末坐，啐酒」 注「啐亦嘗也」 言「席末」，謂於席之尾，故云「末」。鄉飲酒義云「祭薦祭酒，敬禮也。嚌肺，嘗禮也。啐酒，成禮也。於席末，言是席之正，非專爲飲食也。此所以貴禮而賤財也」，注云「祭薦、祭酒，嚌肺於席中，唯啐酒於席末」是也。啐酒於席末者，酒是財，賤財之義也。云「啐，亦嘗」者，亦前肺云「嚌」，是至齒爲嘗；此酒云「啐」，謂入口爲嘗，雖至齒、入口不同，皆是嘗也。又肺於前用之，不得言「成禮」，酒後乃用，故云「成禮」，異於肺也。

降席，坐奠爵，拜，告旨，執爵，興。主人阼階上荅拜。降席，席西也。旨，美也。

【疏】「降席」至「荅拜」　注「降席」至「美也」　賓拜告旨，主人拜崇酒，其節同，義即異矣。賓言旨，甘主人之味，啐則拜之。主人云崇者，崇，充也，賓以酒惡相充實，飲訖乃崇酒，先後亦同也。

賓西階上，北面，坐卒爵，興，坐奠爵，遂拜，執爵興。主人阼階上荅拜。卒，盡也。於此盡酒者，明此席非專爲飲食起。○專爲，于僞反，下當爲、爲工同。

【疏】「賓西」至「荅拜」　注「卒盡」至「食起」　言「遂拜」者，亦因奠爵，不起因拜也。云「於此盡酒者，明此席非專爲飲食起」者，但此席爲賓、賢能起，故謂在席盡爵，〔三三〕於此西階上卒之也。云「不專爲飲食」者，〔三四〕啐酒於席末，兼爲飲食之事，故以「不專」言之也。

校勘記

〔一〕諸侯之鄉大夫　「鄉」宋本原作「卿」，徐乾學本作「鄉」，單疏引鄭目録同，此據改。

〔二〕謂諸侯鄉大夫　阮校云單疏、要義同，閩本「鄉」作「卿」。

〔三〕鄭彼注方　「方」原作「云」，此據單疏改。

〔四〕還是鄉飲酒黨飲酒法　阮校云要義同，毛本作「還是州長、黨正飲酒法」。

〔五〕賓介處士賢者　阮校云「者」後通典引文有「也」字。通典引經傳多增「也」字，是原有今本删去，還是通典誤增，今已不能究其詳。

〔六〕蓋如此云　單疏「蓋」下有「亦」字。

〔七〕二鄉公一人　阮校云毛本「鄉」作「卿」。

〔八〕而教之學焉　阮校云「學」要義作「孝」。

〔九〕故云亦也　「亦」原作「六」，此據單疏改。

〔一〇〕唯主人觀而獻賓　阮校云盧文弨改「觀」爲「盥」。

〔一一〕景子譏之曰　阮校云「子」要義作「丑」。

〔一二〕君召　阮校云要義同，毛本「君」下有「命」字。

〔一三〕惡有得其一　阮校云要義同，毛本「有得」作「得有」。

〔一四〕尊長尚齒也　阮校云要義同，毛本「尊長」作「是」字。

〔一五〕主人戒同寮同寮尊　阮校云閩本「同寮」不重。

〔一六〕介意不言衆賓　阮校云要義同，毛本「意」作「竟」，屬下句。依單疏作「意」，則屬上句。

〔一七〕北至房室之壁　阮校云毛本「室」作「屋」。

〔一八〕如速賓也　「速賓」黄刊嚴州本、徐本俱作「賓速」。

〔一九〕揖賓也　阮校云「揖」下要義有「衆」字。

〔二〇〕皆東面北上定位　阮校云「定」閩本作「賓」。

〔二一〕云推手揖引手曰厭者　阮校云毛本「揖」上有「曰」字，與注合。又經文二「厭」字漢石經皆作「揖」。

〔二二〕坐奠爵于篚下　漢石經無「爵」字，「篚」作「匪」。馬衡漢石經集存校引胡承珙儀禮今古文疏義曰：「上文『主人坐取爵，興，適洗，南面』，今文蒙上『爵』字，但云『坐奠于篚下』。注當云『今文無奠下爵』，傳寫脱『下爵』二字。」馬氏云：「今此石出，可爲胡説之確證矣。」

〔二三〕此既至洗　「既」原作「即」，阮校浦鏜云「即」爲「既」之誤字，此據改。

〔二四〕古文一作壹　黄刊嚴州本、徐本同，阮校云毛本、集釋、通解「一」、「壹」互易。黄氏校録云依士冠及鄉射注，嚴州本誤。

〔二五〕讀爲疑然從於趙盾之疑　黄刊嚴州本、徐本同，阮校云集釋、通解亦同，唯毛本從今本公羊傳，改「疑」作「仡」，不足據。

〔二六〕疑正立自定之貌　「正」阮校云毛本作「然」，殆涉注而誤；監本作「止」，亦誤。今按疏引鄉射注「疑，止也」，「止」亦當爲「正」之譌。

〔二七〕小辟　黄焯彙校引王筠説「小」張淳本作「少」。

〔二八〕升由下也　阮校云「由下」通典作「猶上」。

〔二九〕於下記文本謂根本　阮校云「於下記文」四字毛本脱，通解亦無。今按「記」似非鄉飲酒禮之記，疑爲「説」字之譌。乃後人附注説文「本謂根本」，而單疏誤入者。

〔三〇〕八曰繚祭注云　單疏本同。阮校云通解、毛本「注」下有「繚祭以手從肺本循之至于末乃絶以祭絶祭不循其本直絶以祭」二十六字。

〔三一〕古文挩作説　阮校據釋文「注帨同」，而今注中無「帨」字，因疑「説」字本作「帨」，故賈疏以内則之「帨」字釋之。又下疏「有帨」通解、要義俱作「挩」，段玉裁因説「挩」本作「帨」，後人改巾爲扌耳。今按漢石經經文作「帨」。胡承珙儀禮古今文疏義云經文似本作「帨」，爲今文，古文則作「説」。

〔三二〕案内則事佩之中　阮校云「事」通解作「土」。今按，「土」當是「士」之譌，士、事通用。

〔三三〕故謂在席盡爵　阮校云毛本「謂」下有「不」字，通解無「謂」字。

〔三四〕云不專爲飲食者　阮校云毛本「食」下有「起」字。

儀禮注疏卷第九

唐朝散大夫行大學博士弘文館學士臣賈公彦等撰

賓降洗。將酢主人。

【疏】「賓降洗」 注「將酢主人」 自此已下至「西階上荅拜」，論賓酢主人之事。云「將酢主人」者，案爾雅云「酢，報也」，前得主人之獻，今將酌以報之，故降洗而致絜敬，故云「將酢主人」也。

主人降。亦從賓也。降，降立阼階東，西面。

【疏】「主人降」 注「降立」至「西面」〔一〕 知面位如此者，案下云「主人復阼階東，西面」，故知此當於「阼階東，西面」也。

賓坐奠爵，興，辭。西階前也。

【疏】「賓坐奠爵，興，辭」 注「西階前也」 鄭知「西階前」者，鄉射云「賓西階前，東面坐奠爵，興，辭，降」，此亦然故也。

主人對。賓坐取爵，適洗南，北面。主人阼階東，南面辭洗。賓坐奠爵于篚，興，對。主人復阼階東，西面。賓東，北面，盥，坐取爵。卒洗，揖讓如初，升。主人拜洗，賓荅拜，興，降盥，如主人禮。賓實爵，主人之席前東南面酢主人。主人阼階上拜，賓少退。主人進受爵，復位。賓西階上拜，送爵。薦脯醢。主人升席自北方。設折俎，祭如賓禮。祭者，祭薦、俎及酒，亦嚌、啐。

【疏】「主人」至「賓禮」　注「祭者」至「嚌啐」　此賓坐取爵，適洗南，盥，坐取爵，卒洗。以此言之，則賓未盥，主人辭洗。案鄉射賓盥訖，將洗，主人乃辭洗，先後不同者，彼與鄉人習禮輕，故盥訖乃辭洗；此鄉人將賓舉之，故未盥先辭洗，重之故也。若然，鄉射禮內兼有鄉大夫，即尊，與州長同於盥後辭洗者，以其盥後辭洗是禮之常故也。〔二〕但鄉射賓坐取爵，適洗，坐奠爵于篚下，主人辭洗之時，賓方奠爵于篚下。此不奠爵篚下，便言奠爵于篚者，鄉射云「賓坐取爵洗之」，時未得主人之命，故得奠於篚下，得主人之命，乃奠于篚。此則賓取爵，適洗，未奠之時，主人即辭，故奠于篚也。云「揖讓如初，升」者，謂前主人卒洗，「一揖一讓，升」也。云「降盥，如主人禮」者，謂如主人降盥禮，則此賓降，主人亦降，賓辭降，主人對，一與主人降辭已下同也。云「祭如賓禮」者，如上賓祭時「坐，左執爵，右祭脯醢。奠爵于薦西。興，右手取肺，卻左手執本，坐，弗繚，右絕末以祭。尚左手，嚌之，興。加于俎，坐捝手，遂祭酒。興，席末坐，啐酒」，故云「祭如賓禮」。云「祭者，祭薦、俎及酒」者，薦謂脯醢，俎即離肺也。云「亦嚌、啐」者，直云「祭如賓禮」，嫌祭不嚌、啐，故鄭明之，云亦嚌肺啐酒，是以下文云「不告旨」，明亦啐也。

不告旨。酒，己物也。自席前適阼階上，北面，坐卒爵，興。坐奠爵，遂拜，執爵，興。賓西階上荅拜。自席前者，啐酒席末，因從北方降，由便也。○由便，婢面反，下由便皆同。

【疏】「自席」至「荅拜」 注「自席」至「便也」 案曲禮云「席東鄉西鄉，以南方爲上；南鄉北鄉，以西方爲上」，凡升席，必由下，降由上，今主人當降自南方，以啐酒於席末，遂因從席北頭降，又從北向南，北面拜，是由便也。若降由上之正，亦是便，故下云主人作相，降席自南方，不由北方，亦由便也。

主人坐奠爵于序端，阼階上北面再拜崇酒。賓西階上荅拜。東西牆謂之序。〔三〕崇，充也，言酒惡相充實。

【疏】「主人坐奠爵于序端」 注「東西」至「充實」 「奠爵于序端」者，擬後酬賓訖，取此爵以獻介也。云「東西牆謂之序」者，爾雅釋宮文。但彼云「東西廂」，廂即牆，故變言之也。

主人坐取觶于篚，降洗。賓降，主人辭降。賓不辭洗，立當西序，東面。不辭洗者，以其將自飲。○取觶，之豉反，字林音至。

【疏】「主人」至「東面」 自此至「復位」論主人酬賓之事。注「不辭」至「自飲」 酬酒先飲，乃酬賓，故云「將自飲」。若然，〔四〕既自飲而盥洗者，禮法宜絜故也。若然，經云「賓降，主人辭」，應奠爵，不言者，理在可知，故爲文畧也。

卒洗，揖，讓，升。賓西階上疑立。主人實觶酬賓，阼階上北面坐，奠觶，遂拜，執觶，興。賓西階上荅拜。酬，勸酒也。酬之言周，忠信爲周。

【疏】「卒洗」至「荅拜」　注「酬勸」至「爲周」　云「賓西階上疑立」者，待主人自飲故也。云「酬之言周，忠信爲周」者，此解主人將酬賓先自飲之意。以其酬賓，若不自先飲，主人不忠信，〔五〕恐賓不飲，示忠信之道，故先自飲乃飲賓爲酬也。「忠信爲周」，國語文。

坐祭，遂飲，卒觶，興。坐奠觶，遂拜，執觶興。賓西階上荅拜。主人降洗，賓降辭，如獻禮。升，不拜洗。不拜洗，殺於獻。○殺於，所界反，劉色例反，下殺皆同。

【疏】「坐祭」至「拜洗」　注「不拜洗，殺於獻」　云「坐祭，遂飲」者，因坐祭即飲，飲卒觶，因事曰遂，故曰「遂」。云「辭，如獻禮」者，主人辭賓降，主人爲己洗爵，此與獻賓時同，故云「辭，如獻禮」。禮殺，升堂不拜洗，與獻時異，故別言之，使不蒙「如」也。禮「殺於獻」者，獻時拜洗，禮初不殺故也。

賓西階上立。主人實觶，賓之席前，北面。賓西階上拜，主人少退，卒拜，進坐，奠觶于薦西。賓已拜，主人奠其觶。

【疏】「賓西」至「薦西」　注「賓已」至「其觶」　賓已拜，主人奠其觶者，非久停，下文賓取之奠于薦東是也。

賓辭，坐取觶，復位。主人阼階上拜送。賓北面坐奠觶于薦東，復位。酬酒不舉，君子不盡人之歡，不竭人之忠，以全交也。

【疏】「賓辭」至「復位」　注「酬酒」至「交也」　「賓辭」，不解所辭之事。案鄉射「二人舉觶于賓與大夫，進，坐奠于薦右。賓與大夫辭，坐受觶以興」，注云「辭，辭其坐奠觶」。以彼云「賓與大夫辭」，即云「坐受觶以興」，若自手受之，以舉觶，是禮已，故賓與大夫可以當亢荅之禮，得云辭其親奠。此禮初賓謙卑，〔六〕不辭其奠，故經不云「坐受以興」。然此辭是主人復親酌已，故鄉射主人酬賓云「賓辭」，鄭注云「辭主人復親酌己」是也。云「酬酒不舉，君子不盡人之歡，不竭人之忠，以全交也」者，並曲禮文。案彼「歡」謂飲食，「忠」謂衣服，引之并謂飲食者，鄭於彼歡與忠相對解之，故歡爲飲食，忠爲衣服，通而言之，總爲飲食，於義合也。云「全交者」，所有飲食與己，己盡之，恐人嫌貪而交絕，故不盡爲全交。酬酒不飲亦是全交，故引爲證也。此以「奠於薦東」爲「酬酒不舉」，案燕禮二人媵爵于公，「奠于薦南」，彼皆舉爲旅酬而在左者，鄭彼注云「奠于薦南，不敢必君舉也」；案特牲主人酬賓「奠于薦北」，彼舉旅而在左者，鄭彼云「行神惠」，故不與此同也。

主人揖，降。賓降，立于階西，當序，東面。主人將與介爲禮，賓謙不敢居堂上。

【疏】「主人」至「東面」　注「主人」至「堂上」　自此下至「主人介右荅拜」，論主人獻介之事。

主人以介揖，讓，升，拜，如賓禮。主人坐取爵于東序端，降洗。介降，主人辭降，介辭洗，如賓禮。升，不拜洗。介禮殺也。

【疏】「主人」至「拜洗」　注「介禮殺也」　案上主人迎賓之時，介與衆賓從入，又主人與賓三揖，至於階之時，介與衆賓亦隨至西階下，東面，今此文云「揖，讓，升，如賓禮」，則唯於升堂時相讓，無庭中三揖之事矣。升堂而云「拜」者，謂拜至亦如賓矣。云「介禮殺也」者，謂不拜洗。是以鄉飲酒義云「三讓以賓升，拜至獻酬辭讓之節繁，及介，省矣」是也。

介西階上立。不言疑者，省文。○言疑，魚乞反，又音凝。省文，所景反。

【疏】注「不言疑者，省文」　此決上獻酬、辭賓時，賓於西階上疑立，此亦當獻酒節，而不言疑者，省文也。

主人實爵，介之席前西南面獻介。介西階上北面拜，主人少退。介進，北面受爵，復位。主人介右北面拜送爵，介少退。主人拜于介右，降尊以就卑也。今文無「北面」。

【疏】「主人」至「少退」　注「主人」至「北面」　云主人「介之席前，西南面獻介」者，以介席東面，故邪向之，若獻賓時於賓席前北面向之也。「主人拜于介右，降尊以就卑也」者，以主人獻賓時，主人自在阼階，今於獻介，主人來在西階介右，是介卑，故降主人之尊就西階介之東北面拜也。至旅酬皆同階者，禮殺故也。

主人立于西階東，薦脯醢。介升席，自北方，設折俎，祭如賓禮。不嚌肺，不啐酒，不告旨，自南方降席，北面坐，卒爵，興，坐奠爵，遂拜，執爵興。主人介右荅拜。不嚌啐，下賓。○下賓，遐嫁反，下下賓、下主人、禮下同。

【疏】「主人」至「荅拜」　注「不嚌啐，下賓」　云「主人立于西階東」者，始獻介之時，近西在介右，今於設薦之時，主人無事稍近東。案上獻賓薦設之時，主人云「疑立」，此不言者，文略也。云「主人介右荅拜」者，還近西，於前立處荅拜也。

介降洗，主人復阼階，降辭如初。如賓酢之時。

【疏】「介降」至「如初」 注「如賓酢之時」 自此至「介降，立于賓南」論介酢主人之事。云「主人復阼階，降辭如初」者，如賓酢主人之時，介辭主人從己降，主人辭介爲己洗，一皆如之也。

卒洗，主人盥。盥者，當爲介酌。

【疏】「卒洗，主人盥」 注「盥者，當爲介酌」 此主人自飲而盥者，尊介也，是以鄉射云大夫將酢主人，「卒洗，主人盥」，注云「盥者雖將酌自飲，尊大夫不敢褻」，是其類也。

介揖，讓，升，授主人爵于兩楹之間。就尊南授之，介不自酌，下賓。酒者，賓主共之。

【疏】「介揖」至「之間」 「揖，讓，升」者，謂一揖一讓升也。云「授主人爵于兩楹之間」，以爵授主人也。

注「就尊」至「共之」 知兩楹間是「尊南」者，以上云「尊於房、户間」，房、户間當兩楹之北，故云「就尊南授之」也。云「介不自酌，下賓」者，以其賓親酌，以酢主人，此不自酌，故云「下賓」也。云「酒者，賓主共之」者，此鄭解酒賓主共之，故賓自酌以酢主人，介卑故不敢酌。是以鄉飲酒義云「尊於房户之間，賓主共之」是也。

介西階上立。主人實爵，酢于西階上，介右，坐奠爵，遂拜，執爵興，介荅拜。主人坐祭，遂飲，卒爵，興，坐奠爵，遂拜，執爵興。介荅拜。主

人坐奠爵于西楹南，介右，再拜崇酒，介荅拜。奠爵西楹南，以當獻衆賓。〔七〕

【疏】「介西」至「荅拜」　此主人既受爵，介無事，故於西階上立，不言「疑立」，可知也，亦省文。注「奠爵」至「衆賓」　知此奠爵爲衆賓者，案下文云「主人揖，升，坐取爵于西楹下」是也。鄉射無介，故獻衆賓時，於東序端取爵，獻訖奠爵于篚也。

主人復阼階，揖，降。介降，立于賓南。

【疏】「主人」至「賓南」　向來主人與介行禮於西階上，事訖，故復阼階，揖，讓，降。「介降，立于賓南」者，以將獻衆賓，故介無事，就賓南也。

主人西南面，三拜衆賓，衆賓皆荅壹拜。三拜、壹拜示徧，不備禮也。不升拜，賤也。○示徧，音遍，下同。

【疏】「主人」至「壹拜」　注「三拜」至「賤也」　自此已下至「奠于篚」論獻衆賓之事。云「西南面」者，以其主人在阼階下，衆賓在賓介之南，故西南向拜之。云「三拜、壹拜示徧，不備禮也」者，衆賓各得主人一拜，主人亦徧得一拜，是不備禮。故鄉射云「三拜衆賓，衆賓皆荅壹拜」，彼注云「三拜示徧也，壹拜，不備禮也」。大夫禮皆然，故少牢云「主人三拜籑者，〔八〕籑者皆荅拜」，鄭云「三拜，旅之示徧也」。又有司徹云「主人降南面，拜衆賓于門東，三拜，衆賓門東北面皆荅壹拜」，大夫尊故也。士則荅再拜，故特牲云「主人三拜衆賓，衆賓荅再拜」，鄭云「衆賓再拜者，士賤，旅之得備禮」是也。云「不升拜，賤也」者，此決上主人與賓介行禮皆升堂拜，至此三拜，賓賤，故不升拜至也。

主人揖，升，坐取爵于西楹下，降洗，升，實爵，于西階上獻衆賓。衆賓之長升，拜受者三人。長，其老者，言三人，則衆賓多矣。○之長，丁丈反，注下皆同。

【疏】「主人」至「三人」　注「長其」至「多矣」〔九〕　「主人揖，升」者，從三人爲首，一一揖之而升也。云「降洗，升，實爵」者，以下不更言洗，則以下因此不復洗矣。云「西階上獻衆賓」者，下別言「衆賓之長」三人，則衆賓之中，兼言堂下衆賓，故鄭云「衆賓多矣」。自三人已下，於下便以次歷言之矣。云「拜受者三人」，則堂下衆賓不拜受矣。

主人拜送。於衆賓右。

【疏】「主人拜送」　注「於衆賓右」　知在「衆賓右」拜送者，約上文「介右」而知也。

坐祭，立飲，不拜既爵，授主人爵，降，復位。既，卒也。卒爵不拜，立飲立授，賤者禮簡。

【疏】「坐祭」至「復位」　注「既卒」至「禮簡」　云「卒爵不拜，立飲立授爵，〔一〇〕賤者禮簡」者，賓賢能，以賢者爲賓，其次爲介，不問長幼，其三賓德劣于賓介，則數年之長幼，故上衆賓之長也。賓介則坐祭坐飲，又拜既爵，此三賓則坐祭，與賓介同。不拜既爵，立飲立授則異，賤，故禮簡也。

衆賓獻，則不拜，受爵，坐祭，立飲。次三人以下也，不拜，禮彌簡。

【疏】「衆賓」至「立飲」　注「次三」至「彌簡」　此據堂下衆賓不拜受，簡於三人，故云「禮彌簡」也。

每一人獻，則薦諸其席。謂三人也。

【疏】「每一」至「其席」 注「謂三人也」 上已云「獻」，此以下別言薦，云「每一人」，還發「三人」而言。云「每一人獻，則薦諸其席」，則三一得獻即薦之，以其言席，又下別言衆賓，則此三是三人，〔一〕故鄭云「三人」也。

衆賓辯有脯醢。亦每獻薦於其位，位在下。今文「辯」皆作「徧」。○辯有，音遍，注下皆同。

【疏】「衆賓辯有脯醢」 注「亦每」至「作徧」 云「亦每獻薦於其位」者，如上三人一一薦之。知「位在下」者，以其言堂下立待，不合有席，既不言席，故位在下。既不言其數，則鄉人有學識者皆來觀禮，皆入飲酒之內。是以鄉射云旅酬堂上，「辯，卒受者興，以旅在下者」，明衆賓在堂下也。

主人以爵降，奠于篚。不復用也。

【疏】「主人」至「于篚」 以此合一獻徧，不復用，故以主人爵降，奠於篚也。

揖，讓，升，賓厭介升，介厭衆賓升。衆賓序升，即席。序，次也。即，就也。今文「厭」皆爲「揖」。

【疏】「揖讓」至「即席」 注「序次」至「爲揖」 自此至「舉觶者降」論徧獻衆賓訖，將以旅酬之事。云「衆賓序升」者，謂三賓堂上有席者，以年長爲首，以次即席也。云「今文厭皆爲揖」，不從者，以賓相引以手，不得爲揖故也。

一人洗，升，舉觶于賓。一人，主人之吏。發酒端曰舉。

【疏】「一人」至「于賓」 注「一人」至「曰舉」 此一人舉觶，爲旅酬也。云「發酒端曰舉」者，從上至下徧飲訖，又從上而起，是「發酒端曰舉」也。

賓觶，西階上坐奠觶，遂拜，執觶，興，賓席末荅拜。坐祭，遂飲，卒觶，興。坐奠觶，遂拜，執觶，興，賓荅拜。降洗，升，實觶立于西階上，賓拜。賓拜，拜將受觶。

【疏】「實觶」至「賓拜」　注「賓拜拜將受觶」　云「賓席末荅拜」者，謂於席西南面，非謂席上近西爲末，以其無席上拜法也。已下賓拜皆然。

進，坐奠觶于薦西。賓辭，坐受以興。舉觶不授，下主人也。言坐受者，明行事相接，若親受，謙也。

【疏】「進坐」至「以興」　注「舉觶」至「謙也」　云「舉觶不授，下主人也」者，決上主人獻賓皆親授而奠之，今不親授，是下主人。鄉射注云「不授賤，不敢也，下主人」，明此亦賤不敢授也。云「言坐受者，明行事相接，若親受，謙也」者，若於人手相授受，名爲受；不於人取之，不得言受。今於地取之而言受者，以主人奠之，賓取之，而無隔絶，雖於地，若手受之，〔一二〕故云「明行事相接，若親受之，謙也」。

舉觶者西階上拜送，賓坐奠觶于其所。所，薦西也。

【疏】「舉觶」至「其所」　注「所薦西也」　賓奠於其所者，待作樂後，立司正，賓乃取此觶以酬主人。以其將舉，故且奠之於右也。

舉觶者降。事已。

【疏】「舉觶者降」　注「事已」　案鄉射舉觶者降後有大夫，此不言者，大夫觀禮之人，或來或否，故不言也。

設席于堂廉，東上。爲工布席也。側邊曰廉。燕禮曰：「席工於西階上少東，樂正先升北面。」此言樂正先升，立于西階東，則工席在階東。

【疏】「設席」至「東上」　注「爲工」至「階東」　自此下至「樂正告于賓，乃降」，論主人樂賓之事，大判總爲作樂，其中别有四節之殊，有歌，有笙，有間，有合，次第不同也。案燕禮「席工于西階上」，即云「樂正先升」，大射亦云「席工于西階上，工六人，四瑟」，始云「小樂正從之」，不同者，燕禮主於歡心，尚樂，故先云「樂正先升」；大射主於射，畧於樂，故辨工數，乃云「樂正從之」也。若然，此主於樂，不與燕同，而席工下辨工數，乃云樂正升者，此臣禮避初也。〔一三〕至於鄉射亦應主於射，畧於樂，而不言工數，先云樂正，而不與大射同者，亦是避初之事也。云「爲工布席也」者，以鄉射、燕禮、大射皆「席工」連言，此不言「席工」，文不具爾。故此爲工布席，下云「工入升」，明此席也。引燕禮者，欲證此席爲工，又取此工席在西階東，以其此經云「堂廉東上」，不言階東，故取燕禮「西階上少東」，樂正又在工西。此下云樂正「於西階東」，據樂正於西階東而立，在工西，則知工席更在階東北面可知。但此言近堂廉，亦在階東；彼云「階東」，亦近堂廉也。

工四人，二瑟，瑟先。相者二人，皆左何瑟，後首，挎越，内弦，右手相。四人，大夫制也。二瑟，二人鼓瑟，則二人歌也。瑟先者，將入序在前也。相，扶工也，衆賓之少者爲之，每工一人。鄉射禮曰「弟子相工如初入，天子相工使視瞭」者，凡工，瞽、矇也，故有扶之者。師冕見，及階，子曰「階也」；及席，子曰「席也」，固相師之道。後首者，變于君也。挎，持也。相瑟者則爲之持瑟。其相歌者，徒相也。越，瑟下孔也。内弦，側擔之者。○相者，息亮反，下及注同。何瑟，户可反，又音河，擔也。挎，口孤反，一音口侯反，持也。之少，申召反，下少長同。視瞭，音了。瞽，音古。矇，音蒙。冕見，賢遍反。則爲，于僞反，下不爲同。擔之，丁甘反。

【疏】「工四」至「手相」　注「四人」至「之者」　云「四人，大夫制也」者，此鄉大夫飲酒而云「四人」，大射諸侯禮而云「六人」，故知「四人者，大夫制也」。燕禮亦諸侯禮而云「四人」者，鄭彼注云「工四人者，燕禮輕，從大夫制也」。鄉射是諸侯之州長、士爲之，其中兼有鄉大夫「以三物詢衆庶，行射禮」法，故工亦四人，大夫制也。若然，士當二人，天子當八人，爲差次也。云「二瑟，二人鼓瑟，則二人歌也」者，既云「工四人」，二人瑟，明二人鼓瑟可知也。云「相，扶工也，衆賓之少者爲之」者，見鄉射云「樂正適西方，命弟子」，弟子則衆賓之少者也。云「每工一人」者，案周禮「瞽三百人」，又此經二人瑟，「相者二人，皆左何瑟」，又大射「僕人正相大師」，以諸文言之，故知每工一人。若然，此經「工四人」，二人瑟，相二人，則工二人歌，雖不言相，亦二人可知，以空手無事，故不言也。云「鄉射禮曰『弟子相工如初入』」者，彼謂將射，樂正命弟子相工，遷樂於下，降時如初入之次第，〔一四〕亦瑟先歌後，引之證弟子相工之事。天子相亦使眂瞭爲之，知者，見周禮眂瞭職云「凡樂事相瞽」是也。云「凡工瞽、矇也」者，鄭司農云「無目眹謂之瞽，有目眹而無見謂之矇，有目無眸子謂之瞍，故詩大雅云『矇瞍奏工』」是也。引論語者，證瞽人無目，須扶之義也。云「師」，即大師之官，無目瞽、矇之長也。云「後首者，變於君也」者，案燕禮云「小臣左何瑟面鼓」，注云「燕尚樂，可鼓者在前也」，此鄉飲酒亦尚樂，而不面鼓，是變於君也。案大射主於射，略於樂，鄉射亦應主於射，略於樂，所以面鼓，亦是變於君也。云「挎，持也」者，瑟底有孔越，以指深入謂之挎也。云「其相歌者，徒相也」者，徒，空也。無可荷，空以右手相，以經不言故也。〔一五〕云「内弦側擔之」者，以左於外側擔之，〔一六〕使弦向内也。

樂正先升，立于西階東。正，長也。

【疏】「樂正」至「階東」　注「正長也」　案周禮有大司樂、樂師，天子之官。此樂正者，諸侯及大夫、士之官，當天子大司樂。言「先升」，對後升。云「長」，樂官之長也。

工入，升自西階，北面坐。相者東面坐，遂授瑟，乃降。降立于西方，近其事。○近其，附近之近。

【疏】「工入」至「乃降」　注「降立」至「其事」　「工入，升」，不言歌、瑟先後。案上文已云「瑟先」，其歌可知也。鄭知「降立於西方，近其事」者，鄉射云「樂正適西方，命弟子贊工遷樂」，故知「西方」是「近其事」也。

工歌鹿鳴、四牡、皇皇者華。三者皆小雅篇也。鹿鳴，君與臣下及四方之賓燕講道脩政之樂歌也，此采其已有旨酒，以召嘉賓。嘉賓既來，示我以善道，又樂嘉賓有「孔昭」之明德可則傚也。四牡，君勞使臣之來樂歌也，此采其勤苦王事，念將父母，懷歸傷悲，忠孝之至以勞賓也。皇皇者華，君遣使臣之樂歌也，此采其更是勞苦，自以爲不及，欲諮謀于賢知而以自光明也。○則詨，户孝反，本又作傚同。〔一七〕君勞，力報反，下勞賓同。使臣，所吏反，下同。更是，音庚，又古鸎反。賢知，音智。

【疏】「工歌」至「者華」　注「三者」至「光明」〔一八〕　凡歌詩之法，皆歌其類。此時貢賢能，擬爲卿大夫或爲君所燕食，以鹿鳴詩也；或爲君出聘，以皇皇者華詩也；或使反爲君勞來，以四牡詩也，故賓賢能而預歌此三篇，使習之也。云「三者皆小雅篇也」者，其詩見於小雅之内也。云「鹿鳴，君與臣下及四方之賓燕講道脩政之樂歌也」者，自此已下，鄭皆先引詩序於上，復引詩經於下。以其子夏作序，所以序述經意，故鄭並引之也。案鹿鳴序云「鹿鳴，燕羣臣、嘉賓也」，「然後羣臣嘉賓得盡其心」之事，還依序而言也。云「此采其已有旨酒，以召嘉賓。嘉賓既來，示我以善道」至「可則傚也」者，案彼經云「我有旨酒，以燕樂嘉賓之心」，又云「示我周行」，「德音孔昭。視民不恌，是則是傚」之事；四牡序云「勞使臣之來也」，經云「王事靡盬，我心傷悲」，「豈不懷歸」，「將母來諗」；皇皇者華序云「君遣使臣也」，經云「於彼原隰，駪駪征夫。每懷靡及」，「周爰諮謀」之事，故鄭依而引之爲證也。

卒歌，主人獻工。工左瑟，一人拜，不興，受爵。主人阼階上拜送爵。一人，工之長也。凡工賤，不爲之洗。

【疏】「卒歌」至「送爵」　注「一人」至「之洗」　云「一人，工之長也」者，謂就四人之内爲首者也。云「凡工賤，不爲之洗」者，下「大師爲之洗」，是君賜者爲之洗，明自外不爲之洗也。案此鄉飲酒及燕禮，同是主歡心尚樂之事，故有升歌、笙間、合樂，及其獻工、獻笙，後間、合不獻，以知二節自前已得獻，故不復重獻。鄉射主於射，畧於樂，無笙間，唯有合樂，笙、工並爲至終總獻之。大射亦主於射，畧於樂，但不間歌，不合樂，故有升歌。鹿鳴三終，主人獻工，乃後下管新宫，(一九)不復得獻，此君禮異於鄉射也。若鄉射與大射同畧於樂，大射不畧升歌，而畧笙間、合者，二南是鄉大夫之正，小雅是諸侯之正，鄭注鄉射云「不畧合樂者，不可畧其正」，諸侯不畧鹿鳴之等，義亦然也。

薦脯醢。使人相祭。使人相者，相其祭酒、祭薦。

【疏】「薦脯醢。使人相祭」　注「使人」至「祭薦」　知「使人相祭」者，以相者扶工之人，每事使之指授，故知還使相者爲之。知「祭酒、祭薦」者，以其云獻「薦脯醢」，即云「相祭」，知「相其祭酒、祭薦」也。

工飲，不拜既爵，授主人爵。坐授之。

【疏】注「坐授之」 知「坐授之」者，以經不云興，故知「坐授之」也。

衆工則不拜，受爵，祭，飲。辯有脯醢，〔二〇〕**不祭。**祭，飲，獻酒重，無不祭也。今文「辯」爲「徧」。

【疏】「衆工」至「不祭」 注「祭飲」至「爲徧」 言「獻酒重，無不祭也」者，衆工諸事皆不備，尚祭飲，則知得獻酒，無有不祭，故云「獻酒重，無不祭也」。其正酬亦祭，至於旅酬以下，則不祭而已，〔二一〕故下記云「凡旅不洗。不洗者，不祭」，鄭注云「敬禮殺也，不甚絜也」。此衆工亦不洗而祭，是以云「獻酒重，無不祭」也。

大師則爲之洗。賓、介降，主人辭降。工不辭洗。大夫若君賜之樂，謂之大師，則爲之洗，尊之也。賓、介降，從主人也。工，大師也。上既言「獻工」矣，乃言「大師」者，大師或瑟或歌也。其獻之，瑟則先，歌則後。○大師，音泰。注大師、大平、大王皆同。〔二二〕則爲，于僞反，注同。

【疏】「大師」至「辭洗」 注「大夫」至「則後」 天子、諸侯有常官，則有大師也，大夫則無常官，若君賜之樂，并樂人與之，則亦謂之大師，主人爲之洗。若然，工非大師則無洗。云「賓、介降，從主人也」者，案鄉射云「大師則爲之洗，賓降」，注云「大夫不降，尊也」，此既大夫禮，則有大夫，亦不降可知也。云「工，大師也」者，既言「大師則爲之洗」，而云「工不辭洗」，故知工即大師。是以論語云「師冕見，孔子爲之相」，鄭云「相，扶工」，是工爲樂人之揔稱也。云「上既言獻工矣，乃言大師者，大師或瑟或歌也」者，以其前工有瑟有歌，後別言大師，則大師能瑟，或在瑟中；若大師能歌，或在歌中，故云「大師或瑟或歌也」。云「其獻之瑟則先，歌則後」者，以其序入及升堂皆瑟先歌後，其獻法皆先瑟後歌，是以知獻之瑟先歌後，隨大師所在，以次獻之也。燕禮云「卒歌，主人洗，升，獻工。工不興，左瑟一人，拜受爵」，注云「左瑟，便其右。一人，工之長者也」，燕禮諸侯禮，有常官，不言大師，以燕禮主爲臣子，故工四人從大夫制，其大師入工，不別言之也。大射云「主人洗，升，實爵獻工。工不興，左瑟」，注云「大師無瑟，於是言左瑟者，節也。若大師在歌，亦先得獻」，與燕異也。

笙入堂下，磬南北面立。樂南陔、白華、華黍。笙，吹笙者也，以笙吹此詩以爲樂也。南陔、白華、華黍，小雅篇也，今亡，其義未聞。昔周之興也，周公制禮作樂，采時世之詩，以爲樂歌，所以通情相風切也，其有此篇明矣。後世衰微，幽、厲尤甚，禮樂之書，稍稍廢棄。孔子曰：「吾自衛反魯，然後樂正，雅、頌各得其所。」謂當時在者，而復重、雜亂者也，惡能存其亡者乎！且正考父校商之名頌十二篇于周大師，歸以祀其先王，至孔子二百年之間，五篇而已，此其信也。

○南陔，古才反。相風，上如字，下方鳳反。復重，直用反。惡能，音烏。考父，音甫。

【疏】「笙入」至「華黍」　此升歌訖得獻，乃始入也。[一三]云「磬南北面」者，磬既南面，其南當有擊磬者。在「磬南北面」而云「笙入」「磬南北面」者，在磬者之南北面也。

注「笙吹」至「信也」　言「小雅篇也」者，今序仍在魚麗之下，是小雅也。云「今亡，其義未聞」者，案詩魚麗之下，見子夏序，序此三篇。案彼子夏序云「南陔，孝子相戒以養也。白華，孝子之絜白也。華黍，時和歲豐，宜黍稷也」，此已上是子夏序文，則云「有其義而亡其辭」者，此是毛公續序。云「有其義」，指子夏序有其義也，云「而亡其辭」者，謂詩辭亡矣。若然，彼「亡辭」，此「亡義」與此義異也。云「昔周之興也，周公制禮作樂」至「明矣」者，欲明周公制此儀禮之時，有此三篇之意也。云「後世衰微，幽、厲尤甚」者，禮運云孔子曰「我觀周道，幽、厲傷之，吾舍魯何適」，是「幽、厲尤甚」者也。「禮樂之書，稍稍廢棄」者，自幽、厲已後，稍稍更加廢棄，此篇之失也。又引孔子以下至「其信」者，欲明孔子以前，言亡三篇之意也。案南陔注云「孔子論詩，雅、頌各得其所，時俱在耳，篇第當在於此。時遭戰國及秦之世而亡之，其義則與衆篇之義合編，故存。至毛公爲詁訓傳，乃分衆篇之義，各置於其篇端」，彼詩鄭注又與此不同者，鄭君注禮之時，未見毛傳，以爲此篇孔子前亡；注詩之時，既見毛傳，以爲孔子後失。必知戰國及秦之世者，以子夏作序，具序三篇之義，明其詩見在，[一四]毛公之時亡其辭，故知「當戰國及秦之世」也。

主人獻之于西階上，一人拜，盡階不升堂，受爵，主人拜送爵。階前坐祭，立飲，不拜既爵，升，授主人爵。一人，笙之長者也。笙三人，和一人，凡四人。鄉射禮曰：「笙一人拜于下。」○合一，胡卧反。

【疏】「主人」至「人爵」　注「一人」至「於下」　自此至「不祭」論獻笙者之事。云「一人拜」者，謂在地拜，乃「盡階不升堂，受爵」也。云「一人，笙之長者也」者，笙者四人，今言一人受爵，明據爲首長者而言也。云「笙三人，和一人，凡四人」者，案鄉射記云「三笙一和而成聲」，注「三人吹笙，一人吹和，凡四人。爾雅曰笙小者謂之和」〔二五〕是也。云「鄉射禮曰『笙一人拜于下』」者，即此一人拜者，亦在堂下可知。但獻工之時，拜送在西階東，以工在階東故也。此主人拜送笙之時在西階上，以其笙在階下，故不同也。

衆笙則不拜受爵，坐祭，立飲。辯有脯醢，不祭。亦受爵于西階上，薦之皆於其位磬南。今文「辯」爲「徧」。

【疏】「衆笙」至「不祭」　注「亦受」至「爲徧」　衆笙除一人之外，二人者不備禮，〔二六〕故亦受爵於西階上者，與一人同也。云「薦之皆於其位磬南」者，依前笙入立于磬南之處，是其類也。〔二七〕

乃間，歌魚麗，笙由庚；歌南有嘉魚，笙崇丘；歌南山有臺，笙由儀。間，代也，謂一歌則一吹。六者皆小雅篇也。魚麗言大平年豐物多也，此采其物多酒旨，所以優賓也。南有嘉魚言大平君子有酒樂，與賢者共之也，此采其能以禮下賢者，賢者纍蔓而歸之，與之燕樂也。南山有臺言大平之治，以賢者爲本，此采其愛友賢者，爲邦家之基，民之父母既欲其身之壽考，又欲其名德之長也。由庚、崇丘、由儀今亡，其義未聞。○乃間，間厠之間，注及下注笙間，或間皆同。魚麗，力知反，本或作離，下同。纍，力追反。蔓，音万。宴樂，〔二八〕音洛，下人樂同。之治，直吏反。之長，如字。

【疏】「乃間」至「由儀」 此一經堂下吹笙，堂上升歌，間代而作，故謂之「乃間」也。

注「間代」至「未間」 云「謂一歌則一吹」者，謂堂上歌魚麗終，堂下笙中吹由庚續之，以下皆然。 此魚麗、南有嘉魚、南山有臺其詩見在。 云「六者皆小雅篇也」者，見編在小雅之内，故知之。 見在者，鄭君亦先引其序，後引其詩。 案魚麗序云「魚麗美萬物盛多也」，詩云「君子有酒，旨且多」； 南有嘉魚序云「大平之君子至誠，樂與賢者共之也」，詩云「君子有酒，嘉賓式燕以樂」； 南山有臺序云「樂得賢也，得賢則能爲邦家立大平之基矣」，詩云「樂只君子，邦家之基」，又云「樂只君子，民之父母」，「遐不眉壽」是也，此其鄭君所言義意。 云「由庚、崇丘、由儀今亡，其義未聞」者，案詩序云「由庚，萬物得由其道也，崇丘，萬物得極其高大也，由儀，萬物之生各得其宜也。 有其義而亡其辭」，此毛公續序，義與南陔、白華、華黍同。 堂上歌者不亡，堂下笙者即亡，蓋當時方以類聚，笙、歌之詩各自一處，故存者併存，亡者併亡也。

乃合樂，周南關雎、葛覃、卷耳；召南鵲巢、采蘩、采蘋。合樂，謂歌樂與衆聲俱作。周南、召南，國風篇也，王后、國君夫人房中之樂歌也。關雎言后妃之德，葛覃言后妃之職，卷耳言后妃之志； 鵲巢言國君夫人之德，采蘩言國君夫人不失職，采蘋言卿大夫之妻能脩其法度。 昔大王、王季居于岐山之陽，躬行召南之教，以興王業；及文王而行周南之教以受命，大雅云「刑于寡妻，至于兄弟，以御于家邦」，謂此也。其始一國耳，文王作邑于豐，以故地爲卿士之采地，乃分爲二國： 周，周公所食； 召，召公所食。 於時文王三分天下有其二，德化被于南土，是以其詩有仁賢之風者屬之召南焉，有聖人之風者屬之周南焉，夫婦之道，生民之本，王政之端。 此六篇者其教之原也，故國君與其臣下及四方之賓燕，用之合樂也。 鄉樂者，風也，小雅爲諸侯之樂，大雅頌爲天子之樂。 鄉飲酒升歌小雅禮盛者，可以進取也。 燕合鄉樂禮輕者，可以逮下也。 春秋傳曰：「肆夏、繁遏、渠，天子所以享元侯也，文王、大明、緜，兩君相見之樂也。」然則諸侯相與燕，升歌大雅，合小雅；天子與次國、小國之君燕亦如之；與大國之君燕，升歌頌合大雅。其笙間之篇未聞。○關雎，七徐反。葛覃，〔二九〕大南反。卷耳，力轉反，劉居晚反。召南，音邵，注同。采蘋，毗人反。后妃，芳非反，劉音配。于岐，〔三〇〕其宜反，一音祇。業，如字，劉于況反。之采，七代反。化被，皮義反。肆夏，后雅反，下同。繁遏，於葛反。

【疏】「乃合」至「采蘋」　注「合樂」至「未聞」　此一經論堂上元缺一字堂下衆聲俱合之事也。云「合樂謂歌樂衆聲俱作」者，謂堂上有歌、瑟，堂下有笙、磬，合奏此詩，故云「衆聲俱作」。云「周南、召南，國風篇也」者，案論語注「國風之首篇，謂十五國風之篇首」，義可知也。云「王后、國君夫人房中之樂歌也」者，〔三一〕案燕禮記云「有房中之樂」，注云「弦歌周南、召南之詩而不用鍾、磬之節。謂之房中者，后、夫人之所諷誦，以事其君子」是也。既名「房中之樂」，用鍾、鼓奏之者，諸侯、卿大夫燕饗亦得用之，故用鍾、鼓。婦人用之，乃不用鍾、鼓，則謂之「房中之樂」也。云「關雎言后妃之德」以下至「脩其法度」，周南三篇即言后妃，召南三篇則言夫人。不同者，此雖同是文王之化，召南是文王未受命已前之事，諸侯之禮，故稱夫人；周南是文王受命稱王之後，天子之禮，故稱后也。〔三二〕云「昔大王、王季居于岐山之陽」者，案魯頌云「后稷之孫，實維大王，居岐之陽」，鄭云「大王自豳徙居岐陽」，是大王居於岐陽也。兼言王季者，王季，大王之子，繼大王後，亦居岐陽，至文王始居于豐，故兼言王季也。云「躬行召南之教，以興王業」者，大王得鸑鷟鳴于岐，又實始翦商；王季又纂我祖考，是其「以興王業」也。云「及文王而行周南之教以受命」者，文王徙居豐，得赤雀之命，故云「以受命」也。鄭注鄉射云「昔大王、王季、文王始居岐山之陽」，彼兼言文王者，欲見文王未受命以前，亦得召南之化。知者，案羔羊詩序云「召南之國化文王之政」，摽有梅序云「召南之國，被文王之化」。此不兼言文王者，據文王徙豐受命之後，專行周南之教。是周南十一篇唯言文王之化，不言大王、王季也。「大雅云『刑于寡妻』」者，是大雅思齊之詩也。引之者，證文王施化，自近及遠，自微至著之意。云「其始一國耳」者，謂大王自豳遷于岐山，「周原膴膴」過百里之地。言此者，欲見徙居于豐以後，二分天下，以此故國分與二公，故云「文王作邑于豐，以故地爲卿士之采地，乃分爲二國」也。云「周，周公所食；召，召公所食」者，此二公身爲三公，下兼卿士，即上「采地」一也，云此者，欲見采地得稱周、召之意。云「於時文王三分天下有其二，德化被于南土」者，欲見周、召皆稱「南」之意也。云是「以其詩有仁賢之風者，屬之召南焉」者，謂文王未受命以前也。云「有聖人之風者，屬之周南焉」者，謂受命以後也，故詩序云「關雎、麟趾之化，王者之風，故繫之周公；鵲巢、騶虞之德，諸侯之風也，先王之所以教，故繫之召公」。必將二南繫此二公者，天子不風，〔三三〕文王受命稱王，故繫於二公也。云「夫婦之道，生民之本，王政之端」者，欲見合樂之時，作此六篇之意也。云「故國君與其臣下及四方之賓燕，用之合樂也」者，此據燕禮而言之也。云「鄉樂者，風也」者，亦據燕禮而言，故燕禮記云「遂合鄉樂」者，據此鄉飲酒鄉大夫所作也。云「小雅爲諸侯之樂」者，則升歌鹿鳴之等是也。云「大雅、頌爲天子之樂」者，肆夏、繁遏、渠之等是也。云「鄉飲酒升歌小雅禮盛者，可以進取也」者，據此鄉飲酒爲饗禮，升歌鹿鳴，進取諸侯之樂，饗禮盛，可以進取也。云「燕合鄉樂禮輕者，可以逮下也」者，逮，及也，以燕禮輕，故言可以逮下也。鄭君據儀禮上下而言，其實饗、燕同樂。知者，穆叔如晉，晉侯饗之，歌鹿鳴之三，是與燕禮同樂也。若然，小雅云鄉或「進取」，〔三四〕燕「可以逮下」者，饗亦逮下也。云「春秋傳曰」者，襄公四年左氏傳文。彼云穆叔如晉，「晉侯享之金。奏肆夏之三，不拜。工歌文王之三，又不拜。歌鹿鳴之三，三拜。韓獻子使行人子員問之曰：『吾子舍其大而重拜其細，敢問何禮也？』穆叔對曰：『三夏，天子所以享元侯也，使臣弗敢與聞。文王，兩君相見之樂也，臣不敢及。鹿鳴，所以嘉寡君也，敢不拜嘉。』」引之者，證肆夏、繁遏、渠是頌，謂天子之樂歌。案鍾師杜子春注引呂叔玉云「肆夏，時邁也；繁遏，執競也；渠，思文也」。鄭君不從，以爲詩篇名，頌之族類也，此歌之大者載在樂章，樂崩亦從而亡之，是以頌不能具是也。云「然則諸侯相與燕，升歌大雅，合小雅；天子與次國、小國之君燕亦如之；與大國之君燕升歌頌合大雅」者，此約穆叔云「肆夏、繁遏、渠，天子所以享元侯」，肆夏、繁遏、渠則頌也。元侯，大國之君也。凡合樂者，遏取卑者一節，故歌頌合大雅也。若元侯自相享，亦依此。案詩譜云「天子、諸侯燕羣臣及聘問之，賓皆歌鹿鳴，合鄉樂」，鄭云諸侯相燕，天子與國君燕，與大國之君燕，國語及襄公四年公言饗見之者，亦欲饗同也。向來所言，皆據升歌、合樂有此尊卑之差。若納賓之樂，天子與五等諸侯同，用肆夏。是以燕禮納賓用肆夏，禮記郊特牲云「大夫之奏肆夏由趙文子始也」，是大夫不得用之，其諸侯以上同用之也。云「其笙間之篇未聞」者，案鄉飲酒禮笙間之樂前與升歌同在小雅，則知元侯及國君相饗燕，笙間亦同升歌矣。而云「未聞」者，〔三五〕謂如由庚、由儀之等，篇名未聞。

工告于樂正曰：「正歌備。」樂正告于賓，乃降。樂正降者，以正歌備無事也。降立西階東，北面。

【疏】「工告」至「乃降」　注「樂正」至「北面」　鄭知「降立西階東，北面」者，以其堂上時在西階之東，北面，知降堂下亦然，在笙、磬之西，亦得監堂下之樂，故知位在此也。此鄉飲酒及鄉射大夫禮卑，無大師，故工告樂備。國君禮備，有大師告樂備。大射不告樂備者，是禮主於射，畧於樂故也。

主人降席自南方。不由北方，由便。

【疏】「主人降席自南方」　注「不由北方由便」　自此至「退，立于觶南」論立司正之事。云「不從北方，由便」者，主人之席南上，升由下，降由上，是其常，而言「不從北方，由便」者，解禮，故所以升由下，降由上者，是由便也。

側降。賓、介不從。

【疏】「側降」　注「賓介不從」　側者，特也，賓、介不從，故言「側」。上來主人降，賓、介皆從降，此獨不從者，以其方燕禮殺故也。

作相爲司正。司正禮辭，許諾。主人拜，司正荅拜。作，使也。禮、樂之正既成，將畱賓，爲有解惰，立司正以監之。拜，拜其許。○作相，息亮反，下及注同。爲有，于僞反，下爲賓同。解，古賣反。惰，徒臥反。以監，古銜反。

【疏】「作相」爲「司正」　注「作使」至「其許」　上經云「一相迎于門外」，今將燕，使爲司正監察賓主之事，故使相爲司正也。云「禮、樂之正既成」者，謂主人與賓行獻、酢之禮，是禮成也；升歌、笙間、合樂三終，是樂成也，故鄭揔言「禮、樂之正既成」也。

主人升，復席。司正洗觶，升自西階，阼階上北面受命于主人。主人曰：「請安于賓。」司正告于賓，賓禮辭，許。爲賓欲去畱之，告賓於西階。

【疏】「主人」至「辭許」　注「爲賓」至「西階」　此司正升西階，適阼階上。案鄉射云「司正升自西階，由楹内適阼階上，北面」，彼此同。此不言「由楹内」者，省文也。云「告賓於西階」者，鄉射云「司正西階上」，故知也。

司正告于主人，主人阼階上再拜，賓西階上荅拜。司正立于楹間以相拜，皆揖，復席。再拜，拜賓許也。司正既以賓許告，主人遂立楹間以相拜。賓、主人既拜，揖就席。

【疏】「司正」至「復席」　注「再拜」至「就席」　凡相拜者，當在賓、主拜前。今相見云在賓拜下者，以經云「司正告于主人」，因即拜賓，賓即荅拜，文理切，不得先言「相拜」，故退之在下，其實相時在賓主拜前。〔三六〕是以鄉射云「司正告于主人，遂立楹間以相拜。主人阼階上再拜，賓西階上荅再拜」，是其相拜在前也。云「賓、主既拜，揖就席」者，以鄉射賓、主拜訖，即揖就席故也，〔三七〕知此亦然也。

司正實觶，降自西階，階間北面坐奠觶，退共，少立。階間北面，東西節也，其南北當中庭。共，拱手也。少立，自正慎其位也。已帥而正，孰敢不正？燕禮曰「右還，北面」。○退共，九勇反，注同。

【疏】「司正」至「少立」　注「階間」至「北面」　云「階間北面，東西節也」者，階間謂兩階之間，東西等是東西節也。云「其南北當中庭」者，案鄉射云「司正實觶，降自西階，中庭北面坐奠觶」，此經雖不言中庭，宜與彼同，故云「中庭」也。云「已帥而正，孰敢不正」者，此是論語孔子語季康子之言也。彼言「子帥」，指季康子爲「子」，此言「已帥」，指司正爲「已」，欲見司正退也。云「共，拱手也。少立，自正慎其位也」者，欲見令賓、主亦皆正慎其位也。云「燕禮曰『右還，北面』」者，燕禮「司正降自西階，右還，北面」，取不背其君。此亦降自西階，亦右還，北面，取不背大夫也，故引以爲證也。

坐取觶，不祭，遂飲，卒觶，興。坐奠觶，遂拜，執觶興。盥洗，〔三八〕北面坐，奠觶于其所。退，立于觶南。洗觶奠之，示絜敬。立於其南，以察衆。

【疏】「坐取」至「觶南」　注「洗觶」至「察衆」　「執觶興，洗，北面」者，案鄉射、大射禮皆直云「取觶，洗，南面，反奠於其所」，不云「盥」，此俗本有「盥」者誤。又此文及鄉射奠空觶，皆位南，北面奠之，燕禮、大射皆南面奠之者，以國君禮盛儀多故也。

校勘記

〔一〕注降立至西面　阮校云「降立」閩本作「亦從」。

〔二〕禮之常故也　阮校云「故」要義作「然」。

〔三〕東西墻謂之序　黄刊嚴州本同，徐本「謂」作「爲」。

〔四〕若然　「若」原作「苦」，此據單疏改。

〔五〕主人不忠信　阮校云通解、毛本「主人」作「是」。

〔六〕此禮初賓謙卑　阮校云要義同，毛本「禮」作「與」。

〔七〕以當獻衆賓　黄刊嚴州本、徐本同，阮校云「當」毛本作「爵」。

〔八〕主人三拜蓑者　阮校云「三」要義作「一」。

〔九〕注長其至多矣　「其」單疏本作「者」，阮校云依注「者」當作「其」，或注中「其」字乃「者」字之誤。

〔一〇〕云卒爵不拜立飲立授爵　阮校云要義同，毛本「授」下無「爵」字。阮氏以爲注亦當有「爵」字。

〔一一〕則此三是三人　阮校云通解、毛本「此」下無「三」字。

〔一二〕若手受之　阮校云閩、監同，毛本「受」作「授」。

〔一三〕此臣禮避初也　阮校云此與下「亦是避初之事也」單疏、要義同，毛本「初」作「君」。

〔一四〕降時如初入之次第　阮校云閩本同，毛本「時」作「將」。

〔一五〕以經不言故也　阮校云「也」閩本作「言」，盧文弨云「故」下當有「言之」二字。

〔一六〕以左於外側擔之　阮校云通解、毛本「左」下有「手」字，閩本「手」字擠入。

〔一七〕則詨户孝反本又作傚　注作「傚」，釋文作「詨」。阮校引張淳説詨、傚通用。今按鹿鳴：「可則可傚。」是傚爲正字，詨爲借字。

〔一八〕注三者至光明　阮校云毛本「明」後有「也」字。

〔一九〕乃後下管新宫　阮校云「乃後」毛本作「後乃」。

〔二〇〕辯有脯醢　阮校云「辯」閩本作「辨」。

〔二一〕則不祭而已　阮校浦鏜云「而已」二字衍。

〔二二〕大王皆同　「王」字宋本原無，此據徐乾學本補。「皆」字徐本無。

〔二三〕得獻乃始入也　阮校云「得獻」閩本作「笙」。

〔二四〕具序三篇之義明其詩見在　阮校云要義同。「義明」閩本作「義則」，毛本作「後則」。

〔二五〕笙小者謂之和　阮校云閩本無「笙」字。

〔二六〕二人者不備禮　阮校云「二」閩本作「三」。

〔二七〕是其類也　阮校浦鏜云「類」爲「位」一字之譌。

〔二八〕宴樂　鄭注作「燕樂」，今按西周金文已有「匽」即「宴」字，戰國以後始以「燕」代「宴」。

〔二九〕葛覃　「覃」鄭注作「覃」，張淳本據釋文改作「蕈」，徐乾學本作「覃」。

〔三〇〕于岐　「于」原作「干」，此據鄭注及徐乾學本改。

〔三一〕云王后國君夫人房中之歌樂也者　阮校云閩本「歌」下衍「知」字。又云：「即有知字，亦當在也字下。」

〔三二〕故稱后也　阮校云閩本、通解同，毛本「后」下有「妃」字。

〔三三〕天子不風　阮校云「不」毛本作「之」。

〔三四〕鄉或進取　阮校云要義同，通解、毛本「鄉」作「饗」。今按鄉、饗古今字。

〔三五〕而云未聞者　「者」原作「知」，此據單疏本改。阮校云閩本誤作「知」，但未改字。

〔三六〕其實相時在賓主拜前　阮校云毛本「時」作「拜」。

〔三七〕即揖就席故也　阮校浦鏜云「也」字衍，「故」字屬下句。

〔三八〕執觶興盥洗　唐石經、黄刊嚴州本、徐本同，疏云「盥」字爲俗本誤增，張淳據疏删「盥」字，通解、毛本與張本同。阮校引士昏禮疏「凡洗爵者必先盥」，謂「盥」字不去亦可。

儀禮注疏卷第十

唐朝散大夫行大學博士弘文館學士臣賈公彦等撰

賓北面坐取俎西之觶，阼階上北面酬主人。主人降席，立于賓東。初起旅酬也。凡旅酬者，少長以齒，終於沃盥者，皆弟長而無遺矣。○少長，丁丈反，下及庭長同。皆弟，大計反。

【疏】「賓北」至「賓東」　自此至「司正降，復位」論堂上、堂下徧行旅酬之事。云「取俎西之觶」者，謂前一人舉觶奠于薦右，今爲旅酬而舉之。前主人酬賓奠于薦東者不舉，故言「俎西」以別之。云「主人降席」，不云自南方、北方者，案下記云「主人、介凡升席自北方，降席自南方」指此文也。

注「初起」至「遺矣」　云「凡旅酬者，少長以齒」以下，並是鄉飲酒義文，是以彼云：「賓酬主人，主人酬介，介酬衆賓，少長以齒，終於沃洗者焉，知其能弟長而無遺矣。」案下記云「主人之贊者，西面，北上，不與」，注云「贊，佐也，謂主人之屬，佐助主人禮事，徹鼏、沃盥、設薦俎者。與，及也，不及謂不及獻酒」，〔一〕言「不及獻酒」則旅酬亦「不與」，旅酬所以酬正獻也。記又云「無筭爵然後與」，若然，此旅酬得終於沃洗者，鄭解酬之大法，欲見堂上賓、主人之黨無不與，故鄭君連引無筭爵、旅酬，〔二〕而言「終沃洗也」，其實此時未及沃洗也。

賓坐奠觶，遂拜，執觶興。主人荅拜。不祭，立飲，不拜卒觶，不洗，實觶，東南面授主人。賓立飲，卒觶，因更酌以鄉主人，將授。○以鄉，許亮反，下皆鄉同。主人阼階上拜，賓少退。主人受觶，賓拜送于主人之西。旅酬同階，禮殺。

【疏】注「旅酬同階禮殺」　決上正酬時不同階。今同階，故云「禮殺」也。

賓揖，復席。酬主人訖。主人西階上酬介，介降席自南方，立于主人之西，如賓酬主人之禮。主人揖，復席。其酌實觶，西南面授介。自此以下旅酬，酌者亦如之。

【疏】注「其酌」至「如之」　知「西南面授介」者，案賓酬主人時，於阼階上東南面向之，則知此主人酬介，于西階上西南面可知。云「自此已下旅酬，酌者亦如之」者，謂亦如主人酬介，其酬酌介實觶，〔三〕西南面授之，以其旅酬皆西階上故也。

司正升相旅，曰：「某子受酬。」受酬者降席。旅，序也。於是介酬衆賓，衆賓又以次序相酬。某者，衆賓姓也，同姓則以伯、仲別之，又同則以且字別之。○相旅，息亮反，下注升相同。仲別，彼列反，下同。

【疏】注「旅序」至「別之」　上文「作相爲司正」，注云「將畱賓，爲有懈惰，立司正以監之」，今以賓、主及介旅酬不監之，至衆賓乃監者，以其主人與賓、介習禮已久，又各一位，不嫌失禮；至於衆賓既不久習禮，又同在一位，恐其失禮，故須監之也。云「某者，衆賓姓也」者，以「某」在「子」上，故知是「衆賓姓」也。若單言「某」，則是字，故鄉射云「某酬某子」，注云「某者字也」。云「同姓則以伯、仲別之」者，但此衆賓之內，有同姓，司正命之，則呼伯、仲別之也。云「又同則以且字別之」者，爲同姓之中，有伯、仲同者，則以某甫且字別之也。

司正退，立于序端，東面。辟受酬者，又便其贊上贊下也。始升相西階，西北面。○辟受，音避，下辟國君同。

【疏】「司正」至「北面」　注「辟受」至「北面」　司正初時在堂上西階西北面命受酬者訖，退立于西序端。東面者，一則案此下文「衆受酬者受自左」，即是司正立處，故須辟之；一則東面時，贊上贊下便也。云「始升相西階，西北面」者，雖無正文，以衆賓之席在賓西南面，介酬在西階上，司正升相旅，當在西階西北面命賓，故知位如此也。

受酬者自介右，由介東也。尊介，使不失故位。

【疏】「受酬者自介右」　注「由介」至「故位」　北面以東爲右，故鄭云「由介東也」。云「尊介，使不失故位」者，凡授受之法者，授由其右，受由其左，即下文「衆受酬者」是也。此受介酬者應自介左，而自介右者，介位在西，故云「尊介，使不失故位」也。

衆受酬者受自左。後將受酬者，皆由西，變於介也。今文無「衆酬者」。〔四〕

【疏】「衆受」至「自左」　注「後將」至「酬者」　言「衆受酬者」，謂上衆賓之内爲首者一人，自介右受之，自第二以下，并堂下衆賓，〔五〕皆自左受之。言「變於介」者，即是授受之常法也。

拜，興，飲，皆如賓酬主人之禮。嫌賓以下異也。辯，〔六〕卒受者以觶降，坐奠于篚。辯，辯衆賓之在下者。鄉射禮曰：「辯，遂酬在下者，皆升，受酬于西階上。」

【疏】注「辯辯」至「階上」　引鄉射者，彼禮與此同，經直言「辯」，不云「遂酬在下者，皆升，受酬于西階上」者，文不具，故引以證也。

司正降，復位。觶南之位。

【疏】「司正降，復位」注「觶南之位」　復位者，以相旅畢，堂上無事，故降復觶南之位。

使二人舉觶于賓、介，洗，升，實觶，于西階上皆坐奠觶，遂拜，執觶興。賓、介席末荅拜。皆坐祭，遂飲，卒觶，興。坐奠觶，遂拜，執觶興。賓、介席末荅拜。二人亦主人之吏。若有大夫則舉觶于賓與大夫。燕禮曰：「媵爵者立于洗南，西面，北上，序進盥洗。」○媵爵，以證反，又成證反。送也。

【疏】「使二人」至「荅拜」　注「二人」至「盥洗」　自此至「無筭樂」論賓主燕、坐爵樂無數之事。云「賓、介席末荅拜」者，賓於席西，南面荅拜，介於席南，東面荅。云「二人亦主人之吏」者，亦上一人舉觶，是「主人之吏」，以其主人使之，故知皆是主人之吏也。云「若有大夫則舉觶于賓與大夫」者，以其大夫尊於介故也。引燕禮者，證此二人舉觶將盥時，亦於洗南，西面，北上，以次盥手也。

逆降，洗，升，實觶，皆立于西階上。賓、介皆拜。於席末拜。

【疏】注「於席末拜」　言「席末拜」者，賓在席西，南面，介在席南，東面，以其俱是荅拜，故同前「席末拜」也。

皆進，薦西奠之。賓辭，坐取觶以興，介則薦南奠之。介坐受以興。

退，皆拜送。降，賓、介奠于其所。賓言取，介言受，尊卑異文。今文曰「賓受」。

【疏】「皆進」至「其所」　言「皆進」者，一人之賓所奠觶于薦西，一人之介所奠觶于薦南。

注「賓言」至「異文」　尊者得卑者物，言取。是以家語云定公假馬於季氏，孔子曰「君於臣有取無假」，故賓尊言取，介卑言受也。

司正升自西階，受命于主人。主人曰：「請坐于賓。」賓辭以俎。至此盛禮俱成，酒清肴乾，賓、主百拜，強有力者猶倦焉，張而不弛，弛而不張，非文、武之道，「請坐」者，將以賓燕也。俎者，肴之貴者。辭之者，不敢以禮殺當貴者。○不弛，式氏反，下同。

【疏】「司正」至「以俎」　云「司正升自西階，受命于主人」，此不言阼階上受。案鄉射「司正升自西階，阼階上受命于主人，適西階上，北面，請坐於賓」，則此亦同。彼云主人曰「請坐于賓」者，亦是使司正傳語於賓也。

注「至此」至「貴者」　自此以上皆立行禮，人皆勞倦，故「請坐於賓」也。云「酒清肴乾」者，案聘義云「酒清，人渴而不敢飲也；肉乾，人飢而不敢食也」。彼上云「聘、射之禮，至大禮也」，則是聘、射皆有飲酒禮，故此鄉飲酒引之。云「賓、主百拜」者，樂記文。彼是飲酒禮，與此同，故引而相證，但此鄉飲酒之禮，雖無百拜，舉全數而言也。云「強有力者」，亦聘義文。言此者，欲見自此以前，未得安坐飲食也。〔七〕云「張而不弛，弛而不張，非文、武之道」者，此雜記文。畧而言之，此以弓弩喻行禮之法：張而不弛，以喻旅酬已前立行禮；弛而不張，喻無筭爵以後坐食；〔八〕一張一弛，是文、武之道，張而不弛，弛而不張，非文、武之道，故後須坐也。云「俎者，肴之貴者」，謂骨體貴而肉賤，故云「肴之貴者」。云「辭之者，不敢以禮殺當貴者」，自旅以前立行禮是盛，自此後無筭爵，坐以禮，謂之殺，〔九〕故今將坐，辭以俎，「不敢以禮殺當貴者」。案燕禮司正奠觶于中庭，請徹俎而坐，此禮司正監旅訖，二人舉觶，後將行無筭爵，始「請坐于賓」，不同者，燕禮司正之前云二人致爵，三舉，旅得爵多，故司正奠時即坐燕，此禮由來未行旅酬，故使二人舉觶，徹俎後乃坐也。

主人請徹俎，賓許。亦司正傳請告之。○傳請，丈專反。之少，申召反。**司正降，階前命弟子俟徹俎。**西階前也。弟子，賓之少者。俎者，主人之吏設之，使弟子俟徹者，明徹俎賓之義。

【疏】「司正降階」注「西階」至「之義」　云「弟子，賓之少者」，以其稱「弟子」，故知是「賓之少者」；西階前命之，故知賓弟子。賓敬主人而使弟子徹俎，故云「賓之義」也。

司正升，立于席端。〔一〇〕待事。

【疏】「司正」至「席端」　司正降階前命弟子徹俎訖，即升，立于席端。弟子仍未徹俎，故鄭云「待事」也。

賓降席，北面。主人降席，阼階上北面。介降席，西階上北面。遵者降席，席東南面。皆立相須徹俎也。遵者，謂此鄉之人仕至大夫者也，今來助主人樂賓，主人所榮而遵法者也，因以爲名，或有無，來不來用時事耳。今文「遵」爲「僎」，或爲「全」。○爲僎，音遵。

【疏】「賓降」至「南面」〔一一〕　「皆立」者，將取俎以授人。遵不北面者，以其尊，故席東南面向主人。注「皆立」至「爲全」　云「皆立相須徹俎也」者，須，待也，受俎之人一時徹而授之也。云「遵者，謂此鄉之人，仕至大夫者也」者，以鄉射云「大夫若有遵者，入門左」，注云「謂此鄉之人爲大夫者也。謂之遵者，方以禮樂化民，欲其遵法之也」，既云「大夫若有遵」，明士不得有遵。又士立于下，不得升堂，故知此遵是大夫也。云「或有無」者，下文云「賓若有遵」，言若者，不定之辭，故知或有或無也。云「來不來，用時事耳」者，言來之與不來，〔一二〕事在當時，故云「用時事耳」。

賓取俎，還授司正，司正以降，賓從之。主人取俎，還授弟子，弟子以降自西階，主人降自阼階。介取俎，還授弟子，弟子以降，介從之。若有諸公、大夫，則使人受俎，〔一三〕**如賓禮。衆賓皆降。**取俎者皆鄉其席，既授弟子，皆降復初入之位。

【疏】「賓取」至「皆降」 「主人取俎，還授弟子，弟子以降自西階」。案燕禮膳宰徹公俎，降自阼階，與此不同者，彼公不降，故宰夫降阼階；此主人降自阼階，故弟子降自西階也。

注「取俎」至「之位」 云「取俎者，皆鄉其席」者，以其俎在席前，鄉席取俎，還轉授之，故經皆言「還授」也。云「既授弟子，皆降復初入之位」者，以其下云「揖，讓，如初升」，故知此降時，亦復初入之位。位在東階，西階相讓也。

説屨，揖，讓，如初，升，坐。説屨者，爲安燕當坐也。必説於下者，屨賤不空居堂。〔一四〕説屨，主人先左，賓先右。今文「説」爲「稅」。○説屨，吐活反，劉詩悦反，注同。爲稅，始銳反。

【疏】「説屨」至「升坐」 自此以下至「再拜」，論無筭爵，飲酒禮終送賓之事也。云「如初，升，坐」者，謂賓主初入，揖讓而升堂。升堂雖同，前則升堂立，此則即席坐，與前異也。

注「説屨」至「爲稅」 云「説屨者，爲安燕當坐也」者，凡堂上行禮之法，立行禮，不説屨；坐則説屨，屨空則不宜陳於側，故降説屨，然後升坐也。云「説屨，主人先左，賓先右」者，案曲禮云「上於東階則先右足，上於西階則先左足」，鄭注云「近於相鄉，敬也」；案玉藻著屨之法，坐左納右，坐右納左，今説之亦北面鄉階，主人先坐左，賓先坐右，亦取近於相鄉，敬之義也。

乃羞。羞，進也，所進者，狗胾醢也。鄉設骨體，所以致敬也，今進羞，所以盡愛也，敬之愛之，所以厚賢也。○胾醢，壯吏反。〔一五〕鄉設，許亮反，本又作嚮，同。

【疏】「乃羞」注「羞進」至「賢也」。知「所進者，狗胾醢」者，案下記云「其牲狗」，禮記又云「薦羞不踰牲」，則所羞者狗胾也。但醢是舊作之物，諸經又不見以狗作醢，則胾必狗也，醢則當兼有餘牲也。云「鄉設骨體，所以致敬也，今進羞，所以盡愛也」者，骨體貴，人不食，故云「致敬」；胾醢賤，人所食，故云「盡愛」也。

無筭爵，筭，數也。賓主燕飲，爵行無數，醉而止也。鄉射禮曰「使二人舉觶于賓與大夫」，〔一六〕又曰「執觶者洗，升，實觶，反奠於賓與大夫」，皆是。

【疏】「無筭爵」注「筭數」至「皆是」。引鄉射禮者，證此「無筭爵」從首至末，更從上至下，唯醉乃止。鄭云「皆是」者，從首至末，皆是行無筭爵之義。

無筭樂。燕樂亦無數，或間或合，盡歡而止也。春秋襄二十九年吳公子札來聘，請觀于周樂，此國君之無筭。○子札，壯八反。

【疏】「無筭樂」注「燕樂」至「無筭」。云「燕樂亦無數」者，亦上「無筭爵」也。案上升歌、笙間、合樂皆三終，言有數，此即無也。云「或間，或合，盡歡而止也」者，以其不言風、雅，故知「或間」如上間歌，用小雅也；「或合」用二南也。言「或間或合」者，於後科用其一，但不並用也。引春秋者，彼是國君禮，此是大夫禮，見其異也，但無筭之樂，還依尊卑用之。案春秋爲季札所歌大雅與頌者，但季札請觀周樂，魯爲之盡陳。又魯周公之後歌樂得與元侯同，故無筭之樂，雅、頌並作也。

賓出，奏陔。陔，陔夏也。陔之言戒也，終日燕飲，酒罷以陔爲節，明無失禮也。周禮鍾師「以鍾、鼓奏九夏」，是奏陔夏，則有鍾、鼓矣。鍾、鼓者，天子、諸侯備用之，大夫士鼓而已。蓋建於阼階之西南鼓。鄉射禮曰：「賓興，樂正命奏陔；賓降及階，陔作；賓出衆賓皆出。」○酒罷，皮賣反，劉音皮。

【疏】「賓出奏陔」　注「陔陔」至「皆出」　云「陔，陔夏也」者，周禮鍾師有陔夏，故云「陔夏也」。云「周禮鍾師以鍾、鼓奏九夏」者，案鍾師云「凡樂事以鍾、鼓奏九夏：王夏、肆夏、昭夏、納夏、章夏、齊夏、族夏、祴夏、驁夏」，杜子春云「王出入奏王夏，尸出入奏肆夏，牲出入奏昭夏，四方賓來奏納夏，臣有功奏章夏，夫人祭奏齊夏，族人侍奏族夏，客醉而出奏陔夏，公出入奏驁夏」。言「以鍾、鼓」者，庭中先擊鍾，却擊鼓，而奏此九夏，故云「是奏陔夏，則有鍾、鼓矣」。云「鍾、鼓者，天子諸侯備用之」者，鍾師天子禮有鍾、鼓，大射諸侯禮，亦具有鍾、鼓，故云「天子、諸侯備用之」。云「大夫、士鼓而已」者，案鄉射云「不鼓不釋」，明無鍾可知。此且語鍾、鼓，〔一七〕若用九夏，則尊卑不同。天子則九夏俱作，諸侯則不用王夏，得奏其肆夏以下，大夫以下據此文用陔夏，其餘無文。云「蓋建于阼階之西南鼓」者，據此奏陔夏之時其鼓約大射「建鼓在阼階西南鼓」而知，無正文，故云「蓋」。彼注云「鼓不在東縣，南爲君也」。此鄉大夫無東縣，直有一鼓而已，故縣在阼階之西南，鄉主人也。引鄉射者，證賓出遠近陔作之義。云「賓出衆賓皆出」者，經賓據正賓，不言衆賓與介，則賓出之時，衆賓與介俱出可知。

主人送于門外，再拜。門東西面拜也。賓、介不荅拜，禮有終也。

【疏】「主人」至「再拜」　注「門東」至「終也」　云「門東西面拜也」者，此約主人迎賓之時，門東西面拜，今送賓還依此位立也。云「賓、介不荅拜，禮有終也」者，於迎賓、介時，賓、介荅拜，今送賓，主人再拜，若賓、介荅拜，是行禮無終畢，故賓、介不荅，是禮有終也。不言衆賓者，迎送俱不拜，故不言也。

賓若有遵者諸公、大夫，則既一人舉觶，乃入。不干主人正禮也。遵者，諸公、大夫也。謂之賓者，同從外來耳。大國有孤四命，謂之公。

【疏】「賓若」至「乃入」　自此已下至「不去加席」，〔一八〕論鄉内有諸公、大夫來觀禮，主人迎之與行禮事也。注「不干」至「謂之公」　言「不干主人正禮」者，正禮謂賓主獻酢是也，〔一九〕是以一人舉觶爲旅酬始，乃入。若然，即是作樂前入。而於此篇末乃言之者，以其無常，或來或不來，故於後言之也。云「遵者，諸公、大夫也」者，孤只一人，而言諸者，案鄭注燕禮云「諸公者，謂大國之孤也，孤一人言諸者，容牧下三監」。案王制云「天子使其大夫監於方伯之國，國三人」，王制所陳是殷法，言「容」者，周公制禮時，因而不改，故云「容」也。云「大國有孤四命」者，周禮典命文。「謂之公」者，若天子有三公也。

席于賓東，公三重，大夫再重。席此二者於賓東，尊之不與鄉人齒也。天子之國，三命者不齒；於諸侯之國，爵爲大夫則不齒矣。不言遵者，遵者亦卿大夫。○三重，直龍反，下注同。

【疏】「席于」至「再重」　注「席此」至「大夫」　言「三重」、「再重」者，席有地可依，若衣裳在身，一領即爲一重，再重、三重，猶二領三領也。云「席此二者於賓東」者，賓在户牖之間，酒尊又在户東，席此二者又在酒尊之東，但繼賓而言耳。云「尊之不與鄉人齒也」者，「鄉人」謂衆賓之席在賓西，故云「不與鄉人齒」。案上注云「此篇無正齒位之事」，今此言「齒」者，彼云「無正齒位」者，對黨正飲酒，鄉人五十已上、九十已下有齒法，鄉飲酒貢士以德爲次，〔二〇〕故云「無正齒位」之禮；此言齒者，謂士已上來觀禮，乃有齒法。云「天子之國，三命者不齒」者，案周禮黨正職云「國索鬼神而祭祀，則以禮屬民而飲酒于序，以正齒位。壹命齒于鄉里，再命齒于父族，三命不齒」，彼是天子黨正飲酒法，故知天子之國三命不齒。彼是天子貢人鄉飲酒法，〔二一〕鄭引之爲證者，欲見天子鄉飲酒，三命不齒同也。云「於諸侯之國，爵爲大夫則不齒矣」者，以此篇及鄉射皆云「若有大夫」，不辨命數，故知爵爲大夫即不齒也，皆謂鄉射、鄉飲酒之禮，若黨正飲酒則與此異。案文王世子云「其朝于公，内朝，則東面北上。臣有貴者以齒」，下文云「庶子治之，雖有三命，不踰父兄」，鄭注云「治之，治公族之禮也，唯於内朝則然，其餘會聚之事，則與庶姓同」，又引黨正飲酒云「一命齒於鄉里，再命齒於父族，三命不齒。不齒者，特爲位不在父兄行列中」，但文王世子是諸侯之法，即諸侯黨正飲酒，還與天子同，但諸侯之國，一命已上至三命，大夫、士具有。言「一命齒於鄉里」者，公、侯、伯之士一命，與堂下鄉人齒，以其士立堂下故也；子男之士不命，與一命之士同齒於階下；子男之大夫一命，坐於上，與六十已上齒於堂。〔二二〕「再命齒於父族」者，謂子男之卿與公、侯、伯之大夫以父族爲賓，則與之齒，異姓爲賓，則不與之齒，席於尊東。「三命不齒」者，謂公、侯、伯之卿雖父族爲賓，亦不與之齒，席於尊東也。云「不言遵者，遵者亦卿大夫」者，案上文「賓若有遵者」，與諸公、大夫雖文異，諸公、大夫則遵也，故鄭云「遵者，諸公、大夫也」，明此經不言遵者，亦卿大夫可知。

公如大夫入，主人降，賓、介降，衆賓皆降，復初位。主人迎，揖，讓，升。公升如賓禮，辭一席，使一人去之。〔二三〕如讀若今之若。主人迎之於門内也。辭一席，謙自同於大夫。○公如，音若，出注。人去，其吕反，下同。

【疏】「公如」至「去之」　此據諸公、大夫入，賓、介與衆賓皆避之，降復西階下東面位。

注「如讀」至「大夫」　鄭曰「如讀若今之若」者，前無大夫入，直以大夫與主人爲禮，是其當公則非當，〔二四〕故鄭讀如「若今之若」，謂大夫之於公更無異禮矣。云「主人迎於門内」者，以經「公如大夫」，主人不言出，故知迎於門内也。云「辭一席，謙自同於大夫」者，大夫再重，公三重，故辭去一席，同於大夫再重。

大夫則如介禮，有諸公，則辭加席，委于席端，主人不徹；無諸公，則大夫辭加席，主人對，不去加席。加席，上席也，大夫席再重。

【疏】「大夫」至「加席」 云「大夫則如介禮」者，以其公如賓，故大夫則如介禮。主人迎賓，賓厭介，此公與大夫同入，公亦厭大夫，故云「大夫如介禮」。云「有諸公，則辭加席，委於席端，主人不徹」者，大夫再重是其正，大夫以公在，故謙，委加席於席端，主人不徹也。

注「加席」至「再重」 云「加席，上席也」者，以其再重、三重，席皆一種，故云「上席也」。記云「蒲筵，緇布純」，明無異也。以其鄉大夫賢者，〔二五〕公與大夫來觀禮而已，故俱加重，數更無異席也。公食大夫禮異國之客有別席，是以公食大夫云「宰夫設筵，加席、几」，又記云「司宮具几與蒲筵常，緇布純，加萑席尋」，又下注云〔二六〕「謂三命大夫也，孤爲賓則莞筵，紛純，加藻席，畫純」，是與當國之大夫異也。燕禮云「司宮筵賓于户西，東上，無加席也」者，以其燕私故也。大射云「司宮設賓席于户西南面，有加席」，與公侯同者，以其大射辨尊卑故也。

明日，賓服鄉服以拜賜，〔二七〕拜賜，謝恩惠。鄉服，昨日與鄉大夫飲酒之朝服也，不言朝服，未服以朝也。今文曰「賓服鄉服」。○之朝，直遥反，下皆同。

【疏】「明日」至「拜賜」 注「拜賜」至「鄉服」 鄭知鄉服是朝服者，下記云「朝服而謀賓、介」是也。此賓言「鄉服」，其鄉射賓言「朝服」，不同者，案鄉射記云「大夫與則以公士爲賓」，謂在朝著朝服是其常；此賓是鄉人子弟，未仕，雖著朝服，仍以「鄉服」言之，故鄭云「不言朝服，未服以朝也」。

主人如賓服以拜辱。拜賓復自屈辱也。〔二八〕鄉射禮曰：「賓朝服以拜賜于門外，主人不見。如賓服，遂從之，拜辱於門外，乃退。」○復自，扶又反，下而復、復差同。

【疏】「主人」至「拜辱」　注「拜賓」至「乃退」　引鄉射者，於此文不具，故引以爲證明，彼此賓、主皆不相見，造門外拜謝而已。

主人釋服，釋朝服更服玄端也。古文「釋」作「舍」。

【疏】「主人釋服」　自此已下至「鄉樂唯欲」，〔二九〕論後日息司正，徵唯所欲，更行飲酒之禮。

注「釋朝」至「作舍」　言「釋朝服更服玄端也」者，以其昨日正行賓舉飲酒之禮，相尊敬，故朝服，此乃燕私，輕，故玄端勞也。

乃息司正。息，勞也。勞賜昨日贊執事者，獨云司正，司正庭長也。○息勞，力報反，下皆同。

【疏】注「息勞」至「長也」　鄭云「勞賜昨日贊執事者」者，案下記云「主人之贊者，西面，北上，不與」，鄭注云「主人之屬，佐助主人禮事徹冪、沃盥、設薦元缺起此俎者」，「與，及也，不及謂不獻酒」，明此時勞可知；　今獨言司正，司正是庭長，故獨言之也。

無介，勞禮略也，〔三〇〕司正爲賓。

【疏】注「勞禮」至「爲賓」　此勞時司正爲賓，當立介以輔賓，無介者，勞禮略故也。

不殺，市買若因所有可也，不殺則無俎。○不殺，所八反，注同，劉色例反。

【疏】注「市買」至「無俎」　「市買」無正文，鄭以意言之，云「不殺則無俎」者，其殺則俎以盛骨體，既言「不殺」，故知「無俎」也。

薦脯醢，羞同也。[三一]

【疏】注「羞，同也」 以其脯醢與正行飲酒同，有此薦，故云「羞同也」。

羞唯所有，在有何物。

【疏】注「在有何物」 羞謂上文正行飲酒之時用狗胾，今不殺，故言「羞唯所有」也。云「在有何物」者，雜物皆是也。

徵唯所欲，徵，召也。

【疏】注「徵召也」 昨日正行飲酒，不得唤親友，故今禮食之餘，別召知友，故言「徵唯所欲」也。

以告於先生、君子可也。告，請也。先生不以筋力爲禮，於是可以來。君子，國中有盛德者。可者，召不召唯所欲。○以筋，居勤反。

【疏】注「告請」至「所欲」 案曲禮云「老者不以筋力爲禮」，此先生，老人教學者，故云「先生不以筋力爲禮，於是可以來」也。云「君子，國中有盛德者」者，此君子則曲禮「博聞强識，[三二]敦善行而不殆，謂之君子」也。又玉藻云「居士錦帶」，鄭云「居士，道藝處士」亦一也。云「可者，召不召唯所欲」者，上文云「徵唯所欲」，上下相成解也。

賓、介不與。禮瀆則褻。古文「與」爲豫。[三三]○不與，音預，注及篇末文注同。禮瀆，音獨，劉又音濁。

【疏】注「禮瀆」至「爲預」 賓、介昨日正行禮，今又召之，則是數，數則瀆，瀆則不敬，故云「禮瀆則褻」，是以不與。

鄉樂唯欲。鄉樂，周南、召南六篇之中，唯所欲作，不從次也。不歌鹿鳴、魚麗者，辟國君也。

【疏】注「鄉樂」至「君也」　云「鄉樂，周南、召南」者，上注以二南爲鄉大夫之樂，小雅爲諸侯之樂，故知二南也。但鄉燕同樂，上正行飲酒，歌小雅，今燕不歌鹿鳴、魚麗，是避國君也。

記。鄉朝服而謀賓介，皆使能，不宿戒。鄉，鄉人，謂鄉大夫也。朝服，冠玄端，緇帶，素韠，白屨，今郡國行鄉飲酒之禮，玄冠而衣皮弁服，與禮異。再戒爲宿戒。禮將有事，先戒而又宿戒。〔三四〕素韠，音畢。而衣，於既反。

【疏】「記鄉」至「宿戒」　上經直云主人與先生謀賓、介，不云服衣，不云使能及不宿戒之事，故記之也。

注「鄉鄉」至「宿戒」〔三五〕　「鄉，鄉人，謂鄉大夫」者，以鄉大夫爲主人，故知鄉大夫。知「朝服冠玄端，緇帶，素韠，白屨」者，玄端即朝服之衣，裳又與韠同色，屨亦同裳色，故知義然也。云「再戒爲宿戒。禮將有事，先戒而又宿戒」者，此即士冠先戒賓及宿是也。此直戒而不宿，與冠禮異。

蒲筵，緇布純。筵，席也。純，緣也。○布純，劉之閏反，或章允反，注同。純緣，以絹反。

【疏】公食記云「蒲筵常，緇布純」，此不言常，文不具也。倍尋曰常，丈六尺也。

尊，綌冪，〔三六〕賓至徹之。綌，葛也。冪，覆尊巾。○冪，迷狄反。其牲狗也。狗取擇人。亨于堂東北。祖陽氣之所始也。陽氣主養，易曰：「天地養萬物，聖人養賢以及萬民。」○亨于，普庚反，下注亨狗同，劉虚讓反。

【疏】注「祖陽」至「萬民」　此據鄉飲酒義而言，以正月三陽生之月，萬物出地，盛於東南，故云「祖陽氣之所始也」。引易頤象辭者，義取養賢能而賓舉之事也。

獻用爵，其他用觶。爵尊，不褻用之。

【疏】注「爵尊，不褻用之」　案上獻賓、獻衆賓等，皆用一升之爵，至酬及旅酬之等，皆用三升之觶。以獻爲初，相敬，故用爵。以酬之等皆用爲相勸，故用觶。是以鄭云「爵尊，不褻用之」也。

薦脯五挺，横祭于其上，出自左房。挺，猶膱也。鄉射禮曰「祭半膱，膱長尺有二寸」，左在東，〔三七〕陽也，陽主養。房，饌陳處也。冠禮之饌，脯醢南上。曲禮曰「以脯脩置者，左朐右末」。○五挺，大頂反，本亦作脡。猶膱，音職，本亦作職，〔三八〕音同。陳處，昌慮反。冠禮，古亂反。左朐，其于反，屈中曰朐。

【疏】注「挺猶」至「右末」　此「横祭于元缺止此其上」者，於脯爲横，於人爲縮，其挺有五，通祭者六，故鄉射記云「薦脯用籩，五膱，祭半膱，横于上」，「膱長尺二寸」，則祭半膱者，長六寸。此脯不言長短者，記文不具也。云「冠禮之饌，脯醢南上」者，欲見此房中之饌，亦南上也。引曲禮者，欲見此脯與曲禮脯羞，〔三九〕雖朐、挺有異，其設之皆横於人前。鄭彼注云：「屈中曰朐。以左手案之，右手擘之便。」

俎由東壁，自西階升。亨狗既孰，載之俎，饌於東方。

【疏】「俎由」至「階升」　注「亨狗」至「東方」　亨狗於東方，孰乃載之於俎，饌陳於東壁。既饌於東方，恐由東階升，故記辯之，云「自西階升」也。

賓俎，脊、脅、肩、肺。主人俎，脊、脅、臂、肺。介俎，脊、脅、肫、胳、肺。〔四〇〕肺皆離。皆右體，進腠。凡牲前脛骨三：肩、臂、臑也；後脛骨二：膊、胳也。尊者俎尊骨，卑者俎卑骨。祭統曰「凡爲俎者，以骨爲主，〔四一〕骨有貴賤。凡前貴後賤」。離，猶挂也。腠，理也。進理謂前其本也。〔四二〕今文「胳」作「骼」。○胳肺，劉音格，一音各。進奏，本又作腠，同，千豆反，理也。前脛，户定反。臂臑，乃報反，字林人于反。膊，劉音純。猶挂，苦圭反。作骼，古白反。

【疏】「賓俎」至「進腠」　注「凡牲」至「作骼」　此序體賓用肩，主人用臂，介用胳，其間有臑、肫在而介不用者，蓋爲大夫俎，故此闕焉。是以鄉射記云「賓俎，脊、脅、肩、肺。主人俎，脊、脅、臂、肺」，注云「賓俎用肩，主人用臂，尊賓也。若有尊者則俎，其餘體」，是臑、肫爲大夫明矣。大夫雖尊，不奪賓、主正體，故用體卑於主人與賓，而尊於介也。或有介俎肫、胳，不言者，〔四三〕欲見用體無常。若有一大夫，即介用肫，若有二大夫，則介用胳，故肫、胳兩見亦是也。云「後脛骨二：膊、胳也」者，此皆如特牲、少牢，不取觳也。云祭統者，據祭祀歸俎之法，此據飲酒生人之禮。〔四四〕引之者，取一邊骨有貴賤之義。以其賓用肩，主人用臂，介用胳，前貴於後也。

以爵拜者，不徒作。作，起也，言拜既爵者，不徒起，起必酢主人。

【疏】「以爵拜者，不徒作」　注「作起」至「主人」　經直云「以爵拜者，不徒作」，鄭知「拜既爵者，不徒起，起必酢主人」者，以其拜受爵者，有不酢主人法，故上經衆賓之長一人受爵而不酢主人，故此是拜既爵，起必酢主人者也。

坐卒爵者，拜既爵。立卒爵者，不拜既爵。降、殺各從其宜，不使相錯。唯工不從此禮。○降殺，所界反，下同。

【疏】「坐卒」至「既爵」　注「降殺」至「此禮」　以其工無目，〔四五〕不使立卒爵，〔四六〕唯坐卒爵，不拜既爵，與立卒爵者同，故云「唯工不從此禮」也。

凡奠者於左，不飲者，不欲其妨。○其妨，如字，一音芳亮反。

【疏】「凡奠者於左」　注「不飲」至「其妨」　奠於左者，謂主人酬賓之觶，主人奠於薦右，客不盡主人之歡，奠之於左，是不欲其妨後奠爵也。

將舉於右。便也。

【疏】「將舉於右」　注「便也」　謂若上文一人舉觶爲旅酬始，二人舉觶爲無筭爵始，皆奠於右，是其將舉者於右，以右手舉之便也。

衆賓之長一人辭洗，如賓禮。於三人之中，復差有尊者，餘二人雖爲之洗，不敢辭，其下不洗。○之長，丁文反。復差，初佳反，又初賣反，又初宜反。雖爲，于僞反。

【疏】「衆賓」至「賓禮」　注「於三」至「不洗」　此記上主人獻衆賓時，「主人揖，升，坐取爵于西楹下，降洗爵」，衆賓長一人降，亦進，東向辭洗，如賓禮。是於三人之中復差，尊者得辭洗，「餘二人雖爲之洗，不敢辭」也。云「其下不洗」者，謂其堂下立者不爲之洗，獻之而已。

立者東面，北上。若有北面者，則東上。賢者衆寡無常也，或統於堂，或統於門。

【疏】「立者」至「東上」　注「賢者」至「於門」　此謂堂下立者，鄉人賢者或多或少，若少，則東面，北上，統於堂也；若多，東面，立不盡，即門西北面，東上統於門也。

樂正與立者，皆薦以齒。謂其飲之次也，尊樂正同於賓黨。不言飲而言薦，以明飲也。〔四七〕既飲皆薦於其位。樂正位西階東，北面。

【疏】「樂正」至「以齒」 注「謂其」至「北面」 云「謂其飲之次也」者，謂樂正與立者以齒受旅，是飲之次也。云薦者以先飲乃薦，依飲之次而薦之，故「明飲」也。必知飲、薦相將者，案上經云「衆賓徧有脯醢」，〔四八〕鄭注云「亦每獻薦於其位，位在下」，此言「樂正與立者，皆薦以齒」明受獻乃薦於衆賓，在下者同也。

凡舉爵，三作而不徒爵。謂獻賓、獻大夫、獻工皆有薦。

【疏】「凡舉」至「徒爵」 徒，空也。謂獻賓、獻大夫、獻工不空以爵獻之而已，皆有薦脯醢。

樂作，大夫不入。後樂賢者。

【疏】「樂作，大夫不入」 注「後樂賢者」 大夫之入，當一人舉觶之後，未樂作之前，以助主人樂賢。若樂作之後，後樂賢者，〔四九〕故不入也。

獻工與笙，取爵于上篚。既獻，奠于下篚。明其異器，敬也。如是則獻大夫亦然。上篚三爵。

【疏】「獻工」至「下篚」 注「明其」至「三爵」 鄭知「上篚三爵」者，以上經初主人獻賓時，云「取爵於篚，降洗」，獻賓，受酢，主人奠爵于序端；酬賓訖，又「取爵於東序端」以獻介，受酢訖，「奠爵于西楹南」，降，三拜衆賓訖；猶升，「取爵于西楹下」，獻堂上堂下衆賓，訖，「主人以爵降，奠于篚」。是其上篚一爵也；此記又云「獻工與笙，取爵于上篚。既獻，奠于下篚」，是上篚二爵也，又鄉射禮獻大夫云「主人揖，讓，以大夫升，拜至，大夫荅拜。主人以爵降，洗，獻大夫」，此篇亦有大夫，故知上篚有三爵也。

其笙，則獻諸西階上。謂主人拜送爵也。於工拜于阼階上者，以其坐於西階東也。古文無「上」。

【疏】「其笙」至「階上」　注「謂主」至「無上」　上經主人獻笙於西階上，此記人又言之者，〔五〇〕爲拜送送爵而言也，〔五一〕故鄭云「主人拜送爵」也。云「於工拜于阼階上者，以其坐於西階東也」者，以工坐於西階東，主人不得西階上拜送爵故也。此笙在西階，獻於西階，工嫌亦阼階拜送，故此明之也。

磬，階間縮霤，北面鼓之。縮，從也，霤以東西爲從。鼓，猶擊也。大夫而特縣，方賓鄉人之賢者，從士禮也。射則磬在東。古文「縮」爲「蹙」。○縮，所六反，下同。霤，力又反。縮從，子容反，下同。特縣，音玄。爲蹙，子六反。

【疏】「磬階」至「鼓之」　注「縮從」至「爲蹙」　言「大夫而特縣」者，案周禮小胥「半爲堵，全爲肆」，〔五二〕鄭注云「鍾、磬者編縣之，〔五三〕二八十六枚而在一虡謂之堵，鍾一堵磬一堵謂之肆。半之者謂諸侯之卿大夫、士也。諸侯之卿大夫西縣鍾，東縣磬」，今諸侯卿大夫合鍾磬俱有，今直云磬，是以鄭云：「大夫而特縣，方賓鄉人之賢者，從士禮也。」云「射則磬在東」者，據鄉射而言，避射位，故在東，與此階間異也。〔五四〕

主人、介，凡升席自北方，降自南方。席南上，升由下，降由上，由便。

【疏】「主人」至「南方」　注「席南」至「由便」　案曲禮云「席南鄉北鄉以西方爲上，東鄉西鄉以南方爲上」，鄭注云「坐在陽則上左，在陰則上右」，是以主人與介席南方爲上，故「升由下，降由上」者，便也。若然，席坐在陰，以東爲上者，統於主人也。

司正既舉觶，而薦諸其位。司正，主人之屬也，無獻，因其舉觶而薦之。

【疏】「司正」至「其位」　注「司正」至「薦之」　案下文云「主人之贊者，西面，北上，不與。無筭爵然後與」，是其「無獻」也，故因舉觶薦諸其位。

凡旅，不洗。敬禮殺也。

【疏】「凡旅，不洗」　注「敬禮殺也」　案上「二人舉觶」，皆爲旅始，不可不自絜，故洗。自此以後，旅酬皆不洗，故云「凡旅，不洗」也。

不洗者不祭。不甚絜也。既旅，士不入。後正禮也。既旅，則將燕矣。

【疏】「既旅，士不入」　注「後正」至「燕矣」　旅謂旅酬，所酬獻皆拜受，〔五五〕故云「正禮」。既旅之後，無筭爵，行燕飲之法，非正禮，故士不入，後正禮故也。

徹俎，賓、介、遵者之俎，受者以降，遂出，授從者。以送之。○授從，才用反。

【疏】「徹俎」至「從者」　以上文正經賓、介、遵者之俎直云「降自西階」，無出之文，故記之。上之必授從者，以其己所當得也。

主人之俎，以東。藏於東方。

【疏】「主人之俎，以東」　注「藏於東方」　已上文三云主人授弟子俎，「弟子以降，自西階」，不言「以東」，故記人辨之。云「藏於東方」者，以其主人，故云藏之。

樂正命奏陔。賓出，至于階，陔作。

【疏】「樂正」至「陔作」　陔謂陔夏，詩篇名。命擊鼓者，賓降自西階，恐賓醉失禮，故至階奏之。

若有諸公，則大夫於主人之北，西面。其西面者，北上，統於公。

【疏】「若有」至「西面」　注「其西」至「於公」　若無諸公，則大夫南面，西上，統於遵也。〔五六〕

主人之贊者，西面，北上，不與。贊，佐也，謂主人之屬，佐助主人禮事，徹鼏、沃盥、設薦俎者。西面，北上，統於堂也。與，及也，不及謂不獻酒。

【疏】「主人」至「不與」　注「贊佐」至「獻酒」　云「西面，北上，統於堂也」者，以其主人之屬故也。

無筭爵然後與。燕乃及之。

【疏】注「燕乃及之」　以其主人之屬，非主人所敬，故無筭爵乃得酒也。

校勘記

〔一〕不及獻酒　阮校：浦鏜云「及」字衍。

〔二〕故鄭君連引無筭爵旅酬　阮校云通解、要義同，毛本「爵」下有「與」字。

〔三〕其酬酌介實觶　阮校云「介」閩本作「并」。

〔四〕今文無衆酬者　黄刊嚴州本、徐本同。阮校云毛本「者」作「也」，又疑「衆」當作「受」。

〔五〕并堂下衆賓　阮校云通解、要義同，毛本「下」作「上」。

〔六〕辯　唐石經作「辨」。

〔七〕未得安坐飲食也　阮校云「食」要義作「酒」。

〔八〕坐食　阮校云盧文弨改「食」爲「飲」。

〔九〕坐以禮謂之殺　阮校浦鏜云「以」爲「行」之誤。

〔一〇〕司正升立于席端　黄刊嚴州本、徐本同，唐石經「席」作「序」，阮校云楊氏、敖氏與石經同，集釋、通解與徐本同。鄉射云：「升，立于序端」。是作「席」者誤，然單疏所見經已誤，則其誤久矣。

〔一一〕賓降至南面　「降」下原有「階」字，阮校疑「階」爲衍文，或爲「席」字之誤。毛本無「階」字。此據毛本删。

〔一二〕言來之與不來　阮校云「之」毛本作「者」。

〔一三〕則使人受俎　阮校云「受」唐石經、集釋俱作「授」。

〔一四〕屨賤不空居堂　阮校云「空」楊本作「宜」。

〔一五〕壯吏反　徐乾學本「壯」作「莊」，聲紐同。

〔一六〕使二人舉觶于賓　黄刊嚴州本、徐本同，阮校云集釋、通解亦同。毛本「二」作「主」，楊氏「二」作「一」。

〔一七〕此且語鍾鼓　阮校云要義作「此且論鼓」。

〔一八〕至不去加席　「去」字原無，阮校浦鏜云「不」下脱「去」字，此據其説補。

〔一九〕正禮謂賓主獻酢是也　阮校云閩本無「正禮」二字。

〔二〇〕以德爲次　阮校云「次」閩本作「比」。

〔二一〕彼是天子貢人鄉飲酒法　「彼」原作「此」，此據單疏改。阮校云「此」要義作「彼」。今按阮未校單疏，故未改字。

〔二二〕與六十已上齒於堂　阮校云通解、要義同，毛本無「與」字。

〔二三〕使一人去之　阮校云敖氏作「主人去之」。

〔二四〕是其當公則非當　阮校云兩「當」字盧文弨改「常」。

〔二五〕鄉大夫賢者　阮校云「賢」上閩本有「貢」字擠入。

〔二六〕又下注云　「下」原作「上」，據單疏也。阮校云浦鏜說「上」誤作「下」，但未改字。今按浦鏜說是，此注確在上引公食大夫記文後，單疏誤。

〔二七〕明日賓服鄉服以拜賜　阮校云通解、敖氏俱無上「服」字，朱子曰：「注云：今文曰賓服鄉服，明古經文無服，今有之衍文也。」今按朱子說是，然唐石經已有，則其誤由來久矣。

〔二八〕拜賓復自屈辱也　黄刊嚴州本、徐本同。阮校云集釋、楊氏「復」作「服」，張淳本出「復」字於上，本文作「服」。阮按云：「張氏以嚴本爲據，楊氏又沿嚴本之誤，徐、鍾俱不誤。」今按阮說非是，黄氏校録云張所見嚴本不同，釋文與嚴本合，無庸「識誤」。

〔二九〕至鄉樂唯欲　「唯」下原有「所」字，阮校浦鏜云「所」字衍，今按經文無「所」字，此據浦鏜說删。

〔三〇〕勞禮畧也　阮校云毛本「畧」下有「故」字，閩本作「勞禮殺也」。

〔三一〕羞同也　阮校疑「羞」爲「薦」之誤，敖氏注：「薦，同也」。

〔三二〕則曲禮博聞强識　阮校云閩本、要義同，毛本「則」作「即」。

〔三三〕古文與爲豫　「豫」原作「預」，黄刊嚴州本、徐本「預」作「豫」，阮校云集釋同，毛本作「預」。今按與、豫、預古通用，但張敦仁本既出嚴本，自當改作「豫」。

〔三四〕先戒而又宿戒　黄刊嚴州本、徐本同，阮校云集釋亦同，「又」通解、楊氏、毛本作「復」。釋文上文注「下而復同」，此「又」必「復」字也。

〔三五〕注鄉鄉至宿戒　第二個「鄉」字原作「人」，阮校云「人」當作「鄉」，是，此據其説改。

〔三六〕尊綌冪　宋本釋文「冪」作「鼏」。

〔三七〕左在東　黄刊嚴州本、徐本同，阮校云毛本無「左」字。

〔三八〕猶樴音職本亦作職　徐乾學本「樴」作「膱」，下「職」字作「樴」，阮氏云下「職」字當作「膱」。

〔三九〕與曲禮脯羞　阮校云盧文弨改「羞」爲「脩」。

〔四〇〕介俎脊脅肫胳肺　唐石經、黄刊嚴州本、徐本同，阮校云集釋、楊氏亦同，而通解、敖氏無「肫」字。

〔四一〕以骨爲主　阮校云毛本「主」作「上」。

〔四二〕謂前其本也　阮校云集釋無「其」字。

〔四三〕不言者　阮校云「不」敖氏作「兩」。

〔四四〕此據飲酒生人之禮　阮校云毛本「生」作「主」。

〔四五〕以其工無目　阮校云閩本無「其」字。

〔四六〕不使立卒爵　阮校云通解「不」上有「故」字。

〔四七〕以明飲也　阮校云「以」下集釋、敖氏俱有「薦」字。

〔四八〕衆賓徧有脯醢　「徧」原作「偏」，此據單疏改。

〔四九〕後樂賢者　阮校云毛本「後」上有「則」字，閩本無「則」字，「後」下有「於」字。

〔五〇〕此記人又言之者　「者」原作「也」，此據單疏改。阮校指出閩本誤作「也」，毛本作「者」是，而未指出單疏作「者」，是其失校。

〔五一〕爲拜送送爵而言也　阮校云通解不重「送」字，是。

〔五二〕言大夫而特縣者案周禮小胥半爲堵全爲肆　阮校云要義同，毛本作「鄭知此是諸侯之鄉大夫者案春官小胥掌縣樂之法而云凡縣鐘磬半爲堵全爲肆」。阮云此乃篇首鄭目録下疏文，通解移置於此，而毛本誤從之。

〔五三〕鍾磬者編縣之　「編」原作「縮」，阮校云要義同。浦鏜云「縮」爲「編」字之誤。通解作「編縣」，無「之」字。是。此據通解改。

〔五四〕與此階間異也　阮校云「此」毛本作「兩」。

〔五五〕所酬獻皆拜受　阮校云通解、要義同，毛本「皆」下有「拜送」二字，閩本無「獻」字。

〔五六〕統於遵也　阮校云「遵」通解、閩本俱作「賓」。張爾岐儀禮鄭注句讀讀「遵」作尊。汪文臺識語引鄉射「大夫席于尊東」鄭注、賈疏，以爲張説是。

儀禮卷第五

唐朝散大夫行大學博士弘文館學士臣賈公彦等撰

儀禮注疏卷第十一

鄉射禮第五

○鄭云：「州長春、秋以禮會民，而射於州序之禮也。謂之鄉者，州，鄉之屬。」

【疏】「鄉射禮第五」　鄭目録云：「州長春、秋以禮會民，而射於州序之禮。謂之鄉者，州，鄉之屬。鄉大夫或在焉，不改其禮。射禮於五禮屬嘉禮，大戴十一，小戴及別録皆第五。」鄭云「州長春、秋以禮會人而射於州序」者，周禮地官州長職文也。鄭引之者，證此鄉射是州長射法。云「謂之鄉」者，欲見州長射得名鄉射之意。云「州，鄉之屬」者，周禮大司徒職云「五州爲鄉」，是州屬鄉，故云「州，鄉之屬」。云「鄉大夫或在焉」者，一鄉管五州，鄉大夫或宅居一州之内，則鄭注禮記云「或則鄉之所居州黨，而鄉大夫來臨此射禮」，是爲鄉大夫在焉，則名鄉射。又鄉大夫三年大比，興賢者能者訖，而以鄉射之禮五物詢衆庶，亦行此州長射禮以詢之，亦是鄉大夫在焉，故名爲鄉射。云「不改其禮」者，雖鄉大夫在，其禮仍依州長射禮，故云「不改其禮」。案經鄉大夫射於庠，云「堂則由楹外」，又云「堂則物當楣」，又云「大夫用兕中」，其禮與士射於序別，而云「不改」者，大判鄉大夫、士射，〔一〕先行鄉飲酒禮及未旅而射爲不改，其實亦有少異也。鄭云「射禮於五禮屬嘉禮」者，案周禮大宗伯云「以嘉禮親萬民」，下有「以賓射之禮親故舊、朋友」，故知屬嘉禮也。

儀禮　鄭氏注

鄉射之禮。主人戒賓，賓出迎，再拜，主人荅再拜。乃請，主人，州長也。鄉大夫若在焉，則稱鄉大夫也。戒，猶警也，語也。出迎，出門也。請，告也，告賓以射事。不言拜辱，此爲習民以禮、樂，不主爲賓已也。不謀賓者，時不獻賢能，事輕也。今郡國行此禮以季春。周禮鄉老及鄉大夫，三年正月「獻賢能之書於王」，「退而以鄉射之禮五物詢衆庶」。諸侯之鄉大夫既貢士於其君，亦用此禮射而詢衆庶乎？○鄉射，食夜反。州長，丁丈反。猶警，音景。語也，魚據反。此爲，于僞反，下同。

【疏】「鄉射」至「乃請」　自此至「無介」，論州長將射，先戒賓之事。案大射前三日，宰夫戒宰及司馬，又射前一日，樂人宿縣，此不言日數，則戒賓與射同日矣，禮同鄉飲酒也。以其鄉射先行鄉飲酒，鄉飲酒戒賓與飲酒同日，知此鄉射戒賓與射亦同日也。

注「主人」至「庶乎」　案鄉大夫是諸侯鄉大夫，則此州長亦諸侯之州長，以士爲之，是以經云「釋獲者，執鹿中」，記云「士鹿中」，是皆爲此州長射而言，是諸侯州長可知。若天子州長，中大夫爲之。若然，記云「大夫兕中」者，爲鄉大夫詢衆庶而言也。云「鄉大夫若在焉，則稱鄉大夫也」者，謂大夫來臨禮之時，州長戒賓不自稱，稱鄉大夫以戒賓也。云「出迎，出門也」者，謂出序之學門，亦如鄉飲酒出庠門，皆有一門，入門即至堂耳。云「不言拜辱者，此爲習民以禮樂，不主爲賓已也」者，對鄉飲酒主人戒賓，賓拜辱者，彼爲賓也，〔二〕非爲「習民以禮、樂」故也。云「不謀賓者，時不獻賢能，事輕也」者，還決鄉飲酒獻賢能，故須「就先生而謀賓、介」，禮重，對此不獻賢能爲輕，故不謀賓也。云「今郡國行此禮以季春」者，漢時雖無諸侯國，〔三〕而置郡爲守，其王之子弟猶名國，其君曰相，故鄭注禮記云「如今從大守、相臨之禮」是也。引之者，證時節與周異也。云「周禮」至「衆庶」，皆周禮鄉大夫職文。引之者，證此鄉射中兼有鄉大夫行射禮，故有射於堂及兕中之事。云「五物」者，案彼云「一曰和，二曰容，三曰主皮，四曰和容，五曰興舞」，鄭注云「和載六德，容包六行也。庶民無射禮，因田獵分禽，則有主皮。主皮者，張皮射之，無侯也。主皮、和容、興舞，則六藝之射與禮、樂與？當射之時，民必觀焉，因詢之也」是也。鄭云「和載六德」者，和是六德之下，六德大，故舉下以載上也。容爲孝者，人有孝行則性行含容，故以孝爲容，孝是六行中之大，故舉上以包下，故云「容包六行」也。云「主皮，六藝之射」者，但六藝中射總言諸射，〔四〕不專據主皮，但三物教萬民，射唯有主皮。此詢衆庶，不兼士已上，故以主皮爲六藝之射。以和容爲禮者，禮之用，和爲貴，又行禮有容儀，是以漢時謂禮爲容，故以禮爲和容也。以樂爲興舞者，爲樂必興舞，故興舞以表樂也。若然，六德與六行，在身所有，故可舉少以兼多。六藝施於外，非獨身所行，不可舉一以包六。但六者之中，御與書、數三者，於施化民爲緩，〔五〕故特舉禮、樂與射而言之。鄭以主皮、和容、興舞，非射及禮、樂之正名，故云「乎」以疑也。〔六〕

賓禮辭，許。主人再拜，賓荅再拜。主人退，賓送，再拜。退還射宮，省録射事。

【疏】注「退還」至「射事」　「射宫」者，鄉庠、州序是也。知「省録射事」者，即下文云「乃張侯」之等是也。下言飲酒之事，知不爲飲酒事者，以飲酒者止爲射事，故以射爲主也。

無介。雖先飲酒，主於射也。其序賓之禮畧。

【疏】無介　注「雖先」至「禮畧」　釋曰：鄭云「雖先飲酒」者，自此已下先言飲酒，獻後乃射。以是禮記射義云「古者諸侯之射也，必先行燕禮。卿大夫、士之射也，必先行鄉飲酒之禮」是也。但鄉飲酒之禮有介一人以輔賓，此無介者，主於射，序賓之禮畧，故無介以輔賓也。

乃席賓，南面，東上。不言於户、牖之間者，此射於序。

【疏】「乃席」至「東上」　注「不言」至「於序」　自此以下至「羹定」，論將射，預前設席位、尊、罍、樂懸及張侯之事也。〔七〕云「不言於户、牖之間者，此射於序」者，決鄉飲酒在庠，以其序無室，庠有室，此據州長射於序，以其無室，無户、牖，設席亦當户、牖之處耳。　言「東上」，亦主人在東，故席端在東，不得以曲禮「席南向北向，西方爲上」，因陰、陽解之也。

衆賓之席繼而西。言繼者，甫欲習衆庶，未有所殊別。○殊別，彼列反。

【疏】「衆賓」至「而西」　注「言繼」至「殊別」　甫，始也，言始欲習衆庶，未有所殊別，此決鄉飲酒三賓之席不屬殊別，彼有德之人，故各自特，〔八〕不繼，有所殊別。

席主人於阼階上，西面。阼階，東階。尊於賓席之東，兩壺，斯禁，左玄酒，皆加勺。篚在其南，東肆。斯禁，禁切地無足者也。設尊者北面，西曰左，尚之也。肆，陳也。○斯禁，如字，劉音賜。加勺，上灼反。篚，音匪。

【疏】「尊於」至「東肆」　注「斯禁」至「陳也」　云「斯禁，禁切地無足者也」者，案州長是士，應言禁制，不言者，其中兼有卿大夫禮，故舉大夫斯禁與鄉飲酒同。　云「設尊者，北面，西曰左，尚之也」者，經云「左玄酒」，據人設尊，北面，故以西爲左。　若據酒則以南面爲正，地道尊右，以西爲右，玄酒在右，故云「尚之」。　若然，云「左」據設尊，又云「尚之」，據酒尊也。

設洗于阼階東南，南北以堂深，東西當東榮。水在洗東。篚在洗西，南肆。榮，屋翼也。縣于洗東北，西面。此縣謂磬也，縣於東方，辟射位也，但縣磬者半天子之士，無鍾。○縣于，音玄，注同。辟射，音避，下辟射同。

【疏】注「此縣」至「無鍾」　云「此縣謂磬也」者，對大射縣鍾、磬、鎛具有也。云「縣于東方，辟射位也」者，此言決鄉飲酒無射事。〔九〕縣於階間也。云「但縣磬者半天子之士，無鍾」者，案周禮小胥職云「半爲堵，全爲肆」，鄭云「鍾、磬者編縣之，二八十六枚而在一虡謂之堵，鍾一堵磬一堵謂之肆。半之者，謂諸侯之卿大夫、士也。諸侯之卿大夫半天子之卿大夫」，天子之卿大夫判縣者，東西各有鍾、磬爲肆；諸侯之卿大夫判縣者，分一肆於兩廂，東縣磬，西縣鍾；若天子之士特縣者，直東廂有鍾、磬二虡爲一肆；諸侯之士分取磬而已，縣於東方，爲特縣，故云「無鍾」，對大夫及天子士有鍾。若然，此既兼鄉大夫詢衆庶，當爲判縣，宜有鍾，而總云「無鍾」者，方以禮、樂化民，雖大夫亦同士特縣也，若鄉飲酒方賓鄉人之賢者，從士禮也。其天子、諸侯鍾、磬、鎛具，卿大夫、天子士已下，亦無鎛。〔一〇〕知者，以其諸侯卿大夫士半天子、卿大夫士若有鎛，添鍾、磬爲三半，不得，故知卿大夫已下皆無鎛也。

乃張侯，下綱不及地武，侯謂所射布也。綱，持舌繩也。武，迹也，中人之迹尺二寸。侯象人，綱即其足也，是以取數焉。○所射，食亦反。

【疏】「乃張」至「地武」　注「侯謂」至「數焉」　此已下論預張侯之事。鄭知侯用布，案下記云獸侯大夫、士皆言「布侯」，則餘賓射，大射，其侯皆用布，此鄉射采侯二正亦用布可知。云「綱，持舌繩也」者，周禮梓人云「上綱與下綱出舌尋，縜寸焉」。注云：「綱所以繫侯於植者也」，故云「綱，持舌繩也」。云「武，迹也，中人之迹尺二寸」者，無正文，蓋目驗當時而言，〔一一〕似云中人定扼圍九寸也。漢禮云「五武成步，步六尺」，或據此而言也。云「侯象人」者，案鄭注梓人云「上下皆出舌一尋者，亦人張手之節也」，以其張侯之法下兩舌半上舌，兩頭綱皆出一尋，即是上廣下狹，象人張足六尺，張臂八尺，故云「象人」也。云「綱即其足也」者，謂經下綱象足。云「是以取數焉」者，以下綱象足，張之六尺，是取數於武也。

不繫左下綱，中掩束之。事未至也。○中掩，劉丁仲反。束之，如字。

【疏】「不繫」至「東之」　注「事未至也」　案下記云「東方謂之右个」，注云〔一二〕「侯以向堂爲面也」，則此「左下綱」以西畔而言。云「中掩束之」者，案記云鄉侯一丈，「倍中以爲躬」，躬二丈，「倍躬以爲左右舌」，舌四丈，兩舌各出一丈；又云「下舌半上舌」，則左右各出五尺，今將此五尺與下綱不繫者，中掩左厢，向東，待將射乃解之，故云「事未至也」。

乏參侯道，居侯黨之一，西五步。容謂之乏，所以爲獲者御矢也。侯道五十步，此乏去侯北十丈，西三丈。○以爲，于僞反，〔一三〕下爲人同。獲者，如字，劉胡蘗反，下文同。

【疏】「乏參」至「五步」　注「容謂」至「三丈」　「乏參侯道」者，謂三分侯道。云「居侯黨之一」者，黨，旁也。謂在侯西北邪向之，故以旁言之。其居旁之一者，謂侯道内三分之，居一分之地，十丈也。云「西五步」者，據侯之正北落西有五步，即三丈也。云「容謂之乏」者，案周禮射人職云「王以六耦射三侯，三獲三容，五正」，彼據王三侯有三容，容者，以革爲之，可以容身，故云「容」也。云「乏」者，謂矢於此匱乏不去，故云「乏」也。云「獲者御矢也」者，謂唱獲者，恐矢至身，〔一四〕故云「獲者，御矢也」。云「侯道五十步」者，記云「鄉侯五十弓」，弓之下制六尺，與步相應，故鄭云「步」也。云「此乏去侯北十丈」者，五十步計之，步六尺，五十步則三十丈，三分取一爲十丈。云「西三丈」者，經云「西五步」，五六三十，故云三丈也。遠近如此者，一得避矢，一得去堂二十丈，聞唱獲聲，是其節也。

羹定，肉謂之羹。定，猶孰也，謂狗孰可食。○羹定，多佞反，注同。

【疏】「羹定」　注「肉謂」至「可食」　云「謂狗孰」者，此與鄉飲酒同亨狗於東方是也。

主人朝服，乃速賓。賓朝服出迎，再拜，主人荅再拜。退，賓送，再拜。速，召也。射，賓輕也，戒時玄端。今郡國行此鄉射禮皮弁服，與禮爲異。○朝服，直遥反，下及下注及朝同。

【疏】「主人」至「再拜」 自此至「當楣，北面，荅再拜」，論主召賓從己之事。此主人與賓俱朝服。案鄉飲酒賓主俱不言服者，以彼賓禮重，故戒與速賓俱朝服，故不言。此習禮輕，是故戒時玄端，召時乃朝服，故須言之也。必此戒時玄端者，〔一五〕見公食大夫，云「賓朝服即位于大門外，如聘」，注云「於是朝服」，則初時玄端，宜與彼同。皆是戒時不言服，後速時朝服，故知此亦「戒時玄端」矣。且鄉飲酒戒、速俱不言服，知皆朝服者，下記云「鄉朝服而謀賓、介」是也。云「今郡國」已下，引之者，欲見與周異也。

賓及衆賓遂從之。及門，主人一相，出迎于門外，再拜，賓荅再拜。相，主人家臣，擯贊傳命者。○一相，息亮反，注同。傳命，丈專反，下傳同。

【疏】「賓及」至「再拜」 注「相主」至「命者」 鄉飲酒云「賓及衆賓皆從之」，彼兼介，故云「皆」，此無介，故不言皆也。云「主人一相，出迎于門外」，注與鄉飲酒同。此亦主人自迎，而言「一相」者，使之傳賓言，兼相禮也。

揖衆賓。差卑，禮宜異。

【疏】「揖衆賓」 注「差卑，禮宜異」 此賓與衆賓同是鄉人無爵者，而云「差卑」者，唯據立爲賓者尊，衆賓即不爲卑，不論有爵無也。〔一六〕云「禮宜異」者，賓則拜之，衆賓則揖之，是其異也。

主人以賓揖，先入。以，猶與也。先入，入門右，西面。

【疏】「主人」至「先入」　注「以猶」至「西面」　云「以，猶與」者，案左氏傳云「蔡人以吴子與楚人戰于柏舉」，彼「以」者，能東西之曰「以」，以謂驅使前人之稱，此言嫌有驅使之稱，故以爲與，謂主人與賓，是以爲平敵之義，故須訓之。云「先入，入門右，西面」者，此注亦與鄉飲酒同，以其賓入東面，故西面待之。〔一七〕

賓厭衆賓。衆賓皆入門左，東面，北上。賓少進。引手曰厭。少進，差在前也。今文皆曰「揖衆賓」。○厭賓，一涉反，下賓厭同。

【疏】「賓厭」至「少進」　注「引手」至「衆賓」　此經亦與鄉飲酒同，此云「賓少進」，彼亦宜然，不言者，文不具也。

主人以賓三揖，皆行。及階三讓，主人升一等，賓升。三讓而主人先升者，是主人先讓於賓。不俱升者，賓客之道進宜難也。

【疏】「主人」至「賓外」　注「三讓」至「難也」　言「皆行」者，賓主既行，衆賓亦行，故云「皆行」。鄉飲酒亦皆行，不言者，文畧也。知「主人先讓於賓」者，元空一字以其主人之法，先升導賓，賓後升。「進宜難」，禮之常然，〔一八〕故知主人先讓賓也。此先外一等，禮之常。燕禮君升二等者，尊君故也。

主人阼階上當楣，北面，再拜。賓西階上當楣，北面，荅再拜。主人拜賓至此堂。○當楣，亡悲反。

【疏】注「主人拜賓至此堂」　知拜是拜至者，鄉飲酒義云「拜至，拜洗」，公食亦云「當楣，北鄉，再拜」，故知拜是拜至。

主人坐取爵于上篚，〔一九〕以降。將獻賓也。

【疏】「主人」至「以降」　注「將獻賓也」　自此至「主人阼階上荅拜」，論主人獻賓之事。凡「取爵于篚，以降」者，皆是上篚，鄉飲酒不言上者，文略也。

賓降。從主人也。主人阼階前西面，坐奠爵，興，辭降。重以主人事煩賓也。今文無「阼階」。賓對。對荅。

【疏】「賓對」 注「對荅」 鄉飲酒注云「賓主之辭未聞」，此不注，從可知。

主人坐取爵，興，適洗。南面，坐奠爵于篚下，盥洗。盥手又洗爵，致絜敬也。〔二〇〕古文「盥」皆作「浣」。○作浣，户管反。賓進，東北面辭洗。必進者，方辭洗，宜違位也。言「東北面」，則位南於洗矣。主人坐奠爵于篚，興，對。賓反位。反從降之位也，鄉飲酒曰：「當西序，東面。」主人卒洗，壹揖，壹讓，以賓升。賓西階上北面拜洗。主人阼階上北面奠爵，遂荅拜，乃降。乃降，將更盥也。古文「壹」皆作「一」。賓降。主人辭降，賓對。主人卒盥，壹揖，壹讓，升。賓升，西階上疑立。疑，止也，有矜莊之色。○疑立，魚乞反，又音凝，注下同。

【疏】注「疑止」至「之色」 鄉飲酒注：「疑讀爲『疑然從於趙盾』之疑，疑，正立自定之貌」。此言「疑，止也，有矜莊之色」，二注相兼乃具也。

主人坐取爵，實之，賓席之前，〔二一〕西北面獻賓。進酒於賓也。凡進物曰獻。

【疏】注「進酒」至「曰獻」 云「凡進物曰獻」者，欲見此賓乃是鄉民而已，無尊卑上下。猶言「獻」者，此「獻」直是進物，而言獻進之也。〔二二〕案周禮玉府注云「古者致物於人，尊之則曰獻」，彼據尊敬；前人雖卑亦曰獻，若齊侯獻捷於魯之類，義與此別也。

賓西階上北面拜，主人少退。少退，猶少辟也。○小辟，婢亦反，一音避。

【疏】注「少退猶少辟也」 鄉飲酒文與此同，注云「少退，少辟」；及下文云「賓少退」，注云「少退，逡巡」，義亦與此同。

賓進，受爵于席前，復位。復位，西階上位。主人阼階上拜送爵，賓少退。薦脯醢。薦，進。

賓升席自西方。賓升、降由下也。

【疏】注「賓升降由下也」 凡席升由下，降由上。下文降席不由上者，以主人在東，敬主人，不得降由上。又於席西拜便，使升降皆由下，故云「賓升、降由下也」。

乃設折俎。牲體枝解、節折以實俎也。○折俎，之設反，後皆放此。主人阼階東疑立。賓坐，左執爵，右祭脯醢，奠爵于薦西，興，取肺，坐，絶祭，卻左手執本，右手絶末以祭也。肺離上爲本，下爲末。

【疏】注「卻左」至「爲末」 鄭皆約鄉飲酒知之也。

尚左手，嚌之。嚌，嘗也，右手在下，絶以授口嘗之。○嚌之，才計反，注同。興，加于俎，坐捝手，執爵，遂祭酒，興，席末坐，啐酒。挩，拭也。啐，嘗也。古文「挩」作「説」。○坐挩，始鋭反，注下同。啐，七内反。拭也，音式。降席，坐奠爵，拜，告旨，降席，席西也。旨，美也。執爵興。主人阼階上荅拜。賓西階上北面，坐卒爵，興，坐奠爵，遂拜。執爵興。卒，盡。主人阼階上荅拜。

賓以虚爵降，將洗以酢主人。○醋主，〔一三〕才各反，報也；劉云與酢同音義。

【疏】「賓以虚爵降」注「將洗以酢主人」自此至「賓西階上荅拜」論賓酢主人之事。鄉飲酒不言「虚爵」，直云「降洗」，此直云「虚爵降」，不言洗，互見爲義，相兼乃具也。

主人降。從賓也，降立阼階東，西面，當東序。

【疏】注「從賓」至「東序」 皆鄉飲酒文也

賓西階前，東面，坐奠爵，興，辭降，主人對。賓坐取爵，適洗，北面坐奠爵于篚下，興，盥洗。賓北面盥洗，自外來。

【疏】注「賓北」至「外來」 對主人自内出「南面」是也。上文「主人坐取爵，適洗南面」是也。

主人阼階之東，南面辭洗。賓坐奠爵于篚，興，對。主人反位。反位，從降之位也。主人辭洗進。

【疏】注「反位」至「洗進」〔二四〕　云「反位，從降之位也」者，即上東序之西南面位。云「主人辭洗進」者，經直言「反」，不言進，鄭以言「反位」由前進，乃反位，故鄭却本之「主人辭洗進」也。

賓卒洗，揖讓如初，升。

【疏】「賓卒」至「初升」　言「如初」，則亦一揖一讓也。

主人拜洗，賓荅拜，興，降盥如主人之禮。賓升，實爵，主人之席前，東南面酢主人。〔二五〕酢，報。主人阼階上拜，賓少退。主人進受爵，復位。賓西階上拜送爵，薦脯醢。主人升席自北方。乃設折俎。祭如賓禮。祭薦俎及酒，亦嚌啐。〔二六〕不告旨。酒，己物。自席前適阼階上，北面，坐卒爵。興，坐奠爵，遂拜，執爵，興。賓西階上，北面，荅拜。自，由也，啐酒於席末，由前降便也。○便也，婢面反，後放此。

【疏】注「自由」至「便也」　鄭知義然者，亦約鄉飲酒得知也。

主人坐奠爵于序端，阼階上再拜崇酒。賓西階上荅再拜。序端，東序頭也。崇，充也。謝酒惡，相充滿也。

【疏】「主人坐奠爵于序端」　奠爵于序端，此擬下獻衆賓，故云取爵于序端，與鄉飲酒同也。

主人坐，取觶于篚，以降，將酬賓。○取觶，之豉反。

【疏】「主人」至「以降」　注「將酬賓」　自此至「當西序」，論酬賓之事。

賓降。主人奠觶，辭降，賓對，東面立。主人坐取觶，洗，賓不辭洗。不辭洗，以其將自飲。卒洗，揖讓，升。賓西階上疑立。主人實觶，酬之，阼階上北面坐奠觶，遂拜，執觶興。酬，勸酒。賓西階上北面荅拜。主人坐祭，遂飲，卒觶，興。坐奠觶，遂拜，執觶興。賓西階上北面荅拜。主人降洗，賓降辭，如獻禮。以將酬己。

【疏】注「以將酬己」　鄭言此者，前不辭洗，主人自飲；至此辭洗，以將酬己，故辭也。

升，不拜洗。酬禮殺也。○禮殺，所界反，劉色例反，後皆同。賓西階上立。主人實觶，賓之席前，北面。酬賓。賓西階上拜。主人坐奠觶于薦西。賓辭，坐取觶以興，反位。賓辭，辭主人復親酌己。○人復，扶右反。

【疏】注「賓辭」至「酌己」　此射前獻時親酌己，〔二七〕今復親酌己。

主人阼階上拜送。賓北面坐奠觶于薦東，反位。酬酒不舉。

【疏】「主人阼階上拜送」注「酬酒不舉」　鄉飲酒注引曲禮「不盡人之歡之事」，此不言，亦從鄭注可知。

主人揖，降。賓降，東面立于西階西，當西序。主人將與衆賓爲禮，賓謙不敢獨居堂。

主人西南面，三拜衆賓，衆賓皆荅壹拜。〔二八〕三拜，示徧也。壹拜，不備禮也。獻賓畢乃與衆賓拜，敬不能並。○示徧，音遍，下同。

【疏】「主人」至「壹拜」　注「三拜」至「能並」　云「三拜，示徧也（元空一字）」者，衆賓無問多少，止爲三拜而已，是示徧也。云「一拜，不備禮也」者，衆賓人皆壹拜，是「拜，不備禮」。此亦荅大夫拜法，以其此禮中含卿大夫法。〔二九〕若荅士拜則亦再拜，〔三〇〕見於特牲也。云「獻賓畢乃與衆賓拜」者，自爾來唯與賓拜，未與衆賓拜，今始拜之，故云「敬不能並」。

主人揖，升，坐取爵于序端，降洗，升，實爵，西階上獻衆賓。衆賓之長升拜受者三人。長，其老者。言三人，則衆賓多矣。國以多德行、道藝爲榮，何常數之有乎！○之長，丁丈反，注及下同。德行，下孟反，下德行同。

【疏】「主人」至「三人」　注「長其」至「有乎」　「衆賓之長升拜受者三人」，此雖非賓賢能，其衆亦三人在堂上，與鄉飲酒數同。其堂上衆賓無定數，〔三一〕故鄭云「言三人，則衆賓多矣」。云「國以多德行、道藝爲榮」者，案周禮大司徒「以鄉三物教萬民：一曰六德，二曰六行，三曰六藝」，此既鄉人，則德行亦據六德、六行，道藝則六藝也。此並與鄉飲酒賓、介與衆賓之類並來，與在射中。是以「孔子射於矍相之圃，觀者如堵牆」，彼亦據孔子爲鄉大夫，習人以禮、樂之射。至於誓之於後，僅有存焉，亦無常數之事也。

主人拜送。拜送爵於衆賓右。

【疏】「主人拜送」注「拜送」至「賓右」　知在「衆賓右」者，約鄉飲酒「獻衆賓」皆「於西階上」賓右知之也。

坐祭，立飲，不拜既爵，授主人爵，降，復位。既，盡。

【疏】「坐祭」至「復位」　此還上「三人」者，降復賓南東面位。

衆賓皆不拜，受爵，坐祭，立飲。自第四已下，又不拜受爵，禮彌略。

【疏】「衆賓」至「立飲」注「自第」至「彌略」　此謂堂下衆賓無數者，故鄭云「自第四以下」。云「又不拜受爵，禮彌略」者，三賓雖「坐祭，立飲，不拜既爵」仍「拜受」，此衆賓非直「坐祭，立飲」，不拜既爵，又「不拜，受爵」，故云「禮彌略」也。

每一人獻，則薦諸其席。諸，於。

【疏】「每一」至「其席」　此還據堂上三人有席者，故云「薦諸其席」，謂席前也。

衆賓辯有脯醢。薦於其位。○辯有，音遍，後皆同。

【疏】「衆賓辯有脯醢」注「薦於其位」　還據堂下無席者，故鄭云「薦於其位」，不席也。〔三二〕

主人以虚爵降，奠于篚。不復用。

揖，讓，升，賓厭衆賓升，衆賓皆升，就席。

【疏】「揖讓」至「就席」　自此以下至「舉觶者降」，論旅酬之事。

一人洗，舉觶於賓，一人主人之吏。

【疏】「一人洗，舉觶于賓」　注「一人主人之吏」　「主人之吏」，亦謂府、史以下，非屬官也。

升，實觶，〔三二〕西階上坐奠觶，拜，執觶興。賓席末荅拜。舉觶者坐祭，遂飲，卒觶，興，坐奠觶，拜，執觶興。賓荅拜。降洗，升，實之，西階上，北面。將進奠觶。賓拜。拜受觶。舉觶者進，坐奠觶于薦西。不授，賤不敢也。

【疏】注「不授賤不敢也」　以其是主人之吏，既賤，故不敢親授，奠之也。

賓辭，坐取以興。若親受然。

【疏】注「若親受然」　云「若親受然」者，賓辭即「坐取以興」，故云「若親受然」也。

舉觶者西階上拜送。賓反奠于其所。舉觶者降。

【疏】「舉觶」至「者降」　云「反奠于其所」者，還於薦西。以其射後賓北面舉之，爲旅酬，故不奠于薦東也。

大夫若有遵者，則入門左。謂此鄉之人爲大夫者也。謂之遵者，方以禮樂化民，欲其遵法之也。其士也於旅乃入，鄉大夫、士非鄉人，禮亦然，主於鄉人耳。今文「遵」爲「僎」。○爲僎，音遵。

【疏】「大夫」至「門左」　注「謂此」至「爲僎」　云「大夫若有遵者」，言「若」者，或無不定，故云「若」也。鄭知是當鄉大夫者，以其鄉射既與人行射禮，〔三四〕而言「大夫」者，當鄉大夫可知。云「其士也於旅乃入」者，下記云「士既旅不入」，明未旅間皆得入，是以未旅而射，其士皆在也。知「鄉大夫、士非鄉人，禮亦然」者，以其同是鄉大夫，士禮無異故也。但異鄉不助主人樂賓爲別也。

主人降，迎大夫於門内也。不出門，別於賓。○別於，彼列反。

【疏】「主人降」　注「迎大」至「於賓」　鄭知「迎大夫於門内」者，以其上文大夫入門左，此經直云「主人降」，不云出，故知迎大夫在門内可知。〔三五〕

賓及衆賓皆降，復初位。不敢居堂，俟大夫入也。初位，門内東面。

【疏】「賓及」至「初位」　注「不敢」至「東面」　知「初位，門内東面」者，上文「賓厭衆賓」，「皆入門左，東面，北上」，故知也。

主人揖，讓，以大夫升，拜至，大夫荅拜。主人以爵降，大夫降。主人辭降，大夫辭洗，如賓禮。席于尊東。尊東，明與賓夾尊也。不言東，上統於尊也。○夾尊，古洽反，劉古協反。

【疏】「主人」至「尊東」　注「尊東」至「尊也」　上云「尊於賓席之東」，則在尊西，今大夫言「席於尊東」，明爲「賓夾尊」可知。云「不言東，上統於尊也」者，席於尊東，繼尊而言，又不言東上、西上，是以下云「大夫降席東，南面」，降由下，〔三六〕故知西上統於尊也。

升，不拜洗。主人實爵，席前獻于大夫。大夫西階上拜，進受爵，反位。主人大夫之右拜送。大夫辭加席，主人對，不去加席。辭之者，謙不以己尊加賢者也。〔三七〕不去者，大夫再重席，正也。賓一重席。○不去，起吕反，注同。再重，直容反，下同。

【疏】「升不」至「加席」　注「辭之」至「重席」　云「升，不拜洗」者，以大夫尊，故不拜洗也。云「反位」者，大夫反西階上位。云「主人大夫之右拜送」者，謂在大夫之東拜送爵也。云「辭之者，謙不敢以己尊加賢者」，鄉射之禮，鄉人爲賓，下記云「若大夫與則以公士爲賓」，亦選賢者爲之，故辭加席，又「不以己尊加賢者也」。云「不去者，大夫再重席，正也」者，鄉飲酒云「公三重，大夫再重」，故知大夫再重席，禮之正也。云「賓一重席」者，鄉人故一重，縱公士爲賓，亦一重也。

乃薦脯醢。大夫升席，設折俎，祭，如賓禮，不嚌肺，不啐酒，不告旨，西階上卒爵，拜。主人荅拜。凡所不者，殺於賓也。大夫升席由東方。

【疏】「乃薦」至「荅拜」 注「凡所」至「東方」 云「凡所」，謂經中三事，以其殺於賓。若然，上云「不拜洗」，亦是殺於賓之類也。云「大夫升席由東方」者，以其大夫席西上，升由下，故知大夫升席由東方也。

大夫降洗，將酢主人也。大夫若衆則辯，獻長乃酢。

【疏】「大夫降洗」 注「將酢」至「乃酢」 自此至「皆升就席」，論大夫酢主人訖，賓主皆升就席之事。知「大夫若衆則辯，獻長乃酢」者，此經據一大夫而言，故獻大夫即酢。案有司徹主人洗爵獻長賓于西階上，然後衆賓長升，拜受爵，宰夫贊主人酌，若是以辯，「乃升長賓。主人酌，酢于長賓，〔三八〕西階上北面，賓在左」，注云「主人酌，自酢，序賓意，賓卑，不敢酢」，賓、尸與凡平飲酒禮同，可以相參，亦是辯，獻長乃酌也。

主人復阼階，降辭如初。卒洗，主人盥。盥者雖將酌自飲，尊大夫不敢褻。

【疏】「主人」至「人盥」 注「盥者」至「敢褻」 云「盥者雖將酌自飲」者，以其下文「大夫洗爵，升授主人爵」，是主人酌以自酢，故云「雖將酌自飲」。云「不敢褻」者，決有司徹主人自酌不盥，是此爲「尊大夫」，雖自酢亦「不敢褻」也。

揖，讓，升。大夫授主人爵于兩楹間，復位。主人實爵，以酢于西階上，坐奠爵，拜，大夫荅拜。坐祭，卒爵，拜，大夫荅拜。主人坐奠爵于西楹南，再拜崇酒，大夫荅拜。主人復阼階，揖，降。將升賓。

【疏】「揖讓」至「揖降」　注「將升賓」　云「主人坐奠爵於西楹南」者，前獻賓，賓酢主人，主人飲酢訖，奠爵于東序端，將後獻衆賓，不得奠于篚中，此受大夫酢，不奠于篚者，爲士於旅乃入，擬獻士，故奠爵于此也。

大夫降，立于賓南。雖尊，不奪人之正禮。

【疏】「大夫」至「賓南」　注「雖尊」至「正禮」　大夫尊，在堂則席之于尊東，特尊之。今降而在賓下者，欲使賓主相對行禮，若在其北，〔三九〕則妨賓、主揖讓之正禮，故云「不奪主人之正禮」。〔四〇〕

主人揖，讓，以賓升。大夫及衆賓皆升，就席。

席工于西階上，少東。樂正先升，北面立于其西。言少東者，明樂正西側階，不欲大東，辟射位。○欲大，音泰，劉唐餓反。

【疏】「席工」至「其西」　注「言少」至「射位」　自此至「告于賓」，論作樂之事。云「席工」者，謂爲工設席，下文乃升席也。云「言少東者，明樂正西側階」者，既言「席工于西階上少東」，則在西階東矣，復云「樂正立于其西」，則近席西。其言從近，故知樂正側近西階東，則「不欲大東，辟射位」，大射亦同此注。燕禮注亦然者，燕亦容有射法。鄉飲酒工位與此同，注不言者，不射故也。

工四人，二瑟，瑟先。相者皆左何瑟，面鼓，執越，内弦，右手相。入，升自西階，北面，東上。工坐。相者坐授瑟，乃降。瑟先，賤者先就事也。相，扶工也。面，前也。鼓在前，變於君也。執越，内弦，右手相，由便也。越，瑟下孔，所以發越其聲也。前越言執者，内有弦結，手入之淺也。相者降，立西方。○相者，息亮反，下及注同。何瑟，胡可反，又音河。

【疏】「工四」至「乃降」　云「四人，二瑟」，（四一）則是二人歌可知。經不言相歌二人者，以其空相，亦與瑟者同，故不言，直言瑟之難者也。

注「瑟先」至「西方」　云「瑟先，賤者先就事也」者，案大射大師、少師歌，衆工瑟，是知瑟者賤也。凡工者皆先瑟後歌，是賤者先即事，故序亦在前。若然，得獻亦在前，以隨其先後而取之故也。（四二）云「鼓在前，變於君也」者，鄉射與大射相對，大射君禮而後首，此臣禮前首，故云「變於君」。燕禮與鄉飲酒相對，是以燕禮面鼓，又與鄉飲酒後首相變。云「執越内弦，右手相」者，案鄉飲酒注云「内弦，側擔之」者，據瑟體而言，燕禮注云「内弦弦爲主」者，據弦體而説，此言「内弦，右手相，由便」，語異義同也。云「前越言執者，内有弦結，手入之淺也」者，瑟體首寬尾狹，内越孔雖長，廣狹亦等，但弦居瑟上，（四三）近首鼓處則寬，近尾不鼓處并而狹，側持之法，近鼓持之，入則近手，入則深，是以通與燕禮言面鼓，則云「執之手入淺也」。大射與鄉飲酒言「後首」，則云「挎越」，手入深故也。云「相者降，立西方」者，其相者是弟子，位在西者，是以下文云「樂正適西方，命弟子贊工，遷樂于下」，故知此相工是弟子，故降立還於西方也。

笙入，立于縣中，西面。堂下樂相從也，縣中，磬東立，西面。○于縣，音玄。

【疏】「笙入」至「西面」　注「堂下」至「西面」　云「堂下樂，相從也」者，案上文云「縣于洗東北，西面」，此云「立于縣中」，明是堂下相從，皆在東方也。云「縣中，磬東立，西面」者，謂在磬東，當磬之東。鄭知不在磬西，西面者，若磬西，西面，則笙者背磬，不可，故知在磬東，西面也。

乃合樂：周南關雎、葛覃、卷耳；召南鵲巢、采蘩、采蘋。不歌，不笙，不間，志在射，畧於樂也。不畧合樂者，周南、召南之風，鄉樂也，不可畧其正也。昔大王、王季、文王始居岐山之陽，躬行召南之教，(四四)以成王業。至三分天下，乃宣周南、召南之化，本其德之初，「刑于寡妻，至于兄弟，以御于家邦」，故謂之鄉樂，用之房中，以及朝庭。饗、燕、鄉射、飲酒，此六篇，其風化之原也，是以合金石絲竹而歌之。○乃合，如字，劉音閤，下合足同。不間，間廁之間。大王，音泰，下大師同。成王，如字，劉于況反。

【疏】「乃合」至「采蘋」　言「乃」者，以其作樂之法，先歌後乃合樂，今不歌，不笙，不間，唯合樂，故言「乃」以見非常故也。

注「不歌」至「歌之」　據鄉飲酒、燕禮作樂有四節，今不歌，不笙不間，唯有合樂，故云「志在射，畧於樂也」。云「合樂者，周南、召南之風，鄉樂也」者，上注已云頌及大雅天子樂，小雅諸侯樂，此二南鄉大夫樂，但鄉飲酒、鄉射是大夫、士爲主人，故大夫、士樂爲鄉樂者也。云「不可畧其正也」者，二南是大夫、士之鄉樂，己之正樂，故云「不可畧其正者」也。云「昔大王」已下，於鄉飲酒注已説，義具於彼，此注畧言之耳。若然者，燕禮與鄉飲酒文同，注又與燕禮不異者，以其鄉射與鄉飲酒同是大夫、士禮。卿大夫、士行射禮，(四五)先行鄉飲酒禮，鄉飲酒與鄉射自爲首尾，故鄉飲酒注具於此畧言。燕禮是諸侯禮，天子、諸侯射先行燕禮，則燕禮與大射自爲首尾，(四六)是以燕禮歌、笙、間、合，鄭亦具注之，大射又畧言之也。

工不興，告于樂正曰：「正歌備。」不興者，瞽矇禮畧也。○瞽矇，音蒙。

【疏】「工不」至「歌備」　注「不興」至「畧也」　言「正歌」者，升歌也。升歌鹿鳴是上歌諸侯樂，非己正樂，故以二南爲正歌也。言「備」者，凡作樂皆三終，此「備」明亦三終也。云「不興者，瞽矇禮畧也」者，以工告樂正，以卑告尊，當興，今以瞽矇無目，不可責其備禮，故「不興」者，於禮畧也。

樂正告于賓，乃降。 樂正降者，堂上正樂畢也，降立西階東，北面。

【疏】「樂正」至「乃降」　注「樂正」至「北面」　言「告于賓」者，作樂主爲樂賓，今歌備，故告賓言「歌備」也。言「樂正降者，堂上正樂畢也」者，以其鄉飲酒、燕禮但升歌，笙間，合樂，皆是正歌，今畧去升歌、笙間，三者唯有合樂於堂上，故云「堂上正樂畢也」。云「正樂」者，對後無筭樂非正樂也，下射雖歌騶虞，亦是堂下，非堂上，故以「堂上」決之也。云「降立西階東，北面」者，此無正文，約堂上樂正位在西階東，北面，今降亦當在「西階東，北面」也。

主人取爵于上篚，獻工。大師則爲之洗。 尊之也。君賜大夫樂，又從之以其人，謂之大師。○則爲，于僞反，下注爲有、爲己、爲位、爲當、明爲同。

【疏】「主人」至「之洗」　注「尊之」至「大師」　自此至「反升，就席」論主人獻工、笙之事。〔四七〕但天子、諸侯官，備有大師、少師瞽人作樂之長；大夫、士官不備，不合有大師，君有賜大夫、士樂器之法，故春秋左氏云晉侯歌鍾二肆，取半以賜魏絳。魏絳於是乎始有金石之樂，禮也。時以樂人賜之，故鄭云「君賜大夫樂，又從之以其人，謂之大師也」。

賓降，主人辭降。大夫不降，尊也。

【疏】「賓降，主人辭降」注「大夫不降，尊也」云「大夫不降，尊也」者，此賓降，大夫若降，直與賓共文。今不言大夫降，鄉飲酒亦云賓、介降，〔四八〕不言大夫降，明大夫皆不降，以其尊故也。

工不辭洗。卒洗，升，實爵。工不興，左瑟，一人拜，受爵。左瑟，辟主人授爵也。一人，無大師則工之長者。

【疏】「工不」至「受爵」此言「工不辭洗」及「一人拜，受爵」，皆上大師也。不言大師，言「工」「一人」者，欲見有大師，則大師不辭洗，拜受爵；若無大師，則凡工不辭洗，拜受爵，故變言「工」與「一人」。假令大師左瑟，先獻，若歌則後獻，亦先獻工一人，是以鄭云「一人，無大師則工之長者」，以鄉飲酒獻工時云「一人不興，受爵」，注云「一人，笙之長者也」，〔四九〕大師爲歌者，未得獻，先獻瑟，工之長者也。

主人阼階上拜送爵。薦脯醢。使人相祭。人，相者。○人相，息亮反，下文作相、以相，注相謂同。

【疏】「主人」至「相祭」注「人相者」云「人，相者」，則弟子相之。既相工，明祭亦相之可知。

工飲，不拜既爵，授主人爵。衆工不拜受爵，祭，飲。辯有脯醢，不祭。祭，飲，不興，受爵，坐祭，坐飲。

【疏】「工飲」至「不祭」注「祭飲」至「坐飲」云「工飲，不拜既爵」者，還是上「一人拜，受爵」者，雖不拜既爵，仍拜受也。下衆工又對上「一人拜，受爵」，衆工不拜受爵也。鄭云「祭，飲，不興，受爵，坐祭，坐飲」者，對上賓、主坐祭立飲，故云「坐祭，坐飲」，亦「不拜既爵」可知也。

不洗，遂獻笙于西階上。不洗者，賤也。衆工而不洗矣，而著笙不洗者，〔五〇〕笙賤於衆工，正君賜之，猶不洗也。

【疏】「不洗」至「階上」　注「不洗」至「洗也」　云「衆工而不洗矣，而著笙不洗者，笙賤於衆工，正君賜之，猶不洗也」，鄭云此者，欲見工在上貴，君賜之，大師爲之洗；笙賤，位在下，正謂君賜之笙人，猶不爲之洗，況衆笙乎！欲取賜笙人不爲之洗之意，不取衆笙不爲洗也。

笙一人拜于下，盡階，不升堂，受爵。主人拜送爵。階前坐祭，立飲，不拜既爵，升，授主人爵。衆笙不拜受爵，坐祭，立飲，辯有脯醢，不祭。主人以爵降，奠于篚。

【疏】「笙一」至「于篚」　此經總獻笙人雖賤，中亦有尊卑，故一人升階受爵，餘者不升，不拜既爵，則同也。

反升，就席。亦揖讓以賓升，衆賓皆升。

【疏】「反升，就席」　注「亦揖」至「皆升」　云「亦揖讓以賓升，衆賓皆升」者，謂亦前「大夫若有遵者，則入門左。主人降，賓及衆賓皆降」，主人共大夫行禮訖，主人揖讓以賓升，大夫及衆賓皆升就席相似，故云「亦」。若然，上賓降時，雖不言衆賓降，衆賓卑從降可知，故今從賓升也。

主人降席，自南方，禮殺，由便。

【疏】「主人」至「南方」　注「禮殺由便」　自此盡「未旅」，論立司正之事也。云「禮殺，由便」者，對上文主人受酢爵時禮盛，故主人降席自北方，啐酒於席末，亦然，今此立司正禮殺，故降席自南方，故云「禮殺，由便」也。

側降，賓不從降。

【疏】「側降」　注「賓不從降」　側降猶特降，故云「賓不從降」也。

作相爲司正。司正禮辭，許諾。主人再拜，司正荅拜。爵備樂畢，將留賓以事，爲有解倦失禮，立司正以監之，察儀法也。詩云：「既立之監，或佐之史。」○解倦，古賣反。以監，古咸反。

【疏】「作相」至「荅拜」　注「爵備」至「之史」　云「爵備」者，謂賓及衆賓與尊者，并工、笙並得獻，是爵備也。云「樂畢」者，合樂訖是樂畢，以無升笙與間，故不言樂成，而云「畢」而已也。云「將留賓以事」者，下有射事，射訖，行旅無筭之事，故須立司正以監之；但中間爲射繫，〔五二〕變司正爲司馬，射訖，反爲司正，以監察儀法也。引詩者，證監與正爲一物，皆察儀法也。

主人升，就席。司正洗觶，升自西階，由楹内適阼階上，北面受命于主人，洗觶者，當酌以表其位，顯其事也。楹內，楹北。

【疏】「主人」至「主人」　注「洗觶」至「楹北」　云「受命于主人」者，謂受主人請安賓之命，是以下云「請安于賓」，鄭注云「傳主人之命」也。

西階上北面請安于賓。傳主人之命。賓禮辭，許。司正告于主人，遂立于楹間以相拜。相謂贊主人及賓相拜之辭。主人阼階上再拜，賓西階上荅再拜，皆揖，就席。爲已安也。今文「揖」爲「升」。

司正實觶，降自西階。中庭北面坐奠觶，興，退，少立。奠觶，表其位也。少立，自脩正，慎其位也。古文曰「少退，立」。

【疏】「司正」至「少立」　注「奠觶」至「退立」　此云「北面坐奠觶」，鄉飲酒亦然者，此二者皆臣禮，故北面奠觶。燕禮、大射皆司正南面奠觶者，彼是君禮，欲取還不背君，故南面奠觶，故大射云「南面坐奠觶，興，右還，北面少立，坐取觶，興。坐不祭，卒觶，奠之，興，再拜稽首。左還，南面坐取觶，洗，南面。反奠于其所，北面立」，注云「皆所以自昭明於衆也。將於觶南，北面，則右還於觶北，南面則左還。如是，得從觶西往來也。必從觶西往來者，爲君在阼，不背之也」，又取威儀多，此及鄉飲酒在阼，非君，直北面奠觶，又威儀簡故也。

進，坐取觶，興，反坐，不祭，遂卒觶，興，坐奠觶，拜，執觶興，洗，北面坐奠于其所，今文「坐取觶」，無「進」。又曰「坐奠之，拜」。興，少退，北面立于觶南。立觶南，亦其故擯位。

【疏】「興少」至「觶南」　注「立觶」至「擯位」　云「立觶南，亦其故擯位」者，案上未有擯位，〔五二〕此云擯位者，案射禮云「擯者退中庭」，是擯者在中庭有位；燕禮、大射皆擯者爲司正，則此鄉射及鄉飲酒云「作相爲司正」，相即擯者也，故知觶南者，中庭故擯位也。

未旅。〔五三〕旅，序也。未，以次序相酬，以將射也。旅則禮終也。

【疏】「未旅」　注「旅序」至「終也」　旅，衆也。而言「序」者，謂衆以次序相酬。必於「未旅」而射者，旅則醉，禮終恐不得射，〔五四〕故於未旅而射也。此大夫、士禮，將射，先行鄉飲酒，行旅酬而已，〔五五〕故射前未旅而射，後乃始行旅酬。燕禮、大射國君禮，故先行燕禮。雖行一獻，以其辨尊卑，故行四舉旅；大射主爲射，故再拜訖即射；燕禮主爲燕，故三舉旅乃射，彼皆與此不同也。

三耦俟于堂西，南面，東上。司正既立，司射選弟子之中德行、道藝之高者，以爲三耦，使俟事於此。

【疏】「三耦」至「東上」　注「司正」至「於此」　自此已下盡「樂正北面立于其南」，論三番射事。鄭知司正既立，司射即「選弟子之中」爲三耦，「俟事於此」者，經云「俟於堂西」，明此時始選，故知既立司正，司射乃選弟子，使「俟事於此」也。故記云「三耦者，使弟子、司射前戒之」，注云「弟子，賓黨之少者也。前戒，謂先射請戒之」。

司射適堂西，袒、決、遂，取弓于階西，兼挾乘矢，升自西階，階上北面告于賓曰：「弓矢既具，有司請射。」司射，主人之吏也。於「堂西袒、決、遂」者，主人無次，隱蔽而已。袒，左免衣也；決，猶闓也，以象骨爲之，著右大擘指以鉤弦闓體也；遂，射韝也，以韋爲之，所以遂弦者也，其非射時則謂之拾，拾，斂也，所以蔽膚斂衣也。方持弦矢曰挾。乘矢，四矢也。大射曰：「挾乘矢於弓外，見鏃於弣，右巨指鉤弦。」古文「挾」皆作「接」。○袒，徒旱反。決，古穴反。兼挾，劉音協，一音子協反，下皆同。乘矢，繩證反，後乘矢皆同。猶闓，音開，下同。著右，丁略反，一音直略反。大擘，補革反，劉薄歷反，大指也。射韝，占侯反，劉苦侯反。見，賢遍反。鏃於，子木反，一音七木反。弣右，芳甫反，劉方輔反。

【疏】「司射」至「請射」　注「司射」至「作接」　云司射「取弓于階西，兼挾乘矢」者，以其司射之弓矢豫陳於西階，故司射於堂西袒、決、遂訖，即取弓矢於階西。是以下記云「司射之弓矢與扑倚于西階之西」是也。云「有司請射」者，此

「有司」謂司馬，故大射云「司射自阼階前曰：『爲政請射。』」注：「爲政謂司馬。」司馬政官，主射禮。諸侯之州長無司馬官，直言「有司請射」，以比司馬也。云「司射，主人之吏也」者，大射諸侯禮，有大射正爲長，射人次之，司射又次之，小射正次之，〔五六〕皆是士爲之，則此大夫、士禮，不得用士，故知是「主人之吏」爲之可知。云「於堂西，袒、決、遂者，主人無次，隱蔽而已」者，此對大射人君禮，有次在東方，不須適堂西也。云「袒，左免衣也」，知袒左者，凡事無問吉凶皆袒左，是以士喪主人左袒，此及大射亦皆袒左，不以吉凶相反；唯有受刑袒右，故覲禮云「乃右肉袒于廟門之東」，注云「右肉袒者，刑宜施於右」是也。云「決猶闓也，以象骨爲之」者，大射注亦然。案繕人云「掌王之用弓、弩、矢、箙、矰、弋、決、拾」，鄭注云「士喪禮決用正王棘若檡棘，〔五七〕則天子用象骨與」？無正文，故引士喪禮，又言「與」以疑之。若然，諸侯及大夫生用象，死用棘，天子無問死生皆用象者，蓋取其滑也。云「著右大擘指以鉤弦闓體也」，知者，以右巨指鉤弦，故知著於右大擘指也，以右擘著極，是以大射云「朱極三」，注云「以朱韋爲之。三者，食指、將指、無名指是也」。云「遂，射韝也，以韋爲之，以遂弦者也」者，大射注亦云「遂，射韝也，以朱韋爲之，著左臂，所以遂弦也」。云「其非射時則謂之拾，拾，斂也，所以蔽膚斂衣也」者，此篇及大射將射云「袒、決、遂」，射訖則云「說決拾」。於公雖射亦謂之拾，故大射云「公就物，小射正奉決拾以笥，大射正執弓，皆以從於物」，彼亦臨時而云拾，以公射袒朱襦，言拾以見斂衣，故變文以見義也。云「所以蔽膚斂衣也」者，言「蔽膚」據士，「斂衣」據大夫已上，是以下記「大夫與士射，袒薰襦」，燕禮記云「君射，袒朱襦」，若對君，大夫亦與士同，亦「蔽膚」也。云「方持弦矢曰挾」，知者，下記云「凡挾矢，於二指之間橫之」，是言其方可知。引大射「挾乘矢於弓外，見鏃於弣」，是其方也。若側持弓矢則名執，故下文云「司射猶袒、決、遂，左執弓，右執一个，兼諸弦面鏃」，注云「側持弓矢曰執。面，猶尚也。并矢於弦，尚其鏃」是也。云「乘矢，四矢也」者，下云「司射搢三，挾一个」，又詩云「四矢反兮」，是四矢曰乘，凡物四皆曰乘也。引大射者，欲見挾爲方持弦矢。

賓對曰：「某不能，爲二三子許諾。」言某不能謙也。二三子，謂衆賓已下。

【疏】「賓對」至「許諾」　注「言某」至「已下」　「二三子，謂衆賓以下」者，謂除三耦之外，通射者而言，故云「謂衆賓以下」也。若然，投壺禮賓固辭乃許者，彼因燕而爲之，再辭乃許；此爲衆習禮，不專爲己，故一辭即許。大射不請者，彼爲擇士而射，故不須云許，直告射節而已。此爲衆庶習禮，故云「爲二三子許諾」，亦一辭而許也。

司射適阼階上，東北面告于主人曰：「請射于賓，賓許。」司射降自西階，階前西面，命弟子納射器。弟子，賓黨之年少者也。納，内也。射器，弓、矢、決、拾、旌、中、籌、楅、豐也。賓黨東面，主人之吏西面。○年少，中召反。楅豐，音福。

【疏】「司射」至「射器」　注「弟子」至「西面」　鄭知「弟子」是「賓黨之年少」者，以其賓黨西方東面，今以西面命之，明是「賓黨」，是以鄭云「賓黨東面，主人之吏西面」也。言「弟子」，故知少者。知「射器」弓、矢以下者，並案下文所陳用者知之也。云「賓黨東面，主人之吏西面」者，案投壺賓黨及主黨皆爲弟子，皆得與投壺者，彼燕法主歡心，故皆與；今此射與鄉人習禮，鄉飲酒同，上下經文黨皆不與也。

乃納射器，皆在堂西。賓與大夫之弓倚于西序，矢在弓下，北括。衆弓倚于堂西，矢在其上。上，堂西廉。矢亦北括。○倚于，於綺反，下同。北括，古活反。

【疏】「乃納」至「其上」　注「上堂」至「北括」　云「賓與大夫之弓倚于西序，矢在弓下，北括。衆弓倚于堂西，矢在其上」者，以其序在堂上，故矢在弓下，堂西，矢在堂上，隨其弓在堂下，〔五八〕隨其所宜而已。云「上，堂西廉」者，以其在堂西，故矢在上者，還在堂上之廉稜也。云「矢亦北括」者，其在堂上西序者北括，故知堂下者於上亦北括也。

主人之弓矢在東序東。亦倚于東序也，矢在其下北括。

【疏】「主人」至「序東」 注「亦倚」至「北括」 上賓、大夫弓矢在西序，矢在北括，此主人弓矢如上也。

司射不釋弓矢，遂以比三耦於堂西三耦之南，北面。命上射曰：「某御於子。」命下射曰：「子與某子射。」比，選次其才相近者也。古文曰「某從於子」。○以比，毗志反，劉音鼻，注同。相近，附近之近。

【疏】「司射」至「子射」 注「比選」至「於子」 言「遂以」者，司射因上階前令弟子納射器，不釋弓矢，遂比三耦，因曰遂，〔五九〕故云「遂以」也。云「比，選次其才相近者也」者，才雖各自，用乃因選其力相近爲宜也。

司正爲司馬。兼官，由便也。立司正爲涖酒爾，今射，司正無事。○爲涖，音利，又音類。

【疏】「司正爲司馬」 注「兼官」至「無事」 言「兼官」者，若以諸侯對大夫，大夫兼官，諸侯具官，特以諸侯對天子，天子具官，〔六〇〕諸侯兼官，各有所對，故云「兼官」。云「由便也」者，使司正爲司馬，不煩餘官也。案射義云「孔子射於矍相之圃」，「射至於司馬，使子路執弓矢出延射」，「又使公罔之裘、序點揚觶而語」，但此篇是州長春、秋習射法，兼士，有鄉大夫，三年貢士之後，以五物詢衆庶，射於庠；鄉大夫五物詢衆而引孔子射於矍相之事，則孔子魯之鄉大夫也，以其天子鄉卿大夫爲之，〔六一〕諸侯鄉大夫使下大夫爲之，是其差也。但鄉飲酒之禮，二人舉觶爲無筭爵，據此篇未旅先射，射訖行旅酬，酬訖，賓始二人舉觶，〔六二〕爲無筭爵。未射時詢衆庶得使公罔之裘、序點二人「揚觶」者，揚觶實在射後，一酬訖始行之。今孔子詢衆庶之時，借取無筭爵時於旅也語，故使公罔之裘、序點二人揚觶以詢衆庶。此篇司射恒執弓矢，子路亦執弓矢，則子路爲司射也。射於矍相時，云「射至司馬」，此文又云「司正爲司馬」，則使子路詢衆庶時，當此節也。

司馬命張侯。弟子說束，遂繫左下綱。事至也。今文「說」皆作「稅」。○說束，如字，又吐活反，又始鋭反，注同。

【疏】「司馬」至「下綱」　注「事至也」　上張侯時「不繫左下綱，中掩束之」，今弟子說其束不致地，「遂繫左下綱」於植，事至故也。

司馬又命獲者倚旌于侯中。爲當負侯也。獲者，亦弟子也，謂之獲者，以事名之。

【疏】「司馬」至「侯中」　注「爲當」至「名之」　案下記云「司馬階前命張侯，遂命倚旌」，以記言之，司馬命張侯與命倚旌，其事相因，故云「遂」，明同是西階前也。云「爲當負侯也」者，下云「司馬命獲者執旌以負侯」是也。知「獲者，亦弟子」者，堂下位主人之黨在東，賓弟子在西，下云「獲者由西方坐取旌，倚于侯中」，言由西方，是賓黨弟子可知，亦上「張侯」者也。云「以事名之」者，以其唱獲，故名獲者也。

獲者由西方坐取旌，倚于侯中，乃退。樂正適西方，命弟子贊工遷樂于下。當辟射也。贊，佐也。遷，徙也。○當辟，音避。弟子相工如初入，降自西階、阼階下之東南，堂前三笴，西面北上坐。笴，矢幹也。今文無「南」。○相工，息亮反。〔六三〕三笴，劉古老反，矢幹也；〔六四〕字林云箭笴也，公但反。矢幹，古但反，又古旱反。

【疏】「弟子」至「上坐」　注「笴，矢幹也」　言「如初入」者，亦如上升堂時，相者亦在左，何瑟，面鼓，内弦，右手相，如入升時也。云「笴，矢幹也」者，案矢人注「矢幹長三尺」，是去堂九尺也。

樂正北面立于其南。北面鄉堂，不與工序也。○鄉堂，許亮反。

【疏】「樂正」至「其南」 注「北面」至「序也」 云「不與工序也」者，工西面北上，以南北爲序，樂正北面則東西爲列，故云「不與工序」也。

校勘記

〔一〕大判鄉大夫士射 阮校云「判」通解、毛本作「射」，「鄉」陳、閩、要義同，毛本作「卿」。今按單疏亦作「卿」。

〔二〕彼爲賓也 阮校浦鏜云「賓」當爲「已」字之誤。

〔三〕漢時雖無諸侯國 阮校云要義無「諸」字。

〔四〕但六藝中射 阮校云通解、毛本「藝」下有「之」字。

〔五〕於施化民爲緩 阮校云浦鏜改「於施」爲「皆於」。

〔六〕故云乎以疑也 阮校云毛本「乎」作「與」，「也」作「之」。今按疏前文言「主皮、和容、興舞，則六藝之射與禮、樂與？」疏前後不合，必有一誤。

〔七〕樂懸及張侯之事也 阮校云毛本「懸」作「縣」，「懸」爲俗字。

〔八〕故各自特 阮校云陳、閩、要義同，毛本「特」作「持」。

〔九〕此言 阮校云毛本「言」下有「射」字。

〔一〇〕亦無鎛 阮校云「鎛」陳、閩俱作「鐘」。

〔一一〕蓋目驗當時而言　阮校云陳本、要義同，毛本「目」作「考」。

〔一二〕東方謂之右个注云　阮校云通解、要義同，毛本「注」下無「云」字。

〔一三〕于僞反　宋本「于」譌爲「千」，徐乾學本不誤。

〔一四〕恐矢至身　阮校云要義同，通解、毛本「至」下有「其」字。

〔一五〕必此戒時玄端者　阮校云「必」下要義有「以」字。

〔一六〕衆賓即不爲卑不論有爵無也　阮校云毛本「即」下無「不」字，「無」下有「爵」字。

〔一七〕故西面待之　阮校云「待」毛本作「侍」。

〔一八〕禮之常然　阮校云「常」要義同，毛本作「當」。「然」要義作「法」。

〔一九〕主人坐取爵于上篚　阮校云通解無「坐」字。

〔二〇〕致絜敬也　黄刊嚴州本、徐本同，阮云陳、通解亦同，毛本「致」作「飲」。今按阮本注正文既用嚴州本，然校勘記仍從毛本作「飲」，自亂章法。

〔二一〕賓席之前　阮校引敖氏云「席之」當作「之席」。

〔二二〕而言獻進之也　阮校云單疏、陳本、通解、要義同，毛本「獻進」作「進獻」。

〔二三〕醋主　「醋」注作「酢」，劉云酢、醋同音義。

〔二四〕注反位至洗進　阮校云「洗進」毛本作「進也」。

〔二五〕東南面酢主人　阮校云「酢」要義作「醋」，注同。

〔二六〕亦嚌啐　黄刊嚴州本、徐本同，阮校云陳本、通解亦同，毛本「嚌」作「齊」。

〔二七〕此射前獻時親酌已　阮校云浦鏜改「射」爲「辭」。

〔二八〕衆賓皆荅壹拜　黄刊嚴州本、徐本同，阮校云通解、要義亦同。「壹」敖氏作「一」，石經補缺亦誤作「一」。

〔二九〕以其此禮中含卿大夫法　阮校云「卿」要義作「鄉」。

〔三〇〕則亦再拜　阮校云「亦」下要義有「無」字。

〔三一〕其堂上衆賓無定數　阮校云要義同，毛本「上」作「下」。按應以「下」爲是。「衆」陳、閩俱作「與」。

〔三二〕不席也　阮校云毛本「不」下有「云」字，單疏脱。

〔三三〕實觶　阮校云「實」字石經補缺，陳、閩俱作「賓」。

〔三四〕既與人行射禮　阮校云浦鏜於「人」上增「鄉」字。

〔三五〕故知迎大夫在門内可知　阮校云「在」毛本作「於」。

〔三六〕降由下　阮校云通解同，毛本「下」作「上」。今按疏前云：「凡席升由下，降由上」，故以作「上」爲是。

〔三七〕謙不以已尊加賢者也　「不」下疏有「敢」字。

〔三八〕主人酌酢于長賓　「酢」字單疏本原無，阮校云毛本有。今按有司徹經文有「酢」字，毛本當是，此據補。

〔三九〕若在其北　「其」原作「北」，阮校云要義同，毛本「北北」作「其北」，毛本是。此據其説改。

〔四〇〕故云不奪主人之正禮　阮校云要義同，毛本無「主」字。今按注與疏不同，必有一誤。

〔四一〕云四人二瑟　阮校云毛本「云」下有「工」字。

〔四二〕以隨其先後而取之故也　阮校引浦鏜云「取」疑「次」之誤。

〔四三〕但弦居瑟上　阮校云「弦」通解作「越」。

〔四四〕躬行召南之教　黄刊嚴州本、徐本同。阮校云通解、毛本無「召南之教」四字，又引瞿中溶云燕禮注有此四字，此亦宜有。

〔四五〕卿大夫士行射禮　阮校云閩本、要義同，毛本「卿」作「鄉」。

〔四六〕則燕禮與大射　阮校云陳、閩俱無「則燕禮」三字。

〔四七〕自此至反升就席　「就」字單疏、要義俱無，毛本有。今按據下經文，則毛本是，此據補。

〔四八〕鄉飲酒亦云賓介降　單疏無「降」字，毛本無「介」字，汪文臺識語云二字皆當有。

〔四九〕一人笙之長者也　阮校云浦鏜據鄉飲酒注改「笙」爲「工」，删「者」字。阮氏云：「此涉『一人拜，盡階，不升堂，受爵』注文而誤，浦鏜是也。」

〔五〇〕而著笙不洗者　阮校云「笙」通解、毛本作「衆」，與疏述注不合。

〔五一〕但中間爲射繫　阮校云陳、閩、通解俱無「繫」字。

〔五二〕上未有擯位　阮校云「未」陳、閩俱作「不」。

〔五三〕未旅　「未」原作「末」，黄刊嚴州本、徐本同，注亦同。阮校云徐本恐誤。今按單疏「末」作「未」，毛本亦作「未」，是，此據改，注亦同改。

〔五四〕禮終恐不得射　阮校云「終恐」誤倒，汪文臺識語以爲不誤。

〔五五〕行旅酬而已　阮校云毛本「行」上有「後」字，要義「旅」下衍「酢」字。

〔五六〕小射正次之　阮校云「正」下毛本有「又」字。

〔五七〕決用正王棘若檡棘　阮校云「檡」諸本俱作「擇」，似誤。今按士喪禮作「檡」，阮説是。

〔五八〕隨其弓在堂下　阮校云毛本「下」作「上」，陳、閩俱無此六字。

〔五九〕因曰遂　阮校浦鏜云「因」下當脱「事」字。

〔六〇〕天子具官　阮校云閩本無「天子」二字。

〔六一〕以其天子鄉卿大夫爲之　阮校云毛本「卿」在「大夫」之下，是。

〔六二〕賓始二人舉觶　阮校云「始」毛本作「使」。

〔六三〕相工息亮反　「亮」徐乾學本作「幹」，誤。

〔六四〕三笴劉古老反矢幹也　「幹」徐乾學本作「榦」。黄焯彙校引吴云：「劉音古老反者，疑讀爲稾。夏官稾人注云『箭幹謂之稾』是也。篇韻笴字并收古老一切，本此。」

儀禮注疏卷第十二

唐朝散大夫行大學博士弘文館學士臣賈公彦等撰

司射猶挾乘矢，以命三耦，各與其耦讓取弓矢，拾。猶，有故之辭。拾，更也。○弓矢拾，其劫反，劉其輒反，更也，除決拾以外皆同。拾更，音庚。

【疏】「司射」至「矢拾」　注「猶有」至「更也」　自此盡「取扑，搢之，以反位」論司射誘射，教三耦射法之事。大射有次，「三耦，取弓矢於次」，注云「取弓矢不拾者，次中隱蔽處」，則此無次。「取弓矢，拾」者，拾，更也，遞取弓矢見威儀故也。云「猶，有故之辭」者，前已云「司射兼挾乘矢」，此云「猶」是「有故之辭」，云此者，欲見司射恒執弓矢未改之意。

三耦皆袒、決、遂。有司左執弣，右執弦而授弓，有司，弟子納射器者也。凡納射器者，皆執以俟事。

【疏】「三耦」至「授弓」　注「有司」至「俟事」　前「有司請射」解爲司馬，此有司爲弟子者，以有事者皆有司，故鄭注解上「有司請射」與大射「爲政請射」同，故解爲司馬；此經以納射器，使弟子，不見出文，則弟子執射器入者，即使守之，以授用者，故知有司還是弟子，是以鄭云：「凡納射器者，皆執以俟事。」

遂授矢。受於納矢而授之。

【疏】「遂授矢」注「受於」至「授之」　此授矢者，則上文有司授弓者，以其弟子執弓矢，故授弓訖，復授矢，是以鄭云：「受於納矢而授之。」

三耦皆執弓，搢三而挾一个。未違俟處也。搢，插也，插於帶右。〔一〕○搢三，音進，又音箭，劉又祖雞反，插也，後同。一个，古貨反，下皆同。捷也，〔二〕初洽反，下同。

【疏】「三耦」至「一个」　注「未違」至「帶右」　上云「三耦俟于堂西」，又云「遂以比三耦於堂西」，此云「三耦皆執弓，搢三而挾一个」，前後皆因前位，去未違俟處。〔三〕下文乃云「三耦皆進，由司射之西，立于其西南，東面，北上」，是移本位者也。云「搢，插也，插於帶右」者，以其左手執弓，右手抽矢而射，故知「插於帶右」，故詩云「左旋右抽」是也。

司射先立于所設中之西南，東面。三耦皆進，由司射之西，立于其西南，東面，北上而俟。司射東面立于三耦之北，搢三而挾一个，〔四〕爲當誘射也。固東面矣，復言之者，明卻時還。○復言，扶右反，下復言同。

【疏】「司射」至「一箇」　注「爲當」至「時還」　云「固東面矣，復言之者，明卻時還」者，司射先在「中西南，東面」，今三耦立定，司射卻來向「三耦之北」，「東面」，明司射卻時右還，「西南，東面」也。

揖，進。當階，北面揖；及階，揖；升堂，揖。豫則鉤楹內，堂則由楹外。當左物，北面揖。鉤楹，繞楹而東也。序無室，可以深也。周立四代之學於國，而又以有虞氏之庠爲鄉學，〔五〕鄉飲酒義曰「主人迎賓於庠門外」是也。庠之制有堂有室也。今言豫者，謂州學也，讀如「成周宣謝災」之謝，〔六〕周禮作序。凡屋無室曰謝，宜從謝。州立謝者，下鄉也。左物，下物也。今文「豫」爲「序」，序乃夏后氏之學，亦非也。○豫則，音謝，〔七〕出注。下鄉，遐嫁反。

【疏】「揖進」至「面揖」 注「鉤楹」至「非也」 凡行射禮，耦耦各相對揖。故司誘射，發東面位揖進；當西階，北面揖；及階，揖；升堂，揖。訖，東行向兩楹間物，須過西楹，〔八〕是以豫則鉤楹內，北過，以記云「序則物當棟」。物近北，故過由楹北也；堂則由楹外過而東行，以記云「堂則物當楣」，物近南，故過由楹南也。云「當左物」者，以南面爲正，東爲左物，北面又揖也。云「鉤楹，繞楹而東也」者，北而東也。云「序無室，可以深也」者，據州立序而言。云「周立四代之學於國」者，案王制云有虞氏上庠、下庠，夏后氏東序、西序，殷人左學、右學，周人東膠、虞庠，「周立四代」者，通己爲四代。但質家貴右，故虞、殷大學在西郊，小學在國中；文家貴左，故夏、周大學在國中王宮之東，小學在西郊。周所立前代學者，立虞、夏、殷三代大學。若然，則虞氏上庠，則周之小學爲有虞氏之庠，制在西郊也；立殷之右學則瞽宗，周立之亦在西郊；立夏后氏之東序，則周之東膠，立在王宮之東，以其改東序爲東膠，東膠二代名，故云「周立四代學」。文王世子亦論四代學中學樂之事云。「而又以有虞氏之庠爲鄉學」者，與周立虞庠同制，故引鄉飲酒義爲證鄉立庠之義也。云「庠之制有堂有室也」者，則此篇云「堂則由楹外」，又記云「堂則物當楣」是也。論語云「由也升堂矣，未入於室」，室、堂相將，有室必有堂。言此者，見庠則室、堂俱有，對榭則有堂無室也。云「今言豫者，謂州學也」者，周禮地官州長職云「春、秋以禮會民而射于序」是也。云「讀如『成周宣榭災』之榭」者，案宣公十六年經書「成周宣榭火」，彼雖不據學，以其無室，與爾雅「無室曰榭」同，故引以爲證也。云「周禮作序」者，據州長職文。云「凡屋無室曰榭，宜從榭」者，鄭廣解榭名。爾雅云「闍謂之臺，有木者謂之榭」，及「成周宣謝」及此州立謝，〔九〕皆是，無室，故云「凡」以該之。不得從豫及序，故云「宜從榭也」。云「州立榭者，下鄉也」者，以其鄉之庠有室有堂，州謝則有堂無室，故云「下鄉也」。云「今文豫爲序，序乃夏后氏之學，亦非也」，不從今文者，以其虞庠、夏序，皆是有室，州之序則無室，故云「非」。言「亦」者，古文爲「豫」已非，今文作夏后氏之序，亦非。若然，禮記學記及州長職并下記皆作序，鄭不破之者，以鄉立虞庠，依虞有室；州立夏序，去室猶取序名，是以鄭注州長云「序，州黨之學也」，故不破之也。

及物揖。左足履物，不方足，還視侯中，俯正足，方，猶併也，志在於射，左足至，右足還併足，則是立也。南面視侯之中，乃俯視，併正其足。○猶併，步頂反，下皆同。

【疏】「及物」至「正足」　注「方猶」至「其足」　云「志在於射」者，解足未正先視侯中之意。言「左足至」者，解「左足履物」也。「右足還併足，則是立也」者，解經「不方足」，還及正足之言。若然，云還時兼視侯中也。此不言畫物早晚，案大射「納射器」之下，即言「工人士與梓人，升自北階兩楹間，疏數容弓，若丹若墨，度尺而午」，此不言者，卑者文畧，亦當在納射器後即畫之也。

不去旌，以其不獲。○不去，起呂反，下注同。

【疏】「不去旌」　注「以其不獲」　以其旌擬唱獲，今以三耦誘射，不唱獲，故不去旌也。

誘射，誘猶教也。將乘矢。將，行也。行四矢，象有事於四方。

【疏】「將乘矢」　注「將行」至「四方」　云「象有事於四方」者，詩云「四矢反兮，以御亂兮」，是四矢有事於四方。

執弓不挾，右執弦，不挾，矢盡。

【疏】「執弓」至「執弦」　注「不挾矢盡」　案上文司射將射時，云「搢三而挾一个」，又云「將乘矢」，故知矢盡，空執弦也。

南面揖，揖如升射。降，出于其位南，適堂西，改取一个，挾之。改，更也。不射而挾之，示有事也。今文曰「適序西」。

【疏】「南面」至「挾之」　云「出于其位南，適堂西」者，上文司射位設于「所設中之西南，〔一〇〕東面」，今乃適位南，而北迴適堂西者，取教衆耦威儀之法故也。云「改取一个，挾之」者，此不在西階而在堂西，故適堂西，即云「改取一个」也。

遂適階西，取扑，搢之，以反位。扑，所以撻犯教者。書云「扑作教刑」。○取扑，普卜反，劉方逼反，後皆同。以撻，他達反。

【疏】「遂適」至「反位」　注「扑所」至「教刑」　引書者，舜典文也。彼謂教學之刑，此爲教射法，教雖不同，用扑是一，故引爲證也。

司馬命獲者執旌以負侯。欲令射者見侯與旌，深有志於中。○欲令，力呈反。於中，丁仲反，下中人者、中則、以中並同。

【疏】「司馬」至「負侯」　注「欲令」至「於中」　自此盡「搢扑」論三耦爲第一番射法。云「欲令射者見侯與旌，深有志於中」者，凡射主欲中侯，使獲者舉旌唱獲，以是豫使見之，望深有志於中也。

獲者適侯，執旌負侯而俟。俟，待也。今文「俟」爲「立」。

【疏】「獲者」至「而俟」　「俟，待也」，「而待」者，謂待司馬命去侯。

司射還，當上耦，西面，作上耦射。還，左還也。作，使也。

【疏】「司射」至「耦射」　注「還左還也」　知「左還」者，經云「還，當上耦」，上耦位在司射之西南，東面，司射還欲西面，與上耦相當，故知左還迴身當之，取便可知也。

司射反位。上耦揖，進。上射在左，並行，當階，北面揖；及階，揖。

上射先升三等，下射從之中等。中猶間也。○猶間，間廁之間。

【疏】「司射」至「中等」　云「司射反位」者，反中西南東面位也。

上射升堂，少左。下射升，上射揖，並行。並，併也，併東行。

【疏】「上射」至「並行」　注「併東行」　知併行「併東行」者，〔一一〕以其既言「升」，乃言「併行」，故知「併東行」向物也。云「少左」者，言上射先升少左，避下射升階也。

皆當其物北面揖，及物揖，皆左足履物，還，視侯中，合足而俟。司馬適堂西，不決遂，袒執弓。不決、遂，因不射不備。

【疏】「皆當」至「執弓」　注「不決」至「不備」　「皆左足履物」者，謂先以左足履物，東頭，合足而俟司馬命去侯。云「因不射不備」，此決司射誘射行事，袒即決、遂，執弓挾矢，今司馬不射，故不備，直袒而已也。若然，大射司馬正不射而袒，〔一二〕又復決、遂者，彼大射志於射，故司馬正雖不射，袒復決、遂，以其不爲射，仍不挾矢也。

出于司射之南，升自西階，鉤楹，由上射之後，西南面立于物間。右執簫，南揚弓，命去侯。鉤楹，以當由上射者之後也。簫，弓末也，大射曰「左執弣」。揚，猶舉也。

【疏】「出于」至「去侯」　注「鉤楹」至「舉也」　「鉤楹」者，於西楹西而北，東行過。「由上射之後，乃西南面立于物間」者，欲取南揚弓，向侯便故也。「右執簫」者，不可一手揚弓，故引大射曰「左手執弣」，左當卻手，則「右執簫」者，右當覆手也。

獲者執旌許諾，聲不絶，以至于乏。坐，東面，偃旌，興而俟。聲不絶，不以宮、商，不絶而已，鄉射威儀省。偃，猶仆也。○儀省，所景反。仆也，音赴。

【疏】「獲者」至「而俟」　注「聲不」至「仆也」　云「而俟」者，待射者發矢，當坐，故下云「獲者坐而獲」也。云「鄉射威儀省」者，決大射云「負侯皆許諾，以宮趨直西，及乏南，又諾以商，至乏之聲止」，是其唱諾爲宮、商，是其威儀多。此不者，「威儀省」故也。

司馬出于下射之南，還其後，降自西階。反由司射之南適堂西，釋弓，襲，反位，立于司射之南。圍下射者，明爲二人命去侯。○還其，劉户串反，一音環，下還其後同。

【疏】「司馬」至「之南」　注「圍下」至「去侯」　司馬由上射之後，立於物間，命去侯訖，物間南行，西向適階，降，是其順矣。今命去侯訖，乃圍下射之後，繞下射之東南行，而適西階去，若出物間西行，則似直爲上射命去侯。是以并下射圍繞之，明爲二人命去侯也。

司射進，與司馬交于階前，相左，由堂下西階之東，北面視上射，命曰：「無射獲，無獵獲。」上射揖。司射退，反位。射獲，謂矢中人也。獵，矢從傍。○無射，食亦反，注同。從傍，蒲郎反，或作旁。

【疏】「司射」至「反位」 注「射獲」至「從傍」 云「交于階前，相左」者，既云「司射與司馬交于階前，相左」，乃云「由堂下西階遶東，北面」，則相左之時，在西階之西，司馬由北而西行，司射由南而東行，各以左相迎，〔一三〕故云「相左」也。司射既不升堂，不得云司射向北，〔一四〕司馬向南而「相左」也。云「射獲，謂矢中人也」者，人謂獲者，亦以事名。云「獵矢從傍」者，謂從之傍也。

乃射，上射既發，挾弓矢，而后下射射。拾發，以將乘矢。古文「而后」作「後」，非也。孝經說然后曰：「后者，後也。」當從「后」。〔一五〕

【疏】「乃射」至「乘矢」 注「古文」至「從后」 引孝經說，取孝經緯援神契文，彼說孝經云「然後能保其社稷之等」，皆作「后」，「后」者後也，〔一六〕故不從古文「後」，是以云「當從后」。

獲者坐而獲，射者中則大言獲，獲，得也。射講武田之類，是以中爲獲也。

【疏】「獲者坐而獲」 注「射者」至「獲也」 此未釋筭，故下經云「獲而未釋獲」，鄭云「但大言獲，未釋其筭」是也。云「獲，得也。射講武田之類，是以中爲獲也」者，詩云「舍拔則獲」，謂射著禽獸爲獲，〔一七〕獲則得也。戰伐得囚俘亦曰獲，射著正鵠亦曰獲。但舉旌以宮大言獲也，偃旌以商小言獲也。

舉旌以宮，偃旌以商。宮爲君，商爲臣，聲和律呂相生。

【疏】注「宮爲」至「相生」 「宮爲君，商爲臣」，禮記樂記文。宮數八十一，數最濁，故爲君，配中央土。商數七十二，次君，故爲臣，配西方金。云「聲和律呂相生」者，以其以黄鍾之初九，下生林鍾之初六，林鍾又上生大蔟之九二；初九與九二雖非以次相生，大蔟亦由黄鍾所生，故云「聲和由律呂相生」，故舉旌以宮，偃旌以商，不取其餘律呂也。

獲而未釋獲。但大言獲，未釋其筭。卒射皆執弓，不挾，南面揖，揖如升射。不挾，亦右執弦，如司射。上射降三等，下射少右從之中等。並行，上射於左。降，下。

【疏】「上射」至「於左」 此上射、下射升與降皆上射爲先，又上射升、降皆在左。

與升射者相左，交于階前，相揖。由司馬之南適堂西。釋弓，説決、拾，襲而俟于堂西，南面，東上。三耦卒射，亦如之。司射去扑，倚于西階之西。升堂，北面告于賓曰：「三耦卒射。」去扑乃升，不敢佩刑器即尊者之側。○説決，吐活反，又始鋭反，下説決拾皆同。

【疏】「與升」至「卒射」 注「去扑」至「之側」 云「不敢佩刑器即尊者之側」者，此司射將升堂，即賓前，故去扑於階西乃升，是「不敢佩刑器即於尊者之側」也。大射「司射去扑，倚于階西。適阼階下，北面，告于公曰：『三耦卒射。』」

不升堂亦去扑者，國君尊，雖堂下亦去扑也。

賓揖。以揖然之。

【疏】賓揖　注「以揖然之」　大射「司射告公：『三耦卒射』」，不見公揖然之者，公尊故也。

司射降，搢扑，反位。司馬適堂西，袒執弓，由其位南進，與司射交于階前，相左，升自西階，鉤楹，自右物之後，立于物間，西南面揖弓，命取矢。揖，推之也。

【疏】「司馬適堂西」　自此盡「加于楅」，論三耦射訖取矢之事。

【疏】注「揖，推之也」　推手曰揖，引手曰厭，故周禮司儀天揖、時揖、土揖，〔一八〕鄭注皆以「推手」解之，是以推手爲揖。但「揖弓」者，向侯而推之，以其命取矢故也。揚弓者，向乏而揚之，以其命去侯故也。

獲者執旌許諾，聲不絶，以旌負侯而俟。俟弟子取矢，以旌指教之。

【疏】注「俟弟」至「教之」　此即下文「弟子取矢，委于楅」是也。

司馬出于左物之南，還其後，降自西階。遂適堂前，北面立于所設楅之南，命弟子設楅。楅，猶幅也，所以承笴矢者。〔一九〕

【疏】「司馬」至「設楅」　注「楅猶」至「矢者」　云「楅，猶幅也」，訓楅爲幅者，義取若布帛有邊幅整齊之意，故云「所以承笴齊矢」，即下云「委于楅，北括」；又大射云「既拾取矢梱之」，注云「梱，齊等之」，是其承笴也。

乃設楅于中庭，南當洗，東肆。東肆，統於賓。

【疏】「乃設」至「東肆」　注「東肆，統於賓」　此弟子設楅之時，司馬教之，故大射云「小臣師設楅，司馬正東面，以弓爲畢」，鄭注云「畢，所以教助執事者」，明此亦然。云「東肆，統於賓」者，然則楅有首尾，故下記云「楅長如笴，博三寸，厚寸有半，龍首」，鄭注云「兩端爲龍首」。若然，則有首無尾，而言西上者，應有刻飾記之，爲首尾也。

司馬由司射之南，退，釋弓于堂西。襲，反位。弟子取矢，北面坐，委于楅，北括，乃退。司馬襲，進，當楅南，北面坐，左右撫矢而乘之。撫，拊之也，就委矢左右手撫而四四數分之也。上既言「襲」矣，復言之者，嫌有事即袒也。凡事升堂乃袒。○而乘，成證反，下乘同。〔二〇〕拊之，芳甫反。四四數，所主反，下俟數同。

【疏】「司馬」至「乘之」　注「撫拊」至「乃袒」　云「司射之南，退，釋弓」者，司馬往堂西釋弓，還依三耦所行之處，亦取威儀進止之事，故曰「司射之南」也。云「委矢于楅，北括」者，順射時矢南行故也。云「撫，拊之也」者，言撫者，撫拍之義，言拊者，取拊近之理，故轉從拊也。云「就委矢左右手撫而四四數分之也」者，謂司馬北面就所委矢之南，北面，以右手撫四矢於東，以左手撫四矢於西，是四四數而分之也。云「上既言襲矣，復言之者，嫌有事即袒也」者，案上文「命弟子設楅」，退時已襲，今復言「襲進」者，嫌有事則袒，故重言之也。云「凡事升堂乃袒」者，堂下雖有事亦不袒，若司射不問堂上堂下，有事即袒，司馬與司射遞行事，恐同，故明之也。

若矢不備，則司馬又袒，執弓如初，升，命曰：「取矢不索。」索，猶盡也。○不索，悉各反，盡也。弟子自西方，應曰：「諾！」乃復求矢，加于楅。增故曰加。鄉獲者許諾，至此弟子曰諾，事同，互相明。○應曰，應對之應。乃復，扶右反，下注復言、復射同。鄉獲，許亮反，又作嚮，下皆同。

【疏】注「增故」至「相明」　上言「獲者執旌許諾」，故曰「鄉獲者許諾」。至此弟子曰「諾」，以其事同，互相明也。言「互」者，「獲者執旌許諾」，不言弟子許諾，則弟子亦許諾。此直言「弟子自西方應曰諾」，不言獲者應諾，則獲者亦應諾可知。以其事同省文，故互相明之。

司射倚扑于階西，升，請射于賓如初，賓許諾。賓、主人、大夫若皆與射，則遂告于賓。適阼階上，告于主人。主人與賓爲耦。言若者，或射或否，在時欲耳。射者繹己之志，君子務焉。大夫，遵者也。告賓曰：「主人御于子。」告主人曰：「子與賓射。」○皆與，音預，下將與同。繹己，音亦。

【疏】「司射」至「爲耦」　注「言若」至「賓射」　自此盡「比衆耦辯」，論次番將射，比衆耦之事。但射禮三而止，第一番直司射與三耦誘射，不釋筭；第二番三耦與衆耦俱射，釋筭；第三番兼有作樂，爲射節。云「言若者，或射或否」者，以若是不定之辭，故知或射或否。「射者繹己之志」者，禮記射義文。繹謂陳己之志意也。云「大夫，遵者也」者，上云「大夫有遵者」是也，故與賓主同在任情之限。云「告賓曰：『主人御于子。』」，「告主人曰：『子與賓射』」，此約下大夫與士射之辭。以賓比大夫，以主人比士，尊賓之義也。

遂告于大夫，大夫雖衆，皆與士爲耦。以耦告于大夫曰：「某御於子。」大夫皆與士爲耦，謙也。來觀禮同爵，自相與耦，則嫌自尊別也。大夫爲下射，而云「御於子」，尊大夫也。士，謂衆賓之在下者及羣士來觀禮者也。〔二一〕禮，一命已下齒於鄉里。○尊別，彼列反，下尊別同。

【疏】「遂告」至「於子」　注「大夫」至「鄉里」　云「大夫爲下射，而云『御於子』，尊大夫也」者，上命三耦云「命上射曰：『某御於子。』命下射曰：『子與某子射。』」今命大夫云「某御于子」，與上射同者，尊大夫也。大夫雖爲下射，其辭不與下射同也。云「士，謂衆賓之在下者」，言衆賓則與賓俱來者也。〔二二〕下記云「大夫與則公士爲賓」，鄭注云「公士在官之士」，則衆賓之内亦有士矣，與賓俱至，則得主人之所命者也。其將射而至者，非主人之所命，直來觀禮者也。但是一命已下，莫問先後而至，皆齒于堂下，故鄭摠云「士，謂衆賓之在下者，及羣士來觀禮者也」。云「禮，一命以下齒于鄉里」者，周禮黨正禮十月行正齒位之禮云〔二三〕「一命，齒于鄉里；再命，齒于父族；三命，不齒」。案鄉飲酒注云「此篇無正齒位之禮」，則鄉射先行鄉飲酒之禮，亦無正齒位之法，而云「一命以下齒于鄉里」者，鄉飲酒、鄉射雖無正齒位之禮，士立于下，是以一命者在下，與鄉里齒，是其常法。諸侯之士無再命以上，若爲公、卿大夫，自在尊東爲遵也。言「士謂衆賓之在下者」，則堂上三賓不與大夫爲耦矣，亦皆射，故下文云「衆賓與射者皆降」是也。

西階上北面作衆賓射。作，使。**司射降，搢扑，由司馬之南適堂西，立比衆耦。**衆耦，大夫耦及衆賓也。命大夫之耦曰：「子與某子射。」其命衆耦如三耦。○立比，毗志反，下及注同。

【疏】「司射」至「衆耦」　注「衆耦」至「三耦」　云「衆耦，大夫耦及衆賓也」者，言大夫之耦，唯謂堂下之士，言衆賓則兼堂上三賓，故下云「衆賓皆降」。云「命大夫之耦曰：『子與某子射』」，此即上文命下射之辭也。云「其命衆耦如三耦」者，上命三耦云「命上射曰：『某御於子。』命下射曰：『子與某子射。』」是也。以其俱是士，故命辭同。

衆賓將與射者皆降，由司馬之南適堂西，繼三耦而立，東上。大夫之耦爲上。若有東面者，則北上。言若有者，大夫士來觀禮及衆賓多無數也。

【疏】「衆賓」至「北上」　注「言若」至「數也」　言「由司馬之南適堂西」者，上文司馬位在司射之南，東面是也。云「多無數也」者，以其言「若」，亦是不定之辭，故無常數也。衆賓若少，以南面爲正；若多，不受則西邊東面，北上。若然，大夫來在尊東爲遵，而此言之者，鄭總解來觀禮之意，不謂大夫輒在此位也。

賓、主人與大夫皆未降。言未降者，見其志在射。○見其，賢遍反。

【疏】「賓主」至「未降」　注「言未」至「在射」　言「未降」後有降階之理，故下云「三耦卒射，賓、主人、大夫揖，皆由其階降」，與耦俱升射也。言「志在射」者，以其射在於堂上故也。

司射乃比衆耦辯。衆賓射者降，比之耦，乃徧。○乃徧，音遍，下同。

【疏】「司射」至「耦辯」　注「衆賓」至「乃徧」　云「衆賓射者降，比之耦，乃徧」者，以上文司射降，比衆耦，下文乃云「衆賓將與射者皆降」，鄭恐衆賓堂上後降者不比，故兼堂上後降亦比，乃徧也。

遂命三耦拾取矢，司射反位。反位者，俟其袒、決、遂來。

【疏】「遂命」至「反位」　注「反位」至「遂來」　自此盡「爲上」，論拾取矢并衆耦皆就射位之事。云「反位者，俟其袒、決、遂來」者，下文云「三耦拾取矢，進立于司馬之西南」是也。此司射反位，不言先。下將欲爲下番射，司射堂西命三耦及衆賓皆袒、決、遂，執弓，就位，司射先反位，鄭注云「言先三耦及衆賓」，鄭不言「先三耦」，未有拾取矢位，無所先，以此言之，明言「先反」者，對未反位之辭，俱有位得言「先」，若一有一無，不得言先，即此文，是以下文注決此也。若俱無，亦得言「先」，故上云「司射比三耦於堂西」，云「司射先立於所設中之西南，東面。三耦皆進，由司射之西，立于其西南，東面北上而俟」，是其皆未有位，亦得言先。

三耦拾取矢，皆袒、決、遂，執弓，進立于司馬之西南。必袒、決、遂者，明將有射事。

【疏】「三耦」至「西南」　注「必袒」至「射事」　「立于司馬之西南」者，案上司射位在中西南，司馬位在司射南，今立于「司馬之西南」，亦東面北上也。云「必袒、決、遂者，明將有射事」者，始取未有射事，而袒、決、遂者，以其取矢即訖有射，〔二四〕故豫著之，故云「將有射事」也。

司射作上耦取矢。作之者，還，當上耦，如作射。

【疏】「司射」至「取矢」　注「作之」至「作射」　案上文司射作射之時，左「還，當上耦，西面，作上耦射」，今作取矢亦如之，故云「還，當上耦，如作射」。

司射反位。上耦揖，進，當楅北面揖，及楅揖。當楅，楅正南之東西。

【疏】「司射」至「楅揖」注「當楅」至「東西」此上耦發位東行時，一南一北並行，及將至楅南，下耦在南稍進，當前楅南，俱北面揖。其時上射稍西，下射稍東，東西相當，故云「當楅，楅正南之東西」也。

上射東面，下射西面。上射揖，進，坐，横弓，卻手自弓下取一个，兼諸弣順羽，且興，執弦而左還，退，反位，東面揖。横弓者，南踣弓也。卻手由弓下取矢者，以左手在弓表，右手從裏取之便也。兼并矢於弣，當順羽，既又當執弦也。順羽者，手放而下備，不整理也。不言毋周，在阼非君周可也。○卻手，去逆反，注同。踣弓，蒲比反。〔一五〕毋周，亦作無，同。

【疏】「上射」至「面揖」注「横弓」至「可也」言「順羽，且興」者，謂以左手順羽之時則興，故云「且興」也。言「左還」者，以左手向外而西回。「東面揖」者，揖下射使取矢也。云「横弓者，南踣弓也」者，覆左手以執弓，卻右手以取矢便，故知不北踣弓也。云「以左手在弓表」者，表，弓背也，覆手以執背，故云「左手在弓表」。云「右手從裏取之便也」者，覆手在表，執弓，右手卻在裏取矢，故云「便」也。云「不言毋周，在阼非君周可也」者，案大射云「左旋毋周，〔一六〕反面揖」，鄭注云「左還反其位毋周，右還而反東面也。君在阼還周，則下射將背之」，此直云「左還反位」，不言「毋周」，明還周可也。鄭云「下射將背之」，則上射背，左還毋周也。

下射進，坐，横弓，覆手自弓上取一个，興，其他如上射。覆手由弓上取矢者，以左手在弓裏，右手從表取之亦便。○覆手，芳伏反，注同。

【疏】「下射」至「上射」注「覆手」至「亦便」云「以左手在弓裏，右手從表取之亦便」者，上射在西云「南踣弓」，此不云踣弓，則亦南踣弓，知者，以其亦用左手執弓，覆右手取矢，則執弓卻左手可知，既仰左手向上執弓而南踣，〔一七〕

故用右手弓上向下取矢亦便也。

既拾取乘矢，揖，皆左還，南面揖，皆少進，當楅南。皆左還北面，搢三挾一个，楅南鄉當楅之位。

【疏】「既拾」至「一个」　注「楅南」至「之位」　云「楅南鄉當楅之位」者，上云「進，當楅北面揖」，今至此位，皆還北面也。

揖，皆左還，上射於右，上射轉居右，便其反位也。下射左還，少南行，乃西面。

【疏】「揖皆」至「於右」　注「上射」至「西面」　云「上射轉居右，便其反位也」者，此決射時升降，上射皆居左，彼自堂西，不復庭位故也；此復庭位，故上射轉在右，是以鄭云「便其反位也」。云「下射左還，少南行，乃西面」者，以其初北面時，東西相當，今西行宜並，故下射少南行，乃西面，取並行故也。

與進者相左，相揖，退，反位。〔二八〕相左，皆由進者之北。

【疏】「與進」至「反位」　注「相左」至「之北」　云「由進者之北」者，以其進取矢者東行，此則西行由進者之北，則得相左也。

三耦拾取矢，亦如之。後者遂取誘射之矢，兼乘矢而取之，以授有司于西方，而后反位。取誘射之矢，挾五个。弟子逆受於東面位之後。

【疏】「三耦」至「反位」　注「取誘」至「之後」　云「三耦拾取矢，亦如之」者，上云三耦之中，上耦外而言之。云「取誘射之矢，挾五个」者，以其前拾取矢，皆搢三挾一个，乃反位，此則先取四矢，亦搢三挾一个，乃并取誘射四矢兼挾之，故「五个」也。云「弟子逆受於東面位之後」者，弟子即納射器者，因留主授受於堂西西方，〔二九〕今見下耦將司射矢來，向位仍西面，弟子即往逆受之，訖，下射乃反東面，故云「授有司于西方，而后反位」，謂反向東面位，是以鄭亦云「弟子逆受於東面位之後」也。

衆賓未拾取矢，皆袒、決、遂，執弓，搢三挾一个，由堂西進，繼三耦之南而立，東面，北上，大夫之耦爲上。未，猶不也。衆賓不拾者，未射無楅上矢也。言此者，嫌衆賓、三耦同倫，初時有射者。後乃射，有拾取矢，禮也。

【疏】「衆賓」至「爲上」　注「未猶」至「禮也」　云「未，猶不也」者，若言未，謂此第一番初時，〔三〇〕未有拾取矢禮，以其第一番，唯有三耦射，無賓射法，不得云未，是以轉爲不，以其全不拾取矢也。云「言此者，嫌衆賓三耦同倫，初時有射」者，此解經云衆賓不拾之意，有此嫌，故明之。云「後乃射，有拾取矢，禮也」者，據第三番衆賓乃射，自然有楅上拾取矢禮，後文見之也。

司射作射如初。一耦揖升如初。司馬命去侯，獲者許諾。司馬降，釋弓，反位。司射猶挾一个，去扑，與司馬交于階前，升，請釋獲于賓。猶有故之辭。司射既誘射，恒執弓，挾矢，以掌射事，備尚未知，當教之也，今三耦卒射，衆足以知之矣，猶挾之者，君子不必也。

【疏】「司射」至「于賓」　注「猶有」至「必也」　自此盡「共而俟」，論第二番射之事。案大射第二番射司馬命去侯，〔三一〕

云「如初」，此司馬命去侯，不言「如初」者，此臣禮威儀省。司馬初命去侯時，獲者許諾聲不絕，以至于乏。再番、三番命去侯，獲者直許諾，無不絕聲，故不言「如初」。大射君禮威儀多，故第二番與前同獲者，以宫、商趨之，故言「如初」；於第三番禮殺，復不以宫、商，直許諾，又不得言「如初」。云「今三耦卒射，衆足以知之矣，猶挾矢者，君子不必也」者，三耦教射者，三耦卒射，衆賓足知射禮，猶挾矢教之者，君子不必也者，案論語孔子云「君子無必，無固，無我」，以不必，即知故仍教之。

賓許。降，搢扑，西面立于所設中之東，北面命釋獲者設中，遂視之。視之，當教之。

【疏】「賓許」至「視之」　注「視之當教之」　云「當教之」者，謂教其釋筭，安置左右及數筭告勝負之事，亦教之也。

釋獲者執鹿中，一人執筭以從之。鹿中，謂射於謝也，於庠當兕中。

【疏】「釋獲」至「從之」　注「鹿中」至「兕中」　以州長是士，射于榭。鄉大夫是大夫爲之，射于庠。下記云「士則鹿中，大夫兕中」，故云「鹿中，謂射於榭也，於庠當兕中」也。

釋獲者坐設中，南當楅，西當西序，東面。興，受筭，坐，實八筭于中，横委其餘于中西，南末。興，共而俟。興，還，北面受筭，反東面實之。○共而，九勇反，下共而俟同。

【疏】「釋獲」至「而俟」　注「興還」至「實之」　云「設中，南當楅」，南北節；「西當西序」，東西節。云「興，還，北面受筭，反東面實之」者，以其所納射器皆在堂西，執中與筭皆從堂西來，向西序之南，南面，執中者既東面坐，〔三二〕設訖，興，還向北面受筭，迴向東面實之也。

司射遂進，由堂下北面命曰：「不貫不釋。」貫，猶中也，不中正，不釋筭也。古文「貫」作「關」。○不貫，古亂反，中也。猶中，丁仲反，下中正、下文若中同。中正，音征。

【疏】「司射」至「不釋」。注「貫猶」至「作關」。言「不貫」者，以其以布爲侯，故中者貫穿布侯，故以中爲貫也，是以鄭云「貫，猶中也」，中則貫也。

上射揖。司射退，反位。釋獲者坐取中之八筭，改實八筭于中，興，執而俟。執所取筭。

【疏】「上射」至「而俟」。注「執所取筭」。八筭者，人四矢，一耦八矢，雖不知中否，要須一矢則一筭，改實八筭，擬後來者用之。

乃射。若中，則釋獲者坐而釋獲，每一个釋一筭，上射於右，下射於左。若有餘筭，則反委之。委餘筭，禮尚異也，委之合於中西。

【疏】「乃射」至「委之」。注「委餘」至「中西」。云「上射於右，下射於左」者，以釋筭者，東面爲正，依投壺禮，賓黨於右，主黨於左，是以上射於右，賓黨也；下射於左，主黨也。云「委餘筭，禮尚異也」者，手中餘筭，未知有幾，不可盡中，所有餘亦得於後釋，要委餘於地。別取中内八筭者，禮尚異，故不用餘者。云「委之合於中西」者，筭法多少，視射人多少不定，要横委其餘於中西，手中餘者與之合也。

又取中之八筭，改實八筭于中。興，執而俟。三耦卒射。賓、主人、大夫揖，皆由其階降，揖。主人堂東袒、決、遂，執弓，搢三挾一个，賓於堂西亦如之。皆由其階階下揖，升堂揖。主人爲下射。皆當其物北面揖，及物，揖，乃射。卒，南面揖，皆由其階階上揖，降階，揖。賓序西，主人序東，皆釋弓，説決、拾，襲，反位。升，及階，揖，升堂，揖，皆就席。或言堂，或言序，亦爲庠、謝，互言也。賓、主人射，大夫止於堂西。

【疏】「又取」至「就席」　注「或言」至「堂西」　上云「榭則鉤楹内」謂射於榭者也，「堂則由楹外」，謂射於庠者也，此當有鄉大夫射於庠，亦有州長射於序，故互見其義。「互言」者，今袒、決、遂，則言堂東西，見在庠、在榭亦然；「釋弓，説決、拾」則言序東序西，序則榭也，在庠亦然，故言「互言」之，〔三三〕周公省文，欲兩見之也。云「大夫止於堂西」者，上賓、主人、大夫俱降，無堂西之文，下云「大夫袒、決、遂」，就其耦，故知此時止於堂西，故記云「大夫降，立于堂西以俟射」也。

大夫袒、決、遂，執弓，搢三挾一个，由堂西出于司射之西，就其耦，大夫爲下射。揖，進，耦少退，揖如三耦。及階，耦先升。卒射，揖，如升射。耦先降，降階，耦少退。皆釋弓于堂西，襲。耦遂止于堂西，大夫升就席。耦於庭不並行，〔三四〕尊大夫也。在堂，如上射之儀，近其事得申。◯近其，附近之近，下自近，近司馬同。

【疏】「大夫」至「就席」　注「耦於」至「得申」　言「在堂，如上射之儀」者，謂耦先升，是如上射身先升法，以其近射事，故得申也。

衆賓繼射，釋獲，皆如初。司射所作，唯上耦。於是言唯上耦者，嫌賓、主人射亦作之。大射三耦卒射，司射請于公及賓。

【疏】「衆賓」至「上耦」　注「於是」至「及賓」　云「於是言唯上耦者，嫌賓、主人射亦作之」，鄭言此者，若二耦射，下即言「所作唯上耦」，則賓、主人射作之未可知；故於衆賓射訖，乃言此，明賓、主射不作可知，故於此乃言「所作唯上耦」，明除賓、主矣，故鄭云「於是言唯上耦，嫌賓、主射亦作之」。引大射者，公尊，公與賓射不作，直請，記云「賓、主人射，則司射擯升降」，〔三五〕是雖不作，猶爲擯相之，但不請也。

卒射，釋獲者遂以所執餘獲，升自西階，盡階，不升堂，告于賓曰：「左右卒射。」降，反位，坐委餘獲于中西。興，共而俟。司射不告卒射者，釋獲者於是有事，宜終之也。餘獲，餘筭也，無餘筭則空手耳。俟，俟數也。

【疏】「卒射」至「而俟」　注「司射」至「數也」　云「宜終之也」者，決前番射司射告卒射，此二番射不告卒，使獲者告，是「宜終之也」。云「餘獲，餘筭」者，一耦不必盡中，故有餘筭也。云「無餘筭則空手耳」者，或賓、主八矢盡中，釋八筭，故空手告也。

司馬袒、決，執弓，升，命取矢如初。獲者許諾，以旌負侯如初。司馬降，釋弓，反位。弟子委矢如初。大夫之矢，則兼束之以茅，上握焉。兼束大夫矢，優之，是以不拾也。束於握上，則兼取之順羽便也。握，謂中央也。不束主人矢，不可以殊於賓也。言大夫之矢，則矢有題識也，肅慎氏貢楛矢，銘其括。今文「上」作「尚」。○有題，大兮反。識也，申志反，劉音式。貢枯，音户，字又作楛。

【疏】「司馬」至「握焉」 注「兼束」至「作尚」 自此盡「司馬乘矢」，論取矢之事。云「束于握上，則兼取之順羽便也」者，握上則兼取之順持之處，今束於握之上，取持於中央握之向下順羽便，故乘矢總束之也。云「不束主人矢，不可以殊於賓也」者，主人鄉大夫，則是大夫官當束之，不敢殊別於賓；若主人是州長，則士自然不束也。肅慎氏者，國語文。引之者，證矢有題識。以有題識，故束者得知是「大夫之矢」也。

司馬乘矢如初。

司射遂適西階西，釋弓，去扑，襲，進由中東，立于中南，北面視筭。釋弓，去扑，射事已。

【疏】「司馬」至「視筭」 注「釋弓」至「事已」 凡言「遂」者，因上事。司射於上無事而言「遂適」者，以司射與司馬遞行事，今以司馬進乘矢，「司射遂適西階西，釋弓，去扑」也。云「射事已」，此始再番射，未已而言已者，前番不釋獲，今據第二釋獲之功成，則爲已。是以下記云「司射釋弓矢，視筭，與獻釋獲者釋弓矢」，注云「唯此二事，休武主文」，休武者，射訖數筭；〔三六〕主文者，洗爵獻釋獲者是也。

釋獲者東面于中西坐，先數右獲。固東面矣，復言之者，爲其少南就右獲。○先數，所主反，下及注同。爲其，子僞反，下爲其、爲侯、爲將同。

【疏】「釋獲」至「右獲」　注「固東」至「右獲」　釋獲者在中西東面釋筭之時，賓黨於右，主黨於左，今將數筭，宜就之，是以「少南就右獲」，更東面也。〔三七〕

二筭爲純。純，猶全也，耦陰陽。○爲純，如字，全也，禮記音全。

【疏】「二筭爲純」　注「純猶」至「陰陽」　云「耦陰陽」者，陰陽對合，故二筭爲「耦陰陽」也。

一純以取，實于左手，十純則縮而委之。縮，從也，於數者東西爲從。古文「縮」皆爲「蹙」。○縮從，子容反，下同。爲蹙，子六反。

【疏】注「縮從」至「爲蹙」　凡言從橫者，南北爲從，東西爲橫，今釋筭者東面而言從橫，則據數筭東爲正，是以東西者爲從，南北者爲橫，故鄭云「於數者，東西爲從」也。

每委，異之。易校數。○易校，以豉反。**有餘純，則橫於下。**又異之也，自近爲下。

【疏】「有餘」至「於下」　此則以南北爲橫也。

一筭爲奇，奇則又縮諸純下。奇，猶虧也，又從之。○爲奇，居宜反，下同。**興，自前適左，東面，**起由中東，就左獲少北於故，東面鄉之。○面鄉，許亮反，本或作嚮。

【疏】注「少北」至「鄉之」　云「少北於故」，故則右筭也。〔三八〕又移至左筭之後，東面鄉之，是以云「少北於故」。

坐，兼斂筭，實于左手，一純以委，十則異之，變於右。

【疏】注「變於右」　云「變於右」者，右則一一取之於地，實于左手。此則總斂於左手，一一取之於左手，委於地是變也，必變之者，禮以變爲敬也。

其餘如右獲。謂所縮所橫。司射復位。釋獲者遂進取賢獲，執以升自西階，盡階不升堂，告于賓。賢獲，勝黨之筭也，齊之而取其餘。

【疏】「司射」至「于賓」　注「賢獲」至「其餘」　云「齊之而取其餘」者，解經「取賢獲」，以筭爲獲，以其唱獲則釋筭，故名筭爲獲。左右數齊，有餘則賢獲，故以告也。

若右勝，則曰「右賢於左」；若左勝，則曰「左賢於右」，以純數告。若有奇者，亦曰奇。賢猶勝也，言賢者射之以中爲儁也。〔三九〕假如右勝告曰：「右賢於左若干純，若干奇。」○以中，丁仲反，下皆同。

【疏】「若右」至「曰奇」　注「賢猶」至「干奇」　「若干」者，數不定之辭，凡數法一二已上，得稱若干。奇，則一也。一外無若干，鄭亦言「若干」者，因純有若干，奇亦言若干，奇言「若干」者，衍字也。

若左右鈞，則左右皆執一筭以告曰：「左右鈞。」降，復位，坐，兼斂筭。實八筭于中，委其餘于中西，興，共而俟。

【疏】「若左」至「而俟」　此將爲第三番射，故豫設之，或實或委，一如前法也。

司射適堂西，命弟子設豐。將飲不勝者，設豐所以承其爵也。豐形蓋似豆而卑。○將飲，於鴆反，下相飲同。而卑，如字，劉音婢。

【疏】「司射」至「設豐」　注「將飲」至「而卑」　自此盡「徹豐與觶」論罰爵之事。〔四〇〕云「設豐所以承其爵也」者，案燕禮君尊「有豐」，此云「承爵」，豐則兩用之。燕禮注「豐形似豆，卑而大」，此不言大。彼以承尊，故言大，此承爵不言大，或小耳。

弟子奉豐升，設于西楹之西，乃降。勝者之弟子洗觶，升，酌，南面坐奠于豐上，降，袒，執弓，反位。勝者之弟子，其少者也，耦不酌下無能也。酌者不授爵，略之也。執弓反射位，不俟其黨，已酌有事。○其少，詩召反。下無，遐嫁反，下相下同。

【疏】「弟子」至「反位」　注「勝者」至「有事」　知弟子是「少者」，以其執弟子禮使令，故知「少者」也。云「執弓反射位，不待其黨，已酌有事」者，以此弟子由堂西，固在射賓中矣，黨即衆賓是也。案下文「三耦及衆射者皆與其耦進立于射位」，今酌者不待其黨與俱進，而先反射位者，由已酌酒有事，訖，其黨未得司射命，又無事，不得共酌者同就射位，故酌者先得反射位也。

司射遂袒，執弓，挾一个，搢扑，北面于三耦之南，命三耦及衆賓，勝者皆袒、決、遂，執張弓；執張弓，言能用之也。右手執弦，如卒射。

【疏】「司射」至「張弓」　注「執張」至「卒射」　云「右手執弦，如卒射」者，上文卒射「執弓不挾，右執弦」，矢盡故也，此非卒射，亦「執張弓」，爲無矢，亦右執弦也，故注云「如卒射」。

不勝者皆襲，説決、拾，卻左手，右加弛弓于其上，遂以執弣。固襲，説決、拾矣，復言之者，起勝者也。執弛弓，言不能用之也。兩手執弣，又不得執弦。○加弛，尸氏反。執弣，芳甫反。

【疏】注「固襲」至「執弦」　云「固襲，説決、拾矣」者，謂前降堂時既襲，説決、拾矣。云「起勝者也」者，謂至此復言「不勝者」，謂以此「襲，説決、拾」，以不能用也，起發勝者，袒、決、遂能用也。云「兩手執弣，又不得執弦」者，上勝者言「執張弓」，如卒射，則左手執弓，右手執弦；此則云「執弣」，明仰弓於左手之上，執弣横之而不得執弦，則宜右手共執弓弣，故云「兩手執弣，又不得執弦」也。

司射先反位。居前俟所命來。

【疏】「司射先反位」　注「居前俟所命來」　云「居前俟所命來」者，以衆射者皆止於堂西，未向射位，而司射先反位，於下文衆耦等乃來就射位，是得命即來，故云「俟所命來」也，來訖，司射乃作之也。

三耦及衆射者皆與其耦進立于射位，北上。司射作升飲者，如作射。一耦進，揖，如升射。及階，勝者先升，升堂，〔四一〕少右。先升，尊賢也。少右，辟飲者也，亦相飲之位。○辟飲，音避，下辟舉、辟中、辟俎同。

【疏】「三耦」至「少右」。注「先升」至「之位」。云「少右，辟飲者也」者，以其豐於西楹之西，正當西階，飲者升少西，又當辟豐上之爵，故云「少右，辟飲者也」。〔四二〕云「亦相飲之位」者，以其相飲者皆北面於西階，授者在東，飲者在西，故云「亦相飲之位」。

不勝者進，北面，坐取豐上之觶，興，少退，立卒觶。進，坐奠于豐下，興，揖。立卒觶，不祭不拜，受罰爵不備禮也。右手執觶，左手執弓。

【疏】注「右手」至「執弓」。此無正文，以祭禮皆左手執爵，用右手以祭，故知此亦用左手執弓，右手執觶可知也。

不勝者先降，後升先降，畧之不由次。

【疏】注「後升」至「由次」。此對射時升降皆有，上射在先，今後升先降，故云「畧之不由次第」也。

與升飲者相左，交于階前，相揖，出于司馬之南，遂適堂西，釋弓，襲而俟。俟復射。

【疏】注「俟復射」。「待復射」者，謂待第三番射也。〔四三〕

有執爵者。主人使贊者代弟子酌也。於既升飲，而升自西階，立于序端。

【疏】「有執爵者」 注「主人」至「序端」 以初使勝黨弟子酌酒於豐上以發首，故使弟子，今云「有執爵者」，明「主人使贊者代弟子酌」於豐上，以次至終也。「贊者」謂主人之賤不射者，此則鄉飲酒云「主人之贊者」之類也。云「於既升飲，而升自西階，立于序端」者，謂於上耦既飲訖，贊者乃升自西階，酌訖，奠於豐上，如下文贊者即立于序端，〔四四〕立于序端，文出于大射也。

執爵者坐取觶，實之，反奠于豐上。升飲者如初。每者輒酌，以至於徧。

【疏】「執爵」至「如初」 注「每者」至「於徧」 云「執爵者坐取觶，實之」者，謂初飲訖，反奠於豐上，贊者取此觶實之，反奠于豐上。云「升飲者，如初」，已下皆如初，故鄭云「每者輒酌，以至於徧」也。

三耦卒飲。賓、主人、大夫不勝，則不執弓，執爵者取觶降洗，升，實之，以授于席前。優尊也。受觶以適西階上，北面立飲，受罰爵者，不宜自尊別。卒觶，授執爵者，反就席。大夫飲，則耦不升。以賓主人飲，耦在上，嫌其升。若大夫之耦不勝，則亦執弛弓，特升飲。尊者可以，孤無能。〔四五〕衆賓繼飲射爵者辯，乃徹豐與觶。徹猶除也。設豐者反豐於堂西，執爵者反觶於篚。

司馬洗爵，升，實之以降，獻獲者于侯。鄉人獲者賤，明其主以侯爲功得獻也。

【疏】「司馬」至「于侯」 注「鄉人」至「獻也」 自此盡「負侯而俟」論司馬獻獲者之節。云「鄉人獲者賤，明其主以侯爲功得獻也」者，案大射云「司馬正洗散，遂實爵，獻服不。服不侯西北三步，北面拜受爵」，注云「近其所爲獻」，彼國君禮，使服不士官唱獲，故就其所爲唱獲獻之，此鄉人獲者賤，故獻於侯，明以侯爲功得獻也。

薦脯醢，設折俎，俎與薦皆三祭。皆三祭，爲其將祭侯也，祭侯三處也。○三處，昌慮反，下放此。

【疏】「薦脯」至「三祭」　注「皆三」至「處也」　「三處」者，下文右與左、中是也。

獲者負侯，北面拜，受爵，司馬西面拜送爵。負侯，負侯中也。拜、送爵不同面者，辟正主也。其設薦、俎西面錯，以南爲上，爲受爵于侯，薦之於位。古文曰「再拜受爵」。

【疏】「獲者」至「送爵」　注「負侯」至「受爵」　知「負侯中」者，以下云「適右个」，又「適左个」，後言「中」，明先居中可知。云「拜送爵不同面者，辟正主也」者，案上文正主獻賓、獻衆賓皆北面，與受獻者同面，今此與受獻不同面，故云「辟正主也」。云「其設薦、俎西面錯，以南爲上」者，獲者據文東面，而云西面錯，據設人而言，以南爲上者，特牲、少牢東面籩、豆，皆以南方爲上，故知此亦然。云「受爵於侯，薦之於位」者，此云「負侯，北面拜，受爵」，是受爵于侯；云「薦之於位」者，下云「左个之西北三步，東面設薦」，是薦之於位也。若然，不薦亦在侯者，以其酒在人手，可得就侯獻獲者，薦乃設之於地，若與酒俱在侯所，則正祭侯何名獻獲也？若大射則獻與薦俱在乏，乃適侯祭之，君禮與此異也。

獲者執爵，使人執其薦與俎從之，適右个，設薦俎。獲者以侯爲功，是以獻焉。人謂主人贊者，上設薦、俎者也。爲設籩在東，豆在西，俎當其北也，言使設新之。○右个，劉音幹，義見周官，下同。

【疏】「獲者」至「薦俎」　注「獲者」至「新之」　此將祭侯也。云「獲者以侯爲功，是以獻焉」者，以獲者卑賤，因侯有功乃得獻，今還以得獻之酒獻侯，故云「是以獻」也。云「人謂主人贊者」，以其前使爲獲者設薦俎，是主人之贊者，今還使之設薦俎，故知人是「主人贊者」。知「籩在東，豆在西，俎當其北也」者，以其侯以北面爲正，依特牲、少牢皆籩在右，故知籩在東右廂，豆在西左廂可知也。云「言使設新之」者，鄭意嫌更使人設之，其實薦此者，仍前人，而云使人設薦俎，示新之而已，故云「言使設」也。

獲者南面坐，左執爵，祭脯醢，執爵興，取肺，坐祭，遂祭酒，爲侯祭也，亦二手祭酒反注，〔四六〕如大射。

【疏】「獲者」至「祭酒」　注「爲侯」至「大射」　此正祭侯，故獲者南面鄉侯祭，故鄭云「爲侯祭也」。云「亦二手祭酒反注，如大射」者，案大射云「獲者左執爵，右祭薦俎，〔四七〕二手祭酒」，鄭注云「二手祭酒者，南面於俎之北，當爲侯祭於豆間，爵反注，爲一手不能正也。此薦俎之設，如於北面人焉」，此祭亦然，故云「如大射」也。

興，適左个、中皆如之。〔四八〕先祭左个，後中者，以外即之至中，若神在中也。**左个之西北三步，東面設薦俎。獲者薦右東面立飲，不拜既爵。**不就乏者，明其享侯之餘也。立飲薦右，近司馬，於是司馬北面。

【疏】「左个」至「既爵」　注「不就」至「北面」　云「不就乏者，明其享侯之餘也」者，若就乏，〔四九〕則已所當得，今不就乏近侯者，明享侯之餘。云「立飲于薦右，近司馬」者，解在「薦右」之意也。知「於是司馬北面」者，此約獻釋獲者司射之位。〔五〇〕案下文司射獻釋獲者，「釋獲者薦右東面拜受爵，司射北面拜送爵」，故知此時司馬亦北面也。若然，釋獲者在司射之西，北面立飲，此獲者不北面飲者，案大射注「此鄉受獻之位也，不北面者，嫌爲侯卒爵」，此亦然，故不北面也。

司馬受爵，奠于篚，復位。獲者執其薦，使人執俎從之，辟設于乏南。遷設薦俎就乏，明己所得禮也。言辟之者，不使當位，辟舉旌偃旌也。設于南，右之也。凡他薦俎皆當其位之前。○辟設，扶益反，注辟之、辟舉及下注辟薦同。

【疏】「司馬」至「乏南」　注「遷設」至「之前」　云「遷設薦俎就乏，明己所得禮也」者，前設近侯，見享侯之餘，此近乏者，乏者己所有事之處，〔五二〕遷近乏是明其己所得禮故也。云「設于南，右之也」者，以右取之便也。云「凡他薦俎皆當其位之前」者，言「凡」，見廣解薦處，謂凡燕及食并祭祀之薦俎，皆當其位之前，唯此與大射獲者與釋獲者薦俎辟設，不當前也。

獲者負侯而俟。

【疏】「獲者負侯而俟」　獲者既受獻負侯，而俟第三番射也。

司射適階西，釋弓矢，去扑，説決、拾，襲，適洗，洗爵，升，實之以降，獻釋獲者于其位少南。薦脯醢折俎，有祭。不當其位，辟中。

【疏】「司射」至「有祭」　注「不當其位辟中」　自此盡「反位」論司射獻釋獲之事。此薦脯醢及折俎，有肺祭，一與獻獲者同，但彼三祭，此一祭爲異也。一祭者，亦薦有祭肺，俎有祭肺，以爲將食而祭，故言「有祭」也。云「不當其位，辟中」者，以釋獲者位在中西，故獻之「於其位少南」，所以「辟中」也。

釋獲者薦右東面拜受爵。司射北面拜送爵。釋獲者就其薦坐，左執爵，祭脯醢，興，取肺坐祭，遂祭酒，興，司射之西北面立飲，不拜既爵。司射受爵，奠于篚。釋獲者少西辟薦，反位。辟薦少西之者，爲復射妨司射視筭也，亦辟俎。

【疏】「釋獲」至「反位」　注「辟薦」至「辟俎」　云「亦辟俎」者，上獻獲者訖，獲者執其薦，使人執俎從之，設于乏南，此釋獲者受獻訖，釋獲者少西辟薦，不云辟俎，亦辟俎與獲者同可知，故云「亦辟俎」也。

司射適堂西，袒、決、遂，取弓于階西，挾一个，搢扑，以反位。爲將復射。

【疏】「司射」至「反位」　注「爲將復射」　自此盡「反位」論將爲下番射，作之使拾取矢之事。

司射去扑，倚于階西，升，請射于賓如初，賓許。司射降，搢扑，由司馬之南適堂西，命三耦及衆賓皆袒、決、遂，執弓就位。位，射位也。不言射者，以當序取矢。

【疏】「司射」至「就位」　注「位射」至「取矢」　云「位，射位」者，知是射者，下云「各以其耦反於射位」，故知此是射位，在司射之西南東面者也。云「不言射者，〔五二〕以當序取矢」者，以此當次序拾取矢射，故不言射位也。

司射先反位。言先三耦及衆賓也，既命之即反位，不俟之也。鄉不言先三耦，未有拾取矢位，無所先。○先三耦，悉薦反，下同，又如字。

【疏】「司射先反位」　注「言先」至「所先」　「言先三耦及衆賓也」者，此下有「三耦及衆賓」，故知「先三耦及衆賓也」。云「鄉不言先三耦，未有拾取矢位，無所先」者，案前第二番將射，「命三耦拾取矢，司射反位」，不言先，未有位無所先，故決之。　第二番無位者，〔五三〕以司射之西南有三耦射位，至再番司射反於故位，三耦將移於司馬之西南拾取矢之位，未往之時，未有故位，三耦既無故位，故司射不得言先，故以此決之也。　凡射，大射與鄉射各有三位，此鄉射無次，有堂西取弓矢袒、決、遂及比耦之位，又有三耦射位，在司射位西南，又有拾取矢及再番射位，是三位。　大射有次，次內有袒、決、遂取弓矢之位，又有堂東次比耦之位，又有射位，并拾取矢之位，是亦有三位，但君臣禮異，故位事不同也。

三耦及衆賓皆袒、決、遂，執弓，各以其耦進，反于射位。以，猶與也。今文「以」爲「與」。

【疏】「三耦」至「射位」　注「以猶與也」〔五四〕　訓以爲與者，春秋之義，能東西之曰以，若存以字，謂言尊卑不同，任意以之，故轉爲與，則平敵之義也。

司射作拾取矢，三耦拾取矢如初，反位。　賓、主人、大夫降揖如初。　主人堂東，賓堂西，皆袒、決、遂，執弓，皆進，階前揖，南面相俟而揖行也。

【疏】「司射」至「前揖」　注「南面」至「行也」　言「南面」者，謂賓主各於堂東西南面立相待。　言「揖行」者，謂各於堂上北面相見而揖，揖訖，行向楅也。

及楅揖，拾取矢如三耦。及楅，當楅東西也。　主人西面，賓東面，相揖，拾取矢。　不北面揖，由便也。

【疏】「及楅」至「三耦」　注「及楅」至「便也」　云「及楅，當楅東西也」者，賓主出堂東西相見，揖訖，東西行至楅所也。云「不北面揖，由便也」者，決三耦及衆賓皆於楅南北面揖，及楅揖，此則無楅南北面揖，賓主各由東西便故也。

卒，北面搢三，挾一个，亦於三耦爲之位。

【疏】「卒北」至「一个」　注「亦於三耦爲之位」　經云「搢三，挾一个」，與上三耦取矢訖，搢三挾一个同，又同處，故云「亦於三耦爲之位」也。

揖，退。皆已揖，左還，各由其塗反位。

【疏】「揖退」　注「皆已」至「反位」　云「皆已揖，左還，各由其塗反位」者，謂賓主北面揖退之時，賓主皆左還，相背，各向堂塗，反堂東西之位。知「左還」者，約上三耦也。

賓堂西，主人堂東，皆釋弓矢，襲。及階，揖；升堂，揖，就席。將袒先言主人將襲，先言賓，尊賓也。

【疏】「賓堂」至「就席」　注「將袒」至「賓也」　袒是盡敬之事，襲是脩容之禮，故上經將袒，先言「主人」，此經襲則先言「賓」，是尊賓故也。

大夫袒、決、遂，執弓，就其耦。降袒、決、遂於堂西，就其耦於射位，與之拾取矢。

【疏】「大夫」至「其耦」　注「降袒」至「取矢」　知「於堂西」者，上文「賓、主人、大夫降」，「賓堂西」袒、決、遂，又上文大夫射時，堂西袒、決、遂，故知也。

揖，皆進，如三耦。耦東面，大夫西面。大夫進，坐說矢束，說矢束者，下耦以將拾取。○說矢，如字，又始銳反，後說矢同。

【疏】「揖皆」至「矢束」　注「說矢」至「拾取」　「大夫西面」者，爲下射故也。

興，反位，而后耦揖，〔五五〕進，坐，兼取乘矢，順羽而興，反位，揖。兼取乘矢者，尊大夫不敢與之拾也。相下相尊，君子之所以相接也。

【疏】「興反」至「位揖」　注「兼取」至「接也」　此大夫與耦取矢踣弓，覆手仰手，一如上三耦法。其揖退之儀，亦如上左還而西也。

大夫進坐，亦兼取乘矢如其耦。北面，搢三挾一个。亦於三耦爲之位。揖，退，耦反位。大夫遂適序西，釋弓矢，襲，升，即席。大夫不序於下，尊也。衆賓繼拾取矢，皆如三耦，以反位。

司射猶挾一个以進，作上射如初。一耦揖升如初。進，前也。鄉言「還，當上耦，西面」，〔五六〕是言進，終始互相明也。今文或言「作升射」。

【疏】「司射」至「如初」　注「進前」至「升射」　自此盡「退中與筭而俟」論第三番用樂射之事。云「歸言還當上耦西面，是言進，終始互相明也」者，上番將射時，云「司射還，當上耦，西面，作上耦射」，不言進，明「還，當上耦」時者，進近上耦乃作之；此直進，作射，不言「還，當上耦」，明進時亦「還，當上耦」而作之，故言「終始互相明也」。

司馬升，命去侯，獲者許諾。司馬降，釋弓，反位。司射與司馬交于階前，去扑，襲，升，請以樂樂于賓，賓許諾。司射降，搢扑，東面命樂正曰：「請以樂樂于賓，賓許。」東面於西階之前也。不就樂正命之者，傳尊者之命於賤者，遙號令之可也。樂正亦許諾，猶北面不還，以賓在堂。○以樂樂，下音洛，下句同，又皆如字。傳尊，直專反。

【疏】「司馬」至「賓許」　注「東面」至「在堂」　知「在西階之前，不就樂正命之」者，以經云「司射降，搢扑」，即言「東面命樂正」，無行進之事，故知西階之前遙命之也。云「樂正亦許諾」，知者，案大射云「司射東面命樂正曰：『命用樂。』樂正曰：『諾。』」是樂正許諾之事；此不言者，文不具，故言之。云「猶北面不還，以賓在堂」者，此亦無文，樂正位東階東南，北面，大師位東北，西面，賓在堂南面，樂正猶北面，不還西面，是以下文特云「東面命大師」，明此時不西面受命矣。大射鄭注彼云「樂正西面受命，左還，東面」，命大師與此禮異者，雖無正文，鄭以義言，君在阼故也。

司射遂適階間，堂下北面命曰：「不鼓不釋。」不與鼓節相應，不釋筭也。鄉射之鼓五節，歌五終，所以將八矢。一節之間當拾，發四節四拾，其一節先以聽也。○相應，應對之應，下同。

【疏】「司射」至「不釋」　注「不與」至「聽也」　云「鄉射之鼓五節」者，以卿大夫、士用五節，是以射人云王以騶虞九節，諸侯以貍首七節，卿大夫以采蘋五節，士以采蘩五節，是卿大夫、士同五節。云「歌五終，所以將八矢」者，下記云「歌騶虞若采蘋，皆五終」是也。云「一節之間當拾，發四節四拾，其一節先以聽也」者，尊卑樂節雖多少不同，四節以盡乘矢則同，其餘外皆以聽，以知樂終始長短也。王九節者，五節先以聽；諸侯七節者，三節先以聽；卿大夫、士五節者，一節先以聽，皆四節拾將乘矢。但尊者先以聽則多，卑者先以聽則少，優至尊，先知審政也。〔五七〕此節亦取侯道之數，故鄭注射人云「九節、七節、五節者，奏樂以爲射節之差。言節者，容侯道之數也」。凡射皆與臣下共爲，若與尊者同耦，自然與尊者同節，若不與尊者同耦，則各自用其節樂，當與射義同。

上射揖，司射退反位。樂正東面命大師曰：「奏騶虞，間若一。」東面者，進還鄉大師也。騶虞，國風召南之詩篇也。射義曰：「騶虞者，樂官備也。」其詩有「一發五豝、五豵，于嗟騶虞」之言，樂得賢者衆多，嘆思至仁之人，以充其官，此天子之射節也。而用之者，方有樂賢之志，取其宜也。其他賓客、鄉大夫則歌采蘋。間若一者，重節。○騶虞，壯由反。〔五八〕還鄉，許亮反，下同。五豝，音巴。五豵，子工反。

【疏】「上射」至「若一」　注「東面」至「重節」　云「東面者，進還鄉大師也」者，以其大師西面，樂正北面，明知進身鄉大師乃命之。云「此天子之射節也」者，周禮射人而知。云「取其宜也」者，騶虞喻得賢者多，此鄉射亦樂賢，故云「取其宜也」。云「其他賓客、鄉大夫則歌采蘋」者，采蘋是鄉大夫樂節，其他謂賓射與燕射，若州長他賓客自奏采蘩。若然，此篇有鄉大夫、州長射法，則同用騶虞，以其同有樂賢之志也。云「間若一者，重節」者，間若一謂五節之間，長短、希數皆如一，則是重樂節也。

大師不興，許諾。樂正退反位。乃奏騶虞以射。三耦卒射，賓、主人、大夫、衆賓繼射。釋獲如初。卒射，降。皆應鼓與歌之節，乃釋筭。降者衆賓。

【疏】「大師」至「射降」　注「皆應」至「衆賓」　云「樂正退反位」者，反工南北面位也。云「降者，衆賓」者，次番射時，賓與主人、大夫卒射皆升堂，此降者衆賓也。

釋獲者執餘獲升，告左右卒射如初。卒，已也。今文曰「告于賓」。司馬升，命取矢，獲者許諾。司馬降，釋弓，反位。弟子委矢，司馬乘之，皆如初。司射釋弓視筭，如初。筭，獲筭也。今文曰「視數也」。釋獲者以賢獲與鈞告如初，降，復位。司射命設豐，設豐、實觶如初。遂命勝者執張弓，不勝者執弛弓，升飲如初。司射猶袒、決、遂，左執弓，右執一个，兼諸弦，面鏃，適堂西，以命拾取矢如初。側持弦矢曰執。面猶尚也，并矢於弦，尚其鏃，將止，變於射也。

【疏】「釋獲」至「如初」　注「側持」至「射也」　言「猶袒」者，亦是有故之辭，以其常袒，恐不袒，故言「猶」以連之也。云「側持弦矢曰執」者，對方持弦矢曰挾。「并矢於弦，尚其鏃，將止，變於射也」者，亦是對將射挾矢而言。

司射反位。三耦及賓、主人、大夫、衆賓皆袒、決、遂，拾取矢如初。矢不挾，兼諸弦弣以退，不反位，遂授有司于堂西。不挾亦謂執之，如司射。不以反射位授有司者，射禮畢。

【疏】「司射」至「堂西」　注「不挾」至「禮畢」　云「不挾亦謂執之，如司射也」者，執之如司射，兼諸弦弣，則與司射異。以其司射直執一个，無三矢兼於弣，三耦以下則執一个，并於弦，又以三矢并於弣，所以異也。

辯拾取矢。揖，皆升，就席。謂賓、大夫及衆賓也，相俟堂西，進，立于西階之前。主人以賓揖，升，大夫及衆賓從升，立時少退于大夫，三耦及弟子自若留下。

【疏】「辯拾」至「就席」　注「謂賓」至「留下」　知「相俟于堂西」者，以經言「辯拾取矢」訖，乃言「揖，皆升，就席」，則知先取矢者，皆相待堂西。其主人則在堂東，偏取矢訖，乃揖而升堂就席也。云「主人以賓揖，升，大夫及衆賓從升，立時少退于大夫，三耦及弟子自若留下」者，衆賓則三賓也，皆依上文獻後升及留在下之法。

司射乃適堂西，釋弓，去扑，説決、拾，襲，反位。

【疏】「司射」至「反位」　司射之扑在階西，今來去扑於堂西之等，以其不復射故也。

司馬命弟子説侯之左下綱而釋之。説，解也。釋之，不復射，奄束之。〔五九〕○説侯，吐活反，下説屨并注同。不復，扶又反，下不復、復尊皆同。

【疏】「司馬」至「釋之」　注「説解」至「束之」　上初張侯時，云「乃張侯下綱，不及地武。不繫左下綱，中掩束之」，鄭云「事未至也」。又至將射時，「司馬命張侯，弟子説束，遂繫左下綱」，鄭注云「事至」。今言「司馬命弟子説侯之左下綱而釋之」，直言「説侯之左下綱而釋之」，明未全去，備復射。故鄭下注云「諸所退皆俟於堂西，備復射也」，故知此「釋之」爲三番射畢，不復射，若有射則行燕射，旅酬以後乃爲之，故於此時中掩左下綱，如初張時也。

命獲者以旌退，命弟子退楅。司射命釋獲者退中與筭而俟。諸所退皆俟堂西，備復射也。旌言以者，旌恒執也。獲者、釋獲者亦退其薦俎。

【疏】「命獲」至「而俟」　注「諸所」至「薦俎」　「獲者、釋獲者亦退薦俎」者，上獻時皆有薦俎，辟之於右，今獲者以旌退，釋獲者退中，故知亦退薦俎也。

司馬反爲司正，退，復觶南而立。當監旅酬。○當監，古銜反。

【疏】「司馬」至「而立」　注「當監旅酬」　自此盡「司正降，復位」，論射訖行旅酬之事，故司馬反爲司正，鄭云「當監旅酬」也。

樂正命弟子贊工即位。弟子相工，如其降也，升自西階，反坐。贊工，遷樂也。降時如初入。樂正反自西階東北面。○相工，許亮反。

【疏】「樂正」至「反坐」　注「贊工」至「北面」　前爲將射，遷工于東方西面，樂正北面，今將旅酬作樂，故還升於堂上也。云「降時如初入」者，以經直云「如其降也」，降時威儀不見，故取上文降時「如初入」，初入則上「工四人」已下是也。云「樂正反自西階東北面」者，上初升於西階之東，樂正立于其西，合樂訖，工告樂正曰「正歌備」，樂正告于賓，乃降，立于西階東北面。又將射時，樂正「命弟子贊工遷樂于下，弟子相工如初入」，降自西階東北面，近其事。知不升者，以正樂畢，上無告請於賓之事，宜與「正歌備」已後同也。

賓北面坐取俎西之觶。興，阼階上北面酬主人。主人降席，立于賓東。賓坐奠觶，拜，執觶，興，主人荅拜。賓不祭，卒觶，不拜，不洗，實之，進，東南面。所不者，酬而禮殺也，賓立飲。○禮殺，所界反，下皆同。

【疏】「賓北」至「南面」　注「所不」至「立飲」　「賓北面坐取俎西之觶」者，謂上一人舉觶于賓，賓奠于薦西者也。云「賓立飲」者，鄉飲酒當此賓酬主人時云「賓不祭，立飲」是也。

主人阼階上北面拜，賓少退。少退，少逡遁也。○小逡，〔六〇〕七旬反。遁，音旬。主人進，受觶。賓主人之西北面拜送。旅酬而同階，禮殺也。

【疏】注「旅酬」至「殺也」　對獻酬之時賓主各於其階，故云「同階，禮殺也」。

賓揖，就席。主人以觶適西階上酬大夫。大夫降席，立于主人之西，如賓酬主人之禮。其既實觶進西南面立，鄉所酬。

【疏】「賓揖」至「之禮」　注「其既」至「所酬」　云「主人以觶適西階上酬大夫」者，旅酬恒執此觶以相酬，故言「以」。知義然者，上文「命獲者以旌退」，鄭注云「旌言以者，旌恒執也」是也。云「其既實觶進西南面立，鄉所酬」，知者，以上賓酬主人阼階上，實觶進南面，〔六一〕則知此主人酬大夫西階上實觶，而亦進西面可知也。〔六二〕

主人揖，就席。若無大夫，則長受酬，亦如之。長，謂以長幼之次酬衆賓。○則長，丁丈反，注及下皆放此。

【疏】「主人」至「如之」　云「若無大夫」者，鄉人爲公卿大夫來觀禮者爲遵，或有或無不定，故云若有大夫先酬之，無大夫則酬長。以鄉射無介，直有三賓，以長幼之次受酬，此言「酬衆賓」，則三賓也。

司正升自西階相旅。作受酬者曰：「某酬某子。」某者，字也。某子者，氏也。稱酬者之字，受酬者曰某子，旅酬下爲上，尊之也，春秋傳曰「字不若子」。此言「某酬某子」者，射禮略於飲酒。飲酒言「某子受酬」，以飲酒爲主。

【疏】「司正」至「某子」　注「某者」至「爲主」　云「旅酬下爲上，尊之也」者，以旅酬者少長以齒，逮下之道，前人雖卑，其司正命之飲酒，呼之稱謂尊於酬者，故受酬者爲「某子」，酬他爲「某」也。云「春秋傳曰」者，案莊十年秋九月經書「荆敗蔡師于莘，以蔡侯獻舞歸」，公羊傳曰「荆者何，州名也。州不若國，國不若氏，氏不若人，人不若名，名不若字，字不若子」，何休云「爵最尊也」，鄭引之者，證旅酬下爲上之義，酬者稱字，受酬者稱子，子是尊稱。云「此言某酬某子者，射禮略於飲酒，飲酒言某子受酬，以飲酒爲主」者，此鄉射主於射，略於飲酒，故稱酬他者字，又稱受酬飲酒者爲子，是字不若子。飲酒言「某子受酬」，直以飲酒爲主故也。

受酬者降席。司正退立于西序端，東面。退立，俟後酬者也。始升，相立階西，北面。

【疏】「受酬」至「東面」　注「退立」至「北面」　云「始升，相立階西，北面」者，鄉飲酒注亦然。知者，以司正升自西階，與西階之酬者立，故知始時在西階西，北面也。

衆受酬者拜，興，飲，皆如賓酬主人之禮。辯，遂酬在下者，皆升受酬于西階上，在下，謂賓黨也。鄉飲酒記曰「主人之贊者，西面，北上，不與，無筭爵然後與」，此異於賓。○不與，音預，下同。

【疏】「衆受」至「階上」　注「在下」至「於賓」　引鄉飲酒記者，欲見賓黨在西，主黨在東，主黨不與酬之義。

卒受者以觶降，奠于篚。

校勘記

〔一〕插也插於帶右　黄刊嚴州本、徐本同。阮校云兩「插」字陳本、通解、要義作「捷」。

〔二〕捷也　「捷」徐乾學本作「插」，阮云張淳所見本亦作「捷」，見士冠禮識誤。

〔三〕去未違俟處　阮校云「去」毛本作「乃」。

〔四〕搢三而挾一个　「个」單疏標目作「箇」。

〔五〕以有虞氏之庠爲鄉學　黄刊嚴州本、徐本同。阮校云通解亦同。「庠」敖氏作「序」，阮引敖説云：「序，州黨之學堂，即庠也，鄭氏以爲鄉學是也。」是敖氏所見本亦作「庠」，偶誤寫作「序」耳。

〔六〕讀如成周宣謝災之謝　阮校云徐本、通解、要義同。「謝」毛本作「榭」。阮云春秋左氏經作「榭」，公羊經作「謝」，鄭引公羊經而疏以左氏經釋之，非鄭意也。説文無「榭」字，當以「謝」爲正。

〔七〕音謝　「謝」徐乾學本作「榭」。

〔八〕西楹　阮校云陳、閩、通解、要義同，毛本「西」作「兩」。阮以作「兩」爲是。

〔九〕及成周宣謝及此州立謝　阮校云兩「謝」字及下文「州謝則有堂無室」同。疏「榭」字十三例，毛本皆从木，單疏从言者三，从木者十，皆不可解，宜概从言。

〔一〇〕設于所設中之西南　阮校云「中」上陳、閩俱有「之」字。

〔一一〕知併行併東行者　阮校云毛本兩「併」字皆作「並」，下同，當以毛本爲是。

〔一二〕不射而袒　阮校云陳、閩同，毛本「不」上有「雖」字。

〔一三〕各以左相迎　阮校云通解同，毛本「迎」作「近」。

〔一四〕不得云司射向北　阮校云「云」陳本誤作「六」，毛本作「與」。今按，毛本不合文意，亦誤。

〔一五〕古文而后作後非也孝經説然后曰后者後也當從后　黄刊嚴州本、徐本皆如此，與單疏標目合。阮校云要義節録注云：「古文后作後，非。」阮又云依疏當作「孝經説説然后曰」，各本少一「説」字。今按後、后古通用，鄭注亦非。

〔一六〕后者後也　「者後」二字單疏原作「孝經」，阮校據要義改，兹從之。

〔一七〕謂射著禽獸爲獲　「著」原作「諸」，通解、要義俱作「著」，阮校據各本改，兹從之。

〔一八〕故周禮司儀天揖時揖土揖　「儀」單疏原作「士」，阮校云天揖、時揖、土揖乃司儀文，因改「士」爲「儀」，兹從之。

〔一九〕所以承笴矢者　黄刊嚴州本、徐本同。阮校云聶氏、通解、楊氏、毛本「笴」下俱有「齊」字。朱子曰：「注脱『齊』字，據疏補。」

〔二〇〕而乘成證反下乘同　徐乾學本同，盧本改「成」爲「承」，又於下「乘」字下補一「矢」字。黄焯彙校云成、承俱禪紐，無煩改字。

〔二一〕及羣士來觀禮者也　「來」黃刊嚴州本、徐本俱誤作「未」，此據單疏改。

〔二二〕則與賓俱來者也　阮校云「則」陳、閩俱誤作「射」。

〔二三〕十月行正齒位之禮云　阮校云「禮」要義作「事」。

〔二四〕以其取矢即訖有射　阮校云毛本「矢」下無「即」字，「訖」下有「即」字。

〔二五〕弨弓蒲比反　徐乾學本同，盧本改「弨」爲「踣」，改「比」爲「北」，阮校以爲盧本是。

〔二六〕左旋毋周　「旋」大射作「還」。

〔二七〕執弓而南踣　阮校云「弓」陳、閩俱作手。

〔二八〕與進者相左相揖退反位　「退」字原無，唐石經有，阮校引錢大昕説謂「退」字當有，兹據補。

〔二九〕因留主授受於堂西西方　阮校云單疏、陳、通解同，毛本「主」作「圭」。

〔三〇〕謂此第一番初時　阮校云「初」陳、閩俱作「射」。

〔三一〕司馬命去侯　阮校云陳、閩俱無「命」字。

〔三二〕執中者　阮校云毛本「執」上有「故」字，監本「故」字擠入。

〔三三〕故言互言之　阮校云要義同，毛本作「故曰序東西」，通解作「皆互言之也」，陳、閩、監本「曰」字亦俱作「言」。

〔三四〕耦於庭不並行　黃刊嚴州本、徐本同，阮校云「庭」下毛本有「下」字。通解、楊氏亦無。

〔三五〕則司射擯升降　阮校云通解同，毛本「擯」作「賓」。

〔三六〕射訖數筭　阮校云陳本同，通解、毛本「訖」作「記」。

〔三七〕更東面也　阮校云「更」通解、毛本作「東」。

〔三八〕故則右筭也　阮校云通解同，「右」毛本作「又」。

〔三九〕以中爲儁也　黄刊嚴州本同，徐本「儁」作「雋」。

〔四〇〕論罰爵之事　阮校云要義同，毛本「罰」作「二」。

〔四一〕勝者先升升堂　黄刊嚴州本、徐本同，阮校云楊氏、敖氏亦同，通解、毛本不重「升」字。

〔四二〕辟飲者也　「者」原作「酒」，此據單疏改。今按阮本亦承張敦仁本之誤作「酒」。

〔四三〕待復射者謂待第三番射也　阮校云兩「待」字毛本俱作「俟」，通解止截下句亦作「俟」。阮氏云上「待」字當作「俟」。

〔四四〕即立于序端　阮校云「序」要義作「席」。

〔四五〕無能　黄刊嚴州本同，徐本「能」下有「對」字，毛本同。今按阮校云徐本無「對」字，與徐本不合。

〔四六〕亦二手祭酒反注　「反」黄刊嚴州本、徐本作「及」，阮校云通解、楊氏、毛本作「反」。

〔四七〕左執爵右祭薦俎　阮校云「右」當從毛本作「又」，汪文臺識語云阮説與大射不合。今按汪説是，依大射「左」亦當作「右」。

〔四八〕中皆如之　唐石經、黄刊嚴州本、徐本同，阮校云「皆」通解、敖氏作「亦」。

〔四九〕若就乏　「乏」單疏作「之」，阮校云單疏與毛本作「乏」，與單疏不合。盧氏已改正。

〔五〇〕司射之位　阮校云「之」毛本作「乏」。

〔五一〕此近乏者乏者己所有事之處　阮校云通解同，毛本「乏者」二字不重。

〔五二〕不言射者　「射」下原有「位」字，阮校云毛本「射」下無「位」字，毛本是。此據阮説删。

〔五三〕第二番無位者　阮校云陳本、要義同，毛本「二」作「三」。

〔五四〕注以猶與也　阮校云毛本作「注以猶至爲與」。

〔五五〕興反位而后耦揖　阮校云「后」毛本作「後」。

〔五六〕西面　「西」黄刊嚴州本作「酉」，黄氏校録云宋本作「西」，是。

〔五七〕先知審政也　阮校云要義同，「政」通解、毛本作「故」。

〔五八〕騶虞壯由反　「壯由」徐乾學本作「側留」，黄焯彙校云「壯由與側留聲韻全同」。

〔五九〕奄東之　阮校云毛本「奄」作「掩」。

〔六〇〕小迻　「小」注文作「少」。

〔六一〕實觶進南面　阮校云「南」上毛本有「東」字。

〔六二〕亦進西面　阮校云毛本「西」下有「南」字。

儀禮注疏卷第十三

唐朝散大夫行大學博士弘文館學士臣賈公彦等撰

司正降，復位，

【疏】「司正降，復位」　自此盡「唯賓」，論舉觶於賓，與大夫爲無筭爵之事。云「司正降，復位」者，司正當監旅酬訖，〔一〕故降使二人舉觶于賓與大夫，爲無筭始也。

使二人舉觶于賓與大夫。二人，主人之贊者。舉觶者皆洗觶，升，實之，西階上北面皆坐奠觶，拜，執觶興。賓與大夫皆席末荅拜。舉觶者皆坐祭，遂飲，卒觶，興。坐奠觶，拜，執觶興。賓與大夫皆荅拜。舉觶者逆降，洗，升，實觶，皆立于西階上，北面，東上。賓與大夫拜。舉觶者皆進，坐奠于薦右。坐奠之，不敢授。

【疏】「舉觶」至「薦右」　注「坐奠之，不敢授」　「賓與大夫皆席末荅拜」者，皆席西南面荅拜。云「皆進，坐奠于薦右」者，以其將飲者於右故也。云「坐奠之，不敢授」者，對獻、酬時親授，主人之贊者卑不敢親授觶也。

賓與大夫辭，坐受觶以興。辭，辭其坐奠觶。

【疏】「賓與」至「以興」　注「辭，辭其坐奠觶」　必辭者，贊者不敢親授，賓與大夫不可自尊，故辭之。不言取而言「受」者，亦是若親受之然。

舉觶者退反位，皆拜送，乃降。賓與大夫坐，〔二〕反奠于其所，興。不舉者，盛禮已崇。古文曰「反坐」。

【疏】「舉觶」至「所興」　注「不舉」至「反坐」　崇，重也。凡飲酒禮成於酬前，已旅酬所盛禮已重，今主人復舉觶爲無筭爵，盡歡情，客不盡主人歡，故且奠之未舉之，故不奠薦左。

若無大夫，則唯賓。長一人舉觶，如燕禮媵爵之爲。

【疏】「若無大夫，則唯賓」　注「長一」至「之爲」　鄉二人舉觶爲賓與大夫，今若無大夫，當闕一人，故云「則唯賓」也。云「長一人舉觶，如燕禮媵爵之爲」者，燕禮初二大夫媵觶，至旅酬復使二人，君命長媵一爵於君，與此同，故云「如燕禮之爲」。彼旅酬，此爲無筭爵不同，但一人是同，故引爲證也。

司正升自西階，阼階上受命于主人，適西階上，北面請坐于賓。請坐，欲與賓燕，盡殷勤也。至此盛禮以成，〔三〕酒清肴乾，强有力者猶倦焉。

【疏】「司正」至「于賓」　注「請坐」至「倦焉」　自此盡「少退，北上」，論請坐徹俎之事。云「酒清肴乾，强有力者猶倦焉」者，此禮記聘義文。案彼云「故强有力者將以行禮也，酒清人渴而不敢飲也，肉乾人飢而不敢食也，日莫人倦」，引之者，證此賓須坐之義。

賓辭以俎。俎者肴之貴者也。辭之者，不敢以燕坐褻貴肴。

【疏】「賓辭以俎」　注「俎者」至「貴肴」　俎所盛骨體，骨體是肴之貴者，故辭之也。

反命于主人，主人曰：「請徹俎。」賓許。司正降自西階，階前命弟子俟徹俎。弟子，賓黨也。俎者，主人贊者設之，今賓辭之，使其黨俟徹，順賓意也。上言「請坐于賓」，此言「主人曰」，互相備耳。

【疏】「反命」至「徹俎」　注「弟子」至「備耳」　知弟子是賓黨者，以其司正降自西階，階前命之，〔四〕明賓黨弟子在西階東面也。必使賓黨弟子者，徹俎是賓請之，故鄭云「俎者，主人贊者設之，今賓辭之，使其黨俟徹，順賓意也」。云「上言請坐于賓，此言主人曰，互相備耳」者，凡辭皆司正請于主人，主人有命，司正乃傳告賓；今上文云司正「請坐于賓」，直見司正傳主人辭，不見主人曰「請坐于賓」之辭，此經直見「主人曰請徹俎」，不見司正傳主人以告賓，是互相備也。不言互文而云「互相備」者，凡言互文者，各舉一事，一事自周，是互文；此據一邊理，一邊理不備，〔五〕文相續乃備，故云「互相備」，若云「糗餌粉餈」，鄭注云「餌言糗，餈言粉，互相足」之類也。

司正升，立于序端。賓降席，北面。主人降席自南方，阼階上北面。大夫降席，席東南面。俟弟子升，受俎。

【疏】「司正」至「南面」　注「俟弟子升，受俎」　云「俟弟子升，受俎」者，下云「司正以俎出，授從者」，注云「授賓家從來者也」，「所以厚禮之」，則此「弟子升，受俎」者，案下文據大夫與主人而言，若賓俎授司正，非弟子也。

賓取俎，還授司正。司正以降自西階，賓從之降，遂立于階西，東面。司正以俎出，授從者。授賓家從來者也。古者與人飲食，必歸其盛者，所以厚禮之。○授從，才用反，注及下從者同。

【疏】注「授賓」至「禮之」　云「古者與人飲食，必歸其盛者，所以厚禮之」者，鄉飲酒、燕禮、大射賓客皆有俎，徹歸客之左右俎，是肴之貴，是「歸其盛」者。公食大夫既食，有司卷三牲之俎，歸于賓館，故揔云「古者與人飲食，必歸其盛者，所以厚禮之」也。

主人取俎，還授弟子。弟子受俎，降自西階以東。主人降自阼階，西面立。以東授主人侍者。

【疏】「主人」至「面立」　注「以東」至「侍者」　云「以東授主人侍者」，弟子是賓黨，非主人之贊者，故知徹主人俎，還授主人侍者，歸入於內也。〔六〕

大夫取俎，還授弟子。弟子以降自西階，遂出授從者。大夫從之降，立于賓南。凡言還者，明取俎各自鄉其席。衆賓皆降，立于大夫之南，少退，北上。從降亦爲將燕。○亦爲，于僞反，下同。

【疏】注「從降亦爲將燕」　賓、主人、大夫有俎，從俎而降。此三賓無俎，亦從大夫而降，亦如賓、主人、大夫將燕，〔七〕故同降同升也。

主人以賓揖，讓，説屨，乃升。大夫及衆賓皆説屨，升坐。説屨者，將坐，空屨褻，賤不宜在堂也。説屨則摳衣，爲其被地。○則摳，苦侯反。其被，皮義反。

【疏】「主人」至「升坐」　注「説屨」至「被地」　自此盡「門外再拜」，論升坐行無筭爵，賓醉送出之事。云「説屨則摳衣，爲其被地」者，曲禮云「摳衣趨隅」，彼謂升席時，引之證説屨低身亦然，若不摳衣，恐衣被地履之，但對文上曰衣，下曰裳，散文衣裳通，此衣即裳也。案少儀云「排闔説屨於户内，一人而已矣」，鄭注云「雖衆敵，猶有所尊也」，彼尊卑在室，則尊者説屨在户内，自餘説屨於户外。〔八〕若尊卑在堂，則亦尊者一人，説屨在堂，自餘説屨於堂下，是以燕禮、大射臣皆説屨於階下。公不見説屨之文，明公舄在堂矣。此乃鄉飲酒臣禮，〔九〕賓、主人行敵禮，〔一〇〕故皆説屨於堂下也。

乃羞，羞，進也，所進者狗胾醢也。燕設啗具，所以案酒。○狗胾，壯吏反。設啗，徒覽反。

【疏】「乃羞」　注「羞進」至「案酒」　云「所進者狗胾醢也」者，以其牲用狗，故知狗胾醢。醢未必狗，以其醢豫造乃成，非臨時之物，故知非狗，連言之也。

無筭爵。使二人舉觶。賓與大夫不興，取奠觶飲，卒觶不拜。二人謂鄉者二人也，使之升立于西階上，賓與大夫將旅，當執觶也。卒觶者固不拜矣，著之者，嫌坐卒爵者拜既爵，此坐于席，禮既殺，不復崇。

【疏】「無筭」至「不拜」　注「二人」至「復崇」　經「賓」上有「于」字者，誤。以此二觶仍是前二人所舉者，今以二人升者舉發，使行無筭爵，非新觶，以鄭注可知，故誤有也。若然，「舉觶」上屬、「賓」下屬爲句也。云「卒觶者固不拜矣，著之者，嫌坐卒爵者拜既爵」者，上正旅酬時，賓酬主人，賓不祭，卒觶不拜，不洗；今此二人舉觶，禮彌殺，故云「卒觶者固不拜矣，嫌坐卒爵者拜既爵」者，以正獻、酬時，〔一一〕皆坐卒爵，拜既爵，嫌此無筭爵飲卒觶亦有拜義，故明之。云「坐于席，禮既殺，不復崇」者，此決正行獻、酬時，在於階下，有拜既爵，此説屨就席，禮既殺，不復崇重，故無拜爵也。

執觶者受觶，遂實之。賓觶，以之主人，大夫之觶長受，長，衆賓長。而錯，皆不拜。錯者，實主人之觶以之次賓也，實賓長之觶以之次大夫。其或多者，迭飲於坐而已，皆不拜受，禮又殺也。○迭於，〔一二〕大結反。

【疏】注「錯者」至「殺也」　云「其或多者，迭飲於坐而已」者，衆賓之長在賓西者三人，大夫則席於賓東，若大夫亦三人，則與衆賓等，得交錯相酬；言「其或多者」，若有一大夫，則衆賓二人無所酬，直二人迭飲而已；若大夫四人已上，多於三賓，自三人之外亦無所酬，則亦自相酬，迭飲而已。云「皆不拜受，禮殺也」者，〔一三〕上二人舉觶於賓，與大夫皆拜受，及飲卒不拜，是其殺，今衆賓與大夫不拜受觶，故言「禮又殺也」。

辯，卒受者興，以旅在下者于西階上。衆賓之末飲而酬主人之贊者，〔一四〕大夫之末飲而酬賓黨，亦錯焉。不使執觶者酌，以其將旅酬，不以已尊孤人也。其末若皆衆賓，則先酬主人之贊者；若皆大夫，則先酬賓黨而已。　執觶者酌在上，辯，降復位。

【疏】「辯卒」至「階上」　注「衆賓」至「復位」　經云「辯」，謂堂上衆賓已上皆飲訖。云「卒受者」，謂最末後飲者。云「衆賓之末飲而酬主人之贊者，大夫之末飲而酬賓黨，亦錯焉」者，此亦若堂上交錯也。云「不使執觶者酌」，謂不使二人執觶者酌。云「以其將旅酬，不以已尊孤人也」者，其堂上皆坐行酒，至此立階上旅在下，解經「興，以旅在下者」。云「其末若皆衆賓，則先酬主人之贊者」，謂大夫或少或無，則衆賓爲末飲也。云「若皆大夫」者，謂大夫多，衆賓偏後，二觶並酬大夫，則大夫爲末飲也。云「執觶者酌在上，辯，降復位」者，謂二人舉觶酌堂上衆賓已上，辯，其堂下自酌相旅，二人無事，故降復于東階前西面北上位也，故鄉飲酒記云「主人之贊者西面，北上，不與，無筭爵然後與」。必知「復位」者，下經云「執觶者皆與旅」是也。

長受酬，酬者不拜，乃飲，卒觶，以實之。 言「酬者不拜」者，嫌酬堂下異位，當拜也。古文曰「受酬者不拜」。

【疏】「長受」至「實之」　注「言酬」至「不拜」　謂堂下或賓黨之長，或主人贊者之長受堂上酬，酬者不拜。鄭云「酬者不拜者，嫌酬堂下異位，當拜也」者，嫌堂下異位，堂上酬堂下當拜，故明之也。

受酬者不拜受。 禮殺，進受尊者之酬，〔一五〕猶不拜。

【疏】「受酬者不拜受」　注「禮殺」至「不拜」　堂下卑者受堂上尊者酒，當拜，由禮殺，雖尊者之酬猶不拜也。

辯旅，皆不拜。 主人之贊者於此始旅，嫌有拜。

【疏】「辯旅，皆不拜」　注「主人」至「有拜」　以鄉飲酒記云「主人之贊者不與，無筭爵然後與」，故鄭偏言「主人之贊者於此始旅，嫌有拜」，故明之也。

執觶者皆與旅。 嫌已飲不復飲也，上使之勸人耳。非逮下之惠也，亦自以齒與於旅也。○皆與，音預，注同。

【疏】「執觶者皆與旅」　注「嫌已」至「旅也」　此即上文「二人舉觶」者，於西階上已卒觶，故鄭云「嫌已飲不復飲也」。

卒受者以虚觶降，奠于篚。執觶者洗，升，實觶，反奠于賓與大夫。復奠之者，燕以飲酒爲歡，醉乃止，主人之意也。今文無「執觶」，及賓「觶」、大夫之「觶」皆爲「爵」，「實觶」，「觶」爲之。

【疏】「卒受」至「大夫」　注「復奠」至「爲之」　今文此經云「執觶者」無此「執觶」。又今文無「執觶」，及賓「觶」、大夫之「觶」皆爲「爵」，不從者，以其皆在無筭爵之科，明不爲爵。云「實觶，觶爲之」者，亦不從也。

無筭樂。合鄉樂無次數。

【疏】「無筭樂」　注「合鄉樂無次數」　知合鄉樂二南者，約上正歌時，不畧其正，已歌鄉樂。但上有次第，先歌關雎，次歌葛覃、卷耳，次歌鵲巢、采蘋、采蘩，皆三終有次數。今無次數，任賓主所好也。〔一六〕

賓興，樂正命奏陔。陔，陔夏，其詩亡。周禮，賓醉而出奏陔夏，陔夏者，天子、諸侯以鍾、鼓，大夫、士鼓而已。

【疏】「賓興」至「奏陔」　注「陔陔」至「而已」　此賓興即命奏，下文賓降乃作樂也。云「陔，陔夏，其詩亡」者，九夏皆詩篇，鄭注鍾師云「歌之大者，載在樂章，樂崩亦從而亡」。云周禮者，鍾師云「陔夏」，杜子春云「客醉而出，奏陔夏」，雖非正文，亦據周禮而言。云「陔夏者，天子諸侯以鍾、鼓」，知者，鍾師云「以鍾鼓奏九夏」，是天子法。襄公四年，穆公如晉，「晉侯饗之，金奏肆夏之三，不拜」，則陔夏奏用鍾矣。大夫、士尚有鼓，明諸侯亦有鼓，故揔云「天子、諸侯以鍾鼓」。知「大夫、士」用鼓者，此鄉射、鄉飲酒皆有鼓，故知以鼓奏陔而已也。

賓降及階，陔作。賓出，衆賓皆出，主人送于門外，再拜。拜送賓于門東西面。賓不荅拜，禮有終。

【疏】「賓降」至「再拜」　注「拜送」至「有終」　知「拜送賓于門東西面」者，此約迎賓時於此拜也。云「不荅拜，禮有終」者，以行禮有終，故不荅也。

明日，賓朝服以拜賜于門外。拜賜，謝恩惠也。○朝服，直遥反，下皆同。

【疏】「明日」至「門外」　自此盡經末，論息勞司正之事。

主人不見，如賓服遂從之，拜辱于門外，乃退。不見，不褻禮也。拜辱，謝其自屈辱。

【疏】「主人」至「乃退」　注「不見」至「屈辱」　「不見，不褻禮」者，禮不欲數，數則瀆。今主人不見，恐相褻，故不見也。

主人釋服，乃息司正。釋服，説朝服，服玄端也。息，猶勞也。勞司正，謂賓之與之飲酒，以其昨日尤勞倦也，月令曰：「勞農以休息之。」○説朝，吐活反，下同。猶勞，力報反，下除勞倦一字皆同。

【疏】「主人」至「司正」　注「釋服」至「息之」　上文主人「如賓服」，則主人亦朝服矣，今言「釋服」，謂釋去朝服。朝服之下，衣則次玄端，故知「釋服，説朝服，服玄端也」。玄端，即朝服之下，〔一七〕易其裳爲異也。月令者，彼是十月農功畢，勞農以休息之，爲息田夫之臘祭。引之者，證「息」勞來休息之義也。

無介，勞禮略，貶於飲酒也。此已下皆記禮之異者。○無介，音界。

【疏】「無介」　注「勞禮」至「異者」　云「勞禮畧，貶於飲酒也」者，謂貶於鄉飲酒，鄉飲酒禮。有介，此上司正飲酒及此勞禮皆無介，是貶於鄉飲酒也。云「此以下皆記禮之異者」，謂息司正之禮與上飲酒禮異之事也。

不殺。無俎故也。○不殺，如字，劉色例反。

【疏】「不殺」　注「無俎故也」　下文云「無俎」，無俎故不殺，殺即有俎也。

使人速。速，召賓。

【疏】「使人速」　注「速，召賓」　若公食使人召之，還司正爲擯也。〔一八〕

迎于門外，不拜。入，升，不拜至。不拜洗。薦脯醢，無俎。賓酢主人，主人不崇酒，不拜衆賓。既獻衆賓，一人舉觶，遂無筭爵。言遂者，明其間闕也。賓坐奠觶于其所，〔一九〕擯者遂受命于主人，請坐于賓，賓降說屨升坐矣。不言遂請坐者，請坐主於無筭爵。

【疏】「迎于」至「筭爵」　注「言遂」至「筭爵」　云「言遂者，明其間闕也」者，間闕謂間一人舉觶，下有工升歌、立司正、旅酬，及二人舉觶及徹俎之事，以其闕此數事，故云「遂無筭爵」也。云「賓坐奠觶于其所，擯者遂受命于主人，請坐于賓，賓降說屨升坐矣」，此並依正飲酒禮。「不言遂請坐者，請坐主於無筭爵」者，以其請坐主於無筭爵，今言「無筭爵」，自然「請坐」可知，故不須言「請坐」於賓也。

無司正。使擯者而已，不立之。

【疏】「無司正」 注「使擯」至「立之」 不立司正，亦是與飲酒禮異。

賓不與。昨日至尊，不可褻也。古文「與」作「豫」。○不與，音預，注及下大夫與皆同。

【疏】「賓不與」 注「昨日」至「作豫」 賓者主人所尊敬，不可復召之。復召之，亦是褻瀆也。

徵唯所欲，徵，召也，謂所欲請呼。

【疏】「徵唯所欲」 注「徵召」至「請呼」 須止則止，須召則召，在主人之意，故云「所欲請呼」也。

以告於鄉先生、君子可也。告，請也。鄉先生，鄉大夫致仕者也。君子，有大德行不仕者。○德行，下孟反。

【疏】「以告」至「可也」 注「告請」至「仕者」 云「鄉大夫致仕者也」者，此即鄉飲酒注云「先生，謂老人教學者」。〔二〇〕云「君子，有大德行不仕者」，大德行謂六德六行可貢而不仕者，此即居士縞帶，亦曰處士。

羞唯所有，用時見物。○見物，賢遍反。

【疏】「羞唯所有」 注「用時見物」 謂昨日所有之餘見物。

鄉樂唯欲。不歌雅、頌，取周、召之詩，在所好。○所好，忽報反。

【疏】「鄉樂唯欲」 注「不歌」至「所好」 此即與上「無筭樂」同，而云「不歌雅、頌」者，以其上飲酒主於射，略於樂，不用小雅，此非鄉射而亦不歌雅、頌者，亦不可過于正飲酒禮，故云「周、召之詩，在所好」也。

記。大夫與，則公士爲賓。不敢使鄉人加尊於大夫也。公士，在官之士。鄉賓主用處士。

【疏】「記大」至「爲賓」　注「不敢」至「處士」　據此，鄉射使處士無爵命者爲賓，故有大夫來，不以鄉人加尊於大夫，故易去之，使公士爲賓。若然，鄉飲酒貢士法，賢者爲賓，其次爲介，又其次爲衆賓，有大夫來，不易去之，以其賓擬貢故也。云「鄉賓主用處士」，即君子者也。

使能，不宿戒。能者敏於事，不待宿戒而習之。

【疏】「使能，不宿戒」　注「能者」至「習之」　解上賓用處士。云「能者敏於事」者，孝經云「參不敏」，鄭云「敏，猶達也」，則此通達於事。

其牲狗也，狗取擇人。

【疏】「其牲狗也」　注「狗取擇人」　鄉飲酒、鄉射義取擇賢士爲賓。天子已下燕亦用狗，亦取擇人可與燕者。

亨于堂東北。鄉飲酒義曰：「祖陽氣之所發也。」〔二二〕○亨于，普庚反，下注同。

【疏】「亨于堂東北」　注「鄉飲」至「發也」　陽氣起於東北，而盛於南方，亨狗于東北，飲酒是陽，故法之。

尊綌冪，賓至徹之。以綌爲冪，取其堅絜。○綌鼏，〔二三〕去逆反。

【疏】「尊綌冪，賓至徹之」　注「以綌」至「堅絜」　凡冪者皆爲塵埃加，故設之。但用冪不用冪不同者：凡用醴皆不見用冪，質故也，即士冠禮子，昏禮禮賓贊、禮婦，聘禮禮賓，此等用醴皆無冪是也；醮用酒亦無冪者，從禮子質也；或以尊厭卑，亦無冪；燕禮君尊有冪，方圜壺則無冪，昏禮尊於室内有冪，尊於房户外，爲媵、御賤，故無冪；鄉飲酒、鄉射有冪者，無所厭故也。若祭祀之冪，冪人云「以疏布冪八尊」，鄭云「天地之神尚質」；「以畫布冪六彝」，鄭云「宗廟可以文」；「凡王巾皆黼」，注云「周尚武，其用文德則黻可」，諸侯無文，或與王同。其喪中之冪，皆用疏布。士喪禮小斂用功布，大斂亦同。士虞用絺冪，與吉同，大夫亦當然也。云「賓至徹之」者，巾冪必布執冪，賓未至恐塵加，賓至徹去，不復用，以其鄉射、飲酒不見更用之文故也。燕禮君命徹冪，則未命之前重用之者，君尊久設恐塵，故重覆之。

蒲筵，緇布純。 筵，席也。純，緣。○布純，之閏反，又諸允反，注同。純緣，以絹反。

【疏】「蒲筵，緇布純」 注「筵席也純緣」 鄉大夫、州長與鄉人習禮，雖有公卿之尊，無加席，唯一種，〔一三〕故記人記之。云「筵，席」者，鄭注周禮序官云「鋪陳曰筵，藉之曰席」，然其言之，〔一四〕筵席通，但在地者爲筵，取鋪陳之義；在上曰席，取相承藉之義耳。

西序之席，北上。 衆賓統於賓。

【疏】「西序之席，北上」 注「衆賓統於賓」 衆賓之席繼賓已西，南面，東上，今云「西序之席北上」者，謂衆賓有東面者，則北上，此東面非常，故記之也。若然，此鄉射上設席，雖不言衆賓之數，上文云「三拜衆賓」，鄭云「三拜，示徧也」，則衆賓亦三人矣；而復有東面者，若公卿、大夫多，尊東不受，則於尊西，賓近於西，則三賓東面北上，統於賓也。

獻用爵，〔二五〕其他用觶。爵尊，不可褻也。以爵拜者不徒作。以爵拜，謂拜既爵。徒，猶空也；作，起也，不空起，言起必酢主人。薦，脯用籩，五膱，祭半膱，横于上。醢以豆，出自東房。膱長尺二寸。脯用籩，籩宜乾物也。醢以豆，豆宜濡物也。膱，猶脡也。〔二六〕爲記者，異耳。祭横于上，殊之也，於人爲縮。膱，廣狹未聞也。古文「膱」爲「胾」，今文或作「植」。○五膱，音職，脡也。〔二七〕脡也，大頂反。作植，常職反。

【疏】「薦脯」至「二寸」　注「脯用」至「作植」　云「豆宜濡物也」者，案王制云「一爲乾豆」，鄭云「謂腊之，以爲祭祀豆實」，與此違者，以其豆實則醢也。鄭注周禮醢人云：〔二八〕「作醢及臡者，必先膊乾其肉，乃後細莝之，雜以粱麴及鹽，〔二九〕漬以美酒，塗置甀中百日則成矣」，是乾以爲豆實醢是也。云「膱猶脡也，爲記者，異耳」者，鄉飲酒記云「脯五脡」，此云「五膱」，膱與脡不同，非訓之，是記者異名不同，非别有義，故鄭云「膱，猶脡也」。云「於人爲縮」者，脯法於人爲縮者，鄉飲酒記引曲禮云「以脯脩置者，左朐右末」，鄭注曲禮云「屈中曰朐，取左手案之，右手擘之便」，故「於人爲縮」，横祭半膱横上，〔三〇〕於脯爲横，於人則爲縱也。

俎由東壁，自西階升。狗既亨，載于東方。

【疏】「俎由」至「階升」　注「狗既」至「東方」　云「狗既亨，載于東方」者，上云「亨于堂東北」，今云「俎由東壁」者，亨在東北，實俎曰載，載則於東方，東方則東壁，故云「俎由東壁」也。云「自西階升」者，既由東壁，恐如祭饌由東階升，故記人明之。若祭饌則東階升，特牲、少牢是也，尊神故由阼階升。

賓俎脊、脅、肩、肺。主人俎脊、脅、臂、肺。肺皆離。皆右體也，進

腠。以骨名肉，貴骨也。賓俎用肩，主人用臂，尊賓也。離，猶挂也。腠，膚理也，進理，謂前其本。〔三一〕右體，周所貴也。若有尊者，則俎其餘體也。○腠，七豆反。猶挂，苦圭反。

【疏】「賓俎」至「進腠」　注「以骨」至「體也」　云「以骨名肉」者，骨爲本，有名，肉爲末，無名，所食即肉，故「以骨名肉」。必知骨有肉者，特牲「乃食舉」，注云「舉言食者，明凡解體皆連肉」，是有肉也。云「賓俎用肩，主人用臂，尊賓也」者，此據前三體而言，以其體有肩、臂、臑，禮記祭統云「周人貴肩」爲其顯，故賓用肩，尊賓也。云「離，猶挂也」者，案禮記少儀云「牛羊之肺離，而不提心」，鄭云「提猶絶也，刲離之不絶中央少者」，中央少者即是心也，此將食舉肺也。云「進理，謂前其本」者，此與公食同生人食法，少牢「進下」者是鬼神食法。云「右體，周所貴也」者，對左股所貴。云「若有尊者，則俎其餘體也」者，前有三：肩、臂、臑，以次用之，賓、主已用肩、臂，有一大夫則用臑，二大夫則取後體用膊，若有三大夫已上，則用胳，其脊、脅與賓主同，故下文云「獲者之俎，折：脊、脅、肺、臑」，注云「臑若膊、胳、觳，折之以爲大夫之餘體」是也。

凡舉爵三作，而不徒爵。謂獻賓、獻大夫、獻工皆有薦。

【疏】注「謂獻」至「有薦」　知此三人者，以其言「三作」，故知唯此三人而已。

凡奠者於左，不飲，不欲其妨。

【疏】「凡奠者於左」　謂若酬賓奠於右，賓奠之於左。

將舉者於右。便其舉也。

【疏】「將舉者於右」 謂若酬一人，二人舉奠之於薦右，後舉之者也。

衆賓之長一人辭洗，如賓禮。尊之於其黨。○之長，丁丈反，下注州長皆同。[三二]

【疏】「衆賓」至「賓禮」 注「尊之於其黨」 此獻三賓之時，主人唯爲長者一人洗爵，如經文，恐已後更洗，故記人明之也。

若有諸公，則如賓禮，大夫如介禮。無諸公，則大夫如賓禮。尊卑之差。諸公，大國之孤也。

樂作，大夫不入。後樂賢也。樂正與立者齒。謂其飲之次也，尊樂正，同於賓黨，鄉飲酒記曰「與立者，皆薦以齒」。三笙一和而成聲。三人吹笙，一人吹和，凡四人也。爾雅曰：「笙小者謂之和。」○一和，户卧反，注同。

【疏】「三笙」至「成聲」 注「三人」至「之和」 云「爾雅曰『笙小者謂之和』」者，案爾雅釋樂云「大笙謂之巢」，孫氏注云「巢高大」；又云「小者謂之和」，注云「和，小笙」是也。

獻工與笙，取爵于上篚。既獻，奠于下篚。其笙則獻諸西階上。奠爵于下篚，不復用也。今文無「與笙」。

【疏】「獻工」至「階上」 注「奠爵」至「與笙」 云「奠爵于下篚，不復用也」者，謂堂上不復用，無妨堂下更入用之，知者，獻獲及釋獲者，皆取而獻之是也。大射獻服不氏用散不用爵者，彼君禮與此異也。

立者東面，北上。賓黨。

【疏】「立者東面，北上」　注「賓黨」　此謂一命及不命來觀禮者，與堂下衆賓齒，東面北上而立。

司正既舉觶而薦諸其位。薦於觶南。

【疏】「司正」至「其位」　注「薦於觶南」　知「薦於觶南」，不薦於觶北者，以司正觶南北面立，若薦觶北，與觶相隔，非位前，故知觶南位北也。

三耦者，使弟子，司射前戒之。弟子，賓黨之少者也。前戒，謂先射請戒之。○之少，詩召反。謂先，悉薦反。

【疏】「三耦」至「戒之」　注「弟子」至「戒之」　云「使弟子，司射前戒之」者，謂請射之前戒之，以其經云「三耦俟於堂西」，故鄭云「前戒，謂先射請戒之」也。

司射之弓矢與扑，倚于西階之西。便其事也。

【疏】「司射」至「之西」　注「便其事也」　此矢謂「挾一个」者。初，司射適堂西，袒、決、遂，取弓矢于階西，兼挾乘矢，則誘射之弓矢亦在階西矣。若然，誘射訖，適堂西，改取一个挾之，遂適階西，取扑，此一个實在堂西；至視筭之時，於西階西釋弓矢，去扑，獻釋獲者，此亦在西階西，故鄭云「便其事也」。

司射既袒、決、遂而升，司馬階前命張侯，遂命倚旌。著並行也。古文曰「遂命獲者倚旌」。

【疏】「司射」至「倚旌」　注「著並」至「倚旌」　云「著並行」者，謂司射與司馬有不並行事時。案上文將射「適堂西，袒、決、遂」，取弓矢於西階上，北面告賓曰「弓矢既具，有司請射」；其時司馬即階前，令倚旌，此皆同時，故鄭云「著並行」事，如上經「納射器」及「比三耦」以前，司射獨行事，後及司正爲司馬與司射並行事，故記人記之也。

凡侯：天子熊侯，白質；諸侯麋侯，赤質；大夫布侯，畫以虎、豹；士布侯，畫以鹿、豕。此所謂獸侯也，燕射則張之。鄉射及賓射當張采侯二正，而記此者，天子、諸侯之燕射各以其鄉射之禮，而張此侯，由是云焉。白質、赤質皆謂采其地。其地不采者，白布也。熊、麋、虎、豹、鹿、豕，皆正面畫其頭象於正鵠之處耳。君畫一，臣畫二，陽奇陰偶之數也。燕射射熊、虎、豹，不忘上下相犯；〔三三〕射麋、鹿、豕，志在君臣相養也。其畫之皆毛物之。○麋侯，亡悲反。二正，音征，下正鵠同。正鵠，户沃反。射熊，食亦反，下射麋與射之同。

【疏】「凡侯」至「鹿豕」　注「此所」至「物之」　云「此所謂獸侯也」者，周禮梓人云「張獸侯以息燕」，注云「息者休農息老物也，燕謂勞使臣，若與羣臣飲酒而射」是也。云「燕射則張之」者，燕禮、大射正爲司射，如鄉射之禮，是諸侯燕用鄉射之禮，故云「燕射則張之」也。天子雖無文，據記天子燕、射，記明天子燕射亦用鄉射之法也。云「鄉射及賓射當張采侯二正」者，案周禮射人掌賓射，大夫、士同二正，是賓射二正；鄉射無文，知亦采侯二正者，周禮賓射與賓客爲射，此鄉射雖與鄉人習禮，亦如賓主行射禮，又非私相燕勞，故約與賓射同也。言「采侯」者，梓人云「張五采之侯，則遠國屬」，是賓射之侯，故云「采侯」也。云「而記此者，天子、諸侯之燕射，各以其鄉射之禮」者，以天子自用鄉射之禮，諸侯自用鄉射之禮，大夫、士亦各隨其君用鄉射之禮也。用鄉射之禮，謂張侯道五十步及三耦一與鄉射同。云「張此侯」，則經獸侯是也。云「由是云焉」者，謂由是用鄉射法，故云「獸侯」，於此鄉記也。〔三四〕云「白質、赤質皆謂采其地」者，案周禮掌蜃云「共白盛之蜃」，則此以蜃灰塗之使白爲地；赤質者，亦以赤塗之使赤爲地。云「不采者，白布也」者，謂大夫、士直云「布侯」者也。云「熊、麋、虎、豹、鹿、豕皆正面畫其頭」者，知皆畫首者，以其言貍首者，射不來者之首，明此獸侯等亦正面畫其頭也。云「象於正鵠之處耳」者，案梓人云「參分其廣，而鵠居一焉」，據大射之侯，若賓射之侯，則三分其侯，〔三五〕正居一焉；若燕射之侯，則獸居一焉，故云「象其正鵠之處耳」。云「君畫一，臣畫二，陽奇陰偶之數也」者，禮記郊特牲云「君之南鄉，荅陽之義也；臣之北面，荅君也」，是君陽臣陰，又天一生水，地二生火，是一二陰陽之數，故云「君一，臣二，陽奇陰偶之數也」。云「燕射射熊、虎、豹，不忘上下相犯」者，三者皆猛獸，不苟相下，若君臣之道，亦獻可者替否者，不苟相從，輒當犯顔而諫，似獸等，故用之。云「射麋、鹿、豕，志在君臣相養也」者，案内則云「麋、鹿、豕皆有軒，並是可食之物」，故云「相養也」。云「其畫之皆毛物之」者，此無正文，但畫五正三正之侯，各以其色，明畫獸侯亦以毛物畫之可知也。〔三六〕

凡畫者，丹質。賓射之侯、燕射之侯皆畫雲氣於側以爲飾，必先以丹采其地，丹淺於赤。

【疏】「凡畫者，丹質」　注「賓射」至「於赤」　云「賓射之侯、燕射之侯」者，此鄉射以「采侯二正」，是賓射之侯也；此獸侯也，〔三七〕又是燕射之侯，故鄭並言之。云「皆畫雲氣於側以爲飾」者，鄭解經凡言畫者皆畫雲氣，故以雲氣解之也，蓋象雲色。若賓射之侯，天子九十步侯朱、白、蒼、黄、玄五正者，還畫此五色雲氣於其側；七十步侯朱、白、蒼三正者，還畫此三色雲氣於其側；五十步侯朱、緑二正者，還畫此二色雲氣於其側，以爲飾也。云「必先以丹采其地」者，欲畫此五色、三色雲氣時，必先用丹采此地，乃於其上畫雲氣也。天子侯九十步之内，更有七十、五十步侯，畿内諸侯七十步侯内，更有五十步侯，畿外諸侯者之九十步侯之内，更有七十、五十步侯，其畫之采，皆如其數也。以侯數非一，尊卑又不同，故云「凡」以廣之，言凡畫雲氣，以丹爲質地者也。云「丹淺於赤」者，案月令云「乘朱路，駕赤騮，載赤旂，衣朱衣」，朱與赤互言之，即爲一物；又案冬官鍾氏云「以朱湛丹秫」，四入爲朱色，深而湛，丹秫，故知丹淺於赤。鄭言此者，欲見以丹爲地，丹上得見赤色雲之義，故言此也。

射自楹間。物長如笴，其間容弓，距隨長武。自楹間者，謂射於庠也。楹間，中央東西之節也。物謂射時所立處也，謂之物者，物猶事也，君子所有事也。長如笴者，謂從畫之長短也。笴，矢幹也，長三尺，與跬相應，射者進退之節也。間容弓者，上下射相去六尺也。距隨者，物橫畫也，始前足至東頭爲距，後足來合而南面爲隨。武，跡也，尺二寸。○謂從，子容反。與跬，丘蘂反，劉闕彼反，一舉足曰跬。

【疏】「射自」至「長武」　注「自楹」至「二寸」　云「自楹間者，謂射於庠也」，知者，以其言楹間，則是「庠則物當楣」，故知非射於序者也。云「楹間，中央東西節也」者，以其楹間南北無限，東楹西楹相當，故知東西之節也。云「長如笴者，謂從畫之長短也」者，其下有距隨爲橫，此言物長，又是從迹之稱，故知南北之長短也。云「笴，矢幹也，長三尺」者，以矢人職得知也。云「與跬相應」者，禮記祭義云「故君子跬步而弗忘孝也」，一舉足謂之跬，再舉足謂之步，步，射者履物，不過一跬，故知以三尺爲限也。云「距隨者，物橫畫也，始前足至東頭爲距，後足來合而南面爲隨」者，謂上射、下射並足處皆然。言「長武」，武，跡也，中人之跡尺二寸，謂橫尺二寸也。

序則物當棟，堂則物當楣。是制五架之屋也，正中曰棟，次曰楣，前曰庪。○五架，音駕。曰庪，九僞反，又九委反。

【疏】「序則」至「當楣」　注「是制」至「曰庪」　云「是制五架之屋也」者，庠、序皆然，但有室無室爲異。

命負侯者，由其位。於賤者禮畧。

【疏】「命負」至「其位」　「其位」者，正據司馬自在己位遥命之。遥命者，由負侯者賤，畧之故也。對司射比耦，則就其位。經無司馬命負侯之位，故記之也。

凡適堂西，皆出入于司馬之南，唯賓與大夫降階，遂西取弓矢。尊者宜逸，由便也。

旌，各以其物，旌，總名也。雜帛爲物，大夫、士之所建也。言各者，鄉射或於庠，或於謝。

【疏】「旌，各以其物」　注「旌摠」至「於榭」　云「旌，摠名也」者，以周禮司常云「九旗」，對文「通帛爲旜，雜帛爲物，全羽爲旞，析羽爲旌」各別，今名物爲旌者，散文通，故云「旌，摠名也」。云「雜帛爲物，大夫、士之所建也」者，司常文。通帛者，通體並是絳帛，周所尚赤也。雜帛者中絳緣邊白也，白，殷之正色，故鄭彼注云「言先王正道佐職也」。云「各者，鄉射或於庠，或於謝」者，諸侯鄉大夫是大夫詢衆庶，射於庠，射於謝於序，〔三八〕是諸侯州長是士，春秋習射于謝。大夫、士同建物而云「各」者，雖同建物，仞則大夫五仞，士三仞不同，故云「各」也。

無物則以白羽與朱羽糅。杠長三仞，以鴻脰韜上，二尋。無物者，謂小國之州長也，其鄉大夫一命，其州長士不命，不命者無物。此翿旌也，翿亦所以進退衆者。糅，雜也。〔三九〕杠，橦也。七尺曰仞。鴻，鳥之長脰者也。八尺曰尋。今文「糅」爲「縮」，「韜」爲「翿」。○糅，女又反，雜也。鴻脰，音豆，頸也。韜，土刀反。此翿，徒刀反。杠橦，直江反。

【疏】「無物」至「二尋」　注「無物」至「爲翿」　云「無物者，謂小國之州長也」者，案典命「子男之卿再命，大夫一命，士不命」，大夫一命得建物，士不命則無物，是以不得與上「各以其物」同，别爲此旌。云「此翿旌也」者，據下文「士鹿中，翿旌」也。下云「君國中射，則皮樹中，以翿旌獲」，此不命士與國君同者，士卑不嫌，命士以上尊卑自異也。云「翿亦所以進退衆」者，此非直用之於獲案喪大記君葬時執翿居前，詔傾虧，亦所以進退衆人也。云「七尺曰仞」者，無正文，鄭案書傳云「雉長三丈，高一丈，則牆高一丈」，禮記祭義云「築宮仞有三尺」，牆高一丈，云「仞有三尺」，除三尺之外，只有七尺，故知「七尺曰仞」也。〔四〇〕王肅則依小爾雅「四尺曰仞」，孔君則「八尺曰仞」，所見不同也。云「鴻，鳥之長脰者也」者，脰則項也。云「八尺曰尋」者，亦無正文，冬官云車有六等之數，云「殳長尋有四尺」，長丈二而云「尋有四尺」，除四尺則尋長八尺矣。

凡挾矢，於二指之間橫之。二指謂左右手之第二指，此以食指、將指挾之。○將指，子匠反，〔四一〕中指也。

【疏】「凡挾」至「橫之」　注「二指」至「挾之」　云「二指謂左右手之第二指」，知左右手皆挾之者，以云「二指之間橫之」，則知左右手也。云「此以食指、將指挾之」者，以左擘指拓弓，右擘指鉤弦，故知挾矢以第二第三指間。第二指爲食指，左傳云「子公之食指動」是也，第三指爲將指，左傳云「吳王闔閭傷於將指」是也，故云「食指將指之間挾之」。知不在無名指間者，以無名指短，與將指不相應，故知不是也。

司射在司馬之北。

【疏】「司射在司馬之北」　經不明言司射與司馬南北相當，故明之也。

司馬無事不執弓。以不主射故也。始射，獲而未釋獲，復釋獲，復用樂行之。君子取人以漸。○始射，食亦反，又食夜反。

【疏】「始射」至「行之」　「始射，獲而未釋獲」，據三耦射時。云「復釋獲」者，據第二番射時。〔四二〕「復用樂行之」，據第三番射時。○復用，扶又反，下注不復、復自同。

上射於右。於右物射。楅長如笴，博三寸，厚寸有半。龍首，其中蛇交，韋當。博，廣也。兩端爲龍首，中央爲蛇身相交也，虵、龍，君子之類也。交者，象君子取矢於楅上也。直心、背之衣曰當，以丹韋爲之，司馬左右撫矢而乘之，分委於當。○厚寸，户豆反。直心，音值。而乘，繩證反。

【疏】「楅長」至「韋當」　注「博廣」至「於當」　云「蛇，龍，君子之類也」者，易云「龍戰于野，其血玄黄」，鄭注云「聖人喻龍，君子喻蛇」，是蛇、龍揔爲君子之類也。云「直心、背之衣曰當」者，直通身之言其楅兩頭爲龍首於背上，通身著當言當心中央也。知「丹韋爲之」者，周尚赤，上云「凡畫者丹質」，又周禮九旗之帛皆用絳，故知此當亦「以丹韋爲之」。云「司馬左右撫矢而乘之，分委於當」者，若未分時，揔在於當，今則四四在一邊，不謂分訖，乃置於兩當也。

楅，髤，横而拳之，〔四三〕**南面坐而奠之，南北當洗。**髤，赤黑漆也。○髤，虚求反，注同。拳之，音權。

【疏】「楅髤」至「當洗」　注「髤赤黑漆也」　云「南面坐而奠之」者，取向弟子持矢北面，故南面奠之。云「南北當洗」者，恐南北不知遠近，故記言「南北當洗」，南北節也。

射者有過，則撻之。過謂矢揚中人，凡射時矢中人當刑之。今鄉會衆賢以禮樂勸民，而射者中人，本意在侯，去傷害之心遠，是以輕之，以扑撻於中庭而已。書曰：「扑作教刑」○中人，丁仲反，下中人、待中並同。〔四四〕

【疏】「射者」至「撻之」　注「過謂」至「教刑」　云「是以輕之，以扑撻於中庭而已」，引書者，謂尚書堯典之文，彼據教學，故彼注云「不勤道業則撻之」，引之者，於射時司射搢扑，亦是教射法，故引證撻犯禮之過者，是以尚書亦云「侯以明之，撻以記之」是也。

衆賓不與射者，不降。不以無事亂有事。古文「與」爲「豫」。○不與，音預，注同。

【疏】「衆賓」至「不降」　注「不以」至「爲豫」　鄉射不得與射者，雖誓，僅有存焉。三賓已上容其有文無武者，許其不射，故記者言之也。

取誘射之矢者，既拾取矢，而后兼誘射之乘矢而取之。謂反位已禮成，乃更進取之，不相因也。

【疏】「取誘」至「取之」　注「謂反」至「因也」　云「不相因」者，既自拾取己之乘矢，反位東西望訖，上射乃更向前兼取誘射之矢，禮以變爲敬，故不相因。

賓、主人射，則司射擯升降。卒射即席，而反位卒事。擯賓、主人升降者，皆尊之也。不使司馬擯其升降，主於射。

【疏】「賓主」至「卒事」　注「擯賓」至「於射」　云「不使司馬擯其升降，主於射」者，必以司射決之者，以司馬本是司正，不主射事，司射主射事，故使司射也。

鹿中，髹，前足跪，鑿背容八筭。釋獲者奉之，先首。前足跪者，象教擾之獸受負也。○奉之，芳勇反。教擾，而小反，劉音饒。

【疏】注「前足」至「負也」　服不氏教擾猛獸，猛獸不堪受負，〔四五〕其有合負物者，教擾則屈前足以受負，若今駝受負，則四足俱屈之類也。

大夫降，立于堂西以俟射。尊大夫，不使久列於射位。

【疏】「大夫」至「俟射」　注「尊大」至「射位」　謂主人、大夫降時，賓、主先射，大夫則立于堂西，其耦在司馬之西射位，大夫且立於堂西，射至，乃取其耦共升射。

大夫與士射，袒纁襦。不肉袒，殊於耦。○纁，許云反。〔四六〕耦少退于物。下大夫也，既發則然。○下大，遐嫁反，下下鄉同。司射釋弓矢視筭，與獻釋獲者釋弓矢。唯此二事休武主文，〔四七〕釋弓矢耳，然則擯升降不釋。

【疏】「司射」至「弓矢」　注「唯此」至「不釋」　此二者經文自具，記之者，以唯此二事釋，欲顯出賓、主升降時不釋，故言之，是以鄭云「然則擯升降不釋」也。

禮射不主皮。主皮之射者，勝者又射，不勝者降。禮射，謂以禮樂射也，大射、賓射、燕射是矣。不主皮者，貴其容體比於禮，其節比於樂，不待中爲備也。〔四八〕言不勝者降，則不復升射也。主皮者，無侯張獸皮而射之，主於獲也。尚書傳曰「戰鬭不可不習，故於蒐狩以閑之也」，閑之者，貫之也；貫之者，習之也。凡祭取餘獲陳於澤，〔四九〕然後卿大夫相與射也。中者雖不中也，取不中者；雖中也，不取。何以然？所以貴揖讓之取也，而賤勇力之取，嚮之取也於囿中，勇力之取也。今之取也於澤宮，揖讓之取也。澤，習禮之處，非所於行禮，其射又主中，此主皮之射與？天子大射張皮侯，賓射張五采之侯，燕射張獸侯。○體比，毗志反，下同。貫之，音串，下同。鄉之，許亮反，以鄉同。囿中，音又，一音于救反。射與，音餘。

【疏】「禮射」至「者降」　注「禮射」至「獸侯」　云「禮射，謂以禮樂射也」者，射時有禮，兼作樂，故連樂言之。不言鄉射者，鄉射用采侯，賓射中兼之，〔五〇〕故不言也。云「不主皮者，貴其容體比於禮，其節比於樂」者，此即九節、七節、五節應於樂節是也。云「言不勝者降，不復升射也」者，據主皮射者也，禮射三番不勝，〔五一〕仍待三番復升射也。〔五二〕尚書傳者，濟南伏生爲尚書作傳。云已「祭取餘獲陳於澤，然後卿大夫相與射也」者，此則周禮山虞田訖，虞人「植旗於中」屬禽焉，每禽擇取三十，餘將向國以祭，謂若大司馬云仲春「祭社」、仲夏「享礿」、仲秋「祀方」、仲冬「享烝」，已祭，乃以餘獲陳於澤宮中，卿大夫、士共以主皮之禮射取之。云「雖不中」、「雖中」者，據內田時也。

云「非所於禮」者，云云〔五三〕揖、讓、取即是行禮。而云「非所於行禮」者，揖、讓雖是禮，對大射之等「其體比於禮，其節比於樂」爲「非所行禮」也。云「此主皮之射與」者，書傳不言「主皮」，以義約同，故云「與」以疑之也。云「天子大射」已下者，案梓人云「張皮侯而棲以鵠，則春以功」，即此鄭云「天子大射張皮侯」一也。〔五四〕梓人又云「張五采之侯遠國屬」即此鄭云「賓射張五采之侯」也。梓人又云「張獸侯以息燕」，即此鄭云「燕射張獸侯也」。鄭言此者，證此是禮射，與主皮異也。若然，天子有澤宮，又有射宮，二處皆行射禮者，澤宮之内有班餘獲射，又有試弓習武之射，若西郊學中射者，行大射之禮，張皮侯者是也；澤宮中射將欲向射宮，先向澤宮中試弓習武之射。此習武之射無侯，直射甲革椹質，故司弓矢職云「王弓、弧弓以授，射甲革椹質」，而注引圉人職曰〔五五〕「射則充椹質」是也。

主人亦飲于西階上。就射爵而飲也。已無俊才，不可以辭罰。

【疏】「主人」至「階上」　注「就射」至「辭罰」　此謂主人在不勝之黨受罰爵之時也。云「就射爵而飲也」者，謂西楹西豐上射爵也。云「已無俊才，不可以辭罰」者，以主人尊，恐不受罰爵，故言此也。

獲者之俎，折脊、脅、肺、臑。〔五六〕臑若膊、胳、觳之折，以大夫之餘體。○臑，奴報反，説文讀爲儒，字林云臂羊豕也，〔五七〕人于反。若膊，音純。胳，音格，又音各。觳之，苦角反，又户角反。

【疏】「獲者」至「肺臑」　注「臑若」至「餘體」　上賓、主人已用肩、臂，唯有臑及膊、胳、觳若脊、脅骨多尊卑皆有，自臑已下，各得其一，今鄭具言之，欲見科取其一不定。以其若無大夫獲者，得臑，即經所云者，故臑在肺下，欲見無大夫己合得。若大夫一人，大夫得臑，獲者得膊。若大夫二人，獲者即得胳。若大夫三人，獲者即得觳。若大夫、公卿更多，則折之不得整體，〔五八〕或更取餘體也，故鄭又云「折，以大夫之餘體」也。

東方謂之右个。侯以鄉堂爲面也。○右个，音幹，下及注同。

【疏】「東方謂之右个」注「侯以鄉堂爲面也」以其經直云左、右个，不辨東西，故記人明之也。

釋獲者之俎，折脊、脅、肺，皆有祭。皆，皆獲者也。祭，祭肺也，以言肺，謂刌肺不離，嫌無祭肺。○刌，寸本反。

【疏】「釋獲」至「有祭」注「皆皆」至「祭肺」云「以言肺，謂刌肺不離」者，即經中「脊、脅、肺」是切肺，與祭肺同也。云「嫌無祭肺」者，此明記人之意，見上已有刌肺不離者，即經中「脊、脅、肺」是，刌肺與祭肺同，嫌更不別有祭肺，故言皆有祭肺。言「皆，皆獲」者，欲見釋獲者與主獲者二者皆別有祭肺，故云「皆」也。若然，上肺即舉肺。案公食大夫有切肺與祭肺者，優賓使賓祭此二者。亦以舉肺爲祭肺者，畧賤者之義，是以有司徹侑俎羊切肺一，侑俎豕亦切肺一，〔五九〕鄭云「豕又祭肺不嚌肺，不備禮」，則是畧賤之類也。

大夫說矢束，坐說之。明不自尊別也。○尊別，彼列反。歌騶虞，若采蘋，皆五終，射無筭。謂衆賓繼射者。衆賓無數也，每一耦射，歌五終也。

【疏】「歌騶」至「無筭」注「謂衆」至「終也」上用騶虞以化民，下用采蘋大夫之樂節亦可。皆五終者，大夫、士皆五節，一節一終，故云「五終」也。鄭言「衆賓無數」者，謂堂下衆賓繼射者，故無數。若堂上衆賓，則三人也。

古者於旅也語。禮成樂備，〔六〇〕乃可以言語，先王禮樂之道也。疾今人慢於禮樂之盛，言語無節，故追道古也。凡旅不洗。敬殺。不洗者不祭。不盛。既旅，士不入。後正禮也，〔六二〕既旅則將燕矣。士入齒於鄉人。

【疏】注「士入齒於鄉人」　以其士立于下，故齒於鄉人也。

大夫後出，下鄉人。不干其賓主之禮。

【疏】「大夫後出」　注「不干其賓主之禮」　賓主及衆賓出後乃出，故云「不干其賓主之禮」。

主人送于門外，再拜。拜送大夫，尊之也。主人送賓還，入門揖，大夫乃出，送拜之。

【疏】「主人」至「再拜」　注「拜送」至「拜之」　上文「大夫後出」，是大夫意不干賓主之禮，此經主人意，故鄭云「拜送大夫，尊之也」。知「主人送賓還，入門揖，大夫乃出，送拜之」者，以其上經云「賓出，主人送于門外，再拜」，此記又云「大夫後出，主人送于門外，再拜」，故知「主人送賓還，入門揖，大夫乃出，送再拜之」也。

鄉侯，上个五尋，上个，謂最上幅也，八尺曰尋，上幅用布四丈。

【疏】「鄉侯，上个五尋」　注「上个」至「四丈」　以五尋，尋八尺，五八四十，故四丈也。

中十尺。方者也，用布五丈，今官布幅廣二尺二寸，旁削一寸。考工記曰「梓人爲侯，廣與崇方」，謂中也。

【疏】「中十尺」　注「方者」至「中也」　云「方者也」者，謂侯中正方十尺。云「用布五丈，今官布幅廣二尺二寸，旁削一寸」者，鄭意此言十尺，用布五幅，幅廣二尺二寸，兩畔各削一寸爲縫，幅各二尺在，故五幅爲一丈也。漢法幅二尺二寸，亦古制存焉，故舉以爲況。若然，周禮鄭志「純三只，只八寸，〔六二〕二尺四寸」者，據繒幅也。士喪禮云「亡則以緇長半幅」，注云「半幅一尺，終幅二尺」，亦謂繒而幅二尺者。幅有二種，喪禮畧，用其狹者，故周禮鄭云「凡爲神之衣物，必沽而小」是也。引梓人者，彼揔據三侯侯中皆廣與崇方，引之證經十尺是方也。

侯道五十弓，弓二寸以爲侯中。言侯中所取數也。量侯道以貍步而云弓者，侯之所取數，宜於射器也。〔六三〕正二寸，骹中之博也。今文改「弓」爲「肱」也。○骹，胡飽反，又下巧反，李又苦教反。肱，古弘反。〔六四〕

【疏】「侯道」至「侯中」　注「言侯」至「肱也」　云「言侯中所取數也」者，謂侯中大小取數于侯道。云「量侯道以貍步」者，大射文，故彼云「以貍步張三侯」，是用步耳。「而云弓」者，六尺爲步，弓之下制，六尺與步相應，「而云弓者，侯之所取數，宜於射器也」，故此經云「弓也」。云「正二寸者，骹中之博也」者，案周禮弓人云「骹解中有變焉」，謂弓弣把中側骨之處博二寸，故於此處取數焉。

倍中以爲躬，躬，身也，謂中之上下幅也，用布各二丈。

【疏】「倍中以爲躬」　注「躬身」至「二丈」　身謂中上、中下，〔六五〕各横接一幅布者，故鄭云「中之上下幅，用布各二丈」也。

倍躬以爲左右舌，謂上个也，居兩旁謂之个，左右出謂之舌。

【疏】「倍躬以爲左右舌」　注「謂上」至「之舌」　言「謂上个」者，對下个不得倍躬，故謂上个也。云「兩旁謂之个」，在躬之兩傍則謂之个。云「左右出謂之舌」，謂躬外兩相各出一丈，若人舒舌，故下云「下舌半上舌」，據出者而言也。

下舌半上舌。半者，半其出於射者也，〔六六〕用布三丈。所以半上舌者，侯，人之形類也，上个象臂，下个象足，中人張臂八尺，張足六尺，五八四十，五六三十，以此爲衰也。凡鄉侯用布十六丈，數起侯道五十弓以計，道七十弓之侯用布二十五丈二尺，道九十弓之侯用布三十六丈。○爲衰，初危切。

【疏】注「半者」至「六丈」。「半者，半其出於躬者也」者，以其言舌，故知半其出者也。云「用布三丈」者，上舌兩相各一丈，今下舌兩相各五尺，通躬二丈，故云「用布三丈也」。云「侯、人之形類也」者，人形上廣下狹故也。云「五八四十」，據上个四丈；「五六三十」，據下个三丈，以此上下爲衰差也。云「凡鄉侯用布十六丈，數起侯道五十弓以計」者，用布十六丈者，中五幅幅一丈，用布五丈，上下躬各二丈，摠四丈，上个四丈，下个三丈，是摠十六丈也。云「道七十弓之侯用布二十五丈二尺」者，道七十弓，弓取二寸，二七十四，侯中丈四尺，七幅幅有丈四尺，中用布九丈八尺，上下躬各用布二丈八尺，上下摠用布五丈六尺，上个倍躬爲五丈六尺，下舌半上舌，上舌出者兩相各出丈四尺，下舌半之，兩相各出七尺，下舌用布一丈四尺，通躬二丈八尺，摠計用布四丈二尺也，通計用布二十五丈二尺。云「道九十弓之侯用布三十六丈」者，弓取二寸，九十弓侯中丈八尺，侯中用布九幅，幅別丈八尺，中用布十六丈二尺，倍中以爲躬，上下躬各用布三丈六尺，上下摠七丈二尺，倍躬以爲左右舌，上舌用布亦七丈二尺，下舌亦半上舌，上舌出者丈八尺，下舌半之，則下舌摠用布五丈四尺，以此計之，摠用布三十六丈也。

箭籌八十，箭，篠也。〔六七〕籌，筭也。筭八十者，畧以十耦爲正，貴全數，其時衆寡從賓。〔六八〕○篠也，息了反。

【疏】「箭籌八十」　注「箭篠」至「從賓」　云「箭，篠也」者，謂以箭爲籌射之耦，隨賓多少。今言八十舉成數，以十耦爲文，〔六九〕但一者數之始，十者數之終，以十耦爲成數也。

長尺有握，握素。握，本所持處也。素，謂刊之也。刊本一膚。〔七〇〕○刊之，苦干反。

【疏】「長尺有握，握素」　注「握本」至「一膚」　云「長尺」，復云「有握」，則握在一尺之外，則此籌尺四寸矣。云「刊本一膚」者，公羊傳僖三十一年云「觸石而出，膚寸而合，不崇朝而徧雨乎天下者，唯泰山爾」，何休云「側手爲膚」，又投壺云「室中五扶」，注云「鋪四指曰扶，一指案寸」，皆謂布四指，一指一寸，四指則四寸，引之者，證握膚爲一，謂刊四寸也。

楚扑長如笴，刊本尺。刊其可持處。〔七一〕

君射，則爲下射，上射退于物一笴，既發，則荅君而俟。荅，對也。此以下雜記也。今文「君射，則爲下」。

君，樂作而后就物。君尊。小臣以巾執矢以授。君尊，不搢矢，不挾矢，授之稍屬。○稍屬，章欲反。

若飲君，如燕，則夾爵。謂君在不勝之黨也。賓飲君，如燕賓媵觚于公之禮，則夾爵。夾爵者，君既卒爵，復自酌。○若飲，於鴆反，注同。則夾，古洽反，劉古協反。觚于，音孤。

君國中射，則皮樹中，以翿旌獲，白羽與朱羽糅。國中，城中也，謂燕射也。皮樹，獸名。以翿旌獲，尚文德也。今文「皮樹繁豎」，〔七二〕「糅」爲「縚」。古文無「以」。○爲縚，吐刀反。

【疏】「以翿旌獲」　注「國中」至「無以」　知城中是燕射者，以其下有賓射，大射不在國，〔七三〕故國中是燕射，以其燕在寢故也。云「以翿旌獲，尚文德也」者，以其燕主歡心，故旌從不命之士，亦取尚文德之義。必知取「尚文德」者，以其以文德者舞文舞羽舞也，以武德者舞武舞干舞也，此既用羽，知取「尚文德」也。

於郊，則閭中，以旌獲。於郊，謂大射也，大射於大學，王制曰：「小學在公宫之左，大學在郊。」閭，獸名，「如驢，一角；或曰如驢，〔七四〕歧蹄」。〔七五〕周書曰：「北唐以閭。」析羽爲旌。○大學，音泰。歧蹄，巨支反，一音支。析羽，悉歷反。

【疏】「於郊」至「旌獲」　注「於郊」至「爲旌」　知「於郊，謂大射也」者，案大射云「公入驁，從外來入」，此既言「於郊」，故知大射在郊也。云「大射於大學」者，據諸侯而言也，天子大射在虞庠小學。〔七六〕以其天子大學在國中，小學在郊，諸侯不得立大學在國，立大學在郊，故鄭引王制「小學在公宫之左，大學在郊」，是殷法，諸侯用焉，故引爲證。必知諸侯立大學在郊者，見詩魯頌有泮宫，禮記云「故魯人將有事於上帝，必先有事於頖宫」，鄭云「頖宫，郊之學也」，則詩「泮宫」，此「郊學」是也。云「閭，獸名，如驢一角；或曰如驢，歧蹄。周書曰北唐以閭」者，「歧蹄」已上山海經文，周書，見於國語也。

於竟，則虎中，龍旜。〔七七〕於竟，謂與鄰國君射也。畫龍於旜，尚文章也。通帛爲旜。○於竟，音景，注同。龍旜，之然反。

【疏】「於竟，則虎中，龍旜」　注「於竟」至「爲旜」　「與鄰國君射」，則賓射也，以其君有送賓之事，因送則射。云「尚文章也」者，亦若翿旌也。云「通帛爲旜」，司常文，鄭注云「凡九旗之帛皆用絳」，則通帛者，正幅爲絳。長尋曰旐，繫旐曰斾，通體皆用絳帛爲之，名旜。

大夫兕中，各以其物獲。兕，獸名，似牛一角。○兕中，徐履反，山海經云狀如牛，蒼黑色，可重千斤。

【疏】「大夫」至「物獲」　注「兕，獸名，似牛一角」　下有士，則此專據大夫爲文。而云「各以其物」者，公、侯、伯、大夫再命，子、男之大夫一命爲卿大夫，刃數雖同，旒依命數不同，〔七八〕故云「各」。又下云「士翿旌以獲」，唯小國之州長不命者，則公、侯之州長一命有旌，亦人物中，則「各」内兼之矣，故云「各」。「兕，似牛一角」，案爾雅及山海經知之。

士鹿中，翿旌以獲。謂小國之州長也，用翿爲旌，「以獲」無物也。古文無「以獲」。唯君有射于國中，其餘否。臣不習武事於君側也。古文「有」作「又」。今文無「其餘否」。

【疏】「唯君」至「餘否」　注「臣不」至「餘否」　天子、諸侯皆燕射在國，又天子賓射在朝，亦在國。大夫、士燕射、賓射不在國，大夫又得行大射，雖無郊學，亦不得在國，是以孔子爲鄉射，射於矍相之圃，是其一隅。〔七九〕若然，此鄉射亦不在國射，〔八〇〕亦宜在國外，故記人於此見之也。

君在，大夫射則肉袒。不袒薰襦，厭於君也。今文無「射」。○厭於，一陟反。

【疏】「君在」至「肉袒」　注「不袒」至「於君」　上云「大夫與士射，袒纁襦」，今與君射，爲厭與士同，故肉袒也。

校勘記

〔一〕司正當監旅酬訖　阮校云「當」陳、閩通解俱作「掌」，要義、監本、毛本與單疏同作「當」。

〔二〕賓與大夫坐　黄刊嚴州本、徐本同，阮校云要義、楊氏、敖氏亦同，通解與毛本無「坐」字。

〔三〕至此盛禮以成　黄刊嚴州本、徐本同，黄氏校録云：「宋本以作已」。阮校云毛本亦作「已」。

〔四〕降自西階階前命之　阮校云單疏、陳、閩「階」字俱不重。今按單疏重，阮校非是。

〔五〕此據一邊理一邊理不備　「理」原作「禮」，此據單疏改。今按阮本承張敦仁本之誤而未校。

〔六〕歸入於内也　阮校云「入」陳、閩俱作「人」。

〔七〕亦如賓主人大夫將燕　阮校云要義同，毛本「如」作「知」。

〔八〕自餘説屨於户外　阮校云陳本、要義同，毛本「自」作「其」。

〔九〕此乃鄉飲酒臣禮　阮校云浦鏜改「乃」爲「及」。

〔一〇〕賓主人行敵禮　阮校云「敵」陳本作「敬」。

〔一一〕以正獻酬時　阮校云要義同，毛本「正」作「上」。

〔一二〕迭於　「於」徐乾學本作「飲」。今按注文「迭飲於坐而已」，宋本誤。

〔一三〕禮殺也者　阮校浦鏜云「禮」下脱「又」字。

〔一四〕衆賓之末　此及下文兩「末」字黄刊嚴州本、徐本皆作「未」，黄氏校録云宋本作「末」。阮校云葛本「其末」作「末」，餘作「未」。阮氏以爲作「末」是。

〔一五〕進受尊者之酬　阮校云徐本、楊氏同，通解、毛本「進」作「雖」。

〔一六〕任賓主所好也　「任」原作「在」，此據單疏改。阮校云要義作「在」。

〔一七〕朝服之下　阮校云「下」一本改作「衣」。

〔一八〕還司正爲擯也　阮校云毛本「擯」作「賓」。

〔一九〕賓坐奠觶于其所　「坐」黄刊嚴州本、徐本作「俎」，黄氏校録云宋本作「坐」，單疏同。

〔二〇〕謂老人教學者　阮校云毛本作「謂鄉中致仕者」，而鄉飲酒注作「鄉中致仕者」。

〔二一〕祖陽氣之所發也　「祖」原作「俎」，據黄刊嚴州本及徐本也。黄氏校録云「宋本作祖」，今按毛本同，與鄉飲酒義合，此據改。

〔二二〕絡冪　「冪」徐乾學本作「羃」。

〔二三〕唯一種　阮校云要義同，毛本「唯」下有「此」字。

〔二四〕然其言之　阮校云「其」毛本作「共」。

〔二五〕獻用爵　阮校云句首通解有「凡」字。

〔二六〕膱猶脡也　阮校云「膱」陳本作「職」，阮氏按語云：「釋文曰膱音職，若以鄉飲記音義正之，此膱乃樴之誤。」今按鄉飲酒記釋文：「猶樴，音職，本亦作膱，音同。」此用或本，不誤。

〔二七〕五膱音職脡也　「脡」宋本作「脠」，音義皆誤，此據徐乾學本改。

〔二八〕鄭注周禮醢人云　「禮」單疏脱，此據毛本補。

〔二九〕雜以粱麴　阮校云「粱」陳、閩俱作「粱」。毛本作「粱」。

〔三〇〕横祭半膱横上　阮校云毛本「膱」誤作「脯」，又「横上」浦鏜改作「于上」。

〔三一〕謂前其本　「前」原作「首」，據黄刊嚴州本、徐本改。阮校云陳、閩誤作「首」。今按單疏引注亦作「前」。

〔三二〕州長皆同　黄焯彙校云盧本於此條後依通解補「樂賢，音洛」一條。

〔三三〕不忘上下相犯　阮校云「下」毛本作「不」，非是，徐本、通典、聶氏俱作「下」，禮記射義疏引作「上下相犯」。

〔三四〕於此鄉記也　阮校云浦鏜疑「鄉」下脱「射」字。

〔三五〕則三分其侯　阮校云「三」毛本作「參」。

〔三六〕明畫　阮校云陳、閩俱無「明」字。

〔三七〕此獸侯也　阮校云陳本、通解同，毛本「獸」作「燕」。

〔三八〕射於謝於序　阮校云陳、閩俱無「於序」二字。

〔三九〕糅雜也　阮校云徐本、敖氏同，毛本、通解、楊氏「糅」下有「者」字。

〔四〇〕故知七尺曰仞也　阮校云毛本同，陳、閩俱無「故知七尺」四字。

〔四一〕將指子匠反　「子匠」宋本作「于正」，此據徐乾學本改。

〔四二〕據第二番射時　阮校云「二」陳、閩、通解俱作「一」。

〔四三〕横而拳之　「拳」唐石經，黄刊嚴州本、徐本俱作「拳」，阮校云通解、敖氏、楊氏俱作「奉」，阮氏引石經考文提要説作「拳」是。

〔四四〕待中並同　「待」宋本、徐乾學本俱作「侍」，黄焯彙校云盧文弨改「待」。今按下文注「不待中爲備也」，此據盧本改。

〔四五〕教擾猛獸猛獸不堪受負　阮校云毛本「猛獸」二字不重出。

〔四六〕薰許云反　徐乾學本無此條，而另有「纁，如朱反」一條。又「薰」字唐石經、徐本同，毛本作「纁」，士冠禮「纁裳」注「今文纁皆作熏」，阮氏因謂「則此薰字當爲熏」。

〔四七〕唯此二事　黄刊嚴州本、徐本「此」俱作「比」，阮氏疑作「比」誤。今按單疏引作「此」，是。

〔四八〕不待中爲備也　黄刊嚴州本、徐本同。黄氏校録云：「宋本備作雋，雋是也。」阮校云毛本亦作雋。

〔四九〕凡祭取餘獲陳於澤　阮校云要義「凡」作「已」，「取」上有「則」字。阮引段玉裁云射澤必在祭之先，「已」字非也。又引許彦宗云「苟非已祭，何稱餘乎？當作已」。今按疏引作「已」，似以作已爲是。

〔五〇〕賓射中兼之　阮校云「射」陳、閩俱作「燕」。

〔五一〕禮射二番不勝　「二」原作「三」，此據單疏改。

〔五二〕仍待三番復升射也　阮校云「三」通解、要義作「後」。

〔五三〕云非所於禮者云云　阮校云毛本「禮」上有「行」字，「云」字不重，要義悉與毛本同。

〔五四〕張皮侯一也　阮校云要義同，毛本無「一」字。

〔五五〕注引圉人職曰　依周禮此是圉師職文，單疏及諸本皆誤「師」作「人」。

〔五六〕折脊脅肺臑　阮校云敖氏删「臑」字，阮氏以爲不當删，大射注云卿折俎用脊、脅、臑、折、肺，明「臑」非衍字。

〔五七〕臂羊豕也　黄焯彙校引盧文弨考證云「豕」爲「矢」之譌。説文：「臑，臂羊矢也。」

〔五八〕不得整體　阮校云陳、閩、監本同，毛本「整」作「正」。

〔五九〕侑俎豕亦切肺　「俎豕」單疏誤作「豕俎」，此從毛本改。今按「俎羊」單疏亦作「羊俎」，誤。

〔六〇〕禮成樂備　黄刊嚴州本、徐本同。阮校云諸本皆作「種成樂億」。

〔六一〕後正禮也　徐本同，阮校云通解、毛本「後」作「從」。

〔六二〕純三只只八寸　阮校云「只」毛本作「尺」，阮按云只與咫古字通，「咫八寸」爲鄭康成答趙商語，見天官内宰及聘義疏。

〔六三〕宜於躳器也　阮校云「於躳」毛本作「用射」，聶氏、通解、楊氏俱作「於射」。

〔六四〕肱古弘反　「肱」宋本誤作「胘」，此據徐乾學本改。

〔六五〕身謂中上中下　阮云「中下」陳、閩俱作「下中」。

〔六六〕出於射者也　黄刊嚴州本、徐本同，阮校云「射」毛本作「躳」。

〔六七〕箭篠也　阮校云「篠」毛本誤从竹，餘皆作「篠」，阮氏謂从竹誤。今按阮説非是，「篠」爾雅釋草訓「箭」，「篠」論語微子皇侃疏解爲「芸田器」。且黄刊嚴州本、徐本皆从竹，阮亦失校。

〔六八〕其時衆寡從賓　阮校云毛本「寡」作「賓」。

〔六九〕以十耦爲文　阮校云要義同，「文」毛本作「云」，陳、閩俱作「正」。

〔七〇〕刊本一膚　徐本「一」下有「作」字，阮校云毛本同，通典「作」作「云」，敖氏作「刊一本膚」。

〔七一〕刊其可持處　阮校云「可」通典作「所」。

〔七二〕今文皮樹繁豎　徐本同。阮校云毛本「樹」下有「爲」字，「豎」作「竪」，通解兩見，二十一卷有「爲」字，二十卷無。

〔七三〕大射不在國　阮校云要義、聶氏同，毛本「國」下有「中」字。

〔七四〕如驢　阮校云通典作「大於驢」。

〔七五〕歧蹄　「歧」黄刊嚴州本、徐本作「岐」，釋文徐乾學本亦作「岐」。今按岐爲山名，但岐、歧通用。

〔七六〕在虞庠小學　阮校云陳、閩俱無「小學」二字。

〔七七〕於竟則虎中龍旜　阮校云「中」下通典有「以」字。

〔七八〕刃數雖同旐依命數不同　阮校云毛本「刃」作「其」，「旐」作「旐」。今按，毛本皆誤。阮云「刃」即「仞」字，前文「旌各以其物」疏：「大夫五仞」。

〔七九〕是其一隅　阮校云「隅」毛本作「耦」。

〔八十〕不在國射　阮校云「射」字毛本作「中」。

儀禮注疏卷第十四

唐朝散大夫行大學博士弘文館學士臣賈公彦等撰

儀禮卷第六

燕禮第六

【疏】「燕禮第六」 鄭目録云：「諸侯無事，若卿大夫有勤勞之功，與羣臣燕飲以樂之。燕禮於五禮屬嘉，〔一〕大戴第十二，小戴及别録皆第六。」 案上下經注，燕有四等，目録云：「諸侯無事而燕，一也。卿大夫有王事之勞，二也。卿大夫又有聘而來，還與之燕，三也。四方聘客，與之燕，四也。」若然，目録云「卿大夫有勤勞之功」，聘使之勞兼王事之勞二者也。知臣子覜聘，「還與之燕」者，四牡勞使臣是也。知有「王事之勞」燕者，下記云「若以樂納賓，則賓及庭，奏肆夏」，鄭注云「卿大夫有王事之勞，則奏此樂焉」是也。知君臣「無事」有燕者，案魯頌云「夙夜在公，在公明明。振振鷺，鷺于下。鼓咽咽，醉言舞。于胥樂兮」，鄭箋云「君臣無事，則相與明義明德而已。絜白之士，羣集於君之朝，君以禮樂與之飲酒燕樂，以盡其歡」，是其無事而燕也。又知「賓及庭，奏肆夏」是己之臣子有王事之勞者，案郊特牲云「賓入大門，而奏肆夏」，鄭注云「賓，朝聘者」，是異國聘賓，入大門，奏肆夏，故知記云「賓及庭，奏肆夏」者，是己之臣子也。又知異國聘賓有燕者，聘禮所云「燕與時賜」者是也。

儀禮　鄭氏注

燕禮。小臣戒與者。小臣相君燕飲之法。與者，〔二〕謂留羣臣也。君以燕禮勞使臣，若臣有功，故與羣臣樂之，小臣則警戒告語焉，飲酒以合會爲歡也。○戒與，音預，注與者同。相君，息亮反。勞，力報反，下君勞、以勞同。使臣，所吏反，下文使者、使臣皆同。樂之，音洛，下尚樂、宴樂同。告語，魚據反。

【疏】「燕禮。小臣戒與者」　自此已下盡「射人告具」，論告戒羣臣及陳饌之事。必使「小臣戒與者」，〔三〕以其燕爲聘使者爲主，兼與舊在者歡樂之，故今戒可與之人，使依期而至。

注「小臣」至「歡也」　云「小臣相君燕飲之法」者，案周禮大僕職云「王燕飲則相其法」，又案小臣職云「凡大事佐大僕」，則王燕飲，大僕相小臣佐之。此諸侯禮降於天子，故宜使小臣相。是以下云「小臣師一人，在東堂下」，注云「師，長也」，小臣之長一人，猶天子大僕，正君之服位者也，是諸侯小臣當大僕之事。戒「與者，謂留羣臣也」者，謂羣臣留，在國不行者也。云「君以燕禮勞使臣，若臣有功」者，此即目録「卿大夫有勤勞之功」，「勞使臣」即四牡「勞使臣」也；「若臣有功」，即「王事之勞」也，故鄭揔云「卿大夫勤勞之功」。若然，鄭不言與羣臣無事燕者，以其經云「戒與者」，功勞之外，與及之爲有事之臣燕，不得云無事燕者，故不言之。案大射云「君有命戒射」者，以其大射辨尊卑，故云「君有命」，明政教由尊者出。燕禮主歡心，不辨尊卑，故不言「君有命」。

膳宰具官饌于寢東。〔四〕膳宰，天子曰膳夫，掌君飲食膳羞者也。具官饌，具其官之所饌，謂酒也，牲也，脯醢也。寢，露寢。

【疏】「膳宰」至「寢東」　注「膳宰」至「路寢」　以其燕在寢，故膳宰具官饌于寢東，擬燕時設之。云「膳宰，天子曰膳夫，掌君飲食膳羞者也」者，以其天子有宰夫，兼有膳夫，掌君飲食；諸侯亦有宰夫，復有膳宰，掌君飲食，與天子膳夫同，故引天子膳夫並之。云「具官饌，具其官之所饌」者，謂卿大夫、士之饌揔饌之。大射亦用燕禮，直云「官饌」，不言「膳宰」，與此同。不言者，文不具。云「謂酒也，牲也，脯醢也」，知者，案下所設亦有此三者，牲即「其牲狗也」。云「寢，路寢」者，以其饗在廟，服朝服，下記云「燕，朝服於寢」，〔五〕正處在路寢，不在燕寢可知，故云「路寢也」。案公食大夫云「凡宰夫之具饌于東房」，不使膳宰者，彼食異國之大夫，敬之，故使宰夫具饌，此燕己臣子，故使膳宰卑者具饌。必知膳宰卑於宰夫者，案天子宰夫下大夫，膳夫上士，天子膳夫卑於宰夫，則知諸侯膳宰亦卑於宰夫者也。

樂人縣。

縣鍾磬也。國君無故不徹縣，言縣者，爲燕新之。○人縣，音玄，注同。爲燕，于僞反，下爲鄉、爲拜同。〔六〕

【疏】「樂人縣」注「縣鍾」至「新之」　案大射「樂人宿縣」，在射前一日又具辨樂縣之位者，以其大射在學宮，學宮不常縣樂，射乃設之，故射前一日縣之，又辨樂縣之位。此燕在路寢，有常縣之樂，今言「樂人縣」者，「爲燕新之」而已，故不在燕前一日，又不辨樂縣之處。又直云「樂人」，未知樂人意是何官，〔七〕案周禮春官大司樂云「凡樂事宿縣」，又案樂師云「凡樂成則告備」，是天子有大司樂，并有樂師之官。案序官「樂師，下大夫四人，上士八人，下士十有六人」，以此知天子有大司樂、樂師。諸侯無大司樂，直有大樂正、小樂正，以其諸侯兼官，此二者皆當天子樂師大夫及士，則諸侯樂師不用大夫，大樂正當上士，小樂正當下士爲之，故鄭下注云「樂正于天子樂師也」，大射注亦云「小樂正於天子樂師」。若然，縣樂之法，案周禮眡瞭職云「掌大師之縣」，鄭注云「大師當縣則爲之」。案下「僕人相大師」，則諸侯無眡瞭，則使僕人縣樂，大師以聲展之，樂師又監之。云「縣鍾磬也」者，案小胥天子「宮縣，諸侯軒縣」，面皆鍾、磬、鎛各一虡，「大夫判縣，士特縣」，不得有鎛，故云「鍾磬」。案下唯有磬而無鍾，而云「鍾磬」者，鄭汎解樂縣法，故兼言鍾，其實諸侯之士特縣磬而已。云「國君無故不徹縣」者，案曲禮唯有「大夫無故不徹縣，士無故不去琴瑟」，不言國君，但大夫無故不徹縣，則國君無故亦不徹縣可知，鄭以燕禮爲國君法，故以義約之也。云「言縣者，爲燕新之」者，更整理樂縣之法，爲新之也。

設洗、篚于阼階東南，〔八〕當東霤，罍水在東，〔九〕篚在洗西，南肆。設膳篚在其北，〔一〇〕西面。設此不言其官，賤也。當東霤者，人君爲殿屋也，亦南北以堂深。肆，陳也。膳篚者，君象觚所饌也，亦南陳，言西面，尊之，異其文。○東霤，力又反。罍水，音雷，又力回反。象觚，音孤。

【疏】「設洗」至「西面」　注「設此」至「其文」　云「設此不言其官，賤也」者，決膳宰具官饌，樂人縣，司宮設尊皆言其官，獨此不言官，故知賤也。案少牢「司宮設罍水」，大夫兼官，此國君禮或可別人爲之，但無文，故鄭不細辨。云「當東霤者，人君爲殿屋也」者，漢時殿屋四向流水，故舉漢以況周。言東霤，明亦有西霤，對大夫、士言東榮兩下屋故也。云「亦南北以堂深」者，亦士冠禮、鄉飲酒等也。云「膳篚者，君象觚所饌也」者，案下文「洗象觚，升，實之，東北面獻于公」是也，但君尊不可與臣同篚，故別釋之也。云「亦南陳」者，亦陳之南肆者也。言「西面，尊之，異其文」者，欲見膳篚西面，南肆者亦西面，此不可言南肆，〔一一〕而言「西面」，是尊君之篚，故異其文也。

司宮尊于東楹之西，兩方壺，左玄酒，南上。〔一二〕公尊瓦大兩，有豐，〔一三〕冪用綌若錫，在尊南，南上。尊士旅食于門西，兩圜壺。司宮天子曰小宰，聽酒人之成要者也。尊，方壺，爲卿大夫、士也，臣道直方。於東楹之西，予君專此酒也。玉藻曰「唯君面尊」，玄酒在南，順君之面也。瓦大，有虞氏之尊也。禮器曰「君尊瓦甒」。豐形似豆卑而大。冪用綌若錫，〔一四〕冬夏異也。在尊南，在方壺之南也。尊士旅食者，用圜壺，變於卿大夫也。旅，衆也，士衆食謂未得正祿，所謂庶人在官者也。今文「錫」爲「緆」。○瓦大，音泰，尊名，注同，下放此。用綌，去逆反。若錫，悉歷反，劉音余章反。〔一五〕兩圜，音圓。瓦甒，亡甫反。卑而，如字，劉又音婢。爲緆，悉歷反，又羊豉反。

【疏】「司宮」至「圜壺」　注「司宮」至「爲緆」　云「司宮天子曰小宰，聽酒人之成要者也」者，案天官小宰職「掌建邦之宮刑，以治王宮之政令」，是小宰掌宮事，此諸侯無小宰，有司宮，明司宮亦當掌宮刑，治宮之政令可知，是司宮掌宮事，與小宰同； 又案酒正云「酒正之出，日入其成，月入其要，小宰聽之」，此司宮亦設酒尊，當掌酒事，與小宰同，是以知此諸侯司宮當天子小宰者也。 若然，案酒正云「酒正之出，日入其成，月入其要，小宰聽之」，案彼文則是小宰聽酒正之成要，此注云「聽酒人成要者」，案彼注云「出謂授酒材及用酒之多少也。 受用酒者日言其計於酒正，酒正月盡言於小宰」，云「日言其計於酒正」者是酒人也。「酒正月盡摠言於小宰」，則是小宰所聽者，並是酒人所言，故鄭之此注據酒人而言也。 云「尊，方壺，爲卿大夫、士也」者，〔一六〕以其燕摠有卿大夫、士，又别有公尊瓦大兩，故知方尊爲此人也。〔一七〕云「於東楹之西，予君專此酒也」者，此決鄉飲酒、鄉射皆於房户之間，賓主共之，此於東楹之西，向君設之，人君尊專大惠，故云「予君專此酒也」。 引玉藻者，欲見尊面向君，順君面，非賓主共之意。案少儀云「尊壺者，面其鼻」，鄭注云「鼻在面中，言鄉人也」，鄉人者，據此燕禮尊面向君而言。 少儀又云「尊者以酌者之左爲上尊」。 鄉飲酒云「尊兩壺于房、户之間，玄酒在西」，又鄉射云「尊於賓席之東，兩壺斯禁，左玄酒」，鄭注云「設尊者北面西曰左」，此等皆據酌者北面而言玄酒在左，若據設尊之人及尊面而言，即南面以右爲尊。 此燕禮尊面向君，據君面以左爲尊，玄酒在南。 若據酌者，不得背君而西面，當尊西東面，則酌者之右爲上尊，是以下文媵爵于公者，交於東楹北也。 云「瓦大，有虞氏之尊也」者，明堂位文。 引禮器「君尊瓦甒」，大射亦云「膳尊兩甒」，不引大射而引禮器者，鄭欲同此三者之文皆是一物故也。 云「豐形似豆卑而大」者，據漢法而知，但豆徑尺，柄亦長尺，此承尊之物不可同於常豆，故知「卑而大」，取其安穩也。 云冪夏綌冬錫，「冬夏異也」者，夏宜用綌，冬宜用錫，葛之粗者曰綌。 按喪服傳云「錫者何也？麻之有錫者也。 錫者十五升，抽其半，無事其縷，有事其布曰錫」，鄭注云「治其布使之滑易」，是也。 云「在尊南，在方壺之南也」者，其冪本爲瓦大設，今未用，陳在方壺之南者，不可在方壺、瓦大之間相雜故也。 瓦大不言玄酒者，以其言「瓦大兩」，又言「南上」，有玄酒在南可知。 凡無玄酒者，直陳之而已，不言上下，是以此「尊士旅食」直云「兩圜壺」，大射亦云「兩圜壺」，特牲「尊兩圜壺於阼階西方亦如之」，皆是無玄酒不言上下也。又凡用醴者無玄酒，士冠禮醴子、昏禮醴婦、聘禮醴賓，醴皆無玄酒，質故也。昏禮「房外之尊」無玄酒，鄭云「畧之」；此及大射「尊士旅食」無玄酒，鄭云「賤也」；特牲、少牢「陽厭納一尊」，無玄酒，鄭注云「禮殺也」；士喪、既夕、士虞皆有酒醴無玄酒者，以凶變於吉故也；特牲「東西階兩壺」無玄酒者，注云「優之」。云「士衆食謂未得正禄」者，以其士、大夫已上得正禄，王制云「下士九人禄，中士倍下士，上士倍中士，下大夫倍上士，卿四大夫禄，皆正禄」，此則未得正禄。云「所謂庶人在官者也」者，所謂王制文，故王制云「庶人在官者，其禄以是爲差」，謂府、史、胥、徒，謂府八人禄，史七人禄，胥六人，徒五人，〔一八〕皆非正禄，號爲「士旅食」者也。

司宫筵賓于户西，〔一九〕**東上，無加席也。** 筵，席也。席用蒲筵，緇布純。無加席，燕私禮臣屈也。諸侯之官無司几筵也。○布純，之閏反，又章允反，後放此。

【疏】「司宫」至「席也」　注「筵席」至「筵也」　云「筵，席也」者，案周禮序官「司几筵」，鄭注云「鋪陳曰筵，藉之曰席，然其言之，筵、席通」。若然，「鋪陳曰筵」者，先鋪一席在地者；「藉之曰席」，據重已上相承藉者，筵席一也，故鄭云「筵、席通」。云「席用蒲筵，緇布純」者，案公食大夫記云「蒲筵常緇布純，加萑席尋，玄帛純」，彼有加席，故有萑在上，此無加席，故言「席用蒲」。云「無加席，燕私禮臣屈也」者，對公食大夫禮異國之賓有加席，禮得申。云「諸侯之官無司几筵也」者，對天子有司几筵布席，諸侯兼官，使司宫設尊并設席。

射人告具。 告事具於君。射人主此禮，以其或射也。

【疏】「射人告具」　注「告事」至「射也」　云「射人主此禮，以其或射也」者，案公食大夫禮「贊者負東房，告具」，以其無射，故使贊者。此乃「射人告具」，與大射同。案下文「若射，則不獻庶子」，言「若」者，或射或不，故此鄭注云「以其或射」，言「或」亦是不定之義。〔二〇〕案大射「告具」之上，有「羹定」，此不言「羹定」者，文不具也。

小臣設公席于阼階上，西鄉，設加席。公升即位于席，西鄉。周禮：「諸侯昨席，〔二一〕莞筵紛純，加繅席畫純。」後設公席者，凡禮，卑者先即事，尊者後也。○西鄉，許亮反，本又作嚮，下及注同。莞筵，音官。加繅，音早。

【疏】「小臣」至「西鄉」 注「周禮」至「後也」 自此下盡「諸公卿者」，論君臣位次及命羞者之事。注引周禮者，司几筵之文也。彼諸侯祭祀神席及受酢之席，此乃燕飲之席，引之者，欲見燕飲與受酢席同。若饗諸侯來朝，則郊特牲云「大饗君三重席而酢焉」是也。燕他國之臣，即郊特牲云「三獻之介，君專席而酢焉，此降尊以就卑也」，故君單席受酢也。云「後設公席者，凡禮卑者先即事，尊者後也」者，此燕私禮，故賤者先即事，大射辨尊卑，故先設公席，後設賓席也。

小臣納卿大夫。〔二二〕卿大夫皆入門右，北面，東上。士立于西方，東面，北上。祝史立于門東，〔二三〕北面，東上。小臣師一人在東堂下，南面。士旅食者立于門西，東上。納者，以公命引而入也，自士以下從而入即位耳。師，長也。小臣之長一人，猶天子大僕，正君之服位者也。凡入門而右由闑東，左則由闑西。○師長，丁丈反，下同。太僕，音泰，下大宰、太平、大王皆同。由闑，魚列反。

【疏】「小臣」至「東上」 注「納者」至「闑西」 云「卿大夫皆入門右，北面，東上」者，此是擬君揖位，故下經君始爾之就庭位。〔二四〕云「士立於西方，東面，北上」者，此是士之定位。士賤故不待君揖，入門即就定位。云「祝史立於門東，北面，東上」者，案大射「大史在豻侯之東北，北面」，不言祝，此言「祝史」，不言大史者，大射及下文云「大史俟於所設中之西，東面以聽政」，嫌其位初在此，不在豻侯之東北，故著大史以明之。其餘祝史彼不言者，以其大射先行燕禮，此燕禮有祝史，故於彼不言，省文也。云「納者，以公命引而入也」者，雖無正文，進止由君，故知「以公命」者也。云「自士已下從而入即位耳」者，對大夫以上小臣引之就門東揖位，未就庭位，自士已下不須引，〔二五〕從大夫而入徑即庭位。云「師，長也。小臣之長一人，猶天子大僕，正君之服位者也」者，案夏官大僕職云「掌正王之服位，出入王之大命」，彼下文有小臣之官上士四人，其職云「掌王之小命，詔相王之小法儀」，諸侯兼官無大僕，唯有小臣出入君之教命，正君之服位；但諸侯小臣之官有上下，是以大射云「小臣師從者在東堂下，南面，西上」，又云「小臣正贊袒」，〔二六〕若然，諸侯小臣正次有小臣師，大射禮小臣正相君，小臣師佐之，常在君左右，不在堂下之位，故唯云「小臣師從者在堂下，南面」；此燕輕，宜有小臣師及從者相君燕飲，小臣正一人無事得在堂下，此言小臣師即大僕，小臣正，一也，故鄭以爲當天子大僕。云「凡入門而右由闑東，左則由闑西」者，鄭云「凡入門者」，廣解賓、主人入門之義。案曲禮云「大夫、士出入君門由闑右」，又玉藻云「公事自闑西，私事自闑東」，言私事即「大夫、士出入君門」，一也，又與此經卿大夫、士入君門亦由闑右同。「公事自闑西」者，即聘禮聘賓「入由闑西」是也。若然，此注云「入門而右由闑東」者，是臣朝君之法也，左即由闑西者，是聘賓入門之法。

公降立于阼階之東南，南鄉〔二七〕爾卿，卿西面，北上，爾大夫，大夫皆少進。〔二八〕爾，近也，移也，揖而移之，近之也。大夫猶北面少前。○之近，附近之近。

【疏】「公降」至「少進」　注「爾近」至「少前」　曲禮云「揖人必違其位」，是以公將揖卿大夫，降立於阼階之東南，南面揖之。變揖言「爾」者，爾訓近也，移也，卿大夫得揖，移近中庭也，是以鄭云「揖而移之，近之也」。云「大夫猶北面少前」者，三卿五大夫初入門右，同北面，三卿得揖東相西面，五大夫得揖中庭，少進，北面不改，故云「大夫猶北面少前」。

射人請賓。 命當由君出也。

【疏】「射人請賓」注「命當由君出也」 案大射云「大射正擯，擯者請賓」，此直云「射人請賓」，不云爲「擯者」，但射人有大小，大者爲大射正，其次爲射正，〔二九〕又其次爲司正，悉監射事，見於大射禮。大辨尊卑，故云大射正爲擯。此燕禮或因燕而射，〔三〇〕以其禮輕，或大射正爲擯，或小射正爲擯，此二者皆是射人，故直云「射人請賓」，不定尊卑也。既當請君，不辨射人面位者，以其君南面，射人北面可知，故不言。

公曰：「命某爲賓。」 某，大夫也。

【疏】「公曰：命某爲賓。」注「某大夫也」 知大夫非卿者，以其賓主相對，宰夫爲主人，〔三一〕是大夫，明賓亦是大夫。〔三二〕燕義云「不以公卿爲賓，而以大夫爲賓，爲疑也」，故知是大夫。

射人命賓，賓少進，禮辭。 命賓者，東面，南顧。禮辭，辭不敏也。

【疏】「射人」至「禮辭」 注「命賓」至「敏也」 鄭知「命賓者，東面，南顧」者，少儀云「詔辭自右」，明知在君之右，東面者向君，南顧者向賓便也。知「禮辭，辭不敏」者，取孝經曾子云「參不敏」爲義。

反命。 射人以賓之辭告於君。**又命之，賓再拜稽首，許諾，** 又，復。○又復，扶右反，下復與、復去、復再拜、又復、將復、而復同。**射人反**

命。告賓許。賓出，立于門外，東面。當更以賓禮入。

【疏】「賓出」至「東面」　注「當更以賓禮入」　前卿大夫從臣禮，相從而入，故出更以賓禮入，是以下經「賓入及庭，公降一等揖之」。

公揖卿大夫，乃升就席。揖之，人之也。

【疏】「公揖」至「就席」　注「揖之，人之也」　言「人之」者，公將及升堂，故以人意相存偶，是以揖之乃升。

小臣自阼階下，北面請執冪者與羞膳者。執冪者，執瓦大之冪也，方、圜壺無冪。羞膳，羞於公謂庶羞。

【疏】「小臣」至「膳者」　注「執冪」至「庶羞」　云「執冪者，執瓦大之冪也，方、圜壺無冪」，鄭知者，以其上文「冪用綌」文，承「瓦大」之下，方、圜壺不言冪，故知義然。云「羞於公謂庶羞」者，知羞於公者，以其言「羞膳」據君而言，又與「執冪者」連文，冪據君，明羞膳據公可知。又知是「庶羞」者，以其脯醢稱薦，明羞是庶羞。

乃命執冪者。執冪者升自西階，立於尊南，北面，東上。以公命於西階前命之也。東上，玄酒之冪爲上也。羞膳者從而東，由堂東，升自北階，房中西面，南上，不言之者，不升堂，略之也。

【疏】「乃命」至「東上」　注「以公」至「略之也」　鄭知「西階前命之」者，案下記云「羞膳者與執冪者，皆士也」，士位在西方，東面，故知西階前以君命命之。云「東上，玄酒之冪爲上也」者，以其唯瓦大兩有冪，玄酒尊於正酒，經云「東上」，故知玄酒之冪爲上。「羞膳者」以下盡「略之」，鄭知義然者，以經直云「執冪者升自西階」，羞膳者無升文，又且東面階、〔三三〕西面階，婦人之階非男子之所升，則羞者升自北階。知「由堂東」者，以羞在房，又大射云〔三四〕「工人、士與梓人升自北階」。知「房中，西面，南上」者。約士冠禮脯醢在房中服北，「贊者盥于洗西，升，立于房中，西面，南上」，下注云「近其事也」。言「羃之」者，解不由前堂升。執冪與羞膳臨時請者，以其諸侯兼官，有常職先定，亦有臨時命之者，是以經與記直云士不言其官。不請羞賓者，下記約與君同，亦用士也。

膳宰請羞于諸公卿者。小臣不請而使膳宰，於卑者彌畧也。禮以異爲敬。

【疏】「膳宰」至「卿者」　注「小臣」至「爲敬」　言「彌畧」者，上請賓使射人請，執冪使小臣已，是其畧，今羞諸公卿乃使膳宰，膳宰卑於小臣，故云「彌畧」也。知膳宰卑於士者，周禮膳夫是上士，此諸侯膳宰明非上士，且禮之大例，薦羞者尊於設俎者，公士爲薦羞，膳宰設俎，故知膳宰卑也。

射人納賓。〔三五〕射人爲擯者也。今文曰「擯者」。

【疏】「射人納賓」　注「射人」至「擯者」　自此至「賓以虚爵降」論賓升堂主人獻賓之事。案大射大射正擯，此云射人爲擯，與上「射人請賓」義同，還是小射正也。

賓入及庭，公降一等揖之。〔三六〕及，至也。至庭，謂既入而左北面時。

【疏】「賓入」至「揖之」　注「及至」至「面時」　鄭知「至庭，謂既入而左北面時」者，以其云「賓入及庭」，「賓入」謂入門時，「及庭」謂賓入門而出堂塗，北面是其當公降揖之節，故知北面時也。

公升就席。 以其將與主人爲禮，不參之也。

【疏】「公升就席」　注「以其」至「之也」　鄭知「將與主人爲禮，不參之」者，下經云「賓升」，「主人亦升」，是其賓與主人爲禮，不得相參之也。

賓升自西階，主人亦升自西階。賓右，〔三七〕**北面，至再拜，賓荅再拜。** 主人，宰夫也。宰夫，大宰之屬，掌賓客之獻飲食者也其位在洗北，西面。君於其臣，雖爲賓，不親獻，以其尊莫敢伉禮也。至再拜者，拜賓來至也。天子膳夫爲獻主。○敢伉，苦浪反，敬也。

【疏】「賓升」至「再拜」　注「主人」至「獻主」　知主人是宰夫者，案禮記燕義云「使宰夫爲獻主」是也。云「宰夫，大宰之屬」者，案天官云「大宰卿一人，小宰中大夫二人，宰夫下大夫四人」，宰夫屬大宰，故云「大宰之屬」。云「掌賓客之獻飲食者也」者，案宰夫職云「凡朝覲會同賓客，掌其牢禮、委積、膳獻、飲食」，引之者，證宰夫爲主人之義。云「其位在洗北，西面」者，案下文「獻大夫」下，「胥薦主人于洗北，西面」是也。云「君於其臣，雖爲賓，不親獻，以其尊莫敢伉禮也」者，此畧取燕義文，設賓主飲酒之禮，使宰夫爲獻主，臣莫敢與君伉禮也。不以公卿爲賓，而以大夫爲賓爲疑，明嫌之義也，是君不親爲主人之事也。云「天子膳夫爲獻主」者，案膳夫職云「王燕飲酒，則爲獻主」是也。案燕義注云「天子使膳宰爲主人」，則是膳宰、膳夫一人也。上文注云：「膳宰天子曰膳夫」者，欲見天子諸侯之臣，名異其實同也。

主人降洗，洗南，〔三八〕**西北面。** 賓將從降，鄉之。

【疏】「主人」至「北面」　此宰夫代君爲獻主，升降不由阼階，與賓同由西階升降，故降、自西階，當洗南，北面，今「西北面」者，鄭云「賓將從降，鄉之」，當辭賓降故也。案鄉飲酒、鄉射主人降洗爵，在階下辭賓降者，彼賓主異階，故在階下，不在洗南也。

賓降階西，東面。主人辭降，賓對。對，荅。主人北面盥，坐取觚洗。賓少進，辭洗。主人坐奠觚于篚，〔三九〕興，對。賓反位。賓少進者，又辭，宜違其位也。獻不以爵，辟正主也。古文「觚」皆爲「觶」。○辟正，音避，下辟正主、辟君皆同。爲觶，章豉反。

【疏】「主人」至「反位」 注「賓少」至「爲觶」 「賓少進者，又辭，宜違其位也」者，言「又辭」對前「主人辭降」，今又賓「辭洗」；言「少進」者，前賓降賓在階下；曲禮云「揖人必違其位」，以其賓又「辭洗」，宜違本位也。云「獻不以爵，避正主也」者，此宰夫爲主人，非正主，故用觚，對鄉飲酒、鄉射是正主，皆用爵。

主人卒洗，賓揖乃升。賓每先升，尊也。

【疏】「主人」至「乃升」 注「賓每先升尊也」 「每先升」者，前賓初升時，先云「賓升自西階」，後云「主人亦升自西階」，此「賓揖乃升」，下云「主人升」，故云「賓每先升」，賓先升者，尊賓故也。

主人升，賓拜洗，主人賓右奠觚，荅拜。降盥，主人復盥，爲拜手坋塵也。○坋，步困反，劉扶悶反。塵，如字，劉直吝反。

【疏】「主人」至「降盥」 注「主人」至「塵也」 言「復盥」者，前盥爲洗爵，此盥爲汙手。

賓降，主人辭，賓對。卒盥，賓揖，升。主人升，坐取觚。取觚，將就瓦大酌膳。執冪者舉冪，主人酌膳，執冪者反冪。君物曰膳，膳之言善也。酌君尊者，尊賓也。

【疏】注「君物」至「賓也」　言「君物曰膳，膳之言善也」者，言君物揔衆物之名。上云「設膳篚」、「設膳尊」，膳之言善，所以別於臣子之尊、篚也。云「酌君尊者，尊賓也」者，大夫爲賓，賓亦臣子，而酌膳尊，尊賓故也。必尊之者，立賓以對君故也。

主人筵前獻賓，賓西階上拜，筵前受爵，反位，主人賓右拜送爵。賓既拜，前受觚，退復位。

膳宰薦脯醢。賓升筵，膳宰設折俎。折俎，牲體骨也。鄉飲酒記曰：「賓俎：脊、脅、肩、肺。」

【疏】「膳宰」至「折俎」　注「折俎」至「肩肺」　引鄉飲酒記者，燕禮不言賓之牲體之數，此燕禮既與鄉飲酒同用狗，〔四〇〕則與此賓之牲體數同，故引以爲證也。

賓坐，左執爵，右祭脯醢，奠爵于薦右，興，取肺，坐，絶祭，嚌之，〔四一〕興，加于俎，〔四二〕坐挩手，執爵，遂祭酒，興，席末坐，啐酒，降席，坐奠爵，拜，告旨，執爵，興。主人荅拜。降席，席西也。旨，美也。○嚌之，才計反。挩手，始鋭反。坐啐，七内反。

【疏】「賓坐」至「荅拜」　注「降席」至「美也」　云「降席，坐奠爵，拜」，鄭云「降席，席西」，不言面，案前體例，降席席西拜者，皆南面拜，訖則告旨。

賓西階上北面坐卒爵，興，坐奠爵，遂拜。主人荅拜。遂拜，拜既爵也。

【疏】「賓西」至「荅拜」　注「遂拜，拜既爵也」　經云「坐卒爵」，又云「興，坐奠爵，遂拜」，「遂拜」之文隔「坐奠」辭，嫌遂拜不爲拜既爵，故鄭明之，云「遂拜，拜既爵」也。

賓以虛爵降，將酢主人。○酢，才各反。

【疏】「賓以虛爵降」　注「將酢主人」　自此已下盡「序内，東面」論賓酢主人之事。鄭知「將酢主人」者，下經論酢主人之事，故知也。

主人降。賓洗南坐奠觚，少進，辭降。主人東面對。上既言爵矣，復言觚者，嫌易之也。大射禮曰：「主人西階西，東面，少進，對。」今文從此以下「觚」皆爲「爵」。〔四三〕

【疏】「主人」至「面對」　注「上既」至「爲爵」　云「上既言爵矣，復言觚者，嫌易之也」者，上文主人洗觚獻賓，云「賓以虛爵降」，此經又云「坐奠觚」，中間言「爵」者，欲見對文一升曰爵，二升曰觚，散文即通，觚亦稱爵，以此言之，此觚即前爵，周公作經嫌易之，故復言觚也。引大射禮者，此經直有「主人降」，又云「主人東面對」，不辨主人立處，又無「少進」之文，大射先行燕禮，與此同，故引以爲證。

賓坐取觚，奠于篚下，盥洗。篚下，篚南。主人辭洗。謙也。今文無「洗」。賓坐奠觚于篚，興，對。

卒洗，及階揖，升。主人升，拜洗，如賓禮。賓降盥，主人降，賓辭降。卒盥，揖，升，酌膳，執冪如初。以酢主人于西階上，主人北面拜受爵，賓主人之左拜送爵。賓既南面授爵，乃之左。

【疏】「賓坐」至「送爵」　注「賓既」至「之左」　鄭云「賓既南面授爵，乃之左」，鄭知「南面授爵」與主人者，以經言「主人北面拜受爵」，明賓於東楹之西，東面，酌膳訖，向西階南面授主人可知。授爵訖，乃之主人之左，北面拜送爵，故鄭云「南面授爵，乃之左」也。

主人坐祭，不啐酒，辟正主也。未薦者臣也。

【疏】「主人坐祭，不啐酒」〔四四〕　注「辟正」至「臣也」　案鄉飲酒、鄉射皆是正主，經直云「祭如賓禮」，亦不見有啐酒之事，未知正主有啐不。此云「不啐，辟正主」者，案文可知。以燕禮、大射啐酒，告旨並不爲者，經云「不啐酒」「不告旨」，並言「不」，鄉飲酒、鄉射直云「不告旨」，不言「不啐酒」，明主人啐矣。有司徹儐尸之禮尸酢主人云「席末坐啐酒」，特牲、少牢尸酢主人，主人皆有「啐酒」，是其雖不告旨，唯有啐酒之事。云「未薦者，臣也」者，對賓禮獻訖則薦脯醢，此主人是臣，故獻訖不薦，至「獻大夫」下「胥薦主人于洗北」是也。

不拜酒，不告旨，主人之義。

【疏】「不拜酒，不告旨」　注「主人之義」　拜酒，主人爲告旨。〔四五〕但告旨者，〔四六〕賓拜訖，主人告酒美。鄉飲酒、鄉射正主人不拜酒，不告旨。主人無自告美，故此主人代君爲主，不得直云主人，故云「主人之義」。

遂卒爵，興，坐奠爵，拜。執爵興。賓荅拜。主人不崇酒，以虛爵降，奠于篚。崇，充也，不以酒惡謝賓，〔四七〕甘美君物也。賓降，立于西階西。既受獻矣，不敢安盛。射人升賓。賓升，立于序内，東面。東西牆謂之序。大射禮曰：「擯者以命升賓。」

【疏】「射人」至「東面」　注「東西」至「升賓」　「東西牆謂之序」者，爾雅文。引大射禮者，證此經云「射人升賓」之時，亦得君命。

主人盥，洗象觚，升，實之，〔四八〕東北面獻于公。象觚，觚有象骨飾也。取象觚者東面。

【疏】「主人」至「于公」　注「象觚」至「東面」　自此下盡「奠于膳篚」，論主人獻公之事。云「取象觚者東面」者，以膳篚南有臣之篚，不得北面取，又不得南面背君取，〔四九〕從西階來，不得篚東西面取，以是知「取象觚者東面」也。

公拜受爵。主人降自西階，阼階下北面拜送爵。士薦脯醢，膳宰設折俎，升自西階。薦，進也。大射禮曰：「宰胥薦脯醢，由左房。」○宰胥，劉思叙反，一音如字，下胥薦同。

【疏】「公拜」至「西階」　注「薦進」至「左房」　凡此篇内公應先拜者，皆後拜之，尊公故也。是以下舉旅行酬，皆受酬者先拜，公乃荅拜。此公先拜受爵者，受獻禮重故也。是以下云主人受公酢，得酌膳，燕上歡故也。〔五〇〕大射主人受公酢者，辨尊卑故也。云「士薦脯醢，膳宰設折俎」者，案前獻賓薦脯醢及設折俎，皆使膳宰者，賓卑故也。今於公，〔五二〕「士薦脯醢，膳宰設折俎」異人，以其士尊於膳宰，君尊，故使士薦。必知士尊於膳宰者，以其諸侯膳宰當天子膳夫，上士二人；諸侯降等，膳宰則卑，故下記云「羞膳者與執冪者皆士也」，鄭注云「尊君也」，膳宰卑於士，是其士尊也。大射主於射，略於飲酒，故公及賓同使宰胥薦脯醢，庶子設折俎。此燕禮燕私，主於羞，故賓之薦俎庶羞，同使膳宰，君之脯醢庶羞，同使士尊官爲之。大射必使庶子設折俎者，案周禮庶子下大夫，大射序尊卑，變於燕禮，故尊官爲之。引大射禮者，證此經脯醢從左房而來。天子、諸侯有左右房，故得言左房，大夫士無右房，故言東房而已。

公祭如賓禮。膳宰贊授肺。不拜酒，立卒爵坐奠爵，拜，執爵興。凡異者，君尊，變於賓也。

【疏】「公祭」至「爵興」。注「凡異」至「賓也」。云「凡異者，君尊，變於賓也」者，云「凡」非一，謂「膳宰贊授肺」、「立卒爵」又上文「士薦脯醢」皆是異於賓，故言「凡」以廣之。

主人荅拜，升，受爵以降，奠于膳篚。

更爵，洗，升，酌膳酒以降，酢于阼階下，北面坐奠爵，再拜稽首。

公荅再拜。更爵者，不敢襲至尊也。古文「更」爲「受」。

【疏】「更爵」至「再拜」。自此已下盡「主人奠爵于篚」，論主人受公酢之事。主人受公酢而自酌者，不敢煩公，尊君之義。注「更爵」至「爲受」。獻君、自酢同用觚，必更之者，襲，因也，不敢因君之爵。喪服傳云「君，至尊也」，故以君爲至尊也。

主人坐祭，遂卒爵，再拜稽首。公荅再拜。主人奠爵于篚。

主人盥洗，升，媵觚于賓，酌散，西階上坐奠爵，拜賓。賓降筵，〔五二〕北面荅拜。媵，送也；讀或爲揚，揚，舉也。酌散者，酌方壺酒也，於膳爲散。今文「媵」皆作「騰」。○媵觚，上以證反，又繩證反，送也。酌散，思旦反，注及下同。

【疏】「主人」至「荅拜」 自此盡「東南面立」，論主人酬賓之事。案前受獻訖，「立于序內」以來，未有升筵之事。案鄉飲酒、大射酬時，皆主人西階上坐奠爵，拜，賓西階上北面荅拜，酬前賓皆無逆在席者，又以下文賓「奠于薦東」，「賓降筵西，東南面立」，以此約之，則此無升筵之事，或言「降筵」者，蓋誤。

注「媵送」至「作騰」 云「媵，送也；讀或爲揚，揚，舉也」者，案禮記檀弓下云「知悼子卒，未葬。平公飲酒，師曠、李調侍，鼓鍾。杜蕢自外來，升，酌，曰：曠飲斯；又酌，曰：調飲斯」，注云「皆罰」。「平公曰：寡人亦有過焉，酌而飲寡人。杜蕢洗而揚觶」，注云「舉爵於君也。禮揚作媵，揚，舉也，媵，送也。揚近得之」，若然，此注「今文媵作騰」，騰與媵皆是送義，讀從檀弓「杜蕢揚觶」之揚，揚訓爲舉，義勝於媵送，〔五三〕故讀從之也。

主人坐祭，遂飲，賓辭。卒爵，拜，賓荅拜。辭者，辭其代君行酒，不立飲也。此降於正主酬也。

【疏】「主人」至「荅拜」 注「辭者」至「酬也」 案鄉飲酒、鄉射主人酬賓，皆坐卒觶，此主人酬賓，亦坐飲。「賓辭」之者，上文獻君，君「立卒爵」，此主人代君酬賓，亦宜立飲，今主人「坐祭，遂飲」，故鄭云「辭者，辭其代君行酒，不立飲」。云「此降於正主酬也」者，正主謂鄉射、飲酒正主酬處。

主人降洗，賓降。主人辭，降，賓辭洗。卒洗，揖，升，不拜洗。不拜洗，酬而禮殺。○殺，所界反，下皆同。主人酌膳。賓西階上拜，拜者，拜其酌已。〔五四〕受爵于筵前，反位。主人拜送爵。賓升席坐，祭酒，遂奠于薦東。〔五五〕遂者，因坐而奠，不北面也。奠之者，酬不舉也。

【疏】「主人酌膳」〔五六〕　自此至「薦東」，此爲酬賓。若然，案鄉飲酒、鄉射主人酬賓，皆主人實觶，席前北面，賓始西階上拜，此及大射主人始酌膳時，賓已西階上拜者，以其燕禮、大射皆是主人代君勸酒，其賓是臣急承君勸，不敢安暇，故先拜也。主人又不坐奠於薦西，賓祭訖，遂南面奠於薦東，不北面奠也。

主人降，復位。賓降筵西，東南面立。賓不立於序內，位彌尊也。位彌尊者，其禮彌卑，記所謂「一張一弛」者，是之類與？○壹弛，尸氏反。類與，音餘，下人與並同。

【疏】「主人」至「面立」　注「賓不」至「類與」　云「賓不立于序內，位彌尊也。位彌尊者，其禮彌卑」者，案上初賓得獻降升之時，序內立，是不敢近賓席，是禮尊而賓卑，至此酬訖，立於席西，是賓位彌尊，禮漸殺，故云「彌卑」也。云「記所謂『一張一弛』」者，禮記雜記文。案彼孔子謂子貢黨正飲酒，「百日之蜡，一日之澤」，以弓弩喻是「一張一弛」之法。此獻時爲盛，是一張也；酬時爲殺，是一弛也。無正文，故云「是之類與」，言「與」以疑之。

小臣自阼階下請媵爵者，公命長。命長，使選卿大夫之中長幼可使者。○命長，丁丈反，後不出者同。

【疏】「小臣」至「命長」　注「命長」至「使者」　自此盡「公荅再拜」，論使下大夫媵爵於公之事。此旅酬從公而起，故須大夫之中長幼可使者，知非卿大夫最長，而云「長幼可使」者，案下文「大夫長升受旅」，是長幼次第，非專最長，則此「命長」非最長，是「長幼」之中「可使」者也。

小臣作下大夫二人媵爵。作，使也。卿爲上大夫，不使之者，爲其尊。○爲其，子僞反，下爲拜、猶爲、爲其、爲祭同。〔五七〕

【疏】「小臣」至「媵爵」　注「作使」至「其尊」　案王制「上大夫卿」，是卿爲上大夫。云「不使之者，爲其尊」者，謂若主人與賓使下大夫，不使卿之類也。

媵爵者阼階下皆北面，再拜稽首，公荅再拜。再拜稽首，拜君命也。**媵爵者立于洗南，**〔五八〕**西面，北上，序進盥，洗角觶，**〔五九〕**升自西階，序進酌散，**〔六〇〕**交于楹北。降，阼階下皆奠觶，再拜稽首，執觶興。公荅再拜。**序，次第也，猶代也。楹北，西楹之北也，交而相待於西階上。既酌右還而反，往來以右爲上。

【疏】「媵爵」至「再拜」　「西面，北上」者，是未盥相待之位，序進盥則北面向洗。

注「序次」至「爲上」　云「楹北，西楹之北也」者，二大夫盥手洗爵訖，先者升西階，由西楹之北向東楹之西，東面，酌酒訖，右還由西楹北，向西階上，北面，後者升西階，亦由西楹之北向東楹之西。酌酒訖，亦由西楹之北，西階上北面相待，〔六一〕乃次第而降，故云「交而相待於西階之上，既酌右還而反，往來以右爲上」。云「以右爲上」者，謂在洗南西面及階上北面時，先者在右，地道尊右故也。

媵爵者皆坐祭，遂卒觶，興，坐奠觶，再拜稽首，執觶興。公荅再拜。媵爵者執觶待于洗南。〔六二〕待君命也。

【疏】「媵爵」至「洗南」　注「待君命也」　云「執觶待于洗南」「待君命」者，以其君尊臣卑，雖自飲訖，故執觶待于洗南，以待君命也。

小臣請致者。請使一人與？二人與？優君也。

【疏】「小臣請致者」　注「請使」至「君也」　案下二人俱致，禮法當然，是以不敢必君舉也，故云「一人與？二人與」，取君進止，是優君也。

若君命皆致，則序進，奠觶于篚，阼階下皆再拜稽首。公荅再拜。媵爵者洗象觶，升，實之。〔六三〕序進，坐奠于薦南，北上，降，阼階下皆再拜稽首，送觶，公荅再拜。序進往來，由尊北，交于東楹之北，奠于薦南，不敢必君舉也。大射禮曰：「媵爵者皆退反位。」

【疏】「若君」至「再拜」　注「序進」至「反位」　云「序進進往來，〔六四〕由尊北，交于東楹之北」者，前二人酌酒降自西階，故交于西楹之北；此酌酒奠于君所，故「交于東楹之北」。「交于東楹北」者，以其酒尊所陳在東楹之西，西向而陳，〔六五〕其尊有四，并執冪者在南，不得南頭以之君所，又唯君面尊，尊東西面酌酒以背君，故先酌者東面酌訖，由尊北又楹北往君所，〔六六〕奠訖，右還而反。後酌者亦於尊北，又於楹北與反者而交，先者於南西過，後者於北東行，奠訖，亦右還而反，相隨降自西階。云「奠于薦南，不敢必君舉也」者，案鄉飲、鄉射皆云〔六七〕「奠者於左，將舉者於右」，是鄉飲酒一人舉觶及二人舉觶皆奠于薦右，今言媵爵於公，是將舉旅當奠於薦右，而奠於薦左，故云「不敢必君舉也」。引大射禮者，此經二人「階下再拜稽首，送觶」，無反位之文，故引大射「媵爵者皆退」，「反門右北面位」。

公坐取大夫所媵觶，〔六八〕興，以酬賓。賓降，西階下再拜稽首。公命小臣辭。賓升，成拜。興，以酬賓，就其階而酬之也。升，成拜，復再拜稽首也。先時君辭之，於禮若未成然。

【疏】「公坐」至「成拜」　注「興以」至「成然」　自此至「奠于篚」論公爲賓舉旅之節。「公坐取大夫所媵觶」者，取上「楹北」觶。云「興，以酬賓，就其階而酬之也」者，經但云「興，以酬賓」，鄭知公就西階者，以其賓降拜不於阼階下，而言「西階下」，故知公在賓西階上也。不言西階者，以公尊，空其文也。云「升，成拜，復再拜稽首也。先時君辭之，於禮若未成然」者，凡臣於君，雖爲賓，與君相酬，受爵，不敢拜於堂上，皆拜於堂下；若君辭之，聞命即升；若堂下拜訖，君辭之，即升堂復再拜稽首。所以然者，以堂下再拜而君辭之，若未成然，故復升堂再拜稽首以成之。升則不云「再拜稽首」，直云「成拜」。以堂下既有「再拜稽首」，則此文是也，若堂下未拜之間，聞命則升，升乃再拜稽首，則不得言「升，成拜」。以其堂下未拜，即下經云「小臣辭，賓升，再拜稽首」，鄭注「不言成拜者，爲拜故，下實未拜」是也。凡臣拜於君，有三等，初受獻拜於堂下，或親辭或遣小臣辭，成與不成，如上說；至於酬酒，雖下堂拜，未即拜，待君辭，即此下經云「公坐奠觶，荅再拜，執觶興」，「立卒觶。賓下拜，小臣辭。賓升，再拜稽首」，注云「不言成拜者，爲拜故，下實未拜也。下不輒拜，禮殺也」；此篇末無筭爵，受公賜爵者，皆下席堂上拜稽首，不堂下拜者，禮末又輕於酬時。

公坐奠觶，荅再拜，執觶興，立卒觶。賓下拜，小臣辭。賓升，再拜稽首。不言「成拜」者，爲拜故，下實未拜也。下不輒拜，禮殺也。此賓拜于君之左，不言之者，不敢敵偶于君。

【疏】「公坐」至「稽首」　注「不言」至「於君」　云「此賓拜于君之左，不言之者，不敢敵偶于君」者，上云公酬賓于西階上，則此「賓升，再拜」者，拜于君之左可知。經不言拜于君之左者，若言再拜于君之左，則臣與君敵偶，故鄭云「不言之者，不敢敵偶于君」，〔六九〕闕其文也。

公坐奠觶，荅再拜，執觶興。賓進，受虛爵。〔七〇〕降奠于篚，易觶洗。君尊不酌故也。凡爵不相襲者也，於尊者言更，自敵以下言易，更作新，易有故之辭。進，受虛爵，尊君也。不言公酬賓於西階上及公反位者，亦尊君，空其文也。

【疏】「公坐」至「觶洗」　注「君尊」至「文也」　云「君尊不酌故也」者，以其君酬賓，當親酌以授賓，今賓爵自酌者，君尊不酌與臣故也。云「凡爵不相襲者也，於尊者言更，自敵以下言易」者，於尊者言更，謂受尊者之爵及與尊者爵皆言更，上文主人獻公訖，「受爵以降，奠于膳篚，更爵洗酌膳」以自酢，是受尊者之爵言更也。下文云賓酬卿「若膳觶也，則降更觶」，鄭注云「言更觶，卿尊也」，是與尊者之爵言更。云「自敵以下言易者」，謂與卑者之爵及受卑者之爵皆云易。此文公酬賓云「賓進受虛爵，降，奠于篚，易觶洗」，言易者，賓尊，以公舉觶酬賓，是與卑者，故言易也。上文大夫二人媵爵于公者，卒觶，「執觶待于洗南。小臣請致者。若君命皆致，則序進，奠觶于篚，阼階下再拜稽首。媵爵者洗象觶，升，實之。序進，坐奠于薦南」，是受卑者之爵合言易，而不言者，理自明。若不言易者，

「奠散觶」、「洗象觶」，隔「再拜稽首」，故不復言易也。若然，主人受公酢，賓受公酬，二者之爵皆從尊者來，所以受酢爲受尊者之爵言更，受酬爲與卑者之爵言易者，以其主人受酢由己獻公，公報己，已所當得，是以爲受尊者之爵言更也；賓受公酬，以公舉媵觶就西階上以酬賓，特爲賓舉旅，故以爲尊者與卑者之爵言易。案下士舉旅，「公坐取賓所媵觶，唯公所賜。受者如初受酬之禮，降，更爵，洗，升，酌膳」，彼亦是尊者與卑者之爵，不言易而言更者，旅酬下爲上，尊前人，故不言易而言更也。云「更作新」者，欲見此爵前人已用，今不復用，更新用一爵，故云「更作新」也。云「易有故之辭」者，言此爵我先嘗用，今由前人後用，已不用，亦以爲爵，故云「易有故之辭」也。案特牲賓長「致爵于主人、主婦」言「更爵酢」者，欲得嘉賓美客以事其先，故言更。少牢不儐尸，云致爵于主人、主婦，賓「易爵」酢者，大夫禮尊于賓，有君道，故言易。若然，又案少牢不儐尸，主婦致爵于主人，主婦更爵酢，注云「更猶易也」。〔七一〕若然，更與易似不別者，但更、易不殊，以尊卑不同，設文有異。云「不言公酬賓於西階及公反位者，亦尊君，空其文也」者，以其公就西階，是降尊就卑，敬公不言降尊，故空文不言。

公有命，則不易不洗。〔七二〕反升，酌膳觶，下拜。小臣辭。賓升，再拜稽首。下拜，下亦未拜。凡下未拜有二：或禮殺，或君親辭。君親辭則聞命即升，升乃拜，是亦不言成拜。〔七三〕

【疏】「公有」至「稽首」 注「下拜」至「成拜」 云「凡下未拜有二：或禮殺，或君親辭」，云「禮殺」者，謂若酬時下爲拜，實未拜，辭之即升，再拜稽首是也。云「或君親辭」者，謂若公食大夫云公拜至，賓降，「西階東北面荅拜」，「公降一等辭」，「賓不拜」，〔七四〕直言「階上北面再拜稽首」，是階下未拜，不得言「升，成拜」，直言「再拜稽首」而已。

公荅再拜。拜於阼階上也。於是賓請旅侍臣。

【疏】注「拜於」至「侍臣」　云「於是賓請旅侍臣」者，案下記云「凡公所酬，既拜，請旅侍臣」，鄭注云「既拜謂自酬升拜時也。擯者阼階下告於公，還西階下告公許旅行也，請行酒於羣臣。必請者，不專君惠也」，大射於此時賓「請旅於諸臣」，〔七五〕此不言者，文不具，故記人辨之。

賓以旅酬於西階上。〔七六〕旅，序也，以次序勸卿大夫飲酒。

【疏】「賓以」至「階上」　注「旅序」至「飲酒」　此經論旅酬先尊後卑之法，仍未行旅，下經「射人作大夫長」乃始旅酬。

射人作大夫長升受旅。言作大夫，則卿存矣。長者，尊先而卑後。

【疏】「射人」至「受旅」　注「言作」至「卑後」　遣人作大夫者，〔七七〕燕或射故使之。云「言作大夫則卿存矣」者，以其卿稱上大夫，言「大夫長」，故知卿亦存在作中矣。云「長者，尊先而卑後」者，賓則旅三卿，三卿徧，次第至五大夫，大夫徧，〔七八〕不及士。

賓，大夫之右坐奠觶，拜，執觶興。大夫荅拜。賓在右者，相飲之位。○相飲，於鴆反。

【疏】「賓大」至「荅拜」　注「賓在」至「之位」　言「賓在右者」，賓在西階上酬卿，賓與卿並北面，賓在東，卿在西，是賓在大夫之右。賓位合在西，今在東，故云「賓在右者，相飲之位」也。

賓坐祭，立飲，卒觶，〔七九〕不拜。酬而禮殺。

【疏】「賓坐」至「不拜」　注「酬而禮殺」　此對酢之時坐卒爵，拜既爵，是禮盛也；今旅酬立卒觶，不拜既爵，故云「禮殺」也。

若膳觶也，則降更觶，洗，升，實散。大夫拜受，賓拜送。言更觶，卿尊也。

【疏】「若膳」至「拜送」　注「言更觶卿尊也」　案上文體例，與卑者之爵稱易，與尊者之爵稱更，雖立爲賓，仍是大夫爲之，是賓卑於卿，故「言更觶」者，「卿尊也」。

大夫辯受酬，〔八〇〕如受賓酬之禮，不祭。卒受者以虛觶降，奠于篚。卒，猶後也。大射禮曰：「奠于篚，復位。」今文「辯」皆作「徧」。○文辯，音遍，下同。作徧，音遍，後同。

【疏】「大夫」至「于篚」　注「卒猶」至「作徧」　言「不祭」者，亦是酬禮殺也。引大射禮者，此經云「降，奠于篚」，不言反位，故引大射奠爵於篚訖，當復門右北面位。

主人洗，升，實散，獻卿于西階上。酬而後獻卿，別尊卑也。飲酒成於酬也。○別尊，彼列反。

【疏】「主人」至「階上」　自此盡「無加席」，論主人獻孤卿之節。注「酬而」至「酬也」　此酬非謂尋常獻酬，乃是君爲賓舉旅行酬。以其主人獻君，君酢主人，主人不敢酬君，故使二大夫媵爵于公，〔八一〕以當酬處，所以覆獻也。但君恩既大，爲賓舉旅，飲酒之禮成於酬，故酬辨乃獻卿。以君尊卿卑，是以君禮成，卿乃得獻，故云「別尊卑」也。

校勘記

〔一〕燕禮於五禮屬嘉　阮校云毛本「嘉」下有「禮」字。

〔二〕與者　黄刊嚴州本、徐本同。阮校云集釋、通解、楊氏、毛本「與」上有「戒」字。今按據經及注，似以有「戒」字爲是。

〔三〕戒與者　阮校云「戒」，要義作「云」，阮氏疑當以作「云」爲是。

〔四〕膳宰具官饌于寢東　武威簡甲本「膳」作「善」，「饌」作「選」。今按選與饌通。

〔五〕燕朝服於寢　阮校云朱子曰「於寢」下疑脱「既朝服則宜於」六字。

〔六〕爲鄉爲拜同　「鄉」徐乾學本作「卿」。

〔七〕未知樂人意是何官　阮校云要義同，毛本「意」作「竟」。

〔八〕設洗篚于阼階東南　武威簡甲本「篚」作「匪」，「阼」作「作」。下文同，不悉校。

〔九〕當東霤罍水在東　武威簡甲本「霤」作「溜」，「罍」作「雷」。

〔一〇〕設膳篚在其北　武威簡甲本「膳」作「腊」，誤。

〔一一〕此不可言南肆　阮校云毛本無「可」字。

〔一二〕左玄酒南上　阮校云「南」聶氏作「東」。

〔一三〕公尊瓦大兩有豐　武威簡甲本「大」作「泰」，「豐」作「豐」。

〔一四〕幂用綌若錫　「幂」黄刊嚴州本、徐本作「鼏」，然經文皆作「幂」，黄氏校録云注「鼏」字誤，阮校云毛本作「冪」。又經文「幂」字武威簡甲本作「幕」。又經文「用」、「若」武威簡本皆作「如」，沈文倬異文釋云皆書手誤寫。

〔一五〕若錫悉歷反劉音余章反　黄焯彙校引吴云錫假爲緆，字從易聲，悉歷、羊豉二反並是；劉音余章反，誤從易聲。黄焯則云錫音余章，猶錫徐盈轉入唐青，非必誤也。

〔一六〕爲卿大夫士也者　阮校云要義同，毛本無「士」字。今按依注當有。

〔一七〕故知方尊爲此人也　阮校云「人」陳本作「入」。

〔一八〕胥六人徒五人　阮校云兩「人」下聶氏並有「禄」字。

〔一九〕司宫筵賓于户西　「筵」武威簡甲本作「延」。又唐石經「筵」作「之」，誤。

〔二〇〕言或亦是不定之義　阮校云「亦」上要義有「以」字。

〔二一〕諸侯昨席　「昨」黄刊嚴州本、徐本作「胙」，阮校云陳、楊氏同，毛本作「酢」，通解、敖氏作「昨」。今按周禮司几筵作「昨」，鄭注讀爲酢。

〔二二〕小臣納卿大夫　「納」武威簡甲本作「入」。

〔二三〕祝史立于門東　「史」武威簡甲本作「使」，乃「史」之假借字。

〔二四〕故下經君始爾之就庭位　阮校云「始爾之」毛本作「爾之始」，通解同。

〔二五〕不須引　阮校云毛本「不」上有「從而入」三字。

〔二六〕小臣正贊袒　阮校云毛本「袒」作「祖」。

〔二七〕東南南鄉　武威簡甲本「南」字不重。沈文倬異文釋以爲重「南」字於義爲長。

〔二八〕爾大夫大夫皆少進　武威簡甲本「大夫」二字不重，沈文倬異文釋以爲簡本誤脱。

〔二九〕其次爲射正　阮校云要義同，毛本「爲」下有「小」字。

〔三〇〕或因燕而射　阮校云要義同，毛本「或」作「以」。

〔三一〕宰夫爲主人　阮校云要義同，通解、毛本「宰」上有「既以」二字。

〔三二〕明賓亦是大夫　阮校云「亦是大夫」陳、閩俱作「亦當用大夫也」。

〔三三〕又且東面階　阮校云「且」陳、閩俱作「是」。

〔三四〕又大射云　阮校云通解、毛本無「云」字。

〔三五〕射人納賓　「射人」武威簡甲本作「擯者」。今按簡本與鄭注所説今文合。

〔三六〕一等揖之　「揖」武威簡甲本作「加」，沈文倬云「加」字义不可通，殆誤摹。

〔三七〕賓右　「賓」武威簡甲本作「擯」，陳夢家校記云作「擯」是。

〔三八〕主人降洗洗南　「洗」字武威簡甲本不重。

〔三九〕坐奠觚于篚　武威簡甲本「奠」作「鄭」，「觚」作「柧」。下文同，不悉校。

〔四〇〕既與鄉飲酒同用狗　阮校云「狗」毛本作「物」，陳、閩、監本誤作「拘」。

〔四一〕絶祭嚌之　「嚌」武威簡甲本作「齋」。

〔四二〕加于俎　「俎」武威簡甲本作「柤」。今按，柤與俎同。

〔四三〕今文從此以下　「此」黄刊嚴州本、徐本作「北」，黄氏校録云作「北」誤。

〔四四〕主人坐祭不啐酒　「啐」單疏作「卒」，與經文不合。

〔四五〕拜酒主人爲告旨　阮校云「拜酒主人」四字陳本雙行夾書，閩本無「拜酒」二字。

〔四六〕但告旨者　阮校云陳、閩俱無「但告旨」三字。

〔四七〕不以酒惡謝賓　黄刊嚴州本、徐本俱無「惡」字，毛本有，阮校以爲似誤。

〔四八〕升賓之　唐石經、黄刊嚴州本、徐本同，阮校云毛本「賓」作「賓」。

〔四九〕不得北面取又　阮校云「取又」毛本作「又取」。

〔五〇〕燕上歡故也　阮校云「上」毛本作「主」。

〔五一〕今於公　阮校云「於」毛本作「以」。

〔五二〕拜賓賓降筵　武威簡甲本「賓」字不重。阮校云唐石經、敖氏俱不重，嚴州、徐本、通解、要義、楊氏俱重。引石經考文提要云：「大射禮當此節曰：『西階上坐奠爵，拜，賓西階上北面答拜。』不疊賓字，例同。」今按從簡本看，以不重「賓」字爲是。

〔五三〕義勝於媵送　阮校云要義同，毛本作「義騰與媵決」，通解作「義勝於送」，無「媵」字。

〔五四〕拜其酌已　黄刊嚴州本、徐本同，阮校云「已」毛本作「也」。

〔五五〕薦東　「薦」武威簡甲本作「幕」，今按作「幕」似誤。

〔五六〕主人酌膳　阮校云此疏當在上節，今附此節非也。今按阮説誠是，然各本皆如此，今亦不作移動。

〔五七〕爲祭同　徐乾學本同，盧文弨本改「祭」爲「恭」。黄焯彙校引張氏識誤云鄭注：「欲以臣禮燕，爲恭敬也。」作恭字是。

〔五八〕媵爵者立于洗南　「媵」武威簡甲本作「騰」。今按上文鄭注，「騰」是今文。

〔五九〕洗角觶　「觶」武威簡甲本作「⿰角辰」。陳夢家校記云説文以⿰角辰、觗爲觶之異體，而觗爲⿰角辰之譌。

〔六〇〕序進酌散　武威簡甲本脱「進」字，「酌」作「勺」。

〔六一〕西階上北面相待　阮校云段玉裁校本「西」上有「向」字。

〔六二〕媵爵者執觶待于洗南　武威簡甲本「媵」作「勝」，「待」作「持」。今按「勝」乃「騰」字之誤。

〔六三〕升實之　「實」武威簡甲本作「賓」。阮校云唐石經、徐、陳、集釋、通解、楊氏、敖氏俱作「實」，毛本作「賓」。

〔六四〕云序進進往來　阮校云要義、毛本不重「進」字。今按依注當以不重爲是。

〔六五〕西向而陳　「而」阮校云要義作「南」。

〔六六〕由尊北又楹北　阮校云「又」陳、閩俱作「及」。

〔六七〕案鄉飲鄉射皆云　「鄉飲」二字原無，阮校云一本有，引周學健云，既有「皆」字，則當兼鄉飲。此據周説補。

〔六八〕滕觶　「滕」武威簡甲本作「勝」，乃「騰」字之誤。

〔六九〕不敢敵偶于君　「偶」原作「耦」，此據單疏改。

〔七〇〕受虚爵　「爵」武威簡甲本作「觚」即觶。

〔七一〕注云更猶易也　今按少牢、特牲均無此注，唯大射「更爵」注「更，易也」，疑疏有誤。然各本皆如此，諸家亦無校語，故仍而不改。

〔七二〕不易不洗　「不易」武威簡甲本作「弗更」。

〔七三〕是亦不言成拜　阮校云徐本、集釋、通解、楊氏同，毛本「亦」作「以」。

〔七四〕賓不拜　阮校云「賓」下通解、要義有「升」字，公食大夫禮有「升」字。今按公食大夫云「賓栗階升，不拜」，疏引經、注文每有删節，不能肯定疏「升」字必有。

〔七五〕賓請旅於諸臣　阮校云「諸」要義作「群」。今按大射作「諸」。

〔七六〕旅酬　「酬」武威簡甲本作「州」，下文同，不俱校。

〔七七〕遣人作大夫者　阮校云「人」上要義、毛本有「射」字。

〔七八〕大夫徧　阮校云要義無「大夫」二字。

〔七九〕立飲卒觶　武威簡甲本無「飲」字。

〔八〇〕大夫辯受酬　「辯」武威簡甲本作「辨」。下文同，不悉校。

〔八一〕故使二大夫媵爵于公　阮校云「二大夫」陳、閩俱作「二人」。

儀禮注疏卷第十五

唐朝散大夫行大學博士弘文館學士臣賈公彦等撰

司宫兼卷重席，設于賓左，東上。言兼卷則每卿異席也。重席，重蒲筵，緇布純也。卿坐東上，統於君也，席自房來。○兼卷，九轉反，劉居遠反。重席，直容反，注下皆同。

【疏】「司宫」至「東上」　注「言兼」至「房來」　此經設三卿之席在於賓東。「言兼卷則每卿異席也」者，若三卿同席，則直云「卷重席」，不須言「兼」，今云「兼卷」，則兼三卿重席皆卷之，故知每卿皆異席也。云「重席，重蒲筵」者，案公食大夫記云「司宫具几與蒲筵常，緇布純。加萑席尋，玄帛純」，彼爲異國之賓，有蒲筵、萑席兩種席，〔一〕故稱「加」。上小臣設公席與公食大夫席及賓皆稱「加」，亦是兩種席，兩種而稱「加」。此燕己臣子，一種席重設之，故不稱「加」。若然，案鄉飲酒云「席于賓東，公三重，大夫再重。公升如賓禮，大夫則如介禮。有諸公則辭加席」，鄉射亦云「大夫辭加席」，案彼二文雖稱「加」，上文云「三重」、「再重」，則無異席，故彼記直云「蒲筵」，彼云「加」者以上席加於下席，故鄭彼云「加席上席也」，故此下注云「重席，雖非加，猶爲其重累去之」，是其一種席也。云「卿坐東上，統於君也」者，決鄉飲酒、鄉射諸公大夫「席于尊東，西上」。彼遵尊於主人，〔二〕故鄭注云「統於尊」，此爲君尊，故「統於君」，而「東上」也。云「席自房來」者，案公食記云「宰夫筵，出自東房」故知也。

卿升，拜，受觚。主人拜送觚。卿辭重席，司宫徹之。徹，猶去也。重席雖非加，猶爲其重累去之，辟君也。○猶去，起呂反，下同。

【疏】「卿升」至「徹之」　注「徹猶」至「君也」　云「重席雖非加，猶爲其重累去之，辟君也」者，案鄉射云「大夫辭加席」之等，皆是異席而辭之，此重席重蒲筵不合辭，以君有加席兩重，故辭之以辟君。

乃薦脯醢。卿升席坐，左執爵，右祭脯醢，遂祭酒，不啐酒。降席，西階上北面坐卒爵，興，坐奠爵，拜，執爵興。主人荅拜，受爵。卿降，復位。不酢，辟君也。卿無俎者，燕主於羞。

【疏】「乃薦」至「復位」　此云卿「薦脯醢」，不言其人，畧之。故下記辨之云「羞」卿者，「小膳宰」是也。注「不酢」至「於羞」　案上主人獻公，主人酢于阼階下，此即不酢，故決之。云「卿無俎者，燕主於羞」者，決大射庶子設俎辨尊卑，故與此異。

辯獻卿，主人以虛爵降，奠于篚。〔三〕今文無「奠于篚」。射人乃升卿，卿皆升就席。〔四〕若有諸公，〔五〕則先卿獻之，〔六〕如獻卿之禮。諸公者，謂大國之孤也，孤一人，言諸者，容牧有三監。〇則先，悉薦反，下先大夫同。牧有，牧養之牧，劉音目。

【疏】「射人」至「之禮」　注「諸公」至「三監」　云「諸公者，謂大國之孤也」，知者，周禮典命云「公之孤四命」，侯伯已下不言孤，故據大國而言。云「孤一人」者，鄭司農注典命云「上公得置孤，卿一人」，後鄭從之，故此亦云「孤一人」，與司農義同。云「言諸者，容牧有三監」者，以其言「諸」非一人，案王制云「天子使其大夫爲三監，監於方伯之國，國三人」，彼是殷法同之。〔七〕周制，使伯佐牧，不置監。周公制禮因殷不改者，若士冠「醮用酒」之類，故鄭云「容」，言容有異代之法，據周禮天子大夫四命與孤等，故同稱公。〔八〕

席于阼階西，北面，東上，無加席。席孤北面，爲其大尊，屈之也。亦因阼階西位近君，近君則屈。親寵苟敬，私昵之坐。○大尊，音泰，劉徒餓反。近君，附近之近，下同。私昵，女乙反。之坐，才卧反。

【疏】「席于」至「加席」　注「席孤」至「之坐」　案上文卿初設重席，辭之乃徹，此孤北面，初無加席者，〔九〕皆是爲大尊，屈之也。云「親寵苟敬，私昵之坐」者，〔一〇〕案下記云「賓爲苟敬，席于阼階之西」以爲敬，此孤亦席於阼階之西，故爲「苟敬，私昵之坐」也。

小臣又請媵爵者，二大夫媵爵如初。〔一一〕又，復。

【疏】「小臣」至「如初」　自此至「送觶，公荅再拜」，論一人致爵于公之事。云「二大夫媵爵如初」者，亦上「二人媵爵。媵爵者阼階下皆北面，再拜稽首，公荅再拜。媵爵者立于洗南，西面，北上，序進盥，洗角觶，升自西階，序進酌散，交于楹北。降，阼階下皆奠觶，再拜稽首。執觶興，公荅再拜。媵爵者皆坐祭，遂卒觶。興，坐奠觶，再拜稽首。執觶興，公荅再拜。媵爵者執觶待于洗南」，相似也，故言「二大夫媵爵如初」也。

請致者，若命長致，則媵爵者奠觶于篚，一人待于洗南。〔一二〕長致，致者阼階下再拜稽首，公荅再拜。命長致者，公或時未能舉自優暇也。古文云「阼階下北面再拜」。

【疏】「請致」至「再拜」　注「命長」至「暇也」　上文小臣請媵爵，則此「請致者」，亦小臣也。云「命長致者，公或時未能舉自優暇也」者，脱屨升坐以前，公爲賓、爲卿、爲大夫三舉旅也，燕禮之正不得損益，而云「公或時未能舉自優暇」者，正謂周公作經以優之，非實也，故云「若命長致」，言「若」者，不定之辭，優君之義，故唯命長致。不然，似言皆致，以其三舉旅，唯有此二觶故也。

洗象觶，升，實之，坐奠于薦南，降，與立于洗南者二人皆再拜稽首送觶，公荅再拜。奠于薦南者，於公所用酬賓觶之處，二人俱拜，以其共勸君。○之處，昌慮反。

【疏】「洗象」至「再拜」　注「奠于」至「勸君」　云「奠于薦南者，於公所用酬賓觶之處」者，案前大夫二人媵觶奠于公薦南，北上，其上觶已取，爲賓舉旅，下觶仍在，今大夫又媵一觶，而云「奠于薦南」，明知是「所用酬賓觶之處」。云「二人俱拜，以其共勸君」者，上云「媵爵者，二大夫媵爵如初」，是共勸君酒，今始「命長致」，故俱拜，以其共勸君故也。

公又行一爵，若賓若長，唯公所酬。一爵，先媵者之下觶也。若賓若長，則賓禮殺矣。長，公卿之尊者也。賓則以酬長，長則以酬賓。

【疏】「公又」至「所酬」　自此至「奠于篚」，論爲卿舉旅之事。

注「一爵」至「酬賓」　知「一爵」是「先媵者之下觶」者，以其前大夫二人媵爵皆奠于薦南，以其上觶者已爲賓舉旅，〔二三〕今又行一爵，故知先媵者之下觶也。其後媵一觶者，留之後爲大夫舉旅也。云「若賓若長，則賓禮殺矣」者，前爲賓舉旅，不云「若賓若長」，專爲賓禮盛，至此爲卿舉旅，不專爲賓舉旅，科從其一，是賓禮殺也。云「長，公卿之尊者也」者，有諸公，公爲尊；若無諸公，三卿爲尊，「長」中可以兼此二者。云「賓則以酬長，長則以酬賓」者，釋經「若賓若長」。言「若」不定，或先或後，故兩言之。

以旅于西階上，如初。大夫卒受者以虛觶降，奠于篚。

【疏】「以旅」至「于篚」　言「如初」者，一如上爲賓舉旅之節。

主人洗，升，獻大夫于西階上。大夫升，拜受觚。主人拜送觚。大夫坐祭，立卒爵，不拜既爵。主人受爵。大夫降，復位。既，盡也。不拜之者，禮又殺。

【疏】「主人」至「復位」　自此盡「皆升，就席」，論獻大夫之節。

注「既盡」至「又殺」　云「不拜之者，禮又殺」者，前卿受獻，不酢辟君，〔一四〕已是禮殺，今大夫受獻，不但不酢主人，又不拜既爵，故云「禮又殺」。

胥薦主人于洗北，西面，脯醢，無脀。胥，膳宰之吏也。主人，大夫之下，先大夫薦之，尊之也。不於上者，上無其位也。脀，俎實。○無脀，之承反。

【疏】「胥薦」至「無脀」　注「胥膳」至「俎實」　云「胥，膳宰之吏也」者，案周禮有府、史、胥、徒，鄭注天官「胥讀如諝。謂其有才，知爲什長」，是庶人在官者，所羞薦者皆膳宰，胥是膳宰之吏。云「主人，大夫之下，先大夫薦之，尊之也」者，案大射注直云「主人，大夫」，不云下，此云「大夫之下」者，謂大夫之中位次在下。下經云「辯獻大夫」乃薦，此薦文在上，是先大夫薦之，尊之也。云「不於上者，上無其位也」者，案此燕禮大夫堂上，士在下，獨此宰夫言堂上無位者，以其主人位在阼階，君已在阼，故主人辟之位在下，是以大射注云「不薦於上，辟正主也」。云「脀，俎實」者，胥者，升也，謂升特牲體於俎，故云「俎實也」。

辯獻大夫，遂薦之，繼賓以西，東上。偏獻之乃薦，畧賤也。亦獻而后布席也。

【疏】「辯獻」至「東上」　注「偏獻」至「席也」　凡大夫升堂受獻，得獻訖，即降，獻偏，不待大夫升，遂薦於其位，大夫始升，故言遂也。云「偏獻之乃薦，畧賤也」者，決上卿與賓得獻即薦，貴故也。云「亦獻而後布席也」者，亦上獻卿之時，司宫兼卷重席，設於賓左。此大夫不言設席，明亦得獻後即布席也。若然，案大射「席小卿賓西，東上」，注云「席於賓西，射禮辨貴賤也」。以此言之，燕禮主歡，不辨貴賤，小卿與大卿皆在賓東，故此賓西無小卿位。

卒，射人乃升大夫，大夫皆升，〔一五〕就席。

席工于西階上少東。樂正先升，北面立于其西。工，瞽矇，歌諷誦詩者也，凡執技藝者稱工。少牢饋食禮曰：「皇尸命工祝」。樂記師乙曰：「乙，賤工也。」樂正于天子，樂師也，凡樂掌其序事，樂成則告備。○瞽矇，音蒙。執技，其綺反。少牢，詩召反。

【疏】「席工」至「其西」　自此至「降，復位」，論作樂之事。此上下作樂之中有四節：升歌一、笙二、間三、合樂四。注「工瞽」至「告備」　「工，瞽矇，歌諷誦詩者也」者，案周禮瞽矇「掌播鼗，諷誦詩」，鄭云「諷誦詩，謂闇讀之，不依詠也」，彼不依琴瑟闇讀之，即爾雅「徒歌曰謡」。此作樂之時依於瑟，即詩注云「曲合樂曰歌」一也，故下云「工歌鹿鳴」之類是也。云「凡執技藝者稱工」者，「執技藝」文，出於王制，但能其事者皆稱工，是以引少牢饋食「祝」稱「工」，樂記師乙爲大師樂官，亦稱工。至於冬官巧作者，皆稱工。云「樂正於天子，樂師也」，知樂正與樂師相當者，案周禮樂師職云「凡樂成則告備」，此樂正告樂備，故知樂正當天子樂師。樂師下大夫四人，上士八人，下士十有六人，樂師大小多矣，此諸侯樂正，亦有大小之名也。故大射云「小樂正從之」，鄭注云「小樂正於天子樂師也」，是其諸侯樂正，雖有大小，當天子樂師。知大樂正不當天子大司樂者，以其天子大司樂不告樂備，故不得以大樂正當之。但大射主於射，畧於樂，故小樂正告樂備；此燕主歡心，故大樂正告樂備，故不同。

小臣納工。工四人，二瑟。小臣左何瑟，〔一六〕面鼓，執越，内弦，右手相。〔一七〕入，升自西階，北面，東上坐。小臣坐授瑟，乃降。工四人者，燕禮輕，從大夫制也。面鼓者，燕尚樂，可鼓者在前也。越，瑟下孔也。内弦，弦爲主也。相，扶工也。後二人徒相，天子大僕二人也。小臣四人，祭僕六人，御僕十二人，皆同官。○左何，胡我反，又音河。相入，息亮反，注及下相祭并注同。

【疏】「小臣」至「乃降」　注「工四」至「同官」　「工四人者，燕禮輕，從大夫制也」者，鄭言此者，決大射禮重，工六人，從諸侯制。案公羊傳「諸公六，諸侯四」，若然，知非大射是諸公制，此燕禮是諸侯制者，案鄉射皆工四人，是大夫制，則諸侯不得有工四人，五等諸侯同六人，彼公羊六人、四人不同者，自是舞人之數，不得以彼決此也。云「面鼓者，燕尚樂，可鼓者在前也」者，此決鄉飲酒「左何瑟，後首」，臣降於君故也。引「天子大僕二人也」者，周禮序官文。引之者，此經小臣相工，大射云「僕人正徒相大師，僕人師相少師，僕人士相上工」，僕人以下同官既多，遞換相工，但大射辨尊卑，故僕人正等相工；此燕禮輕，故小臣相工，是以别。周禮同官人多，得相參之意。〔一八〕

工歌鹿鳴、四牡、皇皇者華。三者皆小雅篇也。鹿鳴，君與臣下及四方之賓宴，講道脩政之樂歌也，此采其己有言酒，以召嘉賓，嘉賓既來，示我以善道。又樂嘉賓有孔昭之明德，可則傚也。〔一九〕四牡，君勞使臣之來樂歌也，此采其勤苦王事，念將父母，懷歸傷悲，忠孝之至以勞賓也。皇皇者華，君遣使臣之樂歌也，此采其更是勞苦，〔二〇〕自以爲不及，欲諮謀於賢知而以自光明也。○則傚，户教反，本又作效〔二一〕同，其更，音庚。賢知，音智。

【疏】「工歌」至「者華」　注「三者」至「明也」　此經歌詩之類，鄭於鄉飲酒已注，此注與彼同。但此燕禮歌小雅，亦合鄉樂，下就卑也。鄉飲酒升歌鹿鳴之等，饗或上取，故彼此詩同，注亦不異也。

卒歌，主人洗，升，獻工。工不興，左瑟，一人拜受爵，主人西階上拜送爵。工歌乃獻之，賤者先就事也。左瑟，便其右。一人，工之長者也。工拜於席。○便其，婢面反。

【疏】「卒歌」至「送爵」　注「工歌」至「於席」　云「工歌乃獻之，賤者先就事也」者，歌詩是其事，先施功勞，乃始獻之，是賤者先就事，對工以上不就事而得獻也，故大射注云「工歌而獻之，以事報之」是也。云「左瑟，便其右」者，工北面以西爲左，空其右，受獻便者，酒從東楹之西來，故以右爲便。案大射云「獻工工左瑟」，鄭注云「大師無瑟，於是言左瑟者，節也」。以其經云「僕人正徒相」，大師無瑟。言大師左瑟者，爲飲酒之節，此與鄉飲酒同，無所分別，大師或瑟或歌，是以不得言節之。案鄉飲酒「大師則爲之洗」，則衆工不洗也，此經主人「洗，升，獻工」，不辨大師與衆工，則皆爲之洗爵。又案鄉飲酒記「不洗者，不祭」，此篇與大射羣工與衆笙皆言「祭」，故知皆爲之洗。云「工拜於席」者，以經云「工」與「左瑟」，即云「一人拜受爵」，不見有降席之文，明工「拜於席」可知。

薦脯醢。輒薦之，變於大夫也。

【疏】「薦脯醢」　注「輒薦」至「夫也」　案上獻大夫之時，云「辨獻大夫，遂薦之」，鄭注云「徧獻之乃薦，畧賤也」，此獻工之長一人，即薦脯醢，非謂貴工即獻之，正是禮尚異，變於大夫也。

使人相祭，使扶工者相其祭薦、祭酒。

【疏】「使人相祭」　注「使扶」至「祭酒」　上云小臣相工，則此扶工相祭，是小臣也。此據相長一人，文承「受爵」、「薦脯醢」之下，故知祭薦脯醢及祭酒二事，對下衆工祭酒不祭脯醢也。

卒爵不拜。賤不備禮。主人受爵。將復獻衆工也。衆工不拜受爵，坐祭，遂卒爵，辯有脯醢，不祭。主人受爵，降奠于篚。遂猶因也。古文曰「卒爵不拜」。公又舉奠觶，唯公所賜，以旅于西階上，〔二三〕如初。言賜者，君又彌尊，賓長彌卑。

【疏】「公又」至「如初」　注「言賜」至「彌卑」　此燕尚飲酒，故工歌之後，笙奏之前，〔二三〕而爲大夫舉旅。大射雖行燕禮，主於射，故笙之間，至射乃爲大夫舉旅。云「言賜者，君又彌尊，賓長彌卑」者，案上爲賓舉旅，直云「公興，以酬賓」；爲卿舉旅而云「若賓若長」，言若不定，科酬其一，不專爲賓；是君禮漸尊，賓禮漸殺。雖然，猶言酬，至此言「唯公所賜」者，以上下言之，是「君又彌尊，賓長彌卑」也。

卒，旅畢也。

【疏】「卒」　注「旅畢也」　言「旅畢」者，謂爲大夫舉旅酬，行於西階之上，或從賓，或從卿，次第盡大夫，故云：「旅，畢也」。

笙入，立于縣中，奏南陔、白華、華黍。〔二四〕以笙播此三篇之詩。縣中，縣中央也。鄉飲酒禮曰：「磬南，北面。」「奏南陔、白華、華黍」，皆小雅篇也，今亡，其義未聞。昔周之興也，周公制禮作樂，采時世之詩，以爲樂歌，所以通情相風切也，其有此篇明矣。後世衰微，幽、厲尤甚，禮樂之書，稍稍廢棄。孔子曰：「吾自衛反魯，然後樂正，雅、頌各得其所。」謂當時在者，而復重、雜亂者也，惡能存其亡者乎？且正考父校商之名頌十二篇于周大師，〔二五〕歸以祀其先王，至孔子二百年之間，五篇而已，此其信也。○南陔，工才反。風切，方鳳反。重雜，直用反。惡能，音烏。考父，音甫。

【疏】「笙入」至「華黍」　注「以笙」至「信也」　此笙奏南陔、白華、華黍三篇等，經注與鄉射同，〔二六〕亦不復重釋。但此云「笙入，立于縣中」，以其諸侯軒縣，闕南面而已，故得言「縣中」。鄉飲酒唯有一磬，縣而已，不得言「縣中」。而云「磬南」，注引鄉飲酒者，欲見此雖軒縣，近北面縣之南也。

主人洗，升，獻笙于西階上。〔二七〕一人拜，盡階不升堂，受爵，降。主人拜送爵。階前坐祭，立卒爵，不拜既爵，升，授主人。一人，笙之長者也。鄉射禮曰：「笙一人拜于下。」

【疏】「主人」至「主人」　注「一人」至「于下」　引鄉射禮者，證笙一人拜，此與鄉飲酒皆直云「一人拜」，不言拜于下，故鄉飲酒與此注皆引鄉射以爲證，欲見拜者拜於階下。

衆笙不拜受爵，降，坐祭，立卒爵，辯有脯醢，不祭。〔二八〕

【疏】「衆笙」至「不祭」　言「不拜受爵，降」者，於階下受爵者，亦「盡階，不升堂」。云「辯有脯醢」者，亦獻訖薦于位之前。

乃間：歌魚麗，笙由庚；歌南有嘉魚，笙崇丘；〔二九〕歌南山有臺，〔三〇〕笙由儀。間，代也，謂一歌則一吹也。六者皆小雅篇也。魚麗言大平年豐物多也，此采其物多酒旨，所以優賓也。南有嘉魚言大平「君子有酒」，樂與賢者共之也，此采其能以禮下賢者，賢者纍蔓而歸之，與之宴樂也。南山有臺言大平之治，以賢者爲本也，此采其愛友賢者，爲「邦家之基」，「民之父母」，既欲其身之壽考，又欲其名德之長也。由庚、崇丘、由儀今亡，其義未聞。○乃間，間廁之間，注及下注放此。魚麗，力知反。下賢，迴嫁反。〔三一〕纍，力追反。蔓，音万。之治，直吏反。之長，如字。

【疏】「乃間」至「由儀」 注「間代」至「未聞」 此經注一與鄉飲酒同，彼已釋訖，不復重解。

遂歌鄉樂，周南關雎、葛覃、〔三二〕卷耳，召南鵲巢、〔三三〕采蘩、〔三四〕采蘋。〔三五〕周南，召南，國風篇也，王后、國君夫人房中之樂歌也。關雎言「后妃之德」，葛覃言后妃之職，卷耳言「后妃之志」，鵲巢言國君「夫人之德」，采蘩言國君「夫人不失職」也，采蘋言卿大夫之妻能脩其法度也。〔三六〕昔大王、王季居于岐山之陽，躬行召南之教，以興王業，及文王而行周南之教以受命，大雅云「刑于寡妻，至于兄弟，以御于家邦」，謂此也。其始一國爾，文王作邑于豐，以故地爲卿士之采地，乃分爲二國，周，周公所食也；召，召公所食也。於時文王三分天下有其二，德化被於南土，是以其詩有仁賢之風者，屬之召南焉，有聖人之風者，屬之周南焉。夫婦之道者，〔三七〕生民之本，王政之端。此六篇者，其教之原也，故國君與其臣下及四方之賓燕，用之合樂也。「鄉樂」者，風也。小雅爲諸侯之樂，大雅、頌爲天子之樂。鄉飲酒升歌小雅禮盛者，可以進取。燕合鄉樂者，禮輕者可以逮下也。春秋傳曰：「肆夏、繁遏、渠，天子所以享元侯也；文王、大明、緜，兩君相見之樂也。」然則諸侯之相與燕，〔三八〕升歌大雅，合小雅也。天子與次國、小國之君燕亦如之，與大國之君燕，升歌頌，合大雅。其笙間之篇未聞。○關雎，七如反。〔三九〕葛覃，大南反。召南，上照反，注同，後放此。采蘋，音頻。興王，如字，又于況反。之采，七代反。被于，皮寄反。

【疏】「遂歌」至「采蘋」 注「周南」至「未聞」 云「遂歌鄉樂」者，鄉飲酒云「乃合樂」，與此文不同者，以其二南是大夫、士樂，大夫、士或作鄉大夫，或作州長，故名鄉大夫樂。飲酒不言鄉樂者，〔四〇〕以其是己之樂，不須言鄉，故直言合樂。此燕禮是諸侯禮，下歌大夫、士樂，故以「鄉樂」言之。又鄉飲酒注云「合樂」，謂歌與衆聲俱作，彼經有

「合樂」之字故也。此經無「合樂」之字，故闕而不言，其實此歌鄉樂，亦與衆聲俱作，是以彼處解合爲歌與衆聲俱作耳。此歌而解合，明同也。自「周南」以下所注，亦與鄉飲酒同，亦不復重釋。

大師告于樂正曰：〔四一〕**「正歌備。」**大師，上工也，掌合陰陽之聲，教六詩，以六律爲之音者也。子貢問師乙曰：「吾聞聲歌各有宜也，如賜者宜何歌也？」是明其掌而知之也。正歌者，升歌及笙各三終，間歌三終，合樂三終爲一備，備亦成也。

【疏】「大師」至「歌備」　注「大師」至「成也」　云「大師，上工也」者，案春官「大師下大夫二人，小師上士四人」，又云「上瞽四十人，中瞽百人，下瞽百有六十人」，注云「凡樂之歌，必使瞽矇爲焉，命其賢知者以爲大師」，對小師已下二百人爲上士也。〔四二〕云「掌合陰陽之聲，教六詩，以六律爲之音者也」者，並大師職文。案彼云「掌六律六同，以合陰陽之聲」，注云「陽聲黄鍾、大蔟、姑洗、蕤賓、夷則、無射，陰聲大吕、應鍾、南吕、林鍾、中吕、夾鍾」。又云「皆文之以五聲：宫、商、角、徵、羽；皆播之以八音：金、石、土、革、絲、木、匏、竹」。又云「教六詩：曰風、曰賦、曰比、曰興、曰雅、曰頌。以六德爲之本，以六律爲之音」。云「子貢問師乙」以下至「何歌也」，並樂記文。師乙，魯之大師，以掌樂事，故子貢問焉。引之者，證大師知樂節，故告「歌備」，故鄭云「是明其掌而知之也」。知升歌以下四節皆三終者，案禮記鄉飲酒義云「工入升歌三終，主人獻之；笙入三終，主人獻之；間歌三終，合樂三終，工告樂備」，故知皆三終。彼與此經間歌、合樂不獻之者，但間歌、合樂還是始升歌，笙奏之前已得獻，故不復重獻。云「備亦成也」者，案周禮樂師職云「凡樂成則告備」，故云「亦成」也。

樂正由楹内東楹之東告于公，〔四三〕**乃降，復位。**言由楹内者，以其立於堂廉也。復位，位在東縣之北。

【疏】「樂正」至「復位」　注「言由」至「之北」　言「由楹内」者，以其樂正與工俱在堂廉，則楹南無過處，故由楹内適東楹之東，告于公。云「復位，位在東縣之北」者，案大射畧於樂，小樂正升堂，經有左右正，則知亦有大樂正。至「席工於西階上少東，東面」時，小樂正亦降，立於其南，北面。「卒管，工向東坫之東南，西面，北上，坐」時，〔四四〕鄭注云「於是時大樂正還北面立於其南」。臣位尊東，明工升堂時，小樂正升，大樂正東方，西面。工來「東坫之東南，西面」時，大樂正東縣之北，北面，其小樂正則立於西階下，東面。此燕禮主於樂，故大樂正升堂，〔四五〕今降，明復於東縣之北，北面也。

射人自阼階下請立司正，公許，射人遂爲司正。君許其請，因命用爲司正。君三舉爵，樂備作矣，將留賓飲酒，更立司正以監之，察儀法也。射人俱相禮，其事同。○以監，古銜反。俱相，息亮反。

【疏】「射人」至「司正」　注「君許」至「事同」　自此盡「皆反坐」，論立司正，遂行所監之事。云「君三舉爵」者，爲賓、爲卿、爲大夫舉旅。云「樂備作矣」者，歌、笙、間、合四者備作，各三終矣。案鄉飲酒、鄉射立司正後，始行旅酬者，彼是士饗禮。饗禮之法，莫問尊卑，徧獻之後，乃行旅酬，故立司正之後，乃行旅酬。此燕禮國君燕其臣子，雖一獻以辨尊卑，故主人獻君而受酬，主人卑不敢酬。公獻之，禮成於酬，故使大夫媵觶於公。當酬公，君行大惠即舉之爲賓，賓得觶，請旅。諸臣徧，卿大夫乃成一獻之禮。復獻卿大夫，皆爲之舉旅行酬，皆成其獻。但卿、大夫皆堂上有位，近君，不敢失禮，故雖舉旅行酬，而未立司正。作樂後將獻羣士，士職卑，位在堂下，將爲士舉旅，恐失禮，故未獻之前即立司正監之，故不同也。

司正洗角觶，南面，坐奠于中庭。升，東楹之東受命，西階上北面命卿大夫：「君曰：『以我安卿大夫。』」皆對曰：「諾，敢不安。」洗奠角觶于中庭，明其事以自表威儀多也。君意殷勤，欲留賓飲酒，命卿大夫以我故安，或亦其實不主意於賓。

【疏】「司正」至「不安」　注「洗奠」至「於賓」　云「洗、奠角觶于中庭，明其事以自表威儀多也」者，此奠觶于中庭，威儀多，決鄉飲酒不奠，是以鄉飲酒「作相爲司正，洗觶，執以升自西階」是不奠威儀少也。云「君意殷勤，欲留賓飲酒，命卿大夫以我故安」者，以主人安，客乃安，故欲安賓，先語卿大夫，以我意故須安也。云「或亦其實不主意於賓」者，鄭意兩解，前解主意爲賓，故使卿大夫爲賓安；或亦其實不專主爲賓，兼羣臣共安也。

司正降自西階，南面坐取觶，升，酌散，降，南面坐奠觶，右還，〔四六〕北面少立，坐取觶，興，坐，不祭，卒觶奠之，興，再拜稽首。右還，將適觶南，先西面也。必從觶西，爲君之在東也。少立者，自嚴正慎其位。○爲君，于僞反，下爲位、所爲同。

【疏】「司正」至「稽首」　注「右還」至「其位」　「右還，將適觶南，先西面也」者，右還謂奠時南面，乃以右手向外而西面，乃從觶西南行，而右還北面。云「必從觶西，爲君之在東也」者，若從觶東而左還，北面則背君，以其君在阼故也。云「自嚴正慎其位」者，以司正監察，主爲使人嚴正謹慎，故先自嚴正謹慎也。

左還，南面坐取觶，洗，南面反奠于其所。反奠虛觶，不空位也。

【疏】「左還」至「其所」　注「反奠」至「位也」　必使不空者，亦欲使衆人覩知司正嚴正之處。

升自西階，東楹之東請徹俎，降。公許。〔四七〕告于賓。賓北面取俎以出。

膳宰徹公俎，降自阼階以東。膳宰降自阼階，以賓親徹，若君親徹然。

【疏】「升自」至「以東」　注「膳宰」至「徹然」　云「降自阼階，以賓親徹，若君親徹然」者，臣之升降當西階，今見賓親徹，膳宰代君徹，不降西階而降自阼階，當君降處，故云「若君親徹」降自阼然也。

卿大夫皆降，東面，北上。以將坐降，待賓反也。

【疏】「卿大」至「北上」　注「以將」至「反也」　案大射云「大夫降，復位」，注云「門東北面位」，不與卿同東面位者，彼卿有俎，卿取俎以出，故大夫不敢獨在西階下，故復位，復門東北面位。此燕卿無俎，故大夫與卿同降西階下東面北上位也。云「以將坐降，待賓反」者，上文賓以俎出，當反入升坐，故卿大夫待賓反亦升坐也。

賓反入，及卿大夫皆説屨，升，就席。公以賓及卿大夫皆坐，乃安。凡燕坐必説屨，屨賤不在堂也。禮者尚敬，敬多則不親，燕安坐，相親之心。○皆説，吐活反，劉寄悦反，注同。

【疏】「賓反」至「乃安」　注「凡燕」至「之心」　凡在堂立行禮不説屨，安坐則説屨，故鄭云「凡燕坐必説屨」。以其屨在足賤，不宜在堂陳於尊者之側也。云「禮者尚敬，敬多則不親，燕安坐，相親之心」者，左氏傳云饗以訓恭儉，「設几而不倚，爵盈而不飲」，燕以示慈惠。饗在廟立行禮，是「敬多則不親」者也；燕在寢以醉爲度，是「相親之心」者也。若然，直云賓及卿大夫説屨，不云君降説屨，則君説屨之在堂上席側，〔四八〕是以禮記少儀云「排闔説屨於户内者，一人而已矣」。彼據尊者坐在室，則尊者一人説屨在户内。今此燕在堂上，則君尊説屨於席側可知也。

羞庶羞。謂膎肝膋、狗胾醢也。骨體所以致敬也，庶羞所以盡愛也，敬之愛之，厚賢之道。○膎，士戀反，劉才悶反。肝膋，音遼。狗胾，壯吏反。

【疏】「羞庶羞」注「謂膎」至「之道」　案大射云「羞庶羞」，注云「所進衆羞，謂膎肝膋、狗胾醢也，或有炮鼈、膾鯉、雉兔、鶉鴽」，大射先行燕禮，明與彼同。此注不言「炮鼈」已下，注文不具。鄭知有此物者，以經云「庶羞」，不唯二豆而已。案内則爲「肝膋，取狗肝一，蒙之以其膋，（四九）濡炙之，舉燋其膋，不蓼」，注云「膋，腸間脂」，此及大射其牲皆用狗，故知有肝膋、狗胾。知有炮鼈、膾鯉者，詩云「吉甫燕喜，飲御諸友。炮鼈膾鯉」，又内則及公食大夫上大夫二十豆有雉兔、鶉鴽，禮記王制云「庶羞不踰牲」，此燕用狗，必可有此物而已。鄉飲酒、鄉射亦有狗，但經直云「羞」，不云「庶」，是以鄭注云「胾醢」，明二豆無餘物也。云「骨體所以致敬也」者，據未坐以前，庶羞「所以盡愛」，據説屨已後也。

大夫祭薦。燕乃祭薦，不敢於盛成禮也。

【疏】「大夫祭薦」　注「燕乃」至「禮也」　「不敢於盛成禮」，謂未立司正之前，立行禮受獻之時，不祭脯醢，祭先是成禮，不敢成禮於盛時。

司正升受命，皆命：「君曰：無不醉。」賓及卿大夫皆興，對曰：「諾，敢不醉。」皆反坐。皆命者，命賓命卿大夫也。起對必降席，司正退立西序端。

【疏】「司正」至「反坐」　注「皆命」至「序端」　云「起對必降席」者，經云「反坐」，不云降，明起對必降席，既對乃反坐也。是以孝經云「曾子避席曰：參不敏」，亦是起對也。知「司正退立西序端」者，此無降文，見鄉飲酒云「司正升，相旅，退，立于序端，東面」，故知此亦然也。

主人洗，升，獻士于西階上。士長升，拜，受觶。〔五〇〕主人拜送觶。〔五一〕獻士用觶，士賤也。今文「觶」作「觚」。

【疏】「主人」至「送觶」　注「獻士」至「作觚」　自此盡「立飲」，論獻士之事。云「獻士用觶，士賤也」者，對上大夫已上獻用觚，旅酬乃用觶，此獻士即用觶，故云士賤也。不從今文「觚」者，若從「觚」與大夫已上何異，故不從。

士坐祭，立飲，不拜既爵。其他不拜，坐祭，立飲。他，謂衆士也，亦升受爵，不拜。

【疏】「士坐」至「立飲」　注「他謂」至「不拜」　云「他，謂衆士也」者，上云「士長」，明此「士長」之外皆衆士也。知「亦升受爵」者，以其士尊於笙之長，笙之長尚受爵於階上，明士得升堂受爵也。言「不拜」者，以其士長得拜，明衆士不拜也。

乃薦司正與射人一人，司士一人，執冪二人，立于觶南，東上。天子射人、司士皆下大夫二人。諸侯則上士，其人數亦如之，司正爲上。

【疏】「乃薦」至「東上」　注「天子」至「爲上」　此等皆士而先薦者，以其皆有事，故先得薦。司士亦先薦者，案周禮司士「掌羣士爵禄」廢置之事，士中之尊，故亦先得薦也。鄭引周禮序官射人、司士「下大夫二人」約出此。「諸侯則上士」者，天子官尊，諸侯宜降一等，以是諸侯射人、司士得在士位中。云「其人數亦如之」者，案周禮序官「射人下大夫二人，上士四人，下士八人」，皆名射人，則諸侯雖使士爲之，人數亦等。以其畿外諸侯張三侯，與天子同，故知射人之數亦同也。言此者，欲見射時射人有事非一，故下文注云「大射正，射人之長」。是以大射禮大射正及小射正皆有事也。云「司正爲上」者，雖同是士，以其爲庭長，故設在上，先薦之。此經三者當官雖多，〔五二〕皆取長先薦，其餘在於衆位，依齒也。又士位在西，有事者別在觶南，北面，東上也。

辯獻士。士既獻者立于東方，西面，北上，乃薦士。每已獻而即位于東方，蓋尊之。畢獻薦于其位。

【疏】「辯獻」至「薦士」　注「每已」至「其位」　云「即位于東方，蓋尊之」者，以其庭中之位，卿東方，西面，大夫北面，士西方，東面，是東方尊。今卿大夫得獻升堂，位空，故士得獻即東方卿位，是尊之。以無正文，故云「蓋」以疑之也。知「畢獻薦之」者，以其經云「辯獻士」，乃薦士，故知當畢獻後乃薦也。

祝史、小臣師，亦就其位而薦之。次士獻之已，不變位，位自在東方。

【疏】「祝史」至「薦之」　注「次士」至「東方」　云「次士獻之已，不變位」者，對先獻士，士即變位，鄉東方也。云「位自在東方」者，案上設位之時，祝、史在門東，小臣在東堂下，是先在東方也。

主人就旅食之尊而獻之，旅食不拜，受爵，坐祭，立飲。北面酌，南鄉獻之於尊南。不洗者，以其賤，畧之也。亦畢獻乃薦之。主人執虚爵，奠于篚，復位。〇南鄉，許亮反。

【疏】「主人」至「立飲」　注「北面」至「復位」　云「北面酌，南鄉獻之於尊南」者，案大射旅食，尊在西鏄之南，北面，則此主人在南亦北面。以陳尊向君，若東楹之西東向設尊，亦是向君爲正。彼酌者尊後東面酌，此亦尊後北面酌，南面獻之於尊南也。云「不洗者以其賤」者，此乃庶人在官，府、史、胥、徒之輩，故云「賤，畧之也」。云「亦畢獻乃薦之」者，亦上文士，此畢獻乃薦可知。云「主人執虛爵，奠于篚，復位」者，此約大射獻旅食訖，云「執虛爵奠于篚，復位」故知也。

若射，則大射正爲司射，〔五三〕如鄉射之禮。〔五四〕大射正，射人之長者也。「如鄉射之禮」者，燕爲樂，卿大夫宜從其禮也。如者，如其「告弓矢既具」至「退中與筭」也，納射器而張侯，其告請先于君，乃以命賓及卿大夫，其爲司正者，亦爲司馬，君與賓爲耦。鄉射記曰〔五五〕自「君射」至「龍旜」，亦其異者也。薦旅食乃射者，是燕射主於飲酒。

【疏】「若射」至「之禮」　注「大射」至「飲酒」　此一經論燕末行射之節。云「大射正爲司射」者，燕禮輕，又不主爲射，故射人爲擯，又爲司正，至射時，大射正爲司射；大射之時畧於燕，主於射，故大射正爲擯，又爲司正，至射又親其職，故不同爲司射也。云「宜從」之者，鄉射是卿大夫禮，故樂之還從之也。云「如者，如其告『弓矢既具』至『退中與筭』也」者，經云「如鄉射之禮」，明從始至末皆如之。案鄉射初司射告「弓矢既具」，至三番射訖，而「退中與筭」，故如之也。云「納射器而張侯」者，欲見此與鄉射因納射器後，即張侯。大射納射器之後，無張侯之事，是以特言此也。〔五六〕云「告請先於君，乃以命賓及卿大夫」者，此燕禮與大射皆國君之禮，此燕禮每事皆先請於君，大射亦先請於君。故故大射初，〔五七〕司射自阼階前請於公，公許乃命賓及卿大夫。鄉射西階上告賓曰「弓矢既具」，乃告於主人，遂告大夫，是先後異也。云「其爲司正者，亦爲司馬」者，鄉射將射云「司正爲司馬」，此亦於將射司正爲司馬，故「亦」之也。若然，則上文射人告具，射人請賓，又云「射人請立司正」，「公許，射人遂爲司正」，皆一人也。必云「司正爲司馬」者，諸侯有常官，嫌與鄉射異，故言此也，若士射則司正不爲司馬。云「君與賓爲耦」者，欲見鄉射賓與主人爲耦，此君與賓爲耦，亦是異於鄉射也。引鄉射記『君射』至『龍旜』，亦其異者也」者，謂旌與中異。何者？彼因記國君三處射，旌與中各不同，云「君國中射則皮樹中，以翿旌獲，白羽與朱羽糅」，言「國中」則此燕射也。又云「於郊則閭中，以旌獲」，謂諸侯大射在郊。又云「於竟則虎中龍旜」，謂諸侯賓射在竟。此皆諸侯禮射，雖記在鄉射，皆與鄉射異也。云「薦旅食乃射者，是燕射主於飲酒」者，此獻士旅食後乃射，是燕射主於飲酒，〔五八〕決大射未爲大夫舉旅之前則射，是彼大射主於射故也。

賓降，洗，升，媵觚于公，酌散，下拜。公降一等，小臣辭。賓升，再拜稽首，公荅再拜。此當言媵觶，酬之禮皆用觶，言觚者字之誤也，古者「觶」字或作「角」旁「氏」，由此誤爾。○媵觚，觚依注音觶。

【疏】「賓降」至「再拜」　注「此當」至「誤爾」　自此盡「賓反位」，論賓媵爵於公之節。云「古者觶字或作角旁氏，由此誤爾」者，案冬官「梓人爲飲器，勺一升，爵一升，觚三升，獻以爵而酬以觚。一獻而三酬，則一豆矣」，鄭引南郡大守馬季長云「觚當爲觶，豆當爲升」，鄭康成云「古者觶角傍氏，似觚，故誤爲觚，時人又多聞觚，寡聞觗，是以誤爲觚」，此注與彼同也。

賓坐祭，卒爵，再拜稽首，公荅再拜。賓降，洗象觶，升，酌膳，坐奠于薦南，降拜，小臣辭。賓升，成拜，公荅再拜。賓反位。反位，反席也。今文曰「洗象觚」。

【疏】「賓坐祭」至「反位」　注「反位」至「象觚」　知「反位」是「反席」者，以其堂下無席，堂上乃有之，而云「賓升，成拜」，不云「降」，明上「反位」者，「反席」可知也。

公坐取賓所媵觶，〔五九〕興，唯公所賜。〔六〇〕至此又言興者，明公崇禮不倦也。今文「觶」又爲「觚」。

【疏】「公坐」至「所賜」　注「至此」至「爲觚」　自此盡「士旅酌，卒」，論君爲士舉旅之事。云「唯公所賜」者，辯與爲大夫舉旅同也。云「至此又言興者，明公崇禮不倦也」者，以其説屨升坐之後，理當倦，今言「興」，明不倦矣。

受者如初受酬之禮，〔六一〕降，更爵洗，升，酌膳，下拜，小臣辭，升，成拜，公荅拜。乃就席，坐行之。坐行之，若今坐相勸酒。有執爵者。士有盥、升主酌授之者。

【疏】「有執爵者」　注「士有」至「之者」　無筭坐勸酒，有執爵行之者。今此爲士舉旅，亦有執爵行之，若無筭爵然後「士有盥、升主酌授之者」。若然，前三舉旅皆酬者，自酌授人也。

唯受于公者拜。公所賜者也，其餘則否。司正命執爵者爵辯，卒，受者興，以酬士。欲令惠均。○欲令，力呈反。

【疏】「司正」至「酬士」　注「欲令惠均」　此所命者，命大夫也。以前三舉旅，辯大夫則止。今此爲士舉旅，故及之。云「欲令惠均」者，惠均於室及均於庭也。士特牲爵止欲得神惠均於室及均於庭，此據人君之惠均於庭也。

大夫卒受者以爵興，西階上酬士。士升，大夫奠爵拜，士荅拜。興酬士者，士立堂下無坐位。

【疏】「大夫」至「荅拜」　注「興酬」至「坐位」　此即上文司正所命者也。云「興酬士者，士立堂下無坐位」者，凡禮，堂上有席者坐，堂下無席者立，是以禮記檀弓工尹商陽是士，而云「朝不坐」，「堂下無坐位」者也。

大夫立卒爵，不拜，實之。士拜受，大夫拜送。士旅于西階上，〔六二〕

辯。祝史、小臣旅食皆及焉。

【疏】「大夫」至「上辯」 注「祝史」至「及焉」 知「旅食皆及」者，以士未得獻時，旅酬不及，得獻之後，旅則及之，〔六三〕旅食亦次士得獻，故知亦酬及之。 其庶子以下未得獻者，至獻後「無筭爵」及焉。

士旅酌，旅，序也，士以次序自酌相酬，無執爵者。卒。

主人洗，升自西階，獻庶子于阼階上，如獻士之禮。辯，降洗，遂獻左右正與內小臣，皆於阼階上，如獻庶子之禮。庶子掌「正六牲之體」及「舞位」，使國子「脩德學道」，世子之官也。 而與膳宰、樂正聯事，樂正亦學國子以舞。〔六四〕左右正，謂樂正、僕人正也。小樂正立于西縣之北，僕人正、僕人師、僕人士立于其北，北上。大樂正立于東縣之北。若射則僕人正、僕人士陪于工後。內小臣奄人，掌君陰事陰令，后夫人之官也。皆獻于阼階上，別於外內臣也。 獻正下及內小臣，則磬人、鍾人、鑮人、鼓人、僕人之屬盡獻可知也。凡獻皆薦也。○亦學，户教反，教也。大樂，音泰。別於，彼列反。鑮人，本又作鎛，音博，下同。

【疏】「卒主」至「之禮」〔六五〕 注「庶子」至「薦也」 此一經獻庶子以下之節。云「庶子掌正六牲之體及舞位，使國子脩德學道，世子之官也」者，案周禮諸子職云「大祭祀，正六牲之體，凡樂事正舞位。國子存遊倅，使之脩德學道」，彼天子諸子之官屬大子，若據諸侯，爲世子之官。 引之者，以天子謂之諸子，諸侯謂之庶子，掌公、卿大夫、士之適子，掌事寔同，〔六六〕故取諸子職解此庶子之事。 云「而與膳宰、樂正聯事」者，以掌「正六牲之體」得與膳宰聯事；掌「國子脩德學道」，得與樂正聯事，以其樂正亦掌教國子故也。 言此者，欲見膳宰得獻，此庶子亦得獻之意。 云

「樂正亦教國子以舞」者，欲見庶子掌國子，得與樂正聯事。云「左右正謂樂正、僕人正也，」「僕人正」以下至「北上」，鄭知義然者，見大射禮而知。云「左右正」者，據中庭爲左右。大射禮工遷於東，僕人正亦與樂正同處，名曰左正，復云右正，明是小樂正在西，爲一也。若小樂正不在西，大射之禮不得有「左右正」之文。又兩面俱縣，明大、小樂正各監一縣，又知「僕人正」以下在小樂正之北，北上者，以鄉射弟子相工皆在西，今「僕人正」以下亦是相工之人，故知亦在西方也。又工堂上西階之東，相工者宜近其事，故在西方樂正之北也。又知「北上」者，以大射、鄉射工遷在下之時，皆北上統於樂正，今相者以工爲主，明在堂下，則宜北統於堂上矣。下又知大樂正在東縣北者，約鄉射云「縣于洗東北」。至射時「遷樂」於「阼階下之東南，堂前三笴，西面北上坐」。樂正北面立于其南」，是得爲一證也。云「若射」以下至「工後」者，案大射將射之時，工遷於下「東坫之東南，西面，北上坐」，相者以工爲主，故知相工陪於東，即在工後也。〔六七〕云「內小臣奄人，掌君陰事陰令，后夫人之官也」者，案天官小臣序官云「內小臣奄，上士四人」，〔六八〕其職云「掌王之陰事、陰令」，鄭注云「陰事羣妃御見之事，陰令王所求爲於北宮」。彼后之官，兼云「夫人」者，欲見諸侯夫人內小臣，亦與后之內小臣職同，故雙言之。云「皆獻於阼階上，別於外內臣也」者，臣云外內者，案周禮有「外內命夫」，鄭注云「外命夫六鄉以出」。案內命夫朝廷卿大夫，則諸侯臣在鄉遂及采地者爲外臣，在朝廷者爲內臣，但外內臣皆獻於西階上，此獻於阼階，故云「別於外內臣也」。云「則磬人」以下至「盡獻可知也」者，此據周禮天子有此官，諸侯並以下士爲之，則諸侯亦有此官，以其庭中之樂軒縣，別有鍾、磬、鎛、鼓故知也。兼言「僕人」者，此經直見「僕人正」，不見僕人師、僕人士，大射見之。內小臣奄人之賤者，尚得獻，明此等皆得獻可知也。知「凡獻皆薦」者，以經云「如獻士」，獻士有薦，凡此等獻訖，明皆有薦也。

無筭爵。筭，數也。爵行無次無數，唯意所勸，醉而止。

【疏】「無筭爵」注「筭數」至「而止」　自此盡「無筭樂」，論酒行樂作，無次數之節。云「爵行無次無數」者，此對四舉旅以前皆有次有數，此則無次數也。

士也有執膳爵者，有執散爵者。執膳爵者酌以進公，公不拜受。執散爵者酌以之公，〔六九〕命所賜，所賜者興，受爵，降席下，奠爵，再拜稽首，公荅拜。席下，席西也。古文曰「公荅再拜」。

【疏】「士也」至「荅拜」　注「席下」至「再拜」　自旅酬已前，受公爵皆降拜，升，成拜，至此不復降拜者，禮殺故也。云「席下，席西也」者，賓與卿大夫席皆南面統於君，皆以東爲上，故知「席」下爲「席西」也。

受賜爵者以爵就席坐，公卒爵然後飲。不敢先虛爵，明此勸惠從尊者來也。

【疏】「受賜」至「後飲」　注「不敢」至「來也」　上已言君「命所賜」，至此經云「受賜」，自然惠從尊者來，但先君受爵，〔七〇〕似惠不由君來，故後飲然後授虛爵，是由尊者來，故後飲之也。此執爵者，皆酌行之以徧，唯卒爵者興以酬士，自酌與之，是以鄉飲酒、鄉射皆云「辯，卒受者興，以旅在下者」，注云「不使執觶者酌，以其將旅，〔七一〕不以已尊孤人也。」

執膳爵者受公爵，酌，反奠之。宴歡在於飲酒，成其意。

【疏】「執膳」至「奠之」　注「宴歡」至「其意」　云「成其意」者，君意欲得皆醉，今執膳者酌，反奠於君前，望當君心，故云「宴歡在於飲酒，成其意也。」

受賜爵者興，〔七二〕授執散爵。執散爵者乃酌行之。予其所勸者。唯受爵於公者拜。卒受爵者興，以酬士于西階上。士升，大夫不拜，乃飲，實爵，乃，猶而也。

【疏】注「乃猶而也」　轉「乃」爲「而」者，「乃」是緩辭，此將勸士，士已升階，大夫即飲不可爲「乃」，故從「而」解之也。

士不拜，受爵，大夫就席。士旅酌亦如之。公有命徹冪，則卿大夫皆降，西階下北面，東上，再拜稽首。公命小臣辭。公荅再拜，大夫皆辟。命徹冪者，公意殷勤，必盡酒也。小臣辭，不升成拜，明雖醉，正臣禮也。不言賓，賓彌臣也。君荅拜於上，示不虛受也。○皆辟，音避，劉房益反。

【疏】「士不」至「皆辟」　注「命徹」至「受也」　云「士旅酌亦如之」者，亦如大夫相酌之法。云「公有命徹冪」者，此君尊在東楹之西，專大惠，故待無筭爵乃徹冪。鄉飲酒尊在房户之間，賓主共之，故賓至則徹之，與此異也。云「小臣辭，不升成拜，明雖醉，正臣禮也」者，臣之禮當下拜爲正，今不言「升，成拜」者，於下已拜，是雖無筭爵已醉，而不倦，行臣禮，禮之正也。云「不言賓，賓彌臣也」者，經直言「卿大夫皆降」，不别言賓，是燕末賓同於臣。言「彌」者，上旅酬云「若賓若長」，猶言賓，但言賜不言酬，已是賓卑，今乃設賓不言賓，〔七三〕是「賓彌臣」，故同臣例也。云「君荅拜於上，示不虛受也」者，案燕義云「禮無不荅，言上之不虛取於下也」，彼釋此言也。〔七四〕但彼言「不虛取於下」者，摠申此燕禮君荅拜之事，不獨爲此言也。

遂升，反坐。士終旅於上，如初。卿大夫降而爵止，於其反席卒之。

【疏】「遂升」至「如初」　注「卿大」至「卒之」　云「卿大夫降而爵止」者，上文已云「大夫不拜，乃飲，實爵。士不拜，受爵」，是大夫飲訖爵止也。云「於其反席卒之」者，謂上士受，得大夫爵，此經云「士終旅於上，如初」，是於大夫反席士卒之也。

無筭樂。升歌、間、合無數也，取歡而已，其樂章亦然。

【疏】「無筭樂」　注「升歌」至「亦然」　此「無筭」對上升歌、笙間、合各依次第而三終，有次有數，此則任君之情，無次無數，其詩樂章亦然，亦無次無數。

宵，則庶子執燭於阼階上，司宮執燭於西階上，甸人執大燭於庭，閽人爲大燭於門外。〔七五〕宵，夜也。燭，燋也。甸人，掌共薪蒸者，庭大燭，爲位廣也。閽人，門人也。爲，作也，作大燭以俟賓客出。○甸人，六練反。燋也，〔七六〕哉約反，劉哉妙反。閽人，音昏。掌共，音恭。

【疏】「宵則」至「門外」　注「宵夜」至「客出」　凡燕法設燭者，或射之後終燕則至宵也，或冬之日不射亦宵，夏之日不射未必至宵也。云「燭，燋也」者，古者無麻燭而用荆燋，故少儀云「主人執燭抱燋」，鄭云「未爇曰燋」，但在地曰燎，執之曰燭，於地廣設之則曰大燭，其燎亦名大燭。故詩云「庭燎之光」，毛云「庭燎，大燭也」，鄭云「夜未央而於庭設大燭」，毛、鄭並指此「甸人執大燭」之文也。司烜氏云「凡邦之大事，共墳燭庭燎」，玄謂「墳，大也。樹於門外曰大燭，於門內曰庭燎」，言樹則大燭亦在地，廣設之而已。此「閽人爲大燭於門外」者，亦是大燭在地者。案郊特牲云「庭燎之百，由齊桓公始也」，注云「僭天子也。庭燎之差，公蓋五十，侯伯子男皆三十」，文出大戴禮也。此亦諸侯禮，以燕禮輕，故不言庭燎，設大燭而已。云「甸人掌共薪蒸」者，天官甸師氏職文，引之者，以其內有燭樵，故使之在門爲大燭也。云「閽人，門人也」者，案天官閽人「掌守王中門之禁」，諸侯亦當然。

賓醉，北面坐取其薦脯以降，取脯，重得君賜。奏陔。陔，陔夏，樂章也。賓出奏陔夏，以爲行節也。凡夏以鍾、鼓奏之。○陔夏，户雅反，下同。

【疏】「奏陔」　注「陔陔」至「奏之」〔七七〕　云「陔，陔夏」者，案鍾師九夏之中有陔夏，九夏皆是詩，詩爲樂章，故知「樂章」也。云「賓出奏陔夏，以爲行節也」者，此及鄉飲酒皆於賓出奏陔夏，明此爲行節，戒之使不失禮。云「凡夏以鍾、鼓奏之」者，案周禮鍾師云「以鍾、鼓奏九夏」，鄭注云「先奏鍾，次擊鼓」，是凡夏皆以鍾、鼓奏之。

賓所執脯以賜鍾人于門內霤，遂出。必賜鍾人，鍾人掌以鍾、鼓奏九夏，今奏陔以節己，用賜脯以報之，明雖醉不忘禮。古文「賜」作「錫」。卿大夫皆出。隨賓出也。公不送。賓禮訖，是臣也。

公與客燕，謂四方之使者。○之使，所吏反，下使人同。

【疏】「公與客燕」　注「謂四方之使者」　自此盡「敢拜賜命」，論與異國臣將燕，使卿大夫就館戒客之辭事。但燕異國卿大夫與臣子同，唯戒賓爲異，故於禮末特見之也。云「謂四方之使者」，以其云「客」，以「寡君」對之，故知四方使卿大夫來聘，主君將燕之也。

曰：「寡君有不腆之酒，〔七八〕以請吾子之與寡君須臾焉，使某也以請。」

君使人戒客辭也。禮，使人各以其爵。寡，鮮也，猶言少德，謙也。腆，善也。上介出請入告。古文「腆」皆作「殄」。今文皆曰「不腆酒」，無「之」。○不腆，它典反。寡鮮，息淺反。

【疏】「曰寡」至「以請」　注「君使」至「無之」　云「禮，使人各以其爵」者，案公食大夫云「使大夫戒，各以其爵」，以其大聘使卿，小聘使大夫，爵不同，故主君亦以其爵戒之也。云「上介出請入告」者，亦約公食使者至館門外，客使者上介出請事，入告賓。但彼食禮重，故三辭，此燕禮輕，故再辭爲異耳。又彼見「賓出拜辱，大夫不荅拜」，此不言者，文不具。

對曰：「寡君，君之私也。君無所辱賜于使臣，〔七九〕臣敢辭。」上介出荅主國使者辭也。私，謂獨有恩厚也。〔八〇〕君無所爲辱賜於使臣，謙不敢當也。敢者，怖懼，用勢決之辭。

【疏】「對曰」至「敢辭」　注「上介」至「之辭」　云「敢者，怖懼，用勢決之辭也」者，謂若怖懼之事，不避危難，用勢往決之，故云「用勢決之辭也」。

「寡君固曰不腆，使某固以請」。「寡君，君之私也。君無所辱賜于使臣，臣敢固辭」。重傳命。固，如故。○重，直用反。傳命，大專反。〔八一〕「寡君固曰不腆，〔八二〕使某固以請」。「某固辭不得命，敢不從」。許之也，於是出見主國使者，辭以見許，爲得命。今文無「使某」。致命曰：「寡君使某，有不腆之酒，以請吾子之與寡君須臾焉。」親相見，致君命辭也。「君貺寡君多矣，〔八三〕又辱賜于使臣，臣敢拜賜命。」貺，賜也，猶愛也。敢拜賜命，從使者拜君之賜命，猶謙不必辭也。

【疏】注「敢拜」至「辭也」 主君使大夫往戒，只爲燕事，今客從之者來就燕，而云拜主君賜燕之命者，謙不必有燕事。

記。燕，朝服，於寢。朝服者，諸侯與其羣臣日視朝之服也，謂冠玄端，緇帶，素韠，白屨也。燕於路寢，相親昵也。今辟雍十月行此燕禮，玄冠而衣皮弁服，與禮異也。○朝服，直遥反，注同。素韠，音畢。今辟，音壁。〔八四〕而衣，於既反。

【疏】「記。燕，朝服，於寢」 注「朝服」至「異也」 凡記，皆記經不具者。〔八五〕以經不言燕服及燕處，故記人言之也。云「謂冠玄端，緇帶，素韠，白屨」者，皆士冠禮文。案屨人注「天子、諸侯吉事皆舄」，諸侯朝服，素裳，素韠，應白舄而云「白屨」者，引士冠禮成文，其實諸侯當白舄，其臣則白屨也。鄭注周禮屨人云「複下曰舄，禪下曰屨」，下謂底，以此爲異也。云「燕於路寢，相親昵也」，知燕於寢者，以其饗在廟，明燕在寢私處可知也。引漢法欲見與古異者，周時玄冠服則緇布衣，今衣皮弁服，是其異也。

其牲，狗也，狗，取擇人也，明非其人不與爲禮也。亨于門外東方。亨於門外，臣所掌也。○亨，普庚反，注同。

【疏】「亨于門外東方」 注「亨于」至「掌也」 此君禮，故云「臣所掌」。案公食記云「亨于門外東方」，注云「必於門外者，大夫之事也」，注不同者，以其饗食在廟嚴凝，宜親監視，不得言「臣所掌」，故注云「大夫之事也」；鄉飲酒「亨狗于堂東北」者，非君禮，是臣於堂東北，不在外者，宜主人親供，又法陽氣之所始，故三者注皆不同也。

若與四方之賓燕，則公迎之于大門内，〔八六〕揖讓，升。四方之賓，謂來聘者也。自戒至於拜至，皆如公食，亦「告饌具」而後公即席，小臣「請執冪」，請「羞者」乃迎賓也。○公食，音嗣。

【疏】「若與」至「讓升」　注「四方」至「賓也」　云「自戒至於拜至，皆如公食」者，此燕用狗，彼用大牢，此戒賓再辭，彼三辭，至於卿大夫立位皆不同，而云「如公食」者，謂除此之外如之。若然，依公食從首「使大夫戒，各以其爵。上介出請入告」已下至「北面，再拜稽首」皆如之，饌具之等不如之也。云「亦告饌具而後公即席，小臣請執冪，請羞者乃迎賓也」者，言此者，欲見燕四方賓，此等依上文，與燕己臣子同，亦不如公食。以其公食公無席，又無入廟之事，又公食無「請執冪」、「羞膳」，故別言此也。

賓爲苟敬，席于阼階之西，北面。有脀，不嚌肺，不啐酒。其介爲賓。苟，且也，假也。主國君饗時，親進醴于賓，〔八七〕今燕又宜獻焉，〔八八〕人臣不敢褻煩尊者，至此升堂而辭讓，欲以臣禮燕，爲恭敬也，於是席之如獻諸公之位。言苟敬者，賓實主國所宜敬也。脀，折俎也。不嚌、啐，似若尊者然也。介門西，北面，西上。公降，迎上介以爲賓，揖讓升如初禮。主人獻賓，獻公，既獻苟敬，乃媵觚。羣臣即位如燕也。○饗時，許兩反，或作鄉，非。燕爲，于僞反。

【疏】「賓爲」至「爲賓」　注「苟且」至「燕也」　云「主國君饗時，親進醴于賓」者，謂行聘享訖禮賓之時，君親酌醴進于賓。若然，前有饗食，不言之者，饗禮亡，無以可言，〔八九〕食禮又無酒醴所獻之事，故不言而云「饗時」也。云「今燕又宜獻焉」者，案上燕己臣子使宰夫爲主人，知此親獻者，若不親獻即同己臣子，賓何須辭之而爲「苟敬」，故知君當親獻焉。云「至此升堂而辭讓」者，若此時升堂不辭，即行燕賓之禮，故知辭之在初升堂時。云「欲以臣禮燕，爲恭敬也」者，正謂在阼西北面，〔九〇〕故云「席之如諸公之位」也。〔九一〕云「言苟敬者，賓實主國所宜敬，但爲辭讓，故以命介爲賓，不得敬之，今雖以介爲賓，不可全不敬，於是席之於阼階西，且敬也，故云「苟敬」也。云「不嚌、啐似若尊者然也」者，案此燕禮與大射、鄉射皆不嚌、啐，是諸公如鄉禮，今聘卿在諸公之坐，亦不嚌不啐，是爲「似若諸公尊者然也」。云「介門西，北面，西上」者，約聘禮而知也。云「公降，迎上介以爲賓，揖讓升如初禮」者，此如上文燕己臣子以大夫爲賓者同，故云「如初禮」也。云「主人獻賓、獻公，既獻苟敬，乃媵觚」者，若上燕己臣子之時，獻賓獻公既，即媵觶以酬賓。但「苟敬」之前，宜有薦有俎，實與君同，明知獻公後即獻，苟敬乃可酬賓也。云「羣臣即位如燕」者，如上燕己臣子同。若然，羣臣不待迎賓，入乃從君入者，以其皆蒙獻酬，故因其先至寢門，故小臣引之即入，不待賓入後也。

無膳尊，無膳爵。降尊以就卑也。

【疏】「無膳尊，無膳爵」 注「降尊以就卑」 郊特牲云：「三獻之介，君專席而酢焉，此降尊以就卑也」。注云：「三獻，卿大夫來聘，主君饗燕之，以介爲賓。賓爲苟敬，則徹重席而受酢也。專猶單也。」彼與此事同，故鄭引彼經以證。此燕己臣子，不見有君親受賓酢。若燕異國臣子，得有專席受酢者，獻卿大夫之後，依次各爲此三人與旅。獻士之後，賓乃媵觶於公，賓取所媵觶爲士舉旅，應以爲酢君，君專席而受之也。

與卿燕，則大夫爲賓；與大夫燕，亦大夫爲賓。〔九二〕不以所與燕者爲賓者，燕爲序歡心，賓主敬也。「公父文伯飲南宮敬叔酒，以路堵父爲客」，此之謂也。君恒以大夫爲賓者，〔九三〕大夫卑，雖尊之，猶遠于君。今文無「則」，下無「燕」。○公父，音甫，下同。飲南，於鴆反，下文「若飲」并注同。堵父，音者，劉音覩。猶遠，于方反。

【疏】「與卿」至「爲賓」 注「不以」至「無燕」 此謂與己臣子燕法。若與異國賓燕，皆用上介爲賓，如上説也。云「公父文伯已下，是魯語文，此三人皆魯大夫自相燕法。云「此之謂也」者，此謂不使所爲燕者爲賓之義。〔九四〕云「君恒以大夫爲賓者，大夫卑，雖尊之，猶遠於君」者，案禮記燕義云「不以公卿爲賓，而以大夫爲賓，爲疑也，明嫌之義也」，注云「公卿尊矣，復以爲賓，則尊與君大相近」，是不用公卿爲賓，恐逼君。用大夫爲賓，雖尊之，猶遠於君，不畏逼君也。

羞膳者與執冪者皆士也。尊君也。膳宰卑於士。

【疏】「羞膳」至「士也」　注「尊君」至「於士」　經直云「請執冪與羞膳」，不辨其人，故記人言之。云「尊君也，膳宰卑於士」者，言膳宰别小膳宰也。以其下云「羞卿者小膳宰」，明於君者士也，士尊於小膳宰也。若然，士則膳宰之長者，故下注「小膳宰」云「膳宰之佐」也。

羞卿者，小膳宰也。膳宰之佐也。若以樂納賓，則賓及庭，奏肆夏。賓拜酒，主人荅拜而樂闋。〔九五〕公拜受爵而奏肆夏。公卒爵，主人升受爵以下而樂闋。肆夏，樂章也，今亡，以鍾、鎛播之，鼓、磬應之，所謂金奏也。記曰「入門而縣興」，「示易以敬也」，卿大夫有王事之勞則奏此樂焉。○樂闋，若穴反。應之，應對之應。示易，以豉反。

【疏】「若以」至「樂闋」　注「肆夏」至「樂焉」　自此盡「若舞，則勺」，論臣子有王事之勞與之燕之事。云「若」者，不定之辭，以其常燕已臣子無樂，王事之勞，或有或無，故言「若」也。云「肆夏，樂章也，今亡」者，鄭注鍾師云「九夏皆詩篇名，頌之族類也。此歌之大者，載在樂章，樂崩亦從而亡，是以頌不能具」也。云「以鍾、鎛播之，鼓、磬應之」者，鍾師云「掌金奏」，鄭注云「擊金以爲奏樂之節，金謂鍾及鎛」；又云「凡樂事以鍾、鼓奏九夏」，鄭注云「先擊鍾，次擊鼓」，是奏肆夏時有鍾、鎛、鼓、磬。彼經注雖不言磬，但縣内有此四者，故鄭兼言磬也。言「所謂金奏也」者，所謂「鍾師掌金奏」也。云「記曰」者，此鄭引二記之文。何者？云「入門而縣興」，是仲尼之文，仲尼燕居云「兩君相見，揖讓而入門，入門而縣興，揖讓而升堂，升堂而樂闋」；郊特牲云「賓入大門，而奏肆夏，示易以敬也」。必引二記文者，以燕在寢，賓及庭及寢，庭與仲尼燕居「入門而縣興」事相類，故引之證賓及庭樂作之義也；此肆夏以金奏之，故引郊特牲「示易以敬」，證用肆夏之義也。不取「賓入大門」者，大門非寢門故也。云「卿大夫有王事之勞，則奏此樂焉」，知者，以發首陳君與臣子常燕及聘使之臣燕，次論四方賓燕，今此言賓及庭奏肆夏，則非尋常大夫爲賓，與宰夫爲主人相對者，謂若「賓爲苟敬」四方賓之類，特奏肆夏，其事既重，若非有王事之勞，何以致此，故知是臣有王事之勞者，乃奏此樂也。

升歌鹿鳴，下管新宫，笙入三成，新宫，小雅逸篇也。管之入，三成，謂三終也。

【疏】「升歌」至「三成」　注「新宫」至「終也」　鹿鳴不言「工歌」，新宫不言「笙奏」，而言「升歌」、「下管」者，欲明「笙奏」異於常燕，常燕即上所陳四節是也。今工歌鹿鳴三終，與「笙奏」全別，故特言「下管新宫」，乃始「笙入三成」者，止謂笙奏新宫三終，申説下管之義。云「新宫，小雅逸篇也」，知在小雅者，以配鹿鳴而言，鹿鳴是小雅，明新宫小雅可知。

遂合鄉樂。鄉樂，周南、召南六篇。言遂者，不間也。**若舞則勺。**〔九六〕勺，頌篇，告成大武之樂歌也。其詩曰「於鑠王師，遵養時晦」，又曰「實維爾公、允師」，既合鄉樂，萬舞而奏之，所以美王侯，勸有功也。○則勺，音灼，劉又音照。於鑠，上音烏，下舒若反。

【疏】「若舞，則勺」　注「勺頌」至「功也」　言「若」者，或爲之舞，或不爲之舞，在於君意，故以不定而言。云「舞則勺」

者，謂爲之舞則歌勺詩以爲曲。云「勺，頌篇，告成大武之樂歌也」者，勺詩序文。云「其詩曰『於鑠王師，遵養時晦』」者，鑠，美也，言於呼，美武王之師；遵，循也，循養晦昧之紂。三分天下，猶服事於殷。又曰「實維爾公，允師」者，公事，允信也，言武王伐紂，實維汝武王之事，信得用師之道。云「既合鄉樂」者，以文承「合鄉樂」之下，故知「既合鄉樂」也。云「萬舞而奏之」者，釋經舞時作周萬舞之舞而奏勺詩。宣八年公羊傳云「壬午，猶繹，萬入去籥」，傳曰「萬者何？干舞也」謂秉干舞以奏勺詩也。云「所以美王侯勸有功也」者，天子、諸侯作之，是美王侯，亦所以勸有功也。

唯公與賓有俎。主於燕，其餘可以無俎。

【疏】「唯公與賓有俎」 注「主於」至「無俎」 「主於燕，其餘可以無俎」者，對大射辨尊卑，公、卿皆有俎，其牲用狗則同也。

獻公曰：「臣敢奏爵以聽命」。授公釋此辭，不敢必受之。

【疏】「獻公」至「聽命」 注「授公」至「受之」 謂若主人獻公，賓媵觶於公，雖非獻亦釋此辭也。

凡公所辭，皆栗階。栗，蹙也，謂越等急趨君命也。○栗蹙，子六反。凡栗階，不過二等。〔九七〕其始升，猶聚足連步，越二等，左右足各一發而升堂。

【疏】「凡栗階，不過二等」 注「其始」至「升堂」 凡堂及階，尊者高而多，卑者庳而少。案禮器云「天子之堂九尺，諸侯七尺，大夫五尺，士三尺」，士冠禮「降三等，受爵弁」，鄭注云「降三等，下至地」，則士三等階。以此推之，則一尺爲一階，大夫五尺五等階，諸侯七尺七等階，天子九尺九等階可知。今云「凡栗階，不過二等」，言凡，則天子九等已下至士三等皆有栗階之法。栗階不過二等，據上等而言，故鄭云「其始升，猶聚足連步」，一也。〔九八〕故曲禮云「涉級聚足，連步以上」，鄭注云「涉等聚足，謂前足躡一等，後足從之併。連步謂足相隨，不相過也」，此即聚足一也。天子已下皆留上等爲栗階，左右足各一發而升堂，其下無問多少皆連步。雜記云「主人之升降散等」，鄭注云「散等，栗階」，則栗階亦名散等。凡升階之法有四等：連步，一也；栗階，二也；歷階，三也，歷階謂從下至上皆越等，無連步，若禮記檀弓云「杜蕢入寢，歷階而升」是也；越階，四也，越階謂左右足越三等，若公羊傳云趙盾避靈公「躇階而走」是也。

凡公所酬，既拜，請旅侍臣。既拜謂自酌，升拜時也。擯者阼階下告于公，還西階下告公許旅行也，請行酒于羣臣。必請者，不專惠也。

【疏】「凡公」至「侍臣」 注「既拜」至「惠也」 云「既拜謂自酌，升拜時也」者，此即上賓得君酬酒，飲訖，自酌，降，拜，升時，「請旅侍臣」。云「擯者阼階下告于公，還西階下告公許旅行」者，此約大射而知也。

凡薦與羞者，〔九九〕**小膳宰也。**謂於卿大夫以下也。上特言「羞卿者，小膳宰」者，欲絶於賓，羞賓者亦士。

【疏】「凡薦」至「宰也」 注「謂於」至「亦士」 云「謂於卿大夫以下」者，以其執冪與羞膳於君是士，則知此「凡」者，於卿大夫也。云「上特言羞卿者，小膳宰者，欲絶於賓，羞賓者亦士」者，鄭意於此言「凡」，摠卿大夫，於文足矣，上文君下特言「羞卿者，小膳宰」者，欲見直言君不須言賓，以其賓之薦俎與君同，明羞膳亦與君同，不使小膳宰。故云「欲絶於賓，爲羞賓者亦士」也。

有内羞。謂羞豆之實，酏食、糝食；羞籩之實，糗餌、粉餈。○酏，以皮反，〔一〇〇〕劉書支反。糝食，素感反。糗，去久反，乾飯屑也，劉香久反，孟子曰「舜糗飯茹菜」。〔一〇一〕餌，音二。粉餈，才私反。

【疏】「有内羞」注「謂羞」至「粉餈」　云「謂羞豆之實酏食糝食」者，天官醢人云「羞豆之實，酏食糝食」，鄭注云「酏，餈也。内則曰『取稻米，舉糔溲之，小切狼臅膏，以與稻米爲餈』，又曰『糝取牛羊豕之肉，三如一，小切之，與稻米，稻米二，肉一，合以爲餌煎之』」是也。云「羞籩之實，糗餌、粉餈」者，籩人職云「羞籩之實，糗餌、粉餈」，鄭注云「此二物皆粉稻米、黍米所爲也，合蒸曰餌，餅之曰餈。糗者，擣粉熬大豆爲之，〔一〇二〕爲餌、餈之黏著以粉之耳。餌言糗，餈言粉，互相足」是也。糗熬之亦粉之，其粉擣之亦糗之，是互相足也。

君與射，則爲下射，袒朱襦，樂作而后就物，君尊。○袒，徒旱反。朱襦，如朱反。小臣以巾授矢，稍屬，君尊不搢矢。○稍屬，章欲反。不以樂志。辟不敏也。○辟不，音避。既發，則小臣受弓，以授弓人。俟復發也，不使大射正，燕射輕。○俟復，扶又反。上射退于物一笴，〔一〇三〕既發，則荅君而俟。荅，對。〔一〇四〕○一笴，工但反，又工老反。若飲君，燕則夾爵。謂君在不勝之黨，賓飲之如燕媵觚，則又夾爵。

【疏】「若飲君，燕則夾爵」　「夾爵」者，將飲君，先自飲，及君飲訖，又自飲爲夾爵。

君在，〔一〇五〕大夫射則肉袒。不纏襦，厭於君。○厭於，一涉反，下同。

【疏】注「不纏襦，厭於君」　鄉射記「大夫對士射，袒纏襦」，此對君，肉袒，故云「厭於君」也。

若與四方之賓燕，媵爵曰：「臣受賜矣，臣請贊執爵者。」〔一〇六〕受賜，謂公卿者酬之。至燕，主人事賓之禮殺，賓降，洗，升，媵觶于公，荅恩惠也。○公鄉，許亮反。

【疏】「若與」至「爵者」　注「受賜」至「惠也」　謂公取二「大夫所媵觶」上者，「以酬賓」是也。云「賓降，洗，升，媵觶于公」者，謂上獻士訖，賓「媵觶于公」，是荅恩惠也。

相者對曰：「吾子無自辱焉。」辭之也。對，荅也，亦告公，以公命荅之也。○相者，息亮反。**有房中之樂。**弦歌周南、召南之詩，而不用鍾磬之節也。謂之「房中」者，后、夫人之所諷誦，以事其君子。

【疏】「有房中之樂」　注「弦歌」至「君子」　云「弦歌周南、召南之詩，而不用鍾磬之節」者，此文承「四方之賓燕」下，而云「有」，明四方之賓而有之。〔一〇七〕知「不用鍾磬」者，以其此二南本后、夫人侍御于君子，用樂節，是本無鍾磬，今若改之而用鍾磬，當云「有房中之奏樂」，今直云「有房中之樂」，明依本「無鍾磬」也。〔一〇八〕若然，案磬師云「教縵樂、燕樂之鍾磬」，注云「燕樂，房中之樂，所謂陰聲也。二樂皆教其鍾磬」，房中樂得有鍾磬者，彼據教房中樂，待祭祀而用之，故有鍾磬也，房中及燕則無鍾磬也。

校勘記

〔一〕有蒲筵萑席兩種席　阮校云通解、要義同，毛本「種」作「重」，下並同。

〔二〕彼遵尊於主人　阮校云陳本、要義同，毛本「遵」作「尊」。

〔三〕奠于篚　武威簡甲本無此三字。今按鄭注云「今文無奠于篚」，簡本與今文合。沈文倬異文釋云據泰射同節簡本，今文亦當有此三字，簡本誤脱。

〔四〕射人乃升卿卿皆　武威簡甲本「卿」字不重，乃誤脱。

〔五〕若有諸公　「若有」武威簡甲本作「如右」。

〔六〕則先卿獻之　「獻」武威簡甲本作「就」，下文「獻卿」、「獻大夫」、「辯獻」、「獻工」等同。沈文倬異文釋則云「就卿」不可通，「就」乃陳夢家誤摹。

〔七〕彼是殷法同之　阮校云要義同，毛本「同」作「用」。

〔八〕故同稱公　阮校云要義同，毛本「公」作「云」。

〔九〕初無加席者　阮校云要義無「初」字。

〔一〇〕云親寵苟敬私昵之坐者　阮校云「云」下要義有「亦爲阼階西位近君君則屈」十一字。

〔一一〕二大夫媵爵如初　唐石經「大夫」之下又重「大夫」二字。阮校云疏讀「二大夫媵爵如初」爲句，則亦無「大夫」二字。上經「小臣請媵爵者，公命長。小臣作下大夫二人媵爵，媵爵者阼階下」云云，此經不言「公命」，不言「小臣作」，俱省文也。

〔一二〕一人待于洗南　「待」武威簡甲本作「寺」。

〔一三〕已爲賓舉旅　阮校云要義「已」作「以」。

〔一四〕不酢辟君　阮校云「不」下要義有「酬」字。「辟」要義同，通解、毛本作「爵」。

〔一五〕大夫皆升　阮校云通解、毛本無「升」字，然唐石經以下諸本皆有。石經考文提要以爲「升」字當有。

〔一六〕小臣左　「左」武威簡甲本作「佐」，乃誤加人旁。

〔一七〕右手相　武威簡甲本無「手」字，誤。

〔一八〕得相參之意　阮校云「意」要義作「禮」。

〔一九〕可則傚也　「傚」阮校云毛本作「效」。

〔二〇〕此采其更是勞苦　「是」徐本作「自」，今按黄刊嚴州本及他本作「是」，作「是」是。

〔二一〕本又作詨　「本」宋本作「太」，誤，此據徐乾學本改。

〔二二〕以旅于西階上　「旅」武威簡甲本作「盧」。今按士冠禮「筮人還東面旅占」，鄭注「古文旅作臚」。「盧」乃「臚」之借字。

〔二三〕笙奏之前　阮校云「前」陳、閩俱作「間」。今按，以作「前」是。

〔二四〕南陔白華華黍　武威簡甲本「陔」誤作「暅」，即觶，「白華華黍」誤作「白黍黍」。

〔二五〕且正考父　黄刊嚴州本、徐本同，阮校云毛本「且」作「宜」。今按此注亦見鄉飲酒注，彼作「且」，毛本誤。

〔二六〕經注與鄉射同　今按「鄉射」應是「鄉飲」之誤，然諸家皆失校。

〔二七〕獻笙于西階上　「笙」武威簡甲本作「生」。下文同，不悉校。

〔二八〕不祭　「不」武威簡甲本作「弗」。

〔二九〕笙崇丘　「丘」武威簡甲本作「立」，殆形近而譌。

〔三〇〕歌南山有臺　「臺」武威簡甲本作「壺」，殆形近而譌。

〔三一〕迴嫁反　「迴」徐乾學本誤作「避」，盧文弨本改作「遐」。

〔三二〕葛覃　「覃」武威簡甲本作「朕」。

〔三三〕鵲巢　武威簡甲本作「誰蕉」。今按，誰爲鵲之異體。蕉與巢通用。

〔三四〕采蘩　「蘩」武威簡甲本作「菮」。今按，「菮」當是「蒜」之省。又阮校云陳、閩作「繁」。

〔三五〕采蘋　「蘋」武威簡甲本作「雜」。陳夢家校記説「藻」之正文作「薻」，則「采雜」即采藻。陳氏又云簡本詩名與毛詩不同，應是齊詩。沈文倬異文釋則云非齊詩。

〔三六〕能脩其法度也　阮校云盧文弨改「脩」爲「循」，金曰追云「脩」鄉飲作「循」，詩序亦作「循」。阮氏云鄉飲注之「循」徐本作「脩」，此注之「脩」諸本無作「循」者。

〔三七〕夫婦之道者　阮校云集釋無「者」字。

〔三八〕諸侯之相與燕　阮校云徐本、集釋、要義俱無「之」字，通解有。今按黄刊嚴州本亦無，應以無爲是。

〔三九〕七如反　「如」徐乾學本作「徐」。

〔四〇〕飲酒不言鄉樂者　阮校云要義同，毛本「飲」上有「鄉」字。

〔四一〕大師告于樂正曰　阮校云通解、毛本無「于」字，然唐石經、嚴州本、徐本俱有。

〔四二〕對小師已下二百人爲上士也　阮校云周學健據春官大師、小師職文改「二百」爲「三百」，改「上士」爲「上工」。

〔四三〕樂正由楹内東楹之東　上「東」字武威簡甲本誤重。

〔四四〕西面北上坐時　阮校云「時」上陳、閩俱有「一」字。

〔四五〕故大樂正升堂　阮校云要義同，毛本「故」下有「知」字。

〔四六〕右還　「還」武威簡甲本作「興」，誤。

〔四七〕降公許　武威簡甲本無「降」字。沈文倬異文釋云「降」字不當有。

〔四八〕則君説屨之在堂上席側　阮校浦鏜云「之」字當衍，阮氏則疑「之」字下有脱文。

〔四九〕取狗肝一蒙之以其膋　阮校云要義同，毛本「一蒙」作「以幪」。阮按「一」字不誤，「蒙」當作「幪」，單疏誤也。

〔五〇〕受觶　「觶」武威簡甲本作「柧」。今按鄭注云「今文觶作觚」，簡本與今文合。

〔五一〕主人拜送觶　武威簡甲本無「觶」字，又阮校云毛本「送」作「受」。

〔五二〕當官雖多　阮校云「官」陳、閩俱作「宫」。

〔五三〕大射正爲司射　「大」武威簡甲本作「泰」。下文同此，不悉校。

〔五四〕如鄉射之禮　「鄉」武威簡甲本爲「卿」。今按鄭注「如者，如其『告弓矢既具』至『退中與筭』也」，所引鄉射禮文，則鄭所見作「鄉」。古鄉、卿同字。

〔五五〕鄉射記曰　阮校云「曰」字集釋作「云」，又引戴氏説「云」爲衍文。

〔五六〕是以特言此也　阮校云毛本「此」作「之」。

〔五七〕故故大射初　阮校云「故故」毛本作「故曰」，通解直云「故大射初」，無「曰」字。阮氏以爲毛本是。

〔五八〕是燕射主於飲酒　「主」字原無，阮校云單疏脱，此據其説補。

〔五九〕賓所媵觶　「媵觶」武威簡甲本作「揚柧」，陳夢家校記云「揚」即「騰」。今按騰、揚義近代用，已見上文鄭注。

〔六〇〕唯公所賜　「唯」武威簡甲本作「雍」。今按雍與唯通，易井「甕敝漏」，馬王堆帛書本「甕」作「唯」。沈文倬異文釋則云「雍」爲「唯」字之誤。

〔六一〕受者如初　「受」下武威簡甲本有「爵」字。

〔六二〕士旅于西階上　「旅」武威簡甲本誤作「柧」。

〔六三〕旅則及之　阮校云陳本、通解同，毛本「則」作「酬」。

〔六四〕樂正以學國子以舞　黄刊嚴州本、徐本同。黄氏校録云李本「學」作「教」，引段玉裁云文王世子以「學」爲「教」，嚴本不誤。

〔六五〕卒主至之禮　單疏如此，然今本自「主人」以下分段，與「卒」不連。

〔六六〕掌事寔同　阮校云「寔」要義作「是」。

〔六七〕即在工後也　阮校云毛本此下有「工内相」三字。

〔六八〕案天官小臣序官云　阮校云陳、閩、通解俱無「小臣序官云」五字。

〔六九〕酌以之公　武威簡甲本無「公」字。沈文倬異文釋云今本「公」字爲衍文。

〔七〇〕但先君受爵　阮校引顧廣圻云「受」當作「虚」，單疏本已誤。而汪文臺識語則云當從通解作「卒」。

〔七一〕以其將旅　阮校云通解同，毛本「旅」下有「酬」字。今按鄉射注有「酬」字。

〔七二〕受賜爵者興　武威簡甲本無「爵」字，乃省文也。

〔七三〕今乃設賓不言賓　阮校云「設」陳、閩俱作「没」。周學健云謂經没其文而不見也，大射儀「卿大夫皆降」節疏亦有「没賓」之語可證。

〔七四〕彼釋此言也　阮校云陳、閩俱無「也」字。

〔七五〕爲大燭於門外　武威簡甲本無「大」字。阮校云唐石經及大射亦無，與簡本合。

〔七六〕燋也　黄焯彙校引張淳云依經「燋也」條應在「閽人」條下。

〔七七〕注陔陔至奏之　第二個「陔」字原作「夏」，阮校云「陔夏」宜作「陔陔」，今按據注文宜作「陔」，此從阮説改。

〔七八〕寡君有不腆之酒　武威簡甲本「腆」作「䤄」，「寡」作「寫」。又簡無「之」字，鄭注云「今文無之字」，與簡本合。今按正字通「䤄」訓「酒厚」，「腆」乃借字。

〔七九〕賜于使臣　「賜」武威簡甲本作「錫」，今按二字通用。

〔八〇〕謂獨有恩厚也　黄刊嚴州本、徐本同。阮校云「有」集釋、通解、毛本俱作「受」。

〔八一〕傳命大專反　「大」徐乾學本作「丈」。

〔八二〕寡君固曰不腆　武威簡甲本「曰」上、「辭」上無「固」字，「腆」亦作「醆」。沈文倬異文釋以爲固字當有。

〔八三〕君貺寡君　「貺」武威簡甲本作「況」。今按況、貺通用。

〔八四〕音壁　「壁」徐乾學本作「璧」。

〔八五〕皆記經不具者　「具」阮校云陳、閩俱作「言」。

〔八六〕則公迎之于大門内　「迎」武威簡甲本誤作「使」。

〔八七〕主國君鄉時親進醴　黄刊嚴州本、徐本同。阮校云集釋、通解、楊氏、毛本作饗。黄氏校録及阮氏俱以作「饗」是。今按鄉、饗古、今字，但「鄉」不可讀作「鄉」。

〔八八〕今燕又宜獻焉　阮校云徐本、集釋、通解、楊氏同，毛本「宜」作「且」。

〔八九〕無以可言　阮校云要義同，毛本「可言」作「引證」。

〔九〇〕正謂在阼西北面　「正」原作「此」，此據單疏改。

〔九一〕如諸公之位　阮校云陳本、要義同，毛本「如」下有「獻」字。

〔九二〕與卿燕則大夫爲賓與大夫燕亦大夫爲賓　武威簡甲本無「則」字，「亦」上無「燕」字，與鄭注所説「今文無則，下無燕」合。

〔九三〕君恒以大夫爲賓者　阮校云陳、毛本「恒」作「但」。

〔九四〕爲賓之義　阮校云要義同，毛本「義」作「儀」。

〔九五〕樂闋　「闋」武威簡甲本作「闐」。

〔九六〕若舞則勺　「勺」武威簡甲本作「酌」。今按簡與毛詩合，作「勺」則齊詩也。

〔九七〕凡栗階不過二等　武威簡甲本脱「凡栗階」三字。

〔九八〕猶聚足連步一也　阮校云要義同，毛本、通解無「一」字。

〔九九〕凡薦與羞者　阮校云通解無「與」字。

〔一〇〇〕酏以皮反　盧文弨本改「皮」爲「支」。

〔一〇一〕舜殥飯茹菜　徐乾學本作「舜飯糗茹草」。

〔一〇二〕擣粉熬大豆爲之　「爲之」阮校云通解誤作「爲餌」，而周禮注無此二字。

〔一〇三〕上射退于物一笴　「笴」武威簡甲本作「等」，誤。

〔一〇四〕荅對　黄刊嚴州本、徐本、阮校云集釋俱有此注，通解無，毛本並脱。

〔一〇五〕君在　武威簡甲本脱「君」字。

〔一〇六〕臣請贊執爵者　武威簡甲本無「者」字。沈文倬異文釋云今本「者」字衍。

〔一〇七〕明四方之賓而有之　阮校云浦鏜疑「明」下脱「爲」字。

〔一〇八〕明依本無鍾磬也　阮校云要義同，毛本「依」作「彼」。

十三經注疏

儀禮注疏

〔漢〕鄭玄 注
〔唐〕賈公彦 疏
王輝 整理

下

上海古籍出版社

儀禮注疏卷第三十五

儀禮卷第十二

唐朝散大夫行大學博士弘文館學士臣賈公彦等撰

士喪禮第十二。

○士喪禮第十二，鄭云：「士喪其父母，自始死至于既殯之禮。」〔一〕

【疏】「士喪禮第十二」 鄭目録云：「士喪其父母，自始死至於既殯之禮。喪於五禮屬凶。〔二〕大戴第四，小戴第八，別録第十二。」 鄭云「自始死至於既殯之禮」者，自，從也；既，已也，謂從始死已殯之後，未葬之前皆録之，是已下殯後論朔奠、筮宅、井椁、卜葬日之事也。又云「喪於五禮屬凶」者，案周禮大宗伯掌五禮吉凶賓軍嘉，此於五禮屬凶。若然，天子、諸侯之下皆有士，此當諸侯之士，知者，下云「君若有賜」，不言王；又喪大記云「君沐粱，大夫沐稷，士沐粱」，鄭云「士喪禮沐稻，此云『士沐粱』，蓋天子之士也」；又大斂陳衣，與喪大記不同，鄭亦云「彼天子之士，此諸侯之士」，以此言之，此篇諸侯之士可知。但公侯伯之士一命，子男之士不命，一命與不命皆分爲三等，各有上中下，及行喪禮，其節同。但銘旌有異，故下云：「爲銘各以其物，亡則以緇長半幅。」「物」謂公侯伯之士一命已上，生時得建旌旗；「亡」謂子男之士，生時無旌旗之物者，唯此爲異。又鄭直云「士喪父母」，不言妻與長子二者，亦依士禮，故下記云「赴曰：『君之臣某死』，赴母妻長子則曰：『君之臣某之某死。』」是禮同，故得同赴於君之臣。記不云父者，以其經主於父死，故記不言也。

儀禮 鄭氏注

士喪禮。死于適室，幠用斂衾。適室，正寢之室也。疾者齊，故于正寢焉。疾時處北墉下，〔三〕死而遷之，當牖下，〔四〕有牀衽。幠，覆也。斂衾，大斂所并用之衾。〔五〕衾，被也，小斂之衾當陳。喪大記曰：「始死，遷尸于牀，幠用斂衾，去死衣。」〇適室，丁狄反，注同，適室，正寢之室也。幠，火吴反，覆也。用斂，力豔反，後皆同。者齊，側皆反，本亦作齋。北庸，如字，牆也，本亦作墉。當牖，音酉，窻也。衽，而甚反，曲禮注云：「臥席也。」去死，起吕反。

【疏】注「適室」至「死衣」　自此盡「帷堂」，論始死招魂、綴足、設奠、帷堂之事。云「適室，正寢之室也」者，若對天子、諸侯，謂之路寢，卿大夫、士謂之適室，亦謂之適寢，故下記云「士處適寢」。揔而言之，皆謂之正寢。是以莊三十二年秋八月「公薨于路寢」，公羊傳云：「路寢者何？正寢也。」穀梁傳亦云：「路寢，正寢也。」言「正寢」者，對燕寢與側室非正。案喪大記云「君、夫人卒於路寢，大夫、世婦卒於適寢，內子未命則死于下室，遷尸于寢，士、士之妻皆死于寢」，〔六〕鄭注云「言死者，必皆於正處也」，以此言之，妻皆與夫同處。若然，天子崩亦於路寢。是以顧命成王崩，延康王於「翼室」，「翼室」則路寢也。若非正寢，則失其所。是以僖三十三年冬十二月「公薨於小寢」，左氏傳云「即安也」，是譏不得其正。云「疾者齊，故於正寢焉。疾時處北墉下，死而遷之當牖下，〔七〕有牀衽」者，此並取下記文，但文有詳畧，文次不與本同。云「疾者齊，故于正寢焉」，以其齊須在適寢，是以故在正寢。鄭彼注云：「正，情性也。」衽是臥席，故彼云：「下莞上簟，設枕焉。」云「幠，覆也。斂衾，大斂所并用之衾」者，經直云「衾」，不辯大小，鄭知非小斂衾，是大斂衾者，鄭云「小斂之衾當陳」者，不用小斂衾，以其大斂未至，故且覆尸，是以小斂訖，大斂之衾當陳，則用夷衾覆尸，是其次也。此所覆尸，尸襲後將小斂，乃去之，是以下襲訖，亦云「幠用衾」，鄭注云「始死時斂衾必覆之者，爲其形褻」。言「大斂所用之衾」者，案喪大記君、大夫、士皆小斂一衾，大斂二衾，今始死用大斂一衾以覆尸，及至大斂之時，兩衾俱用，一衾承薦於下，一衾以覆尸，故云「大斂所并用之衾」。引喪大

記者，欲見加斂衾以覆尸，以去死衣。鄭彼注云「去死衣，病時所加新衣及復衣也，去之以俟沐浴」是也。

復者一人，以爵弁服，簪裳于衣，左何之，扱領于帶。復者，有司招魂復魄也。天子則夏采、祭僕之屬，諸侯則小臣爲之。爵弁服，純衣纁裳也，禮以冠名服。簪，連也。○簪裳，側林反，劉左南反。左何，户我反，又音河。扱領，初洽反，劉初輒反。則夏，户雅反，後夏祝皆同。純衣，側其反。纁裳，許云反。

【疏】注「復者」至「連也」　言「復者一人」者，諸侯之士一命與不命並皆一人。案雜記云「復西上」者，鄭注云：「北面而西上，陽長左也。復者多少，各如其命之數。」若然，案典命諸侯卿大夫三命、再命、一命，天子三公八命，其卿六命，大夫四命，上士三命，中士再命，下士一命，上公九命，侯伯七命，子男五命，皆依命數，九人以下。則天子宜十二爲節，當十有二人也。〔八〕云「復者，有司」者，案喪大記復者「小臣」，則士家不得同僚爲之，則有司府、史之等也。不言所著衣服者，案喪大記小臣朝服，下記亦云「復者朝服」，則尊卑皆朝服可知。必著朝服者，鄭注喪大記云「朝服而復，所以事君之衣也」。復者，庶其生氣復，既不蘇，方始爲死事耳。愚謂朝服平生所服，冀精神識之而來反衣，〔九〕以其事死如事生，故復者皆朝服也。〔一〇〕若然，天子崩，復者皮弁服也。云「招魂復魄也」者，出入之氣謂之魂，耳目聰明謂之魄，死者魂神去，離於魄，今欲招取魂來，復歸于魄，故云「招魂復魄也」。云「天子則夏采、祭僕之屬」者，案周禮天官夏采職云「大喪，以冕服復於大祖，以乘車建綏復於四郊」，鄭注云「求之王平生嘗所有事之處。乘車玉路，於大廟以冕服，不出宮也」；又夏官祭僕職云「大喪，復於小廟」，鄭注云「小廟，高祖以下也，始祖曰大廟」；又隸僕云「大喪，復於小寢」，鄭注云「小寢，高祖以下廟之寢也。始祖曰大寢」，此不言隸僕，以其隸僕與祭僕同，僕官之屬中兼之。案檀弓「君復於小寢、大寢、小祖、大祖、庫門、四郊」，鄭注云「尊者求之備也，亦他日所嘗有事」，是諸侯復法。言庫門，據魯作説。若凡平諸侯，則皋門舉外門而言，三門俱復，則天子五門及四郊皆復，不言者，文不具。卿大夫以下，復自門以内廟及寢而已。婦人無外事，自王后以下所復處，亦自門以内廟及

寢而已。云「諸侯則小臣爲之」者，喪大記文也。云「爵弁服，純衣纁裳也」者，案士冠禮云「陳服於房中西墉下，東領，北上。爵弁服，纁裳，純衣」是也。士用爵弁者，案雜記云「士弁而祭於公，冠而祭於己」，是士服爵弁助祭於君，玄冠自祭於家廟。士復用助祭之服，則諸侯以下皆用助祭之服可知。故雜記云「復，諸侯以褒衣、冕服、爵弁服」，鄭注云「復，招魂復魄也。冕服者，上公五，侯伯四，子男三。褒衣，亦始命爲諸侯，及朝覲見加賜之衣也，褒，猶進也」，則衮冕之類。若然，冕服者有六，除大裘有衮冕、鷩冕、毳冕、絺冕、玄冕，上公衮冕而下，侯伯鷩冕而下，子男毳冕而下，皆爵弁。若然，孤自絺冕而下，卿大夫玄冕爵弁，士爵弁而已。天子孤、卿大夫、士其衣亦與之同。三公執璧與子男同，其服亦同。若然，大裘是祭天地之服。又與四郊建綏而復，不用大裘而冕，則門及廟寢等用衮冕以下，與上公同。但復者依命數，衣服不足覆，取上服重用之，以充其數。王后以下，案雜記云復衣「夫人税衣揄狄」，鄭鞠衣、展衣、褖衣至揄狄，〔一二〕是侯伯夫人。案周禮內司服「掌王后六服，褘衣、揄狄、闕狄、鞠衣、展衣、褖衣」，王后及上公夫人、二王後及魯之夫人，皆用「褘衣」下至「褖衣」，侯伯夫人與王之三夫人同「揄翟」以下至「褖衣」，子男夫人與三公夫人自「闕狄」以下至「褖衣」，孤之妻與九嬪，〔一二〕鞠衣、展衣、褖衣，卿大夫妻與王之世婦展衣、褖衣，士妻與女御褖衣而已。云「禮以冠名服」者，案士冠禮皮弁、爵弁並列，於階下執之，而空「陳服於房」，云「皮弁服」、「爵弁服」，是以冠名服，鄭言此者，欲見復時唯用緇衣、纁裳，不用爵弁，而經言「爵弁服」，是禮以冠名服也。云「簪，連也」者，若凡常衣服，〔一三〕衣裳各別，今此招魂，取其便，故連裳於衣。

升自前東榮，中屋北面招以衣，曰：「皐，某復！」三，降衣于前。北面招，求諸幽之義也。皐，長聲也。某，死者之名也。復，反也。降衣，下之也。喪大記曰：「凡復，男子稱名，婦人稱字。」〇中屋，如字，劉丁仲反。

【疏】注「北面」至「稱字」　案喪大記「復有林麓則虞人設階，無林麓則狄人設階」，鄭云「階，所乘以升屋者。虞人，主林

麓之官也。狄人，樂吏之賤者。階，梯也，簨虡之類」。「有林麓」，謂君與夫人有國有采地者；「無林麓」，謂大夫、士無采地者，則此升屋之時，使狄人設梯。復聲必三者，禮成於三。「北面招，求諸幽之義也」者，禮記檀弓文。以其死者必歸幽暗之方，故北面招之，求諸幽之義。引喪大記者，證經復時所呼名字。云「男子稱名」者，據大夫以下。若天子崩則云「皐，天子復」。若諸侯薨，則稱「皐，某甫復」。若婦人稱字，則尊卑同。此經含有男子、婦人之喪，故言「男子稱名，婦人稱字」，案喪服小記云「男子稱名，婦人書姓與伯仲」是也。

受用篋，〔一四〕**升自阼階，以衣尸。**受者，受之於庭也。復者，其一人招，則受衣亦一人也。人君則司服受之，衣尸者覆之，若得魂反之。○用篚，方鬼反，本或作篋，苦協反。以衣，於既反，注及衣尸同。

【疏】注「受者」至「反之」 鄭知「受之於庭」者，以其降衣簷前，受而升自阼階，明知受之於堂下，在庭可知。云「復者其一人招，則受衣亦一人也」者，以其服唯一領，明知各一人也，自再命以上，受者亦各依命數。云「人君則司服受之」者，案喪大記云「北面三號，捲衣投于前，司服受之」，以其大夫、士無司服之官，明據君也。云「衣尸者覆之，若得魂反之」者，此復衣浴而去之，不用襲斂，故喪大記云「始死，遷尸于牀，幠用斂衾，去死衣」，鄭注云：「死衣，病時所加新衣及復衣也。」彼又云「復衣不以衣尸，不以斂」，鄭注云「不以衣尸，謂不以襲也」。斂謂小斂、大斂，而云「覆之」，直取魂魄反而已。

復者降自後，西榮。不由前降，不以虛反也。降因徹西北厞，若云此室凶，不可居然也，自是行死事。○西北厞，扶未反，本或作扉，音非。

【疏】注「不由」至「死事」 云「不由前降，不以虛反也」者，凡復者，緣孝子之心，望得魂氣復反，復而不蘇，則是虛反，今降自後，是不欲虛反也。云「降因徹西北厞」者，案此文及喪大記皆言降自西北榮，皆不言徹厞；鄭云「徹厞」者，

案喪大記將沐，「甸人爲坙于西牆下。陶人出重鬲。管人受沐，乃煮之。甸人取所徹廟之西北厞，薪而爨之」，〔一五〕諸文更不見徹厞薪之文，故知復者降時徹之，故鄭云「降因徹西北厞」也。西北名爲厞者，案特牲尸謖之後，改饌於西北隅，以爲陽厭，而云「厞用筵」，鄭云「厞，隱也」，故以西北隅爲厞也。必徹毁之者，鄭云「若云此室凶，不可居然也，自是行死事」者，復而不蘇，下文「楔齒」、「綴足」之等，皆是行死事也。

楔齒用角柶。爲將含，恐其口閉急也。〔一六〕○楔齒，息結反。爲將，于僞反，下并注不爲同。含，户暗反，本亦作唅，後放此。

【疏】注「爲將」至「急也」　案記云「楔貌如軛，上兩末」，鄭云「事便也」，此角柶，其形與扱醴角柶制别，故屈之如軛，中央入口，兩末向上，取事便也。以其兩末向上，出入易故也。

綴足用燕几。綴，猶拘也，爲將屨，〔一七〕恐其辟戾也。今文「綴」爲「對」。○綴足，丁劣反，劉張歲反。辟戾，音壁，下力計反。

【疏】注「綴猶」至「爲對」　案記云「綴足用燕几，校在南，御者坐持之」，鄭注云「校，脛也。尸南首，几脛在南，以拘足，則不得辟戾矣」，以此言之，几之兩頭皆有兩足，今豎用之，一頭以夾兩足，恐几傾倒，故使御者坐持之。案喪大記「小臣楔齒用角柶，綴足用燕几，君、大夫、士一也」；又案周禮天官玉府「大喪共含玉、復衣裳、角枕、角柶」，則自天子以下至於士，其禮同。言「燕几」者，燕，安也，當在燕寢之内，常馮之以安體也。

奠脯醢醴酒，〔一八〕**升自阼階，奠于尸東。**鬼神無象，設奠以馮依之。○以馮，音憑。

【疏】「奠脯」至「尸東」〔一九〕　注「鬼神」至「依之」　案檀弓曾子云「始死之奠，其餘閣也與」？鄭注云「不容改新也」，則此奠是閣之餘食爲之。〔二〇〕案下小斂一豆一籩，大斂兩豆兩籩，此始死俱言，亦無過一豆一籩而已。下記云「若

醴，若酒」，鄭注云「或卒無醴，用新酒」，此醴、酒雖俱言，亦科用其一，不並用，以其小斂酒、醴具有，此則未具，是其差。

帷堂。事小訖也。

【疏】注「事小訖也」 云「事小訖也」者，以其未襲斂。必帷之者，鬼神尚幽闇故也。

乃赴于君。主人西階東，南面命赴者，拜送。赴，告也。〔二二〕臣，君之股肱耳目，死當有恩。

【疏】注「赴告」至「有恩」 此及下經論使人告君之事。云「臣，君之股肱耳目」者，案虞書云「帝曰：臣作朕股肱耳目」，注云：「大體若身。」云「死當有恩」，是以下有弔及贈襚之事也。案檀弓云「父兄命赴者」，鄭注云「謂大夫以上也。士，主人親命之」，是尊卑禮異也。

有賓，則拜之。賓，僚友羣士也。其位猶朝夕哭矣。

【疏】注「賓僚」至「哭矣」 此謂因命赴者，有賓則拜之。若不因命赴者，則不出，是以下云「唯君命出」，鄭云「始喪之日哀戚甚，在室，故不出」是也。云「賓，僚友羣士也」者，同官爲僚，同志爲友，「羣士」即「僚友」也。以其始死唯赴君，此僚友未蒙赴及即來，是先知疾重，故未赴即來，明是僚友之士，非大夫及疏遠者。若有大夫，則經辨之而稱大夫，是以下文因君襚即云「有大夫則特拜之」是也。云「其位猶朝夕哭矣」者，謂賓弔位，猶如賓朝夕哭位。其主人之位，則異於朝夕，而在西階東，南面拜之，拜訖，西階下東面，下經所云「拜大夫之位」是也。

入，坐于牀東。衆主人在其後，西面。婦人俠牀，東面。衆主人，庶昆弟也。婦人，謂妻妾子姓也，亦適妻在前。○俠牀，古洽反。亦適，丁狄反。

【疏】注「衆主」至「在前」　自此盡「北面」，論主人以下哭位之事。云「入，坐」者，謂上文主人拜賓訖，入坐于牀東。是其「衆主人」直言「在其後」，〔二二〕不言坐，則立可知。婦人雖不言坐，案喪大記婦人皆坐，無立法。言「俠牀」者，男子牀東，婦人牀西，以近而言也。案喪大記「士之喪，主人父兄子姓皆坐于東方，主婦姑姊妹子姓皆坐于西方」，此義恐錯。此經有不命士，喪大記無不命士，又與大記文不同，釋亦不合。「子姓，皆坐于西方」，注云「士賤，同宗尊卑皆坐」。此除主人之外不坐者，此據命士，彼據不命之士。知者，案喪大記云「大夫之喪，主人坐于東方，主婦坐于西方，其有命夫命婦則坐，無則皆立」，是大夫喪尊者坐，卑者立，是知此非主人皆立，據命士；大記云「尊卑皆坐」，據不命之士。云「婦人，謂妻妾子姓」者，下云「親者在室」，其中有姑姊，故此注直言「妻妾子姓也」。喪大記兼言「姑姊妹」者，彼無別文，見親者在室，故注總言之也。言「亦適妻在前」者，亦主人在衆主人前也。

親者在室。謂大功以上父兄、姑、姊妹，子姓在此者。〔二三〕

【疏】注「謂大」至「此者」　知「親者」「謂大功以上」者，〔二四〕以大功以上有同財之義，相親昵之理；下有「衆婦人户外」，據小功以下疏者，故知此爲「大功以上」也。云「父兄、姑、姊妹在此者」，上注據死者妻妾、子姓也，此注據主人之兄弟、姑、姊妹，子姓而言。若然，父謂諸父，兄謂諸兄，從父昆弟，姑謂主人之姑，姊妹謂從父姊妹，子姓謂主人之孫，於死者謂曾孫、玄孫，曾孫爲曾祖、高祖齊衰三月，當在大功親之内，故云「子姓在此者」。

衆婦人户外北面。衆兄弟堂下北面。衆婦人、衆兄弟，小功以下。

【疏】注「衆婦人」至「以下」　案喪服記云「兄弟皆在他邦，加一等」，傳曰「小功以下爲兄弟」，玄謂「於此發兄弟傳者，嫌大功以上又加也。大功以上若皆在他國，則親自親矣」，是「大功以上」爲「親者」，則上文是也。是以知此「婦人」在「户外」，是「小功以下」可知。若然，同是小功以下，而男子在「堂下」者，以其婦人有事，自堂及房，不合在下，故男子在「堂下」，婦人「户外」堂上耳。

君使人弔。徹帷。主人迎于寢門外，見賓不哭，先入門右，北面。使人，士也。禮，使人必以其爵。使者至，使人入將命，乃出迎之。寢門，內門也。徹帷，⿸广去之，事畢，則下之。○使者至，所吏反。⿸广去，劉羌據反，閉也。

【疏】注「使人士」至「下之」　自此盡「不辭，入」，論君使人弔襚之事。鄭知「禮，使人必以其爵」者，案聘禮使人歸饔餼及致禮，皆各以其爵，此君使人弔朝士，明亦以其爵使士可知。此儀禮見諸侯弔法，若天子則不以其爵，各以其官。是以周禮大僕職云「掌三公孤卿之弔勞」，〔二五〕鄭云「王使往」；又小臣職云「掌士大夫之弔勞」；又御僕職「掌羣吏之弔勞」。又案宰夫職云「凡邦之弔事，掌其戒令與幣器」，注「弔事，弔諸侯」，是其皆以官不以爵也。云「使者至，使人入將命，乃出迎之」者，將命謂傳賓、主人之言擯者也。案下小斂後云「有襚者，則將命擯者出請入告」，注云「喪禮畧於威儀，既小斂，擯者乃用辭」。若然，則此雖有擯者未用辭，故此下經不云主人出迎，經不云擯者，鄭探其意，使者使人入將命，所使之人入將命，即包主人擯者也。云「寢門，內門也」者，以其大夫、士唯有兩門，有寢門者、外門者，〔二六〕以其下云「主人拜送于外門外」，故知此「寢門，內門也」。云「徹帷，⿸广去之」者，謂褰帷而

上，非謂全徹去。知「事畢則下之」者，案下「君使人襚徹帷」，明此事畢下之可知。

弔者入，升自西階，東面。主人進中庭。弔者致命。主人不升，賤也。致命曰：「君聞子之喪，使某，如何不淑。」

【疏】注「主人」至「不淑」　上云「主人迎于寢門外」，此云「弔者入」，謂入寢門，以其死在適寢。云「主人不升，賤也」者，對大夫之喪，其子得升堂受命。知者，案喪大記「大夫於君命，迎于寢門外。使者升堂致命，主人拜于下」，言「拜于下」，明受命之時得升堂。必知大夫之子得升堂受命者，案喪大記云〔二七〕「大夫之喪，將大斂。君至，主人迎，先入門右。君即位于序端。主人房外南面。卒斂，宰告，主人降，北面於堂下。君撫之，主人拜稽顙」，鄭注云「大夫之子尊，得升視斂」。下文又云：「士之喪將大斂，君不在，其餘禮猶大夫也。」以君常視士殯，故言「君不在」，若有恩賜，君視大斂，則不得如大夫。言「君不在」者，謂士之子不升堂，在君側。以此言之，士受君命，不得升堂，以其賤，明大夫之子得升，受命乃降拜可知。是以大戴禮云「大夫於君命，升聽命，降拜」是也。云「致命曰」以下，鄭知有此辭者，案雜記諸侯使人弔鄰國之君喪，而云「弔者入，升自西階東面，致命曰：寡君聞君之喪，寡君使某，如何不淑」，彼據鄰國之君故稱「寡」，此使士弔己國之士，故直云「君」，不言寡也。

主人哭，拜稽顙，成踊。稽顙，頭觸地。成踊三者三。〇者三，息暫反。

【疏】注「稽顙」至「者三」　云「稽顙，頭觸地」者，案禮記檀弓曰「稽顙而后拜，頎乎其至也」，爲稽首之拜，但觸地無容，即名稽顙。云「成踊三者三」，案曾子問君薨，世子生，三日，告殯云「衆主人、卿、大夫、士哭踊三者三」，凡九踊也。〔二八〕

賓出，主人拜送于外門外。君使人襚，徹帷。主人如初。襚者左執

領，右執要，入，升，致命。襚之言遺也，衣被曰襚。致命曰：「君使某襚。」

【疏】注「襚之」至「某襚」。云「主人如初」者，如上弔時「迎于寢門外」以下之事也。云「襚之言遺也」者，謂君有命，以衣服遺與主人。云「衣被曰襚」者，案左傳隱元年，〔二九〕「秋七月，天王使宰咺來歸惠公仲子之賵」，穀梁傳曰「乘馬曰賵，衣衾曰襚，貝玉曰含，錢財曰賻」是也。云「致命曰：『君使某襚。』」者，亦約雜記文。此君襚雖在襲前，主人襲與小斂，俱不得用君襚，大斂乃用之。知者，案喪大記云「君無襚。大夫士畢主人之祭服，親戚之衣受之，不以即陳」，注云「無襚者，不陳，不以斂」，謂不用之爲小斂，至大斂乃用之，故下文大斂之節云「君襚不倒」，注云「至此乃用君襚，主人先自盡」是也。

主人拜如初。襚者入，衣尸，出，主人拜送如初。唯君命出，升降自西階，〔三〇〕遂拜賓，有大夫則特拜之。即位于西階下，〔三一〕東面，不踴。大夫雖不辭，入也。唯君命出，以明大夫以下時來弔襚不出也。始喪之日，哀戚甚，在室，故不出拜賓也。大夫則特拜，別於士旅拜也。即位西階下，未忍在主人位也。不踴，但哭拜而已。不辭而主人升入，明本不爲賓出，不成禮也。○別於，彼列反，下皆同。

【疏】注「唯君」至「禮也」。云「主人拜如初」者，亦如上主人進中庭「哭，拜稽顙，成踴」。云「襚者入，衣尸，出」者，案既夕記「襚者委衣于牀，不坐」，衆襚者委于牀上不坐，則此「襚者左執領，右執要」，以「衣尸」，亦不坐。云「唯君命出」者，欲見孤、卿大夫、士雖有弔襚來，皆不出，故云「唯」著異也。云「遂拜賓」者，因事曰遂，以因有君命，故拜賓，若無君命，則不出户。云「大夫雖不辭，入也」者，謂主人小斂後，賓致辭云「如何不淑」，乃復位踴；今以初死，

大夫雖不辭，主人升入室。云「以明大夫以下時來弔襚不出也」者，言「唯君命出」，明「大夫已下時來弔襚不出」可知。經云拜大夫者，以因君命出見故也。云「未忍在主人位也」者，至小斂後，始就東階下西南面主人位也。云「明本不爲賓出，不成禮也」者，揔解不爲之踴及雖不辭而入二事。

親者襚，不將命，以即陳。大功以上，有同財之義也。不將命，不使人將之致於主人也。即陳，陳在房中。

【疏】注「大功」至「房中」。自此盡「適房」，論大功兄弟、〔三二〕及朋友弔襚之事。云「大功以上」，謂并異門齊衰，故云「以上」。云「即陳，陳在房中」者，下云「如襚，以適房」，故知此「陳，陳在房中」也。

庶兄弟襚，使人以將命于室。主人拜于位，委衣于尸東牀上。庶兄弟，即衆兄弟也，〔三三〕變衆言庶，容同姓耳。將命曰：「某使某襚。」拜于位，室中位也。

【疏】注「庶兄」至「位也」。知「庶兄弟，即衆兄弟」者，見上文云「親者在室」，又云「衆兄弟堂下北面」，注云「是小功以下」；又云「親者襚」；此云「庶兄弟襚」，以文次而言，故知「庶兄弟，即衆兄弟也」。云「變衆言庶，容同姓耳」者，以同姓絶服者有襚法。鄭必知「變衆言庶」即「容同姓」者，見喪服不杖麻屨章士言「衆子」，大夫言「庶子」，鄭云「士謂之衆子，未能遠別也」，是庶者疏遠之稱，故知「言庶，容同姓」。云「將命曰：『某使某襚』」者，「某」謂庶兄弟名，「使某」襚者名。但庶兄弟是小功緦麻之親，在堂下，使有司歸家取服，致命於主人。若同姓容不在，始來弔襚也。云「拜于位，室中位也」者，以其非君命不出，故知拜于室中位也。

朋友襚，親以進。主人拜。委衣如初，退。哭，不踴。親以進，親之恩也。〔三四〕退，下堂反賓位也。主人徒哭不踴，別於君襚也。

【疏】注「親以」至「襚也」云「別於君襚也」者，上文君襚之時，「主人哭，拜稽顙，成踴」，此朋友襚，主人徒哭，不踴，故云「別於君襚」。

徹衣者執衣如襚，以適房。凡於襚者出，有司徹衣。

【疏】注「凡於」至「徹衣」云「執衣如襚」者，上文君襚之時，「襚者左執領，右執要」，此徹衣者亦左執領，右執要，故云「如襚」也。云「凡於襚者出，有司徹衣」者，案此「徹衣」之文，在諸襚者之下言之，故雜記「諸侯使人弔」，「含襚賵」訖，乃云主人有司，故云「凡於襚者出，有司徹衣」。

爲銘，各以其物。亡則以緇，長半幅，䞓末，長終幅，廣三寸。書銘于末，曰：「某氏某之柩。」銘，明旌也。雜帛爲物，大夫之所建也。〔三五〕以死者爲不可別，故以其旗識識之，愛之，斯録之矣。亡，無也，無旌，〔三六〕不命之士也。半幅一尺，終幅二尺。在棺爲柩。今文「銘」皆爲「名」，「末」爲「旆」也。○爲銘，亡丁反，禮記云：「銘，明旌也。」䞓末，丑貞反。旗識識之，上音試，下音式，亦作試。爲旆，步貝反。

【疏】注「銘明」至「旆也」自此至「西階上」，論書死者銘旌之事。此士喪禮記公侯伯之士一命，亦記子男之士不命，故此銘旌揔見之也。云「爲銘，各以其物」者，案周禮司常大夫、士同建「雜帛爲物」，今云「各以其物」而不同者，雜帛

之物雖同，其旃旗之杠長短則異，故禮緯云「天子之旗九刃，諸侯七刃，大夫五刃，士三刃」，但死以尺易刃，故下云「竹杠長三尺」，長短不同，故言「各」以別之，此據侯伯之士一命者也。云「銘，明旌也」者，檀弓文。「雜帛爲物，大夫之所建也」者，此司常文也。言「雜帛」者，爲旗旌之緣，以絳帛爲之，以白色之帛裨緣之，鄭彼注云「大夫士雜帛，言以先王正道佐職」是也。云「以死者」至「録之矣」者，檀弓文。案彼自「銘，明旌」至「録之矣」。引之者，事恰盡「重與奠」，自爲下事之别，不得以周禮小祝之職杜子春解「敖」爲重。鄭不從其義，故以證破子春。又鄭注檀弓云「謂重與奠」，此引證銘旌者，〔三七〕鄭君兩解之，以彼兼有「重」與「奠」，亦是録死者之義；此銘旌是録死者之名，故兩注不同。案周禮小祝云「設敖置銘」，杜子春引檀弓曰「銘，明旌也，以死者爲不可别，故以其旗識之，愛之，斯録之矣」，子春亦爲此解。云「無旌，〔三八〕不命之士也」者，謂子男之士也。云「半幅一尺，終幅二尺」者，經直云「長半幅」，不言廣，則亦二寸。云「䞓末，長終幅，廣三寸」，則廣三寸揔結之。但布幅二尺二寸，今云「二尺」者，鄭君計侯與深衣皆除邊幅一寸，此亦兩邊除二寸而言之。凡書銘之法，案喪服小記云「復與書銘，自天子達於士，其辭一也。男子稱名，婦人書姓與伯仲」，鄭注云：「此謂殷禮也，殷質不重名，復則臣得名君。周之禮，天子崩，復曰：『皐，天子復！』諸侯薨，復曰：『皐，某甫復！』其餘及書銘則同。」以此而言，除天子、諸侯之外，其復男子皆稱姓名，是以此云「某氏某之柩」。云「在棺爲柩」者，下曲禮文。〔三九〕以其銘旌表柩不表屍，故據柩而言。

竹杠長三尺，置于宇，西階上。〔四〇〕杠，銘橦也。宇，梠也。○竹杠，音江。橦也，丈江反。梠也，音呂。

【疏】注「杠銘」至「梠也」　此始造銘訖，且置於宇下西階上，待爲重訖，以此銘置於重。又下文「卒塗」，始「置於肂」，若然，此時未用，權置於此及於重也。云「宇，梠也」者，案爾雅釋宮云「檐謂之樀」，郭云「屋梠」，謂當檐下，故特牲記云「饎爨在西壁」，鄭注云「西壁，堂之西墻下。舊説云南北直屋梠，稷在南」是也。

甸人掘坎于階間，少西。爲垼于西墻下，東鄉。甸人，有司主田野者。垼，塊竈。西墻，中庭之西。今文「鄉」爲「面」。

○甸人，大練反。掘坎，其勿反，又其月反。爲垼，音役。〔四一〕東鄉，許亮反，注同，後放此。塊竈，苦對反，劉音苦雷反，〔四二〕爲宜用土塊也。

【疏】注「甸人」至「爲面」自此盡「西階下」，論掘坎爲垼，饌陳沐浴之具。此坎不論淺深及所盛之物，案既夕記云「掘坎南順，廣尺，輪二尺，深三尺，南其壤」，下文沐浴餘潘及巾柶等，棄埋之於此坎也。云「甸人，有司主田野」者，士無臣，所行事皆是有司、屬吏之等。〔四三〕言「主田野」者，案周禮甸師其徒三百人，「掌帥其屬而耕耨王藉」，是掌田野；士雖無此官，亦有掌田野之人，謂之甸人。云「垼，塊竈」者，案既夕記云「垼用塊」，是以塊爲竈名，爲垼用之，以煑沐浴者之潘水。知在中庭之西者，經直云「于西墻下」，不繼階宇，明近南中庭之西也。

新盆、〔四四〕槃、瓶、廢敦、重鬲皆濯，造于西階下。新此瓦器五種者，重死事。盆以盛水，槃承湅濯，瓶以汲水也。廢敦，敦無足者，所以盛米也。重鬲，鬲將縣重者也。〔四五〕濯，滌溉也。造，至也，猶饌也。以造言之，喪事遽。○廢敦，劉音對，又都愛反，及注下皆同。重，直容反，注重鬲，於重同。鬲，音歷，下放此。皆濯，大角反。造于，七報反，注同。五種，章勇反。以盛，音成，下同。湅濯，上奴亂反，下直孝反，下文放此。以汲，居汲反。將縣，音玄。滌，大歷反。溉，古愛反。事遽，其據反。

【疏】注「新此」至「事遽」云「盆以盛水」者，案下文「祝淅米」時，所用槃以盛湅濯者，謂置於尸牀下時，餘潘水，名爲湅濯。知以此槃盛者，下文别云「士有冰，用夷槃」，彼是寒尸之槃，故知此承湅濯。云「瓶以汲水也」者，下文「管人汲」，用此瓶也。知「廢敦，敦無足」者，若有足直名敦，故下文徹朔奠云「敦啓會，面足」，注云「面足，執之令足間鄉前也」，是其有足直名敦。凡物無足稱廢，是以士虞禮云「主人洗廢爵，主婦洗足爵」，「廢爵」，注云「爵無足」是也。

云「所以盛米也」者，以下文而知。云「重鬲，鬲將縣重者也」，下文鬻餘飯乃縣於重，此時先用煑沐潘，〔四六〕故云「將縣重者也」，以其事未至，故言「將」也。云「以造言之，喪事遽」者，以其不言「饌」造者，造是造次，故「以造言之，喪事遽」也。

陳襲事于房中，西領，南上，不精。襲事，謂衣服也。精讀爲絣，絣，屈也。〔四七〕襲事少，上陳而下不屈。江、沔之間，謂縈收繩索爲絣。古文「精」皆爲「精」。○不精，注作絣，側庚反，後皆同。説文云：「絣，縈繩也。」〔四八〕江、沔，音緬，水名也，一本作沱，大河反，江別爲沱。謂縈，於營反。繩索，悉各反。

【疏】注「襲事」至「爲絣」　自此至「繼陳，不用」，論陳襲所用之事。云「襲事，謂衣服也」者，此先陳之，至下文「商祝襲」時，乃用之，但用者「三稱」而已，其中庶襚之等，雖不用亦陳之，以多爲貴。案下小斂、大斂先陳先用，後陳後用，依次第而陳，此襲事以其初死，先成先陳，後成後陳，喪事遽，備之而已，故不依次也。云「襲事少，上陳而下不屈」者，所陳之法，房戸之内，於戸東西領南上，〔四九〕以衣裳少，從南至北則盡，不須絣屈。知戸東陳之者，取之便故也。云「江、沔之間」者，案禹貢云「嶓冢導漾，東流爲漢」，孔傳云「泉始出山爲漾水，南東流爲沔水，至漢中東行爲漢水」，南有江水，北有沔水，故云「江、沔之間」。以「縈收繩索爲絣」，引之證取絣爲屈義也。

明衣裳，用布。所以親身，爲圭絜也。○以親，如字，劉音清刃反。

【疏】注「所以」至「絜也」　案下記云「明衣裳，用幕布」，注云「幕布，帷幕之布」，則此布用帷幕之布，但升數未聞。知「親身」者，下浴訖，先設明衣，故知親身也。云「爲圭絜也」者，以其言「明」，明者，絜淨之義，故知取「圭絜」者也。

鬠笄，用桑，長四寸，纋中。桑之爲言喪也，用爲笄，取其名也。長四寸，不冠故也。纋笄之中央以安髮。○鬠，劉音膾，又户膾反，後同。纋中，音憂，一音何侯反。

【疏】注「桑之」至「安髮」　以髺爲鬠，義取以髮會聚之意。云「桑之爲言喪也」者，爲喪所用，故用桑，以聲名之，是以云「取其名也」。云「長四寸，不冠故也」者，凡笄有二種，一是安髮之笄，男子、婦人俱有，即此笄是也；一是爲冠笄，皮弁笄、爵弁笄，〔五〇〕唯男子有，而婦人無也，此二笄皆長，不唯四寸而已。今此笄四寸者，僅取入髺而已。以其男子不冠，冠則笄長矣。此注及下注知死者「不冠」者，下記云「其母之喪，鬠無笄」，注云「無笄，猶丈夫之不冠也」，以此言之，生時男子冠，婦人笄，今死婦人不笄，則知男子亦不冠也。家語云「孔子之喪，襲而冠」者，家語王肅之增改，不可依用也。云「纋笄之中央以安髮」者，兩頭闊，中央狹，則於髮安，故云「以安髮」也。

布巾，環幅，不鑿。環幅，廣袤等也。不鑿者，士之子親含，及其巾而已；〔五一〕大夫以上，賓爲之含，當口鑿之，嫌有惡。古文「環」作「還」。○廣袤，古曠反，下音茂。賓爲，呼僞反，下同。有惡，烏路反。

【疏】注「環幅」至「作還」　此爲飯含而設，所以覆死者面。云「廣袤等也」者，布幅二尺二寸，鄭計布廣狹例，除邊幅二寸，以二尺爲率，則此廣袤等，亦二尺也。云「不鑿者，士之子親含，反其巾而已」者，下經云「主人左扱米，實于右，三。實一貝，左、中亦如之」，是士之子親含；此經云「不鑿」，明「反其巾而已」也。又知「大夫以上，賓爲之含，當口鑿之，嫌有惡」者，案雜記云「鑿巾以飯，公羊賈爲之也」，鄭云「記士失禮所由始也。士親飯，必發其巾。大夫以上賓爲飯焉，則有鑿巾」，以此經云「不鑿」則大夫以上鑿，謂若士月半不殷奠，則大夫以上月半殷奠可知。以其大夫以上有臣，臣爲賓，賓飯含，嫌有惡，故鑿之也。

掩，練帛廣終幅，長五尺，析其末。掩，裹首也。〔五二〕析其末，爲將結於頤下，〔五三〕又還結於項巾。〔五四〕○掩練，劉音奄。析其，西歷反。

【疏】注「掩裹」至「項中」　掩若今人幞頭，但死者以後二脚於頤下結之，與生人爲異也。此陳之耳，若設之，案下經云「商祝掩、瑱、設幎目」，注云「掩者，先結頤下，既瑱、幎目，乃還結項」是也。

瑱，用白纊。瑱，充耳。纊，新綿。○瑱，他見反，充耳。白纊，音曠，劉古曠反，緜也。

【疏】注「瑱充耳纊新綿」　案下記云「瑱塞耳」。詩云「充耳」，充即塞也，生時人君用玉，臣用象。又著詩云「充耳以素」、「充耳以黄」之等，注云「所以懸瑱」，則生時以黄，以素，又以玉象等爲之，示不聽讒，今死者直用纊塞耳而已，異於生也。云「纊，新綿」者，案禹貢豫州貢絲纊，故知「纊，新綿」，對緼是舊絮也。〔五五〕

幎目用緇，方尺二寸，赬裹，著，組繫。幎目，覆面者也。幎讀若詩云「葛藟縈」之縈。〔五六〕赬，赤也。著，充之以絮也。組繫，爲可結也。古文「幎」爲「涓」。○幎，依注音縈，於營反，劉宛名反，又武遍反，又音緜，下同。組繫，户計反，下同。葛藟，力水反。以絮，息據反。爲涓，古玄反。

【疏】注「幎目」至「結也」　鄭讀從「葛藟縈」之縈者，〔五七〕以其葛藟縈于樹木，此面衣亦縈於面目，故讀從之也。云「組繫，爲可結也」者，以四角有繫，於後結之，故有「組繫」也。

握手，用玄，纁裹，長尺二寸，廣五寸，牢中旁寸，著，組繫。牢讀爲樓，〔五八〕樓謂削約握之中央，〔五九〕以安手也。今文「樓」爲「緩」，〔六〇〕「旁」爲「方」。○握手，於角反，劉烏豆反，下設握同。牢中，牢音樓，出注。

【疏】注「牢讀」至「爲方」　名此衣爲握，以其在手，故言握手，不謂以手握之爲握手。云「牢讀爲樓，樓謂削約握之中央，以安手也」者，經云「廣五寸，牢中旁寸」者，則中央廣三寸，廣三寸，中央又容四指而已，四指指一寸，則四寸，

四寸之外，仍有八寸，皆廣五寸也。讀從樓者，義取樓斂挾少之意。〔六一〕云「削約」者，謂削之使約少也。

決，用正王棘若檡棘，組繫。纊極二。決，猶闓也，挾弓以横執弦，詩云「決拾既次」。〔六二〕正，善也。王棘與檡棘，善理堅刃者，皆可以爲決。極猶放弦也，〔六三〕以沓指放弦，令不挈也。〔六四〕生者以朱韋爲之而三，死用纊又二，明不用也。古文「王」爲「玉」。〔六五〕今文「檡」爲「也」。〔六六〕以世俗謂王棘矺鼠。○若檡，音澤。猶闓，音開。挾弓，音協，又子協反。令不，力呈反，下令可同。挈指，苦結反，劉本作契，苦計反。矺鼠，劉音託。〔六七〕

【疏】注「決猶」至「矺鼠」。云「挾弓以横執弦」者，方持弓矢曰挾，未射時已然，至射時還依此法以闓弦，故云「挾弓以横執弦」也。引詩者，證決是闓弦之物。云「王棘與檡棘」者，科用其一皆得，不謂兼用二者。云「以沓指放弦，令不挈也」者，謂以此二者與決爲藉，令弦不決挈傷指耳。云「生者以朱韋爲之而三」者，大射所云「朱極三」者是也。彼但爲君設，文引證此士禮，則尊卑生時俱三，皆用朱韋。死者尊卑同二，用纊也。

冒，緇質，長與手齊。䞓殺，掩足。冒，韜尸者，制如直囊，上曰質，下曰殺，質，正也。其用之，先以殺韜足而上，後以質韜首而下齊手，上玄下纁，象天地也。喪大記曰：「君錦冒黼殺，綴旁七。大夫玄冒黼殺，〔六八〕綴旁五。士緇冒䞓殺，綴旁三。凡冒，質長與手齊，殺三尺。」○冒，亡報反，後皆同。手齊，如字，又才計反。䞓殺，所界反，劉色例反，注及下注同。韜尸，土刀反。而上，士掌反。

【疏】注「冒韜」至「三尺」。云「制如直囊」者，下經云「設冒櫜之」，故云「如直囊」。云「上曰質，下曰殺，質，正也」者，案此經以冒爲摠目，下别云「質」與「殺」，自相對，則知上曰質，「質，正」者，以其在上，故以「正」爲名。引喪大記君與大夫士皆以「冒」對「殺」，不云質，則「冒」既摠名，亦得對「殺」，爲在上之稱。皆云「綴旁」者，以其冒無帶，又無鈕，一定不動，故知旁綴質與殺相接之處，使相連，尊卑降殺而已。云「其用之，先以殺韜足而上，後以質韜首而下齊

手」者，凡人著服先下後上，又質長與手齊，殺長三尺，人有短者，質下覆殺，故後韜質也。

爵弁服、純衣、謂生時爵弁之服也。〔六九〕純衣者，纁裳。古者以冠名服。死者不冠。○純衣，莊其反，注同。

【疏】注「謂生」至「不冠」　云「謂生時爵弁之服也」者，凡襲斂之服，無問尊卑，皆先盡上服，生時服，即士之常服，以助祭者也。云「纁裳」者，士冠禮文。云「古者以冠名服，死者不冠」者，以死者不冠，而經云「爵弁」、「皮弁」，此直取「以冠名服」，不用其冠，故云此也。

皮弁服、皮弁所衣之服也，其服白布衣、素裳也。○所衣，於既反，下所衣同。

【疏】注「皮弁」至「裳也」　云「皮弁所衣之服也」者，亦見死者不冠，不用皮弁，今直取以冠名服，是皮弁所衣著之服也。知「其服白布衣、素裳」者，士冠禮注衣與冠同色，裳與屨同色，以皮弁白而白屨，故士冠禮云「素積白屨」是也。雜記云「朝服十五升」，則皮弁天子朝服與諸侯朝服同十五升布也。

褖衣、黑衣裳赤緣謂之褖，〔七〇〕褖之言緣也，所以表袍者也。喪大記曰：「衣必有裳，袍必有表，不襌，謂之一稱。」〔七一〕古文「褖」爲「緣」。○褖衣，他亂反，後同。緣之，説涓反，言緣同。〔七二〕不襌，音單，下同。一稱，尺證反。

【疏】注「黑衣」至「爲緣」　知此褖衣是「黑衣裳」者，此褖衣則玄端。知者，以其士冠禮陳三服玄端、皮弁、爵弁，有玄端無褖衣，此士喪襲亦陳三服，與彼同，此無玄端，有褖衣，故知此褖衣則玄端者也。玄端有三等裳，此喪禮質，畧同玄裳而已。但此玄端連衣裳，與婦人褖衣同，故變名褖衣也。若然，連衣裳者，以其用之以表袍，袍連衣裳故也。是以雜記云「子羔之襲也，繭衣裳與税衣、纁袡」，「曾子曰：不襲婦服」。彼曾子譏用纁袡，不譏其税衣，是税衣以表袍，故連衣裳而名褖衣。引喪大記者，欲見褖衣以表袍之意。若然，雜記云「繭衣」，大記云「袍」不同者，玉藻云

「纊爲繭，緼爲袍」，鄭云「衣有著之異名也」，其實連衣裳一也。云「赤緣謂之褖」者，爾雅文，〔七三〕彼釋婦人嫁時褖衣。此引之者，證此褖衣雖不赤緣，褖衣之名同，故引爲證也。

緇帶、黑繒之帶。

【疏】注「黑繒之帶」 上雖陳三服，同用一帶者，以其士唯有此一帶而已。案玉藻云「士練帶緇辟」，是「黑繒之帶」，據襌者而言也。但生時著服不重，各設帶，此襲時三服俱著，共一帶爲異也。

韎韐、一命緼韍。○韎，音妹，又武拜反，劉又武八反。韐，古荅反，又古洽反。緼，音温，劉烏本反。韍，音弗，蔽膝。

【疏】注「一命緼韍」 韎者據色而言，以韎草染之，取其赤；韐者合韋而爲之，故名韎韐也。云「一命緼韍」者，玉藻文，但祭服謂之韍，他服謂之韠，士一命名爲韎韐，亦名緼韍，不得直名韍也。但士冠禮玄端爵韠，皮弁素韠，爵弁服韎韐，今亦三服共設韎韐者，以其重服，亦如帶矣。

竹笏。笏，所以書思對命者。玉藻曰：「笏，天子以球玉，〔七四〕諸侯以象，大夫以魚須文竹，士以竹本，〔七五〕象可也。」又曰：「笏度，二尺有六寸。其中博三寸，其殺六分而去一。」又曰：「天子搢珽，〔七六〕方正於天下也。諸侯荼，前詘後直，讓於天子也。大夫前詘後詘，無所不讓。」今文「笏」作「忽」。○以璆，音虯，劉巨虯反。文竹，如字，劉目真反。去一，起吕反。珽，他頂反，本又作珽，同。侯荼，音舒。笏作，〔七七〕音忽。

【疏】注「笏所」至「作忽」 云「笏，所以書思對命」者，亦玉藻文。引玉藻者，證天子以下笏之所用物不同，及長短廣狹有異。言公侯不言伯子男，亦與公侯同。案彼鄭云「謂之珽。珽之言挺然，無所屈也。或謂之大圭，長三尺」，「或」者，或玉人職文。鄭又云「荼讀爲舒遲之舒，舒懦者所畏在前也。〔七八〕詘謂圜殺其首，不爲椎頭。諸侯唯天子詘焉，是以謂笏爲荼」。「大夫前詘後詘，無所不讓也。」鄭注云：「大夫，奉君命出入者也，上有天子，下有已君，又

殺其下而圜。」前後皆詘，故云「無所不讓」。彼雖不言士，士與大夫同。

夏葛屨，冬白屨，皆繶緇約純，組綦繫于踵。冬皮屨變言白者，明夏時用葛亦白也。〔七九〕比皮弁之屨。〔八〇〕士冠禮曰：「素積白屨，以魁柎之。緇約繶純，純博寸。」綦，屨係也，所以拘止屨也。綦讀如馬絆綦之綦。○皆繶，於力反。緇純，〔八一〕諸允反，劉之閏反，注同。組綦，音其，一音其記反，注同。于踵，諸勇反。士冠，古亂反。以魁，〔八二〕苦回反。柎，方于反。馬絆，音半。

【疏】注「冬皮」至「之綦」　云「變言白者，明夏時用葛亦白也」者，案士冠禮云「屨夏用葛，冬用皮」，今此變言「白」者，欲互見其義。以夏言「葛」，冬當用皮，冬言「白」，明夏亦用白。又士冠禮云「爵弁纁屨」、「素積白屨」、「玄端黑屨」，以三服各自用屨，屨從裳色，其色自明。今死者重用其服，屨唯一，故須見色。若然，三服相參，帶用玄端，屨用皮弁，韎韐用爵弁，各用其一，以當三服而已。云「此皮弁之屨」者，以其色白，即所引士冠禮曰「素積白屨」者爲證是也。引「緇約繶純」者，欲解士冠禮繶約純同用緇，此經「繶」雖在「緇」上，明亦用緇可知。繶謂條，在牙底相接之縫中。約在屨鼻，純謂緣口，皆以條爲之，但舄則對方爲繢次，屨則比方爲繡次爲異耳。云「綦，屨係也」者，經云「繫于踵」，則綦當屬于跟後，以兩端向前，與約相連于脚跗踵足之上合結之，名爲「繫于踵」也。云「讀如馬絆綦之綦」者，此無正文，蓋俗讀馬有絆名爲綦，拘止馬使不得浪去，此屨綦亦拘止屨，使不縱誕也。

庶襚繼陳，不用。庶，衆也。不用，不用襲也。多陳之爲榮，少納之爲貴。

【疏】注「庶衆」至「爲貴」　直云「庶襚」，即上經「親者襚」、「庶兄弟襚」、「朋友襚」皆是，故云「庶襚」。云「繼陳」，謂繼襲衣之下陳之。云「不用，不用襲也」者，以其繼襲衣而言「不用」，明不用襲，至小斂則陳而用之，唯君襚至大斂乃用也。云「多陳之爲榮」者，庶襚皆陳之是也。「少納之爲貴」者，襲時唯用三稱是也。

貝三，實于笲。貝，水物，古者以爲貨，江水出焉。笲，竹器名。○于笲，音煩。

【疏】注「貝水」至「器名」　自此盡「夷槃可也」，論陳飯含、沐浴器物之事。此云「貝三」，下云「稻米」，則士飯含用米、貝。故檀弓云「飯用米、貝」，亦據士禮也。按喪大記云「君沐粱，大夫沐稷，士沐粱」，鄭云「士喪禮沐稻，此云『士沐粱』，蓋天子之士也」。飯與沐米同，則天子之士飯用粱，大夫用稷，諸侯用粱。鄭又云「以差率而上之，天子沐黍與？」則飯亦用黍可知。但士飯用米，〔八三〕不言兼有珠玉，大夫以上飯時兼用珠玉也。雜記云：「天子飯九貝，諸侯七，大夫五，士三。」鄭注云：「此蓋夏時禮也。周禮天子飯含用玉。」案典瑞云「大喪共飯玉、含玉」，雜記云「含者執璧」，彼據諸侯而用璧，唯大夫含無文。哀十一年左氏傳云〔八四〕「公會吴子伐齊，陳子行命其徒具含玉」，示必死者，春秋時非正法，若趙簡子云「不設屬椑」之類。文五年，「王使榮叔歸含且賵」，何休云：「天子以珠，諸侯以玉，大夫以璧，士以貝，春秋之制也。」禮緯稽命徵云「天子飯以珠含」，竟未釋周大夫所用以玉，蓋亦異代法。云「貝，水物」者，按書傳云紂囚文王，散宜生等於江、淮之間取大貝如車渠，以獻于紂，遂放文王，是貝水物，出江水也。又云「古者以爲貨」者，漢書食貨志云「五貝爲朋」，又云有大貝、壯貝之等，以爲貨用，是古者以爲貨也。知笲是「竹器名」者，以其字從竹，又聘禮云「夫人使下大夫勞，以二竹簋方，其實棗蒸栗」；婚禮婦見舅姑，「執笲」以盛「棗、栗」，此雖盛貝，不盛棗、栗，其笲並竹器也。

稻米一豆，實於筐。豆四升。○於筐，丘方切。

【疏】注「豆四升」　昭公三年晏子辭。

沐巾一，浴巾二，皆用綌於笲。巾，所以拭汙垢。浴巾二者，上體下體異也。綌，麤葛。○用綌，去逆反。

【疏】注「巾所」至「麤葛」　云「浴巾二者，上體下體異」，此士禮上下同用綌。按玉藻云「浴用二巾，上絺下綌」，彼據大夫以上，分别上下爲貴賤，故上用細，下用麤也。

櫛，於簞。〔八五〕簞，葦笥。〔八六〕○櫛，莊乙反。葦，于鬼反。笥，息嗣反。

【疏】注「簞葦笥」　按曲禮云「凡以弓、劍、苞、苴、簞、笥問人者」，注云「圓曰簞，方曰笥」，則是簞、笥别，此注「簞，葦笥」者，舉其類。按論語云顔回「一簞食」，注云「簞，笥也」，亦舉其類。謂若萯麻與枲麻雄雌異，而鄭注云「萯麻，枲麻也」，亦舉其類也。

浴衣，於篋。浴衣，已浴所衣之衣，以布爲之，其制如今通裁。○通裁，在代反，又音才。

【疏】注「浴衣」至「通裁」　知「浴衣，已浴所衣之衣」者，下經云「浴用巾，挋用浴衣」，是既浴所著之衣，用之以晞身，明以布爲之。云「如今通裁」者，以其無殺，即布單衣，漢時名爲通裁，故舉漢法爲況。

皆饌于西序下，南上。皆者，皆具以下。〔八七〕東西牆謂之序，中以南謂之堂。

【疏】注「皆者」至「之堂」　謂從序半以北陳之。云「東西牆謂之序」者，爾雅釋宫文。云「中以南謂之堂」者，諸於序中半以南，乃得堂稱。以其堂上行事非專一所，若近户即言户東、户西，若近房即言房外之東、房外之西，若近楹即言東楹、西楹，若近序即言東序下、西序下，若近階即言東階、西階。若自半以南無所繼屬者，即以堂言之，即下文「淅米于堂」是也。其實户外、房外皆是堂，故論語云「由也升堂矣，未入于室」，是室外皆名堂也。

校勘記

〔一〕既殯之禮　宋本「禮」字下誤衍「於五禮」三字，此據徐乾學本改正。

〔二〕喪於五禮屬凶　阮校云「凶」下集釋有「禮」字。

〔三〕疾時處北墉下　阮校云徐本、通典、通解、敖氏同，毛本「墉」作「牖」，釋文、集釋俱作「庸」。

〔四〕死而遷之當牖下　阮校云徐、陳、釋文、通典、集釋、通解、楊、敖同，毛本「當」作「南」。阮氏以爲二者俱通。

〔五〕大斂所并用之衾　阮校云通典無「并」字。

〔六〕士士之妻皆死于寢　「士」字毛本不重，阮本與毛本同。今按喪大記唐石經重「士」字，段玉裁校本亦云當重。

〔七〕疾時處北墉下死而遷之當牖下　阮校云毛本「墉」作「牖」，「當」作「南」，與徐本注不合。

〔八〕當十有二人也　阮校云「十有」二字誤倒。

〔九〕識之而來反衣　阮校云「衣」字衍。

〔一〇〕故復者皆朝服也　阮校云毛本無「朝」字。

〔一一〕鄭鞠衣展衣褖衣至揄狄　阮校許宗彦云當作「鄭注云用税衣上至揄狄」。

〔一二〕孤之妻與九嬪　阮校云毛本「嬪」作「殯」，盧文弨改「殯」作「嬪」。

〔一三〕若凡常衣服　阮校云要義同，毛本「常」下有「時」字。

〔一四〕受用篋　唐石經、黄刊嚴州本、徐本同，黄氏校録云張本改「篋」作「篚」，阮校云集釋、毛本俱作「篚」。石經考文提要定作「篋」，云喪大記注「司服以篋待衣於堂前」可證。

〔一五〕薪而爨之　阮校云毛本「而」作「用」。按喪大記作「用」，毛本是也。

〔一六〕恐其口閉急也　阮校云「急」楊氏作「結」。

〔一七〕爲將屨　阮校云徐、陳、通典、集釋、通解、楊氏同，毛本「屨」作「履」。

〔一八〕奠脯醢醴酒　阮校云此節疏内「此始死俱言」之下脱「脯醢」二字。

〔一九〕奠脯至尸東　阮校云要義有此五字，單疏殘缺，每節標目皆無可考，要義偶有此五字，故録之。

〔二〇〕則此奠是閣之餘食爲之　「閣」原誤作「閤」，此據阮本改。

〔二一〕赴告也　阮校云「告」上敖氏有「走」字。按敖氏蓋據既夕注增入。

〔二二〕是其衆主人直言在其後　阮校云要義無「是其」二字。

〔二三〕父兄姑姊妹子姓在此者　阮校云「在」上楊氏有「之」字。

〔二四〕謂大功以上者　毛本無「者」及下「以大功以上」共六字。今按依文意此六字當有。

〔二五〕掌三公孤卿之弔勞　阮校云此句下「鄭云王使往」五字毛本無。按此五字當有。

〔二六〕有寢門者外門者　阮校云要義無「外門者」三字。按此似當作「知寢門非外門者」。

〔二七〕案喪大記云　今按下文所引乃喪服大記文，「大」上似脱一「服」字。

〔二八〕凡九踴也　阮校云此句下要義有「喪服小記爲父母長子稽顙大夫弔之雖緦必稽顙者」二十二字，蓋從他書録入，非疏文。

〔二九〕左傳隱元年　阮校云要義同，毛本「隱」下有「公」字。

〔三〇〕升降自西階　「自」下徐本有「階」字。

〔三一〕即位于西階下　唐石經等同，毛本「于」作「如」。

〔三二〕論大功兄弟　阮校云陳本無「弟」，閩本「弟」字擠入。今按「弟」字當有。

〔三三〕即衆兄弟也　阮校云「即」通典作「則」。

〔三四〕親之恩　阮校云通典重「親」字。

〔三五〕大夫之所建　阮校云「夫」下通典、集釋、敖氏俱有「士」字。按據周禮司常注，則「士」字當有。

〔三六〕無旌　徐本同，毛本「旌」作「末」。

〔三七〕此引證銘旌者　阮校云要義同，毛本「證銘」作「銘證」。

〔三八〕無旌　「旌」毛本作「旗」。

〔三九〕下曲禮文　阮校云要義同，毛本無「下」字。

〔四〇〕置于宇西階上　阮校敖氏曰：「宇，屋檐也，不宜與『西階上』連文，蓋因『于』字而衍也。」周禮小祝職鄭司農注引此無「宇」字。浦鏜云記、檀弓設披節疏引此亦無「宇」字，敖言是也。按先鄭本或與後鄭異，檀弓疏所引自據小祝注爾。

〔四一〕音役　「役」徐乾學本作「役」。

〔四二〕劉音苦雷反　「音」宋本誤作「先」，此據徐乾學本改。徐本「苦」作「古」，阮云「苦」字不誤，「苦雷反」即集韻之「杜回反」。

〔四三〕皆是有司屬吏之等　毛本無「是」字。

〔四四〕新盆　阮校云「盆」，通典作「瓮」，注及下皆同。

〔四五〕鬲將縣重者也　阮校云徐本、敖氏同，通典、集釋、楊氏、毛本「縣」下有「於」字。張氏曰：「釋文前『重』字注云『於重同』，則此『重』字上有『於』字。」今按張氏說是。

〔四六〕煮沐潘　「沐潘」二字毛本作「潘沐」。

〔四七〕讀爲緆緆屈也　阮校云徐本、集釋、通解、楊氏同，毛本、敖氏不重「緆」字。

〔四八〕說文云綼縈繩也　黄焯彙校引盧文弨考證云：說文「綪，赤繒也」，非此處義，故注讀爲綼；說文「綼，紆未縈繩也」，多二字。

〔四九〕於户東西領南上　阮校云「南上」要義作「西鄉」。

〔五〇〕皮弁笄爵弁笄　阮校云要義同，毛本無上「笄」字。

〔五一〕及其巾而已　徐本同。黄氏校録云張本改「及」爲「反」，據疏也，作「反」是。阮校云通解、通典亦作「反」。

〔五二〕掩裹首也　阮校云「也」通典作「者」。

〔五三〕結於頤下　「於」徐本作「放」。

〔五四〕結於項巾　黄氏校録云張本改「巾」爲「中」，據監、杭本也，李氏「中」，作「中」是。

〔五五〕舊絮　阮校云要義同，毛本「絮」作「綿」。

〔五六〕讀若詩云葛藟縈之縈　阮校云「云」毛本作「曰」，「之」字聶氏、集釋、楊、敖、毛本重。今按「之」字當重。

〔五七〕鄭讀從葛藟縈之縈者　阮校云「之」字要義不重，與徐本注合，毛本重。

〔五八〕牢讀爲樓　阮案云：爾雅釋詁「摟，聚也」，釋文云「摟從手，本或作樓，非」，然則此注亦當從手。說文手部：「摟，曳聚也。」

〔五九〕樓謂削約握之中央　毛本「謂」作「爲」，與疏不合。

〔六〇〕今文樓爲緌　阮校云「樓」集釋作「牢」。按鄭既讀「牢」爲「樓」，因曰「今文樓爲緌」。少牢「上佐食以綏祭」，注云：「綏或爲挼，挼讀爲墮。古文墮爲肵。」與此同例。

〔六一〕樓斂挾少　阮校云「挾」浦鏜改「約」，盧文弨改「狹」。

〔六二〕決拾既次　阮校云徐本同，集釋、通解、楊氏、毛本俱作「佽」。

〔六三〕極猶放弦也　阮校云通典、聶氏俱無「弦」字。金曰追云大射儀「朱極三」，注「極，猶放也」，無弦字，則有者誤衍也。汪文臺識語云詩芄蘭疏引有「弦」字，然無者義長。

〔六四〕令不挈也　阮校云釋文、通典、聶氏、毛本「絜」下有「指」字。

〔六五〕古文王爲玉　阮校云徐本、集釋同，通解、毛本「玉」作「三」。

〔六六〕今文檡爲也　黄刊嚴州本「檡」作「澤」，徐本作「檡爲澤」，張氏據杭本作「檡爲澤」，集釋同，毛本亦同。按「也」疑「宅」字之誤。今按徐本是，而阮氏乃以徐本作「澤爲也」，亦誤。

〔六七〕吒鼠劉音託　徐乾學本同，黄焯彙校云葉林宗鈔本「吒」作「矺」。今按作「矺」與注合。

〔六八〕大夫玄冒黼殺　阮校云「黼」楊氏作「黻」。今按喪大記作「黼」。禮器曰君「黼」，「大夫黻」，喪大記之文蓋誤也。從監、杭本。

〔六九〕謂生時爵弁之服也　阮校云毛本「弁」下有「所衣」二字，通解、楊氏亦有，而徐本、通典、集釋無，與疏合。按釋文「所衣」注云「下所衣」同，是爲此節作音也。

〔七〇〕黑衣裳赤緣謂之褖　阮校云徐本、通典同，毛本「謂之」作「之謂」，集釋、通解、楊氏「之謂」下復有「之」字。張氏於「緣」下增一「之」字。

〔七一〕喪大記曰衣必有裳袍必有表不禪謂之一稱　今按喪大記原文「衣必有裳」四字在「不禪」下。

〔七二〕言緣同　徐乾學本「言」作「注」。阮案「緣之」二字出注，注當作「下言緣同」。今按「緣之」與「言緣」連，注不必加「下」字，宋本不誤。

〔七三〕云赤緣謂之褖者爾雅文　汪文臺識語云爾雅無此文。

〔七四〕天子以球玉　阮校云徐本、楊氏同，釋文、集釋、通解、毛本「球」作「璆」。盧文弨曰玉藻本文作「球」，下「搢

珽」依玉藻，此「璆」亦當作「球」。

〔七五〕士以竹本　今按玉藻本文無「以」字。

〔七六〕天子搢珽　阮校云張氏從監本「珽」作「珵」。按説文有「珽」無「珵」。

〔七七〕笏作　徐乾學本同。黄焯彙校云盧文弨改作「竹笏」，移「緼韍」條下。今按盧改非是。

〔七八〕舒懦者　阮校云陳本、通解同，毛本「懦」作「儒」。

〔七九〕夏時用葛亦白也　阮校云集釋重「葛」字，無「也」字。

〔八〇〕比皮弁之屨　阮校云徐本、楊氏同，集釋、通解、敖氏、毛本「比」俱作「此」，張氏從監、杭本作「此」。今按徐本亦作「此」，阮氏誤校，又作「此」與疏亦合。

〔八一〕緇純　黄焯彙校云唐石經「緇」下有「絇」字。嚴云：周禮屨人注引及彼疏疊注皆無「絇」。案鄭引士冠禮「緇絇繶純」，與此經相當，士冠禮又有「絇繶純」語，恐「絇」字非衍文。疏亦「絇」、「純」對舉，云絇在屨鼻，純爲緣口，又云與絇相連，則不得無「絇」字。釋文及鄭彼注或傳寫失之。今按經文「絇」字張氏以爲不當有。

〔八二〕以魁　「魁」徐乾學本作「魁」。

〔八三〕但士飯用米　阮校云要義同，毛本「米」作「稻」。

〔八四〕哀十一年左氏傳云　阮校云毛本「哀」下有「公」字，要義無，下文「文」字同。

〔八五〕櫛於簞　「於」毛本作「用」。

〔八六〕簞葦笥　毛本「葦」從竹。今按二字通用。

〔八七〕皆具以下　阮校云徐、陳、集釋、通解、楊氏同，毛本「具」作「貝」。張氏云：上文云「貝三」，蓋自「貝三」以下「皆饌于西序」。傳寫者誤以「貝」爲「具」。後經云「受具」，按諸本亦作「貝」。

儀禮注疏卷第三十六

唐朝散大夫行大學博士弘文館學士臣賈公彦等撰

管人汲，不説繘，屈之。管人，有司主館舍者。不説繘，將以就祝濯米。屈，縈也。○管人，如字，劉又音官。不説，土活反，劉舒悦反，注同。繘，均必反，劉俱筆反，綆也。

【疏】注「管人」至「縈也」　自此盡「明衣裳」，論沐浴及寒尸之事。云「不説繘，屈之」者，以其喪事遽，則知吉尚安舒，〔一〕汲宜説之矣。云「管人，有司主館舍者」，士既無臣，所行事者是府、史，故知管人是有司也。聘禮記云「管人爲客三日具沐，五日具浴」，此爲死者，故亦使之汲水也。云「不説繘，將以就祝濯米」者，以下經云「祝淅米」，明此管人將以就堂，授祝濯米可知。

祝淅米于堂，南面，用盆。祝，夏祝也。淅，汏也。○淅米，西歷反。汏也，徒賴反。

【疏】注「祝夏」至「汏也」　知是「夏祝」者，見下記云「夏祝淅米，差盛之」是也。

管人盡階不升堂，受潘，煑于垼，用重鬲。盡階，三等之上。喪大記曰：「管人受沐，乃煑之。」甸人取所徹廟之西北厞，薪用爨之。○受潘，芳元反，下及注同，淅米汁也。用重，直龍反。用爨，七端反，又七亂反。

【疏】注「盡階」至「爨之」　云「盡階」者，三階上也。〔二〕云「用重鬲」者，以其先煑潘，後煑米爲鬻，懸于重，故煑潘用重鬲

也。云「取所徹廟之西北厞，薪用爨之」者，此薪即復人降自西北榮所徹者也。

祝盛米于敦，奠于貝北。復於筐處。○盛米，音成，下注盛物、巾盛、盛笙同。〔三〕處也，昌慮反。

【疏】注「復於筐處」　敦即上「廢敦」也。云「復於筐處」者，向未淅實于筐，今淅訖，盛于敦，所置之處還於筐所，以擬飯之所用也。

士有冰，用夷槃可也。謂夏月而君加賜冰也。夷槃，承尸之槃。喪大記曰：「君設大槃，造冰焉。大夫設夷槃，造冰焉。士併瓦槃，無冰，設牀襢第，有枕。」○造冰，七到反，下同。士併，步頂反，下皆同。襢，之善反，下同。第，壯矣反，下同，牀簀也。

【疏】注「謂夏」至「有枕」　「謂夏月」者，以周禮凌人職云「夏頒冰」，據臣而言；月令二月出冰，據君爲説。云「而君加賜冰也」者，喪大記云士「無冰」用水，此云「有冰」，明據士得賜者也。云「夷槃，承尸之槃」者，案喪大記注「禮自仲春之後，尸既襲既小斂，〔四〕先内冰槃中。乃設牀於其上，不施席而遷尸焉，秋涼而止」是也。引喪大記已下，欲證士有賜乃有冰，又取用冰之法。案彼注：「造，猶内。夷槃小焉。」第爲簀，謂無席如浴時牀也，特欲通冰之寒氣。若然，凌人云「大喪共夷槃冰」，則天子有夷槃。鄭注凌人云：「漢禮器制度，大槃廣八尺，〔五〕長丈二尺，深三尺，漆赤中。」諸侯稱大槃，辟天子，其大夫言夷槃。此士喪又「用夷槃」，卑不嫌，但小耳，故鄭云「夷槃小焉」。

外御受沐入。外御，小臣侍從者。沐，管人所煑潘也。○侍從，才用反。

【疏】注「外御」至「潘也」　此云「外御」者，對「内御」爲名，故下記云「其母之喪，則内御者浴」，則此「外御」是士之侍御僕從者。故尚書冏命云：「今予命汝作大正，正于羣僕侍御之臣。」此雖無臣，亦有侍御僕從者也。知「沐，管人所

𡖖潘也」者，以其上文管人𡖖潘，此「外御受沐入」，明所受之於管人也。

主人皆出，户外，北面。象平生沐浴倮裎，〔六〕子孫不在旁，主人出而襢第。○倮裎，力果反，下直貞反。

【疏】注「象平」至「襢第」 云「象平生沐浴裸裎」者，裸謂赤體，裎猶袒也。將浴，尸裸袒無衣，故子孫不在旁，主人出也。下記云「御者四人，抗衾而浴」，鄭云「抗衾爲其倮裎，蔽之也」，以浴尸時袒露無衣，故抗衾以蔽之也。云「而襢第」者，又下記云「襢第」，鄭云「襢，袒也，袒簀去席，盝水便」是也。

乃沐櫛，挋用巾。挋，晞也，清也。古文「挋」皆作「振」。○挋用，之慎反，劉居吝反，晞也，〔七〕清也。清，如字，又才性反，下絜清同。

【疏】注「挋晞」至「作振」 挋，謂拭也，而云「晞也，清也」者，以其櫛訖，又以巾拭髮乾，又使清浄無潘㶇。拭訖仍未作紒，下文待「蚤，揃」訖，乃「鬠用組」，是其次也。

浴用巾，挋用浴衣。用巾，用拭之也。喪大記曰：「御者二人浴，浴水用盆，沃水用枓。」○用枓，音主。

【疏】注「用巾」至「用枓」 枓酌水器，受五升，方，有柄，今用木匏，不方，用挹盆中水以沃尸。又案喪大記「浴水用盆，沃水用枓」，沐用瓦盆，明沐浴俱有盤及枓，此沐浴盤，枓亦皆有也。引喪大記者，證人之數及浴之器物也。

渜濯棄于坎。沐浴餘潘水、巾櫛、浴衣亦并棄之。古文「渜」作「緣」，〔八〕荆、沔之間語。○作湪，劉土亂反。

【疏】注「沐浴」至「間語」 潘水既經温𡖖，名之爲渜已。將沐浴，謂之爲濯已。沐浴訖，餘潘水棄于坎。知巾櫛、浴衣亦棄之者，以其已經尸用，恐人褻之，若棄杖者，棄于隱者，故知亦棄于坎。云「古文渜作緣，荆、沔之間語」者，禹

貢云「荆、河惟豫州」，則鄭見豫州人語溴爲緣，是以古文誤作「緣」也。

蚤揃如他日。蚤讀爲爪。斷爪、揃鬢也，人君則小臣爲之。他日，平生時。○蚤，依注音爪，下蚤蚤同。揃，子淺反。斷爪，丁管反。揃鬢，音須，本亦作須。

【疏】注「蚤讀」至「生時」　鄭讀蚤從爪者，此蚤乃是詩云「其蚤，獻羔祭韭」，古早字，鄭讀從手爪之爪。〔九〕知「人君則小臣爲之」者，喪大記云「小臣爪足」，注云「爪足，斷足爪」是也。

鬠用組，乃笄。設明衣裳。用組，組束髮也。古文「鬠」皆爲「括」。〔一〇〕

【疏】注「用組」至「爲括」　鬠紒，乃可設明衣以蔽體，是其次也。

主人入，即位。已設明衣，可以入也。

【疏】自此盡「反位」，論布襲衣裳并飯含之事。

商祝襲祭服，褖衣次。商祝，祝習商禮者。商人教之以敬，於接神宜襲布衣牀上。祭服，爵弁服、皮弁服，皆從君助祭之服。大蜡有皮弁，素服而祭，送終之禮。襲衣於牀，牀次含牀之東，衽如初也。喪大記曰：「含一牀，襲一牀，遷尸於堂又一牀。」○大蜡，士嫁反。

【疏】注「商祝」至「一牀」　云「商祝，祝習商禮者」，雖同是周祝，仰習夏禮，則曰夏祝，仰習商禮則曰商祝也。云「商人教之以敬，於接神宜」者，案表記云「殷人尊神，率民以事神」，尊而不親，言尊敬，故知殷人教以敬，是以使之襲於接神宜。若然，此篇及既夕以夏人教忠，從小斂奠、大斂奠及朔半薦、新祖奠、大遣奠皆是夏祝爲之，其間雖不言

祝名，亦夏祝可知。其徹之者，皆不言祝名，則周祝徹之也。殷人教以敬，但是接神，皆商祝爲之。其間行事，若祝取銘之類，不言祝名者，亦周祝可知。唯既夕開殯時，以周祝徹饌，而堂下二事不可並使周祝，故夏祝取銘置于重。案周禮有大祝、小祝、喪祝、詛祝、甸祝，此篇及既夕言夏祝、商祝，周禮以喪祝行事，皆當喪祝者也，天子以下喪禮，云亦當喪祝行事也。云「襲布衣牀上」者，喪大記云「襲一牀」，故知襲時布衣牀上也。此雖布衣未襲，待飯含訖乃襲，下經爲「次」是也。云「祭服爵弁服、皮弁服，皆從君助祭之服」者，以其爵弁從君助祭宗廟之服，雜記云「士弁而祭于公」是也；皮弁從君聽朔之服，玉藻云「皮弁以聽朔於大廟」是也。云「大蜡有皮弁素服而祭，送終之禮也」者，郊特牲文。引之者，證皮弁之服有二種：一者皮弁時白布衣，積素爲裳，是天子朝服，亦是諸侯及臣聽朔之服；二者皮弁時衣裳皆素，葛帶榛杖，大蜡時送終之禮凶服也。此士之襲及士冠所用聽朔者，不用此素服。引者欲見郊特牲「皮弁素服」是大蜡送終之服，非此襲時所用者也。知「襲衣於牀，牀次含牀之東」者，以其死于北墉下，〔一〕遷尸于當牖下，沐浴而飯含，引大記云「含一牀，襲一牀，遷尸于堂又一牀」者，喪事所以即遠，故知襲牀次含牀之東。云「衽如初也」者，衽，臥席，下莞上簟。彼一牀之下，又云「皆有枕席，君、大夫、士一也」，故知「衽如初」含時也。

主人出，南面，左袒，扱諸面之右，盥于盆上，洗貝執以入。宰洗柶，建于米，執以從。俱入户西鄉也。今文宰不言「執」。○扱諸，初洽反，劉初輒反，下同。以從，劉才用反，下同。

【疏】注「俱入」至「言執」。云「扱諸面之右」者，面，前也，謂袒左袖，扱於右腋之下帶之內，取便也。云「洗貝執以入」者，洗訖還於笲內，執以入。云「宰洗柶，建于米」者，亦於廢敦之內建之。鄭知「俱入户西鄉」者，以下經始云主人與宰牀西，東面，故知此時「西鄉」也。

商祝執巾從入，當牖，北面，徹枕，設巾，徹楔，受貝，奠于尸西。當牖，北面，值尸南也。設巾覆面，爲飯之遺落米也。如商祝之事位，則尸南首明矣。○爲飯，于僞反，下扶晚反，下佐飯并下文同。南首，手又反。

【疏】注「當牖」至「明矣」　云「受貝」者，就尸東主人邊受取笲貝，從尸南過，奠尸西牀上，以待主人親含也。鄭云「當牖，北面，值尸南也」者，知尸當牖者，見既夕記「設牀第，當牖。衽下莞，上簟，遷尸」於上，是尸當牖；今言「當牖，北面」，故知值「尸南」可知。云「設巾覆面，爲飯之遺落米也」者，但士之子親含，發其巾，不嫌穢惡，〔一二〕今設巾覆面者，爲飯時恐有遺落米在面上，故覆之也。云「如商祝之事位，則尸南首明矣」者，舊有解云遷尸於南牖時北首，若北首則祝當在北頭而南鄉，以其爲徹枕設巾，要須在尸首便也，今商祝事位以北面，則尸南首明矣。若然，未葬已前不異於生，皆南首。檀弓云「葬于北方北首」者，從鬼神尚幽闇，〔一三〕鬼道事之故也。唯有喪朝廟時北首，順死者之孝心，故北首也。

主人由足西，牀上坐，東面。不敢從首前也。祝受貝、米奠之，口實不由足也。

【疏】注「不敢」至「足也」　云「祝受貝、米奠之，口實不由足也」者，前文祝入，「當牖，北面」，是由尸首，故受主人貝，奠之，并受米奠于尸西，故主人空手由足過，以其口實不可由足，恐褻之故也。

祝又受米，奠于貝北。宰從立于牀西，在右。米在貝北，便扱者也。宰立牀西，在主人之右，當佐飯事。○便扱，婢面反。

【疏】注「米在」至「飯事」　云「米在貝北，便扱」者，以其祝先奠貝于尸西，祝又受米從首西過，奠于貝南，便矣，今不於貝南奠之，而奠于貝北，故云「便主人之扱也」。云「宰立牀西，在主人之右，當佐飯事」者，此不敢取詔辭自右之

義，直以米在主人之右，故宰亦在右，故云「當佐飯事」也。

主人左扱米，實于右，三，實一貝，左、中亦如之。又實米，〔一四〕**唯盈。**于右，尸口之右。唯盈，取滿而已。

【疏】注「于右」至「而已」　云「于右，尸口之右」者，尸南首，云「右」，謂口東邊也。云「唯盈，取滿而已」者，以經左右及中，各三扱米，更云「實米唯盈」，則九扱恐不滿，是以重云「唯盈」也。

主人襲，反位。襲，復衣也。位在尸東。

【疏】注「襲復」至「尸東」　云「襲，復衣也」者，以其鄉袒則露形，今云「襲」是復著衣，故云「復衣」。知「位在尸東」者，以其鄉者在尸西，今還尸東西面位也。

商祝掩瑱，設幎目，乃屨，綦結于跗，連絇。掩者，先結頤下，既瑱，幎目，乃還結項也。跗，足上也。絇，屨飾，如刀衣鼻，在屨頭上，以餘組連之，止足坼也。○于跗，方于反。連絇，其于反。足坼，丑宅反。

【疏】注「掩者」至「坼也」　自此盡「于坎」，論襲尸之事。云「掩者，先結頤下，既瑱，幎目，乃還結項也」者，經先言「掩」，後言「瑱」與「幎目」，鄭知後結項者，以其掩有四脚，後二脚先結頤下，〔一五〕無所妨，故先結之。若即以前二脚向後結于項，則掩於耳及面兩邊，瑱與幎目無所施，故先結頤下，待設瑱塞耳，并施幎目，乃結項後也。云「跗，足上也」

者，謂足背也。云「絇，屨飾，如刀衣鼻，在屨頭上」者，以漢時刀衣鼻況絇在屨頭上，以其皆有孔，得穿繫于中而過者也。若無絇，則謂之鞮屨，是以鄭注周禮鞮鞻氏云：「鞮屨者，無絇之扉。」〔一六〕云「以餘組連之」者，以其綦繫既結，〔一七〕有餘組穿連兩屨之絇，使兩足不相恃離，〔一八〕故云「止足坼」也。

乃襲，三稱。 遷尸於襲上而衣之。凡衣，死者左衽，不紐。襲不言設牀，又不言遷尸於襲上，以其俱當牖，無大異。○三稱，尺證反，杜預云衣禪複具曰稱，下放此。而衣，於既反，下同。不紐，女九反。

【疏】注「遷尸」至「大異」　云「遷尸於襲上而衣之」者，以其上文已布衣於含東牀上而未襲，今已飯含訖，乃遷尸，以衣著於尸，故云「遷尸於襲上而衣之」也。云「凡衣，死者左衽，不紐」者，案喪大記云「小斂、大斂，祭服不倒，皆左衽，結絞不紐」，注云「左衽，衽鄉左，反生時也」。云「襲不言設牀，又不言遷尸於襲上，以其俱當牖，無大異」者，此對大斂、小斂布衣訖，皆言「遷尸」於斂上，以其小斂于户内，大斂于阼階，其處有異故也，此襲牀與含牀並在南牖下，小別而已，無大異，故不言設牀與遷尸也。若然，疾者於北墉下廢牀，始死遷尸於南牖，即有牀。故上文主人「入坐於牀東」，主婦牀西，以其夏即寒尸，置冰於尸牀之下，雖不言設牀，有牀可知。故將飯含，祝以米、貝致於牀西也。大記唯言「含一牀，襲一牀」，大斂不言牀者，以大小斂衣裳多，陳於地，故不言牀；襲衣裳少，含時須漉水，又須寒尸，故並須牀也。此士襲三稱，小斂十九稱，大斂三十稱。案雜記注云「士襲三稱，子羔襲五稱，今公襲九稱，則尊卑襲數不同矣。諸侯七稱，天子十二稱與」，以無正文，故云「與」以疑之。喪大記云小斂「十有九稱」，尊卑同；大斂君「百稱」五等同，大夫「五十稱」，以下文士「三十稱」，天子、諸侯、卿大夫、士命數雖殊，稱數亦等。三公宜與諸侯同。

明衣不在筭。 筭，數也。不在數，〔一九〕明衣禪衣不成稱也。○不數，所主反。

【疏】注「筭數」至「稱也」 云「不在數，明衣禪衣不成稱也」者，喪大記云「袍必有表，不禪，衣必有裳，謂之一稱」，其祿衣雖禪，以袍爲表，〔二〇〕故云稱，明衣禪而無裏，不成稱，〔二一〕故不數也。

設韐、帶，搢笏。韐、帶，韎韐、緇帶。不言韎、緇者，省文，亦欲見韐自有帶，韐帶用革。搢，插也，插於帶之右旁。古文「韐」爲「合」也。○省文，所景反。欲見，賢遍反。捷也，〔二二〕初洽反，下同。

【疏】注「韐帶」至「合也」 云「韐、帶，韎韐，緇帶」者，案上陳服之時有韎韐，有緇帶，故云是「韎韐、緇帶」也。云「不言韎、緇者，省文，亦欲見韐自有帶」者，本正言韎韐帶，亦同得爲省文，今言韎韐者，用革帶也。以其生時緇帶以束衣，革帶以佩韍玉之等，生時有二帶，死亦備此二帶，是以雜記云「朱緑帶，申加大帶於上」，注云「朱緑帶者，襲衣之帶，飾之雜以朱緑，異於生也。此帶亦以素爲之。申，重也，重於革帶也，革帶以佩韍。必言重加大帶者，明雖有變，必備此二帶」是也。案玉藻云「雜帶，君朱緑，大夫玄華，士緇辟」，又案雜記云「率帶，諸侯、大夫皆五采，士二采」，注云「此謂襲尸之大帶也」，以此而言，生時君、大夫二色，今死則加以五采；士生時一色，死更加二色，是異於生。若然，又雜記「朱緑帶」，注云：「朱緑帶者，襲衣之帶，飾之雜以朱緑，異於生也。此帶亦以素爲之」，彼是帶衣之帶，非大帶，諸侯禮則士大夫亦宜有之，此不言，文不具也。但人君衣帶用朱緑，與大帶同，此則大夫、士飾，與大帶同也。云「搢，插也，插於帶之右旁」者，以右手取之便故也。

設決麗于掔，〔二三〕自飯持之。設握，乃連掔。麗，施也。掔，手後節中也。飯，大擘指本也。決，以韋爲之籍，〔二四〕有彄。彄内端爲紐，外端有橫帶，設之以紐，擐大擘本也。因沓其彄，以橫帶貫紐，結於掔之表也。設握者，以綦繫鉤中指，由手表與決帶之餘連結之，此謂右手也。古文「麗」亦爲「連」，「掔」作「捥」。○于掔，〔二五〕烏亂反。大擘，補革反，劉薄歷反，大指也，下同。爲藉，才夜反。有彄，苦侯反。擐，劉郭大反，〔二六〕一音患。作捥，烏亂反。

【疏】注「麗施」至「作捥」　云「決以韋爲之籍，有彄。彄内端爲紐，外端有横帶」者，以下當大擘，本鄉掌，爲内端，屬紐，子鄉手表，爲外端，屬横帶也。云「設之以紐，擐大擘本也。因沓其彄，以横帶貫紐，結於掔之表也」者，以鄭言之，大指短，其著之先，以紐擐大擘本，然後因沓其彄於指，乃以横帶繞手一二，〔二七〕貫紐反向手表結之。鄭雖云「結于掔之表」，且内於帶間，未即結，此横帶，即上組繫是也。云「設握者，以綦繫鉤中指，由手表與決帶之餘連結之」者，案上文握手長尺二寸，裹手一端，繞於手表，必重，宜於上掩者，屬一繫於下角，乃以繫繞手一帀，當手表中指向上，鉤中指，又反而上繞，取繫鄉下，與決之帶餘連結之。云「此謂右手也」者，以其右手有決，今言與決同結，明是右手也。下記所云「設握」者，此謂左手，鄭云「手無決者」也。

設冒，櫜之，幠用衾。櫜，韜盛物者，取事名焉。衾者，始死時斂衾。今文「櫜」爲「橐」。〔二八〕○櫜之，古刀反，劉古道反。爲橐，音託。

【疏】注「櫜韜」至「爲櫜」　云「取事名焉」者，此本名冒而云櫜，櫜是韜盛之名，今以此冒櫜盛尸，故名爲櫜，是取盛物之事名焉。云「衾者，始死時斂衾」者，篇首始死云「幠用斂衾」，注云「大斂之衾」，今雖襲訖，仍用大斂衾，以其襲時無衾，小斂之衾陳之，與前未襲同。不言斂衾，單言「衾」，是斂衾可知，故不言也。

巾、柶、鬠、蚤埋于坎。坎至此築之也。將襲辟奠，既則反之。○鬠，音舜，劉又音旬，亂髮也。辟奠，婢亦反，又音避。

【疏】注「坎至」至「反之」　云「坎至此築之也」者，上文直云「渜濯棄于坎」，不言埋，以其未築故也。至此言「埋」者，事訖當築之故也。必至此乃築之者，以其斂事遽，無暇即埋，又慮更有須埋者，故至此覆尸訖乃埋之。前爲坎者是甸人也，則此埋之亦甸人也。云「將襲辟奠，既則反之」者，言此者，以初死脯醢、醴酒之奠爾來不言，恐不知所安之處。但始死設于尸東，方襲事，〔二九〕必當辟之，襲訖反之於尸東，以其不可空，無所依故也。案下記云「小斂，

辟奠不出室」，彼還是襲奠辟小斂，則此辟襲奠，亦不出室，仍不言處。大斂時辟小斂，奠于序西南，則此宜室西南隅。至大斂辟小斂奠，則言「于序西南」，有文可知也。若然，此奠襲後因名襲奠，故下鄭注云將小斂，則「避襲奠」。

重木，刊鑿之。甸人置重于中庭，參分庭一，〔三〇〕在南。木也縣物焉曰重。刊，斲治。鑿之，爲縣簪孔也。士重木長三尺。○重木，直容反，下及注同。縣物，音玄，下同。簪孔，側林反，劉左南反。

【疏】注「木也」至「三尺」　自此至「于重」，論設重之事。云「木也縣物焉曰重」者，解名木爲重之意。以其木有物縣於下相重累，故得重名。云「鑿之，爲縣簪孔也」者，下云「繫用靲」，用靲内此孔中。云「簪」者，若冠之笄謂之簪，使冠連屬於紒，此簪亦相連屬於木之名也。云「士重木長三尺」者，鄭言「士重木長三尺」，則大夫以上各有等，當約銘旌之杠士三尺，大夫五尺，諸侯七尺，天子九尺，據竪之者，横者宜半之。鄭不言大夫以上，無正文故也。

夏祝鬻餘飯，用二鬲于西牆下。夏祝，祝習夏禮者也，夏人教以忠，其於養宜。鬻餘飯以飯尸，餘米爲鬻也。重，主道也。士二鬲，則大夫四，諸侯六，天子八，與簋同差。○鬻，本又作粥，之六反，一音育。餘飯，扶晚反，注同，謂以飯尸之餘米爲粥。於養，羊亮反。

【疏】注「夏祝」至「同差」　云「于西牆下」者，西牆下有竈，即上文「甸人爲垼」是也。云「夏人教以忠，其於養宜」者，案禮記表記云「夏道尊命，敬神而遠之，近人而忠焉」，書傳畧説亦云「夏后氏王，教以忠」，是夏人教以忠也。曲禮云：「君子不盡人之歡，不竭人之忠。」鄭云：「歡謂飲食，忠謂衣服。」若忠不對歡，忠亦飲食，故此飲食使夏祝忠

者養宜也。前商祝奠米飯米，夏祝徹之，今乃鬻之而盛於鬲，是以下記云「夏祝徹餘飯」，注云「徹去鬻」是也。云「重，主道也」者，檀弓文，彼注云「始死未作主，以重主其神也」，即是虞祭之後，以木主替重處，故云「重，主道也」。引之者，證此重是木主之道也。云「士二鬲，則大夫四、諸侯六、天子八，與簋同差」者，亦無正文。鄭言之者，以其同盛黍稷，故知同差也。案特牲用二敦，少牢用四敦，同姓之大夫士用簋，故皆以簋言之。明堂位云「周之八簋」，詩云「陳饋八簋」，皆天子禮，自上降殺以兩，明諸侯六。祭統諸侯禮而云「四簋黍」，見其倚於廟中也。二簋留陽厭不用餕，〔三一〕故不言也。

冪用疏布，久之，繫用靲，縣于重。冪用葦席，北面，左衽。帶用靲，賀之，結于後。久讀爲灸，謂以蓋塞鬲口也。靲，竹䉶也。以席覆重，辟屈而反，兩端交於後，左衽，西端在上。賀，加也。今文「冪」皆作「密」。〔三二〕○冪用，本又作鼏，亡狄反。久之，依注音灸。用靲，劉舉琴反，下同，説文其闇反。竹䉶，音蔑。辟屈，音壁。〔三三〕

【疏】注「久讀」至「作密」　云「冪用疏布，久之」者，鄭「久讀爲灸」，灸塞義謂直用麤布蓋鬲口爲塞也。云「靲，竹䉶也」者，案顧命云「牖間南嚮，敷重篾席」，即此靲䉶，一也，謂竹之青可以爲繫者。云「以席覆重，辟屈而反兩端交於後。左衽，西端在上」者，據人北面，以席先於重，北面南掩之，然後以東端爲下向西，西端爲上向東，是爲辟屈而反兩端交於後，爲左衽右衽，然後以䉶加束之，結於後也。

祝取銘，置于重。祝，習周禮者也。

【疏】以銘未用，〔三四〕待殯訖乃置於肂，今且置於重。必且置于重者，重與主皆是録神之物故也。

厥明，陳衣于房，南領，西上，綪。絞横三，縮一，廣終幅，析其末。綪，屈也。絞，所以收束衣服，爲堅急者也，以布爲之。縮，從也。横者三幅，從者一幅。〔三五〕析其末者，令可結也。喪大記曰：「絞一幅爲三。」○綪絞，户交反，後同。縮從，子容反，下同。

【疏】注「綪屈」至「爲三」　自此盡「東柄」論陳小斂衣物之事。云「厥明」者，對昨日始死之日爲「厥明」。此陳衣，將陳并取以斂，皆用篋，是以喪大記云「凡陳衣者實之篋，取衣者亦以篋，升降者自西階」是也。云「絞，所以收束衣服，爲堅急」者，此揔解大小斂之絞，若細而分之則别，故鄭注喪大記云：「小斂之絞也廣終幅，析其末，以爲堅之強也。大斂之絞一幅，三析用之，以爲堅之急也。」云「以布爲之」，知者，下記云「凡絞、紟用布，倫如朝服」，注云「倫，比也」。此絞直言從横幅數，不言長短者，人有短長不定，取足而已。引喪大記，證絞爲三析之事。

緇衾，赬裏，無紞。紞，被識也。〔三六〕斂衣或倒，被無别於前後可也。〔三七〕凡衾制同，皆五幅也。○赬裏，丑貞反，赤也。無紞，丁敢反。被識，申志反。無别，彼列反。

【疏】注「紞被」至「幅也」　云「斂衣或倒」者，案下文云「祭服不倒」，則餘服有倒者，皆有領可記也。云「被無别於前後可也」者，被本無首尾，生時有紞爲記識前後，恐於後互换，死者一定，不須别其前後可也。云「凡衾制同，皆五幅也」者，此無正文。喪大記云「紟五幅，無紞」，衾是紟之類，故知亦五幅。

祭服次，爵弁服、皮弁服。

【疏】注「爵弁服皮弁服」　凡陳斂衣，先陳絞、紟於上，次陳祭服於下，故云「祭服次」。至大斂陳衣，亦先陳絞、紟、衾，次陳君襚祭服。所以然者，以絞、紟爲裏束衣，故皆絞、紟爲先。但小斂美者在内，大斂美者在外，故小斂先布散衣，後布祭服，大斂則先布祭服，後布散衣，是小斂美者在内，大斂美者在外也。襲時美者在外，是三者相變也。

散衣次，褖衣以下袍繭之屬。〔三八〕○散衣，息但反，下及注同。袍繭，古典反。

【疏】注「褖衣」至「之屬」　袍繭有著之異名，同入散衣之屬也。

凡十有九稱。祭服與散衣。

【疏】　士之服唯有爵弁、皮弁、褖衣而已。云十九稱，當重之，使充十九。必十九者，案喪大記「小斂，衣十有九稱。君陳衣于序東，大夫士陳衣于房中」，〔三九〕注云「衣十有九稱，法天地之終數也」，則天子以下皆同十九稱。言「法天地之終數」者，天地之初數「天一地二」，終數則云「天九地十」，人在天地之間而終，故取終數爲斂衣稱數，尊卑共爲一節也。

陳衣繼之，庶襚。

【疏】注「庶襚」　知「庶襚」者，以其襲時陳衣訖，乃云「庶襚繼陳，不用」，此亦陳衣訖，乃云「陳衣繼之」，明亦是庶襚。

不必盡用。取稱而已，不務多。○盡用，津忍反。取稱，尺證反。

【疏】　襲時言「庶襚繼陳」，則全不用，此「陳衣繼之」下云「不必盡用」，則兼用之，不必盡而已。以其小斂用衣多，主人自盡不足，故容用之也。云「取稱而已，不務多」者，衣服雖多，不得過十九耳。

饌于東堂下，脯、醢、醴、酒。冪，奠用功布，〔四〇〕實于簞，在饌

東。〔四一〕功布，鍛濯灰治之布也。凡在東西堂下者，南齊坫。古文「奠」爲「尊」。〔四二〕○

饌于，劉咊轉反，一音士眷反，後同。鍛濯，丁亂反，下大角反。齊坫，丁念反。

【疏】注「功布」至「爲尊」　知「功布，鍛濯灰治之布」者，案喪服傳云「冠六升，鍛而勿灰。七升已下鍛濯灰治之」，是以殤大功章云「大功布衰裳」注云「大功布者，其鍛治之功麤沽之」，則此云「功布」者，大功之布，故云「鍛濯灰治之」也。云「凡在東西堂下者，南齊坫」，知者，既夕記云「設棜于東堂下，南順，齊于坫。饌于其上，兩甒，醴酒」，若然，則凡設物於東西堂下者，皆南與坫齊，北陳之。堂隅有坫，以土爲之，或謂堂隅爲坫也。

設盆盥于饌東，有巾。爲奠設盥也。〔四三〕喪事略，故無洗也。○

爲奠，于僞反，下爲舉、爲不、爲塵皆同。

【疏】注「爲奠」至「洗也」　云「爲奠設盥也」者，謂爲設奠人設盥洗及巾。云「喪事略，故無洗也」，直以盆爲盥器也。下云「夏祝及執事盥，執，醴先酒」，即是於此盥也。但諸文設洗篚者，皆不言巾。至於設洗篚不言巾者，〔四四〕以其設洗篚，篚內有巾可知，故不言。凡不就洗篚皆言巾者，〔四五〕既不就洗篚，恐揮之不用，故言巾。是以特牲、少牢尸尊不就洗篚，及此喪事略，不設洗篚皆見巾是也。

苴絰，大鬲，〔四六〕下本在左，要絰小焉，散帶垂，長三尺。牡麻絰，右本在上，亦散帶垂。皆饌于東方。苴絰，斬衰之絰也。苴，麻者其貌苴，以爲絰。服重者，尚麤惡，〔四七〕絰之言實也。鬲，搤也，中人之手搤圍九寸，絰帶之差，自此出焉。下本在左，重服統於內，而本陽也。要絰小焉，五分去一。牡麻絰者，齊衰以下之絰也。牡麻絰者，〔四八〕其貌易，服輕者，宜差好也。右本在上，輕服本於陰而統於外。〔四九〕散帶之垂者，男子之道，文多變也。饌于東方，東坫之南，苴絰爲上。○苴，

七如反。大鬲，音革，又作搹同。絰，大結反。〔五〇〕搤，音厄，本又作扼。去一，起呂反，下并注同，後放此。齊，音咨，後同。易服，以豉反。宜差，初賣反。

【疏】注「苴絰」至「爲上」　此陳絰帶者，以其小斂訖，當服未成服之麻故也。云「亦散帶垂」者，不言尺寸，亦與苴絰同，垂三尺。云「苴絰，斬衰之絰也」者，案喪服斬衰章云「喪服。斬衰裳，苴絰、杖」，故知此「苴絰，斬衰之絰」。云「苴，麻者其貌苴，以爲絰」者，案禮記間傳云「斬衰貌若苴」，彼據人之形貌若苴麻，明麻之形貌亦苴可知，故此指麻之貌苴者以爲絰。云「服重者，尚麤惡」者，對齊衰已下服輕不尚麤惡，故間傳云「齊衰貌若枲，大功貌若止」，是不尚麤惡也。云「絰之言實也」者，檀弓云「絰也者，實也」，鄭注喪服云「明孝子有忠實之心」，是明孝子之心與服相稱，不虛服此服也。云「鬲，搤也，中人之手搤圍九寸」者，此無正文，喪服及此皆言「苴絰，大鬲」，鬲是搤物之稱，故據中人一搤而言。「大」者，據大拇指與大巨指搤之，故言「大」也。云「絰帶之差，自此出焉」者，案喪服傳云「苴絰，大搹，左本在下，去五分一以爲帶。齊衰之絰，斬衰之帶也」，自此「斬衰之帶」，差至「緦麻之帶」，故云「絰帶之差，自此出焉」。云「下本在左，重服統於內，而本陽也」者，謂斬衰統於內，以解本在下而本陽，以解在左對齊衰之絰，右本在上，輕服本於陰而統外。〔五一〕案雜記云「親喪外除」，鄭云「日月已竟，而哀未忘」；「兄弟之喪內除」，注云「日月未竟，而哀已殺」，此言統內、統外者，亦據哀在內外；而言本陽、本陰者，亦據父者子之天爲陽、母者子之地爲陰而言也。云「要絰小焉，五分去一」者，亦據喪服傳而言。首絰圍九寸，五分之，五寸正去一寸，得四寸，餘四寸，每寸爲五分，四寸爲二十分，去四分得十六分，取十五分爲三寸，餘一分，在摠得七寸五分寸之一，彼傳因即分之。至緦麻云「齊衰之絰，斬衰之帶也」，以其俱七寸五分寸之一，又去五分一以爲帶，七寸，取五寸，去一寸，得四寸，彼二寸，〔五二〕一寸爲二十五分，二寸爲五十分，一分爲五分，添前爲五十五分，摠去十一分，餘有四十四分，二十五分爲一寸，添前四寸爲五寸，仍有十九分在，是齊衰之帶摠有五寸二十五分寸之十九。彼又云「大

功之絰，齊衰之帶」，以其俱五寸二十五分寸之十九，又去五分一以爲帶，五寸去一寸得四寸，餘二十五分寸之十九者，一分爲五分，十分爲五十分，又九分者爲四十五分，添前五十揔爲九十五分。去一者，五十去十，四十五去九，揔得七十六，據整寸破之而言，此四寸百二十五分寸之七十六，以爲小功之絰，大功之帶。以下仍有小功之帶，但小功之帶以小功之絰，又五分去一，下至緦麻之帶，皆以五倍破寸計之可知耳。云「牡麻絰者，齊衰以下之絰也」者，案喪服齊衰、大功皆言「牡麻絰」，小功又言「澡麻」，則齊衰以下皆牡麻絰。傳曰「牡麻者，枲麻也」，對苴絰爲麻之有蕡色如苴黎，則此雄麻色好者。故間傳云「齊衰貌若枲」，是以鄭云：「牡麻絰者，其貌易，服輕者，宜差好也。」云「散帶之垂者，男子之道，文多變也」者，此小斂絰有散麻帶垂之，至三日成服絞之，對婦人陰質，初而絞之，與小功以下男子同。知「饌于東方，東坫之南，苴絰爲上」者，以其對下牀笫、夷衾之等在西坫南，故此亦在「東坫南」也。若然，經直言「東方」，知不在東堂下東方者，以其小斂陳饌皆在東堂下，若此亦在東堂下，當言陳于饌東、饌北，何須言「東方」乎？明此非東堂下也。知「苴絰爲上」者，以其經先言「苴絰」，明依此爲首，南陳之也。

婦人之帶，牡麻結本，在房。婦人亦有苴絰，(五三)但言帶者，記其異。此齊衰婦人，斬衰，婦人亦苴絰也。

【疏】注「婦人」至「絰也」　知「婦人亦有苴絰」者，喪服首云「苴絰，杖」，下經男子、婦人俱陳，則婦人亦有苴絰。禮記服問之等每云婦人麻絰之事，故知婦人亦有絰。今此經不言婦人苴絰者，記其異。謂男子帶有散麻，婦人則「結本」，無異者，且男子小功、緦麻，(五四)小斂，有帶則絞之，亦結本，婦人帶結本，可以兼之矣。云「此齊衰婦人」者，以其牡麻，宜言齊衰以下至緦麻，(五五)皆同牡麻也。云「斬衰，婦人亦苴絰也」者，此亦據帶而言，以其帶亦名絰，則喪服云：「苴絰，杖」，鄭云「麻在首在要皆曰絰」。彼經既兼男女，則婦人有苴麻爲帶絰可知。經不言者，以義可知，故省文也。此帶牡麻兼男子小功以下，陳之則別處，以其男子陳之于坫南，此經云「在房」，明知異處也。

牀第、夷衾，饌于西坫南。第，簀也。夷衾，覆尸之衾。喪大記曰：「自小斂以往，用夷衾。夷衾質、殺之裁猶冒也。」○簀也，音責。殺之，色界反，劉色倒反。

【疏】注「第簀」至「冒也」　云「夷衾，覆尸之衾」者，小斂訖，奉尸夷於堂，幠用夷衾矣，故陳之於西坫南。案曲禮云「在牀曰尸，在棺曰柩」，此夷衾，小斂以往用之覆尸柩，今直言「覆尸」者，鄭據此小斂未入棺而言。云「喪大記曰：『自小斂以往，用夷衾』」者，對小斂已前用大斂之衾，今小斂以往，大斂之衾當陳之，故用夷衾，證小斂不用之，兼明夷衾之制。鄭言「小斂以往」，則此夷衾本爲覆尸、覆柩，不用入棺矣，是以將葬，啓殯覆棺亦用之矣。云「夷衾質、殺之裁猶冒也」者，案上文冒之材，云「冒，緇質，長與手齊，䞓殺，掩足」，注云「上曰質，下曰殺」。此作夷衾亦如此，上以緇，下以䞓，連之乃用也。其冒則韜下韜上訖，乃爲綴旁，使相續。此色與形制大同，而連與不連則異也。

西方盥，如東方。爲舉者設盥也。如東方者，亦用盆布巾，饌於西堂下。

【疏】注「爲舉」至「堂下」　云「爲舉」者，謂將舉尸者，則下經「士盥，二人」是也。云「西堂下」，知者，以其東方盥在東堂下，則知此「西方」亦在「西堂下」可知。

陳一鼎于寢門外，當東塾少南，西面。其實特豚，四鬄，去蹄，兩胉、脊、肺。設扃鼏，鼏西末。素俎在鼎西，西順。覆匕，東柄。〔五六〕鬄，解也。四解之，殊肩髀而已，喪事畧。去蹄去其甲，爲不絜清也。胉，脅也。素俎，喪尚質，既饌將小斂，則辟襲奠。今文「鬄」爲「剔」，「胉」爲「迫」。古文「鼏」爲「密」。○四鬄，託歷反，解也。去蹄，大兮反。兩胉，音博，劉音百，又音魄，脅也。扃，古螢反。肩髀，步啓反，

又必爾反，下同。則辟，婢亦反。

【疏】注「鬄解」至「爲密」 此亦爲小斂奠陳之。鼏，用茅爲編。言「西末」，則茅本在東方。「四解之，殊肩髀而已。喪事畧」者，凡牲體之法有二，一者四解而已。此經直云「四鬄」，即云「去蹄」，明知殊肩髀爲四段。案士冠禮云「若殺，則特豚，載合升」，注云「合左右胖」，此下文大斂亦云「豚合升」，則吉凶之禮豚皆合升。而鄭云「喪事畧」者，但喪中之奠，雖用成牲，亦四解，故既夕葬奠云「其實羊左胖」、「豕亦如之」，是以鄭揔釋喪中四解之事，故云「喪事畧」。若禘郊大祭，雖吉祭亦先有豚解，後爲體解，是以禮運云「腥其俎，孰其殽」，鄭云「腥其俎，謂豚解而腥之。孰其殽，謂體解而爓之」，國語亦云「禘郊之事，則有全脅。王公立飫，則有房俎。親戚燕飲，則有殽胥」者。若然，禘郊雖先有全脅，後有體解、豚解，禮運所云者是也。若然，此經云「四鬄」并「兩胉」脅與脊，揔爲七體，若豚解皆然也。云「既饌將小斂，則辟襲奠」者，即始死之奠，襲後改爲襲奠。以恐妨斂事，故知辟襲奠，前襲時已辟之，今將小斂亦辟之，亦當於室之西南隅，如將大斂，辟小斂，奠於序西南也。〔五七〕凡奠在室外，經宿者皆辟之於序西南。是以小斂奠與祖奠等，皆辟之於序西南。朝廟遷祖之奠，不設於序西南，以其以再設爲褻，是以遷之即設，新之也。

士盥，二人以並，東面，立于西階下。立，俟舉尸也。今文「並」爲「併」。

【疏】注「立俟舉尸也」 舉尸，謂小斂從襲牀爲遷尸於户内服上，即下文「士舉遷尸，反位」是也。

布席于户内，下莞，上簟。有司布斂席也。

商祝布絞、衾、散衣、祭服。祭服不倒，〔五八〕美者在中。斂者趨方，或傎倒衣裳，祭服尊，不倒之也。美，善也，善衣後布於斂，則在中也。既後布祭服，而又言善者在中，明每服非一稱也。○或傎，本又作顛。倒衣，丁老反。

【疏】注「斂者」至「稱也」　云「斂者趨方，或傎倒衣裳」者，以其襲時衣裳少不倒，小斂十九稱，衣裳多，取其要方，除祭服之外，或倒或否。云「祭服尊，不倒」者，士之助祭服則爵弁服、皮弁服，并家祭服玄端亦不倒也。云「善衣後布於斂，則在中也」者，以其斂衣半在尸下，半在尸上，〔五九〕今於先布者在下，則後布者在中可知也。云「既後布祭服，而又言善者在中，明每服非一稱也」者，欲見「祭服」文在「散衣」之下，即是後布祭服，祭服則是善者，復云善者在中，則祭服之中更有善者可知。故云「每服非一稱」，以其揔十九稱之中，善者非一稱也。

士舉遷尸，反位。遷尸於服上。設牀笫于兩楹之間。衽如初，有枕。衽，寢臥之席也，亦下莞上簟。

【疏】注「衽寢」至「上簟」　曲禮云：「請席何鄉？請衽何趾？」鄭云：「坐問鄉，臥問趾，因於陰陽。」是衽爲臥席。云「亦下莞上簟」者，詩斯干宣王寢席而言「下莞上簟」，是尋常寢席無問貴賤，皆「下莞上簟」。

卒斂，徹帷。尸已飾。主人西面馮尸，踊無筭。主婦東面馮，亦如之。馮，服膺之。○馮尸，音憑，後皆同。

主人髺髮，袒。眾主人免于房。始死將斬衰者雞斯，將齊衰者素冠，今至小斂變，又將初喪服也。〔六〇〕髺髮者，去笄纚而紒。眾主人免者，齊衰將袒，以免代冠。冠，服之尤尊，不以袒也。免之制未聞，舊說以爲如冠狀，廣一寸。喪服小記曰「斬衰髺髮以麻，免而以布」，此用麻布爲之，狀如今之著幓頭矣，自項中而前，交於額上，卻繞紒也。于房，于室，釋髺髮宜於隱者。今文「免」皆作「絻」。古文「髺」作「括」。○髺髮，音括，

劉音活。人免，音問，後放此。笄斯，所買反，劉霜綺反，下作纚同。而紒，音計，下同。令著，〔六一〕丁略反，下同。幓頭，七消反。作絻，音問。

【疏】注「始死」至「作括」 知「始死將斬衰者笄斯」者，案禮記問喪云「親始死，笄斯徒跣」，鄭注云「笄斯當爲笄纚」，以成服乃斬衰，是始死未斬衰，故云「始死將斬衰者笄斯也」。云「將齊衰者素冠」者，喪服小記云「男子冠而婦人笄」，冠笄相對，問喪「親始死」男子云笄纚，明齊衰男子素冠可知。云「今至小斂變」者，謂服麻之節，故云「變」也。云「又將初喪服也。〔六二〕髺髮者，去笄纚而紒」者，此即喪服小記云「斬衰髺髮以麻，爲母髺髮以麻，免而以布」，是母雖齊衰，初亦髺髮，與斬衰同，故云「去笄纚而紒」，紒上著髺髮也。云「衆主人免者，齊衰將袒，以免代冠」者，此亦小斂節，與斬衰髺髮同時。此皆據男子，若婦人斬衰，婦人以麻爲髽。齊衰婦人以布爲髽，髽與髺髮皆以麻布，自項而向前，交於額上，卻繞紒，如著幓頭焉。免亦然，但以布廣一寸爲異也。云「于房，于室，釋髺髮宜於隱者」，并下文「婦人髽于室」兼言之也。

婦人髽于室。

始死，婦人將斬衰者，去笄而纚；將齊衰者，骨笄而纚；今言「髽」者，亦去笄纚而紒也。齊衰以上至笄，猶髽。髽之異於髺髮者，既去纚而以髮爲大紒，如今婦人露紒其象也。檀弓曰：「南宫縚之妻之姑之喪，夫子誨之髽，曰：『爾毋縱縱爾，爾毋扈扈爾。』」其用麻布，亦如著幓頭然。○髽，側瓜反。宫縚，他刀反。爾毋，音無，下同。縱，范音揔，劉又在紅反。扈扈，並音户。

【疏】注「始死」至「頭然」 知「婦人將斬衰者，去笄而纚」者，喪服小記云「男子冠而婦人笄」，冠、笄相對，將斬衰男子既去冠而著笄纚，則婦人「將斬衰」亦「去笄而纚」可知。又知「將齊衰者，骨笄而纚」者，上引男子齊衰，始死「素冠」，則知婦人「將齊衰，骨笄而纚」也。云「今言髽者，亦去笄纚而紒也」者，謂今至小斂節，亦如上將斬衰，男子去笄纚而髺髮，則此將斬衰，婦人亦去笄纚而麻髽；齊衰，婦人去骨笄與纚而布髽矣。鄭不云斬衰婦人去纚，而云「去笄纚」者，專據齊衰婦人而言，文略故也。鄭所以云「而紒」，紒即髽也，故喪服注亦云「髽，露紒也」。云「齊衰以上至

笄，猶髽」者，謂從小斂著未成服之髽，至成服之笄，猶髽不改，至大斂殯後，乃著成服之髽代之也。云「髽之異於髻髮者，既去纚而以髮爲大紒，如今婦人露紒其象也」者，古者男子、婦人吉時皆有笄纚，有喪至小斂，則男子去笄纚著髻髮，婦人去纚而著髽，髽形先以髮爲大紒，紒上斬衰婦人以麻，齊衰婦人以布，其著之如男子髻髮與免，故鄭依檀弓「縱縱」、「扈扈」之後，乃云「其用麻布，亦如著幓頭然」。既髻髮與髽皆如著幓頭，而異爲名者，以男子陽，外物爲名，而謂之髻髮；婦人陰，内物爲稱，而謂之髽也。但經云「婦人髽于室」者，男子髻髮與免在東房，若相對，婦人宜髽于西房，大夫士無西房，故於室内户西，皆於隱處爲之也。

士舉。男女奉尸，侇于堂。幠用夷衾。男女如室位，踊無筭。侇之言尸也。夷衾，覆尸柩之衾也。堂謂楹間牀笫上也。今文「侇」作「夷」。○侇，音夷。

【疏】注「侇之」至「作夷」　云「侇之言尸也」者，尸之衾曰「夷衾」，尸之牀曰「夷牀」，并此經侇尸不作移字，皆作「侇」者，「侇」人旁作之，故鄭注喪大記皆是依尸爲言也。云「幠用夷衾」者，初死幠用大斂之衾，以小斂之衾當陳，今小斂後，大斂之衾當擬大斂，故用覆棺之夷衾以覆尸也。

主人出于足，降自西階。衆主人東即位。婦人阼階上，西面。主人拜賓，大夫特拜士，旅之。即位，踊，襲經于序東，復位。拜賓，鄉賓位拜之也。即位，踊，東方位。襲經于序東，東夾前。〔六三〕○鄉賓，許亮反。夾，古洽反，劉古協反。

【疏】注「拜賓」至「夾前」　云「衆主人東即位」者，雖無降階之文，當從主人降自西階。主人就拜賓之時，衆主人遂東，

即位於阼階，以主人位南西面也，〔六四〕於時阼階空，故婦人得向阼階上西面也。云「復位」者，復阼階下西面位。云「拜賓，鄉賓位拜之也」者，經云主人「降自西階」，即云「主人拜賓」，明不即位而先拜賓，是主人鄉賓位拜賓可知。云「即位，踊，東方位」者，謂主人拜賓訖，即鄉東方阼階下，即西面位，踊，踊訖襲經也。〔六五〕云「襲經于序東，東夾前」者，經云主人「降自西階」，更無升降之文，〔六六〕而云「序東，東夾前」者，主人即位踊訖，〔六七〕而去襲經于序東，〔六八〕謂鄉堂東，東西當序牆之東，〔六九〕又當東夾之前，非謂就堂上東夾前也。云「復位」者，復阼階下西面位。

乃奠。祝與執事爲之。舉者盥，右執匕，卻之；左執俎，横攝之，入，阼階前西面錯，錯俎北面。舉者盥，出門。舉鼎者，右人以右手執匕，左人以左手執俎，因其便也。攝，持也。西面錯，錯鼎於此宜西面，〔七〇〕錯俎北面，俎宜西順之。○錯，七故反，下及注同。其便，婢面反。

【疏】注「舉者」至「順之」　「右執匕」、「左執俎」者，謂鄉北入内，東方爲右人，西方爲左人，故鄭云「右人以右手執匕，左人以左手執俎」，各用内手舉鼎，外手執匕、俎，故云「便也」。云「錯鼎於此宜西面」者，對在門外時北面陳鼎，鄉内爲宜也。

右人左執匕，抽扃予左手，兼執之，取鼏委于鼎北，加扃，不坐。抽扃、取鼏、加扃於鼏上，皆右手。今文「扃」爲「鉉」。古文「予」爲「與」，〔七一〕「鼏」爲「密」。○爲鉉，胡犬反，劉古頑反，又音關，又音玄。

【疏】注「抽扃」至「爲密」　云「抽扃、取鼏、加扃於鼏上，皆右手」者，以其經云「左執匕」，即云「抽扃予左手，兼執之」，不

言用右手，故鄭明之，以其右人用左手執匕，即知「抽扃」已下用右手，似若左執爵，用右手祭脯、祭薦，取便也。

乃朼，載。載兩髀于兩端，〔七二〕**兩肩亞，兩胉亞，脊、肺在於中，皆覆，進柢，執而俟。**乃朼，以朼次出牲體，右人也；載受而載於俎，左人也。亞，次也。凡七體，皆覆爲塵。〔七三〕柢，本也。進本者，未異於生也，骨有本末。古文「朼」爲「匕」，「髀」爲「脾」。今文「胉」胉爲「迫」，〔七四〕「柢」皆爲「胝」。

○乃朼，必李反。進柢，丁季反，本也，後同。爲脾，必爾反，又毗支反。爲胝，劉音帝。

【疏】注「乃朼」至「爲胝」　「凡七體」者，前左右肩臂，臑屬焉，後左右髀，肫、胳屬焉，并左右脅通脊爲七體也。案下文大斂「豚合升」，言「合升」，則髀亦升之矣。凡言「合升」，多言「皆」，并髀升，非獨喪禮。若體解升者，皆髀不升，鄭云「近竅賤也」。云「皆覆爲塵」者，諸進體皆不言覆，此言「覆」者，由無尸而不食，故覆之也。云「進本者，未異於生也」者，公食大夫亦進本，是生人法，今以始死，故未異於生也。

夏祝及執事盥，執醴先，酒、脯醢、俎從，升自阼階。丈夫踊。甸人徹鼎，〔七五〕**巾待于阼階下。**執事者，諸執奠事者。巾，功布也。執者不升，已不設。〔七六〕祝既錯醴，將受之。○俎從，劉才用反。

【疏】注「執事」至「受之」　云「甸人徹鼎巾」者，〔七七〕以其空無事，故徹。案公食大夫云「甸人舉鼎順，出奠于其所」，謂當門也。或云「徹鼎」者誤。〔七八〕何者？前陳「饌于東堂下，脯、醢、醴、酒。冪，奠用功布，實于簞」，何徹之有也？云「執者不升，已不設。祝既錯醴，將受之」者，此執者不升，唯據執巾者，故鄭云「祝既錯醴，將受之」，當以覆酒醴，故下云「祝受巾」是也。

奠于尸東，執醴、酒北面，西上。執醴、酒者先升，尊也。立而俟，後錯，要成也。豆錯，俎錯于豆東，立于俎北，西上。醴酒錯于豆南。祝受巾，巾之，由足降自西階。婦人踊。奠者由重南東，丈夫踊。巾之爲塵也。東，反其位。○巾巾，並如字，劉下居覲反。由重，直龍反。

【疏】注「東，反其位」 云「由足降自西階，婦人踊」者，主人位在阼階下，〔七九〕婦人位在上，故奠者升，丈夫踊，奠者降，婦人踊，各以所見先後爲踊之節也。云「奠者由重南東，丈夫踊」者，此奠者奠訖，主人見之，更與主人爲踊之節也。奠者降反位，必由「重南東」者，以其重主道，神所馮依，不知神之所爲，故由重南而過，是以主人又踊也。注云「東，反其位」者，其位蓋在盆盥之東，南上。

賓出，主人拜送于門外。廟門外也。

【疏】注「廟門外也」 「廟門」者，士死于適室，以鬼神所在則曰廟，故名適寢爲廟也。

乃代哭，不以官。代，更也。孝子始有親喪，悲哀憔悴，禮防其以死傷生，〔八〇〕使之更哭，不絶聲而已。人君以官尊卑，士賤，以親疏爲之，三日之後哭無時。周禮挈壺氏：「凡喪，縣壺以代哭。」○代更，音庚，下同。憔悴，在遥反，下在季反。禮坊，音房，本亦作防。挈壺，苦結反。縣壺，音玄。

【疏】注「代更」至「代哭」 此經論君及大夫、士於小斂之後，隨尊卑代哭之事。注云「人君以官尊卑，士賤，以親疏爲之」者，案喪大記云「君喪」縣「壺」，「乃官代哭。大夫官代哭，不縣壺。士代哭不以官」注云「自以親疏哭也」，此注不言大夫，舉人君與士，其大夫有大記可參，以官可知，故不言也。云「三日之後哭無時」者，禮有三無時之哭：始

死未殯，哭不絶聲，一無時；殯後葬前，朝夕入，於廟阼階下哭，又於廬中思憶則哭，是二無時；既練之後，在堊室之中，或十日、或五日一哭，是三無時。練前葬後，有朝夕在阼階下哭，唯此有時，無無時之哭也。引挈壺氏者，證人君有縣壺爲漏剋分更代哭法，大夫、士則無縣壺之義也。

有襚者，則將命。擯者出請，入告。主人待于位。喪禮畧於威儀，既小斂，擯者乃用辭。出請之辭曰：「孤某，使某請事。」

【疏】注「喪禮」至「請事」　云「喪禮畧於威儀，既小斂，擯者乃用辭」者，案上文始死云「有賓，則拜之」，「君使人弔」，皆不云擯者出請入告之事，至此乃云「擯者出請，入告」，是「喪禮畧於威儀，既小斂，擯者乃用辭」也。云「出請之辭曰：『孤某，使某請事』」者，此約雜記諸侯使人弔鄰國諸侯之喪，嗣君在阼階之下，使擯者出請云「孤某，使某請事」，此亦宜然，故引爲證也。

擯者出告須，以賓入。須亦待也。出告之辭曰：「孤某須矣。」

【疏】注「須亦」至「須矣」　云「出告之辭曰：『孤某須矣』」者，此約雜記辭爲證也。

賓入中庭，北面致命。主人拜稽顙。賓升自西階，出于足，西面委衣，如於室禮，降，出。主人出，拜送。朋友親襚，如初儀，西階東北面哭，

踊三，降。主人不踊。朋友既委衣，又還哭於西階上，不背主人。○不背，音佩。

【疏】注「朋友」至「主人」 云「朋友親襚，如初儀」者，謂初死時，「庶兄弟襚，使人以將命于室」，「朋友襚，親以進」，親之恩是也。云「西階東北面哭，踊三，降。主人不踊」者，案前初死，「朋友襚，親以進。退哭，不踊」，注云「主人徒哭不踊」，以爲朋友不哭，主人徒哭； 此朋友堂上北面哭，據朋友哭。知上文「退哭」非朋友哭者，前文朋友君命俱來，君之使者不哭，朋友亦不哭，故「退哭」據主人。此朋友特來，無君命，故哭，與彼異，不可相決。

襚者以褶，則必有裳，執衣如初。徹衣者亦如之。〔八一〕升降自西階，以東。帛爲褶，無絮，雖複與襌同，〔八二〕有裳乃成稱，不用表也。以東，藏以待事也。古文「褶」爲「襲」。○以褶，音牒，一特獵反。雖複，方服反。與襌，音丹。

【疏】注「帛爲」至「爲襲」 案喪大記云：「『小斂，君、大夫、士猶小斂也』」。若然，則士小斂、大斂皆同用複。而襚者用褶者，褶者所以襚，主人未必用之襚耳。云「帛爲褶，無絮，雖複與襌同，有裳乃成稱，不用表也」者，此決雜記云「子羔之襲也，繭衣裳與税衣」，乃爲一稱，以其絮褻，故須表，此雖有表，裏爲褶，衣裳別，則裳又無絮非褻，故有裳乃成稱，不須表也。言「雖複與襌同」者，案喪大記君、大夫、士褶衣與複衣相對，有著爲複，無著爲褶，散文褶亦爲複也。案喪大記有「衣必有裳」，乃成稱，據襌衣祭服之等而言，此褶雖複與襌同，亦得裳乃成稱也。云「不用表也」者，見異於袍繭也。云「藏以待事也」者，以待大斂事而陳之也。

宵爲燎于中庭。宵，夜也。燎，火燋。○爲燎，力召反，或力弔反。火燋，〔八三〕劉哉約反，又祖堯反，一音哉益反，後同，本作燭。

【疏】注「宵夜也燎火燋」〔八四〕　案少儀云主人「執燭抱燋」，注云「未爇曰燋」。古者以荆燋爲燭，〔八五〕故云「燎，火燋」也。或解庭燎，與手執爲燭别，故郊特牲云「庭燎之百，由齊桓公始也」，注云「僭天子也。庭燎之差，公蓋五十，侯、伯、子、男皆三十」，大夫、士無文。大燭或云以布纏葦，以蠟灌之，〔八六〕謂之庭燎，則此云庭燎亦如之，云「大」者，對手執者爲大也。

校勘記

〔一〕則知吉尚安舒　阮校云「則」要義作「明」。

〔二〕盡階者三階上也　阮校云「三階」乃「三等」之誤。

〔三〕盛笙同　黄焯彙校引張氏識誤云：下無「盛笙」字，有曰「殷盛」也，「笙當」也。或曰「殷盛」之「盛」去聲也。案「籩豆具而有巾盛之也」，釋文亦音成，與此同爾。

〔四〕尸既襲　阮校云陳、閩俱無「既襲」二字。按喪大記注有「既襲」二字。

〔五〕大槃廣八尺　「尺」原誤作「寸」，此據凌人注及阮本改。

〔六〕象平生沐浴倮裎　阮校云「倮」徐本、釋文、通解、楊氏俱作「倮」，集釋、毛本作「裸」。「裎」徐本、通解、楊氏俱作「程」，鍾本、釋文、集釋、毛本俱作「裎」。張本從監本及釋文作「裎」。今按徐本作「裎」，不作「程」。

〔七〕劉居吝反晞也　「吝」宋本誤作「玄」，此從徐乾學本改。「晞」徐乾學本作「晞」，葉鈔、朱鈔作「飾」。阮云：按説文云「飾，㕞也」，拒有㕞義，故云「飾」也，今本鄭注亦作「晞」，實誤。今按阮説非是，爾雅釋詁「拒，清也」，段玉裁説文解字注「拒，謂抑按之使乾」，「晞」字不誤，「晞」譌作「飾」，字書無「晞」字，其誤顯然。

〔八〕古文澳作緣　阮校云「緣」集釋、釋文俱作「淥」。

〔九〕鄭讀從手爪之爪　阮校云要義無「之爪」二字。

〔一〇〕古文髻皆爲括　阮校浦鏜云：「周禮弁師注「括」引作「檜」，檜、栝字異義同，疑「括」乃「栝」字之誤。」今按岳本周禮注「檜」作「擔」，則「括」字未必誤。

〔一一〕以其死于北墉下　阮校云「墉」毛本作「牖」，段玉裁校本作「墉」。

〔一二〕不嫌穢惡　「嫌」毛本作「言」，阮校云陳、閩俱作「嫌」。今按阮本正文作「嫌」，而校勘記標目從毛本作「言」，前後不符。

〔一三〕從鬼神尚幽闇　阮校云「從」楊氏作「於」。

〔一四〕又實米　阮校盧文弨云「又」楊倞注荀子禮論引作「凡」。

〔一五〕後二脚先結頤下　阮校云「二」要義誤作「三」，通解、楊氏、毛本俱作「二」。

〔一六〕以鄭注周禮鞮鞻氏云鞮屨者無絇之扉　阮校云「扉」要義同，陳本作「履」，毛本作「屨」。今按此是鄭注曲禮文，而非注鞮鞻氏文，疏誤。「扉」鄭注作「菲」。

〔一七〕綦繫既結　「綦」原作「屨」，與毛本同，要義作「綦」，此從阮本改。又「其」原誤作「綦」，今改正。

〔一八〕使兩足不相恃離　阮校云毛本無「恃」字，要義有。

〔一九〕不在數　黃氏校録云張本去「在」字，據釋文也，李本同。案經文「不在算」，則「在」字當有。阮校盧文弨云疏無「在」字。按疏述注仍有。

〔二〇〕以袍爲表　「以」原誤作「與」，此據阮本改。

〔二一〕不成稱　阮校云陳本無「成」字，閩本無「稱」字。

〔二二〕捷也　黄焯彙校云張淳本同，注疏本「捷」作「插」。

〔二三〕設決麗于掔　阮校云唐石經、嚴、徐本、集釋俱同，鍾本誤作「掔」，通解、毛本同誤。今按阮説固是，然阮本正文作「掔」，校勘記標目作「掔」，亦誤。

〔二四〕決以韋爲之籍　阮校云釋文、通典、通解俱無「之」字。

〔二五〕于掔　黄焯彙校云「掔」字誤，盧文弨改作「掔」。説文：「掔，手掔也。」即今腕字。

〔二六〕劉郭大反　黄焯彙校云「大」字誤，段改作「犬」。

〔二七〕以横帶繞手一二　阮校云「二」楊氏作「帀」。

〔二八〕今文橐爲橐　「橐」原誤作「槖」，此據阮本改。

〔二九〕方襲事　阮校云盧文弨改「事」爲「時」。案安知「方」字非「妨」字之訛？古書有疑則闕之，勿遽改。

〔三〇〕參分庭一　阮校云「參」唐石經、徐本等同，通典、聶氏、毛本作「三」。許宗彦云下節「夏祝」注「重，主道也」四字及疏五十三字皆屬此節之文，傳寫者誤入下節經文注疏之内，宜改正。

〔三一〕二篹留陽厭不用餕　「陽」原作「之」，阮校云監本誤作「之」，此據其説改。

〔三二〕今文冪皆作密　阮校云徐本、集釋、通解同，毛本「今」作「古」，「作」作「用」。按通部皆古文作「密」，此不當作「今」。

〔三三〕辟屈音壁　「壁」字宋本原作「辟」，徐乾學本作「壁」，此據改。

〔三四〕以銘未用　阮校云「銘」要義作「重」。今按作「銘」是。

〔三五〕從者一幅　阮校云「從」楊氏作「縮」。

〔三六〕紞被識也　「識」字原無，阮校云集釋、通解、楊、敖、毛本「被」下有「識」字。張氏云：紞，被之識也，所以識

前後也，無識字則句不成文。今按張説是，此據補。

〔三七〕被無別於前後可也　阮校云毛本、通解無「可」字。按有「可」字與疏合。

〔三八〕袍繭之屬　阮校云「繭」釋文、集釋、要義俱作「襺」。

〔三九〕大夫士陳衣于房中　「士」原誤作「十」，此據喪大記原文改，阮本不誤。

〔四〇〕幂奠用功布　阮校云「奠」通典作「尊」。

〔四一〕在饌東　阮校云「東」通典作「北」，下節同。

〔四二〕古文奠爲尊　阮按：釋文出「爲奠」二字，則陸本蓋作「古文尊爲奠」，與通典相應。今按：釋文「爲奠」或爲下節注「爲奠設盥也」作音，通典未必是。

〔四三〕爲奠設盥也　阮校云「奠」下敖氏有「者」字。

〔四四〕至於設洗篚　阮校云陳本、要義同，毛本「至於」作「凡」。

〔四五〕凡不就洗篚　阮校云陳本、要義同，毛本「凡」作「至於」。

〔四六〕苴絰大鬲　阮校云「鬲」敖氏作「搹」，與釋文或體同。按敖據喪服傳定作「搹」，然喪服傳疏內「搹」字單疏、要義皆作「鬲」。今按「鬲」、「搹」古今字。

〔四七〕服重者尚麤惡　阮校云「惡」通解作「焉」。按疏作「惡」。

〔四八〕牡麻絰者　阮校云楊氏無「絰」字，下同，敖氏此有下無。

〔四九〕輕服本於陰而統於外　阮校云徐本、集釋、通解同，毛本「輕服」作「服輕」。按作「輕服」不誤。

〔五〇〕絰大結反　徐乾學本此條在「大鬲」條上，黄焯以爲徐本是。

〔五一〕輕服本於陰而統外　阮校云毛本「輕」作「苴」。金曰追改作「輕服」，云若作「服輕」，與上注「重服統於内，

本陽」不一例。

〔五二〕彼二寸　阮校疑「彼」爲「破」字之誤。

〔五三〕婦人亦有苴絰　阮校云「苴」敖氏作「首」。周學健云：與帶對言，自宜爲「首絰」，但疏似作「苴」，今仍監本。

〔五四〕且男子小功緦麻　阮校云陳、閩俱無「且」字。

〔五五〕宜言齊衰以下至緦麻　阮校云陳、監、要義同，毛本「宜」作「直」。

〔五六〕東柄　阮校云「柄」敖氏作「枋」。今按「枋」、「柄」通用。

〔五七〕辟小斂奠於序西南也　阮校案後經「其餘取先設者」節疏云「將設後奠，則徹先奠於西序南」，毛本「西序」誤作「序西」。此本「序西」疑亦當作「西序」，諸本皆誤。

〔五八〕祭服不倒　唐石經「倒」作「到」，阮校云顧炎武、張爾岐並謂石經誤。石經攷文提要云釋文「眞倒」乃發注文音，則經文非「倒」字明矣。

〔五九〕半在尸下半在尸上　阮校云要義同，毛本無「半在尸下」四字。

〔六〇〕又將初喪服也　阮校云「喪」楊氏作「變」，通典、集釋、通解俱作「喪」。張氏曰：監本「喪」作「變」，從監本。

〔六一〕令著　黄焯彙校云張氏識誤「令」作「今」，是也。

〔六二〕云又將初喪服也　阮校云「喪」要義作「變」。

〔六三〕襲絰于序東東夾前　阮校云兩「東」字之間，通解有一圈，疏依然。案圈處疑有「當」字，當東夾前，明在堂下。

〔六四〕以主人　阮校云「以」閩本、通解、敖氏俱作「下」，是也。

〔六五〕踊訖襲絰也　阮校云陳、閩俱無「踊」字。

〔六六〕更無升降之文　阮校云浦鏜疑「降」字爲「階」字之誤。

〔六七〕主人即位踊訖　阮校云陳、閩俱重「踊」字。

〔六八〕而去襲經于序東　阮校云浦鏜改「去」爲「云」。

〔六九〕東西當序牆之東　阮校云陳、閩俱無「西」字。案「西」字衍文。

〔七〇〕錯鼎於此　阮校云「錯」下要義有「七故」二字，「此」楊氏作「北」。

〔七一〕古文予爲與　阮校云徐本、要義同，「與」毛本、集釋作「于」。

〔七二〕乃朼載載兩髀　阮校云「載」通解不重。

〔七三〕凡七體　阮校云徐、監、通典、集釋、通解「七」俱作「七」，與疏合，毛本、楊氏作「匕」。

〔七四〕今文胉胉爲迫　黄氏校録云張本去一「胉」字，據監本也。徐本「爲」上空一字。阮校云鍾本「爲」上有「皆」字，毛本、集釋、通解「胉」字不重。今按不重是。

〔七五〕甸人徹鼎　阮校云「鼎」或誤作「鼏」，見疏。

〔七六〕已不設　阮校云「已」通典作「朼」。

〔七七〕云甸人徹鼎巾者　阮校云閩本無「巾」字。

〔七八〕或云徹鼎者誤　阮校云「鼎」閩本作「冪」。按此及上條皆當從閩本。賈氏讀「甸人徹鼎」爲句，因或本誤「鼎」爲「冪」，故特辨之。下文云「冪，奠用功布，實於簞，何徹之有」，正辨冪字之誤也。後人誤斷經句，併改疏文，失之遠矣。一説上條「巾」字當移補此句「鼎」字下，亦通。

〔七九〕主人位在阼階下　阮校云陳、閩俱無「阼」字。

〔八〇〕禮防其以死傷生　「防」釋文作「坊」。阮校瞿中溶云説文「防」或从土作「堕」，「坊」即「堕」之省文。

〔八一〕徹衣者亦如之　阮校云敖氏無「者」字。

〔八二〕複與禪同　阮校云「複」通典、敖氏俱作「復」。

〔八三〕火燋　「火」徐乾學本作「大」，阮校云監本、集釋俱作「大」。今按詩小雅庭燎「庭燎之光」，毛傳「庭燎，大燭」，當以「大」爲是。

〔八四〕燎火燋　阮校云「火」監本、要義俱作「大」，下同。

〔八五〕古者以荆燋爲燭　阮校云「者」要義作「人」。

〔八六〕以蔼灌之　阮校云陳、閩、監本「蔼」俱作「藹」，毛本作「蠟」。

儀禮注疏卷第三十七

唐朝散大夫行大學博士弘文館學士臣賈公彦等撰

厥明，滅燎。陳衣于房，南領，西上，綪。絞、紟、衾二。君襚、祭服、散衣、庶襚，凡三十稱。紟不在筭，不必盡用。紟，單被也。衾二者，始死斂衾，今又復制也。小斂衣數，自天子達，大斂則異矣。喪大記曰：「大斂布絞，縮者三，横者五。」〔一〕○紟，其鴆反，劉居鴆反，下皆同。必盡，津忍反，下注同。又復，扶又反，下不復、將復、復執皆同。

【疏】注「紟單」至「者三」　云「君襚、祭服、散衣」者，士祭服，有助祭爵弁服，自家祭玄端服，〔二〕散衣非祭服，朝服之等。云「庶襚」者，謂朋友兄弟之等來襚者也。云「紟不在筭」者，案喪大記「紟五幅，無紞」，鄭云「今之單被也」，以其不成稱，故不在數内。云「不必盡用」者，案周禮守祧職云「其遺衣服藏焉」，鄭云「遺衣服，大斂之餘也」，即此不盡用者也。云「衾二者，始死斂衾，今又復制」者，此大斂之衾二，始死幠用斂衾，以小斂之衾當陳之，故用大斂衾，小斂已後用夷衾覆尸，故知更制一衾，乃得二也。云「小斂衣數，自天子達」者，案喪大記君大夫小斂已下，同云「十九稱」，則天子亦十九稱，注云「十九稱，法天地之終數也」。案易繫辭生成之數從「天一，地二，天三，地四，天五，地六，天七，地八，天九，地十」，是十九爲天地之終數。云「大斂則異矣」者，案此文士喪，大斂三十稱，喪大記士三十稱，大夫五十稱，君百稱，不依命數，是亦喪數畧，則上下之大夫及五等諸侯各同一節，則天子宜百二十稱。此鄭雖不言襲之衣數，案雜記注云「士襲三稱，大夫五稱，公九稱，諸侯七稱，天子十二稱與」？以其無文，推約爲義，故

云「與」以疑之。

東方之饌：兩瓦甒，其實醴、酒；角鱓、木柶；毼豆兩，其實葵菹芋、蠃醢；兩籩無縢，布巾，其實栗，不擇；脯四脡。此饌但言東方，則亦在東堂下也。毼，白也。齊人或名全菹爲芋。縢，緣也。詩云：「竹柲緄縢。」〔三〕布巾，籩巾也，籩豆具而有巾，盛之也。〔四〕特牲饋食禮有籩巾。今文「蠃」爲「蝸」。古文「縢」爲「甸」。○瓦甒，亡甫反。毼豆，苦瞎反，劉苦割反。蠃醢，力禾反。無縢，大登反。四脡，大頂反。縢緣，悦面反。柲緄，古本反，劉古魂反。爲蝸，力禾反，又古華反。

【疏】注「此饌」至「爲甸」　云「此饌但言東方，則亦在東堂下也」者，案上小斂之饌云「于東堂下」，此直言「東方」，「則亦東堂下」，鄭云「亦」者，亦上小斂也。〔五〕云「齊人或名全菹爲芋」者，案鄭於周禮醢人注云「細切爲韲，全物若牒爲菹」，若然，凡菹者全物不得芋名，此云齊人「名全菹爲芋」者，菹法，舊短四寸者全之，若長於四寸者亦切之，則葵長者，自然切乃爲菹，但喪中之菹葵雖長而不切，取齊人「全菹爲芋」之解也。引詩者，欲見縢爲緣義。云「籩豆具而有巾，盛之也」者，使小斂一豆，一籩，籩、豆不具，故無巾。若然，籩有巾豆無巾者，以豆盛菹醢濕物，不嫌無巾，故不言，其實有巾矣。引之者，以其彼爲尸，尸食，故云「優尊者」，此爲神，神不食，故云「盛之」，引之直取證有巾覆之同。案此注引特牲記「籩巾」，鄭彼注云「籩有巾者，果實之物多皮核，優尊者」，此言「盛之」不同。

奠席在饌北，斂席在其東。大斂奠而有席，彌神之。

【疏】注「大斂」至「神之」　云「彌神之」者，以其小斂奠無巾，大斂奠有巾，已是神之，今於大斂奠，又有席，是「彌神之」也。

掘肂，見衽。肂，埋棺之坎者也，〔六〕掘之於西階上。衽，小要也。喪大記曰：「君殯用輴，欑至于上，畢塗屋。大夫殯以幬，欑置于西序，〔七〕塗不暨于棺。士殯見衽，塗上，帷之。」又曰：「君蓋用漆，三衽三束。大夫蓋用漆，二衽二束。士蓋不用漆，二衽二束。」○掘，其勿反，又其曰反。肂，以二反，劉音四。見，賢遍反。衽，而甚反。小要，一遥反。用楯，〔八〕勑倫反。欑至，在官反，劉本作挫，音同，云禮記作欑。不暨，其器反，劉本作壁，古慨反。

【疏】注「肂埋」至「二束」　云「肂，埋棺之坎」者，肂訓爲陳，謂陳尸於坎，鄭即以肂爲「埋棺之坎」也。知「於西階上」者，檀弓孔子云「夏后氏殯於東階，殷人殯於兩楹之間，周人殯於西階之上」，故知士亦殯于西階之上。此殯時雖不言南首，南首可知。鄭注上文云「如商祝之事位」，則尸南首。以檀弓又云〔九〕「葬於北方北首，三代之達禮也」，禮運云「故死者北首，生者南鄉」，亦據葬後而言，則未葬已前，不忍異於生，〔一〇〕皆南首。唯朝廟時北首，故既夕云「正柩于兩楹間，用夷牀」，注云「是時柩北首」。必北首者，朝事當不背父母，以首鄉之故也。引喪大記者，云「畢塗屋」者，畢，盡也，四面及上盡塗之，如屋然。云「大夫殯以幬，欑置于西序」者，大夫不得如人君，於西階離序，而四面欑之，大夫但逼西序，以木幬覆棺，營欑置於西序。〔一一〕云「塗不暨于棺」者，彼注云「欑中狹小，裁取容棺。暨，及也」，但欑木不及棺而已。〔一二〕云「士殯見衽，塗上」者，即此經「掘肂」，而見其小要，於上塗之而已。云「帷之」者，鬼神尚幽闇，君、大夫、士皆同也。云「又曰：『君蓋用漆，三衽三束』」者，古者棺不釘，彼鄭注云「用漆者，塗合牡牡之中也。衽，小要也」，棺蓋每一縫爲三道，小要每道爲一條，皮束之，故云君蓋用漆，三衽三束；大夫、士降于君，故二衽二束，大夫有漆，士無漆也。引之者，證經肂與衽之義也。

棺入，主人不哭。升棺用軸，蓋在下。軸，輁軸也。〔一三〕輁狀如牀軸，其輪輓而行。○用軸，大六反。輁軸，九勇反。輓而，音晚，本又作挽。

【疏】注「軸輁」至「而行」　云「輁狀如牀軸，其輪」者，此注文畧，案既夕云「遷于祖，用軸」，注云「軸，輁軸也。軸狀如轉轔，刻兩頭爲軹。輁狀如長牀，穿桯前後，著金，而關軸焉。大夫、諸侯以上有四周謂之輴，天子畫之以龍」是也。

熬黍、稷各二筐，有魚腊，饌于西坫南。熬，所以惑蚍蜉，令不至棺旁也。爲舉者設盆，盥於西。○熬，五刀反。蚍，音毗。蜉，音浮。令不，力呈反，下令足同。爲舉，于僞反，下同。

【疏】注「熬所」至「於西」　喪大記云：「熬，君四種八筐，大夫三種六筐，士二種四筐，加魚腊焉。」注云：「熬者，煎穀也。將塗設於棺旁，所以惑蚍蜉，使不至棺也。」引此「士喪禮曰『熬黍、稷各二筐』。又云『設熬旁一筐』。大夫三種，加以粱。君四種，加以稻。四筐則首足皆一，其餘設於左右」。若然，則此士二筐，首足各一筐，其餘設於左右可知也。云「爲舉者設盆，盥於西」者，以小斂既云「設盆盥，饌于東方」，明大斂用西方之盆盥矣。以其先陳盥，後陳鼎，故於鼎上言之也。

陳三鼎于門外，北上。豚合升，魚鱄、鮒九，腊左胖，髀不升，其他皆如初。合升，合左右體升於鼎。(一四)其他皆如初，謂豚體及上俎之陳，(一五)如小斂時，合升四鬄，亦相互耳。○鱄，市轉反，劉市專反。鮒，音附。左胖，音判。

【疏】注「合升」至「互耳」　云「其他皆如初，謂豚體及匕俎之陳，如小斂時」者，謂豚七體之等，一依前斂時也。云「合升四鬄，亦相互耳」者，小斂云「四鬄」，四解爲七體，亦左右體合升，今升左右體，亦四解可知也，故云「相互」也。

燭俟于饌東。燭，燋也。饌，東方之饌。有燭者，堂雖明，室猶闇。火在地曰燎，執之曰燭。

【疏】注「堂雖」至「曰燭」　云「堂雖明，室猶闇」者，前小斂「陳衣于房」無燭者，近户得明，故無燭，此大斂於室之奥，故有燭以待之。云「在地曰燎」者，謂若郊特牲云「庭燎之百」，又詩云(一六)「庭燎之光」，如此之類，皆在地曰

燎。〔一七〕此云「執之曰燭」，及少儀云主人「執燭抱燋」，此之類，皆是人之手執燭也。庭燎，且燕禮亦謂之「大燭」也，司烜氏亦謂之「墳燭」也。

祝徹盥于門外，入，升自阼階，丈夫踊。祝徹，祝與有司當徹小斂之奠者。小斂設盥于饌東，有巾。大斂設盥于門外，彌有威儀。

【疏】注「祝徹」至「威儀」　此直云「祝徹盥于門外」者，不知何時設此，案上小斂陳饌訖，即言「設盥」，則陳大斂饌訖，亦設盥於門外也。

祝徹巾，授執事者以待。授執巾者於尸東，使先待於阼階下，爲大斂奠，又將巾之。祝還徹醴也。

【疏】注「授執」至「醴也」　云「授執巾者於尸東，使先待於阼階下」者，此巾前爲小斂奠巾之，今「祝徹巾」，還爲大斂奠巾之，前小斂奠升自阼階，設于尸東，祝受巾於阼階下而升；今大斂奠，亦升自阼階，設于奧，亦宜受巾於阼階下而升，故知祝授巾於執巾者，「使先待於阼階下」也。又知「祝還徹醴」者，下文「徹饌，先取醴」故也。

徹饌，先取醴酒，北面。北面立，相待俱降。其餘取先設者，出于足，降自西階。婦人踊。設于序西南，當西榮，〔一八〕如設于堂。爲求神於庭，孝子不忍使其親須臾無所馮依也。堂，謂尸東也。凡奠設于序西南者，畢事而去之。

【疏】注「爲求」至「去之」　云「堂，謂尸東也」者，謂如尸東堂上陳設之次第，故云「尸東也」。云「凡奠設于序西南者，畢事而去之」者，言「凡奠」，謂小斂奠、大斂奠、遷柩奠、祖奠，但將設後奠，則徹先奠於西序南，待後奠事畢，〔一九〕則去之，故小斂奠設之於此。不巾，以不久設故也。

醴酒位如初。執事豆北南面，東上。如初者，如其醴酒北面西上也。執醴尊，不爲便事變位。

【疏】注「如初」至「變位」　前設小斂「奠于尸東」時，醴酒先升，「北面，西上」，執豆俎者「立於俎北，西上」，至此執豆、俎者豆北，東上，爲便事，事訖向東爲便，故「東上」變位，以執醴者尊，仍西上，是不得爲便事變位也。

乃適饌。東方之新饌。

【疏】注「東方之新饌」　以其將設大斂，新饌於室，故知是「新饌」也。

帷堂。徹事畢。**婦人尸西，東面。主人及親者升自西階，出于足，西面袒。**袒，大斂變也。不言髽免髻髮，小斂以來自若矣。

【疏】注「袒大」至「若矣」　知「袒」爲「大斂變」者，前將小斂，袒，今言「袒」，下文即行大斂事，故知爲「大斂變」也。云「不言髽免髻髮，小斂以來自若矣」者，決前小斂袒，男有髻髮、免，婦人有髽，今大斂袒不言者，自小斂以來有此，至成服乃改。若，如也；自如常有，故不言之也。

士盥，位如初。亦既盥並立西階下。

【疏】注「亦既」至「階下」　言亦者，亦如小斂時，「士盥，二人並立于西階下」，以待遷尸也。

布席如初。亦下莞上簟，鋪於阼階上，於楹間爲少南。○鋪於，普吴反，又音孚。

【疏】注「亦下」至「少南」　「布席如初」，初謂小斂時，下莞上簟。云「鋪於阼階上」者，案喪大記云「小斂於户内，大斂於阼」是也。云「於楹間爲少南」者，取南北節，以其言「阼階上」，故知「於楹間爲少南」，近阼階也。

商祝布絞、紟、衾、衣，美者在外，君襚不倒。至此乃用君襚，主人先自盡。

【疏】注「至此」至「自盡」　云「至此乃用君襚，主人先自盡」者，喪大記「君無襚大夫、士」，注云「不陳不以斂」，彼「無襚大夫、士」，止謂不陳爲小斂用之，故云「無襚大夫、士」，以其上文士喪始死，君使人襚，何得云君全無襚大夫、士也？故以「不陳不以斂」解之，至大斂乃用「君襚」，於小斂所用，主人先自盡也。

有大夫，則告。後來者則告以方斂，非斂時則當降拜之。

【疏】注「後來」至「拜之」　案檀弓「大夫弔，當事而至，則辭焉」，注云「辭，猶告也。擯者以主人有事告也，主人無事則爲大夫出」；喪大記云「士之喪，於大夫，不當斂則出」，注「父母始死悲哀，非所尊不出也」。上文有君命則出迎于門外，是始死唯君命出，若小斂後則爲大夫出，故雜記云：「當袒，大夫至，雖當踊，絶踊而拜之，反改成踊。」若士來，即成踊乃拜之也。

士舉遷尸，復位。主人踊無筭。卒斂，徹帷。主人馮如初，主婦亦如之。

主人奉尸斂于棺，踊如初，乃蓋。棺在肂中斂尸焉，所謂殯也。檀弓曰：「殯於客位。」○奉尸，芳勇反，又如字，下放此。

【疏】「士舉遷尸」　謂從户外夷牀上遷尸於斂上。下云「奉尸斂于棺」，謂從阼階斂上遷尸鄉西階，斂於棺中，乃加蓋於棺上也。

注「棺在」至「客位」　云「棺在肂中斂尸焉」者，〔二〇〕欲見先以棺入肂中，乃奉尸入棺中。云「所謂殯也」者，即所引檀弓「殯於客位」者是也，以尸入棺名斂，亦名殯也。

主人降，拜大夫之後至者，北面視肂。北面於西階東。

【疏】注「北面於西階東」　小斂後主人阼階下，今殯後拜大夫後至者，殯訖不忍即阼階，因拜大夫，即於西階東，「北面視肂」而哭也。

衆主人復位，婦人東復位。阼階上下之位。

【疏】注「阼階上下之位」　衆主人與婦人於賓無事，故殯後即鄉東阼階上下之位也。

設熬，旁一筐，〔二一〕乃塗，踊無筭。以木覆棺上而塗之，爲火備。卒塗，祝取銘置于肂，主人復位，踊襲。爲銘設柎，樹之肂東。○爲銘，于僞反，下爲安、爲神、祝爲、爲葬同。設柎，方于反。

【疏】注「爲銘」至「肂東」　上文始死則作銘訖，「置于重」，今殯訖，取置于肂上，銘所以表柩故也。云「肂東」者，以不使當肂，於東可知。

乃奠。燭升自阼階。祝執巾，席從，設于奥，東面。執燭者先升堂照室。自是不復奠於尸。祝執巾與執席者從入，爲安神位。室中西南隅謂之奥。執燭南面，巾委於席右。○從設，才用反，下皆同。于奥，一報反。

【疏】注「執燭」至「席右」 云「執燭者先升堂照室」者，以其設席于奥，當先照之爲明也。云「自是不復奠於尸」者，鄭欲解自始死已來，襲奠、小斂奠皆在尸旁，今大斂奠不在西階上就柩所，故於室内設之，則自此已下，朝夕奠，朔月奠、新奠，〔二三〕皆不於尸所，揔解之。知「執燭南面」者，以其燭先入室，南面照之便故也。云「巾委於席右」者，以巾爲神，故知委於席右也。

祝反降，及執事執饌。東方之饌。士盥，舉鼎入，西面，北上，如初。載魚左首，進鬐，三列，腊進柢。如初，如小斂舉鼎，執匕、俎，扃、鼏，朼載之儀。魚左首，設而在南。鬐，脊也。左首進鬐，亦未異於生也。凡未異於生者，不致死也。古文「首」爲「手」，「鬐」爲「耆」。○鬐，巨之反。

【疏】注「如初」至「爲耆」 云「左首，進鬐，亦未異於生也」者，案公食右首進鬐，此云「左首」，則與生異，而云「亦未異於生」者，下文注「載者統於執，設者統於席」，彼公食言「右首」，據席而言；此「左首」據「載者統於執」，若設於席前，則亦右首也。云「不致死也」者，檀弓云「之死而致死之，不仁而不可爲也」，今進魚不異於生，則亦是「之死」不致死之，故引爲證也。

祝執醴如初，酒、豆、籩俎從，升自阼階。丈夫踊。甸人徹鼎。如初，祝先升。

【疏】注「如初祝先升」 以其小斂祝執醴，醴在先，此云「如初」，故知「祝先升」也。

奠由楹内入于室，醴、酒北面。亦如初。

【疏】注「亦如初」 以其小斂之醴酒先升，北面，西上，此經亦言「北面」，明與小斂同，故云「亦如初」，謂如初小斂，經不言如初，文畧也。

設豆，右菹，菹南栗，栗東脯，豚當豆，魚次，腊特于俎北，醴、酒在籩南。巾如初。右菹，菹在醢南也。〔二三〕此左右異於魚者，載者統於執，設者統於席，醴當栗南，酒當脯南。

【疏】注「右菹」至「脯南」 云「設豆，右菹」者，凡設醢菹常在右，今特言之者，此從北鄉南而陳，嫌先設者在北，〔二四〕故言「右」，言「右菹」則醢自然在左，是以鄭云「右菹，菹在醢南也」。〔二五〕注云「此左右異於魚者，載者統於執，設者統於席」者，鄭以上文魚言「左首」據載者統於執，故云「左首」，及設則右首，此言「設豆，右菹」，據設者統於席前，若執來，即左菹也。云「醴當栗南，酒當脯南」者，以其陳饌要成，尊者後設，故先設栗、脯於北，乃於南設醴、酒，酒在東，故醴在栗南，酒在脯南也。

既錯者出，立于户西，西上。祝後，闔户，先由楹西降自西階，婦人踊。奠者由重南東，丈夫踊。爲神馮依之也。○闔户，户臘反，下同。

【疏】注「爲神」至「之也」 鄭解丈夫見奠者至重即踊者，重，主道，爲神馮依之，故丈夫取以爲踊節也。

賓出，婦人踴，主人拜送于門外。入，及兄弟北面哭殯。兄弟出，主人拜送于門外。小功以下，至此可以歸，異門大功亦存焉。

【疏】注「小功」至「存焉」　云「北面哭殯」者，案喪大記云「大夫士哭殯則杖，哭柩則輯杖」，注云「哭殯謂既塗也，哭柩謂啓後也」，此哭不言「杖」者，文畧也。云「小功以下，至此可以歸」者，案喪服記云「小功以下爲兄弟」，則此兄弟可以兼男女也。云「異門大功亦存焉」者，大功容有同門，有同財，故喪服以小功以下爲兄弟；但大功亦容不同門不同財之義，〔二六〕以異門踈「至此」亦「可以歸」，故云「亦存焉」，謂存在家之法也。既殯雖歸，至朝夕朔奠之日，近者亦入哭限也。若至葬時，皆就柩所，故既夕反哭云「兄弟出，主人拜送」，注云「兄弟，小功以下也。異門大功亦可以歸」是也。〔二七〕

衆主人出門，哭止，皆西面于東方。闔門，主人揖，就次。次，謂斬衰倚廬、齊衰堊室也，大功有帷帳，小功緦麻有牀笫可也。

○堊室，於各反。

【疏】注「次謂」至「可也」　凡言次者，廬、堊室以下揔名，是賓客所在亦名次也。故引禮記間傳爲證。案間傳云「父母之喪，居倚廬，寢苫枕凷，不説絰帶。齊衰居堊室，芐翦不納。大功寢有席。小功、緦麻，牀可也」，齊衰既居堊室，故大功以下有帷帳也。

君若有賜焉，則視斂。〔二八〕既布衣，君至。〔二九〕賜，恩惠也。斂，大斂。君視大斂，皮弁服，襲裘。主人成服之後往，則錫衰。

【疏】注「賜恩」至「錫衰」　案雜記云「公視大斂，公升，商祝鋪席乃斂」，注引喪大記曰「大夫之喪，將大斂，既鋪絞紟衾，君至」，此君升乃鋪席，則君至爲之改，始新之。此經上下不言改新者，文不具也。云「斂，大斂」者，案喪大記云君「於士，既殯而往，爲之賜，大斂焉」，此經云「若有賜」，明君於士「視大斂」也。云「君視大斂，皮弁服，襲裘」者，案喪服小記云「諸侯弔，必皮弁錫衰」，言「諸侯」不言君者，以其彼是弔異國之臣法。案服問云「公爲卿大夫錫衰以居，出亦如之，當事則弁絰」，不見君弔士服，案文王世子注君爲同姓之士緦衰，異姓之士疑衰，並據成服後，今大斂未成服，緣弔異國之臣，有服皮弁之法，則君弔士未成服之前，可服皮弁，襲裘。「襲裘」之文，出檀弓子游弔，小斂後，「襲裘帶絰而入」，此小斂後亦宜然也。云「成服之後往，則錫衰」者，亦約服問君弔卿大夫之法。若然，文王世子注同姓之士緦衰，異姓之士疑衰，不同者，彼謂凡平之士，此士於君有師友之恩，〔三〇〕特賜與大夫同也。

主人出迎于外門外，見馬首，不哭，還，入門右，北面，及衆主人袒。不哭，厭於君，不敢伸其私恩。○厭於，一涉反，下注同。

【疏】注「不哭」至「私恩」　案喪大記云「男子出寢門，見人不哭」，平常出門時，此迎君宜哭。

巫止于廟門外，祝代之。小臣二人執戈先，二人後。巫掌「招弭，以除疾病」。〔三一〕小臣掌正君之「法儀」者。〔三二〕周禮男巫〔三三〕「王弔，則與祝前」，檀弓曰「君臨臣喪，以巫祝桃茢執戈，以惡之，〔三四〕所以異於生也」，皆天子之禮。諸侯臨臣之喪，則使祝代巫執茢居前，下天子也。小臣君行則在前後，君升則俠阼階，北面。凡宫有鬼神曰廟。○招彌，亡婢反，又作弭。桃茢，音列，又音例。惡之，烏路反。下天子，户嫁反，下尊、下王同。

【疏】注「巫掌」至「曰廟」 云「巫掌『招彌，以除疾病』」者，周禮春官男巫職文。彼注云：「招，招福也。彌讀爲敉，敉，安也，〔三五〕謂安凶禍也。」云「小臣掌正君之『法儀』」者，夏官小臣職文。云「男巫『王弔，則與祝前』」者，亦男巫職文。云「祝」者，則周禮春官喪祝職云「王弔，則與巫前」是也。引之者，證經巫、祝、小臣之事也。引檀弓者，證彼與此經異，故云「皆天子之禮也」。以其巫祝桃茢具，故爲天子禮也。云「諸侯臨臣之喪，則使祝代巫執茢居前，下天子也」者，此據喪大記而言。案彼云大夫既殯而君往焉，「巫止于門外，祝代之先。君釋菜于門內。祝先升自阼階，負墉南面，君即位于阼。小臣二人執戈立于前，二人立于後」，文與此經同，文有詳畧耳。云「小臣君行則在前後」者，非直爲弔喪，則凡平行皆有此小臣從，以其與君爲儀衛者。云「君升則俠阼階」，案顧命云「二人雀弁，夾階」，是其類也。云「凡宮有鬼神曰廟」者，以經云「廟」，謂適寢爲廟，故云「有鬼神曰廟」。

君釋采，〔三六〕入門，主人辟。 釋采者，祝爲君禮門神也。必禮門神者，明君無故不來也。禮運曰：「諸侯非問疾弔喪，而入諸臣之家，是謂君臣爲謔。」○釋菜，七代反。辟，婢亦反，又音避，下不出者同。爲謔，許略反。

【疏】注「釋采」至「爲謔」 引禮運者，證君無故而入臣家，故將入必禮門神也。彼注引「陳靈公與孔甯、儀行父數如夏氏，以取弒焉」，是君臣相謔致禍之事也。

君升自阼階，西鄉。祝負墉，南面。主人中庭。 祝南面，房中東鄉君。牆謂之墉。主人中庭，進益北。

【疏】注「祝南」至「益北」 祝必「負墉，南面」鄉君者，案喪大記云「君稱言，視祝而踊」，鄭注「視祝而踊，祝相君之禮，當節之也」，故須鄉君也。云「主人中庭進，益北」者，前主人先入門右，中庭之南，今云「中庭」，明「益北」至庭也。

君哭，主人哭，拜稽顙，成踊出。出，不敢必君之卒斂事。君命反行事。主人復位。大斂事。君升主人，主人西楹東，北面。命主人使之升。升公卿大夫，繼主人，東上。乃斂。公，大國之孤四命也。春秋傳曰：「鄭伯有耆酒。爲窟室，而夜飲酒，擊鍾焉，朝至未已。朝者曰：『公焉在』？其人曰：『吾公在壑谷。』」伯有者，公子子良之孫良霄。〔三七〕○耆酒，市志反。窟室，苦忽反。朝至，直遥反，下朝者同。公焉，於虔反。在壑，火各反。

【疏】注「公大」至「壑谷」　案典命云「公之孤四命」，故云「大國之孤四命也」。引春秋者，襄三十年左氏傳文。鄭爲伯爵，不合立孤，但良霄鄭之公族大夫，貴重之極，〔三八〕以比大國之孤，故臣子尊其君，亦號爲「公」。引之者，證經「公」是公之孤也。〔三九〕以其天子有三孤，副貳三公，大國無公，唯有孤，亦號爲公，是以燕禮亦謂之爲「公」也。

卒，公卿大夫逆降，復位。主人降，出。逆降者，後升者先降。位，如朝夕哭弔之位。

【疏】注「逆降」至「之位」　「卒」者，謂卒斂也。云「主人降出」者，亦是不敢久留，君先出，下文「君反主人」，主人反鄉中庭，君乃撫尸，主人乃「拜稽顙」，「踊出」。出，謂主人出鄉門外立。

君反主人，主人中庭。君坐撫，當心。主人拜稽顙，成踊，出。撫，手案之。凡馮尸興必踊。今文無「成」。

【疏】注「撫手」至「無成」　云「凡馮尸興必踊」者，喪大記文。此經直云「君坐撫，當心」，主人直「踊」，又不言馮尸，而鄭云「凡馮尸興必踊」者，欲見「撫」即「馮」之類，「興」亦「踊」，故得與主人拾踊也。是以喪大記「君於臣撫之，父母於子執之，子於父母馮之，婦於舅姑奉之，舅姑於婦撫之」，「馮尸不當君所」；又云，「凡馮尸，興必踊」是馮爲揔名，故君撫之亦踊也。

君反之，復初位。衆主人辟于東壁，南面。以君將降也。南面，則當坫之東。

【疏】注「以君」至「之東」 云「君反之，復初位」，初位即中庭位。知者，以其文承「中庭」位故也。云「以君將降也。南面則當坫之東」者，下文「君降，西鄉，命主人馮尸」，則君降當在阼階下，西面命之，故衆主人辟君「東壁，南面」。南面則西頭爲首者，當堂角之坫，故云「當坫之東」也。

君降，西鄉，命主人馮尸。主人升自西階，由足，西面馮尸，不當君所，踊。主婦東面，馮，亦如之。君必降者，欲孝子盡其情。奉尸斂于棺，乃蓋。主人降，出。君反之，入門左，視塗。肂在西階上，入門左，由便。趨疾不敢久留君。○由便，婢面反。君升，即位。衆主人復位。卒塗，主人出。君命之反奠，入門右。亦復中庭位。

【疏】注「亦復中庭位」 經云「入門右」，注「復中庭位」，謂在門右，南北當中庭也。

乃奠，升自西階。以君在阼。

【疏】注「以君在阼」 以其凡奠皆升自阼階，是爲君在阼，故辟之而升西階也。

君要節而踊，主人從，踊。節，謂執奠始升階及既奠，由重南東時也。〔四〇〕

【疏】注「節謂」至「時也」　云「節，謂執奠始升階及既奠，由重南東時也」者，案上文大斂奠升時，丈夫踊，降時婦人踊，由重南而東，〔四一〕丈夫踊，此注不云降時踊者，以經直有君與主人、丈夫踊節，故不言降時踊節也。

卒奠，主人出，哭者止。以君將出，不敢讙囂聒尊者也。○敢讙，火官反，又許元反，下同。囂，許驕反，劉五高反，下同。聒尊，古活反。**君出門，廟中哭。主人不哭。辟，君式之。**辟，逡遁辟位也。古者立乘，式，謂小俛以禮主人也。曲禮曰：「立視五巂，式視馬尾。」○逡，七旬反。遁，音旬。辟位，音避，下文不辟注同。立乘，繩證反，下文及注乘車同。小俛，音免。

【疏】注「辟逡」至「馬尾」　君入臣家，至廟門乃下車，則貳車本不入大門。下云「貳車畢乘，主人哭，拜送」者，明出大門矣。云「辟，逡遁辟位也」者，案曲禮云「君出就車，左右攘辟」，則此云「辟」，亦是主人攘辟，故云「逡遁辟位也」。云「古者立乘」者，以其坐乘則不得式而小俛，故云「古者立乘也」。知式是「禮主人」者，曲禮云「式宗廟」，曾子問卿大夫見君之尸，「皆下之。尸必式」，〔四二〕是凡式皆是禮前物爲式。引曲禮者，欲見式小俛。彼注「巂，猶規也」，車輪轉之一帀爲一規。案周禮冬官輪崇六尺六寸，圍三徑一，「三六十八，一帀則一丈九尺八寸，五規則五箇一丈九尺八寸，摠爲九丈九尺，六尺爲一步，摠十六步半。凡平立視，視前十六步半；〔四三〕若小俛爲式，則低頭視馬尾，故連引曲禮云「式視馬尾」也。

貳車畢乘，主人哭，拜送。貳車，副車也，其數各視其命之等。君出，使異姓之士乘之在後。君弔，蓋乘象路。曲禮曰：「乘君之乘車，不敢曠左，左必式。」

【疏】注「貳車」至「必式」　云「其數各視其命之等」者，案周禮大行人云上公「貳車九乘」，侯伯「貳車七乘」，子男「貳車五乘」，故知視命數也。云「君出，使異姓之士乘之在後」者，禮記坊記云「君不與同姓同車，與異姓同車」，彼謂與

君同在一車爲御與車右者也；〔四四〕此經云「貳車畢乘」，明亦「使異姓之士乘之在後」可知。云「君弔，蓋乘象路」者，案周禮巾車職王有五路：玉、金、象、革、木，諸侯則同姓金路已下，異姓象路已下，四衛革路已下，蕃國唯有木路。若然，唯王與同姓、異姓得弔乘象路；今云「蓋乘象路」者，以諸侯言之，唯據上公與侯伯於王有親者，得用象路弔臨其臣；以巾車又云〔四五〕「象路以朝」，釋曰「王以朝，〔四六〕及燕出入」，雖不言弔臨，然弔臨亦是出入之事，〔四七〕故云「蓋」以疑之。若四衛諸侯侯伯已下與王無親者，亦各乘已所賜之車革路、木路之等。今鄭於「貳車」之下言所乘車者，以其言「貳車」，其飾皆與正車同，故於貳車以下言君之所乘車也。引曲禮者，「乘君之乘車」，則貳車是也，以其與君爲副貳，即是君之乘車也。彼注云「君存，惡空其位」，則此乘車亦居左，以其人君皆左載，無御者在中，鄭注周禮亦有「車右」也。云「左必式」者，不敢立相視巂，〔四八〕常爲式耳。

襲，入，即位。衆主人襲，拜大夫之後至者，〔四九〕**成踊。**後至，布衣而後來者。

【疏】注「後至」至「來者」　知「布衣而後來者」，若未布衣時來，即入前卿大夫從君之内，今承上君、大夫之下，别言「拜大夫之後至者」，明布衣後來，不得與前卿大夫同時從君入者，故鄭以「布衣」之「後」解之。

賓出，主人拜送。自「賓出」以下，如君不在之儀。

【疏】注「自賓」至「之儀」　上經君在之時，卿大夫、士從君者不得與主人爲禮，君出後有賓來即，乃得别與主人爲禮，故云「自『賓出』以下，如君不在之儀」也。

三日，成服，杖，拜君命及衆賓，不拜棺中之賜。既殯之明日，全三日，始歠粥矣。禮尊者加惠，明日必往拜謝之。

棺中之賜，不施己也。曲禮曰：「生與來日。」○始歠，昌悅反。粥矣，之六反，劉音育。

【疏】注「既殯」至「來日」　云「既殯之明日」者，上「厥明，滅燎」者，是三日之朝，行大斂之事，今別言「三日，成服」，則除上三日，更加一日，是四日矣，而言「三日」者，謂除死日數之爲三日也。云「全三日，始歠粥矣」者，謂成服日乃食粥，除此日已前，是未全三日，不食，至四日乃食也。案喪大記云「三日不食」，謂通死日，不數成服日，故云「三日不食」；孝經「三日而食」者，是除死日數，故云「三日而食」也。云「禮尊者加惠，明日必往拜謝之」者，案既夕記云「主人乘惡車」，注云「拜君命」是也。引曲禮者，彼注云「與，猶數也。生數來日，謂成服杖，以死明日數也。死數往日，謂殯斂以死日數也」，〔五〇〕此士禮貶於大夫者，大夫以上皆以來日數，引之以證此士喪禮，與大夫已上異也。

朝夕哭，不辟子卯。既殯之後，朝夕及哀至乃哭，〔五一〕不代哭也。子卯，桀、紂亡日，凶事不辟，吉事闕焉。

【疏】注「既殯」至「闕焉」　云「既殯之後，朝夕及哀至乃哭」者，此據殯後阼階下朝夕哭，廬中思憶則哭。云「不代哭也」者，決未殯以前，大夫以上以官代哭，士以親疏代哭，不絕聲。云「子卯，桀、紂亡日」者，詩云「韋、顧既伐，昆吾、夏桀」；左傳云乙卯「昆吾稔之日」，昆吾與夏桀同時誅，則桀以乙卯亡。案尚書牧誓序云「時甲子昧爽，武王伐紂之日」，是紂以甲子日死，王者以爲忌日。云「凶事不辟」者，即此經是也。云「吉事闕焉」者，檀弓云「子卯不樂」，是吉事闕也。

婦人即位于堂，南上，哭。丈夫即位于門外，西面，北上。外兄弟在其

南，南上。賓繼之，北上。門東，北面，西上；門西，北面，東上；西方，東面，北上。主人即位。辟門。外兄弟，異姓有服者也。辟，開也。凡廟門有事則開，無事則閉。○辟門，婢亦反，注同。

【疏】注「外兄」至「則閉」 喪大記云「祥而外無哭者」，則此外位皆有哭。今直云婦人哭，則丈夫亦哭矣，但文不備也。案下注云「兄弟齊衰大功者，主人哭則哭。小功緦麻亦即位乃哭」是也。云「外兄弟，異姓有服者」，謂若舅之子、姑姊妹、從母之子等，皆是有服者也。〔五二〕云「凡廟門有事則開，無事則閉」者，有事謂朝夕哭及設奠之時，無此事等則閉之，鬼神尚幽闇故也。

婦人拊心，不哭。方有事，止讙譁。○拊心，芳甫反。

【疏】注「方有事止讙譁」 云「方有事」者，謂下經徹大斂奠、設朝奠之事也。

主人拜賓，旁三，右還，入門，哭，婦人踊。先西面拜，乃南面拜，東面拜也。

【疏】注「先西」至「拜也」 知先西面，後東面者，以經云「旁三，右還，入門」，故知先西面，後乃東，遂北面入門，以一面，故云「旁」。

主人堂下直東序，西面。兄弟皆即位，如外位。卿大夫在主人之南。諸公門東，少進；他國之異爵者門西，少進。敵則先拜他國之賓。凡異爵者拜諸其位。賓皆即此位，乃哭盡哀，止。主人乃右還拜之，如外位矣。兄弟齊衰、大功者，主人哭則哭，小功緦麻亦即位乃哭。上言賓，此言卿大夫，明其亦賓爾。少進，前於列。異爵，卿大夫也。他

國卿大夫，亦前於列，尊之。拜諸其位，就其位特拜。〔五三〕○直東，音值，直西同。

【疏】注「賓皆」至「特拜」　既云「如外位」，又案外位，主人之南有外兄弟，其南乃有賓，此內位主人之南即有卿大夫；不言兄弟者，以外兄弟雖在主人之南，以少退，故卿大夫繼主人而言也。云「諸公門東，少進」者，謂門東有士，故云「少進」，少進於士。此所陳位不言士之屬吏者，案大夫家臣位在門右，則士之屬吏亦在門右，又在賓之後也。云「賓皆即此位，乃哭盡哀，止。主人乃右還拜之，如外位矣」者，以其云「外位」，明拜之亦右還，「如外位」也。云「兄弟齊衰、大功者，主人哭則哭」者，以其大功已上親無門外內位，但主人哭則亦哭矣，小功、緦麻疏，故入即進前於士之列也。云「異爵，卿大夫也」者，以主人是士，明「異爵」是「卿大夫」也。云「他國卿大夫亦前於列」者，以經云「他國之異爵者，門西，少進」，亦當前於士之位也。〔五四〕云「拜諸其位，就其位特拜」者，以其異爵則亦卿大夫，故知特拜一一拜諸其位也。

徹者盥于門外。燭先入，升自阼階，丈夫踊。徹者，徹大斂之宿奠。祝取醴，北面。取酒立于其東。取豆、籩、俎，南面，西上。祝先出，酒、豆、籩、俎序從，降自西階，婦人踊。序，次也。

【疏】注「序次也」　「序，次」者，次第人使相當。此經所言先後，則祝執醴在先，次酒，次豆、籩，次俎，爲次第也。

設于序西南，直西榮。醴、酒北面，西上。豆西面錯，立于豆北，南面。籩、俎既錯，立于執豆之西，東上。酒錯，復位。醴錯于西，遂先，由主

人之北適饌。遂先者，明祝不復位也。適饌，適新饌將復奠。

【疏】注「遂先」至「復奠」　云「遂先者，明祝不復位也」者，以其云「遂先」，先即祝不得復位，遂適東相新饌也。

乃奠。醴、酒、脯醢升，丈夫踊。入，如初設，不巾。入，入於室也。如初設者，豆先，次籩，次酒，次醴也。不巾，無菹無栗也。菹、栗具則有俎，有俎乃巾之。

【疏】注「入入」至「巾之」　注云「入，入於室也」者，以其設奠在室中故也。云「如初設者，豆先，次籩，次酒，次醴也」者，以其大斂有俎，籩、豆又多，今言「如初設」，直豆、籩、酒、醴見用者，先後次第耳。云「不巾，無菹無栗也」者，以大斂奠兼有菹、栗，則巾之，是以檀弓云「喪不剥奠也與？祭肉也與」？其大斂皆有俎，俎有祭肉，故巾之也。若然，朝廟之奠，亦是宿奠，無菹、栗。有巾者，爲在堂而久設，塵埃故也。

錯者出，立于户西，西上。滅燭，出。祝闔户，先降自西階，婦人踊。奠者由重南東，丈夫踊。賓出，婦人踊，主人拜送。哭止乃奠，奠則禮畢矣。今文無「拜」。

【疏】注「哭止」至「無拜」　云「祝闔户，先降」者，以其出户時，祝闔户在後，故須云「祝先降也」。云「哭止乃奠」者，謂朝夕哭止，拜賓乃奠，奠則禮畢矣，是以檀弓云「朝奠日出」是也。

衆主人出，婦人踊。出門，哭止，皆復位。闔門。主人卒拜送賓，揖衆主人，乃就次。

朔月奠，用特豚、魚、腊，陳三鼎如初。東方之饌亦如之。朔月，月朔日也。自大夫以上，月半又奠。〔五五〕如初者，謂大斂時。

【疏】注「朔月」至「斂時」　知「大夫以上，月半又奠」者，下經云「月半不殷奠」，士不者，大夫以上則有之；謂若下文云「不述命」，大夫已上則有之；又若特牲云「士不諏日」，大夫已上則諏，諸士言不者，大夫已上則皆有之，故知「大夫以上」，又有月半奠也。〔五六〕云「如初者，謂大斂時」者，以其上陳大斂事，此言「如初」，故知如「大斂時」也。

無籩，有黍稷，用瓦敦，有蓋，當籩位。黍稷，併於甒北也。於是始有黍稷。死者之於朔月、月半，猶平常之朝夕，大祥之後，則四時祭焉。○併於，步頂反，又必性反。

【疏】注「黍稷」至「祭焉」　云「於是始有黍稷」者，始死以來奠不言黍稷，至此乃言之，故云「於是始有黍稷也」。云「死者之於朔月、月半，猶平常之朝夕」者，謂猶生時朝夕之常食也。案既夕記云「燕養、饋、羞、湯沐之饌如他日」，注云「燕養，平常所用供養也。饋，朝夕食也。羞，四時之珍異」。若然，彼謂下室中不異於生時，殯宮中則無黍稷，今至朔月、月半乃有之；若朔月、月半殯宮中有黍稷，下室則無，故既夕記云「朔月若薦新，則不饋于下室」，注云「以其殷奠有黍稷也。下室，如今之內堂」是也，是以云「猶平常朝夕」決之也。云「大祥之後，則四時祭焉」者，士虞禮禫月吉祭猶未配，是大祥之後，得四時祭；若虞祭之後卒哭之等，雖不四時，亦有黍稷，是其常也。

主人拜賓，如朝夕哭，卒徹。徹宿奠也。舉鼎入、升，皆如初奠之儀。卒杝，釋匕

于鼎。俎行，杝者逆出，甸人徹鼎。其序，醴酒、菹、醢、黍稷、俎。俎行者，俎後執，執俎者行，鼎可以出。其序，升入之次。

【疏】注「俎行」至「之次」 云「俎行者，俎後執，執俎者行，鼎可以出」者，案下文設時，豆錯，俎錯，黍稷後設，則俎宜在黍稷前，今在黍稷後而言「俎行」者，欲見俎雖在黍稷前設，以執之在後，欲與鼎匕出爲節，故云「俎行」，即匕鼎出也。云「其序，升入之次」者，謂如經「醴」已下次第也。

其設于室，豆錯，俎錯，腊特，黍稷當籩位，敦啓會，郤諸其南，醴酒位如初。當籩位，〔五七〕俎南黍，〔五八〕黍東稷。會，蓋也。今文無「敦」。○啓會，古外反，注同。

【疏】注「當籩」至「無敦」 知「當籩位，俎南黍，黍東稷」者，依特牲所設爲之也。

祝與執豆者巾，乃出。共爲之也。主人要節而踊，皆如朝夕哭之儀。月半不殷奠。殷，盛也。士月半不復如朔盛奠，下尊者。

【疏】注「殷盛」至「尊者」 云「下尊者」，以下大夫以上有月半奠故也。

有薦新，如朔奠。薦五穀，若時果物新出者。

【疏】注「薦五」至「出者」 案月令仲春「開冰，先薦寢廟」，季春云「薦鮪于寢廟」，孟夏云「以彘嘗麥，先薦寢廟」，仲夏

云〔五九〕「羞，以含桃先薦寢廟」，皆是「薦新，如朔奠」者，牲牢、籩、豆，一如上朔奠也。

徹朔奠，先取醴酒，其餘取先設者。敦啓會，面足。序出如入，啓會，徹時不復蓋也。面足，執之令足間鄉前也。敦有足，則敦之形如今酒敦。

【疏】注「啓會」至「蓋也」　以前設時即不蓋，至徹亦不蓋，今經云「敦啓會」，嫌先蓋至徹重啓之，故云「不復蓋也」。

其設于外，如於室。外序西南。

筮宅，冢人營之。宅，葬居也。冢人，有司掌墓地兆域者。營，猶度也，詩云「經之營之」。○猶度，大各反，下文度兹并注同。

【疏】注「宅葬」至「營之」〔六〇〕　案周禮有冢人，「掌公墓之地，辨其兆域」，此士亦有冢人，掌墓地兆域，故云「冢人營之」也。

掘四隅，外其壤；掘中，南其壤。爲葬將北首故也。

【疏】注「爲葬」至「故也」　云「爲葬將北首」者，解「掘中，南其壤」，爲葬時北首，故壤在足處。案檀弓云「葬於北方，北首，三代之達禮也」，是葬時北首也。

既朝哭，主人皆往，兆南，北面，免絰。兆，域也，所營之處。〔六一〕免絰者，求吉，不敢純凶。○免絰，如字，又音勉，注同，下放此。

【疏】注「兆域」至「純凶」　案雜記云「大夫卜宅與葬日，有司麻衣、布衰、布帶，因喪屨，緇布冠不蕤，占者皮弁」；下又

云「如筮，則史練冠長衣以筮，占者朝服」，彼有司與占者之服不純吉，亦不純凶，此乃主人之服，不純吉，免經，亦不純凶也。

命筮者在主人之右。命尊者，宜由右出也。少儀曰：「贊幣自左，詔辭自右。」○少儀，詩召反。

【疏】注「命尊」至「自右」 云「命尊者，宜由右出也」者，對贊幣卑者在左，故引少儀爲證也。

筮者東面，抽上韇，兼執之，南面受命。韇，藏筴之器也。兼與筴執之。今文無「兼」。○上韇，音獨，函也。

【疏】注「韇藏」至「無兼」 云「抽上韇」者，則下韇未抽，待用筮時乃并抽也。

命曰：「哀子某，爲其父某甫筮宅，度兹幽宅，兆基，無有後艱。」某甫，且字也。〔六二〕若言山甫、孔甫矣。宅，居也。度，謀也。兹，此也。基，始也。言爲其父筮葬居，今謀此以爲幽冥，居兆域之始，得無後將有艱難乎？艱難，謂有非常，若崩壞也。孝經曰「卜其宅兆而安厝之」。古文無「兆」，「其」作「期」。○爲其，于僞反，注爲其、爲下同。

【疏】注「某甫」至「作期」 云「某甫，且字也」者，謂二十加冠時且字。〔六三〕云「若言山甫、孔甫矣」者，此亦二十加冠所稱，故士冠禮云「伯某甫，仲、叔、季，唯其所當」，鄭亦以孔甫之字解「某甫」，則孔甫之等是實字，以「某甫」擬之，是且字也。是以諸侯薨，復者亦言「某甫」，鄭云「某甫，且字」，是爲之造字也。引孝經「卜其宅兆」者，證宅爲葬居，又見上大夫以上卜而不筮，故雜記云「大夫卜宅與葬日」。下文云「如筮，則史練冠」，鄭注云「謂下大夫若士也」，則卜者謂上大夫，上大夫卜，則天子諸侯亦卜可知。但此注兆爲域，彼注兆爲吉兆，不同者，以其周禮大卜「掌三兆」，有玉兆、瓦兆、原兆，孝經注亦云「兆，塋域」，〔六四〕此文主人皆往兆南，北面，兆爲營域之處，〔六五〕義得兩全，故鄭注兩解，俱得合義。

筮人許諾，不述命，右還，北面，指中封而筮。卦者在左。述，循也，既受命而申言之曰述。不述者，士禮畧。凡筮，因會命筮爲述命。中封，中央壤也。卦者，識爻卦畫地者。古文「述」皆作「術」。○右還，劉戶串反，一音旋，注及下同。畫地，音獲。

【疏】注「述循」至「作術」。云「不述者，士禮畧」者，但士禮命筮辭有一，命龜辭有二，大夫已上命筮辭有二，命龜辭有三。士命筮辭有一者，即上經是，直有命筮，無述命，又無「即席，西面」命筮辭，是命筮辭唯有一也。下文卜日有「族長涖卜」，爲事命龜，直云「哀子某」，以下又有「即席，西面」命龜，〔六六〕注云「不述命，亦士禮畧」，是士命龜辭有二。又知大夫以上命筮辭有二，命龜辭有三者，案少牢是大夫筮禮，彼上文云「主人曰：『孝孫某，來日丁亥』」以下，是爲一事命筮；〔六七〕下又云「遂述命曰：『假爾大筮有常』」，是直云「孝孫某，來日丁亥」，已下將即西面命筮，冠於述命之上，共爲一辭，通前爲事命筮有二；〔六八〕若卜則有爲事命龜，通述命，又有卿當席西面命爲三。知大夫龜亦有述命，士云「不」者，士喪禮士之卜筮皆云「不述命」，士云「不」者，大夫已上皆有，謂若士月半不殷奠，大夫則殷奠之類。知大夫命龜，〔六九〕不將述命，與即「西面」命龜共爲一命龜，亦只有二者。〔七〇〕案此士喪注「述命，命龜，異龜，重威儀多也」，對少牢「述命」與「命龜」爲二，通前命龜爲三。若然，則天子、諸侯亦命筮辭有二，命龜辭有三可知也。知士不述命，非爲喪禮畧者，特牲之吉禮，〔七一〕亦云「不述命」，故知士吉凶皆「不述命」，非爲喪禮畧也。

卒筮，執卦以示命筮者。命筮者受視，反之。東面旅占，卒，進告于命筮者與主人：「占之曰從。」卒筮，卦者寫卦示主人，乃受而執之。旅，衆也。反與其屬共占之，謂掌連山、歸藏、周易者。從，猶吉也。

【疏】注「卒筮」至「吉也」　經云「卒筮，執卦以示命筮者」，不言主人，注云「寫卦示主人」，不言命筮者，其實皆示。經直云「命筮者」以命筮人於卦吉凶審，故據而言之，是以下覆告，命筮與主人二人并告，明與前不異也。云「與其屬共占之，謂掌連山、歸藏、周易者」，案洪範卜筮云「三人占，則從二人之言」，〔七二〕注云「卜筮各三人」；大卜「掌三兆、三易」，以其龜有三兆：玉兆、瓦兆、原兆；筮有三易：連山、歸藏、周易。連山者，夏家易，以純艮爲首，艮爲山，〔七三〕象山之出雲連連不絕，故易名連山。歸藏者，殷之易，以純坤爲首，坤爲地，萬物歸藏於地，故易名歸藏。周以十一月爲正月，一陽爻生，爲天統，故以乾爲首，乾爲天，天能周币於四時，故易名周易也。

主人經，哭，不踊。若不從，筮擇如初儀。更擇地而筮之。歸，殯前北面哭，不踊。易位而哭，明非常。

【疏】注「易位」至「非常」　朝夕哭當在阼階下，西面，今筮宅來北面哭者，是易位，非常故也。

既井椁，主人西面拜工，左還椁，反位，哭，不踊。婦人哭于堂。既，已也。匠人爲椁，刊治其材，以井構於殯門外也。反位，拜位也。既哭之，則往施之竁中矣。主人還椁，亦以既朝哭矣。○竁，昌絹反。

【疏】注「既已」至「哭矣」　自此盡「亦如之」，論將葬須觀知椁材與明器之材善惡之事。案禮記檀弓云「既殯，旬而布材與明器」，注云「木工宜乾腊」，則此云「井椁」及「明器之材」，布之已久，故云「既，已也」。又須作之，〔七四〕豈今始獻材也，但至此時將用，故主人親看視，是以云「既哭之，則往施之竁中」也。云「匠人爲椁，刊治其材」者，此解經主人「拜工」之事，以其冬官主百工，百工之内，匠人主木工之事，所云者，拜匠人，以其爲椁，刊治其材有功，〔七五〕故主人拜之也。云「以井構於殯門外也」者，以下文「獻材於殯門外」，則此亦在殯門外。此不言下言者，以明器之材

多并有獻素、獻成之事，故具言處所也。「反位，拜位」者，謂反西面拜位。知「既哭，施之竁中」者，以其文承「筮宅」以下，見其即入壙故也。知「主人還椁，亦以既朝哭矣」者，以其筮宅與卜日皆在朝哭訖，明還椁亦既朝哭，言「亦」者，亦彼二事也。

獻材于殯門外，西面，北上，綪。主人徧視之，如哭椁。獻素，獻成，亦如之。材，明器之材。視之，亦「拜工，左還」。形法定爲素，飾治畢爲成。○徧視，音遍。

【疏】注「材明」至「爲成」　上經已言「椁」，此經言「材」，故鄭言「明器之材」也。檀弓云「既殯，旬而布材與明器」，「明器」與「材」別言，故彼言「材」爲椁材也。又此下別言「素」與「成」，則此明器之材，未斲治先獻之，驗其堪否也。云「形法定爲素，飾治畢爲成」，知義然者，以其言「素」，素是未加飾名，又經言「獻材」是斲治，明素是「形法定」，斲治訖可知。又言「成」，成是就之名，〔七六〕明知「飾治畢」也。此明器須好，故有三時獻法，上椁材既多，故不須獻，直還觀之而已。

卜日，既朝哭，皆復外位。卜人先奠龜于西塾上，〔七七〕南首，有席。楚焞置于燋，在龜東。楚，荆也，荆焞，所以鑽灼龜者。〔七八〕燋，炬也，所以然火者也。周禮菙氏：「掌共燋契，以待卜事。凡卜，以明火爇燋，遂灼其焌契，〔七九〕以授卜師，遂以役之。」○楚焞，存悶反，劉吐敦反，又徒敦反，又子悶反，又音純。以鑽，子官反，一本作灼。炬也，音巨。掌共，音恭。燋挈，本又作契，苦計反，劉苦結反，下同。爇燋，人悅反。〔八〇〕其焌，劉音俊，又存悶反，又子悶反，李作館反。

【疏】注「楚荆」至「役之」　云「楚，荆也」者，荆本是草之名，以其與荆州之「荆」名同，楚又是荆州之國，故或言「荆也」。

「荆焞，所以鑽灼龜者」，古法鑽龜用荆，謂之荆焞也。云「燋，炬也」者，謂存火者爲炬，亦用荆爲之，故鄭云「所以然火者也」。「周禮菙氏：『掌共燋契，以待卜事』」者，案彼下注「杜子春云『明火，以陽燧取火於日』，玄謂焌讀如戈鐏之鐏，謂以契柱燋火而吹之也。契既然以授卜師，用作龜也，役之使助之」，〔八一〕是楚焞與契爲一，皆謂鑽龜之荆。〔八二〕讀爲戈鐏之鐏者，取其鋭頭爲之灼龜也。

族長涖卜，及宗人吉服，立于門西，東面，南上。占者三人在其南，北上。卜人及執燋席者在塾西。族長，有司掌族人親疏者也。涖，臨也。吉服，服玄端也。占者三人，掌玉兆、瓦兆、原兆者也。在塾西者，南面，東上。○族長，丁丈反，注及下同。涖，音利，又音類。

【疏】注「族長」至「東上」　云「族長，有司掌族人親疏者也」者，以其言「族長」，故知「掌族人親疏」也。云「吉服，服玄端也」者，案雜記云「大夫卜宅與葬日，有司麻衣」，又云「如筮，則史練冠長衣」，此「宗人」直云「吉服」，不言服名，則士之吉服祭服爲吉服，士之祭服爲玄端而已。宗人掌禮之官，非卜筮者，著玄端，則筮史亦服練冠長衣，雜記所云是求吉，故筮者不純凶也。云「占者三人，掌玉兆、瓦兆、原兆」者，案周禮大卜「掌三兆之法」，注云「兆者，灼龜發於火，其形可占者。其象似玉、瓦、原之璺罅，是用名之焉。上古以來，作其法可用者有三。原，原田也。杜子春云：玉兆，帝顓頊之兆；瓦兆，帝堯之兆；原兆，有周之兆」。此三兆者，當代之別名，及占之，又有體色、墨坼之等。故占人云「君占體，大夫占色，史占墨，卜人占坼」，注云「體，兆象也。色，兆氣也。墨，兆廣也。坼，兆璺也。體有凶吉，色有善惡，墨有大小，坼有微明，尊者視兆象而已，卑者以次詳其餘也。周公卜，武王占之曰：『體，王其無害。』凡卜體吉、色善、墨大、坼明則逢吉」，是其卜專據此三兆也。〔八三〕云「在塾西者，南面，東上」者，以其取堂

南行事，明不得背之北面，故知「南面」取近爲尊，故知「東上」也。

闔東扉，主婦立于其内。扉，門扉也。〔八四〕席于闑西，閾外。爲卜者也。〔八五〕古文「闑」作「槷」，〔八六〕「閾」作「蹙」。○于闑，魚列反。閾外，音域，劉呼逼反。宗人告事具。主人北面，免絰，左擁之。涖卜即位于門東，西面。涖卜，族長也。更西面，當代主人命卜。

【疏】注「涖卜」至「命卜」　云「涖卜，族長也」者，上文所云是也。以其改鄉西面，下文受龜，〔八七〕受視、受命訖，即云「命曰：『哀子某』」，則族長非直視高，兼行命龜之事也，故云「當代主人命卜」也。周禮天子卜法則與士異，假使大事則大宗伯涖卜，小宗伯陳龜，貞龜，命龜，大卜眡高作龜；次事、小事以下，各有差降也。

卜人抱龜燋，先奠龜，西首，燋在北。既奠燋，又執龜以待之。

【疏】注「既奠」至「待之」　云「卜人抱龜燋」者，謂從塾上抱鄉閾外待也，先奠龜於席上，乃復奠燋在龜北。云「既奠燋，又執龜以待之」者，鄉時先奠龜，次奠燋，既奠燋，又取龜執之以待待者，〔八八〕下經授與宗人，宗人受之是也。

宗人受卜人龜，示高。以龜腹甲高起所當灼處，示涖卜也。

【疏】注「以龜」至「卜也」　凡卜法，案禮記云「禎祥見乎龜之四體」，鄭注云「春占後左，夏占前左，秋占前右，冬占後右」，今云「腹甲高」者，謂就龜之四體腹下之甲，高者部之處，〔八九〕鑽之，以示涖卜也。

涖卜受視，反之。宗人還，少退，受命。受涖卜命，授龜宜近，受命宜卻也。命曰：「哀子某，來日

某，〔九〇〕卜葬其父某甫，〔九一〕考降，無有近悔。」考，登也；降，下也，言卜此日葬，魂神上下，得無近於咎悔者乎？○有近，附近之近。

【疏】注「考登」至「者乎」 云「某甫」者，亦上孔甫之類，且字也。云「魂神上下」者，摠指一切神，無所偏指也。云「咎悔」者，亦謂冢墓有所崩壞也。

許諾，不述命，還即席，西面坐，命龜。興，授卜人龜，負東扉。宗人不述命，亦士禮畧。凡卜述命、命龜異，龜重威儀多也。負東扉，俟龜之兆也。

【疏】注「宗人」至「兆也」 云「宗人不述命，亦士禮畧」者，以少牢「述命」，此云「不述命」，故云「士禮畧」。云「凡卜述命、命龜異，龜重威儀多也」者，言「凡」非一，則大夫已上皆有述命，述命與命龜異，故知此不述而有，即席西面命龜；若大夫以上有述命者，自然與西面命龜，異可知。言「凡卜述命、命龜異，龜重威儀多」，對筮時述命、命筮同，筮輕威儀少。云「俟龜之兆也」者，下文「告于主婦，主婦哭」〔九二〕是也。

卜人坐作龜，興。作，猶灼也。周禮卜人〔九三〕「凡卜事，示高，〔九四〕揚火以作龜，致其墨」。興，起也。

【疏】注「作猶」至「起也」 周禮卜師「凡卜，揚火以作龜，致其墨者」，此據小事，故不使大卜眡高作龜。

宗人受龜，示涖卜。涖卜受視，反之。宗人退，東面，乃旅占。卒，不釋龜，告于涖卜與主人：「占曰：某日從。」不釋龜，復執之也。古文「曰」爲「日」。

【疏】注「不釋」至「爲日」　云「不釋龜」者，似元執不釋；注云「復執之也」者，似釋後重執之，二疑之間，謂「宗人退，東面，旅占」之時，授人傳占，占訖授宗人，宗人復執之，與本不釋相似，故經云「不釋龜」也。

授卜人龜，告于主婦，主婦哭。不執龜者，下主人也。告于異爵者，使人告于衆賓。衆賓，僚友不來者也。

【疏】上云「既朝哭，皆復外位」，外位中有異爵卿大夫等，故就位告之。云「使人告于衆賓」者，既言「使人告」，明不在此，故鄭云「不來者也」。

卜人徹龜。宗人告事畢。主人經，入哭，如筮宅。賓出，拜送。若不從，卜宅如初儀。〔九五〕

校勘記

〔一〕橫者三　阮案：喪大記作「橫者五」。

〔二〕自家祭玄端服　阮校云陳、閩俱無「祭」字，通解「自」下「玄」上止有一字未刻。

〔三〕竹柲緄縢　「柲」原誤作「秘」，此據阮本改。阮校云「柲」通典及詩作「閟」，陸於彼釋云「本亦作韝」。今按詩秦風小戎作「閉」，不作「閟」，阮氏誤校。

〔四〕盛之也　阮校云段玉裁校本作「神之也」，云：下文注云「彌神之」，正蒙此疏同。

〔五〕鄭云亦者亦上小斂也　阮校云要義無「亦者」二字。

〔六〕殫埋棺之坎者也　阮校云徐本、通解俱有「者」字，與疏不合，毛本、集釋、敖氏俱無，楊氏「坎」下空一字。

〔七〕槥置于西序　阮校云徐、陳、閩、監、葛本、集釋同，毛本「置」作「至」。案喪大記「槥至于西序」，宋本及日本古本足利本皆作「置」，見山井鼎七經孟子考文，與孔疏合。今按禮記唐石經作「置」。

〔八〕用楯　「楯」徐乾學本作「輴」。黄焯彙校云張淳所據注本作「輴」，釋文本作「楯」，云：「此必後人因禮記之文改从車爾，既夕禮注『謂之楯』同。」

〔九〕以檀弓又云　阮校云要義同，毛本無「以」字。

〔一〇〕不忍異於生　阮校云陳、閩俱無「忍」字。

〔一一〕營槥置於西序　阮校云陳、閩、通解俱無「營」字。

〔一二〕但槥木不及棺而已　阮校云「已」下要義有「也」字。按通解「槥」作「塗」是也。

〔一三〕軸輁軸也　首「軸」字嚴本原作「軜」，黄氏校録云張本改爲「軸」，據監、杭本也，李本作「軸」，是。阮按既夕禮「遷于祖，用軸」，疏引此注亦作「軸」。今按徐本亦作「軸」，阮氏漏校。

〔一四〕合左右體升於鼎　阮校云「體」通典作「胖」。

〔一五〕上俎之陳　阮校云徐本「上」作「上」，通典、集釋、毛本作「匕」，張氏從監、杭本作「匕」。今按徐本作「匕」，不作「上」，阮氏誤校，作「匕」是。

〔一六〕又詩云　「云」毛本作「曰」。今按阮本同要義作「云」，而校勘記標目从毛本作「曰」，蓋盧宣旬摘録之誤也。

〔一七〕皆在地曰燎　阮校云閩、監、通解、要義同，毛本「曰」作「爲」。

〔一八〕當西榮　毛本「當」作「堂」。

〔一九〕待後奠事畢　阮校云要義無「事畢」二字。

〔二〇〕云　阮校云要義此節疏與上節疏合爲一條，此「云」字上有「下」字。

〔二一〕旁一筐　阮校金曰追曰：敖繼公曰「旁一筐」喪大記引作「旁各一筐」，「各」謂各黍稷也。汪文臺識語按：禮記疏述注無「各」字，周禮舍人疏引同，周禮小祝注及疏皆云「旁一筐」，則有者非，敖據以校補尤非。

〔二二〕朔月奠新奠　阮校云毛本上「奠」字作「荐」，陳、閩、監本、通解俱作「薦」，要義作「奠」。案「奠」字當在「薦」字上。

〔二三〕菹在醢南也　「醢」黃刊嚴州本作「醴」，徐本作「醢」。阮校云徐本、集釋俱作「醴」，通解、敖氏俱作「醢」。今按徐本不作「醴」，阮氏誤校。

〔二四〕嫌先設者在北　阮校云「北」毛本作「左」，陳本作「此」，要義作「北」。

〔二五〕菹在醢南也　阮校云「醢」要義作「醴」，與徐本注合。今按當云「與嚴本注合」，非與徐本注合，說見前。

〔二六〕大功亦容不同門不同財之義　阮校云毛本「容」作「有」，陳、閩、監本俱作「容」，要義「容」下有「有」字。

〔二七〕異門大功亦可以歸　阮校云毛本「門」下有「者」字，通解、要義無，與既夕注合。

〔二八〕則視斂　黃刊嚴州本「歛」作「劍」，徐本作「歛」。黃氏校録云張本改「劍」作「歛」，據注及監本也，李本「歛」。案注云「君則大斂」，則「斂」訛作「劍」。今按「歛」字與「斂」字通用，睡虎地秦簡爲吏之道「賦歛毋（無）度」；阮校謂徐本作「劍」，乃誤校。

〔二九〕君至　阮校云此二字鍾本在下節之首。

〔三〇〕此士於君有師友之恩　阮校云陳本、要義同，毛本「於」作「與」。

〔三一〕巫掌招弭以除疾病　阮校云徐、陳、集釋、楊氏同，毛本、釋文「弭」作「彌」，云「又作弭」，通解脱此句。盧文弨云「彌」亦通用。按說文有「弭」無「彌」，周禮亦作「弭」。

〔三二〕小臣掌正君之法儀者　阮校云「小」上徐本、通典、集釋、楊氏俱有「周禮」二字，通解無。今按黃刊嚴州本

亦有。

〔三三〕周禮男巫　阮校云「周禮」通典作「春官」。按以上三句皆見周禮，首句亦男巫職文，下既别引男巫，故首句不加「周禮」字。小臣、男巫皆周之職官，故稱「周禮」。「小臣」上既有「周禮」字，則下句不宜叠出。依通典作「春官」，取文相變亦可。

〔三四〕以惡之　今按檀弓原文作「惡之也」。

〔三五〕彌讀爲敉敉安也　阮校云要義同，毛本不重「敉」字。

〔三六〕君釋采　阮校云「采」通典、釋文俱作「菜」。敖氏曰：「采讀爲菜。」從釋文也。

〔三七〕春秋傳曰鄭伯有耆酒爲窟室而夜飲酒擊鍾焉朝至未已朝者曰公焉在其人曰吾公在壑谷伯有耆公子子良之孫良霄　阮校云毛本脱三十九字，徐本、集釋俱有，通解、楊氏俱與毛本同。浦鏜云疏不引全文，知注已見也。按釋文有「耆酒」、「窟室」、「朝至」、「公焉」四條。

〔三八〕貴重之極　阮校云要義無「重」字。

〔三九〕證經公是公之孤也　阮校云要義無上「公」字。

〔四〇〕由重南東時也　阮校云「由」楊氏作「猶」。

〔四一〕由重南而東　「而」毛本作「面」，阮校云陳本、通解俱作「而」。今按阮本作「而」，然校勘記標目從毛本作「面」，前後不符。

〔四二〕卿大夫見君之尸皆下之尸必式　阮校云陳、閩俱無「皆下之尸」四字。

〔四三〕凡平立視視　阮校云毛本不重「視」字。

〔四四〕爲御與車右者也　阮校云要義同，毛本「與」作「於」。

〔四五〕以巾車又云　阮校云要義「以」下有「其」字，無「巾車又云」四字。

〔四六〕釋曰王以朝　阮校云要義無此五字。

〔四七〕雖不言弔臨然弔臨亦是出入之事　阮校云要義無上六字。案周禮司常云「道車載旞」，注云「道車，象路也，王以朝夕燕出入」，巾車疏備引其文；賈氏此疏亦兼引巾車及司常注，其中似有後人增竄之詞，當悉從要義。

〔四八〕不敢立相視　阮校浦鏜云衍「相」字。

〔四九〕拜大夫之後至者　「後至」原作「至後」，此據黄刊嚴州本改。

〔五〇〕謂殯斂以死日數也　阮校云「謂」上要義有「此」字。案陳本上句「日」字作「昆」，乃誤合「日此」二字爲一耳。

〔五一〕哀至乃哭　阮校云「乃」楊氏作「則」。

〔五二〕皆是有服者　阮校云「皆是」毛本作「是皆」。

〔五三〕就其位特拜　阮校云「特」敖氏作「而」。

〔五四〕士之位　阮校云要義同，毛本無「之」字。

〔五五〕月半又奠　阮校云「又」通解作「有」。今按「又」字是。

〔五六〕又有月半奠也　阮校云「有」毛本作「用」，要義作「有」。案「有」字是。

〔五七〕當籩位　「當」原作「常」，徐、毛本作「當」，注同。黄氏校録云李本「當」，張氏據監本改「常」爲「當」，「常」爲「當」之訛。今按作「當」是。

〔五八〕俎南黍　阮校云「俎」敖氏作「菹」。

〔五九〕先薦寢廟仲夏云　阮校云要義無此七字，似誤。

〔六〇〕注宅葬至營之　阮校云此段疏陳、閩、通解俱無。

〔六一〕所營之處　阮校云徐本、集釋、敖氏同，毛本、通解「所」作「新」。按「所」字是。

〔六二〕某甫且字也　阮校云「且」徐、鍾、陳、閩、葛本、楊氏俱作「其」，嚴、監、通典、集釋、敖氏俱作「且」，通解作「某」。按「且」字是，「其」、「某」並誤。

〔六三〕二十加冠時且字　阮校云毛本「加」上誤衍「五」字。案疏內唯此及後疏云「某甫」者、「孔甫」之類「且字也」二「且」字諸本皆同，其餘唯監本、要義作「且」，他本並作「其」。

〔六四〕孝經注亦云兆塋域　阮校云陳、閩俱脱「孝」字、「注」字。按陳、閩固誤，然上文云「此注兆爲域，彼注兆爲吉兆」，「彼注」者，謂孝經注也，豈鄭解孝經「兆」字有二説歟？唐御注孝經曰「兆，塋域也」，邢疏以爲依孔傳，則似非鄭義。

〔六五〕兆爲營域之處　阮校云「營」通解作「塋」。

〔六六〕一命龜　阮校云陳、監、要義同，毛本「一」作「坐」。案作「一」是也，下有「共爲一命龜」之語。

〔六七〕是爲一事命筮　阮校云陳本、要義同，毛本「一」作「因」。

〔六八〕通前爲事命筮有二　阮校云「事」陳本、要義俱作「士」。按「爲事命筮」即上文所謂「因事命筮」也。

〔六九〕知大夫命龜　「知」原作「如」，阮校云陳、閩俱誤作「如」，此據阮本改。

〔七〇〕亦只有二者　阮校云毛本「只」作「知」，要義作「只」，似誤。

〔七一〕特牲之吉禮　阮校云「吉」陳、閩俱作「士」。今按「吉」字是。

〔七二〕從二人之言　「言」毛本作「吉」。今按洪範作「言」。阮本正文作「言」，校勘記標目作「吉」，前後不符。

〔七三〕艮爲山　阮校云要義同，毛本無此三字。

〔七四〕又須作之　阮校云陳、閩、要義同，毛本「又」作「久」。

〔七五〕刊治其材　阮校云要義同，毛本「材」下有「者」字。

〔七六〕成是就之名　阮校云要義同，毛本「成是」作「是成」。

〔七七〕卜人先奠龜于西塾上　阮校云「塾」毛本作「埶」，唐石經、徐、陳、閩、葛俱作「塾」。今按作「塾」是。

〔七八〕荆焞所以鑽灼龜者　阮校云集釋無「灼」字，釋文云「鑽，一本作灼」。按沈彤云釋文是，「鑽」、「灼」二字當衍其一。本疏有「鑽龜」之文，集釋又無「灼」字，則所衍必「灼」字也。

〔七九〕遂灼其焌契　阮校云「灼」集釋作「歙」。今按「歙」即吹字，黄氏校録云作「歙」與周禮合。

〔八〇〕爇燋人悦反　黄焯彙校云「爇」字誤，盧文弨本作「爇」。「人」徐乾學本作「之」，盧本作「如」。按作「如」作「人」皆是也，「之」字誤。

〔八一〕役之使助之　阮校云下「之」字陳、閩俱作「人」。

〔八二〕鑽龜之荆　阮校云要義同，毛本「荆」作「焌」。

〔八三〕是其卜專據此三兆也　阮校云毛本「卜」下有「不」字。金曰追云今本脱「不」字，與上文義不貫，依通解補。

〔八四〕扉門扉也　阮校云下「扉」字楊氏作「扇」。

〔八五〕爲卜者也　阮校云「也」通典作「席」。

〔八六〕古文闑作槷　阮校云「槷」徐本、集釋俱作「槷」，通解作「蓺」。按徐本是。

〔八七〕下文受龜　阮校云「下文」毛本作「宗人」，陳本作「辛文」。今按陳本顯誤。

〔八八〕執之以待待者　阮校云陳、閩同，毛本下「待」字作「之」。

〔八九〕高者部之處　阮校云要義同，毛本作「高起之處」。按疑當作「部起之處」。

〔九〇〕哀子某來日某　唐石經、黄刊嚴州本、徐本等同。阮校云集釋、通解、毛本俱無下「某」字。石經考文提要云「某」者，某甲子。今按下「某」字當有；又阮氏校勘記標目無下「某」字，與正文不合。

〔九一〕卜葬其父某甫　阮校云「其」字通解、楊氏俱作「某」。

〔九二〕告于主婦主婦哭　阮校云「主婦」二字陳、閩俱不重出。今按依下經當重出。

〔九三〕周禮卜人　阮校云「人」集釋、敖氏俱作「師」，是也，與周禮合。

〔九四〕示高　黄氏校録云「示」李本作「眂」，合周禮。

〔九五〕卜宅如初儀　黄氏校録云張本改「宅」爲「擇」，據上文「筮擇如初儀」句改也，李本「擇」，自唐石經譌「宅」而嚴本仍之。阮校云楊、敖、毛本俱作「擇」，顧炎武云當依石經作「宅」，張爾岐云石本誤。

儀禮注疏卷第三十八　　儀禮卷第十三

唐朝散大夫行大學博士弘文館學士臣賈公彦等撰

既夕禮第十三

〔一〕〇既夕禮第十三，鄭云：「士喪禮之下篇也。既，已也，謂先葬二日既夕哭時也，與葬間一日。若上士二廟，〔二〕則既夕哭在前葬三日也。」

【疏】「既夕第十三」　鄭目録云「士喪禮之下篇也。既，已也，謂先葬二日已夕哭時，與葬間一日。凡朝廟日請啓期，必容焉。此諸侯之下士一廟，其上士二廟，則既夕哭先葬前三日。大戴第十五。〔三〕小戴第十四。別録名士喪禮下篇第十三」。鄭目録云「士喪禮下篇」者，依別録而言。以其記下士之始死，乃記葬時而揔記之，〔四〕故名「士喪禮下篇」也。鄭又云「先葬二日」與「葬間一日」者，驗經云「既夕哭。請啓期，告于賓」，明旦夙興，開殯即遷于祖，〔五〕一日，又厥明即葬，故知是「葬前二日」與「葬間一日」也。云「必容」者，請啓期在葬前二日，中間容朝廟一日，故云「必容焉」。鄭又云「此諸侯下士一廟，其上士二廟，則既夕哭先葬前三日」者，以其一廟則一日朝，二廟則二日朝，故葬前三日，中間容二日，故三日。若然，大夫三廟者葬前四日，諸侯五廟者葬前六日，天子七廟者葬前八日，差次可知。

儀禮　鄭氏注

既夕哭，既已也，謂出門哭止復外位時。

【疏】「既夕哭」　注「既已」至「位時」　此經論「既夕哭，請啓期」之事。「夕哭」者，是主人朝夕哭，在殯宮阼階之下。禮，將請啓殯之時，主人於夕哭訖，出寢門復外位。故鄭云「謂出門哭止復外位時」者，鄭知「復外位請」者，〔六〕見上篇卜日禮云「既朝哭，皆復外位」，朝夕之哭，其禮並同，明知此請啓期亦在復外位時。若然，上篇卜日禮云「既朝哭，皆復外位」，此不於既朝哭，而待既夕哭者，謂明日之朝始啓殯，又不可隔夕哭，故於既夕請也。但復外位之時，必有弔賓來，亦在外位，故請期因告賓也。

請啓期，告于賓。將葬，當遷柩于祖。有司於是乃請啓肂之期於主人，以告賓，賓宜知其時也。今文「啓」爲「開」。○請啓，舊七井反。〔七〕啓肂，以二反，劉音四。

【疏】「請啓期，告于賓」　注「將葬」至「爲開」　云「將葬，當遷柩于祖。有司於是乃請啓肂之期於主人，以告賓」者，鄭解時未至而豫前二日夕哭之後，出於門外位，請期者，明旦須啓肂，〔八〕以柩朝于祖，故有司於此時請啓肂之期告賓，使知而來赴弔之事也。

夙興，設盥于祖廟門外。祖，王父也，下士祖禰共廟。

【疏】「夙興」至「門外」　注「祖王」至「共廟」　自此盡「階間」，論豫於祖廟陳饌之事。言「夙興」者，謂夕哭請期訖，明旦早起，豫設盆盥於祖廟門外，擬舉鼎之人盥手。案小斂設盆盥在東堂下，大斂設盥於門外，雖不言東方，約小斂盥在東堂下，則大斂盥亦門外東方。此下陳鼎如大斂奠，則此設盥亦在門外東方，如大斂也。云「祖，王父也」者，案祭法云「曰考廟，曰王考廟」，此云「王父」，王父之言出於彼。云「下士祖禰共廟」者，又祭法云「適士二廟，官師一廟」，鄭注云「官師，中士、下士」。案下記云「其二廟則饌于禰」，則此經所朝據一廟者而言。設盥于祖，是下士一

廟，祖禰共廟，據尊者而言也。

陳鼎，皆如殯。東方之饌亦如之。皆，皆三鼎也。如殯，如大斂既殯之奠。

【疏】「陳鼎」至「如之」 注「皆皆」至「之奠」 案上文殯後，大斂之陳三鼎，有豚、魚、腊，在廟門外，西面，北上，此陳鼎亦如之。云「東方之饌亦如之」者，彼大斂時云「東方之饌：兩瓦甒，其實醴、酒；毼豆兩，其實葵菹芋、蠃醢；兩籩無縢，布巾，其實栗，不擇，脯四脡」，故今云「東方之饌亦如之」。云「皆，皆三鼎也」者，以其言「皆」，明非一鼎，「皆三鼎」可知；又不言外內，即門外及陳于阼階下，亦西面，北上，外內同。云「如殯，如大斂既殯之奠」者，以其大斂於阼階，即移于棺而殯之，殯訖乃于室中設大斂之奠，即大斂奠在殯後，恐於殯時別有奠，故明之，云「如殯，如大斂既殯之奠」也。

夷牀饌于階間。〔九〕夷之言尸也，朝正柩用此牀。〔一〇〕○侇牀，音夷，本亦作夷。〔一一〕饌于，劉士轉反。朝柩，直遥反，下朝祖、殷朝、周朝同。

【疏】「夷牀饌于階間」 注「夷之」至「此牀」 云「夷之言尸也」者，遷尸於堂亦言夷尸，盤、衾皆依尸而言，故云「夷之言尸也」。云「朝正柩用此牀」者，謂柩至祖廟兩楹之間，尸北首之時，乃用此牀，故名夷牀也。

二燭俟于殯門外。早闇，以爲明也。燭用烝。〔十二〕○用蒸，〔一三〕之承反，薪也。

【疏】「二燭」至「門外」 注「早闇」至「用蒸」 自此盡「夷衾」，論啓殯及變服之事。「二燭」者，以其發殯宫；「二」者，下云「燭入」，注云「炤徹與啓殯者」，故於此豫備之。云「燭用蒸」者，案周禮甸師氏云〔一四〕「以薪、蒸役外内饔」，注云

「大曰薪，小曰蒸」，又案少儀云[一五]「主者，執燭抱燋」，鄭云「未爇曰燋」，燋即蒸，故云「燭用蒸」也。

丈夫髽，散帶垂，即位如初。爲將啓變也，此互文以相見耳。髽，婦人之變。喪服小記曰：「男子免而婦人髽，男子冠而婦人笄。」如初，朝夕哭門外位。○髽，側瓜反。散帶，悉但反。爲將，于僞反，下爲有、爲啓、爲其同。相見，賢遍反。子免，音問，後放此。子冠，古亂反。

【疏】「丈夫」至「如初」　注「爲將」至「外位」　云「爲將啓變也」者，凡男子免與括髮散帶垂、婦人髽皆當小斂之節，今於啓殯時亦見尸柩，故變同小斂之時，故云「爲將啓變也」。云「此互文以相見耳。髽，婦人之變」者，髽既是婦人之變，則免是男子之變，今丈夫見其人不見免，則丈夫當免矣，婦人見其髽不見人，則婦人當髽矣，故云「互文以相見耳」。引喪服小記者，證見未成服已前，男子免而婦人髽；既成服以後，男子冠，婦人笄。若然，小斂之時，斬衰男子括髮，齊衰以下男子免。不言男子括髮者，欲見啓殯之後，雖斬衰亦免而無括髮。知者，案喪服小記云「緦、小功，虞、卒哭，則免」，注云「棺柩已藏，嫌恩輕可以不免也。言『則免』者，則既殯先啓之間，雖有事不免」，以此而言，先啓不免，則啓當免矣。又喪服小記云「君弔，雖不當免時也，主人必免，不散麻。雖異國之君，免也，親者皆免」，注云「不散麻者，自若絞垂，爲人君變，貶於大斂之前，既啓之後也。親者，大功以上也」，注直言不散麻，貶於既啓之後，則主人著免不貶矣。以此言之，啓後主人著免可知，[一六]若啓後著免，亦是貶矣。若然，後至卒哭，其服同矣，以其反哭之時，更無變服之文，故知同也。云「婦人髽」及「婦人笄」者，若未成服之時，婦人髽無笄，故空云「髽」；成服之後，婦人髽即有笄，故喪服斬衰婦人云「箭笄」，檀弓云「南宫縚之妻之姑之喪，夫子誨之髽，蓋榛以爲笄」，是成服有笄明矣，是以婦人成服云「笄」也。云「散帶垂」者，小斂節大功已上男子皆然，若小功已下及婦人，無問輕重皆初而絞之。云「如初，朝夕哭門外位」者，但經直云「即位如初」，知「如門外位」者，以下經始云「主人拜賓，入，即位，袒」，明知此未入門在門外，如朝夕哭位也。

婦人不哭。主人拜賓，入，即位，袒。此不象如初者，〔一七〕以男子入門不哭也。不哭者，將有事，止讙囂。○止讙，火官反。囂也，〔一八〕許驕反，劉五高反。

【疏】「婦人」至「位袒」　注「此不」至「讙囂」　云「此不蒙如初者，以男子入門不哭」者，案上篇朝夕哭，云「主人即位。辟門。婦人撫心，不哭。主人拜賓，旁三，右還，入門，哭，婦人踊」，此主人入門不哭，婦人不哭不踊，故不得「蒙如初也」。云「將有事」者，謂將有啓殯之事也。

商祝免，袒，執功布入，升自西階，盡階，不升堂，聲三，啓三，命哭。功布，灰治之布也，執之以接神，爲有所拂扐也。〔一九〕聲三，三有聲，存神也。啓三，三言啓，告神也。舊説以爲聲，噫興也。今文「免」作「絻」。○聲三，息暫反，又如字，下放此。拂扐，本又作仿佛，上芳味反，下芳丈反。噫，於其反，又於喜反。作絻，音問，後同。

【疏】「商祝」至「命哭」　注「功布」至「作絻」　云「功布，灰治之布也」者，亦謂七升以下之布也。云「執之以接神，爲有所拂扐也」者，〔二〇〕拂扐猶言拂拭，下經云「商祝拂柩用功布」，是拂拭去塵也。此始告神而用功布拂扐者，謂拂扐去凶邪之氣也。云「三有聲，存神也」者，案曾子問亦云「祝聲三」，鄭云「警神也」，即此「存神」也。云「舊説以爲聲，噫興」者，鄭注曾子問云「聲，噫歆」，不云舊説，〔二一〕亦是舊説也。

燭入。炤徹與啓殯者。

【疏】「燭入」　注「炤徹與啓殯者」　上云「二燭」，此鄭云「炤徹與啓殯」，則一燭於室中炤徹奠，〔二二〕一燭於堂照開殯殯也。

祝降，與夏祝交于階下，取銘置于重。祝降者，祝徹宿奠降也。與夏祝交，事相接也。夏祝取銘置于重，爲啓殯遷之。吉事交相左，凶事交相右。今文「銘」

皆作「名」。○夏祝，户雅反，下之六反，後皆放此。于重，直龍反，後放此。

【疏】「祝降」至「于重」　注「祝降」至「作名」　此祝不言商、夏，則周祝也。燭既入室，〔二三〕周祝從而入室，徹宿奠，降。降時夏祝自下升，取銘降置于重，爲妨啓殯故也。云「祝降者，祝徹宿奠降也」者，謂昨暮所設夕奠經宿，故謂之「宿奠」也，此宿奠擬朝廟所用，即下云「重先奠從」者是也。〔二四〕此奠所徹、所置之處雖不言，案上篇大斂遷小斂奠于序西南，此亦序西南可也。云「吉事交相左」者，則鄉射、大射皆云降，與射者「交於階下，相左」是也。云「凶事交相右」者，此凶事不言交相左者，以凶事反於吉，明「交相右」可知。交相右者，周祝降階時當近東，夏祝升階當近西，是交相右也。云「今文銘皆作名」者，此銘及下陳明器云「取銘置于茵」，二者皆名，但銘書作名，亦通一塗也。

踊無筭。主人也。

【疏】「踊無筭」　注「主人也」　下文云「商祝拂柩」，則「踊無筭」當知開棺柩之時。以其踊爲哀號之已甚，故知主人也。

商祝拂柩用功布，幠用夷衾。拂，去塵也。幠，覆之，〔二五〕爲其形露。○幠，火吾反。拂去，起吕反。

【疏】「商祝」至「夷衾」　注「拂去」至「形露」　開柩已出時，是棺南首。夷衾本擬覆柩，故斂時不用，今得覆棺。於後朝廟及入壙，雖不言用夷衾，〔二六〕又無徹文，以覆棺言之，當隨柩入壙矣。

遷于祖，用軸。遷，徙也。徙於祖，朝祖廟也，檀弓曰「殷朝而殯於祖，周朝而遂葬」，蓋象平生將出，必辭尊者。〔二七〕軸，輁軸也。軸狀如轉轔，刻兩頭爲軹。輁狀如長牀，穿程前後，〔二八〕著金而關

軹焉。〔二九〕大夫諸侯以上有四周謂之輴，天子畫之以龍。○軸，大六反。轉轔，音鄰。爲軹，音紙。著金，丁略反，下著之同。之楯，〔三〇〕敕倫反。

【疏】「遷于祖，用軸」　注「遷從」至「以龍」　自此盡「由足，西面」論以柩朝廟之事。云「遷于祖，用軸」者，謂朝廟之時，從殯宫遷移于祖廟朝時，用輁軸載之。案士喪禮將殯云「棺入，主人不哭，升棺用軸」，則遷于祖時，亦升輁軸於階上，〔三一〕載之挽柩而下。若然，未升饌陳之當在堂下，是以下記云「夷牀輁軸，饌于西階東」，注云「明階間者，位近西。夷牀饌于祖廟，輁軸饌于殯宫」，而言「階間」，明在堂下也。云「檀弓曰『殷朝而殯于祖』」者，殷人將殯之時，先朝廟訖，乃殯，至葬時不復朝也。云「周朝而遂葬」者，周人殯于路寢，至葬時乃朝，朝訖而遂葬。引之者，證經將葬朝祖之事。云「蓋象平生將出，必辭尊者」，曲禮云「出必告，反必面」是也。案聘禮大夫將出聘，告于禰，乃行，介無告禰之事，故不得象之。云「軸，輁軸也」者，〔三二〕下記云「夷牀輁軸」是也。云「軸狀如轉轔」者，此以漢法況之，漢時名轉軸爲轉轔。〔三三〕轔，輪也，故士喪禮云「升棺用軸」，注云「軸，輁軸也，輁狀如牀，軸其輪，輓而行」，是以輪爲轔也。云「刻兩頭爲軹」者，以軸頭爲軹，刻軸使兩頭細，穿入輁之兩髀，前後二者皆然。云「輁狀如長牀，穿桯前後，著金而關軸焉」者，此輁既云「長如牀」，則有先後兩畔之木，狀如牀髀，厚大爲之，兩畔爲孔，著金釧於中，前後兩畔皆然，然後關軸於其中。言「桯」者，以其厚大，可以容軸，故名此木爲桯也。云「大夫諸侯以上有四周謂之輴」者，大夫殯葬雖不用輴，士朝廟用輁軸，則大夫朝廟當用輴，諸侯、天子殯葬朝廟皆用輴，但天子畫轅爲龍，謂之龍輴。檀弓諸侯云「輴」，天子云「菆塗龍輴」是也。此輴皆「有四周」爲輴，故名爲輴也。

重先，奠從，燭從，柩從，燭從，主人從。行之序也。主人從者，丈夫由右，婦人由左，以服之親疏爲先後，各從其昭穆，男賓在前，女賓在後。○奠從，才用反，後以意求之。

【疏】「重先」至「人從」　注「行之」至「在後」　此論發殯宮鄉祖廟之次序。柩之前後皆有燭者，以其柩車爲隔，恐闇，故各有燭以炤道。若至廟，燭在前者升炤正柩，在後者在階下炤升柩，故下記云「燭先入者，升堂，東楹之南，西面；後入者，西階東，北面，在下」是也。云「主人從者，丈夫由右，婦人由左，以服之親疏爲先後」者，經直云「主人從」者，以主人爲首者而言，故鄭揔舉男子、婦人并五服而言。知男子由右，婦人由左者，以內則云「道路，男子由右，女子由左」，鄭云「地道尊右」，彼謂吉時，此雖凶禮，亦依之也。云「親疏爲先後，各從其昭穆」者，假令昭親則在先，昭疏則在後，就同昭穆之中，又以年之大小爲先後，男從主人後，女從主婦後。云「男賓在前，女賓在後」者，謂無服者，亦各從五服男子、婦人之後爲序也。

升自西階。柩也猶用子道，不由阼也。

【疏】「升自西階」　注「柩也」至「阼也」　云「猶用子道，不由阼也」者，案曲禮云「爲人子者，升降不由阼階」，今以柩朝祖，故用子道，不由阼也。

奠俟于下，東面，北上。俟正柩也。

【疏】「奠俟」至「北上」　注「俟正柩也」　既升階，當正之於夷牀之上，北首，既正乃設奠，故云「俟正柩也」。

主人從升。婦人升，東面。衆人東即位。〔三四〕東方之位。

【疏】「主人」至「即位」　注「東方之位」　主人、主婦從柩而升，言「婦人升，東面」，不言主人西面，舉主婦東面，主人西面可知，故下文云「主人西面」也。云「衆人東即位」者，唯主人、主婦升，自衆主人以下，從柩至西階下，遂鄉東階

下，即西面位。

正柩于兩楹間，用夷牀。 兩楹間，象鄉户牖也。是時柩北首。○鄉户，許亮反，下鄉外、鄉柩皆同。

【疏】「正柩」至「夷牀」 注「兩楹」至「北首」 云「兩楹間，象鄉户牖也」者，以其户牖之間，賓客之位，亦是人君受臣子朝事之處，父母神之所在，故於兩楹之間，北面鄉之；若言「鄉户牖」，則在兩楹間而近西矣，故下記云「夷牀輁軸，饌于西階東」，饌夷牀俟正柩，而言「西階東」，則正柩于楹間近西可知矣。云「是時柩北首」者，既言朝祖，不可以足鄉之；又自上以來，設奠皆升自阼階，今此下文設尊升降，皆「自西階」，下鄭注云「奠升不由阼階，柩北首，辟其足」，以此而言，此時「柩北首」明矣。

主人柩東，西面。置重如初。 如殯宫時也。

【疏】「主人」至「如初」 注「如殯宫時也」 主人、主婦從柩升，即當西面、東面鄉柩。主婦上文即言「東面」，至此乃言主人「西面」者，以其主婦東面位不改，故從柩升，因言「東面」，男子在「柩東，西面」，既改「西面」位，故待正柩訖，乃言「西面」也。其重依上文序從之時，「重先」，不先置者，以其上待正柩訖乃置之。云「如初」者，亦如上篇「三分庭，一在南」，二在北而置之，故鄭云「如殯宫時也」。

席升，設于柩西。奠設如初，巾之。升降自西階。 席設于柩之西，直柩之西，當西階也。從奠設如初，東面也。不統於柩，神不西面也；不設柩東，東非神位也。巾之者，爲禦當風塵。○巾之，如字，劉居覲反。直柩，音值，下文同。爲禦，于僞反，下爲褻、爲遷、爲其、爲載、爲設、爲苞同。

【疏】「席升」至「西階」 注「席設」至「風塵」 此論設宿奠於柩西。云「席設于柩之西，直柩之西，當西階也」者，知「當

西階」，以其柩當户牖之南，席北鋪之，自然當西階之上。云「從奠設如初，東面也」者，〔三五〕「如初」謂如殯宫朝夕奠設于室中者，從柩而來，此還是彼朝夕奠脯醢醴酒，據神東面，〔三六〕設之於席前也。云「不統於柩，神不西面也」者，謂不近柩設奠，若近柩則統於柩，爲神不西面，故不近東統於柩。知神不西面者，特牲、少牢皆設席于奥，東面，則天子、諸侯亦不西面可知。云「不設柩東，東非神位也」者，此亦據神位在奥不在東而言也。若然，小斂奠設于尸東者，以其始死，未忍異於生。大斂以後奠皆設于室中，亦不統於柩，此奠不設于室者，室中神所在，非奠死者之處故也。云「巾之者，爲禦當風塵」者，案禮記檀弓云「喪不剥奠也與？祭肉也與」？據小斂、大斂之等也，有牲肉故不倮露，故巾之。以此宿奠脯醢醴酒無祭肉，巾之者，以朝夕奠在室不巾，此雖無祭肉，爲在堂風塵，故巾之，異於朝夕在室者也。

主人踊無筭，降，拜賓，即位，踊，襲。主婦及親者由足，西面。設奠時婦人皆室户西，南面，奠畢，乃得東面。〔三七〕親者西面，堂上迫，疏者可以居房中。

【疏】「主人」至「西面」　注「設奠」至「房中」　云「降，拜賓，即位，踊，襲」者，「賓」謂在殯宫看主人開殯朝祖之賓；「襲」者，從殯宫中拜賓，〔三八〕入，即位，袒，至此乃襲。襲者先即位踊，踊訖乃襲絰于序東。云「設奠時婦人皆室户西，南面，奠畢，乃得東面」者，〔三九〕知婦人「户西，南面」者，案下記云「將載柩，祝及執事舉奠，户西，南面，東上」，則知此設之時，婦人辟之，亦「户西，南面」，待設奠訖，乃由柩足向柩東，西面。不即鄉柩東西面者，以主人在柩東。待設奠訖，主人降，拜賓，婦人乃得東也。若然，云「親者西面」，則大功以上，相隨同西面也。〔四〇〕又云「堂上迫，疏者可以居房中」者，以其言「親者西面」，明疏者小功以下不得堂上西面，爲堂上迫狹，自然在房中西面矣。

薦車，直東榮，北輈。薦，進也。進車者，象生時將行陳駕也，今時謂之魂車。輈，轅也。車當東榮，東陳，西上於中庭。○北輈，竹求反。

【疏】「薦車」至「北輈」　注「薦進」至「中庭」　自此盡「還出」，論薦車馬，設遷祖奠之事。「薦車」者，以明日將行，故豫陳車。云「進車者，象生時將行陳駕也」者，案曲禮云「君車將駕，(四一)則僕執策立於馬前。已駕，僕展軨」，是生時將行陳駕，今死者將葬，亦陳車象之也。云「今時謂之魂車」者，鄭舉漢法況之，以其神靈在焉，故謂之魂車也。云「輈，轅也」者，周禮考工記有「輈人爲輈」，輈亦謂之轅，故云「輈，轅也」。云「車當東榮，東陳，西上於中庭」者，此車既非載柩之車，即下記云「薦乘車、道車、稾車」，以次言之，則先陳乘車，次陳道車，次陳稾車；知「東陳，西上」者，下云「陳明器于乘車之西」，明器繼乘車而西，明乘車在上，已東有道車、稾車，故知三者西上也；乘車既當東榮，則三者不當中庭，而云「中庭」者，據南北之中庭，不據東西爲中庭也。何者？以下經云「薦馬，入門」，三分庭一在南，馬右還出，薦馬者當車南，在庭近南，明車近北，當中庭矣。

質明，滅燭。質，正也。

【疏】「質明，滅燭」　自啓殯至此時，在殯宮、在道及祖廟，皆有二燭爲明，以尚早故也。今至正明，(四二)故滅燭也。

徹者升自阼階，降自西階。徹者，辟新奠。不設序西南，已再設爲褻。○辟新，音避，下同。

【疏】「徹者」至「西階」　注「徹者」至「爲褻」　云「新奠」者，謂遷祖之奠，將設新，故徹去從奠以辟新奠也。云「不設序西南，已再設爲褻」者，謂徹從奠不設于序西南，爲再設褻黷，故不設也。其再設者，未啓殯前夕時一設，(四三)至

此朝廟又設，是再設也。

乃奠，如初。升降自西階。爲遷祖奠也。奠升不由阼階，柩北首，辟其足。

【疏】「乃奠」至「西階」　注「爲遷」至「其足」　云「爲遷祖奠也」者，謂遷柩朝祖之奠也。云「如初」者，亦於柩西當階之上，〔四四〕東面，席前，爲之則同，其饌則異，以其上三鼎及東方之饌皆大斂之奠是也。云「奠升不由阼階，柩北首，辟其足」者，以前大斂、小斂及朝夕奠，〔四五〕皆升自阼階，降自西階，今此遷祖奠升不由阼階，故云「辟足」。「辟足」者，以其來往不可由首，又飲食之事不可褻之由足，故升自西階也。若然，徹時所以由足者，奠畢去之，由足無嫌也。

主人要節而踊。節，升降。

【疏】「主人要節而踊」　注「節升降」　云「節，升降」者，奠升時主人踊，降時婦人踊，由重南，主人踊，此不言婦人，文不具也。

薦馬，纓三就，入門，北面，交轡，圉人夾牽之。駕車之馬，每車二匹。纓，今馬鞅也。就，成也。諸侯之臣飾纓以三色而三成，此三色者，蓋條絲也，其著之如罽然，〔四六〕天子之臣如其命數，王之革路條纓。〔四七〕圉人，養馬者。在左右曰夾。既奠乃薦馬者，爲其踐汙廟中也。凡入門，參分庭一，在南。○馬鞅，於丈反。條絲，佗刀反，〔四八〕下同。如罽，九例反。

【疏】「薦馬」至「牽之」　注「駕車」至「在南」　薦馬并薦纓者，纓爲馬設，故與馬同時薦之。案下記云「薦乘車」，又云「纓、轡、貝勒，縣于衡」，又云「道車，載朝服；槀車，載蓑笠」，注云「道車、槀車之纓、轡及勒，亦縣于衡也」。若然，薦車之時，纓縣于衡。此薦馬得有纓者，以薦車時縣于衡，至此薦馬時又取而用之，故兩見之也。云「駕車之馬」

者，即上文「薦車」之馬也。云「每車二匹」者，下經云「公賵兩馬」，〔四九〕注云「兩馬，士制也」，〔五〇〕故知此車有三乘，馬則六匹矣。云「纓，今馬鞅也」者，古者謂之纓，漢時謂之鞅，故舉漢法爲況也。知者，案巾車上公纓九就，侯伯纓七就，子男纓五就，諸侯之臣不得與子男同五就，故知與士同三就，此三色則如聘禮記「三色朱、白、蒼」也。云「此三色者，蓋條三成」者，以此下士薦馬，纓三就，則不依命數，則大夫亦同三色。知者，案巾車上公纓九就，侯伯纓七就，子男纓絲也」者，謂以絲爲條，無正文，故云「蓋」以疑之。云「其著之如罽然」者，鄭注巾車云「玉路之樊及纓皆以五采罽飾之，十二就」；其下「金路九就」、「象路七就」，注皆云「五色罽飾之」，此則三采絲爲條飾之，但著之則同，故云「其著之如罽然也」。云「天子之臣如其命數」者，案典命云「三公八命，其卿六命，大夫四命，出封皆加一等」，命數雖卑於諸侯，以王人雖微，猶序諸侯之上，故得與同依命數。就依命數，其色則無過五采罽。以其金路以下與諸侯，其飾與王同，諸侯之臣既同三色，明天子大夫已上亦五采罽，與諸侯同。但天子之士三命以下，不得依命，少於諸侯之臣，當同色，與諸侯之臣同矣。若然，公之孤四命，以降於天子大夫，宜與三卿同三色也。云「王之革路條纓」者，至革路、木路不用罽，〔五一〕而用條絲爲纓，與此纓三色者同，故引爲證也。云「圉人，養馬者」，案周禮校人職云「乘馬一師四圉」，是圉人以養馬，以其養馬，故使之薦也。云「在左右曰夾」者，以車三乘，馬則六匹，每馬二人，交轡牽之，故云「在左右曰夾」。云「既奠乃薦者，爲其踐汙廟中」者，車馬相將之物，〔五二〕前薦車在奠上，今此薦馬在奠後者，欲其既薦即出，恐踐汙廟中，故後薦之也。云「凡入門，參分庭一，在南」者，大斂陳事在庭，分爲三分，一分在北，則繼堂而言；一分在南，則繼門而言，此既繼門，故云「三分庭一，在南」。又不言門左門右，則當門之北矣。

御者執策，立于馬後，哭，成踊。右還出。主人於是乃哭踊者，薦車之禮，成於薦馬。○執筴，初革反。

【疏】「御者」至「還出」　注「主人」至「薦馬」　云「主人於是乃哭踊者，薦車之禮，成於薦馬」者，以其車得馬而成，故前薦車時主人不哭踊，至薦馬乃哭，是由車成於薦馬故也。　主人哭踊訖，馬則右還而出，右者，亦取便故也。

賓出，主人送于門外。

有司請祖期。亦因在外位請之，當以告賓。每事畢輒出，將行而飲酒曰祖，祖，始也。

【疏】「賓出」至「祖期」　注「亦因」至「始也」　自此盡「屬引」，論祖時飾柩車之事。此賓即上來弔主人啓殯者，朝廟事畢而出，主人送之。云「亦因在外位請之」者，上「既夕哭」訖，因外位「請啓期」，故云「亦」也。此經不言告賓，知告賓者，若不告賓，時至則設，何須請期，〔五三〕故知擬告賓，故云「當以告賓」也。云「每事畢輒出」者，有司請期之禮，每事皆待事畢，因主人出在外位乃請之，〔五四〕故云「每事」也。云「將行而飲酒曰祖，祖，始也」者，案詩有「韓侯出祖，出宿于屠。顯父餞之，清酒百壺」，又云「出宿于泲，飲餞于禰」，皆是將行飲酒曰祖。此死者將行，亦曰祖，爲始行，故曰「祖」也。

曰：「日側。」側，昳也，〔五五〕謂將過中之時。〔五六〕○側昳，大結反。

【疏】「曰日側」　注「側昳」至「之時」　此主人辭，以上文有司請主人祖期。主人荅之曰「日側」者，昊是傍側，亦爲特義。轉爲昊者，取差跌之義，故從昊也。云「過中之時」者，則尚書無逸云「文王至于日中昊」，昊即側也。

主人入，袒。乃載，踊無筭。卒束，襲。袒，爲載變也，乃舉柩卻下而載之。束，束棺於柩車。賓出，遂匠納車于階間，謂此車。

【疏】「主人」至「束襲」 注「袒爲」至「此車」 云「袒，爲載變也」者，將載，主人先袒乃載，故云「爲載變也」。云「乃舉柩卻下而載之」者，卻，猶却也，鄉柩在堂北首，今卻下以足鄉前，下堂載於車，故謂之爲卻也。云「束，束棺於柩車」者，案禮記喪大記云「君蓋用漆，三衽三束」，檀弓曰「棺束縮二横三」，彼是棺束，此經先云「載」，下乃云「卒束」，則束非棺束，是載柩訖，乃以物束棺，使與柩車相持不動也。云「賓出，遂匠納車于階間，謂此車」者，案下記云「既正柩，賓出，遂匠納車于階間」，此經不辨納車時節，故鄭明之。

降奠當前束。下遷祖之奠也。〔五七〕當前束，猶當尸腢也，亦在柩車西，束有前後也。

【疏】「降奠當前束」 注「下遷」至「後也」 卒束乃云「降奠」，則未束以前，其奠使人執之，待束訖，乃降奠之當束也。云「當前束，猶當尸腢也」者，下記云「即牀而奠，當腢」，彼在尸東，此在柩車西當前束〔五八〕亦當腢，故取「當腢」而言也。〔五九〕云「束有前後也」者，以經既言「前束」，則有後束可知，故云「有前後也」。

商祝飾柩，一池，紐前䞓，後緇，齊三采，無貝。飾柩，爲設牆柳也，巾奠乃牆，謂此也，牆有布帷，柳有布荒。池者，象宮室之承霤，以竹爲之，狀如小車笭，衣以青布，一池縣於柳前，士不揄絞。〔六〇〕紐，所以聯帷、荒，前赤後黑，因以爲飾。左右面各有前後，齊居柳之中央，若今小車蓋上蕤矣，以三采繒爲之，上朱，中白，下蒼，著以絮，元士以上有貝。○紐，女九反。䞓，丑貞反。齊三，如字，劉才計反，注同。承霤，力又反。車笭，力丁反。衣以，於既反。縣於，音玄。不揄，音遥，絞，户交反。以聯，音連。上蕤，汝誰反。

【疏】「商祝」至「無貝」 注「飾柩」至「有貝」 此並飾車之事，其柩車即周禮蜃車也，四輪迫地，其轝亦一，〔六一〕狀如長牀，兩畔豎軨子，以帷繞之。上以荒一池，縣於前面荒之爪端，〔六二〕荒上於中央加齊。〔六三〕云「飾柩，爲設牆柳也」者，即加帷荒是也。云「巾奠乃牆」，下記文。鄭引之者，以此經直云「飾柩」，不言設牆時節，故記人辨之，以巾覆

蕤乃牆，謂此飾柩者也。云「牆有布帷，柳有布荒」者，案喪大記云「飾棺，君龍帷，黼荒；大夫畫帷，畫荒；士布帷，布荒」，鄭注云「布帷布荒者，白布也。君大夫加文章焉」，此注「牆柳」別。案喪大記注又云「在旁曰帷，在上曰荒，皆所以衣柳也」，則帷荒揔名爲柳者，案縫人云衣「翣柳之材」，鄭注「必先纏衣其木，乃以張飾也，柳之言聚，諸飾之所聚」。若然，對，〔六四〕則帷爲牆，象宮室有牆壁，荒爲柳，以其荒有黼黻，及齊三采諸色所聚，故得柳名，揔而言之，皆得爲牆，巾蕤乃牆。及檀弓云「周人牆置翣」皆牆中兼有柳，縫人「衣翣柳之材」柳中兼牆矣。鄭注喪大記云「荒，蒙也」，取蒙覆之義。云「池者，象宮室之承霤，〔六五〕以竹爲之」者，生人宮室以木爲承霤，仰之以承霤水，死者無水可承，故用竹而覆之，直取象平生有而已。云「狀如小車笭，衣以青布」者，此鄭依漢禮而言。云「一池縣於柳前」者，案喪大記君三池，大夫二池，士一池。君三池，三面而有；大夫二池，縣於兩相；士一池，縣於柳前面而已。〔六六〕云「士不揄絞」者，〔六七〕案雜記云「大夫不揄絞，屬於池下」。揄者，依爾雅釋鳥云「江、淮而南青質，五采皆備成章曰鷂」。絞者，倉黄之色。則人君於倉黄色繒上，又畫鷂雉之形，縣于池下，大夫則闕之，故云「大夫則不揄絞，屬于池下」。池下揄絞，〔六八〕一名振容，故喪大記云大夫「不振容」，振容者，車行振動以爲容儀。但大夫不振容，池下仍有銅魚縣之；士不但不揄絞，又無銅魚，故喪大記大夫有「魚躍拂池」，士則無，鄭注云「士則去魚」。云「左右面各有前後」者，柩車左右以有帷分兩相，各爲前後，故云「前經，後緇」。云「齊居柳之中央」者，雖無正文，以其言齊，若人之齊，〔六九〕亦居身之中央也。云「若今小車蓋上蕤矣」者，漢時小車蓋上有蕤，在蓋之中央，故舉以爲説。云「以三采繒爲之，上朱中白下倉」者，〔七〇〕案聘禮記云「三采朱、白、倉」，彼據繅藉用三采，先朱、次白、下倉，此爲齊用三采，亦當然，故取以爲義也。云「著以絮」者，既云「齊」，當人所覩見，故知以絮著之使高。知「元士以上有貝」者，案喪大記云「君齊五采，五貝；大夫齊三采，三貝；士齊三采，一貝」，鄭注云「齊象車蓋蕤，縫合雜采爲之，形如瓜分然，綴貝落其上及旁」，是彼士爲天子元士，〔七一〕元士已上皆有貝也。此諸侯之士，故云

「無貝」也。

設披，披，輅柳棺上，〔七二〕貫結於戴，人居旁牽之，以備傾虧。喪大記曰：「士戴，前纁後緇，二披用纁。」今文「披」皆爲「藩」。○設披，彼義反，劉方寄反，下同。爲藩，方元反。

【疏】「設披」注「披輅」至「爲藩」云「披，輅柳棺上，貫結於戴」者，案喪大記注云「戴之言值也，所以連繫棺束與柳材使相值，因而結前後披也」，此注云「披柳棺上，貫結於戴」，以此而言，則戴兩頭皆結于柳材，又以披在棺上輅過，然後貫穿戴之連繫棺束者，乃結于戴，餘披出之於外，使人持之，一畔有二，爲前後披，故下記云「執披者旁四人」，注云「前後左右各二人」是也。人君則三披，各三人持之，備傾虧也。引喪大記者，證披連戴而施之也。云「二披用纁」者，與戴所用異。大夫與人君則戴與披用物同，故喪大記云「君纁戴六，纁披六」；「大夫戴前纁後玄，披亦如之」，是其用物同也。云「今文披皆爲藩」者，言「皆」者，此文「披」及下文「商祝御柩，執披」，并下記「執披者」三字皆爲「藩」，今不從之也。

屬引。屬，猶著也。引，所以引柩車，在軸輴曰紼。古者人引柩，春秋傳曰：「坐引而哭之三。」〔七三〕○屬引，音燭，注同，著也；引音胤，又如字，注引，所以引同，後屬引皆放此。猶著，直略反。曰紼，音弗。

【疏】「屬引」注「屬猶」至「之三」引謂紼繩，〔七四〕屬著於柩車。〔七五〕云「在軸輴曰紼」者，士朝廟時用軸，大夫已上用輴，故并言之。言「紼」見繩體，言「引」見用力，故鄭注周禮亦云「在車曰紼，行道曰引」。云「古者人引柩」者，雜記「乘人，專道而行」，又云諸侯五百，大夫三百，皆是引人也。言「古者人引」，對漢以來不使人引也。引春秋者，案定公九年左氏傳云齊侯伐晉夷儀，敝無存死之，齊侯「與之犀軒而先歸之，坐引者以師哭之，親推之三」，注云坐而飲食之，此鄭畧引之。云「坐引」者，亦謂飲食之而哭之，〔七六〕亦「以師哭之」。「三」者，亦謂公親推之三也。引之者，證古者人引也。

陳明器於乘車之西。明器，藏器也。檀弓曰：「其曰明器，神明之也。」言神明者，異於生器，「竹不成用，瓦不成味，木不成斲，琴瑟張而不平，竽笙備而不和，有鍾磬而無簨虡」。〔七七〕陳器於乘車之西，則重北也。〔七八〕○乘車，繩證反，注及下注乘車同。成味，武葛反，劉音妹。成斲，丁角反。〔七九〕竽音于。笙，音生。筍，息允反。虡，音巨。

【疏】「陳明」至「之西」　注「明器」至「北也」　云「明器，藏器也」者，自筲以下，〔八〇〕皆是藏器，故下云「器西南上，綪」，又云「茵」，注云「茵在抗木上，陳器次而北也」，則自「包筲」以下揔曰「藏器」，以其俱入壙也。引檀弓者，案彼注「成，猶善也。竹不可善用，謂邊無縢。〔八一〕味當作沬，沬，靧也」；又云「琴、瑟張而不平，竽、笙備而不和」，注云「無宮、商之調」；又云「有鍾、磬而無簨虡」，注云「不縣之也。橫曰簨，植曰虡」。云「陳器乘車之西，則重北」者，無正文。上「薦車」云「直東榮」，繼廟屋而言，上注云「中庭」，不得云近北，明車近不在重；今東陳於乘車之西，明「重北」可知。

折，橫覆之。折，猶庪也，方鑿連木爲之，蓋如牀，而縮者三，橫者五，無簀，窆事畢，加之壙上，以承抗席。橫陳之者，爲苞筲以下綪於其北便也。覆之，見善面也。○折橫，之設反，後皆同。猶庪，九委反，劉居綺反，下以庪同。窆事，彼驗反，劉逋鄧反。壙上，苦見反，又音曠。抗席，苦浪反，劉音剛，後皆同。苞筲，色交反。綪於，側耕反。便也，婢面反，後放此。見善，賢遍反。

【疏】「折，橫覆之」　注「折猶」至「面也」　釋曰：云「折，橫覆之」者，鄭云「蓋如牀」，則加於壙上時，南北長，東西短，今經云「橫」，明知其長者東西陳之。言「覆」者，謂善面，〔八二〕則折加於壙時，擬鄉上看之爲面，故善者鄉下；〔八三〕今陳之取鄉下看之，故反覆善面鄉上也。云「折，猶庪也」者，以其窆畢加之於壙上，所以承抗席，若庪藏物然，故云「折，猶庪也」。云「方鑿連木爲之，蓋如牀，而縮者三，橫者五，無簀」者，此無正文，以經云「橫覆之」，明有縱對之，既爲縱橫，即知有長短、廣狹，以承抗席，故爲「如牀」解之；又知「縮者三，橫者五」，亦約茵與抗木，〔八四〕但於

壙口承抗席，宜大於茵與抗木，故知縮三横五也；知「無簣」者，以其縮三横五以當簣處，故無簣也。知「窆事畢，加之壙上，以承抗席」者，下葬時窆事畢，云加「折」卻之，「加抗席」覆之，是折「窆事畢，加之壙上，承抗席」者也。云「横陳之者，爲苞筲以下絳于其北便也」者，鄭解折不縮者，南北順陳而横陳之意，爲折横陳則東西廣，是以苞筲陳之於北便也。

抗木，横三縮二。抗，禦也，所以禦止土者。其横與縮，各足掩壙。◯御也，魚呂反，亦作禦，下同。

【疏】「抗木，横三縮二」 注「抗禦」至「掩壙」 云「所以禦止土者」，以其在抗席之上，故知以禦土也。「其横與縮，各足掩」者，（八五）以其壙口大小雖無文，但明器之等皆由羡道入，諸侯已上又有輴車，亦由羡道入，壙口唯以下棺，則壙口大小容棺而已，今抗木亦足掩壙口也。

加抗席，三。席，所以禦塵。

【疏】「加抗席，三」 注「席所以禦塵」 既陳抗木於折北，又加此抗席三領於抗木之上。知抗木不在折上者，以抗木直言「横三縮二」，不言「加」，明别陳於折北抗木之下。而此云「加」，加於抗木之上可知。「抗席」之下而云「加茵」，明又加於抗席之上。此三者以後陳者先用，故先陳抗木於下，次陳抗席，而後陳茵，先用取後陳於上者，便故也。是以下文及葬時，茵先入壙，窆事訖，加折壙上，則先用抗席，後用抗木，是其次也。若然，折於抗席前用，而不加於抗席之上者，以長大，故别陳於南，用之仍在茵後。其茵用之在明器前入，而陳之於明器上者，以其同葬具，故與抗木同陳於上也。但抗席、茵相重陳者，以其入壙時相當，又皆是縱横重累之物，故重加陳之也。云「席，所以禦塵」者，上云抗木「所以禦土」，此抗席云「禦塵」者，以此二者在壙口以承土、承塵，（八六）但抗木在上，故云「禦

土」，〔八七〕抗席在下，隔抗木，慮有塵鄉下，故云「禦塵」，是以釋之有異也。

加茵，用疏布，緇翦，有幅，亦縮二横三。茵，所以藉棺者。翦，淺也。幅，緣之。亦者，亦抗木也。及其用之，木三在上，茵二在下，象天三合地二，人藏其中焉。今文「翦」作「淺」。○加茵，音因。以藉，才夜反，下當藉同。緣之，以絹反。

【疏】「加茵」至「横三」　注「茵所」至「作淺」　云「加茵」者，謂以茵加於抗席之上，此説陳器之時。云「用疏布」者，謂用大功疏麤之布。云「緇翦」者，緇則七入黑汁爲緇；翦，淺也，謂染爲淺緇之色。言「有幅」者，案下記云「茵著，用茶，實綏澤焉」，此鄭注云「有幅，緣之」者，則用一幅布爲之，縫合兩邊幅爲袋，〔八八〕不去邊幅，用之以盛著也，故云「有幅」也。云「茵，所以藉棺」者，下葬時茵先，〔八九〕屬引乃窆，則茵與棺爲藉，故先入在棺之下也。鄭云「幅，緣之」者，蓋縫合既訖，乃更以物緣此兩邊幅縫合之處，使之牢固不坼壞，〔九〇〕因爲飾也。云「亦者，亦抗木也」者，抗木云「縮二横三」，此亦「縮二横三」故知「亦者，亦抗木也」。云「及其用之，木三在上，茵二在下」者，上抗木先云「横三」，後云「縮二」，此茵先云「縮二」，後云「横三」，並據此陳列之時，鄭據入壙而言，故云「其用之也，木三在上，茵二在下」，各舉一邊而言，其實皆有二三。云「象天三合地二」者，渾天言之，則地之上下、外内，周帀皆有天。若然，云木二則在下，及其用之，則茵三在下，茵二在上，以此而言，木與茵皆有「天三合地二」也。云「人藏其中焉」者，亦謂渾天而言。上下俱有天地，人尸柩藏其中，故説卦云「參天兩地」，又云「立天之道，立地之道，立人之道」，爲「三材」也。〔九一〕

器西南上，綪。器目言之也，陳明器以西行，南端爲上。綪，屈也，不容則屈而反之。○上綪，側耕反。

【疏】「器西南上，綪」　注「器目」至「反之」　云「器目言之也」者，器與下爲目，即下文「苞」以下是也。

茵。茵在抗木上，陳器次而北也。

【疏】「茵」 注「茵在」至「北也」 茵非明器而言之者，陳器從此茵鄉北爲次第，故言之，故鄭云「茵在抗木上，陳器次而北」是也。

苞二。所以裹奠羊、豕之肉。○以裹，音果。

【疏】「苞二」 注「所以」至「之肉」 下文既設遣奠，而云「苞牲，取下體」，故知「苞二」「所以裹奠羊、豕之肉」也。

筲三，黍、稷、麥。筲，畚種類也，其容蓋與簋同一觳也。○畚，音本。種類，章勇反，劉之用反。一觳，音斛，劉又户角反。

【疏】「筲三，黍、稷、麥」 注「筲畚」至「觳也」 案下記云「菅筲三」，則筲以菅草爲之，筲三各盛一種黍、稷、麥也。云「筲，畚種類也」者，舊説云畚器所以盛種，此筲與畚盛種同類，故舉以爲況也。云「其容蓋與簋同一觳也」者，案考工記「旊人爲簋，實一觳」，又云「豆實三而成觳」，案昭三年晏子云「四升曰豆」，豆實三而成觳，則觳受斗二升。此筲與簋同盛黍、稷，知受一觳斗二升，約同之，無正文，故云「蓋」以疑之也。

罋三，醯、醢、屑，冪用疏布。罋，瓦器，其容亦蓋一觳。屑，薑桂之屑也。内則曰：「屑，桂與薑。」冪，覆也。今文「冪」皆作「密」。○甕，〔九二〕烏弄反。冪，亡狄反，本又作鼏。

【疏】「罋三」至「疏布」 注「罋瓦」至「作密」 云「罋，瓦器」者，以罋與甒等字從缶、瓦，故知是瓦器。云「其容亦蓋一觳」者，聘禮記致饔餼云「罋斗二升」，〔九三〕則此罋約同之，故云「蓋」以疑之也。知「屑」是「薑桂」者，以其與内則「屑，桂與薑」同云「屑」，故引内則爲證也。

甒二，醴、酒，冪用功布。甒，亦瓦器也。古文「甒」皆作「廡」。○甒二，罔甫反，注廡音同。

【疏】「甒二」至「功布」　注「甒亦」至「作廡」　謂「二」者，所盛須繼「罋三」而陳之。言「亦瓦器」，亦上「罋三」也。

皆木桁久之。桁，所以庪苞、筲、罋、甒也。久當爲灸，灸，謂以蓋案塞其口。〔九四〕每器異桁。○木桁，户庚反，又户郎反。久之，依注音灸。

【疏】「皆木桁久之」　注「桁所」至「異桁」　云「皆木桁久之」者，則自苞、筲以下，皆塞之置於木桁也。若然，既皆久塞，而罋、甒獨云「冪」者，以其苞筲之等燥物，宜苞塞之而無冪，罋甒濕物，非直久塞其口，又加冪覆之。云「久當爲灸，灸謂以蓋案塞其口」者，此亦如上設「重鬲」，亦與之同，故讀從灸也。云「每器異桁」者，以其言「皆木桁」，故知每器别桁也。

用器，弓、矢、耒耜、兩敦、兩杅、槃、匜。匜實于槃中，南流。此皆常用之器也。杅盛湯漿。槃、匜，盥器也。流，匜口也。今文「杅」爲「桙」。〔九五〕○兩敦，音對，劉又都愛反。兩杅，音于，又作芋，〔九六〕音同。槃匜，音移，劉音徒何反。杅盛，音成。爲桙，音牟，劉音杅。

【疏】「用器」至「南流」　注「此皆」至「爲桙」　謂常用之器，弓、矢，兵器；耒耜，農器；敦、杅，食器；槃、匜，洗浴之器，皆象生時而藏之也。

無祭器，士禮畧也，大夫以上兼用鬼器、人器也。

【疏】「無祭器」　注「士禮」至「器也」　知「大夫以上兼用鬼器、人器也」者，案檀弓云「宋襄公葬其夫人，醯醢百罋。曾子曰：『既曰明器矣，而又實之』」，注云「言名之爲明器，而與祭器皆實之，是亂鬼器與人器」。以此而言，則明器

鬼器也，祭器人器也。士禮略，無祭器，空有明器而實之；大夫以上尊者備，故兩有，若兩有，則實祭器，不實明器。宋襄公既兩有而并實之，故曾子非之。

有燕樂器可也。與賓客燕飲用樂之器也。

【疏】「有燕樂器可也」　注「與賓」至「器也」　言「可」者，許其得用，故云「可」也。云「與賓客燕飲用樂之器也」者，則升歌有琴瑟，庭中有特縣縣磬也。

役器，甲、冑、干、笮。此皆師役之器。甲，鎧。冑，兜鍪。干，楯。笮，矢箙。○干笮，〔九七〕側白反，矢箙也。甲鎧，苦代反。兜，丁侯反。鍪，音牟。干楯，常允反，又音允。矢箙，音服，本亦作服。

【疏】「役器，甲、冑、干、笮」　注「此皆」至「矢箙」　此役器中有干、笮，無弓、矢，示不用，故不具。上用器是常用之器，故具陳之也。云「甲，鎧。冑，兜鍪」者，古者用皮故名甲、冑，後代用金，故名鎧、兜鍪，隨世爲名故也。但上下役用之器，皆麤沽爲之，故下記云「弓、矢之新，沽功」，注云「設之宜新，沽示不用」，弓、矢云「沽」，餘雖不言，皆沽可知也。但此笮是送死之具，下記云「薦乘車，鹿淺幦，干、笮、革靾」者，是魂車所載象生者，與此別也。

燕器，杖、笠、翣。燕居安體之器也。笠，竹䇘蓋也。〔九八〕翣，扇。○杖笠，音立。翣，〔九九〕所甲反，扇也。

【疏】「燕器，杖、笠、翣」　注「燕居」至「翣扇」　云「燕居安體之器也」者，以杖者所以扶身，笠者所以禦暑，翣者所以招涼，而在燕居用之，故云「燕居安體之器也」。云「笠，竹䇘蓋也」者，䇘，竹青之皮，以竹青皮爲之。

徹奠，巾、席俟于西方，主人要節而踊。巾、席俟於西方，祖奠將用焉。要節者，來象升，丈夫踊；去象降，婦人踊。徹者，由明器北西面，

既徹由重南東。不設於序西南者，非宿奠也。宿奠必設者，爲神馮依之久也。○爲神，于爲反，爲將、爲還、爲柩、爲其、爲哭、爲行皆同。馮依，音憑，後放此。

【疏】「徹奠」至「而踊」　注「巾席」至「久也」　自此盡「入復位」，論還車爲祖奠之事。此徹遷祖奠者，爲將還遷車，更設祖奠。云「巾、席俟於西方，祖奠將用焉」者，以下經云「祖，還車」，還車訖，布席設祖奠，則布此巾、席也，故巾、席俟祖奠在西方也。云「節者，來象升，丈夫踊；去象降，婦人踊」者，案上篇徹小斂、大斂奠時，皆升自阼階，丈夫踊，降自西階，婦人踊，今奠在庭，無升降之事，直有來往，〔一〇〇〕經云「要節而踊」，明「來象升，丈夫踊；去象降，婦人踊」。但此經直云「主人要節」，知有婦人亦踊者，以下經徹祖奠時云「徹者入，丈夫踊；設于西北，婦人踊」，注云「猶阼階升時也」。徹設於柩車西北，亦猶序西南」，是男子、婦人並有踊文，則知此「要節踊」内亦兼婦人也。云「徹者，由明器北西面，既徹，由重南東」者，〔一〇一〕凡奠於堂室者，皆升自阼階，降自西階；奠於庭者，亦由重北東方來，陳由重北而西，徹訖〔一〇二〕由重南而東，象升自阼階，降自西階也。但設奠於柩車西而東面，則徹者由奠東而西面徹之也。云「不設于序西南者，非宿奠也」者，以其大斂、小斂奠及夕奠，乃皆經宿，故皆設之于序西南，爲神馮依，此遷祖奠旦始設之，今日側徹之，未經宿即徹，故不設于序西南也。

祖。〔一〇三〕爲將祖變。〔一〇四〕

【疏】「祖」　注「爲將祖變」　下經「商祝御柩，乃祖」，是將祖，故此主人祖，祖即變也。

商祝御柩，亦執功布居前，爲還柩車爲節。

【疏】「商祝御柩」　注「亦執」至「爲節」　云「商祝御柩」者，謂居柩車之前却行，詔傾虧，使執披人知其節度。云「亦執

功布」者，下經「商祝執功布以御柩，執披」，故此亦如之，故執布。〔一〇五〕

乃祖。還柩鄉外，爲行始。

【疏】「乃祖」注「還柩」至「行始」。商祝既執功布爲御，乃還柩車，使轅鄉外也。祖者，始也，爲行始去載處而已也。

踊，襲，少南，當前束。主人也。柩還則當前束南。

【疏】「踊襲」至「前束」注「主人」至「東南」。前「袒」爲「祖變」，今既祖訖，故踊而襲。云「主人也」者，前袒是主人，則此襲亦主人也。經云「少南」，鄭云「則當前束南」者，以其車未還之時，當前束近北，今還車，亦當前束少南。

婦人降，即位于階間。爲柩將去有時也。位東上。

【疏】「婦人」至「階間」注「爲柩」至「東上」。「婦人降」者，以柩還鄉外，階間空，故婦人從堂上降在階間。云「爲柩將去有時」者，去有時，即明旦遣而行之，〔一〇六〕是時也，今此爲行始也。云「位東上」者，以堂上時婦人在阼階，西面，統於堂，下男子；今柩車南還，〔一〇七〕男子亦在車東，故婦人降亦東上，統于男子也。婦人不鄉車西者，以車西有祖奠，故辟之在車後。

祖，還車，不還器。祖有行漸，車亦宜鄉外也。器之陳自已南上。

【疏】「祖還車不還器」注「祖有」至「南上」。「祖，還車」者，爲載時鄉北，今爲行始，故須還鄉南，故鄭云「祖有行漸，車亦宜鄉外也」。「不還器」者，鄭云「器之陳自已南上」，南上者，即上文「茵」下注云「茵在抗木上，陳器次而北」

是也。

祝取銘置于茵。重不藏，故於此移銘，加於茵上。

【疏】「祝取銘置于茵」　注「重不」至「茵上」　初死，爲銘置于重。啓殯，祝取銘置于重。祖廟，又置于重。今將行「置于茵」者，重不藏，擬埋于廟門左，茵是入壙之物，銘亦入壙之物，故置于茵也。是以鄭云「重不藏，故於此移銘，加於茵上」也。士無斂旜，唯有乘車所建攝盛之旜，并此銘旜而已。大夫以上有斂旜，通此二旜，則皆備三旜也。

二人還重，左還。重與車馬還相反，由便也。

【疏】「二人還重，左還」　注「重與」至「便也」　云「重與車馬還相反，由便也」者，以車馬至中庭之東，以右還鄉門爲便，重在門内，面鄉北，人在其南，以左還鄉門爲便，是以二者雖相反，各由其便。

布席，乃奠如初。主人要節而踊。車已祖，可以爲之奠也，是之謂祖奠。

【疏】「布席」至「而踊」　注「車已」至「祖奠」　云「主人要節而踊」者，祖奠既與遷祖奠同車西，又皆從車而來，〔一〇八〕則此要節而踊，一與遷祖奠同。云「車已祖，可以爲之奠也」者，奠本爲柩設，其柩未安，不得設奠，今車已還，〔一〇九〕名之爲祖，尸柩已定，可以爲奠也。云「是之謂祖奠」者，下記云「祝饌祖奠于主人之南」，是謂彼祖奠。〔一一〇〕

薦馬如初。柩動車還，宜新之也。

【疏】「薦馬如初」　注「柩動」至「之也」　上已薦馬，今又「薦馬」者，以柩車動而鄉南，爲行始，宜新之，故「薦馬，如

初」也。

賓出，主人送。有司請葬期。亦因在外位時。

【疏】「賓出」至「葬期」　注「亦因在外位時」　云「亦因在外位時」者，亦上啓期、祖期事畢在外位，故此亦因事畢出在外位時請葬期也。

入復位。主人也。自死至於殯，自啓至於葬，主人及兄弟恒在内位。

【疏】「入復位」　注「主人」至「内位」　云「主人」者，〔一二〕以其送賓據主人，入，〔一三〕今送賓訖「入復位」，明「主人也」。云「自死至於殯，自啓至於葬，主人及兄弟常在内位」者，自死至於殯在内位，在殯宫中；自啓至於葬在内位，據在祖廟中，處雖不同，「在内」不異，故揔言之。云「在内位」者，始死未小斂已前位在户東，小斂後位在阼階下。若自啓之後在廟位，亦在阼階下也。

校勘記

〔一〕既夕禮第十三　阮校云唐石經、徐本、釋文、楊、敖俱有「禮」字，集釋、毛本無。案「既夕」摘取篇首二字爲題，與「有司徹」同例，似不必有「禮」字。舊本俱有，惟單疏標題獨無，明刻注疏因之。

〔二〕若上士二廟　「廟」徐乾學本作「廟」。

〔三〕大戴第十五　阮校云毛本作「大戴第五刪」。案大戴第十五乃公食大夫，此當作「第五」也，「刪」字似後人校

語誤入正文。卷一疏大戴既夕爲第五。

〔四〕乃記葬時而揔記之　阮校云通解、要義同，毛本下「記」字作「計」。

〔五〕即遷于祖　阮校云陳本、通解、要義同，毛本「即」作「既」。

〔六〕復外位請者　阮校云通解、要義同，毛本「請」作「時」。

〔七〕舊七井反　宋本「七」誤作「士」，此據徐乾學本改。

〔八〕明旦須啓殯　阮校云陳、閩、監本、要義同，毛本「旦」作「日」。

〔九〕夷牀饌于階間　阮校云唐石經、徐本、通典、要義、楊、敖同，釋文、集釋、通解、毛本「夷」俱作「侇」。按今本經文及注疏夷，侇錯出。

〔一〇〕朝正柩　阮校云釋文無「正」字，通典有，與疏合。

〔一一〕侇牀音夷本亦作夷　黄焯彙校馮登府云：考疏述經、注四言，皆作「夷」，唐石經、宋本鄭注亦作「夷」，「夷」，或本也。

〔一二〕燭用烝　黄刊嚴州本、徐本同，毛本「烝」作「蒸」。黄氏校録云李本「蒸」，張氏改「蒸」爲「烝」，從陸氏也。阮按：説文「蒸」或省作「烝」。

〔一三〕用烝　「烝」徐乾學本作「蒸」。

〔一四〕周禮甸師氏云　阮校云要義無「氏」字。按要義是也。

〔一五〕又案少儀云　「又案」二字單疏重，阮本不重。今按不重是，據删。

〔一六〕主人著免　阮校云通解、要義同，毛本無「著」字。

〔一七〕此不象如初者　徐本同。黄氏校録云張本改「象」爲「蒙」，據疏也，李本「蒙」，案「蒙」是也。阮校云通解、

楊、敖俱作「蒙」。

〔一八〕囂也　徐乾學本無「也」字，單疏本標起訖亦無「也」字。

〔一九〕爲有所拂抈也　阮校云徐本、聶氏、集釋、敖氏同，毛本、通解「抈」作「仿」，通典作「柎」。楊氏「拂抈」作「彷彿」，義或與此異。

〔二〇〕爲有所拂抈也者　阮校云聶氏、要義同，毛本、通解「抈」作「仿」，下同。

〔二一〕不云舊説　阮校云毛本、通解無此句。

〔二二〕則一燭於室中炤徹　阮校云通解、要義同，毛本「於」作「入」。

〔二三〕燭既入室　阮校云要義同，毛本、通解「室」下有「時」字。

〔二四〕重先奠從者　阮校云「奠從」下要義有「燭從」二字。按有則與下文合，要義是也。

〔二五〕幠覆之　阮校云毛本無「幠」字。今按盧宣旬摘録誤「幠」爲「撫」。

〔二六〕雖不言用夷衾　阮校云陳、閩俱無「雖」字。

〔二七〕蓋象平生將出必辭尊者　阮校云毛本、集釋「生」下有「時」字，徐本、楊氏俱無，與疏合。

〔二八〕穿程前後　阮校云徐、葛、通典、通解、楊氏同，毛本、集釋、聶氏「程」俱作「桯」。按疏内單疏、識誤所引俱與毛本同。

〔二九〕著金而關軹焉　阮校云「關」通典作「閟」。「軹」徐本、集釋同，毛本、通典、聶氏、通解、楊氏俱作「軸」，張氏從監本及疏作「軸」。案敖氏於士喪禮載此注亦作「軹」。黄氏校録引段玉裁云軹、軸皆通著金，關軸與車牽同制。今按徐本作「軸」不作「軹」，阮校云徐本作「軹」乃誤校。

〔三〇〕之楯　「楯」徐乾學本作「輴」。

〔三一〕亦升輁軸　阮校云「亦」陳、閩俱作「以」。

〔三二〕云軸輁軸也者　阮校云下「軸」字陳本無，閩本擠入。

〔三三〕漢時名轉軸爲轉轔　阮校云毛本「時」作「法」。案玉海引作「漢時」不誤。

〔三四〕衆人東即位　徐本同，唐石經「人」上有「主」字。阮校敖氏云：「東即位者，乃衆主人也，脱一『主』字，以記考之可見。」顧炎武云當依石經。盧文弨云：「疏叠注亦無『主』字，下云『自衆主人以下』，云『以下』，則不專指主人。」

〔三五〕從奠設如初　阮校云此句下「如初」二字單疏、要義俱有，毛本、通解無。

〔三六〕據神東面　阮校云通解、要義同，「神」毛本作「室中」，楊氏作「神位」，陳本無「室」字，閩本「室」字擠入。

〔三七〕乃得東面　阮校云「面」閩、葛、通解俱作「也」。案疏云「乃由柩足鄉柩東」，正釋注「東」字之義；又云「主人降，拜賓，婦人乃得東也」，據此則注「面」字當依通解。

〔三八〕襲者從殯宫中拜賓　阮校云要義同，毛本「者」下有「主人」二字，「中」下有「降」字，通解有「主人」二字，無「降」字。

〔三九〕乃得東面者　阮校云「面」通解作「也」。

〔四〇〕同西面也　阮校云毛本、通解「同」作「向」。

〔四一〕君車將駕　阮校云要義同，通解、毛本「君」作「若」。今按作「若」與曲禮不合；又盧宣旬摘録阮校，誤「若」爲「君」。

〔四二〕今至正明　阮校云陳、閩、通解同，毛本「今」作「令」。今按作「令」誤。

〔四三〕未啓殯　阮校云要義同，毛本無「未」字。

〔四四〕亦於柩西　阮校云陳、閩、通解、要義同，毛本「於」作「爲」。

〔四五〕及朝夕奠　阮校云通解、要義同，毛本無「夕」字。

〔四六〕其著之如翣然　阮校云「著」通典作「飾」。

〔四七〕王之革路絛纓　阮校云「絛纓」毛本作「絲絛」，與疏不合。

〔四八〕佗刀反　「佗」徐乾學本作「他」。

〔四九〕公賵兩馬　「賵」張敦仁本誤作「贈」，阮本承其誤，此據單疏改。

〔五〇〕注云兩馬士制也　阮校云通解、要義同，毛本無「注云兩馬」四字，非也。

〔五一〕至革路木路不用翣　阮校云「至」毛本、通解、楊氏俱作「王」。

〔五二〕車馬相將之物　阮校云通解同，毛本「相將」作「將祖」。

〔五三〕何須請期　阮校云要義同，毛本「期」作「啓」。

〔五四〕皆因出在外請之　阮校云毛本、通解「外」下有「位」字。

〔五五〕側昳也　阮校引段玉裁云：「當作『側，讀爲昃，昃，跌也』，漢人用『跌』不用『昳』。」今按「昳」爲説文新附字。

〔五六〕謂將過中之時　阮校云敖氏無「將」字，似與疏合。

〔五七〕下遷祖之奠也　阮校云「祖」通典作「柩」。

〔五八〕此在柩車西當前束　阮校云毛本、通解「前」作「束」。

〔五九〕故取當腢而言也　阮校云毛本無「當腢」二字。

〔六〇〕士不揄絞　徐本同，黄刊嚴州本「揄」作「愉」。黄氏校録云單疏述注及賈釋作「褕」，是，其餘皆非。

〔六一〕其轝亦一　阮校云要義同，毛本無「一」字。

〔六二〕荒之爪端　阮校云要義同，毛本「爪」作「瓜」。

〔六三〕荒上於中央加齊　阮校云要義、楊氏同，毛本無「於」字，陳本有「於」無「中」。

〔六四〕若然對　阮校云要義同，毛本、通解「對」下有「而言之」三字。

〔六五〕象宫室之承霤　阮校云陳本、通解、要義同，毛本「象」作「兼」。今按依注作「象」是。

〔六六〕縣於柳前面而已　阮校云陳、閩俱無「前」字。

〔六七〕士不褕絞者　阮校云要義同，下並同，毛本、通解「褕」作「揄」。按「褕」正字，「揄」通假字。

〔六八〕大夫則不褕絞屬于池下池下褕絞　阮校云毛本「池下」二字不重出，單疏、要義俱重出，是也。

〔六九〕若人之齊　阮校云「齊」楊氏作「臍」。今按「齊」、「臍」古今字。

〔七〇〕上朱中白下倉　阮校云要義同，毛本「倉」作「蒼」。案各本注俱作「蒼」。今按倉、蒼古今字。

〔七一〕是彼士爲天子元士　阮校云「是」要義作「見」。

〔七二〕披輅柳棺上　阮校云「輅」通典、集釋俱作「絡」。黄氏校録云「輅」是「絡」非。阮云輅、絡古字通。

〔七三〕坐引而哭之三　阮校云「引」下通典有「者」字。案「者」字似不可省，疏亦似有「者」字。

〔七四〕引謂紼繩　阮校云「引」上毛本有「云引所以引柩車者」八字，單疏、通解、要義俱無。

〔七五〕屬著於柩車　阮校云陳、閩俱無「著」字。

〔七六〕亦謂飲食之而哭之　阮校云通解「食」下無「之」字，要義無「而」字，此句下毛本無「亦以師哭之」五字，通解、要義有。

〔七七〕無筍虡　阮校云「筍」集釋作「簨」字，「虡」毛本作「簴」，與疏不合，説文「虡」字亦不從竹。

〔七八〕則重北也　毛本「重」下有「之」字。今按阮本正文無「之」字，而校勘記標目從毛本有，前後不符。

〔七九〕成斲丁角反　「丁」徐乾學本作「陟」。又「角」宋本誤作「魚」，此據徐本改。

〔八〇〕自筲以下　阮校云「自」下要義有「包」字。

〔八一〕謂籩無縢　單疏、毛本「籩」作「邊」。阮校云金曰追改「邊」作「籩」。今按阮氏漏校單疏。

〔八二〕言覆者謂善面　阮校云毛本、通解「者謂」作「之見」。

〔八三〕故善者鄉下　阮校云「下」陳、閩俱作「人」。

〔八四〕亦約茵與抗木　阮校云陳、閩、通解同，毛本「與」作「爲」。

〔八五〕其横與縮各足掩者　阮校云要義同，毛本、通解「掩」下有「壙」字。

〔八六〕以承土承塵　阮校云毛本作「以上承塵」。

〔八七〕但抗木在上故云禦土　「土」阮本承張敦仁本之誤作「塵」，此據單疏改。

〔八八〕爲帒　毛本「帒」作「袋」。今按，帒、袋一字之異。

〔八九〕下葬時茵先　阮校云要義同，毛本、通解「先」下有「入」字。

〔九〇〕不坼壞　阮校云「坼」閩本作「拆」，毛本、通解作「折」。

〔九一〕爲三材也　阮校云「材」毛本作「才」。今按説卦作「才」。

〔九二〕甕　唐石經作「罋」，阮校云聶氏作「甕」。今按罋、甕同用。

〔九三〕罋斗二升　阮校云「斗」毛本作「十」。

〔九四〕謂以蓋案塞其口　阮校云通解無「案」字。按疏有「案」字。

〔九五〕今文杅爲桙　阮校云「爲」要義作「作」。

〔九六〕兩杅音兩于又作芋　徐乾學本無下「兩」字，「于」下有「本」字。

〔九七〕干笮　「干」宋本誤作「下」，此據徐乾學本改。

〔九八〕笠竹箬蓋也　阮校引錢大昕云：釋文「箬」字無音，賈疏釋「箬」爲「竹青皮」，則「箬」當爲「篛」字之譌。陸所見本亦必作「篛」，「篛」字禮記屢見，故不更加音爾。説文無「箬」字，五經文字亦不收，惟集韻始收之，蓋此注之譌始自北宋矣。按箬與篛形聲俱不相近，不知何以致誤。

〔九九〕翣　徐乾學本作「翣」，盧文弨本與宋本同。張氏識誤云翣乃扇，與翣不同。阮校則云翣本象扇，無庸改從「翣」也。

〔一〇〇〕直有來往　阮校云「來往」毛本作「往來」，單疏、通解、要義俱倒。

〔一〇一〕由重南東　阮校云「南東」毛本作「東南」，單疏、通解、要義俱倒。汪文臺識語案下云「徹訖由重南而東」，則毛本誤倒，單疏等不誤。今按注亦作「南東」，汪説是。

〔一〇二〕由重北而西徹訖　阮校云要義重「徹」字。

〔一〇三〕祖　徐本同，黄刊嚴州本作「祖」。黄氏校録云：此「祖」譌爲「祖」，形涉而誤。今按阮氏漏校。

〔一〇四〕爲將祖變　「祖」原作「祖」，阮本同，黄刊嚴州本作「祖」。阮校云集釋、要義、楊、敖、毛本俱作「祖」；張氏曰：疏作「祖」，從疏。黄氏校録云張氏出「祖」字於上而本文作「祖」，是張所見嚴本誤「祖」，而此不誤。

〔一〇五〕故執布　阮校云毛本、通解作「而執功布」。

〔一〇六〕即明旦遣而行之　阮校云通解、要義同，毛本「而」作「奠」。

〔一〇七〕今柩車南還　阮校云要義同，毛本、通解「還」作「還」。

〔一〇八〕又皆從車而來　阮校云陳本、通解、要義同，毛本「又」作「人」。

〔一〇九〕今車已還　阮校云通解同，毛本「已」作「既」。

〔二一〇〕是謂彼祖奠　阮校云陳本、要義同，毛本「彼」作「之」。

〔二一一〕云主人者　阮校云陳本同，毛本「人」下有「也」字。

〔二一二〕以其送賓據主人入　阮校云陳本、要義同，毛本無「入」字。按無「入」字者是，以疏但釋注「主人」也；況疏义方明送賓出在外，亦不當遽用「入」字。

儀禮注疏卷第三十九

唐朝散大夫行大學博士弘文館學士臣賈公彥等撰

公賵玄纁束，馬兩。公，國君也。賵，所以助主人送葬也。兩馬，士制也。春秋傳曰宋景曹卒，魯季康子使冉求賵之以馬，曰：「其可以稱旌繁乎？」○公賵，芳鳳反，車馬曰賵。旌繁，步干反。

【疏】「公賵」至「馬兩」。注「公國」至「繁乎」。自此盡「入復位，杖」，論國君賵法之事。云「公，國君也」者，公及大夫皆有臣，臣皆尊其君，呼之曰公，故左氏傳伯有之臣曰「吾公在壑谷」，今此云「公」，則國君，非大夫君也，以下云「主人釋杖，迎于廟門外」，與喪大記如此迎送者，皆據國君也。云「賵，所以助主人送葬也」者，案兩小傳皆云「車馬曰賵」，施于生及送死者，故云「助主人送葬」者也，是以下注云〔一〕「賵奠於死生兩施」是也。云「兩馬，士制也」者，謂士在家常乘之法，若出使及征伐，則乘駟馬。其大夫以上，則常乘駟馬。故鄭駮異義云「天子駕駟」，尚書康王之誥康王始即位，云諸侯「皆布乘黃朱」。詩云「駟騵彭彭，武王所乘」，魯頌云「六轡耳耳，僖公所乘」，小雅云「駟牡騑騑，大夫所乘」，是大夫以上駕駟之文也。引春秋者，左氏傳哀公二十三年：「春，宋景曹卒。」注云：「景曹，宋元公夫人，小邾女，季桓子外祖母。」又云：「季康子使冉有弔，且送葬。曰：『敝邑有社稷之事，使肥與有職競焉。是以不得助執紼，使求從輿人』。」注云：「輿，衆也。」又云：「曰：『以肥之得備彌甥也』」注云：「彌，遠也。康子父之舅氏，故稱彌甥。」又云：「有不腆先人之產馬，使求薦諸夫人之宰，其可以稱旌繁乎！」注云：「稱，舉也。繁，馬飾繁纓也。」引之者，證公有賵馬助人之事。

擯者出請，入告。主人釋杖，迎于廟門外，不哭，先入門右，北面，及衆

主人袒。尊君命也。衆主人自若西面。

【疏】「擯者」至「人袒」　注「尊君」至「西面」　云「尊君命也」者，謂「釋杖，迎」入，是尊君命也。故下文賓賵，擯者「出告須」，注云「不迎」，則此經皆是尊君命，故鄭無所指，屬君命；故鄭解經「不哭」，又前文「袒襲」，皆據主人，此則衆主人亦袒，亦是尊君命。云「衆主人自若西面」者，〔二〕以其主人一人迎賓入門，門東而右，其餘衆主人不迎賓，明自若常位，柩東西面可知也。

馬入設。設於庭，在重南。

【疏】「馬入設」　注「設於庭在重南」　以馬是庭實，故云「設于庭」。知「在重南」者，以庭實法，皆參分庭一，〔三〕在南設之；又重北陳明器，不得設馬，故知「在重南」也。

賓奉幣，由馬西當前輅，北面致命。賓，使者。幣，玄纁也。輅，轅縛，所以屬引。由馬西，則亦當前輅之西，於是北面致命，得鄉柩與奠。柩車在階間少前，參分庭之北。〔四〕輅有前後。○前輅，音路。使者，所吏反，下公使同。

【疏】「賓奉」至「致命」　注「賓使」至「前後」　云「賓，使者」，案此使者即士也。知者，士喪禮「君使人弔」，注「使人，士也」，禮使人各以其爵，故知是士也。云「輅，轅縛，所以屬引」者，謂以木縛於柩車轅上，以屬引於上而挽之，故名「轅縛」也。云「由馬西，則亦當前輅之西」者，以經直云「當前輅」，不言輅之東西及前後，鄭以義言之，以其馬在重南，當門，柩車在階間少南，〔五〕亦當門，賓由馬西北行，當前輅致命，明在輅西可知。云「於是北面致命，得鄉柩與奠」者，以賓當輅西，經云「北面致命」，明當奠柩之南，北面，是得鄉柩與奠也。云「柩車在階間少前，參分庭之北」

者，案下記云「遂匠納車于階間」，是柩車在階間也；云〔六〕「婦人降，即位于階間」，明柩車少南，是少前也；云「參分庭之北」者，以其中庭陳明器，不得在中庭，故知在參分庭之北，謂參分庭在北分之北，此解賓致命之處。云「輅有前後」者，以經云「前輅」，明有後以對前，故知「輅有前後」也。〔七〕

主人哭，拜稽顙，成踊。賓奠幣于棧左服，出。棧，謂柩車也，凡士車制無漆飾。左服，象授人授其右也。服，車箱。今文「棧」作「輚」。

○奠弊，如字，劉音定。于棧，士權反，劉才產反，注輚同。

【疏】「主人」至「服出」　注「棧謂」至「作輚」　「主人哭，拜」者，仍於門右，北面，以賓致命訖，遂哭拜也。云「成踊」者，三者三，凡九踊。云「棧，謂柩車也，凡士車制無漆飾」者，此棧車即柩車，以其賓由輅西而致命。云「奠幣於棧」者，明此棧車柩車，即蜃車，四輪迫地，無漆飾，故言棧也。云「左服，象授人授其右也」者，按聘禮宰授使者圭時，云「同面」，使者在左，宰在右，而授其右也，此車南鄉，以東爲左，尸在車上，以東爲右，故授左服，容授尸之右也。〔八〕

宰由主人之北舉幣以東。柩東，主人位，以東藏之。

【疏】「宰由」至「以東」　注「柩東」至「藏之」　云「柩東，主人位」者，解經「由主人之北」，以幣在車東，主人在車東，故宰由主人位北而鄉左服上取幣，以東藏之於內也。但此時主人仍在門東，北面，此位雖無主人，既有定位，故宰由位北而取幣，不得履主人之位，故「由主人之北」也。

士受馬以出。此士謂胥徒之長也，有勇力者受馬。〔九〕聘禮曰：「皮馬相間可也。」○胥徒，如字，劉思敘反。之長，丁丈反，下注之長同。相間，間廁之間。

【疏】「士受馬以出」　注「此士」至「可也」　云「此士謂胥徒之長也，有勇力者受馬」，不得爲屬士，以其受幣者宜尊，受馬者宜卑，故知「受馬」是「胥徒之長」；以其「受馬」，故知「有勇力者」也。若然，婚禮記云「士受皮」，注云「士謂中士、下士」，不爲胥徒者，彼主人親受幣，明受皮非胥徒，是正士也。引聘禮者，欲見此用皮亦可也。

主人送于外門外，拜，襲，入復位，杖。

【疏】「主人」至「位杖」　主人既送賓，還入廟門，車東「復位，杖」也。

賓賵者將命。賓，卿、大夫、士也。

【疏】「賓賵者將命」　注「賓卿大夫士也」　自此盡「知生者賻」，論賓及兄弟賻奠之事。云「賓，卿、大夫、士也」者，以其上云君，下有兄弟，則此賓是國中三卿、五大夫、二十七士可知。言「將命」者，身不來，遣使者將命告主人。

擯者出請，入告，〔一〇〕出告須。不迎。告曰：「孤某須。」

【疏】注「不迎」至「某須」　案雜記諸侯使卿弔鄰國諸侯，主人使擯者告賓，云「孤某須矣」，故引之爲義。

馬入設。賓奉幣。擯者先入，賓從，致命如初。〔一一〕初，公使者。主人拜于位，不踊。柩車東位也。既啓之後，與在室同。

【疏】注「柩車」至「室同」　云「既啓之後，與在室同」者，案上篇始死時，云「庶兄弟襚，使人以將命于室，主人拜于位」，

此主人亦「拜于位」，俱是不爲賓出，故云「與在室同」。至于有君命，亦出迎也。

賓奠幣如初。舉幣、受馬如初。擯者出請。賓出在外請之，爲其復有事。○復有，扶又反。下同。

【疏】注「賓出」至「有事」 云「賓出在外請之，爲其復有事」者，以其賓既行賵訖，出更請之，爲其復有事。若無事，賓報事畢送去也。

若奠，賓致可以奠也。

【疏】「若奠」 注「賓致可以奠也」 謂賓不辭，此釋所致之物，或可堪爲元缺一字奠於祭祀者也。〔一二〕

入告，出，以賓入。將命如初。士受羊，如受馬。又請。士，亦謂胥徒之長。又，復也。

【疏】注「士亦」至「復也」 以其受羊與馬，同是畜類，故知亦胥徒之類。但受羊不須勇力，故鄭不言也。

若賻，賻之言補也，助也，貨財曰賻。○若賻，音附，貨財曰賻。

【疏】「若賻」 注「賻之」至「曰賻」 云「貨財曰賻」者，公羊傳文也。

入告。主人出門左，西面。賓東面將命。主人出者，賻主施於主人。

【疏】注「主人」至「主人」 鄭知「施於主人」者，以下經云「知生者賻」，是施於主人也。案春秋文五年，春，「王使榮叔歸含且賵」，〔一三〕傳譏一人兼二事，此賓所以兼事者，彼譏一人獨行，不與介各行，故譏。若雜記云「上客」弔，即其介

各行含襚賵，則不譏，則卿、大夫、士禮，一人行數事可也。

主人拜。賓坐委之。宰由主人之北，東面舉之，反位。坐委之，明主人哀戚，志不在受人物。反位，反主人之後位。

【疏】注「坐委」至「後位」　鄭知「反位，反主人之後位」者，以主人在門東西面，而云「宰由主人之北」，鄉賓奠幣之處舉幣，明宰位在主人之後，故得「由主人之北」西行，是以宰位在「主人之後」也。

若無器，則捂受之。謂對相授，〔一四〕不委地。○則捂，〔一五〕五故反。

【疏】「若無」至「受之」　注「謂對」至「委地」　以堂上授，有並受法。以其在門外，若有器盛之，則坐委於地；若無器，則對面相授受，故云「捂受之」。捂即遻也，〔一六〕對面相逢受也。

又請，賓告事畢，〔一七〕拜送，入。贈者將命。贈，送。擯者出請，納賓如初。如其「入告，出告須」。

【疏】注「如其」至「告須」　謂如上賓賵時「擯者出請，入告，出告須」也。

賓奠幣如初。亦於棧左服。若就器，則坐奠于陳。就，猶善也。贈無常，唯玩好所有。陳明器之陳。○于陳，如字，劉直吝反，下同。玩好，呼報反。

【疏】「若就」至「于陳」　注「就猶」至「之陳」　知「贈無常」者，案下記云「凡贈幣無常」，注云「賓之贈也。玩好曰贈，在所有」，言「玩好」者，謂生時玩好之具，與死者相知，皆可以贈死者，故此經云「若就器則坐奠于陳」者，就器則是玩好之器也。云「陳明器之陳」者，以其廟中所陳者唯明器，即陳于車之西，以外或言「薦」，或言「設」，無言陳者，故指明器而言也。

凡將禮，必請而后拜送。雖知事畢，猶請，君子不必人意。

【疏】「凡將」至「拜送」 注「雖知」至「人意」 云「君子不必人意」者，義取孔子云「無必」、「無固」之言也。

兄弟賵奠可也。兄弟，有服親者，可，且賵且奠，許其厚也。賵奠於死生兩施。

【疏】「兄弟賵奠可也」 注「兄弟」至「兩施」 知「兄弟，有服親者」，喪服傳云「凡小功以下爲兄弟」，既言「兄弟」，明「有服親者」也。知非大功以上者，以大功以上有同財之義，無致賵奠之法。云「可且賵且奠，許其厚也」者，若然，此所知許其賵，不許其奠，兄弟許其貳賵兼奠。而上經亦賓，而有賵有奠有賻三者，彼亦不使並行俱見之，見三禮之中，有則任行其一，故揔見之。云「賵奠於死生兩施」者，以下經云「知死者贈，知生者賻」，注云「各主於所知」，此賵奠不偏言所主，明於生死兩施也。

所知，則賵而不奠。所知，通問相知也，降於兄弟。奠施於死者爲多，故不奠。

【疏】「所知」至「不奠」 注「所知」至「不奠」 云「所知，通問相知也」者，言「所知」明是朋友，「通問相知」。言「降於兄弟」者，許賵不許奠也。〔一八〕云「奠施於死者爲多，故不奠」者，但賵與奠皆生死兩施，其奠雖兩施，施於死者爲多。知者，以其言奠爲死者而行，故知(元缺一字)。〔一九〕所知爲疏，〔二〇〕不許行之也。

知死者贈，知生者賻。各主於所知。

【疏】「知死」至「者賻」 注「各主於所知」 云「各主於所知」者，以其贈是玩好，施於死者，故知死者行之；賻是補主人

不足，施於生者，故知生者行之，是各施於所知也。

書賵於方，若九，若七，若五。方，板也。書賵奠賻贈之人名與其物於板，每板若九行，若七行，若五行。○九行，户郎反，下同。

【疏】「書賵」至「若五」　注「方版」至「五行」　以賓客所致，有賻有賵，〔二一〕有贈有奠，直云「書賵」者，舉首而言。但所送有多少，故行數不同。

書遣於策。策，簡也。遣，猶送也，謂所當藏物，茵以下。○書遣，弃戰反，注及下讀遣并注同。

【疏】「書遣於策」　注「策簡」至「以下」　云「策，簡」者，編連爲策，不編爲簡，故春秋左氏傳云：「南史氏執簡以往。」上「書賵」云「方」，此言「書遣於策」，不同者，聘禮記云「百名以上書於策，不及百名書於方」，以賓客贈物名字少，故書於方則盡；遣送死者明器之等，并贈死者玩好之物名字多，故書之於策。策書明器之物，應在上文，而於此言之者，遣中并有贈物，故在賓客贈賻與賵之下特書也。〔二二〕

乃代哭如初。棺柩有時將去，不忍絶聲也。初，謂既小斂時。

【疏】「乃代哭如初」　注「棺柩」至「斂時」　案喪大記大夫以上官代哭，士無官以親疏代哭。云「初，謂既小斂時」者，案喪大記小斂之後乃代哭，初死直主人哭，不絶聲。士二日小斂，小斂主人懈怠，容更代而哭也。

宵，爲燎于門内之右。爲哭者爲明。○爲燎，力召反。

【疏】「宵爲」至「之右」 注「爲哭者爲明」 燎，大燭。必於「門内之右」門東者，奠於柩車西，鬼神尚幽闇，不須明；柩車東有主人，階間有婦人，〔一三〕故於門右照之，爲明而哭也。

厥明，陳鼎五于門外，如初。鼎五，羊、豕、魚、腊、鮮獸各一鼎也。士禮特牲三鼎。盛葬奠加一等，用少牢也。如初，如大斂奠時。○少牢，詩召反。

【疏】「厥明」至「如初」 注「鼎五」至「奠時」 自此盡「主人要節而踊」，論葬日之明，陳大遣奠於廟門外之事。知五鼎是「羊、豕、魚、腊、鮮獸各一鼎」者，以下經云「羊左胖」、「豕亦如之」、「魚、腊、鮮獸皆如初」，與少牢禮同，故知也。云「士禮特牲三鼎」者，特牲饋食禮「陳三鼎」，故知也。云「盛葬奠加一等，用少牢也」者，以其常祭用特牲，今大遣奠與大夫常祭用少牢同，是盛此葬奠，故加一等，用少牢也。云「如初，如大斂奠時」者，以其上遷祖奠時云「如殯」，謂如大斂，明此云「如初」，亦如大斂在廟門外及東方之饌也。雖如大斂，鼎數仍不同，以其大斂三鼎，此則五鼎，然大、小斂時無黍稷，朔月則有黍稷。此葬奠又無黍稷者，大斂前無黍稷者，以其初死，至朔月乃有之，故鄭注云「至此乃有黍稷」；今葬奠更無黍稷者，以其始死至殯，自啓至葬，其禮同，故無黍稷亦同也。凡牢鼎數或多或少不同，若用特豚者，或一鼎或三鼎，若士冠禮醮子及婚禮盥饋，并小斂之奠與朝禰之奠，皆一鼎也；三鼎者，婚禮同牢，士喪大斂、朔月遷祖及祖奠皆三鼎，而以魚、腊配之是也。其用少牢者，或三鼎，或五鼎。三鼎者，則有司徹云「陳三鼎如初」，以其繹祭殺之於正祭，故用少牢而鼎三也。五鼎者，少牢五鼎大夫之常事，此葬奠士攝之奠用少牢，亦五鼎，聘禮致飧衆介皆少牢，亦五鼎，玉藻諸侯朔月、少牢亦五鼎。其用大牢者，或七，或九，或十，或十二。其云七鼎九鼎者，公食大夫下大夫大牢鼎七，上大夫鼎九是也。鼎十與十二者，聘禮致飧於賓，飪一牢鼎九，羞鼎三，是十二也。又云「上介飪一牢，鼎七，羞鼎三」，是其十。若然，案郊特牲云「鼎俎奇而籩豆偶」，以象陰陽，

鼎有十與十二者，以其正鼎與陪鼎各别，數則爲奇數也。

其實，羊左胖，反吉祭也。言左胖者，體不殊骨也。〔二四〕○左胖，音判。

【疏】「其實，羊左胖」　注「反吉」至「骨也」　云「反吉祭也」者，以其特牲、少牢吉祭皆升右胖，此用左胖，故云「反吉祭也」。云「言左胖者，體不殊骨也」者，既言左胖，則左邊共爲一段，故云「體不殊骨」。雖然，下云「髀不升」，則除髀以下，膞胳仍升之，則與上肩脅脊别升，〔二五〕則左胖仍爲三段矣，而云「體不殊骨」，據脊脅以上，膞胳已下共爲一，亦得爲「體不殊骨也」。

髀不升，周貴肩賤髀。古文「髀」作「脾」。○髀，步禮反，又方爾反。作脾，必爾反，又婢支反。

【疏】「髀不升」　注「周貴肩賤髀」　云「髀不升」者，則膞已上去之，取膞胳已下。云「周貴肩賤髀」者，案祭統云「殷人貴髀，周人貴肩」，故云「髀不升」。

腸五，胃五，亦盛之也。

【疏】「腸五，胃五」　注「亦盛之也」　「亦盛之」者，以其不用特牲，而用少牢，是盛葬奠。案少牢用腸三胃三，今加至五，亦是盛此奠也。

離肺。離，搉。○搉也，苦圭反。

【疏】「離肺」　注「離，搉」　此非直升腸胃，又升離肺者，案少儀云「牛羊之肺，離而不提心」，注云「提，猶絶也。刲離

之，〔二六〕不絶中央少者，使易絶以祭耳」，此爲食而舉，亦名舉肺也。

豕亦如之，豚解，無腸胃。如之，如「羊左胖，髀不升，離肺」也。豚解，解之如解豚，亦前肩後肫脊脅而已。「無腸胃」者，君子不食溷腴。〔二七〕○後肫，劉音純，又之春反。溷，音患，又户困反。腴，音臾。

【疏】「豕亦」至「腸胃」 注「如之」至「溷腴」 云「亦如之」，鄭云「如之，如『羊左胖，髀不升，離肺』也」者，謂豕與羊同者，左胖雖同，仍與羊異，以其羊則體不殊骨，上下共爲二段，〔二八〕此豕之左胖則爲四段矣，故別云「豚解」。豚解揔有七段，今取左胖，仍爲四段矣。云「亦前肩後肫脊脅而已」者，鄭欲爲四段，與羊異也。云「君子不食溷腴」者，禮記少儀文，彼鄭注云「謂犬豕之屬食米穀者也。腴，有似人穢」，引之者，證不取腸胃之義也。

魚、腊、鮮獸皆如初。鮮，新殺者。士腊用兔，加鮮獸而無膚者，豕既豚解畧之。

【疏】「魚腊」至「如初」 注「鮮新」至「畧之」 云「士腊用兔」者，謂此腊是其乾者，云「鮮，新殺者」，二者皆用兔。必知士腊用兔者，雖無正文，案少牢禮「大夫腊用麋」，鄭云「大夫用麋，士用兔與」？以無正文，故云「與」以疑之。此亦云「士腊用兔」，雖不云「與」，亦同疑可知，但士腊宜小，故疑用兔也。云「加鮮獸而無膚者，豕既豚解畧之」者，以葬奠用少牢，攝盛則當有膚，與少牢同，以豕既豚解四段，喪事畧，則無膚者亦畧之，而加鮮獸也。

東方之饌：四豆，脾析、蜱醢、葵菹、蠃醢；脾，讀爲雞脾肶之脾。〔二九〕脾析，百葉也。蜱，蜯也。今文「蠃」爲「蝸」。○脾析，劉音毗，注同，一音婢支反；下思狄反。蜱，皮佳反。蠃，力禾反。脾肶，尺之反。〔三〇〕蜯也，步講反。爲蝸，力禾反，又古華反。〔三一〕

【疏】「東方」至「嬴醢」　注「脾讀」至「爲蝸」　陳鼎既訖，又陳東方之饌于主人之南，前輅之東，其豆有四：脾析一，蜱醢二，葵菹三，嬴醢四。案周禮鄭注醢人云「細切爲齏，全物若牒爲菹」，又云「齏菹之稱菜肉通」，又經不云菹者，類皆是齏，則此經云「脾析」者，即齏也。云「脾讀爲雞脾肶之脾」者，鄭讀之欲見此脾雖與脾腎之脾同，正謂百葉名爲脾析，故讀音從雞脾肶之脾，時俗有此語，故讀從之也。案醢人注云「脾析，牛百葉也」，此不云牛者，彼天子禮容有牛，此用少牢無牛，當是羊百葉，故不云牛也。云「蜱，蜯也」者，即蛤也。知蜱即蛤者，以周禮醢人云「蠯醢」，注云「蠯，蛤也」。此注云「蜱，蜯也」，以蜱蠯是一物，故知蜱蜯即蠯蛤也。

四籩，棗、糗、栗、脯；糗以豆，糗，粉餌。○棗糗，去九反。粉餌，而志反。

【疏】「四籩，棗、糗、栗、脯」　注「糗以豆糗粉餌」　云「糗以豆。糗，粉餌」者，案籩人云「羞籩之實：糗餌、粉餈」，鄭云「此二物皆粉稻米、黍米所爲也，合蒸曰餌，餅之曰餈。糗者，擣粉熬大豆爲餌、餈之粘，著以粉之耳。餌言糗，餈言粉，互相足」者，此本一物，「餌言糗」，謂熬之亦粉之；「餈言粉」，擣之亦糗之。不言互文而云「互相足」者，凡言「互文」者，是二物各舉一邊而省文，故云「互文」，此糗與粉唯一物，分爲二文，皆語不足，故云「互相足也」。又案籩人羞有二籩：糗餌及粉餈，此經直言「糗」，則舉糗以見餌，而無餈，故鄭云「糗以豆。糗，粉餌」也。

醴，酒。此東方之饌，與祖奠同在主人之南，當前輅，北上，巾之。

【疏】「醴酒」　注「此東」至「巾之」　鄭知義然者，案下記云「祝饌祖奠于主人之南，當前輅，北上，巾之」，注云「既祖，祝乃饌」，以此言之，祝饌祖奠即是還柩鄉外，乃饌之于主人之南，〔三三〕自還柩車，至此饌葬奠，柩車未動，則此葬奠東方之饌，亦饌于主人之南，當與前同處，故注云「與祖奠同，在主人之南」。但祖奠與大斂奠同二豆二籩，此葬奠

四豆四籩，籩豆雖不同，而同處耳。云「北上」者，蓋兩甒在北，次南饌四豆，豆南饌四籩也。

陳器。明器也，夜斂藏之。〔三三〕

【疏】「陳器」注「明器」至「藏之」　陳饌已訖，又陳明器也。本作「夜斂適」，似寫誤。云「適斂」者，以其上朝祖之日，已陳明器，此復陳之者，由朝祖至夜斂藏之，至此厥明更陳之也。

滅燎。執燭，俠輅，北面。炤徹與葬奠也。〔三四〕

【疏】「滅燎」至「北面」　注「炤徹與葬奠也」　昨日朝祖日，至夕云「宵爲燎于門内之右」，至此「滅燎」。既滅，二人「執燭，〔三五〕俠輅，北面」，一人在輅東，一人在輅西。輅西者，炤祖奠；〔三六〕輅東者，炤葬奠之饌，故注云：「炤徹與葬奠也。」

賓入者，拜之。明自啓至此，主人無出禮。

【疏】「賓入者拜之」　注「明自」至「出禮」　此時有弔葬之賓，主人皆不出迎，但在位拜之。所以不出迎者，既啓之後，既覩尸柩，不可離位以迎賓，唯有君命乃出，故注云「明自啓至此，主人無出禮」也。

徹者入，丈夫踊。設于西北，婦人踊。猶阼階升時也，亦既盥乃入，入由重東，而主人踊，猶其升也。自重北西面而徹，設於柩車西北，亦由序西南。〔三七〕

【疏】「徹者」至「人踊」　注「猶阼」至「西南」　云「徹者入」者，謂將設葬奠，先徹祖奠，故云「徹者入」。入謂祝與執事徹祖奠者，亦既盥乃入，由重東，而主人踊；至徹訖設柩車西北，則婦人踊也。云「猶阼階升」者，謂徹小斂奠者，門

外盥訖，入，升自阼階，丈夫踊；今徹者亦門外盥訖，入，由重東，主人踊，故云「猶其升也」。云「自重北西面而徹，設於柩車西北，亦猶序西南」者，此徹祖奠，設于柩車西北，亦猶小斂大斂朔月奠，〔三八〕設于序西南也。

徹者東。由柩車北，東適葬奠之饌。

【疏】「徹者東」　注「由柩」至「之饌」　以其徹訖當設葬奠，故徹者由柩車北，東適葬奠之饌，取而設于柩車西也。知由柩車北而東者，以其徹者設于柩車西北，而云「徹者東」，若柩車南，不得云「徹者東」，故知在柩車北東行也。〔三九〕

鼎入。舉人陳之也，陳之，蓋於重東北，西面，北上，如初。

【疏】「鼎入」　注「舉入」至「如初」　以其徹者既祖，當設葬奠，故五鼎皆入陳也。云「陳之也，〔四〇〕蓋於重東北，西面，北上，如初」者，以其上篇小斂奠，舉鼎「入阼階前，西面錯」，大斂奠云「舉鼎入，西面，北上」，又朔月奠云「鼎入，皆如初」，其遷祖奠云「陳鼎皆如殯」，則皆在阼階下，〔四一〕西面，北上，今此但云「鼎入」，不言「如初」，無正文，故云「蓋」以疑之。既疑而知在「東北，〔四二〕西面，北上」者，以其奠祭在室，掌設者皆陳鼎於阼階下，西面，如大小斂，故知也。〔四三〕

乃奠，豆南上，綪。籩，嬴醢南，北上，綪。籩，嬴醢南，辟醴酒也。○辟醴，音避，下不辟注同。

【疏】「乃奠」至「上綪」　注「籩嬴」至「酒也」　云「籩嬴醢南，辟醴酒也」者，如上所饌則先饌脾析於西南，次北脾醢，〔四四〕次東葵菹，次南嬴醢，陳設要方，則四籩，〔四五〕宜亦設於脾析已南，〔四六〕綪之爲次，今不於脾析已南爲次，而發嬴醢已南爲次，故知「辟醴酒」，醴酒當設在脾析之南可知也。

俎二以成，南上，不精，特鮮獸。成，猶併也。不精者，魚在羊東，腊在豕東。〔四七〕古文「特」爲「俎」。○猶併，步頂反。

【疏】「俎二」至「鮮獸」　注「成猶」至「爲俎」　知「俎二」以併，「不精」者，若精，則宜先設羊於西南，次北設豕，次東設魚，次南設腊，今於西南設羊，次北豕，以魚設于羊東，設腊于魚北，還從南爲始，是「不精」也。其鮮獸在北，北無偶，故云「特」也。是以鄭云「不精者，魚在羊東，腊在豕東」也。

醴、酒在籩西，北上。統於豆也。

【疏】「醴酒」至「北上」　注「統於豆也」　云「統於豆」者，豆即脾析也，以其云「北上」，「上」謂二甒醴、酒，繼豆言「北上」，故云「統于豆也」。

奠者出，主人要節而踊。亦以往來爲節，奠由重北西，既奠由重南東。

【疏】「奠者」至「而踊」　注「亦以」至「南東」　自上已來，堂下設奠、徹奠皆云「主人要節而踊」，注皆云「往來爲節」，此「主人要節而踊」，「亦以往來爲節」。奠來時由重北而西，既奠由重南而東。此奠饌在輅之東，言「由重北」者，亦是由車前明器之北，鄉柩車西設之。設訖，由柩車南而來者，〔四八〕禮之常也。

甸人抗重，出自道，道左倚之。還重不言甸人，「抗重」言之者，重既虞將埋之，言其官使守視之。抗，舉也。「出自道」，出從門中央也。不由闑東西者，重不反變於恒出入。道左，主人位。今時有死者，鑿木置食其中，樹於道側，由此。○倚之，於綺反，後放此。由闑，魚列反。

【疏】「甸人」至「倚之」　注「還重」至「由此」　自此盡「徹者出，踊如初」，論將葬重及車馬之等以次出之事。云「道左倚之」者，當倚於門東北壁。云「還重不言甸人」者，上云「二人還重」，不言甸人，至此乃言甸人也。云「重既虞將埋之」者，雜記文，彼注云「就所倚處埋之」。但天子九虞，諸侯七虞，大夫五虞，士三虞，未虞以前，以重主其神，虞所以安神，雖未作主，初虞其神，即安於寢，不假重爲神主。又士大夫無木主，明亦初虞即埋之也。云「不由闑東西者，重不反變於恒出入」者，恒出入則闑東闑西也。云「道左，主人位」者，檀弓云「重，主道」，注云「始死未作主，以重主其神也」，則重主死者，故於主人之位埋之也。鄭云「今時」以下者，引漢法證重倚道左之事也。

薦馬，馬出自道，車各從其馬，駕于門外，西面而俟，南上。南上，便其行也。行者乘車在前，道、稾序從。

○道稾，古老反。

【疏】「薦馬」至「南上」　注「南上」至「序從」　云「南上」者，謂於門外之時南上。云「便其行也」者，以其葬於國北，在路則南上，上者常在前，故云「便其行也」。云「行者乘車在前，道、稾序從」者，案下記云乘車「載旜」，「道車載朝服」，「稾車載蓑笠」，是序從也。

徹者入，踊如初。徹巾，苞牲，取下體。苞者，象既饗而歸賓俎者也。取下體者，脛骨象行，又俎實之，終始也。士苞三个，前脛折取臂、臑，後脛折取骼，亦得俎釋三个。雜記曰：「父母而賓客之，所以爲哀」。○脛骨，户定反，劉胡孟反，下同。三个，古賀反。臂臑，乃到反。取骼，劉音格，一音各。

【疏】「徹者」至「下體」　注「苞者」至「爲哀」　云「苞者，象既饗而歸賓俎者也」，案雜記文而言之。云「取下體者，脛骨象行」者，以父母將行鄉壙，故取前脛後脛下體行者以送之，故云「象行也」。云「又俎實之，終始也」者，此盛葬奠

用少牢，其載牲體亦當與少牢同。案少牢載俎云「肩、臂、臑、膊、骼在兩端」，又云「肩在上」，以此言之，則肩、臂、臑在俎上端，爲俎實之始，膊、骼在俎下端，爲俎實之終，今取此兩端脛骨，包以歸父母，〔四九〕直取脛骨爲象行，又兩端爲俎實之終始也。云「士苞三个」者，自上之差。案檀弓云「國君七个，遣車七乘。大夫五个，遣車五乘」，注云「人臣賜車馬者，乃得有遣車。遣車之差，大夫五，諸侯七，則天子九。諸侯不以命數，喪數略也。个，〔五〇〕謂所包遣奠牲體之數也」；雜記曰「遣車視牢具」，彼注云「言車多少，各如所包遣奠牲體之數也」，然則遣車載所包遣奠而藏之者，與遣奠天子大牢包九个，諸侯亦大牢包七个，大夫亦大牢包五个，士少牢包三个，大夫以上乃有遣車。以此而言，士無遣車，則所包者不載于車，直持之而已。士有一包，而云「包三个」，鄭又云「个，謂所包遣奠」，則士一包之中有三个牲體，故云「前脛折取臂、臑，後脛折取骼」者。若然，大夫云「遣車五乘」，包五个，則一包之中有五个，五五二十五，一大牢而爲二十五體，則亦取下體前脛取臂、臑，後脛取骼，三牲有九體，又就九體折分爲二十五个，五包，包各五个。諸侯亦大牢而包七个；天子亦一大牢，〔五一〕又加以馬牲，牲別有三體，則十二體。就十二體中，細分爲八十一个，九包，包各九个；大夫以上，皆不得全體，謂若少儀云「大牢，則以牛左肩、臂、臑，折九个」之類，亦爲不全體也。云「亦得俎釋三个」者，羊俎，上注云「體不殊骨也」，其脾又不升，則骼別爲一段在俎，今前脛折取臂、臑，其肩仍著胖爲一段，後脛折取骼，仍有肫一節在俎，則羊俎仍有兩段在俎；〔五二〕豕則左胖豚解爲四段在俎，今前脛折取臂、臑，後脛折取骼，仍有四段在俎，若然，羊俎有二段，豕俎有四段，相通則二俎，俎有三段在，故得爲「俎釋三個」。案特牲「俎釋三個」，注云「爲改饌於西北隅遺之」，則此奠雖不改爲饌，西北隅留之，亦爲分禱五祀也。引雜記者，案彼云曾子謂或人曰：「吾子不見大饗乎？夫大饗既饗，卷三牲之俎，歸于賓館，父母而賓客之，所以爲哀也」，注云「既饗歸賓俎，所以厚之也。言父母家之主，今賓客之，是孝子哀親之去也」。取此者，以證此包牲歸父母，亦是「賓客」父母之事也。

不以魚、腊。非正牲也。

【疏】「不以魚腊」　注「非正牲也」　云「非正牲也」者，「正牲」謂上三牲，魚、腊非正牲，故不以魚、腊載之，故云「非正牲」。

行器，目葬行明器，在道之次。

【疏】「行器」　注「目葬」至「之次」　包牲訖，明器當行鄉壙，故云「行器」。云「目葬行明器」者，即下云「茵、包」已下是也，故云「目葬行」也。

茵、苞、器，序從，如其陳之先後。

【疏】「茵、包、器，序從」　注「如其陳之先後」　此直云「序從」者，序從即上文「器西，南上」，「茵、包」已下是也。故此亦言「茵、包」，以其爲首故也。

車從。次器。

【疏】「車從」　注「次器」　上陳明器訖，次列車以從明器，故云「次器」也。

徹者出，踊如初。於是廟中當行者，唯柩車。

【疏】「徹者出，踊如初」　注「於是」至「柩車」　「徹者」，謂包牲訖，當徹去所釋者，出廟門分禱五祀者，徹者出時，主人

踊。云「於是廟中當行者，唯柩車」者，以其上文明器及車馬鄉壙者皆出，唯有柩車在廟未出，故云「於是廟中當行者，唯柩車」也。

主人之史請讀賵，執筭從，柩東，當前束，西面。不命毋哭，哭者相止也，唯主人、主婦哭。燭在右，南面。史北面請，既而與執筭西面，於主人之前讀書，釋筭。燭在右，南面，炤書便也。古文「筭」皆爲「筴」。○毋哭，音無，下同。

【疏】「主人」至「南面」　注「史北」至「爲筴」　自此盡「滅燭出」，論讀賵讀遣之事。〔五三〕經直云「史請讀賵」，鄭知「史北面請」者，以其主人於車東北面，所請者請於主人，明史北面問之，〔五四〕故知「史北面」也。又知在「主人之前」讀之，對面當柩，故知在「主人之前」，西鄉柩也。〔五五〕請訖乃西面，請時及入時，書在前，筭在後，則史「西面」之時，筭在史南，西面。今燭在史北，近史，炤書爲便，若在左，則隔筭不便也。

讀書，釋筭則坐。必釋筭者，榮其多。

【疏】「讀書，釋筭則坐」　注「必釋」至「其多」　「讀書」者，立讀之，敬也。「釋筭」者，坐爲釋之便也。云「必釋筭者，榮其多」者，以其所賵之物，言之亦得，今必釋筭顯其數者，「榮其多」故也。

卒，命哭，滅燭。書與筭執之以逆出。卒，已。

【疏】「卒命」至「逆出」　言「逆出」，則入時長在前，出時長在後。燭言「滅」不言出者，以其燭已滅，不得言燭出，〔五六〕其人亦出可知。

公史自西方，東面，命毋哭，主人、主婦皆不哭。讀遣。卒，命哭。滅燭，出。公史，君之典禮書者。遣者入壙之物，君使史來讀之，成其得禮之正以終也。燭俠路。〔五七〕

【疏】「公史」至「燭出」　注「公史」至「俠路」　知「公史」是「君之典禮書者」，以其言「公史」，故知君史。案周禮大史、小史皆掌禮，則諸侯史亦掌典禮可知。云「成其得禮之正以終」者，以其死葬之以禮，是死者得禮之終事，故以君史讀而成之也。知「燭俠輅」者，上陳設葬奠云「執燭，夾輅，北面」，故知也。

商祝執功布以御柩，執披。居柩車之前，若道有低仰傾虧，則以布爲抑揚左右之節，使引者、執披者知之。士執披八人。今文無「以」。○低仰，五郎反。

【疏】「商祝」至「執披」　注「居柩」至「無以」　自此盡「杖，乃行」，論柩車在道發行之事。云「執功布」者，謂執大功之布麤者也。云「以御柩，執披」者，葬時乘人，〔五八〕故有柩車前引，柩者及在傍執披者皆御治之，故云「御柩，執披」也。云「柩車之前，若道有低仰傾虧，則以布爲抑揚左右之節」者，道有低謂下坂時，道有仰謂上坂時，傾虧謂道之兩邊在車左右轍有高下。云「以布爲抑揚左右之節」者，道有低則抑下其布，使知下坂；道有仰則揚舉其布，使知上坂。云「左右」者，謂道傾虧高下，則左右其布，使知道之有傾虧也；若東轍下，則下其布向東，西邊執披者持之；若西轍下則下其布向西，東邊執披者持之。若然，鄭云「使引者、執披者知之」者，執披者知其左右，引者知其上下也。知「士執披八人」者，案下記云「執披者旁四人」，注云「前後左右各二人」，是士執披者八人也。

主人袒，乃行，踊無筭。祖爲行變也。乃行，謂柩車行也。凡從柩者先後左右，如還于祖之序。

【疏】「主人」至「無筭」　注「祖爲」至「之序」　云「乃行，謂柩車行」者。經云「乃行」，文承「主人袒」下，嫌主人行，故云「乃行，謂柩車行」，以行處據柩爲主，柩車行，主人行可知，故舉「柩車行也」。云「凡從柩者，先後左右，如還于祖之序」者，上還于祖時，注云「主人從者，丈夫由右，婦人由左，以服之親疏爲先後，各從其昭穆，男賓在前，女賓在後」，此從柩向壙之序，一如還于祖之序，故如之也。

出宫，踊，襲。哀次。

【疏】「出宫，踊，襲」　注「哀次」　云「哀次」者，以經云「出宫，踊，襲」。以出宫有此踊襲，〔五九〕以出宫有此踊者，止爲出宫大門外有賓客次舍之處，父母生時接賓之所，故主人至此感而哀，此次是以有踊，踊訖，即襲，襲訖而行也。故檀弓云「哀次亦如之」，注云「次，他日賓客所受大門外舍也，孝子至此而哀」是也。

至于邦門，公使宰夫贈玄纁束。邦門，城門也。贈，送也。

【疏】「至于」至「纁束」　注「邦門」至「送也」　云「邦門」者，案檀弓云「葬于北方，北首，三代之達禮也」，此「邦門」者，國城北門也。贈用玄纁束帛者，即是至壙窆訖，主人贈死者，用玄纁束帛也。以其君物所重，故用之送終也。

主人去杖，不哭，由左聽命。賓由右致命。柩車前輅之左右也，當時止柩車。○去杖，起吕反。

【疏】「主人」至「致命」　注「柩車」至「柩車」　此謂宰夫將致命，主人乃去杖，不哭，由柩車前輅之左右。若然，在廟柩

車南鄉，左則在東，此出國北門，柩車鄉北，左則在前輅之西也；賓由右致命，則在柩車之東矣。經直云「左」、「右」，鄭必知據「前輅左右」者，次柩車在廟門時，〔六〇〕賓在柩車右，主人在柩車左，故知此亦當前輅左右也。云「當時止柩車」者，下記云「唯君命止柩于堩，其餘則否」，注云「不敢留神」，明此宰夫致命時，柩車止也。

主人哭，拜稽顙。賓升，實幣于蓋，降。主人拜送，復位，杖，乃行。升柩車之前，實其幣於棺蓋之柳中，若親授之然。〔六一〕復位，反柩車後。

【疏】「主人」至「乃行」　注「升柩」至「車後」　賓既致公贈命訖，主人乃哭，拜稽顙；賓乃升車，實幣于棺之蓋中，載以之壙。〔六二〕上文在廟所贈之幣，皆奠於左服，此實于蓋中者，彼贈幣生死兩施，故奠左服，此贈專爲死者，故實于蓋中，「若親授之然」。云「復位，反柩車後」者，上在廟位在柩車東，此行道，故在柩車後也。

校勘記

〔一〕故云助主人送葬者也是以下注云　阮校云陳、閩俱作「故下注云」，脱中間十字，通解併删「故」字。

〔二〕云衆主人自若西面者　阮校云「人」下陳、閩俱有「不迎賓明」四字，案毛本亦無此四字，陳、閩非。

〔三〕皆參分庭一　阮校云要義同，毛本、通解「參」作「三」。

〔四〕參分庭之北　「北」嚴州本原作「此」，徐本同。黄氏校録云張氏改「此」爲「北」，據監杭本也。李本「北」，單疏述注亦作「北」。阮校云通典、通解、楊、敖亦作「北」。又「參」通典、通解、毛本作「三」。今按阮本「此」亦作「北」，此據改，「此」當爲「北」字之譌。

〔五〕柩車　阮校云陳本、通解同，毛本「柩」作「輅」。今按「柩」字是。

〔六〕上經祖還車訖云　阮校云毛本、通解「云」下有「少南」二字。

〔七〕故知輅有前後也　阮校云「知」陳、閩俱作「此」。

〔八〕容授尸之右也　阮校云「容」陳、閩、通解俱作「客」。

〔九〕有勇力者受馬　阮校云「有」通解作「言」。

〔一〇〕擯者出請入告　阮校云唐石經、徐、陳、通典、集釋、通解、楊氏同，毛本、敖氏無「出」字。

〔一一〕賓從致命　阮校云「致」通解作「將」。

〔一二〕堪爲奠於祭祀者也　阮校云「爲」下單疏空一字，毛本「祀」作「祝」。

〔一三〕王使榮叔歸含且賵　阮校云「賵」要義作「賻」。按春秋文五年作「賵」。

〔一四〕謂對相授　阮校云「授」下集釋、敖氏俱有「受」字，與疏合。案張氏士昏禮引此注無「受」字。

〔一五〕則梧　黄焯彙校引王筠云：「梧」今本作「捂」，張忠甫本於士昏禮亦作「捂」。雷浚云：說文無「捂」字，依義當作「啎」。

〔一六〕捂即遻也　「遻」張敦仁本作「遌」，此據單疏改。今按爾雅釋詁下：「遻，見也」。集韻以爲隸作「遌」，然依說文當作「遻」。

〔一七〕又請賓告事畢　阮校云「又」鍾本作「三」。金曰追謂上已有「又請」，此當作「三請」爲正。

〔一八〕許賵不許奠也　阮校云通解、要義同，毛本「賵」作「贈」。今按「贈」當爲「賵」字之誤。

〔一九〕故知　阮校云陳本「知」下有「多」字，毛本、楊氏「知」下有「於死者爲多」五字，通解「於」上更有「施」字。

〔二〇〕所知爲疏　阮校云閩本無此四字。

〔二一〕有賻有賵　阮校云聶氏、敖氏俱作「有賵有賻」。

〔二二〕贈賄與賵　阮校云要義同，毛本、通解作「贈賻與賄」。

〔二三〕階間有婦人　阮校云通解同，毛本「階」作「皆」。案「皆」字是。

〔二四〕體不殊骨也　阮校云徐、陳、集釋、通解、楊氏同，毛本「體」作「禮」。

〔二五〕則與上肩脅脊别升　阮校云通解、要義同，毛本「與」作「於」。

〔二六〕刌離之　阮校云楊氏同，毛本「刌」作「撞」。按少儀注作「刌」，單疏是也。

〔二七〕不食溷腴　阮校云「溷」集釋作「圂」。

〔二八〕上下共爲二段　阮校云陳本、通解同，毛本「二」作「一」。盧文弨云據下疏羊俎是二段，則作「二」爲是。

〔二九〕讀爲雞脾肶之脾　黄刊嚴州本、徐本同，阮校云「肶」釋文、通典、集釋、通解俱作「膍」。案説文「膍，牛百葉也。从肉，毘聲。或从比」，徐鍇曰「周禮謂之脾析」，借脾字，據此則脾、肶實一字。此注「脾肶」連文，疑有誤。説文「膍」字下注云「一曰鳥膍胵」，疑「脾肶」當作「膍胵」，徐本作「肶」，或此、至聲近相借耶！今按「肶」字是。

〔三〇〕脾肶尺之反　徐乾學本同。黄焯彙校云葉鈔此條分爲「肶，頻尸反」、「胵，尺之反」二條。案葉鈔是也，肶字不應有「尺之」之音。説文「膍」字下注云「一曰鳥膍胵」，「膍」即「肶」字也。段玉裁則云「脾」不誤，「肶」當作「膍」，禮記注同。

〔三一〕又古華反　黄焯彙校云盧本「古」作「工」，聲同。

〔三二〕乃饌之于主人之南　阮校云通解同，毛本「乃」作「仍」。

〔三三〕夜斂藏之　阮校周學健云：疏云「本作『夜斂適』，似寫誤」。據此則改「適斂」爲「夜斂」，反與疏語不合。

〔三四〕炤徹與葬奠也　阮校云徐本、集釋同，與單疏標目合，毛本、通解「炤」作「照」。今按「炤」、「照」字同。

〔三五〕二人執燭　阮校云陳、閩、通解同，毛本「二」作「一」。今按依文意「二」字是。

〔三六〕炤祖奠　阮校云通解同，毛本、楊氏「炤」下有「徹」字。按「徹」字當有，此本誤脱。

〔三七〕由序西南　阮校云「由」閩、監、葛本、通典、集釋、楊氏俱作「猶」，陳本、通解俱作「曰」。案由、猶古字通，「曰」即「由」字之誤。

〔三八〕朔月奠　阮校云陳、閩、通解同，毛本「月」作「日」。今按「月」字是。

〔三九〕在柩車北東行也　阮校云「在」閩本作「由」。

〔四〇〕云陳之也　阮校云要義同，通解、毛本無「也」字。今按「也」字不當有。

〔四一〕皆在阼階下　阮校云通解、要義同，毛本「皆」作「此」。今按「皆」字是。

〔四二〕知在東北　阮校云要義同，毛本、通解「在」下有「重」字。

〔四三〕故知也　阮校云通解、要義同，毛本「故」下有「可」字。

〔四四〕次北脾醢　阮校云盧文弨改「脾」爲「蜱」，是也。

〔四五〕則四籩　阮校云毛本、通解「籩」下有「豆」字。

〔四六〕宜亦設於脾析已南　阮校云「宜亦」毛本作「亦宜」，此本倒。

〔四七〕腊在豕東　阮校云徐、陳、閩、葛、集釋、通解、楊、敖同，毛本「腊」作「蜡」。

〔四八〕由柩車南而來者　阮校云陳本、通解同，毛本「來」作「東」。

〔四九〕包以歸父母　阮校云要義同，下同，毛本「包」作「苞」。

〔五〇〕个　阮校云「个」要義作「包」。今按檀弓注作「个」。

〔五一〕一大牢　阮校云通解同，毛本無「一」字，按通解是也。

〔五二〕仍有兩段在俎　阮校云通解同，毛本「在」下無「俎」字。

〔五三〕讀賵讀遣　阮校云要義同，毛本「賵」下無「讀」字。

〔五四〕明史北面問之　阮校云「問」閩本作「同」。

〔五五〕西鄉柩　阮校云陳本、通解同，毛本「西」作「面」。

〔五六〕不得言燭出　阮校云陳本、通解同，毛本「得」作「待」。

〔五七〕燭俠路　黄氏校録云李本「路」作「輅」，與單疏合。

〔五八〕葬時乘人　阮校云通解、要義同，毛本「人」作「車」。

〔五九〕以出宫有此踊襲　阮校云「襲」陳、閩俱作「者」，此句下要義、毛本無「以出宫有此踊者」七字。

〔六〇〕次柩車在廟門時　阮校云「次」毛本、通解作「以」。

〔六一〕若親授之然　「授」原作「受」，阮校云徐、陳、通解、楊氏同，通典、集釋、敖氏、毛本「受」俱作「授」。今按單疏亦作「授」，此據改。

〔六二〕實幣于棺之蓋中載以之壙　阮校云自「載」字起至下「此實於蓋中者」「中」字止凡二十二字陳、閩俱脱。

儀禮注疏卷第四十

唐朝散大夫行大學博士弘文館學士臣賈公彥等撰

至于壙，陳器于道東西，北上。統於壙。

【疏】「至于」至「北上」　注「統于壙」　自此盡「拜送」，論至壙陳器及下棺訖送賓之事。云「統于壙」者，對廟中南上，此則北上，故云「統于壙」也。

茵先入。當藉柩也。元士則葬用輁軸，加茵焉。

【疏】「茵先入」　注「當藉」至「茵焉」　云「當藉柩也」者，解「茵先入」之意，以其茵入，乃後屬引，下棺於其上，以須藉柩，故茵先入。云「元士則葬用輁軸，加茵焉」者，元士謂天子之士，葬時先以輁軸由羨道入，乃加茵於其上，乃下棺於中。知元士葬用輁軸者，檀弓云「孺子䵒之喪，哀公欲設撥」，注云「撥可撥引輴車，所謂紼」；「問於有若，有若曰：『其可也，君之三臣猶設之。』顏柳曰：『天子龍輴而椁幬，諸侯輴而設幬，爲榆沈，故設撥。三臣者廢輴而設撥，竊禮之不中者也。』」以此言之，天子諸侯殯葬皆用輴，朝廟用輴可知；大夫雖殯葬不用輴，朝廟亦用輴。以其士殯葬不用輁軸，朝廟得用之，明大夫朝廟得用輴，故上注云「大夫諸侯以上有四周謂之輴」，以其大夫諸侯以上有四周謂之輴，〔二〕以其大夫朝廟得用輴，故言之也；諸侯之大夫有三命、再命、一命，殯葬不得用輴；天子之元士亦三命、再命、一命，葬得用輁軸者，春秋之義，王人雖微，猶在諸侯之上，明天子之士尊，謂之爲元，元者，善

之長，故得用輁軸，不與諸侯大夫同也。

屬引。於是説載，除飾，更屬引於緘耳。古文「屬」爲「燭」。○説載，土活反。於緘，古咸反，劉古陷反。

【疏】「屬引」　注「於是」至「爲燭」　云「於是説載」者，謂柩車至壙，解説去載與披及引之等。「除飾」者，解去帷、荒、池、組之等，然後下棺。云「更屬引於緘耳」者，案喪大記云「君窆以衡，大夫、士以咸」，〔二〕鄭注云「衡，平也。人君之喪，又以木横貫緘耳，居旁持而平之」。今齊人謂棺束爲緘，以此而言，則棺束君三衽三束，大夫士二衽二束，束有前後，於束末皆爲緘耳，以紼貫結之而下棺，人君又於横木之上以屬紼也。

主人袒，衆主人西面，北上，婦人東面，皆不哭。俠羨道爲位。

【疏】「主人」至「不哭」　注「俠羨道爲位」　「主人袒」者，爲下棺變。婦人不言北上，亦如男子「北上」可知。「不哭」者，爲下棺宜静。云「俠羨道爲位」者，羨道謂入壙道，上無負土，爲羨道。天子曰隧，塗上有負土爲隧，僖二十五年，晉文公「請隧，弗許」是也。

乃窆，主人哭，踊無筭。窆，下棺也。今文「窆」爲「封」。

【疏】「乃窆」至「無筭」　注「窆，下棺也」　主人哭，踊，不言處，還於壙東西面也。云「窆，下棺」者，春秋謂之塴，皆是下棺之名也。

襲，贈用制幣玄纁束，拜稽顙，踊如初。丈八尺曰制，二制合之束，十制五合。

【疏】「襄贈」至「如初」 注「丈八」至「五合」 云「丈八尺曰制」者，朝貢禮及巡狩禮，皆有此文，以丈八尺名爲制。〔三〕昏禮幣用二丈，取成數。凡禮幣皆用制者，取以儉爲節。聘禮云：「釋幣制玄纁束」。注云：「凡物十曰束。玄纁之，率玄居三，纁居二」。此注云「二制合之束，十制五合」者，則每一端丈八尺，二端爲一匹，五匹合爲十制也。

卒，袒，拜賓。主婦亦拜賓。即位，拾踊三，襲。主婦拜賓，拜女賓也。即位，反位。〔四〕○拾踊，其業反，劉其輒反，〔五〕後放此。

【疏】「卒袒」至「三襲」 注「主婦」至「反位」 「卒」謂贈卒，更袒拜賓。云「反位」者，各反羨道東西位，其男賓在衆主人之南，女賓在衆婦之南。

賓出，則拜送。相問之賓也。凡弔賓有五，去皆拜之，此舉中焉。

【疏】「賓出，則拜送」 注「相問」至「中焉」 鄭知賓是「相問之賓也。凡弔賓有五，此舉中」者，案雜記云「相趨也，出宮而退；相揖也，哀次而退；相問也，既封而退；相見也，反哭而退；朋友，虞祔而退」，注云「此弔者恩薄厚、去遲速之節也。相趨，謂相聞姓名，〔六〕來會喪事也；相揖，嘗會於他也；相問，嘗相惠遺也；相見，嘗執摯相見也」，以此而言，此經既葬而退，是相見問遺之賓，舉中以見上下，五者去，即皆「拜送」可知。

藏器於旁，加見。器，用器、役器也。見，棺飾也，更謂之見者，加此則棺柩不復見矣。先言藏器乃云加見者，器在見內也。內之者，明君子之於事，終不自逸也。檀弓曰：「有虞氏之瓦棺，夏后氏堲周，殷人棺椁，周人牆置翣。」〔七〕○加見，賢遍反，注皆同。不復，扶又反。堲周，子疾反。

【疏】「藏器於旁，加見」 注「器用」至「置翣」 云「器，用器、役器也」者，用器即上弓矢、耒耜之等，役器即上甲、冑、干、

筲之屬。此「器」中亦有樂器，不言者，省文。知有用器、役器者，以下别云「包、筲」之等，則所藏者是此器也。云「見，棺飾也」者，飾則帷、荒，以其與棺爲飾。是以喪大記云「飾棺君龍帷黼荒；大夫畫帷畫荒，士布帷布荒」，注云「飾棺者，以華道路及壙中，不欲衆惡其親也」，此柩入壙，還以帷、荒加於柩，故鄭注云「及壙中」也。云「更謂之見者，加此則棺柩不復見矣」者，以其唯見此帷、荒，故名帷、荒爲「見」，是「棺柩不復見」也。云「先言『藏器』，乃云『加見』」者，器在見内也。内之者，明君子之於事終不自逸也」者，以用器、役器近身陳之，是不自逸也。引檀弓者，見帷、荒在柩外，周人名爲「牆」，若牆屋然，其外又置翣爲飾也。

藏苞、筲於旁。於旁者，在見外也。不言甕、甒，饌相次可知，四者兩兩而居。喪大記曰：「棺椁之間，君容柷，〔八〕大夫容壺，士容甒。」○容柷，尺六反。

【疏】「藏包、筲於旁」　注「於旁」至「容甒」　云「於旁者，在見外也」者，以其「加見」，乃云「藏包、筲」，故知「見外也」。云「不言甕、甒，饌相次可知」者，以其陳器之法，後陳者先用甕、甒，〔九〕後用包、筲，包、筲藏，明甕、甒先藏可知，故云「相次可知」。云「四者兩兩而居」者，謂包、筲居一旁，甕、甒居一旁，故云「兩兩而居」也。引喪大記者，〔一〇〕欲見椁内棺外所容寬狹，得容器物之意也。

加折，卻之。加抗席，覆之。加抗木。宜次也。

【疏】「加折」至「抗木」　注「宜次也」　云「宜次也」者，宜謂折上陳之，美面鄉上，今用即美面鄉下，抗席又覆之，又折宜承席，席宜承木，皆是其宜也；次者，木則先陳後用，席則後陳先用，是其次也。

實土三，主人拜鄉人。謝其勤勞。

【疏】「實土」至「鄉人」　注「謝其勤勞」　案雜記云「鄉人，五十者從反哭，四十者待盈坎」，注云「非鄉人則少長皆反」，以此而言，於時主人未反哭，鄉人並在，故今至「實土三」徧，主人拜謝之，謝其勤勞。勤勞者，謂在道助執紼，在壙助下棺及實土也。

即位，踊，襲，如初。哀親之在斯。

【疏】「即位，踊，襲，如初」　注「哀親之在斯」　謂既拜鄉人，乃於羨道東即位，踊無筭，如初也。云「哀親之在斯」者，以親之在斯，故哀號甚，踊無筭。

乃反哭，入，〔一一〕升自西階，東面。衆主人堂下，東面，北上。西階，東面，反諸其所作也。反哭者，於其祖廟，不於阼階，西面，西方神位。

【疏】「乃反」至「北上」　注「西階」至「神位」　自此盡「門外，拜稽顙」，論主人反哭賓弔之事。「反哭」者，拜鄉人訖，反還家，哭於廟，入，升西階，〔一二〕東面哭。云「西階，東面，及諸其所作也」者，案檀弓云「反哭升堂，反諸其所作也」，注云「親所行禮之處」是也。云「反哭者，於其祖廟」者，謂下士祖、禰共廟，故下經「賓出，主人送于門外，遂適于殯宮」。適士二廟者，自殯宮先朝禰，後朝祖，今反哭則先於祖，後于禰，遂適殯宮也。案春秋僖八年經書「用致夫人」，左氏云「凡夫人，不殯於廟」者，春秋之世，多行殷法，不與禮合也。云「不於阼階，西面，西方神位」者，以特牲、少牢主人行事升降，皆由阼階，今不於阼階，〔一三〕故決之，以「西方神位」。知者，特牲、少牢皆布席于奧，殯又在西階，〔一四〕是西方神位，主人非行事，直哭而已，故就神位。

婦人入，丈夫踊，〔一五〕升自阼階。辟主人也。

【疏】「婦人」至「阼階」　注「辟主人也」　反哭之禮，主人男子等先入，主婦、婦人等後入，故婦人入，丈夫在位者皆踊。婦人不升西階者，由主人在西階，故鄭云「辟主人」。

主婦入于室，踊，出，即位，及丈夫拾踊三。入于室，反諸其所養也。出，即位，堂上西面也。拾，更也。○拾更，音庚。

【疏】「主婦」至「踊三」　注「入于」至「更也」　案檀弓云「主婦入于室，反諸其所養也」，鄭注云「親所饋食之處」，但主人既在西階，親所行禮之處，以婦人無外事，故於饋食之處哭也。云「出，即位，堂上西面也」者，自小斂奉尸夷于堂已後，主婦等位皆在阼階上，西面，是以知「出，即位」者，阼階上西面也。云「拾，更也」者，凡成踊而拾，皆主人踊，主婦人踊，〔一六〕賓乃踊，故云「更也」。

賓弔者升自西階，曰：「如之何！」主人拜稽顙。賓弔者，衆賓之長也。反而亡焉，失之矣，於是爲甚，故弔之。弔者北面，主人拜於位。不北面拜賓東者，以其亦主人位也。今文無「曰」。〔一七〕

【疏】「賓弔」至「稽顙」　注「賓弔」至「無曰」　知「賓弔」是「衆賓之長」者，以其弔賓皆在堂下，今升堂釋詞，故知賓中爲首者，賓之長也。云「反而亡焉，失之矣，於是爲甚」者，亦檀弓文。引之證閔人「反哭而弔」，哀之甚也。云「弔者北面」者，以經云「賓弔者升自西階」，即云「曰：『如之何』」，不見弔者改面之文，明升堂北面可知。云「主人拜于位」者，拜于西階上東面位。知者，以其上經主人「升自西階，東面」，〔一八〕故知仍東面位也。〔一九〕云「不北面拜賓東者，以其亦主人位也」者，鄉飲酒、鄉射主人酬賓，皆於賓東主人位，特牲、少牢助祭之賓，主人皆拜送于西階東

面，故於東面不移，以其亦主人位故也。

賓降，出，主人送于門外，拜稽顙。此於雜記五賓當「相見」之賓，故鄭上注云「舉中焉」，明五賓皆依節而弔也。

【疏】「賓降」至「稽顙」

遂適殯宮，皆如啓位，拾踊三。啓位，婦人入升堂，丈夫即中庭之位。

【疏】「遂適」至「踊三」　注「啓位」至「即位」　案士喪禮朝夕哭位云「婦人即位于堂，南上」，「主人堂下，直東序，西面」；啓殯時云「主人位如初」；又云「主人入即位」，則此主啓位，〔二〇〕婦人亦即位于堂東面，〔二一〕主人即位于堂下，直東序，西面。「直東序，西面」，即中庭位也。

兄弟出，主人拜送。兄弟，小功以下也。異門大功，亦可以歸。

【疏】「兄弟」至「拜送」　注「兄弟」至「以歸」　丈夫、婦人在殯宮拾踊既訖，兄弟入門者出，主人拜而送之。知「兄弟，小功以下也」者，此兄弟等始死之時，皆來臨喪，殯訖，各歸其家，朝夕哭則就殯所，至葬開殯而來喪所，至此反哭，亦各歸其家，至虞卒祭，〔二二〕還來預焉，故喪服小記云「緦、小功，虞、卒哭，則皆免」是也。云「異門大功，亦可以歸」者，大功以上有同財之義，爲異門則恩輕，故可歸也。

衆主人出門，哭止。闔門。主人揖衆主人，乃就次。次，倚廬也。

【疏】「衆主」至「就次」　注「次，倚廬也」　云「衆主人出門」者，則主人拜送兄弟，因在門外。〔二三〕云「闔門」者，鬼神尚幽

闇。云「次，倚廬也」者，以未虞以前，仍依於初，東壁下倚木爲廬，齊衰居堊室，大功張幃。喪服傳云「既虞柱楣前屏」，〔二四〕此直云「倚廬」，據主人斬衰者而言。

猶朝夕哭，不奠。是日也以虞易奠。

【疏】「猶朝夕哭，不奠」　注「是日」至「易奠」　自啓殯已來常奠，今反哭至殯宫，猶朝夕哭，如前不奠耳。檀弓云「葬日虞，弗忍一日離也」，「是日也以虞易奠」，故不奠也。

三虞。虞，喪祭名，虞，安也。骨肉歸於土，精氣無所不之，孝子爲其彷徨，三祭以安之。朝葬日中而虞，不忍一日離。○彷，音旁。徨，音皇。離也，力智反。〔二五〕

【疏】「三虞」　注「虞喪」至「日離」　云「虞，喪祭名」，「日中而虞，不忍一日離」，皆檀弓文。案彼云「葬日虞，弗忍一日離也」，又云「卒哭曰成事。是日也，以吉祭易喪祭」，喪祭則三虞也。云「虞，安也」者，主人孝子葬之時，送形而往，迎魂而返，恐魂神不安，故設三虞以安之。云「骨肉歸于土，精氣無所不之」者，案檀弓云延陵季子葬其長子於嬴、博之間，既窆，「左袒，右還其封」，云「骨肉歸復于土，命也，若魂氣則無不之」，〔二六〕是其「骨肉歸于土，精氣無所不之」之事。言此者，欲見迎魂而返，以虞祭安之。是以鄭云：「孝子爲其彷徨，三祭以安之」。云「朝葬日中而虞」，即檀弓所云「葬日虞，弗忍一日離」，又下士虞記亦云「日中而行事」是也。

卒哭，卒哭，三虞之後祭名。始朝夕之間，哀至則哭，至此祭止也，朝夕哭而已。

【疏】「卒哭」　注「卒哭」至「而已」　云「卒哭，三虞之後祭名」者，三虞者，再虞用柔日，後虞改用剛日，又隔柔日，卒哭

用剛日，故云「卒哭，三虞之後祭名」也。云「始朝夕之閒，哀至則哭，至此祭止也」者，始死主人哭，不絶聲；小斂之後，以親代哭，亦不絶聲；至殯後，主人在廬，廬中思憶則哭；又有朝夕於阼階下哭，至此爲卒哭祭，唯有朝夕哭而已，言其哀殺也。然則喪有三無時哭者，始死至殯，哭不絶聲，一無時；既殯，廬中思憶則哭，二無時；卒哭祭後，唯有朝夕哭爲有時；至練祭之後，又止朝夕哭，唯有堊室之中，或十日，或五日一哭，通前爲三無時之哭也。是以檀弓云「哭無時，使必知其反也」，是據練後哭無時也。

明日，以其班祔。班，次也。祔，卒哭之明日祭名，祔，猶屬也，祭昭穆之次而屬之。今文「班」爲「胖」。○猶屬，音燭，下同。

【疏】「明日以其班祔」　注「班次」至「爲胖」　云「班，次也」者，謂昭穆之次第。云「祔，卒哭之明日祭名」者，以卒哭用剛日，祔用柔日，是以下士虞記云「卒哭祭」，即云「明日，以其班祔」，故云「卒哭之明日祭名」。云「祔，猶屬也，祭昭穆之次而屬之」者，以其孫祔於祖，孫與祖昭穆同，故以孫連屬於祖，而就祖而祭之也。

記。

【疏】「記」　凡記者，皆是經不具，記之使充經文理，備足也。

士處適寢，寢東首于北墉下。將有疾，乃寢於適室。今文「處」爲「居」，「于」爲「於」。○適寢，下狄反，注同。東首，手右反。北墉，音庸。

【疏】「士處」至「墉下」　注「將有」至「爲於」　云「將有疾，乃寢於適室」者，以士喪篇首云士「死于適室」，此記云「適寢」者，適室，一也，故互見其文。若不疾則在燕寢，將有疾乃寢卧于適室，故變室爲寢也。云「東首」者，鄉生氣之所。云「墉下」者，墉謂之牆，喪大記謂之「北牖下」。必在「北墉下」，〔一七〕亦取十一月一陽生於北，生氣之始故

也。〔二八〕士喪禮論其死事，故不云疾，此記人記其不備。凡人死皆因疾，故記其疾之所在也。

有疾，疾者齊，正情性也。適寢者，不齊不居其室。○者齊，側皆反，本又作齋，後同。

【疏】「有疾，疾者齊」　注「正情」至「其室」　云「有疾」者，既有疾，當齊戒，「正情性」故也。云「適寢者，不齊不居其室」者，案鄉黨孔子齊「居必遷坐」，又祭義云「致齊於內，散齊於外」，皆在適寢，但散齊得鄉外，故云「於外」耳，是其齊居適寢也。

養者皆齊，憂也。〔二九〕○養者，于亮反，後兼養并注同。

【疏】「養者皆齊」　注「憂也」　案曲禮云「父母有疾，冠者不櫛，行不翔，笑不至矧，怒不至詈，不飲酒、食肉，疾止復故」，男女養疾皆齊戒，正情性也。

徹琴瑟。去樂。○去樂，起呂反，後同。

【疏】「徹琴瑟」　注「去樂」　君子無大故，琴瑟不離其側，今以父母有疾，憂不在于樂，故去之。案喪大記云「疾病，內外皆埽，君大夫徹縣，士去琴瑟」，注云「凡樂器，天子宮縣，諸侯軒縣，大夫判縣，士特縣。去琴瑟者，不命之士」，亦謂子男之士不命者也。

疾病，外內皆埽。爲有賓客來問也。疾甚曰病。○皆埽，素到反。爲有，于僞反，下放此，以意求之。

【疏】「疾病，外內皆埽」　注「爲有」至「曰病」　云「疾甚曰病」者，則外內皆埽，爲賓客來問疾，自絜清也。

徹褻衣，加新衣。故衣垢汙，爲來人穢惡之。○穢惡，紆廢反，劉烏外反，下烏路反。

【疏】「徹褻衣，加新衣」　注「故衣」至「惡之」　此文承疾病者及養病者，則「徹褻衣」，據死者而言，則生者亦去故衣，服新衣矣。「徹褻衣」謂故玄端已有垢汙，故來人穢惡，是以徹去之。加新衣者，謂更加新朝服；喪大記亦云「徹褻衣，加新衣」，鄭注云「徹褻衣，則所加者新朝服矣，互言之也」。加朝服者，明其終於正也」。「互」者，褻衣是玄端，新衣是朝服，朝服言「新」；〔三〇〕則褻衣是「故」；玄端言「褻」，朝服是絜，不褻矣，各舉一邊而言，明皆有兼也。必知褻衣是玄端，新衣是朝服者，案司服士之齊戒，服玄端，則疾者與養疾者皆齊，明服玄端矣。檀弓云「始死，羔裘、玄冠者，易之而已」，羔裘、玄冠即朝服，〔三一〕故知臨死所著新衣，則朝服也，故鄭云「終於正」也。

御者四人，皆坐持體。爲不能自轉側。御者，今時侍從之人。〔三二〕

【疏】「御者」至「持體」　注「爲不」至「之人」　案喪大記云「體一人」，注云「爲其不能自屈伸也」。〔三三〕若然，四體各一人，亦爲不能自轉側。詩云「輾轉反側」，據身，云「不能自屈伸」，據手足，二文相兼乃具。云「御者，今時侍從之人」者，士雖無臣，亦有侍御僕從之人，終於其手也。

屬纊以俟絶氣。有其氣微難節也。〔三四〕纊，新絮。○屬，音燭，下屬幅并注同。纊，音曠，劉古曠反，新緜。

【疏】「屬纊以俟絶氣」　注「有其」至「新絮」　案喪大記注云「纊，今之新緜，易動搖，置口鼻之上以爲候」，亦二注相兼乃具。云「纊，新絮」即「新緜」。禹貢豫州貢「纖纊」，明纊新緜也。

男子不絶於婦人之手，婦人不絶於男子之手。備褻。

【疏】「男子」至「之手」　注「備褻」　案喪大記注云：「君子重終，爲其相褻」。若然，疾時使御者持體，并死于其手；若婦人則内御者持體，還死于其手。〔三五〕故喪大記云：「其母之喪，則内御者抗衾而浴。」僖三十三年冬，「公薨于小寢」，左氏傳曰「即安」，服注云〔三六〕「小寢，夫人寢也。禮，男子不絶於婦人之手，今僖公薨于小寢，譏其近女室」，是男子不絶于婦人之手，備褻也。

乃行禱于五祀。〔三七〕盡孝子之情。五祀，博言之。士二祀：曰門，曰行。○盡孝，于忍反。

【疏】「乃行禱于五祀」　注「盡孝」至「曰行」　云「盡孝子之情」者，死期已至，必不可求生，但盡孝子之情，故乃行禱五祀，望祐助病者，使之不死也。云「五祀，博言之。士二祀：曰門，曰行」者，祭法文。今禱五祀，是廣博言之，望助之者衆。其言「五祀」，則與諸侯「五祀」同，則祭法云諸侯「五祀」是也。

乃卒，卒，終也。

【疏】「乃卒」　注「卒，終也」　自此盡「遷尸」，論上篇始死，遷尸於南牖之事。曲禮與爾雅皆云「大夫曰卒，士曰不禄」，〔三八〕今士不言「不禄」，而云「卒」者，義取「君子曰終，小人曰死」，故鄭云「卒，終也」，美言之，使與大夫同稱也。

主人啼，兄弟哭。哀有甚有否。於是始去笄纚，〔三九〕服深衣。檀弓曰：「始死，羔裘、玄冠者，易之。」○人諦，〔四〇〕大兮反。纚，所買反，又所綺反。

【疏】「主人啼，兄弟哭」　注「哀有」至「易之」　云「哀有甚有否」者，啼即泣也，檀弓云高柴「泣血三年」，注云「言泣無聲，如血出」，則啼是哀之甚，發聲則氣竭而息之，聲不委曲，若往而不反，對齊衰以下直哭無啼，是其否也。知「於

是始去笄纚，〔四二〕服深衣」者，禮記問喪云「親始死，雞斯徒跣，扱上衽」，注云「雞斯當爲笄纚。上衽，深衣之裳前」，是其親始死笄纚，〔四二〕服深衣也。引檀弓者，證服深衣，易去朝服之事也。

設牀第，當牖。衽，下莞，上簟。設枕。病卒之間廢牀，至是設之，事相變。衽，卧席。古文「第」爲「茨」。○牀第，〔四三〕側几反。衽，而甚反，又西鴆反。〔四四〕

【疏】「設牀」至「設枕」　注「病卒」至「爲茨」　經直云士「死于適室，幠用斂衾」，不云此等之事，故記人言之也。云「病卒之間廢牀，至是設之」者，喪大記云疾病「寢東首於北牖下，〔四五〕廢牀」，是其始死亦因在地，無牀，復而不蘇，乃設牀於南牖下，有枕席，是病卒之間廢牀，於是設之。云「事相變」者，謂疾病時去牀，既死設牀，是生死事相變也。「衽，卧席」者，曲禮云「請席何鄉？請衽何趾」？鄭云「坐問鄉，卧問趾，因於陰陽」，是衽爲卧席。昏禮注云：「衽，卧席也。」

遷尸。徙於牖下也。於是幠用斂衾。

【疏】「遷尸」　注「徙於」至「斂衾」　云「徙於牖下」者，即上文「牀第，當牖」者也。「於是幠用斂衾」者，釋士喪禮「幠用斂衾」之時節也。

復者朝服，左執領，右執要，招而左。衣朝服，服未可以變。○朝服，直遥反，後同。執要，一遥反，後同。衣朝，於既反。

【疏】「復者」至「而左」　注「衣朝」至「以變」　云「招而左」者，以左手執領，還以左手以領招之。必用左者，招魂所以求

生，左陽，陽主生，故用左也。復者，士之有司，著朝服。左執領，謂爵弁服也。云「衣朝服，服未可以變」者，謂始死未可以變之服凶服，以其復所以求生故也。喪大記：「小臣復，復者朝服」。彼言「小臣」據君，則上下尊卑復者皆朝服也。

楔貌如軛，上兩末。事便也。今文「軛」作「厄」。○楔貌，悉結反。如軶，〔四六〕於革反。

【疏】「楔貌」至「兩末」　注「事便」至「作厄」　云「如軶」者，軶謂馬鞅，〔四七〕軶馬領，亦上兩末，今以屈處入口，取出時易，故鄭云「事便也」。此用柶，〔四八〕異於吉時所用也。

綴足用燕几，校在南，御者坐持之。校，脛也。尸南首，几脛在南以拘足，則不得辟戾矣。古文「校」爲「枝」。○綴足，丁劣反，劉丁衛反。校在，劉胡飽反，一音苦交反。辟戾，必亦反。

【疏】「綴足」至「持之」　注「校脛」至「爲枝」　云「几脛在南以拘足，則不得辟戾矣」者，古者几兩頭各施兩足，今以夾則豎用之，〔四九〕尸南首，足鄉北，故以几脚鄉南以夾足，恐几欹側，故使生存侍御者一人坐持夾之，使足不辟戾，可以著屨也。

即牀而奠，當腢。用吉器，若醴，若酒，無巾柶。腢，肩頭也。用吉器，器未變也。或卒無醴，用新酒。○當腢，五口反，劉五侯反。或卒，七忽反。

【疏】「即牀」至「巾柶」　注「腢肩」至「新酒」　即，就也，謂就尸牀而設之。尸南首，則在牀東，當尸肩頭也。此即檀弓

云「始死之奠，其餘閣也與」？云「用吉器，器未變也」者，謂未忍異於生，故未變，至小斂奠，則變籩豆之等，爲變矣。云「或卒無醴，用新酒」者，釋經「若醴，若酒」，科有其一，不得並有之事，以其始死卒未有醴，則用新酒。若然，醴、酒俱有，容有醴則用之，不更用酒，以其始死不備故也。若小斂以後，則酒、醴具設，「無二：醴、酒」是也。

赴曰：「君之臣某死」。赴母、妻、長子，則曰：「君之臣某之某死。」赴，走告也。今文「赴」作「訃」。○長子，丁丈反，下注長猶同。作訃，音赴。

【疏】「赴曰」至「某死」 注「赴走」至「作訃」 云「母、妻、長子，則曰：『君之臣某之某死』」者，上某是士名，下某是母、妻、長子。假令長子，則云「長子某甲」。母、妻，〔五〇〕則婦人不以名行，直云母與妻也。云「赴，走告也」者，言赴取急疾之意，故云「赴，走告也」。云「今文赴作訃」者，雜記作「訃」者，義取以言語相通，亦一塗也。

室中，唯主人、主婦坐。兄弟有命夫、命婦在焉，亦坐。別尊卑也。○別尊，彼列反。

【疏】「室中」至「亦坐」 注「別尊卑也」 云「兄弟有命夫、命婦在焉，亦坐」者，若無命夫、命婦，則皆立可知。此士喪禮，故鄭云「別尊卑也」，尊謂命夫、命婦。案大記君之喪主人、主婦坐，以外皆立；若大夫喪，主人、主婦、命夫、命婦皆坐，以外皆立也；士之喪主人父兄、主婦、姑姊妹皆坐，鄭云「士賤，同宗尊卑皆坐」。此命夫、命婦之外立而不坐者，此謂有命夫、命婦來，兄弟爲士者則立，若命夫、命婦，〔五一〕則同宗皆坐也。

尸在室，有君命，衆主人不出。不二主。

【疏】「尸在」至「不出」　注「不二主」　經直云「主人唯君命出」，不言衆主人，故記人辨之。云「衆主人不出」，在尸東耳。云「不二主」者，曾子問云「喪有二孤，廟有二主」爲非禮。不云不二孤，而云「不二主」者，彼廟主與喪孤相對，此孤不對廟主，孤亦是喪主，故以「主」言之也。

襚者委衣于牀，不坐。牀高，由便。

【疏】「襚者」至「不坐」　注「牀高由便」　云「牀高，由便」者，曲禮云「授立不跪，授坐不立」，此「委衣於牀」者，不坐委之，以牀高，亦如「授立不坐」之義，故云「由便」也。

其襚于室，户西北面致命。始死時也。

【疏】「其襚」至「致命」　注「始死時也」　云「始死時」者，謂未小斂之前，尸在室中户西，故北面致命。若小斂之後，奉尸夷於堂，則中庭北面致命。〔五二〕

夏祝淅米，差盛之。差，擇之。○淅米，西歷反。差盛，七何反，又初佳反，劉藏何反，下音成。

【疏】「夏祝」至「盛之」　注「差擇之」　經直云「祝淅米于堂，南面，用盆」，不言「夏」與「盛之」，故記人言之。

御者四人抗衾而浴，襢笫。抗衾，爲其倮裎，〔五三〕蔽之也。襢，袒也。袒簀去席，盝水便。○抗衾，苦浪反，劉音剛。襢，之善反。倮，力果反。袒，音但。簀，音責。盝，音禄。〔五四〕便

也，婢面反。**其母之喪，則内御者浴，鬠無笄。**内御，女御也。無笄，猶丈夫之不冠也。○鬠，古外反。

【疏】注「内御」至「冠也」　云「内御，女御」者，以婦人稱内，故以「女御」爲「内御」，婦人不死男子之手，故知「内御，女御也」。天子八十一御妻，亦曰「女御」，與此别也。云「無笄，猶丈夫之不冠也」者，喪服小記云「男子冠而婦人笄」，士喪禮「男子免，不冠」，此云婦人不笄，與男子不冠同，故云「猶丈夫不冠也」。

設明衣，婦人則設中帶。中帶，若今之褌襂。〔五五〕○褌，〔五六〕音昆。襂，音衫。

【疏】「設明」至「中帶」　注「中帶」至「褌襂」〔五七〕　經直云「設明衣」，不辨男子與婦人，故此記人云「設明衣」者男子，其「婦人則設中帶」。鄭云「中帶，若今褌襂」者，鄭舉目驗而言。但男子明衣之狀，鄭不明言，亦當與中帶相類，有不同之處，故别。雖名中帶，亦號明衣，取其圭絜也。

卒洗貝，反于笄，實貝，柱右䪼、左䪼。象齒堅。○于笄，音煩。柱，丁主反。䪼，丁干反。

【疏】「卒洗」至「左䪼」　注「象齒堅」　經直云實貝於尸左右及中，不言遠近，故記人辨之。云「右䪼左䪼」，謂牙兩畔最長者，象生時齒堅也。

夏祝徹餘飯。徹，去䰞。

【疏】「夏祝徹餘飯」　經不言夏祝徹，故記人言之。

瑱塞耳。塞，充窒。○瑱，塞，佗殿反。〔五八〕

【疏】「瑱塞耳」　經直云瑱用白纊，用掩之，不云「塞耳」，恐同生人縣于耳旁，故記人言之也。

掘坎南順，廣尺，輪二尺，深三尺，南其壤。 南順，統於堂。輪，從也。今文「掘」爲「坅」也。○掘坎，其勿反，又其月反。從也，子容反。爲坅，五錦反，劉音作感反；埤蒼云：「坎也，坑也。」

【疏】「掘坎」至「其壤」　經直云「甸人掘坎于階間」，不辨大小，故記人明之。

垼用塊。 塊，塯也。古文「垼」爲「役」。○垼用，音役。塊，苦内反。塯也，普逼反，劉音逼。

【疏】注「塊塯也」　云「塊，塯」者，爾雅釋言文。孫氏云：「塯，土塊也。」

明衣裳用幕布，袂屬幅，長下膝。 幕布，帷、幕之布，升數未聞也。屬幅，不削幅也。長下膝，又有裳，於蔽下體深也。

【疏】「明衣」至「下膝」　注「幕布」至「深也」　云「明衣裳，用幕布」，則衣裳同用幕布。云「袂屬幅，長下膝」者，唯據衣而言，以其下别云「裳」故也。云「幕布，帷、幕之布」者，周禮幕人云「掌帷、幕、幄、帟、綬」，鄭云「帷、幕皆以布爲之，幄，帟皆以繒爲之」，以其帷、幕所以張之於外，恐不相勝舉，故須用布，鄭亦取此文「用幕布」爲義也，故此云「帷、幕之布」。云「升數未聞」者，以其不云疏布，直云「幕布」，故云「未聞也」。云「屬幅，不削幅」者，布幅二尺二寸，凡用布皆削去邊幅旁一寸，爲二寸計之，則此「不削幅」，謂繚使相著，〔五九〕還以袂二尺二寸。〔六〇〕云「長下膝」者，謂爲此衣長至膝下。云「又有裳，於蔽下體深」者，凡平爲衣，〔六一〕以其有裳，故不至膝下，此「又有裳」，而言膝下，故云「於蔽下體深也」。「蔽下體」，解此經衣至膝下也。

有前後裳，不辟，長及轂。不辟，質也。〔六二〕轂，足跗也。凡他服，短無見膚，長無被土。〔六三〕○不辟，必亦反，劉又薄歷反，注同。及轂，苦角反，又户角反。足跗，方于反。不見，賢遍反，下不見同。不被，皮義反。

【疏】「有前」至「及轂」　注「不辟」至「被土」　云「不辟，質也」〔六四〕者，以其凡男子裳不連衣，故皆前三幅，後四幅，辟積其要間，示文。今此亦前三後四。不辟積者，以其一服不動，不假上狹下寬也。云「凡他服，短無見膚，長無被土」者，「他服」謂深衣；深衣云「短毋見膚」，注云「衣取蔽形」；又云「長毋被土」，注云「爲汙辱」是也。此裳及轂至足跗，亦是不「被土」，故引爲證也。

縓綼緆。一染謂之縓，今紅也。飾裳在幅曰綼，在下曰緆。○縓，七絹反，范倉亂反。綼，毗支反，劉音卑。緆，他計反，劉羊豉反。一染，而漸反。

【疏】「縓綼緆」　注「一染」至「曰緆」　云「一染謂之縓」者，爾雅文，謂一入赤汁染之，即漢時紅，故舉以爲況也。云「飾裳在幅曰綼」者，案深衣云「純袂、緣、純邊」，注云「純，謂緣之也，緣邊衣裳之側，廣各寸半，則表裏共三寸矣」，此在幅亦衣裳之側，緣法如彼也。

緇純。七入爲緇，緇，黑也。〔六五〕飾衣曰純，謂領與袂。衣以緇，裳以縓，象天地也。○緇純，諸允反，劉之閏反，注同。

設握，裏親膚，〔六六〕**繫鉤中指，結于掔。**〔六七〕掔，掌後節中也。手無決者，以握繫一端，繞掔還從上自貫，反與其一端結之。○設握，如字，劉烏豆反。中指，如字，劉丁仲反。于掔，烏亂反。〔六八〕

【疏】「設握」至「于掔」　注「掔掌」至「結之」　「手無決」者，以其經已云「設握」麗「于掔」〔六九〕與決連結，〔七〇〕據右手有決者，不言左手無決者，故記之。云「以握繫一端，繞掔還從上自貫，反與其一端結之」者，案上文握手用玄纁裏，長尺二寸，今裏親膚，據從手內置之，長尺二寸，中掩之，〔七一〕手纔相對也；兩端各有繫，先以一端繞掔一帀，〔七二〕還從上自貫，又以一端鄉上，鉤中指，反與繞掔者結於掌後節中。

甸人築坅坎。築，實土其中，堅之。穿坎之名，一曰坅。

【疏】「甸人築坅坎」　注「築實」至「曰坅」　經直云「甸人掘坎」，不云還使「甸人築」，故記人明之，還使「甸人築」之也。

隸人涅廁。隸人，罪人也，今之徒，役作者也。涅，塞也，爲人復往褻之，又亦鬼神不用。〔七三〕○涅廁，乃結反，塞也。復往，扶又反。

【疏】「隸人涅廁」　注「隸人」至「不用」　知「隸人，罪人」者，案周禮司厲職云「其奴，男子入於罪隸」，則中國罪人，對夷隸、蠻隸、貉隸之等是征四夷所得也。故鄭舉漢法，「今之徒，役作者也」。云「爲人復往褻之，又亦鬼神不用」者，若然，古者非直不共偪浴，亦不共廁，故得云死者「不用」也。

既襲，宵爲燎于中庭。宵，夜。

【疏】「既襲」至「中庭」　士之喪，死日而襲。經不云中庭設燎，故記明之也。

厥明，滅燎，陳衣。記節。

【疏】「厥明，滅燎，陳衣」 注「記節」 云「記節」者，爲小斂陳衣當襲之，明旦滅燎之時，故「記節」。正經不云，故記人以明之也。

凡絞、紟用布，倫如朝服。凡，凡小斂、大斂也。倫，比也。今文無「紟」。古文「倫」爲「輪」。

【疏】「凡絞」至「朝服」 注「凡凡」至「爲輪」 言「凡」，非一之言，以其唯小斂至大斂有絞，大斂又有紟，故知「凡」中有大、小斂也。言類「如朝服」者，雜記云「朝服十五升」是也。

校勘記

〔一〕大夫諸侯以上有四周謂之輤以其 阮校云十四字此本、要義俱複出。案疏文冗蔓多類此，似非刊本誤衍。

〔二〕大夫士以咸 阮校云陳、閩、監本、通解、要義同，毛本、楊氏「咸」作「緘」。按喪大記經文作「咸」。

〔三〕以丈八尺名爲制 阮校云要義同，毛本、通解無「名」字。

〔四〕反位 阮校云毛本、集釋「位」下有「也」字，徐本、楊、敖俱無，與疏合。案注末楊、敖俱有「拾更也」三字，浦鏜說此三字依釋文當在後文「主婦入于室」條下。今按浦鏜說是。

〔五〕劉其輒反 「輒」宋本誤作「輙」，此據徐乾學本改。

〔六〕相聞姓名 阮校云通解、要義同，毛本「聞」作「問」。按雜記注作「聞」。

〔七〕檀弓曰有虞氏之瓦棺夏后氏堲周殷人棺槨周人牆置翣 阮校云徐本、集釋、敖氏皆如是，通解删「有虞」至「棺槨」十五字，毛本因之。盧文弨云：陸氏爲「堲周」作音，則有者是。

〔八〕君容柷　阮校云陳本、要義、楊氏同，毛本、釋文、通典、集釋、通解、敖氏「柷」俱作「梲」。今按作「梲」是。

〔九〕後陳者先用𦉥甒　阮校云楊氏同，毛本、通解、要義俱重出「先用」二字。

〔一〇〕引喪大記者　阮校云通解、要義同，毛本「引」作「云」。

〔一一〕乃反哭入　盧文弨云士虞禮注引「入」下有「門」字。

〔一二〕入升西階　阮校云毛本「升」下有「自」字。

〔一三〕不於阼階　阮校云陳、閩、監本、通解同，毛本「於」作「由」，要義作「以」。

〔一四〕殯又在西階　阮校云陳、閩俱無「西」字。

〔一五〕丈夫踊　「丈」原作「大」，徐本同。黄氏校録云張本改「大」爲「丈」，據監本也，李本「丈」。案「丈」譌爲「大」，形涉而誤。阮校云毛本、通解、楊、敖俱作「丈」。今按「丈」字是，此據改。

〔一六〕主婦人踊　阮校云毛本、通解無「人」字。

〔一七〕今文無曰　阮校云徐本、集釋同，毛本、通解作「古文無曰字」。

〔一八〕以其上經　阮校云通解、要義同，毛本「經」下有「云」字。

〔一九〕仍東面位也　阮校云陳本、通解、要義同，毛本「仍」作「乃」。

〔二〇〕此主啓位　阮校云要義同，毛本、通解「主」作「如」。

〔二一〕堂東面　阮校云陳本、通解、要義同，毛本「東」下有「西」字，閩本「西」字擠入。

〔二二〕至虞卒祭　阮校云要義同，毛本、通解、楊氏「卒」下有「哭」字。

〔二三〕因在門外　阮校云陳本、通解、要義同，毛本「在」作「依」。案「在」字是。

〔二四〕既虞柱楣前屏　阮校浦鏜云「翦」誤「前」。今按喪服傳作「既虞翦屏柱楣」。

〔二五〕離也力智反　「力」宋本誤作「方」，此據徐乾學本改。

〔二六〕若魂氣則無不之　阮校云毛本「之」下有「也」字。今按檀弓下有「也」字。

〔二七〕必在北墉下　阮校云「必」閩本、重修監本俱作「此」，「墉」要義作「牖」。

〔二八〕生氣之始故也　阮校云毛本無「故」字，通解、要義俱有。

〔二九〕憂也　阮校云通解無此注。

〔三〇〕新衣是朝服朝服言新　阮校云「朝服」二字毛本不重出。

〔三一〕羔裘玄冠即朝服　阮校云「即」通解、要義俱作「則」。

〔三二〕侍從之人　阮校云「侍」徐、陳、閩、葛、集釋、通解、楊、敖同，與單疏述注合，毛本作「待」。今按「侍」字是。

〔三三〕不能自屈伸也　「屈伸」張敦仁本誤作「伸屈」，阮本同誤，此據單疏改。

〔三四〕有其氣微難節也　「有」徐本作「爲」，毛本同，與單疏標目不合。

〔三五〕若婦人則内御者持體還死于其手　阮校云陳、閩俱無此十四字。

〔三六〕即安服注云　阮校云毛本「服」作「也」，通解「也服」二字俱有。金曰追曰：首句雖與杜注不殊，而「禮男子」以下二十二字全非杜注，則其爲服氏注無疑。

〔三七〕乃行禱于五祀　阮校云「五」陳、閩、葛本俱作「伍」。

〔三八〕士曰不禄　阮校云通解同，毛本無「曰」字。案有「曰」字與曲禮合。

〔三九〕始去笄纚　黄刊嚴州本、徐本同，與單疏述注合。阮校云通解、集釋、毛本「去」下有「冠而」二字。

〔四〇〕人謕　黄焯彙校云張淳所據釋文本亦作「謕」。徐乾學本「謕」作「啼」。今按「謕」讀爲「啼」。

〔四一〕於是始去笄纚　阮校云毛本「去」下有「冠而」二字。

〔四二〕 笄纚　阮校云通解同，毛本「笄」作「雞」。

〔四三〕 牀笫　「笫」宋本誤作「策」，此據徐乾學本改。

〔四四〕 西鳩反　黄焯彙校云：「西」字誤，宋本作「而」。今按「而」字固是，但宋本不作「而」。黄氏所謂「宋本」，殆爲葉鈔之誤，因清人每稱葉鈔爲宋本故也。黄氏已知葉鈔非真宋本，此偶誤從清人説耳。

〔四五〕 北牖下　阮校云陳、閩同，通解「牖」作「墉」。今按喪大記作「牖」。

〔四六〕 如軛　黄焯彙校云張淳所據釋文本同，徐乾學本「軛」作「軶」，與單疏同。

〔四七〕 軶謂馬鞅　阮校云毛本、通解「謂」下有「如」字。

〔四八〕 此用柶　阮校云陳本同，毛本「用」作「角」。

〔四九〕 今以夾則豎用之　阮校云毛本、通解「以」作「則」，「則」作「以」。

〔五〇〕 則云長子某甲母妻　阮校云「甲」陳本、通解俱作「甲」，屬上句，是也；毛本作「若」。

〔五一〕 若命夫命婦　阮校云要義同，毛本、通解「若」下有「無」字。按毛本是也。

〔五二〕 奉尸夷於堂則　阮校云陳本、通解同，毛本「夷」作「侇」，「則」作「前」。按當作「則」，屬下句。

〔五三〕 爲其倮裎　黄刊嚴州本、徐本俱作「倮程」，阮校云通解同，集釋、敖氏、毛本俱作「裸裎」。張氏士喪禮識誤云：既夕禮「謂其倮程」監本亦作「裎」。按張氏以「爲」爲「謂」。

〔五四〕 蚤音禄　阮校云此本、徐本、集釋俱無此三字，毛本有，葛本、通解俱於「蚤」上加圈。

〔五五〕 中帶若今之禪襂　阮校云「若」通解作「者」；「禪」，徐本同，與單疏標目合，釋文、集釋、通解、敖氏、毛本俱作「襌」。黄氏校録云「襌」是「禪」非。

〔五六〕 禪　徐乾學本同，宋本注疏皆作「襌」。

〔五七〕注中帶至禪袗　阮校云毛本「襌」作「禪」，下同。通解、要義載下疏亦作「禪」。案通解於注作「禪」，於疏作「襌」，蓋宋時注、疏別行，黃氏各據本文，未暇畫一。

〔五八〕佗殿反　「佗」徐乾學本作「他」。

〔五九〕謂繚使相著　阮校云「謂繚」聶氏作「但繚之」。

〔六〇〕還以袂二尺二寸　阮校云「以」陳、閩俱作「二」，聶氏作「爲二尺二寸」。

〔六一〕凡平爲衣　阮校云毛本、通解無「平」字。

〔六二〕不辟質也　阮校云徐本、通典、通解、楊氏同，與單疏述注合，集釋、毛本「質」作「積」，下同。

〔六三〕短無見膚長無被土　阮校云兩「無」字釋文俱作「不」，集釋上作「不」，下作「無」。

〔六四〕云不辟質也　阮校云「質」毛本作「積」。

〔六五〕緇黑也　阮校云徐本、集釋同，毛本、通解、楊氏「黑」下俱有「色」字。

〔六六〕設握裹親膚　阮校云唐石經、徐本、集釋、通解、要義、楊氏同，「裹」毛本、敖氏作「裏」。今按「裹」字是。

〔六七〕結于掔　「掔」唐石經同，黃刊嚴州本作「掔」，徐本作「掔」，注同，説詳士喪禮。今按阮校誤以唐石經、嚴州本作「掔」。

〔六八〕于掔烏亂反　黃焯彙校云孫星衍改「掔」爲「掔」。

〔六九〕設握麗于掔　「握」原誤作「捏」，此據單疏改。毛本「掔」作「掔」，下並同。今按阮校誤「掔」爲「掔」。

〔七〇〕與決連結　「連」張敦仁本誤作「運」，阮本承其誤，此據單疏改。

〔七一〕中掩之　「中」張敦仁本誤作「十」，阮本承其誤，此據單疏改。

〔七二〕先以一端繞掔一帀　阮校云要義同，毛本「掔」作「繫」。今按阮所謂「掔」實「掔」之誤，校記標目與正文不合。

〔七三〕又亦鬼神不用　阮校盧文弨云「亦」一作「以」。

儀禮注疏卷第四十一

唐朝散大夫行大學博士弘文館學士臣賈公彦等撰

設棜于東堂下，南順，齊于坫，饌于其上。兩甒：醴、酒，酒在南。篚在東，南順。實角觶四、木柶二、素勺二。豆在甒北，二以並，籩亦如之。棜，今之轝也。角觶四、木柶二、素勺，〔一〕爲少進醴、酒，〔二〕兼饌之也。勺二，醴、酒各一也。豆、籩二以併，則是大斂饌也。記於此者，明其他與小斂同陳。古文「角觶」爲「角柶」。○設棜，於庶反。齊于，如字，劉才計反。坫，丁念反。素勺，上汋反，注同。

【疏】「設棜」至「如之」 注「棜今」至「角柶」 自此盡「出室」，論陳大、小斂奠，記經不備之事。云「角觶四、木柶二，爲夕進醴、酒，兼饌之也」者，以其大、小斂之奠，皆有醴、酒，醴一觶，又用一柶，酒用一觶，計醴、酒但用二觶一柶矣。而觶有四，柶有二者，朝夕酒、醴及器別設，不同器，朝夕二奠，各饌其器也。云「豆、籩二以併，〔三〕則是大斂饌」者。以其小斂一豆一籩，大斂乃有二豆二籩，故知「二」謂大斂饌。云「記於此者，明其他與小斂同陳」者，鄭意大斂饌不在大斂節内陳之，而在小斂節陳之者，以其陳此籩、豆之外，皆與小斂同，故就小斂節内陳之，取省文之義也。云「同陳」者，謂多少同陳，不謂大斂饌陳之，亦在小斂節内也。

凡籩、豆實、具設，皆巾之。籩、豆偶而爲具，具則於饌巾之，巾之，加飾也。明小斂一豆一籩不巾。

【疏】「凡籩」至「巾之」　注「籩豆」至「不巾」　云「實、具設，皆巾之」者，謂於東堂實之，於奠設之，二處皆巾，故云「皆巾之」。云「籩、豆偶而爲具，具則於饌巾之，巾之，加飾也」者，此鄭指解大斂之實饌於堂東之時，巾之加飾，對小斂之實於堂東不巾，不加飾。云「明小斂一豆一籩不巾」者，〔四〕以其云籩、豆具，據大斂奠二豆二籩，實與奠二處皆巾，明小斂奠一豆一籩堂東饌時不巾。若然，小斂奠設于牀東巾之，爲在堂經久設，塵埃加，故雖一豆一籩，〔五〕亦巾之，即禮記檀弓云「喪不剝奠也與？祭肉也與」？以其有牲肉故也。

觶俟時而酌，柶覆加之，面枋，及錯，建之。時，朝夕也。檀弓曰：「朝奠日出，夕奠逮日。」○面枋，彼命反。及錯，七故反。

【疏】「觶俟」至「建之」　注「時朝」至「逮日」　言此者，記人恐饌時已酌於觶，故記云「俟時而酌」也。引檀弓者，謂「時」是朝夕之時。必朝奠待日出，夕奠須日未没者，欲得父母之神隨陽而來故也。

小斂辟奠，不出室。未忍神遠之也。辟襲奠以辟斂，既斂則不出於室，設于序西南，畢事而去之。○辟斂，音避，下辟忌同。

【疏】「小斂，辟奠不出室」　注「未忍」至「去之」　云「未忍神遠之也」者，釋「奠不出室」之義，始死猶生事之，不忍即爲鬼神事之，故「奠不出室」。云「辟襲奠以辟斂」者，以經云「小斂辟奠」，故知「辟襲奠」只爲「辟斂」也。云「既斂則不出於室，設於序西南」者，又解襲奠不出室，若將大斂，則辟小斂，奠於序西南。此將小斂，辟奠於室，至於既小斂，〔六〕則亦不出於室，設于序西南，故言「不出室」。若然，「奠不出室」，爲既斂而言也。〔七〕云「事畢而去之」者，斂事畢，奉尸夷于堂乃去之，而設小斂奠于尸東。

無踊節。其哀未可節也。

【疏】「無踊節」注「其哀未可節也」自死至此爲節，賓主拾踊有三者三，有踊節；而云「無踊節」者，除三者三之外，其間踊皆無節，即上文「踊無筭」是也。云「其哀未可節也」，亦謂三者三之外「無踊節」而言也。

既馮尸，主人袒，髻髮，絞帶，衆主人布帶。衆主人，齊衰以下。○髻髮，音括。〔八〕

【疏】「既馮」至「布帶」注「衆主」至「以下」小斂于户内訖，主人袒，髻髮，散帶垂。經不云「絞帶」及齊衰以下「布帶」事，故記者言之。案喪服「苴絰」之外，更有「絞帶」，〔九〕鄭注云「絰象大帶」，〔一〇〕又有絞帶象革帶，齊衰以下用布」，齊衰無等，皆是布帶也。知「衆主人」非衆子者，以其衆子皆斬衰絞帶，故知「衆主人，齊衰以下」。至緦麻，首皆免也。

大斂于阼。未忍便離主人位也。主人奉尸斂于棺，則西階上賓之。○便離，力智反。奉尸，芳勇反，下奉之同。

【疏】「大斂于阼」注「未忍」至「賓之」經大斂時直云「布席如初」，不言其處，故記云：「大斂于阼」。阼是主人位，故鄭云「未忍便離主人位也」。云「主人奉尸斂于棺，則西階上賓之」者，喪事所以即遠，斂訖即奉尸斂于棺，賓客之，故檀弓云「周人殯于西階，則猶賓之」是也。

大夫升自西階，階東北面，東上。視斂。

【疏】「大夫」至「東上」注「視斂」知「視斂」者，以其文承「大斂」下，故知「大夫升」爲「視斂」也。

既馮尸，大夫逆降，復位。中庭西面位。

【疏】「既馮」至「復位」　注「中庭西面位」　知大夫位在「中庭西面」者，上篇朝夕哭云主人入「堂下，直東序，西面」，「卿大夫」在其南，卿大夫與主人同西面向殯，故知大夫位在「中庭西面」也。

巾奠，執燭者滅燭，出，降自阼階，由主人之北東。巾奠而室事已。

【疏】「巾奠」至「北東」　注「巾奠而室事已」　上篇大斂奠時，直云「乃奠，燭升自阼階」，〔一二〕無「執燭」，降「由主人之北」，故記人言之，云「由主人之北東」也。云「巾奠而室事已」者，既巾訖，是室事已，故執燭者出也。

既殯，主人說髦。既殯，置銘于肂，復位時也。今文「說」皆作「稅」。兒生三月，「鬌髮爲鬌，男角女羈，否則男左女右」，長大猶爲飾存之，謂之髦，所以順父母幼小之心。至此尸柩不見，喪無飾，可以去之。髦之形象未聞。○人說，土活反，劉詩悅反，下不說同。髦，音毛。爲鬌，〔一三〕丁果反，劉徒禍反。

【疏】「既殯，主人說髦」　注「既殯」至「未聞」　自此盡「乘車」，論孝子衣服、斂食、乘車等之事。云「既殯，置銘于肂，復位時也」者，案上篇云「主人奉尸斂于棺，乃蓋。主人降，拜大夫之後至者，北面視肂。卒塗，祝取銘置于肂。主人復位」，云「復位」者，從西階下復阼階下位也。凡說髦尊卑同，皆三日。知者，喪大記云「小斂，主人即位于户內，乃斂。卒斂，主人馮之。主人袒，說髦，髺髮以麻」，注云「士既殯說髦，此云小斂，蓋諸侯禮也。士之既殯，諸侯之小斂，於死者俱三日也」，是尊卑同三日也。必三日說髦者，案禮記問喪云「三日而不生，亦不生矣」，以髦是子事父母之飾，父母既不生，故去之。云「今文說皆作稅」者，此「說」及下經「不說絰帶」二字皆作「稅」。凡釋今古之文，皆在注後，此在注中者，以其釋經義盡者，於注末言之；以文更有義者，釋今古字訖，乃更汎說。即此注已解今古字訖，更釋「髦」義是也。云兒生三月「鬌髮爲鬌，男角女羈，否則男左女右」者，内則文，彼注云：「夾囟曰角，

午達曰羈」。引之者，證鬌象幼時鬌之義，故云：「長大猶爲飾存之，謂之髦，所以順父母幼少之心。」是以舜年五十，不失孺子之心者也。云「髦之形象未聞」者，案詩云「髧彼兩髦」，鄭云「髦者，髮至眉，子事父母之飾」，以其云「髧」，髧者，垂之貌；又云「兩髦」，故以「髮至眉」解之，其狀則未聞。

三日，絞垂。成服日，絞要經之散垂者。○之散，息但反。

【疏】「三日，絞垂」 注「成服」至「垂者」 以經小斂日〔一三〕「要經」，大功以上「散帶垂」，不言成服之時絞之，故記人言之。云「成服日」者，士禮生與來日，則除死三日，則經云「三日」成服，此云「三日，絞垂」之日也。小功、緦麻初而絞之，不待三日也。

冠六升，外縪，纓條屬，厭。縪，謂縫著於武也。外之者，〔一四〕外其餘也。纓條屬者，通屈一條繩爲武，垂下爲纓，屬之冠。厭，伏也。○外縪，音必，劉又扶結反。〔一五〕屬，音燭，注同。厭，一涉反，注同，伏也。著於，直略反，注同。

【疏】「冠六」至「屬厭」 注「縪謂」至「伏也」 云「冠六升」者，據斬衰者而言，齊衰以下冠衰各有差降。云「縪，謂縫著於武」者，古者冠吉凶皆冠、武別材，武謂冠卷，以冠前後皆縫著於武。若吉冠則從武上，鄉內縫之，縪餘在內，謂之內縪；若凶冠從武下，鄉外縫之，謂之外縪，故云「外之者，〔一六〕外其餘也」。云「纓條屬者，通屈一條繩爲武，垂下爲纓，屬之冠」者，吉冠則纓、武別材，凶冠則纓、武同材，以一繩從前額上，以兩頭鄉項後，交通至耳，各綴之於武，使鄉下纓結之。云「屬之冠」者，先爲纓、武訖，乃後以冠屬著武，故云「屬」也。云「厭，伏也」者，以其冠在武下過，鄉上反縫著冠，冠在武下，故云「厭」也。五服之冠皆厭，但此文上下，〔一七〕據斬衰而言也。

衰三升。衣與裳也。

【疏】「衰三升」　注「衣與裳也」　經直云「衰」，鄭兼言「裳」者，以其衰、裳升數同，故經舉衰而通裳。但首對身首爲尊，故冠六升，衰三升，衰、裳同三升也。是以吉時朝服十五升。至於麻冕，鄭亦爲三十升布，與服一倍而解之。

屨外納。納，收餘也。

【疏】「屨外納」　注「納收餘也」　案喪服斬衰而言，此則菅屨也。云「外納」者，謂收餘末鄉外，爲之取醜惡，不事飾故也。

杖下本，竹、桐一也。順其性也。

【疏】「杖下」至「一也」　注「順其性也」　案喪服「爲父」斬衰，以苴杖竹，爲母齊衰以削杖桐。桐，竹皆下本，本謂根本。〔一八〕鄭云「順其性」者，謂下其根本，順木之性。但爲父「杖竹」者，義取父者子之天，竹性自然圓，象天，父子自然至孝。爲母「杖桐」者，義取桐者同也，同之於父，言至孝同之於父，故喪服貶於父，非自然之意也。

居倚廬，倚木爲廬，在中門外東方，北户。

【疏】「居倚廬」　注「倚木」至「北户」　知「在中門外東方，北户」者，一釋，〔一九〕案喪服傳云「居倚廬」，「既虞，翦屏」，「既練舍外寢」，鄭彼注云「舍外寢，於中門之外屋下壘墼爲之，不塗塈，所謂堊室」，鄭以子夏傳以既練居堊屋而言「外」，〔二〇〕外爲中門外，則初死「居倚廬」，倚廬亦中門外可知也。〔二一〕「東方」者，以中門内殯宫之哭位在阼階下，

西面鄉殯，明廬在中門外，亦東方鄉殯，是以主人及兄弟、卿大夫外位皆西面。云「北户」者，以倚東壁爲廬，一頭至地，〔一二〕明北户鄉陰。至既虞之後，柱楣翦屏，乃西鄉開户也。

寢苦枕塊，苦，編藁。〔一三〕塊，堛也。○寢苦，失占反，編藁也。枕，之鴆反。編，必連反。藁，古老反。

【疏】「寢苦枕塊」　注「苦編藁塊堛也」　孝子寢卧之時，寢於苦，以塊枕頭。必「寢苦」者，哀親之在草。「枕塊」者，哀親之在土。云「苦，編藁」者，案爾雅「白蓋謂之苦」，郭云「白茅，苦也」，與此不同者，彼取絜白之義，此不取絜白，故鄭因時人用藁爲苦，而言「編藁」。云「塊，堛也」者，亦爾雅文。

不説絰帶，哀戚不在於安。

【疏】「不説絰帶」　注「哀戚不在於安」　云「不説絰帶」者，冠衰自然不説，以其絰帶在冠衰之上，故周公設經，〔一四〕舉「絰帶」而言也。

哭晝夜無時，哀至則哭，非必朝夕。

【疏】「哭晝夜無時」　注「哀至」至「朝夕」　此謂殯後在廬中，除朝夕入哭於廬中，思憶則哭，無時節，故鄭云「哀至則哭，非必朝夕」也。

非喪事不言。不忘所以爲親。

【疏】「非喪事不言」　注「不忘所以爲親」　喪服四制云「不言而事行者，扶而起；言而后事行者，杖而起」，庶人「面垢

而已」，則天子、諸侯有臣，不言而喪事得行者，喪事亦不言；大夫、士是臣，降於君，言而事行。若然，此士禮亦言而事行，故於喪非喪事不言也。孝經云「言不文」，亦據大夫、士也。云「不忘所以爲親」者，則喪事也，是以曲禮云「居喪未葬，讀喪禮；既葬，讀祭禮；喪復常，讀樂章」，喪事而言，亦兼此也。

歠粥，朝一溢米，夕一溢米，不食菜果。不在於飽與滋味。粥，糜也。二十兩曰溢，爲米一升二十四分升之一。實在木曰果，在地曰蓏。○歠，昌悦反。粥，之六反，劉音育。一溢，音逸，劉音實。糜也，亡皮反。曰蓏，力果反。

【疏】「歠粥」至「菜果」　注「不在」至「曰蓏」　云「不在於飽」者，案周禮廩人中歲人食「三鬴」，注云「六斗四升曰鬴，三鬴爲米一斛九斗二升，三十日之食」，則日食米六升四合，今日食米二溢，〔一五〕二升有餘，是「不在於飽」。又案檀弓云「必有草木之滋焉，以爲薑、桂之謂也」，彼薑、桂爲滋味，此鄭以「菜果」爲「滋味」，則薑、桂之外菜果亦爲滋味也。云「粥，糜也」者，案爾雅饘、糜謂粥之稀者，故鄭舉其類，謂性不能食粥者，糜亦「一溢米」同也。云「二十兩曰溢，爲米一升二十四分升之一」者，依筭法，百二十斤曰石，則是一斛。若然，則十二斤爲一斗，取十二斤分之，升得一斤，餘二斤，斤爲十六兩，二斤爲三十二兩，取三十兩，十升，升得三兩，添前一斤十六兩爲十九兩，餘二兩，兩二十四銖，二兩爲四十八銖，取四十銖，十升升得四銖，餘八銖，銖爲十絫，十升，升得八絫，則是一升得十九兩四銖八絫，於二十兩仍小十九銖二絫，則別取一升破爲十九兩四銖八絫，分十兩，兩爲二十四銖，則爲二百四十銖，又分九兩，兩爲二十四銖，則爲二百一十六銖，并四銖八絫，添前得四百六十銖八絫，摠分爲二十四分，且取二百四十銖，分得十銖，餘二百二十銖八絫，在又取二百一十六銖，二十四分，分得九銖，添前分得十九銖，餘有四銖八絫，四銖銖爲十絫，摠爲四十絫，通八絫，二十四分，得二絫，是一升爲二十四分，分得十九銖二絫，將十九銖添前四銖爲二十三銖，將二絫添前八絫則爲十絫，爲一銖，以此一銖添前二十三銖，則爲二十四銖，爲一兩，以一兩添

十九兩，揔二十兩曰溢。云「實在木曰果，在地曰蓏」者，案周禮九職云「二曰園圃，毓草木」，鄭云「樹果、蓏曰圃」。案食貨志臣瓚以爲「在地曰蓏，在樹曰果」，張晏又云「有核曰果，無核曰蓏」，則此云「在木曰果，在地曰蓏」，用臣瓚之義。「在木曰果」，棗、栗之屬；「在地曰蓏」，瓜、瓠之屬。

主人乘惡車，拜君命、拜衆賓及有故行所乘也。雜記曰「端衰、喪車皆無等」，然則此惡車王喪之木車也。古文「惡」作「堊」。○端衰，七回反。作堊，烏洛反，一音烏路反。

【疏】「主人乘惡車」 注「拜君」至「作堊」 云「拜君命、拜衆賓及有故行所乘也」者，以其主人在喪，恒居廬哭泣，非有此事則不行，〔二六〕知義然也。引雜記者，證喪事上下同，無別義。以其貴賤雖異，於親一也。故孝經五孝不同，及其喪親，唯有一章而已，亦斯義也。云「然則此惡車，王喪之木車」者，案巾車云「王之喪車五乘」，發首云「木車，蒲蔽」，是王始喪所乘木車無飾，與此惡車同，故引之見尊卑同也。

白狗幦，未成豪狗。幦，覆笭也，以狗皮爲之，取其臑也。白於喪飾宜。古文「幦」爲「幂」。〔二七〕○狗幦，亡狄反，覆笭也。〔二八〕覆笭，力丁反，劉音領，本或作軨。其臑，乃管反。爲幕，音莫。

【疏】「白狗幦」 注「未成」至「爲幂」 案玉藻云「士齊車鹿幦」，此喪車無飾，〔二九〕故用「白狗幦」以覆笭。云「未成豪狗」者，爾雅釋畜文也。

蒲蔽，蔽，藩。

【疏】「蒲蔽」 注「蔽藩」 藩，謂車兩邊禦風爲藩蔽，以蒲草，亦無飾也。

御以蒲菆，不在於驅馳。蒲菆，牡蒲莖。古文「菆」作「騶」。○蒲菆，側留反，劉作侯反，牡蒲莖也。〔三〇〕

【疏】「御以蒲菆」　注「不在」至「作騶」　「御」謂御車者，士乘惡車之時，御車用蒲菆以策馬，喪中示「不在於驅馳」。云「蒲菆，牡蒲莖」者，案宣十二年「楚熊負羈囚知罃，〔三一〕知莊子以其族反之。廚武子御，每射抽矢，菆，納諸廚武子之房」，服注云〔三二〕「菆，好箭」；又云「廚子怒曰：『非子之求，而蒲之愛』」，注云「蒲，楊柳，可以爲箭」，以此而言，蒲非直得策馬，亦爲矢榦也。

犬服，笭間兵服，以犬皮爲之，取堅也，亦白。今文「犬」爲「大」。〔三三〕

【疏】「犬服」　注「笭間」至「爲大」　云「笭間兵服」者，凡兵器，建之於車上笭間，喪家乘車亦有兵器自衛，以白犬皮爲服，故云「以犬皮爲之，取其堅固也」。〔三四〕云「亦白」者，㡛用白狗皮，〔三五〕明此亦用白犬皮也。

木錧，取少聲。今文「錧」爲「鎋」。〔三六〕○木錧，音管。爲鎋，户瞎反。

【疏】「木錧」　注「取少」至「爲鎋」　其車錧常用金，喪用木，是取少聲也。

約綏，約轡，約，繩綏，所以引升車。

【疏】「約綏，約轡」　注「約繩」至「升車」　知約是繩者，案哀十一年左傳云「人尋約，吴髮短」，杜注云「約，繩也」，故知此「約」亦謂繩也。平常吉時，綏轡用索爲之，今喪中取其無飾，故皆用繩爲之也。

木鑣，亦取少聲。古文「鑣」爲「苞」。○木鑣，彼苗反。

【疏】「木鑣」　注「亦取」至「爲苞」　平常用馬鑣，以金爲之，今用木，故知「亦取少聲」也。

馬不齊髦。〔三七〕齊，翦也。今文「髦」爲「毛」。主人之惡車，如王之木車，則齊衰以下，其乘素車、繅車、駹車、漆車與？○齊，如字，又子淺反。繅車，音早。駹，亡江反。車與，音餘。

【疏】「馬不齊髦」 注「齊翦」至「車與」 此注解文不於末者，亦以釋「不齊髦」訖，別記釋車義故也。云「齊衰以下，其乘素車、繅車、駹車、漆車與」？案巾車「王之喪車五乘」，木車，始死所乘；素車，卒哭所乘；繅車，既練所乘；駹車，大祥所乘；漆車，既禫所乘。此士之喪車，〔三八〕亦當五乘，主人乘惡車，齊衰乘素車，與卒哭同；大功乘繅車與既練同；小功乘駹車，與大祥同；緦麻乘漆車，與既禫同。主人至卒哭已後哀殺，故齊衰以下節級約與主人同，故鄭爲此義也。若然，士尋常乘棧車，不革輓而漆之，今既禫亦與王以下同乘漆車者，〔三九〕禮窮則同故也。

主婦之車亦如之，疏布裧。裧者，車裳幃，於蓋弓垂之。○布裧，尺占反。

【疏】「主婦」至「布裧」 注「裧者」至「垂之」 「疏布裧」在「亦如之」之下，見不與男子同。云「裧者，車裳幃」者，案衛詩云「漸車幃裳」注云「幃裳，童容」；又案巾車后之翟車有「容蓋」，「容」則「童容」也，若然，則裧與幃裳及容一也，故注者互相曉也。云「於蓋弓垂之」者，案巾車云「皆有容蓋」，容蓋相將，其蓋有弓，明「於蓋弓垂之」也。

貳車白狗攝服，貳，副也。攝，猶緣也，狗皮緣，服差飾。○猶緣，悅絹反，下同。差飾，初皆反。〔四〇〕

【疏】「貳車白狗攝服」 注「貳副」至「差飾」 依正禮大夫以上有貳車，士卑無貳車，但以在喪，可有副貳之車，〔四一〕非常法，則有兵服，服又加白狗皮緣之，謂之攝服。云「狗皮緣，服差飾」者，對主人服無緣，此則有緣，是差也。

其他皆如乘車。如所乘惡車。

【疏】「其他皆如乘車」　注「如所乘惡車」　云「其他」者，唯白狗攝服爲異，「其他」謂「惡車，白狗幦」以下，「齊髦」以上，皆同主人「惡車」也。

朔月，童子執帚，卻之，左手奉之，童子，隸子弟，若内豎、寺人之屬。執用左手。卻之，示未用。

【疏】「朔月」至「奉之」　注「童子」至「未用」　此盡「下室」，論饋奠、埽絜之事。案曲禮埽地者箕，帚俱執，此直執帚不執箕者，下文「埽室，聚諸㝔」，故不用箕也。云「童子，隸子弟」者，案桓二年左傳云「士有隸子弟」，服注云「士卑，自其子弟爲僕隸，禄不足以及宗」，是其有隸子弟也。知有「内豎」及「寺人」者，士雖無臣，亦有内外之言寺人、奄者，以通宫中之命也。云「示未用」者，〔四二〕用之則用右手也。

從徹者而入。童子不專禮事。

【疏】「從徹者而入」　注「童子不專禮事」　案論語憲問云「童子將命，先生並行」，注引玉藻「無事則立主人之南，北面」，〔四三〕皆不專以禮事，故從徹者而入也。

比奠，舉席埽室，聚諸㝔，布席如初。卒奠，埽者執帚垂末，内鬣，〔四四〕從執燭者而東。比猶先也。室東南隅謂之㝔。〔四五〕○比奠，必二反，注同。諸㝔，本又作窔，〔四六〕一弔反，又音杳，見爾雅。内鬣，音鬣，又以接反。猶先，悉見反。

【疏】「比奠」至「而東」　注「比奠」至「之㝔」　案上文童子「從徹者入」，及此經則「從執燭者」出者，以其入則燭在先，徹者在後；出則徹者在先，執燭者在後，童子常在成人之後，故出入所從不同也。云室中「東南隅謂之㝔」者，爾雅

釋宮文。

燕養、饋、羞、湯沐之饌如他日。燕養，平常所用供養也。饋，朝夕食也。羞，四時之珍異。湯沐，所以洗去汙垢。内則曰「三日具沐」，五日具浴。孝子不忍一日廢其事親之禮，於下室日設之，如生存也。進徹之時，如其頃。○供養，九用反。洗去，悉禮反，劉本作淬，七對反。

【疏】「燕養」至「他日」　注「燕養」至「其頃」　云「燕養」者，謂在燕寢之中，〔四七〕平生時所有共養之事，〔四八〕則「饋、羞、湯沐之饌」是也。「如他日」者，今死，不忍異於生平之日也。云「饋，朝夕食也」者，鄭注鄉黨云「不時，非朝夕、日中時」。一日之中三時食」，今注云「朝夕」不言「日中」者，或鄭略言，〔四九〕亦有日中也；或以死後略去日中，直有朝夕食也。知「羞，四時之珍異」者，聘禮有「禽羞俶獻」，聘義云「時賜」，鄭云「時賜，四時珍異」，故知此羞亦四時珍異也。引内則者，證經進「湯沐」，亦依内則之日數。知「下室日設之」者，言其燕養在燕寢，又下經云「朔月」不饋食於下室，明非朔月在下室設之也；以其燕養，在燕寢中設之可知。云進「進徹之時，〔五〇〕如其頃」者，一如其平生子進食於父母，故雖死，象生時，若一食之頃也。〔五一〕

朔月，若薦新，則不饋于下室。以其殷奠有黍稷也。下室，如今之内堂。正寢聽朝事。○聽朝，直遥反，下文及注同。

【疏】「朔月」至「下室」　注「以其」至「朝事」　云「以其殷奠，有黍稷也」者，大小斂奠、朝夕奠等皆無黍稷，故上篇朔月「有黍稷」，鄭注云「於是始有黍稷」，唯有下室；若生有黍稷，今此殷奠大奠也，自有黍稷，故不復饋食於下室也。若然，大夫已上又有月半奠有黍稷，亦不饋食於下室可知。云「下室，如今之内堂」者，下室既爲燕寢，故鄭舉漢法「内堂」況之。云「正寢聽朝事」者，天子、諸侯路寢以聽政，燕寢以燕息。案玉藻云「朝玄端，夕深衣」，鄭注云「謂大夫、士也」，則亦在正寢也。〔五二〕

筮宅，冢人物土。物，猶相也，相其地可葬者，乃營之。○猶相，息亮反，下同。

【疏】「筮宅，冢人物土」　注「物猶」至「營之」　自此盡「不哭」，論筮宅、卜日之事。正經筮宅之事不物土，故記人言之。云「相其地可葬者，乃營之」者，凡葬皆先相乃筮之，筮吉乃掘坎，〔五三〕今直云「營之」，不言「筮宅」者，營之中兼筮，故經云「筮宅，冢人物土」，是〔五四〕使冢人物土乃筮者也。

卜日吉，告從于主婦。主婦哭。婦人皆哭。主婦升堂，哭者皆止。事畢。

【疏】「卜日」至「皆止」　注「事畢」　正經直云闔東扉，「主人哭」，〔五五〕不云「主婦升堂，哭者皆止」之事，故記明之。云「卜日吉」，宗人「告從于主婦，主婦哭」時，堂上婦人皆哭。主婦升堂，堂上婦人皆止，不哭。

啓之昕，外内不哭。〔五六〕將有事，爲其讙囂。既啓，命哭。古文「啓」爲「開」。○之昕，音欣。

【疏】「啓之」至「不哭」　注「將有」至「爲開」　自上皆記士喪上篇事，自此以下皆記此篇。葬首將啓殯，唯言「婦人不哭」，不云男子，故記以明之，云内外男女不哭，止「讙囂」故也。

夷牀、輁軸，饌于西階東。明階間者，位近西也。夷牀饌於祖廟，輁軸饌於殯宫。其二廟者，於禰亦饌輁軸焉。古文「輁」或作「拱」。〔五七〕○饌于，士轉反。近西，附近之近。

【疏】「夷牀」至「階東」　注「明階」至「爲拱」　其夷牀在祖廟，輁軸在殯宫，以其「西階東」是同，故并言之。鄭云「明階間者，位近西也」者，以正經直云「階間」，恐正當兩階之間，故記人明之。是以鄭云「明階間者，位近西」，以其柩當

殯奠位之處，故夷牀在西，還當牖；輁軸以候載柩，故近西，皆在西階東。云「其二廟者，於禰亦饌輁軸焉」者，以其先朝禰，故至禰廟一移柩升堂，明旦乃移柩於輁軸上，〔五八〕載以朝祖廟；朝祖廟時下柩訖，明日用蜃車，輁軸不復更用，不饌之，故云「二廟者，於禰亦饌輁軸焉。」

其二廟，則饌于禰廟，〔五九〕如小斂奠，乃啓。祖尊禰卑也。士事祖、禰，上士異廟，下士共廟。

【疏】「其二」至「乃啓」　注「祖尊」至「共廟」　自此盡「主人踊，如初」，論上士二廟，先朝禰，〔六〇〕奠設及位次之事。云「其二廟則饌于禰廟」者，以先朝禰，後朝祖，故先於禰廟饌，至朝設之故也。云「如小斂奠」者，則亦門外特豚一鼎，東上，兩甒醴、酒，一豆一籩之等也。云「祖尊禰卑也」者，欲見上文朝祖時如大斂奠，此朝禰如小斂奠，多少不同之意也。云「士事祖、禰」者，揔上士及中、下之士而言。云「上士異廟」，據此經而言。「下士共廟」，據經而言。中士亦共廟，而唯言「下士」者，畧之，其實中士亦共廟，故祭法云「適士二廟，官師一廟」，鄭云「官師，中、下之士」是也。

朝于禰廟，重止于門外之西，東面。柩入，升自西階，正柩于兩楹間。奠止于西階之下，東面，北上。主人升，柩東西面。衆主人東即位。婦人從升，東面。奠升，設于柩西。升降自西階。主人要節而踊。重不入者，主於朝祖而行，若過之矣，門西東面待之，便也。

【疏】「朝于」至「而踊」　注「重不」至「便也」　此是上士二廟，先朝禰之事。雖言「正柩于兩楹間」，〔六一〕奠位在户牖之間，則此於兩楹間稍近西，乃得當奠位，亦如輁軸饌于階間而近西然也。云「衆主人東即位」者，柩未升之時，在西階下，東面，北上，柩升主人從升，衆主人已下，〔六二〕乃即阼階下西面位。云「婦人從升」，不云主婦者，以其婦人皆升，故摠言之。云「主人要節而踊」者，奠升主人踊，降時婦人踊也。云「門西東面待之，便也」者，以其祖廟在東，柩入禰廟，明旦出門東鄉朝祖時，其重於柩車先，東鄉祖廟便也。若先在門東西面，及柩入乃迴鄉東，則不便，故云「東面待之，便也」。

燭先入者升堂，東楹之南，西面；後入者西階東，北面，在下。炤在柩者。先，先柩者；後，後柩者。適祖時燭亦然，互記於此。○先先柩，上如字，下西見反。後後柩，上如字，下户豆反。

【疏】「燭先」至「在下」　注「炤在」至「於此」　此燭本是殯宫中炤開殯者在道時，一在柩前，〔六三〕一在柩後，今又一升堂，一在堂下，故鄭云「先，先柩者；後，後柩者」。適祖時燭亦然，互記於此」者，上適祖時，直有朝廟在道柩前後之燭，至廟直云「質明滅燭」，不見燭之升堂不升堂，此文見至廟燭升與不升，不見在道燭，故云「適祖時燭亦然，互記於此」，以其皆有在道及至廟燭升與不升之事也。

主人降，即位，徹，乃奠，升降自西階，〔六四〕主人踊如初。如其降，拜賓，至於要節而踊。不薦車，不從此行。

【疏】「主人」至「如初」　注「如其」至「此行」　云「如其降，拜賓，至於要節而踊」者，案上經，〔六五〕朝祖時既正柩，設從奠訖，主人降，拜賓「至於要節而踊」，故此「如」之也。〔六六〕云「不薦車，不從此行」者，案上祖、禰共廟者，朝廟日即薦車，此二廟，明日於祖廟薦車馬，以其從祖廟行，故薦，今此禰廟不從此行，故不薦也。

祝及執事舉奠，巾、席從而降，柩從，序從如初，適祖。此謂朝禰明日舉奠適祖之序也。此祝執醴先，酒、脯、醢、俎從之，〔六七〕巾、席爲後。既正柩席升設，設奠如初，祝受巾巾之。凡喪自卒至殯，自啓至葬，主人之禮其變同，則此日數亦同矣。〔六八〕序從，主人以下。今文無「從」。

【疏】「祝及」至「適祖」 注「此謂」至「無從」 自此盡「不煎」，論至祖廟陳設及贈之事。〔六九〕云「此謂朝禰明日」者，以其下文朝祖之時，「序從如初」，中有燭，若同日則朝祖之時已自明矣，何須更有燭也？以此言之，則此朝祖與朝禰別日可知，故鄭云「舉奠適祖之序也」。云「此祝執醴先，酒、脯、醢、俎從之，巾、席爲後」者，此禰奠與小斂奠同，小斂奠時云「夏祝及執事盥，執醴先，酒、脯、醢、俎從」，此經亦祝及執事舉奠，明此亦「執醴先，酒、脯醢俎從之」，此經所云「巾席爲後」。云「既正柩席升設，設奠如初，祝受巾巾之」者，上正經朝祖時，「正柩于兩楹間」訖，「席升設於柩西，奠設如初，巾之」，以經直云「巾之」，無祝受巾，知「受巾，巾之」者，〔七〇〕以上篇設小斂奠訖，「祝受巾，巾之」，此與小斂奠同，明設奠訖，「祝受巾，巾之」可知。云「凡喪自卒至殯，自啓至葬，主人之禮其變同」者，主人常在喪位不出，唯君命乃出迎及送，其變同，則此日數亦同，以其此二篇薦者啓日、朝禰，又明日朝祖，又明日乃葬，與始死日襲，明日小斂，又明日大斂，而殯亦同日。主人，主婦變服亦同，以其小斂主人散帶，主婦髽，自啓至葬主人主婦亦同於未殯也。云「序從，主人以下」者，案上注云「主人與男子居右，婦人居左，以服與昭穆爲位」是也。

薦乘車，鹿淺幦，〔七一〕干、笮、革靾，〔七二〕載旜，載皮弁服。纓、轡、貝勒縣于衡。士乘棧車。鹿淺，鹿夏毛也。幦，覆笭。玉藻曰：「士齊車，鹿幦豹犆。」干，盾也。笮，矢箙也。靾，韁也。旜，旌旗之屬，通帛爲旜，孤卿之所建，亦攝焉。皮弁服者，視朔之服。貝勒，貝飾勒。有干無兵，有箙無弓矢，〔七三〕明

不用。古文「鞞」爲「殺」，「旜」爲「膳」。○乘車，繩證反，後皆同。革紲，息列反。載旜，之然反。縣于，音玄，下注同。夏毛，户嫁反。士齊，側皆反。豹犆，音直。韇也，居良反，劉本作韁，音獲。

【疏】「薦乘」至「于衡」　注「士乘」至「爲膳」　此并下車三乘，謂葬之魂車。云「士乘棧車」者，巾車之文。云「鹿淺幦」，謂車前式覆者，〔七四〕笭子以鹿夏皮淺毛者爲幦以覆式，是以詩韓弈云「鞹鞃淺幭」，傳云「鞹，革也。鞃，軾中也。淺，虎皮淺毛也。幭，覆軾也。」引玉藻者，彼注云「犆，謂緣也」，士之齊車與朝車同，引之欲證此鹿幦亦以豹皮爲緣飾。云「旜，旌旗之屬」云云者，案司常云「孤卿建旜，大夫、士建物」，此士而用旜，故云「亦攝焉」。云「皮弁服者，視朔之服」者，案玉藻云「諸侯皮弁以聽朔於大廟」，鄉黨孔子云「素衣麑裘」，亦是視朔之服，君臣同服，是以此士亦載皮弁，視朔之服也。云「貝勒，貝飾勒」者，貝，水物，故以貝飾勒。云「有干無兵，有箙無弓矢，明不用」者，以其干與戈、戟兵器，及箙與弓矢，皆相須乃用，今有干無兵，有箙無弓矢，明死者不用，故闕之也。

道車，載朝服。道車，朝夕及燕、出入之車。朝服，日視朝之服也。〔七五〕玄衣素裳。

【疏】「道車，載朝服」　注「道車」至「素裳」　知「道車，朝夕及燕、出入之車」者，但士乘棧車，更無別車，而上云「乘車」，下云「稾車」，此云「道車」，雖有一車，所用各異，故有乘車、道車、稾車之名。知「道車，朝夕」者，案玉藻云「朝玄端，夕深衣」，鄭注云「謂大夫、士也」，〔七六〕私朝之服。春秋左氏傳云「朝而不夕」，據朝君於是有朝無夕。若然，云「朝夕」者，士家朝朝暮夕，當家私朝之車。又云「及燕、出入」者，謂士家游燕、出入之車。案周禮夏官有道右、道僕，皆據象路而言「道」。又案司常云「道車載旞」，鄭注云「王以朝夕燕、出入」，與此道車同，則士乘棧車與王乘象路同名「道」。云「朝服，日視朝之服」者，案鄉黨云「緇衣羔裘」，是孔子所服，鄭注云「諸侯視朝之服」，是君臣同服，故玉藻云「諸侯朝服，以日視朝」。士之道車而用朝君之服，不用私朝玄端服者，乘車既載孤卿之旜，故道車亦

載朝君之服，攝盛也。云「玄衣素裳」者，士冠禮云「主人玄冠，朝服，緇帶，素韠」，注云「不云衣，衣象冠色，則不云裳，裳象韠色可知」，故云「玄衣素裳」也。

稾車，載蓑笠。〔七七〕稾，猶散也，散車，以田以鄙之車。蓑笠，備雨服。今文「稾」爲「潦」。凡道車、稾車之纓、轡及勒，亦縣于衡也。○稾車，古老反，劉古到反。載蓑，素禾反。猶散，悉但反。

【疏】「稾車，載蓑笠」〔七八〕　注「稾猶」至「衡也」　云「稾，猶散也」者，案上乘車、道車皆據人之乘用爲名，不取車上生稱，則此散車亦據人乘爲號。知「散車，以田以鄙之車」者，案司常云「斿車載旌」，注云「斿車，木路也，王以田以鄙」，謂王行小小田獵，巡行縣鄙，〔七九〕此散車與彼「斿車」同，是游散所乘，〔八〇〕故與「斿車」同解。若然，士亦與王同有「以田以鄙」者，亦謂從王以田以鄙也，若正田獵自用冠弁服，乘棧車也。云「蓑笠，備雨服」者，案無羊詩云「爾牧來思，何蓑何笠」，彼注云「蓑，所以備雨。笠，所以御暑」，〔八一〕而此并云「備雨」者，非直蓑以御雨，笠亦以備雨，故都人士詩注云「笠所以御雨」，喪事不辟暑，是以并云「備雨」之服。云「今文稾爲潦」者，案周禮「輪人爲蓋」，鄭云「禮所謂『潦車』謂蓋車與？」若然，彼注此文則爲「潦車」者，義亦通矣。「凡道車、稾車之纓、轡及勒，亦縣於衡」者，以車三乘皆當有馬，有馬則有此三者。但記人舉上以明下，乘車云「纓、轡、貝、勒縣於衡」，即此三者亦「縣於衡」可知。

將載，祝及執事舉奠，户西，南面，東上。卒束前而降奠，席于柩西。將於柩西當前束設之。

【疏】「將載」至「柩西」　注「將於」至「設之」　經載柩時，不云去奠設席之事，故記人明之。云「將於柩西當前束設之」者，經雖先云「舉奠」，後云「降席」，要須設席乃設奠，故云「將於柩西當前束設之」，正經云「降奠，當前束」是也。

巾奠，乃牆。牆，飾柩也。

【疏】「巾奠，乃牆」　注「牆飾柩也」　正經直云「降奠當前束。商祝飾柩」，不云巾奠，故記人辨之。巾奠訖，商祝乃飾柩牆即帷荒，與柩爲飾，故變飾柩云「牆」也。

抗木，刊。剥削之。古文「刊」爲「竿」。

【疏】「抗木，刊」　注「剥削之」　刊，削也，而云「剥」者，木無皮者直削之，有皮者剥乃削之，故兼言「剥」。

茵著用荼，實綏澤焉。荼，茅秀也。綏，廉薑也。澤，澤蘭也。皆取其香且御濕。○用荼，大奴反，茅秀。且御，魚呂反，劉本作衙，音禦。

【疏】「茵著」至「澤焉」　注「荼茅」至「御濕」　茵内非直用茅秀，兼實綏澤，取其香。知「且御濕」者，以其在柩下，須御濕之物，故與荼皆所以御濕。

葦苞長三尺，一編。用便易也。○易，以豉反。

【疏】「葦苞長三尺，一編」　注「用便易也」　言「便易」者，葦草即長，〔八二〕截取三尺，一道編之，「用便易」故也。

菅筲三，其實皆瀹〔八三〕米、麥皆湛之湯。未知神之所享，不用食道，所以爲敬。○菅，古顔反。筲三，所交反。皆瀹，餘若反。皆湛，子廉反，劉子瞼反。以爲，如字。

【疏】「菅筲三，其實皆瀹」　注「米麥」至「爲敬」　經直云「筲三：黍、稷、麥」，不辨苞之所用及黍、稷生熟，故記人明之。是以云筲用菅草，黍、稷皆淹而漬之。云「未知神之所享」者，以其鬼神幽暗，生者不見，故淹而不熟，以其不知神

之所享故也。云「不用食道，所以爲敬」者，案檀弓云「飯用米、貝，不以食道」，食道褻則不敬，故云「不用食道，所以爲敬」也。

祖，還車不易位。爲鄉外耳，未行。○還車，音患。爲鄉，許亮反。

【疏】「祖，還車不易位」　注「爲鄉外耳，未行」　案正經「乃祖」，還乘車、道車、稾車，不辨還之遠近，故記人明之。雖還車不易本位，「爲鄉外耳」。還車「未行」者，皆不易位。上經未還奉車在階間，〔八四〕婦人在堂上，還車去階間，婦人降堂下。若然，則是還車易位，而云「不易位」者，以其三分其庭爲三位，車雖去階間，猶不離三分其庭一在北之位，據大判而言，不易位也。

執披者旁四人。前後左右各二人。

【疏】「執披者旁四人」　注「前後左右各二人」　「前後左右各二人」者，謂前之左右，後之左右，則一旁四人，兩旁則八人。上經鄭注云：「備傾虧也」。

凡贈幣無常。賓之贈也。玩好曰贈，〔八五〕在所有。○翫好，呼報反。

【疏】「凡贈幣無常」　注「賓之」至「所有」　正經云「公賵用玄纁束帛」，是贈有常矣。上又云「賓贈奠幣如初」，直云「奠幣如初」，不云物色與多少，故記人明之。以其賓客非一，故云「凡贈幣無常」，鄭云「賓之贈也」。云「玩好曰贈，在所有」者，詩云「知子之來之，雜佩以贈之」，是「贈，在所有」也。

凡糗不煎。以膏煎之則褻，非敬。

【疏】「凡糗不煎」　注「以膏」至「非敬」　正經葬奠直云「四籩：棗、糗、栗、脯」，不云糗之煎不，故記人明之。凡糗直空糗而已，不用脂膏煎和之，是以鄭云「以膏煎之則褻，非敬」，故云「不煎」。此篇唯葬奠有糗，而云「凡」者，記人通記大夫以上。

唯君命止柩于堩，其餘則否。不敢留神也。堩，道也。曾子問曰：「葬既引至於堩。」○於堩，〔八六〕古鄧反，道也。

【疏】「唯君」至「則否」　注「不敢」至「於堩」　正經直云柩至邦門，君「使宰夫贈」，不云止柩之事，故記人明之。引曾子問者，彼爲日食，此爲君命，雖不同，「止柩」是同，故引之證「止柩」之事。

車至道左，北面立，東上。道左，墓道東，先至者在東。

【疏】「車至」至「東上」　注「道左」至「在東」　正經直云「陳器于道東西，北上」，統于壙，以其入壙故也，不云三等之車面位之事，故記人明之。以其不入壙，故「東上」，不統於壙也。云「道左，墓道東」者，據墓南面爲正，故知「道左」是「墓道東」也，當是陳器之南。云「先至者在東」者，以乘車、道車、稾車三者次第爲先後，先至謂乘車也。必知此車是乘車之等者，以其下有柩車，故知此是三等者也。

柩至于壙，斂服載之。柩車至壙，祝說載除飾，乃斂乘車、道車、稾車之服載之，不空之以歸。送形而往，迎精而反，亦禮之宜。○斂服，收斂之斂，注同。祝說，土活反，劉詩悅反。

【疏】「柩至」至「載之」　注「柩車」至「之宜」　正經直云柩「至于壙，屬引，乃窆」，不云柩車「斂服載之」，故記人明之。云「柩車至壙，祝說載除飾，乃斂乘、道、稾車服載之，不空之以歸」者，〔八七〕此解「說載」，謂下棺於地；「除飾」謂除

去帷荒，柩車既空，乃斂乘車皮弁服、道車朝服、稾車蓑笠三者之服，載之於柩車，示「不空之以歸」者也。云「送形而往，迎精而反」者，禮記問喪文，引之證此不空歸之義。云「亦禮之宜」者，形往則送之，主人隨柩路是也；精反則迎之，主人隨精而反，是亦禮之宜然也，故云「禮之宜」也。

卒窆而歸，不驅。孝子往如慕，反如疑，爲親之在彼。

【疏】「卒窆而歸，不驅」注「孝子」至「在彼」　此文解上「斂服載之」。下棺訖，實土三，孝子從蜃車而歸，不驅馳而疾者，疑父母之神不歸。云「孝子往如慕，反如疑」者，亦禮記問喪文。云「孝子往如慕」者，如嬰兒隨母而啼慕。「反如疑」者，孝子不見其親，不知精魂歸否，故疑之。云「爲親之在彼」者，謂疑精魂在彼不歸，言此者，解經「不驅」之事。

君視斂，若不待奠，加蓋而出；不視斂，則加蓋而至，卒事。爲有他故及辟忌也。

【疏】「君視」至「卒事」　注「爲有」至「忌也」　君於士，既殯而往，有恩則與大斂，既布衣，君至奠訖乃出，不辨不得終視斂之事，故記人明之，是以經二事皆見於禮而言。云「君視斂，若不待奠，加蓋而出」者，一爲君有急事他故，是以不得待奠。云「不視斂，則加蓋而至，卒事」者，亦是君有辟忌，不用見尸柩，是以加蓋乃來。云「卒事」者，待大斂訖，〔八八〕乃出。

既正柩，賓出，遂、匠納車于階間。遂、匠，遂人、匠人也。遂人主引徒役，匠人主載柩窆，職相左右也。車，載柩車，周禮謂之「蜃車」，雜記謂之「團」，

或作「輇」，或作「摶」，〔八九〕聲讀皆相附耳，未聞孰正。其車之轝狀如牀，中央有轅，前後出，設前後輅，轝上有四周，下則前後有軸，以輇爲輪。許叔重説「有輻曰輪，無輻曰輇」。○之團、作輇、作摶，並音市專反，又市轉反；劉團及輇市專反，摶大官反。

【疏】「既正」至「階間」　注「遂匠」至「曰輇」　正經不云納柩車時節，故記人明之。既朝正柩於兩楹之間，當此之時，遂、匠納柩車於階間。云「遂人、匠人也」者，以其周禮有遂人、匠人，天子之官；士雖無臣，亦有遂人、匠人主其葬事。云「遂人主引徒役，匠人主載柩窆，職相左右也」者，案周禮遂人職云「大喪，帥六遂之役而致之，掌其政令。及葬，帥而屬六綍。及窆，陳役」，注云「致役，致於司徒，給墓上事。陳役者，主陳列之耳」，是遂人主「引徒」也；又鄉師職云「及葬，執纛，〔九〇〕以與匠師御匶而治役」，謂監督其事；又此遂人與匠人同納車于階間，即匠人主載窆，與遂人「職相左右也」。云「車，載柩車」者，以其此云「納車于階間」，正謂載柩，〔九一〕若乘車、道車之等，則當東榮，不在階間，故知此是柩車也。云「周禮謂之『蜃車』」者，案遂師職云「大喪使帥其屬以幄帟先，及蜃車之役」，注云「蜃車，柩路，〔九二〕四輪迫地而行，有似於蜃，因取名焉」是也。云「雜記謂之『團』，或作『輇』，或作『摶』，聲讀皆相附耳，未聞孰正」者，言「或作『輇』，或作『摶』」者，皆或禮記別本，故云「皆相附耳，但未知孰正」也。云「其車之轝狀如牀，中央有轅，前後出」者，觀鄭此注，其轝與輴車同，亦一轅爲之。云「設前後輅」者，正經唯云「前輅」，言「前」以對「後」，明知亦有「後輅」。云「轝上有四周」者，此亦與輴車同。云「下則前後有軸，以輇爲輪」者，此則與輴異，以其輴無輪，直有轉轔，此有輇輪。引許叔重説者，案許氏説文云「有輪無輻曰輇」，證此輇「無輻」也。

祝饌祖奠于主人之南，當前輅，北上，巾之。言饌於主人之南，當前輅，則既祖，祝乃饌。

【疏】「祝饌」至「巾之」　注「言饌」至「乃饌」　正經直云「祖，還車」及「還重」訖，「乃奠，如初」，不云饌處，故記人明之，「祝饌祖奠於主人之南，當前輅」。云「則既祖，祝乃饌」者，以其未祖以前柩車鄉北，輅在主人之北，今云「饌于主

人之南」，明知既祖還，乃鄉饌之。

弓矢之新，沽功。設之宜新，沽示不用。今文「沽」作「古」。○沽功，音古。

【疏】「弓矢之新，沽功」注「設之」至「作古」 自此盡篇末，論死者用器，弓矢麤惡之事。以其正經直云「用器：弓矢」，不辨弓矢善惡及弓矢之名，故記人明之。「設之宜新」者，爲死者宜用新物。〔九三〕云「沽示不用」者，沽謂麤爲之。

有弭飾焉，弓無緣者謂之弭，弭以骨角爲飾。○有弭，面爾反。無緣，以絹反。

【疏】「有弭飾焉」注「弓無」至「爲飾」 案爾雅云「弓有緣謂之弓，無緣謂之弭」，孫氏云「緣，繫約而漆之；無緣，不以繫約骨飾兩頭」，是此弭也。詩云「象弭魚服」，是用象骨，弓隈既用角，〔九四〕明兩頭亦得用，故鄭揔云「骨角爲飾」。

亦張可也。〔九五〕亦使可張。

【疏】「亦張可也」注「亦使可張」 生時之弓有張弛，此死者之弓，雖不射而沽畧，亦使可張，故曰「亦」也。

有柲，柲，弓檠，弛則縛之於弓裏，備損傷，以竹爲之。詩云「竹柲緄縢」。古文「柲」作「枈」。〔九六〕○弓檠，音景。弛則，式氏反。緄，古本反。縢，大登反，注同。爲枈，〔九七〕音祕。

【疏】「有柲」注「柲弓」至「作枈」 「柲，弓檠」者，案冬官弓人造弓之時，弓成納之檠中，以定往來體；此弓檠謂凡平弛弓之時，以竹狀如弓，縛之於弓裏；亦名之爲「柲」者，以若馬柲，然馬柲所以制馬，弓柲所以制弓，使不頓

傷，〔九八〕故謂之柲。引詩云「竹柲緄縢」者，緄，繩也；縢，約也；謂以竹爲柲，以繩約之，此經之柲雖麤畧，用亦如此，故引之爲證。

設依、撻焉。依，纏弦也；撻，弣側矢道也，皆以韋爲之。今文「撻」爲「銛」。○撻，他達反。爲銛，劉音括，一音悉廉反。

【疏】「設依、撻焉」　注「依纏」至「爲銛」　言「依」者，謂以韋依纏其弦，即今時弓彇是也。云「撻，弣側矢道」者，所以撻矢令出，謂生時以骨，爲之弣側，今死者用韋。云「皆以韋爲之」者，謂依與撻皆以韋爲之，異於生者也。

有韣。韣，弓衣也，以緇布爲之。○有韣，音獨，弓衣也。

【疏】「有韣」　注「韣弓」至「爲之」　知「韣，弓衣」者，案月令云「帶以弓韣」，故知「韣，弓衣也」。鄭知用「緇布爲之」者，此無正文，鄭驗當時弓衣用緇布而言也。

翭矢一乘，骨鏃，短衛。翭，猶候也，候物而射之矢也。四矢曰乘。骨鏃，短衛，亦示不用也，〔九九〕生時翭矢金鏃，凡爲矢，五分笴長而羽其一。○矢翭，〔一〇〇〕音侯，又音侯。骨鏃，子木反，一音七木反。射之，食亦反。笴，古老反，又工旦反。

【疏】「翭矢」至「短衛」　注「翭猶」至「其一」　言「候物而射之」者，案司弓矢鄭注云「可以司候，〔一〇一〕射敵之近者及禽獸」，鄭君兩注語異義同。云「骨鏃，短衛，亦示不用也」者，案上文「沽功」，鄭云「示不用」，故此「亦」之。云「生時翭矢金鏃」者，此亦爾雅釋器文，案彼云「金鏃翦羽謂之翭」是也。此言短羽，即「翦羽」也。云「凡爲矢，五分笴長而羽其一」者，案周禮矢人上陳五矢，下乃云「五分其長而羽其一」，故云「凡」以廣之也。案鄭彼注云矢笴「長三尺」，五分羽一，則六寸也。謂之「羽」者，指體而言；謂之「衛」者，以其無羽，則不平正，羽所以防衛其矢，不使不調，故

名羽爲衛。

志矢一乘，軒輖中，亦短衛。志，猶擬也，習射之矢。書云：「若射之有志。」輖，摯也。〔一〇二〕無鏃短衛，亦示不用。生時志矢骨鏃。凡爲矢，前重後輕也。○軒輖，音周，字林云「重也，一曰摯也」；又音弔。輖摯，音至，本又作贄，音同，又字林竹二反，同。

【疏】「志矢」至「短衛」　注「志猶」至「輕也」　云「志，猶擬也」者，凡射志意有所準擬，故云「志，猶擬也」。云「習射之矢」者，案司弓矢鄭注云「恒矢之屬，軒輖中，所謂志」，以此言之，則此恒矢也，在八矢之下。知是「習射」矢者，以其矢中特輕，於習射宜也。案六弓唐弓、大弓，亦授習射者，則此矢配唐、大也。引尚書盤庚者，證志爲準擬之事。云「輖，摯」者，鄭讀輖從摯，以其車傍周，非是軒摯之摯，〔一〇三〕故讀從執下至。云「無鏃短衛，亦示不用」者，知此矢「無鏃」者，上經「猴矢」言「骨鏃」，此經不云鏃，故知「無鏃」，「示不用也」。若然，猴矢生時用金鏃，死用骨鏃，志矢生時用骨鏃，〔一〇四〕死則令去之。云「生時志矢骨鏃」者，亦爾雅釋器文。案彼云「骨鏃不翦羽，謂之志」，此「志矢」是也。云「凡爲矢前重後輕也」者，案司弓矢鄭注云「凡枉矢之制，〔一〇五〕枉矢之屬，五分二在前，三在後；殺矢之屬，參分一在前，〔一〇六〕二在後；矰矢之屬，七分三在前，四在後；恒矢之屬，軒輖中」，若然，前重後輕者，據殺矢、猴矢、枉矢、絜矢、矰矢、茀矢而言。引之者，證此「志」是恒矢、庳矢，無前重後輕之義。但周禮有八矢，〔一〇七〕唯用此二矢者，以其八矢之內，猴矢居前，〔一〇八〕最重，恒矢居後，最輕，既不盡用，故取其首尾者也。

校勘記

〔一〕素勺　阮校云徐本同，毛本「勺」下有「二」字。楊氏無此句，與疏合。集釋、通解俱與毛本同。

〔二〕爲少進醴酒　徐本同，黃氏校録云張本改「少」爲「夕」，據疏也。案單疏「夕」是也。阮校云集釋、通解、楊氏俱作「夕」。今按黃氏說是。

〔三〕豆籩二　「豆籩」二字毛本倒。

〔四〕明小斂一豆一籩不巾者　「小」張敦仁本誤作「不」，阮本同誤，此據單疏改。

〔五〕一豆一籩　阮校云通解、要義同，毛本「豆」、「籩」二字俱倒。

〔六〕至於既小斂　阮校云「於」陳、閩俱作「此」。

〔七〕爲既斂而言也　阮校云「爲」閩本作「以」，「言」下陳、閩俱有「者」字。

〔八〕髻髮音括　「括」宋本誤作「栝」，此據徐乾學本改。

〔九〕更有絞帶　阮校云要義同，毛本、通解「更」作「又」。

〔一〇〕鄭注云經象大帶　阮校云「經」上陳、閩、通解俱有「要」字，依喪服注增。

〔一一〕升自阼階　阮校云「阼」毛本作「西」。今按士喪禮作「阼」。

〔一二〕爲髻　「髻」宋本省作「髻」，此據徐乾學本改。

〔一三〕以經小斂日　阮校云「經」單疏、要義作「垂」，毛本、通解作「經」；「日」毛本、通解、陳本俱作「曰」。按作「日」非也，「經」誤「垂」。今按單疏亦作「垂」，盧宣旬摘録漏列。

〔一四〕外之者　阮校云徐本、集釋俱無「之」字，通解、毛本、楊氏俱有。按疏有。

〔一五〕劉又扶結反　宋本「又」誤作「反」，「結」誤作「紇」，此據徐乾學本改。

〔一六〕故云外之者　「云」原誤作「去」，此據單疏改。

〔一七〕此文上下　阮校云陳、閩、通解、要義同，毛本「文」作「冠」。

〔一八〕桐竹皆下本本謂根本　阮校云通解同，毛本不重「本」字。

〔一九〕一釋　阮校云要義同，毛本無此二字。

〔二〇〕居堊屋　阮校云陳、閩俱無「居」字；「屋」陳本同，毛本作「室」。今按單疏亦作「室」，阮氏漏校。

〔二一〕則初死居倚廬倚廬亦中門外　阮校云「倚廬」二字要義不重出；「亦」下毛本有「知」字，要義無。

〔二二〕一頭至地　阮校云通解、要義同，毛本「地」作「北」。

〔二三〕苫編藁　黄氏校録云張本改「藁」爲「稾」，據陸也。阮校云从禾是，無艸非。今按「稾」字已見睡虎地秦簡，「藁」則爲後起字。

〔二四〕周公設經　阮校云陳、閩、通解俱無此四字。又「設」單疏、毛本作「説」，阮云「設」譌「説」。今按張敦仁本作「設」，阮本從之，固是，然阮氏校勘記標目仍作「説」，與正文不合；又阮校未提單疏、毛本作「説」，亦疏漏。

〔二五〕食米二溢　「二」原作「一」，此據毛本改。阮校云「二」監本誤作「一」。今按單疏亦作「一」，阮氏未校；注云「朝一溢米，夕一溢米」，則日食米二溢，「一」字誤。

〔二六〕不行　阮校云「行」陳、閩俱作「出」。

〔二七〕古文幦爲幂　「幂」阮校云集釋作「幕」，與釋文同。

〔二八〕覆笭也　「笭」宋本誤作「苓」，此據徐乾學本改。

〔二九〕喪車無飾　阮校云陳、閩俱無「喪」字。

〔三〇〕牡蒲䔲也　「䔲」宋本誤作「埊」，此據徐乾學本改。

〔三一〕楚熊負羈囚知罃　「熊」原作「雄」，阮校云要義同，毛本「雄」作「熊」。今按左傳宣十二年作「熊」，毛本是，

此據改。

〔三二〕服注云　阮校云通解、要義同，毛本「服」作「杜」。

〔三三〕今文犬爲大　阮校云此五字毛本脱，徐本、集釋俱有，與此本標目合，通解未刻。

〔三四〕取其堅固也　阮校云通解、要義同，毛本「固」作「故」。案注無「固」字。

〔三五〕幦用白狗皮　阮校云通解、要義同，毛本「狗」作「犬」。今按「狗」字是。

〔三六〕今文錧爲鎋　漢石經作「錧」，即鎋字。

〔三七〕馬不齊髦　漢石經「髦」作「毛」。

〔三八〕此士之喪車　阮校云「此」上毛本有「按」字。

〔三九〕同乘漆車　阮校云陳、閩俱無「同」字。

〔四〇〕初皆反　黄焯彙校引段玉裁云：「皆」當作「賣」。

〔四一〕可有副貳之車　阮校云陳、閩、通解、要義、楊氏同，毛本「有」作「以」。

〔四二〕云示未用者　「示未」原誤作「右手」，此據單疏改。

〔四三〕立主人之南北面　阮校浦鏜云「北南」字誤倒。汪文臺識語云毛本、通解同；案童子南面聽事，甚非所宜，疑今禮記本誤倒。周禮内竪疏引亦同浦校，彼亦以爲誤，皆非也。

〔四四〕垂末内鬛　「末」字原作「未」，唐石經、徐本作「末」，阮校云集釋、通解、要義、楊、敖作「末」，張氏作「未」，從監本。今按「末」字是，此據改；然阮校云徐本作「未」，乃誤校。又「鬛」漢石經作「鬣」，馬衡云「從巤之字，隸恒作葛」。

〔四五〕室東南隅謂之窔　阮校云「室」下集釋有「中」字，疏亦有。按少牢注亦有。今按爾雅釋宫「室」與「東南隅

謂之交」不連，亦無「中」字。

〔四六〕本又作窔　「窔」宋本作「突」，葉鈔作「突」，黄焯以爲皆誤。此據徐乾學本改。

〔四七〕在燕寢之中　阮校云陳、閩俱無「寢」字。

〔四八〕平生時所有共養之事　阮校云陳、閩俱無「平」字，毛本「共」作「供」。

〔四九〕或鄭署言　阮校云陳、閩、監本、通解、要義同，毛本「言」作「云」，盧文弨疑是「之」字。按草書言、云俱似之字。

〔五〇〕云進進徹之時　阮校云毛本、通解不重「進」字。

〔五一〕一食之頃　阮校云通解、楊氏同，毛本「食」作「時」。按「食」是也。

〔五二〕則亦在正寢也　阮校云要義同，毛本、通解「則」下有「聽私朝」三字。

〔五三〕筮吉乃掘坎　阮校云陳、閩俱無「乃」字。

〔五四〕冢人物土是　阮校許宗彦云「物土」乃「營之」之訛，此引經文，非引記文。

〔五五〕主人哭　阮校云「人」陳、閩、通解俱作「婦」，汪文臺識語：案「主婦」是也，經云「闔東扉，主婦立于其内」，又曰「告于主婦，主婦哭」。今按汪説是。

〔五六〕啓之昕外内不哭　阮校云「外内」要義倒，與疏合。

〔五七〕古文輁或作拱　阮校張氏云：監本云「爲拱」，從監本。按張説與此本標目合。

〔五八〕移柩　阮校云毛本「移」下無「柩」字。

〔五九〕其二廟則饌于禰廟　二「廟」字漢石經俱作「廟」，「饌」漢石經作「撰」。今按饌、撰通用。

〔六〇〕先朝禰　阮校云「禰」陳、閩俱作「祖」。

〔六一〕雖言正柩于兩楹間　阮校云「雖」閩本作「畢」。
〔六二〕主人從升衆主人已下　阮校云要義同，毛本無「衆」字，通解有「衆」無「升」。
〔六三〕一在柩前　阮校云陳本無此四字。
〔六四〕升降自西階　唐石經、嚴州本、徐本同，阮校云通典、集釋、楊、敖同，毛本、通解無「降」字。石經考文提要云監本沿通解之誤。
〔六五〕案上經　阮校云毛本、通解「經」下有「云」字。
〔六六〕故此如之也　阮校云通解、毛本「此」下有「記所云」三字。
〔六七〕酒脯醢俎從之　阮校云「俎」通典作「菹」。
〔六八〕則此日數亦同矣　阮校云「亦」通解作「應」。
〔六九〕陳設及贈之事　阮校云要義同，毛本「及」作「既」。
〔七〇〕知受巾巾之者　阮校云「知」下陳、閩、通解俱有「祝」字。
〔七一〕鹿淺幦　「幦」漢石經作「辟」。
〔七二〕革靾　「靾」漢石經作「紲」。
〔七三〕無弓矢　阮校云要義無「弓」字。
〔七四〕云鹿淺幦謂車前式覆笭者　阮校云「鹿淺幦」陳本、通解、要義作「幦覆笭」，閩本作「幦覆笭者」。單疏「謂」阮本作「爲」。
〔七五〕視朝之服　阮校云集釋、通解、毛本同，「之服」二字徐本倒。
〔七六〕謂大夫士也　阮校云要義同，毛本、通解無「也」字。今按玉藻鄭注有「也」字。

〔七七〕櫜車載蓑笠　唐石經、嚴、徐本同，阮校云「櫜」嚴、鍾、通解、要義、楊、敖俱從木。今按嚴本不從木，阮氏校誤。「蓑」唐石經、徐本同，毛本作「簑」。按檀弓上「孔子之喪」節疏引作「蓑」。

〔七八〕櫜車載蓑笠　阮校云「櫜」字「蓑」字下並放此，與單疏同。

〔七九〕王行小小田獵巡行縣鄙　阮校云陳、閩、通解、要義同，毛本不重「小」字。按「小」字當重，周禮司常疏云「今以小小田獵及巡行縣鄙」，正與此文同。

〔八〇〕游散所乘　阮校云要義同，毛本、通解、楊氏「游」作「斿」。

〔八一〕笠所以御暑　阮校云陳、閩、通解、要義同，毛本「御」作「備」。今按詩無羊鄭注作「禦」。

〔八二〕葦草即長　阮校云浦鏜改「即」爲「既」。

〔八三〕菅筲三其實皆瀹　漢石經無「三」字，「瀹」作「爚」。

〔八四〕未還奉車在階間　阮校云浦鏜改「奉」爲「車」。

〔八五〕玩好曰贈　「曰」原作「日」，阮校云徐本同，毛本「日」作「曰」。黄氏校録云單疏作「曰」，是，此據改。

〔八六〕於埫　「於」徐乾學本作「于」，與經文合。

〔八七〕不空之以歸　「空之」二字單疏連寫，占一字空。阮校云要義「空」作「窆」，下「柩車既空」、「示不空之」並同，通解與毛本同作「空」。案要義蓋誤合「空之」二字爲「窆」耳，下兩「空」字遂亦作「窆」。浦鏜云「柩車既空」「空」字應作「窆」。

〔八八〕待大斂訖　阮校云陳、閩俱無「訖」字。

〔八九〕或作搏　阮校云徐、陳、通解同，「搏」毛本作「摶」，集釋作「槫」。今按毛本顯誤。

〔九〇〕及葬執翿　阮校云通解、要義同，毛本「及」作「既」。按周禮作「及葬執纛」。今按「纛」爲「纛」字之誤。

〔九一〕正謂載柩　阮校云「謂」通典、要義俱作「爲」。

〔九二〕蜃車柩路　阮校云通解、要義同，毛本「路」下有「也柩車載柳」五字。按周禮注有此五字，「柩車」作「柩路」。

〔九三〕爲死者宜用新物　阮校云陳、閩俱無「宜」字。

〔九四〕弓隈既用角　阮校云「隈」閩本、通解俱作「服」，「角」通解作「骨」。

〔九五〕亦張可也　阮校云唐石經、徐本、集釋、楊、敖同，毛本、通解「張可」作「可張」。石經考文提要云監本沿通解之誤。

〔九六〕古文柲作枈　「古」黄刊嚴州本、徐本俱作「今」，毛本作「古」。今按阮本作「古」而無校語，不知何故。黄氏校録云張本出「爲枈」二字而本文作「柴」，是所見嚴本誤「枈」爲「柴」，張改據陸也。案單疏標目作「枈」，嚴本正合。段氏曰：「枈」乃「粊」之譌，葉鈔釋文正作「粊」。阮校云「作」集釋作「爲」，「枈」毛本、通解作「柴」。金曰追云：尚書費誓古文作「粊」。

〔九七〕爲粊　徐乾學本同。黄焯彙校云張淳所據釋文作「枈」。

〔九八〕使不頓傷　阮校云陳、閩、監本、通解同，毛本「頓」作「損」。今按注云「備損傷」，則以「損」字爲是。

〔九九〕亦示不用也　阮校云徐本、集釋、楊、敖同，毛本、通解「示」作「云」。

〔一〇〇〕矢𥎊　盧文弨本同，徐乾學本作「𥎊矢」。阮校引張氏識誤云：案釋文「𥎊」字上更有一「矢」字。段氏云：張淳所見如是，若如今本，則當云「上音侯」。今按當以宋本爲是，然黄焯彙校未指出，亦疏漏。

〔一〇一〕可以司候　阮校云陳本同，毛本、通解「司」作「伺」。按周禮注作「司」。

〔一〇二〕輖摯也　阮校云徐本、敖氏同，釋文、集釋、通解、楊氏、毛本「摯」俱作「蟄」，單疏述注作「蟄」。

〔一〇三〕非是軒輊之輊　阮校云陳、監、通解、要義同，毛本兩「輊」字作「輕」，閩本作「輊」。案「輊」形似「輕」，故毛本誤作「輕」。下文云「故讀從執下至」，則此句不當作「輊」。疏意從車之「輊」與從執之「輊」二字不同，故分別言之。

〔一〇四〕志矢生時用骨鏃　阮校云「骨」陳、閩俱作「金」。

〔一〇五〕凡枉矢之制　阮校云陳、閩、通解俱無「枉」字。今按司弓服鄭注無「枉」字。

〔一〇六〕參分　阮校云要義同，毛本、通解「參」作「三」。

〔一〇七〕但周禮有八矢　阮校云通解、要義同，毛本「但」作「按」。

〔一〇八〕𨿅矢居前　阮校云陳、閩俱無「矢」字。今按「矢」字當有，以其與下文「恒矢居後」相對也。

儀禮注疏卷第四十二　　儀禮卷第十四

唐朝散大夫行大學博士弘文館學士臣賈公彦等撰

士虞禮第十四

○士虞禮第十四，鄭云：「虞，猶安也。士既葬其父母，迎精而反，日中而祭之於殯宮以安之禮。」〔一〕

【疏】「士虞禮第十四」　鄭目録云：「虞，安也。〔二〕士既葬父母，〔三〕迎精而反，日中祭之於殯宮以安之。〔四〕虞於五禮屬凶。大戴第六，小戴第十五，〔五〕别録第十四。」　案此經云「側亨于廟門外之右」，又記云「陳牲于廟門外」，皆云「廟」。目録云「祭之殯宮」者，廟則殯宮也，故鄭注士喪禮「凡宮有鬼神曰廟」。以其虞、卒哭在寢，祔乃在廟，是以鄭注喪服小記云「虞於寢，祔於祖廟」是也。

儀禮鄭氏注

士虞禮。特豕饋食。饋，猶歸也。○饋，其位反。

【疏】「士虞禮。特豕饋食」　注「饋猶歸也」　自此盡「南順」，論陳鼎鑊、祭器、几筵等之事。案左氏傳云「卜日曰牲」，是以特牲云「牲」，大夫已上稱牲；亦稱牢，故云少牢。此虞爲喪祭，又葬日虞，因其吉日，故畧無卜牲之禮，故指豕體而言，不云牲，大夫以上亦當然。雜記云「大夫之虞也，犆牲」，又此下記云「陳牲於廟門外」，檀弓云「與有司視虞牲」，皆言「牲」者，記人之言，不依常例故也。然少牢云「司馬刲羊，士擊豕」，不言牲者，據殺特須指事而言，

亦非常例也。云「饋，猶歸」者，謂以物與神及人皆言饋，是以此虞及特牲、少牢皆言「饋」。坊記云「父母在，饋獻不及車馬」，是生、死皆言饋。又案周禮玉府云「掌凡王之獻金玉、兵器」，注謂「百工爲王所作，可以獻遺諸侯。古者致物於人，尊之則曰獻，通行曰饋」。以此而言，獻雖主於尊，其春秋「齊侯來獻」魯「戎捷」，尊魯也；其云饋者，〔六〕上下通稱。故祭祀於神而言饋，陽貨饋孔子豚而言「饋」，鄉黨云「朋友之饋」，是上下通言饋。膳夫云：「凡王之饋，食用六穀」。注云：「進物於尊曰饋，此饋之盛者，王舉之饌也」。彼鄭據當文是進于王，故云「進物于尊」，其實通也。

側亨于廟門外之右，東面。

側亨，亨一胖也，亨於爨用鑊。不於門東，未可以吉也。「是日也以虞易奠，祔而以吉祭易喪祭」。鬼神所在則曰廟，尊言之。○側亨，普庚反，劉虛兩反，注同。一胖，音判。用鑊，户郭反。

【疏】「側亨」至「東面」　注「側亨」至「言之」　云：「側亨，亨一胖也」，知者，案吉禮皆全，左右胖皆亨，不云側，此云「側亨」，明亨一胖而已。必「亨一胖」者，以其虞不致爵，自獻賓已後，則無主人、主婦及賓已下之俎，故唯亨一胖也。若然，特牲亦云「側殺」者，彼雖亨左右胖，少牢二，特牲一，故以一牲爲側，各有所對故也。云「亨於爨用鑊」者，亦案少牢有羊鑊，故亨在鑊。云「不於門東，未可以吉也」者，以虞爲喪祭，不於門東，對特牲吉禮鼎鑊皆在門東。此云「門外之右」，是門之西，未可以吉也。云「是日也」至「喪祭」，〔七〕皆檀弓文。云「是日」，謂葬日日中而虞，易去奠，以死事之故，立尸而祭之。云「祔而以吉祭易喪祭」者，案下記云「三虞、卒哭、他，用剛日，亦如初。曰：『哀薦成事。』」鄭注引檀弓文「葬日中而虞，不忍一日離也，是日也以虞易奠。卒哭曰成事，是日也以吉祭易喪祭」，如是，則卒哭即是吉祭。而鄭此注云祔爲吉祭者，卒哭對虞爲吉祭，卒哭比祔爲喪祭。故下記云卒哭祭「乃餞」，云「尊兩甒於廟門外之右，少南。〔八〕洗在尊東南，水在洗東，篚在西」，注云「在門之左又少南」，則鼎鑊亦在門

左;〔九〕又云「明日以其班祔,沐浴」;又云〔一〇〕「其他如饋食」,是祔乃與特牲吉祭同。以祔爲吉祭,是以云「祔而以吉祭易喪祭」也。云「鬼神所在則曰廟,尊言之」者,對時廟與寢别,今雖葬既,以其迎魂而反,神還在寢,故以寢爲廟,虞於中祭之也。

魚腊爨亞之,北上。爨,竈。

【疏】「魚腊」至「北上」　注「爨竈」　上豕爨在門右,東面,此魚腊各别鑊,言「北上」,則次在豕鼎之北。而云「爨,竈」者,周公經爲「爨」,至孔子時爲竈,故王孫賈問孔子曰〔一一〕「與其媚於奧,寧媚於竈」?是前後異名,故鄭舉後決前也。

饎爨在東壁,西面。炊黍稷曰饎,饎,北上,上齊於屋宇。於虞有亨、饎之爨,彌吉。○饎,尺志反。

【疏】「饎爨」至「西面」　注「炊黍」至「彌吉」　以三鑊在西方,反吉。案特牲云「主婦視饎,爨于西堂下」,宗婦主之在西方,今在東,亦反吉也。知「炊黍稷曰饎」者,案周禮饎人云「掌凡祭祀共盛」,齊盛即黍稷,故知也。云「北上,上齊于屋宇」者,此案特牲記云「饎爨在西壁」,鄭注云「西壁,堂之西墻下。舊説云南北直屋梠,稷在南」,彼此東西皆言壁,彼云「屋梠」,此云「屋宇」,故知此亦齊屋也。云「於虞有亨、饎之爨,彌吉」者,以其小斂、大斂未有黍稷,朔月薦新之等始有黍稷,向吉,仍未有爨,至此始有亨、饎之爨,故云「彌吉」。

設洗于西階西南,水在洗西,篚在東。反吉也。亦當西榮,南北以堂深。

【疏】「設洗」至「在東」　注「反吉」至「堂深」　如其上文設爨反吉，此亦「反吉」。又上下篇吉時設洗，皆當東榮，南北以堂深，今在西階西南，「亦當西榮，南北以堂深」可知也。

尊于室中北墉下，當户，兩甒醴酒，酒在東，無禁，冪用絺布，加勺，南枋。酒在東，上醴也。絺布，葛屬。○冪用，亡狄反。

【疏】「尊于」至「南枋」　注「酒在」至「葛屬」　云「酒在東，上醴也」者，醴法上古，酒是人所常飲，故在東。吉禮玄酒在酒上，今以喪祭禮無玄酒，則醴代玄酒在上，故云「上醴也」。云「絺布，葛屬」者，絺綌以葛爲之，布則以麻爲之，今絺、布並言，則此麻、葛雜，故有兩號，是以鄭云「葛屬」也。

素几、葦席在西序下。有几，始鬼神也。

【疏】「素几」至「席下」　注「有几始鬼神也」　經几、席具有，注唯云「几」者，以其大斂奠時已有席，至此虞祭乃有几故也。然案檀弓云「虞而立尸，有几、筵」，筵則席，虞祭始有者。以几、筵相將，故連言筵，其虞有几。若天子、諸侯始死，則几、席具，故周禮司几筵云「每敦一几」，〔一二〕據始殯及葬時，是始死即几、席具也。

苴刌茅，長五寸，束之，實于篚，饌于西坫上。苴，猶藉也。○苴，子徐反，劉子都反，下及記同。刌，七本反。猶藉，在夜反，後皆同。

【疏】「苴刌」至「坫上」　注「苴猶藉也」　此「苴」而云「藉」，祭故。易云：「藉用白茅，無咎。」

饌兩豆菹、醢于西楹之東，醢在西，一鉶亞之。醢在西南面取之，得左取菹，右取醢，便其設之。○便其，婢面反，後放此。

【疏】「饌兩」至「亞之」　注「醢在」至「設之」　此「饌」繼「西楹」言之，則以西楹爲主，向東陳之。云「一鉶亞之」者，菹以東也。云「醢在西南面取之，得左取菹，右取醢，便其設之」者，以其尸在奥東面，設者西面，設於尸前，菹在南，醢在北；今於西楹東饌之，菹在東，醢在西，是南面取之，得左取菹，右取醢；至尸前西面，又左菹右醢，故云「便」也。

從獻豆兩，亞之，四籩亞之，北上。豆從主人獻祝，籩從主婦獻尸、祝。北上，菹與棗。不東陳，別於正。○別於，彼列反。

【疏】「從獻」至「北上」　注「豆從」至「於正」　此從獻豆、籩，雖文承「一鉶」之下，而云「亞之」，下別云「北上」，是不從鉶東爲次，宜於鉶東北，以北爲上，向南陳之。若然，文承「一鉶」下而云「亞之」者，以其次在鉶以東，去楹漸遠，故云「亞」，不謂亞鉶以東也，據此陳之次。然則東北菹爲首，次南醢，醢東栗，栗北棗，棗東棗，棗南栗，此以東面取之而入，北面設之祝前，得右菹左醢，其籩亦然。先陳者先設，後陳者後設，棗在左亦得其設。故鄭云「北上，菹與棗」也。云「豆從主人獻祝」者，以其尸前正豆已設訖，以爲陰厭，不名爲從，此二豆，主人先獻祝酒，後乃薦豆，故言「從」。云「籩從主婦獻尸、祝」者，以其四籩，二籩從主婦獻尸，二籩從主婦獻祝，亦是「從」也。云「不東陳，別於正」者，以二豆與鉶在尸爲獻前爲正，此皆在獻後爲非正，故東北別也。

饌黍稷二敦于階間，西上，藉用葦席。藉，猶薦也。古文「藉」爲「席」。○二敦，音對，劉又都愛反，後放此。〔一三〕

【疏】「饌黍」至「葦席」　注「藉猶」至「爲席」　云「藉，猶薦也」者，謂先陳席，乃陳黍稷於上，是所陳席藉薦黍稷也。

匜水錯于槃中，南流，在西階之南。簞巾在其東。〔一四〕流，匜吐水口也。○匜水，音移。錯，七故反，後同。簞巾，音丹。

陳三鼎于門外之右，北面，北上，設扃鼏。門外之右，門西也。今文「扃」爲「鉉」。〔一五〕○作鉉，玄犬反。

【疏】「陳三」至「扃鼏」　注「門外」至「爲鉉」　此扃雖先云「設」，其設扃在後。知者，案士喪禮小斂云「右人左執匕，抽扃予左手，兼執之。取鼏委於鼎北，加扃」，則扃在鼏上，故先抽扃，後去鼏，則鼏先設可知。扃鼏雖在三鼎之下揔言，其實陳一鼎訖，即設之。知者，案下記云「皆設扃鼏」，注云「嫌既陳乃設扃鼏」是也。

匕俎在西塾之西。不饌於塾上，統於鼎也。塾有西者，是室南鄉。○南鄉，許亮反。

【疏】「匕俎在西塾之西」　注「不饌」至「南鄉」　云「不饌於塾上，統於鼎也」者，決下文「羞燔俎在内西塾上」〔一六〕而在塾上。又云「賓降，反俎于西塾」，至於主婦亞獻訖，直云賓「燔從，如初」，明尸受燔訖，賓亦反俎于西塾上，是互見義也。

羞燔俎在内西塾上，南順。南順，於南面取縮，執之便也。肝俎在燔東。○羞燔，音煩。

主人及兄弟如葬服，賓執事者如弔服，皆即位于門外，〔一七〕如朝夕臨位。婦人及内兄弟服即位于堂，亦如之。葬服者，既夕曰「丈夫髽，散帶垂」也。賓執事者，賓客來執事也。○臨位，力蔭反，下同。髽，側瓜反。散帶，悉但反。

【疏】「主人」至「如之」　注「葬服」至「事也」　自此盡「北面」，論將虞祭於位及衣服之事。云「葬服者，既夕曰『丈夫髽，

散帶垂』也」者，此唯謂葬日反，日中而虞及三虞時。其後卒哭，即服其故服，是以既夕記注云「自卒至殯，自啓至葬，主人之禮其變同」。則始虞與葬服同，三虞皆同，至卒哭，卒去無時之哭，〔一八〕則依其喪服，〔一九〕乃變麻服葛也。云「賓執事者，賓客來執事也」者，以其虞爲喪祭，主人未執事，故云「賓客來執事也」。案下注云「士之屬官，爲其長弔服加麻」，即此經「賓執事者弔服」是也。〔二〇〕若然，此士屬官中有命于其君者，是以特牲記賓中「有公有司」，鄭注云「公有司亦士之屬，命于其君者也」。案曾子問「士則朋友奠，不足取於大功以下」；〔二一〕又云「士祭不足，則取於兄弟大功以下者」，鄭云「祭謂虞、卒哭時」，以此而言，彼「朋友」則「公有司」，與此「執事」一物，以僚友言之，雖「屬官」亦爲「朋友」也。

祝免，澡葛絰帶，布席于室中，東面，右几，降出，及宗人即位于門西，東面，南上。祝亦執事。免者，祭祀之禮，祝所親也。澡，治也，治葛以爲首絰及帶，接神宜變也。然則士之屬官，〔二二〕爲其長弔服加麻矣。至於既卒哭，主人變服則除。右几，於席近南也。○祝免，音問，注同。〔二三〕澡葛，音早。爲其，于僞反，下爲神同。長，丁丈反，下文并注同。近南，附近之近，後放此。

【疏】「祝免」至「南上」 注「祝亦」至「南也」 云「祝亦執事」者，謂亦上「執事」也。云「免者祭祀之禮，祝所親也」者，案禮記喪服小記云「緦麻、小功，虞、卒哭則免」，注云「卒哭，緦麻以上至斬衰皆免」，今祝是執事屬吏之等，皆無免法，今與緦以上同著免，嫌其大重，故云「祭祀之禮，祝所親」，而可以受服也。

宗人告有司具，遂請拜賓，如臨。入門哭，婦人哭。臨，朝夕哭。

【疏】「宗人」至「人哭」 注「臨朝夕哭」 朝夕哭祭時，〔二四〕門外送賓訖，入門，男子婦人共哭也。

主人即位于堂。衆主人及兄弟、賓即位于西方，如反哭位。既夕曰：「乃反哭，入門，升自西階，〔二五〕東面。衆主人堂下，東面，北上。」此則異於朝夕。〔二六〕

【疏】「主人」至「哭位」　注「既夕」至「朝夕」　此明賓將與祭，主人及兄弟等即位之事。云「如反哭位」，鄭引既夕者，證主人等面位之事也。

祝入門左，北面。不與執事同位，接神尊也。

【疏】「祝入門，左，北面」　注「不與」至「尊也」　云「不與執事同位，接神尊也」者，執事即上「兄弟、賓即位于西方，如反哭位」，皆是執事，故曾子問「喪祭不足，則取兄弟」，故云「不與執事同位，接神尊也」。

宗人西階前北面。當詔主人及賓之事。

【疏】「宗人」至「北面」　注「當詔」至「之事」　此宗人在堂下，是主人在堂時。若主人在室，宗人即升堂，是以下記云「主人在室，則宗人升，户外，北面」，注云「當詔主人室事」是也。

祝盥，升，取苴降，洗之，升，入設于几東席上，東縮。降，洗觶，升，止哭。縮，從也。古文「縮」爲「蹙」。○東縮，所六反。從也，子容反，下從并注同。爲蹙，子六反。

【疏】「祝盥」至「止哭」 注「縮從也」 自此盡「哭出，復位」，論設饌於神，杖不入於門之事也。案此文陰厭時，「主人倚杖入。祝從，在左，西面」，下記云「尸入，祝從尸」，注云「祝在主人前也。嫌如初時『主人倚杖入，祝從之』，初時，主人之心尚若親存，宜自親之，今既接神，祝當詔侑尸也」。主人前自西入，向東在階下，未得倚杖于序，今主人在西階，將入室，故倚杖於西序。

主人倚杖入。祝從，在左，西面。主人北旋，倚杖西序，乃入。喪服小記曰：「虞，杖不入於室；祔，杖不升於堂」。然則練杖不入於門，明矣。○倚杖，於綺反，注及下同。祔杖，音附。

贊薦菹醢，醢在北。主婦不薦衰斬之服，〔二七〕不執事也。曾子問曰：「士祭不足，則取於兄弟大功以下者」。

【疏】「贊薦」至「在北」 注「主婦」至「下者」 案特牲「主婦盥于房中，薦兩豆」，此主婦不薦，故決之。既引曾子問「士祭不足，則取於兄弟大功以下者」，彼文承「奠」下，故引之。下「卒哭」，既取大功以下，則齊斬「不執事」可知。此齊斬不執事，唯爲今時。至于尸入之後，亦執事，兩籩棗栗，設於會南。至於祔祭，雖陰厭，亦主婦薦，主人自執事也。知者，下記云「其他如饋食」，案特牲云「主人在右，及佐食舉牲鼎」是也。若大夫已上尊，不執事，故少牢云「主人出，迎鼎」，注云「道之也」，是不執事也。

佐食及執事盥，出舉，長在左。舉，舉鼎也。長在左，西方位也。〔二八〕凡事宗人詔之。**鼎入，設于西階前，東面，北上，匕俎從設。左人抽扃、鼏，匕。佐食及右人載。**載，載於俎。佐食載，則亦在右矣。今文「扃」爲

「鉉」。古文「鼏」爲「密」。卒，朼者逆退，復位。復賓位也。俎入，設于豆東，魚亞之，腊特。亞，次也。今文無「之」。

贊設二敦于俎南，黍，其東稷。簋實尊黍也。

【疏】「贊設」至「東稷」　注「簋實尊黍也」　云「簋實尊黍也」者，以經西黍東稷，西上，故云「尊黍也」。經云「敦」，注言「簋」者，案特牲云「佐食分簋、鉶」，注云「分簋者，分敦黍於會，爲有對也。敦，有虞氏之器也。周制士用之，變『敦』言『簋』，容同姓之士，得從周制耳」。然則此注變「敦」言「簋」者，亦謂同姓之士得用簋故也。

設一鉶于豆南。鉶，菜羹也。

【疏】注「鉶，菜羹也」　此對泰是湆羹。

佐食出，立于户西。饌已也。今文無「于户西」。

【疏】「佐食」至「户西」　注「饌已」至「户西」　「佐食出」者，以無事不可以空立，故「出，立于户西」。不從「今文無『于户西』」三字者，若無此文，不知立之所在，故不從也。

贊者徹鼎。反于門外。

祝酌醴，命佐食啓會。佐食許諾，啓會，卻于敦南，復位。會，合也，謂敦蓋也。復位，出立于户西。今文「啓」爲「開」。○啓會，古外反，後放此。

【疏】「祝酌」至「復位」　注「會合」至「爲開」　曰：特牲、少牢直言「酌奠」，不言「酌醴」者，以彼直有酒，故不言酒，是酒可知。此酒、醴兩有，今所奠者醴，故須言「醴」也。若然，彼單酒此兩有者，以其同小斂、大斂，朔月，遷祖，祖奠、大遣奠等皆酒、醴並有，故此虞之喪祭，亦兩有，異於吉祭也。

祝奠觶于鉶南，復位。主人再拜稽首。復位，復主人之左。〔二九〕

【疏】「祝奠」至「稽首」　注「復位」至「之左」　云「復主人之左」者，上「主人倚杖入，祝從，在左」，〔三〇〕不見祝更有位，故復主人左也。

祝饗，命佐食祭。饗，告神饗。〔三一〕此祭，祭於苴也。饗神辭，記所謂「哀子某，哀顯相。夙興夜處不寧」，下至「適爾皇祖某甫，尚饗」是也。〔三二〕○顯相，息亮反，下文不相并注同。

【疏】「祝饗，命佐食祭」　注「饗告」至「是也」　下云「祝祝，卒」，注云「祝祝者，釋孝子祭辭」；又下文「迎尸」後，尸「墮祭」，云「祝祝。主人拜，如初」，此等三者皆有辭。此文饗神引記者，是陰厭饗神辭。下文迎尸，上釋孝子辭者，經、記無文。案少牢迎尸，祝孝子辭云「孝孫某，敢用柔毛剛鬣，嘉薦普淖，用薦歲事于皇祖伯某，以某妃配某氏，尚饗」。此是釋孝子辭，此迎尸上釋孝子辭，宜與彼同，但稱「哀」爲異。其迎尸後祝辭者，即下記饗辭云「哀子某，圭爲而哀薦之，饗」。鄭注云「饗辭，勸强尸之辭也」。凡吉祭饗尸曰「孝子」，是以特牲迎尸後，云「祝饗」，注云「饗，勸强之也」。其辭取於士虞記，則宜云『孝孫某，圭爲孝薦之饗』是也。下二虞、卒哭記皆有辭，至彼別釋。

佐食許諾，鉤袒，取黍稷，祭于苴三。取膚祭，祭如初。祝取奠觶祭，亦如之，不盡，益，反奠之。主人再拜稽首。鉤袒，如今擐衣也。〔三三〕苴，所以藉祭也。孝子始將納尸，以事其親，爲神疑於其位，設苴以定

之耳。或曰：苴，主道也，則特牲、少牢當有主象，而無，何乎？〔三四〕○擐衣，音宣，手發衣曰擐；又作擐，音患，古患反。〔三五〕少牢，詩召反，後放此。

【疏】「佐食」至「稽首」　注「鉤袒」至「何乎」　云「鉤袒，如今擐衣也」者，經云「鉤袒」，若漢時人擐衣以露臂，故云「如今擐衣也」。云「孝子始將納尸，以事其親，爲神疑於其位，設苴以定之耳」者，案上文祝「取苴降，洗，設于几東」者，至此乃祭于苴，下文乃「延尸」，是孝子迎尸之前用苴，以「將納尸，以事其親，爲神疑於其位」，故「設苴以定之」，解預設苴之意也。云「或曰苴主道也，則特牲、少牢當有主象，而無，何乎」者，解舊有人云「苴，主道」，似重爲主道然，故鄭破之。云若是苴爲主道，特牲、少牢吉祭亦「當有主象」，亦宜設苴，今而無苴，何乎？是鄭以苴爲「藉祭」，非主道也。若然，此據文有尸而言，將納尸有苴。案下記文無尸者亦有苴，又特牲、少牢吉祭無苴。案司巫「祭祀則供匰主及葙館」，常祀亦有苴者，以天子諸侯尊者禮備，故吉祭亦有苴，凶祭有苴可知。

祝祝。祝祝者，釋孝子祭辭。○祝祝，劉下之右反，及注下放此。

祝迎尸，一人衰絰奉篚，哭從尸。尸，主也。孝子之祭，不見親之形象，心無所繫，〔三六〕立尸而主意焉。一人，主人兄弟。檀弓曰：「既封，主人贈，而祝宿虞尸」。○奉篚，芳勇反；下芳鬼反，本亦作筐。哭從，才用反，後以意求之。既封，彼驗反，劉通鄧反。〔三七〕

卒，主人拜如初，哭，出，復位。

【疏】「祝迎」至「從尸」　注「尸主」至「虞尸」　自此盡「如初設」，論迎尸入九飯之事。鄭知「一人衰絰」是「主人兄弟」者，以主人「哭，出，復位」，無從尸之理，〔三八〕又云「衰絰」且非疏遠，故知「一人衰絰」是「主人兄弟」也。引檀弓者，證祝隨主人葬先反，「宿虞尸」，故得有祝迎尸之事。云「既封」者，封當爲窆，窆，下棺也。

尸入門，丈夫踊，婦人踊。踊不同文者，有先後也。尸入主人不降者，喪事主哀不主敬。

【疏】「尸入」至「人踊」　注「踊不」至「主敬」　云「踊不同文者，有先後也」者，主人在西序，東面，衆兄弟西階下，亦東面，婦人堂上當東序，西面，故主人與兄弟見尸先踊，婦人後見尸，故後踊，是「有先後」。云「尸入主人不降者，喪事主哀不主敬」者，決特牲、少牢尸入主人皆降，立于阼階東，敬尸，故此不降爲主哀。

淳尸盥，宗人授巾。淳，沃也。沃尸盥者，賓執事者也。○淳尸，章純反，〔三九〕注及下同。

【疏】「淳尸」至「授巾」　注「淳沃」至「者也」　此直言「盥」，不言面位，案特牲云「尸入門左，北面盥，宗人授巾」，上陳器時，匜水之等在西階之東，合在門左，則以器就，特牲注云「侍盥者，執其器就之」。若然，特牲設尸盥「在門内之右」，注云「尸尊不就洗。門内之右象洗在東」。此虞禮反吉祭，故在西階東，少牢禮異於士禮，故尸盥在西階東，與此虞禮同也。云「沃尸盥者，賓執事者也」，案上文賓與主人皆在執事之中，既「宗人授巾」，明沃盥亦賓執事也。

尸及階，祝延尸。延，進也，告之以升。

【疏】「尸及階，祝延尸」　注「延進」至「以升」　案特牲云「祝延尸」，注云「延，進也，在後詔侑曰延」；又案少牢注云「由後詔相之曰延」，然則延者皆在後也。若然，記云「尸謖，祝前，鄉尸」；又曰「降階，還及門，如出户」，注云「降階如升時」，以此言之，降在尸前。云「如升」者，〔四〇〕直取與尸升同，不取後同，故禮器「詔侑無方」〔四一〕是也。

尸升，宗人詔踊如初。言詔踊如初，則凡踊宗人詔之。

【疏】「尸升」至「如初」　注「言詔」至「詔之」　云「言詔踊如初，則凡踊宗人詔之」者，以其上無宗人詔踊之事，以此宗人詔踊。云「如初」，明前「踊」并明下文「踊」皆「宗人詔」之，故鄭云「凡」也。

尸入户，踊如初，哭止。哭止，尊尸。婦人入于房。辟執事者。○辟執，音避。

【疏】「婦人入于室」　注「辟執事者」　以其婦人在堂上，執事者由堂東，故辟之入房也。

主人及祝拜妥尸。尸拜，遂坐。妥，安坐也。○妥尸，他果反，劉湯回反，坐安也。〔四二〕

【疏】「主人」至「遂坐」　案郊特牲注云「尸即至尊之坐，或時不自安，則以拜安之」，此亦然。「妥，安坐也」，爾雅文。

從者錯篚于尸左席上，立于其北。北，席北也。

【疏】「從者」至「其北」　注「北席北也」　此虞禮「篚」象特牲「肵俎」，肵俎置于席北，〔四三〕明此篚亦在席北，以擬盛尸之饌也。

尸取奠，左執之，取菹，擩于醢，祭于豆間。祝命佐食墮祭。下祭曰墮，墮之猶言墮下也。〔四四〕周禮曰「既祭則藏其墮」，謂此也。今文「墮」爲「綏」，特牲、少牢或爲「羞」，失古正矣。齊、魯之間謂祭爲「墮」。○擩，人悦反，〔四五〕劉而玄反，又而誰反。墮祭，許恚反，注同，又相恚反。猶㒸，許規反。

【疏】「尸取」至「墮祭」　注「下祭」至「爲墮」　云「尸取奠，左執之」者，以右手將墮故也。云「下祭曰墮」者，以其凡祭皆手舉之，向下祭之，故云「下祭曰墮」。云「墮之猶言墮下」者，案左傳云子路「將墮三都」，以三都大高，故墮下之，取墮爲下祭之義，故讀從之。引周禮守祧職云「既祭藏其墮」，〔四六〕「謂此也」者，謂此墮祭一也。〔四七〕引之者，證

守祧同之耳。云「今文墮爲綏」，又云「特牲、少牢或爲羞，失古正矣」者，此二字皆非墮下之義，故云「失古正」也。云「齊、魯之間謂祭爲墮」者，齊南、魯北謂祭爲「墮」者，由墮下而祭，因即謂祭爲「墮」，是鄭從「墮」不從「綏」與「羞」之意也。〔四八〕案特牲云「祝命挼祭」，注云「士虞禮古文曰『祝命佐食墮祭』，周禮曰『既祭則藏其墮』，墮與挼讀同耳。〔四九〕今文改挼皆爲綏。古文此皆爲擩祭也。」又少牢尸將酳主人時，「上佐食以綏祭」，鄭注云「綏讀爲墮」。此三處經中「墮」皆不同者，此五字或爲「墮」，或爲「挼」，或爲「羞」，或爲「綏」，或爲「擩」，此五者鄭既以「挼」、「綏」及「羞」三者已從「墮」，復云古文作「擩」，以其特牲及此士虞皆有「擩祭」，故亦兼擩解。

佐食取黍稷肺祭，授尸。尸祭之，祭奠。祝祝。主人拜如初。尸嘗醴，奠之。如初，亦祝祝，卒，乃再拜稽首。

【疏】「佐食」至「奠之」　注「如初」至「稽首」　云「如初，亦祝祝，卒，乃再拜稽首」者，亦如上文迎尸前「祝祝。卒」也。

佐食舉肺脊授尸。尸受，振祭，嚌之，左手執之。右手將有事也。尸食之時，亦奠肺脊于豆。◎嚌之，才計反。

【疏】「佐食」至「執之」　注「右手」至「于豆」　案特牲「祝命爾敦，〔五〇〕佐食爾黍稷于席上。舉肺脊以授尸，尸受、振祭、嚌之」，彼「舉肺脊」在「爾敦」後，此「舉肺脊」在「爾敦」前者，彼吉祭，吉凶相變故也。云「右手將有事也」者，爲下文「祭鉶，嘗鉶」是也。云「尸食之時，亦奠肺脊於豆」者，解經無「奠」文。知不執以食卒者，案下文云「尸卒食，佐食受肺脊實于篚」，在尸手當云「受肺脊」。又知在豆者，特牲云「尸實舉於菹豆」是也。案特牲尸「乃食，食舉」，注云「舉言食者，明凡解體皆連肉」。少牢云「食舉」，注云「舉牢肺正脊也，先飯啗之，以爲道也」。此喪祭不言「食舉」，亦食舉可知，是以特牲注云：「肺，氣之主也。脊，正體之貴者，先食啗之，所以道食通氣也。」案下文注云「尸

不受魚腊，以喪不備味」，則亦不食庶羞矣。

祝命佐食邇敦。佐食舉黍，錯于席上。邇，近也。尸祭鉶，嘗鉶。右手也。少牢曰：「以柶祭羊鉶，遂以祭豕鉶，嘗羊鉶。」

【疏】「尸祭鉶，嘗鉶」　注「右手」至「羊鉶」　知以「右手」者，上經云「佐食舉肺脊授尸。尸受，振祭，嚌之，左手執之」，鄭云「右手將有事」，指此「嘗鉶」用右手也。引少牢者，證此經嘗祭之時亦用柶。案下記云「鉶芼用苦若薇，有滑。夏用葵，冬用荁，〔五一〕有柶」，是用柶祭之義。

泰羹湆自門入，設于鉶南。胾四豆設于左。博異味也。湆，肉汁也。胾，切肉也。○湆，去及反。胾，側吏反。

【疏】「泰羹」至「于左」　注「博異」至「肉也」　云「設于鉶南」者，以「泰羹湆」未設，故繼「鉶」而言之，其實觶北留空處，以待泰羹。云「胾四豆，設于左」者，案特牲「四豆，設於左，南上」，云「左」者，正豆之左。又少牢云「上佐食羞胾兩瓦豆，有醢，設于薦豆之北」，注云「設於薦豆之北，以其加也」，言「北」亦是「左」也。云「博異味」者，以其有湆、有胾故也。

尸飯，播餘于篚。不反餘也。古者飯用手，吉時播餘于會。古文「播」爲「半」。○尸飯，扶晚反，注及下，并下注「九飯」同。

【疏】「尸飯，播餘于篚」　注「不反」至「爲半」　云「古者飯用手」者，案曲禮云「無摶飯」，又云「無放飯」，「飯黍毋以箸」，〔五二〕故知古者飯用手。言此者，證播飯去手爲放飯。〔五三〕云「吉時播餘于會」者，可知，故決之。

三飯，佐食舉幹，尸受。振祭，嚌之，實于篚。飯間啗肉，〔五四〕安食氣。○啗肉，太敢反。

【疏】「三飯」至「于篚」　注「飯間」至「食氣」　云「飯間啗肉，安食氣」者，以其胳脅骨體連肉，又在三飯之間，故云：「飯間啗肉，安食氣。」

又三飯，舉胳祭如初。佐食舉魚、腊，實于篚。尸不受魚、腊，以喪不備味。○舉胳，音格，一音各。

【疏】「又三」至「于篚」　注「尸不」至「備味」　云「尸不受魚、腊」者，案經「佐食舉魚、腊」，不云尸受嚌之，明「尸不受魚、腊」可知。云「以喪不備味」者，案特牲三舉魚、腊，尸皆「振祭，嚌之」，此「佐食舉魚、腊，實於篚」，尸不嚌，故云「喪不備味」。

又三飯，舉肩，祭如初。後舉肩者，貴要成也。

【疏】「又三」至「如初」　注「後舉」至「成也」　云「後舉肩者，貴要成也」者，案禮記祭統云「周人貴肩」，故云貴者「要成也」。「要成」者，據後食即飽也。

舉魚、腊俎，俎釋三个。釋，猶遺也。遺之者，君子不盡人之歡，不竭人之忠。个，猶枚也，今俗或名枚曰個，音相近。此腊亦七體，如其牲也。○三个，古賀反。曰個，古賀反。

【疏】「舉魚」至「三个」　注「釋猶」至「牲也」　此經直「舉魚、腊俎」盛於篚，「俎釋三个」。不言盛牲體者，案下記云「羹飪，升左肩、臂、臑、肫、胳、脊、脅」七體，此上經佐食初舉脊，次舉幹，又舉胳，終舉肩，摠舉四體，唯有臂、臑、肫三者，佐食即當「俎釋三个」，不復盛牲體，故直舉魚、腊而已。云「遺之者，君子不盡人之歡，不竭人之忠」，此上曲禮文。案彼注「歡謂飲食，忠謂衣服」。於此引之併據飲食者，彼注對文，此注散文，則歡與忠通，故摠證牲體也。又案特牲「釋三个」，注云「謂改饌於西北隅遺之」，與此注不同者，此注亦有改饌之義，又兼有此不盡歡、忠之禮。云

「今俗或名枚曰個，音相近」者，經中个人下豎，牽俗語名枚曰個者，人傍著固，字雖不同，音聲相近，同是一个之義。云「此腊亦七體，如其牲也」者，案下記牲有七體，此腊亦不過特牲體，故云「如其牲」，言此以對彼。案彼特牲吉祭十一體，是以特牲記云腊如牲骨，乃有十一體，與此不同，吉禮異故也。

尸卒食，佐食受肺脊實于篚，反黍如初設。九飯而已，士禮也。篚猶吉祭之有肵俎。○肵俎，音祈，後同。

【疏】「尸卒」至「初設」　注「九飯」至「肵俎」　云「反黍如初設」者，案上設黍稷在「俎南」，西黍，東稷次。上文佐食「舉黍，錯于席上」，此尸卒食，故反黍於本處，如初設。云「九飯而已，士禮也」者，少牢十一飯，諸侯十三飯，天子十五飯，故云「九飯，士禮也」。云「篚猶吉祭之有肵俎」者，案特牲、少牢尸舉牲體，振祭，嚌之，皆加於肵俎，此尸舉牲體，振祭，嚌之，皆實於篚，故云「篚猶吉祭之有肵俎」。

主人洗廢爵，酌酒酳尸。尸拜受爵。主人北面荅拜。尸祭酒，嘗之。爵無足曰廢爵。酳，安食也。主人北面以酳酢，變吉也，凡異者皆變吉。古文「酳」作「酌」。〔五五〕○酳，以忍反，劉侯吝反。〔五六〕

【疏】「主人」至「嘗之」　注「爵無」至「作酌」　自此盡「升堂，復位」，論主人初獻尸，并獻祝及獻佐食之事。云「爵無足曰廢爵」者，案下文「主婦洗足爵」，鄭云「爵有足，輕者飾也」，則主人喪重，爵無足可知。凡諸言「廢」者，皆是無足，廢敦之類是也。云「主人北面以酳酢，變吉也」者，案特牲、少牢「尸拜受，主人西面拜送」，與此面相反，〔五七〕故云「變吉」也。案特牲直有「主人拜送」，雖不見主人面位，約與少牢同，皆西面也。云「凡異者皆變吉」者，案特牲云「主人拜送」，此云「主人荅拜」；特牲云「尸卒角，祝受尸角，曰：送爵」，此不云「送爵」；特牲嚌肝訖「加於菹

豆」，此嚌肝訖，加於俎，皆是異於吉時，故云「凡異者皆變吉」。

賓長以肝從，實于俎，縮，右鹽。縮，從也，從實肝炙於俎也。〔五八〕喪祭進柢。〔五九〕右鹽，於俎近北，便尸取之也。縮執俎，言右鹽，則肝、鹽併也。○賓長，丁丈反，下賓長皆同。肝炙，支夜反。進柢，丁計反，後同。併也，步頂反。

【疏】「賓長」至「右鹽」 注「縮從」至「併也」 云「縮，從也，從實肝炙於俎也，喪祭進柢」者，案下記云「載，猶進柢」，柢，本也，謂肝之本頭進之向尸。云「右鹽，於俎近北，便尸取之也」者，從執俎一頭向尸，據執俎之人左畔有肝，右畔有鹽，西面向尸，尸東面，以右手取肝於俎右畔，擩鹽於左畔，是以鹽於俎之「近北，便尸取之」。云「縮執俎，言右鹽，則肝、鹽併也」者，謂俎既縮執，則狹肝、鹽不容相遠，是執俎人右畔有鹽，左畔有肝，故云「併」也。

尸左執爵，右取肝，擩鹽，振祭，嚌之，加于俎。賓降，反俎于西塾，復位。取肝，右手也。加于俎，從其牲體也，以喪不志於味。

【疏】「尸左」至「復位」 注「取肝」至「於味」 「復位」者，謂賓長也，尸既振肝訖，復西階前衆兄弟之南東面位。云「以喪不志於味」者，決特牲、少牢尸嚌肝訖，加菹豆以近身，此虞禮尸嚌肝訖，不加于菹豆，而遠加於俎以同牲體者，以喪志不在於味，故遠身加俎也。若然，特牲、少牢祝不敢與尸同加於菹豆，嚌肝訖加于俎，〔六〇〕與此尸同者，祝無不在味之嫌，禮窮則同故也。

尸卒爵，祝受，不相爵。主人拜，尸荅拜。祝酌授尸，不相爵，喪祭於禮畧。相爵者，特牲曰：「送爵，皇尸卒爵。」

尸以醋主人，主人拜受爵，尸荅拜。醋，報。○以醋，才各反，本亦作酢。主人坐祭，卒爵，拜，尸荅拜。筵祝，南面。祝接神，尊也。筵用萑席。

【疏】「筵祝，南面」 注「祝接」至「萑席」 上文尸用葦席，其祝席經、記雖不言，以尸用在喪，故不用萑；今祝宜與平常同，故「用萑」也。云「祝接神，尊也」者，解先得獻之事。〔六一〕

主人獻祝，祝拜，坐受爵。主人荅拜。獻祝，因反西面位。〔六二〕

【疏】「主人」至「荅拜」 注「獻祝」至「面位」 云「獻祝，因反西面位」者，以少牢云主人受酢時「主人拜受爵，尸荅拜。主人西面奠爵」，特牲云「主人拜受角」，〔六三〕雖不言西面，彼注云「退者進受爵，反位」，則西面也。是吉祭時，主人西面，故上注云「北面以酳酢，變吉也」。今至酳酢及獻祝訖，明因「反西面位」可知也。

薦菹醢，設俎。祝左執爵，祭薦，奠爵，興，取肺，坐祭，嚌之，興，加于俎，祭酒，嘗之。肝從，祝取肝，擩鹽，振祭，嚌之，加于俎，卒爵，拜。主人荅拜。今文無「擩鹽」。

【疏】「薦菹」至「荅拜」 此直言「薦菹醢，設俎」者，不見薦徹之人，案下文云「祝薦席，徹入于房」，注云「徹薦席者執事者」，則此設者亦執事可知。

祝坐授主人。主人酌獻佐食。佐食北面拜，坐受爵。主人荅拜。佐

食祭酒，卒爵，拜。主人荅拜，受爵，出，實于篚，升堂，復位。篚在庭。不復入，事已也，亦因取杖，乃東面立。

【疏】注「篚在」至「面立」　云「篚在庭」者，此雖無文，約同薦車設遷奠之等也。〔六四〕云「不復入，事已也，亦因取杖乃東西面立」者，〔六五〕上文哭時「主人升堂，西序，東面」，又上文云「主人倚杖，入」，今「升堂，復位」，不復入室，以其事已，因得取杖，復東面位也。

主婦洗足爵于房中，酌，亞獻尸，如主人儀。爵有足，輕者飾也。昏禮曰：「內洗在北堂，直室東隅。」○直室，音值。

【疏】「主婦」至「人儀」　注「爵有」至「東隅」　自此盡「入于房」，論主婦獻尸并獻祝及佐食之事。云「如主人儀」者，即上主人「酳尸，尸拜受爵，〔六六〕主人北面荅拜」之等，今主婦亞獻亦然，故云「如主人儀」也。云「爵有足，輕者飾也」者，主婦，主人之婦，爲舅姑齊衰，是輕於主人，故爵有足爲飾也。引昏禮者，證經洗爵于房中，不言設洗處，宜與昏禮同也。

自反兩籩棗栗，設于會南，棗在西。尚棗，棗美。

【疏】「自反」至「在西」　注「尚棗棗美」　案特牲「宗婦執兩籩。主婦受，設于敦南」，此主婦「自反兩籩」，〔六七〕不使宗婦者，以喪尚縱，縱反吉故。然上主人獻，使「贊薦菹醢」，注云「齊斬之服，不執事」者，彼爲主人獻，故不使主婦薦，此亞獻已所有事，故自薦可知。

尸祭籩，祭酒如初。賓以燔從如初。尸祭燔，卒爵如初。酳，獻祝，籩、燔從，獻佐食，皆如初。以虚爵入于房。初，主人儀。

【疏】「尸祭」至「于房」　注「初主人儀」　此「尸祭籩」已下，至「籩、燔從，獻佐食」，皆舉主人獻尸，「賓長以肝從」，至「佐食祭酒，卒爵，拜。主人荅拜，受爵，出，實于篚」，並如主人儀，故皆云「如初」也。

賓長洗繶爵，三獻，燔從，如初儀。繶爵，口足之間有篆，〔六八〕又彌飾。○繶爵，於力反。有篆，六轉反。

【疏】「賓長」至「初儀」　注「繶爵」至「彌飾」　此一節論賓長終三獻之事。云「繶爵，口足之間有篆，又彌飾」者，案屨人繶是屨之牙底之間縫中之飾，則此爵云「繶」者，亦是爵口足之間有飾可知。云「又彌飾」，以其主婦有足，已是有飾，今口足之間又加飾也。

婦人復位。復堂上西面位。事已，尸將出，當哭踊。

【疏】「婦人復位」　注「復堂」至「哭踊」　自此盡「拜稽顙」，論祭訖送尸及改饌爲陽厭之事。云「復堂上西面位」者，上云主人「即位於門外，如朝夕臨位。婦人及内兄弟服即位於堂，亦如之」，以下更不見別有婦人位，明「復位」者，還此位可知。又案士喪禮凡臨位「婦人即位于堂，南上」，即面位也。〔六九〕云「尸將出，當哭踊」者，以哭送，此喪祭，故踊。特牲吉祭不哭踊，故亦無此復位之事也。

祝出戶，西面告利成。主人哭，西面告，告主人也。利，猶養也。成，畢也，言養禮畢也。不言養禮畢，於尸閒嫌。○猶養，予亮反，下同。

【疏】「祝出」至「人哭」　注「西面」至「閒嫌」　云「西面告，告主人也」者，以處主人東面，〔七〇〕故祝西面對而告之。〔七一〕云「不言養禮畢，於尸閒嫌」者，若言「養禮畢」，即於尸中間有嫌，諷去之。或本閒作閑音，以養尸事畢，而尸空閑嫌，諷去之。

皆哭。丈夫、婦人於主人哭，斯哭矣。

【疏】「皆哭」　注「丈夫」至「哭矣」　言上云「主人哭」，則主人之外，緦麻以上在位者皆哭，故鄭揔「丈夫、婦人於主人哭，斯哭矣」。

祝入，尸謖。謖，起也，〔七二〕祝入而無事，尸則知起矣。不告尸者，無遣尊者之道也。古文「謖」或爲「休」。○尸謖，所六反，起也。

【疏】「祝入，尸謖」　注「謖起」至「爲休」　云「祝入而無事，尸則知起矣」者，雖不告尸無事，尸亦知無事，禮畢而起矣。云「不告尸者，無遣尊者之道也」者，謂不告尸以禮畢者，尸尊；若告之，則如發遣尊者，故云：「不告尸者，無遣尊者之道也。」

從者奉篚，哭如初。初，哭從尸。祝前尸，出戶，踊如初。降堂，踊如初。出門，亦如之。前，道也。如初者，出如入，降如升，三者之節悲哀同。○前道，音導，下前道、道尸、爲道同。〔七三〕

【疏】「祝前」至「如之」　注「前道」至「哀同」　案上文「尸入門，丈夫踊，婦人踊。尸及階，祝延尸。尸升，宗人詔踊如

初。尸入户，踊如初」，故此鄭云「出如入，降如升，三者之節悲哀同」，是以「如之」得有三者也。

祝反，入徹，設于西北隅，如其設也，几在南，厞用席。改設饌者，不知鬼神之節，改設之，庶幾歆饗，〔七四〕所以爲厭飫也。几在南，變古文，〔七五〕明東面，不南面，漸也。厞，隱也，于厞隱之處，從其幽闇。○厞用，扶未反，劉音非，隱也。爲厭，一豔反，下同。飫也，於庶反。

【疏】「祝反」至「用席」　注「改設」至「幽闇」　「祝反，入」，謂送尸出門，而反入徹神前之饌，改「設於西北隅」也。云「如其設也」者，謂設于西北隅，次第一，如奥中東面設。云「几在南，變古文」者，〔七六〕上文陰厭時設几席「于室中，東面，右几」，今云「几在南」，〔七七〕明其同；必變文者，案少牢大夫禮陽厭時南〔七八〕，亦「几在右」，此言「右几」，嫌與大夫同南面而右几，故變文云「几在南」。與前在奥同，故云「明東面」也。又以特牲云「祝筵几于室中，東面」，至於改饌，云「佐食徹尸薦俎，敦設于西北隅，几在南」，是與此同也。云「不南面，漸也」者，以特牲東面，右几，今虞爲喪祭，示向吉，有漸，故設几與吉祭同。「厞，隱也，于厞隱之處，從其幽闇」者，謂以席爲障使之隱，故云「厞隱，從其幽闇」也。

祝薦席徹入于房。祝自執其俎出。徹薦席者，執事者。祝薦席，則初自房來。

【疏】「祝薦」至「俎出」　注「徹薦」至「房來」　云「徹薦席者，執事者」，但祝之薦席設與徹，不言其人，知使執事者，以其主人之士，〔七九〕不言官者皆爲之故也。云「祝薦席，則初自房來」者，以其上文神席在西序下，此祝經、記俱不言，今知「自房來」者，見公食大夫記云「筵出自房」，昏禮與士冠席皆亦在于房，故此祝席亦自房來，〔八〇〕今還于房可知也。〔八一〕

贊闔牖户。鬼神尚居幽闇，〔八二〕或者遠人乎？〔八三〕贊，佐食者。

【疏】「贊闔牖户」　注「鬼神」至「食者」　云「或者遠人者乎」？〔八四〕禮記郊特牲文，此鄭玄之義，非直取鬼神居幽闇，或取遠人之意故也，知是生人之意。〔八五〕云「贊，佐食者」，自上以來，行事唯有祝與佐食，以其云「祝自執其俎出」，故知「闔牖户」者，是「佐食」也。

主人降，賓出。宗人詔主人降，賓則出廟門。主人出門，哭止，〔八六〕皆復位。門外未入位。

【疏】注「門外未入位」　知是「門外」位者，以經云「出門」，乃更云「皆復位」，明「門外未入位」可知。

宗人告事畢。賓出，主人送，拜稽顙。送拜者，明于大門外也。賓執事者皆去，即徹室中之饌者，兄弟也。

【疏】「宗人」至「稽顙」　注「送拜」至「弟也」　云「送拜者，明于大門外也」者，以其上文云「復位」，是殯門外，未出大門，此云「送拜」，是大門外送拜可知。知「徹室中之饌者，兄弟也」者，賓即執事，而云「賓出」，則室中無執事之人，唯有兄弟，故徹室中之饌者，「兄弟」可知也。

記。虞，沐浴，不櫛。〔八七〕沐浴者，將祭自絜清。不櫛，未在於飾也。唯三年之喪不櫛，期以下櫛可也。今文曰「沐浴」。○不櫛，莊乙反。期以，音基，篇末同。

【疏】「記。虞，沐浴，不櫛」　注「沐浴」至「沐浴」　云「唯三年之喪不櫛，期以下櫛可也」者，經云「不」，據三年爲主，案下文「班祔」，而明期以下虞而沐浴、櫛可也。〔八八〕

陳牲于廟門外，北首，西上，寢右。言牲，腊在其中。西上，變吉。寢右者，當升左胖也。腊用棜。檀弓曰：「既反，哭，主人與有司視虞牲。」○用棜，於庶反。

【疏】「陳牲」至「寢右」　注「言牲」至「虞牲」　知「腊在牲中」者，士虞唯有一豕，而云「西上」，明知兼免腊，得云「西上」也。云「西上，變吉」者，案少牢二牲「東上」，是吉祭東上，今此「西上」是變吉也。云「寢右者，當升左胖也」者，若然，特牲腊在東，置於棜，東首，牲在西，尚右，今虞禮反吉，故「寢右」，「升左胖」。知「腊用棜」者，案特牲「陳鼎於門外，北面，北上。棜在南，南順。實獸于其上，東首」是也。引檀弓者，證虞時有牲之事。〔八九〕

日中而行事。朝葬，日中而虞。君子舉事，必用辰正也。再虞、三虞皆質明。

【疏】「日中而行事」　注「朝葬」至「質明」　云「辰正」者，謂朝、夕、日中也。以朝有葬事，故至日中而行虞事也。〔九〇〕云「再虞、三虞皆質明」者，以朝無葬事，故皆質明而行虞事，是用朝之辰正也。

殺于廟門西，主人不視豚解。主人視牲不視殺，凡爲喪事略也。豚解，解前後脛、脊、脅而已，孰乃體解，升於鼎也。今文無「廟」。○凡爲，于僞反，下爲淺、爲神、本爲、圭爲同。

【疏】「殺于」至「豚解」　注「主人」至「無廟」　云「主人視牲不視殺，凡爲喪事略也」者，案特牲饋食禮宗人「告濯具。賓出，主人出，皆復外位」，鄭云「爲視牲也」；又曰「告事畢，賓出，主人拜送。夙興，主人服如初，立于門外東方，南面，視側殺」。然則特牲吉祭，故主人視牲又視殺，今虞爲喪事，故主人「視牲不視殺」是其略也。「凡」者，衆辭，但此經與特牲饋食不同者，皆爲喪事略，故云「凡」以廣之。「豚解，解前後脛、脊、脅而已。孰乃體解，升於鼎也」者，

「體解」，下文「七體」是也。

羹飪，升左肩、臂、臑、肫、骼，脊、脅，離肺。膚祭三，取諸左膉上。肺祭一，實于上鼎。肉謂之羹。飪，孰也。脊、脅，正脊、正脅也。喪祭略，七體耳。離肺，舉肺也。少牢饋食禮曰：「舉肺一，長終肺。祭肺三，皆刌。」膉，脰肉也。古文曰「左股上」，此字從肉，殳（殳矛之殳）聲。〔九一〕

○羹飪，而甚反。臂臑，乃報反。肫，音純，又之春反。胳，音格，又音各。左膉，音益，脰肉也，後同。脰，音豆，頸也，後同。殳矛，音殊，下莫侯反。

【疏】「羹飪」至「上鼎」　注「肉謂」至「殳聲」　「肉謂之羹」，爾雅釋器文。「飪，孰」，釋言文。云「脊、脅，正脊、正脅也」者，案特牲注云「不貶正脊，不奪正也」，然則此爲喪祭，體數雖略，亦不奪正，故知「脊、脅，正脊、正脅也」。云「喪祭略，七體耳」者，案特牲「尸俎：右肩、臂、臑、肫、胳，正脊二骨，橫脊，長脅二骨，短脅」，注云「士之正祭禮九體，貶於大夫有併骨二，亦得十一之名，合少牢之體數，此所謂放而不致者」，然則此所升唯七體，故云「喪祭略，七體耳」。云「離肺，舉肺也」者，案特牲注云「離，猶挳也。小而長午，割之亦不提心，謂之舉肺」是也。引少牢饋食禮者，證離肺、舉肺之異也。云「膉，脰肉也」者，案少牢云「雍人倫膚九，實于一鼎」，注云「倫，擇也。膚，脅革肉。擇之取美者」。案下注「今以脰肉，貶於純吉」，則此用膉爲貶於純吉之事也。云「古文曰『左股上』，此字從肉，〔九二〕殳（殳矛之殳）聲」者，鄭注儀禮，疊古文，從經今文，又就古文解之者，鄭欲兩從故也。但字從肉，義可知。而以殳與股不是形人之類，〔九三〕其理未審。

升魚鱄、鮒九，實于中鼎。差減之。○鱄，市專反，又市轉反。鮒，音附。髀，步禮反，又方爾反。

【疏】「升魚」至「中鼎」　注「差減之」　「差減之」者，案特牲魚十有五，今爲喪祭略而用九，故云「差減之」也。

升腊左胖。髀不升，實于下鼎。腊亦七體牲之類。

【疏】「升腊」至「下鼎」　注「腊亦七體牲之類」　云「腊亦七體牲之類」者，牲，上文「升左肩、臂、臑、肫、胳、脊、脅」，是牲之七體。今「升腊左胖」亦然，特牲記云「腊如牲骨」是也。

皆設扃鼏，陳之。嫌既陳乃設扃鼏也。今文「扃」作「鉉」。古文「鼏」作「密」。

【疏】「皆設扃鼏，陳之」　注「嫌既」至「作密」　云「嫌既陳乃設扃鼏也」者，經云「陳三鼎」，後言「設扃鼏」，有嫌，故記人辨之，皆先扃鼏，後陳之也。

載猶進柢，魚進鬐。猶，猶士喪、既夕，言未可以吉也。柢，本也。鬐，脊也。今文「柢」爲「胝」。古文「鬐」爲「耆」。○鬐，巨之反。〔九四〕爲胝，音帝。

【疏】「載猶」至「進鬐」　注「猶猶」至「爲耆」　鬐、柢二者皆變於吉，是以少牢云「下利升豕，其載如羊，皆進下」，注云「變於食生也」；〔九五〕又曰「腊一純而俎，亦進下」；又曰「魚用鮒十有五而俎，縮載，右首，進腴」，注云「亦變於食生也」，是皆與此反矣，〔九六〕是變於吉也。云「猶，猶士喪、既夕，言未可以吉也」者，云與吉反，則明與生人同。士喪禮小斂云「皆覆，進柢」，〔九七〕注云「柢，本也。進本者，未異於生也」；至大斂載魚，「左首，進鬐，腊進柢」，鄭注云「亦未異於生也」；又葬奠云「如初」，皆未異於生，故記人以「猶」之，是以鄉飲酒、鄉射記皆云「右體進腠」是也。

祝俎，髀、脰、脊、脅、離肺，陳于階間，敦東。不升於鼎，賤也。統於敦，明神惠也。祭以離肺，下尸。○下尸，户嫁反。

【疏】「祝俎」至「敦東」　注「不升」至「下尸」　云「不升於鼎，賤也」者，祝對上尸俎羹飪升於鼎爲貴者也。云「統於敦，

明神惠也」者，案上文「饌黍稷二敦於階間，西上」是神之黍稷，今陳祝饌于神饌之東，統于神物，明惠由神也。云「祭以離肺，下尸」者，以共尸祭用刌肺，祝不用刌肺，用離肺，故云「下尸」也。

淳尸盥，執槃西面，執匜東面，執巾在其北，東面，宗人授巾，南面。槃，以盛棄水，爲淺汙人也。執巾不授，巾卑也。○以盛，音成。淺，劉音箭，一音贊。汙，汙穢之汙。

【疏】「淳尸」至「南面」 注「槃以」至「卑也」 上經直云「淳尸盥，宗人授巾」，不云執槃與執匜、執巾、及宗人授巾等面位，故記人明之。

主人在室，則宗人升，户外，北面。當詔主人室事。

【疏】「主人」至「北面」 注「當詔主人室事」 上經唯言「宗人告有司具」，及詔主人踊，皆堂下之事，今主人入室，宗人當升户外，詔主人室中之事，故升堂也。

佐食無事則出户，負依南面。室中尊不空立。户牖之間謂之依。○負依，於豈反，注同。

【疏】「佐食」至「南面」 注「室中」至「之依」 云「户牖之間謂之扆」，此爾雅文，謂户西南面也。

鉶芼，用苦若薇，有滑，夏用葵，冬用荁，有柶。苦，苦荼也。荁，堇類也，乾則滑。夏、秋用生葵，冬、春用乾荁。古文「苦」

爲「枯」。〔九八〕今文或作芐。〔九九〕○若薇，音微。用萱，音丸。苦荼，音徒。堇類，音謹。爲枯，如字，又音姑，劉本作枯，音先古反。〔一〇〇〕爲芐，音户，劉音下。

【疏】「鉶芼」至「有柶」　注「苦苦」至「作芐」　案公食記三牲具則「牛藿、羊苦、豕薇」各用其一。若一牲者，容兼用其二，是以及特牲一豕，皆云「鉶芼，苦、薇」，是科用其一也。知「萱，堇類」者，内則云「堇萱枌榆」，同爲滑物，故知「萱，堇類也」。云「乾則滑」者，以其冬用之，故知「乾則滑」于堇也。云「夏秋用生葵，冬春用乾萱」者，以其秋與夏同有生葵；春初未生者，故春約與冬同，是以經直云「冬」，明舉「夏」以兼秋，舉「冬」以兼春也。

豆實，葵菹，菹以西嬴醢。籩，棗烝，栗擇。棗烝、栗擇，則菹刌也。棗烝、栗擇，則豆不揭，〔一〇一〕籩有篠也。〔一〇二〕○嬴，力禾反。不楬，苦瞎反，劉苦割反，本或作毼，同。

【疏】「豆實」至「栗擇」　注「棗烝」至「篠也」　云「棗烝、栗擇，則菹刌也，棗烝、栗擇，則豆不楬，〔一〇三〕籩有篠也」者，〔一〇四〕此雖無正文，案士喪禮大斂云「毼豆兩，〔一〇五〕其實葵菹芋、嬴醢；兩籩無篠，布巾，其實栗，不擇；脯四脡」，自大斂後皆云「如初」，則葬奠四豆，脾、析、葵、菹亦長矣，四籩，棗糗、栗、脯，亦「不擇」也。至此乃云「棗烝、栗擇」，則菹亦切矣，豆、籩有飾可知。

尸入，祝從尸。祝在主人前也，嫌如初時「主人倚杖，入，祝從之」。初時主人之心尚若親存，宜自親之，今既接神，祝當詔侑尸也。

【疏】「尸入，祝從尸」　注「祝在」至「尸也」　上經陰厭時，主人先祝入户，至此迎尸，祝在主人前，先後有異，故記人明之，是以鄭云「祝在主人前也。嫌如初時『主人倚杖，入，祝從之』」也。云「今既接神，祝當詔侑尸也」者，尸，神象，

是以云「既接神，祝當詔侑尸」。即上「祝命佐食爾敦，舉黍稷」及祝酌授尸，及祝出「告利成」，「祝入尸謖」之等是也。

尸坐不説屨。侍神不敢燕惰也。今文「説」爲「税」。〔一〇六〕〇不説，他話反，劉詩悅反，下説經、説首并注同。

【疏】「尸坐，不説屨」　注「侍神」至「爲税」　案鄉飲酒、燕禮之等凡坐、降，説屨乃升坐，今尸雖坐「不説屨」者，爲「侍神不敢燕惰」故也。

校勘記

〔一〕日中而祭之於殯宫以安之禮　宋本「殯宫」誤作「緝官」，此據徐乾學本改。盧文弨本「以安之」之字重。

〔二〕虞安也　阮校云「安」上集釋、楊氏俱有「猶」字。按釋文有「猶」字，李、楊自據釋文，勿以改疏。

〔三〕士既葬父母　阮校云通解、要義同，毛本、楊氏「葬」下有「其」字。按此「其」字與下句「而」字亦俱見釋文。

〔四〕日中祭之　阮校云要義、楊氏同，毛本、通解「中」下有「而」字。

〔五〕小戴第十五　阮校云當作「第八」，第十五乃聘禮。今按小戴篇次見士冠禮疏。

〔六〕饋者　阮校云「者」陳、閩俱作「也」。

〔七〕云是日也至喪祭　阮校云毛本作「云是日也以虞易奠，祔而以吉祭易喪祭」，通解與毛本同。

〔八〕廟門外之右少南　阮校云「南」下陳、閩、通解俱有「水尊在酒西」五字。

〔九〕鼎鑊亦在門左　阮校云要義同，毛本此下更有「以此知卒哭對虞爲吉祭也」十一字，通解同。

〔一〇〕明日以其班祔沐浴又云　阮校云要義同，毛本無「沐浴又云」四字，有「用專膚爲折俎，取諸脰膉」十字，通解同。

〔一一〕問孔子曰　阮校云「問」下要義有「於」字。

〔一二〕每𦎫一几　阮校云陳、閩、通解、要義同，毛本「𦎫」作「敦」。按周禮司几筵作「每敦一几」，鄭注「敦讀曰𦎫」，即改爲「𦎫」字，此正義例也。

〔一三〕劉又都愛反後放此　宋本「反後」誤作「又都」，此據徐乾學本改。

〔一四〕簞巾在其東　阮校云唐石經、徐本、集釋、釋文、楊、敖同，通解、毛本「巾」作「布」。石經考文提要云特牲、少牢皆有「簞巾」。今按「布」乃「巾」之譌。

〔一五〕今文扃爲鉉　阮校云釋文、要義「爲」作「作」。

〔一六〕在內西塾上　阮校云此句下「而在塾上」四字毛本、通解無。

〔一七〕即位于門外　阮校云「外」下通典有「之左」二字。

〔一八〕卒去無時之哭　阮校云陳本、通解、要義同，毛本「去」作「云」。今按「云」當是「去」之形譌。

〔一九〕則依其喪服　阮校云陳本、通解、要義同，毛本「依」作「作」。今按「依」字是。

〔二〇〕弔服是也　阮校云要義同，毛本「是」作「士」。

〔二一〕不足取於大功以下　阮校云要義同，毛本、通解「取」上有「則」字。按此本誤脫，曾子問有「則」字。

〔二二〕然則士之屬官　阮校浦鏜云「吏」誤「官」，從雜記疏校。盧文弨云疏作「吏」。按上節疏引此注作「官」。

〔二三〕注同　徐乾學本無此二字。

〔二四〕朝夕哭祭時　阮校云毛本、通解無「祭」字。

〔二五〕入門升自西階　阮校云徐本、集釋、通解、楊、敖同，毛本「門」作「則」。浦鏜云既夕經無此字。

〔二六〕此則異於朝夕　阮校云徐本、楊、敖同，毛本、通解無「此則」二字。

〔二七〕衰斬之服　阮校云徐本、集釋、通解同，通典、要義、楊氏、毛本「衰」俱作「齊」。按疏作「齊」。

〔二八〕西方位也　阮校云徐本、集釋、楊、敖同，毛本、通解「西」上有「在」字。

〔二九〕復位復主人之左　阮校云此注徐本、通典、集釋、楊、敖俱在「稽首」下，通解與毛本同。按通解截經文「復位」以上爲設饌節，「主人再拜」以下爲響神節，遂移此注于「復位」下。

〔三〇〕祝從在左　阮校云毛本「左」下有「右」字，通解誤作「左」，屬下句。今按「右」字不當有。

〔三一〕告神饗　阮校云徐本、集釋、楊氏同，毛本「饗」下有「也」字。

〔三二〕某甫尚饗　阮校云徐本、集釋、楊氏同，毛本、通解無「尚」字。

〔三三〕如今擐衣也　黄氏校録云張所見嚴本「擐」作「擐」，改「擐」爲「捋」，據陸也。阮校云要義載注及疏俱作「捋」。

〔三四〕何乎　阮校云徐本、集釋、要義、楊氏同，毛本、通解「何」作「可」。

〔三五〕古患反　盧文弨本「古」上有「又」字。

〔三六〕心無所繫　阮校云徐本、集釋、通解、楊、敖同，毛本「心」作「公」。今按「公」當是「心」字之誤。

〔三七〕劉通鄧反　徐乾學本同，盧文弨依集韻改「通」爲「逋」。

〔三八〕無從尸之理　阮校云陳、閩、通解、要義同，毛本「理」作「禮」。

〔三九〕章純反　「章」徐乾學本作「之」，黄焯彙校云葉鈔、朱鈔作「韋」，注疏本作「童」。嚴傑云：「韋」、「童」皆「章」字之誤，「之純」即集韻之「朱倫」。

〔四〇〕云如升者　阮校云毛本、通解「如」作「以」。

〔四一〕詔侑無方　「無」禮器作「武」，鄭注：「武當爲無，聲之誤也。」

〔四二〕坐安也　盧文弨考證云：注作「安坐」，此似誤倒。

〔四三〕象特牲肵俎肵俎置于席北　阮校云「肵俎」二字毛本、通解不重出。

〔四四〕墮之猶言墮下也　黄刊嚴州本、徐本同，單疏述注同。黄氏校録云嚴本當不誤。阮校云「猶言」二字集釋倒。張氏曰：按釋文云「猶⿰阝⿱⿱左月示」，則「言」字當在「猶」字上，「墮下」之「墮」當作「⿰阝⿱⿱左月示」，今本以「墮」解「墮」，其誤不待辨，從釋文。釋誤校云：「墮」古通用「隋」，周禮守祧之文可證，即儀禮書中亦皆作「隋」，故注以「墮」解之，若「⿰阝⿱⿱左月示」乃「墮」之俗體耳，注文當作：「隋之言猶墮」；張氏不知上「墮」字與經並應爲「隋」，而改下「墮」字以從俗，疏矣。按儀禮内隋祭之「隋」或作「墮」，或作「隋」，諸本不能畫一；説文「隋，裂肉也」，唐韻「徒果切」，此字惟周禮有之，他經罕見，自隋以來借爲隨字，而本音本義亡矣；此注以「墮下」釋隋祭，世遂以「墮」代「隋」，間有作「隋」者，據周禮正之也。

〔四五〕人悦反　「人」徐乾學本作「韋」。

〔四六〕既祭藏其墮　阮校云通解、要義同，毛本「祭」下有「則」字。按周禮有「則」字。

〔四七〕謂此墮祭一也　阮校云「此」要義作「比」。今按「此」字是。

〔四八〕是鄭從墮不從綏與羞之意也　阮校云通解同，毛本「意」作「義」。

〔四九〕墮與挼讀同耳　阮校云陳本、通解、要義同，毛本「挼」作「綏」。按「挼」是也。

〔五〇〕祝命爾敦　阮校云楊氏同，毛本、通解「爾」作「邇」。今按特牲作「爾」。

〔五一〕冬用荁　阮校云閩、監本同，毛、陳本、通解「荁」作「苴」。按記文是「荁」字。

〔五二〕 飯黍毋以箸　阮校云陳本、通解、要義同，毛本「箸」作「著」。按説文有「箸」無「著」。今按曲禮作「箸」，毛本誤。

〔五三〕 證播飯去手爲放飯　阮校云通解、要義同，毛本「播」作「搏」。

〔五四〕 飯間啗肉　「間」原從嚴州本作「門」，徐本作「間」，毛本同。黄氏校録云張本改「門」爲「間」，據監巾箱、杭本，以正嚴本之謬也，今轉刻識誤者「間」、「門」倒亂，不可讀，李本、單疏皆「間」。此據徐本改。今按阮校未校徐本，殊疏漏；又以張氏作「門」，亦誤。

〔五五〕 古文酳作酌　阮校錢大昕曰：説文無「酳」字。説文「酌，少少飲也」，音與「酳」同；學者多聞「酌」，少聞「酌」，故注文譌爲「酌」。釋文於「酌」無音，蓋陸所見本已譌爲「酌」矣。今按錢説誠是，然盧宣旬摘録阮校，「説文酌」、「少聞酌」、「於酌」三「酌」字皆譌爲「酌」，致錢説不可解，今皆釐正。

〔五六〕 劉矦吝反　「矦」徐乾學本作「侯」。今按「侯」當是「矦」之誤。黄焯彙校引阮云：「矦」當作「矣」。按阮説非也，「矦吝」即集韻之「士忍」。

〔五七〕 與此面相反　阮校云毛本、通解「此」作「北」。

〔五八〕 從實肝炙於俎也　阮校云「從」通解、敖氏俱作「縮」。

〔五九〕 喪祭進柢　徐本同，嚴州本「柢」作「抵」。黄氏校録云李本作「抵」。按單疏亦「柢」，「柢」是也。阮校云：「从手似誤」。今按依記作「柢」是。

〔六〇〕 加于俎　阮校云通解同，毛本「于」作「與」。

〔六一〕 解先得獻之事　阮校云毛本、通解「先得」作「得先」。

〔六二〕 獻祝因反西面位　阮校云徐本、集釋、楊氏同，與此本標目合，通解、毛本「面」作「南」。周學健云：上「主

人倚杖，入，西面」，是其「西面」位也。

〔六三〕主人拜受角　阮校云毛本、通解「角」下有「尸拜送，主人退」六字。今按疏稱「退者」云云，則六字似當有。

〔六四〕設遷奠　阮校云通解同，毛本「遷奠」作「薦奠」。

〔六五〕東西面　阮校云毛本、通解無「西」字。今按「西」字不當有，注云「東面」，下疏「復東面位」，皆無「西」字。

〔六六〕尸拜受爵　阮校云「尸」陳、閩俱作「及」。今按依上文應作「尸」。

〔六七〕設于敦南此主婦自反兩籩　阮校云「此」通解、楊氏同，毛本作「北」，屬上句。今按特牲無「南」字。

〔六八〕有篡　阮校云「篡」下通典有「文」字，是也。

〔六九〕即面位也　阮校云要義同，毛本、通解「即」下有「西」字。

〔七〇〕以處主人東面　阮校云「以」下陳、閩、通解俱有「其」字，「面」字陳、閩俱無。

〔七一〕故祝西面對而告之　阮校云「面」閩本作「南」。

〔七二〕謖起也　阮校云此三字毛本脱，徐本、通典、集釋、楊氏俱有，與單疏標目合，通解無。按通解載釋文於注前，已有此三字，遂删注首。

〔七三〕下前道道尸爲道同　「道尸」之「道」字宋本無，此據徐乾學本補。黄焯彙校王筠云：後注云「禫或爲導」，張忠甫據此「爲道」謂「導」當是「道」。

〔七四〕庶幾歆饗　阮校云陳、閩、葛本、集釋、通解同，毛本「饗」作「響」。今按毛本顯誤。

〔七五〕變古文　阮校云「古」通典、集釋俱作「右」。張氏曰：疏云「上文設几席于室中，東面右几」，今云「几在南」，明其同。必變文者，少牢大夫禮亦「几在南」，此言「右几」，嫌與大夫同。予以爲鄭氏稱作經者變上「右几」之文而已，未必及大夫也。然「古」必作「右」，從疏。盧文弨校引方云「古」乃「吉」之譌，「文」乃「又」

之譌。按張説與通典合，方説恐非。今按黄氏校録亦云「右」字是。

〔七六〕變古文者　阮校云「古」要義作「右」。按「右」字是。

〔七七〕今云几在南　阮校云要義、楊氏同，毛本、通解「云」作「文」。按識誤引疏亦作「云」。

〔七八〕陽厭時南　阮校云要義同，通解、楊氏、毛本「南」下有「面」字。

〔七九〕主人之士　阮校云「士」毛本、通解作「事」。

〔八〇〕故此祝席亦自房來　「此」張敦仁本誤作「比」，阮本承其誤而無校語，此據單疏改。

〔八一〕還于房　阮校云毛本、通解「于」作「與」。今按「于」字是。

〔八二〕鬼神尚居幽闇　阮校云通典無「居」字。

〔八三〕或者遠人乎　阮校張氏曰：疏「者」作「諸」，特牲饋食禮亦曰「或諸遠人乎」，從疏。黄氏校録：案單疏述注「者」。今按郊特牲作「諸」，是。

〔八四〕云或者遠人者乎　阮校云上「者」字要義作「諸」，與識誤合。毛本「者乎」作「乎者」。

〔八五〕知是生人之意　阮校云要義同，通解、毛本無此六字。

〔八六〕哭止　阮校云「止」上通典有「者」字。

〔八七〕虞沐浴不櫛　阮校云敖氏無「沐」字。云：本云「沐浴」，而鄭注乃云「今文曰沐浴」，則是鄭氏但從古文，元無「沐」字也；毛本記與注首櫛云「沐浴」，蓋傳寫者誤衍之。盧文弨云：「沐浴」當倒爲「浴沐」，疏云「期以下虞而浴沐，櫛」可證，蓋浴而沐，沐而櫛，櫛而搔翦，其次第如是，後人見經書多言「沐浴」，遂誤易之耳。許宗彦云：「今文曰沐浴」，蓋無「不櫛」二字，異于古文耳；觀後經文「沐浴櫛蚤揃」，注曰「今文曰沐浴蚤揃」，對勘自明矣；蓋後注言今文無「櫛」字，此注言今文無「不櫛」二字；以後證前，毫無可疑，諸校者皆

誤。今按許説是。

〔八八〕虞而沐浴　阮校云陳本、要義同，毛本「沐浴」作「浴沐」。

〔八九〕證虞時有牲之事　阮校云陳、閩、要義同，毛本「有」作「右」。

〔九〇〕故至日中而行虞事也　阮校云要義同，毛本、通解「至」作「云」。

〔九一〕此字從肉殳殳矛之殳聲　阮校云徐本、集釋「字」上俱有「此」字，與疏合；「肉」下無「從」字，與單疏述注合；毛本、通解無「此」字，「肉」下有「從」字。按此句當云：「此字從肉殳聲」。後於「殳」下加「殳矛之殳」四字，乃注中之注也；後人連讀，更衍一「從」字，則「聲」字如贅旒然。今按阮説是，此即依之斷句。

〔九二〕此字從肉　阮校云毛本「肉」下有「從」字。

〔九三〕不是形人之類　阮校云「是」閩本誤作「足」，「人」一本改作「聲」。按説文股從肉殳聲，與説文合，賈氏於偏旁之學甚疏。

〔九四〕巨之反　「巨」徐乾學本作「渠」，黄焯彙校云「聲同」。

〔九五〕變於食也　阮校云毛本、通解「食」下有「生」字。按當有「生」字。

〔九六〕是皆與此反矣　阮校云通解同，毛本「與」作「於」。

〔九七〕皆覆進柢　阮校云通解、要義同，毛本「覆」作「復」。

〔九八〕古文苦爲枯　陸氏曰：「劉本作枯」。阮校疑劉本作「姑」，引易大過「枯楊」，鄭以爲「無姑，山榆」。今按姑、枯既通用，則阮氏所疑未必是。

〔九九〕今文或作苄　黄氏校録云張本改「作」爲「爲」，據陸也。「苄」徐本、釋文同，嚴州本、毛本作「竿」。黄氏校録云作「苄」者誤。

〔一〇〇〕劉本作枯音先古反　黄焯彙校引惠云「劉本作姑，音先枯反」，盧云「梏舊作枯」。吴云：案鄉射禮注「肅慎貢枯矢」，釋文云「字又作梏」；盧説劉本作「梏」，近是，然以「先古反」證字當爲「梏」，則大謬矣。尋苦、枯、梏三文其反語上字不外見、溪、匣三紐，無以齒音爲切者，疑「先姑反」之「先」爲羌之形譌，以無明證，未能輒改。黄云：辜、皋連言，橰、梓通字，古有齒音，亦無怪爾，「先古」作反，未可輒改。黄焯以爲惠以「先枯」切「姑」，盧以「先古」切「梏」，皆有未合，此當存疑。

〔一〇一〕則豆不揭　阮校云「揭」徐本、楊氏同，嚴、陳、監、釋文、集釋、通解俱作「楬」，與單疏述注合，閩、葛本俱作「楬」，毛本作「毼」。

〔一〇二〕籩有籐也　阮校云嚴本、集釋同，與單疏述注合，毛本作「縢」；徐、陳、閩、葛、監、通解俱作「籐」，楊氏作「藤」，俱誤。

〔一〇三〕則豆不楬　阮校云「楬」毛本作「毼」。

〔一〇四〕籩有籐也　阮校云「籐」毛本作「縢」，陳、閩、監本作「籐」。

〔一〇五〕毼豆兩　阮校云「毼」毛本作「楬」。按士喪禮作「毼」。

〔一〇六〕侍神不敢燕惰也今文説爲棁　阮校云下六字徐本、集釋、通解俱有，與單疏標目合，楊本無。按毛本脱「也」字，以「今文説爲悦」五字誤爲「釋文」。

儀禮注疏卷第四十三

唐朝散大夫行大學博士弘文館學士臣賈公彦等撰

尸謖，祝前，鄉尸。 前，道也。祝道尸，必先鄉之，爲之節。○鄉尸，許亮反，下注皆同。

【疏】「尸謖，祝前，鄉尸」 注「前道」至「之節」 此記尸謖之時，祝前尸之儀也。云「必先鄉之，爲之節」者，言必先面鄉尸者，爲之節度也。

還，出户，又鄉尸。還，過主人，又鄉尸。還，降階，又鄉尸。 過主人則西階上，不言及階，明主人見尸，有踧踖之敬。○踧，子六反。踖，子亦反。

【疏】「還出」至「鄉尸」 注「過主」至「之敬」 「過主人則西階上，不言及階，明主人見尸，有踧踖之敬」者，以其經「出户」、「降階」、「及門」皆指物。而言「主人」者欲見階上。不言西階，而言「主人」者，欲見「主人見尸，有踧踖之敬」，故没去階名，而云「主人」也。

降階，還，及門，如出户。 及，至也。言還至門，明其間無節也。降階如升時，將出門如出户時，皆還鄉尸也。每將還，必有辟退之容。凡前尸之禮儀在此。○辟退，音避，又婢亦反。

【疏】「降階」至「出户」 注「及至」至「在此」 「言還至門，明其間無節也」者，以經自「階」已前皆不言「及」，從「階」到

「門」言「及」者，以其自階到門其中道遠，故特言「及」以殊之，是以鄭云「言還至門，明其間無節」，謂無「還鄉尸」之節也。云「降階如升時，將出門如出户時，皆還鄉尸也」，經直云「及門，如出户」，雖不言降階如升時，以將出門如出户，明「降階如升時」，故鄭約出門以明「降階」也。云「皆還鄉尸」者，欲見經「還」者皆「還鄉尸」也，謂「鄉尸」乃前道也。云「每將還，必有辟退之容」者，「辟退」即逡巡謙讓之容貌也。云「凡前尸之禮儀在此」者，以儀禮一部所云「前尸」之禮儀，在此經爲具悉者。

尸出，祝反，入門左，北面復位，然後宗人詔降。

【疏】「尸出」至「詔降」　「尸出，祝反，入門左，北面復位」者，謂祝既送尸出，反入門復位，復上文「祝入門左，北面」位，故云「復位」也。云「然後宗人詔降」者，謂祝復位，宗人乃詔告主人降，以其無事故也。

尸服卒者之上服。上服者，如特牲士玄端也。不以爵弁服爲上者，祭於君之服，非所以自配鬼神。士之妻則宵衣耳。

【疏】「尸服卒者之上服」　注「上服」至「衣耳」　上經直見主人服，不見尸服，故記人明之。云「上服」對深衣在下。〔一〕「玄端」者，案特牲經筮日云「主人冠玄端」，至祭日「夙興，主人服如初」，是士之正祭服玄端，即是卒者生時所著之祭服，故尸還服之。云「不以爵弁服爲上者，祭於君之服，非所以自配鬼神」者，案曾子問孔子曰「尸弁冕而出，卿大夫、士皆下之」，注云「爲君尸。或弁者，先祖或有爲大夫、士者」，彼君之先祖爲士，尸服爵弁。不服玄端者，〔二〕子孫爲諸侯，先祖尸在中，故先祖爲士者，〔三〕尸還服助祭於君之服也。云「士之妻則宵衣耳」者，以其經直云「尸」，不辨男女，士虞既男女别尸，明經云「尸」，可以兼男女，故鄭併云「士之妻」也。案特牲正祭主婦著「纚笄，宵衣」，明女尸亦宵衣可知。

男，男尸。女，女尸。必使異姓，不使賤者。異姓，婦也。賤者，謂庶孫之妾也。尸配尊者，必使適也。○使適，丁狄反。

【疏】「男男」至「賤者」 注「異姓」至「適也」 虞、卒哭之祭，男女别尸，故男女别言之也。云「異姓，婦也」者，以男無異姓之禮故也，知經云「必使異姓」者，據與婦爲尸者也。不使同姓與婦爲尸者，〔四〕尸須得孫列者，孫婦還與夫之祖姑爲尸，故不得使同姓女爲尸也。云「賤者，謂庶孫之妾也。尸配尊者，必使適也」者，男尸先使適孫，無適孫乃使庶孫；女尸先使適孫妻，無適孫妻使適孫妾，又無妾乃使庶孫妻，即不得使庶孫妾，以庶孫之妾是賤之極者。若然，庶孫妻亦容用之，而鄭云「必使適也」者，據經「不使賤」，有適孫妻則先用適而言，其實容用庶孫妻法也。必知無容用庶孫者，〔五〕以曾子問孔子曰「祭成喪者必有尸。尸必以孫，孫幼使人抱之。無孫則取于同姓可也」，彼不言適，是容無適而用庶。此經男女别尸，據虞祭而言，至卒哭已後，自禫已前，喪中之祭，皆男女别尸。知者，案司几筵云「每敦一几」，鄭注云「雖合葬及同時在殯皆異几，體實不同。祭於廟同几，精氣合」；少牢吉祭云「某妃配」，是男女共尸；篇末云「是月也，吉祭，猶未配」，注云「是月，是禫月也。當四時之祭月則祭，猶未以某妃配某氏，哀未忘也」，則引少牢吉祭妃配之事爲證，明禫月不當四時祭月，則不云「某妃配」，配則共尸可知。

無尸，則禮及薦饌皆如初。無尸，謂無孫列可使者也，殤亦是也。禮，謂衣服、即位、升降。

【疏】「無尸」至「如初」 注「無尸」至「升降」 自此盡「詔降，如初」，論喪祭無尸之事。云「無尸，謂無孫列可使者」，知謂「無孫列」者，禮記云「無孫則取同姓」之適，則大夫、士祭，先取孫，無孫取同姓之適，是有孫列可使，復無同姓之適，是「無孫列可使者也」。云「殤亦是也」者，禮記曾子問云「祭成喪者必有尸」，明殤死無尸可知。曾子問又云宗

子直有陰厭，庶殤直有陽厭，是無尸也。云「禮謂衣服、即位、升降」者，雖無尸，主人亦如葬所服，即位於西序，及升降，與有尸相似。

既饗，祭于苴，

【疏】「既饗，祭于苴」云「既饗」者，正謂祝釋饗神辭告之，使令祔之安之，釋饗訖，佐食取黍稷祭于苴。〔六〕

祝祝卒，記異者之節。〔七〕

【疏】「祝祝卒」注「記異者之節」云「記異者」，謂記無尸者異於有尸何者。有尸祝釋孝子辭，釋辭訖，爲祝祝卒，別有迎尸已後之事；今無尸者祝祝卒，饗神訖，無迎尸已後之事。故下文云「不綏祭」之等，是記異者之節也。

不綏祭，無泰羹湇、胾、從獻。不綏言獻，記終始也。事尸之禮，始於綏祭，終於從獻。綏當爲墮。○不綏，依注音墮，許恚反，劉相恚反。湇胾，莊吏反，劉本作胾，酢再反。

【疏】「不綏」至「從獻」注「不綏」至「爲墮」此四事皆爲尸。是以上文有尸者云「迎尸」而入，「祝命佐食綏祭」，又「泰羹湇自門入，〔八〕設于鉶南，胾四豆設于左」，又尸食之後，主人獻之後，〔九〕「賓長以肝從」，主婦「亞獻」，賓長「以燔從」，賓長獻後亦如之。無尸闕此四事，自「羹」已下三事皆蒙「無」字解之也。云「不綏言獻，記終始也」者，以見經無尸，具陳四事。凡祭禮以獻爲終，舉終以見始，亦得爲義，今不但言「獻」，記其終始，具言四事者，欲明始於綏祭，終於從獻，故鄭即云「事尸之禮，始於綏祭，終於從獻」者，故具言之。云「綏當爲墮」者，周禮守祧職云「既祭藏其墮」，字爲正，取減爲義。

主人哭，出復位。於祝祝卒。

【疏】「主人哭，出，復位」注「於祝祝卒」謂「祝祝卒」無尸可迎，既無上四事，主人遂即哭，出復户外東面位也。

祝闔牖户，降，復位于門西。 門西北面位也。

【疏】「祝闔」至「門西」注「門西北面位也」鄭此及下注皆云「復位」者「門西北面位」者，據上文「尸出，祝反，入門左，北面復位」也。

男女拾踊三。 拾，更也，三更踊。○拾踊，其業反，注下同。更也，音庚，下同。

【疏】「男女拾踊三」注「拾更也三更踊」凡言「更踊」者，主人踊，主婦踊，賓乃踊。「三」者，三爲拾也。

如食間。 隱之，如尸一食九飯之頃也。

【疏】「如食間」注「隱之」至「頃也」「隱之」者，謂闔牖户也。「九飯之頃」，時節也。

祝升，止哭，聲三，啓户。 聲者，噫歆也，將啓户，警覺神也。〔一〇〕今文「啓」爲「開」。

【疏】「祝升」至「啓户」注「聲者」至「爲開」云「聲者，噫歆也」者，若曲禮云「將上堂，聲必揚」，故云「將啓户，警覺神也」。

主人入， 親之。

【疏】「主人入」注「親之」云「親之」者，啓牖鄉是親之事。〔一一〕主人無事而入者，是主人親至神所，恭敬之事也。

祝從，啓牖鄉如初。牖先闔後啓，扇在内也。鄉、牖一名也。〔一二〕如初者，主人入，祝從，在左。○牖鄉，許亮反，亦窻也。

【疏】注「牖先」至「在左」　云「牖先闔後啓，扇在内也」者，見上文「闔牖户」，闔時牖先言。此經上云「主人入，祝從」，乃言「啓牖」，是户先開乃啓牖，故須解之「扇在内也」。〔一三〕云「鄉、牖一名也」者，案詩云「塞鄉墐户」，注云「鄉，北出牖也」。與此注不同者，語異義同；北牖名鄉，鄉亦是牖，故云「牖，一名也」。云「如初者，主人入，祝從入，在左」者，鄭以經「如初」之文在「牖鄉」之下，恐人以爲「啓牖鄉如初」，上既無「啓牖鄉」之事，明據主人與祝位「如初」也。

主人哭，出復位。堂上位也。

【疏】「主人哭，出復位」　注「堂上位也」　案下文云「宗人詔降，如初」，注云「詔主人降之」，乃降堂，明此「復位」者，復堂上東面位也。

卒徹，祝、佐食降，復位。〔一四〕祝復門西北面位，佐食復西方位。不復設西北隅者，重閉牖户褻也。○不復設，扶又反，又下豈復、又復同。重閉，直用反。

【疏】注「祝復」至「褻也」　鄭知祝與佐食位如此者，見上經云「主人即位于堂。衆主人及兄弟、賓即位于西方」，「佐食」即「賓」也，故知「佐食」言「復位」，「復西方」可知。知祝復位「復門西北面位」者，上經「祝入門，左，北面」，注「不與執事同位，接神尊也」，明此祝「復位」，「復門西北面位」可知。云「不復設西北隅者，重閉牖户褻也」者，上經有尸者有陰厭，有陽厭，無闔牖户之事，今無尸者陰厭時闔牖户，今更設饌於西北隅，復更闔牖户，爲褻瀆，故不爲也。

宗人詔降如初。初贊闔牖户，宗人詔主人降之。

【疏】「宗人詔降如初」注「初贊」至「降之」 此「降」謂禮畢降堂也。上經云「贊闔牖户。主人降。賓出」，注云「宗人詔主人降」，彼謂降堂，故鄭知此云「如初」，亦如上經詔降也。

始虞用柔日，葬之日日中虞，欲安之；柔日陰，陰取其静。〔一五〕

【疏】「始虞，用柔日」注「葬之」至「其静」 自此下盡「哀薦成事」，論初虞、二虞、三虞、卒哭，明三者之祭饗神辭及用日不同之事。云「葬之日日中」者，上文云「日中行事」是也。葬用丁亥，是柔日，葬始虞用日中，故云「始虞，用柔日」也。

曰：「哀子某，哀顯相，夙興夜處不寧。曰，辭也，祝祝之辭也。喪祭稱哀顯相，助祭者也。顯，明也；相，助也。詩云：「於穆清廟，肅雍顯相。」不寧，悲思不安。○顯相，息亮反，注及下顯相同。悲思，息嗣反。**敢用絜牲剛鬣，**敢，昧冒之辭。〔一六〕豕曰剛鬣。○剛鬣，力涉反，豕曰剛鬣。昧冒，亡比反，又亡報反。

【疏】注「敢昧」至「剛鬣」 「敢，昧冒之辭」者，凡言「敢」者，皆是以卑觸尊，不自明之意，故云「昧冒之辭」。云「豕曰剛鬣」者，下曲禮文。

香合、黍也，大夫、士於黍稷之號，合言普淖而已，此言香合蓋記者誤耳。〔一七〕辭次黍又不得在薦上。○香合，本又作薌，音同，黍曰薌合。普淖，女孝反，劉徒較反，普，大也；淖，合也，謂黍稷。

【疏】「香合」注「黍也」至「薦上」 案下曲禮云「黍曰香合，粱曰香萁，稷曰明粢」是也。云「大夫、士於黍稷之號，合言普淖而已，此言香合，蓋記者誤耳」者，曲禮所云黍稷別號者，是人君法。特牲、少牢黍稷合言「普淖」，此別號黍爲「香合」，下特號稷爲「普淖」，故知記誤也。云「辭次黍，又不得在薦上」者，依設薦法，先設菹醢，次設俎，後設黍

稷，今黍在「嘉薦」之上，此亦記者之誤，故鄭非之也。若然，俎在後。今「絜牲」在黍上者，祭以牲爲主，故先言，非設時在前也。

嘉薦、普淖、嘉薦，菹醢也。普淖，黍稷也。普，大也；淖，和也，德能大和，乃有黍稷，故以爲號云。

【疏】「嘉薦、普淖」注「嘉薦」至「號云」　言「故以爲號云」者，〔一八〕鄭以意解之，無正文，故言「云」以疑之。

明齊溲酒，明齊，新水也，言以新水溲釀此酒也。郊特牲曰「明水涚齊，貴新也」。或曰當爲「明視」，謂兔腊也；今文曰「明粢」，粢，稷也，皆非其次。今文「溲」爲「醙」。○明齊，才計反，注同；明齊，新水也。溲酒，所求反，注醙同。明粢，音粢，音咨，一音側其反。

【疏】「明齊溲酒」注「明齊」至「爲醙」　云「言以新水溲釀此酒也」者，鄭以溲水邊爲之，與縮字義異，謂以新水漬麴，〔一九〕乃溲釀此酒。又引郊特牲「明水涚齊，貴新也」者，彼注云「涚，猶清也。五齊濁，泲之使清，謂之涚齊，及取明水，皆貴新也」，據彼注明水，則周禮司烜氏所取月中之水，與此「明齊，新水」別，鄭引之者，彼此雖異，引之直取新義是同，〔二〇〕故引爲證，非謂爲一物也。云「或曰當爲明視，謂兔腊也」者，士祭有兔腊，是故或有人作如此說。云「今文曰明粢，粢，稷也，皆非其次」者，若以「明齊」當爲「明視」，作「兔腊」解者，應在上與牲爲次，何因退在下？今文又爲稷解者，上已云「普淖」，兼黍稷，何用又見稷也？故知二者皆非其次也。若然，特牲、少牢無腊號，以小物畧之。

哀薦祫事，始虞謂之祫事者，主欲其祫先祖也，〔二一〕以與先祖合爲安。今文曰「古事」。〔二二〕○祫事，音洽。

【疏】「哀薦祫事」注「始虞」至「古事」　曰：「始虞謂之祫事者，主欲其祫先祖也」者，案公羊傳文二年云「大祫者何？

合祭也」，合先君之主於大廟，〔二三〕故此鄭亦以祫爲合而言。但三虞卒哭後，乃有祔祭，始合先祖；始虞而已言祫者，〔二四〕鄭云「以與先祖合爲安」，故下文云「適爾皇祖某甫」，是始虞預言祫之意也。

適爾皇祖某甫。爾，女也。女，死者。告之以適皇祖，所以安之也。皇，君也。某甫，皇祖字也，若言「尼甫」。○爾女，音汝，下同。**饗！」**勸强之也。○勸彊，其丈反，下同。

再虞，皆如初，曰：「哀薦虞事。」〔二五〕丁日葬則己日再虞。其祝辭異者，一言耳。

【疏】注「丁日」至「言耳」　「己日再虞」者，以其後虞用剛日，初虞、再虞皆用柔日，始虞用丁日，隔戊日，故知再虞用「己日」。云「祝辭異者，一言耳」者，「一言」或有一句爲一言，若論語云「一言以蔽之，曰思無邪」是也；今此「一言」則一字爲一言，謂數一虞云「祫」，再虞云「虞」，三虞云「成」是也。

三虞、卒哭、他，用剛日，亦如初，曰：「哀薦成事。」當祔於祖廟，爲神安於此。後虞改用剛日。剛日，陽也，陽取其動也。士則庚日三虞，壬日卒哭。其祝辭異者，亦一言耳。他，謂不及時而葬者。喪服小記曰：「報葬者報虞者，〔二六〕三月而後卒哭。」然則虞、卒哭之閒，有祭事者，亦用剛日。其祭無名，謂之「他」者，假設言之。文不在「卒哭」上者，以其非常也。令正者自相亞也。〔二七〕檀弓曰：「葬日中而虞，弗忍一日離也。是日也，以虞易奠。卒哭曰成事，〔二八〕是日也，以吉祭易喪祭。明日祔於祖父。」如是虞爲喪祭，卒哭爲吉祭。今文「他」爲「它」。○報葬，禮記音芳付反，下同。令正，力呈反。離也，力智反。

【疏】「三虞」至「成事」　注「當祔」至「爲它」　鄭云「當祔於祖廟，爲神安於此」者，却解初虞、再虞稱祫、稱虞之意，〔二九〕今三虞改用剛日，將祔於祖，取其動義故也。云「士則庚日三虞，壬日卒哭」者，以其己日爲再虞，後改用剛日，故次取庚日爲三虞也。卒哭亦用剛日，故庚日後，降辛日，〔三〇〕取壬日爲卒哭。云「祝辭異者，亦一言耳」者，改「虞」爲「成」，是一言也。云「他，謂不及時而葬者」，謂有故及家貧，不及三月，因三日殯日即葬於國北。引喪服小記

者，彼鄭注云「報讀爲赴疾之赴」，謂不待三月，〔三一〕因殯日虞所以安神，以送形而往，迎魂而反而須安之，故疾。虞「三月而後卒哭」者，謂卒去無時之哭。鄭云卒哭「待哀殺」，故至三月待尋常葬後，乃爲卒哭祭。〔三二〕云「然則虞、卒哭之間，有祭事者亦用剛日」者，以虞、卒哭已是剛日，他祭在後，故亦用剛日也。云「其祭無名，謂之他者」，謂虞、卒哭、祔、祥皆有名，此則無名，故謂之「他」。云「文不在卒哭上者」，此「他」祭在「卒哭」上，今退在「卒哭」下者，以其非常，又非祭故也。引檀弓者，證卒哭辭稱「成事」之義。但卒哭爲吉祭者，喪中自相對。若據二十八月後吉祭而言，禫祭已前摠爲喪祭也。若然，此經云「三虞」與「卒哭」「哀薦成事」明文，而鄭注檀弓云「卒哭而祭，其辭蓋曰：『哀薦成事』」，言「蓋」疑之者，以鄭君以前，有人解云三虞與卒哭同爲一事解之者，鄭故疑卒哭之辭而云「蓋」也。是以雜記云「上大夫之虞也少牢，卒哭成事、祔，皆大牢」，鄭注云「卒哭成事、祔言『皆』，則卒哭成事、祔與虞異矣」，是微破前人三虞與卒哭同解者也。

獻畢未徹，乃餞。

卒哭之祭，既三獻也。餞，送行者之酒。詩云：「出宿于濟，〔三三〕飲餞于禰。」尸且將始祔于皇祖，〔三四〕是以餞送之。古文「餞」爲「踐」。○乃餞，抆淺反，送也。于濟，子禮反。于禰，乃禮反，劉本作泥，音同。

【疏】「獻畢未徹，乃餞」　注「卒哭」至「爲踐」　自此盡「不脱帶」，論卒哭之祭，未徹餞，尸於寢門外之事。鄭云「卒哭之祭」者，案上文直云「獻畢未徹，乃餞」，不言卒哭，鄭知是「卒哭之祭」者，以其三虞無餞尸之事，明旦祔於祖，入廟，乃有餞尸之禮，故鄭據「卒哭」而言。若然，三虞不餞尸者，以其三虞與卒哭同在寢，祔則在廟，以明旦當入廟，以其易處，鄉尊所，故特有餞送尸之禮也。引詩者，彼生人餞行人之禮，〔三五〕爲行始；此祭祀餞尸之禮，亦鄉祖廟，爲行始，事雖異，餞送飲酒是同，故引爲證也。知「且將始祔於皇祖」者，下云「明日以其班祔」，鄭云「卒哭之明日

也」，是明日之旦也。

尊兩甒于廟門外之右，少南。水尊在酒西，勺北枋。少南，將有事於北。有玄酒即吉也。此在西，尚凶也。言「水」者，喪質，無鼏不久陳。〔三六〕古文「甒」爲「廡」也。

【疏】注「少南」至「廡也」　云「少南，將有事於北」者，正謂下文云「尸出門右，南面」已下是也。云「有玄酒，即吉也」者，以其虞祭用醴酒，無玄酒，至卒哭云「如初」，則與虞祭同，今至餞尸用玄酒，酒則尋常祭祀之酒，〔三七〕非醴酒，故云「即吉也」。云「此在西，尚凶也」者，以其吉祭尊在房戶之間，至於虞祭，尊在室，是凶，今卒哭餞尸，尊在門西，不在門東，是尚凶，故變於吉也。

洗在尊東南，水在洗東，篚在西。在門之左，又少南。**饌籩豆，脯四脡，**酒宜脯也。古文「脡」爲「挺」。○四脡，徒頂反，又他頂反。

有乾肉折俎二尹，縮祭半尹，在西塾。乾肉，牲體之脯也，如今涼州烏翅矣。〔三八〕折以爲俎實，優尸也。尹，正也，雖其折之，必使正。縮，從也。古文「縮」爲「蹙」。○烏翅，〔三九〕申豉反。從也，子容反。

【疏】注「乾肉」至「爲蹙」　云「涼州烏翅」者，經云「乾肉折俎」，則漢時乾脯似之，故鄭以今曉古也。

尸出，執几從，席從。祝入，亦告利成，入，前尸，尸乃出。几席，素几、葦席也。以几席從，執事也。

【疏】「尸出」至「席從」　注「祝入」至「事也」　云「祝入，亦告利成，入，前尸，尸乃出」者，雖餞行飲酒，尸將起之時，祝亦

如虞祭告云「利成」，尸乃興，以前尸也。知「几席，素几、葦席也」者，上經初虞云「素几、葦席，在西序」；至及再虞、三虞及卒哭，皆「如初」，不見更設几席之文，明同初虞用「素几、葦席」；今卒哭祭未餞尸於門外，〔四〇〕明是卒哭之几、席，故知是「素几、葦席」也。

尸出門右，南面。俟設席也。

【疏】「尸出門右，南面」　注「俟設席也」　知「俟設席」者，尸在門右，南面，在坐北立，下即云「席設」之事，明「俟設席也」。

席設于尊西北，東面，几在南。賓出，復位。將入臨之位。士喪禮賓繼兄弟北上；門東北面，西上；門西北面，東上；西方東面，北上。○入臨，力蔭反。

主人出，即位于門東少南。婦人出，即位于主人之北。皆西面哭，不止。婦人出者，重餞尸。○重餞，直勇反，下重帶同，又直用反。

【疏】注「婦人出者重餞尸」　婦人有事，自堂及房而已，今出寢門之外，故云「重餞尸」也。

尸即席坐。唯主人不哭，〔四一〕洗廢爵，酌獻尸。尸拜受。主人拜送，哭，復位。薦脯醢，設俎于薦東，朐在南。朐，脯及乾肉之屈也。屈者在南，變於吉。○朐在，其俱反。

【疏】「尸即」至「在南」　注「朐脯」至「於吉」　云「主人拜送」者，案上祭云「主人其拜」，〔四二〕特牲亦云「拜送」，則拜送吉凶同也。云「屈者在南，變於吉」者，案曲禮云「以脯脩置者，左朐右末」，鄭云「屈中曰朐」，則吉時屈者在左，今尸

東面而云「朐在南」，則是凶禮屈者在右，末頭在左，故云「變於吉」也。

尸左執爵，取脯，擩醢，祭之。佐食授嚌。授乾肉之祭。尸受，振祭，嚌，〔四三〕反之，祭酒，卒爵，奠于南方。反之，反於佐食，佐食反之於俎。尸奠爵，禮有終。

【疏】注「反之」至「有終」 鄭知「反之，反於佐食」者，經云「佐食授嚌。〔四四〕尸受，振祭，嚌」，嚌訖而云「反之」，明「反與佐食，〔四五〕佐食乃反於俎」可知也。云「尸奠爵，禮有終」者，上經云三獻尸皆有酢，今餞尸三獻皆不酢而奠之，是爲禮有終，謂若主人拜送，賓不荅拜，亦是禮有終也。

主人及兄弟踊。婦人亦如之。主婦洗足爵，亞獻，如主人儀，無從，踊如初。賓長洗繶爵，三獻，如亞獻，踊如初。佐食取俎實于篚。尸謖，從者奉篚哭從之，祝前，哭者皆從。及大門内踊如初。男女從尸，男由左，女由右。及，至也。從尸不出大門者，由廟門外無事尸之禮也。〔四六〕古文「謖」作「休」。

【疏】注「男女」至「作休」 鄭知「男女從尸，男由左，女由右」者，約上文男子在南，婦人在北，〔四七〕南爲左，北爲右，因從此位便，故知男子由左，婦人由右也。云「從尸不出大門者，由廟門外無事尸之禮也」者，在廟以廟爲限，〔四八〕在寢門外以大門爲限，正祭在廟，廟門外無事尸之禮；今餞尸在寢門外，則大門外無事尸之禮，故鄭舉正祭況之，從尸不出大門外，取正祭比之，〔四九〕故注云「由廟門外無事尸之禮也」。

尸出門，哭者止。〔五〇〕以餞於外。大門，猶廟門。

【疏】「尸出門，哭者止」　注「以餞」至「廟門」　鄭意所以尸出大門，哭者便止者，正以餞於寢門，以大門爲限，似事尸在廟門爲限，故鄭云：「大門，猶廟門」也。

賓出，主人送，拜稽顙。送賓，拜於大門外。

【疏】「賓出」至「稽顙」　注「送賓」至「門外」　上「從尸不出大門」者，有事尸限，故不出大門送之。送賓於大門外，自是常禮，故云「送賓，拜于大門外」，但禮有終，賓無荅拜之禮也。

主婦亦拜賓。女賓也。不言出，不言送，拜之於闈門之内，闈門如今東西掖門。○闈門，音韋，劉音暉。

【疏】「主婦亦拜賓」　注「女賓」至「掖門」　上主人送男賓，故知此主婦拜女賓也。云「不言出、送，拜之於闈門之内」者，決上文男主拜男賓言「出、送」，此明主婦送女賓于門之内，以其婦人送迎不出門，見兄弟不踰閾故也。云「闈門如今東西掖門」者，案爾雅釋宫云「宫中之門謂之闈」，則闈門在宫内；漢時宫中掖門在東西，若人左右掖，故舉以爲況也。

丈夫説經帶于廟門外。既卒哭，當變麻受之以葛也。夕日則服葛者，爲祔期。今文「説」爲「税」。

【疏】「丈夫」至「門外」　注「既卒」至「爲税」　云「既卒哭，當變麻受之以葛也」者，喪服鄭注云「大夫以上虞而受服，士卒哭而受服」，士亦約此文而言也。云「夕日則服葛者，爲祔期」者，今日爲卒哭祭，明日爲祔，前日之夕爲祔祭之

期，變麻服葛，是變重從輕，明旦亦得變，不要夕期之時，變之夕時。言「變麻服葛」者，鄭云「爲祔期」，是因祔期即變之，使賓知變節故也。

入徹，主人不與。 入徹者，兄弟大功以下。言「主人不與」，則知丈夫、婦人在其中。古文「與」爲「豫」。○不與，音預，注同。

【疏】「入徹，主人不與」 注「入徹」至「爲豫」 鄭知「入徹」是「大功以下」者，見曾子問云「士祭不足，則取於兄弟大功以下者」。經云「入徹，主人不與」，明取大功、小功、緦麻之等入徹也。云「言主人不與，則知丈夫、婦人在其中」者，上文直言「丈夫説絰」，不辨親疏，下文「婦人脱首絰」，不辨齊、斬婦人，此云「入徹」，據大功以下，則此文「入徹，主人不與」之中，丈夫、婦人兼有可知。以其平常祭時，諸宰、君婦廢徹不遲，則凶祭丈夫、婦人亦在，但齊、斬不與徹耳。

婦人説首絰，不説帶。 不説帶，齊、斬婦人帶不變也。〔五二〕婦人少變，而重帶，帶下體之上也。大功、小功者葛帶，時亦不説者，未可以輕文變於主婦之質。〔五三〕至祔葛帶以即位。檀弓曰：「婦人不葛帶。」

【疏】「婦人」至「説帶」 注「不説」至「葛帶」 知「齊、斬婦人帶不變也」者，案喪服小記云「齊衰帶惡笄以終喪」，〔五三〕鄭云「有除無變」，舉齊衰則斬衰帶不變可知，齊、斬帶不變，則大功以下變可知。云「婦人少變」者，以其男子既葬首經腰帶俱變，男子陽多變；婦人既葬直變首絰，不變帶，故云「少變也」。云「而重帶，帶下體之上也」者，對男子陽，重首，在上體，〔五四〕婦人陰，重腰，腰是下體，以重下體，故帶不變也。云「大功、小功者葛帶」者，案大功章云「布衰裳，牡麻絰纓，布帶三月，受以小功衰，即葛，九月者」，又案小功章云「布衰裳，澡麻帶絰，五月者」，二者章内皆男女俱陳，明大功、小功婦人皆葛帶可知。云「時亦不説者，未可以輕文變於主婦之質」者，變是文，不變是質，不可以大功以下輕服之文，變主婦重服之質，故經直見主婦，不見大功以下也。云「至祔葛帶以即位」者，此鄭解

大功以下，雖夕時未變麻服葛，至祔日亦當葛帶即位也。知大功以下夕時未變麻服葛者，以其與主婦同在廟門外，主婦不變，大功以下亦不變。若然，夕時不變，夕後入室可以變，故至祔旦以葛帶即位也。引檀弓者，亦證齊衰婦人不葛帶之事。

無尸則不餞，猶出几席，設如初，拾踊三，以餞尸者，本爲送神也。丈夫、婦人亦從几席而出。古文「席」爲「筵」。

【疏】「無尸」至「踊三」　注「以餞」至「爲筵」　自此至「賓出」論卒哭祭無尸可餞之事。云「几席，設如初」者，雖無尸，送神不異，故云「如初」，故鄭云「餞尸者，本爲送神也」。云「丈夫、婦人亦從几席而出」者，以其云「出几席，設如初」，即云「拾踊三」，明在門外有尸行禮之處，即知丈夫、婦人從几席出可知。言「亦」者，亦餞尸之時也。

哭止，告事畢，賓出。〔五五〕

死三日而殯，三月而葬，遂卒哭。謂士也。雜記曰：「大夫三月而葬，五月而卒哭；諸侯五月而葬，七月而卒哭。」此記更從死起，異人之間，其義或殊。

【疏】「死三」至「卒哭」　注「謂士」至「或殊」　自此盡「他辭一也」，論記人所記，其義或殊，是以更有此文也。〔五六〕云「遂卒哭」，不言三虞者，是記人畧言之。注云「謂士也」者，以其此篇是士虞，故知「三日」、「三月」據士而說。引雜記者，見大夫已上與士異者，以其王制大夫、士同有「三日而殯，三月而葬」之文，雜記云大夫亦同「三月而葬」；卒哭則士云「三月」，大夫「五月」。卒哭之月不同者，曲禮云「生與來日，死與往日」，鄭云「與，猶數也」。生數來日，謂成服杖，以死來日數也。死數往日，謂殯斂，以死日數也。大夫以上皆以來日數。若然，士云三日殯，三月葬，皆通死日死月數；大夫以上殯葬皆除死日死月數。〔五七〕是以士之卒哭，得葬之三月內；大夫三月葬除死月，通死

月則四月；大夫有五虞，卒哭在五月，諸侯已上以義可知。云「此記更從死起，異人之間，其義或殊」者，上已論虞、卒哭，此記更從始死記之，明非上記人，是「異人之間，其辭或殊」，更見記之事，其實義亦不異前記也。

將旦而祔，則薦。 薦，謂卒哭之祭。

【疏】「將旦而祔，則薦」 注「薦謂卒哭之祭」 「謂卒哭之祭」，日「將旦而祔，則薦」，「薦，謂卒哭之祭」，云「祔，則薦」者，記人見卒哭之祭，爲祔而設，故連文，云「將旦而祔」，則爲此卒哭而祭也。

卒辭曰：「哀子某，來日某，隮祔爾于爾皇祖某甫，尚饗！」〔五八〕卒辭，卒哭之祝辭。隮，升也。尚，庶幾也。不稱饌，明主爲告祔也。今文「隮」爲「齊」。○隮祔，子兮反，升也。

【疏】「卒辭」至「尚饗」 注「卒辭」至「爲齊」 云「卒辭，卒哭之祝辭」者，謂迎尸之前，祝釋孝子辭云爾。云「不稱饌，明主爲告祔也」者，但卒哭之祭，實有牲饌而不稱者，以其卒哭祭，主爲告神將附於祖而設牲饌，故不言也。

女子，曰：「皇祖妣某氏。」 女孫附於祖母。

【疏】「女子」至「某氏」 注「女孫祔於祖母」 此「女子」謂女未嫁而死，或出而歸，或未廟見而死，歸葬女氏之家，〔五九〕既葬祔于祖母也。

婦，曰：「孫婦于皇祖姑某氏。」 不言「爾」，曰「孫婦」，婦差疏也。〔六〇〕今文無「某氏」。〔六一〕○差疏，初賣反。

【疏】注「不言」至「某氏」 此對上文孫祔于祖而云「祔于爾皇祖某甫」，此則不曰「爾」而變曰「孫婦」，「婦差疏」，故不云

「爾」也。若然，上女子亦不云「爾」者，文承孫下，云「爾」可知。直言其「皇祖妣」，異者耳。

其他辭，一也。來日某，隮祔，尚饗。

【疏】「其他辭，一也」注「來日」至「尚饗」 「他辭，一」者，正謂「來日某，隮祔，尚饗」，女子及孫婦，皆有此辭，〔六二〕故云「其他辭，一也」。其祔女子云「來日某，隮祔爾于爾皇祖妣某氏，尚饗！」其孫婦云「來日某隮祔孫婦於皇祖姑某氏，尚饗！」

饗辭曰：「哀子某，圭爲而哀薦之，饗！」饗辭，勸强尸之辭也。圭，絜也。詩曰：「吉圭爲饎。」凡吉祭饗尸，曰「孝子」。

【疏】「饗辭」至「之饗」 注「饗辭」至「孝子」 「饗辭，勸强神之辭也」者，〔六三〕案特牲禮迎尸入室，「尸即席坐。主人拜妥尸。尸荅拜，執奠，祝饗」，〔六四〕鄭云「勸强之也」。其辭引此士虞記，則宜云：「孝孫某，圭爲孝薦之，饗！」當此時爲之。凡吉祭，饗尸曰「孝子」者，此一辭説三虞、卒哭、勸尸辭。若祔及練、祥吉祭，其辭亦用此，但改「哀」爲「孝」耳，故鄭云「凡」以該之也。

明日，以其班祔。〔六五〕卒哭之明日也。班，次也。喪服小記曰「祔必以其昭穆，亡則中一以上」。凡祔，已復于寢，如既祫，主反其廟，練而後遷廟。古文「班」或爲「辨」，辨氏姓，或然。今文爲「胖」。

【疏】「明日以其班祔」 注「卒哭」至「爲胖」 引喪服小記者，彼解「中，猶間也」。「一以上」，祖又祖，孫祔祖爲正，若無祖則祔于高祖，以其祔必以昭穆，孫與祖昭穆同，〔六六〕故間一以上，取昭穆相當者。若婦，則祔于夫之所祔之妃，

無亦間一以上。若妾祔，亦祔于夫之所祔之妾，無則易牲祔女君也。云「凡祔，已復于寢，如既祫主反其廟」者，案文二年公羊云「大事者何？大祫也。大祫者何？合祭也。毁廟之主陳于大祖，未毁廟之主皆升合食于太祖」；又案曾子問云天子、諸侯既祫祭，「主各反其廟」，今祔于廟，祔已復于寢，若大夫、士無木主，以幣主其神，天子、諸侯有木主者，以主祔。祭訖，主反于寢，如祫祭訖主反廟相似，故引爲證也。云「練而後遷廟」者，案文二年經云「丁丑作僖公主」，穀梁傳云「作僖公主，譏其後也。作主壞廟有時日，於練焉壞廟。壞廟之道，易檐可也，〔六七〕改塗可也」，是練而遷廟。引之者，證練乃遷廟，祔遷于寢。案左氏僖公三十三年傳云〔六八〕「凡君薨，卒哭而祔，祔而作主，特祀於主。烝嘗禘於廟」，服注云「特祀于主，謂在寢烝嘗。禘於廟者，三年喪畢，遭烝嘗，則行祭皆於廟」，言遭烝嘗乃於廟，〔六九〕則自三年已前，未得遷于廟而禘祭。此賈、服之義，不與鄭同。案春官鬯人職云「廟用卣」，鄭注云「廟用卣者，謂始禘時，自饋食始」，以此言之，鄭義若於三年後四時當祭在廟，用彝盛鬱，〔七〇〕必用卣，中尊獻象等，以盛鬯酒而已，故鄭取穀梁「練而遷廟」，特祀新死者於廟，故用卣也。若然，唯祔祭與練祭祭在廟，祭訖主反於寢，其大祥與禫祭其主自然在寢祭之。案下文禫月逢四時吉祭之月，即得在廟祭，但未配而已。又玄鳥詩鄭注云「君喪三年，既畢，禘於其廟，〔七一〕而後祫祭于大祖。明年春，禘于羣廟」。若如此言，則三年喪畢，更有特禘者，鄭意除練時特禘，三年喪畢，更有此特禘之禮也。

沐浴，櫛，搔翦。〔七二〕彌自飾也。搔當爲爪。〔七三〕今文曰「沐浴」。「搔翦」或爲「蚤揃」，「揃」或爲「鬋」。○搔，依注音爪。揃，子淺反，注鬋同。

【疏】「沐浴，櫛，搔翦」 注「彌自」至「爲鬋」 云「彌自飾也」者，上文「虞沐浴不櫛」，注云「自絜清，不櫛未在於飾」，鄭雖不言「不在於飾」，沐浴少飾，今祔時櫛，是彌自飾也。

用專膚爲折俎，取諸脰膉。專，猶厚也。折俎，謂主婦以下俎也，體盡人多，折骨以爲之。今以脰膉，貶於純吉。今文字爲「折俎」，而説以爲肵俎，亦已誣矣。古文「脰膉」爲「頭嗌」也。

○頭嗌，音益。

【疏】「用專」至「脰膉」　注「專猶」至「嗌也」　云「折俎，謂主婦以下俎」者，鄭知折俎是「主婦以下俎」者，〔七四〕特牲記云「主婦俎，〔七五〕觳折；佐食俎，觳折」，少牢云「主婦俎，臑折」是也。

其他如饋食。如特牲饋食之事。或云以左胖虞，右胖祔，今此「如饋食」，則尸俎、肵俎皆有肩、臂，豈復用虞臂乎？其不然明矣。

【疏】「其他如饋食」　注「如特」至「明矣」　云「如特牲饋食之事」者，知不如士虞饋食禮者，虞不致爵則夫婦無俎矣。上文有俎則祔時夫婦致爵，以祔時變麻服葛，其辭稱「孝」，夫婦致爵與特牲同，故云：「如特牲饋食之事」也。「或云以左胖虞，右胖祔」者，當鄭君時有人解者，云虞祭與祔祭共用一牲，各用一胖，以左胖爲虞祭，右胖爲祔祭，不是，故鄭破之云。今此經云「如饋食」，謂如特牲饋食之禮，尸俎用右胖解之，主人俎左臂、左胖之臂以爲虞祭，主人豈得復取虞時左胖之臂而用之乎？明不然矣。

用嗣尸。虞、祔尚質，未暇筮尸。

【疏】「用嗣尸」　注「虞祔」至「筮尸」　言「用嗣尸」，則從虞以至祔祭，唯用一尸而已。云「虞、祔尚質，未暇筮尸」者，以其哀未殺，故云「尚質，未暇筮尸」。若然，練、祥則筮尸矣，故喪服小記云「練筮日，筮尸」，大祥筮尸可知。是以鄭上文注云餞「尸且將始祔于皇祖」，〔七六〕是用一尸也。

曰：「孝子某，孝顯相，夙興夜處，小心畏忌，不惰其身，不寧，稱孝者，吉祭。

【疏】注「稱孝者，吉祭」 對虞時稱「哀」。案檀弓虞爲喪祭，卒哭爲吉祭，卒哭既爲吉祭，祔在卒哭後，亦是吉祭，故鄭以「吉祭」言之也。

用尹祭，尹祭，脯也，大夫、士祭無云脯者。今不言牲號而云尹祭，亦記者誤矣。

【疏】「用尹祭」 注「尹祭」至「誤矣」 鄭知「尹祭」是「脯」者，下曲禮云「脯曰尹祭」，故知也。但曲禮所云是天子、諸侯禮用「脯」號。案特牲、少牢無云用脯者，故云「大夫、士祭無云脯者」。唯上餞尸有「脯」，此非餞尸。「今不言牲號，〔七七〕而云尹祭，亦記者誤」也。以其上文初虞云「敢用絜牲剛鬣」，今不言牲號而云「尹祭」，是記人誤。云「亦」者，亦上「香合」也。

嘉薦、普淖、普薦、溲酒，普薦，鉶羹。不稱牲，記其異者。今文「溲」爲「醙」。

【疏】注「普薦」至「爲醙」 知「普薦」是「鉶羹」者，案上文虞禮及特牲皆云祝酌「奠于鉶南」，則鉶在酒前而設。此亦「普薦」在「酒」上，故知也。但虞禮一鉶，此云「饋食」，則與特牲同二鉶，故云「普薦」也。云「不稱牲，記其異者」，對與初虞之等稱「牲」，但記其異，雖不説牲之號，有號可知也。若然，云「記其異者」，所以「嘉薦、普淖、普薦、溲酒」與前不異，記之，以其「普薦」與前異，將言設薦在「普淖」後，「溲酒」前，故并言其次耳。〔七八〕

適爾皇祖某甫，以隮祔爾孫某甫，尚饗！」欲其祔、合兩告之。曾子問曰：「天子崩，國君薨，則祝取羣廟之主而藏諸祖廟，禮也。卒哭成事，而后主各反其廟。」然則士之皇祖於卒哭亦反其廟。無主，則反廟之禮未聞，以其幣告之乎？

【疏】「適爾」至「尚饗」 注「欲其」至「之乎」 云「欲其祔合，兩告之」者，欲使死者祔於皇祖，又使皇祖與死者合食，故須

兩告之。是又告死者曰：「適爾皇祖某甫。」謂皇祖曰：「隮祔爾孫某甫。」二者俱饗，是其兩告也。引曾子問者，案彼鄭注：「象有凶事者聚也。」云「卒哭成事，而後主各反其廟」者，至祔須得祖之木主，以孫祔祭故也。天子諸侯有木主，可言聚與反廟之事，大夫無木主，聚而反之，〔七九〕故云「無主，則反廟之禮未聞」。云「以其幣告之乎」者，曾子問云「無遷主」，將行「以幣帛」爲主命，此大夫、士或用幣以依神而告使聚之。無正文，故云「乎」以疑之。

朞而小祥，小祥，祭名。祥，吉也。檀弓曰：「歸祥肉。」古文「朞」皆作「基」。

【疏】「朞而小祥」　注「小祥」至「作基」　自祔以後，至十三月小祥，故云：「朞而小祥。」引檀弓者，彼謂顔回之喪，饋祥肉於孔子而言。彼云「饋」，今云「歸」者，饋即歸也，故變文言之。引之者，證小祥是祭，故有肉也。

曰：「薦此常事。」祝辭之異者。言「常」者，朞而祭，禮也。古文「常」爲「祥」。

【疏】「曰薦此常事」　注「祝辭之異者」〔八〇〕　謂小祥辭與虞祔之辭有異。異者，以虞祔之祭非常，一期天氣變易，孝子思之而祭，是其常事，故祝辭異也。云「朞而祭，禮也」者，喪服小記文。案彼云「期而祭，禮也。期而除喪，道也。祭不爲除喪也」，注云「此謂練祭也。禮正月存親。親亡，至今而期，期則宜祭。〔八一〕期天道一變，哀惻之情益衰。衰則宜除，不相爲也」，以是謂小祥祭謂「常事」也。〔八二〕

又朞而大祥，曰：「薦此祥事。」又，復也。

【疏】「又朞」至「祥事」　注「又，復也」　此謂二十五月大祥祭，故云「復朞」也。變言「祥事」，亦是「常事」也。

中月而禫。中，猶間也。禫，祭名也，與大祥間一月。自喪至此，〔八三〕凡二十七月。禫之言澹，澹然平安意也。古文「禫」或爲「導」。〔八四〕○中月，劉丁仲反，注同。而禫，大感反。猶間，間厠之間，下同。言澹，大斬反。

【疏】「中月而禫」　注「中猶」至「爲導」　知「與大祥間一月」，二十七月禫，徙月樂，〔八五〕二十八月復平常正作樂也。〔八六〕云「禫之言澹，澹然平安意也」者，禫月得無所不佩，又於禫月將鄉吉祭，又得樂懸，故云「平安意也」，但至後月乃是即吉之正也。

是月也吉祭，猶未配。是月，是禫月也，當四時之祭月，則祭猶未以某妃配某氏，哀未忘也。少牢饋食禮祝祝曰：「孝孫某，敢用柔毛剛鬣，嘉薦普淖，用薦歲事于皇祖伯某，以某妃配某氏，尚饗！」○某妃，　豊非反，劉又音配。

【疏】「是月」至「未配」　注「是月」至「尚饗」　謂是禫月禫祭，〔八七〕仍在寢，此月當四時吉祭之月則于廟，行四時之祭於羣廟，而猶未得以某妃配，哀未忘，若喪中然也。言「猶」者，如祥祭以前不以妃配也。案禮記云「吉事先近日，喪事先遠日」，則大祥之祭仍從喪事，先用遠日，下旬爲之。故檀弓云「孔子既祥，五日，彈琴而不成聲，十日而成笙歌」，注「踰月且異旬也」。祥亦凶事，先遠日」。案此禫言「澹然平安」，得行四時之祭，則可從吉事，先近日，用上旬爲之。若然，二十七月上旬行禫祭於寢，當祭月即從四時祭於廟，亦用上旬爲之。引少牢禮者，證禫月吉祭未配，後月吉，如少牢「配」可知也。

校勘記

〔一〕云上服對深衣在下　「上」張敦仁本誤作「主」，阮本承其誤，此據單疏改。

〔二〕不服玄端者　毛本同。阮校云「者」陳、閩、通解俱作「若」，屬下句。今按阮本正文據單疏作「者」，盧宣旬摘録標目作「若」，與正文不合。

〔三〕先祖尸在中故先祖爲士者　阮校云要義同，毛本、通解無「先祖尸在中故」六字。

〔四〕不使同姓與婦爲尸者　阮校云要義同，毛本、通解「姓」下有「孫」字。按通解删下「尸須得孫列者，孫與祖爲尸」二句，故此句加「孫」字，今注疏本既不删下二句，仍依通解加「孫」字，則贅矣。

〔五〕必知無容用庶孫者　此本「無」下空一字。阮校云要義「無」下有「容」字，通解、毛本無「無」字。按要義似得之，「必知無」三字略逗。

〔六〕云既饗者正謂祝釋饗神辭告之使令祔之安之釋饗訖佐食取黍稷祭于苴　阮校云：疏凡三十字，注疏本、毛本俱脱，通解、要義有。

〔七〕記異者之節　阮校云嚴本、毛本同，監巾箱、杭本「記」作「既」。今按「記」是也。

〔八〕又泰羹湆自門入　阮校云通解、要義同，毛本「又」作「有」。今按作「又」是。

〔九〕主人獻之後　阮校云陳、閩、通解俱無「之後」二字。

〔一〇〕警覺神也　阮校云「警」通典、通解、楊氏俱作「驚」，疏同。

〔一一〕啓牖鄉是親之事　阮校云毛本「鄉」作「嚮」。顧廣圻云：當作「祝之事」，宋本已誤。

〔一二〕鄉牖一名也　徐本無「一」字。阮校云集釋、通解俱有，與疏合。

〔一三〕故須解之　阮校云「解」陳、閩作「辭」。今按「解」字是。

〔一四〕卒徹祝佐食降復位　毛本無「復」字，唐石經、徐本等有。阮校引石經考文提要云鄭注「祝復門西北面位，佐食復西方位」，明有「復」字。

〔一五〕柔日陰陰取其静　阮校云徐本、通典、楊氏同，集釋、通解、毛本俱不重「陰」字。

〔一六〕敢昧冒之辭　阮校云「昧冒」二字通典倒。

〔一七〕蓋記者誤耳　阮校云徐本、通解、楊、敖同，毛本、集釋「耳」作「爾」。按徐本非，「耳」作而已解，「爾」作如此解，二字絶不同。

〔一八〕故以爲號　阮校云陳、閩、要義同，毛本「以」作「言」。

〔一九〕謂以新水漬麴　阮校云要義同，毛本「麴」作「麯」。今按玉篇云「麯」爲「麴」之俗字，而説文則作「䊓」。

〔二〇〕新義是同　阮校云要義同，毛本、通解無「是」字。

〔二一〕主欲其祫先祖也　阮校云徐本、通典、集釋、通解、楊、敖同，與疏合，毛本無「其」字，「其祫」通典作「合於」。

〔二二〕今文曰古事　阮校云「古」集釋作「合」。周學健云：祫之言合也，作「合」字文義方協。今按「古」徐本作「吉」，阮氏漏校。

〔二三〕合先君之主於大廟　阮校云「君」要義作「祖」。

〔二四〕始虞而已言祫者　阮校云要義同，毛本「始」上有「今」字，通解有「今」無「已」。

〔二五〕再虞皆如初曰哀薦虞事　「曰」唐石經作「日」，嚴州本、徐本、毛本作「曰」。今按「曰」字是。

〔二六〕報葬者報虞者　徐本同。阮校云通典、集釋、通解、楊氏、毛本無下「者」字。今按喪服小記亦無下「者」字。

〔二七〕令正者自相亞也　「令」黄刊嚴州本、徐本俱作「今」，集釋、釋文俱作「令」。張氏以爲作「今」者誤。

〔二八〕卒哭曰成事　「日」黄刊嚴州本、徐本作「月」。阮校云集釋、通解、楊氏、毛本「日」作「曰」。張氏以爲此引檀弓文，檀弓作「曰」。今按張氏作「曰」是。

〔二九〕却解初虞再虞稱祫稱虞之意　阮校云通解、要義同，毛本「却」作「即」。

〔三〇〕降辛日　阮校云通解同，毛本「降」作「隔」。按「降」是也。

〔三一〕不待三月　阮校云通解、要義同，毛本「月」下有「喪」字。

〔三二〕乃爲卒哭祭　阮校云要義同，通解、毛本「祭」下有「也」字。

〔三三〕出宿于濟　阮校云徐本、釋文、通典、敖氏同，「濟」集釋、通解、楊氏、毛本俱作「泲」。今按詩泉水作「泲」。

〔三四〕尸且將始祔于皇祖　黄刊嚴州本、徐本同。阮校云「且」集釋、通解、楊氏俱作「旦」。張氏云疏作「旦」，其辭曰「是明日之旦也」，從疏。

〔三五〕彼生人餞行人之禮　阮校云「生」陳、閩俱作「行」。

〔三六〕無鼏　毛本「鼏」作「鼎」。今按「鼏」字是。

〔三七〕酒則尋常祭祀之酒　阮校云通解、要義同，毛本無上「酒」字。

〔三八〕如今涼州烏翅矣　阮校云「烏」毛本作「鳥」。

〔三九〕烏翅　「烏」徐乾學本作「鳥」，黄焯彙校云盧文弨依周禮注改「鳥」爲「烏」。

〔四〇〕今卒哭祭未餞尸於門外　阮校浦鏜云「未」誤「末」。按疑「未」下脱「徹」字。

〔四一〕唯主人不哭　阮校云「唯」唐石經、徐本、通典、楊、敖同，陳本、集釋、通解俱作「惟」。今按唯、惟作爲語詞用法同。

〔四二〕主人其拜　阮校云毛本、通解「其」作「荅」。今按卷四十二經三云「主人荅拜」，則似以「荅」字爲是。

〔四三〕尸受振祭嚌　阮校云「受」毛本作「授」。石經考文提要云上句乃「佐食授嚌」，授、受相承。

〔四四〕經云佐食授嚌　阮校云通解同，毛本「授」作「受」。今按「授」字是。

〔四五〕明反與佐食　阮校云通解同，毛本「與」作「於」。

〔四六〕由廟門外無事尸之禮也　阮校云「由」集釋、敖氏俱作「猶」，疏同。盧文弨云鄭舉正祭況之，則固當作「猶」，猶、由通。

〔四七〕婦人在北　阮校云「婦人」要義作「女子」。

〔四八〕以廟爲限　阮校云「爲」上要義有「門」字。

〔四九〕取正祭比之　阮校云陳、閩、通解同，毛本「比」作「北」。

〔五〇〕尸出門哭者止　阮校云「者」通典作「則」。按疏云「尸出大門，哭者便止」，則作「則」亦有理。

〔五一〕帶不變也　阮校云徐本、通典、集釋、楊氏同，與疏合。「變」通解、毛本作「説」。

〔五二〕未可以輕文變於主婦之質　阮校云「文」徐本等作「文」，與疏合，毛本作「又」。

〔五三〕齊衰帶惡笄以終喪　阮校云陳、閩俱無「帶」字。按陳、閩據今喪服小記删，非也。喪服「布總箭笄」疏云：「喪服小記云『婦人帶惡笄以終喪』。」今按石經考文提要引禮記古本、足利本「衰」下有「帶」字。

〔五四〕重首在上體　阮校云通解、要義同，毛本、楊氏「首」字重出。

〔五五〕哭止告事畢賓出　阮校云此七字毛本脱，徐本、通典、集釋、通解、楊、敖俱有。張爾岐云唐石經剥蝕，尚有「賓出」二字脚可辨補，字缺或亦承監本之誤。

〔五六〕是以　「是」毛本作「事」。今按「是」字是。

〔五七〕皆除死日死月數　阮校云通解同，毛本「除」作「殊」。

〔五八〕某甫尚饗　漢石經無「尚」字。

〔五九〕歸葬女氏之家　阮校云陳、閩俱無「葬」字。

〔六〇〕曰孫婦婦差疏也　毛本不重「婦」字，徐本等重，與疏合。

〔六一〕今文無某氏　阮校云此五字毛本脱，徐本、集釋俱有，與單疏標目合，通解無。

〔六二〕皆有此辭　阮校云通解同，毛本無「此」字。

〔六三〕勸强神之辭也者　毛本同。阮校云要義「神」作「尸」，阮本同。浦鏜云「尸」誤「神」。

〔六四〕執奠祝饗　阮校云陳、閩、通解、要義同，毛本「祝」作「祀」。按特牲饋食作「祝」。

〔六五〕明日以其班祔　「班」漢石經作「胖」。今按鄭注：「班」今文爲「胖」。

〔六六〕孫與祖昭穆同　阮校云通解、要義同，毛本「同」字在「昭」字上。

〔六七〕易檐可也　阮校云要義、楊氏同，毛本「檐」作「擔」。按穀梁文二年作「檐」。

〔六八〕案左氏僖公三十三年傳云　阮校云「傳」字要義在「氏」字下。

〔六九〕言遭烝　阮校云「言」要義同，毛本作「焉」，屬上句。

〔七〇〕盛鬱　阮校云要義同，毛本「鬱」作「鬯」。

〔七一〕禘於其廟　阮校云要義同，毛本「禘」作「歸」。今按玄鳥注作「禘」。

〔七二〕搔翦　「搔翦」漢石經作「蚤鬋」，與鄭注今文合。阮校張氏曰：「釋文云『注鬋同』，則『鬋』非經文也；又注云『揃或爲鬋』，此『揃』必指經也，從釋文。按經文『翦』字張氏作『鬋』，考嚴、徐、鍾諸本俱作『翦』，與張氏不合，未詳其故；注云『搔翦』或爲『蚤揃』，如釋文及張氏説，則翦、揃宜互倒，乃與經相應，戴校集釋删注中『翦』、『揃』二字，但云『搔或爲蚤』，以爲據釋文，不知翦字習見，揃、鬋難識，故但爲揃、鬋作音，非必注中無『翦』字也。」今按自漢石經觀之，經文作「鬋」不誤。

〔七三〕當爲爪　阮校云毛本「爲」作「音」。

〔七四〕鄭知折俎是主婦以下俎者　阮校云通解、要義同，毛本無「折」字。

〔七五〕主婦俎　「婦」字張敦仁本脱，阮本承其誤，此據單疏補。

〔七六〕旦將始祔于皇祖　阮校云「旦」陳、閩俱作「且」。

〔七七〕今不言牲號　阮校云陳本、要義同，毛本「今」作「故」。今按「今」字是。

〔七八〕故并言其次耳　阮校云要義同，毛本、通解「耳」作「矣」。

〔七九〕聚而反之　阮校云通解、要義同，毛本「聚」作「祭」。

〔八〇〕注祝辭之異者　阮校云毛本注下有「祝辭至爲祥釋曰」七字。按要義直云「注祝辭之異者」，不載「釋曰」二字。

〔八一〕期則宜祭　阮校云要義同，毛本「宜」下有「用」字。按喪服小記無「用」字。

〔八二〕以是謂小祥祭謂常事也　阮校云「以是」毛本作「是以」，下「謂」字要義作「爲」。

〔八三〕自喪至此　阮校云毛本「此」作「中」，他本皆作「此」。

〔八四〕古文禫或爲導　阮校云張氏曰：釋文「前道」之注云「爲道同」，此「導」當爲「道」，從釋文。按説文谷部㐬字注云「讀若三年導服之導」，與此注合，不必從釋文作「道」。今按道、導古今字。

〔八五〕徙月樂　阮校云通解、要義同，毛本「徙」作「後」。按檀弓作「徙」。今按檀弓云：「祥而縞。是月禫，徙月樂。」與此意同。

〔八六〕復平常正作樂也　阮校云通解、要義同，毛本「復平常正」作「後月半常主」。

〔八七〕禫月禫祭　阮校云通解、要義同，毛本「月」下有「得」字。

儀禮卷第十五

唐朝散大夫行大學博士弘文館學士臣賈公彥等撰

特牲饋食禮第十五

○特牲饋食禮第十五，鄭云：諸侯之士以歲時祭其祖廟之禮。

【疏】「特牲饋食禮第十五」 鄭目録云：「特牲饋食之禮，謂諸侯之士祭祖、禰，非天子之士，而於五禮屬吉禮」。〔一〕 鄭知「非天子之士」，而云「諸侯之士」者，案曲禮云「大夫以索牛，士以羊、豕」，彼天子大夫、士；此儀禮特牲、少牢，故知是諸侯大夫士也。且經直云「適其皇祖某子」，不云考。鄭云「祖、禰」者，祭法云「適士二廟，官師一廟」，官師謂中下之士，祖、禰共廟，亦兼祭祖，故經舉祖兼有禰者，鄭達經意，「祖、禰」俱言也。若祭無問一廟二廟，皆先祭祖後祭禰，是以文二年左傳云「文、武不先不窋」，子不先父是也。若祭，無問尊卑、廟數多少，皆同日而祭畢，以此及少牢唯筮一日，明不別日祭也。

儀禮 鄭氏注

特牲饋食之禮。〔二〕不諏日。〔三〕祭祀自孰始？曰饋食。饋食者，食道也。諏，謀也。士賤職褻，時至事暇可以祭，則筮其日矣，不如少牢大夫先與有司於廟門諏丁已之日。今文「諏」皆爲「詛」。〔四〕○不諏，子須反，謀也。職褻，息列反。爲詛，莊助反。

【疏】「特牲饋食之禮。不諏日」　注「祭祀」至「爲詛」　自此至「事畢」，論士將筮日之事。云「祭祀自孰始？曰饋食。饋食者，食道也」者，案檀弓云「飯用米、貝，弗忍虛也。不用食道，用美焉爾」，鄭注云「食道褻，米、貝美」，若然，食道是生人飲食之道，〔五〕孝子於親，雖死事之若生，故用生人食道饋之也。此釋經不言祭祀，而言「饋食」之意耳。〔六〕云「祭祀自孰始」者，欲見天子、諸侯饋食已前，〔七〕仍有灌鬯朝踐饋獻之事，但饋食見進黍稷。〔八〕云「饋」孰褻，時至事暇可以祭，則筮其日矣」者，此解經「不諏日」，謂不如大夫以上預前十日與臣諏日而筮之。是以鄭云「不如少牢大夫先與有司於廟門諏丁已之日」也。凡士言「不」者，對大夫以上爲之。此士言「不諏日」，少牢大夫諏日。士喪禮「月半不殷奠」，則大夫已上殷奠，如此之類，皆是也。鄭云「時至事暇可以祭」者，若祭時至，有事不得暇，則不可以私廢公故也。若大夫已上尊，時至唯有喪故不祭，自餘吉事皆不廢祭。若有公事及病，使人攝祭。故論語孔子云：「吾不與祭，如不祭。」〔九〕注云：「孔子或出或病，不自親祭，使攝者爲之。不致肅敬於心，與不祭同。」又祭統云：「是故君子之祭也，必身親涖之」，〔一〇〕有故則使人可也。雖使人也，君不失其義者，君明其義故也。是君大夫有病故，皆得使人攝祭。若諸侯有朝會之事，則不得使人攝。故王制云「諸侯礿則不禘，〔一一〕禘則不嘗，嘗則不烝，烝則不礿」。鄭注云「虞、夏之制，諸侯歲朝，廢一時祭」。又明堂位云「是故夏礿、秋嘗、冬烝」，鄭注云「不言春祠，魯在東方，王東巡守以春，或闕之」，是諸侯朝會不得攝，以諸侯禮大故也。案桓八年經書「正月己卯烝」，公羊傳云「烝者何？冬祭也。春曰祠，夏曰礿，秋曰嘗，冬曰烝。常事不書，此何以書？譏。何譏爾？譏亟也。亟則黷，黷則不敬。君子之祭也，敬而不黷。疏則怠，怠則忘。士不及茲四者，則冬不裘，夏不葛」，何休云「禮本下爲士制四者，士有公事不得及茲四時祭者，則不敢美其衣服」。若然，則士不暇不得祭，又不得使人攝；大夫已上有公事乃有攝可知。

及筮日，主人冠端玄，即位于門外，西面。冠端玄，玄冠、玄端。下言玄者，玄冠有不玄端也。門，謂廟門。

【疏】「及筮」至「西面」　注「冠端」至「廟門」　云「冠端玄，玄冠、玄端，下言玄者，玄冠有不玄端者」，不玄端則朝服，下記云助祭者「朝服」，不著玄端故也。若然，玄端一冠冠兩服也。對文則玄端有纁裳、玄裳、黄裳、雜裳，若朝服緇布衣而素裳。但六入爲玄，七入爲緇，大判言之，緇衣亦名玄。是以散文言之，朝服亦名玄端。故論語云「端章甫」，鄭云「端，玄端也，諸侯日視朝之服」，〔一二〕以端是正幅，非直服，稱端。六冕亦有端稱，故禮記魏文侯曰「吾端冕而聽古樂，則唯恐卧」，是冕服正幅，亦名端也。云「門，謂廟門」，〔一三〕知者，士冠禮云「筮於廟門」，爲冠禮筮，〔一四〕尚在廟門，此爲祭廟筮，在廟門可知。若然，士冠言「廟」，非祭恐不在廟，故言「廟」，此不言廟者，爲祭廟筮可知，不須言廟也。

子姓、兄弟如主人之服，立于主人之南，西面，北上。所祭者之子孫。言「子姓」者，子之所生。小宗祭而兄弟皆來與焉，宗子祭則族人皆侍。○來與，音預。

【疏】「子姓」至「北上」　注「所祭」至「皆侍」　云「子姓者，子之所生」者，案鄭注喪大記云「姓之言生也」，云子之所生，則孫是也。云「小宗祭而兄弟皆來與焉」者，案喪服小記云「繼別爲宗，繼禰者爲小宗」，鄭注云「小宗有四，或繼高祖，或繼曾祖，或繼祖，或繼禰，皆至五世則遷」。若然，繼禰者長者爲小宗，親弟等雖異宫，皆來祭；繼祖者從父昆弟皆來祭；繼曾祖者，從祖昆弟皆來祭；繼高祖者，族祖昆弟皆來祭，是皆據小宗而言也。云「宗子祭則族人皆侍」者，此鄭據書傳而言。案書傳康誥云「天子有事，諸侯皆侍，尊卑之義」，注云「事謂祭祀」；又云「宗室有事，族人皆侍終日。大宗已侍於賓奠，然後燕私」，注云「謂卿大夫以下宗室大宗之家」，引禮記「別子爲祖，繼別爲大

宗，繼禰爲小宗」，「賓，寮友助祭者。若然，大宗子祭，一族之内皆來助祭」。引之者，證經「子姓、兄弟」若據小宗，有服者；若據大宗，兼有絶服者也。

有司羣執事如兄弟服，東面，北上。士之屬吏也。

【疏】「有司」至「北上」　注「士之屬吏也」　云「如兄弟服」者，如「主人冠端玄」。左傳云「士有隸子弟」謂此，言爲屬吏而已。

席于門中，闑西，閾外。〔一五〕爲筮人設之也。古文「闑」作「槷」，〔一六〕「閾」作「蹙」。○闑西，魚列反。閾外，于逼反，又況逼反。爲筮，于僞反，下爲神、爲視皆同。作槷，魚列反。爲蹙，〔一七〕子六反。

【疏】「席于」至「閾外」　注「爲筮人設之也」　案士冠禮云「筮與席，所卦者，具饌于西塾」，乃言「布席于門中」；「筮人執筴，抽上韇，兼執之」。此不言「具饌于西塾」，而經但言「席于門中」，取筮于西塾，又不云「抽上韇」者，皆是互見省文之義。

筮人取筮于西塾，執之，〔一八〕東面，受命于主人。筮人，官名也。筮，問也。取其所用問神明者，謂蓍也。○西塾，音孰。謂蓍，音尸。

【疏】注「筮人」至「蓍也」　案周禮春官有卜人、筮人，此士禮亦云「筮人」，故云「官名也」。云「筮，問也。取其所用問神明者，謂蓍也」者，案周禮天府職云「季冬陳玉，以貞來歲之美惡」，注云「問事之正曰貞。凡卜筮實問於鬼神」，謂卜用龜，龜知生數一二三四五之神，筮用蓍，蓍知成數七八九六之神，則此鄭云「神明者」也。若然，神既爲生成之神，〔一九〕鄭云「謂蓍」者，則蓍亦有神。易繫辭有「蓍之德圓而神」，非直筮有成數之神，〔二〇〕亦有蓍之神也。

宰自主人之左贊命，〔二一〕命曰：「孝孫某，筮來日某，諏此某事，適其皇祖某子。〔二二〕尚饗！」宰，羣吏之長。自，由也。贊，佐也，達也。贊命由左者，爲神求變也。士祭曰「歲事」，此言「某事」，又不言妃者，容大祥之後，禫月之吉祭。皇，君也。言君祖者，尊之也。某子者，祖字也，伯子、仲子也。尚，庶幾也。○之長，丁丈反，下長占并注同。言妃，音配，又芳非反。禫月，大感反。

【疏】「宰自」至「尚饗」　注「宰羣」至「庶幾也」　云「宰，羣吏之長」者，贊命之事，〔二三〕非長不爲，又天子、諸侯宰皆尊官，故知「羣吏之長」也。云「贊命由左者，爲神求變也」者，決士冠禮〔二四〕「宰自右少退，贊命」，鄭注云「宰，有司主政教者。自，由也。贊，佐也。命，告也，佐主人告所以筮也」；少儀曰「贊幣自左，詔辭自右」，此祭祀，故宰自左贊命，爲神求吉，故變於常禮也。云「士祭曰『歲事』，此言『某事』，又不言妃者，容大祥之後，禫月之吉祭」者，案下宿賓云「薦歲事」，據吉祭而言，又少牢吉祭云「以某妃配」，即與士虞記云「中月而禫。是月也，吉祭猶未配」，此與彼文同，故知是禫月吉祭也。云「言君祖者，尊之也」者，天子、諸侯名曾祖爲皇考，此士亦云「皇祖」，故云「尊之也」。云「某子者，祖字也，伯子、仲子」者，以其「某」在「子」上，爲男子美稱，故以某爲伯、仲、叔、季五十字，下篇云「皇祖伯某」，鄭注云「伯某，且字也」，〔二五〕不爲五十字者，以「某」在「伯」下，故爲「且字」解之，與此異也。

筮者許諾，還，〔二六〕即席，西面坐。卦者在左。〔二七〕卒筮，寫卦。筮者執以示主人。士之筮者坐，蓍短，由便。卦者主畫地識爻，爻備以方寫之。○還即，音環。由便，婢面反，後放此。畫地，音獲。

【疏】注「士之」至「寫之」　云「士之筮者坐，蓍短，由便」者，決下少牢云「史曰：『諾。』遂述命」。既「乃釋韇，立筮」，鄭注云「卿大夫之蓍長五尺，立筮，由便」，與士不同。〔二八〕知蓍有長短者，案三正記云「天子蓍長九尺，諸侯七尺，大

夫五尺，士三尺」是也。云「卦者主畫地識爻，爻備以方寫之」者，案士冠禮云「筮人許諾，右還，即席坐，西面。卦者在左，卒筮，書卦，執以示主人」，鄭云「卒，已也。書卦者，筮人以方寫所得之卦」。彼云「書卦」，即云「執以示主人」，則筮者書寫以示主人也。此經云「卒筮，寫卦」，乃云「筮者執以示主人」，則寫卦者非筮人，故此鄭云「卦者主畫地識爻，爻備以方寫之」也。

主人受視，反之。反，還。筮者還，東面。長占，卒，告于主人：「占曰吉。」長占，以其屬之長幼旅占之。〔二九〕

【疏】注「長占」至「占之」　經直云「長占」，知非長者一人，而云「長幼旅占之」者，士冠禮云「筮人還，東面。旅占」，明此亦是「長幼旅占」。經直云「長」者，見從長者爲始也。

若不吉，則筮遠日，如初儀。〔三〇〕遠日，旬之外日。

【疏】「若不」至「初儀」　注「遠日旬之外日」　案曲禮云「吉事先近日，喪事先遠日」，此尊卑禮同也；又云「旬之內曰近某日，旬之外曰遠某日」，此尊卑有異。云「旬之內曰近某日」，據士禮吉事先近日，謂祭祀。假令孟月，先於孟月上旬內筮；筮不吉，乃用中旬之內更筮；中旬又不吉，更於下旬內筮，筮不吉即止。大夫已上，假令孟月祭，於前月下旬，筮來月之上旬；不吉，又於孟月之上旬筮中旬；中旬不吉，又於中旬筮下旬；下旬又不吉，即止不祭。今云「遠日，旬之外日」者，謂上旬不吉，更於上旬外筮中旬，爲旬之外日；非謂如大夫已上旬之外，謂旬前爲旬外也。

宗人告事畢。

前期三日之朝，筮尸，如求日之儀。命筮曰：「孝孫某，諏此某事，適其皇祖某子，筮某之某爲尸。尚饗！」三日者，容宿賓視濯也。某之某者，字尸父而名尸，連言其親，庶幾其馮依之也。大夫、士以孫之倫爲尸。

○其馮，音憑。

【疏】「前期」至「尚饗」 注「三日」至「爲尸」 自此盡「主人退」，論祭前筮尸、宿尸之事。云「三日者，容宿賓視濯也」者，謂前期二日宿賓，一日視濯，是以下云「厥明夕，陳鼎于門外」，下至「夙興」，皆祭前一日視濯之事，以其「夙興」上事，是祭前一日也。宿賓又是厥明夕爲期，上則宿賓與視濯別日。〔三一〕又知宿賓是祭前二日，此經乃祭前三日筮尸，故鄭云「容宿賓、視濯」，言「容」者，爲筮尸之後，祭日之前，有二日容此二事也。若然，筮尸在祭前三日，宿尸云「乃」，「乃」是緩辭，〔三二〕則與筮尸別日矣。以此而言，則「宿尸」與「宿賓」中無「厥明」之文，則二者同日矣。二者既同日，〔三三〕鄭直言「容宿賓視濯」，不言容宿尸者，以其「宿賓」在「厥明」之上，故不嫌宿尸與宿賓別日也。云「某之某者，字尸父而名尸」者，經直云「某之某」，鄭知「字尸父而名尸」者，曲禮云「爲人子者祭祀不爲尸」，鄭彼注云「尊者之處，爲其失子道，然則尸卜筮無父者」，又云「卒哭乃諱」，諱則不稱名，故知尸父云「某」是字，尸既對父，故「某」爲名。云「連言其親，庶幾其馮依之也」者，尸父前世與所祭之父同時，同時必相識知，今又筮其子爲尸，〔三四〕尸又與所祭之子相識，父子皆同類，故「連言其親，庶幾其神馮依之也」。云「大夫、士以孫之倫爲尸」者，案祭統云「夫祭之道，孫爲王父尸。所使爲尸者，於祭者子行也。父北面而事之，所以明子事父之道也」，注云「祭

祖則用孫列，皆取於同姓之適孫也。天子、諸侯之祭，朝事延尸於户外，〔三五〕是以有北面事尸之禮」。如是，則天子、諸侯宗廟之祭，亦用孫之倫爲尸，而云「大夫、士」者，但天子、諸侯雖用孫之倫，取卿大夫有爵者爲之，故鳧鷖詩祭尸之等皆言「公尸」，又曾子問云「卿大夫將爲尸於公」。若大夫、士祭，尸皆取無爵者，無問成人與幼，皆得爲之。故曾子問孔子曰「祭成喪者必有尸。尸必以孫，孫幼則使人抱之」是也。

乃宿尸。宿讀爲肅，肅，進也，進之者，使知祭日當來。古文「宿」皆作「羞」。〔三六〕凡「宿」或作「速」，記作「肅」，周禮亦作「宿」。

【疏】「乃宿尸」　注「宿讀」至「作宿」　云「古文宿皆作羞」，疊之不從古文。〔三七〕云「凡宿或作速」，謂一部之内或作「速」者，〔三八〕若公食大夫「速賓」之類是也。云「記作肅」者，曲禮云「主人肅客而入」是也。又云「周禮亦作宿」者，大宗伯文「宿眡滌濯」是也，是以鄭汎云「或」也。

主人立于尸外門外，子姓、兄弟立于主人之後，北面，東上。不東面者，來不爲賓客。子姓立于主人之後，上當其後。

【疏】「主人」至「東上」　注「不東」至「其後」　云「不東面者，來不爲賓客」者，爲尸者父象也，主人有子道，故主人北面，不爲賓客，不敢當尊，故不東面。此決冠禮宿賓「主人東面」，此中「北面」，〔三九〕不同也。云「上當其後」者，子姓、兄弟北面，陪主人後，東頭爲上者，不得過主人，故爲上者，當主人之後也。

尸如主人服，出門，左，西面。不敢南面當尊。

【疏】「尸如」至「西面」　注「不敢南面當尊」　此決少牢云「主人即位於廟門外之東方，南面」，以其大夫尊於恩，〔四〇〕

有君道，故南面當尊；此士之孫倫爲尸，雖被宿猶不敢當尊也。

主人辟，皆東面，北上。順尸。○主人辟，劉芳益反，一音避。主人再拜，尸荅拜。主人先拜，尊尸。

【疏】注「主人先拜，尊尸」 此決下文「宿賓」賓先拜，主人乃荅拜，故云「尊尸」。(四一)是以「主人先拜」也。案少牢云「吉則遂宿尸，祝擯。主人再拜稽首。祝告曰：『孝孫某』」云云，「尸拜，許諾」。祝先釋辭訖，尸乃拜許。(四二)此尸荅拜後，宗人乃擯辭者，士尸卑，主人拜尸，即荅拜，不得擯辭訖。(四三)大夫之尸尊，尊得釋辭訖，乃拜。

宗人擯辭如初，卒曰：「筮子爲某尸，(四四)占曰吉，敢宿。」(四五)宗人擯者釋主人之辭。如初者，如宰贊命筮尸之辭。卒曰者，著其辭所易也。今文無「敢」。(四六)

【疏】「宗人」至「敢宿」 注「宗人」至「無敢」 云「如初者，如宰贊命筮尸之辭」者，案筮尸時雖不見宰贊命，以其云「筮尸如求日之儀」，筮日時有宰贊命，則筮尸時亦有宰贊命可知，故此得「如」之也。云「卒曰者，著其辭所易也」者，前筮尸辭云「筮某之某爲尸。尚饗」，易已上之辭也。

祝許諾，致命。受宗人辭許之，傳命於尸。始宗人祝北面，至於傳命，皆西面受命，東面釋之。○傳命，大專反，下同。

【疏】「祝許諾，致命」 注「受宗」至「釋之」 云「始宗人祝北面，至於傳命，皆西面受命，東面釋之」者，以其上文始時，主人與子姓、兄弟立于尸門外，北面，重行則宗人與祝相隨，亦皆北面，故云「始宗人祝北面」；至於尸「出門，左，西面」，主人避之門西，東面，定位訖，宗人進主人之前，西面鄉之受命，受命訖，尸既西面，明宗人旋鄉「東面釋之」可知。

尸許諾。主人再拜稽首。其許，亦宗人受於祝，而告主人。

【疏】「尸許」至「稽首」　注「其許」至「主人」　云「其許，亦宗人受於祝，而告主人」者，謂祝受尸許諾辭，旋西面告宗人，宗人告主人尸許諾，主人乃再拜稽首。

尸入，主人退。相揖而去，尸不拜送，尸尊。

【疏】注「相揖」至「尸尊」　鄭知有「相揖而去」者，約下篇少牢云「主人退，尸送，揖，不拜」是也。但彼有「送」文，此經「尸入」後，乃言「主人退」，則尸不送可知。此尸不送者，士卑，故尸被宿之後不送也。大夫尊，故尸雖受宿，猶送大夫也。

宿賓。賓如主人服，〔四七〕出門左，西面再拜。主人東面荅再拜。〔四八〕宗人擯曰：「某薦歲事，吾子將涖之，〔四九〕敢宿。」薦，進也。涖，臨也。言吾子將臨之，知賓在有司中，今特肅之，尊賓耳。○將涖，音利，又音類。

【疏】「宿賓」至「敢宿」　注「薦進」至「賓耳」　自此盡「賓拜送」，論士將祭，宿屬吏内一人爲備三獻賓之事也。云「言吾子將臨之，知賓在有司中」者，以其云「將臨之」，明前筮尸在其中可知；以上無戒文，今宿之，云「吾子將涖之」，明知賓在有司内可知。案前文「有司羣執事如兄弟服，東面，北上」，鄭云「士之屬吏」，此云「賓在有司内」，則賓是

「士之屬吏」可知。下記云「公有司門西，北面，東上，獻次衆賓。私臣門東，北面，西上，獻次兄弟」，賓及衆賓行事在西階之下，復似賓不在有司中者，但賓是士之屬吏，內言「私臣」，據己自辟除者；言「公有司」者，亦是「士之屬吏」，命於其君者。言「賓在有司中」者，諸士此獻者之中，〔五〇〕選以爲賓，又選爲衆賓，以下若在門外時，同在門西，東面，北上，及其入爲賓及衆賓者，適西階以俟行事。公有司不選爲賓者，門西，北面；私臣不選爲賓，門東，北面。門外不列者，以其未有事；入門而列者，爲將行事。公有司門西，私臣門東，二者皆無事，故經不見，記人乃辨之，〔五一〕見其與於獻也。云「今特肅之，尊賓耳」者，賓有司之內，不嫌不助祭，今特宿之者，將使爲賓也。

賓曰：「某敢不敬從。」〔五二〕主人再拜，賓荅拜。主人退，賓拜送。

厥明夕，〔五三〕陳鼎于門外，〔五四〕北面，北上，有鼏。〔五五〕厥，其也，宿賓之明日夕。門外，北面，當門也。古文「鼏」爲「密」。○有鼏，亡狄反。

【疏】注「厥其」至「爲密」　自此盡「主人拜送」，論祭前一日之夕，視濯與視牲之事。云「門外，北面，當門也」者，以其經直云「門外」，不言門之東西，故知「當門」。下篇少牢「陳鼎在門東」，此當門者，士卑，避大夫故也。

棜在其南，南順，實獸于其上，東首。順，猶從也。棜之制如今大木轝矣，上有四周，下無足。獸，腊也。○棜在，於庶反。從也，子容反。木轝，〔五六〕音預。

【疏】「棜在」至「東首」　注「順猶」至「腊也」　下篇云少牢〔五七〕「牲北首東上。司馬刲羊，司士擊豕。宗人告備，乃退」。不言獸，少牢五鼎，明有獸可知。不言之者，已有二牲，畧其小者，故不言之也。案士虞記「陳牲于廟門外，北首，

西上」，鄭注云「言牲，腊在其中。西上，變吉」，此亦其西，北首，東足，與彼文同。彼云「變吉」者，彼牲云「北首，西上」，明腊亦「北首」可知。此實獸枌上，東首，不與牲相統，故云「變吉」。云「枌之制，如今大木轝矣，上有四周，下無足」者，鄭舉漢法以曉古。諸禮、禮記及此儀禮而言枌者，以「無足」解之。云「獸，腊也」者，特牲鼎，〔五八〕有豕、魚、腊，〔五九〕案周禮腊人鄭注云「小物全乾爲腊」，故知豕云牲，魚水物，云「獸」是腊可知。

牲在其西，北首，東足。其西，枌西也。東足者，尚右也。牲不用枌，以其生。

【疏】注「其西」至「其生」　豕不可牽之，縛其足，陳於門外，首北出枌，東其足，寢其左，以其周人尚右，將祭故也。云「牲不用枌，以其生」者，對腊死用枌而言之。

設洗于阼階東南。〔六〇〕**壺禁在東序，豆、籩、鉶在東房，**〔六一〕**南上。几、席、兩敦在西堂。**〔六二〕東房，房中之東，當夾北。西堂，西夾室之前近南耳。〔六三〕○鉶，音刑。兩敦，音對，劉又都愛反，後放此。當夾，古洽反，劉古協反，後皆同。近南，附近之近，下同。

【疏】注「東房」至「南耳」　大夫、士直有東房、西室，若言房則東房矣，故士冠禮「陳服于房中西墉下，東領，北上」，不言東；又昏禮「側尊甒醴于房中」，亦不言東，如此之類，皆不言東。以其直有一房，不嫌非東房，故不言東。今此經特言「東房」，明房內近東邊，故云「東房」也。夾室半以南爲之，以壁外相望，則當夾北也。〔六四〕又與少牢籩、豆所陳相反，少牢近於西方，此經則房中之東也。言「當夾北」者，以其夾室在房近南東，故云「房中之東，當夾北」也。云「西堂，西夾之前近南耳」者，案爾雅注「夾室前堂」謂之相，〔六五〕此在西堂，在西相，故云「西夾之前近南」也。

主人及子姓、兄弟即位于門東，如初。賓及衆賓即位于門西，東面，初，筮位也。

北上。不象如初者，〔六六〕以宰在，〔六七〕而宗人祝不在。

【疏】注「不象」至「不在」〔六八〕　云「不象如初」者，此決上經「主人及子姓、兄弟即位于門東，如初」筮位，今「賓及衆賓」者即是前者「有司羣吏執事」，當言「如初」，不言者，以宰前筮時在門東贊主人辭，今宰在門西同行，又宗人祝離位，賓西北東面南上，異於筮位時，故不言「如初」也。

宗人、祝立于賓西北，東面，南上。事彌至，位彌異。宗人、祝於祭宜近廟。

【疏】注「事彌」至「彌異」　云「事彌至」者，謂祭事彌至。「位彌異」者，謂宗人祝近門離本位，故云「位彌異」。

主人再拜，賓荅再拜。〔六九〕三拜衆賓，衆賓荅再拜。衆賓再拜者，士賤，旅之得備禮也。

【疏】注「衆賓」至「禮也」　云「旅之得備禮」者，謂衆賓無問多少，揔三拜之。旅，衆也，衆賓共得三拜，故云「旅之」也。衆賓再拜者，士賤，衆賓得備禮。案有司徹「主人降，南面，拜衆賓于門東，三拜。衆賓門東北面，皆荅一拜」，注云「言三拜者，衆賓賤，旅之也。衆賓一拜，賤也。卿大夫尊，賓賤，純臣也」。經云「皆荅一拜」，明人人從上至下皆一一獨荅拜，以其純臣故也。〔七〇〕所以不再拜者，避國公故也。此士賓莫問多少，皆得一時再拜者，以其士賤，衆賓得備禮故也。〔七一〕

主人揖，入。兄弟從，賓及衆賓從，即位于堂下，如外位。爲視濯也。○兄弟從，如字，又才用反，後以意求之。

宗人升自西階，視壺濯及豆、籩，反降，東北面告濯具。濯，溉也。不言敦、鉶者，省文也。東北面告，緣賓意欲

聞也。言「濯具」，不言絜，以有几席。○濯溉，古愛反。省文，所景反，下文省同。

【疏】「主人」至「濯具」　注「濯溉」至「几席」　云「不言敦、鉶者，省文也」者，決上文初饌時云「豆、籩、鉶在東房」，〔七二〕明敦及鉶亦視可知。文不言者，〔七三〕省文故也。上陳時經有「几席」，鄭注所以不并言几席省文者，經言「告濯具」，几席不在濯內，故不得云几席，爲省文也。云「東北面告，緣賓意欲聞也」者，經云「即位于堂下，如外位」，則主人在東階之下，宗人降自西階，宜東面「告濯具」，以賓在西，亦欲聞之故也。所以不正面告者，爲主人告故也。云「言濯具，不言絜，以有几席」者，凡洗濯當告絜，〔七四〕不洗者告具而已，几席不在洗內，故直「告濯具」，不言絜，嫌通几席亦在洗濯之限，此決下經門外「舉鼎鼏」云「告絜」。

賓出，主人出，皆復外位。爲視牲也。今文「復」爲「反」。〔七五〕**宗人視牲，告充。**〔七六〕**雍正作豕。**充，猶肥也。雍正，官名也。北面以策動作豕，視聲氣。○以筴，初革反。

【疏】注「充猶」至「聲氣」　云「北面以策動作豕」者，此無正文，經云「作」，是動作之言，故知「以策動作豕」。云「視聲氣」者，案禮記內則、周禮庖人〔七七〕唯云「豕望視而交睫，腥」，不云豕之聲氣，而鄭云「視聲氣」者，但祭祀之牲，當充盛肥，若聲氣不和，即是疾病，不堪祭祀，故云「視聲氣」也。

宗人舉獸尾，告備；舉鼎鼏，告絜。備，具。**請期，曰：「羹飪」。**〔七八〕肉謂之羹。飪，孰也，謂明日質明時而曰肉孰，〔七九〕重豫勞賓。宗人既得期，西北面告賓、有司。○羹飪，而甚反。

【疏】「請期曰羹飪」注「肉謂」至「有司」 案少牢云「宗人曰：旦明行事。」此不云「旦明行事」而云「羹飪」者，彼大夫尊，有君道，可以豫勞賓，故云時節；此士卑，無君道，故不云「旦明」，而云「羹飪」。是以鄭云「重豫勞賓」，羹飪乃來也。云「宗人既得期，西北面告賓、有司」者，此案少牢云「主人門東南面。宗人朝服北面，曰：『請祭期。』主人曰：『比於子。』宗人曰：『旦明行事。』」上文門外賓位在門西，東面，今既得期，鄉西在賓南，北面，告賓與有司，〔八〇〕使知祭日當來也。

告事畢。賓出，主人拜送。

夙興，主人服如初，立于門外東方，〔八一〕南面，視側殺〔八二〕夙，早也。興，起也。主人服如初，則其餘有不玄端者。側殺，殺一牲也。

【疏】「夙興」至「側殺」 注「夙早」至「牲也」 自此盡「於中庭」，論祭日夙興，主人、主婦陳設及行位之事。云「主人服如初，則其餘有不玄端者」，案下記云「特牲饋食其服皆朝服、玄冠、緇帶、緇韠」，注云「於祭服此也。皆者，謂賓及兄弟筮日、筮尸、視濯亦玄端，至祭而朝服。朝服者，諸侯之臣與其君日視朝之服，大夫以祭。今賓兄弟緣孝子欲得嘉賓尊客，以事其祖禰，故服之。緇韠者，下大夫之臣。夙興主人服如初，則固玄端」是也。鄭云「其餘有不玄端者」，明亦有著玄端者，是以下記人辨之。〔八三〕云「唯尸、祝、佐食玄端、玄裳、黃裳、雜裳可也，皆爵韠」，鄭注云「與主人同服」，是有同服者，有著朝服者，故鄭云「其餘有不玄端者」也。云「側殺，殺一牲也」者，案少牢「主人即位於廟門之外。司馬刲羊，司士擊豕」，〔八四〕皆主人不視殺。案楚語云「諸侯宗廟之事，必自射其牲，刲羊，擊

豕」；又司弓矢云「凡祭祀，共射牲之弓矢」，注云「射牲，示親殺也。殺牲非尊者所親，唯射爲可」；又國語云「禘郊之事，天子必自射其牲」；玉藻云「凡有血氣之類，君子弗身翦也」者，〔八五〕據凡常非祭祀。天子尊，于郊射牲；諸侯降天子，故宗廟亦親殺；大夫、士不敢與君同，故視之而不親殺之。「側殺，殺一牲」者，案冠禮云「側尊一甒，醴在服北」，鄭注云「側，猶特也，無偶曰側」。以其「無玄酒」。是以少牢云「司馬刲羊，司士擊豕」，以其二牲，不云側也。

主婦視饎爨于西堂下。

〔八六〕炊黍稷曰饎，宗婦爲之。爨，竈也。西堂下者，堂之西下也，近西壁，南齊于坫。〔八七〕古文「饎」作「糦」，周禮作「饎」。○視饎，尺志反，注糦同。齊坫，丁念反。

【疏】注「炊黍」至「作饎」　知「宗婦爲之」者，以經言「主婦視饎爨」，明主婦自爲也。是以下記云「宗婦贊薦者，執以坐于户外，授主婦。尸卒食而祭饎爨」，鄭以祭饎爨用黍而已，是「宗婦爲之」可知也。云「爨，竈也」者，周公制禮之時，謂之爨，至孔子時，則謂之竈，故論語王孫賈云「與其媚於奧，寧媚於竈」，是孔子時爲竈也。云「西堂下者，堂之西下也」者，以其爲爨，不可正在堂下，當逼西壁爲之，故云「堂之西下，近西壁」也。又知「南齊于坫」者，〔八八〕案既夕記云「設棜于東堂下，南順，齊于坫」，明在東西堂下，皆齊於坫可知。又鄭下注引舊説云「南北直屋梠，稷在南」是也。案少牢云「雍人概鼎、匕、俎于雍爨，雍爨在門東南，北上。廩人概甑、甗、匕與敦於廩爨，〔八九〕廩爨在雍爨之北」，廩爨既在門外，不見主婦有視文，主婦未知視之以否？「主婦視饎爨」，猶主人視殺牲，故易歸妹上六云「女承筐無實，士刲羊無血」，鄭注「宗廟之禮，主婦奉筐米，如饎之時」，兼視之可知。〔九〇〕云「周禮作饎」者，所謂故書者，或作「饎」也。

亨于門外東方，西面，北上。

亨，煑也。煑豕、魚、腊以鑊，各一爨。詩云：「誰能亨魚，溉之釜鬵。」○亨于，普庚反，注及下注不能亨、亨者同。以鑊，户郭反。概之，〔九一〕古愛反。

釜鬵，音尋，劉側林反。

【疏】注「亨煑」至「釜鬵」　知「用鑊」者，下少牢云「羹定，雍人陳鼎五，三鼎在羊鑊之西，二鼎在豕鑊之西」，故「用鑊」也。

羹飪實鼎，陳于門外，如初。初，視濯也。

尊于户東，玄酒在西。户東，室户東。玄酒在西，尚之，凡尊酌者在左。

【疏】注「户東」至「在左」　知「户東」是「室户東」者，若據房户東西，則舉東房而言；今直云「户東」，故知「室户東」也。云「玄酒在西，尚之，凡尊酌者在左」者，左爲上尊，今云「玄酒在西」，故云「尚之」。是以鄉飲酒、鄉射皆玄酒在西，事酒在東。若燕禮、大射，唯君面尊，〔九二〕不從此義也。

實豆、籩、鉶，陳于房中，如初。如初者，取而實之，既而反之。

【疏】注「如初」至「反之」　經云「實豆、籩」者，〔九三〕元缺一字取豆、籩實之。又言「陳于房中，如初」者，明「既而反之」，可知也。

執事之俎陳于階間，二列，北上。執事，謂有司及兄弟。二列者，因其位在東西，祝、主人、主婦之俎亦存焉。不升鼎者，異於神。

【疏】「執事」至「北上」　注「執事」至「於神」　鄭知經「執事之俎」「祝、主人、主婦亦存焉」者，見士虞記「祝俎陳於階間，敦東」。彼虞不致爵，故見主人、主婦俎，〔九四〕明此吉祭有致爵，主人、主婦陳於階間可知，以主婦亦是「執事」之人也。若然，少牢主人、主婦無俎者，以三獻禮成，〔九五〕別爲儐，尸正祭，無致爵，故主人、主婦無俎。儐，尸行三獻

致爵，乃有俎。下大夫不儐尸者，亦於三獻尸爵止行致爵乃有俎也。云「不升鼎者，異於神」者，前俎升鼎而入，設於階前，此鼎在門外不入，而言「陳於階間，二列」，故知不升鼎。

盛兩敦，陳于西堂，藉用萑。〔九六〕几席陳于西堂，如初。盛黍稷者，宗婦也。萑，細葦。古文「用」爲「于」。○藉用，慈夜反。萑，音完，細葦也。細葦，于鬼反。

【疏】注「盛黍稷者宗婦也」　知「盛黍稷」是「宗婦」者，以其黍稷是宗婦所主，故知也。

尸盥匜水，實于槃中，〔九七〕簞巾，〔九八〕在門内之右。設盥水及巾，尸尊不就洗，又不揮。門内之右，象洗在東，統于門東，西上。凡鄉内以入爲左右，鄉外以出爲左右。○尸盥，音管。匜，音移。簞，音丹。不揮，許韋反。凡鄉，許亮反，下同。

【疏】「尸盥」至「之右」　注「設盥」至「左右」　云「不揮」者，揮，振去水使手乾，今有巾，故不揮也。是以僖二十三年左氏傳云公子重耳在秦，「秦伯納女五人，懷嬴與焉，奉匜沃盥，既而揮之，懷嬴怒」是也。云「門内之右，象洗在東」者，東謂門東，〔九九〕據向内爲右，故鄭云「統於門東，西上」。云「凡鄉内以入爲左右，鄉外以出爲左右」者，欲明門内據鄉内，以入爲右者也。〔一〇〇〕

祝筵、几于室中，〔一〇一〕東面。爲神敷席也，至此使祝接神。○敷席，音孚，本又作鋪，普吳反，後同。

【疏】注「爲神」至「接神」　案上視濯時，云「宗人、祝立於賓西北，東面，南上」〔一〇二〕，鄭注云「事彌至，位彌異。宗人、祝於祭宜近廟」；至入廟時宗人獨升，視濯；及出門外，「視牲，告充」，未有使祝之文，至此臨祭使祝敷神席，故鄭

云「至此使祝接神」故也。〔一〇三〕

主婦纚、笄、〔一〇四〕宵衣，立于房中，南面。主婦，主人之妻，雖姑存，猶使之主祭祀。纚、笄，首服。宵，綺屬也，此衣染之以黑，〔一〇五〕其繒本名曰宵。詩有「素衣朱宵」，記有「玄宵衣」，凡婦人助祭者，同服也。內則曰：「舅没則姑老，冢婦所祭祀賓客，每事必請於姑。」〇纚，所買反，又所綺反。宵，音消，依字作綃，綺屬。

【疏】「主婦」至「南面」　注「主婦」至「於姑」　云「雖姑存，猶使之主祭祀」者，謂姑老不堪祭祀，故「姑存，猶使之主祭祀」也。云「纚」者，謂若士冠禮「廣終幅，長六尺」。笄，安髮之笄，非冠冕之笄。冠冕之笄，男子有，婦人無。若安髮之笄，男子、婦人俱有。婦人笄對男子冠，故內則云「男女未冠笄」，又喪服小記云「男子冠而婦人笄」是也。云「宵，綺屬也。此衣染之以黑，其繒本名曰宵」者，謂此宵衣是綾綺之屬。鄭注內司服云「男子之褖衣黑，則是亦黑也」，以其士喪禮有褖衣，與士冠玄端爲一，玄端黑，是男子褖衣亦黑，則此婦人宵衣亦黑可知。其玄則黑之類也，故鄭引玉藻「君子狐青裘，〔一〇六〕玄宵衣以裼之」，證婦人玄宵衣亦黑也。云「其繒本名宵」者，此字據形聲爲綃，從絲省聲，〔一〇七〕但詩及禮記、儀禮皆作「宵」字，故鄭云「其繒本名曰宵」。故引詩及禮記爲證。引詩者，直取字爲證。引記謂禮記玉藻，非直取證字爲「宵」，亦以證婦人宵衣爲玄也。云「凡婦人助祭者，同服也」者，經及記不見主婦及宗婦異服之文，故知「同服」，對男子助祭祝，佐食等與主人服異也。少牢云「主婦贊者一人，亦髲鬄衣移袂」，〔一〇八〕與主婦同；其餘雖不移袂同，亦宵衣可知。依內司服，天子、諸侯、王后以下助祭，〔一〇九〕皆不同者，人君尊卑差等，大夫、士卑，服窮則同也。引內則者，彼舅没時年七十以上，姑雖存年六十已上，而當傳之家事，故子之妻代姑祭，雖代姑，每事必請於姑。引之者，證經「主婦」而含姑，〔一一〇〕未老自爲主婦，〔一一一〕姑老則子妻爲主婦也。

主人及賓、兄弟、羣執事即位于門外如初。宗人告有司具。具，猶辦也。〇猶辨，〔一一二〕皮莧反。

主人拜賓如初，揖入，即位如初。初，視濯也。佐食北面立于中庭。〔一一三〕佐食，賓佐尸食者，立于宗人之西。

【疏】「佐食」至「中庭」　注「佐食」至「之西」　案下記云「佐食當事，則户外，南面；無事則中庭，北面」，據此而言，則此經謂無事時也。云「立于宗人之西」者，案士虞禮云「主人及兄弟、賓即位于西方，〔一一四〕如反哭位」，注引既夕禮云「反哭入門，升自西階，東面」；〔一一五〕經又云「宗人西階前，北面」，注云「當詔主人」。此特牲吉禮，主人行事由阼階，〔一一六〕宗人亦在阼階階南擯，〔一一七〕主人、佐食北面於中庭；明在「宗人之西」可知。

校勘記

〔一〕諸侯之士祭祖禰非天子之士而於五禮屬吉禮　阮校引集釋校云：此條有脱誤；釋文引鄭云「諸侯之士以歲時祭其祖廟之禮」，又疏云「鄭知『非天子之士』，而云『諸侯之士』者」，似釋文所引乃鄭目録本文；此云「非天子之士」及「而」字皆疏内字訛入注文；「于五禮屬吉禮」下，又脱「大戴第七，小戴第十三，別録第十五」凡十四字。按釋文「廟」字誤，當從疏作「禰」。

〔二〕特牲饋食之禮　「饋」武威簡作「餽」。沈文倬異文釋説「餽」爲「饋」之或體。

〔三〕不諏日　「諏」武威簡作「詛」，下同，與鄭注今文合。胡承珙疏義云「諏」正字，「詛」借字。

〔四〕於廟門諏丁已之日今文諏皆爲詛　下六字毛本脱，阮校云徐本、集釋俱有，釋文摘「爲詛」二字。

〔五〕生人飲食之道　阮校云通解、要義同，毛本無「生」字。今按「生」字當有。

〔六〕意耳　阮校云要義同，毛本「耳」作「且」，屬下句。今按「耳」字是。

〔七〕欲見天子諸侯饋食已前　阮校云「食」要義作「孰」。

〔八〕但饋食見進黍稷　「進」張敦仁本誤作「道」，此據單疏改。

〔九〕如不祭　阮校云要義同，毛本無此三字。

〔一〇〕必身親涖之　「涖」字張敦仁本作「淮」，此據單疏改，阮本作「進」。今按「淮」當是「涖」之誤，「進」又「淮」之誤，而阮無校語，不知何故。祭統作「必身自盡也」。

〔一一〕諸侯礿則不禘　阮校云要義同，毛本「礿」作「祠」。按王制作「礿」。

〔一二〕諸侯日視朝之服　毛本「日」作「曰」。阮校浦鏜云「日」誤「曰」。

〔一三〕門謂廟門　阮校云陳、閩同，毛本「謂」作「爲」。

〔一四〕爲冠禮筮　阮校云「爲」毛本作「而」。按單疏是。

〔一五〕闑西閾外　武威簡「闑」作「槇」，「閾」作「棫」。沈文倬異文釋引類篇「槇，杙也」，說「槇」爲「杙」之俗字。今按「棫」當是「閾」之借字。

〔一六〕古文闑作槷　阮校云「文」徐、陳、集釋、通解同，毛本作「人」。今按毛本誤。「槷」徐本、釋文、集釋、通解同，毛本作「椝」。今按阮本「槷」作「蓺」，似無據。

〔一七〕爲蹙　「爲」徐乾學本作「作」。注「作」字張本改「爲」，據陸也。

〔一八〕筮人取筮于西塾執之　「塾」武威簡本作「孰」。又簡本脱「之」字。

〔一九〕神既爲生成之神　阮校云通解同，毛本下「神」字作「人」。

〔二〇〕圓而神非直筮　阮校云通解同，毛本「非」字在「神」上。按「非」字屬下句。

〔二一〕宰自主人之左　武威簡無「之」字。

〔二二〕適其皇祖某子　武威簡「某」字作「其」，誤。

〔二三〕贊命之事　阮校云通解同，毛本「事」作「辭」，陳本誤作「辛」。

〔二四〕決士冠禮　阮校云「決」毛本作「法」。今按「決」字是。

〔二五〕伯某且字也　阮校云要義無「伯」字，「且」要義同，陳本此句誤作「且」，下句亦作「且」。段玉裁云特牲「祖字」、少牢「且字」皆不誤；「且」之言薦也，薦其字也；賈疏分別此稱「祖字」、少牢稱「且字」之指，而刻本疏内誤「且」爲「祖」，致學者不能讀。浦鏜之説二篇互訛。按凡言「且字」者，皆謂二十字，非謂五十字也，少牢疏言之甚明；少牢云「伯某」，「某」在「伯」下，是二十字也；此云「某子」，「某」在「子」上，是五十字也，故少牢爲「且字」，此爲「祖字」。

〔二六〕筮者許諾還　武威簡「諾」作「若」，「還」作「環」。沈文倬異文釋説環、還通，讀作「旋」。

〔二七〕卦者在左　「左」武威簡作「南」。沈文倬異文釋説作「南」不誤，但以「左」於義爲長。

〔二八〕與士不同　阮校云通解同，毛本「與」作「於」。按「與」字是。

〔二九〕以其屬之長幼　阮校云徐本同，集釋、通解、楊氏、毛本「屬」俱作「年」。

〔三〇〕如初儀　「儀」武威簡作「義」，下同。

〔三一〕上則宿賓與視濯别日　阮校云「上」陳、閩俱作「士」。

〔三二〕宿尸云乃乃是緩辭　阮校云毛本不重「乃」字。

〔三三〕既同日　阮校云毛本無「既」字。

〔三四〕今又筮其子爲尸　阮校云陳、閩、通解、要義同，毛本「又」作「有」。

〔三五〕朝事延尸於户外　阮校云要義同，毛本「延」作「筵」。

〔三六〕古文宿皆作羞　阮校云此六字毛本脱，徐本、集釋俱有，與疏合，通解無。

〔三七〕疊之不從古文　阮校云要義同，毛本「疊」作「壘」，今按毛本誤。

〔三八〕謂一部之内　阮校云通解、要義同，毛本「部」作「布」。今按毛本誤。

〔三九〕此中北面　阮校云要義同，毛本、通解、監本無「中」字。今按無「中」字是。

〔四〇〕以其大夫尊於恩　阮校云要義同，毛本、通解無「於恩」二字。

〔四一〕故云尊尸　阮校云要義同，毛本、通解「故云」作「今此」。

〔四二〕尸乃拜許　阮校云要義同，毛本、通解無「許」字。

〔四三〕不得擯辭訖　阮校云「得」當作「待」。

〔四四〕筮子爲某尸　武威簡脱「某」字。

〔四五〕敢宿　武威簡無「敢」字，與鄭注今文合。

〔四六〕著其辭所易也今文無敢　阮校云下四字毛本脱，徐本、集釋俱有，與單疏標目合。通解無「也」字。今按從上條看，下四字當有。

〔四七〕宿賓賓如主人服　武威簡「賓」字不重。

〔四八〕主人東面荅再拜　武威簡無「再」字。

〔四九〕將涖之　「涖」武威簡作「泣」。

〔五〇〕諸士此獻者之中　阮校云「士」要義作「在」，通解作「士」，刪下五字。

〔五一〕記人乃辨之　阮校云「人」陳、閩、通解、要義俱作「人」，毛本作「久」。「辨」通解、要義作「辨」，毛本作「辦」。今按毛本當誤。

〔五二〕某敢不敬從　武威簡脱「從」字。

〔五三〕厥明夕　武威簡「明」下有「日」字，沈文倬異文釋以爲「日」字當有。

〔五四〕陳鼎于門外　武威簡「門」字作「少」。

〔五五〕有鼏　「鼏」字武威簡作「密」，與鄭注古文同。

〔五六〕木輿　「輿」徐乾學本作「轝」。黄焯彙校云張淳所見與宋本同。

〔五七〕下篇云少牢　阮校云要義同，毛本、通解無「云」字。今按「云」字疑當在「牢」字下。

〔五八〕特牲鼎　阮校云要義同，毛本、通解「牲」下有「三」字。

〔五九〕有豕魚腊　阮校云「有」通解作「言」。

〔六〇〕設洗于阼階東南　武威簡「設」作「埶」，裘錫圭説「埶」即「埶」字，埶、設陰入對轉。「阼」簡作「作」。

〔六一〕豆籩鉶在東房　武威簡「鉶」作「刑」，「籩」作「邊」。黄氏校録云張本改「鉶」爲「鈃」，據陸也。

〔六二〕几席　「席」武威簡作「延」，即「筵」字。今按士虞記鄭注謂「古文席爲筵」。

〔六三〕西夾室之前近南耳　黄氏校録云張本去「室」字，據疏也，李本同。阮校：按夾室古衹稱夾，顧命云「東夾」、「西夾」無「室」字，至雜記釁廟始稱「夾室」。

〔六四〕當夾北也　阮校云通解、要義同，毛本「北」作「之」。按「北」是也。

〔六五〕夾室前堂謂之相　阮校云通解、要義同，毛本「堂」作「當」，「相」作「廂」。按「堂」是也。

〔六六〕不象如初者　阮校云「象」集釋、楊氏俱作「蒙」。張氏曰：疏「象」字于既夕禮作「蒙」，從既夕禮。

〔六七〕以宰在　阮校云徐本、集釋、楊氏同，通解、毛本「宰」作「賓」。

〔六八〕注不象至不在　阮校：按此「象」字當作「蒙」，下同。

〔六九〕賓荅再拜　武威簡脱「再」字。毛本「荅再」二字倒。

〔七〇〕以其純臣故也　阮校云通解、要義同，毛本無「臣」字。

〔七一〕得備禮　阮校云要義同，毛本「備」作「致」。按「備」是也。

〔七二〕豆籩鉶在東房　「房」張敦仁本誤作「方」，阮本同誤，此據單疏改。

〔七三〕文不言者　阮校云「文」毛本作「經」，監本同，通解無。按「經」是也。今按「言」單疏作「云」，阮氏失校。

〔七四〕凡洗濯　阮校云通解同，毛本無「凡」字。

〔七五〕今文復爲反　阮校云此五字毛本脱，徐本、集釋俱有，通解無。

〔七六〕宗人視牲告充　「充」武威簡作「統」。沈文倬異文釋云「統」乃「充」之誤加形旁。

〔七七〕周禮庖人　今按下所引非庖人文，乃内饔文，賈疏誤。

〔七八〕曰羹飪　「飪」武威簡作「念」。沈文倬異文釋云「念」應讀作「腍」，聘禮記鄭注云：「古文飪作腍。」

〔七九〕曰肉孰　「曰」嚴州本作「日」，阮校云徐本、集釋、通解、毛、監本俱作「曰」，「曰」字是。

〔八〇〕告賓與有司　阮校云通解同，毛本重「賓」字。今按「賓」字不當重。

〔八一〕立于門外東方　阮校云「方」毛本作「房」，唐石經、徐本等作「方」。今按「方」字是。

〔八二〕視側殺　「側」武威簡作「則」。

〔八三〕是以下記人辨之　阮校云陳本、通解、要義同，毛本「辨」作「辯」。今按「辨」字是。

〔八四〕司士擊豕　阮校云要義同，下同，毛本「擊」作「繫」。按疏内「擊」字凡三見，通解祇載最後一條，亦作「擊」。按少牢作「擊」。今按阮本正文同單疏作「擊」，校勘記標目同毛本作「繫」，前後不符。

〔八五〕君子弗身翦也者　毛本「翦」作「踐」。阮校：按玉藻注云「踐當爲翦，聲之誤也」，故賈氏改作「翦」，「翦」

是也。

〔八六〕饎爨　武威簡「饎」作「飤」，與鄭注周禮古文作「饎」同。「爨」武威簡作「㸑」。

〔八七〕齊于坫　阮校云釋文、楊氏俱無「于」字。張氏去「于」字，據陸氏。單疏述注有「于」字。

〔八八〕南齊于坫者　阮校云要義同，毛本無「者」字，通解自「者」字起至「皆齊于坫」並刪。

〔八九〕廩人摡甑甗匕與敦於廩爨　阮校云要義同，毛本「甑」作「甗」。按作「甑」與少牢文合。

〔九〇〕兼視之可知　阮校云要義同，毛本「視」作「事」。

〔九一〕摡之　「摡」徐乾學本作「溉」。張氏據宋本改「溉」爲「摡」。

〔九二〕唯君面尊　阮校云毛本、通解「面」作「西」。

〔九三〕實豆籩者　阮校云「者」下空一字，疑是「明」字。

〔九四〕故見主人主婦俎　阮校云要義同，毛本、通解「故」下有「不」字。

〔九五〕以三獻禮成　阮校云通解、要義同，毛本「三獻」作「獻三」。

〔九六〕藉用萑　「萑」武威簡作「雈」，唐石經初刻作「萑」。沈文倬異文釋云「萑」、「萑」俱讀作雈，雈爲古文正字，說文：「雈，草蘺也。」

〔九七〕尸盥匜水實于槃中　「盥」武威簡作「浣」，與士冠、鄉射鄭注古文同。「槃」武威簡作「般」。

〔九八〕簞巾　「簞」武威簡作「匰」。

〔九九〕東謂門東　阮校云通解同，毛本「謂」作「爲」。

〔一〇〇〕據鄉内以入爲右者也　阮校云閩本同，毛本「右者」作「左右」。

〔一〇一〕祝筵几于室中　「筵」武威簡作「延」。

〔二〇二〕東面南上　阮校云通解同，毛本「面」作「西」。

〔二〇三〕至此使祝接神故也　阮校云毛本無「故」字。

〔二〇四〕主婦纚笄　「纚笄」武威簡作「絖枅」。沈文倬異文釋引段玉裁、朱駿聲説，謂「絖」乃「紞」字之譌，爲懸瑱之纚帶。

〔二〇五〕此衣　「此」嚴州本作「比」，徐本作「此」，阮校云集釋、通解、楊氏作「此」。今按徐本作「此」，阮氏謂其作「比」乃誤校。

〔二〇六〕狐青裘　阮校云通解、要義同，毛本「裘」下有「豹褎」二字。

〔二〇七〕從絲省聲　阮校云「省」當作「肖」。

〔二〇八〕亦髲鬄衣移袂　「移」毛本作「侈」。阮校：按少牢作「衣侈」，釋文云「侈本又作袳」，疑「移」乃「袳」之誤。汪文臺識語：案少牢校勘記曰「袳乃正字，移即袳之假借字」，作移非誤，理在不疑。

〔二〇九〕以下助祭　阮校云通解、要義同，毛本無「下」字。今按「下」字當有。

〔二一〇〕證經主婦而含姑　阮校云要義同，毛本「含」作「舍」。

〔二一一〕未老自爲主婦　阮校云「未」毛本作「夫」，要義作「未」。阮按以爲作「未」是。經意言「主婦」兼姑與子妻。舅未没則姑未老，舅爲主人，姑爲主婦；舅没則姑老，子爲主人，子妻爲主婦。

〔二一二〕猶辨　「辨」徐乾學本作「辦」。黄焯彙校引戴震云説文無「辦」字，古通作「辨」。「辦」乃後人所改，非陸氏之舊。

〔二一三〕佐食北面立于中庭　武威簡脱「立」字。

〔二一四〕即位于西方　阮校云陳、閩俱無「方」字。今按士虞禮有「方」字。

〔一一五〕 升自西階東面　阮校云要義同，毛本「升」作「外」。按既夕作「升」。

〔一一六〕 主人行事由阼階　阮校云要義同，毛本無「由」字。今按「由」字當有。

〔一一七〕 宗人亦在阼階階南擯　阮校云要義同，毛本、通解「階」字不重。

儀禮注疏卷第四十五

唐朝散大夫行大學博士弘文館學士臣賈公彦等撰

主人及祝升，祝先入，主人從，西面于户内。祝先入，接神宜在前也。少牢饋食禮曰：「祝盥于洗，升自西階。主人盥，升自阼階。祝先入，南面。」○少牢，詩召反，下少牢皆同。

【疏】「主人」至「户内」　注「祝先」至「南面」　自此盡「稽首」，論主人、主婦及祝與佐食陳設陰厭之事。云「主人從，西面于户内」，注引少牢者，證主人户内西面，其時祝北墉下南面之事。以其未有祝行事之法，直監納祭而已。下文乃云祝在左，爲孝子釋辭，乃有事也。

主婦盥于房中，薦兩豆，〔一〕葵菹、蝸醢，〔二〕醢在北。主婦盥，盥於内洗。昏禮：「婦洗在北堂，直室東隅。」○蝸醢，力禾反。直室，音值。

宗人遣佐食及執事盥，出。命之盥，出，當助主人及賓舉鼎。主人降，及賓盥，出。主人在右，及佐食舉牲鼎；賓長在右，及執事舉魚、腊鼎。除鼏。及，與也。主人在右，統於東。主人與佐食者，賓尊不載。少牢饋食禮「魚用鮒，腊用麋」，士腊用兔。○賓長，丁丈反，下注庭長、下賓長、弟長并注放此。用鮒，音附。

【疏】注「及與」至「用兔」　鼎在門外，北上，東爲右人，西爲左人。右人尊，入時在鼎前；左人卑，入時在鼎後。又盡載牲體於俎，又設俎于神坐之前。主人升乃以東爲主，今在堂下，「主人在右」，故云「統於東」也。云「主人與佐食者，賓尊不載」者，以賓主當相對爲左右，以賓尊不載牲體，故使佐食對主人，使賓爲右人，而使執事在左而載也。

宗人執畢，〔三〕先入，當阼階，南面。畢，狀如叉，蓋爲其似畢星取名焉。主人親舉，宗人則執畢導之。既錯叉以畢臨匕載，〔四〕備失脱也。雜記曰：「枇用桑，〔五〕長三尺。畢用桑，三尺，〔六〕刊其本與末。」枇、畢同材明矣。今此枇用棘心，則畢亦用棘心。舊説云「畢以御他神物，〔七〕神物惡桑叉」，則少牢饋食及虞無叉，何哉？此無叉者，乃主人不親舉耳。少牢大夫祭不親舉。虞喪祭也，〔八〕主人未執事。祔、練、祥執事用桑叉。自此純吉，用棘心叉。○爲其，于僞反，下當爲、不爲、爲將、爲改同。道之，音導，下以道、猶道同。既錯，七故反，下文及注同。枇載，〔九〕必履反。刊其，若干反。〔一〇〕惡桑，烏路反。

【疏】「宗人」至「南面」　注「畢狀」至「心叉」　云「畢，狀如叉」者，下引舊説有「他神物惡桑叉」之言，故以叉而言。云「蓋爲其似畢星取名焉」者，案詩云「有捄天畢，〔一一〕載施之行」，無正文，故云「蓋」以疑之也。云「主人親舉，宗人則執畢導之，既錯叉以畢臨匕載，〔一二〕備失脱也」，知義然者，以經言「宗人執畢，先入」，是導之也；又知「既錯叉以畢臨匕載，備失脱也」者，〔一三〕以經云「當阼階，南面」，明鄉主人，執畢臨匕，備失脱可知也。云「今此枇用棘心，則畢亦用棘心」者，案下記云「棘心匕刻」是也。知畢亦棘心者，以雜記匕、畢同用桑，據喪祭，今吉祭匕用棘心，則畢亦棘心也。云「舊説云『畢以御他神物，〔一四〕神物惡桑叉』」，舊説如此。〔一五〕又引少牢、士虞已下，破舊説之意也。〔一六〕云「此無叉者，乃主人不親舉耳」者，揔解士虞、少牢二禮，云「少牢大夫祭不親舉」者，大夫尊，主人不親舉。云「虞喪祭也，〔一七〕主人未執事」者，對吉祭主人執事有畢，彼無也。云「祔、練、祥執事用桑叉」者，以其虞時主人不執事，則祔已執事，執事用桑叉，〔一八〕則雜記所云是也。云「自此純吉，用棘心叉」者，除祥後，則禫月及吉祭用棘心也。案易震卦彖辭云「震來虩虩，笑言啞啞。震驚百里，不喪匕鬯」，鄭注云「雷發聲於百里，古者諸侯

象。諸侯出教令，能警戒國内，則守其宗廟社稷，爲之祭主，不亡其匕鬯。人君於祭，匕牲體薦鬯而已，其餘不親爲也」，若然，諸侯親匕牲體，大夫不親者，辟人君；士卑，不嫌得與人君同親匕也。

鼎西面錯，〔一九〕右人抽扃，〔二〇〕委于鼎北。右人，謂主人及二賓。既錯，皆西面俟也。○抽扃，古熒反。〔二一〕贊者錯俎，加匕。〔二二〕贊者，執俎及匕從鼎入者。其錯俎，東縮；加匕，東柄，〔二三〕既則退，而左人北面也。○東枋，音柄，本亦作柄，下同。

【疏】注「贊者」至「北面」云「其錯俎，東縮；加匕，東柄」者，少牢云「俎皆設于鼎西，西肆」，又云「匕皆加于鼎，東枋」，則此加匕於鼎，東柄可知。云「既則退，而左人北面也」，知者，以其俎從於鼎西，其人當北面於其南，載之便，是以昬禮亦云「北面載，執而俟」是也。

乃朼。〔二四〕右人也。尊者於事，指使可也。左人載之。佐食升肵俎，鼏之，設于阼階西。肵，謂心、舌之俎也。〔二五〕郊特牲曰「肵之爲言敬也」，言主人之所以敬尸之俎。古文「鼏」皆作「密」。○升肵，音祈。

【疏】注「肵謂」至「作密」知「肵，謂心舌」者，下記云「肵俎，心、舌皆去本末，午割之，實於牲鼎，〔二六〕載，心立，舌縮俎」是也。引郊特牲者，見敬有肵俎，送于尸前。

卒載，加匕于鼎。卒，已也，已載畢亦加焉。

【疏】注「卒已」至「加焉」主人匕牲體，宗人以畢助之。主人匕事訖，加之於鼎，則宗人既事，亦加於鼎可知。

主人升，入，復位。俎入，設于豆東，魚次，腊特于俎北。〔二七〕入設俎，載者。腊特，饌要方也。凡饌必方

者，明食味，人之性所以正。

【疏】注「入設」至「以正」 知載人設俎者，〔二八〕以其經「卒載」下即云「入設」，不見別人，明是「載者」設之可知。云「腊特，饌要方也」者，案經豆在神坐之前，豕俎入設於豆東，〔二九〕魚俎又次其東，若腊俎復在東，則饌不得方，故腊俎特于俎北，取其方故也。

主婦設兩敦黍稷于俎南，〔三〇〕西上。〔三一〕及兩鉶芼設于豆南，〔三二〕南陳。宗婦不贊敦、鉶者，以其少可親之。芼，菜也。○鉶芼，亡報反。

【疏】注「宗婦」至「菜也」 案少牢主婦設金敦，宗婦贊二敦，以其多，故使宗婦贊，此士祭祀二敦少，故不使宗婦贊，主婦可親之也。若然，案少牢「佐食」贊鉶，宗婦不贊鉶，此不以「佐食」決之而并云「宗婦」者，此決有司徹。故有司徹云「主婦洗于房中，〔三三〕出實爵，尊南西面拜，〔三四〕獻尸。尸拜于筵上，受。主婦西面，于主人之席北拜送爵。入于房，取一羊鉶，坐奠于韭菹西。主婦贊者執豕鉶以從。主婦不興，受，設于羊鉶之西」，又下至主婦致爵于主人，「主婦設二鉶與糗、脩，如尸禮」皆是也。

祝洗，酌奠，奠于鉶南。〔三五〕遂命佐食啓會。佐食啓會，〔三六〕卻于敦南，出，立于户西，南面。〔三七〕酌奠，奠其爵觶也。少牢饋食禮「啓會」，乃奠之。○啓會，古外反，下并下注於會同。

【疏】注「酌奠」至「奠之」 引少牢者，案少牢「祝酌奠，遂命佐食，佐食啓會」乃奠者，〔三八〕彼大夫禮，與此士禮相變，是

以與此奠乃啓會異也。

主人再拜稽首。祝在左。稽首，服之甚者。祝在左，當爲主人釋辭於神也。祝祝曰：「孝孫某，敢用剛鬣、嘉薦、普淖，用薦某事於皇祖某子。尚饗！」○祝曰，州又反，下文卒祝、祝曰同。普淖，女孝反。

【疏】注「稽首」至「尚饗」 引少牢「祝祝」已下者，欲見迎尸之前，釋孝子之辭也。

卒祝，主人再拜稽首。

祝迎尸于門外。尸自外來，代主人接之。就其次而請，不拜，不敢與尊者爲禮。周禮掌次：「凡祭祀，張尸次。」

【疏】「祝迎尸于門外」 注「尸自」至「尸次」 自此盡「反黍稷于其所」，論陰厭後迎尸于正祭之事。云「尸自外來，代主人接之」者，下注云「主人不迎尸，成尸尊」故也。云「就其次而請，不拜，不敢與尊者爲禮」者，凡平賓客，皆在門西，主人出門左，西面拜，今此經直云「迎尸於門外」，不言祝拜、尸荅拜，是祝出就次，尸乃出次，迎之而入門，是不敢與尊者爲禮。引周禮者，證門外張尸次之事也。

主人降，立于阼階東。主人不迎尸，成尸尊。尸，所祭者之孫也。祖之尸，則主人乃宗子。禰之尸，則主人乃父道。事神之禮，廟中而已，出迎則爲厭。○爲厭，一葉反。

【疏】注「主人」至「爲厭」 云「主人不迎尸，成尸尊」者，案祭統云「君迎牲而不迎尸，別嫌也。尸在廟門外，則疑於臣；在廟中，則全於君。君在廟門外，疑於君；（三九）入廟門，則全於臣，全於子」，鄭云「不迎尸者，欲全其尊也。尸，神

象也，鬼神之尊在廟中。人君之尊出廟門則伸」，此士禮雖無君道，亦尊尸，主人不迎。迎之尊不成，不迎之，則成尸之道尊也。云「尸，所祭者之孫也」者，禮記云「孫爲王父尸」是也。云「祖之尸，則主人乃宗子」者，以其祭祖，兄弟來助祭，故知宗子，小宗、大宗五宗皆然，書傳云：「宗子將有事，族人皆入侍也。」云「禰之尸，則主人乃父道」者，禮記祭統云「夫祭之道，孫爲王父尸。所使爲尸者，於祭者子行也，父北面而事之，所以明子事父之道也，此父子之倫也」，注云「祭祖則用孫列，皆取於同姓之適孫」，〔四〇〕是其禰之尸，則主人乃父道也。云「事神之禮，廟中而已，出迎則爲厭」，有出廟門，〔四一〕主人有君是是厭臣之義，〔四二〕故不迎也。

尸入門，左，北面盥。宗人授巾。侍盥者執其器就之。執簞者不授巾，賤也。宗人授巾，庭長尊。少牢饋食禮曰：「祝先入門，右；尸入門，左。」

【疏】注「侍盥」至「門左」　引少牢者，見上經陳盥在門右，〔四三〕今「尸入門，左」，尸尊不就盥，槃、匜、巾等鄉門右，就尸之義也。

尸至于階，祝延尸，尸升，入。祝先，〔四四〕主人從。延，進，在後詔侑曰延，禮器所謂「詔侑武方」者也。少牢饋食禮曰：「尸升自西階，入，祝從。主人升自阼階。祝先入，主人從。」○詔侑，音又。武方，音無。

【疏】「尸至」至「人從」　注「延進」至「人從」　云：「在後詔侑曰延」者，案士虞禮「尸謖，祝前，鄉尸」，鄭注云「前，道也，祝道尸必先鄉之，爲之節」。彼祝居尸前道之，此則在尸後詔之，故云「延」也。云「禮器所謂『詔侑武方』」者，彼注「武，無也」。祝詔侑尸無常，謂若檀弓「子事父母，左右就養無方」，今祝延尸、道尸亦無常也。引少牢者，見祝從尸，主人又從祝入之事。

尸即席坐，〔四五〕主人拜妥尸。妥，安坐也。○妥尸，他果反，劉湯回反。尸荅拜，執奠。祝饗。主人拜如初。饗，勸强之也。其辭取于士虞記，則宜云：「孝孫某，圭爲孝薦之饗。」〔四六〕舊說云「明薦之」。○彊之，其丈反。

【疏】「尸荅」至「如初」 注「饗勸」至「薦之」 云「其辭取于士虞記，則宜云『孝孫某，圭爲孝薦之饗』」者，但喪祭稱哀，吉祭稱孝，故士虞記卒哭饗尸辭曰：「哀子某，圭爲哀薦之饗」。此既吉祭，宜云「孝孫某，圭爲孝薦之饗」，以其改「哀」云「孝」，〔四七〕故曰「宜云」也。引舊說者，證圭爲絜明之義也。

祝命挼祭。〔四八〕尸左執觶，〔四九〕右取菹，抨于醢，〔五〇〕祭于豆間。命詔尸也。挼祭，祭神食也。士虞禮古文曰「祝命佐食墮祭」，周禮曰「既祭則藏其墮」，〔五一〕墮與挼讀同耳。今文改「挼」皆爲「綏」。古文此皆爲「挼」，祭也。〔五二〕抨醢者，染於醢。○挼祭，依注音墮，許恚反，劉相恚反，後隋祭、挼祭皆放此。抨醢，如悅反，劉而玄反，又而誰反，下同。

【疏】「祝命」至「豆間」 注「命詔」至「於醢」 云「挼祭，祭神食也」者，鄉者設饌未迎尸，陰厭厭飫神，今尸來升席而挼祭，祭訖，當食神餘。引周禮而云「墮與挼讀同」，則二字通用。云「今文改挼皆爲綏」，不從今文。引古文者，欲見「抨」下有「祭」無「醢」，〔五三〕故疊之而不從也。云「抨醢者，染於醢」，從經爲正也。

佐食取黍稷肺祭授尸。尸祭之，祭酒，啐酒，告旨。〔五四〕主人拜，尸奠觶，荅拜。肺祭，刌肺也。旨，美也。祭酒，穀味之芬芬者。〔五五〕齊敬共之，唯恐不美，告之美，〔五六〕達其心，明神享之。○啐酒，七内反。刌肺，寸本反。齊敬，側皆反。共之，音恭。

【疏】注「肺祭」至「享之」 知「肺祭」是「刌肺也」者，下記「刌肺三」，鄭注「爲尸、主人、主婦祭」，〔五七〕明是刌肺，非舉肺也。

祭鉶，嘗之，告旨。主人拜，尸荅拜。鉶，肉味之有菜和者。曲禮曰：「客絮羹，主人辭不能亨。」○菜和，户卧反，下不和同。客絮，丑慮反，調和之也。

【疏】注「鉶肉」至「能亨」　云「鉶，肉味之有菜和者」，此即公食大夫「牛藿、羊苦、豕薇」之等是也；以其盛之鉶器，因號羹爲鉶，故云「肉味有菜和者」。引曲禮者，證鉶羹有五味調和，不合絮調之義，〔五八〕故「告旨」。若大羹，不調以鹽菜，〔五九〕無絮調之理也。

祝命爾敦，佐食爾黍稷于席上。爾，近也，近之便尸之食也。設大羹湇于醢北。大羹湇，煑肉汁也。不和，貴其質。設之，所以敬尸也。不祭，不嚌大羹，不爲神，非盛者也。士虞禮曰：「大羹湇自門入。」今文湇皆爲汁。○湇，去及反。不嚌，才計反。

【疏】「設大羹湇于醢北」　注「大羹」至「爲汁」　云「醢北」者，爲薦左。案公食大夫、昏禮大羹湇皆在薦右，此在左者，神禮變於生人。士虞禮大夫羹湇，〔六〇〕設于鉶南，在右，與生人同，有不忍異於生故也。云「不和，貴其質」者，案桓二年左氏傳云「大羹不和以鹽菜」，是「貴其質」也。云「不爲神」者，陰厭時未設，尸來始設，爲尸，故士虞記云「無尸，則禮及薦饌皆如初，不授祭，無大羹湇胾，從獻」。有尸即有大羹湇，從獻。縱有亦不祭、不嚌，是「不爲神」，爲尸「非盛者也」。引士虞禮曰「大羹湇自門入」者，證迎尸後乃從獻來也。

舉肺、脊以授尸。尸受，振祭，嚌之，左執之，肺氣之主也。脊，正體之貴者，先食啗之，所以導食通氣。○先食，悉薦反，又如字。啗之，大敢反。乃食，食舉。「舉」言「食」者，明凡解體皆連肉。

【疏】「乃食食舉」　注「舉言」至「連肉」　「乃食」謂食肺。云「食舉」，謂骨體正脊，從俎舉鄉口，因名體爲舉。凡牲體或

七，或二十七，皆據骨節而言。今言「食」，不可空食骨，以體「皆連肉」也。

主人羞肵俎于腊北。肵俎主於尸，主人親羞，敬也。神俎不親設者，貴得賓客，以神事其先。

【疏】注「肵俎」至「其先」 云「肵俎主於尸」者，以其入後乃設之，故知「主於尸」。主人親進者，敬尸故也。前神俎使載者設之者，欲得尊賓嘉客，以事其先故也。

尸三飯，告飽。祝侑，主人拜。三飯告飽，禮一成也。侑，勸也。或曰又勸之，使又食。少牢饋食禮侑辭曰「皇尸未實，侑」也。○三飯，扶晚反，注及下同。佐食舉幹，〔六一〕尸受，振祭，嚌之。佐食受，加于肵俎。舉獸幹、魚一，亦如之。幹，長脅也。獸腊，其體數與牲同。

【疏】注「幹長」至「牲同」 云「長脅」，〔六二〕文出下記也。〔六三〕云「獸腊，其體數與牲同」，知者，亦見下記云「腊如牲骨」是也。

尸實舉于菹豆。爲將食庶羞。舉謂肺脊。佐食羞庶羞四豆，設于左，〔六四〕南上，有醢。〔六五〕庶，衆也。衆羞以豕肉，所以爲異味。四豆者，膮、炙、胾、醢。「南上」者，以膮炙爲上，以有醢不得䋫也。○膮，許堯反。炙，章夜反，下炙肝同。胾醢，莊吏反。得䋫，側耕反。

【疏】注「庶衆」至「䋫也」 案公食大夫云「旁四列西北上。膷以東臐、膮、牛炙，炙南醢，以西牛胾、醢」，注云「先設醢，䋫之次也」。此四豆有醢，則不得先設，非䋫之次故也。又復一醢，不得與胾炙相對。相對之法，炙在南，醢在北；胾在北，醢南，〔六六〕如此見得䋫，故少牢云「韭菹醓醢，葵菹蠃醢。韭菹在南，葵菹在北」，〔六七〕注云「葵菹在

北緈」，又云「羞胾，兩瓦豆有醢。亦用瓦豆，設于薦豆之北」，注云「四豆亦緈，羊胾在南，豕胾在北」，此皆有醢亦得緈者，以其四豆胾、醢具相對，故鄭皆云「緈」也。〔六八〕

尸又三飯，〔六九〕告飽。祝侑之如初。〔七〇〕禮再成也。舉骼及獸、魚如初。尸又三飯，告飽。祝侑之如初。禮三成，獸、魚如初者，獸骼、魚一也。○舉骼，音格，又音各，後皆同。舉肩及獸、魚，如初。不復飯者三。三者，士之禮大成也。舉先正脊，後肩，自上而卻，下緈而前，終始之次也。○不復，扶右反，下爲復、復拜、不復并復入同。者三，息暫反。

【疏】注「不復」至「次也」　云「舉先正脊，後肩，自上而卻，下緈而前，終始之次也」者，先舉正脊，「自上」也；次舉脅，即「卻」也；後舉骼，即「下緈」也；終舉肩，即「前」也。前者，牲體之始；後者，牲體之終，故云「終始之次也」。

佐食盛肵俎，俎釋三个。佐食取牲、魚、腊之餘，盛於肵俎，將以歸尸。俎釋三个，爲改饌於西北隅遺之。所釋者牲腊，則正脊一骨，長脅一骨及臑也，魚則三頭而已。个，猶枚也，今俗言物數有云若干個者，〔七一〕此讀然。○盛肵，音成，注同。三个，古賀反，个個同。及臑，乃報反。

【疏】注「佐食」至「讀然」　云：「俎釋三个，爲改饌於西北隅遺之。所釋者牲腊，則正脊一骨，長脅一骨及臑也。」知者，案下記云「尸俎右肩、臂臑、肫、骼，正脊二骨，横脊，長脅二骨，短脅」，今以舉正脊一骨，〔七二〕長脅一骨及骼、脊、脅各一骨在，〔七三〕前脚三節。後脚二節各舉其一訖，前脚舉肩訖，宜次盛臂；後脚舉骼訖，宜次盛肫，前後各一節，以歸脡脊，以其次正脊故也；前脚唯有臑在，并脊、脅各一骨爲三也。

舉肺脊加于肵俎，反黍稷于其所。尸授佐食，佐食受而加之、反之也。肺脊初在俎豆。〔七四〕

【疏】注「尸授」至「俎豆」　經直云「肺脊加於肵俎」，鄭知尸不自加，而授與佐食，「佐食受而加之」者，約少牢云「上佐食受尸牢肺、正脊，加于肵」，鄭注云「受者，尸授之也」是。〔七五〕云「肺脊初在菹豆」者，上文云「尸實舉于菹豆」是也。

主人洗角，升，酌，酳尸。酳，猶衍也，是獻尸也。謂之酳者，〔七六〕尸既卒食，又欲頤衍養樂之。〔七七〕不用爵者，下大夫也。因父子之道質而用角，角加人事畧者。今文「酳」皆爲「酌」。〔七八〕○酳，以忍反，又士忍反。樂之，音洛。下大，户嫁反，下下尸同。

【疏】「主人」至「酳尸」　注「酳猶」至「爲酌」　自此盡「入，復位」，論主人獻尸及祝佐食之事。知「是獻尸」者，下有主婦洗爵獻尸并賓長獻尸，故知此是主人酳尸也。〔七九〕云「不用爵者，下大夫也」者，此決少牢云「主人降洗爵，酌酒，乃酳尸」，用爵不用角也。云「因父子之道質而用角，角加人事畧」者，〔八〇〕既辟大夫不用爵，次當用觚；而用角者，因無臣助祭。父子相養之道而用角者，父子是質，角，加人事畧。得用功少故也。

尸拜受。主人拜送。尸祭酒，啐酒。賓長以肝從。肝，肝炙也。今文曰「啐之」。古文無「長」。〔八一〕

【疏】「尸拜」至「肝從」　注「肝肝」至「無長」　此直言「肝從」，亦當如少牢「賓長羞牢肝，用俎，縮執俎，肝亦縮，進末，〔八二〕鹽在右」，此亦不言者，文不具也。

尸左執角，右取肝擩于鹽，振祭，嚌之，加于菹豆，卒角。祝受尸角，曰：「送爵，皇尸卒爵。」主人拜，尸荅拜。曰「送爵」者，節主人拜。祝酌，授尸，尸以醋主

人。醋，報也。祝酌，不洗，尸不親酌，尊尸也。尸親醋，相報之義。古文「醋」作「酢」。○以醋，才各反。

【疏】注「醋報」至「作酢」　云「祝酌，不洗」者，凡當酢主人，宜親洗爵，酌酒，不親洗酌，尸尊故也；授代酌，由祝代酌，故不洗也。

主人拜，受角，尸拜送。主人退。佐食授挼祭。〔八三〕退者，進受爵，反位。妥亦當爲挼。〔八四〕尸將嘏主人，佐食授之。〔八五〕挼祭，亦使祭尸食也。其授祭亦取黍、稷、肺祭。今文或皆改「妥」作「挼」。〔八六〕

【疏】注「退者」至「作挼」　云「挼祭，亦使祭尸食也」者，前祝命尸挼祭祭神食，今命主人祭尸食，亦如尸祭神食，故云「亦」也。云「其授祭亦取黍、稷、肺祭」者，亦如上佐食取黍、稷、肺祭授尸，〔八七〕尸祭之，相似，故云「亦」也。

主人坐，左執角，受祭祭之。祭酒，啐酒，進聽嘏。聽，猶待也。受福曰嘏，嘏，長也，大也。待尸授之以長大之福。○聽嘏，古雅反；受福曰嘏，嘏，長也，大也。佐食摶黍授祝。祝授尸。尸受以菹豆，執以親嘏主人。獨用黍者，食之主。其辭則少牢饋食禮有焉。○摶黍，大官反。

【疏】「佐食」至「主人」　注「獨用」至「有焉」　案少牢云：「祝與二佐食皆出，盥于洗，入。二佐食各取黍於一敦。上佐食兼受，摶之，以授尸。尸執以命祝。卒命祝，祝受，以東北面于户西，以嘏于主人。」但少牢不親嘏者，大夫尸尊，又大夫禮文。此親嘏者，士尸卑禮質故也。云「其辭則少牢饋食禮有焉」者，案少牢云「祝以嘏于主人，曰：『皇尸

命工祝承致多福無疆于女孝孫，來女孝孫，使女受禄于天，宜稼于田，眉壽萬年，勿替引之」是也。云「獨用黍者，食之主」者，案上文云「爾黍于席上」。不云爾稷者，以稷雖五穀之長，不如黍之美，故云「食之主」。是以喪大記云「君沐粱，大夫沐稷，士沐粱」，士喪禮士沐稻，諸侯之士，鄭注云「差率而上，天子沐黍」，〔八八〕是黍爲穀之貴也。

主人左執角，〔八九〕再拜稽首受，復位，詩懷之，實于左袂，〔九〇〕挂于季指，〔九一〕卒角，拜，尸荅拜。詩，猶承也，謂奉納之懷中。季，小也。〔九二〕實于左袂，挂袪以小指者，便卒角也。少牢饋食禮曰：「興，受黍，坐振祭，嚌之。」古文「挂」作「卦」。○挂于，俱賣反，一音卦，注同。奉納，芳勇反。季少，詩召反，下同，下少年之少亦放此。

【疏】注「詩猶」至「作卦」　云「挂袪以小指者，便卒角也」，但右手執角，左手挂袪以小指；〔九三〕不于左手，〔九四〕言「便卒角」者，飲酒之時，恐其遺落，故挂以小指，故云「便卒角也」。

主人出，〔九五〕寫嗇于房，祝以籩受。變黍言嗇，因事託戒，欲其重稼嗇。嗇者，農力之成功。

【疏】「主人」至「籩受」　注「變黍」至「成功」　案少牢云「主人出。宰夫以籩受嗇黍。主人嘗之，納諸内」，此大夫尊，不似有入房，〔九六〕直見大夫出，宰夫以籩受。此「主人寫嗇于房，祝以籩受」，以其士賤故也。云「變黍言嗇，因事託戒，欲其重稼嗇」者，以黍者五穀之名，非農力成功之稱，故以黍爲嗇，欲其重稼嗇，故少牢鄭注云「收斂曰嗇」，〔九七〕是用農力之言也。

筵祝南面。主人自房還時。主人酌，獻祝。祝拜，受角。主人拜送。設菹、醢、

俎。行神惠也。先獻祝以接神，尊之。菹、醢皆主婦設之。佐食設俎。

【疏】注「行神」至「設俎」　此汝佐食，〔九八〕以佐食接尸，故後獻之，祝接神，先獻之。云「菹醢皆主婦設之。佐食設俎」，知者，前獻尸時，菹、醢主婦設之，亞獻及致爵於主人，籩、豆亦皆主婦設之，則此設菹、醢，亦主婦可知；又知佐食設俎，約少牢主人獻祝，佐食設俎，故此亦「佐食設俎」可知。

祝左執角，祭豆，興，取肺，坐祭，嚌之，興，加于俎，坐祭酒，啐酒，以肝從。〔九九〕祝左執角，右取肝，抨于鹽，〔一〇〇〕振祭，嚌之，加于俎，卒角，拜。主人荅拜，受角，酌，獻佐食。佐食北面拜，〔一〇一〕受角。主人拜送。佐食坐祭，卒角，拜。主人荅拜，受角。降，反于篚，升，入，〔一〇二〕復位。

【疏】「祝左」至「復位」　云「主人荅拜。受角，酌，獻佐食」者，案上獻祝有俎，此獻佐食不言俎者，上經云「執事之俎，陳於階間，二列，北上」，鄭注云「執事，謂有司」。以佐食亦在「有司」内者，下記云「佐食俎觳、折、脊、脅」也。又下經賓長獻節，鄭注云「凡獻佐食，皆無從，元缺起此其薦俎獻，兄弟以齒設之」。若少牢獻佐食俎，即「設于兩階之間，西上」。大夫將賓尸，故即設佐食俎；至於賓尸時，佐食無俎也。

主婦洗爵于房，酌，亞獻尸。〔一〇三〕亞，次也，次猶貳。主婦貳獻不夾拜者，士妻儀簡耳。

【疏】注「亞次」至「簡耳」　自此盡「以爵入于房」論主婦獻尸、祝及佐食之事。云「主婦貳獻不夾拜者，士妻儀簡耳」者，此決少牢主婦亞獻尸時夾拜，此士妻下之，故云「儀簡耳」。

尸拜受。主婦北面拜送。北面拜者，辟內子也。大夫之妻，拜於主人北，西面。

【疏】注「北面」至「西面」　案少牢云「主婦洗于房中，出酌，入戶，西面拜獻尸」，鄭注云「入戶西面，拜由便也。不北面者，辟人君。夫人也拜而後獻者，當夾拜也」；又云「尸拜，受。主婦主人之北，西面拜送爵」是也。若大夫妻貴，辟人君夫人，士妻賤，不嫌得與人君夫人同也。

宗婦執兩籩戶外坐。主婦受，設于敦南。兩籩棗、栗，棗在西。

【疏】注「兩籩」至「在西」　知者，案下記云「籩，巾以綌也，纁裏。棗烝，栗擇」是也。知「棗在西」者，依士虞禮云主婦亞獻尸時，云「自反兩籩棗、栗，設于會南，棗在西」，鄭云「尚棗，棗美」，故知也。

祝贊籩祭，尸受祭之，祭酒，啐酒。籩祭，棗、栗之祭也。其祭之亦於豆祭。

【疏】注「其祭之亦於豆祭」　知者，見上經尸挼祭時，云「若平取菹，抨于醢，〔一〇四〕祭于豆間」，又「佐食取黍、稷、肺祭授尸，尸祭之」，不言其處，明亦祭於豆間。今此祝贊籩祭之，亦不言其處，亦祭於豆間可知。又案有司徹云尸取韭菹，抨于豆，「祭于豆間」，又「尸取麷蕡。宰夫贊者取白黑以授尸，尸受，兼祭于豆祭」，是籩、豆同祭於豆間也。

兄弟長以燔從。尸受，振祭，嚌之，反之。〔一〇五〕燔，炙肉也。○以燔，音煩。

【疏】注「燔炙肉也」　云「反之」者，謂反燔于長兄弟。

羞燔者受，加于肵，出。出者，俟後事也。

【疏】注「出者俟後事也」　云「俟後事」者，謂俟主婦獻祝之時，更當羞燔于祝。知者，約上文主人獻尸云「賓長以肝從」，至獻祝時，但云「以肝從」，不言其人，明亦賓長可知。此下文主婦獻祝，「籩燔從，如初儀」，明獻祝時，亦長兄弟羞燔可知，故鄭注云「俟後事也」。

尸卒爵。祝受爵，命送如初。送者，送卒爵。酢如主人儀。〔一〇六〕尸酢主婦，如主人儀者，自祝酌至尸拜送，如酢主人也。不易爵，辟內子。

【疏】注「尸酢」至「內子」　云「尸酢主婦，如主人儀者，自祝酌至尸拜送，〔一〇七〕如酢主人也」者，言此上則如之，其異者不並取也。謂主人受佐食挼，自祭之。此佐食錯挼于地，主婦撫之而已是也。云「不易爵，辟內子」者，以經云「酢如主人儀」，上尸酢主人時，不易爵，故此主婦受酢，亦不易爵可知。男女不相襲爵，所以今襲爵者，辟內子。是以少牢云「祝受尸爵，尸荅拜。易爵洗，酌，授尸。主婦拜，受爵，尸荅拜」，是其易爵也。

主婦適房，南面。佐食挼祭。主婦左執爵，〔一〇八〕右撫祭，祭酒，啐酒，入，卒爵，如主人儀。撫挼祭，示親祭。佐食不挼而祭於地，亦儀簡也。入室卒爵，於尊者前成禮，明受惠也。

【疏】注「撫挼」至「惠也」　云「佐食不挼而祭於地，亦儀簡也」者，少牢大夫妻云：「上佐食挼祭，主婦西面於主人之北受祭，祭之。」此佐食祭於地，主婦撫之而已，故云「亦儀簡」。云「亦」者，亦前不夾拜也。

獻祝，籩、燔從，如初儀。及佐食，如初。卒，以爵入于房。及佐食，如初，如其獻佐食，則拜主人之北西面也。

【疏】注「及佐」至「面也」　此無正文，以佐食北面拜受，主婦不宜與佐食同面拜送。又言「如初」，明與主人同西面拜，故鄭云「拜主（元缺此）人之北西面」，與內子同。

賓三獻如初。燔從，如初。爵止。初，亞獻也。尸止爵者，三獻禮成，〔一〇九〕欲神惠之均於室中，是以奠而待之。

【疏】「賓三」至「爵止」　注「初亞」至「待之」　自此盡「卒，復位」論賓長獻尸及佐食并主人、主婦致爵之事。此一科之內，乃有十一爵：賓獻尸，一也；主婦致爵于主人，二也；主人酢主婦，三也；主人至爵于主婦，四也；主婦酢主人，五也；尸舉奠爵酢賓長，六也；賓長獻祝，七也；又獻佐食，八也；賓又致爵于主人，九也；又致爵于主婦，十也；賓獻主人酢，十一也。云「初，亞獻也」者，知不初獻者，以主婦亞獻承初獻後，賓長又承亞獻後，〔一一〇〕故知如亞獻，不得如初獻也，又面位及燔從皆如亞獻也。云「三獻禮成，欲神惠之均於室中，是以奠而待之」者，謂尸得三獻而禮成，言其實飲三爵，祝與佐食亦得三獻，主人主婦各得一酢而已；未得獻是神惠未均；「奠而待之」者，待主人、主婦致爵乃均也。案下文「衆賓長爲加爵，如初，爵止」，鄭注云「尸止爵者，欲神惠之均于在庭」，止得一獻亦言「均」，則不以爵數爲均，直據得一獻則爲均也。

席于户內。爲主人鋪之，〔一一一〕西面，席自房來。○爲主，〔一一二〕于僞反，下爲絶、爲異、爲將、爲酬、必爲同。主婦洗爵，酌，〔一一三〕致爵于主人。主人拜受爵。主婦拜送爵。主婦拜，拜於北面也。今文曰：「主婦洗酌爵。」

【疏】注「主婦」至「酌爵」　云「主婦拜，拜於北面也」者，約有司儐尸於堂，主婦致爵于主人，主人致爵于主婦，北面于阼階上答拜是也。

宗婦贊豆如初。主婦受，設兩豆兩籩。〔一一四〕初贊亞獻也。主婦薦兩豆、籩，東面也。

【疏】注「初贊」至「面也」　上主婦亞獻時，但云「宗婦執兩籩」，又云「祝贊籩祭」，無豆。此云「贊豆，如初」，明贊豆之時，與贊籩同，故得言「如初」。知「東面」者，以主人「西面」，故知也。

俎入設。佐食設之。

【疏】「俎入設」　注「佐食設之」　知「佐食設之」者，見有司下大夫不儐尸者，主婦致爵於主人時，〔一一五〕佐食設俎。彼室內行事，與士禮畧同，故鄭約之，知「佐食設之」也。

主人左執爵，祭薦。宗人贊祭，奠爵，興，取肺，坐絶祭，嚌之，興，加于俎，坐挩手，祭酒，啐酒。絶肺祭之者，以離肺長也。少儀曰：「牛羊之肺，離而不提心，豕亦然。」挩，拭也。挩手者，爲絶肺染汙也。刌肺不挩手。〔一一六〕古文「挩」皆作「説」。○不提，丁禮反。染污，而漸反。

【疏】注「絶肺」至「作説」　引少儀者，彼注云「提，猶絶也，不絶中央少許者」，引之，證離肺長而不絶，故須絶之。云「忖肺不挩手」者，以已斷絶，〔一一七〕取祭之，不須以手絶之，故不挩手也。

肝從。左執爵，取肝擩于鹽，〔一一八〕坐振祭，嚌之。宗人受，加于俎。燔亦如之。興，席末坐，〔一一九〕卒爵，拜。於席末坐卒爵，敬也。一酌而備，而從而次之，示均。〔一二〇〕

【疏】注「於席」至「示均」 此決上主人獻尸，賓長以肝從，主婦獻尸，兄弟以燔從，今一酌而肝燔從，則與尸等，故云「亦均」。「亦」者，亦上酒均於堂內。

主婦荅拜，受爵，酌醋，〔一二一〕左執爵，拜。主人荅拜，坐祭，立飲，〔一二二〕卒爵，拜，主人荅拜。主婦出，反于房。主人降，洗酌，致爵于主婦。席于房中，南面。主婦拜受爵，主人西面荅拜。宗婦薦豆、俎，從獻，皆如主人。主人更爵，酌醋，〔一二三〕卒爵，降，〔一二四〕實爵于篚，〔一二五〕入，復位。主人更爵自酢，男子不承婦人爵也。祭統曰：「夫婦相授受，不相襲處，酢必易爵，明夫婦之別。」古文「更」爲「受」。〔一二六〕○襲處，昌慮反。之別，彼列反。

【疏】注「主人」至「爲受」 云「主人更爵自酢，男子不承婦人爵也」者，案上主婦獻尸，尸酢主婦不易爵，鄭注云「辟內子」，致爵于主人，則易爵也。若然，案下記「設洗篚在洗西，實二爵」，鄭注云「二爵者，爲賓獻爵止，主婦當致也」。此賓長所獻爵，尸奠之未舉，其篚唯有一爵。得云「易」者，上主婦亞獻洗爵，「洗爵于房」中，〔一二七〕則房中有爵，又主婦獻祝及佐食訖，「以爵入于房」，後主婦「致爵于主人」，還是房內爵。後主人致爵于主婦者，是下篚之爵，主婦飲訖，實于房中之篚，主人更取房內之爵以酌酢，酢訖，奠于下篚。云「主人更爵」者，謂酌酢爵與房內爵相更。鄭注下記云「主婦當致」者，謂主人致爵於主婦，則用下篚內爵也。〔一二八〕

三獻作止爵。賓也。謂三獻者，以事命之。作，起也。舊說云賓入戶，〔一二九〕北面，曰：「皇尸請舉爵。」尸卒爵，酢。酌，獻〔一三〇〕洗及佐食。〔一三一〕洗爵酌，致于主人、〔一三二〕主婦。燔從皆如初。更爵，酢于主

人，〔一三三〕**卒，復位。**洗乃致爵，爲異事新之。「燔從皆如初」者，如亞獻及主人、主婦致爵也。凡獻佐食，皆無從。其薦俎獻，兄弟以齒設之。賓更爵自酢，亦不承婦人爵。今文曰「洗致」。古文「更」爲「受」。

【疏】注「洗乃」至「爲受」　此決上文賓獻尸、獻祝及佐食皆不洗，今致于主人洗，故決之也。案下篇不儐，「尸洗爵致于主人」，注云「以承佐食賤，新之」，此云「爲異事新之」，注不同者，但爲異事。異事則是承賤，承賤後則事異，言雖不同，理則一也。云「『燔從，皆如初』者，如亞獻及主人、主婦致爵」者，謂如上主婦亞獻，尸及祝皆「燔從」，此言「皆燔從如初」，〔一三四〕故云「如亞獻及主人、主婦致爵」。雖云「如初」，則無肝從，故經釋云「燔從，皆如初」。云「凡獻佐食，皆無從」者，謂主人、主婦及賓長獻佐食，皆無從，故云「凡」。鄭言此者，以經獻祝及佐食洗爵，致于主人、主婦，燔從皆「如初」，在獻佐食下，嫌獻佐食亦然有燔從，故鄭辨之。若然，佐食得獻，與祝得獻同，亦得「如初」，但無從爲異。云「其薦俎獻兄弟以齒設之」者，以上佐食得獻時，不見有設薦俎之文，下記云「佐食於旅也，齒於兄弟」，故佐食薦俎，亦與兄弟同時設之也。

主人降阼階，西面拜賓如初，洗。拜賓而洗爵，爲將獻之。如初，如視濯時，〔一三五〕主人再拜，賓荅拜，三拜衆賓，衆賓荅再拜者。

【疏】「主人」至「初洗」　注「拜賓」至「拜者」　自此盡「實爵于篚」，論獻賓及衆賓之事也。

賓辭洗。〔一三六〕**卒洗，揖讓升，酌，西階上獻賓。賓北面拜，受爵。主人在右，荅拜。**就賓拜者，此禮不主於尊也，賓卑則不專階。主人在右，統於其位。今文無「洗」。〔一三七〕

【疏】「賓辭」至「荅拜」　注「就賓」至「其位」　云「就賓拜者，此禮不主於尊也」者，案鄉飲酒、鄉射賓主獻酢各於其階，

至酬乃同階，此因祭如初，賓非爲尊之，所尊者，謂尸也；又賓是士家有司，卑不得專階，故就之使不得專階也，對鄉飲酒、鄉射得專階也。云「主人在右，統於其位」者，以其賓得在西階上，北面，以東爲右，主人位在阼階，故云「統於其位」。鄭言此者，主人就西階，異於飲酒。主人在右，則與飲酒禮同，以言主人常居右也。

薦脯醢，設折俎。凡節解者，皆曰折俎。不言其體，略云折俎，非貴體也。上賓骼，衆賓儀，公有司設之。

【疏】「薦脯醢，設折俎」　注「凡節」至「設之」　案下記云「賓，骼」，鄭云「骼，左骼也。賓俎全體，尊賓也」。折骨而曰「折俎」，明凡節解牲體皆曰「折」，升于俎，故名「折俎」，與臑折同名，其折義則異。彼折骨云「不言其體，略云折俎，非貴體也」者，案下記云「賓，骼」，骼是牲體，此經云「折俎」者，亦用骼，非貴體，故略云「折俎」。若然，經尸俎、祝、佐食及主人、主婦俎體皆不言之，而鄭注獨云「賓俎」，不言體者，尸祝等經不言牲體，亦不言折，以其體貴故也。此賓俎不言牲體，而言「折」，明非貴體也。云「上賓骼，衆賓儀」者，案下記唯云「賓，骼」，其衆賓已下皆「殽脀」，不言儀者，鄭見有司徹主人獻賓儀，「司士設俎，羊骼一」，又云「衆賓長拜受爵」，「其脀體，儀也」，注云「儀者，尊體盡儀度，餘骨可用而用之，尊者用尊體，卑者用卑體而已」是也。云「公有司設之」者，此即有司徹云「司士設俎，羊骼一」。衆賓「脀，體儀」是也；此下文云「公有司在門西」，〔一三八〕則此設俎者也。

賓左執爵，〔一三九〕**祭豆，奠爵，興，取肺，坐絶祭，**〔一四〇〕**嚌之，興，加于俎，坐，捝手，祭酒，卒爵，拜。主人荅拜，受爵，酌酢，奠爵，拜。賓荅拜。**主人酌自酢者，賓不敢敵主人，主人達其意。

【疏】注「主人」至「其意」　云「賓不敢敵主人，主人達其意」者，以其賓是士之有司之中，以卑不敢與主人爲敵酢之，是以主人酌以自酢，達賓意故也。若鄉飲酒、鄉射賓皆親酢主人，以其賓尊行敵禮故也。

主人坐祭，卒爵，拜。賓荅拜，揖，執祭以降，西面奠于其位，位如初。〔一四一〕薦俎從設。位如初，復其位東面。少牢饋食禮「宰夫執薦以從，設于祭東；司士執俎以從，設于薦東」，是則皆公有司爲之與？○之與，音余，下爲之與、燕飲與同。

【疏】注「位如」至「之與」　以賓位在西階下，東面，今受獻於西階上。〔一四二〕經云「執祭以降，西面奠于其位」，又言「位如初」，明復西階下東面位可知也。

衆賓升，拜受爵，〔一四三〕坐祭，立飲。薦俎設于其位，辯。主人備荅拜焉，〔一四四〕降，實爵于篚。〔一四五〕衆賓立飲，賤不備禮。鄉飲酒記曰：「立卒爵者，不拜既爵。」備，盡，盡人之荅拜。○位辯，音遍，後皆同。

尊兩壺于阼階東，加勺，南枋，西方亦如之。爲酬賓及兄弟。行神惠。不酌上，尊卑異之。就其位，尊之。兩壺皆酒，優之。先尊東方，示惠由近。禮運曰：「澄酒在下。」○加勺，時灼反。

【疏】「尊兩」至「如之」　注「爲酬」至「在下」　自此盡「揖，復位」，論堂下設尊酬賓之事。云「行神惠，不酌上，尊卑異之」者，決上文獻賓及兄弟皆酌上尊者，獻是嚴正，故得與神靈共尊，至此旅酬禮褻，故不敢酌上尊。案司尊彝職四時之祭，云「皆有罍，諸臣之所酢」；少牢上下大夫堂下皆無尊者，士卑得與人君同，大夫尊辟人君故也。云「兩

壺皆酒，優之」者，設尊之法，皆有玄酒，〔一四六〕今兩壺皆酒，無玄酒，優之也。案玉藻云「唯饗野人皆酒」，鄭云飲賤者「不備禮」，與此注無玄酒爲「優之」異者，此士之祭禮，欲得尊賓嘉客以事其先，非賤者，故以「皆酒」爲「優之」，彼「饗野人」，野人是賤者，故以「不備禮」解之也。云「先尊東方，示惠由近」者，東方主人位，西方賓位，今先設東方，乃設西方者，見酒由主人來，故云「示惠由近」爲始也。引禮運者，彼注澄爲沈齊酒，是三酒，酒所以飲諸臣，證此壺尊亦飲「在下」者也。

主人洗觶，酌于西方之尊，西階前北面酬賓。〔一四七〕賓在左。先酌西方者，尊賓之義。主人奠觶拜，賓荅拜。主人坐祭，卒觶，拜，賓荅拜。主人洗觶，〔一四八〕賓辭，主人對。卒洗，酌，西面。賓北面拜。西面者，鄉賓位，立於西階之前，賓所荅拜之東北。○鄉賓，許亮反。

【疏】注「西面」至「東北」 以經云「主人對。卒洗，酌，西面。賓北面拜」，主人西面授，賓北面荅拜，明主人之得南過於賓，〔一四九〕故鄭以義言之，云「立於西階之前，賓所荅拜之東北」也。

主人奠觶于薦北。奠酬於薦左，非爲其不舉行神惠，不可同於飲酒。

【疏】注「奠酬」至「飲酒」 以其神惠右不舉，生人飲酒左不舉，〔一五〇〕今行神惠，不可同於飲酒，故奠於左，與生人相變，故有司徹云二人舉觶酬，尸侑，「侑奠觶于右」，〔一五一〕鄭注云「奠于右者，不舉也。神惠右不舉，變於飲酒」是也。此酬奠於薦左，下文賓舉爲旅酬，以其神惠故也。言「不可同飲酒」者，謂不可同於鄉飲酒，故鄉飲酒記云「將舉者於右，奠者於左」，其義與此別。此下文「奠觶於薦南」，明將舉以初在北，飲酒將舉，奠於薦南，便其復舉。

賓坐取觶，還，東面拜，〔一五二〕主人荅拜。賓奠觶于薦南，〔一五三〕揖，復位。還東面，就其位薦西。奠觶薦南，明將舉。

【疏】「賓坐」至「復位」　注「還東」至「將舉」　云「揖，復位」者，則初奠時少南於位可知。云「還東面」者，則初賓坐取觶，薦東西面可知，故鄭注云「還東面，就其位薦西」也。

主人洗爵，獻長兄弟于阼階上，如賓儀。酬賓乃獻長兄弟者，獻之禮成於酬，先成賓禮，此主人之義。亦有薦脀，設于位，私人爲之與？

○獻長，丁丈反，注下皆同。薦脀，之承反。

【疏】「主人」至「賓儀」　注「酬賓」至「之與」　自此盡「如衆賓儀」，論主人獻長兄弟及衆兄弟之事。云「酬賓乃獻長兄弟者，獻之禮成於酬」者，以其獻賓之禮，以酬副之乃禮成，故冠禮云「乃禮賓以一獻之禮」，鄭注云「獻酢酬賓，主人各兩爵而禮成」。又鄉飲酒獻及酬賓訖，乃獻介，又此文獻賓即酬賓，乃獻兄弟，故鄭注「獻之禮成於酬」也。云「亦有薦脀，設于位」者，以經云「獻長兄弟于阼階上，如賓儀」，則長兄弟初受獻于阼階上時，亦薦脯醢，設折俎於阼階上，祭訖乃執以降，設于下位，皆當如賓儀。鄭下注云「設薦俎於其位」者，據執祭以降及其位而言也。言「亦」者，亦賓。鄭必知有薦俎者，見於下記云「長兄弟及宗人折」是也。云「私人爲之與」者，私人者，即私臣，下記云「私臣門東，北面，西上」是也。以賓薦公有司設之，則兄弟薦俎私人可知，以無正文，故言「與」以疑之也。

洗獻衆兄弟，〔一五四〕如衆賓儀。獻卑而必爲之洗者，顯神惠。此言「如衆賓儀」，〔一五五〕則如獻衆賓洗明矣。〔一五六〕

【疏】注「獻卑」至「明矣」 云「此言『如衆賓儀』，則如獻衆賓洗明矣」者，以其上獻衆賓時，〔一五七〕雖不言洗，此云「洗獻衆兄弟，如衆賓儀」，明獻衆賓洗可知。不言之者，舉下以明上，省文之義故也。

洗獻内兄弟于房中，如獻衆兄弟之儀。内兄弟，内賓、宗婦也。如衆兄弟，如其拜受、坐祭、立飲。設薦俎於其位，而立内賓，其位在房中之尊北，〔一五八〕不殊其長，畧婦人者也。有司徹曰：「主人洗，獻内賓於房中，南面拜受爵。」

【疏】「洗獻」至「之儀」 注「内兄」至「受爵」 自此盡「入，復位」，論主人獻姑姊妹及宗婦之事。云「内賓、宗婦也」者，此揔云「内兄弟」，下記云「内賓、宗婦」，案彼注云「内賓，姑姊妹。宗婦，族人之婦」。若然「兄弟」者服名，故號婦人爲「兄弟」也。云「其位在房中之尊北」者，案下記云「尊兩壺于房中西墉下，南上。内賓立于其北，東面，南上。宗婦北堂，東面，北上」是也。云「不殊其長，畧婦人者」，決上文獻賓於西階上，獻兄弟於阼階上，皆殊其長，此不殊，故云「畧之」。引有司徹者，欲見此内賓受獻時，亦「南面拜受爵」。故下注云「内賓之長，亦南面荅拜」，言「亦」者，亦前受獻時。前雖無文，約有司徹内賓之長亦南面荅拜。

主人西面荅拜，更爵酢。卒爵，〔一五九〕**降，實爵于篚，入，復位。**爵辨乃自酢，以初不殊其長也。内賓之長，亦南面荅拜。

【疏】注「爵辨」至「荅拜」 云「爵辨乃自酢，以初不殊其長也」者，對上賓與長兄弟不得獻衆賓衆兄弟徧，〔一六〇〕主人先自酢也。云「内賓之長，亦南面荅拜」者，獻時不殊其長，酢時猶如賓及兄弟，殊其長，與男子同，男子、婦人、衆賓

以下皆無酢也。

長兄弟洗觚爲加爵，如初儀，不及佐食。洗、致如初，〔一六一〕無從。大夫、士三獻而禮成，多之爲加也。不及佐食、無從，殺也。致，致於主人、主婦。○殺也，所界反，下皆同。

【疏】「長兄」至「無從」　注「大夫」至「主婦」　此一經論士三獻之外，爲加獻尸之事。云「如初儀」者，如賓長三獻之儀。但賓長獻十一爵，此兄弟之長加獻則降，唯有六爵，以其闕主人、主婦致爵，并酢四爵，〔一六二〕及獻佐食五。唯有六在者：洗觚爲加獻，一也；尸酢長兄弟，二也；獻祝，三也；致爵於主人，四也；致爵於主婦，五也；受主人酢，六也。云「大夫、士三獻而禮成」者，天子大祫十有二獻，〔一六三〕四時與禘唯有九獻，上公亦九獻，侯伯七獻，子男五獻，卿大夫、士畧同三獻而祭禮成也，是以多之者爲加。若主人飲酒禮，卿大夫三獻，士唯一獻而已。祭禮士與大夫同者，〔一六四〕攝盛。葬奠亦與〔元缺一字〕大夫同，少牢五鼎，又乘車建旜，亦與卿大夫同也。

衆賓長爲加爵，如初，爵止。尸爵止者，欲神惠之，均於在庭。

【疏】「衆賓」至「爵止」　注「尸爵」至「在庭」　庭賓及兄弟雖得一獻，未得旅酬，其已得三獻，又別受加爵，故停之使庭行旅酬，是以云「尸爵止者，欲神惠之均於在庭」也。〔一六五〕

校勘記

〔一〕薦兩豆　「兩」字武威簡誤作「南」。

〔二〕蝸醢　武威簡作「蠃盇」。陳夢家校：今本士冠、士喪、既夕俱作「蠃」，注「蠃，今文爲蝸」。沈文倬異文釋説「蠃」爲「蠃」之誤。

〔三〕宗人執畢　「畢」武威簡作「樺」，乃「畢」之誤加形旁。

〔四〕叉以畢臨匕載　阮校云「叉」徐本同，與單疏述注合，集釋、通解、楊氏、毛本俱作「又」。「匕」釋文作「朼」，而張氏不從，何耶？今按「叉」徐本實作「又」，阮氏誤校，當以「又」爲是。

〔五〕朼用桑　「朼」黄刊嚴州本作「枇」。黄氏校録云「枇」乃「朼」之譌。

〔六〕三尺　毛本「三」上有「長」字，他本皆無。

〔七〕畢以御他神物　阮校云「以」毛本作「似」，與單疏述注不合。

〔八〕虞喪祭也　阮校云徐本同，與單疏述注合。葛本、集釋、楊、敖俱作「虞，喪祭也」，毛本作「虞者，祭也」。

〔九〕朼載　「朼」疏作「匕」，阮校云匕、朼古今字。

〔一〇〕刊其若干反　徐乾學本同。黄焯彙校云宋本與徐本皆誤，盧文弨本改「若」爲「苦」是也。

〔一一〕有捄天畢　阮校云「捄」陳、閩、監本俱作「求」。今按詩大東作「捄」。

〔一二〕叉以畢臨　阮校云要義同，通解、毛本「叉」作「又」，下同。

〔一三〕備失脱也　阮校云通解同，毛本無「失」字。

〔一四〕畢以御他神物　阮校云陳、閩、要義同，毛本「以」作「似」。

〔一五〕舊説如此　阮校云「如」毛本作「知」，今按毛本似誤。

〔一六〕破舊説之意也　阮校云要義同，毛本「破」作「彼」。按「破」是也。

〔一七〕云虞喪祭祭也　阮校云要義同，毛本不重「祭」字。

〔一八〕則袝已執事執事用桑叉　阮校云要義同，毛本「已」作「以」，「執事」二字不重。

〔一九〕鼎西面錯　「錯」武威簡作「措」，沈文倬異文釋云今文「措」是正字，古文「錯」乃借字。

〔二〇〕右人抽扃　「抽」武威簡作「陶」。

〔二一〕古螢反　「螢」徐乾學本作「熒」。

〔二二〕加匕　「匕」武威簡作「朼」。

〔二三〕加匕東柄　黄氏校録云張氏改「柄」爲「枋」，據陸也。阮校云敖氏作「柄」，集釋、楊氏作「枋」。今按枋、柄一字之異。

〔二四〕乃朼　「朼」武威簡作「匕」。

〔二五〕肵謂心舌之俎也　阮校云「肵」下集釋、敖氏俱有「俎」字。

〔二六〕實於牲鼎　阮校云通解、要義同，與記文合，毛本無「於」字。

〔二七〕腊特于俎北　「特」武威簡作「直」，乃借字。

〔二八〕知載人設俎者　阮校云陳、閩、通解同，毛本「人」作「入」。

〔二九〕豕俎入設于豆東　阮校云通解、要義同，毛本無「俎」字。

〔三〇〕設兩敦　「兩」武威簡作「而」。陳夢家校謂簡本誤。

〔三一〕西上　「西」武威簡作「北」。沈文倬異文釋謂簡本誤。

〔三二〕及兩鉶芼設于豆南　「及」武威簡誤作「反」。「鉶」簡作「刑」，且重。唐石經重「鉶」字，與簡本合。汪文臺

識語云詩采蘩、采蘋疏引皆重「鉶」字。王引之經義述聞云上「鉶」爲盛羹之器，下「鉶」即羹也，「兩鉶鉶芼」猶言兩鉶羹芼，必重二「鉶」字而其義始明。沈文倬異文釋則云以不重「鉶」字爲長。

〔三三〕主婦洗于房中　阮校云要義同，毛本「洗」下有「爵」字。

〔三四〕西面拜　阮校云要義同，毛本「拜」爲「升」。按有司徹是「拜」字。

〔三五〕祝洗酌奠奠于鉶南　武威簡「奠」字不重。沈文倬異文釋以爲當重。

〔三六〕遂命佐食啓會佐食啓會　武威簡上「佐食啓會」脱「啓會」二字，下「佐食啓會」之「會」字誤作「檑」。

〔三七〕立于户西　毛本無「户」字。今按「户」字當有。

〔三八〕遂命佐食佐食啓會　阮校云通解、要義同，毛本「佐食」二字不重出。

〔三九〕疑於君　阮校云通解、要義同，毛本「疑」上有「則」字。按祭統有「則」字。

〔四〇〕皆取於同姓之適孫　阮校云通解、要義同，毛本無「於」字。按祭統有「於」字。

〔四一〕有出廟門　阮校云要義同，通解、毛本無「有」字。按「有」字疑當作「者」，屬上句。

〔四二〕主人有君是是厭臣之義　阮校云通解、毛本無「是是」二字，要義「是是」作「是君」。按當云「主人是君，是有厭臣之義」。

〔四三〕見上經陳盥在門右　阮校云通解同，毛本「上」作「士」。今按「上」字是。

〔四四〕祝先　武威簡脱「先」字。

〔四五〕尸即席坐　「席」武威簡作「延」，即「筵」字。

〔四六〕主爲孝奠之饗　黄氏校録云張氏改「主」爲「圭」，據監本也。李本「圭」，單疏述注「圭」，則「主」爲「圭」之譌。阮校云：按少牢疏引此注「爲」下有「而」字。

〔四七〕改哀云孝　阮校云陳、閩、通解、要義同，毛本「云」作「爲」。

〔四八〕祝命挼祭　「挼」武威簡作「緌」。陳夢家云簡本从委、妥、需、耎之字多通用。

〔四九〕尸左執觶　「觶」武威簡誤作「爵」。

〔五〇〕右取菹擩于醢　武威簡「擩」作「擩」，無「于」字。沈文倬異文釋説古文有「于」字。

〔五一〕古文曰祝命佐食隨祭周禮曰既祭則藏其隋　黄氏校録云張本改「墮」爲「隋」，據陸前注「後隋祭皆放此」句，李本同。阮校亦云「墮祭當概作隋祭」。

〔五二〕墮與挼讀同耳今文改挼皆爲綏古文此皆爲挼祭也　阮校云下十五字毛本脱，徐本、集釋、楊氏俱有，通解無。周學健云士虞禮尸取奠節疏引此注有。按士虞疏引此注「挼祭」作「擩祭」，故有五字不同之説。

〔五三〕擩下有祭無醢　阮校云要義同，毛本「擩」作「挼」。按「擩」即「擩」之俗字；挼祭、擩醢本屬兩事，疏恐人誤溷，故特辨之；説文云「擩，染也」，周禮「六曰擩祭」，然則「挼祭」之「挼」與「擩醢」之「擩」本俱作「擩」；此節經文「擩醢」注中「挼祭」宜皆改作「擩」。

〔五四〕告旨　「旨」武威簡作「指」，當爲今文借字。

〔五五〕祭酒穀味之芬芬者　黄氏校録云張所見嚴本作「芳芳」，改「芳芳」爲「芬芳」，李本同。

〔五六〕告之美　阮校云「美」上楊氏有「以」字。

〔五七〕主人主婦祭　阮校云通解、毛本「婦」下「祭」上有「此經云肺」四字。

〔五八〕不合絮調之義　阮校云通解、毛本作「絮者調和之義」。

〔五九〕不調以鹽菜　阮校云毛本、通解「不」上有「則」字。

〔六〇〕大夫羹湆　阮校云陳、閩、通解俱無「夫」字，要義有。今按士虞作「泰羹湆」，「大」即「泰」也，「夫」字不

當有。

〔六一〕佐食舉幹　「幹」，武威簡作「乾」，下「舉獸幹」同。沈文倬異文釋云「乾」爲「幹」之借字。

〔六二〕云長脅　阮校云陳、閩、監本同，毛本、通解「云」下有「幹」字。

〔六三〕文出下記也　阮校云毛本「也」作「下」，通解無。

〔六四〕設于左　武威簡脱「設」字。

〔六五〕有醢　「醢」，武威簡作「醬」。

〔六六〕醢南　阮校云毛本、通解「醢」下有「在」字。

〔六七〕葵菹在北　阮校云毛本、通解「北」下有「綪」字。

〔六八〕故鄭皆云綪也　阮校云通解併無「皆」字。

〔六九〕尸又三飯　「又」武威簡作「有」，乃以「有」爲「又」。

〔七〇〕祝侑之如初　武威簡無「之」字。

〔七一〕有云若干個者　阮校云徐本、集釋俱有「云」字，通解、毛本無；集釋無「者」字。

〔七二〕今以舉正脊一骨　毛本同。阮校云「以」陳、閩、通解俱作「尸」，是也。今按阮本從單疏作「以」，而校勘記標目從陳、閩作「尸」，前後不符，且未校單疏，殊疏。

〔七三〕長脅一骨及骼脊脅各一骨　阮校云陳、閩、通解「骼」下俱有「肩則」二字，「各」下俱有「有」字。

〔七四〕在俎豆　黄氏校録云張本改「俎」爲「菹」，據疏也。「菹」是也。阮校云集釋、通解、楊氏、毛本俱作「菹」。

〔七五〕授之也是　阮校云當作：「授之是也。」今按不改亦可通。

〔七六〕謂之酳者　阮校云徐本、集釋、楊氏同，通解「謂之」作「云」。今按「謂之」是。

〔七七〕又欲頤衍養樂之　「欲」毛本作「却」。今按「却」疑是「欲」之譌。

〔七八〕今文酳皆爲酌　阮校錢大昕曰：少牢、士虞注並云「古文酳爲酌」，特牲注「今文」亦當爲「古文」之譌。

〔七九〕此是主人酳尸　阮校浦鏜云「酳」當是「獻」字之誤。

〔八〇〕用角角加人　阮校云通解同，毛本「角」字不重。

〔八一〕今文曰啐之古文無長　阮校云上五字毛本脱，徐本、集釋俱有，通解此節無注。

〔八二〕肝亦縮進末　阮校云陳本、通解同，毛本「末」作「米」。今按少牢作「末」，毛本誤。

〔八三〕佐食授挼祭　黄氏校録云張本改「挼」爲「妥」，據注也。阮校云挼、擩、妥、綏四字今古文參差不一，今本又復淆譌，不可致詰。

〔八四〕妥亦當爲挼　阮校云此五字毛本脱，徐本、集釋俱有，楊氏作「受亦當作授」，通解無。

〔八五〕佐食授之　「授」徐本作「受」。

〔八六〕今文或皆改妥作挼　徐本同，毛本作「古文挼作綏」，通解無。

〔八七〕授尸　阮校云陳本、通解同，毛本「授」作「挼」。

〔八八〕天子沐黍　阮校云要義同，毛本無「沐」字。按有「沐」字與喪大記注合。

〔八九〕主人左執角　「左」原誤作「主」，此據唐石經改。

〔九〇〕詩懷之實于左袂　武威簡「懷」作「褢」，「之實」二字脱。

〔九一〕挂于季指　「挂」武威簡作「卦」，與鄭注古文同。

〔九二〕季小也　黄氏校録云張本改「小」爲「少」，據陸也。黄以爲據注則「小」字不誤。

〔九三〕右手執角左手挂袪　阮校云陳、閩、要義同，毛本「左」、「右」互倒，監本俱作「左」。

〔九四〕不于左手　阮校云陳、閩、監本同，毛本「于」作「干」。今按「于」字是。

〔九五〕主人出　武威簡誤脱「出」字。

〔九六〕不似有入房　阮校：當云「不自入房」。汪文臺識語：此不當改，疏意不欲質言之。

〔九七〕收斂曰嗇　阮校云「收」毛本作「秋」。按少牢注作「收」是也。

〔九八〕此汝佐食　毛本「汝」作「女」，阮校疑此句有譌脱，浦鏜改「女」爲「先」亦未是。

〔九九〕以肝從　武威簡無「以」字。沈文倬異文釋云無者是。

〔一〇〇〕右取肝擩于鹽　武威簡無「右」字，「鹽」作「監」，下同。

〔一〇一〕獻佐食佐食北面拜　武威簡「佐食」二字不重。

〔一〇二〕升入　武威簡脱「入」字。

〔一〇三〕亞獻尸　「亞」武威簡作「惡」，乃「亞」之借字。

〔一〇四〕若平取菹擩于醢　阮校浦鏜云「右手」誤「若平」。經無「手」字。

〔一〇五〕嚌之反之　武威簡脱上「之」字。

〔一〇六〕酢如主人儀　「儀」武威簡作「義」，下同。

〔一〇七〕祝酌　阮校云「酌」要義作「獻」。

〔一〇八〕主婦左執爵　武威簡「婦」下有「坐」字。

〔一〇九〕三獻禮成　阮校云集釋無此四字。

〔一一〇〕以主婦亞獻承初獻後賓長又承亞獻後　二「承」字單疏皆作「丞」。

〔一一一〕爲主人鋪之　阮校：按前經「祝延几於室中」，注云「爲神敷席也」，陸氏曰「本又作鋪，後同」，然則此

「鋪」釋文亦作「敷」。

〔一一二〕爲主　「主」宋本誤作「王」，此據徐乾學本改。

〔一一三〕主婦洗爵酌　武威簡無「爵」字。鄭注：「今文曰主婦洗酌爵。」沈文倬異文釋云注「爵」字衍，今本經文「爵」字亦不當有。

〔一一四〕設兩豆兩籩　武威簡無下「兩」字。

〔一一五〕主人時　阮校云陳本、通解同，毛本「時」作「待」，屬下句。

〔一一六〕刌肺不挩手　阮校云集釋同，毛本「刌」作「忖」。今按「忖」字誤。

〔一一七〕以已斷絶　阮校云「以」下毛本、通解有「其先」二字。

〔一一八〕取肝擩于鹽　武威簡無「于」字。

〔一一九〕興席末坐　武威簡無「興」字，「席」作「延」。

〔一二〇〕示均　阮校云徐本、楊氏同，與此本標目合。「示」通解、毛本俱作「亦」。盧文弨云「示」非，疏甚明。

〔一二一〕酌醋　武威簡「醋」作「酢」。

〔一二二〕坐祭立飲　武威簡脱「飲」字。

〔一二三〕主人更爵酌醋　武威簡「更」作「受」，「醋」作「酢」。鄭注：「古文更爲受。」

〔一二四〕卒爵降　武威簡無「爵」字。

〔一二五〕實爵于篚　「實」武威簡作「賓」。

〔一二六〕古文更爲受　阮校云徐本、集釋同，毛本「古文更」作「今文授」。今按毛本非是，參前〔一二三〕條。

〔一二七〕亞獻洗爵洗爵于房中　阮校云要義同，毛本、通解「洗爵」二字不重出。

〔一二八〕下篚内爵也　阮校云「内」下陳、閩、通解俱有「之」字。

〔一二九〕賓入户　阮校云徐、陳、集釋、楊、敖同，毛本、通解「户」作「尸」。今按「户」字是。

〔一三〇〕酢酌獻　武威簡無「酌」字，「酢」作「詐」。沈文倬異文釋云「獻」當與下文「祝〔洗〕」連讀，此依之斷句。

〔一三一〕洗及佐食　武威簡上「洗」字作「祝」。阮校云「洗」徐本同，集釋、通解、楊、敖、毛本俱作「祝」，張氏從監本作「祝」。今按「祝」字是。

〔一三二〕洗爵酌致于主人　武威簡無「爵酌」兩字。鄭注：「今文曰洗致。」簡本用今文。

〔一三三〕更爵酢于主人　武威簡「更」作「受」，「酢」作「詐」。

〔一三四〕此言皆燔從如初　毛本無「此言皆燔從」五字。

〔一三五〕如初如視濯時　阮校云徐本、集釋、楊、敖同，毛本、通解無下「如」字。

〔一三六〕賓辭洗　武威簡無「洗」字。鄭注：「今文無洗。」

〔一三七〕今文無洗　阮校云此四字毛本、通解脱。今按從上條看，此四字當有。

〔一三八〕公有司在門西　阮校云通解同，毛本無「公」字。今按下經有「公」字，無「在」字。

〔一三九〕賓左執爵　「左」唐石經誤作「佐」。

〔一四〇〕坐絶祭　武威簡脱「絶」字。

〔一四一〕西面奠于其位位如初　武威簡無「其」字，「位」字不重，皆誤脱。

〔一四二〕今受獻于西階上　阮校云通解同，毛本「今」作「令」。今按「今」是也。

〔一四三〕拜受爵　武威簡無「爵」字。

〔一四四〕辯主人備荅拜焉　「辯」武威簡作「辨」。

〔一四五〕實爵于篚　武威簡「實」作「賓」。

〔一四六〕皆有玄酒　阮校云通解、要義同，毛本「玄」作「大」。

〔一四七〕北面酬賓　武威簡「酬」作「州」。

〔一四八〕主人洗觶　武威簡無「觶」字。

〔一四九〕明主人之得南過於賓　阮校云毛本、通解「之」作「不」。

〔一五〇〕生人飲酒左不舉　阮校云陳本、通解同，毛本「生」作「主」。今按「生人」與「神」相對，「生」字是。

〔一五一〕侑奠觶于右　阮校云「奠」上通解、要義俱重「侑」字，毛本不重。依有司徹「侑」字當重。今按「于」單疏作「于」，毛本作「於」，阮本正文作「于」，而校勘記標目作「於」前後不符。又「于」張敦仁本誤作「行」。

〔一五二〕還東面拜　「還」武威簡作「環」，無「拜」字。戴震校集釋、胡培翬正義引注中説皆謂「拜」字衍。

〔一五三〕賓奠觶　武威簡無「觶」字。

〔一五四〕洗獻衆兄弟　毛本無「衆」字，唐石經、徐本等有。今按武威簡亦有「衆」字，有者是。

〔一五五〕如衆賓儀　「儀」毛本作「獻」，與疏不合，徐本等作「儀」。

〔一五六〕則如獻衆賓洗明矣　阮校云「如」集釋作「知」。按作「知」是也，觀疏自明，疏述注亦誤作「如」字，通解無「獻」字。

〔一五七〕上獻衆賓　阮校云通解同，毛本「上」作「士」。

〔一五八〕其位在房中之尊北　阮校云徐本、集釋、楊、敖同，通解、毛本無「其」字。

〔一五九〕卒爵　武威簡無「爵」字。

〔一六〇〕不得獻　汪文臺識語補：毛本同，通解「得」作「待」，是也。

[二六一] 洗致如初　武威簡「致」下有「主人主婦」四字。

[二六二] 并酢四爵　阮校云「酢」要義作「酬」。

[二六三] 十有二獻　阮校云要義同，毛本、通解「二」作「三」。今按「三」是也。

[二六四] 祭禮士與大夫同者　阮校云通解、要義同，毛本「與」作「於」。今按「與」是也。

[二六五] 欲神惠之均於在庭也　阮校云陳、閩、通解、要義同，毛本「於在」二字倒。

儀禮注疏卷第四十六

唐朝散大夫行大學博士弘文館學士臣賈公彦等撰

嗣舉奠，盥，入，北面再拜稽首。嗣，主人將爲後者。舉，猶飲也。使嗣子飲奠者，將傳重，累之者。大夫之嗣子不舉奠，辟諸侯。○將傳，大專反。

【疏】「嗣舉」至「稽首」　注「嗣主」至「諸侯」　自此盡「出，復位」，論嗣子飲奠酌獻之事。云「嗣，主人將爲後者」，不言適而言「將爲後」者，欲見無長適，〔一〕立庶子及同宗爲後皆是，故汎言「將爲後」也。云「舉，猶飲也」者，非謂訓舉爲飲，直是嗣子舉而飲之耳。云「將傳重，累之者」，謂將使爲嗣，牽累崇敬承重祭祀之事，是以使飲之而獻也。云「大夫之嗣子不舉奠，辟諸侯」者，案文王世子云「其登餕獻受爵，則以上嗣」，注云「上嗣，君之適長子。以特牲饋食禮言之，『受爵』謂上『嗣舉奠』也；『獻』謂『舉奠洗爵酌入』也；〔二〕『餕』謂宗人遣『舉奠，盥』，祝命之餕也。大夫之嗣無此禮，辟君也」。今案少牢無嗣子舉奠之事，故此注云「辟諸侯」。士卑，不嫌得與人君同，故有嗣子舉奠之事也。奠者，即上文「祝酌奠，奠於鉶南」是也。郊特牲云：「舉斝角，詔妥尸。」鄭注云：「始入舉奠斝若奠角，將祭之，祝則詔主人拜，安之使之坐。尸即至尊之坐，或時不自安，則以拜安之。天子奠斝，諸侯奠角。」彼鄭注意，亦引此特牲「祝酌奠于鉶南」也。

尸執奠。進受，復位，祭酒，啐酒。尸舉肝。舉奠左執觶，再拜稽首，進受肝，復位，坐，食肝，卒觶，拜。尸備荅拜焉。食肝，受尊者賜，不敢餘也。備，猶盡也。每拜荅之，以尊者與卑者爲禮，略其文

耳。古文「備」爲「復」。

【疏】「尸執」至「拜焉」　注「食肝」至「爲復」　直言「受肝」，明有鹽，是以下記云「嗣舉奠，佐食設豆鹽」是也。云「食肝，受尊者賜，不敢餘也」者，食之當盡，以其食若不盡，直云「嚌之」而已，此經云「食肝」，明「不敢餘」也。

舉奠洗酌入，尸拜受，舉奠荅拜。尸祭酒，〔三〕啐酒，奠之。舉奠出，復位。啐之者，荅其欲酢己也。奠之者，復神之奠觶。嗣齒於子姓。凡非主人，升降自西階。

【疏】「舉奠」至「復位」　注「啐之」至「西階」　云「啐之者，荅其欲酢己也」者，鄉飲酒、鄉射主人獻賓，賓皆啐酒，洗爵即酢主人，此嗣子獻賓，賓啐之，〔四〕亦欲酢己，〔五〕故啐之，其實無酢也。云「嗣齒於子姓」者，姓之言生，子之所生，謂孫行者，今嗣亦孫之流，故齒之也。云「凡非主人，升降自西階」者，案曲禮云「爲人子者，升降不由阼階」，是以雖嗣子，亦宜升降自西階，適子孫不升阼階，故於此揔言「凡」也。〔六〕

兄弟弟子洗，酌于東方之尊，阼階前北面舉觶于長兄弟，如主人酬賓儀。弟子，後生也。

【疏】「兄弟」至「賓儀」　注「弟子後生」　自此盡「乃羞」，論弟子舉觶將行旅酬之事。云「如主人酬賓儀」者，謂如上文主人酬賓，就其階，同北面，並拜，乃飲卒爵，拜洗酌，乃西面，賓北面拜位，故言「如」。此亦然，「弟子洗觶，酌於東方之尊，阼階前」，東面獻長兄弟，長兄弟北面拜受，弟子奠于薦南，長兄弟坐取觶，還西面拜，弟子北面荅拜，長兄

弟奠于薦北，揖，復位。若有司徹云「兄弟之後生者，舉觶於其長」，長在左。弟子自飲訖，「升，酌，降，長拜受於其位。舉爵者東面荅拜」，鄭注云「拜受，荅拜不北面者，儐尸禮殺」。此不儐尸，則拜、送皆「北面」可知也。「弟子，後生」者，此即有司徹云「兄弟之後生者」是也。

宗人告祭脀，〔七〕脀，俎也。所告者，衆賓、衆兄弟、內賓也。〔八〕獻時設薦俎于其位，至此禮又殺，告之祭使成禮也。其祭皆離肺。不言祭豆，可知。

【疏】注「脀俎」至「可知」　云「告祭脀」者，謂告衆賓之等。知無長賓者，以其初得獻時，即祭肺於階上，此獻時乃設薦俎于其位，故此無長賓也。上又下長兄弟如賓儀，〔九〕則亦獻時祭可知，故云「宗人」所告，告「衆賓、衆兄弟、內賓也」。云「獻時設薦俎於其位」者，得獻時乃薦于堂下及房內之位。云「至此禮又殺，告之祭使成禮也」者，案上文加爵致爵不及佐食，無從，殺也，此「告之祭使成禮」是再殺，故云「又殺」也。云「其祭皆離肺」者，已於記文解之也。云「不言祭豆，可知」者，以衆賓言「薦俎從設」，言「薦」即豆也，故云「不言祭豆，可知」。

乃羞。羞，庶羞也，下尸胾醢豆而已。此所羞者，自祝、主人，至於內賓，無內羞。

【疏】「乃羞」　注「羞庶」至「內羞」　知羞非薦羞者，上文受獻時，皆設薦俎於其位，故知此羞乃是庶羞，非薦也。云「下尸胾醢豆而已」者，上爲尸「佐食羞庶羞四豆，設於左」，鄭注「四豆膮、炙、胾、醢」，此祝以下薦羞降于尸，當去膮、炙，故云「胾醢豆而已」。云「此所羞者，自祝、主人至於內賓」者，言自祝下及內賓及衆賓兄弟，〔一〇〕皆在可知。又下記云「公有司獻次衆賓，私臣獻次兄弟」，則內賓亦及之，是以少牢下篇云「乃羞庶羞于賓、兄弟、內賓及私人」，不儐尸，〔一一〕亦云「乃羞于賓、兄弟、內賓及私人，辯」是也。若然，少牢與有司徹儐尸與不儐尸，庶羞與房中羞，皆與尸、佐食及祝、主人、主婦皆同時羞之者，彼上下大夫禮尊，故得與尸同時羞，此士禮卑，故不得與尸同也。云

「内羞」者，〔一二〕以其尸尊尚無内羞，況祝卑，故「無内羞」也。

賓坐取觶，〔一三〕**阼階前北面酬長兄弟，長兄弟在右。**薦南奠觶。

【疏】「賓坐」至「在右」　注「薦南奠觶」　自此盡「實觶于篚」，論行旅酬之間作止爵之事。但此特牲之禮，堂下行旅酬，無筭爵，並在室中者，〔一四〕不與旅酬之事。上大夫儐尸與旅酬，不與無筭爵之事，故别使二人舉觶於尸侑，尸侑得舉爲旅酬徧，及堂下尸與旅酬者，以其儐尸在堂，禮殺故也。〔一五〕若下大夫不儐尸者，堂下無旅酬，直行無筭爵而已，尸則不與之。所以下大夫無旅酬，直有無筭爵者，以其禮尸於室中，辟國君，堂下不設尊，故無旅酬，直行無筭爵而已。以其堂上與神靈共尊，〔一六〕不得與尸行旅酬，故屈之。此特牲堂下得旅酬，無筭爵並行者，以其堂下與神靈别尊，故爲加爵，禮尸於室中，〔一七〕酌上尊，堂下旅酬，行神惠酌下尊，故上大夫及士之祭禮，旅酬行無筭爵，或行或不，皆參差不等也。賓酬「長兄弟，長兄弟在右」。下文長兄弟酬，「衆賓長自左受旅，如初」，是賓主相酬，主人常在東。其同在賓中，則受酬者在左。若鄉飲酒賓酬主人，主人「立於賓東」；主人酬介，介「立於主人之西」；其衆賓受介酬者，「自介右」，鄭注云「尊介使不失故位」，「衆受酬者受自左」，異其義也。賓主相酬，各守其位，不以尊卑變，同類之中，受者于左，尊右也。

賓奠觶拜，長兄弟荅拜。賓立卒觶，酌于其尊，東面立。長兄弟拜受觶，賓北面荅拜，揖，復位。其尊，長兄弟尊也。此受酬者拜，亦北面。

【疏】注「其尊」至「北面」　以其旅酬無筭爵，以飲者酌已尊，酬人之時，酌彼尊，是各自其酒，故無筭爵。賓弟子及兄弟

弟子舉觶於其長，各酌于其尊也。云「此受酬者拜，亦北面」者，以經「長兄弟拜受觶」，不言面位，故鄭云「受酌者拜，亦北面」。言「亦」者，亦「賓北面」也。

長兄弟西階前北面，衆賓長自左受旅，〔一八〕如初。旅，行也，受行酬也。初，賓酬長兄弟。長兄弟卒觶，酌于其尊，西面立。受旅者拜受。長兄弟北面荅拜，揖，復位。衆賓及衆兄弟交錯以辯，〔一九〕皆如初儀。交錯，猶言東西。爲加爵者作止爵，〔二〇〕如長兄弟之儀。於旅酬之間言作止爵，明禮殺並作。

【疏】「爲加」至「之儀」 注「於旅」至「並作」 前「衆賓之長爲加爵，如初，爵止」，今還使「爲加爵者作止爵」也，故云「如長兄弟之儀」。云「於旅酬之間言作止爵，明禮殺並作」者，此決上文「賓三獻，爵止」，鄭注云「三獻禮成，欲神惠之，均于室中，是以奠而待之」，故有室中主人、主婦致爵訖，乃三獻作止爵。此「衆賓長爲加爵，如初，爵止」，鄭注云「尸爵止者，欲神惠之均于在庭」。而堂下庭中行旅酬未訖，爲加爵者作止爵，故鄭注云「禮殺並作」也。

長兄弟酬賓，如賓酬兄弟之儀，以辯，卒受者實觶于篚。長兄弟酬賓，亦坐取其奠觶。此不言交錯以辯，賓之酬不言卒受者，實觶于篚，明其相報禮終，於此其文省。

【疏】注「長兄」至「文省」 云「長兄弟酬賓，亦坐取其奠觶」者，亦謂亦上賓坐取薦南奠觶。此長兄弟所舉奠觶者，〔二一〕即上弟子「舉觶於其長」是也。云「明其相報禮終，於此其文省」者，以其賓舉奠觶於長兄弟行旅酬，盡皆

偏，長兄弟舉觶於賓行旅酬，亦皆偏，故云「相報禮終」；言「明」者，嫌其不終，所以嫌者，賓之酬不言「卒受者」，此不言「交錯以辯」，嫌其不卒不辯；其實賓之酬亦「卒受者實觶于篚」，此亦「交錯以辯」，故鄭云「文省」。

賓弟子及兄弟弟子洗，各酌于其尊，中庭北面，西上，舉觶於其長，奠觶拜，長皆荅拜。舉觶者祭，卒觶，拜，長皆荅拜。〔二三〕**舉觶者洗，各酌于其尊，**〔二四〕**復初位，長皆拜。舉觶者皆奠觶于薦右，**〔二五〕奠觶，進奠之于薦右，非神惠也。今文曰「奠于薦右」。

【疏】「賓弟」至「薦右」　注「奠觶」至「薦右」　自此盡「爵無筭」，論二觶並行，無筭爵之事。云「奠觶，進奠之於薦右，非神惠也」者，案上「尊兩壺於阼階東，加勺，南柄，西方亦如之」，鄭注云「爲酬賓及兄弟，行神惠」，至此云「非神惠」者，彼三獻止爵，欲得神惠，均于室中，衆賓長爲加爵止爵者，欲神惠均于在庭，故止爵行旅酬，雖以尸而奠爵待之，亦得爲神惠；至此別爲無筭爵，在下自相勸，故得爲「非神惠」，故奠於「薦右」，同於生人飲酒，〔二六〕舉者「奠於薦右」也。

長皆執以興。舉觶者皆復位，荅拜。長皆奠觶于其所，皆揖其弟子，弟子皆復其位。復其位者，東西面位。弟子舉觶於其長，所以序長幼，教孝弟。凡堂下拜，亦皆北面。〔二七〕○孝弟，音悌。

【疏】「長皆」至「其位」 注「復其」至「北面」 云「復其位者，東西面位」者，上既言「皆復位，荅拜」，此復重云「復位」，則上文「復位」，復在庭初舉北面位；此重言「復位」者，當復「東西面位」可知。云「凡堂下拜，亦皆北面」者，前主人酬賓，弟子舉於其長，行旅酬及無筭爵，〔二八〕兄弟弟子、賓弟子舉觶皆北面，則知凡堂下雖不見面位者，皆「北面」拜可知。云「凡」，賓以下，至於私人拜受送，皆北面，故云「凡」也。

爵皆無筭。〔二九〕筭，數也。賓取觶酬兄弟之黨，長兄弟取觶酬賓之黨，唯己所欲，亦交錯以辯，無次第之數。因今接會，使之交恩定好，優勸之。○定好，呼報反。

利洗散，獻于尸。〔三〇〕**酢，及祝，如初儀。降，實散于篚。**〔三一〕利，佐食也，言利以今進酒也。更言獻者，以利待尸禮將終，〔三二〕宜一進酒，嫌於加酒亦當三也。不致爵，禮又殺也。○洗散，悉但反，下皆同。

【疏】「利洗」至「于篚」 注「利佐」至「殺也」 自此盡「西序下」，論佐食獻尸祭祀畢之事。云「利，佐食也，言利以今進酒也」者，利與佐食乃有二名者，以上文設俎、啓會、爾敦之時，以黍稷爲食，故名佐食；今進以酒，酒所以供養，故名利，利即養也，故鄭云「以今進酒也」。若然，少牢名「佐食」「上利」執「羊」俎，「下利」執「豕」俎者，大夫禮文，故即兩見其名。云「更言獻者，以利待尸禮將終，宜一進酒，嫌於加酒亦當三也」者，此決兄弟長及衆賓長爲加爵於尸，不言獻，今進酒更言「獻」，不言加爵，故鄭君解其義，意以利事尸禮將終，宜一進酒，不似長兄弟助宗子祭祀爲加爵，衆賓之長助主人祭祀設爲加爵，嫌此佐食同彼二者爲加爵，故變言「獻」，是以鄭云「嫌亦當三也」。「亦」者，亦上主人獻主婦、獻賓長爲三獻也。長兄弟爲加爵，衆賓長爲加爵，〔三三〕通洗散，獻尸亦三，〔三四〕都并尸飲六，士祭事尸禮畢也。云「不致爵，禮又殺也」者，上文云「長兄弟洗觚爲加爵，如初儀。不及佐食，洗致如初，無從」，注

云「不及佐食，無從，殺也」，此又「不致」，故云「又殺也」。

主人出，立于户外，西面。〔三五〕事尸禮畢。祝東面告利成。利，猶養也，供養之禮成。不言禮畢，於尸間之嫌。○供養，九用反。

【疏】「祝東面告利成」　注「利猶」至「之嫌」　少牢云：「主人出，立于阼階上，南面。〔三六〕祝出，立于西階上，東面。祝告曰利成。」此户外告利成，彼階上告利成，以尊者稍遠於尸，若天子、諸侯禮畢，於堂下告利成。故詩楚茨云「禮儀既備，鍾鼓既戒。孝孫徂位，工祝致告」，鄭注云「鍾鼓既戒，戒諸在廟中者。以祭禮畢，孝孫往位堂下西面位也。〔三七〕祝於是致孝孫之意，告尸以利成」，是尊者告利成，遠於尸也。云「不言禮畢，於尸間之嫌」者，間，間暇無事。若然，禮畢則於尸間暇無事，有發遣尸之嫌，故直言「利成」而已也。

尸謖，〔三八〕祝前，主人降。謖，起也。前，猶導也。少牢饋食禮曰：「祝入，尸謖。主人降，立于阼階東，西面。祝先，尸從，遂出于廟門。」前尸之義，士虞禮備矣。○尸謖，所六反，起也。

【疏】「尸謖」至「人降」　注「謖起」至「備矣」　引少牢者，證大夫禮，主人立位與士不同，又證前尸出廟之事。云「前尸之儀，士虞禮備矣」者，彼有室中、出户、降階、出廟、前尸之事，故云「備矣」。

祝反。及主人入，復位，命佐食徹尸俎。俎出于廟門。俎，所以載肵俎。少牢饋食禮曰：「有司受歸之。」

【疏】注「俎所」至「歸之」　引少牢者，是少牢下篇有司徹下大夫不賓尸之禮。彼云：「佐食徹尸俎。佐食乃出尸俎于廟門外，有司受歸之。」此士禮不儐尸，與下大夫同，故引以相證也。

徹庶羞，設于西序下。爲將餕去之，庶羞主爲尸，非神饌也。尚書傳曰：「宗室有事，族人皆侍終日，大宗已侍於賓奠，然後燕私。燕私者何也？已而與族人飲也。」〔三九〕此徹庶羞置西序下者，

爲將以燕飲與？ 然則自尸祝至於兄弟之庶羞，宗子以與族人燕飲于堂，內賓宗婦之庶羞，主婦以燕飲於房。○爲將餕，于僞反，下同。去之，起吕反。奠然，本或作暮，或作蓂。

【疏】「徹庶」至「序下」 注「爲將」至「于房」 知「非神饌」，而云「爲尸」者，以其尸三飯後，(四〇)始薦庶羞，故徹之乃餕也。凡餕者尸餕鬼神之餘，祭者餕尸之餘，義取鬼神之惠徧廟中，庶羞非鬼神惠，故不用也。引尚書傳已下者，是彼康誥傳文。「大宗已侍於賓奠」者，或有作「蓂」，或有作「暮」者，皆誤，以「奠」爲正也。引之者，證徹庶羞不入于房，而設於西序下，以擬燕故也。必知祭有燕者，案楚茨詩云「鼓鍾送尸」，下云「備言燕私」，鄭注云「祭祀畢，歸賓客之俎。同姓則留與之燕，所以尊賓客，親骨肉也」。其上大夫當日儐尸，(四一)安有燕？故有司徹上大夫云「主人退」，注云「反於寢也」，是無燕私。若下大夫不儐尸，(四二)與此士禮同，亦當有燕也。云「與」者，以經直言「設于序下」，不言燕，疑之，引書傳爲證有燕，故言「與」以疑之也。云「然則自尸祝」以下，知義如此者，以兄弟受獻於堂上，(四三)主婦、內賓受獻於房中，尸出之後，堂房無事，故知燕時男子在堂，婦人在房可也。

筵對席，佐食分簋、鉶。爲將餕分之也。分簋者，分敦黍於會，爲有對也。敦，有虞氏之器也，周制，士用之。(四四)變敦言簋，容同姓之士得從周制耳。祭統曰：「餕者，祭之末也，不可不知也。是故古之人有言曰『善終者如始』，餕其是已。是故古之君子曰『尸亦餕鬼神之餘』，惠術也，可以觀政矣。」(四五)

【疏】「筵對」至「簋鉶」 注「爲將」至「政矣」 自此盡「户外，西面」，論嗣子共長兄弟對餕之事。云「敦，有虞氏之器」者，禮記明堂位云「有虞氏之兩敦」。上文黍稷之敦是周制，士用之。云「言簋，容同姓之士得從周制耳」者，大夫異姓既用異代之器，故少牢、特牲皆用敦，則同姓之士當同周制用簋，(四六)故經言「分簋」。是以文王世子鄭注亦云「同姓之士緦衰，異姓之士疑衰」，亦同姓與異姓别也。引祭統者，證餕是鬼神之惠，徧廟中。若國君之惠徧境

內，是可以觀政之事也。

宗人遣舉奠及長兄弟盥，立于西階下，東面，北上。祝命嘗食，〔四七〕餕者、舉奠〔四八〕許諾，〔四九〕升，入，東面，長兄弟對之，皆坐。佐食授舉，各一膚。命，告也。士使嗣子及兄弟餕，其惠不過族親也。古文「餕」皆作「餕」。○食餕，劉子峻反，與餕同。

【疏】注「命告」至「作餕」　此決下篇少牢二佐食及二賓長餕，明惠大及異姓，不止族親而已。

主人西面再拜。祝曰：「餕有以也。」兩餕奠舉于俎，許諾，皆荅拜。〔五〇〕「以」讀如「何其久也，必有以也」之「以」。祝告餕，〔五一〕釋辭以戒之，言女餕于此，〔五二〕當有所以也：以先祖有德而享于此祭，其坐餕其餘，亦當以之也。〔五三〕少牢饋食禮不戒者，非親昵也。舊説曰：主人拜下餕席南。○有以，依注音似，或如字。言女，音汝，下同。其坐，才卧反。親昵，女乙反。

【疏】注「以讀」至「席南」　云「『以』讀如『何其久也，必有以也』之『以』」者，此辭在詩邶風旄丘篇「必有以」。從之者，以此經云「有以」也者，以先祖有功德，子孫當嗣之而廟食，先祖有德，亦合享此祭，故讀從之也。是以彼注亦云「我君何以久留於二佐，〔五四〕必以衛有功德故也」。云「其坐餕其餘，亦當以之也」者，亦謂亦似其先祖，已上皆爲以，爲似者誤也。云「少牢饋食禮不戒者，非親昵也」者，謂二佐食與二賓長是非親昵也。引「舊説」者，以經直言「主人西面拜」，不見其處，〔五五〕故引「舊説」，以明「下餕席南面」。〔五六〕

若是者三。〔五七〕丁寧戒之。皆取舉，祭食。祭舉，乃食，祭鉶，〔五八〕食舉。食乃祭鉶，禮殺。

【疏】注「食乃祭鉶禮殺」　前正祭之時，尸「祭鉶，嘗之，告旨」訖，「佐食爾黍於席上」，尸始食；今餕食乃「祭鉶」，故決之，云「禮殺」故也。

卒食，主人降，洗爵。宰贊一爵。主人升，酌，酳上養。上養拜受爵，主人荅拜。酳下養，亦如之。少牢饋食禮曰：「贊者洗三爵，酌。〔五九〕主人受于户內，以授次養。」舊説云「主人北面授下養爵」。〔六〇〕

【疏】注「少牢」至「養爵」　引少牢者，欲見此禮主人亦「受於户內，以授次養」。引舊説，以此經云「酳下養」，主人面位無文，當北面也。

主人拜。祝曰：「酳有與也。」如初儀。主人復拜，爲戒也。「與」讀如「諸侯以禮相與」之「與」，言女酳此，當有所與也。與者，與兄弟也。既知似先祖之德，亦當與女兄弟，謂教化之。

【疏】注「主人」至「化之」　云「讀如『諸侯以禮相與』之『與』」者，案禮運云「諸侯以禮相與」者，諸侯會同聘問，一德以尊天子。言此者，戒嗣子與長兄弟及衆兄弟相教化，相與以尊先祖之德也。

兩養執爵拜。〔六一〕荅主人也。祭酒，卒爵拜，主人荅拜。兩養皆降，實爵于篚。上養洗爵，升，酌，酢主人，主人拜受爵。下養復兄弟位，不復升也。上養即位坐，〔六二〕荅拜。既授爵户內，乃就坐。

【疏】注「既授」至「就坐」　以其主人位在户内，下餕席南西面，故知上餕授爵於户内，乃就坐。

主人坐祭，卒爵，拜。上養荅拜，受爵，降，實于篚。主人出，〔六三〕立于户外，〔六四〕西面。事餕者禮畢。

祝命徹阼俎、豆、籩，設于東序下。命，命佐食。阼俎，主人之俎。宗婦不徹豆、籩，徹禮略，各有爲而已。設于東序下，亦將燕也。

【疏】「祝命」至「序下」　注「命命」至「燕也」　自此盡「畢出」，論徹薦俎，改設饌於西北隅，爲陽厭之事。云「祝命徹阼俎」者，是佐食徹之。當徹阼俎之時，堂下賓、兄弟俎畢出，故下文云「佐食徹阼俎，堂下俎畢出」是也。者然，〔六五〕祝命徹阼俎時，堂下俎畢出，又退在下者，欲見先徹室内俎，乃徹堂下；是以祝命佐食徹阼俎及豆、籩，又祝自執俎以出，又宗婦徹祝豆、籩，入於房，即佐食改饌西北隅；是以作經并説室内行事，乃到本，云上佐食徹阼俎時，堂下俎畢出也。云「命，命佐食」者，此命命使徹阼俎，下文云「佐食徹俎」，故知「祝命」者，「命佐食」也。云「宗婦不徹豆、籩，徹禮略，各有爲而已」者，以豆、籩宗婦贊設之，佐食設俎，理應佐食還自徹俎，宗婦徹豆、籩，以徹禮略，各自有爲而已，故宗婦豆、籩，今佐食并徹之，〔六六〕故云「徹禮略」也。「各有爲而已」者，謂宗婦徹祝俎豆、籩，佐食徹阼俎豆、籩，是各自有爲，何必依前所設之時也。

祝執其俎以出，〔六七〕東面于户西。俟告利成。少牢下篇曰：「祝告利成，乃執俎以出。」

【疏】注「俟告」至「以出」　案有司徹下大夫不儐尸，改饌于西北隅訖，「主人出，立于阼階上西面」；祝執其俎以出，「立

于西階上，東面」；「司宫闔牖户。祝告利成，乃執俎以出于廟門外，〔六八〕有司受歸之」。彼不儐尸之禮，亦與此特牲禮同，故引爲證也。

宗婦徹祝豆、籩，〔六九〕入于房，徹主婦薦、俎。宗婦既並徹，徹其卑者。士虞禮曰：「祝薦席徹入于房。」

【疏】「宗婦」至「薦俎」　注「宗婦」至「于房」　宗婦不徹主人豆、籩，而「徹祝豆、籩，入房」者，爲主婦將用之爲燕祝。兩豆、籩而主婦用之者，祝接神尸之類，主婦燕姑姊妹及宗女，宜行神惠，故主人以薦羞并及祝庶羞燕宗人於堂，主婦以祝籩、豆用之，燕内賓於房，〔七〇〕是其事也。云「宗婦既並徹，徹其卑者」，以宗婦不徹主人籩、豆，而徹祝與主婦，是徹其卑者，故得並徹。引士虞禮者，以經自有「入房」之文。注更引士虞禮者，有嫌也。嫌者，以主婦薦俎先在房，嫌經入房又爲徹。

佐食徹尸薦、俎、敦，設于西北隅，几在南，〔七一〕厞用筵，納一尊。〔七二〕佐食闔牖户，降。厞，隱也，不知神之所在，或諸遠人乎？尸謖而改饌，爲幽闇，庶其饗之，所以爲厭飫。少牢饋食禮曰：「南面而饋之設。」〔七三〕此所謂當室之白，陽厭也，則尸未入之前，爲陰厭矣。曾子問曰：「殤不備祭，何謂陰厭、陽厭也。」〇厞用，扶未反。厭，一豔反。飫，於庶反。

【疏】注「厞隱」至「厭也」　云「不知神之所在，或諸遠人乎」，禮記郊特牲之文，彼論正祭與繹祭之事，此爲陽厭，引之者，欲見孝子求神非一處，故先爲陰厭，後爲陽厭之事也。引少牢者，見彼大夫禮陽厭南面，此士禮東面，雖面位不同，當室之白則同。案曾子問庶殤爲陽厭之事，故彼云「凡殤與無後者，祭於宗子之家。當室之白，尊於東房，是謂陽厭」，鄭注云「當室之白，謂西北隅得户之明者也」。凡言厭者，謂無尸直厭飫神，故鄭云「則尸未入之前爲

陰厭矣」，謂祭于奥中，不得户明，故名陰厭。對尸謖之後改饌於西北隅爲陽厭，以向户明，故爲陽厭也。引曾子問云「殤不備祭，何謂陰厭、陽厭也」，彼上文孔子曰「有陰厭，有陽厭」，謂宗子有陰厭，無陽厭；凡殤有陽厭，無陰厭。曾子言謂殤死，陰厭、陽厭並有，〔七四〕故問孔子。孔子引宗子一有陰厭，〔七五〕凡殤一有陽厭，引之證成人陰厭、陽厭並有之義也。

祝告利成，降，出。主人降，即位。宗人告事畢。賓出，主人送于門外，再拜。拜，送賓也。〔七六〕凡去者不荅拜。

【疏】注「拜送」至「荅拜」　云「凡去者不荅拜」者，云「凡」，摠解諸文主人拜送賓皆不荅拜，鄭注鄉飲酒云「禮有終」是也。若賓更荅拜，〔七七〕是更崇新敬禮，故不荅也。

佐食徹阼俎，堂下俎畢出。記俎出節。兄弟及衆賓自徹而出，唯賓俎有司徹歸之，〔七八〕尊賓者。

【疏】注「記俎」至「賓者」　云「唯賓俎有司徹歸」，尸侑之俎，不賓尸歸尸俎，皆不見歸賓俎，鄭所以知歸賓俎者，正見「賓出，主人送於門外，再拜」，明賓不自徹俎，主人使歸之。若助君祭，必自徹其俎。鄭注曲禮「大夫以下，或使人歸之」。是以孔子世家云魯郊不致燔俎于大夫，孔子不悦，冕而行。〔七九〕士大夫家尊賓，則使歸之，自餘亦自徹而去也。

記。特牲饋食，其服皆朝服，玄冠，緇帶，緇韠。〔八〇〕於祭服此也。皆者，謂賓及兄弟筮日、筮尸、視濯亦玄

端，至祭而朝服。朝服者，諸侯之臣與其君日視朝之服，大夫以祭，今賓兄弟，〔八一〕緣孝子欲得嘉賓尊客，以事其祖禰，故服之。緇鞸者，下大夫之臣。夙興，主人服如初，則固玄端。○朝服，直遥反，下皆同。鞸，音畢。

【疏】「記特牲」至「緇鞸」　注「於祭」至「玄端」　此退「玄冠」在「朝服」下者，欲令近「緇」色。士冠在「朝服」上，從而正也。云「皆者，謂賓及兄弟筮日、筮尸、視濯亦玄端」者，見上經云「筮日，主人冠玄端。子姓、兄弟，如主人之服。有司羣執事如兄弟服」，筮尸，云「如求日之儀」，至於視濯，又不見異服，故知「皆玄端」。至祭日夙興，云「主人服如初」，初即玄端，明其餘不如初，〔八二〕是朝服可知。是以此注云「皆者，謂賓及兄弟也」。云「朝服者，諸侯之臣與其君日視朝之服，大夫以祭」者，案玉藻云「諸侯朝服，以日視朝」，下少牢云「主人朝服」是也。「緇鞸者，下大夫之臣」者，士冠禮云「主人玄冠，朝服，緇帶，素鞸」，鞸與裳同色，此朝服，緇鞸，大夫之臣朝服，素鞸，此緇鞸，故云「下大夫之臣」。云「夙興，主人服如初，則固玄端」，引上經者，直言「皆朝服」，恐主人亦在其中，故引證主人服玄端，與兄弟異也。

唯尸、祝、佐食玄端，玄裳、黄裳、雜裳可也，皆爵鞸。與主人同服。周禮士之「齊服有玄端、素端」。然則玄裳，上士也；黄裳，中士；雜裳，下士。○齊服，側皆反。

【疏】注「與主」至「下士」　「周禮士之『齊服有玄端、素端』」，司服文。引之者，欲見士之齊服有一玄端，而裳則異。故鄭云「然則玄裳」以下，見玄端一而裳有三也。〔八三〕彼注云：「素端者，亦謂札荒有所禱，請服之。」〔八四〕於此經無所當而連引之耳。若然，士冠亦有玄端，三等裳，而引司服者，以此特牲祭祀時，彼據齊時，四命已上齊、祭異冠，大夫齊、祭同冠，故就此祭祀，引齊時冠服爲證也。

設洗，南北以堂深，〔八五〕東西當東榮。〔八六〕榮，屋翼也。水在洗東。祖天地之左海。篚在洗西，南順，實二爵、二觚、〔八七〕四觶、一角、一散。順，從也，言南從，統於堂也。二爵者，爲賓獻爵止，主婦當致也。二觚，長兄弟酬衆賓長，〔八八〕爲加爵，二人班同，宜接並也。〔八九〕四觶，一酌奠，其三長兄弟酬賓卒受者與賓弟子、兄弟弟子，舉觶於其長，禮殺事相接。禮器曰：「貴者獻以爵，賤者獻以散。尊者舉觶，卑者舉角。」舊說云爵一升，觚二升，觶三升，角四升，散五升。○順從，子容反，下南從、從橫同。

【疏】注「順從」至「五升」　云「二爵者，爲賓獻爵止，主婦當致也」者，以一爵獻尸，尸奠之，未舉，又一爵，「主婦當致」者，案經主婦「致爵於主人」，婦人不見就堂下洗，當於内洗，則主婦致爵於主人時，不取堂下爵，而云「主婦當致」者，謂主婦當受致之時，用此爵也。云「四觶一酌奠，其三長兄弟酬賓卒受者，〔九〇〕與賓弟子、兄弟弟子舉觶於其長，禮殺事相接」者，酌奠于鉶南，是嗣子雖飲，還復神之奠觶也；餘有三在，主人洗一觶酬賓，奠於薦北，賓舉奠於薦南，此未舉也，下篚有二觶在，又長兄弟洗觶爲加爵，〔九一〕衆賓長元缺起此爲加爵，如初爵止，此亦未舉也，下篚仍有一觶在，尸羞之後，〔九二〕賓始舉奠觶，行旅酬辨，卒受者以虚觶奠於下篚；還有二觶，至爲加爵者作止爵，長兄弟亦坐，舉其奠觶酬賓，如賓酬兄弟之儀以辨；卒受者未實觶于篚時，賓弟子、兄弟弟子洗觶各酌，舉觶於其長，即用其篚二觶，卒受者未奠之，故三觶並用也，故注云「卒受者，與賓弟子、兄弟弟子舉觶於其長也」。云「禮器曰『貴者獻以爵』」者，謂賓長獻尸，主人致爵於主婦是也。「賤者獻以散」，上「利洗散」是也。「尊者舉觶」，謂若酌奠之，及「長兄弟酬賓」之等是也。「卑者舉角」，〔九三〕謂主人獻用角。鄭云「不用爵者，下大夫也」，則大夫尊用爵，士卑用角是也。引舊説者，爵、觚已下升數無正文，韓詩雖有升數，亦非正經，故引舊説爲證也。

壺、棜禁饌于東序，〔九四〕南順，覆兩壺焉，蓋在南。明日卒奠，冪用綌。〔九五〕即位而徹之，加勺。覆壺者，盝瀝水，且爲其不宜塵。冪用綌，以其堅絜。禁言棜者，祭尚厭飫，得與大夫同器，不爲神戒也。○饌于，扶轉反，又如字。覆兩，芳伏反，注同。盝，音鹿。瀝，音曆。且爲，于僞反，下爲婦、爲餕、爲尸、爲其同。

【疏】注「覆壺」至「戒也」 未奠不設冪，卒奠乃設之，故曰「卒奠，冪用綌」。〔九六〕云「禁言棜者，祭尚厭飫，得與大夫同器，不爲神戒也」者，器本無名，人與作號，棜之與禁，因物立名，是以大夫尊，以厭飫爲名；士卑，以禁戒爲稱，復以有足、無足立名，故禮記注云「無足有似於棜，或因名云耳」；但經已有棜字，注云世人「因名」者誤，當無「世人」字也。士曰禁，由有足，以士虞禮云「尊于室中，兩甒醴酒，無禁」，禁由足生名。禮記云大夫用棜，士用禁，及鄉飲酒、鄉射皆非祭禮，是以雖大夫去足，猶存禁名；至祭則去足，名爲棜禁，不爲神戒也。

籩巾以綌也，〔九七〕纁裏。〔九八〕棗烝，栗擇。籩有巾者，果實之物多皮核，優尊者，可烝裹之也。〔九九〕烝擇互文。舊説云纁裏者，皆玄被。○裹之，音果。玄被，皮義反。

【疏】注「籩有」至「玄被」 言「多皮核」者，栗多皮，棗多核。

鉶芼用苦若薇，〔一〇〇〕皆有滑，夏葵，冬荁。〔一〇一〕苦，苦荼也。荁，堇屬，乾之，冬滑於葵。詩云：「周原膴膴，堇荼如飴。」今文「苦」爲「芐」，芐乃地黃，非也。○若薇，音微。冬荁，音丸。苦荼，音徒。堇屬，音謹。膴膴，亡甫反。如飴，以之反。爲芐，音户，劉又音下。

【疏】注「苦苦」至「非也」 云「乾之，冬滑於葵」者，以其冬乾用之，不用葵而用荁，明知冬則滑於葵也。引詩證之，詩言「堇荼」即經荁、苦之類也。云「今文苦爲芐，芐乃地黃，非也」者，爾雅釋草云「芐，地黃」；「非」者，以其與薇葵等

菜爲不類，故知「非也」。

棘心匕，刻。〔一〇二〕刻，若今龍頭。**牲爨在廟門外東南，魚、腊爨在其南，皆西面。饎爨在西壁。**饎，炊也。西壁，堂之西墻下。舊説云南北直屋梠，稷在南。〔一〇三〕○西辟，步曆反，〔一〇四〕又音壁。直屋，音值。梠，音侶。

【疏】注「饎炊」至「在南」　云「西壁，堂之西墻下」者，案上經云「主婦視饎爨于西堂下」，逼西壁爲之，故以舊説辨之也。「舊説」者，案爾雅釋宫曰「檐謂之檐」，孫氏云「謂室梠，周人謂之梠，齊人謂之檐，謂承檐行材」；士喪禮銘「置于宇西階上」，鄭注云「宇，梠」是也。

肵俎，心、舌皆去本末，午割之，〔一〇五〕**實于牲鼎，載，心立，舌縮俎。**〔一〇六〕午割，從横割之，亦勿没。立、縮，順其牲。心舌知食味者，欲尸之饗此祭，是以進之。○皆去，起吕反。

【疏】注「午割」至「進之」　云「載，心立，舌縮俎」者，少牢云「舌皆切本末，亦午割勿没，其載于肵，横之」，此言「縮俎」者，彼言「横」，據俎上云爲横，此言「縮」，據鄉人爲縮，是以少牢云「皆進下」是也。云「亦勿没」者，亦少牢文，謂四面皆鄉中央割之，不絶中央少許，謂之「勿没」也。

賓與長兄弟之薦自東房，〔一〇七〕**其餘在東堂。**東堂，東夾之前，近南。○近南，附近之近。

【疏】注「東堂」至「近南」　「其餘」，謂衆賓、兄弟之薦也。

沃尸盥者一人，奉槃者東面，〔一〇八〕執匜者西面。淳沃，執巾者在匜北。匜北，執匜之北，亦西面。每事各一人。淳沃稍注之。今文「淳」作「激」。○奉槃，芳勇反。淳沃，之純反，劉音純。作激，古狄反，一本作浮，劉本作徼，音敷。〔一〇九〕宗人東面取巾，振之三，南面授尸。卒，執巾者受。宗人代授巾，庭長尊。尸入，主人及賓皆避位，出亦如之。避位，逡遁。○辟位，婢亦反，又音避，注同。逡，七旬反。遁，音旬。

嗣舉奠，佐食設豆鹽。肝宜鹽也。佐食當事則户外南面，無事則中庭北面。當事，將有事而未至。凡祝呼，佐食許諾。呼，猶命也。宗人獻與旅，齒於衆賓。尊庭長，齒從其長幼之次。佐食於旅齒於兄弟。

尊兩壺于房中西墉下，〔一一〇〕南上。爲婦人旅也。其尊之節亞西方。

【疏】注「爲婦」至「西方」　先尊東方者，亦惠由之也。西方雖是賓，以其男子，故在前設尊。此處爲房内婦人設尊，故知亞次西方。又經云「尊兩壺于阼階東」，又云「西方亦如之」，明其相亞次。此房内婦人之尊，上文不見者，異之於婦人。

內賓立于其北，東面，西上。〔一一一〕**宗婦北堂，東面，北上。**二者所謂內兄弟、內賓姑姊妹也。宗婦，族人之婦，其夫屬于所祭爲子孫。或南上，或北上，宗婦宜統於主婦，主婦南面。北堂，中房而北。

【疏】注「二者」至「而北」　言「所謂」者，上經云主人「洗獻內兄弟于房中，如獻衆兄弟之儀」是也。〔一一二〕云「其夫屬于所祭爲子孫」者，以其在父行則謂之爲母，今言「宗婦」，則其夫屬於所祭死者之子孫之妻，皆稱「婦」也。云「或南上，或北上」，云「內賓」姑姊妹、賓客之類南上，自取曲禮云「東鄉、西鄉，以南方爲上」。宗婦雖東鄉，取「統于主婦」，故北上，主婦南面故也。云「北堂，中房而北」者，謂房中半已北爲北堂也。

主婦及內賓、宗婦亦旅，西面。西面者，異於獻也。男子獻於堂上，旅於堂下。婦人獻於南面，旅於西面。內賓象衆賓，宗婦象兄弟，其節與其儀依男子也。主婦酬內賓之長，酌奠於薦左，內賓之長坐取奠於右。宗婦之娣婦舉觶於其姒婦，亦如之。內賓之長坐取奠觶酬宗婦之姒，交錯以辯；宗婦之姒亦取奠觶酬內賓之長，交錯以辯。內賓之少者，宗婦之娣婦各舉奠於其長，〔一一三〕並行交錯，無筭，其拜及飲者，皆西面，〔一一四〕主婦之東南。○弟婦，大計反，或作娣，下弟同。姒婦，音似，本或作似。

【疏】注「西面」至「東南」　云「西面者，異於獻也」者，以受獻時南面也。云「男子獻於堂上，旅於堂下」者，見上經。云「婦人獻於南面，旅於西面」者，見於有司徹。云「其節與其儀依男子也」者，謂依上經旅酬及無筭爵早晚行事之節，皆依男子也。云「主婦酬內賓之長，酌奠於薦左。內賓之長坐取奠于右」者，此約上經「主人洗觶，酌于西方之尊，西階前酬賓」時，「主人奠觶于薦北。賓坐取觶，奠觶于薦南」是也。云「宗婦之娣婦與觶於其姒婦，亦如之」者，此亦約上經「兄弟弟子洗，酌于東方之尊，阼階前北面舉觶于長兄弟，如主人酬賓儀」是也。云「內賓之長坐取

奠觶，酬宗婦之姒，交錯以辯」者，此亦上經正行旅酬節「賓坐取觶，阼階前北面酬長兄弟」，云「交錯以辯，皆如初儀」是也。云「宗婦之姒亦取奠觶酬內賓之長，交錯以辯」者，此亦約旅酬節云「長兄弟酬賓，如賓酬兄弟之儀，以辯。卒受者實觶于篚」是也。云「內賓之少者、宗婦之娣婦，各舉觶於其長」者，此亦約上經正行無筭爵時，云「賓弟子及兄弟弟子，各酌于其尊，舉觶於其長」，下云「爵皆無筭」是也。云「其拜及飲者，皆西面，主婦之東南」者，〔一一五〕此經云「亦旅，西面」，故知其拜受及拜受飲皆西面；又亦旅酬之法，飲皆西面，知在「主婦之東南」者，以其不背主婦，又得邪角相向也。

宗婦贊薦者，執以坐于户外，授主婦。

尸卒食而祭饎爨、雍爨。雍，孰肉，以尸享祭竈有功也。舊説云：「宗婦祭饎爨，亨者祭雍爨。」〔一一六〕用黍、肉而已，無籩、豆、俎。禮器曰：「燔燎於爨。」「夫爨者，老婦之祭，盛於盆，尊於瓶。」○燔燎，力召反，或力弔反。

【疏】注「雍孰」至「於瓶」。云「亨者」，則周禮亨人之官，其職主實鑊水、爨亨之事，以供「外內饔」，故使之祭「饔爨」也。云「用黍、肉而已，無籩、豆、俎」者，亦約禮器云「盆瓶」知之。引禮器者，案彼云孔子曰「臧文仲焉知禮，燔柴於奧」，鄭注云「奧當爲爨，字之誤也，或作竈。禮『尸卒食，而祭饎爨、雍爨』也，時人以爲祭火神，乃燔柴」；又云「夫爨者，老婦之祭也，盛於盆，尊於瓶」，注云「老婦，先炊者也。盆、瓶，炊器也。明此祭先炊，非祭火神，燔柴似失之」。引之者，證祭(元缺止此)爨之事也。

賓從尸，俎出廟門，乃反位。賓從尸，送尸也。士之助祭，終其事也。俎，尸俎也。賓既送尸，復入反位者，宜與主人爲禮乃去之。

【疏】注「賓從」至「去之」　云「士之助祭，終其事也」者，謂「送尸」爲「終其事」。既送尸爲終其事，則更無儐尸之禮。若上大夫有儐尸者，尸出，賓不送，以其事終於儐尸故也。

尸俎右肩、臂、臑、肫、胳，正脊二骨，横脊，〔一一七〕長脅二骨，短脅，尸俎，神俎也。士之正祭禮九體，貶於大夫，有併骨二，亦得十一之名，合少牢之體數，此所謂「放而不致」者。凡俎實之數奇。〔一一八〕脊無中，脅無前，貶於尊者。〔一一九〕不貶正脊，不奪正也。正脊二骨、長脅二骨者，將舉於尸，尸食未飽，不欲空神俎。○肫，時倫反，又之春反，　又之罪反。有併，步頂反。放而，方往反。數奇，居宜反，下同。

【疏】注「尸俎」至「神俎」　云「亦得十一之名，合少牢之體數」者，謂少牢正體之數十一，若牢並骨并數，則十七。鄭云「此所謂『放而不致』者」，致，至也。「所謂」禮器，彼鄭注云「謂若諸侯自山龍以下」，皆有放象，諸侯山龍以下，至日月星辰，卿大夫又不山龍，此士併骨二數，乃得十一，除此唯九而已，亦是放而不至也。云「凡俎實之數奇」者，有九有七有五，是奇數，以其鼎、俎奇，故實數亦奇而相稱也。云「脊無中，脅無前，貶於尊者。不貶正脊，不奪正也」者，以少牢大夫禮，三脊脅具有，〔一二〇〕此但有二體，貶於大夫，大夫即尊者也；等貶牲體，不貶正脊者，不奪其正；。長脅亦不貶者，義與正脊同。云「正脊二骨、長脅二骨者，將舉於尸，尸食未飽，不欲空神俎」者，此脊與脅二骨，本爲餕厭飫所設也，又次尸，既舉脊脅，而猶有脊脅在，既不空神俎，義得兩施。

膚三，爲養用二，厭飫一也。**離肺一，**離，猶拴也，小而長，午割之，亦不提心，謂之舉肺。○猶拴，苦圭反。不提，丁禮反。

【疏】「離肺一」 注「離猶」至「舉肺」 云「亦不提心」者，言「亦」，謂亦少儀云「牛羊之肺，離而不提心」，鄭注云「提，猶絶也，揰離之，不絶中央少許者」是也。

刌肺三，爲尸、主人、主婦祭。今文「刌」爲「切」。**魚十有五，**魚，水物，以頭枚數。陰中之物，取數於月十有五日而盈。少牢饋食禮亦云「十有五而俎」，尊卑同，此所謂經而等也。

【疏】注「魚水」至「等也」 云「魚，水物，以頭枚數」者，對三牲與腊以體數也。云「取數於月十有五日而盈」者，案禮運云月「三五而盈，三五而闕」，文出於彼也。云「此所謂『經而等』」者，亦「所謂」禮器，彼鄭注云「謂若天子以下至士、庶人，爲父母三年」是也。引之者，謂魚數亦尊卑同也。〔一二一〕

腊如牲骨。不但言體，以有一骨、二骨者。

【疏】注「不但」至「骨者」 云「不但言體，以有一骨、二骨者」，若但言體，體有九有十一，則不兼二骨者；若言牲骨，則一骨、二骨，兼在其中，故直言「如牲骨」也。

祝俎髀，脡脊二骨，〔一二二〕**脅二骨，**凡接於神及尸者，俎不過牲三體，以特牲約加其可併者二，亦得奇名。少牢饋食禮羊豕各三體。○髀，步禮反，又方爾反。脡，他頂反。

【疏】「祝俎」至「二骨」 注「凡接」至「三體」 云「祝俎」直云「脅二骨」，謂代脅也。知者，以尸俎無脡脊，祝則有之，尸俎無代脅，祝俎有代脅可知。〔一二三〕云「凡接於神及尸者，俎不過牲三體，以特牲約加其可併者二，亦得奇名」者，言「凡」者，〔一二四〕凡祝、佐食、賓長、長兄弟、宗人之等是也。「接神」者，謂祝與佐食，佐食尸未入爲神設俎，卻會祝酌奠於鉶南，故曰「接神」也。「接尸」者，賓爲三獻，長兄弟爲加爵，尸盥宗人授巾，皆是與尸相接也。知皆「三體」者，下「佐食俎觳折，脊，脅」也。〔一二五〕「賓，骼。長兄弟及宗人折。其餘如佐食俎」，故知皆「三體」也。衆賓之

長亦有加爵，接於尸，亦應三體，下文但言兄弟及宗人，而衆賓長亦在焉可知，故下文直云「衆賓及衆兄弟，皆殺脅」，注云「不備三者，賤也」，則衆賓長爲加爵不在賤限。「以特牲約加其可併者二」骨者，是尊祝也。佐食也已下卑無加，故下注云「三體，卑者從正」是也。云「少牢饋食禮羊、豕各三體」者，以少牢二牲，故祝俎無加者，直三體，引之以證此特牲約三體之外，〔一二六〕加其併骨也。若然，俎實奇數，二牲各三體共六體，不奇者，通腊髀爲七，則亦奇數也。以其腊既兩髀屬于尻，不殊，故爲一體也。

膚一，離肺一。阼俎，臂，正脊二骨，橫脊，長脅二骨，〔一二七〕短脅，主人尊，欲其體得祝之加數五體，又加其可併者二，〔一二八〕亦得奇名。臂，左體臂。

【疏】「膚一」至「短脅」　注「主人」至「體臂」　云「臂，左體臂」者，以其尸用右，不云折，明全升，主人又云臂，〔一二九〕明左臂可知。脅骨多，不嫌得與尸同，用右體，猶脊然也。

膚一，離肺一。主婦俎觳折，〔一三〇〕觳，後足。折，分後右足以爲佐食俎，不分左臑折，辟大夫妻。古文「觳」皆作「穀」。○觳，户角反，又苦角反。辟大，音避。

【疏】注「觳後」至「作穀」　云「觳，後足」者，案既夕記云「明衣裳，長及觳」，鄭注云「觳，足跗也」，是觳後足也。云「分後右足，以爲佐食俎」者，經不云後右足，鄭知者，以少牢主婦用左臑，此士妻辟之，不用左臑，用後右足，不用後左足。左足大卑，故知用後右足，故知用後右足，故鄭云「辟大夫妻」也。〔一三一〕

其餘如阼俎。餘，謂脊、脅、膚、肺。佐食俎觳折，脊，脅，三體，卑者從正。

【疏】「佐食」至「脊脅」　注「三體，卑者從正」　直云「脊、脅」，不定體名，欲見得便用之。少牢佐食「俎設于兩階之間，

其俎折一膚」，鄭注云「折者，擇取牢正體，餘骨折分用之，有脅而無薦，亦遠下尸」，是無定體也。

膚一，離肺一。賓骼。〔一三三〕**長兄弟及宗人折，其餘如佐食俎。**骼，左骼也，賓俎全體。尊賓不用尊體，爲其已甚卑而全之，其宜可也。長兄弟及宗人折，不言所分，畧之。○長兄，丁丈反，注同。

【疏】注「骼左」至「畧之」 知骼是「左骼」者，以其尸用右骼，故知賓所用骼是「左骼」可知也。云「長兄弟及宗人折，不言所分，畧之」者，此決上文「主婦俎觳折」，「佐食俎」亦名「觳折」，此「不言所分」，故知「畧之」也。

衆賓及衆兄弟、内賓、宗婦，若有公有司、私臣，皆殽脅，又畧。此所折骨，直破折餘體可殽者，升之俎一而已。不備三者，賤，祭禮接神者貴。凡骨有肉曰殽。祭統曰：「凡爲俎者，以骨爲主。貴者取貴骨，賤者取賤骨，貴者不重，賤者不虚，示均也。俎者，所以明惠之必均也。〔一三四〕善爲政者如此。故曰『見政事之均焉』。」公有司，亦士之屬，命於君者也。私臣，自己所辟除者。〔一三五〕○皆殽，户交反。見政，賢遍反，又如字。

【疏】注「又畧」至「除者」 云「又畧」者，上文「長兄弟及宗人」直言「折」，不言所折骨體，已是「畧」，此又不言折而言「殽脅」，是又畧也。言「此所折骨」值有餘體，即破之可也。云「祭禮接神者貴」者，謂長兄弟及宗人已上俎皆三，皆有嚌肺，以接神及尸貴，故三體不止。接神，尸，神象，所接尸者亦貴可知。自衆賓已下，折體而已，不接尸神，賤無獻故也。宗人雖不獻，執巾以授尸，〔一三六〕亦名「接尸」也。引祭統者，見貴賤皆有骨，示均之義。云「已所辟除」者，則府史之等不命於君者也。

膚一，離肺一。

公有司門西，北面，東上，獻次衆賓。私臣門東，北面，西上，獻次兄弟，〔一三七〕升受，降飲。獻在後者，賤也。祭祀有上事者貴之，〔一三八〕亦皆與旅。○皆與，音預。

【疏】注「獻在」至「與旅」　公有司獻在衆賓後，私臣獻在兄弟後，故云「獻在後者，賤也」。云「祭祀有上事者貴之」者，謂衆賓兄弟次賓之卑得獻；衆賓擇取公有司可執事者，謂前舉鼎匕載羞從獻，衆賓擇取公有司酬爵之屬，如此者門外在有司羣執事中，入門列在東面爲衆賓，餘者在門西位也；兄弟雖無上事，亦皆在西面位，族親故也；私臣獻在兄弟後者，職賤；公有司在衆賓後，不執事，賤於執事者，故曰「有上事者貴之」。宗人獻與旅，齒於衆賓，則公有司爲之。佐食於旅，齒於兄弟，則私臣之中擇爲賓，使爲佐食也，是以前文「佐食北面，立于中庭」，注云「佐食，賓佐尸食者」是也。案前賓得獻「薦脯醢，設折俎」，注云「公有司設之」；及獻兄弟，「薦脀」注云「私人爲之與」，二者皆使執事，云「非執事者」，以受獻者不得自設俎，暫使二者設之，非本執事之人。然則公有司、私臣薦俎，皆使徒隸爲之與？云「皆與旅」者，上宗人獻旅，云「齒於衆賓」，佐食旅齒於兄弟，是但言獻次，不言旅，以宗人、佐食約之，與旅者亦此二人也。若天子、諸侯祭祀，其位無文，此公有司在門西，北面，東上，私臣在門東，北面，西上，天子、諸侯祭祀可依此位矣。同姓無爵者，在阼階前西面，北上。卿西階前東面，北上。大夫在門東，北面。士門西，北面，旅食在其後。少牢下篇云衆賓位在門東，北面，既獻在西階西南。衆賓繼上賓而南。天子諸、侯之賓，其位或依此與？案祭統云「凡賜爵，昭爲一，穆爲一，昭與昭齒，穆與穆齒，凡羣有司皆以齒，此之謂長幼有序」。此不見昭穆位者，主人衆兄弟非昭穆乎？故彼注「昭穆猶特牲、少牢饋食之禮，主人之衆兄弟也，羣有司猶衆賓。下及執事者，君賜之爵，謂若酬之」是也。若其有爵者，則以爵序之，何故然也。案文王世子「其在外朝，

則以官。其在宗廟之中，則如外朝之位。宗人授事，以爵以官」，是不以姓，其獻之亦以官，故祭統云：「尸飲五，君洗玉爵獻卿。尸飲七，以瑶爵獻大夫。尸飲九，以散爵獻士及羣有司。皆以齒，明尊卑之等」是也。其酬，蓋因此位，而昭穆得獻，蓋依少牢下篇「主人洗，升，酌，獻兄弟阼階上」，注云「兄弟長幼立飲，賤不別。大夫之賓尊於兄弟」；又曰「辨受爵，其位在洗東，西面，北上。升受爵，其薦脀設于其位」，注云「先著其位於上，乃後云『薦脀設于其位』，明位初在是也」。此中皆無爵者，以此二者差之，知無爵者從昭穆，有爵者則以官矣。鄉釋執事者貴，〔一三九〕即衆賓，無事者公有司、私臣；注祭統云「羣有司猶衆賓，下及執事者」，似衆賓不執事；言「下及」殊卑者，指謂公有司、私臣，是亦得名爲執事；言「衆賓」據尊言，謂之「不執事者」，或衆賓中容有不執事者也。

校勘記

〔一〕無長適　阮校云通解、要義同，毛本「長適」二字倒。

〔二〕獻謂舉奠洗爵酌入也　阮校云通解、要義同，毛本「謂」作「爲」。今按依上下文例，「謂」字是。

〔三〕尸祭酒　阮校云唐石經、徐本、通解、楊、敖同，集釋、毛本無「尸」字。按集釋無者，疑近刻譌脱。今按武威簡本有「尸」字，則此字當有。

〔四〕此嗣子獻賓賓啐之　阮校云兩「賓」字通解並作「尸」；毛本第二個「賓」字下有「皆」字，通解、要義俱無。今按「皆」字不當有。

〔五〕亦欲酢已　阮校云要義同，通解、毛本「酢」作「酌」。

〔六〕故於此揔言凡也　阮校云通解、要義同，毛本無「凡」字。

〔七〕宗人告祭脀　「脀」武威簡作「升」。沈文倬異文釋云「升」爲「登」之假借，「脀」爲「蒸」之假借，其義俱爲上也、進也，故燕禮賈疏云「脀，升也」。

〔八〕衆賓衆兄弟内賓也　阮校云徐本、集釋、楊、敖同，毛本、通解「兄」上無「衆」字。

〔九〕上又下長兄弟如賓儀　阮校云毛本「又」作「文」。

〔一〇〕言自祝下及内賓及衆賓兄弟　阮校云通解、要義同，毛本「内賓」下無「及」字。

〔一一〕不儐尸　阮校云陳本、通解、要義同，毛本「儐」作「殯」。

〔一二〕云内羞者　阮校云毛本、通解、要義「云」下有「無」字。

〔一三〕賓坐取觶　「取」武威簡誤作「舉」。

〔一四〕並在室中　阮校云「在」通解、要義俱作「有」。

〔一五〕禮殺故也　毛本「禮」下有「後改」二字。

〔一六〕堂上與神靈　阮校云通解、要義、毛本「上」俱作「下」；「與」毛本作「於」。

〔一七〕禮尸於室中　阮校云通解、要義同，毛本「於」作「與」。今按「於」字是。

〔一八〕衆賓長自左受旅　阮校云唐石經、徐本、集釋、楊、敖同，毛本、通解無「自」字。今按武威簡本有「自」字，毛本非是。

〔一九〕衆賓及衆兄弟交錯以辯　下「衆」字武威簡無，當爲省略。

〔二〇〕爲加爵者作止爵　「加」武威簡作「駕」。

〔二一〕此長兄弟所舉奠觶者　阮校云通解同，毛本無「弟」字。今按依經「弟」字當有。

〔二二〕所以嫌者　阮校云毛本、通解此句下無「嫌其不終所以嫌者」八字。今按毛本是，此八字不當有。

〔二三〕舉觶者祭卒觶拜長皆荅拜　阮校云此十一字毛本脱，唐石經等俱有。

〔二四〕各酌于其尊　毛本「尊」作「奠」，唐石經等作「尊」。今按「尊」字是。

〔二五〕舉觶者皆奠觶于薦右　下「觶」字武威簡本無。鄭注：「今文曰奠于薦右。」簡本與今文合。

〔二六〕同於生人飲酒　阮校云陳本、通解、要義同，毛本「生」作「主」。

〔二七〕亦皆北面　阮校云徐本、集釋、通解、楊、敖同，毛本「皆」下有「作」字。

〔二八〕行旅酬及無筭爵　阮校云通解、要義同，毛本「及」作「又」。

〔二九〕爵皆無筭　武威簡脱「皆」字，「無」作「毋」。

〔三〇〕獻于尸　武威簡脱「于」字。

〔三一〕實散于篚　「篚」武威簡作「匪」。

〔三二〕以利待尸禮將終　阮校云「待」集釋作「侍」。按疏作「事」。汪文臺識語：案疏述注仍作「待」。

〔三三〕衆賓長爲加爵　阮校云通解同，毛本無「爲」字。

〔三四〕通洗散獻尸亦三　阮校云陳本、通解同，毛本「三」作「二」。

〔三五〕立于户外西面　「面」唐石經作「南」，阮校云張氏曰：下文有云「上養荅拜，受爵，降，實于篚。主人出，立于户外西面」，此「南」字亦當爲「面」，從下文。阮云張氏以意改爲「面」，而李氏、敖氏從之。黄氏校録云張改是。汪文臺識語云詩楚茨疏引作「面」，是。今按武威簡亦作「面」，沈文倬異文釋云張氏意改而偶中。

〔三六〕立于阼階上南面　阮校浦鏜云「西」誤「面」。

〔三七〕孝孫往位堂下西面位也　阮校云通解、要義同，毛本「往」作「徂」。今按楚茨鄭箋作「往」。

〔三八〕尸謖　「謖」武威簡作「休」。今按士虞鄭注：「古文謖或作休。」

〔三九〕已而與旅人飲也　阮校云「已」上集釋有「祭」字。

〔四〇〕以其尸三飯後　阮校云要義同，毛本、通解「飯」作「飲」。今按「飯」字是。

〔四一〕其上大夫當日儐尸　阮校云通解、要義同，毛本「日」作「曰」。

〔四二〕是無燕私若下大夫　阮校云通解、要義同，毛本「若」作「者」，屬上句。

〔四三〕堂上　阮校云通解、要義同，毛本「上」作「下」。

〔四四〕周制士用之　阮校云徐本、集釋、通解、楊氏同，毛本「之」作「虡」。

〔四五〕可以觀政　毛本「觀」作「勸」，與祭統不合。

〔四六〕當同周制用簋　阮校云「周制」二字要義重出。

〔四七〕祝命嘗食　「嘗」武威簡作「當」。

〔四八〕羞者舉奠　「羞」武威簡作「選」。

〔四九〕許諾　「諾」武威簡作「若」，下同。

〔五〇〕皆荅拜　武威簡脱「皆」字。

〔五一〕祝告羞　阮校云「告」徐本、集釋俱作「曰」，通解、楊氏、毛本作「告」。

〔五二〕言女羞于此　阮校云徐本、楊氏同，集釋「于」作「乎」，通解、毛本無「于」字。

〔五三〕亦當以之也　阮校引疏云：「亦謂亦似其先祖，已上皆爲以，爲似者誤也。」盧文弨云字作「以」，其義爲似。阮氏云疏當作「已上皆爲似，爲以者誤也」。

〔五四〕我君何以久留於二佐　阮校云浦鏜據原文改「二佐」爲「此乎」。

〔五五〕不見其處　阮校云通解同，毛本「處」作「惠」。今按「處」字是。

〔五六〕 以明下饔席南面　阮校云毛本、通解無「面」字。

〔五七〕 若是者三　「若」武威簡作「如」。

〔五八〕 祭鉶　武威簡「鉶」作「刑」，下同。

〔五九〕 洗三爵酌　阮校云徐本、集釋、通解、楊、敖同，毛本無「酌」字。

〔六〇〕 主人北面授下饔爵　阮校云集釋、楊氏同，徐本、通解「下」作「于」。

〔六一〕 兩饔執爵拜　武威簡脱「拜」字。

〔六二〕 上饔即位坐　武威簡脱「位」字。

〔六三〕 主人出　武威簡脱「出」字。

〔六四〕 立于户外　「外」毛本作「内」。今按武威簡作「外」，「外」字是。

〔六五〕 者然　阮校云「者」要義作「若」，毛本無「者」字。

〔六六〕 今佐食并徹之　阮校云通解同，毛本「今」作「命」。

〔六七〕 祝執其俎以出　武威簡無「以」字。

〔六八〕 乃執俎以出于廟門外　阮校云通解同，毛本無「外」字。

〔六九〕 宗婦徹祝豆籩　武威簡「豆籩」二字倒。

〔七〇〕 燕内賓於房　「燕」張敦仁本原作「無」，此據單疏改。

〔七一〕 几在南　武威簡脱「在南」二字。

〔七二〕 厞用筵納一尊　「厞」武威簡作「菲」，乃借字。「納」簡本作「入」。

〔七三〕 南面而饋之設　阮校云徐本、要義同，集釋、通解、毛本、楊氏「而」俱作「如」。按古書假借，通用後人多改

從本字，間有一二存者，宜仍其舊。今按少牢作「如」。

〔七四〕陰厭陽厭並有　阮校云毛本無「並」字，要義「並」作「具」。

〔七五〕孔子引宗子一有陰厭　阮校云「引」陳、閩俱作「別」；毛本「一」作「死」，要義作「二」，下同。

〔七六〕拜送賓也　毛本「拜」作「答」。

〔七七〕若賓更荅拜　阮校云要義無「更」字。

〔七八〕唯實俎　阮校云徐本同，集釋、通解、楊氏、毛本「實」俱作「賓」，張氏從監本改作「賓」。黄氏校録云「賓」字是。

〔七九〕孔子不悦冕而行　阮校云「悦」陳本、要義俱作「税」，通解、毛本作「脱」。

〔八〇〕緇帶緇韠　武威簡脱下「緇」字，「韠」作「縪」。

〔八一〕今賓兄弟　阮校云徐本、集釋、楊氏同，毛本、通解「今」作「命」。今按「今」字是。

〔八二〕不如初　阮校云「不」要義作「亦」。今按「不」字是。

〔八三〕玄裳以下見玄端一而裳有三也　阮校云陳、閩俱無「下見」二字，「三」毛本作「二」。今按「二」字誤。

〔八四〕札荒有所禱　阮校云「札」毛本作「禮」。按作「札」與鄭司服注合，後人疑「札」爲「礼」之譌，遂改爲「禮」。

〔八五〕南北以堂深　武威簡無「北」字，沈文倬異文釋云無者是。

〔八六〕東西當東榮　武威簡「西當」作「直」。沈文倬異文釋云無「西」字是。

〔八七〕二爵二觚　下「二」字武威簡本脱。

〔八八〕長兄弟酬衆賓長　阮校云「酬」徐本、要義、楊氏作「酬」，集釋作「及」，通解、毛本作「酌」。周學健云推尋文義，應以「及」字爲是。

〔八九〕宜接並也　阮校云徐本、集釋、要義、楊氏同，通解、毛本「宜」作「迎」。

〔九〇〕酬賓卒受者　毛本「酬」作「酌」。

〔九一〕又長兄弟　阮校云通解同，毛本「又」作「及」。

〔九二〕在尸羞之後　阮校云「尸」陳、閩、通解俱作「乃」。

〔九三〕卑者舉角　毛本「角」作「爵」。今按「角」字是。

〔九四〕壺棜禁饌于東序　武威簡「棜」作「於」，「饌」作「選」。

〔九五〕冪用綌　武威簡「冪」作「暮」，爲「幕」之異體；「綌」作「却」，下同，「却」即「卻」之俗字。

〔九六〕冪用綌　阮校云徐本、通解同，集釋、楊氏、毛本「鼏」俱作「冪」。

〔九七〕籩巾以綌　武威簡無「以」字。

〔九八〕纁裏　「纁」武威簡作「熏」。士冠鄭注「今文纁皆作熏」，簡本用今文。

〔九九〕可烝裏之也　黄刊嚴州本、徐本同。阮校云釋文、集釋、通解、楊氏、毛本俱作「裹」。按當作「裹」。

〔一〇〇〕用苦　「苦」武威簡作「枯」。士虞鄭注「古文苦爲枯」，簡本用古文。

〔一〇一〕冬荁　「荁」武威簡作「亘」。

〔一〇二〕棘心匕刻　「匕」武威簡作「朼」。

〔一〇三〕稷在南　阮校云徐本、集釋、通解同，毛本「稷」作「禝」。今按「稷」字是，「禝」乃「稷」之誤。

〔一〇四〕西辟步曆反　徐乾學本同，盧文弨本「曆」作「歷」。今按改「曆」爲「歷」，乃清人避乾隆帝諱（弘曆）。

〔一〇五〕肵俎心舌皆去本末午割之　「肵」武威簡作「甄」，簡無「俎」字，「割」作「創」。今按割、創義相通。

〔一〇六〕舌縮俎　「縮」武威簡作「摵」。今按大射鄭注：「古文縮皆作蹙。」

〔一〇七〕賓與長兄弟之薦自東房　武威簡無「東」字。沈文倬異文釋云以有「東」字於義爲長。

〔一〇八〕奉槃者　武威簡脱「者」字，「槃」作「般」。

〔一〇九〕一本作浮劉本作徼音敷　徐乾學本同，黄焯彙校引張氏識誤云「敷」必「敫」字之誤。阮校云「浮」與「淳」形似而誤，「徼」者又「専」之誤，故其字音敷也。

〔一一〇〕西墉下　阮校云徐、陳、集釋、通解、楊、敖同，毛本「墉」作「牖」。

〔一一一〕内賓立于其北東面西上　「西」武威簡作「南」。阮校云徐本同，集釋、通解、要義、楊、敖、毛本「西」俱作「南」。張氏曰：監、巾箱、杭本「西」作「南」，從諸本。黄氏校録云「南」字是。今按從簡本看，張、黄二氏説是。

〔一一二〕如獻衆兄弟之儀　阮校云陳、閩、監本、要義「如」俱作「知」。今按依上經「如」字是。

〔一一三〕各舉奠於其長　阮校云「奠」集釋作「觶」，與疏合。

〔一一四〕皆西面　阮校云「面」下集釋、敖氏俱有「于」字。按疏亦脱「于」字。今按如在「面」下斷句，則無「于」字亦通。

〔一一五〕皆西面主婦之東南者　阮校云「南」陳本同，與注合，毛本作「面」。

〔一一六〕亨者祭饔爨　阮校云「亨」徐本、楊氏俱作「享」，集釋、通解、要義俱作「亨」。

〔一一七〕横脊　「横」武威簡作「衡」，乃其假借字。

〔一一八〕凡俎實之數奇　毛本「實」作「食」，與疏述注不合。

〔一一九〕貶於尊者　毛本「尊」作「奠」，與疏不合。

〔一二〇〕三脊脅具有　阮校云通解同，毛本具作「俱」。

〔一二一〕謂魚數亦尊卑同也　阮校云毛本、通解「謂」作「諸」。今按「謂」字是。

〔一二二〕髀脡脊二骨　「髀」武威簡作「脾」，誤。阮校云毛本亦作「脾」。「脡」簡本誤作「脰」。

〔一二三〕祝俎直云脅二骨謂代脅也知者以尸俎無脡脊祝則有之尸俎無代脅祝俎有代脅可知　阮校云自「也知」至「代脅」十八字毛本脱。通解無「知者」二字，餘與單疏本同。今按阮校標目作「祝俎有代脅也知者以尸俎無脡脊祝則有之尸俎無代脅可知」，故校云：「但移『祝俎有代脅』五字置於『尸俎無代脅』下，而以『也』字屬上『謂代脅』爲句，則文勢自順，通解增删未當。」今阮本同單疏，盧宣旬摘録生搬阮校不知變通，致校語無法理解。

〔一二四〕言凡者　阮校云陳、閩同，毛本「言」作「亦」。

〔一二五〕觳折　阮校云「觳」陳、閩俱作「穀」。

〔一二六〕約三體之外　阮校云毛本「約」下有「有」字。

〔一二七〕長脅二骨　武威簡脱「骨」字。

〔一二八〕又加其可併者二　阮校云徐本、集釋、楊氏同，毛本「加」作「於」，通解「加」上有「於」字。

〔一二九〕主人又云臂　阮校云通解同，毛本「又」作「右」。今按「又」是也。

〔一三〇〕主婦俎觳折　「觳」武威簡作「穀」，下同。鄭注：「古文觳皆作穀。」簡本用古文。

〔一三一〕折分後右足　阮校云「分」下要義有「也」字。按疏述注無「折」字，疑此注「折」下脱「分也」二字。

〔一三二〕左足大卑故知用後右足故鄭云辟大夫妻也　阮校云毛本作「左足大卑故也」，脱中間十八字。按複句疑衍「故知」二字。

〔一三三〕賓骼　「骼」武威簡作「胳」。有司：「羊骼一。」鄭注：「古文骼爲胳。」簡用古文。

〔一三四〕所以明惠之必均也　阮校云徐本、集釋、通解、要義同，毛本無「明」字。

〔一三五〕私臣自己所辟除者　阮校引段玉裁云「自」當是「目」字，此與喪服注「私兄弟目其親族也」同。

〔一三六〕執巾以授尸　阮校云「授」毛本作「接」，通解、要義俱作「授」。

〔一三七〕獻次兄弟　「次」下武威簡有「衆」字。

〔一三八〕祭祀有上事者貴之　阮校云此句下集釋有「非執事者」四字。按注上云「獻在後者，賤也」，故此句釋之有事爲貴，則無事者賤矣；下云「亦皆與旅」，即承賤者言，古人文簡，似不必如集釋所增。今按疏述注有此四字。

〔一三九〕鄉釋執事者貴　阮校云「鄉釋」毛本作「卿擇」，陳本作「鄉擇」。按「鄉」讀曰曏，「曏釋」猶言舊解也。

儀禮注疏卷第四十七

儀禮卷第十六

唐朝散大夫行大學博士弘文館學士臣賈公彦等撰

少牢饋食禮第十六

〇少牢饋食禮第十六，鄭云：「諸侯之卿大夫，祭其祖禰於廟之禮。」

【疏】「少牢饋食禮第十六」　鄭目録云：「諸侯之卿大夫，祭其祖禰於廟之禮。羊、豕曰少牢。少牢於五禮屬吉禮。大戴第八，小戴第十一，别録第十六。」鄭知「諸侯之卿大夫」者，曲禮下云「大夫以索牛」，用大牢，是天子卿大夫，明此用少牢，爲諸侯之卿大夫可知。賓尸是卿，不賓尸爲下大夫爲異也。

儀禮　鄭氏注

少牢饋食之禮。禮將祭祀，必先擇牲，繫于牢而芻之。羊、豕曰少牢，諸侯之卿大夫祭宗廟之牲。〇而芻，初俱反，猶養也。

【疏】「少牢饋食之禮」　注「禮將」至「之牲」　自此盡「如初儀」，論卿大夫祭前十日先筮日之事。云「禮將祭祀，必先擇牲，繫于牢而芻之」者，案周禮地官充人職云「掌繫祭祀之牲牷。祀五帝，則繫于牢，芻之三月。享先王亦如之」，注云「牢，閑也。必有閑者，防禽獸觸齧。養牛、羊曰芻。三月，一時節氣成」。案楚語諸侯卿大夫等雖不得三月，亦皆有養牲之法，故鄭據焉。言「芻之」，唯據羊，若豕則曰豢，〔一〕故地官槁人職云「掌豢祭祀之犬」，樂記亦云「豢豕作酒，非以爲禍」，不言豕曰豢，文略也。云「羊、豕曰少牢」者，對三牲具爲大牢。若然，豕亦有牢稱，故詩公劉

云「執豕於牢」，下經云「上利升牢心、舌」，注云「牢，羊、豕也」，是豕亦稱牢也。但非一牲，即得牢稱，一牲即不得牢名。故郊特牲與士特牲皆不言牢也。

日用丁、己。〔二〕內事用柔日。必丁、己者，取其令名，自丁寧，自變改，皆爲謹敬。必先諏此日，明日乃筮。○丁己，音紀，〔三〕注皆同。先諏，子須反。

【疏】「日用丁己」 注「內事」至「乃筮」 云「內事用柔日」，曲禮文。彼云「外事以剛日，內事以柔日」，內事謂冠、昏、祭祀；〔四〕出郊爲外事，謂征伐、巡守之等。若然，甲、丙、戊、庚、壬爲剛日，乙、丁、己、辛、癸爲柔日。今直言「丁、己」者，鄭云「取其令名，自丁寧，自變改，皆爲謹敬」之義故也。云「必先諏此日，明日乃筮」者，以其舉事尚朝旦，不可今日謀日即筮，是以此文云「日用丁、己」，乃云「筮旬有一日」，是別於後日乃筮也。

筮旬有一日。旬，十日也。以先月下旬之己，筮來月上旬之己。

【疏】「筮旬有一日」 注「旬十」至「之己」 知「旬，十日」者，〔五〕此云「旬有一日」，「以先月下旬之己，筮來月上旬之己」者，除後己之前，通前己爲十日，十日爲齊，後己日則祭。若然，筮日即齊乃可，故下文筮日即云「乃戒官」，不云「厥明」也。鄭直云「下旬己」、「上旬己」，據用己一日而言。若用丁，言先月下旬丁，筮來月上旬丁。若丁、己之外，辛、乙之等皆然。鄭必言「來月上旬」，不用中旬。下旬者，吉事先近日故也。〔六〕

筮於廟門之外。主人朝服，西面于門東。史朝服，左執筮，右抽上韇，〔七〕**兼與筮執之，東面受命于主人。**史，家臣，主筮事者。○朝服，直遥反，後朝服皆放此。上韇，徒木反。

【疏】「筮於」至「主人」 注「史家」至「事者」 云「主人朝服，西面于門東」者，此爲將筮，故西面。案下文「爲期于廟門

外，主人門東，南面」，注云「主人不西面者，大夫尊，於諸臣有君道也」者，彼不爲卜筮之事，故主人南面也。又「主人朝服」者，爲祭而筮，還服祭服，是以上篇特牲筮亦服祭服玄端。以此而言，天子、諸侯爲祭卜筮，亦服祭服。案司服云「享先王則衮冕」，祭義云「易抱龜南面，天子衮冕北面，雖有明知之心，必進斷其志焉」，是爲祭而卜，還服祭服，則諸侯爲祭卜筮，服祭服可知。若爲他事卜筮，則異於此，孝經注云「卜筮冠皮弁，衣素積，百王同之，不改易」，士冠「主人朝服」，注云「尊蓍龜之道」是也。云「史，家臣，主筮事者」，案雜記大夫士筮亦云「史練冠長衣」，是史主筮事也。

主人曰：「孝孫某，來日丁亥，〔八〕用薦歲事于皇祖伯某，以某妃配某氏，〔九〕尚饗！」〔一〇〕丁未必亥也，直舉一日以言之耳。禘于大廟禮，曰「日用丁亥」，不得丁亥則己亥、辛亥亦用之，無則苟有亥焉可也。薦，進也，進歲時之祭事也。皇，君也。伯某，且字也，大夫或因字爲謚。春秋傳曰「魯無駭卒，請謚與族。公命之以字爲展氏」是也。某，仲、叔、季，〔一一〕亦曰仲某、叔某、季某。某妃，某妻也。合食曰配。某氏若言姜氏、子氏也。尚，庶幾。饗，歆也。○大廟，音泰，下文大筮、大祝皆同。

【疏】「主人」至「尚饗」　注「丁未」至「歆也」　云「丁未必亥也，直舉一日以言之耳」者，以日有十，辰有十二，以五剛日配六陽辰，以五柔日配六陰辰，若云甲子、乙丑之等，以日配辰，丁日不定，故云「丁未必亥」；經云「丁亥」者，不能具載，直舉一日，以丁當亥而言，餘或以己當亥，或以丁當丑，此等皆得用之也。云「禘于大廟禮，曰『日用丁亥』」者，大戴禮文。引之證祭用丁亥之義也。云「不得丁亥則己亥、辛亥亦用之」者，鄭云此吉事先近日，唯用上旬，若上旬之内或不得丁、己以配亥，或上旬之内無亥以配日，則餘陰辰亦用之。故春秋宣八年經書「辛巳有事於大廟」，文二年經書「八月丁卯，大事于大廟」，昭十五年經書「二月癸酉，有事于武宫」，桓十四年「乙亥嘗」，此等皆不獨用丁、己之日與亥辰也。云「無則苟有亥焉可也」者，此即乙亥是也。必須亥者，案月令云「乃擇元辰」，天子乃

耕，注云「元辰蓋郊後之吉亥也」。陰陽式法，亥爲天倉，祭祀所以求福，宜稼于田，故先取亥，上旬無亥，乃用餘辰也。云「伯某，且字也」者，以「某」在「伯」下；若其在「子」上者，〔一二〕「某」是伯、仲、叔、季，以「某，且字」，不得在子上故也。云「大夫或因字爲謚」者，謂因二十冠而字爲謚。知者，以某且字者，觀德明功，若五十字，〔一三〕人人皆有，非功德之事，故知取二十字爲謚也。〔一四〕春秋者，案隱八年左氏傳云「無駭卒，羽父請謚與族。公問族於衆仲，衆仲對曰：『天子建德，因生以賜姓，胙之土而命之氏。諸侯以字爲謚，因以爲族』，公命以字爲展氏」。彼無駭之祖公子展，以展爲謚，在春秋前，其孫無駭取以爲族，故公命爲展氏。若然，無駭賜族不賜謚。引之者，大夫有因字爲謚，證「伯某」某或且字，有謚者，即某爲謚也。此經云「伯某」，是正祭之稱也。若時有告請，及非常祭祀，〔一五〕則去「伯」直云且字，言某甫，則聘禮「賜饔，唯羹飪，筮一尸，若昭若穆。僕爲祝，祝曰：『孝孫某，薦嘉禮于皇祖某甫』」是也。若卿大夫無謚，正祭與非常祭一，皆言五十字，在「子」上，與士正祭禮同，則云「某子」，故聘禮記云「皇考某子」是也。特牲士禮，無謚，正祭稱「皇考某子」，若士告請之祭，則稱且字，故士虞記云「適爾皇祖某甫」是也。

史曰：「諾。」西面于門西，抽下韇，左執筮，右兼執韇以擊筮。將問吉凶焉，故擊之以動其神。

易曰：「蓍之德圓而神。」〔一六〕

○蓍之，音尸。圜而，于宣反。

【疏】「史曰」至「擊筮」　注「將問」至「而神」　云「史曰：『諾』，西面于門西」者，謂既云「諾」，乃之於門西閾外，西面述命乃筮也。云「左執筮」及下云「擊筮」，筮者皆是蓍，以其用蓍爲筮，因名蓍爲筮。云「兼執韇」者，上文已用右手抽上韇，此經又用右手抽下韇，是二韇兼執之也。云「易曰：『蓍之德圓而神』」者，〔一七〕鄭彼注云：「蓍形圓而可以立變化之數，故謂之神也。」引之者，證蓍有神，故擊而動之也。

遂述命曰：〔一八〕「假爾大筮有常，〔一九〕孝孫某，來日丁亥，用薦歲事于皇祖伯某，以某妃配某氏，尚饗！」述，循也，重以主人辭告筮也。假，借也，言因著之靈以問之。常，吉凶之占繇。○重以，直用反。占繇，直又反，卦兆辭。

【疏】「遂述」至「尚饗」　注「述循」至「占繇」　云「遂述命」者，史既受主人命，乃右還，向闑外西面，遂述上主人之辭，謂之述命。述命訖，〔二〇〕乃連言曰「假爾大筮有常」，此是即席西面命筮。與述命同爲一辭者，對士喪禮卜葬日，云「不述命」，若述命即與「即席西面命龜」異，異者，〔二一〕鄭注云「述命命龜異龜，重威儀多也」，對此大夫少牢述命、命筮同，筮輕威儀少爲文也。云「常，吉凶之占繇」者，謂應凶告吉，應吉告凶，則不常此吉凶之占。依龜之繇辭，繇辭則占龜之長，若易之爻辭，以占筮也。

乃釋韇，〔二二〕立筮。卿大夫之著長五尺，立筮由便。○由便，婢面反，後皆同。〔二三〕

【疏】「乃釋韇，立筮」　注「卿大」至「由便」　云「卿大夫之著長五尺」者，大戴禮、〔三〕正記皆有此文。「立筮由便」，以其著長立筮爲便，對士之著三尺，坐筮爲便。若然，諸侯著七尺，〔二四〕天子著九尺，立筮可知。

卦者在左坐，卦以木。〔二五〕卒筮，乃書卦于木，示主人。〔二六〕乃退占。卦者，史之屬也。卦以木者，每一爻畫地以識之，六爻備，書於板，〔二七〕史受以示主人。退，占東面，旅占之。○畫地，音獲。

【疏】「卦者」至「退占」　注「卦者」至「占之」　云「卦者，史之屬也」者，以其筮是史，故知「卦者」是「史之屬也」。云「書於版」者，釋經「書卦于木」，木即版也。云「史受以示主人」者，以經「書卦」是畫卦者，恐是卦者以示於主人，以卦

者卑，宜還使筮史受以示主人也。〔二八〕

吉則史韇筮。史兼執筮與卦，以告于主人：「占曰從。」從者，求吉得吉之言。

【疏】注「從者」至「之言」　以主人之祭本以求吉，今以疑而問筮，筮而得吉，是從主人本心，故曰「從者，是求吉得吉之言」也。

乃官戒，宗人命滌，〔二九〕宰命爲酒，乃退。官戒，戒諸官也，當共祭祀事者，使之具其物且齊也。滌，溉濯祭器，〔三〇〕埽除宗廟。○命滌，大歷反。當共，音恭。且齊，側皆反，下同。滌溉，古愛反，一本作濯。

【疏】「乃官」至「乃退」　注「官戒」至「宗廟」　云「官戒，戒諸官也，當共祭祀事者，使之具其物且齊也。滌，溉濯祭器，埽除宗廟」者，此其筮祭日得吉，當以崇祭事，故知官戒戒諸官，有此數事。此等皆事，見於下文，故鄭摠而言也。

若不吉，則及遠日又筮日如初。〔三一〕及，至也。遠日，後丁若後己。

【疏】「若不」至「如初」　注「及至」至「後己」　云「遠日，後丁若後己」者，案上曲禮云「喪事先遠日，吉事先近日」，「近日」即上旬丁、己是也。若上旬丁、己不吉，〔三二〕則至上旬又筮中旬丁、己；不吉，至中旬又筮下旬丁、己。不吉則止，不祭，以其卜筮不過三也。是以鄭云「後丁若後己」也。

宿。宿讀爲肅，肅，進也。大夫尊，儀益多，筮日既戒諸官以齊戒矣，至前祭一日，又戒以進之，使知祭日當來。古文「宿」皆作「羞」。

【疏】「宿」　注「宿讀」至「作羞」　自此盡「改筮尸」，論筮尸、宿尸及宿諸官之事。云「大夫尊，儀益多」者，其大夫宿戒

兩有，士有宿而無戒，是儀畧，故云大夫儀多也。此直是儀多，而云「益多」者，據士尸一宿，下文大夫尸再宿，是儀「益多」，益多猶云彌多也。此云「前祭一日，又戒以進之，使知祭日當來」，并下文「明日朝服，筮尸」，並是前祭一日。唯下文「前宿一日，宿戒尸」者，是前祭二日，以言「前宿一日」，明祭前二日可知也。

前宿一日，宿戒尸。皆肅諸官之日。又先肅尸者，重所用爲尸者，又爲將筮。○又爲，于僞反，下爲此、爲尸同。

【疏】注「皆肅」至「將筮」　云「皆肅諸官之日」者，解經「宿」是「肅諸官之日」。云「又先肅尸者」，揔解經「前宿一日，宿戒尸」，〔三三〕謂是肅諸官之日前，又先肅尸，校「一日」當祭前二日也。云「重所用爲尸者」，肅諸官唯一，肅尸有再肅，是「重所用爲尸者」故也。云「又爲將筮」者，亦是肅之，「使知祭日當來」故也。若然，宿與戒前後名不同，今合言之者，以前有十日之戒，後有一日之宿，若單言戒，嫌同十日；若單言宿，嫌同一日，故宿戒並言，明其別也，或可。此是初戒尸，云「宿戒尸」者，故加「宿」字於「戒」上也。

明日朝，〔三四〕筮尸，如筮日之禮。命曰：「孝孫某，來日丁亥，用薦歲事于皇祖伯某，〔三五〕以某妃配某氏，以某之某爲尸，尚饗！」筮、卦、占如初。某之某者，字尸父而名尸也。字尸父，尊鬼神也。不前期三日筮尸者，大夫下人君，祭之朝乃視濯，與士異。○下人，户嫁反。

【疏】「明日」至「如初」　注「某之」至「士異」　云「某之某者，字尸父而名尸也」者，案曲禮云父在「不爲尸」，注云「爲其失子道」。然則尸卜筮無父者」。若然，凡爲人尸者，父皆死矣。死者當諱其名，今對尸，故知不稱尸父之名，故上「某」是尸之父字，下「某」爲尸名，是生者可稱名，是以云「字尸父而名尸也」。云「字尸父，尊鬼神也」者，以不稱名是尊鬼神也。云「不前期三日筮尸者，大夫下人君」者，決上篇特牲士禮云「前期三日，筮尸」，此祭前一日筮尸吉，

遂宿尸，不同之事。但天子諸侯前期十日，卜得吉日，則戒諸官散齊，至前祭三日，卜尸得吉，又戒宿諸官，使之致齊，士卑不嫌，故得與人君同三日筮尸，但下人君不得散齊七日耳。大夫尊不敢與人君同，直散齊九日，前祭一日筮尸，〔三六〕并宿諸官致齊也。云「祭之朝乃視濯，與士異」者，亦是士卑，得與人君同，祭前一日視濯；大夫尊不敢與人君同，故與士異也。云「與士異」，亦是「下人君」；「下人君」亦是「與士異」，互换省文爲義也。

吉則乃遂宿尸，祝擯。筮吉又遂肅尸，重尸也。既肅尸乃肅諸官及執事者，祝爲擯者。尸，神象。

【疏】「吉則」至「祝擯」　注「筮吉」至「神象」　云「筮吉又遂肅尸，重尸也」者，以其諸官一肅，〔三七〕其尸（元缺一字）已宿訖，〔三八〕今筮吉，又肅再肅者，是重尸者也。云「既肅尸乃肅諸官及執事者」，此重解上文「宿」，是此「宿尸」後事。置於上文者，彼爲前宿一日宿戒尸之事，故云也，其實當在此重「肅尸」之後也。云「祝爲擯者。尸，神象」者，決前筮尸時，皆主人出命，至此使祝擯，以尸是神象，故使祝擯也。案特牲使宗人擯主人辭，又有祝共傳命者，士卑不嫌兩有，與人君同；此大夫尊下人君，故闕之，唯有祝擯而已。又此尸不言出門面位，案特牲主人宿尸時，「尸如主人服出門，左，西面」，鄭注云「不敢南面當尊」，則大夫之尸尊，尸出門徑南面，故主人與尸皆不在門東、門西也。

主人再拜稽首。祝告曰：「孝孫某，來日丁亥，用薦歲事于皇祖伯某，以某妃配某氏，敢宿。」〔三九〕告尸以主人爲此事來肅。〔四〇〕尸拜，許諾，〔四一〕主人又再拜稽首。

主人退，尸送，揖，不拜。尸不拜者，尸尊。

【疏】注「尸不拜者尸尊」　凡賓主之禮，賓去主人皆拜送，今云「尸送，揖，不拜」者，以大夫「尸尊」故也。

若不吉，則遂改筮尸。即改筮之，不及遠日。

【疏】注「即改」至「遠日」 此決上文筮日不吉筮遠日者，以日爲祭祀之本，須取丁、己之類，故須取遠日後旬丁。此筮尸不吉，不須退至後旬，故筮不待遠日也。

既宿尸，反，爲期于廟門之外。爲期，肅諸官而皆至，定祭早晏之期，爲期亦夕時也。言「既肅尸，反，爲期」，明大夫尊，肅尸而已。其爲賓及執事者，使人肅之。

【疏】「既肅」至「之外」 注「爲期」至「肅之」 自此盡「曰諾，乃退」，論宗人請祭期之事。云「爲期，肅諸官而皆至」者，此即上文「宿」同時之事，以其後宿尸，及宿諸官與爲期，皆於祭前之日也。知「爲期亦夕時也」者，案特牲云「厥明夕，陳鼎于門外」，又下文同日夕時而云「請期，曰羹飪」，是夕時，則此大夫禮爲期，亦「夕時」可知也。知「大夫尊」直「肅尸」，餘「使人肅之」者，以經云「宿尸，反」，即云「爲期」，明大夫不自肅賓以下可知，故云「使人肅之」也。

主人門東，南面。宗人朝服，北面，曰：「請祭期。」主人曰：「比於子。」比次早晏，在於子也。主人不西面者，大夫尊，於諸官有君道也。爲期，亦唯尸不來也。○比於，毗志反，次也，注同。

【疏】注「比次」至「來也」 言「比次早晏」者，一日一夜辰有十二，冬日夏夜，長短不同，是以推量比次日辰之早晏也。云「主人不西面者，大夫尊，於諸官有君道也」者，決特牲「主人門外，西面」士卑，於屬吏無君道故也。云「爲期，亦唯尸不來也」者，言亦特牲爲期時，「賓及衆賓即位于門西」時，無尸；此大夫禮，餘賓之等並來，亦唯尸不來，是以主人「南面」，亦爲無尸也。

宗人曰：「旦明行事。」主人曰：「諾。」乃退。旦明，旦日質明。

明日，主人朝服，即位于廟門之外，東方，南面。宰、宗人西面，北上。牲北首，東上。司馬刲羊。司士擊豕。宗人告備，乃退。刲、擊皆謂殺之，此實既省告備乃殺之，文互者，省也。〔四二〕尚書傳曰：「羊屬火，豕屬水。」〇刲羊，苦圭反。省也，所景反。

【疏】「明日」至「乃退」　注「刲擊」至「屬水」　自此盡「東榮」，論視殺、視濯之事。案特牲視牲與視殺別日，今少牢不言視牲，直言刲、擊，「告備，乃退」者，省。此大夫禮視牲告充，即刲、擊殺之，下人君。士卑不嫌，故異日矣。必知人君視殺別日者，大宰職云「及執事，眡滌濯，及納亨，贊王牲事」，注云「納亨，納牲，將告殺，謂鄉祭之晨，既殺，以授亨人」；又云「及祀之日，贊玉幣爵之事」，注云「日旦明也」，是其視牲與殺別日。案祭義云「君牽牲。穆荅君，卿大夫序從。既入門，麗于碑，卿大夫袒，而毛牛尚耳」，諸侯禮殺于門內。此大夫與特牲士皆殺于門外者，辟人君。〔四三〕云「刲、擊皆謂殺之」者，豕言「擊」，動之使鳴，是視牲也；羊言「刲」，謂殺之，是視殺也。大夫視牲、視殺同日，故互見皆有，故鄭云「刲、擊皆謂殺之」。又云「此實既省告備乃殺之，文互者，省也」者，亦是視牲訖即視殺，如鄉所解。〔四四〕下言「告備」，欲見兼有也。云「尚書傳曰：『羊屬火，豕屬水』」者，此尚書大傳文。引之者，解「司馬刲羊」，以其司馬火官，還使刲羊，羊屬火故也。〔四五〕案周禮鄭注「司空奉豕」，司士乃司馬之屬官。今不使司空者，諸侯猶兼官，大夫又職職相兼，〔四六〕況士無官，僕隸爲司馬、司士，兼其職可知，故「司士擊豕」也。

雍人概鼎、匕、俎于雍爨，〔四七〕雍爨在門東南，北上。雍人，掌割亨之事者。爨，竈也，在門東南，統於主人，北上。羊、豕、魚、腊皆有竈，竈西有鑊。凡概者，皆陳之而後告絜。○人概，古愛反。割亨，普庚反。

【疏】注「雍人」至「告絜」　云「雍人，掌割亨之事者」，周禮饔人職文。云「凡概者，皆陳之而後告絜」者，案特牲視濯時皆陳之，視訖告絜，此亦當然。

廩人概甑、甗、匕與敦于廩爨，〔四八〕廩爨在雍爨之北。廩人，掌米入之藏者。甗如甑，一孔。匕，所以匕黍稷者也。古文「甑」爲「烝」。○廩人，力甚反，注同。甑甗，子孕反；下魚展反，又音言，劉音彦，又魚變反。與敦，音對，劉又都愛反，後皆放此。爲烝，之膺反。

【疏】注「廩人」至「爲烝」　云「廩人，掌米入之藏者」，周禮地官廩人職文，以其穀入倉人，米入廩人故也。云「甗如甑，一孔」者，案冬官陶人職云「甗，實二鬴，厚半寸，脣寸。甑實二鬴，厚半寸，脣寸，七穿」，鄭司農云「甗，無底甑」，以其無底，故以一孔解之。云「匕，所以匕黍稷者也」者，上雍人云「匕」者，所以匕肉；此廩人所掌米，故云「匕黍稷也」。

司宫概豆、籩、勺、爵、觚、觶、几、洗、篚于東堂下，〔四九〕勺、爵、觚、觶實于篚。卒概，饌豆、籩與篚于房中，〔五〇〕放于西方。〔五一〕設洗于阼階東南，當東榮。放，猶依也。大夫攝官，司宫兼掌祭器也。○放于，方往反，注同，猶依也。

【疏】「司宮」至「東榮」　注「放猶」至「器也」　案特牲云「宗人升自西階，視壺濯及豆、籩。反降，東北面告濯具」，鄭注云「不言絜，以有几席」。若然，彼几、席不概，則几、洗、篚三者亦不概，而并言之者，以其同降于東堂下，故繼觚、觶連言之，其實不概也。云「大夫攝官，司宮兼掌祭器」者，下文「司宮筵」神席「於奥」，此又掌豆、籩之等，故鄭云「攝官」。案内則鄭注云「諸侯兼官」者，彼對天子。天子六卿，諸侯三卿兼六卿。此則大夫對諸侯，諸侯具官，大夫攝官也。

羹定，雍人陳鼎五。〔五二〕三鼎在羊鑊之西，〔五三〕二鼎在豕鑊之西。魚、腊從羊，膚從豕，統於牲。○羹定，多佞反。

【疏】「羹定」至「之西」　注「魚腊」至「於牲」　自此盡「簟巾于西階東」，論鼎及豆、籩、盤、匜等之事。云「魚、腊從羊，膚從豕，統於牲」者，案公食大夫云「甸人陳鼎」，鄭注云「甸人，冢宰之屬，兼亨人者」。此大夫「雍人陳鼎」者，周禮甸人掌供「薪烝」與亨爨，聯職相通，是以諸侯無亨人，故甸人陳鼎；此大夫又無甸人，故使雍人與亨人聯職，故亨人云「職外内饔之爨亨」，故使饔人也。云「魚、腊從羊，膚從豕」者，上文概鼎時，鄭云「羊、豕、魚、腊皆有竈」，今陳鼎宜各當其鑊，此「三鼎在羊鑊之西，二鼎在豕鑊之西」，〔五四〕故云「魚、腊從羊，膚從豕」也，其實羊、豕、魚、腊各有鑊也。此直有羊、豕，言皆有鑊，前注何知。〔五五〕「魚、腊皆有竈」，案士虞禮云「側亨於廟門外之右東面」。魚、腊爨在廟門外東南，魚、腊爨在其南，士之魚、腊皆有爨，則大夫魚、腊皆有鑊可知，故羊、豕、魚、腊皆有竈也。

司馬升羊右胖，〔五六〕髀不升，肩、臂、臑、膞、骼；〔五七〕正脊一、脡脊一、橫

脊一、短脅一、正脅一、代脅一，皆二骨以並；腸三、胃三、舉肺一、祭肺三，實于一鼎。升，猶上也。上右胖，周所貴也。髀不升，近竅賤也。肩、臂、臑，肱骨也。膊、骼，股骨。脊，從前爲正。脅，旁中爲正。脊先前，脅先後，屈而反，猶器之綪也。並，併也，脊、脅骨多，六體各取二骨併之，以多爲貴。舉肺一，尸食所先舉也。祭肺三，爲尸、主人、主婦。古文「胖」皆作「辯」，「髀」皆作「脾」。今文「並」皆爲「併」。○右胖，音判。髀，步禮反。又方爾反。臂臑，〔五八〕奴到反，又人于反。膊，劉音純，説文「之允反」。〔五九〕骼，音格，又音各，下同。脡，他頂反。猶上，時掌反，下同。近竅，附近之近，下苦弔反。從前，劉子容反。綪，側耕反，後同。併也，步頂反，下文同。作辯，音遍，一音皮莧反。作脾，必爾反，又婢支反。

【疏】「司馬」至「一鼎」　注「升猶」至「爲併」　上十一體言「一」者，〔六〇〕見其體也。下言「皆二骨以並」，見一體皆有二骨也。云「脊，從前爲正。脅，旁中爲正。脊先前，脅先後，屈而反，猶器之綪也」，云「先前」者，正脊是也；「先後」者，即短脅是也，故特牲記云「尸俎正脊二骨，横脊，長脅二骨，短脅」，鄭注云「脊無中，脅無前，貶也」，明代脅最在前也。「脊先前，脅先後」者，取綪屈之義。若然，脊以前爲「正」，其次名「脡」，卻後名「横」者，取脡脡然直，〔六一〕後言「横」者，取闊於脡。凡名骨皆隨形名之，唯言「正」者，以義取稱焉。此言「綪」者，指解脊，不取肩、骼也。若尸舉牲體，則脅、肩、骼爲綪，故鄭注特牲云：「舉先正脊，後肩，自上而卻下，綪而前，終始之次也」，故尸舉牲體如綪也。案下注云「升之以尊卑」，此注云「猶器之綪也」，若綪則不得見尊卑，若以尊卑升，復不得見綪，兩注似乖者，凡牲體四支爲貴，故先序肩、臂、臑、膊、骼爲上，是尊；然後序脊、脅於下，是卑；次應先言正脅，〔六二〕而先言短者，又取綪之義也，但所序骨體各有宜，不可準定也。若然，既以尊卑升之，而祭肺貴序在下者，腸、胃及肺在内，不得與外體爲尊卑之次，當以腸内自爲先後之次也。云「脊、脅骨多，六體各取二骨併之，以多爲貴」者，此經肩、臂已下皆言「一」，至十一體之下揔言「皆二骨」，知二骨據脊、脅骨多。六體各取二骨者，案特牲記肩、臂、臑、肫、胳不言二骨，至序脊、脅即言「二骨以並」，故知此言「皆二骨」，亦據脊、脅可知也。

司士升豕右胖，髀不升，肩、臂、臑、膊、骼；正脊一、脡脊一、横脊一、短脅一、正脅一、代脅一，皆二骨以並；舉肺一、祭肺三，實于一鼎。豕無腸、胃，君子不食溷腴。〔六三〕○溷，音患，又户困反。腴，羊朱反。

【疏】注「豕無」至「溷腴」　云「君子不食溷腴」，禮記少儀文，彼注云：「腴有似於人穢。」故樂記注云「以穀食犬、豕曰豢」，是「似人」也。

雍人倫膚九，〔六四〕實于一鼎。倫，擇也。膚，脅革肉。擇之取美者。

【疏】注「倫擇」至「美者」　知「脅革肉」者，下文云「膚九而俎，亦横載，革順」，故知膚者，是「脅革肉」也。

司士又升魚、腊。魚十有五而鼎，腊一純而鼎，〔六五〕腊用麋。司士又升副倅者，合升左右胖曰純，純猶全也。○副倅，七内反。

【疏】「司士」至「用麋」　注「司士」至「全也」　云「司士又升副倅者」，謂是第三俎，其司士與前文「司士升豕」者别。知者，以下經云「司士三人升魚、腊、膚」，則此豕、魚、腊宜各一人，又此升鼎宜俱時，明是副倅者，非升豕者可知。云「倅」者，案諸子職云「掌國子之倅」，鄭云「是公卿大夫之副貳」，則此云「倅」亦副之别名。以其副牲鼎，故云「副倅」也。

卒脅，皆設扃鼏。〔六六〕乃舉，陳鼎于廟門之外東方，北面，北上。北面，北上，鄉內相隨。古文「鼏」皆爲「密」。○卒脅，之承反。鄉內，許亮反。司宮尊兩甒于房户之間，〔六七〕同棜，皆有冪，〔六八〕甒有玄酒。房户之間，房西室户東也。棜，無足禁者，酒戒也，大夫去足改名，優尊者，若不爲之戒然。古文「甒」皆作「廡」。今文「鼏」作「冪」。〔六九〕○甒，亡甫反，注廡同音。棜，於據反。去足，起吕反。

【疏】「司宮」至「玄酒」 注「房户」至「作冪」 云「棜，無足禁者，酒戒也，大夫去足改名，優尊者，若不爲之戒然」者，此決特牲用棜仍云禁，此改名曰「棜」是優尊者，若不爲神戒然。鄉飲酒雖是大夫禮，猶名「斯禁」者，尋常飲酒，異於祭祀也。

司宮設罍水于洗東，〔七〇〕有枓；設篚于洗西，南肆。枓，㪺水器也。〔七一〕凡設水用罍，沃盥用枓，禮在此也。○設罍，音雷。有枓，音主。㪺水，九于反，劉又苦侯反。

【疏】「司宮」至「南肆」 注「枓㪺」至「此也」 云「凡設水用罍，沃盥用枓，禮在此也」者，言凡揔儀禮一部內，用水者皆須罍盛之，沃盥水者，皆用枓爲之；鄭言「禮在此」者，以士冠禮直言「水在洗東」，士昏禮亦直言「水在洗東」，鄉飲酒、特牲記亦云然，皆不言罍器，亦不云有枓，其燕禮、大射雖云「罍水」，又不言有枓，故鄭注揔云「凡」此等設水用罍，沃盥用枓，其禮具在此，故餘文不具，省文之義也。

改饌豆、籩于房中，南面，如饋之設，實豆、籩之實。〔七二〕改，更也。爲實之更之，威儀多也。如饋之設，如其陳之

左右也，饋設東面。○爲實，于僞反，下爲尸、爲將、爲其、爲神同。

【疏】「改饌」至「之實」 注「改更」至「東面」 前「司官摡豆、籩」訖，「饌豆、籩，放於西方」，今欲實之，乃更設「豆、籩於房中，南面，如饋之」禮。「東面設」然者，此大夫禮威儀多，決特牲士禮視濯時，「豆、籩、鉶在東房」；至實豆、籩時，直云「豆、籩、鉶陳於房中，如初」，鄭云「如初者，取而實之，既而反之」，是其不改豆、籩之處，因而實之，是士禮威儀畧也。

小祝設槃匜與簞巾于西階東。爲尸將盥。○槃匜，以支反。與簞，音丹。

【疏】「小祝」至「階東」 注「爲尸將盥」 案特牲直云「尸盥，匜水實于槃中，簞巾在門内之右」，不言其人，未聞也。知非祝者，彼下文始言「祝筵几于室中」，注云「至此使祝接神」，明前非祝也。

主人朝服，即位于阼階東，西面。爲將祭也。

【疏】「主人」至「西面」 注「爲將祭也」 自此盡「革順」，論祭時將至，布設舉鼎匕載之事。

司宫筵于奥。〔七三〕祝設几于筵上，右之。布陳神坐也。室中西南隅謂之奥。席東面近南爲右。○于奥，烏報反。神坐，才卧反。

【疏】「司宫」至「右之」 注「布陳」至「爲右」 案特牲云「祝筵几」，鄭云「使祝接神」。此使司宫者，此大夫禮，異於士，故司宫設席，祝設几。大夫官多，故使兩官。若共其事，〔七四〕亦是接神，故「祝設几」也。

主人出迎鼎，除鼏。士盥，舉鼎，主人先入。道之也。主人不盥，不舉。○道之，音導，下爲道同。

【疏】注「道之」至「不舉」 此決特牲主人降及賓盥，士禮自舉鼎，此大夫尊不舉，故不盥也。

司宮取二勺于篚，洗之，兼執以升。〔七五〕乃啓二尊之蓋幂，奠于棜上。加二勺于二尊，〔七六〕覆之，南柄。二尊，兩甒也。今文「啓」爲「開」。古文「柄」皆爲「枋」。○作枋，彼命反。

【疏】「司宮」至「南柄」 注「二尊」至「爲枋」 云「二尊，兩甒」者，即上「司宫尊兩甒于房户之間」是也。知二勺兩尊用之者，玄酒雖有不酌，重古如酌者然也。

鼎序入，〔七七〕雍正執一匕以從，雍府執四匕以從，司士合執二俎以從，司士贊者二人皆合執二俎以相，從入。相，助。○以從，如字，又才用反，後放此。以相，息亮反，注同助也。陳鼎于東方，當序，南于洗西，皆西面，北上，膚爲下。匕皆加于鼎，東枋。膚爲下，以其加也。南于洗西，陳於洗西南。

【疏】「陳鼎」至「東枋」 注「膚爲」至「西南」 此云「膚爲下」，門外陳鼎時不言，至此言之者，以膚者豕之實，前陳鼎在門外時，未有俎，據鼎所陳，則膚在魚上；今將載於俎設之，最在後，故須分别之也。云「膚爲下，以其加」者，以羊無别俎，而豕有膚俎，故謂之「加」，以加爲下也。云「南于洗西，陳于洗西南」者，洗當東榮，近東也，其陳鼎鼎當東序，則近西也；而言「南于洗西」，則鼎陳于洗西，稍近南，東西不得與洗相當也。

俎皆設于鼎西，西肆。肵俎在羊俎之北，亦西肆。肵俎在北，將先載也。異其設文，不當鼎。○肵俎，音祈。

【疏】「俎皆」至「西肆」　注「肵俎」至「當鼎」　云「異其設文，不當鼎」者，羊俎在羊鼎西，今云「肵俎在羊俎北」，不繼鼎，明不當鼎也。若繼鼎言者，即在鼎西也。

宗人遣賓就主人，皆盥于洗，長朼。長朼者，長賓先，次賓後也。主人不朼。言「就主人」者，明親臨之。古文「朼」作「匕」。○長朼，〔七八〕丁丈反，注及下賓長同。

佐食上利升牢心、舌，載于肵俎。心皆安下切上，〔七九〕午割勿没，其載于肵俎，〔八〇〕末在上。舌皆切本末，亦午割勿没，其載于肵，横之。皆如初爲之于爨也。〔八一〕牢，羊、豕也。安，平也，平割其下，於載便也。凡割本末，食必正也。午割，使可絶也；勿没，爲其分散也。肵之爲言敬也，所以敬尸也。周禮祭尚肺，事尸尚心、舌，心、舌知滋味。今文「切」皆爲「刌」。○爲刌，七本反。

【疏】「佐食」至「爨也」　注「牢羊」至「爲刌」　言「皆如初爲之于爨也」者，經言此者，以前膚鼎時不見心、舌，嫌不在爨，故明之。云「皆如初爲之于爨」，皆者，〔八二〕皆羊、豕，〔八三〕羊、豕皆有心、舌也。案特牲記云「肵俎，心、舌皆去本末，午割之，實于牲鼎。載心立，舌縮俎」，即是未入鼎時，則制此心、舌然也。既未入鼎時先制之，是以雖出爨，亦得爲「皆如初」爨也。云「凡割本末，食必正也」者，鄉黨孔子云「割不正不食」，故「割本末」爲食正也。云「肵之爲言敬也」者，郊特牲文，彼云：「肵之爲言敬也」，言所以敬尸也。云「周禮祭尚肺」者，禮記明堂位云「有虞氏祭首，夏后氏祭心，殷祭肝，周祭肺」，是周之禮法祭肺。而此肵俎不取肺而用心者，以其事尸尚心、舌，心、舌知滋味者，

故特牲記鄭注亦云：「心、舌知食味者，欲尸之饗此祭，是以進之。」若然，舌之所嘗五味，乃是心之所知酸苦也，故心、舌併言之。

佐食遷肵俎于阼階西，西縮，乃反。佐食二人。上利升羊，載右胖，〔八四〕髀不升。肩、臂、臑、膞、骼；正脊一、脡脊一、橫脊一、短脅一、正脅一、代脅一，皆二骨以並；腸三、胃三，長皆及俎拒；〔八五〕舉肺一，長終肺；祭肺三，皆切。肩、臂、臑、膞、骼在兩端，〔八六〕脊、脅、肺、肩在上。升之以尊卑，載之以體次，各有宜也。拒，讀爲介距之距，俎距，脛中當橫節也。凡牲體之數及載備於此。○俎拒，音拒。

【疏】「佐食」至「在上」　注「升之」至「於此」　「升羊，載右胖」者，準例實鼎曰升，實俎曰載，今實俎而言「升」者，以其升者上也，是以載俎升、載兩言之也。但此經所載牲體多少，一依上文升鼎，不異而重序之者，以其載俎之時，恐與入鼎時多少有異，故重序之。舉肺、祭肺上已言，今又言之者，以其上升鼎時，直言「舉肺一、祭肺三」，不言長短。上所以不言長短者，以其入鼎時二者未制，故不辯長短，至此載俎乃制長短及切之，故具辯之也。若然，上升鼎時不制者，若升鼎制之，恐二肺雜亂，是以升俎乃制之。若然，心、舌未升鼎時已午割勿沒不言，至載俎乃言「午割」者，彼二者其體殊異，不雜亂，故俎乃一辯之而已。〔八七〕云「肩、臂、臑、膞、胳在兩端，脊、脅、肺，肩在上」者，此是在俎之次。俎有上下，猶牲體有前後，故肩、臑在上端，膞、胳在下端，脊、脅、肺在中。其載之次序：肩、臂、臑、正脊、脡脊、橫脊、代脅、長脅、短脅、肺、胃、腸、膞、胳也。云「升之以尊卑」者，即上文「上利升羊」以下，序其在鼎也。云「載之以體次」者，俎法四體尊於脊、脅，即經四體「在兩端」，脊、脅、肺在中者，故云「各有宜也」。云「拒讀爲介

距之距」者，案左氏傳昭二十五年云「季、郈之雞鬭，季氏介其雞」，服氏云「擣芥子播其雞羽」，鄭氏云「介甲，爲雞著甲」；又云「郈氏爲之金距」，注云「金距，以金踏距」。今鄭君合取季氏之介，又取郈氏之距，而云「介距之距」也。引之者，彼「距」在雞足爲距，此「俎距」在俎爲横也，是以云「俎距，脛中當横節也」。案明堂位云「俎，有虞氏以梡，夏后氏以嶡，殷以椇，周以房俎」，注云「梡，斷木爲四足而已。嶡之言蹷也，謂中足爲横距之象，周禮謂之距」，彼注云「周禮謂之距」，〔八八〕即指此「俎距」而言，是距爲俎足中央横者也。此言「俎距，脛中當横節」者，案明堂位「夏后氏以嶡」，謂中足之横；下仍有「殷」之「椇」謂横下仍有曲橈之足；下又有「周」之「房俎」，謂四足下更有跗。鄭云「上下兩間，有似於堂、房」，是横下更有二事，故言「脛中當横節也」。云「凡牲體之數及載，備於此」者，案此經即折前體肩、臂、臑兩相爲六，〔八九〕後體膊、胳兩相爲四；短脅、正脅、代脅兩相爲六；脊有三，摠爲十九體，唯不數觳二，通之爲二十一體。二觳正祭不薦於神尸，故不言，是牲體之數備於此。言「及載，備於此」者，上經云升於鼎，此經云載於俎，〔九〇〕是其「及載」備於此也。

下利升豕，其載如羊，無腸、胃。體其載于俎，〔九一〕皆進下。進下，變於食生也，所以交於神明，不敢以食道，敬之至也。鄉飲酒禮「進腠」，羊次其體，豕言「進下」，互相見。

【疏】「下利」至「進下」　注「進下」至「相見」　云「進下，變於食生也」者，決公食大夫、鄉飲酒牲體皆「進腠」，腠是本，是食生人之法；此言進末，末爲終，謂骨之終，食鬼神法，故云「變於食生也」。云「所以交於神明元缺起此至卷末者，郊特牲文。云「不敢以食道」，檀弓文。云「羊次其體，豕言『進下』，互相見」者，「羊次其體」即上經「上利升羊」以下是「次其體」，言「互相見」者，羊言「體」，亦「進下」，豕言「進下」亦「次其體」也。

司士三人升魚、腊、膚。魚用鮒，十有五而俎，縮載，右首，進腴。右首，進腴，亦變於食生也。有司載魚横之。少儀曰：「羞濡魚者進尾。」

【疏】注「右首」至「進尾」 云「右首，進腴，亦變於食生也」者，凡載魚爲生人，首皆向右，進鰭，其祭祀亦首皆在右，進腴。生人、死人皆右首，陳設在地，地道尊右故也。鬼神進腴者，腴是氣之所聚，故祭祀進腴也。生人進鰭者，鰭是脊，生人尚味，故公食大夫云「魚七，縮俎寢右」，鄭注云「右首也。寢右，進鰭也。乾魚近腴，多骨鯁」是也。云「有司載魚横之。少儀曰：『羞濡魚者進尾。』」引之者，欲見正祭與儐尸載魚禮異，又與生人食禮不同。以其尸之禮上大夫「載魚横之」，於人爲縮，於俎爲横，既見乾魚，則進首可知；復取少儀者，「濡魚進尾」，見與乾魚異。有司徹進首，是上大夫繹祭，儐尸之禮有乾魚，横於俎，宜進其首，則少儀「羞濡魚」者，是天子、諸侯繹祭可知；以其天子、諸侯繹祭乾、濕皆有，乾魚則進首，鮮魚則進尾。必知是天子諸侯繹祭者，以其大夫儐尸云加膴祭，少儀云「祭膴」，又與儐尸加膴祭於上同，故知義然也。

腊一純而俎，〔九二〕亦進下，肩在上。如羊、豕。凡腊之體載禮在此。

【疏】注「如羊」至「在此」 以其諸經唯有「腊」文，無升載之事，唯有此經所載之法，故云「載禮在此」也。

膚九而俎，亦横載，革順。列載於俎，令其皮相順。亦者，亦其骨體。

【疏】注「列載」至「骨體」 云「列載於俎，令其皮相順」者，解經「革順」也。「載，革順」，謂以此膚之體，相次而作行列，以膚革相順而載也。云「亦者，亦其骨體」者，上牲體横載，文不明，故舉「膚亦横載」以明之。此「膚」言「横」，則上

羊、豕、骨體亦横載可知也。

校勘記

〔一〕若豕則曰豢　阮校云「豕」上要義有「犬」字。按疏下引稿人職，明犬得稱豢也。

〔二〕日用丁己　唐石經、黄刊嚴州本、徐、毛本「己」皆作「巳」。黄氏校録云作「巳」者誤。今按武威簡作「己」，是。

〔三〕丁己音紀　宋本「己」譌作「巳」，「紀」譌作「祀」，此據徐乾學本改。黄焯彙校引盧文弨云：「宋本譌爲祀，朱子始正之。」

〔四〕内事謂冠昏祭祀　阮校云通解、要義同，毛本「謂」作「爲」。

〔五〕知旬十日者　阮校云要義同，毛本、通解「旬」下有「爲」字。

〔六〕吉事先近日　阮校云通解、要義同，毛本「吉事」作「言是」。今按「吉事」是。

〔七〕右抽上韇　武威簡「抽」作「䌷」，「韇」誤作「犢」。

〔八〕來日丁亥　武威簡無「日」字，下同。沈文倬異文釋云簡本用殷禮款式，與殷墟甲骨文辭例同，以無「日」字於義爲長。

〔九〕以某妃配某氏　武威簡「妃配」作「肥肥」，下同；「氏」作「是」，覲禮鄭注：「古文是爲氏。」簡本用今文。

〔一〇〕尚饗　武威簡「饗」作「薌」。「薌」爲「鄉」之誤加形旁。

〔一一〕某仲叔季　阮校云「某」集釋、敖氏俱作「其」。

〔一二〕若其在子上者　阮校云通解、要義同，毛本「其」作「某」。

〔一三〕若五十字　阮校云要義同，通解、毛本「字」下有「以伯仲」三字。

〔一四〕取二十字爲謚　阮校云要義同，通解、毛本「十」下有「冠而」二字。

〔一五〕及非常祭祀　「及」原作「而」，乃據毛本也。阮校云通解、要義俱作「及」，是。今按單疏作「及」，此據改。

〔一六〕蓍之德圜而神　「圜」毛本作「圓」。

〔一七〕云易曰蓍之德圓而神　阮校魏氏曰「圓」本作「圜」。

〔一八〕遂述命曰　武威簡「述」作「術」，脱「命」字。士喪鄭注：「古文述皆作術。」簡本用古文。

〔一九〕假爾大筮有常　武威簡「爾」作「女」。

〔二〇〕謂之述命述命訖　阮校云通解、要義同，毛本「述命」二字不重出。

〔二一〕異者　阮校云二字通解、毛本無，要義有。

〔二二〕乃釋韇　「釋」武威簡作「舍」。今按大射鄭注：「古文釋爲舍。」簡本用古文。

〔二三〕後皆同　「皆」宋本誤作「者」，此據徐乾學本改。

〔二四〕若然諸侯蓍七尺　阮校云通解同，毛本無「然」字。

〔二五〕卦者在左坐卦以木　二「卦」字武威簡皆作「封」。

〔二六〕乃書卦于木示主人　阮校李氏曰石本「示主人」上有「以」字。今按唐石經無「以」字，武威簡本亦無，則無者是。

〔二七〕六爻備書於板　「板」疏作「版」，張氏從疏。黄氏校録云版、板正俗字。

〔二八〕受以示主人也　毛本無「受」字。

〔二九〕宗人命滌　「滌」武威簡誤作「濯」。

〔三〇〕滌溉濯祭器　阮校許宗彥云，疏有「濯」字，蓋陸本作「溉祭器一本作濯祭器」，賈本則作「溉濯祭器」耳。盧文弨云「濯」字者衍，非。

〔三一〕又筮日如初　「又」，武威簡作「有」。

〔三二〕是也若上旬丁已　阮校云此七字毛本無，要義有。

〔三三〕揔解經前宿一日宿戒尸　阮校云陳、閩、監、通解同，毛本二「宿」字皆作「肅」。

〔三四〕明日朝　武威簡本同。阮校：按張爾岐謂「朝」下有「服」字，石本、監本並脱。今考各本俱無「服」字。沈文倬異文釋云「服」字誤脱，上筮日、下祭日主人皆朝服，無「服」字不成文義。

〔三五〕用薦歲事　阮校云唐石經、徐本、集釋、楊、敖同，通解、毛本「薦」作「爲」。

〔三六〕筮尸　阮校云通解同，毛本「筮」下有「宿」字。

〔三七〕諸官一肅　毛本「肅」作「宿」，下「肅尸」同。

〔三八〕其尸已宿訖　阮校云「尸」下此本空一字，通解作「上已宿尸訖」。按此本所空疑是「上」字。

〔三九〕敢宿　武威簡無「敢」字。

〔四〇〕爲此事來肅　阮校云徐本、集釋、要義、楊氏同，敖氏「肅」作「宿」，通解、毛本無「肅」字。

〔四一〕許諾　武威簡無「諾」字。

〔四二〕省也　阮校云通解、毛本「省」下有「文」字，徐本、集釋、楊、敖俱無，與疏合。今按無者是。

〔四三〕辟人君　毛本「君」下有「一」字。阮校云通解「一」作「也」。

〔四四〕如鄉所解　阮校云陳本同，毛本「鄉」作「卿」。今按「鄉」字是。

〔四五〕還使封羊羊屬火故也　阮校云要義同，毛本不重「羊」字，今按重者是。

〔四六〕大夫又職職相兼　阮校云要義同，毛本無「又」字。

〔四七〕雍人摡鼎　「摡」武威簡作「溉」，乃借字。

〔四八〕廩人摡甑甗　「甗」武威簡作「钀」，二字通用。

〔四九〕几洗篚于東堂下　「几」原作「凡」，武威簡本作「几」，唐石經、嚴、徐作「凡」。陳夢家校云唐石經誤作「凡」。黄氏校録云李本作「几」，是。阮校云楊、敖俱作「几」，與疏合。今據諸説改。

〔五〇〕饌豆籩與篚于房中　「饌」武威簡作「選」，當爲借字。

〔五一〕放于西方　「放」武威簡作「枋」。

〔五二〕雍人陳鼎五　武威簡脱「五」字。

〔五三〕三鼎在羊鑊之西　「鑊」武威簡作「灌」，陳夢家校云「灌」當是「濩」之誤。

〔五四〕二鼎在豕鑊之西　阮校云監本、通解、要義同，毛本「二」作「三」。今按「二」字是。

〔五五〕前注何知　阮校云通解、要義同，毛本「何」作「可」。今按「可」字是。

〔五六〕司馬升羊右胖　「胖」武威簡在「辨」，下同。

〔五七〕腨骼　「腨」武威簡作「肫」，下同。黄氏校録云李本「骼」作「胳」。案單疏作「胳」，是。

〔五八〕臂臑　徐乾學本無「臂」字。

〔五九〕腨劉音純説文之允反　黄焯彙校引惠云：「腨」疑當作「肫」。雷浚云：「之允」爲説文舊音，在大徐之前，然頗疑「允」字有譌；廣韻腨「旨兖切」，又「市兖切」，集韻「主兖切」，又「豎兖切」。黄焯云「允」爲「兖」之譌。今按黄説是。

〔六〇〕上十一體　阮校云「十」上陳、閩俱有「有」字。

〔六一〕名横者取脡脡然直　阮校云毛本、通解「者」上有「脡」字。今按「脡」字當有，與「者」字連讀爲句。

〔六二〕正脅　阮校云陳本、通解同，毛本「正」作「二」。

〔六三〕君子不食溷腴　阮校云「溷」集釋作「圂」。按少儀作「圂」，俗作「溷」。

〔六四〕雍人倫膚九　「倫」武威簡作「論」。公食鄭注：「今文倫或作論。」簡本用今文或體。沈文倬云「倫」、「論」均讀作掄。

〔六五〕腊一純而鼎　「純」武威簡作「肫」，乃借字。

〔六六〕皆設扃鼏　阮校云「鼏」通解、毛本作「冪」。

〔六七〕兩甒　「甒」武威簡作「廡」，下同。鄭注：「古文甒皆作廡」，簡本用古文。

〔六八〕皆有冪　「冪」武威簡本作「幕」。黄氏校録云張本改「冪」爲「鼏」，據注也。

〔六九〕今文鼏作冪　阮校云徐本、張氏同，與此文標目合，毛本、通解、集釋「鼏」、「冪」二字俱倒。按「鼎冪」、「尊冪」在今文則皆作「冪」，在古文則皆作「密」，後人妄爲分别，而刊本又復淆譌，不可致詰。此注當有誤字。張氏據注以改經固非，李、黄據經以改注，亦未爲得。蓋以「冪」爲古、「鼏」爲今，儀禮中無此例。

〔七〇〕設罍水于洗東　「罍」武威簡作「雷」。

〔七一〕枓㪺水器也　「㪺」毛本作「㪺」。

〔七二〕實豆籩之實　武威簡無「之」字。

〔七三〕司宫筵于奥　「奥」武威簡以聲近誤作「嫗」。

〔七四〕若共其事　阮校云毛本、通解無「若」字。

〔七五〕兼執以升　武威簡脱「執」字。

〔七六〕加二勺于二尊　下「二」字武威簡本、唐石經俱有，嚴州本、徐本無。今按有者是。

〔七七〕鼎序入　「序」武威簡作「徐」，乃借字。

〔七八〕長朼　「朼」宋本誤作「杜」，此據徐乾學本改。

〔七九〕心皆安下切上　「切」武威簡作「刌」。鄭注：「今文切皆爲刌。」

〔八〇〕其載于肵俎　武威簡無「俎」字。

〔八一〕皆如初　武威簡無「如」字。

〔八二〕云皆如初爲之于爨皆者　下「皆」字毛本作「也」。

〔八三〕皆羊豕　阮校云要義同，毛本無此三字。

〔八四〕上利升羊載右胖　武威簡脱「載」字。

〔八五〕長皆及俎拒　「拒」武威簡作「椐」。沈文倬云「拒」當讀爲「距」，足也。「椐」爲「距」之聲譌。

〔八六〕肩臂　武威簡脱「肩」字。

〔八七〕故俎乃一辯之而已　阮校云毛本、通解無「之」字。

〔八八〕周禮謂之距　阮校云通解同，毛本「謂」作「爲」，下同，要義誤脱。

〔八九〕即折前體　阮校云「即折」毛本作「節祈」，陳本作「節析」，通解作「節折」。按「即折」是也。

〔九〇〕上經云升於鼎此經云載於俎　阮校云陳本、通解同，毛本兩「云」字並作「文」。

〔九一〕體其載于俎　「載」武威簡作「在」，按二字通用。

〔九二〕腊一純而俎　「純」武威簡作「肫」。

儀禮注疏卷第四十八

唐朝散大夫行大學博士弘文館學士臣賈公彦等撰

卒脀，祝盥于洗，升自西階。主人盥，升自阼階。祝先入，南面。主人從，户内西面。將納祭也。

【疏】「卒脀」至「户内西面」　注「將納祭也」　自此盡「主人又再拜稽首」，論先設置爲陰厭之事也。

主婦被錫，衣移袂，〔一〕薦自東房，韭菹、醓醢，坐奠于筵前。主婦贊者一人亦被錫，〔二〕衣移袂，執葵菹、蠃醢以授主婦。〔三〕主婦不興，遂受，陪設于東，韭菹在南，葵菹在北。主婦興，入于房。被錫，讀爲髲鬄。〔四〕古者或剔賤者、刑者之髮，以被婦人之紒爲飾，〔五〕因名髲鬄焉，此周禮所謂次也。不纚笄者。大夫妻尊，亦衣綃衣，而侈其袂耳。侈者，蓋半士妻之袂以益之，衣三尺三寸，〔六〕袪尺八寸。韭菹、醓醢，朝事之豆也，而饋食用之，豐大夫禮，葵菹在綼。今文「錫」爲「緆」，「蠃」爲「蝸」。〔七〕○被錫，依注讀爲髲鬄，上音皮義反，下大計反，劉士曆反，〔八〕下同。侈袂，本又作移，〔九〕昌爾反。醓，他感反。蠃，力禾反。韭菹，側魚反，作葅亦同。或剔，他計反。之紒，音計。不纚，所買反，又所綺反。亦衣，於既反。綃衣，音消。爲緆，音羊。爲蝸，力禾反，又工華反。

【疏】「主婦被錫衣」至「入于房」　注「被錫」至「爲蝸」　云「主婦贊者一人，亦被錫」者，此「被錫，移袂」與主婦同，〔一〇〕

既一人與主婦同，則其餘不得如主婦，當與士妻同，纚笄綃衣。若士妻與婦人助祭，一皆纚笄綃衣，以綃衣下更無服，服窮則同，故特牲云凡婦人助祭者同服是也。云「被錫，讀爲髲鬄」者，欲見鬄取人髮爲之之義也。云「古者或剔賤者、刑者之髮以被婦人紒爲飾，因名髲鬄焉」者，〔一一〕此解名髲鬄之意。案哀公十七年左傳說衛莊公登城望戎州，「見己氏之妻髮美，使髡之，以爲呂姜髢」，是其取賤者髮爲鬄之事也。〔一二〕云「此周禮所謂次也」者，案周禮追師云「掌王后」以下「副編次」，三翟者首服副，鞠衣、襢衣首服編，褖衣首服次。鄭彼注：「副，首飾，若今步摇；編，編列髮爲之，若今假紒；次，次第髮長短爲之，所謂髲鬄。」鄭云「所謂髲鬄」，鄭云「所謂髲鬄」者，〔一三〕指此文也，是彼此相曉也。云「不纚笄者，大夫妻尊」者，此決特牲「主婦纚笄」，士妻卑故也。云「亦衣綃衣」者，亦如特牲士妻主婦「綃衣」也，綃衣者，六服外之下者。云「而侈其袂耳」。侈者，蓋半士妻之袂以益之，衣三尺三寸，袪尺八寸」者，士妻之袂二尺二寸，袪尺二寸，三分益一，故三尺三寸，〔一四〕袂尺八寸也，故内司服注亦爲此解也。或云衣三尺三寸，或云袂，俱合義，是以喪服記云亦名袂爲衣也。云「韭菹醓醢，朝事之豆也」者，案周禮醢人職「朝事之豆韭菹、醓醢、昌本、麋臡、菁菹、鹿臡、茆菹、麇臡」，〔一五〕彼天子八豆，今大夫取二豆爲饋食用之，豐大夫禮故也。若然，葵菹、蠃醢亦天子饋食之豆，今大夫用之，鄭不言者，彼饋食當其節天子八豆，此大夫取二而已，故不須言之。云「葵菹在綪」者，〔一六〕以其韭菹在南，醓醢在北，今於次東，葵菹在北，蠃醢在南，是其綪次之也。

佐食上利執羊俎，下利執豕俎，司士三人執魚、腊、膚俎，序升自西階，相從入。設俎，羊在豆東，豕亞其北，〔一七〕魚在羊東，腊在豕東，特膚，〔一八〕當俎北端。相助也。○相從，息亮反，注及下注同。主婦自東房執一金敦黍，有蓋，坐設于羊俎之南。婦贊者執敦稷以授主婦，主婦興，受，坐設于魚俎南。又興，

受贊者敦黍，坐設于稷南。又興，受贊者敦稷，〔一九〕坐設于黍南。敦皆南首。主婦興，入于房。〔二〇〕敦有首者，尊者器飾也，飾蓋象龜，周之禮，飾器各以其類，龜有上下甲。今文曰「主婦入于房」。

【疏】「主婦」至「于房」 注「敦有」至「于房」 「敦有首者，尊者器飾也，飾蓋象龜」。知有此義者，以其經曰敦「南首」，明象龜蟲獸之形，〔二一〕故云「首」。知「象龜」者，以其蓋形龜象故也。云「周之禮，飾器各以其類」者，案周禮梓人云「外骨、内骨」，「以脰鳴者」，「以脅鳴者」之類，鄭云「刻畫祭器，博庶物也」；又周禮司尊彝有「雞彝」之等，是周之禮，「飾器各以其類」也。云「龜有上下甲」者，欲言此敦蓋取象之意，以龜有上下甲，故敦蓋象之，是亦取其類也。敦蓋既象龜，明簠亦象龜爲之，故禮器云「管仲鏤簋，朱紘」，〔二二〕注云「謂刻而飾之。大夫刻爲龜耳，諸侯飾以象，天子飾以玉」，言以玉飾之，還依大夫象形爲飾也。天子則簠、敦兼有，九嬪職云「凡祭祀贊玉齍」，注云「玉齍，玉敦，受黍稷器」，是天子八簋之外，兼用敦也。特牲云「佐食分簋、鉶」，注云「爲將餕。敦，有虞氏之器也，周制士用之。變敦言簋，容同姓之士得從周制耳」，則同姓大夫亦用簋。特牲、少牢用敦者，異姓大夫、士也。明堂位云「有虞氏之兩敦，夏后氏之四璉，殷之六瑚，周之八簋」，鄭注云「皆黍稷器，制之異同未聞」。案周禮舍人注「圓曰簋」，孝經注直云「外方曰簠」者，據而言。〔二三〕若然，云「未聞」者，據殷已上未聞，周之簋則聞矣，故易損卦云「二簋可用享」，注云「離爲日，日圓；巽爲木，木器象」，是其周器有聞也；孝經緯鉤命決云「敦規首上下圓相連，簠、簋上圓下方，法陰陽」，是有聞，而鄭云「未聞」者，鄭不信之故也。

祝酌奠，遂命佐食啓會。佐食啓會蓋，〔二四〕二以重，設于敦南。酌、奠，酌酒爲神奠之。後酌者，酒尊要成也。特牲饋食禮曰「祝洗，酌奠，奠于鉶南」，重累之。○啓會，古外反，及下同。以重，直容反，注同。

【疏】注「酌奠」至「累之」 「酌奠，酌酒爲神奠之」者，以其迎尸之前，將爲陰厭，爲神不爲尸，故云「爲神奠之」也。云「後酌者，酒尊要成也」者，上經先設餘饌，此經乃酌者，酒尊物，設饌要由尊者成，故後設之也。引特牲者，酌奠之處當在鉶南，此經不言，故引爲證也。云「重累之」者，以黍稷各二，二者各自當重累於敦南，卻合之也。〔二五〕

主人西面，祝在左。主人再拜稽首。祝祝曰：「孝孫某，敢用柔毛剛鬣、〔二六〕嘉薦、普淖，〔二七〕用薦歲事于皇祖伯某，以某妃配某氏，尚饗！」主人又再拜稽首。羊曰柔毛，豕曰剛鬣。嘉薦，菹醢也。普淖，黍稷也。普，大也。淖，和也。德能大和，乃有黍稷。春秋傳曰「奉粢以告曰絜。粢豐盛，謂其三時不害，而民和年豐也」。○祝祝，下之又反。

剛鬣，力輒反。

普淖，女孝反。

【疏】注「羊曰」至「豐也」 云「羊曰柔毛，豕曰剛鬣」，下曲禮文，羊肥則毛柔濡，〔二八〕豕肥則鬣剛也，彼注云「號牲物者，異於人用也」。引春秋者，證黍稷大和之義。案彼左氏桓六年傳文：「楚武王侵隨，使薳章求成焉，軍於瑕以待之」；「隨人使少師入楚軍董成」；「楚以羸師而納少師」；「少師還，請追楚師。季梁止之曰：『天方授楚，楚之羸，其誘我也。臣聞小之能敵大也，小道大淫。所謂道，忠於民而信於神也。上思利民，忠也。祝史正辭，信也。今民餒而君逞欲，祝史矯舉以祭，臣不知其可也。』公曰：『吾牲牷肥腯，粢盛豐備，何則不信？』對曰：『夫民，神之主也。是以聖王先成民，而後致力於神。故奉牲以告曰：博碩肥腯，謂民力之普存也；奉盛以告曰：絜粢豐盛，謂其三時不害，而民和年豐也。』」則此之所言，隨季梁辭也。

祝出，迎尸于廟門之外。主人降，立于阼階東，西面。祝先入門

右，尸入門左。主人不出迎尸，伸尊也。特牲饋食禮曰：「尸入，主人及賓皆辟位，出亦如之。」祝入門右者，辟尸盥也。既則後尸。○皆辟，音避，又房益反，下同。後尸，户豆反。

【疏】注「主人」至「後尸」 自此盡「牢肺、正脊加于肵」，論尸入正祭之事。云「主人不出迎尸，伸尊也」者，禮記云「君迎牲而不迎尸，別嫌也。尸在廟門外則疑於臣，在廟中則全於君」，故主人皆不出迎尸。尸在廟門外爲臣道，故主人不出迎尸，伸尊也。引特牲者，尸出入時主人與賓西位上，皆逡巡辟位，敬尸也。云「既則後尸」者，下經云「祝延尸，尸升自西階，入，祝從」，注云「由後詔相之曰延」，是「後尸」者也。

宗人奉槃，東面于庭南。一宗人奉匜水，西面于槃東。一宗人奉簞巾，南面于槃北。乃沃尸，盥于槃上。卒盥，坐奠簞，取巾興，振之三，以授尸。坐取簞興，以受尸巾。庭南，没霤。○奉槃，芳勇反，下同。没霤，力又反。

【疏】注「庭南没霤」 「庭南」者，於庭近南，是没盡門屋霤，近門而盥也。是以特牲亦云「尸入門，北面盥」，繼門而言，即亦此「没霤」者也。〔二九〕

祝延尸，〔三〇〕尸升自西階，入，祝從。由後詔相之曰延，延，進也。周禮曰：「大祝相尸禮。」祝從，從尸升自西階。

【疏】「祝延」至「祝從」 注「由後」至「西階」 「周禮曰：『大祝相尸禮』」者，案職云「相尸禮」，注云「延其出入，詔其坐作」是也。

主人升自阼階。祝先入，主人從。祝接神，先入宜也。尸升筵，祝、主人西面立于户

內，祝在左。主人由祝後而居右，尊也。祝從尸，尸即席乃卻，居主人左。

【疏】注「主人」至「人左」　祝先入，至主人入而居祝之右者，以祝從尸後詔侑之，故在尸後，主人前。及尸即筵，主人與祝西面，則主人尊故也。云「祝從尸，尸即席乃却，居主人左」者，解祝在先居左之意也。

祝、主人皆拜妥尸。〔三一〕尸不言，尸荅拜，遂坐。拜妥尸，拜之使安坐也。尸自此荅拜，遂坐而卒食。其間有不啐奠，不嘗鉶，不告旨，大夫之禮，尸彌尊也。不告旨者，爲初亦不饗，所謂「曲而殺」。○妥尸，他果反。不啐，七内反。而殺，所界反，後禮殺同。

【疏】「祝主」至「遂坐」　注「拜妥」至「而殺」　案爾雅「妥，安坐也」，故云「拜妥尸，拜之使安坐也」。案特牲云「尸啐酒，告旨。主人拜，尸荅拜。祭鉶，嘗之，告旨」，不得「遂坐」，此經云「荅拜，遂坐」，故鄭解其「遂坐」而卒食之意，以其間有不啐奠、不嘗鉶、不告旨也。大夫之禮，尸彌尊，故無拜事。〔三二〕特牲所云「嘗鉶」，謂嘗豕鉶，此不嘗鉶，謂不嘗豕鉶也。知非不嘗羊鉶者，案下云「嘗羊鉶」，故知不嘗豕鉶也。〔三三〕「不告旨」者，既不啐奠，故無告也。言「彌尊」者，既不啐奠〔三四〕，一尊，又不嘗鉶、不告者，是「彌尊」也。云「不告旨者，爲初亦不饗」者，案特牲「迎尸，即席坐。主人拜妥尸，尸荅拜，執奠。祝饗主人，拜如初」，注云「饗，勸强之也，其辭取於士虞記，則宜云『孝孫某，圭爲而孝薦之饗』」，是士賤不嫌得與人君同，大夫尊嫌與人君同，故初不饗，後亦不告旨，故云「不告旨者，爲初亦不饗也」。云「所謂『曲而殺』」者，禮器文，彼注云「謂若父在爲母期」，不得申，大夫不得者，亦不得申，故引爲證。若然，「曲而殺」，爲初不饗而言也。

祝反南面。未有事也。墮祭爾敦，官各肅其職，不命。○隋祭，許規反，劉相規反，下同。

【疏】注「未有」至「不命」　云「未有事也」者，釋「祝反南面」也。云「墮祭爾敦」，文在下經。「官各肅其職，不命」者，言祝無事之義。案宿諸官，各肅其事，不須命，故祝得「反南面」。

尸取韭菹，辯擩于三豆，祭于豆間。上佐食取黍稷于四敦。下佐食取牢一切肺于俎，以授上佐食。上佐食兼與黍以授尸。尸受，同祭于豆祭。〔三五〕牢，羊、豕也。同，合也，合祭於俎豆之祭也。〔三六〕黍稷之祭爲墮祭，將食神餘，尊之而祭之。今文「辯」爲「徧」。○辯，音遍。擩于，如悦反，劉而誰反。作徧，音遍，後皆同。

【疏】注「牢羊」至「爲徧」　云「黍稷之祭爲墮祭」者，肺與黍稷俱得爲墮，故周禮守祧職「既祭，則藏其墮」。墮中豈不能兼肺？肺與黍稷俱祭于苴上，上既藏之，〔三七〕明肺與黍稷器不動，人就器減取之，故特得「墮」名，舉肺則全取，因上絶之，不得「墮」稱，及其藏之，并有「墮」名也。云「將食神餘，尊之而祭之」者，謂陰厭是神食後，〔三八〕尸來即席食，尸餕鬼神之餘，故尸亦尊神而祭之。以其凡祭者，皆不是盛主人之饌，故以祭之爲尊也。

上佐食舉尸牢肺、正脊以授尸，〔三九〕上佐食爾上敦黍于筵上，〔四〇〕右之。爾，近也，或曰移也。右之，便尸食也。重言上佐食，明更起不相因。○重言，直用反。

【疏】「上佐」至「右之」　注「爾近」至「相因」　曲禮云「飯黍無以箸」，是古者飯食不用匙箸。若然，器即不動，器中取之，故移之於席上，便尸食也。云「重言上佐食，明更起不相因」者，前「舉尸牢肺」時，坐而取之，興，以授尸，不因此坐取肺，即爾敦黍，明更坐爾黍，而起不因前坐也。案特牲云「黍稷」，〔四一〕此及虞皆不云稷者，此後皆黍稷連言，明并黍稷食之，不虛陳而不食，不言爾之者，文不具，其實亦爾之也。

主人羞肵俎，〔四二〕**升自阼階，置于膚北。**羞，進也。肵，敬也，親進之，主人敬尸之加。○直于，〔四三〕音值，下注直室同。

【疏】「主人」至「膚北」　注「羞進」至「之加」　郊特牲訓肵爲敬，今此主人親進之，故鄭云「敬尸之加」。以其爲尸特加，故云「加」也。若然，特牲三俎，膚從豕俎，故肵在腊北，此五俎有膚俎，故肵在膚北。

上佐食羞兩鉶，取一羊鉶于房中，坐設于韭菹之南。下佐食又取一豕鉶于房中以從，上佐食受，坐設于羊鉶之南，皆芼，皆有柶。尸扱以柶，祭羊鉶，遂以祭豕鉶，嘗羊鉶，芼，菜也。羊用苦，豕用薇，皆有滑。○皆芼，亡報反。有柶，音四。尸扱，初洽反。用薇，音微。

【疏】「上佐」至「羊鉶」　注「芼菜」至「有滑」　「芼，菜」者，菜是地之芼。知「羊用苦，豕用薇，皆有滑」者，案公食大夫記云「鉶芼：牛藿、羊苦、豕薇，皆有滑」是也。

食舉，舉，牢肺、正脊也。先飲啗之，〔四四〕以爲道也。○先食，作飲、飯者，皆非。啗之，大敢反。

【疏】「食舉」　注「舉牢」至「道也」　此「食舉」在「羞肵」之下，特牲「食舉」在「羞肵」之上，不同者，彼特牲「食舉」下乃云「羞肵俎」者，是其正，以食舉後尸即嚌幹之屬，即加於肵俎，故食舉後即進肵，是正也；此「食舉」不在「羞肵」之上，上佐食羞鉶羹，〔四五〕尸祭鉶訖，乃得食舉，故退「食舉」在祭鉶之下；又不退「羞肵」在「食舉」下者，由主人敬尸，故不退在下也。特牲「爾敦」下「設大羹」，此不云者，大羹不爲神，直是爲尸者，故此不言，儐尸乃有也。云「舉，牢肺、正脊也」者，上文云「上佐食舉尸牢肺、正脊以授尸，尸受祭肺」，明今食先云「食舉」，是上「牢肺、正脊」也。云「先食啗之，以爲道也」者，案特牲「舉肺、脊以授尸，尸受，振祭，嚌之，左執之」，注「肺，氣之主也；脊，體之

貴者，先食啗之，所以道食、通氣」是也。

三飯。食以黍。

【疏】「三飯」 注「食以黍」 知先食黍者，以前文先言「爾黍」，故知先食黍也。

上佐食舉尸牢幹。〔四六〕尸受，振祭，嚌之。佐食受，加于肵。幹，正脅也。古文「幹」爲「肝」。○嚌之，才計反。

【疏】注「幹正脅也」 上文序體，先言「短脅」，次言「正脅」，則「正脅」在中，上「食舉」是「正脊」，故知此食幹，〔四七〕亦先取「正脅」也。特牲云「食幹」，鄭注爲「長脅也」。彼記序九體有「長脅」、無代脅者，案鄭注云「脊無中，脅無前，貶於尊者」，故與此異也。

上佐食羞胾兩瓦豆，有醢，〔四八〕亦用瓦豆，設于薦豆之北。設于薦豆之北，以其加也。四豆亦綪，羊胾在南，豕胾在北。無臐膮者，尚牲不尚味。○羞胾，莊吏反。臐，許云反。膮，許堯反。

【疏】「上佐」至「之北」 注「設于」至「尚味」 特牲畧於少牢，故有豕膮，此少牢二牲，故不尚味，而無臐膮也。

尸又食，食胾。上佐食舉尸一魚，尸受，振祭，嚌之。佐食受，加于肵，橫之。又，復也。或言食，或言飯，食大名，小數曰飯。魚橫之者，異於肉。○又復，扶又反，下復嘗同。小數，所角反。

【疏】「尸又」至「橫之」 注「又復」至「於肉」 云「食，大名」者，以其論語文多言「食」，故云「食，大名」也。云「小數曰

飯」者，此少牢、特牲，〔四九〕言「三飯」、「五飯」、「九飯」之等，據一口謂之一飯，五口謂之「五飯」之等，〔五〇〕據小數而言，故云「小數曰飯」也。云「魚横之者，異於肉」者，魚在俎縮，肉在俎則横，其同在肵俎，仍横之，魚本縮，今則横矣，〔五一〕與牲體異，故云「魚横，異於肉」也。必知肉在肵仍横者，但言「加于肵」，不云縮，則與本俎同，横可知也。大夫不儐尸者，於此時亦當設大羹，此主爲大夫不儐尸者，大羹之文也。〔五二〕

又食，上佐食舉尸腊肩。尸受，振祭，嚌之。上佐食受，〔五三〕加于肵。腊、魚皆一舉者，少牢二牲畧之。腊必舉肩，以肩爲終也。别舉魚、腊，崇威儀。

【疏】注「腊魚」至「威儀」　云「腊元缺起此、魚皆一舉者，少牢二牲畧之」者，以特牲三舉獸魚，以其牲少故也，此「少牢二牲畧之」者，體足可舉，故腊魚一舉以畧之。云「腊必舉肩，以肩爲終也」者，以腊如牲骨，但舉一肩，肩尊以爲終，取其成義，牲體舉肩爲終。云「别舉魚、腊，崇威儀」者，特牲云「尸三飯，佐食舉獸幹、魚一，亦如之。尸又三飯舉骼及獸、魚如初。尸又三飯，舉肩及獸、魚如初」，獸、魚常一時同舉，而此獸、魚别舉，大夫之禮，故云「崇威儀」。案特牲先舉腊，後魚，此少牢後舉腊者，彼特牲三俎，腊皆三舉，故後舉魚；此少牢腊、魚皆一舉。故使腊在後，肩取其終義故也。

又食，上佐食舉尸牢骼，如初。如舉幹也。又食，不舉者，卿大夫之禮，〔五四〕不過五舉，須侑尸。

【疏】注「不舉」至「侑尸」　云「五舉」者，舉牢肺一也，又舉牢幹二也，又舉一魚三也，又舉腊肩四也，又舉牢骼五也，是卿大夫之禮五舉也。

尸告飽。祝西面于主人之南獨侑，〔五五〕不拜。侑曰：「皇尸未實，侑。」〔五六〕侑，勸也。祝獨勸者，更則尸飽。實，猶飽也。祝既侑，復反南面。○獨侑，音又。

【疏】注「侑勸」至「南面」 云「侑，勸也。祝獨勸者，更則尸飽」者，此決特牲九飯、三侑，皆祝、主人共侑。不更以侑者，欲使尸飽，若其重侑，則嫌相褻。特牲重侑不更者，以士禮九飯，縱更亦不飽，故不更；此大夫禮十一飯更則飽，故有更，是以使祝獨侑，與主人更之義。云「祝既侑，復反南面」者，户内主人及祝有事之位，尸席北，祝無事之位，今侑訖，亦復尸北南面位也。此與特牲皆有尸飯法，天子、諸侯亦當有之。〔五七〕故大祝九拜之下云「以享侑祭祀」，注云「侑勸尸食而拜」。若然，士三飯即告飽而侑，大夫七飯告飽而侑，諸侯九飯告飽而侑，天子十一飯而侑也。

尸又食。上佐食舉尸牢肩。尸受，振祭，嚌之。佐食受，加于肵。四舉牢體，始於正脊，終於肩，尊於終始。

【疏】注「四舉」至「終始」 正脊及肩，此體之貴者，故先舉正脊爲食之始，後舉肩者爲食之終，故云「尊於終始」。

尸不飯，告飽。祝西面于主人之南。祝當贊主人辭。

【疏】注「祝當贊主人辭」 以其西面，是祝之有事之位，故從南向西面位也。

主人不言，拜侑。祝言而不拜，主人不言而拜，親疏之宜。

【疏】注「祝言」至「之宜」　云「親疏之」者，〔五八〕云「祝言而不拜」者，疏也，云「主人不言而拜」者，親也，事相成，故云「親疏之宜」也。

尸又三飯。〔五九〕爲祝一飯，爲主人三飯，尊卑之差。凡十一飯，下人君也。○爲祝，于僞反，下同。上佐食受尸牢肺、正脊，〔六〇〕加于肵。言受者，尸授之也。尸授牢幹，而實舉于俎豆，〔六一〕食畢操以授佐食焉。○操以，七刀反。

【疏】注「言受」至「食焉」　此案上文初「食舉」，謂正脊與牢肺，不言置舉之所，下文即言「三飯，上佐食舉尸牢幹。尸受，振祭，嚌之。佐食受，加于肵」。至此尸十一飯後，乃言「上佐食受尸牢肺、正脊，加于肵」者，是却本初食，約特牲「舉肺、脊」，其時尸實舉于菹豆，今尸食畢，尸乃於菹豆上取而授上佐食，上佐食受而加于肵，故言「受尸牢肺、正脊，加于肵」也。

主人降，洗爵，升，北面酌酒，乃酳尸。尸拜受，主人拜送。酳，猶羡也。既食之而又飲之，所以樂之。古文「酳」作「酌」。○乃酳，音胤，又士忍反。既食，音寺。又飲，於鴆反。樂之，音洛。

【疏】注「酳猶」至「作酌」　自此盡「折一膚」，論主人酳尸之事。云「酳，猶羡也」者，取饒羡之義，故以爲「樂之」也。

尸祭酒，啐酒。賓長羞牢肝用俎，縮執俎，肝亦縮，進末，鹽在右。羞，進也。縮，從也。鹽在肝右，便尸擩之。古文「縮」爲「蹙」。○從也，子容反。爲蹙，子六反。

【疏】注「羞進」至「爲蹙」 云「鹽在肝右，便尸擩之」者，鹽在肝右，據賓長西面手執而言，尸東面，若至尸前，鹽在尸之左，尸以右手取肝，鄉左（元缺此）擩之，是其便也。

尸左執爵，右兼取肝，擩于俎鹽，振祭，嚌之，加于菹豆，卒爵。主人拜，祝受尸爵，尸荅拜。兼，兼羊豕。祝酌授尸，〔六二〕尸醋主人，主人拜受爵，尸荅拜，主人西面奠爵，又拜。主人受酢酒，俠爵拜，〔六三〕彌尊尸。○尸醋，才各反。

【疏】注「主人」至「尊尸」 云「彌尊尸」者，此少牢與特牲尸酢主人，使祝代尸酌者，已是尊尸，今主人拜受訖，又拜，爲俠拜，是「彌尊尸」也。

上佐食取四敦黍稷，下佐食取牢一切肺，以授上佐食，上佐食以綏祭。〔六四〕綏，或作挼，挼讀爲墮，將受嘏，亦尊尸餘而祭之。古文「墮」爲「肵」。〔六五〕○以綏，許規反，劉相規反，并注挼及隋亦放此。〔六六〕下皆同。受嘏，古雅反。

【疏】注「綏或」至「爲肵」 經中「綏」是車綏，或有禮本作「挼」者，故亦讀從周禮守祧既葬，「則藏其墮」，取墮減之義也。〔六七〕云「將受嘏」者，下文主人受嘏之時，先墮祭，是以佐食授黍稷，〔六八〕與主人爲墮禮。

主人左執爵，〔六九〕右受佐食，坐祭之，又祭酒，不興，遂啐酒。右受佐食，右手受墮於佐食也。至此言坐祭之者，明尸與主人爲禮也。尸恒坐，有事則起；主人恒立，有事則坐。

【疏】注「右受」至「則坐」　云「尸常坐，有事則起；主人常立，有事則坐」者，案禮器云「周坐尸」，曲禮云「立如齊」，鄭云「齊謂祭祀時」，則是尸常坐，主人祭時則常立。經云「坐祭之」，謂墮祭尸餘，是尸與主人爲禮，是主人有事乃坐也。尸荅主人拜乃立，是尸「有事則起」也。

祝與二佐食皆出，盥于洗，入。二佐食各取黍于一敦，上佐食兼受，摶之以授尸。尸執以命祝。命祝以嘏辭。○摶之，大官反。

【疏】注「命祝以嘏辭」　謂命祝使出嘏辭，以嘏於主人，下文是也。

卒命祝，祝受以東，北面于户西，以嘏于主人，〔七〇〕曰：「皇尸命工祝承致多福無疆于女孝孫，來女孝孫，使女受禄于天，宜稼于田，眉壽萬年，〔七一〕勿替引之。」〔七二〕嘏，大也。〔七三〕予主人以大福。工，官也。承，猶傳也。來讀曰釐，〔七四〕釐，賜也。耕種曰稼。勿，猶無也。替，廢也。引，長也，言無廢止時，〔七五〕長如是也。古文「嘏」爲「格」，「禄」爲「福」，「眉」爲「微」，「替」爲「袂」，「袂」或爲「臷」，「臷」、「替」聲相近。○無疆，居良反。于女，音汝，下同。來女，依注音釐，力之反，賜也；劉音釐，亦音來，力代反，亦訓賜也；下音汝。猶傳，大專反。袂，〔七六〕音決。臷，大結反，劉土結反。

【疏】「卒命」至「引之」　注「嘏大」至「相近」　云「嘏，大也」者，郊特牲云「嘏，長也，大也」，故鄭云「予主人以大福」。案特牲尸親嘏主人，此尸使祝嘏主人者，大夫尸尊，故不親嘏，特牲無嘏，文不具也。

主人坐奠爵，興，再拜稽首，興，受黍，坐振祭，嚌之，詩懷之，〔七七〕實于左袂，挂于季指，〔七八〕執爵以興，坐卒爵，執爵以興，〔七九〕坐奠爵，拜。尸荅

拜，執爵以興，出。宰夫以籩受嗇黍。主人嘗之，納諸內。詩，猶承也。實於左袂，便右手也。季，猶小也。出，出户也。宰夫，掌飲食之事者。收斂曰嗇，明豐年乃有黍稷也。復嘗之者，重之至也。納，猶入也。古文「挂」作「卦」。○挂于，俱賣反，又音卦。

【疏】「主人」至「諸內」 注「詩猶」至「作卦」 云「出，出户也」者，〔八〇〕以主人位在户內西面，今云「出」，故知是「出户也」。此「宰夫以籩受嗇」，大夫之禮；特牲「主人出，寫嗇于房。〔八一〕祝以籩受」，彼士禮與大夫異也。案春官鬱人云「大祭祀，與量人受舉斝之卒爵而飲之」，鄭云「斝，受福之嘏，聲之誤也。王酳尸，尸嘏王，此其卒爵也。少牢饋食禮主人受嘏『詩懷之。卒爵，執爵以興，出。宰夫以籩受嗇黍。主人嘗之，乃還獻祝』。此鬱人受王之卒爵，亦王出房時也」，是王受嘏與大夫同也。案楚茨詩「既齊既稷，既匡既勑」，注云「嘏之禮，祝徧取黍稷、牢肉、魚擩於醢，以授尸。孝孫前，就尸受之，天子使宰夫受之以筐，祝則釋嘏辭以勑之」，天子嘏辭與大夫同也。云「復嘗之者，重之至也」者，前已嚌之，是已嘗，今復言「嘗」，是重，受福之至也。特牲不言復嘗者，文不具也。

主人獻祝。設席南面。祝拜于席上，坐受。室中迫狹。

【疏】「主人」至「坐受」 注「室中迫狹」 言「迫狹」，大夫、士廟室也，皆兩下五架，正中曰棟，棟南兩架，北亦兩架，棟南一架名曰楣，前承簷，以前名曰庪；棟北一架爲室，南壁而開户，即是一架之開廣爲室，故云「迫狹」也。必知棟北一架後乃爲室者，昏禮主人延賓，升自西階，「當阿，東面致命」，鄭云「阿，棟也，入堂深」，明不入室，是棟北乃有室也。

主人西面荅拜。不言拜送，下尸。

【疏】「主人西面答拜」　注「不言拜送，下尸」　上主人酳尸，「尸拜受，主人拜送」，今「主人獻祝」，祝拜受，主人答拜，拜送禮重，答拜禮輕，今言「答拜」，故云「不言拜送，下尸也」。

薦兩豆菹、醢。葵菹、蠃醢。

【疏】「薦兩豆菹醢」　注「葵菹蠃醢」　知者，上云「韭菹，醓醢」，鄭云「朝事之豆也，而饋食用之，豐大夫禮」。上亦云「葵菹，蠃醢」，是饋食之豆，當饋食之節，是其常事，故不言豐大夫之禮，今祝用之，亦其常事，故知用「葵菹、蠃醢」也。

佐食設俎，牢髀、〔八二〕橫脊一、短脅一、〔八三〕腸一、胃一、膚三、魚一，橫之，腊兩髀屬于尻。皆升下體，祝賤也。魚橫者，四物共俎，殊之也。腊兩髀屬于尻，尤賤不殊。○屬于，音燭。尻，苦刀反。

【疏】注「皆升」至「不殊」　言「升下體」者，髀與短脅、橫脊皆羊、豕之下體，屬于尻，又腊之下體，爲祝賤故也。云「魚橫者，四物共俎，殊之也」者，以其魚猶在俎縮載，今橫者，爲四物共俎，橫而殊之也。縮其七物，〔八四〕而云「四物」者，據羊、豕、魚、腊，故云「四物」也。云「尤賤」者，羊、豕體不屬於尻，以腊用左右胖，故有兩髀，言「髀屬于尻」，尻在中，謂髀與尻相連屬不殊，是「尤賤」也。周「祝賤」常連之也。

祝取菹擩于醢，祭于豆間。祝祭俎，大夫祝俎無肺，祭用膚，遠下尸。不嚌之，膚不盛。

【疏】「祝取」至「祭俎」　注「大夫」至「不盛」　云「大夫祝俎無肺，祭用膚，遠下尸」者，案特牲尸俎有祭肺、離肺，祝俎有離肺，無祭肺，是下尸；今大夫尸俎亦皆有，祝則離肺、祭肺俱無，是「遠下尸」也。云「不嚌之，膚不盛」者，決離肺

祭訖嚌之，加于俎，今以無肺，祭不盛故也。凡膚皆不嚌，獨於此言之者，以其以膚替肺，肺則嚌，此則不嚌，故須言之也。

祭酒，啐酒，肝牢從。祝取肝摬于鹽，〔八五〕振祭，嚌之，不興，加于俎，卒爵，興。亦如佐食授爵乃興。不拜既爵，大夫祝賤也。

【疏】注「亦如」至「賤也」 「亦如佐食授爵乃興」者，此經直云「卒爵，興」，不云授爵，故特明之。案下文主婦「獻祝」，祝「卒爵，坐授主婦」爵；主婦又獻二佐食，二佐食「坐授主婦」爵，主婦獻祝與獻二佐食同，〔八六〕明主人獻祝，祝授主人爵，亦與二佐食同可知。云「不拜既爵，大夫祝賤也」者，此決特牲祝「卒角，拜，主人荅拜」，以士卑，〔八七〕故祝不賤，此大夫尊，故祝賤，不拜既爵也。

主人酌，獻上佐食。〔八八〕上佐食户内牖東北面拜，坐受爵，主人西面荅拜。佐食祭酒，卒爵，拜。〔八九〕坐授爵，〔九〇〕興。不啐而卒爵者，大夫之佐食賤，禮畧。

【疏】注「不啐」至「禮畧」 特牲士之佐食亦啐，大夫佐食賤，禮畧，天子、諸侯禮雖亡，或可對。天子、諸侯佐食啐乃卒爵，貴故也。

俎設于兩階之間，其俎折，一膚。佐食不得成禮於室中。折者，擇取牢正體，餘骨折分用之，有脀而無薦，亦遠下尸。○折，之設反，後同。

【疏】「俎設」至「一膚」 注「佐食」至「下尸」 云「有脀而無薦，亦遠下尸」者，「有脀」即經俎實是也，「無薦」謂無菹醢也；既無肺，已是下尸，又無薦，是「遠下尸」也。

主人又獻下佐食，亦如之。其脅亦設于階間，西上，亦折，一膚。上佐食既獻，則出就其俎。特牲記曰「佐食無事，則中庭北面」，謂此時。

有司贊者取爵于篚以升，授主婦贊者于房户。〔九一〕男女不相因。特牲饋食禮曰：「佐食卒角，主人受角，降，反于篚。」

【疏】「有司」至「房户」　注「男女」至「于篚」　云自此盡「入于房」，論主婦亞獻祝、獻尸與佐食之事。〔九二〕此直云「有司授婦贊者于房」，案禮記内則云「非祭非喪，不相授器。其相授，則女受以篚。其無篚，則皆坐奠之，而后取之」。此經雖不言「受以篚」及奠於地之事，亦當然也。云「男女不相因」者，案特牲「佐食卒角，主人受角，降，反于篚，升，入復位」訖，主婦乃「洗爵于房，酌，亞獻尸」，是不相因爵也。引特牲者，證男女不相因爵，主婦不取此爵也。

婦贊者受，以授主婦。主婦洗于房中，出酌，入户，西面拜獻尸。入户，西面拜，由便也。

不北面者，辟人君夫人也。拜而後獻者，當俠拜也。昏禮曰：「婦洗在北堂，直室東隅。」○辟人，音避。

【疏】注「入户」至「東隅」　云「入户，西面拜，由便也」者，下注云「此拜於北，則上拜於南矣，由便也」。云「不北面者，辟人君夫人也」者，案特牲「主婦北面拜」，注云「北面拜者，辟内子也」，則是士妻卑，不嫌得北面，與人君夫人同也。

尸拜受。主婦主人之北西面拜送爵。拜於主人之北，〔九三〕西面，婦人位在内。此拜於北，〔九四〕則上拜於南矣，由便也。尸祭酒，

卒爵。主婦拜。祝受尸爵，尸荅拜。易爵，洗，酌，授尸。〔九五〕祝出易爵，男主女不同爵。主婦拜受爵，尸荅拜。上佐食綏祭。主婦西面于主人之北受祭，祭之，其綏祭如主人之禮，不嘏。卒爵，拜，尸荅拜。不嘏，夫婦一體。「綏」亦當作「挼」，古文爲「肵」。主婦以爵出，贊者受，易爵于篚，以授主婦于房中。贊者，有司贊者也。易爵，亦以授婦贊者。婦贊者受房户外，入授主婦。

【疏】注「贊者」至「主婦」　知「贊者，有司贊者也」者，上文云「有司贊者取爵於篚」，此還是上「有司贊者」也。

主婦洗，酌獻祝。祝拜，坐受爵。〔九六〕主婦荅拜于主人之北。卒爵，不興。坐授主婦。不俠拜，下尸也。今文曰「祝拜受」。主婦受，酌獻上佐食于户内。佐食北面拜，坐受爵。主婦西面荅拜。祭酒，卒爵，坐授主婦。主婦獻下佐食亦如之。主婦受爵，以入于房。不言拜於主人之北，可知也。爵奠於内篚。

賓長洗爵獻于尸。尸拜受爵，賓户西北面拜送爵。〔九七〕尸祭酒，卒爵。賓拜。祝受尸爵，尸荅拜。祝酌授尸。賓拜受爵，尸拜送爵。賓

坐奠爵，遂拜，執爵以興，坐祭，遂飲，卒爵，執爵以興，坐奠爵，拜，尸荅拜。賓酌獻祝。祝拜，坐受爵，賓北面荅拜。祝祭酒，啐酒，奠爵于其筵前。啐酒而不卒爵，〔九八〕祭事畢，示醉也。不獻佐食，將儐尸，禮殺。

【疏】「賓長」至「筵前」　云「尸祭酒，卒爵」者，案特牲「賓長」獻「爵止」，注云「欲神惠之均於室中」，待夫婦致爵；此大夫禮或有儐尸者，〔九九〕致爵在儐尸之上，故不致爵，爵不止也。若然，有司徹「尸作止爵」「三獻」，「致爵於主人」，主人不酢主婦，又不致爵于主婦，下大夫不儐尸，賓獻尸止爵，〔一〇〇〕主婦致爵于主人，酢主婦，主人不致於主婦；特牲主人與主婦交相致爵，參差不同者，此以尊卑爲差降之數，故有異也。上大夫得儐尸，故致爵，上辟人君；下大夫不儐尸，故增酢主婦而已；士卑不嫌與君同，故致爵具也。注「啐酒」至「禮殺」　云「不獻佐食，將儐尸，禮殺」者，以其祝與佐食俱是事神及尸，是以獻尸并及之，故主人、主婦獻祝與佐食；今賓獻祝不及佐食者，但爲待儐尸，〔一〇一〕故於賓長獻，是祭末禮殺，故不及佐食，闕之也。

主人出，立于阼階上，西面。祝出，立于西階上，東面。祝告曰：「利成。」利，猶養也。成，畢也。孝子之養禮畢。○猶養，子亮反，下同。祝入，尸謖。〔一〇二〕主人降，立于阼階東，西面。謖，起也。「謖」或作「休」。○尸謖，所六反。祝先，尸從，遂出于廟門。事尸之禮，訖於廟門。〔一〇三〕

【疏】「主人」至「廟門」〔一〇四〕　自此盡「廟門」，論祭祀畢尸出廟之事。注「事尸之禮，訖於廟門」者，上祝迎尸於廟門，今禮畢，〔一〇五〕又送尸於廟門。案禮記「尸在廟門外，則疑於臣」，是以據「廟門」爲斷。

祝反，復位于室中。主人亦入于室，復位。祝命佐食徹肵俎，降設于堂下阼階南。徹肵俎不出門，將儐尸也。肵俎而以儐尸者，其本爲不反魚肉耳。不云尸俎，未歸尸。○爲不，于僞反。

【疏】「祝反」至「階南」　注「徹肵」至「歸尸」　自此盡篇末，論徹肵俎行餕之事。云「徹肵俎不出門，將儐尸也」者，決特牲佐食徹尸俎出廟門者，〔一〇六〕送尸者也。云「肵俎而以儐尸者，其本爲不反魚肉耳」者，案曲禮云「毋反魚肉」，謂食時魚肉不反俎，故尸食亦加肵俎，本爲尸不反魚肉，今賓尸將更食魚肉，〔一〇七〕當加於肵俎，未得即送尸家，故云「本爲不反魚肉」也。故儐尸訖，并後加者，得歸之也。

司宮設對席，乃四人餕。〔一〇八〕大夫禮四人餕，〔一〇九〕明惠大也。○四人餕，音餕。

【疏】注「大夫」至「大也」　案祭統云「凡餕之道，而興施惠之象也」，是故上有大澤，則惠必及下，是以特牲「二人餕」，惠之小者；大夫「四人餕」，明惠之大者也。

上佐食盥，升，下佐食對之，賓長二人備。備四人餕也。三餕亦盥，升。

【疏】「上佐」至「人備」　注「備四」至「盥升」　「下佐食對之」者，不謂東西相當，〔一一〇〕直取上佐食東面，下佐食西面爲對，以其下佐食西面近北，故不得東西相當也。云「賓長二人備」者，亦不東西相當，以其一賓長在上佐食之北，一

賓長在下佐食之南，是亦不東西相當也，故云「備」不言對也。

司士進一敦黍于上佐食，又進一敦黍于下佐食，皆右之于席上。右之者，東面在南，西面在北。

【疏】注「右之」至「在北」　「東面在南」，據上佐食；「西面在北」，據下佐食。「右之」者，飯用手，右之便故也。

資黍于羊俎兩端，兩下是餕。〔一一一〕資，猶減也，減置於羊俎兩端，則一賓長在上佐食之北，一賓長在下佐食之南。今文「資」作「齎」。

【疏】注「餕猶」至「作齎」　云「兩下是餕」者，據二賓長以二佐食爲下，〔一一二〕故云「一賓長在上佐食之北，一賓長在下佐食之南」，以地道尊右，故二佐食皆在右。若然，羊俎兩間，南北面置之，故二賓長於俎一端取黍也。必知上佐食東面近南，下佐食西面近北者，以其尸東面近南，今尸起，上佐食居尸坐處，明知位次如此。

司士乃辯舉，養者皆祭黍，祭舉。舉，舉膚。今文「辯」爲「徧」。○乃辯，音遍，下同。

【疏】「司士」至「祭舉」　注「舉舉」至「爲徧」　知「舉」是「舉膚」者，以其尸舉肺，餕者下尸，明不舉肺，當舉膚，是以特牲云「佐食授」餕者「各一膚」，明此大夫禮，亦「舉膚」也。

主人西面三拜養者。養者奠舉于俎，皆荅拜，皆反，取舉。三拜，旅之示徧也。言反者，拜時或去其席，在東面席者，東面拜；在西面席者，皆南面拜。

【疏】「主人」至「取舉」　注「三拜」至「面拜」　知面位如此者，以主人在户内西面，「三拜餕者」，餕者在東面而荅主人拜可知。在「西面」位者，以主人在南，西面，不得與主人同面而拜，明迴身南面，向主人而拜，故鄭以義解之如此也。

司士進一鉶于上餕，〔一一三〕又進一鉶于次餕，又進二豆湆于兩下。〔一一四〕乃皆食，食舉。湆，肉汁也。○湆于，去及反。

【疏】「司士」至「食舉」云「又進二豆湆于兩下」者，以其神坐之上，止有羊、豕二鉶，一進與上佐食，一進與下佐食，故更羞二豆湆于兩下。湆者從門外鑊中來，以兩下無鉶，故進湆也。

卒食，主人洗一爵升，酌以授上餕。贊者洗三爵，酌。主人受于户内，以授次餕。若是以辯，皆不拜，受爵。主人西面，三拜餕者。餕者奠爵，皆荅拜，皆祭酒，卒爵，奠爵，皆拜，主人荅壹拜。〔一一五〕不拜受爵者，大夫餕者賤也。荅壹拜，畧也。古文「一」爲「壹」也。〔一一六〕

【疏】注「不拜」至「壹也」云「不拜受爵者，大夫餕者賤也」者，決特牲使嗣子與兄弟餕爲貴，故「拜受爵」也。云「荅壹拜，畧也」者，特牲亦無再拜法，此云「畧」者，〔一一七〕以其四餕皆拜，主人摠荅一拜，故云「畧也」。

餕者三人興，出。出，降，實爵于篚，反賓位。上餕止。主人受上餕爵，酌以醋于户内，西面坐奠爵，拜。上餕荅拜。坐祭酒，啐酒。主人自酢者，上餕獨止，當尸位，尊不酌也。

【疏】注「主人」至「酌也」特牲上餕親自酌，酢主人。此上餕不酌者，上餕將嘏主人，故在尸位，不可親酌。特牲上餕

酳者，以上餕不嘏主人，既卒爵，三餕，俱出，上餕酢主人。少牢禮備，又嘏主人，故不酳也。

上養親嘏曰：「主人受祭之福，胡壽保建家室。」〔一一八〕親嘏，不使祝授之，亦以黍。

【疏】注「親嘏」至「以黍」　言「亦」者，亦上皇尸命工祝嘏主人以黍，此亦以黍。上文司士進敦，乃分黍于羊俎兩端，下不言稷，故知亦黍也。

主人興，坐奠爵，拜，執爵以興，坐卒爵，拜。上養答拜。上養興，出。

主人送，乃退。送佐食不拜，賤。

【疏】注「送佐食不拜賤」　賓主之禮，賓出主人皆拜送，此佐食送之而不拜，故云「賤」也。

校勘記

〔一〕主婦被錫衣移袂　「移」武威簡作「袳」。阮校云唐石經、嚴本、要義、楊氏俱作「移」，與單疏文合；徐本、釋文、集釋、通解、敖氏、毛本俱作「侈」，下同。陸氏曰：「侈本又作移。」魏氏曰：「移本又作侈。」段玉裁云：釋文當云「移袂本又作侈」，後人倒之耳；張忠甫依釋文改「移」爲「侈」非也；作「移」者自是相傳古本；古本羣經音辨曰：「移，廣也，音侈。禮『主婦人衣移袂』。」此賈昌朝本作「移」也；葉抄釋文「移」從衣，殆非。臧庸云：「『移』字當作『袳』，說文『袳，衣張也』。今按陳夢家校簡云「袳」乃正字，阮氏亦以臧說爲是，沈文倬異文釋謂「侈」爲正字，殆非。袳爲衣張，侈爲奢，亦有大義，字本通用。

〔二〕主婦贊者一人　武威簡省「主」字。

〔三〕羸醢　武威簡脱「羸」字。

〔四〕讀爲髮鬄　阮校云段玉裁校本「鬄」作「鬍」。

〔五〕以被婦人之紒爲飾　阮校云段玉裁校本「被」作「髲」。

〔六〕衣三尺三寸　上「三」字毛本作「二」。

〔七〕葵菹在縪今文錫爲緆　阮校云「在」下集釋有「北」字。按特牲疏引此注今本有「北」字；單疏本則有「北」字而無「縪」字也。毛本無「鬄爲緆」三字，徐本、通解俱有，嚴本、集釋俱與徐本同，惟「鬄」字作「錫」。釋文有「爲緆」二字，云音羊。按「緆」字不當從「昜」，疑陸誤。

〔八〕劉士曆反　徐乾學本同。黄焯彙校云葉鈔「士」作「土」是也。「土曆」即集韻之「他曆」。阮謂「士」乃「先」字之誤，非也。

〔九〕侈袂本又作移　徐乾學本同。黄焯彙校云此當作「移袂本又作侈」，後人倒之耳。今按黄據段玉裁説，不足據，參前校。

〔一〇〕此被錫移袂與主婦同　阮校云要義同，毛本、通解「移」作「侈」。

〔一一〕因名髮鬄焉者　阮校云陳、閩、通解同，毛本「髮」作「髲」。

〔一二〕是其取賤者髮爲鬄之事也　阮校云「髮爲鬄」陳本、通解俱作「髲爲鬄」，要義作「髮爲髲」。按當作「髲爲髲鬄」。

〔一三〕鄭云所謂髮鬄者　上六字單疏重出，阮校云通解無。按疏意蓋謂此注云「周禮所謂次者」，指追師文；追師注云「所謂髮鬄者」，即指此文也。傳寫錯誤，複衍六字。

〔一四〕故三尺三寸　阮校云通解、毛本「故」下有「衣」字。

〔一五〕茆菹麋臡　阮校浦鏜云「麋」作「麇」。

〔一六〕云葵菹在綪者　阮按「在」下亦當有「北」字，或「北」誤爲「綪」。

〔一七〕豕亞其北　「亞」武威簡作「惡」。

〔一八〕特膚　「特」武威簡作「直」。今按特、直通用。

〔一九〕受贊者敦稷　武威簡脱「敦」字。

〔二〇〕主婦興入于房　武威簡脱「興」字。

〔二一〕明象黿蟲獸之形　阮校云通解、要義同，毛本無「蟲」字，聶氏有「蟲」字，無「黿」字。

〔二二〕管仲鏤簋朱紘　阮校云通解、要義同，毛本「紘」作「絃」。按當作「紘」字，今本禮器亦有作「絃」者，非是。

〔二三〕據而言　阮校云「據」下要義空一字，一本增「外」字。

〔二四〕佐食啓會蓋　「蓋」字武威簡本剜去未補，遂成空白。沈文倬異文釋云「蓋」字不當有。

〔二五〕卻合之也　「卻」毛本作「欲」。

〔二六〕柔毛剛鬣　「鬣」武威簡作「腸」，二字通用。

〔二七〕普淖　「普」武威簡作「薄」，二字通用。

〔二八〕羊肥則毛柔濡　阮校云要義同，毛本、通解無「濡」字。

〔二九〕即亦此没霤者也　阮校云通解同，毛本無「此」字。

〔三〇〕祝延尸　阮校云「延」唐石經、鍾本俱作「筵」，誤。

〔三一〕祝主人皆拜妥尸　阮校云「拜」上要義有「再」字。

〔三二〕故無拜事　阮校云「拜」乃「三」字之誤。

〔三三〕不嘗豕鉶也　阮校云要義同，毛本無「不」字。

〔三四〕既不啐奠　阮校云通解、要義同，毛本「既」作「即」。

〔三五〕尸受同祭于豆祭　阮校云「受同」二字通解、毛本倒。今按武威簡本作「受同」，毛本誤。

〔三六〕俎豆之祭　阮校李氏曰「俎豆」當作「菹豆」。張氏説見後。

〔三七〕俱祭于苴上上　阮校浦鏜云「菹」誤「苴」；要義重「上」字，屬下句，通解、毛本「上」字不重。

〔三八〕謂陰厭是神食後　阮校云「神食」二字毛本重出。

〔三九〕上佐食舉尸牢肺正脊以授尸　阮校云李氏曰「授尸」下賈氏有「尸受祭肺」四字。

〔四〇〕上佐食爾上敦黍于筵上　首「上」字武威簡本脱。

〔四一〕特牲云黍稷　毛本無「云」字。

〔四二〕主人羞肵俎　武威簡無「俎」字。

〔四三〕直于　「直于」之「直」武威簡本作「置」，唐石經同。黄焯彙校引嚴云：「直」字易識，鄭不破讀，何必發音？而「直室東隅」之注又相距過遠，陸氏實無此例，明屬後人補改，直、置古通用。焯案：下注「直室」張淳所據本作「置」。

〔四四〕先飲啗之　黄氏校録云張本改「飲」爲「食」，據陸也，李本「食」。案單疏述注「食」，是；牢肺、正脊不得云「飲」。阮校云楊氏亦作「食」。

〔四五〕上佐食羞鉶羹　阮校云陳、閩俱無「上」字，「羞」下有「於」字。

〔四六〕上佐食舉尸牢幹　「幹」武威簡作「乾」。

〔四七〕故知此食幹　阮校云通解同，毛本「知此」二字倒。

〔四八〕有醢　「醢」武威簡作「醬」。

〔四九〕此少牢特牲　阮校云通解、要義同，毛本無「牲」字。今按「牲」字當有。

〔五〇〕五口謂之五飯之等　阮校云毛本無「之」字。

〔五一〕今則横矣　阮校云通解同，毛本「横」下有「之」字。

〔五二〕此主爲大夫不儐尸者大羹之文也　阮校浦鏜云「不」當衍字，「者」下當脱「故無設」三字。

〔五三〕上佐食受　武威簡無「上佐食」三字。

〔五四〕卿大夫之禮　阮校云徐、陳、集釋、通解、楊氏同，毛本「卿」作「鄉」。

〔五五〕祝西面于主人之南獨侑　武威簡無「之」字，「獨」作「屬」，乃借字。

〔五六〕皇尸未實侑　「侑」武威簡作「或」，二字通用。

〔五七〕亦當有之　「亦當」二字毛本倒。

〔五八〕云親疏之者　阮校云「之」下缺「宜」字。

〔五九〕尸又三飯　武威簡無「又」字。

〔六〇〕正脊　武威簡脱「正」字。

〔六一〕而實舉于俎豆　黄氏校録云張本改「俎」爲「菹」，據疏也。李本「菹」。「菹」是。阮校云楊氏亦作「菹」。今按黄校是也。

〔六二〕祝酌授尸　「授」唐石經、嚴本作「受」。黄氏校録云張氏改爲「授」，據上經也；李本「授」，是。阮校云要義、楊、敖俱作「授」。今按武威簡本亦作「授」，此據改。又「酌」下簡本有「祝」字，今本脱。

〔六三〕俠爵拜　毛本「拜」下有「爵」字。

〔六四〕上佐食以綏祭　「綏」字武威簡作「繻」。

〔六五〕古文墮爲肵　黄氏校録云張本改「墮」爲「綏」，據經上文「綏」也。阮校云注似非誤，乃鄭既讀「挼」爲「墮」，因曰：「古文墮爲肵」，與士喪禮「今文樓爲緌」同例。今按阮校是。

〔六六〕挼及隋亦放此　「隋」徐乾學本作「墮」。

〔六七〕則藏其墮取墮減之義也　阮校云通解、要義同，毛本無「取墮」二字。

〔六八〕佐食授黍稷　毛本「授」作「受」。

〔六九〕主人左執爵　「左」原作「佐」，黄氏校録云張本改「佐」爲「左」，據經前後文也。毛本作「左」。今按武威簡本作「左」，「左」字是。

〔七〇〕以嘏于主人　「嘏」武威簡作「假」。鄭注「古文嘏爲格」。士冠「孝友時格」，鄭注「今文格爲嘏」，釋文「爲嘏，又作假」。簡本用今文。

〔七一〕眉壽萬年　「眉」武威簡作「牛」。

〔七二〕勿替引之　「替」武威簡作「瑟」。沈文倬云：「蓋古文或又假瑟爲替耳。」

〔七三〕嘏大也　阮校云此句上要義有「祝命以嘏辭」五字。

〔七四〕來讀曰釐　阮校云「曰」要義作「爲」。

〔七五〕言無廢止時　阮校云「止」通解、毛本作「上」。

〔七六〕抉　徐乾學本作「袂」。黄焯彙校引段玉裁云：「袂」不當有「決」音，儀禮嘉靖本、鍾人傑本皆作「抉」。黄案：五經文字、九經字樣俱無「抉」字，宋人重修玉篇始載之，未知是古字否？至錢大昕謂「袂」當作「秩」，

陸所見本已譌，此又當別論也。阮校云集釋、通解、要義、毛本俱從衣。今按黄焯説近是，字當作「袂」。

〔七七〕詩懷之　「懷」武威簡作「壞」。

〔七八〕挂于季指　「挂」武威簡作「卦」，與鄭注古文同。

〔七九〕執爵以興　武威簡無「爵」字。

〔八〇〕出出户也者　阮校云通解同，毛本「出」字不重。

〔八一〕寫嗇于房　阮校云通解同，毛本「寫」作「爲」。今按特牲作「寫」。

〔八二〕牢髀　武威簡脱「髀」字。

〔八三〕横脊一短脅一　二「一」字武威簡本皆脱。

〔八四〕縮其七物　「其」毛本作「有」。

〔八五〕祝取肝擩于鹽　「取肝」二字武威簡作「受」。沈文倬異文釋云「受」實爲衍文，而誤脱「取肝」二字。

〔八六〕主婦獻祝與獻二佐食同　阮校云通解、要義同，毛本「與」作「興」。今按「與」字是。

〔八七〕以士卑　阮校云「卑」要義作「賤」。

〔八八〕獻上佐食　武威簡無「上」字，下文「上佐食户内」同。

〔八九〕卒爵拜　武威簡無「拜」字。沈文倬云今本「拜」字衍，敖氏疑「拜」字衍，是。

〔九〇〕坐授爵　阮校云李氏曰「授」石本作「受」。今按武威簡及唐石經皆作「授」，李説非是。

〔九一〕授主婦贊者于房户　武威簡「授」上有「以」字，「婦」上無「主」字。

〔九二〕論主婦亞獻祝獻尸與佐食之事　阮校云「尸」要義作「祝」。按要義固非，然「獻尸」宜在「獻祝」前，諸本亦有誤。

〔九三〕 拜於主人之北　毛本無「人」字。

〔九四〕 此拜於北　阮校云徐本、集釋、敖氏同，與上節疏合；通解「此」作「始」；楊氏作「也拜於北」。

〔九五〕 授尸　阮校周學健曰「授」石經作「受」。今按唐石經此字已殘，武威簡本作「授」。

〔九六〕 坐受爵　武威簡無「爵」字。鄭注「今文曰祝拜受」，簡無「爵」字，與今文同。

〔九七〕 賓户西北面拜送爵　「户」唐石經、徐本同，阮校云通解、要義、毛本作「尸」。今按武威簡本作「户」，「户」字是。

〔九八〕 啐酒而不卒爵　「卒」黄刊嚴州本、徐本作「啐」。阮校云集釋、楊氏作「啐」，通解、毛本作「卒」。李氏曰：「啐酒」當作「卒酒」。阮以爲李説是。

〔九九〕 儐尸　「儐」原誤作「賓」，阮本承其誤，此據單疏本改。

〔一〇〇〕 賓獻尸　「獻」字未刻，此據單疏補。

〔一〇一〕 但爲待儐尸　「儐」原誤作「賓」，阮本承其誤，此據單疏改。阮校云陳本、通解同，毛本「但」作「俱」，「待」作「拜」。

〔一〇二〕 尸謖　「謖」武威簡作「休」，與鄭注或本同。阮校疑「謖」上脱「古文」二字。

〔一〇三〕 訖於廟門　「廟」阮校標目作「廟」，前後不符。阮云毛本「門」下有「外」字；徐本無，與疏合；集釋、通解俱有，楊氏有「外」無「廟」。

〔一〇四〕 主人至廟門　阮校云凡儀禮皆以一疏配一注，此獨揔三節爲一疏，亦變例也。然標目既云「主人至廟門」，而疏乃云「自此盡『廟門』，論祭祀畢尸出廟之事」，殊不可解，一本移此句置前注「孝子之養禮畢」下，則標目當改云「主人至利成」。

〔一〇五〕今禮畢　毛本無「今禮」二字。

〔一〇六〕決特牲佐食　阮校云通解、要義同，毛本「佐」作「饋」。

〔一〇七〕今賓尸　阮校云毛本、通解「賓」作「儐」。今按「儐」字是。

〔一〇八〕乃四人餕　武威簡脱「人」字。

〔一〇九〕四人餕　阮校云徐本、集釋、通解同，楊氏、毛本「餕」作「餕」。

〔一一〇〕東西相當　阮校云陳、閩、通解、楊氏同，毛本「當」作「對」。

〔一一一〕兩下是餕　阮校云李氏曰「餕」當如上下文作「餕」。今按唐石經此字已殘，武威簡本則譌作「飯」。

〔一一二〕據二賓長以二佐食爲下　阮校云通解、毛本「以」作「於」。

〔一一三〕司士進一鉶于上餕　武威簡「一」作「下」，「鉶」作「刑」。沈文倬異文釋云「下」字誤。

〔一一四〕二豆湆　「湆」武威簡作「汁」。今按鄭注：「湆，肉汁也。」

〔一一五〕主人荅壹拜　阮校云唐石經、徐本、集釋俱作「壹」，注同；楊氏經作「壹」，注作「一」；通解、敖氏、毛本俱作「一」。

〔一一六〕古文一爲壹也　阮校云毛本作「壹爲一」；徐本、通解俱作「一爲壹」，與此本標目合；集釋與毛本同。按經有兩「一」字，「一拜」徐本作「壹拜」，則所謂「古文一爲壹」者，自指「一爵」言。李氏誤認爲指「壹拜」言，故倒注文耳。至毛本經注不相應，其誤更不待辨矣。

〔一一七〕此云署者　阮校云「云」字要義作「言」。

〔一一八〕保建家室　「保」武威簡作「葆」，乃假借字。

儀禮卷第十七

唐朝散大夫行大學博士弘文館學士臣賈公彥等撰

儀禮注疏卷第四十九

有司第十七

〔一〕〇有司第十七，本或作「有司徹」；鄭云：〔二〕「大夫既祭，賓尸於堂之禮。」

【疏】「有司徹第十七」 鄭目録云：「少牢之下篇也。大夫既祭，儐尸於堂之禮。祭畢，禮尸於室中。天子、諸侯之祭，明日而繹。有司徹於五禮屬吉，〔三〕大戴第九，小戴第十二，別録少牢下篇第十七。」〔四〕言「大夫既祭，儐尸於堂之禮」者，謂上大夫室内事尸，〔五〕行三獻禮畢，別行儐尸於堂之禮。又云「祭畢，禮尸於室中」者，據下大夫室内事尸，行三獻無別，行儐尸於堂之事，即於室内爲加爵。「禮尸」即下文云「若不儐尸」以下是也。

儀禮 鄭氏注

有司徹。徹室中之饋及祝、佐食之俎。卿大夫既祭而賓尸，〔六〕禮崇也。賓尸則不設饌西北隅，以此薦俎之陳有祭象，而亦足以厭飫神。天子、諸侯明日祭於祊而繹，春秋傳曰「辛巳有事于大廟，仲遂卒于垂，壬午猶繹」是也。爾雅曰：「繹，又祭也。」〇有司徹，直列反，字又作撤。以厭，一豔反。於祊，百庚反。大廟，音泰，下大宰同。

【疏】「有司徹」 注「徹室」至「祭也」 自此盡「如初」，論徹室内之饋，并更整設及温尸俎之事。云「徹室中之饋及祝、佐食之俎」者，室内之饋，主於尸饌，薦俎、黍稷皆名饋，下大夫不儐尸，餕訖，云「有司官徹饋，饌於室中西北隅」，

彼鄭注云「官徹饋者，司馬、司士舉俎，宰夫取敦及豆」，則此饋内兼數物，唯無肵俎，肵俎上篇佐食徹之，先設於堂下也。又言「及祝、佐食之俎」者，殊其尊卑爲文，祝亦有薦，在室内北墉下，〔七〕佐食之俎在兩楹之間，無薦，此等見於上篇，今徹祝與佐食并爲文者，賤者省文之義，〔八〕其實祝薦俎在室内，佐食俎在階間。此直云「有司」，不言官，下大夫不儐尸，云「官徹」者，彼爲更饌西北隅，爲陽厭，故見官也。肵俎亦用儐尸，不使有司同時徹者，肵俎本爲尸故設之，徹之皆不與正俎同時，而後設先徹。案楚茨詩云「諸宰君婦，廢徹不遲」，此不言者，彼人君禮，故不同也。云「卿大夫既祭而儐尸，禮崇也」者，此對下大夫不儐尸，禮不崇也。云「以此薦俎之陳有祭象，而亦足以厭飫神」者，對下大夫尸出之後，改饌西北隅，爲厭飫神，今儐尸者，雖不設饌西北隅，以此薦俎之陳有祭象，亦足以厭飫神，亦下大夫也。云「天子、諸侯明日祭於祊而繹」者，欲見天子、諸侯尊，別日爲之，與卿大夫禮異。但祊與繹二者，俱時爲之，故郊特牲云「繹之於庫門内，〔九〕祊之於東方，失之矣」，鄭注云「祊之禮宜於廟門外之西室，繹又於其堂，神位在西。此二者同時，〔一〇〕而大名曰繹，其祭禮簡而事尸禮大」。引春秋傳者，此宣八年左氏傳「辛巳有事于大廟，仲遂卒于垂」，卿佐卒輕，于正祭不合廢，但繹祭禮輕，宜廢而不廢，故譏之。云「壬午猶繹」，引之者，證人君別日爲繹，又見二者雖同時，而大名繹，故孔子書「繹」不書祊。引爾雅者，爾雅釋天文。彼云「周曰繹，商曰肜，夏曰復胙」，復胙者，復昨日之胙。祭「殷曰肜」者，義取肜肜祭不絶，「周曰繹」者，取尋繹前祭之事。但祊者，禮器云「爲祊乎外」，注「祊祭，明日之繹祭也。謂之祊者，於廟門之旁，因名焉。其祭之禮，既設祭於室，而事尸於堂，孝子求神非一處」是也。此祊是明日又祭，故於廟門外。若然，正祭祊即於廟門内，故楚茨詩云「祝祭于祊，祀事孔明」，毛傳云「祊，門内也」，鄭云「孝子不知神之所在，故使祝博求之于廟門内之旁，〔一一〕待賓客之處，祀禮於是甚明」，〔一二〕是正祭祊在門内也。郊特牲云「索祭祝于祊，不知神之所在，於彼乎？於此乎？或諸遠人乎？祭于祊，尚曰求諸遠者與？」亦是祭之明日祊，故云「求諸遠者」。但此大夫儐尸，同日正祭之牲，〔一三〕天子、

諸侯禮大别曰，又别牲，故牛人云「享牛求牛」，鄭云「享，獻也，獻神之牛，謂所以祭者也。求，終也，終事之牛，謂所以繹者也」，是其别牲也。

埽堂。〔一四〕爲賓尸新之。少儀曰：「汎埽曰埽，埽席前曰拚。」○汜埽，芳劍反，下素到反。〔一五〕曰拼，方問反。

【疏】「埽堂」　注「爲賓」至「曰拚」　「爲賓尸新之」者，正祭於室之時，堂亦埽訖，今將儐尸，又埽之，故云「爲儐尸新之」。引少儀者，若直埽席前，止可云拚，今云「埽」不云拚，明于堂廟汎埽，引之見「汎埽」爲義也。

司宫攝酒，〔一六〕更洗益整頓之。〔一七〕今文「攝」爲「聶」。○爲聶，女輒反。

【疏】「司宫攝酒」　注「更洗」至「爲聶」　鄭云「更洗益整頓之」者，案士冠禮「再醮攝酒」，注云「攝，猶整也，整酒謂撓之，此更添益整頓」，則此「洗」當作「撓」。此謂賓尸，唯徹室中之饋，亦因前正祭之酒，〔一八〕更撓攪添益整新之也。〔一九〕

乃爕尸俎。〔二〇〕爕，温也，温尸俎於爨，肵亦温焉。獨言「温尸俎」，則祝與佐食，不與賓尸之禮。古文「爕」皆作「尋」。記或作「燖」，春秋傳曰「若可燖也，亦可寒也」。○爕，音尋，徐鹽反，〔二一〕温也，注燖同。肵亦，音祈。不與，音預。

【疏】「乃爕尸俎」　注「爕温」至「寒也」　知「温尸俎於爨」者，見下文云「卒爕，乃升羊、豕、魚三鼎」，故知先温於爨之鑊，乃後升之於鼎也。〔二二〕「肵亦温焉」，知者，案下文載俎所舉在肵，肩、胳、脊、脅皆在載於俎，明亦温可知。又云「獨言『温尸俎』，則祝與佐食不與賓尸之禮」者，但正祭時，尸、祝及佐食皆有俎，今獨言「温尸俎」，欲見賓尸時，祝與佐食不與而别立侑也。〔二三〕云「古文爕皆作尋」者，論語及左傳與此古文皆作尋。論語不破，至此疊古文不從者，彼不破者，或古文通用，〔二四〕至此見有今作爕，〔二五〕有火義，故從今文也。云「記或作燖」者，案郊特牲云「有

虞氏之祭也，尚用氣、血、腥、爓，祭，用氣也」，注云「爓或爲燖」，今此義指彼記或讀之，故云「記或作燖」也。引春秋傳者，案哀公十二年左傳〔二六〕「夏，公會吴于橐皋。吴子使大宰嚭請尋盟。公不欲，使子貢對曰：『盟，所以周信也，故心以制之，玉帛以奉之，言以結之，明神以要之。寡君以爲苟有盟焉，弗可改也已。若猶可改，日盟何益？今吾子曰：必尋盟，若可尋也，亦可寒也。』」服注云「尋之言重也，温也。寒，歇也，亦可寒而歇之」。（元缺一字）鄭引之者，證「燅尸俎」是重温之義。

卒燅，乃升羊、豕、魚三鼎，無腊與膚。乃設扃鼏，〔二七〕**陳鼎于門外如初。**腊爲庶羞，膚從豕，去其鼎者，賓尸之禮殺於初。如初者，如廟門之外東方北面，北上。今文「扃」爲「鉉」。古文「鼏」爲「密」。○扃，古熒反，注同。鼏，亡狄反。去其，起吕反，下拂去同。禮殺，所界反，劉色例反，下皆同。爲鉉，玄犬反。

【疏】「卒燅」至「如初」　注「腊爲」至「爲密」　云「腊爲庶羞」者，鄭解不燅腊之義。案上「燅尸俎」，則皆在其内，今升鼎言「無腊」，下載又不見腊體，明從庶羞可知。云「膚從豕，去其鼎」，知者，下載體時，膚猶在豕鼎，不爲庶羞可知。但正祭時五鼎，今二者皆去其鼎，故云「賓尸之禮殺於初」也。

乃議侑于賓，〔二八〕**以異姓。**議，猶擇也，擇賓之賢者，可以侑尸。必用異姓，廣敬也，是時主人及賓有司已復内位。古文「侑」皆作「宥」。○侑于，音又。

【疏】「乃議」至「異姓」　注「議猶」至「作宥」　自此盡「侑荅拜」，論選侑并迎尸及侑之事。云「是時主人及賓有司已復内位」者，下文「侑出，俟于廟門之外」，又云「主人出迎尸」，侑言侑，即賓之賢者，明賓、有司、主人皆復内位矣。若然，知賓主不先在内。必知出「復内位」者，〔二九〕上篇云四餕者、二佐食、二賓長餕訖皆「出」，未見入，主人送上餕言「退」，〔三〇〕皆有出事，今議侑在内，故云「是時賓、主人已復内位」也。

宗人戒侑。戒，猶告也，南面告於其位。戒曰：「請子爲侑。」〔三一〕

【疏】「宗人戒侑」注「戒猶」至「爲侑」　知「南面告於其位」者，以賓位在門東，北面，請以爲侑，明面鄉其位可知。知賓位在門東北面者，〔三二〕下文將獻賓時，云「主人降，南面拜衆賓門東，三拜。衆賓門東北面，皆荅壹拜」是也。〔三三〕云「戒曰：『請子爲侑』」者，案燕禮「公曰：『命某爲賓』」，射人傳公命，當云「請子爲賓」；此處命侑，當先云「主人曰：『命某爲侑』」，宗人傳主人辭，「戒曰：『請子爲侑』」，鄭以互文約之，故云然也。

侑出，俟于廟門之外。俟，待也，待於次，〔三四〕當與尸更入。主人興，禮事尸，極敬心也。

【疏】「侑出」至「之外」注「俟待」至「心也」　云「主人興，禮事尸，極敬心也」者，正謂立侑以輔尸，使出便迎之，是極其敬心也。

司宮筵于户西，南面。爲尸席也。又筵于西序，〔三五〕東面。爲侑席也。尸與侑北面于廟門之外，西上。言與，殊尊卑。北面者，賓尸而尸益卑。西上，統於賓客。

【疏】注「言與」至「賓客」　云「尸益卑」者，以儐尸之禮，〔三六〕以尸爲賓客，當在門西，東面，北上，今執臣道，門外北面，故云「益卑」也。

主人出迎尸，宗人擯。賓客尸而迎之，主人益尊。擯，贊。

【疏】「主人」至「人擯」注「賓客」至「擯贊」　案少牢「宿尸，祝擯」，此「宗人擯」者，以祝不與儐尸，故使宗人爲擯也。

云「賓客尸而迎之，主人益尊」者，上篇正祭時主人不迎尸，以申尸之尊，至此「賓客尸而迎之」，以尸同賓客，是「主人益尊」故也。

主人拜，尸荅拜。主人又拜侑，侑荅拜。主人揖，先入門右。尸入門左。侑從，亦左。揖，乃讓。〔三七〕没霤相揖，至階又讓。道尸。○道尸，音導。

【疏】注「没霤」至「又讓」　經直云「揖，乃讓」，鄭知「没霤相揖，至階又讓」者，案上篇鄉飲酒之等入門「三揖」，至階又「讓」，故知也。

主人先升自阼階。尸、侑升自西階，西楹西北面，東上。東上，統於其席。

【疏】注「東上，統於其席」　尸在門外北面，西上，統於賓客，至此升堂，亦應西上，故決之。云「東上，統於其席」，以其賓席以東爲上故也。

主人東楹東北面拜至，尸荅拜。主人又拜侑，侑荅拜。拜至，喜之。

乃舉。舉，舉鼎也。舉者不盥，殺也。

【疏】「乃舉」　注「舉舉」至「殺也」　自此盡「西枋」，〔三八〕論門外舉鼎、匕、俎入陳于廟門之事。云「舉者不盥，殺也」者，決正祭時皆盥訖乃舉鼎，此儐尸禮殺，「舉者不盥」，故云「殺也」。

司馬舉羊鼎，司士舉豕鼎、舉魚鼎以入，〔三九〕陳鼎如初。如初，如阼階下西面北上。

【疏】注「如初」至「北上」　云「如初」者，此如上經正祭時陳鼎之事也。

雍正執一匕以從。〔四〇〕雍府執二匕以從。司士合執二俎以從。司士贊者亦合執二俎以從。匕皆加于鼎，東枋。二俎設于羊鼎西，西縮。二俎皆設于二鼎西，亦西縮。雍正，羣吏掌辨體名肉物者，府，其屬。凡三匕，鼎一匕。四俎，爲尸、侑、主人、主婦。其二俎設于豕鼎、魚鼎之西，陳之宜具也。古文「縮」皆爲「蹙」。○爲蹙，子六反。

【疏】注「雍正」至「爲蹙」　云「雍正，羣吏掌辨體名肉物者」，〔四一〕案周禮内饔職云「掌割亨煎和之事，辨體名肉物」，注云「體名，脊、脅、肩、臂、臑之屬。肉物，胾燔之屬」，此士之雍正所掌，亦依之也。知「四俎」據「尸、侑、主人、主婦」者，據下文四者皆有俎知之也。云「陳之宜具」者，此四俎當俱陳于鼎之西。分二俎陳豕鼎、魚鼎之西者，欲使三鼎之西並有俎，故云「陳之宜具」也。

雍人合執二俎，〔四二〕陳于羊俎西，並皆西縮。覆二疏匕于其上，皆縮俎，西枋。〔四三〕並，併也。〔四四〕其南俎，司馬以羞羊匕湆，羊肉湆。其北俎，司士以羞豕匕湆、豕肉湆、豕脀湆、魚。疏匕，匕柄有刻飾者。古文「並」皆作「併」。○並併，步頂反，後皆同。匕湆，去及反。豕脀，之承反。

【疏】注「並併」至「作併」　云「其南俎，司馬以羞羊匕湆、羊肉湆」者，匕湆謂無肉直汁，以其在匕湆也，即下文「司馬在羊鼎之東，二手執桃匕枋以挹湆，注于疏匕」是也。云「肉湆」者，直是肉從湆中來，實無汁，下文云「羊肉湆，臑折、正脊一、正脅一、腸一、胃一」是也。案下文「次賓羞羊匕湆，司馬羞羊肉湆」，此注并云「司馬」，不云次賓者，案上

經正祭時云「司馬刲羊」，據此正文。没，次賓不言，其實羞羊匕湆者，是次賓也。又云「其北俎，司士以羞豕匕湆、豕肉湆、豕胥湆、魚」者，此經陳二俎以爲益送之俎，南俎已是司馬所用於羊湆之等，則此北俎是司士羞豕湆之等。若然，案下文亦次賓羞豕匕湆，司士羞豕胥，此并云「司士」者，亦據上經正文「司士擊豕」而言，實次賓羞豕匕湆也。云「疏匕，匕柄有刻飾」者，以其言「疏」，是疏通刻飾之名，若禮記云「疏屏」之類，故知「柄有刻飾」，亦通柄刻雲氣以飾也。

主人降受宰几，尸、侑降。主人辭，尸對。几，所以坐安體。周禮大宰掌「贊玉几、玉爵」。〔四五〕

【疏】注「几」所至「玉爵」　引大宰者，證宰授主人几之義。〔四六〕

宰授几，主人受，二手横執几，揖尸。獨揖尸几，禮主於尸。主人升，尸、侑升，復位。位，阼階、賓階上位。

【疏】注「位阼」至「上位」　鄭言此者，主人位常在阼階上，其賓位在户西，〔四七〕及在西階上，今恐尸復位在户西，以其未得在户西，故言「賓階上位」也。

主人西面，左手執几，〔四八〕縮之，以右袂推拂几三，二手横執几，進，授尸于筵前。衣袖謂之袂。推拂，去塵示新。尸進，二手受于手間。〔四九〕受從手間，謙也。主人退。尸還几縮之，右手執外廉，北面奠于筵上，左之，南縮，不坐。左之者，異於鬼神。生人陽，長左；鬼神陰，長右。不坐奠之者，几輕。○長左，丁

文反，後皆同。

【疏】「主人」至「不坐」　注「左之」至「几輕」　云「主人退。尸還几，縮之」者，以主人横執几進授尸時，尸二手受於主人手間時，〔五〇〕亦横受之，將欲縱設於席，故還之使縮，以右手執几外廉，故鄉北面縮設于席也。云「左之者，異於鬼神」者，謂若上篇，〔五一〕以求設神几，皆在右，爲生人皆左几之等，是其生人陽，故尚左，鬼神陰，故尚右也。云「不坐奠之者，几輕」者，此決下文啐酒「坐奠」之，不言坐是重之，此言坐，執之故也。〔五二〕

主人東楹東，〔五三〕北面拜。拜送几也。尸復位。尸與侑皆北面荅拜。〔五四〕侑拜者，從於尸。

【疏】注「侑拜者從於尸」　以主人授几止爲尸，故主人拜送，其尸獨荅拜，今侑亦拜，故云「從於尸」。以其立侑以輔尸，故侑從尸拜也。

主人降洗，尸、侑降。尸辭洗，主人對。卒洗，揖，主人升，尸、侑升。尸西楹西北面拜洗，主人東楹東北面奠爵，荅拜。降盥。尸、侑降。主人辭，尸對。卒盥，主人揖，升，尸、侑升。主人坐取爵，酌，獻尸。尸北面拜受爵，主人東楹東北面拜送爵。降盥者，爲土汙手，不可酌。〔五五〕

【疏】「主人」至「送爵」　自此盡「興，退」，論主人、主婦獻於尸之事。云「主人降，洗，尸、侑降。尸辭洗」者，案鄉飲酒

「主人降，洗，賓降。主人辭降，賓對」，此中亦應主人降，洗，賓降，主人辭，降。

主婦自東房薦韭菹、醓，坐奠于筵前，菹在西方。婦贊者執昌菹、醓以授主婦，主婦不興，受，陪設于南，昌在東方。興，取籩于房，𪎊、蕡，〔五六〕坐設于豆西，當外列，𪎊在東方。婦贊者執白黑以授主婦。主婦不興，受，設于初籩之南，白在西方。〔五七〕興，退。昌，昌本也。韭菹、醓醢，昌本、麋臡。〔五八〕𪎊，熬麥也。蕡，熬枲實也。白，熬稻。黑，熬黍。此皆朝事之豆、籩。大夫無朝事而用之，賓尸亦豐大夫之禮。主婦取籩興者，以饌異親之，當外列辟鉶也。退，退入房也。○𪎊，芳中反，熬麥也。蕡，扶云反，熬枲也。醓，他感反。麋臡，乃兮反，又人兮反。枲也，〔五九〕思治反。辟鉶，音避，下亦辟、辟併、辟主同。

【疏】「主婦」至「興退」　注「昌昌」至「房也」　案此上下經，〔六〇〕主人先獻，主婦乃後薦者，若正祭則先薦後獻，若繹祭則先獻後薦，故祭義云「君獻尸，夫人薦豆」，鄭注云「謂繹日也」，則此儐尸禮與天子、諸侯繹祭同，故亦先獻後薦也。云「昌本」已下等物至「此皆朝事之豆、籩」，〔六一〕𪎊蕡、白黑，形鹽、膴、鮑魚、鱐。醢人云「朝事之豆，韭菹、醓醢、昌本、麋臡、菁菹、鹿臡、茆菹、麋臡」，〔六二〕故鄭注此皆據彼而言。又案彼注：「昌本，昌蒲根。有骨爲臡，無骨爲醢。」云「蕡，熬枲實也」者，案喪服傳云「苴者，麻之有蕡者也。牡麻者，枲麻也」。若然，蕡麻有實，枲麻無實，鄭云「蕡，枲實」者，舉其類耳，其實枲是雄麻無實。若竹器圓曰簞，方曰笥，鄭注論語亦云「簞，笥」，亦是舉其類也。「白黑」之等無正文，鄭以形色而言之。云「大夫無朝事而用之，儐尸亦豐大夫之禮」者，案禮記「坐尸於堂」，子北面而事之，注云天子、諸侯之祭，「朝事延尸於户外」，是以有北面事尸之禮，是特牲、少牢正祭無朝事於堂，直有室

中之事。若然，大夫雖用天子、諸侯朝事之籩、豆，以其禮殺，故八籩、八豆之中，各取其四耳。其「韭菹、醓」者，則無骨之醢；「昌菹、醢」者，即周禮「麋臡」，臡，散文亦名醢。又案周禮鄭注云「齏菹之稱菜肉通，全物若牒爲菹，細切爲齏」，〔六三〕彼昌本不言菹，是細切爲齏。此云「昌菹」，則大夫以昌本爲菹，異於天子、諸侯所用也。云「主婦取籩興者，以饌異親之」者，鄭意以籩、豆俱時設，而籩不使婦贊者；取籩以授主婦者，以籩與豆不同，所實又別，故主婦宜親就房親取之也。

乃升。升牲體於俎也。

【疏】「乃升」 自「乃升」盡于「其上」，論司馬載俎，因歷説十一俎之事。

司馬朼羊，亦司馬載，載右體肩、臂、肫、骼、臑、正脊一、脡脊一、横脊一、短脅一、正脅一、代脅一、〔六四〕腸一、胃一、祭肺一，載于一俎。〔六五〕言燅尸俎，復序體者，明所舉肩、骼存焉。亦著脊、脅，皆一骨也。臑在下者，折分之以爲肉湆，貶也。〔六六〕一俎，謂司士所設羊鼎西第一俎。○肫，音純。骼，音格，又音各，本亦作髂。臑，奴到切。脡，他頂反。復序，扶又反，下不復、復言同。折分，之設反，下皆同。

【疏】注「言燅」至「一俎」 云「言燅尸俎，復序體者，明所舉肩、骼存焉」者，上篇少牢載牲體十一，脊、脅皆加並骨二，尸食特舉脊、肩、骼在於斯俎，上文直言「燅尸俎」，嫌所舉在斯者不在，故復序其體，所舉肩、骼則存焉，所舉未知；此正俎爲在下羊肉湆，以本脊、脅，皆二骨以並，〔六七〕今皆一骨，故鄭云「明所舉肩、骼存焉」。以肩、骼一骨前尸所舉，今復序之，〔六八〕明在可知；脊、脅雖舉，以其二以並，今脊、脅載一骨在正俎，一骨在湆俎，故鄭云「亦著脊

脅，皆一骨也」。以其前所舉者未知在何俎，故直注云「著脊、脅皆一骨」，不云存耳。云「一俎，謂司士所設羊鼎西第一俎」者，此俎在侑俎之南，故下文注侑俎云「羊鼎西之北俎也」。鄭君知尸俎在南，見羊肉湆俎在豕俎之南，羊尊豕卑，明尸俎在侑俎之南。或解云：「言第一者，最在北，故『侑俎』下注云『司士所設羊鼎西之北俎也』，明北俎在俎之南。」已下所注俎之次第，皆據司士、雍人所陳爲次，義可知也。

羊肉湆，臑折、正脊一、正脅一、腸一、胃一、嚌肺一，載于南俎。肉湆，肉在汁中者，以增俎實，爲尸加也。必爲臑折，上所折分者，嚌肺，離肺也。南俎，雍人所設在南者。此以下十一俎，俟時而載，於此歷説之爾。今文「湆」爲「汁」。○嚌，才計反。

【疏】「羊肉」至「南俎」　注「肉湆」至「爲汁」　云「肉湆，肉在汁中者，以增俎實，爲尸加也」者，以決正祭之鼎，直升牲體，無湆者，以正祭之俎非加，今儐尸增俎，實爲尸加，故有湆也。凡牲體皆出汁，不言湆，又下豕脀亦出于汁，皆不言湆；此特得「湆」名者，特牲、少牢正祭升牲體於鼎時，皆無匕湆，故直云升體於俎，設於尸前鼎內，亦無匕湆升文，今此升牲體於尸前，匕湆亦升焉，故得「湆」名。以在俎實無汁，故進羊肉湆，必先進羊匕湆，〔六九〕然後進羊肉湆，見此湆爲肉而有，故在羊肉湆前進之，使尸嘗之，故鄭下注云「嚌湆者，明湆肉加耳，嘗之以其汁尚味」是也。若然，豕亦有匕湆，不名肉湆，而名「豕脀」者，互見爲文。言「脀」者，見在俎無汁，言「肉湆」者，見在鼎內時有汁也。若然，羊、豕互見爲文，魚何以不言魚湆而云「湆魚」者，羊先言「肉」，後言「湆」，使肉前進匕湆，明是湆從肉來可知；魚前無進匕湆，故先言「湆」，以明魚在湆可知。魚無匕湆者，鄭下注云：「不羞魚匕湆，畧小味也。」羊有正俎，羞匕湆、肉湆，豕無正俎，魚無匕湆，〔七〇〕隆汙之殺。云「必爲臑折，上所折分」者，上經退「臑」在下者，〔七一〕以折分故退之，今此經云「臑折」，即上經所退「臑」在下者也。左右體之臑，而必取右體之臑折分用之，貴神俎故也。若然，脊、脅二骨，亦分一骨爲肉湆者，亦是貴神俎故也。云「此以下十有一俎，俟時而載，於此歷説之爾」者，案下

文「卒升，賓長設羊俎於豆南。賓降，尸升筵」，唯設此一俎，餘十一俎皆未；又主人、主婦升席時乃設之，是其「俟時而載」，今於此已下，雖未載，因前俎遂歷陳説之耳。十一俎者，即尸之羊肉湆，一也；豕脀俎，二也；侑之羊俎，三也；豕俎，四也；主人羊俎，五也；羊肉湆俎，六也；豕脀，七也；主婦羊俎，八也。尸、侑、主人，三者皆有魚俎，是其十一，通尸羊正俎爲十二俎。其四俎尸、侑，主人、主婦載羊體俎，皆爲正俎，其餘八俎，雍人所執二俎，益送往還，故有八，其實止二俎也。

司士枇豕，〔七二〕亦司士載，亦右體肩、臂、肫、骼、臑、正脊一、脡脊一、橫脊一、短脅一、正脅一、代脅一、膚五、嚌肺一，載于一俎。臑在下者，順羊也。俎謂雍人所設在北者。

【疏】「司士」至「一俎」　注「臑在」至「北者」　云「臑在下者，順羊也」者，以其豕脀不折臑，臑亦在下，順上文「羊臑」在下，由折分，此雖不折，順羊，故亦在下也。豕肉湆所以不折者，〔七三〕由豕無正俎，皆是肉湆，故不順所折也。

侑俎，羊左肩、左肫、正脊一、脅一、腸一、胃一、切肺一，載于一俎。侑俎，豕左肩折、正脊一、脅一、膚三、〔七四〕切肺一，載于一俎。侑俎用左體，侑賤。其羊俎過三體，有肫，尊之加也。豕左肩折，折分爲長兄弟俎也。切肺亦祭肺，互言之爾。無羊湆，下尸也。豕又祭肺，不嚌肺，不備禮。俎，司士所設羊鼎西之北俎也。豕俎與尸同。○下尸，户嫁反，下注下尸、下之、亦下、下侑、〔七五〕下主人、下大夫、下上大夫同。

【疏】「侑俎」至「一俎」　注「侑俎」至「尸同」　「侑俎用左體」者，案少牢載尸俎皆右體，脊、脅皆二骨，舉肺一、切肺三，尸、主人、主婦盡用腸三、胃三，尸正俎用一，湆俎用一，唯有一在此，是以自侑已下，及主人、主婦皆用左體脊、脅。若然，「燅尸俎」時，左體亦同升於鼎上，不云者，文不具。是以前陳俎時，皆設于鼎西，若不同升鼎，則侑、主人、主

婦俎如特牲執事之俎，陳在階間，不應在鼎側也。若然，特牲執事與主人、主婦之俎，亦不升鼎，彼爲自異於神；少牢祝與佐食俎亦不升鼎，亦自異於神；此自侑已下，悉與尸同鼎者，以儐尸禮益卑，唯尸尊禮詳，侑已下禮畧故也。云「其羊俎過三體，有肫，尊之加也」者，鼎、俎數奇，今體數四，故云「加」。若禮緯云禮六十已上，「籩豆有加」，是以少牢祝羊、豕體各三。又下文主人羊肉湆，俎體亦三，今儐尸之有侑，猶正祭之有祝，侑四體，必知以「肫」爲「加」者，侑豕俎無肫，主人羊肉湆俎亦無肫，故知有肫爲加，以立侑以輔尸，尊之，故以肫爲加體也。云「豕左肩折，折分爲長兄弟俎也」者，以下文設薦俎，而注云「衆兄弟」；儀禮文薦脀皆不云折，唯兄弟云「先生之脀，折」，鄭云「先生，長兄弟。折豕左肩之折」，是以知義然也。云「無羊湆，下尸也」者，直云「無羊湆」，不云肉者，以匕湆、肉湆皆無，故直云「無羊湆」以包二者皆無；此二湆尸皆有，侑皆無，故云「下尸」也。云「豕又祭肺，不嚌肺，不備禮」者，上尸羊俎有祭肺，豕俎有嚌肺，是備禮；侑羊俎、豕俎皆切肺，故曰「不備禮」也。

阼俎，羊肺一、祭肺一，載于一俎；羊肉湆，臂一、脊一、脅一、腸一、胃一、嚌肺一，載于一俎；豕脀，臂一、〔七六〕脊一、脅一、膚三、嚌肺一，載于一俎。阼俎，主人俎，無體，遠下尸也。以肺代之，肺尊也。加羊肉湆而有體，崇尸惠，亦尊主人。臂，左臂也。侑用肩，主人用臂，下之也。不言左臂者，大夫尊，空其文也。降於侑羊體一而增豕膚三，有所屈有所申，亦所謂「順而摭也」。

阼俎，司士所設豕鼎西俎也。其湆俎與尸俎同，豕俎又與尸豕俎同。○而摭，之石反。

【疏】「阼俎」至「一俎」　注「阼俎」至「俎同」　「無體，遠下尸」者，尸用右體，主人用左體，是其相下之義；今主人正俎，全無牲體，故云「遠下尸也」。云「以肺代之，肺尊也」者，尸侑一肺，今主人一俎有兩肺，故知以肺代體；肺者，氣之主，食所先祭，尊於腸、胃，故以肺代體。云「加羊肉湆而有體，崇尸惠，亦尊主人」者，以俎物雖與尸不同

者，〔七七〕肉湆與尸同，至尸酢主人而設之，〔七八〕故曰「崇尸惠」，正俎所以不崇尸惠者，遠下尸，故無正俎；遠下，則無肉湆者近下尸，故侑無羊肉湆。注但云「下」，此非直崇尸惠，〔七九〕亦見尊主人者，侑無羊匕湆，無豕匕湆，而主人盡有，是其尊。主人所有者尊，見下文受酢致爵時。〔八〇〕云「不言左臂者，大夫尊，空其文」者，牲右體貴，左體賤，侑用左體，皆言左肩、左肫，今主人用左臂，直云「臂」，不云左者，大夫尊，故空其文，似若得用右體。〔八一〕然必知是左臂者，以右臂在尸俎故也。〔八二〕云「降於侑羊體一而增豕膚三，有所屈有所申，亦所謂『順而摭也』」者，案禮器注云「謂若君沐粱，大夫沐稷，士沐粱」，大夫不沐粱，屈於君，士則申與君同，是亦屈申之義，故引爲證也。云「其湆俎與尸俎同，豕俎又與尸豕俎同」者，以其共用益送之俎，故知同也。

主婦俎，羊左臑、脊一、脅一、腸一、胃一、膚一、嚌羊肺一，載于一俎。無豕體而有膚，以主人無羊體，不敢備也。無祭肺，有嚌肺，亦下侑也，祭肺尊。言嚌羊肺者，文承膚下，嫌也。膚在羊肺上，則羊、豕之體名同，相亞也。其俎司士所設在魚鼎西者。

【疏】「主婦」至「一俎」　注「無豕」至「西者」　云「無豕體而有膚，以主人無羊體，不敢備也」者，以主人俎無羊體，故主婦俎亦無豕體，以主人遠下尸，主婦亦遠下尸也。云「無祭肺，有嚌肺，亦下侑也，祭肺尊」者，言「亦」者，亦主人下侑也。侑用肩，主人用臂，祭肺尊，嚌肺卑，侑俎皆祭肺，主婦皆嚌肺，故云「下侑也」。云「嚌羊肺者，文承膚下，嫌也」者，「肺」文承「膚」下，有豕肺之嫌，故須辨之，云「嚌羊肺」者，以別之也。云「膚在羊肺上，則羊、豕之體名同，相亞也」者，羊、豕雖異，脊、脅之等體名則同，今豕雖直言膚，不言體，以豕膚在羊肺之上，使繇羊之體，故云「相亞」。若然，下文主人獻賓之時，司士設俎，羊骼一、腸一、胃一、切肺一、膚一，所以「膚」又在「肺」下者，彼取用之先後，故退膚在下。

司士杝魚，亦司士載。尸俎五魚，橫載之。侑、主人皆一魚，亦橫載

之，皆加膴祭于其上。橫載之者，異於牲體，彌變於神。膴讀如殷冔之冔，刳魚時割其腹以爲大臠也，可用祭也。其俎又與尸豕俎同。○加膴，火吳反，依注音冔，況羽反，〔八三〕劉呼孤反，後同。刳魚，口吴反，又口侯反。大臠，力轉反。

【疏】「司士」至「其上」　注「橫載」至「俎同」　案上歷説十一俎，尸、侑、主人之下，皆次言豕俎、魚俎，亦是歷説十一俎，獨不陳魚俎於豕俎之下，而陳并於此者，〔八四〕欲見魚水物，别於正牲，又欲見魚獨副賓長獻三，故并於此序之。云「橫載之者，異於牲體，彌變於神」者，以其牲體皆橫載於俎，於人爲縮，鬼進下，生人進腠。上篇少牢正祭升體時云「下利升豕，其載如羊，無腸胃。體其載于俎，皆進下」，鄭注「進下，變於食生也。所以交於神明，不敢以食道，敬之至也」，引鄉飲酒禮「進腠羊，次其體。豕言進下，互相見」，明正祭之時，牲體皆橫載，進下可知。至此儐尸，事神禮簡，儐尸禮隆，以尸爲賓客，故從生人禮，牲體皆進腠，〔八五〕橫載於俎，異於載魚於正祭之時縮載。故少牢云「司士升魚，十有五而俎，縮載，右首，進腴」，於俎爲縮，於尸爲横，首向右，腹腴向尸，鄭注云「右首，進腴，亦變於食生也」。若生人則亦縮載，於人爲横，首亦向右，進鰭，脊向人，腹腴向外。今儐尸之禮，載魚宜亦同生人縮載進鰭，今横載於人爲縮，不與正祭同；又與生人異，欲見儐尸之禮異於正祭，又不得全與生人同。鄭云「彌變於神」者，牲體既進腠，是已變於神，至於魚載，又横於俎，是「彌變於神」也。云「膴讀如殷冔之冔」者，讀從士冠禮、郊特牲「周弁、殷冔」，冔，覆也，可以覆首，此亦取魚腹反覆於上以擬祭。云「其俎又與尸豕俎同」者，謂上司士所設於豕鼎之西者也。〔八六〕

卒升，卒，已也，已載尸羊俎。

【疏】「卒升」注「卒已」至「羊俎」 自此盡「立于筵末」，論薦獻於尸之事。云「卒升」者，案上有主人酌獻尸、主婦薦籩、豆，又升羊俎進於尸前，因歷説十一俎之事，今言「卒升」，還計上升羊俎，故云「卒」。是以鄭亦云「已載尸羊俎」而言之。此事從上文獻尸，下盡「乃卒爵」有五節。五節者，從主人獻酒於尸，并主婦設籩豆，是其一也；賓長設俎，二也；〔八七〕次賓羞羊燔，尸乃卒爵，五也。」

賓長設羊俎于豆南。賓降。尸升筵自西方，坐，左執爵，右取韭菹，㨎于三豆，祭于豆間。尸取麷、蕡。宰夫贊者取白黑以授尸。尸受，兼祭于豆祭。賓長，上賓。○㨎，人悅反，〔八八〕劉而誰反。

【疏】「賓長」至「豆祭」 注「賓長上賓」 上文載羊俎，退，卒升於十一俎下者，欲就此賓長設羊俎之事，故此言「賓長設羊俎于豆南，賓乃降」。注云「賓長，上賓」者，案下三獻時云「上賓洗爵」，注云「上賓，長也」，〔八九〕是以鄭上下交相曉，爲一人者也。

雍人授次賓疏匕與俎，受于鼎西，左手執俎左廉，縮之，〔九〇〕卻右手執匕枋，縮于俎上，以東面受于羊鼎之西。司馬在羊鼎之東，二手執桃匕枋以挹湆，〔九一〕注于疏匕，若是者三。〔九二〕桃謂之𣢻，讀如「或舂或抭」之抭。〔九三〕字或作「桃」者，〔九四〕秦人語也。此二匕者皆有淺升，狀如飯橾。〔九五〕桃長枋，可以抒物於器中者。〔九六〕注，猶寫也。〔九七〕今文「桃」作「抭」，〔九八〕「挹」皆爲「扱」。○執挑，湯堯反，劉湯姚反，又他羔反，一音由，〔九九〕又食汝反。以挹，一入反。之𣢻，初洽反，劉初輒反，下扱同。或作桃，本又作抭，劉忩羔反。飯橾，〔一〇〇〕七消反。

以抒，食汝反。

【疏】注「桃謂」至「爲抆」　云「讀如『或舂或抗』之抗」者，讀從詩「或舂或抗」，彼注「抗，抒臼也」。云「此二匕者皆有淺升，狀如飯橾」，此以漢法況之。言淺升元缺一字對尋常勺、升深，此淺耳。

尸興，左執爵，右取肺，坐祭之，祭酒，興，左執爵。肺，羊祭肺。

【疏】注「肺羊祭肺」　知「羊祭肺」者，見上載尸羊正俎而云「祭肺一」，故知此羊俎上祭肺，其羊肉湆雖有「嚌肺一」，此下經乃升，此時未升，故知非嚌肺也。〔一〇一〕

次賓縮執匕俎以升，〔一〇二〕若是以授尸。〔一〇三〕尸卻手授匕枋，〔一〇四〕坐祭，嚌之，興，覆手以授賓。〔一〇五〕賓亦覆手以受，〔一〇六〕縮匕于俎上，以降。嚌湆者，明湆肉加耳，嘗之以其汁，尚味。○覆手，芳伏反，下同。

【疏】「次賓」至「以降」　注「嚌湆」至「尚味」　云「嚌湆者，明湆肉加耳，嘗之以其汁，尚味」者，此匕湆似大羹，案特牲大羹不祭、不嚌，以不爲神，非盛；此「嚌之」者，明「湆肉加」，〔一〇七〕先進其汁而嘗之，「尚味」故也。以湆肉加在鼎有汁，在俎無汁，故以匕進汁，是以上注云「肉湆，肉在汁中者，以增俎實，爲尸加」是也。特牲大羹自門入，本不在鼎，不調之，此肉湆在鼎，已調之，故云「尚味」也。

尸席末坐，啐酒，興，坐奠爵，拜，告旨，執爵以興。主人北面于東楹東

答拜。旨，美也。拜告酒美，答主人意。古文曰「東楹之東」。○啐，七内反

【疏】「尸席」至「答拜」　注「旨美」至「之東」　案上篇少牢尸不啐奠，不告旨，大夫之禮尸彌尊。至於儐尸啐酒告旨者，異於神，奠具，尸禮彌儐故也。

司馬羞羊肉湆，縮執俎。尸坐奠爵，興，取肺，坐，絶祭，嚌之，興，反加于俎。〔一〇八〕司馬縮奠俎于羊湆俎南，〔一〇九〕乃載于羊俎，卒載俎，〔一一〇〕縮執俎以降。絶祭，絶肺末以祭。〔一一一〕周禮曰：「絶祭。」湆使次賓，肉使司馬，大夫禮多，崇敬也。

【疏】「司馬」至「以降」　注「絶祭」至「敬也」　引周禮者，案大祝職辨「九祭」，「七曰絶祭」，注云「絶末以祭」，引之證「絶祭」與此同也。云「湆使次賓，肉使司馬，大夫禮多，崇敬也」者，司馬火官，羊又火畜，則羊湆與肉皆當司馬載之。案上文次賓載湆，此經司馬羞肉者，以大夫官多，各使載其一，是以云「大夫禮多，崇敬也」。

尸坐執爵以興。次賓羞羊燔，縮執俎，縮一燔于俎上，鹽在右。尸左執爵，受燔，揳于鹽，坐，振祭，嚌之，興，加于羊俎。賓縮執俎以降。燔，炙。○羊燔，音煩。

【疏】注「燔，炙」　案詩云「載燔載烈」，注云「傅火曰燔，〔一一二〕貫之加于火曰烈」，烈則炙也。彼以燔、炙相對則異，此云「燔，炙」者，燔之傅火亦是炙類，故曰「燔，炙」。

尸降筵，北面于西楹西，坐卒爵，執爵以興，坐奠爵，拜，執爵以興。主

人北面于東楹東荅拜。主人受爵。尸升筵，立于筵末。主人酌，獻侑。侑西楹西北面拜受爵。主人在其右，北面荅拜。不洗者，俱獻閒無事也。主人就右者，賤不專階。

【疏】「主人」至「荅拜」　注「不洗」至「專階」　自此盡「主人荅拜」，論主人獻侑，并薦俎從獻之事也。此節内從獻有三事：主人獻時主婦薦籩、豆，一也；司馬羞羊俎，二也；次賓羞羊燔，三也。侑降於尸二等，無羊匕湆，又無肉湆。云「不洗者，俱獻閒無事也」者，此則以其獻尸訖即獻侑，中閒無別酢醻之事，故不洗。凡爵行爵，從尊者來向卑者，俱獻閒無事則不洗爵；從卑者來向尊，雖獻閒無事，亦洗，是以此文獻尸訖，俱獻侑，不洗，是爵從尊者來；故特牲賓致爵於主人，「洗爵」者，鄭云「洗乃致爵，爲異事新之」，以其承佐食賤，雖就獻閒，以其爵從卑者來，故洗之，故不儐尸。鄭注云「洗致爵」者，以承佐食賤，新之，是爵從卑者來，故洗也。云「主人就右者，賤不專階」者，對主人不就尸階者，尸尊得專階故也。

主婦薦韭菹、醢，坐奠于筵前，醢在南方。婦贊者執二籩䴺、蕡以授主婦。〔一二〕主婦不興，受之，奠䴺于醢南，蕡在䴺東。主婦入于房。醢在南方者，立侑爲尸，使正饌統焉。

【疏】注「醢在」至「統焉」　凡設菹常在右，便其擩，今菹在醢北者，以其立侑以輔尸，故菹在北，統於尸也。

侑升筵自北方。司馬横執羊俎以升，設于豆東。侑坐，左執爵，右取菹，擩于醢，祭于豆間；又取麷、蕡，同祭于豆祭。興，左執爵，右取肺，〔一一四〕坐祭之，祭酒，興，左執爵。次賓羞羊燔，如尸禮。侑降筵自北方，北面于西楹西，坐卒爵，執爵以興。坐奠爵，拜，主人荅拜。荅拜，拜於侑之右。

【疏】注「荅拜」至「之右」　知「拜於侑之右」者，以其前拜爵時，尸在侑之右。元缺一字

尸受侑爵，降，洗。侑降立于西階西，東面。主人降自阼階，辭洗。尸坐奠爵于篚，〔一一五〕興，對。卒洗，主人升。尸升自西階。主人拜洗。尸北面于西楹西，坐奠爵，荅拜，降盥，主人降。尸辭，主人對。卒盥，主人升。尸升，坐取爵，酌。酌者，將酢主人。

【疏】「尸受」至「爵酌」　注「酌者，將酢主人」　自此盡「就筵」，論主人受尸酌，并薦籩、豆及俎之事。就此事中，亦有五節：行事尊主人，故與尸同者，尸酢主人時，主婦亦設籩、豆，一也；賓長設羊俎，二；次賓羞羊匕湆，三；司馬羞肉湆，四也；次賓羞羊燔，主人乃卒爵，五也。但特牲、少牢主人獻尸，尸即酢主人，主人乃獻祝及佐食，此尸待主

人獻侑，乃酢主人，不同者，此尸卑，達主人之意，欲得先進酒於侑，乃自飲；〔一一六〕彼尸尊，不達主人，欲自達己意，故先酢主人，乃使主人獻祝與佐食，故不同。是以下文賓長獻尸，致爵主人，尸乃酢之，遂賓意，亦此類也。

司宮設席于東序，西面。主人東楹東北面拜受爵，尸西楹西北面荅拜。主婦薦韭菹、醓，坐奠于筵前，菹在北方。婦贊者執二籩糗、蕡，〔一一七〕主婦不興，受，設糗于菹西北，蕡在糗西。主人升筵自北方。主婦入于房。設籩于菹西北，亦辟鉶。今文無「二籩」。〔一一八〕

【疏】「司宮」至「于房」　注「設籩」至「二籩」　此乃陳主人受酢設席之位。案特牲爲士，案少牢下大夫皆致爵乃設席，此儐尸受酢即設席者，〔一一九〕以其儐尸尸益卑，主人益尊，故明一等，受酢即設席。案上設尸籩，云「興，取籩於房。糗、蕡」，注云「以饌異親之」，與此「婦贊者執二籩糗、蕡，主婦不興，受」文不同者，凡執籩、豆之法，皆兩雙執之，此侑與主人皆二籩，故主婦與婦贊者各執其二，於事便，故「主婦不興，受，設」之；上尸籩、豆各四，故主婦興，取籩、豆于房，亦見異饌親之義也。云「設籩于菹西北，亦辟鉶」者，上設侑籩，正當豆，此在西北，明辟鉶；云「亦」，亦尸籩當豆西外列，以辟鉶故也。

長賓設羊俎于豆西。主人坐，左執爵，祭豆、籩，如侑之祭，興，左執爵，右取肺，〔一二〇〕坐祭之，祭酒，興。次賓羞匕湇，如尸禮。席末坐啐酒，執爵以興。司馬羞羊肉湇，縮執俎。主人坐奠爵于左，興，受肺，

坐絶祭，嚌之，興，反加于湆俎。司馬縮奠湆俎于羊俎西，〔一二二〕乃載之，卒載，縮執虚俎以降。奠爵于左者，神惠變於常也。言受肺者，明有授。言虚俎者，羊湆俎訖於此，虚不復用。

【疏】注「奠爵」至「復用」　云「言虚俎者，羊湆俎訖於此，虚不復用」者，此俎雍人所執，陳奠於羊俎西，在南者，自此賓羞匕湆，司馬羞羊肉湆於尸，次賓又羞匕湆於主人，同用此俎，三降皆不言虚，欲見後將更用，至於此言「虚俎」，明其不復用此俎。又見下次賓羞羊燔於主人，則北之豕俎，用北之豕俎，〔一二三〕而得羞羊燔者，以其禮殺故也。

主人坐，取爵以興。〔一二三〕次賓羞燔，主人受，如尸禮。主人降筵自北方，北面于阼階上，〔一二四〕坐卒爵，執爵以興，坐奠爵，拜，執爵以興。尸西楹西荅拜。主人坐奠爵于東序南。不降奠爵於篚，急崇酒。

【疏】「主人」至「序南」　注「不降」至「崇酒」　直云「次賓羞燔」者，燔即羊燔。知者，以其主人與尸、侑皆用羊體，鄉主婦獻尸，以後悉用豕體，賓長獻尸後，悉用魚從，是以知主人之燔羊燔也。云「不降奠爵于篚，急崇酒」者，此下唯有「崇酒」之文，〔一二五〕更無餘事，故云「急崇酒」。案鄉飲酒「介荅拜」，主人卒爵，「坐奠於西楹南介右，再拜崇酒」，注云「奠爵西楹南，以當獻衆賓」，與此不同者，〔一二六〕彼實有獻衆賓之事，故云「當獻衆賓」，亦得見「急崇酒」，兩見之也。

侑升。尸、侑皆北面于西楹西。見主人不反位，知將與己爲禮。主人北面于東楹東，再拜崇

酒。崇，充也，拜謝尸、侑以酒薄充滿。尸、侑皆荅再拜。主人及尸、侑皆升就筵。〔一二七〕

司宫取爵于篚，以授婦贊者于房東，以授主婦。房東，房戶外之東。

【疏】「司宫」至「主婦」　注「房東」至「之東」　自此盡「主婦荅拜」，論主婦亞獻尸并見從獻之事。上文主人獻節凡有三爵，有主人獻尸、獻侑并受酢。此主婦獻内，凡有四爵，〔一二八〕即分爲四節解之。四者，主婦獻尸，一也；獻侑，二也；致爵於主人，三也；受尸酢，四也。下文賓長爲三獻爵止，故與主婦亞獻同。此主婦亞獻尸，一節之内，從獻有五。五者，主婦亞獻，主婦設兩鉶，一也；主婦又設糗與脩，二也；次賓羞豕匕湆，三也；司士羞豕脀，四也；次賓羞豕燔，尸乃卒爵，五也。

主婦洗于房中，〔一二九〕出實爵，尊南西面拜獻尸。尸拜于筵上，受。尊南西面拜，由便也。○由便，婢面反。

【疏】「尸拜于筵上，受」　注「尊南」至「便也」　賓主獻酢，無在筵上受法，今尸於筵上受者，以婦人所獻，故尸不與行賓主之禮，故不得各就其階。若然，少牢主人「祝拜於席上，坐受」者，注云「室内迫狹」，故拜筵上，與此禮異。云「尊南西面拜，由便也」者，此決下文「西面於主人之北拜送爵」，〔一三〇〕今酌尊因在尊南西面拜獻尸者，便也。言「便」者，便其西面授尸，故不退主人之北。

主婦西面，于主人之席北拜送爵。〔一三一〕入于房，取一羊鉶，坐奠于韭菹

西。主婦贊者執豕鉶以從。〔一三三〕主婦不興，受，設于羊鉶之西。興，入于房，取糗與腶脩，執以出，坐設之，糗在蕡西，脩在白西。興，立于主人席北，西面。〔一三三〕飲酒而有鉶者，祭之餘鉶。無黍稷，殺也。糗，糗餌也。腶脩，擣肉之脯。今文「腶」爲「斷」。○糗，去九反。與腶，〔一三四〕丁亂反，本又作段，音同；加薑桂以脯而鍛之曰腶脩。餌也，音二。擣肉，劉本作搗同，丁老反。爲斷，丁亂反。

【疏】注「飲酒」至「爲斷」 云「無黍稷，殺也」者，決正祭時有黍稷故也。

尸坐，左執爵，祭糗、脩，同祭于豆祭，以羊鉶之柶挹羊鉶，〔一三五〕遂以挹豕鉶，祭于豆祭，祭酒。次賓羞豕匕湇，如羊匕湇之禮。〔一三六〕尸坐啐酒，〔一三七〕左執爵，嘗上鉶，執爵以興，坐奠爵，拜。主婦荅拜，執爵以興。司士羞豕脀。尸坐奠爵，興，受，如羊肉湇之禮，坐取爵，興。次賓羞豕燔。尸左執爵，受燔，如羊燔之禮。〔一三八〕坐卒爵，拜，主婦荅拜。受爵，酌，獻侑。侑拜，受爵。〔一三九〕主婦，主人之北西面荅拜。〔一四〇〕酌獻者，主婦。今文無「西面」。○之柶，音四。

【疏】「酌獻」至「荅拜」 注「酌獻」至「西面」 同有三等，降於尸二等，無鉶羹與豕匕湇。云「三等」者，主婦酌，獻侑，主婦羞糗、脩，一也；司士羞豕脀，二也；次賓羞燔侑，乃卒爵，三也。

主婦羞糗、脩，坐奠糗于爨南，〔一四一〕脩在蕡南。侑坐，左執爵，取糗、脩，兼祭于豆祭。司士縮執豕脀以升。〔一四二〕侑興，取肺，坐祭之。司士縮奠豕脀于羊俎之東，載于羊俎，卒，〔一四三〕乃縮執俎以降。侑興。豕脀無湆，於侑禮殺。

【疏】「主婦」至「侑興」　注「豕脀」至「禮殺」　案上下文，尸與侑及主人、主婦，但是正俎，〔一四四〕皆横執俎以升，又横設於席前，若益送之俎皆縮執之，又縮於席前。今司士所羞豕脀，是益送之俎，縮執是其常，而言「縮執」者，以其文承上主人獻侑時，〔一四五〕無羊肉湆，故主婦獻侑，司士羞豕脀，不得相如，〔一四六〕是以經特著「縮執俎」，見異於正俎。諸文特云「横執」、「縮執」者，皆此類。

次賓羞豕燔。侑受如尸禮，坐卒爵，拜。主婦荅拜。受爵，酌以致于主人。〔一四七〕主人筵上拜受爵。主婦北面于阼階上荅拜。主婦易位，拜于阼階上，辟併敬。

【疏】「受爵」至「荅拜」　注「主婦」至「併敬」　自此盡「荅拜受爵」，論主婦致爵于主人之事。此科亦有五節行事，主婦致爵于主人時，主婦設二鉶，一也；又設糗、脩，二也；豕匕湆，三也；豕脀，四也；豕燔，主人卒爵，五也。云「主婦易位，拜於阼階上，辟併敬」者，前主婦獻尸、侑，拜送於主人北，今致爵於主人，拜於阼階上者，辟併敬主人與尸、侑，故易位也。若然，案特牲三獻爵止，乃致爵，此未三獻已致爵者，以上篇已有獻於尸，故此不待三獻，又見

儐尸禮殺，故早致。

主婦設二鉶與糗、脩，如尸禮。主人其祭糗脩、〔一四八〕祭鉶、祭酒、受豕匕湆，拜啐酒，〔一四九〕皆如尸禮。嘗鉶，不拜。主人如尸禮，尊也。其異者，不告旨。

【疏】「主婦」至「不拜」 注「主人」至「告旨」 云主人「拜啐酒」，「嘗鉶不拜」，若然，則啐酒有拜，嘗鉶無拜。案前主婦獻尸，「尸坐啐酒，左執爵，嘗上鉶，執爵以興，坐奠爵，拜」，「拜」在「嘗鉶」之下，則「嘗鉶」有拜，「坐啐酒」不拜，與此違者，彼「拜」雖在「嘗鉶」下，其「拜」仍爲「啐酒」拜。在嘗鉶下者，以因坐啐酒不興即嘗鉶，嘗鉶訖，執爵興，坐奠爵，拜，拜仍爲「啐酒」，是以特牲、少牢尸嘗鉶皆不拜。或此經「啐酒」之上無「拜」文，有者衍字也。

其受豕脀，受豕燔，亦如尸禮。坐卒爵，拜。主婦北面荅拜，受爵。

尸降筵，〔一五〇〕受主婦爵以降。將酢主婦。

【疏】「尸降」至「以降」 注「將酢主婦」 自此盡「皆就筵」，論尸酢主婦之事。此科内從酢有三。三者，〔一五一〕主婦受酢之時，婦贊者設豆籩，一也；司馬設羊俎，二也；次賓羞羊燔，主婦卒爵，三也。以其主婦受從與侑同三，主人受從與尸同五，尊卑差也。

主人降。侑降。主婦入于房。主人立于洗東北，西面。〔一五二〕侑東面于西階西南。俟尸洗。尸易爵于篚，盥，洗爵。易爵者，男女不相襲爵。主人揖尸、侑，將升。主人升。

尸升自西階，侑從。主人北面立于東楹東，侑西楹西北面立。尸酢。侯尸酢。

主婦出于房，西面拜，受爵。尸北面于侑東荅拜。主婦入于房。司宮設席于房中，南面。主婦立于席西。〔一五三〕設席者，主婦尊。今文曰「南面立於席西」。

【疏】注「設席者主婦尊」　以賓長以下皆無設席之文，唯主婦與主人同設席，故云「主婦尊」。特牲及下大夫、主婦設席，亦是「主婦尊」。

婦贊者薦韭菹、醓，坐奠于筵前，〔一五四〕菹在西方。婦人贊者執豐、蕡以授婦贊者。婦贊者不興，〔一五五〕受，設豐于菹西，蕡在豐南。婦人贊者，宗婦之少者。

【疏】注「婦人」至「少者」　案特牲記云「宗婦北堂，東面，北上」，注云「宗婦，族人之婦，其夫屬于所祭爲子孫」者是也。彼直云「宗婦」，是特牲宗婦一人而已，不言贊，或少未可定。此大夫禮隆，贊非一人，而稱贊，贊主婦及長婦，故云「宗婦之少者」。

主婦升筵。司馬設羊俎于豆南。主婦坐，左執爵，右取菹，擩于醓，祭于豆間。又取豐、蕡，〔一五六〕兼祭于豆祭。主婦奠爵，興，取肺，坐絶祭，嚌之，興，加于俎，坐挩手，祭酒，啐酒。挩手者，于帨。帨，佩巾。內則曰：「婦人亦左佩紛帨」。古文「帨」作「説」。〔一五七〕○挩手，由鋭反，〔一五八〕注紛帨音同。

次賓羞羊燔。主婦興，受燔，如主人之禮。主婦執爵以出于房，西面于主人席北，立卒爵，執爵拜。尸西楹西北面荅拜。主婦入，立于房。〔一五九〕尸、主人及侑皆就筵。出房立卒爵，宜鄉尊。不坐者，變於主人也。執爵拜，變於男子也。○宜鄉，許亮反。

【疏】注「出房」至「子也」云「不坐者，變於主人也」者，上主人受酢，坐卒爵，故云「變於主人也」。執爵拜，「變於男子」者，上下經凡男子拜卒爵，皆奠爵乃拜，故云「變於男子也」。

上賓洗爵以升，酌獻尸。尸拜受爵。賓西楹西北面拜送爵。尸奠爵于薦左。〔一六〇〕賓降。上賓，賓長也，謂之上賓，以將獻異之，或謂之長賓。奠爵，爵止也。

【疏】「上賓」至「賓降」 注「上賓」至「止也」 此一經論賓長備三獻獻尸，其尸奠於薦左未舉之事。尸不舉者，以三獻訖正禮終，欲使神惠均於庭，徧得獻乃舉之，故下文主人獻及衆賓以下訖，乃作止爵。若然，特牲及下大夫尸在室內，始行三獻，未行致爵，尸奠爵，欲得神惠均於室。此儐尸之禮，室內已行三獻，至此儐尸，夫婦又已行致爵訖，儐尸又在堂，故爵止者，欲得神惠均於庭，與正祭者異。云「上賓，賓長」者，上文云「賓長設羊俎」，是此與上文「長賓」互見爲一人。〔一六一〕云「謂之上賓，以將獻異之」者，言「長賓」賓中長，尊稱輕，若言「上賓」，賓中上，尊稱重，故以將獻變言「上賓」。云「或謂之長賓」者，或少牢文。案彼云「長賓洗爵，獻于尸」。此異之稱長上者，少牢尸有父尊屈之，故但云「長賓」耳。若然，不儐尸亦云「長賓」。特牲云「賓三獻，如初」，又不言「長賓」者，士賓卑，又闕之。

云「奠爵，爵止」者，特牲云「賓三獻，如初。燔從，如初。爵止」，不儐尸者亦然，是其爵止之事。案下經爵止者多，非爲均神惠之事，〔一六二〕故此特解之。

主人降，洗觶，〔一六三〕尸、侑降。主人奠爵于篚，辭，尸對。卒洗，揖。尸升，侑不升。侑不升，尸禮益殺，不從。

【疏】「主人」至「不升」　注「侑不」至「不從」　自此盡「皆左之」，論主人酬尸設羞之事。云「侑不升，尸禮益殺」者，儐尸之禮殺於初，今侑不升，又殺，故云「益殺」也。

主人實觶，〔一六四〕酬尸，東楹東北面坐奠爵，拜。尸西楹西北面荅拜。〔一六五〕坐祭，遂飲，卒爵，拜，尸荅拜。降洗，尸降，辭，主人奠爵于篚，〔一六六〕對。卒洗，主人升。尸升。主人實觶。尸拜受爵。主人反位荅拜。尸北面坐，奠爵于薦左。降洗者，主人。

【疏】「尸北」至「薦左」　注「降洗者主人」　此主人「酬尸」，尸奠於「薦左」者，不舉。案下經不舉，〔一六七〕二人舉觶于尸侑，「侑奠觶于右」，注云「奠於右者，不舉也」。神惠右不舉，變於飲酒」。與此不同者，特牲及下不儐尸，皆無酬尸之事，此特有之，由儐尸如與賓客飲酒，無故有酬，異於神惠，「神惠右不舉，侑奠於右」是也。侑一名加者，少牢無侑尸，此乃有，故無加稱。是以主人酬賓，賓奠於左，亦是神惠，故即舉之。特牲及不儐尸，皆有酬賓，同是神惠，

故皆奠於左也。

尸、侑、主人皆升筵，乃羞。宰夫羞房中之羞于尸、侑、主人、主婦，皆右之。司士羞庶羞于尸、侑、主人、主婦，皆左之。二羞，所以盡歡心。房中之羞，其籩則糗、餌、粉餈，其豆則酏食、糝食。庶羞，羊臐、豕膮，皆有胾、醢。房中之羞，內羞也。內羞在右，陰也；庶羞在左，陽也。○粉餈，在私反。則酏，以支反，劉書支反。食，音寺，下同。糝食，素感反。臐，許云反。膮，呼彫反。〔一六八〕有胾，側吏反。

【疏】注「二羞」至「陽也」 以二羞是內羞，房中之羞，以儐尸用之，故云「盡歡心」。云「房中之羞，其籩」〔一六九〕是周禮籩人職云「羞籩之實」，案彼鄭注云「此二物，持粉稻米、黍米所爲也。〔一七〇〕合蒸曰餌，餅之曰餈。糗者，擣粉熬大豆爲餌，餈之粘，著以粉之耳。餌言糗，餈言粉，互相足」是也。云「其豆則酏食、糝食」者，周禮醢人職「羞豆之實」，案彼鄭云「酏，餈也。內則曰『取稻米，舉糔溲之，小切狼臅膏，以與稻米爲餈』，又曰『糝取牛、羊、豕之肉，三如一，小切之，與稻米，稻米二，肉一，合以爲餌，煎之』」是也。若然，案王制云「庶羞不踰牲」，〔一七一〕注云「祭以羊」，則不以牛肉爲羞。依內則，羞用三牲者，據得用大牢者；若大夫已下，不用大牢者，則無牛矣。而此引之者，舉其成文以曉人耳。云「庶羞，羊臐、豕膮，皆有胾」，知者，案公食大夫牲皆臛及炙胾，今此鄭直云「臐、胾」，不言炙者，此儐尸飲酒之禮，故主人獻尸皆羊燔從，當主婦獻皆豕燔從；〔一七二〕公食大夫是食禮，故庶羞並陳，〔一七三〕此飲酒之禮，故先以膰從，酬賓之後，乃言「司士羞庶羞」，則知止有羊臐、豕膮、羊胾、豕胾，以其燔炙前已從獻訖，故知止有臐、胾而已。云「房中之羞，內羞也」者，案下大夫不儐尸，云「乃羞，宰夫羞房中之羞，司士羞庶羞于尸、祝、主人、主婦。內羞在右，庶羞在左」是也。云「內羞在右，陰也」者，以其是穀物，故云「陰也」。云「庶羞在左，陽也」者，以其是牲物，故云「陽」。大宗伯亦云「天產作陰德，地產作陽德」，鄭亦云「天產，六牲之屬；地產，九穀之

屬」，是其穀物陰、牲物陽者也。

校勘記

〔一〕有司第十七　阮本正文仍作「有司第十七」，校勘記標目則作「有司徹第十七」，前後不符。阮校云唐石經、徐本俱無「徹」字，集釋、通解俱有。按此本卷四十九起篇題有「徹」字。今按武威簡作「有司第十二」，無「徹」字。

〔二〕鄭云　「鄭」宋本誤作「於」，此據徐乾學本改。

〔三〕於五禮屬吉　阮校云「吉」下集釋有「禮」字。

〔四〕少牢下篇第十七　「牢」字此本誤作「年」，此據單疏改。

〔五〕謂上大夫室内事户　阮校云通解、要義同，毛本「内」作「中」。

〔六〕賓尸　阮校云徐本同，毛本「賓」作「儐」。阮以爲「儐尸」之「儐」通篇賓、儐錯出，二字古通用，不悉校。

〔七〕北墉下　阮校云通解、要義同，毛本「墉」作「牖」。

〔八〕賤者省文之義　阮校云通解、要義同，毛本「義」作「事」。

〔九〕繹之於庫門内　阮校云通解、要義同，毛本「庫」作「廟」。按郊特牲是「庫」字。

〔一〇〕又於其堂神位在西此二者同時　阮校云要義同，毛本、通解「此」作「北」。今按「於」字阮校誤作「于」。

〔一一〕博求之于廟門内之旁　阮校云「于廟」陳本、要義俱作「平生」，與楚茨箋合。通解作「乎廟」。按「平」字似「乎」，因改爲「乎」，并改「生」爲「廟」。今按單疏亦作「平生」，張敦仁本用毛本而不用單疏，而阮本又承張

本之誤。

〔一二〕祀禮於是甚明　毛本「祀」作「祝」。今按詩楚茨鄭箋作「祀」。

〔一三〕同日正祭之牲　阮校云「日」通解、要義俱作「用」。

〔一四〕埽堂　「埽」武威簡本作「掻」。

〔一五〕汜埽芳劍反下素到反　「素」字徐乾學本作「索」，黄焯彙校云「聲同」。黄氏又云「汜」字誤，盧本改作「氾」。

今按「氾」廣韻「孚梵切」，梵與汎聲同。

〔一六〕司宫攝酒　「攝」武威簡作「聶」，與鄭注今文同。

〔一七〕更洗益整頓之　阮校：按疏謂此「洗」當作「撓」。

〔一八〕亦因前正祭之酒　毛本無「亦」字。

〔一九〕更撓攪添益整新之也　毛本「攪」作「擾」。

〔二〇〕乃爇尸俎　「爇」武威簡作「深」，下「卒爇」同，沈文倬異文釋云「爇」爲正字，「尋」乃借字，而「深」又「尋」之借字，皆古文。

〔二一〕徐鹽反　「鹽」宋本作「塩」，乃俗字，此據徐乾學本改。

〔二二〕乃後升之於鼎也　「乃」毛本作「及」。

〔二三〕而别立侑也　「立」毛本作「豆」。

〔二四〕彼不破者或古文通用　阮校云要義同，毛本「不破者或」作「尋者論語」。

〔二五〕至此見有今作爇　阮校云要義同，毛本「今」作「人」。

〔二六〕哀公十二年　阮校云通解、要義同，毛本無「公」字。

〔二七〕乃設扃鼏　「鼏」武威簡作「密」，與鄭注古文同。

〔二八〕乃議侑于賓　「議」，武威簡作「義」，二字通用。「侑」簡本作「或」，下文同。

〔二九〕明賓有司主人皆復内位矣若然知賓主不先在内必知出復内位者　阮校云此二十七字毛本脱，通解、要義俱有。

〔三〇〕主人送上餕言退　毛本無「上」字。今按依少牢經文，「上」字當有。

〔三一〕戒曰請子爲侑　「曰」原作「日」。黄氏校録云張本改「日」爲「曰」，從疏。今按徐本作「曰」，此據改。

〔三二〕知賓位在門東北面者　毛本無「知」字。

〔三三〕皆荅壹拜　毛本「壹」作「一」。

〔三四〕待於次　阮校云「次」徐本、楊、敖作「次」，是；集釋、通解、毛本俱作「外」。

〔三五〕又筵于西序　「又」武威簡作「以」。沈文倬異文釋云「以筵」不詞，「以」字譌。

〔三六〕以儐尸之禮　阮校云毛本、通解無「以」字。

〔三七〕揖乃讓　「讓」武威簡作「攘」。沈文倬云「攘」乃正字。

〔三八〕自此盡西枋　阮校云陳本、要義同，毛本「枋」作「祊」。今按「枋」字是。

〔三九〕舉魚鼎以入　武威簡省「舉」字。

〔四〇〕雍正執一匕以從　「雍」武威簡作「廱」，乃借字。

〔四一〕掌辨體名肉物者　「辨」徐本作「辦」。

〔四二〕雍人合執二俎　阮校云「二」聶氏作「貳」，下「二疏匕」同。今按武威簡皆作「二」。

〔四三〕西枋　「枋」武威簡本作「同」，漢石經作「柄」，乃今文。

〔四四〕並併也　「併」字張敦仁本原從毛本作「并」。阮本承之，校謂徐本、釋文、集釋、通解、楊氏「并」俱作「併」。按併、并今多溷用；此注下云「古文並皆作併」，此云「並，併也」，是以古文解今文也，不得歧出，故辨之。今按阮校固是，然嚴州本作「併」，不得從毛本，此據嚴州本改。

〔四五〕掌贊玉几玉爵　二「玉」字嚴州本誤作「王」。

〔四六〕證宰授主人几之義　阮校云通解同，毛本「證」作「正」。

〔四七〕其賓位在户西　阮校云毛本「户」作「尸」，下同；通解唯「未得在尸西」作「尸」，餘亦並作「户」。

〔四八〕左手執几　「几」武威簡誤作「凡」，屬下句。

〔四九〕二手受于手間　武威簡無「于」字。沈文倬云「于」字當有。

〔五〇〕尸二手　阮校云毛本「二」作「一」，陳本、通解、要義俱作「二」。

〔五一〕上篇　阮校云通解、要義同，毛本「上」下有「二」字。

〔五二〕不言坐是重之此言坐執之　阮校許宗彦云：上句衍「不」字，下句脱「不」字，「執」乃「輊」字之訛。

〔五三〕主人東楹東　武威簡脱上「東」字。

〔五四〕尸與侑　武威簡無「尸」字。今按依文意以有「尸」字於義爲長。

〔五五〕爲士汙手不可酌　黄刊嚴州本、徐本同。阮校云徐、陳、集釋、通解俱作「士」，與徐本不合，而阮本逕改「士」爲「上」，亦未述理由。

〔五六〕饛蕡　武威簡作「饛賁」，「饛」乃饛之俗字。

〔五七〕白在西方　武威簡脱「在」字。

〔五八〕昌本麋臡　徐本「麋」作「麇」，「臡」下空一字。阮校云釋文、集釋、通解、楊、敖俱作「麋」，與醢人合。

〔五九〕臬也　注作「臬實也」。黄氏校録云張本從釋文。

〔六〇〕上下經　阮校云要義同，毛本無「下」字。

〔六一〕至此皆朝事之豆籩　「之」字張敦仁本無，毛本有。阮校云單疏本無「之」字，通解有「之」字無「豆」字。今按單疏有「之」而無「豆」，與通解同，阮校謂其無「之」，乃誤校。此據單疏補「之」字。

〔六二〕麋鸏　「麋」單疏作「麋」，阮本同。阮校浦鏜云「麋」誤「麋」。

〔六三〕細切爲齏　阮校云通解、要義同，毛本「齏」作「齏」。

〔六四〕代脅一　「代」武威簡作「伐」，與少牢簡同。陳夢家校云今本「代」字誤。

〔六五〕載于一俎　武威簡脱此四字。

〔六六〕以爲肉湆貶也　阮校云徐本、集釋同，通解、楊氏、毛本「貶」俱作「俎」。

〔六七〕二骨以並　毛本「二」作「上」，阮校浦鏜云「二骨」誤「上骨」。

〔六八〕今復序之　阮校云陳本、通解同，毛本「復」作「後」。今按依注「復」字是。

〔六九〕羊匕湆　阮校云通解、要義同，毛本「湆」下有「焉」字。

〔七〇〕魚無匕湆　阮校云通解、要義同，毛本無「魚」字。

〔七一〕上經退臑在下者　阮校云通解同，毛本「臑」作「縮」。

〔七二〕司士杙豕　「士」漢石經同，武威簡作「土」。

〔七三〕豕肉湆所以不折者　「湆所」二字毛本倒。

〔七四〕膚三　阮校云「三」楊氏作「一」，不知何據。今按武威簡本作「三」，「三」字是。

〔七五〕亦下下侑　宋本「侑」作「賓」，阮校云「賓」字誤。又云「亦下下侑」當作「亦下侑」。

〔七六〕臂一　武威簡無「一」字。沈文倬異文釋云今本「一」字誤衍。
〔七七〕以俎物雖與尸不同者　毛本「與」作「有」。
〔七八〕尸酢主人　毛本「酢」作「阼」。今按「酢」字是。
〔七九〕直崇尸惠　阮校云通解同，毛本「直」作「值」。今按「直」字是。
〔八〇〕下文受酢致爵時　阮校云通解同，毛本無「時」字。
〔八一〕似若得用右體　阮校云通解同，毛本「右」作「左」。
〔八二〕在尸俎　阮校云通解同，毛本「在」作「左」。
〔八三〕況羽反　「羽」徐乾學本作「甫」。
〔八四〕而陳并於此者　阮校云「陳并」二字要義倒。
〔八五〕皆進膝　阮校云通解、要義同，毛本「皆」下有「自」字。
〔八六〕謂上司士所設於豕鼎之西者也　阮校云通解同，毛本「者」作「首」。今按「者」字是。
〔八七〕賓長設俎二也　阮校云此句下通解、毛本有「次賓羞羊匕湇三也司馬羞肉湇四也」十五字，此本與要義俱無。
〔八八〕人悅反　「人悅」徐乾學本作「如帨」。
〔八九〕上賓長也　阮校浦鏜云「賓」下脱一「賓」字。
〔九〇〕縮之　「縮」武威簡作「宿」，脱「之」字。
〔九一〕二手執桃匕枋以挹湇　武威簡無「以」字，「挹」作「扱」，「湇」作「汁」。
〔九二〕若是者三　武威簡無「者」字。

〔九三〕讀如或舂或抌之抌　「抌」，黄刊嚴州本作「枕」，徐本作「枕」；阮校云楊氏作「揄」，集釋、通解、毛本、敖氏並作「抌」，下同。今按「抌」當是「抗」之誤，説見下〔九八〕條，而抗爲舀字之異體。

〔九四〕字或作桃者　毛本「桃」作「挑」，與釋文不同。

〔九五〕狀如飯橾　阮校云「橾」，集釋、敖氏俱作「操」，要義作「橾」，疏同。引魏氏曰：「『橾』當如此『摻』，七消反。」周學健云：「操、摻經史互譌，㨠、㨰等字亦然，蓋曹魏時避諱所改。按方言卷五云『臿，燕之東北，朝鮮、洌水之間謂之㪷，趙、魏之間謂之喿』，然則鍬、桃、橾猶臿、㪷、喿也，此『橾』字當從『喿』之證也。」操、摻俱从手，橾、㨰俱从木，此「橾」字當从木之證也。

〔九六〕可以抒物於器中者　阮校云毛本、楊氏「抒」作「杼」。盧文弨云「杼」亦非誤。

〔九七〕注猶寫也　毛本「寫」作「瀉」。

〔九八〕今文桃作抌　阮校云毛本「桃」作「挑」，「抌」作「杬」，監本唯此「桃」作「桃」，嚴本唯此「抌」作「抌」。今按武威簡本經文作「桃」，陳夢家校云「桃」字是。「抌」爲「抗」字之譌，「抗」爲舀字異體，説文：「舀，抒臼也。抭，舀或从手从冘。」

〔九九〕執挑湯堯反劉湯姚反又他羔反一音由　黄焯彙校顧廣圻云：「『執挑』之『挑』，唐石經、宋嚴本皆是『桃』字。黄氏以爲經文當作『挑』。」

〔一〇〇〕飯橾　「橾」徐乾學本作「操」。

〔一〇一〕故知非嚌肺也　阮校云通解同，毛本「肺」作「味」。

〔一〇二〕次賓縮執匕俎以升　武威簡脱「執」字。

〔一〇三〕若是以授尸　「若」武威簡作「如」。

〔一〇四〕尸卻手授匕枋　武威簡「授」作「受」。阮校云楊、敖俱作「受」，張氏以爲「受」是。又引周學健云：石經亦作「授」而刓其「扌」旁，知「受」字是也。

〔一〇五〕覆手以授賓　阮校云「授」嚴本作「受」。今按黄刊嚴州本作「授」，不作「受」，未審阮氏何所據。

〔一〇六〕賓亦覆手以受　諸本皆同，唯毛本「受」作「授」。

〔一〇七〕明湆肉加　阮校云陳本、通解同，毛本「湆肉」二字倒。

〔一〇八〕反加于俎　武威簡脱「加」字。

〔一〇九〕司馬縮奠俎于羊湆俎南　武威簡無「湆」字。沈文倬異文釋云李如圭、敖繼公、方苞均謂今本「湆」字爲衍文。又引張爾岐説，經文當作「縮奠湆俎于羊俎南」，簡「羊」下無「湆」字甚善，但「奠」下誤脱「湆」字。

〔一一〇〕卒載俎　武威簡無「俎」字，阮校周學健云唐石經亦無「俎」字，陳夢家云無「俎」字是。

〔一一一〕絶肺末以祭　「末」黄刊嚴州本作「未」，張氏曰：諸本未作末，從諸本。今按阮校云「徐本作未」，乃誤以嚴本爲徐本，其實徐本不誤。

〔一一二〕傳火曰燔　阮校云通解同，毛本作「傳」，非是。

〔一一三〕以授主婦　武威簡無此四字。

〔一一四〕右取肺　武威簡無「右」字。

〔一一五〕尸坐奠爵于篚　武威簡無「坐」字。

〔一一六〕乃自飲　阮校云要義同，通解、毛本「乃」作「迺」。

〔一一七〕婦贊者執二籩糗蕡　武威簡無「二籩」二字，與鄭注今文合。

〔一一八〕今文無二籩　阮校云此五字毛本脱，徐本、集釋俱有，通解無。今按依武威簡，此五字當有。

〔一一九〕受酢即設席者　阮校云陳本、通解、要義同，毛本「酢」作「酌」。

〔一二〇〕右取肺　武威簡無「右」字。

〔一二一〕羊俎西　武威簡無「羊」字。

〔一二二〕則北之家俎用北之家俎　毛本作「則用此之家俎」。阮校云通解有「用」字，「此」作「北」。「則」下「北之家俎」四字，楊氏與毛本無。

〔一二三〕取爵以興　武威簡無「以」字。

〔一二四〕主人降筵自北方北面于阼階上　武威簡脱「北方」、「阼」三字

〔一二五〕此下唯有崇酒之文　阮校云「下」陳、閩、通解俱作「不」。今按下文有「再拜崇酒」，「不」字誤。

〔一二六〕與此不同者　毛本無「與」字。

〔一二七〕皆升就筵　武威簡無「升」字。今按下文「主人就筵」，鄭注：「古文曰升就筵」，簡用今文。

〔一二八〕凡有四爵　阮校云通解、要義同，毛本「爵」作「節」。

〔一二九〕主婦洗于房中　阮校云唐石經、徐本、集釋、通解、敖氏同，要義、楊氏、毛本「洗」下有「爵」字。按嚴傑云特牲饋食「主婦設兩敦」節疏引無「爵」字，與唐石經合。

〔一三〇〕此決下文　阮校云通解同，毛本「決」作「法」。今按「決」字是。

〔一三一〕主人之席北拜送爵　武威簡無「之」字。

〔一三二〕主婦贊者執豕鉶以從　武威簡無「主」字。

〔一三三〕西面　毛本作「面西」。

〔一三四〕與服　「服」徐乾學本作「服」，下「叚」作「段」同。武威簡作「段」。

〔一三五〕以羊鉶之柶挹羊鉶　「挹」武威簡作「扱」，下文「挹豕鉶」同。

〔一三六〕羞豕匕湇如羊匕湇之禮　二「匕」字武威簡本誤脱。

〔一三七〕尸坐啐酒　武威簡脱「尸」字。

〔一三八〕如羊燔之禮　武威簡無「之」字。

〔一三九〕受爵酌獻侑侑拜受爵　上「受爵」武威簡作「酌爵」。沈文倬異文釋云今本作「受爵」於義爲長。末六字簡本脱。

〔一四〇〕主婦主人之北西面荅拜　武威簡脱「之」、「西面」三字。鄭注云「今文無西面」，簡本用今文。

〔一四一〕坐奠糗于豐南　「豐」武威簡作「禮」。

〔一四二〕縮執豕脀　武威簡脱「執」字，不成文義。

〔一四三〕卒　武威簡「卒」下有「載」字。沈文倬異文釋云「載」字當有。

〔一四四〕但是正俎　阮校云陳本、通解、要義同，毛本「但」作「俱」。

〔一四五〕獻侑時　阮校云通解、要義同，毛本「時」作「尸」。

〔一四六〕不得相如　阮校云陳、監、通解、要義同，毛本「相」作「湇」。

〔一四七〕酌以致于主人　武威簡無「于」字。

〔一四八〕主人其祭糗脩　阮校云「其」唐石經、徐本、楊、敖俱作「其」，集釋、通解、毛本俱作「共」。張氏改「其」爲「共」，金曰追則以爲「其」字是。今按武威簡本作「其」，足見作「共」者乃誤字。

〔一四九〕拜啐酒　武威簡無「拜」字，與賈疏所説或本同。敖氏從疏，無「拜」字。

〔一五〇〕尸降筵　「尸」字唐石經在上句「爵」字上。阮校引顧炎武、張爾岐説，皆謂唐石經誤。今按武威簡本與嚴

本同，唐石經之誤顯然。

〔一五一〕三者　阮校云通解、毛本無此「三」字。

〔一五二〕東北西面　武威簡脱「西」字。

〔一五三〕南面主婦立于席西　武威簡無「主婦立」三字。鄭注：「今文曰南面立於席西」。簡本與今文近。沈文倬異文釋云今文實誤，而簡文又誤脱「立」字。

〔一五四〕坐奠于筵前　「奠」武威簡作「設」。沈文倬異文釋云作「設」是也。

〔一五五〕以授婦贊者婦贊者不興　「婦贊者」三字武威簡不重。

〔一五六〕又取麷蕡　武威簡「又」作「以」。

〔一五七〕古文帨作説　阮校云「帨」集釋作「挩」。

〔一五八〕挩手由鋭反　黄焯彙校云引張氏識誤云「由」監本作「申」。阮云「由」者「申」之誤。

〔一五九〕主婦入立于房　武威簡脱「立」字。

〔一六〇〕尸奠爵于薦左　武威簡省「薦」字，下文「尸北面坐奠爵于薦左」同。

〔一六一〕與上文長賓互見爲一人　阮校云要義同，毛本「長賓」二字倒。

〔一六二〕非爲均神惠之事　毛本「均」作「賓」。阮按：「均」是也。

〔一六三〕主人降洗觶　武威簡省「降」字。阮校云「觶」字唐石經等作「觶」，通解、楊氏、毛本作「爵」。石經考文提要云正德、嘉靖舊監本尚作「觶」。

〔一六四〕主人實觶　阮校云「觶」唐石經、徐本、集釋、敖氏作「觶」，通解、楊氏、毛本俱作「爵」，下「實觶」同。今按武威簡作「觶」，是。

〔一六五〕西楹西北面荅拜　武威簡脱「北面」二字。

〔一六六〕主人奠爵于篚　武威簡「爵」作「觶」。

〔一六七〕案下經不舉　阮校云通解、毛本無「不舉」二字。

〔一六八〕呼彫反　徐乾學本作「許堯反」。黄焯彙校引盧文弨儀禮識誤書後云：監本作「呼彫」、宋本作「呼雕」，誤。引吴云：呼雕、呼彫、許堯三反同音，盧斥其誤，失之。

〔一六九〕其籩　阮校云要義、楊氏同，毛本「籩」下有「則糗餌粉餈者」六字。

〔一七〇〕持粉稻米黍米所爲也　阮校云「持」似誤，毛本、通解作「皆」，阮本從毛本。今按阮改是也，籩人鄭注作「皆」。

〔一七一〕庶羞不踰牲　阮校云毛本「牲」作「特」，與王制不合。

〔一七二〕當主婦獻皆豕膰從　阮校云要義同，毛本無「當」字。

〔一七三〕公食大夫是食禮故庶羞並陳　阮校云此十二字在上句「皆豕膰從」前；此下「此飲酒之禮故先以膰從」十字通解、毛本俱無。

儀禮注疏卷第五十

唐朝散大夫行大學博士弘文館學士臣賈公彦等撰

主人降，南面拜衆賓于門東，三拜。〔一〕衆賓門東北面，皆荅壹拜。拜于門東，明少南就之也。言三拜者，衆賓賤，旅之也。衆賓一拜，〔二〕賤也。卿大夫尊，賓賤，純臣也，位在門東。古文「壹」爲「一」。〔三〕

【疏】「主人」至「壹拜」　注「拜于」至「爲一」　自此盡「賓降」，論主人獻長賓已下，并主人受酢之事。云「拜于門東，明少南就之也」者，以其繼「門」言之，明「少南就之」。云「言三拜者，衆賓賤，旅之也」者，案周禮司士職「孤卿特揖，大夫以其等旅揖」，注云「特揖，一一揖之。旅，衆也。大夫爵同者，衆揖之」；此云「旅之」者，旅，衆也，衆人共得一拜。云「衆賓一拜，賤也」者，以賤不得備禮，故云「賤也」。云「純臣也，位在門東」者，此對特牲記云「公有司門西北面東上，獻次衆賓。私臣門東北面西上，獻次兄弟」，此賓皆在門東，故云「純臣」者，指北面時也。得獻訖在西階下，亦不純臣。〔四〕故下經云「獻私人于阼階上」，注云「私人，家臣，已所自謁除也」。〔五〕大夫言「私人」，明不純臣也。若然，大夫云「私人」，見不純臣，士言「私臣」，不言「人」者，大夫尊近君，若言「私臣」，則臣與君不異，故名「私人」；士卑無辟君臣之名，不嫌，故名「私臣」。

主人洗爵，長賓辭，主人奠爵于篚，興，對。〔六〕卒洗，升，酌，獻賓于西階上。長賓升，拜受爵。主人在其右，北面荅拜。宰夫自東房薦脯醢，

醢在西。司士設俎于豆北，羊骼一、〔七〕腸一、胃一、切肺一、膚一。羊骼，羊左骼。上賓一體，賤也。薦與設俎者，既則俟于西序端。古文「骼」爲「胳」。

【疏】注「羊骼」至「爲胳」　云「設俎者，既則俟于西序端」者，案鄉飲酒「司正升相旅。〔八〕受酬者降席。司正退立于序端」，然則先事既設，後事未至，其退立之位當在於序端。知此不降者，下文賓執祭以降，〔九〕「宰夫執薦以從，司士執俎以從」，無升文，明此不降，退立於序端可知。

賓坐，左執爵，右取脯，〔一〇〕擩于醢，祭之，執爵興，〔一一〕取肺，坐祭之。祭酒，遂飲，卒爵，執爵以興，〔一二〕坐奠爵，拜，執爵以興。主人荅拜，受爵。賓坐，取祭以降，西面坐委于西階西南。成祭於上，尊賓也。取祭以降，反下位也，反下位而在西階西南，已獻尊之。祭脯肺。

【疏】注「成祭」至「脯肺」　云「取祭以降，反下位也，反下位而在西階西南，已獻尊之」者，凡言「反位」者，或反初位，或上下位異亦爲反，此則初位在門東，今得獻，反在西階南，與主人相對，已獻尊之故也。若燕禮士得獻位于東方，亦是尊之者也。云「祭脯肺」者，案經云取脯、取肺祭之，明祭是脯肺。

宰夫執薦以從，〔一三〕設于祭東。司士執俎以從，設于薦東。衆賓長升，拜受爵。主人荅拜。坐祭，立飲，卒爵，不拜既爵。既，盡也。長賓升者，以次第升受獻。言衆賓長拜，則其餘不拜。

【疏】注「既盡」至「不拜」　云「長賓升者，以次第升受獻」者，知不直次上賓後，一人爲衆賓長時受獻；必以長幼次第受獻者，以其下文云「宰夫贊主人酌，若是以辯」，鄭云「每獻一人，奠空爵于棜。宰夫酌，受於尊南」，是奠爵，故以長幼次第受獻也。〔一四〕

宰夫贊主人酌，若是以辯。主人每獻一人，奠空爵于棜。宰夫酌，授於尊南。今文「若」爲「如」，「辯」皆爲「徧」。〔一五〕○以辯，音遍，注徧同，後放此。辯受爵，其薦脯醢與脀，設于其位。其位繼上賓而南，皆東面。其脀體，儀也。徧獻乃薦，略之，亦宰夫薦，司士脀。用儀者，〔一六〕尊體盡，儀度餘骨可用而用之，尊者用尊體，卑者用卑體而已。亦有切肺、膚。今文「儀」皆作「騰」，〔一七〕或爲「議」。○儀度，大各反。作騰，劉音儀。

【疏】「辯受」至「儀也」　注「徧獻」至「爲議」　即薦謂若燕禮三卿已上得獻即薦，大夫「徧獻乃薦」，亦其類。云「亦宰夫薦，司士脀」者，此約上賓，此衆賓亦同此二人爲之。云「儀者，尊體盡，儀度餘骨可用而用之，尊者用尊體，卑者用卑體而已」者，以其言儀，取尊卑得其儀，但尊體既盡，就卑體之中，度尊卑之儀而用之，不可辯其尊體，故鄭以意解之；「尊者用尊體，卑者用卑體而已」也。云「亦有切肺、膚」者，案特牲用離肺，知此衆賓用「切肺、膚」者，以其侑用切肺，不敢殊於尸，明衆賓亦不敢殊於侑。若然，不儐尸者，亦用切肺者，〔一八〕亦是不敢變於儐尸禮也。

乃升長賓。主人酌，酢于長賓，西階上北面，賓在左。主人酌，〔一九〕自酢，序賓意。賓卑，不敢酢。

【疏】「乃升」至「在左」　注「主人」至「敢酢」　特牲主人獻長賓訖，即酢，此辯獻乃酢者，主人益尊，先自達其意。特牲主人獻內賓辯，乃自「酢」，注云「爵辯乃自酢，以初不殊其長也」，則此大夫尊，初則殊其長故也。

主人坐奠爵，拜，執爵以興。賓荅拜。坐祭，遂飲，卒爵，執爵以興，坐

奠爵，拜，賓荅拜。賓降。降反位。

宰夫洗觶以升，主人受，酌，降，〔二〇〕酬長賓于西階南，北面，賓在左。主人坐奠爵，拜，賓荅拜。坐祭，遂飲，卒爵，拜，賓荅拜。宰夫授主人觶，則受其虚爵，奠于篚。古文「酌」爲「爵」。〔二一〕

【疏】「宰夫」至「荅拜」　注「宰夫」至「爲爵」　自此盡「于薦左」，論主人酬長賓於堂下之事也。云「宰夫授主人觶，則受其虚爵，奠于篚」者，謂上主人受賓之酢爵，今宰夫既授觶訖，〔二二〕因受取酢之虚爵，降奠於篚也。知然者，上文主人受爵訖，「賓降」，主人無降文，即云「宰夫」授觶，「主人受」之，明主人手中「虚爵」宰夫受之，「奠於篚」可知。若然，知不待酬賓，虚觶受之奠於篚者，以其下文賓之虚觶「奠於薦左」，故知非賓虚觶。〔二三〕其賓奠薦左者，後舉之，以爲無筭爵也。

主人洗，賓辭。主人坐奠爵于篚，對。〔二四〕卒洗，升，酌，降復位。賓拜受爵，主人拜送爵。賓西面坐，奠爵于薦左。

主人洗，升，酌，獻兄弟于阼階上。兄弟之長升，拜受爵。主人在

其右荅拜。坐祭，立飲，不拜既爵，皆若是以辯。〔二五〕兄弟長幼立飲，賤不別。大夫之賓，尊於兄弟，宰夫不贊酌者，兄弟以親昵來，不以官待之。○不別，彼列反。親昵，女乙反。

【疏】「主人」至「以辯」　注「兄弟」至「待之」　自此盡「其衆，儀也」，論主人獻兄弟於阼階之事。云「兄弟長幼立飲，賤不別」者，案特牲云「獻長兄弟于阼階上，如賓儀」者，士卑，長兄弟爲貴，殊貴賤，故云「如賓儀」，長賓坐飲也；此大夫禮，長賓坐飲，衆賓立飲，至於大夫貴，兄弟賤，兄弟長幼皆立飲，不得「如賓儀」，故「立飲，賤不別」也。云「大夫之賓，尊於兄弟，宰夫不贊酌者，兄弟以親昵來，不以官待之」者，決上文大夫賓貴，使宰夫贊酌；今兄弟酌，不使宰夫贊酌者，爲兄弟是親昵，不以官待之，故兄弟雖賤於賓，不得使人贊酌而親之也。

辯受爵。其位在洗東，〔二六〕西面北上。升受爵，其薦脀設于其位。亦辯獻乃薦。既云辯矣，復言升受爵者，爲衆兄弟言也，衆兄弟升，不拜受爵。先著其位於上，乃後云薦脀設於其位，明位初在是也。位不繼於主人，而云洗東，卑不統於尊。此薦脀皆使私人。

【疏】「辯受」至「其位」　注「亦辯」至「私人」　云「既云『辯』矣，復言『升受爵』者，爲衆兄弟言也」者，以上經云「兄弟之長升，拜受爵」，嫌衆兄弟亦升，拜受爵，是以此更云「升受爵」，直爲衆兄弟「不拜受爵」而言，鄭即云「衆兄弟升，不拜受爵」也。若然，上賓拜受爵，又拜既爵，衆賓拜受爵，不拜既爵，長兄弟得與衆賓同，衆兄弟又不拜受爵，是其差也。云「先著其位於上，乃後云『薦脀設於其位』，明位初在是」者，初位謂經云「其位在洗東，西面北上」，是先著其位於上；乃云「升受爵」者，謂發此位升堂受爵。又云「薦脀設於其位」者，謂受爵時，設薦脀於其東，〔二七〕西面位，是「先著其位於上，乃後云『薦脀設於其位』，明位初在是也」，故先云「洗東」位。以此而言，則衆賓亦先有位在

門東北面，繼上賓後，獻訖亦薦脅於位，皆是先有位，不繼於門東，而在西階西南者，〔二八〕彼謂已獻薦之故也。云「位不繼於主人，而云『洗東』，卑不統於尊」者，案特牲主人卑，故兄弟助祭之位得繼主人於阼階下，南陳，又得辟大夫，不敢自尊也；此以大夫尊，故兄弟之位在洗東，不繼主人，卑不統於尊故也。云「此薦脅皆使私人」者，上獻賓長及衆賓，使宰夫設薦，司士設俎，又使宰夫贊酌，至於此獻兄弟，爲親昵，不以官待之，主人親酌，明亦不以官，「使私人」薦脅可知。

其先生之脅，〔二九〕折脅一、膚一。先生，長兄弟。折，豕左肩之折。

【疏】注「先生」至「之折」　知「先生」是「長兄弟」者，以其文承「長兄弟」之下，故知「先生」非老人教學者。〔三〇〕知「折」是「豕左肩之折」者，以上初亨牲體，〔三一〕明侑俎「豕左肩折」，注云「折分爲長兄弟俎」是也。

其衆，儀也。

主人洗，獻内賓于房中。南面拜受爵，主人南面于其右荅拜。内賓，姑姊妹及宗婦。獻于主婦之席東，主人不西面，尊不與爲賓主禮也。南面於其右，主人之位恒左人。

【疏】「主人」至「荅拜」　注「内賓」至「左人」　自此盡「亦有薦脅」，論主人獻姑姊之等於房中之事。知「内賓」是「姑姊妹及宗婦」者，約特牲記而知也。云「獻於主婦之席東，主人不西面，尊不與爲賓主禮也」者，案特牲「獻内兄弟於房中，如獻衆兄弟之儀。主人西面荅拜」，此大夫禮，主人南面拜，故決之，不與爲賓主之禮也。云「南面於其右，

主人之位恒左人」者，謂人在主人左，若鄉飲酒、鄉射之等於西階上北面，主人在東，賓在西；此南面，則主在西，賓在東，故云「恒左人」也。

坐祭，立飲，不拜既爵，若是以辯。亦有薦、脀。亦設薦、脀於其位。特牲饋食禮記曰：「內賓立于房中，西墉下，東面，南上。宗婦北堂，東面，北上」。

【疏】「坐祭」至「薦、脀」 注「亦設」至「北上」 云「亦設薦、脀於其位」者，言「亦」者，亦上先生之等。引特牲記者，欲見內賓設薦之位處。

主人降洗，升，獻私人于阼階上。拜于下，升受。主人荅其長拜。乃降，坐祭，立飲，不拜既爵，若是以辯。宰夫贊主人酌。主人於其羣私人，不荅拜。其位繼兄弟之南，亦北上，亦有薦、脀。私人，家臣，己所自謁除也。大夫言私人，明不純臣也。士言私臣，明有君之道。北上，不敢專其位。亦有薦、脀，初亦北面，在衆賓之後爾。言繼者，以爵既獻爲文，凡獻位定。

【疏】「主人」至「薦脀」 注「私人」至「位定」 自此盡「主人就筵」，論主人獻私人之事。云「私人，家臣，己所自謁除也」者，此對公士得君所命者，此乃大夫自謁請於君，除其課役，以補任爲之。云「大夫言『私人』，明不純臣也」者，大夫尊，近於君，故屈己之臣名爲「私人」。云「士言『私臣』，明有君之道」者，士卑，不嫌近君，故得名屬吏爲「私臣」

也。云「北上，不敢專其位」者，以其兄弟北上，今繼兄弟之南亦北上，與兄弟位同，故云「不敢專其位」。云兄弟「位定」者，〔三二〕與上衆兄弟云「其位在洗東，西面，北上，升受爵，其薦、脅設于其位」，注云「先著其位於上，明位初在是」，此不先著位於上，俱言繼凡獻者，〔三三〕是據獻位爲言，則未獻時在衆賓後矣。案特牲記云「私臣位在門東，北面」，是衆賓後也。〔三四〕云「凡獻位定」，則是「凡獻」以前非定位也。

主人就筵。古文曰「升就筵」。

尸作三獻之爵。上賓所獻爵，不言三獻作之者，賓尸而尸益卑，可以自舉。

【疏】「尸作三獻之爵」　注「上賓」至「自舉」　自此盡「降，實于篚」，論舉三獻之爵，〔三五〕賓長又獻侑并致爵之事。〔三六〕云「上賓所獻爵」者，若然，三獻是「上賓」。不言上賓而言「三獻」者，以其主人、主婦并此賓長備三獻，因號上賓爲「三獻」，是以事名官者也。云「不言三獻作之者」，對特牲云「三獻作止爵」，故決之。下大夫不儐尸，自作爵者，順上大夫爲文。作其爵者，以神惠均於庭訖，欲使尸飲此酒。但此一節之内，有四爵行事，四者，尸作三獻之爵，一也；獻侑，二也；致爵於主人，三也；受尸酢，四也。

司士羞湇魚，縮執俎以升。尸取膴祭，祭之，祭酒，卒爵。不羞魚匕湇，略小味也。羊有正俎羞匕湇、肉湇，豕無正俎，魚無匕湇，隆汙之殺。○隆汙，音烏。

【疏】注「不羞」至「之殺」　云「不羞魚匕湇，略小味也」者，對羊、豕牲之大，有匕湇之等，魚無，以魚爲小味，故略之也。

云「隆汙之殺」者，以有者爲隆盛，無者爲殺少也。

司士縮奠俎于羊俎南，横載于羊俎，卒，乃縮執俎以降。尸奠爵，拜。三獻北面荅拜，受爵，酌，獻侑。侑拜受，三獻北面荅拜。司馬羞湆魚一，〔三七〕如尸禮。卒爵，拜。三獻荅拜，受爵。〔三八〕司馬羞湆魚，變於尸。酌，致主人。主人拜，受爵。三獻東楹東北面荅拜。賓拜於東楹東，以主人拜受於席，就之。

【疏】注「司馬」至「於尸」。上文尸使司士羞魚，此侑使司馬羞魚，故云「變於尸也」。

【疏】注「賓拜」至「就之」。「就之」者，賓於禮當在西階上，今在東楹之東，以主人席在於阼階，是以賓拜於東楹東，就之也。

司士羞一湆魚，如尸禮。卒爵，拜。三獻荅拜，受爵。尸降筵，受三獻爵，酌以酢之。〔三九〕既致主人，尸乃酢之，遂賓意。

【疏】注「既致」至「賓意」。「遂賓意」者，賓雖不言其意，欲得與主人抗獻酢之禮，今尸見致爵於主人訖，〔四〇〕即「酌以酢」賓，是遂達賓之意。〔四一〕

三獻西楹西北面拜，受爵，尸在其右以授之。〔四二〕尸升筵，南面荅拜。坐祭，遂飲，卒爵，拜，尸荅拜。執爵以降，實于篚。

二人洗觶，升，實爵，西楹西北面東上，坐奠爵，拜，執爵以興，尸、侑荅拜。坐祭，遂飲。卒爵，執爵以興，坐奠爵，拜，尸、侑荅拜。皆降，三獻而禮小成。使二人舉爵，序殷勤於尸、侑。

【疏】「二人」至「皆降」　注「三獻」至「尸侑」　自此盡「及私人」，論旅酬從尸，及上下無不徧之事。云「三獻而禮小成」者，以此獻爲正，後仍有舉奠加爵之等，終備乃是禮之大成，故云「小成」也。云「使二人舉爵，序殷勤於尸、侑」者，飲酒之禮，酬與無筭爵乃盡歡心，故以旅酬及無筭，乃爲殷勤於尸、侑也。〔四三〕案鄉飲酒及鄉射、特牲等皆一人舉觶爲旅酬始，二人舉觶爲無筭爵始，今儐尸乃以二人爲旅酬始者，此儐尸别一禮，與彼不同。以其初時主人酬尸，尸奠之，侑未得酬，故使二人舉觶，侑乃得奠而不舉即與，亦奠一爵，一爵遂酬於下，是以須二人舉觶。兄弟之後生者舉觶於其長，爲無筭爵者，以其賓長所舉奠酬亦爲無筭爵，以此二觶者皆在堂下，故爲無筭爵。尸不與無筭爵，故舉堂下觶爲無筭爵，其爲旅酬，皆從上發尸爲首，故特牲等使一人舉觶，〔四四〕爲旅酬，與賓長所舉薦右之觶，〔四五〕此賓不舉，旅酬皆從尸舉，故所奠者爲無筭，一爵，亦是異於特牲。

洗，升，酌，反位。尸、侑皆拜受爵，〔四六〕舉觶者皆拜送。侑奠觶于右。奠于右者，不舉也。神惠右不舉，變於飲酒。尸遂執觶以興，〔四七〕北面于阼階上酬主人。主人在右。尸拜於阼階上，酬禮殺。

【疏】注「尸拜」至「禮殺」　決上文尸酢主人，主人「東楹東北面」拜受爵，尸「西楹西北面」荅拜，是各各於其階。〔四八〕今

尸酬主人，同于阼階，故云「禮殺」也。

坐奠爵，拜，主人荅拜。不祭，立飲。卒爵，不拜既爵，酌，就于阼階上酬主人。〔四九〕言就者，主人立待之。

【疏】注「言就」至「待之」 言「立待之」者，以其不言適阼階上酢主人，明主人不去，「立待之」可知。

主人拜受爵，〔五〇〕尸拜送。酬不奠者，急酬侑也。

【疏】注「酬不」至「侑也」 此決上主人酬賓奠之也。

尸就筵。主人以酬侑于西楹西，侑在左。坐奠爵，拜，執爵興，侑荅拜。不祭，立飲，卒爵，不拜既爵，酌，復位。侑拜受，主人拜送。言酌，復位，明受於西階上。

主人復筵，乃升長賓，侑酬之如主人之禮。遂，旅也。言升長賓，則有贊呼之。

【疏】注「遂旅」至「呼之」 知者，若不贊呼之，則當如上文「衆賓長升」，「兄弟之長升，拜受爵」，故知「有贊呼之」也。

至于衆賓，遂及兄弟，亦如之，皆飲于上。上，西階上。遂及私人，拜受者升受，下飲。私人之長拜於下，升受兄弟之爵，下飲之。

【疏】注「私人」至「飲之」　私人位在兄弟之南，今言「下飲之」，則私人之長一人在西階下飲之，其餘私人皆飲於其位，故下經云「卒爵，升酌，以之其位，相酬辯」是也。

卒爵，升酌，以之其位，相酬辯。其位，兄弟南位，亦拜受、拜送。升酌由西階。卒飲者實爵于篚。〔五一〕未受酬者，〔五二〕雖無所旅，猶飲。

【疏】「卒飲」至「于篚」　注「未受」至「猶飲」　凡旅酬之法，皆執觶酒以酬前人，前人領受其意，乃始自飲。此私人未受酬者，〔五三〕後雖無人可旅，〔五四〕猶自飲之訖，乃實爵於篚，以其酒是前人所酬，不可不飲故也。

乃羞庶羞于賓、兄弟、內賓及私人。無房中之羞，賤也。此羞同時羞，則酌房中亦旅。其始主婦舉酬於內賓，〔五五〕遂及宗婦。

【疏】「乃羞」至「私人」　注「無房」至「宗婦」　此經論無筭爵時，羞庶羞於賓，〔五六〕及兄弟之等事。云「此羞同時羞，則酌房中亦旅」者，旅酬之下云「乃羞庶羞」，內賓羞在私人之上，私人得旅酬，則房中內賓亦旅可知。

兄弟之後生者舉觶于其長。〔五七〕後生，〔五八〕年少也。古文「觶」皆爲「爵」，〔五九〕延熹中，〔六〇〕詔校書定作「觶」。○延熹，詩其反。

【疏】「兄弟」至「其長」　注「後生」至「作觶」　自此盡「爵止」，論後生舉觶於長兄弟，主人酬兄弟之事。

洗，升，酌，降，北面立于阼階南，〔六一〕長在左。坐奠爵，拜。執爵以興，長荅拜。長在左，辟主人。

【疏】注「長在左，辟主人」 凡獻酬之法，主人常左人，〔六二〕若北面，則主人在東。今長兄弟北面，云「長在左」，則在西，故「辟主人」。

坐祭，遂飲，卒爵，執爵以興，坐奠爵，拜，執爵以興，長荅拜。洗，升，酌，降，長拜受于其位。舉爵者東面荅拜，爵止。拜受、荅拜不北面者，儐尸禮殺。長賓言奠，兄弟言止，互相發明，相待也。

【疏】注「拜受」至「待也」 云「儐尸禮殺」者，案特牲兄弟之後生舉觶於其長，爲旅酬，又兄弟弟子舉觶於其長，爲無筭爵，拜送皆「北面」，此云「東面」，決上儐尸禮殺也。云「長賓言奠，兄弟言止，互相發明」者，上文主人酬賓，「奠爵于薦左」，是長賓言「奠」；此言「爵止」，是兄弟言「止」。長賓言「奠」，明止而未行；此言「止」，明亦「奠薦左」，〔六三〕故云「互相發明」也。云「相待也」者，酬賓雖在前，及其行之相待，俱時舉行，故下文云「賓及兄弟交錯其酬，皆遂及私人，爵無筭」是也，若二人舉觶于尸、侑，侑奠于右，不舉，尸即酬主人，主人酬侑，侑酬長賓，至于衆賓，遂及兄弟，遂及私人，依次第行徧，不交錯，所謂旅酬也。

賓長獻于尸，如初，無湆，爵不止。〔六四〕如初，如其獻侑，酌致，主人受尸酢也，無湆，爵不止。別不如初者，不使兄弟，不稱加爵，大夫尊也。不用觚，大夫尊者也。

【疏】「賓長」至「不止」 注「如初」至「者也」 此一經論衆賓長加爲爵數多與上賓異。何者？上賓獻侑，致爵於主人時，皆有湆魚從，今無湆魚從，故經云「無湆」也。云「爵不止」者，上賓獻尸時亦止爵，〔六五〕待獻堂下畢，乃舉觶，今

尸不止爵即飲，故云「爵不止」。云『賓長』者，賓之長，次上賓者，非即上賓」者，以其上賓將獻異之，言「上賓」，此不異其文，明非上文「上賓」，爲賓長者，故以爲次上賓者也。經云「無湇，爵不止」，文在「如初」之下，不蒙「如初」之文，則知與上異，故文在「如初」下也。云「不使兄弟，不稱加爵，大夫尊也」者，此決特牲云「長兄弟爲加爵」，又「衆賓長爲加爵」不言獻，此言「獻」者，尊大夫，若三獻之外更容其獻，故云「大夫尊也」。云「不用觚，大夫尊」者，此亦決特牲云「長兄弟洗觚爲加爵」，此用爵，爵尊於觚，故云「大夫尊者也」。

賓一人舉爵于尸，如初，亦遂之於下。〔六六〕一人，次賓長者。如初，如二人洗觶之爲也。遂之於下者，遂及賓、兄弟，下至于私人，是言亦遂之于下，〔六七〕言上無湇，爵不止，〔六八〕互相發明。

【疏】「賓一」至「於下」　注「一人」至「發明」　此一經論次賓舉觚于尸，更爲旅酬，如上旅酬之事。但前二人舉觶於尸、侑，尸舉旅酬，從上至下，皆徧飲，今亦從上至下，故云「亦遂之於下」。云「上言『無湇，爵不止』，互相發明」者，上經云「爵止」與上賓「奠爵」云「互相發明」，今此又與上文「無湇，爵不止」相發明，是以二文皆在「如初」之下。

賓及兄弟交錯其酬，皆遂及私人，爵無筭。筭，數也。長賓取觶酬兄弟之黨，長兄弟取觶酬賓之黨，唯己所欲，無有次第之數也。

【疏】「賓及」至「無筭」　注「筭數」至「數也」　自此盡「有司徹」，論堂下行無筭爵禮終，尸、侑出，主人送於廟門外之事。云「長賓取觶」者，是主人酬賓觶。云「長兄弟取觶」者，是兄弟之後生者舉觶于其長之觶也。

尸出，侑從。主人送于廟門之外，拜，尸不顧。拜送之。

【疏】「尸出」至「不顧」 注「拜送之」 儐尸之禮，尸、侑賓也，故孔子亦云「賓不顧矣」。

拜侑與長賓，亦如之，衆賓從。從者，不拜送也。**司士歸尸、侑之俎。**尸、侑尊，送其家。**主人退。**反於寢也。

有司徹。徹堂上下之薦俎也。外賓尸雖堂上，婦人不徹。

【疏】「有司徹」 注「徹堂」至「不徹」 云「徹堂上下之薦俎也」者，案上文堂上有尸、侑之「薦俎」，堂下有賓及兄弟之「薦俎」，皆徹之也。云「外賓尸雖堂上，婦人不徹」者，案特牲云「宗婦徹祝豆、籩入于房，〔六九〕徹主婦薦俎」，此篇首云「有司徹」，鄭注云「徹室中之饋及祝、佐食之俎」，爲將儐尸，故使有司徹之。下大夫不儐尸，改「饋饌」于「西北隅」，〔七〇〕云有司官徹饋饌於室中西北隅，至篇末禮終云「婦人乃徹」，注云「徹祝之薦及房中薦俎。不使有司者，下上大夫之禮」，然則此篇首云「有司徹」，别無婦人也。下大夫有司饌陽厭，婦人徹之，篇末云「徹室中之饌」，注云「有司饌之，婦人徹之，外内相兼，禮殺」，此户外儐尸亦禮殺，嫌婦人亦徹之，故云「雖堂上，婦人不徹」。婦人必不徹者，異於下大夫也。堂上儐尸，猶如堂内之陽厭，故鄭注篇首云「賓尸則不設饌西北隅，以此薦俎之陳有祭象，而亦足以厭飫神」是也。

若不賓尸，〔七一〕不賓尸，謂下大夫也，其牲物則同，不得備其禮耳。舊説云謂大夫有疾病，攝昆弟祭。曾子問曰：「攝主不厭祭，不旅，不假，不綏祭，不配，布奠于賓，賓奠而不舉。」而此備有，似失之矣。○不綏，許恚反，本亦作隋同。

【疏】「若不賓尸」　注「不賓」至「之矣」　自此盡「牢舉如賓」，論下大夫不賓尸之事。云「不賓尸，謂下大夫」者，從尸飲七已前，皆與上大夫賓尸者同，已後則以此祝侑續之，是儐尸之禮，故云「不賓尸，謂下大夫也」。云「其牲物則同，不得備其禮耳」者，謂不備儐尸禮也。引曾子問者，破舊説。案彼上云「若宗子有罪，居于他國，庶子爲大夫，其祭也，祝曰：『孝子某，使介子某，執其常事。』攝主不厭祭，不旅不假，不綏祭，不配」，注云「皆辟正主。厭，厭飫神也。〔七二〕厭有陰有陽，迎尸之前，祝酌奠奠之且饗，是陰厭也，尸謖之後，徹薦俎，敦設于西北隅，是陽厭也。此不厭者，不陽厭也。不旅，不旅酬也。假讀爲嘏，不嘏，不嘏主人也。不綏祭，謂今主人也」；又云「布奠於賓，賓奠而不舉」是也。云「而此備有，似失之矣」者，謂此「不儐尸」者，「不厭」已下皆有，則非如舊説使昆弟攝者，故云「似失之矣」。

則祝侑亦如之。謂尸七飯時。○七飯，扶晚反，後皆同。

【疏】「則祝侑亦如之」　注「謂尸七飯時」　案上篇尸食七飯「告飽。祝西面于主人之南，獨侑不拜，侑曰：皇尸未實，侑」是也。

尸食，八飯。

【疏】「尸食」　注「八飯」　上已七飯，故知此當「八飯」也。

乃盛俎，臑、臂、肫、脡脊、横脊、短脅、代脅，皆牢；盛者，盛於肵俎也。此七體羊、豕，其脊、脅皆取一骨也，與所舉正脊、幹、骼凡十矣。肩未舉，既舉，而俎猶有六體焉。○乃盛，音成，注及下同。

【疏】「乃盛」至「皆牢」　注「盛者」至「體焉」　案特牲尸食訖乃盛，今八飯即盛者，大夫禮與士相變。若然，此先言「臑」
者，見從下起。不言盛肩，肩未舉，舉乃盛。不言骼，骼已舉，先在俎。有司徹不盛俎者，更無所用，〔七三〕全以歸尸
故也。云「盛者，盛於肵俎也」者，以特牲云「盛肵俎，俎釋三个」，故知「盛於肵」，以歸尸故也。云「此七體羊、豕」
者，以其五鼎下有魚、腊、膚，又不升，故唯羊、豕也。云「其脊、脅皆取一骨也，與所舉正脊、幹、骼凡十矣」者，案上
篇載時，皆二骨以並，今但盛一骨，不云正脊、長脅者，先舉一骨，故不序也。凡骨體之數，左右合爲二十一體，案
少牢注云「肩、臂、臑，肱骨也，膊、骼，股骨」；鄉飲酒注「前脛骨三，肩、臂、臑也」，後脛骨二，膊、骼也」；又後有
髀、觳折，特牲記云「主婦俎：觳折」，注云「觳，後足也」；昏禮不數者，凡體前貴於後，觳賤於臑，故數臑不數觳，
是以不升於鼎，又以髀在肫上，以竅賤，正俎不用；又脊有三分，一分以爲正脊，次中爲脡脊，後分爲橫脊；脅亦
爲三分，前分爲代脅，次中爲長脅，後分爲短脅，是其二十一體也。云「而俎猶有六體焉」者，謂三脊、三脅皆取一
骨，盛於肵，各有一骨體在俎，不取以備陽厭也，故云「而俎猶有六體焉」也。

魚七；盛半也，魚十有五而俎，其一已舉。必
盛半者，魚無足翼，於牲象脊、脅而已。

【疏】「魚七」　注「盛半」至「而已」　云「魚十有五而俎」者，案少牢載魚鮒云「十有五而俎」。云「其一已舉」者，謂尸食
時已舉其一，唯有十四在。云「必盛半者，魚無足、翼，於牲象脊、脅而已」者，案中候云「魚者，水精，隨流出入，得
中朕意」，〔七四〕鄭注引春秋緯璇璣樞曰「魚無足、翼，紂如魚，乃討之」是也。〔七五〕紂雖有臣，無益於股肱，若魚雖有
翼，不能飛。若然，此注云「魚無翼」者，亦從彼文，魚雖有翼不能飛。云「象脊、脅」者，六體十二骨，盛六，是半魚，
無足，象牲脊、脅，亦「盛半」，「盛半」相似，數則不同，以其牲之脊、脅則六，魚之半則七也。

腊辯，無髀。亦盛半也。所盛者，右體也，脊屬焉。言無髀者，云一純而
俎嫌有之。古文「髀」作「脾」。○無髀，步禮反，又方爾反。

【疏】「腊辯，無髀」注「亦盛」至「作脾」 云「亦盛半」者，謂除尸舉其餘兩半，亦似魚十四盛七爲半。必知「盛半」者，以其此「腊」在「魚」下，明盛半與魚同，此「腊」亦盛右體。知者，以其牲用右，故此亦盛右體。知「脊屬焉」者，案上篇少牢云「腊一純」，而俎脊不折，直爲一段，代脅、長脅、短脅各一骨，左右三脅，脅骨合爲六體，并脊爲七，通肩、臂等十爲十七體，與牲體同，如腊肩，尸食既舉，而俎唯有十六在，言「盛半」，明脊屬。又且凡牲載體者，脊皆屬焉，下經云「乃撫于魚、腊俎，俎釋三个，其餘皆取之」，明不盡盛可知。若然，案士虞禮「升腊左胖，髀不升，實于下鼎」，注云「腊亦七體牲之類」；又特牲記云「腊如牲骨」，鄭注云「不但言體，以有一骨、二骨者」，以此言之，腊與牲體設骨多少盡同。而云腊、脊、脅皆一骨者，以其左右盡升，欲使祝及主婦已下俱取於此腊體，故下云「祝、主人之魚、腊取于是」，注云「祝、主人、主婦俎之魚，腊取於此者，大夫之禮文，待神餘也。三者各取一魚。其腊，主人臂，主婦臑，祝則骼也」。今若復分一骨、二骨，則數多於特牲祝以下俎無腊，體不升腊右胖，故云「腊如牲骨」，與右胖同，皆祝俎所不用。上篇少牢雖祝俎有腊，兩髀屬竅，上大夫禮又異於此。士虞禮祝以下，〔七六〕亦無腊體，故鄭注士虞禮「腊亦七體牲」之類，鄭注云凡腊用「純」者，據上下大夫以上祭祀及士之嘉禮，士祭禮則腊不用純，辟大夫。云「言『無髀』者，云一純而俎嫌有之」者，案上篇少牢載腊云「一純而俎」，不云髀不升，故此明之，而云「腊辯，無髀」也。案上篇少牢祝俎云「腊兩髀」在祝俎，不升於鼎，不在神俎，已自明矣。今此更明之者，以少牢陳鼎上下大夫皆同，今此下大夫不儐尸，其祝俎腊、骼，不云「無髀」，〔七七〕何以明之？

卒盛，乃舉牢肩。尸受，振祭，嚌之。佐食受，加于肵。卒，已。〔七八〕 佐食取一俎于堂下，以入奠于羊俎東。不言魚俎東，主於尊。

【疏】注「不言」至「於尊」 案少牢云設俎「羊在豆東，豕亞其北，魚在羊東，腊在豕東。特膚當俎北端」，今撫魚、腊，宜

在魚俎東，而繼「羊俎」言之，以羊尊爲主也。

乃摭于魚、腊俎，俎釋三个，〔七九〕**其餘皆取之，實于一俎以出。**个，猶枚也。魚摭四枚，腊摭五枚。其所釋者，腊則短脅、正脅、代脅，魚三枚而已。古文「摭」爲「摕」。〔八〇〕〇三个，古賀反。爲摕，之石反，〔八一〕劉音與摭同。

【疏】「乃摭」至「以出」 注「个猶」至「爲摕」 知「魚摭四枚，腊摭五枚」者，以魚盛半，其俎猶有七个在，故摭去四枚，釋三个；腊盛半而俎猶有八體在，摭去五枚，釋三个，皆爲改饌西北隅也。云「腊則短脅、正脅、代脅，魚三枚而已」者，以腊右體已盛，脊又屬焉，唯有左在，下文云主人腊臂，主婦腊臑，祝則骼，所釋者，故知脅。又牲體，所釋者是脅，脊，此腊脊已在盛半限，故知所釋唯有三脅耳。

祝、主人之魚、腊取于是。祝、主人、主婦俎之魚腊取於此者，大夫之禮文，待神餘也。三者各取一魚。其腊，主人臂，主婦臑，祝則骼也與？此皆於鼎側更載焉。不言主婦，未聞。〇也與，音余。

【疏】「祝主」至「于是」 注「祝主」至「未聞」 案特牲士禮，不待神餘，故主人、主婦、祝皆無腊，上大夫之祝當有腊俎。至於儐尸，腊爲庶羞，又不載於俎，與此異。此下大夫待神餘，故祝、主人、主婦皆有腊體也。云「其腊，主人臂，主婦臑，祝則骼也與」者，主人用臂，主婦用臑，見於下經。祝無文，而知用骼者，其骼無正文，故云「與」以疑之也。云「此皆於鼎側更載焉」者，上摭時共在一俎以出，及下設時，主人、主婦及祝各異俎，又不同時，故知更載俎。云「鼎側」則不復升鼎也。云「不言主婦，未聞」者，下有主婦俎腊臑，則主婦用腊可知，此經直云「祝、主人」不云主婦，未聞其義，或轉寫者脱耳。

尸不飯，告飽。主人拜侑，不言。尸又三飯。凡十一飯。士九飯，〔八二〕大夫十一飯，其餘有十三飯，十五飯。

【疏】「尸不」至「三飯」　注「凡十」至「五飯」　上篇士禮九飯，少牢上、下大夫同十一飯，士大夫既不分命數爲尊卑，則五等諸侯同十三飯，天子十五飯可知。

佐食受牢舉，如儐。〔八三〕舉，肺、脊。

主人洗，酌，酳尸，賓羞肝，皆如儐禮。卒爵，主人拜，祝受尸爵，尸荅拜。祝酌，授尸，尸以醋主人，亦如儐。其綏祭，其嘏，亦如儐。肝，牢肝也。「綏」皆當作「挼」。「挼」讀爲「藏其墮」之「墮」，〔八四〕古文爲「挼」。○酳尸，以忍反，又士忍反。其綏，并注挼及隋皆許恚反，〔八五〕後放此。

【疏】「主人」至「如儐」　自此盡「薦、脀皆如賓禮」，論主人獻尸、祝及佐食之事。此主人獻有五節，主人獻尸，一也；酢主人，二也；獻祝，三也；獻上佐食，四也；獻下佐食，五也。

注「肝牢」至「爲挼」　云「綏皆當作挼」者，案經唯有一綏，而云「皆」者，鄭并下「佐食綏」摠破之，故云「皆」也。云「讀爲藏其墮之墮」者，〔八六〕讀從周禮守祧職云「既祭則藏其隋」。必讀從之者，義取墮減之事也。〔八七〕

其獻祝與二佐食，其位、其薦、脀皆如儐。主婦其洗獻于尸，亦如儐。〔八八〕自尸侑不飯告飽，至此與賓同者，在上篇。

【疏】「主婦」至「如儐」　注「自尸」至「上篇」　自此盡「入于房」，論主婦亞獻尸及祝，〔八九〕并獻二佐食之事。此一節之

內，獻數與主人同，唯不受嘏爲異。云「與儐同」者，經既云「如儐」，而注復云「與儐同」者，爲事在上篇而發也。

主婦反取籩于房中，〔九〇〕執棗、糗，坐設之，棗在稷南，糗在棗南。婦贊者執栗、脯。主婦不興，受設之，栗在糗東，脯在棗東。〔九一〕主婦興，反位。棗，饋食之籩；糗，羞籩之實，雜用之，下賓尸也。栗、脯，加籩之實也。反位，反主人之北拜送爵位。〔九二〕

【疏】「主婦」至「反位」　此設籩實，繼在少牢室內西南隅陰厭神饌也。

注「棗饋」至「爵位」　案周禮籩人職云「饋食之籩，棗、㮚、桃、乾䕩、榛實。羞籩之實，糗餌、粉餈」，又「加籩之實，蔆、芡、㮚、脯」，是鄭據籩人職而言也。云「雜用之，下儐尸也」者，案上儐尸者豐、蕡、白黑、糗餌之等朝事之籩、羞籩之實，各用之而不雜也。案上賓尸主婦亞獻尸，設籩直有脯、脩二籩。下大夫之禮，主婦亞獻有四籩者，賓尸之禮，主人獻尸，主婦設四籩，豐蕡、白黑，故至主婦獻時，直設糗餌與脯脩二籩，通前四籩六籩。此主人初獻，如上篇無籩從，故至主婦亞獻設四籩，猶自少於賓尸兩籩。

尸左執爵，取棗、糗，祝取栗、脯以授尸。尸兼祭于豆祭，祭酒，啐酒。次賓羞牢燔，用俎，鹽在右。尸兼取燔，〔九三〕㨎于鹽，振祭，嚌之。祝受，〔九四〕加于肵。卒爵，主婦拜。祝受尸爵，尸荅拜。自「主婦反籩」至「受，加于肵」，〔九五〕此異于賓。

【疏】注「自主」至「于賓」　上篇主婦但有獻而已，無籩燔從之事。此篇首儐尸，主婦亞獻尸，乃有籩餌之事，其物又異，唯糗同耳，故云「此異于儐」也。上注云「自尸侑不飯告飽，至此與儐同者，〔九六〕在上篇」，此注云「此異于儐」者，上

注云「至此與儐同者」，皆與儐禮同，在上篇，故注云「至此」也；此自「卒爵」，下至「荅拜」與儐同，在上篇；自「祝受，加于肵」以上，至「主婦反籩」，儐尸異，〔九七〕所得相決。鄭所以不在「卒爵」上注，而在「尸荅拜」下注者，取終一事故也。

祝易爵洗，酌，授尸。〔九八〕尸以醋主婦。〔九九〕主婦主人之北拜受爵，〔一〇〇〕尸荅拜，主婦反位，又拜。上佐食綏祭，如儐。卒爵拜，尸荅拜。主婦夾爵拜，爲不賓尸降崇敬。

今文「酢」曰「酌」。〔一〇一〕

【疏】注「主婦」至「曰酌」。案特牲主婦獻尸不夾爵拜，上篇上大夫賓尸、主婦獻尸，「夾爵拜」，此下大夫既不賓尸，主婦宜與士妻同，今「夾爵拜」者，「爲不賓尸降崇敬」，故夾爵拜，與上大夫同。言「降」謂降賓尸之禮也。

主婦獻祝，其酌如儐。拜，坐受爵。主婦主人之北荅拜。自尸卒爵至此，亦與賓同者，亦在上篇。

【疏】注「自尸」至「上篇」。經無尸卒爵之文，鄭注云「尸」者，以經有「卒爵」之文多，故言「尸」以別之也。

宰夫薦棗、糗，坐設棗于菹西，糗在棗南。祝左執爵，取棗、糗祭于豆祭，祭酒，啐酒。次賓羞燔，如尸禮。卒爵。內子不薦籩，祝賤，使官可也。自宰夫薦至賓羞燔，亦異于賓。

【疏】注「內子」至「于賓」。案特牲主婦設籩者，士妻卑也。案上尸與主人籩皆主婦設之，至此祝不使主婦，而使宰夫設籩，故云「祝賤，使官可也」。案禮記注「內子，卿妻」，引春秋「趙姬請逆叔隗，以爲內子」，〔一〇二〕證卿妻爲內子。

今此下大夫妻得稱「內子」者，欲見此下大夫妻於祝不薦籩，〔一〇三〕兼見上大夫妻亦不薦籩，故變言「內子」也或可。散文，下大夫妻亦得爲內子也。云「自『宰夫薦』至『賓羞燔』，亦異于賓」者，少牢主婦獻祝亦無籩燔從一事，此有籩燔從者，亦異于賓也。

主婦受爵，酌，獻二佐食，〔一〇四〕亦如儐。主婦受爵以入于房。

賓長洗爵，獻于尸，〔一〇五〕尸拜受，賓户西北面荅拜，〔一〇六〕爵止。尸止爵者，以三獻禮成，欲神惠之均於室中，是以奠而待之。

【疏】「賓長」至「爵止」　注「尸止」至「待之」　自此盡「庶羞在左」，論賓長獻尸、祝、佐食并致爵之事。此一節之內，凡有十爵，獻尸，一也；主婦致爵於主人，二也；主人酢主婦，三也；尸作止爵，飲訖酢賓長，四也；賓獻祝，五也；又獻上佐食，六也；又獻下佐食，七也；賓致爵於主人，八也；又致爵于主婦，九也；賓受主人酢，十也。云「賓户西北面荅拜」者，案上少牢正祭賓獻，與此篇首賓長獻，皆云「拜送」，此特言「荅拜」者，下大夫故也。言「拜送」者，禮重；云「荅拜」者，禮輕。

主婦洗于房中，酌，致于主人，〔一〇七〕主人拜受，主婦户西北面拜送爵。

司宫設席。拜受乃設席，變於士也。

【疏】「主婦」至「設席」　注「拜受」至「士也」　此下大夫夫婦致爵之禮。祭統云「夫祭有十倫」之義，七曰「見夫婦之别

焉」，又曰「尸酢夫人執柄，夫人受尸執足。夫婦相授受，不相襲處，酢必易爵」，彼據夫婦致爵而言；又詩既醉序云「醉酒飽德」，謂見十倫之義，志意充滿，是天子、諸侯皆有夫婦致爵之事。但少牢上大夫受致不酢，下大夫受致又酢，〔一〇八〕不致，士受致自致，是上大夫尊，辟君，受致不酢；下大夫與士卑，不嫌得與人君同，夫婦致爵也。云「拜受乃設席，變於士也」者，案特牲禮未致爵已設席，故云「異於士」。其上大夫正祭未致爵，至賓尸尸酢主人設席，以有尸賓，故設席在前也。案周禮司几筵云「祀先王、昨席亦如之」，〔一〇九〕鄭注云〔一一〇〕「謂祭祀及王受酢之席」，彼受酢時已設席，與大夫禮異也。鄭注周禮司几筵又云「后諸臣致爵乃設席」，與此禮同者，士卑不嫌多與君同故也。

主婦薦韭菹、醓，坐設于席前，菹在北方。婦贊者執棗、糗以從。主婦不興，受，設棗于菹北，糗在棗西。佐食設俎，臂、脊、脅、肺皆牢，膚三，魚一，腊臂。臂，左臂也。特牲五體，此三者，以其牢與腊臂而七。〔一一一〕牢、腊俱臂，亦所謂「腊如牲體」。

【疏】注「臂左」至「牲體」　知是「左臂」者，右臂尸所用，故知「左臂也」。云「特牲五體，此三者，以其牢與腊臂而七」者，以經云「臂、脊、脅皆牢」，牢謂羊、豕也，既羊、豕臂、脊、脅俱有，是六也，通腊臂而七，是以牲體唯有三也。云「牢腊俱臂，亦所謂『腊如牲體』」者，「腊如牲體」，特牲記文，案彼云「腊如牲骨」，骨即體也，故以體言之。以其上腊摭五枚，左肩、臂、臑、肫、骼，今主人不用肩而用臂者，以其羊、豕皆用臂，故腊亦用臂，是以鄭云「腊如牲體」，但此腊臂直一骨，無並，故須云「腊如牲體」也。

主人左執爵，〔一一二〕右取菹，擩于醓，祭于豆間，遂祭籩，奠爵，興，取牢肺，坐

絶祭，嚌之，興，加于俎，坐挩手，祭酒，執爵以興，坐卒爵，拜，無從者，變於士也，亦所謂順而摭也。

【疏】「主人」至「爵拜」 注「無從」至「摭也」 云「無從者，變於士也」者，案特牲主婦致爵於主人，肝燔並從，此無肝燔從，故云「變於士也」。

主婦荅拜，受爵，酌以醋，〔一一三〕戶内北面拜，自酢不更爵，殺。

【疏】注「自酢不更爵殺」 此決上主婦受酢時祝易爵，洗，酌，授尸，尸以醋主婦，〔一一四〕今自酢又不更爵，故云「殺」也。

主人荅拜。卒爵，拜，主人荅拜。主婦以爵入于房。尸作止爵，祭酒，卒爵。賓拜，祝受爵，尸荅拜。作止爵乃祭酒，亦變於士。自爵止至作止爵，亦異於賓。

【疏】注「作止」至「於賓」 云「作止爵乃祭酒，亦變於士」者，特牲「賓三獻，如初；燔從，如初，爵止」，無祭酒之文；至三獻作止爵，尸卒爵，亦無祭酒之文。知特牲祭酒訖乃止爵者，以經云「燔從，如初」，乃云「爵止」，鄭注云「初，亞獻也」，亞獻時祭酒訖，乃始燔從，則「三獻，燔從，如初」，始云「爵止」，明是祭酒既訖，乃始止爵；今大夫「作止爵」，乃「祭酒」，故云「變於士」。云「自『爵止』至『作止爵』，亦異於賓」者，此篇首賓尸禮，賓長獻尸奠爵，又云「尸作三獻之爵」，不解以爲與賓同；云「異」者，賓尸止爵在致爵後，其作之在獻私人後，欲神惠之均於庭；此止爵在主婦致爵前，作之在致爵後，欲神惠均於室中，與特牲「燔從，如初，爵止」同。少牢上篇所以不致爵者，爲賓尸。賓尸止爵者，欲室中神惠均於庭，故止爵也。特牲再止爵者，一止爵，欲神惠均於室中，一止爵者，順上大夫之禮也。

祝酌，授尸。賓拜受爵，〔一一五〕尸拜送。坐祭，遂飲，卒爵，拜，尸荅拜。獻祝及二佐食。洗，致爵于主人。〔一一六〕洗致爵者，以承佐食賤，新之。主人席上拜受爵，賓北面荅拜。坐祭，遂飲，卒爵，拜，賓荅拜，受爵，酌，致爵于主婦。主婦北堂。司宮設席，東面。北堂，中房以北。東面者，變於士妻。賓尸不變者，賓尸禮異矣。內子東面，則宗婦南面，西上。內賓自若東面，南上。

【疏】注「北堂」至「南上」　云「東面者，變於士妻」者，案特牲記「宗婦北堂，東面，北上」，注云「宗婦宜統於主婦，主婦南面」，此「東面」，故云「變於士妻」。云「內子東面，則宗婦南面，西上」者，此無正文，鄭以意解之。何者？宗婦位繼於主婦，今主婦準特牲在宗婦位易處，則宗婦位亦易處，在主婦位南面西上可知。〔一一七〕云「內賓自若東面，南上」者，亦約特牲記文。

主婦席北東面拜受爵，賓西面荅拜。席北東面者，北爲下。

【疏】注「席北」至「爲下」　案特牲宗婦東面北上，今主婦在宗婦之位，東面。鄭以「北爲下」者，若宗婦之衆則北爲上，今主婦特位立，則依曲禮席「東鄉、西鄉，以南方爲上」，因於陰陽，故「北爲下」。

婦贊者薦韭菹、醢，菹在南方。婦人贊者執棗、糗授婦贊者。婦贊者，不興，受，〔一一八〕設棗于菹南，糗在棗東。婦人贊者，宗婦之弟婦也。今文曰：「婦也贊者執棗、糗授婦贊者，不興，受。」○弟婦，音娣。佐食

設俎于豆東，羊臑，豕折，羊脊、脅，肺一，〔一一九〕膚一，〔一二〇〕魚一，腊臑。豕折，豕折骨也，不言所折，略之。特牲「主婦觳折」。豕無脊、脅，下主人。羊、豕四體，與腊臑而五。○觳折，苦角反，又户角反。

【疏】注「豕折」至「而五」。云「豕折骨也」者，謂不全體，就體骨中折之，故云「折骨」。云「不言所折，略之」者，謂不言所折骨名，是略之。引特牲「主婦觳折」者，證略而不言骨名，〔一二一〕其折是觳折也。云「豕無脊、脅，下主人」者，主人於上文有脊、脅也。云「羊、豕四體，與腊臑而五」者，上主人牢與腊臂而七，此五，是其略也。

主婦升筵，坐，左執爵，右取菹，擩于醢，祭之，祭籩，奠爵。興，取肺，坐絕祭，嚌之，興，加于俎，坐挩手，祭酒，執爵興，〔一二二〕筵北東面立卒爵，拜。立飲拜既爵者，變於大夫。〔一二三〕賓荅拜。賓受爵，易爵于篚，洗，酌，醋于主人，户西北面拜，〔一二四〕主人荅拜。卒爵，拜，主人荅拜。賓以爵降，奠于篚。〔一二五〕自賓及二佐食至此，〔一二六〕亦異於賓。

【疏】注「自賓」至「於賓」。「異」者，謂賓「獻及二佐食」以下至此「奠于篚」，異於少牢賓長獻直及祝，不及佐食，故鄭彼注云：「不獻佐食，將儐尸，禮殺」是也。

乃羞，宰夫羞房中之羞，司士羞庶羞于尸、祝、主人、主婦，内羞在右，

庶羞在左。

主人降，〔一二七〕拜衆賓，洗獻衆賓，〔一二八〕其薦、脀，其位，其酬醋，〔一二九〕皆如儐禮。主人洗獻兄弟與内賓與私人，皆如儐禮，其位，其薦脀，皆如儐禮。〔一三〇〕卒，乃羞于賓、兄弟、内賓及私人，辯。自乃羞至私人之薦脀，此亦與儐同者，在此篇不儐尸，則祝猶侑耳。卒，已也。乃羞者，羞庶羞。

【疏】「主人降」至「人辯」　注「自乃」至「庶羞」　此一經論主人獻堂下衆賓兄弟，下及私人，并房中内賓，皆與上大夫禮同之事。

賓長獻于尸，尸醋；〔一三一〕獻祝，致，醋，賓以爵降，〔一三二〕實于篚。〔一三三〕致，謂致爵于主人、主婦。不言如初者，爵不止，又不及佐食。

【疏】「賓長」至「于篚」　注「致謂」至「佐食」　此經論次賓長獻尸已下之事。以其上賓長上已獻尸訖，〔一三四〕明此是次賓長爲加爵也。云「不言如初者，爵不止，又不及佐食」者，謂「不言」同上文云「賓長獻于尸，如初，無湆，爵不止」，注云「如初，如其獻侑，酌致，主人受尸酢也。無湆，爵不止。別不如初者」，此文不與彼同者，爲經不可如一，故鄭

注彼此各申經意。

賓、兄弟交錯其酬，〔一三五〕無筭爵。此亦與儐同者，在此篇。

【疏】「賓兄」至「筭爵」　注「此亦」至「此篇」　此一經論堂下賓及兄弟行無筭爵之事。此堂下兄弟及賓行無筭爵，似上大夫無旅酬，〔一三六〕故鄭云：「此亦與儐同者，在此篇。」若此經兼有旅酬，鄭不得言「與儐同」。案特牲尸在室內，亦不與旅酬之事，而堂下賓及兄弟行旅酬，又使弟子二人舉觶爲無筭爵者，下大夫雖無儐尸之禮，堂下亦與神靈共尊，不敢與人君之禮同。既與神靈共尊，故闕旅酬，直行無筭爵而已。特牲堂下得獻之後，與神别尊，故旅酬、無筭爵並皆行之。士賤不嫌與君同，〔一三七〕故得禮備也。

利洗爵，獻于尸，尸醋；〔一三八〕獻祝，祝受，祭酒，啐酒，奠之。利獻不及主人，殺也。此亦異於賓。

【疏】「利洗」至「奠之」　注「利獻」至「於賓」　此一經論佐食事尸禮將畢，爲加爵獻尸及祝之事。云「利獻不及主人，殺也」者，此對上文賓長爲加爵及主人，此不及主人，是「殺也」。又云「此亦異於賓」者，案上少牢無利獻賓，三獻尸即止，此篇首儐尸之禮，佐食又不與，故無佐食獻，故云「異」也。

主人出，立于阼階上，西面。祝出，立于西階上，東面。祝告于主人曰：「利成。」祝入。主人降，立于阼階東，〔一三九〕西面。尸謖。祝前，〔一四〇〕尸從，遂出于廟門。祝反，復位于室中。〔一四一〕祝命佐食徹尸俎，佐食乃出尸俎于廟門外，有司受，歸之。徹阼薦、俎。自主人出至此，與賓雜者也。先餕徹主人薦、俎者，變于士。特牲饋食禮曰：「徹阼俎豆、籩，設于東序下。」○尸謖，所六反。

【疏】云「自『主人出』至此，與賓雜者也」者，謂有同有不同，故上少牢直云「祝告曰：『利成』」，此云「祝告于主人曰：『利成』」；上少牢云「祝入。尸謖。主人降立于阼階東，西面」，此云「祝入。主人降，立于阼階東，西面。尸謖」；彼云「祝先」，此云「祝前」；彼云「祝命佐食徹肵俎，降設于堂下」，此云「祝反，復位于室中，祝命佐食徹尸俎，佐食乃出尸俎于廟門外，有司受，歸之」，故云「雜」。云「先餕徹主人薦、俎者，變於士」者，特牲既餕，「祝命佐食徹阼俎」，〔一四二〕此餕前「徹阼薦俎」，故云「變於士」。引特牲者，證「徹阼薦、俎」所置之處也。

乃餕，如儐。謂上篇自「司宮設對席」至「上餕興，出」也。〔一四三〕古文餕作餕。○乃餕，音俊。

卒餕，有司官徹饋，饌于室中西北隅，南面，如饋之設。右几，厞

用席。官徹饋者，司馬、司士舉俎，宰夫取敦及豆。此於尸謖改饌，當室之白，孝子不知神之所在，庶其饗之於此，所以爲厭飫。不令婦人改徹饌敦、豆，變於始也，尚使官也。佐食不舉羊、豕俎，親餕，尊也。厞，隱也。古文「右」作「侑」，「厞」作「茀」。○厞，扶味反。取敦，音對，劉又都愛反，下同。厭，一豔反。飫，於庶反。不令，力呈反。作茀，音弗。

【疏】「卒𩞄」至「用席」　注「官徹」至「作茀」　自此下盡篇末，論餕訖改饌於西北隅，爲陽厭之事。云「官徹饋者，司馬、司士舉俎」者，經云「官徹」，則司馬主羊，司士主豕，明還遣此二人舉俎可知，即上經云「司馬刲羊，司士擊豕」是之。〔一四四〕云「宰夫取敦及豆」者，以其宰夫多主主婦之事，此敦及豆本主婦設之，今云「官徹」，明非婦人，知是宰夫爲之也，是以上文云「宰夫羞房中之羞」。又上主婦獻祝，「宰夫薦」，鄭注云「內子不薦籩，祝賤，使官可也」，以此言之，則宰夫代主婦設籩、豆及敦可知。云「當室之白，孝子不知神之所在，庶其饗之於此，所以爲厭飫」者，此言雜取曾子問、郊特牲、祭義之文。案曾子問說陽厭之事，云「當室之白，尊于東房」，鄭云「得户明者也」；郊特牲云「索祭祝于祊，不知神之所在，於彼乎？於此乎？尚曰求諸遠者與？」祭義云「勿勿乎其欲饗之」，是鄭所取陽厭及祊祭求神之事。云「不令婦人改饌敦、豆，變於始也，尚使官也」者，此決少牢初設饌，主婦薦兩豆，宗婦一人贊兩豆，主婦設二敦，宗婦贊三敦，是其始時婦人設之，今使宰夫徹豆、敦者，「尚使官」故也。

納一尊于室中。陽厭殺，無玄酒。司宮埽祭。埽，豆間之祭。舊說云「埋之西階東」。

【疏】注「埽豆」至「階東」　引「舊說」者，案曾子問凡幣帛皮圭爲主命，〔一四五〕埋之階間，此豆間之祭。案舊說「埋之西階東」，以神位在西，故近西階，是以鄭亦依用也。

主人出立于阼階上，西面。祝執其俎以出，立于西階上，東面。司宮

闔牖户。閉牖與户，爲鬼神或者欲幽闇。祝告利成，乃執俎以出于廟門外，有司受，歸之。衆賓出，主人拜送于廟門外，〔一四六〕乃反。拜送賓者，亦拜送其長。不言長賓者，下大夫無尊賓也。

【疏】注「拜送」至「賓也」　此決賓尸時，「尸出，侑從。主人送於廟門之外，拜，尸不顧。拜侑於長賓，亦如之，衆賓從」，鄭注云「從者，不拜送也」，言「從者，不拜送」，則此云「拜送」者，「拜送長」可知。〔一四七〕不言長者，下大夫賤，無尊賓，故不别其長也。

婦人乃徹，〔一四八〕徹祝之薦及房中薦俎。不使有司者，下上大夫之禮。

【疏】注「徹祝」至「之禮」　云「不使有司者，下上大夫之禮」者，〔一四九〕決上大夫祭畢將儐尸，有司徹，賓尸禮終，亦有司徹，今婦人徹，故云「下上大夫之禮」也。

徹室中之饌。〔一五〇〕有司饌之，婦人徹之，外内相兼，禮殺。

【疏】注「有司」至「禮殺」　云「有司饌之，婦人徹之，外内相兼，禮殺」者，此徹室中之饌者，於上經有司徹饋饌於室中西北隅者，今使「婦人徹之」，故云「外内相兼」。外者，謂有司官改饌西北隅；内者，謂今婦人元缺一字徹饋，故云「相兼」也。

校勘記

〔一〕三拜　武威簡無「拜」字，沈文倬異文釋云簡本是。

〔二〕衆賓一拜　阮校云「一」集釋作「壹」。按經文雖作「壹」，注自省作「一」，不必與經同也；諸本俱作「一」，集釋恐係臆改。

〔三〕古文壹爲一　阮校云徐本、集釋同，毛本「古」作「今」。按全部注内，「壹爲一」，並云「古文」。

〔四〕亦不純臣　阮校云要義同，毛本「亦」作「即」。

〔五〕故下經云獻私人于阼階上注云私人家臣已所自謁云獻私人于阼階上注云私人家臣已所自謁除也　阮校云自「云獻」至「自謁」十八字此本、要義俱誤複，當從毛本。

〔六〕興對　武威簡無「興」字。

〔七〕羊骼一　武威簡無「一」字。

〔八〕司正升相旅　阮校云毛本、通解「旅」作「依」。今按鄉飲酒作「旅」。

〔九〕賓執祭以降　阮校云陳本、通解同，毛本「賓」作「實」。今按依下經「賓」字是。

〔一〇〕右取脯　「脯」原作「肺」，武威簡「肺」作「脯」。阮校云集釋、楊、敖俱作「脯」。陳夢家校簡本云「脯」字是，此據改。

〔一一〕執爵興　武威簡「執」上有「左」字。陳夢家校云今本脱「左」字。沈文倬異文釋則云簡本涉上文「左執爵」句而衍「左」字。

〔一二〕卒爵執爵以興　下「爵」字原無，武威簡「執」下有「爵」字。陳夢家校云今本脱「爵」字，唐石經有之，此據補。

〔一三〕宰夫執薦以從　阮校云「薦」毛本、通解作「爵」，唐石經等作「薦」。

〔一四〕是奠爵故以長幼次第受獻也　通解、毛本無「奠爵故」三字。

〔一五〕辯皆爲徧　毛本「爲」作「作」。

〔一六〕用儀者　阮校云徐本、楊、敖同，集釋、通解、毛本無「用」字。按疏亦無。

〔一七〕今文儀皆作儀　阮校云毛本「作儀」作「爲曦」，通解作「爲儀」。按五經文字、九經字樣俱無「儀」字。又云：「集韻『儀，曾羈切，度牲骨也』，『曦』字非也。」

〔一八〕亦用切肺者　此五字毛本無。

〔一九〕主人酌　阮校云此句上集釋、敖氏俱有「言升長賓則有贊者爲之」十字。按各本俱無，未知二家復何所據？下旅酬章「主人復筵」節注云「言升長賓，則有贊呼之」。敖氏引注往往彼此移易，此或敖氏所增，校集釋者轉據敖氏補入，非李氏之舊矣。敖氏增此删彼，李則於後重出，因襲之迹顯然。

〔二〇〕主人受酌降　阮校云「酌」要義作「爵」。今按武威簡亦作「酌」，與此本同爲今文，而要義則爲古文。

〔二一〕古文酌爲爵　阮校云此五字毛本脱，徐本、集釋、通解俱有，與此本標目合。

〔二二〕授解訖　阮校云陳本、要義同，毛本「授」作「受」。

〔二三〕非賓虛觶　阮校云通解、要義同，毛本「非」作「升」。

〔二四〕主人坐奠爵于篚對　「對」上武威簡有「興」字，是，今本脱「興」字。

〔二五〕皆若是以辯　「若」武威簡作「如」，下文「若是以辯」同。

〔二六〕其位在洗東　「東」下武威簡有「南」字。沈文倬異文釋云「南」爲衍文。

〔二七〕設薦胥於其東　阮校云通解、毛本「其」作「洗」。

〔二八〕而在西階西南者　阮校云「而」陳、閩俱作「面」。

〔二九〕其先生之胥　毛本無「其」字。今按武威簡、唐石經等皆有，毛本誤脱。

〔三〇〕故知先生非老人教學者　阮校云「非」字通解、要義俱在「先生」上。

〔三一〕以上初亨牲體　阮校云陳、監、要義同，毛本通解「亨」作「享」。

〔三二〕云兄弟位定者　阮校云通解、毛本「兄弟」作「凡獻」。

〔三三〕俱言繼凡獻者　阮校云通解、毛本「凡獻」作「兄弟」。

〔三四〕是衆賓後也　阮校云通解同，毛本無「後」字。按「後」字當有。

〔三五〕論舉三獻之爵　阮校云要義同，毛本「三」作「主」。今按依經則毛本顯誤。

〔三六〕并致爵之事　阮校云「致」陳、閩俱作「取」。今按「致」字是。

〔三七〕司馬羞湇魚　「司馬」武威簡作「司士」。

〔三八〕受爵　武威簡無「爵」字，乃省文，下文「受爵」同。

〔三九〕受三獻爵酌以酢之　「酢」武威簡作「昨」，唐石經作「醋」，皆借字。阮校云通解、毛本無「爵」字。按正德舊監本尚有「爵」字。今按武威簡有。

〔四〇〕今尸見致爵於主人訖　阮校云通解、毛本「尸」作「乃」。

〔四一〕是遂達賓之意　阮校云陳、閩、通解「賓」作「之」。

〔四二〕尸在其右以授之　武威簡無「授之」二字。沈文倬異文釋云無此二字不成文義。

〔四三〕乃爲殷勤於尸侑也　阮校云「乃」要義作「爵」。

〔四四〕故特牲等使一人舉觶　阮校云要義同，通解、毛本「一」作「二」。

〔四五〕薦右之觶　阮校云要義同，通解、毛本「右」作「君」。今按「右」字是。

〔四六〕尸侑皆拜受爵　武威簡無「爵」字。

〔四七〕尸遂執觶以興　武威簡無「興」字。

〔四八〕是各各於其階　阮校云通解、要義同，毛本不重「各」字。

〔四九〕就于阼階上酬主人　武威簡「就」作「鄭(奠)」。沈文倬異文釋云簡本誤。

〔五〇〕主人拜受爵　武威簡無「爵」字，唐石經亦無。今按「爵」字可省。

〔五一〕卒飲者實爵于篚　武威簡「爵」作「觶」。

〔五二〕末受酬者　「末」黄刻嚴州本、徐本作「末」。阮校云集釋、敖氏俱作「末」，與單疏合。

〔五三〕此私人末受酬者　阮校云要義同，通解、毛本「末」作「未」。黄氏校録云「末」字是。

〔五四〕後雖無人可旅　阮校云「後」通解、要義俱作「後」是也，毛本作「彼」。

〔五五〕主婦舉酬於内賓　阮校云徐本、通解、要義同，毛本、集釋、楊氏「酬」俱作「觶」。

〔五六〕羞庶羞於賓　阮校云通解、要義同，毛本「庶」下無「羞」字。今按「庶」下「羞」字當有，始與經合。

〔五七〕舉觶于其長　「觶」武威簡作「爵」。鄭注：「古文觶皆爲爵，延熹中詔校書定作觶。」陳夢家校云簡本乃延熹校定以前之寫本也。阮校云「觶」張氏從古文作「爵」，則鄭本自從今文。

〔五八〕後生　阮校云「生」下楊氏有「者」字。

〔五九〕古文觶皆爲爵　阮校云「爲」要義作「作」。

〔六〇〕延熹中　阮校云「熹」通解、毛本作「景」。盧文弨云延熹漢桓帝年號，然此實熹平之誤。按延熹校書，熹平刊石，似屬兩事。

〔六一〕立于阼階南　武威簡無「立」字。沈文倬異文釋云今本「立」字誤衍。

〔六二〕主人常左人　阮校云陳本、通解、要義同，毛本「左人」作「在左」。

〔六三〕明亦奠薦左　阮校云「左」陳、閩、通解俱作「右」。

〔六四〕爵不止　阮校云此經文下集釋、通解、毛本俱有注文「賓長者賓之長次上賓者非即上賓也」十五字，此本、徐本、楊氏俱無。按疏内述注有之，李氏蓋據疏補入，唯「非即上賓」句乃賈氏語，非注文，通解引疏删「非即上賓者」五字，蓋亦知爲賈氏語，故可删。汪文臺識語案：疏下云「明非上文『上賓』，爲賓長者」，正釋此「非即上賓也」，仍當以集釋本爲是；通解明以五字爲注，何得云「亦知其爲賈氏語也」？

〔六五〕上賓獻尸時亦止爵　阮校云要義同，毛本「止」作「於」。

〔六六〕亦遂之於下　「於」武威簡本作「于」。今按儀禮經文通例皆作「于」，今本誤也。

〔六七〕是言亦遂之于下　阮校云徐本、集釋同，通解、毛本「是」作「故」，「下」下有「也」字。

〔六八〕言上無湆爵不止　黄刊嚴州本、徐本同，阮校云毛本、楊氏「言上」作「上言」，徐本與疏不合。

〔六九〕徹祝豆籩　阮校云通解、要義同，毛本「豆籩」二字倒。按特牲作「豆籩」。

〔七〇〕改饌饌于西北隅　阮校云通解、要義同，毛本「于」下有「室中」二字。

〔七一〕若不賓尸　阮校云「賓」唐石經作「儐」。石經考文提要云：此以下注疏中「儐」、「賓」雜出，然經文「儐」凡十三見，皆作「儐」，不應此獨作「賓」。今按武威簡本作「賓」，則作「賓」亦有所本。

〔七二〕厭厭飫神也　阮校云陳本、通解、要義同，毛本上「厭」字作「獻」。按曾子問注作「厭」不作「獻」。

〔七三〕更無所用　阮校云通解、毛本「更」上有「賓尸之禮」四字，此本與楊氏無。

〔七四〕得申朕意　阮校云監本同，毛本「朕」作「侯」。

〔七五〕乃討之　阮校云通解同，毛本「討」作「紂」。今按「討」字是。

〔七六〕士虞禮祝以下　毛本「以」作「與」。

〔七七〕不云無髀　阮校云通解同，毛本「髀」作「脾」，陳、閩作「骼」。今按「髀」字是。

〔七八〕卒已　阮校云徐本、集釋、通解同，毛本、楊氏「卒已」作「舉七」。今按「已」釋經文「卒」，毛本、楊氏誤。

〔七九〕乃摭于魚腊俎俎釋三个　武威簡「摭」作「攈」，「釋」作「舍」。

〔八〇〕古文摭爲攈　阮校云「古」徐本、集釋、通解作「古」，毛本作「今」。「攈」徐本作「攈」，毛本作「㯶」，葛本、集釋作「撲」。按五經文字手部有「攈」字，云：「之石反，見禮經」。

〔八一〕爲攈之石反　「攈」徐乾學本作「撲」，「石」阮氏云當作「舌」。

〔八二〕十九飯　毛本「飯」作「飲」。今按「飯」字是。

〔八三〕如儐　阮校云「儐」石經補缺作「賓」。

〔八四〕挼讀爲藏其墮之墮　阮校云「墮」徐本、楊氏並作「墮」，與述注合，陳本、釋文、集釋並作「隋」，通解上作「隨」，下作「隋」，毛本作「惰」。按當以釋文爲正。

〔八五〕許恚反　「恚」徐乾學本作「惠」。黄焯彙校云張淳所據本與宋本同。

〔八六〕讀爲藏其墮之墮者　「墮」毛本並作「惰」，阮校云陳本、通解並作「隋」。按唐人書「墮」字多從心，後遂誤作「惰」。

〔八七〕義取墮減之事也　阮校云「墮減」毛本作「惰藏」，要義作「隋減」，陳本、通解俱作「墮藏」。

〔八八〕亦如儐　「儐」武威簡作「賓」。

〔八九〕論主婦亞獻尸及祝　阮校云「及」要義作「并」。

〔九〇〕主婦反取籩于房中　武威簡脱「取」字，「反」作「販」。

〔九一〕栗在糗東脯在棗東　武威簡脱「糗東脯在」四字。

〔九二〕反主人之北拜送爵位　阮校云「送」陳、閩、監、葛、通解俱作「還」。

〔九三〕尸兼取燔　武威簡脱「尸」字。

〔九四〕祝受　「受」武威簡誤作「授」。

〔九五〕至受加于肵　阮校云徐本同，集釋、毛本「至」下有「祝」字。

〔九六〕與儐同者　阮校云毛本無「同」字。

〔九七〕儐尸異　阮校云通解、毛本「儐」上有「與」字，此句下無「所得相決」四字。

〔九八〕授尸　「授」武威簡誤作「受」。阮校云鍾本、毛本亦作「受」。

〔九九〕尸以醋主婦　武威簡脱此五字。

〔一〇〇〕主婦主人之北拜受爵　「之北」武威簡作「北面」。沈文倬異文釋云「面」字衍。

〔一〇一〕今文酢曰酌　阮校云徐、陳、通解同。「酢曰酌」集釋作「醋曰酌」，閩、監、葛本俱作「酌曰酌」。按「曰酌」二字諸本俱與疏標目合。

〔一〇二〕趙姬請逆叔隗　阮校云通解、要義同，毛本「逆」作「送」。今按「送」字是。

〔一〇三〕不薦籩　阮校云「不」陳、閩俱作「至」。今按「不」字是。

〔一〇四〕主婦受爵酌獻二佐食　「婦」原作「人」。阮校云「人」陳、閩、葛本、通解、楊、敖俱作「婦」。石經考文提要云監本沿唐石經之誤；此節乃主婦亞獻，其「獻二佐食」與少牢饋食「主婦獻二佐食」同，非「主人」也。此據阮説改。

〔一〇五〕獻于尸　武威簡無「于」字。

〔一〇六〕賓户西北面荅拜　毛本「户」作「尸」，唐石經等作「户」，疏同。

〔一〇七〕主婦洗于房中酌致于主人　武威簡省「中」字，「致」下無「于」字。

〔一〇八〕上大夫受致不酢下大夫受致又酢　阮校云陳、閩俱脱「不酢下大夫受致」七字。

〔一〇九〕祀先王昨席亦如之　「昨」阮本作「胙」。阮校云：「胙」此本、通解俱作「昨」，要義、毛本作「胙」，今從要義。汪文臺識語案：作「昨」與周禮司几筵合。今按阮氏周禮注疏校勘記云唐石經原刻作「胙」，後磨改作「昨」。

〔一一〇〕鄭注云　阮校云通解、毛本「云」下有「胙讀如酢」四字，此本、要義無。

〔一一一〕腊臂　阮校云徐本、集釋、通解、楊氏同，毛本「臂」作「脅」。今按「臂」字是。

〔一一二〕主人左執爵　武威簡脱「左」字。

〔一一三〕受爵酌以醋　「醋」武威簡作「作」，陳夢家校云它簡又作「昨」。

〔一一四〕尸以醋主婦　阮校云通解同，毛本「醋」作「酢」。

〔一一五〕賓拜受爵　武威簡無「爵」字。

〔一一六〕致爵于主人　武威簡無「于」字。

〔一一七〕在主婦位南面西上可知　阮校云通解同，毛本「在」作「則」。

〔一一八〕婦人贊者執棗糗授婦贊者婦贊者不興受　武威簡「婦贊者」三字不重，與鄭注今文合。

〔一一九〕肺一　「肺」上原衍「祭」字。武威簡無「祭」字，唐石經亦無。阮校敖氏曰：此肺嚌羊肺也，曰「祭」者誤衍爾。此據簡本删。

〔一二〇〕膚一　武威簡無「一」字。

〔一二一〕證畧而不言骨名　阮校云毛本「證」作「鄭」。按「證」是也。

〔二二二〕執爵興　武威簡無「爵」字。

〔二二三〕變於大夫　阮校周學健云一本作「丈夫」，此謂「主婦」，故對丈夫；而言「丈夫」，則兼尸、賓，非專指大夫也。

〔二二四〕户西北面拜　武威簡脱「面」字。

〔二二五〕奠于篚　「奠」武威簡作「賓」。沈文倬異文釋云「賓」乃「實」之誤，奠、實義固無異。

〔二二六〕自賓及二佐食至此　阮校云徐本、楊氏同，集釋、毛本「賓」下有「獻」字，通解有「獻」無「自」。

〔二二七〕主人降　武威簡「降」下衍「興」字。

〔二二八〕洗獻衆賓　武威簡脱「衆」字。

〔二二九〕其酬醋　「酬醋」武威簡作「作州」。

〔二三〇〕其位其薦脀皆如賓禮　武威簡本此九字脱。

〔二三一〕賓長獻于尸尸醋　武威簡「獻」作「義」，二字通用；「尸」字不重；「醋」作「昨」。

〔二三二〕賓以爵降　武威簡「賓」上有「以」字。

〔二三三〕實于篚　武威簡「實」作「奠」。

〔二三四〕上已獻尸訖　阮校云通解、要義同，毛本、楊氏無「上」字。

〔二三五〕賓兄弟交錯其酬　「其」武威簡作「與」。陳夢家校云「與」乃「其」之譌。

〔二三六〕似上大夫無旅酬　阮校云「上」通解、要義俱作「下」。

〔二三七〕士賤不嫌與君同　「士」張敦仁本誤作「事」，此據單疏改。阮校云陳、閩誤作「事」。

〔二三八〕利洗爵獻于尸尸醋　武威簡作「利獻于昨」，無「洗爵」、「尸尸」四字。

〔二三九〕立于阼階東　武威簡脱「阼」字。

〔一四〇〕尸謖祝前　武威簡「謖」作「休」，「前」作「洗」。沈文倬異文釋云「前」簡本當先作「先」，書手又誤加水旁。

〔一四一〕復位于室中　武威簡無「中」字。

〔一四二〕祝命佐食徹阼俎　毛本「俎」下有「者」字。

〔一四三〕至上餕興出也　阮校云徐本、集釋、敖氏同，通解、楊氏、毛本「上」俱作「此」。今按依少牢經文，「上」字是。

〔一四四〕司士擊豕是之　阮校云「之」要義作「也」。

〔一四五〕凡幣帛皮圭爲主命　毛本「主」作「王」。阮校浦鏜云「主」誤「王」。

〔一四六〕主人拜送于廟門外　武威簡脱「拜」字。

〔一四七〕拜送長　阮校云通解、楊氏、毛本「送」下有「其」字。

〔一四八〕婦人乃徹　「婦人」武威簡作「歸入」。陳夢家校云「婦人」誤，似應從簡文。沈文倬異文釋則云「婦人」不誤，簡文原抄有誤，後已改正。今按沈説是也。

〔一四九〕下上大夫之禮者　「者」毛本作「有」。今按「者」字是。

〔一五〇〕徹室中之饌　武威簡「室」誤作「牢」，「饌」作「送」。陳夢家校疑「送」假作「賸」，沈文倬異文釋則云陳説非是，簡乃誤字。

附録

四庫全書總目儀禮注疏提要

儀禮注疏十七卷　漢鄭玄注，唐賈公彦疏。

儀禮出殘闕之餘，漢代所傳凡有三本：一曰戴德本，以冠禮第一、昏禮第二、相見第三、士喪第四、既夕第五、士虞第六、特牲第七、少牢第八、有司徹第九、鄉飲酒第十、鄉射第十一、燕禮第十二、大射第十三、聘禮第十四、公食第十五、覲禮第十六、喪服第十七；一曰戴聖本，亦以冠禮第一、昏禮第二、相見第三，其下則鄉飲第四、鄉射第五、燕禮第六、大射第七、士虞第八、喪服第九、特牲第十、少牢第十一、有司徹第十二、士喪第十三、既夕第十四、聘禮第十五、公食第十六、覲禮第十七；一曰劉向別録本，即鄭氏所注。賈公彦疏謂別録尊卑、吉凶，次第倫序，故鄭用之；二戴尊卑、吉凶雜亂，故鄭不從之也。其經文亦有二本：高堂生所傳者，謂之今文；魯恭王壞孔子宅，得亡儀禮五十六篇，其字皆以篆書之，謂之古文。玄注參用二本，其從今文而不從古文者，則今文大書，古文附注，士冠禮「闑西閾外」句注「古文闑爲槷，閾爲蹙」是也；從古文而不從今文者，則古文大書，今文附注，士冠禮醴辭「孝友時格」句注「今文格爲嘏」是也。其書自玄以前絶無注本。玄後有王肅注十七卷，見於隋志。然賈公彦序稱「周禮注者，則有多門，儀禮所注，後鄭而已」，則唐初肅書已佚也。爲之義疏者，有沈重，見於北史；又有無名氏二家，見於隋志，然皆不傳，故賈公彦僅據齊黄慶、隋李孟悊二家之疏，

定爲今本。其書自明以來，刻本舛譌殊甚。顧炎武日知録曰：「萬曆北監本十三經中，儀禮脱誤尤多。士昏禮脱『壻授綏姆辭曰未教不足與爲禮也』一節十四字，賴有長安石經，據以補此一節，而其注疏遂亡；鄉射禮脱『士鹿中翿旌以獲』七字；士虞禮脱『哭止告事畢賓出』七字；特牲饋食禮脱『舉觶者祭卒觶拜長者荅拜』十一字；少牢饋食禮脱『以授尸坐取簞興』七字。此則秦火之所未亡，而亡於監刻矣。」云云。蓋由儀禮文古義奥，傳習者少，注釋者亦代不數人，寫刻有譌，猝不能校，故紕漏至於如是也。今參考諸本，一一釐正，著於録焉。

儀禮注疏校勘記序

阮元

儀禮最爲難讀。昔顧炎武以唐石刻九經校明監本，惟儀禮譌脱尤甚，經文且然，況注疏乎？賈疏文筆冗蔓，詞意鬱轖，不若孔氏五經正義之條暢，傳寫者不得其意，脱文誤句，往往有之。宋世注、疏各爲一書。疏自咸平校勘之後，更無別本，誤謬相沿，迄今已無從一一釐正。朱子作通解，於疏之文義未安者，多爲刪潤，在朱子自成一家之書，未爲不可。而明之刻注、疏者，一切惟通解之從，遂盡失賈氏之舊。臣於儀禮注、疏舊有校本，奉旨充石經校勘官，曾校經文上石。今合諸本屬德清貢生徐養原詳列異同，臣復定其是非。大約經、注則以唐石經及宋嚴州單注本爲主，疏則以宋單行本爲主，參以釋文、識誤諸書，於以正明刻之譌，雖未克盡得鄭、賈面目，亦庶還唐、宋之舊觀。鄭注疊古、今文，最爲詳覈，語助多寡，靡不悉紀，今校是經，寧詳毋略。用鄭氏家法也。臣阮元恭記。

引據各本目録

唐石經明王堯惠補缺。案此刻自五季以來，名儒俱不窺之。不特張淳、李如圭諸人生於南宋，固不及見，即敖繼公當元一統之時，亦未嘗過而問焉。至國朝，顧炎武、張爾岐始取以校監本，多所是正。

宋嚴州單注本 宋本之最佳者，張淳所據，即此本也。元和顧廣圻用鍾本校其異者，書於簡端，今據以採入。

翻刻宋單注本 明徐姓翻刻於嘉靖時，祖嚴本而稍異。記中凡與嚴州本及鍾人傑本合者，則稱徐本。

明鍾人傑單注本 全同徐本。其偶異者，是失於讎校耳。

明永懷堂單注本 全與閩刻注疏本同。

宋單疏本 此北宋時咸平、景德間所校勘開雕者也。注、疏合刻，起于南北宋之間，惟儀禮又在後。朱子自述通解云：「前賢嘗苦儀禮難讀，以經不分章，記不隨經，而注、疏各爲一書，故讀者不能遽曉。今訂此本，盡去諸弊。」是朱子時注、疏各爲一書也。馬廷鸞曰：「余從敗篋中得景德中官本儀禮疏四帙，正經注語皆標起止，而疏文列其下。家有監本儀禮經注，因取而附益之。」是馬氏時，注、疏猶各爲一書也。此本與馬氏所見正同。又按宋人各經皆以經、注分附於疏，其分卷依疏之卷數，如禮記注疏七十卷是也。惟儀禮以疏分附經、注，其分卷依經、注之卷數，如舊唐書經籍志、新唐書藝文志竝云「儀禮疏五十卷」，而注疏本則分爲十七卷。賈公彦五十卷之本，今之學者每恨不可得見。近年吴中黄丕烈家有其書，每葉三十行，每行二十七字，末葉列宋時諸臣官銜。今訂從賈疏，分五十卷校正義，以此本爲據。

李元陽注疏本 刻于閩中，故稱閩本。每半葉九行，每行二十一字，監本、毛本俱仿此。

國子監注疏本 明神宗時北京國子監刊。

汲古閣注疏本

國朝重修國子監注疏本

經典釋文內儀禮一卷。

儀禮識誤聚珍板本。宋乾道八年，曾逮命張淳校刊儀禮，因爲識誤三卷。今刊本未見，惟識誤存焉。其書專宗釋文，意在復古。然所辨或祇係偏旁形體，則六朝時俗書最多，既不足據，且無關語句之異同也。至其精審之處，自不可没。以嚴本爲據，參以監本及汴京巾箱本、杭細字本，又有湖北漕司本。監本初刊于廣順，復校于顯德，而宋因之。

儀禮集釋聚珍板本，李如圭著。全載鄭注，微遜嚴本。書中引石本，與唐石經異，疑是成都石經。

儀禮經傳通解全載鄭注，節録賈疏。明刻注疏，多與此同。近世校儀禮者，奉此爲準則。然於其佳處，不能盡依，而移易删潤之處，則多據之，是取其糟粕，而遺其精華也。又引温本及成都石經。至喪、祭二禮，門人黄幹續成。

抄本儀禮要義魏了翁著。專録賈疏，多與單疏本合。有删節而絶無改竄，遠勝通解。間録經、注，雖不盡與嚴本合，終勝今本。亦引温本異同。

儀禮圖通志堂本，與通解略同。注内疊今、古文俱删去。

儀禮集説通志堂本，敖繼公著。所載鄭注，多移易點竄，不足盡憑。

浦鏜十三經正字内儀禮二卷據重修監本，校其誤字。

儀禮詳校盧文弨著。多採諸家之説。記中所偁金曰追正譌即本諸此。

九經誤字顧炎武著。以唐石經正明監本。又金石文字記載石經誤字。

儀禮誤字張爾岐著。

石經考文提要

附記單疏本缺葉

士冠禮自五十六葉前第三行左上「諸侯」起，至五十七葉後第四行左下「不爲」止。

士昏禮自三十六葉後第一行右下「若舅」起，至三十九葉後第二行右下「尚書」止。

士相見禮自十葉前第八行左上「此釋」起，至十二葉前第五行右上「見至」止。

鄉飲酒禮自四十五葉後第五行左上「俎者」起，至四十七葉後第九行右上「祭于」止。

聘禮自四十八葉後第五行右上「文賓」起，至五十葉後第一行左下「言也」止；又自五十四葉後第二行右下「立門」起，至五十六葉前第五行右上「至行」止；又自八十葉前第四行左上「賓拜」起，至八十一葉後第五行左下「亨大」止。

特牲饋食禮自廿八葉後第四行左上「其薦」起，至三十葉後第三行左上「拜主」止；又自五十二葉後第五行左上「爲加」起，至五十七葉前第五行左上「證祭」止。

少牢饋食禮自十八葉前第一行右下「者郊」起，至後第九行左下「知也」止；又自廿七葉前第二行右下「魚皆」起，至廿九葉前第二行左下「鄉左」止。

凡記中通用及俗譌字，放九經字樣例，彙録左方

鎛或作鏄，誤作鎛。筭溷作算。于通作於。唐石經于字一千四百四十三，於字一百四十二，莫詳其義例。諸刻注疏，尤參差不一，各依舊本可也。已與以通。矇誤作朦。鍾誤作鐘。注註非。絜作潔，俗。

唯或作惟，或作維。大即太字。孰與熟通。壺誤作壼。莅或作涖、蒞。眂與視同。凡作眂少一筆者，別一字也，經典所無。蒸或作蒸，通作烝。亨與烹通。齊與齋通。彊或作强。扑誤作朴。解與懈通。

殽或作肴。館舘非。它或作他，或作佗。鈃或作鉶。路輅俗。適與嫡通。摯與贄通。灋周禮法字。荅答非。昬昏禮，或亦作婚。取與娶通。竟與境通。趨或作趍，俗。挍或作校。几足之校，或亦誤从手。道與導通。鄉與嚮通，與向通。又說與脫通。辟與避通。申與伸通。徬溷作旁。共與恭通，與供通。又麤或作粗、麄。要與腰通。馮與憑通。赬或作經。荐或作薦。

筴或作策。御與禦通。玩或作翫。苞或作包。軾或作式。從與縱通。炤或作照。饗或作享。夾或作俠。翦或作剪、鬋。匝即帀字。掔誤作掔。并或作併。胳或作骼。闇或作暗。

麴或作麯。腴誤作腴。圜或作圓。謚謚非。儗或作擬。鼈鱉非。歡或作懽。毋誤作母。敕誤作勅。埽掃俗。著着非。牖牗非。登段玉裁曰：「古祇作登，凡作登者，宋、元俗字。」

脩溷作修。膞誤作膊。弦絃非。齎賫非。甕或作甕。壁或誤作璧。粱誤作梁。箱廂非。已溷作已。坫誤作玷。藉溷作籍。然燃非。髻誤作髺。禫誤作襌。櫝溷作攢。

稾溷作藁、藁。葅誤作菹。匕溷作七。干溷作于。日曰古人書此二字，無甚分別，說詳疏序「隋日碩儒」句下。謂爲二字刻本亦多互誤。廿卅上二十也，下三十也，唯唐石經如此。

宋嚴州本儀禮經注精校重雕緣起

黄丕烈

嘉慶乙亥春，宋嚴州本儀禮經注刊成，將出以問世，而於嚴本之是非，悉校録之，以質諸讀是經者。因著緣起於簡端曰：儀禮經注宋刻絶鮮。國朝顧氏炎武、張氏爾岐祇取唐石經以校明監本。余先後收得宋刻經注本，及宋刻單行疏本，各校副本，流傳於外，阮芸臺侍郎取以入儀禮校勘記中者是也。後張古餘太守在江寧將此經注及疏合刊，學者已幸雙美合璧矣。歲丁卯，古餘又屬影抄經注本，將以付刊。既而調任吉安，札致余曰：「俟抄竣即交伊友收存。」如言交去。越歲戊辰，伊友云古餘謂「吴門有好事者，如欲刻之，當舉以贈。」遂從伊友處次第取刻之，未及半而靳不與，復商諸友人陶藴輝，補寫其樣之未全者，至乙亥工成。是此書經注本之行世，古餘太守爲之倡，而余與陶君輔之者也。單注爲宋嚴州本，證諸宋張淳儀禮識誤而知之。忠甫之序識誤也，曰：「淳首得嚴州本，故以爲據。」今攷其從嚴本者十數條，皆與此本合，則此本之爲嚴本信矣。雖然，當日嚴本久行修板，故不無齟齬。今此本與張所見有同者，有不同者，有闕字未補刻者，甚有不成字者，抑忠甫當日取嚴本爲柢，而取自周廣順至宋之監本、宋京之巾箱本、杭之細字本，正南宋嚴本之誤，不足則質之疏，質之釋文，疏、釋文又不足，則闕之，是忠甫固謂嚴本未盡善而校之也。朱子偁其子細精密，視他本爲冣勝。今此本雖古刻，乃忠甫未見未訂之本也。取忠甫以諸本及疏、釋文校正者校正之，其能已乎！況監、細字、巾箱，今雖不可得，而釋文有明葉石君影抄宋本，疏有單行五十卷宋刻，皆在案頭，往往與所據者合，是不可謂不幸也。又四庫全書聚珍板有宋李如圭集釋，全載經注，與

忠甫所據佳處十同八九，亦足相羽翼。今以陸、賈、李、張四家之書，校此本刊行之，不盡改其字，於十七篇內者，存嚴刻之舊面目也。必爲校語以附後者，猶忠甫識誤之意也。抑經注之譌闕，出於嚴本、張校之外者，尚不可枚數。段若膺先生定校勘記，既臚陳之，而先生儀禮漢讀攷亦將成書刊行。學者合諸此本讀之，落葉盡埽矣。因古餘、藴輝襄余刻成此本，遂爲校録一卷，而記其緣起如是。吴縣黄丕烈識。

重刻宋本儀禮疏序

汪士鐘

儀禮合疏於經注，而并其卷第，始自明正德陳鳳梧，迨李元陽以下皆因之。從事校讎者，多言其謬。而宋景德官刊賈公彦元分五十卷不合經注之疏，與唐舊新志同者，則均未得見也。宋槧殘本幸存，僅缺去卅二至卅七，無恙者計卷尚四十有四，嘉慶初入吾郡黄氏。於是張古餘太守得其校本，別合嚴州經注，重編於江省，後阮宫保取配十行不足者也。唯時段若膺大令亦得此校本，謂之單疏儀禮，亦訂正自來用經傳、通解轉改之失，而單疏之善既有聞矣，然五十卷之面目，仍未有見之者也。吾郡宋槧轉歸予藝芸書舍。念世間無二，遂命工影寫重彫之，以餉學子，使數百年來弗克寓目者，今乃可家置一部，竟如前此馬廷鸞之得諸篋中，豈非大愉快哉！宋每半葉十五行，每行廿七字，修者不等，各仍其舊。缺卷亦然，并卷内缺葉十有三，翻因他本盡剷棄所標經注，無由推知也。其卷内正誤、補脱、去衍、乙錯數千百處，視邇日諸家，約略是同，究不若此次之行摹款倣，尤傳景德之真矣。若夫撰定異同，不特出入紛紜，恐致詞費，抑復管窺專輒，曷若闕如，悉心尋繹，元文自見云爾。

道光十年歲次庚寅，秋九月，長洲汪士鐘序。

重刻宋本儀禮疏後序

顧千里

道光庚寅歲，閬原觀察重刻所藏宋景祐官本五十卷賈公彦儀禮疏，自一至卅一，又自卅八至五十。既成，以千里平日粗涉此經，命以一言綴於後。千里思夫治經者期曉然乎經之意而已，經之意不易曉，曉之必由注；經注之意不易曉，曉之必由疏，此讀疏之所以爲治經先務歟？讀賈公彦之疏，由之以曉經注之意者最多。舉其一言之，鄉飲酒禮疏曰：「鄭注鄉射云：『昔大王、王季、文王始居岐山之陽。』彼兼言『文王』者，欲見文王未受命以前，亦得召南之化。此不兼言文王者，據文王徙豐受命之後，專行周南之教。」賈合鄉飲酒、鄉射、燕三篇之注周南、召南者，而疏通其意也。學子但讀此疏，則鄉飲酒之注與燕同，不兼言文王者，可以曉然；而鄉射之注與鄉飲酒、燕不同，兼言文王者，亦可以曉然。又何用如若膺大令，待其晚年別讀詩序「先王之所以教」鄭注，而後始見其或不言文王，或言文王，有不合，仍未述及賈公彦具有明文，轉謂從前不能知此哉！用是推之，治經者必以讀疏爲先務，斷斷然矣。今閬原觀察知所先後，獨舉罕遘之本，用餉學子，可謂盛心。千里轉慮此後得之較易，而讀者通患，習焉弗察，爰附著之。若乃是書流傳之緒，美善之徵，校刊之例，此不具出者，見觀察所自序中也。元和顧千里撰。

重刻宋本儀禮疏跋

張元濟

錢濳研先生嘗言：「唐人撰九經疏，本與注別行，故其分卷亦不與經注同。自宋以後，刊本欲省兩讀，合注與疏爲一書，而疏之卷第遂不可考。」又言：「予所見疏與注別行者，唯有儀禮、爾雅兩經，皆人世希有之物。」云云。蓋當時所知者，祇此兩種。今日本尚書、春秋及禮記殘本，均先後印行，京都内藤氏藏有毛詩疏，僅闕三卷，亦有影印之訊。余先收得愛日精廬張氏傳録穀梁疏七卷，近又從南海潘氏景得公羊疏殘本，聞周易疏亦尚存於北方，顧求之尚不可得。爾雅先已於今夏出版。儀禮有汪氏重刊本，寫刻絶精，此爲初印，今甚罕覯，亟付手民，以公同好。其原闕卷葉，詳汪氏自序，兹不贅。海鹽張元濟。

重刻儀禮注疏序

張敦仁

儀禮經、鄭注、賈疏，前輩每言其文字多誤者。予因徧搜各本而參稽之，知經文尚存，唐開成石刻可以取正；注文則明嘉靖時所刻頗完善；其疏文之誤，自陳鳳梧本以下，約畧相同。比從元和顧千里行篋中見所用宋景德官本手校疏，凡正譌、補脱、去衍、乙錯，無慮數千百處，神明焕然，爲之改觀。千里又用宋嚴州本校經及注，視嘉靖本尤勝，皆據吴門某氏家之所藏也。夫二本之在天壤間，爲功於此經非淺，而獲見者罕，不亦惜哉！遂與千里商搉，合而編之，重刻以行世。其列卷依景德爲五十者，以尚是賈氏所分也。自卅二至卅七損失六卷，校以魏鶴山要義而循其次第者，魏所用即景德本也。餘卷有缺葉，不得不取明以來本足之，而必記其數者，傳信也。經、注之文，間有與疏違互者，以其元非一本，不可强同也。嚴州本之經，較諸唐石刻或有一二不合，今猶仍之者，著異本之所自出也。注與疏兩宋本非必全無小小轉寫之譌，不欲用意見更易者，所以留其真，慎之至也。至於經也，注也，疏也，於各本孰爲同，孰爲異，祛數百年來承譌襲舛，以還唐、宋相傳之舊，則釐然具在，不難覆案也。若夫近日從事校讎者，不止一家，褎其論説，或取諸經傳、通解等，或直憑胷臆而已，莫不猶治絲而棼之，手雖繁而絲益亂。唯執此訂彼，其是非得失庶可決定也。自今卓絶之士，如張蒿庵、顧亭林其人，以爲依據，乃無當時殘缺之嘅。而由是脩明通儒之業，則聖之經、賢之傳，其精微且於斯焉，在文字云乎哉！嘉慶丙寅七月

重刻儀禮注疏記

莫　棠

童年受儀禮，用旌德立本齊本。少長，先君付以黄刻單注、汪刻單疏。知當時張氏嘗有合刻本，乃求之於吴，於燕，於粤，三十餘年迄不一遇。中間獲嚴久能手寫宋本鶴山要義，即思適居士爲古餘編校是書時，據以補景德疏本之闕，卷中尚存校語數十條者也。頃歲避居海上，華陽王雪澄先生廣徵衆本，校讀此經，爲言楊君星吾有張刻，適仲武家兄來游，攜所藏書目亦著之，雪老遂向兄鄭重假致，於是予得見焉。同避地者如繆筱珊參議、沈子封提學諸人，皆久官京朝，徧歷南北，於經籍傳本收覽致多，顧於斯編，皆云未睹，可見流傳絶鮮。昨吴下書客來，偶爲言之，客謂曩年木瀆馮氏出三本，均散片未裝，一歸曹編修元弼，猶存其二。予亟屬將至，分其一以歸雪老，皆紙墨如新，視星吾本、仲武兄本，更若手未觸也。雪澄先生曾欲勸寓公之好古者，謀重刊，其意甚盛。獨予身逢世變，困處衰落於高密，永年之緒，無能爲役。又念此書去校刻時，不過百餘年，承平日士大夫汲古之勤，其罕覯若此，今倉卒顛越中，乃一時萃見數本，而孰能從容安雅，卒業禮堂，天下事豈人意所及哉！可哀也已！癸丑五月，獨山莫棠記。

嘉業堂叢書本儀禮注疏跋

劉承幹

右儀禮注疏五十卷，張古餘刻本。古餘名敦仁，山西陽城人，乾隆戊戌進士，官雲南鹽法道，性喜書籍，藏弆甚多。病儀禮無善本，見士禮居刻宋嚴州經注本，又藏景德單疏官本，因與顧千里彙刻之，用單疏本卷第，時在嘉慶丙寅七月。單疏三十二至三十七缺六卷，又取鶴山要義補足，缺葉即用明本補之，必著其數者，傳信也。書出，海内稱爲善本，而印行不廣，學者罕見。承幹覓得初印本，即傳刻之。書後有云嚴本考異、單疏識誤「嗣出」，而嚴本考異出，識誤不傳，甚爲可惜。嚴州本經校唐石經，有一二不合；注與疏兩宋本非必全無乖異之處，即今本與藝芸精舍單疏亦有不同處，不用意見更易者，存其真也。想千里亦以考訂未備，不欲問世，後之人無千里之學識，安能定其從違哉！俟善讀者決擇之，勿以校勘爲易事也。刻完而書其後。歲在屠維協洽閏中元，吴興劉承幹跋。

語錄錢三十

十三經注疏

儀禮注疏

［漢］鄭玄　注
［唐］賈公彦　疏
王輝　整理

中

上海古籍出版社

儀禮注疏卷第十六

儀禮卷第七

唐朝散大夫行大學博士弘文館學士臣賈公彦等撰

大射第七〔一〕

○大射儀第七，鄭云：「諸侯將有祭祀之事，與其羣臣射，以觀其禮也。」

【疏】「大射第七」　鄭目録云：「名曰大射者，諸侯將有祭祀之事，與其羣臣射，以觀其禮，數中者得與於祭，不數中者不得與於祭。射義於五禮屬嘉禮，大戴此第十三，小戴及别録皆第七。」云「諸侯將有祭祀之事」以下文出於射義。

儀禮　鄭氏注

大射之儀。〔二〕君有命戒射。將有祭祀之事，當射，宰告於君，君乃命之。言「君有命」，政教宜由尊者。○大射，食夜反。

【疏】「大射」至「戒射」　注「將有」至「尊者」　自此盡「西紘」，論射前預戒諸官，及張侯設樂懸之事。不言「禮」，言「儀」者，以射禮盛，威儀多，故以「儀」言之。是以射義云「孔子曰：『射者何以射？何以聽？循聲而發，發不失正鵠者，〔三〕其唯賢者乎！若夫不肖之人，則彼將安能以中』」，是其射容難，故稱「儀」也。云「將有祭祀之事，當射」者，按射義云「天子將祭，必先習射於澤。澤者，所以擇士也。已射於澤，而后射於射宫。射中者得與於祭，不中

者不得與於祭」，是其將祭必射也。云「宰告於君，君乃命之」者，鄭意不云〔四〕「宰戒百官」者，宰先告君，君之使戒乃戒，即云「戒百官」是也。云「言君有命，政教宜由尊者」，其經云「戒射」，此戒亦政教之類，故以「政教」言之也。

宰戒百官，〔五〕有事於射者，宰於天子冢宰，治官卿也，作大事則掌以君命戒於百官。○治官，直吏反，下之治同。

【疏】「宰戒」至「射者」　注「宰於」至「百官」　按周禮大宰職云「掌百官之誓戒」，此言「宰戒百官」，其事同，故鄭以「天子冢宰」言之也，其實諸侯兼官無冢宰，立地官司徒以兼之。故聘禮云「宰命司馬」，注云「宰，上卿貳君事者也」。諸侯謂司徒爲宰，是諸侯立司徒兼冢宰之事也。言「大事則掌以君命戒於百官」者，周禮大宰職云「作大事，則戒于百官，贊王命」，是鄭之所引，以證「宰戒」之事也。

射人戒諸公、卿大夫射，司士戒士射與贊者。射人掌以射法治射儀，司士掌國中之士治，凡其戒命，〔六〕皆司馬之屬也。殊戒公、卿大夫與士，辨貴賤也。贊，佐也，謂士佐執事不射者。

【疏】「射人」至「贊者」　注「射人」至「射者」　上文宰官尊，揔戒，此射人、司士色別重戒之，謂若天官冢宰戒百官，宗伯、大司寇之等重戒也。云「射人掌以射法治射儀」者，夏官射人文。云「司士掌國中之士治，凡其戒令」者，此司士職文。云「國中之士」，彼士揔公、卿大夫、士而言，此射人已戒公、卿大夫，則司士戒士。贊者唯有士，不兼大夫已上。不同者，斷章取義，故與本職不同也。云「皆司馬之屬也」者，射人、司士皆屬司馬，故云「司馬屬也」。此上下文所云「戒」者，皆謂祭前旬有一日。知者，祭統云：「先期旬有一日，宮宰宿夫人。夫人亦散齋七日，致齋三日。」若然，卜及戒皆在旬有一日，是大宰云「前期十日，帥執事而卜日，遂戒」，注云「前期，前所諏之日也。十日容散齋七日，致齋三日」，其天子又有天地及山川、社稷、宗廟，諸侯直有境內山川、社稷、宗廟卜日及戒，皆同也。按

郊特牲云「卜郊受命于祖廟，作龜于禰宫」，「卜之日，王立于澤，親聽誓命」，又云「獻命庫門之内，戒百官也；大廟之命，戒百姓也」，注云「王自澤宫而還，以誓命重相申敕也」，「王自此還齋路寢之室」。若然，卜日在澤宫，又至射宫，皆同在旬有一日，空十日，故後日乃齋也。

前射三日，宰夫戒宰及司馬、射人，宿視滌。宰夫，冢宰之屬，〔七〕掌百官之徵令者。司馬於天子政官之卿，凡大射則合其六耦。滌謂溉器，埽除射宫。○視滌，大歷反。謂溉，古代反。

【疏】「前射」至「視滌」　注「宰夫」至「射宫」　此「宰夫戒」是再戒之宿。不云宿者，辟下「宿視滌」。何者？「宰夫戒」是申戒，下「宿」是夕宿，是以宗伯云「凡祀大神，享大鬼，祭大示，帥執事而卜日，宿視滌濯」注云「宿，申戒也」，此前有「射人戒」，是七日前期，此「宰夫戒」，是申戒。又知「宿」是夕宿者，以戒、宿同文，明不同日。以其上云「前射三日」戒，明此非三日，是前一日矣。云「宰夫，冢宰之屬」者，按大宰云「小宰中大夫二人，宰夫下大夫四人」屬冢宰，故云「冢宰之屬」。云「掌百官之徵令」者，宰夫職文。云「司馬於天子政官之卿」者，小宰職云「四曰司馬，其屬六十，掌邦政」是也。云「凡大射，則合其六耦」者，大司馬職云「若大射，合諸侯之六耦」，是將祭而射，故使諸侯爲耦，若其餘射，則卿大夫以下爲耦也。云「滌謂溉器，埽除」者，以其諸侯射，先行燕禮，不視滌器，明滌器是射器，及「埽除射宫」也。

司馬命量人量侯道與所設乏以貍步，大侯九十，參七十，干五十。〔八〕設乏，〔九〕各去其侯西十，北十。量人，司馬之屬，掌量道巷塗數者。侯謂所射布也，尊者射之以威不寧侯，卑者射之以求爲侯。量侯道，謂去堂遠近也。容謂之乏，所以爲獲者之禦矢。

貍之伺物，每舉足者，止視遠近，〔一〇〕爲發必中也，是以量侯道取象焉。鄉射記曰「侯道五十弓」，考工記曰「弓之下制六尺」，則此貍步六尺明矣。大侯，熊侯，〔一一〕謂之大者，與天子熊侯同。參讀爲糝，糝，雜也。雜侯者，豹鵠而麋飾，下天子大夫也。干讀爲豻，豻侯者，豻鵠豻飾也。大夫將祭，於已射麋侯。士無臣，祭不射。○命量，音亮，下量人皆同。參七，依注音糝，素感反，後放此。干五，依注音豻，五旦反，劉音鴈，後放此。巷涂，音徒。所射，食亦反，下射之，射麋侯同。以爲，于僞反。豹鵠，古毒反，後同。

下天，户嫁反。

【疏】「司馬」至「北十」　注「量人」至「不射」　云「量人，司馬之屬，掌量道巷塗數」者，量人職文，量人屬司馬，故云「司馬之屬」也。云「侯謂所射布也」者，以其三侯皆以布以皮爲鵠，〔一二〕旁又飾以皮也。云「尊者射之以威不寧侯」者，即梓人云「毋或若汝不寧侯，不屬于王所，故抗而射汝」是也。云「卑者射之以求爲諸侯」者，射義云「故天子之大射，謂之射侯。射侯者，射爲諸侯也。射中則得爲諸侯，射不中則不得爲諸侯」是也。「容謂之乏，〔一三〕所以爲獲者之禦矢」者，此云乏，周禮射人云「容所以爲獲者之禦矢」，解容、乏之義。以其容身，故得禦矢，言乏，矢於此乏匱不去也。云「則此貍步六尺明矣」，〔一四〕鄭云此者，陰破先鄭，故先鄭注射人「貍步謂一舉足爲步，於今爲半步」故鄭注彼，亦引「弓之下制六尺」以非之也。云「大侯，熊侯，謂之大者，與天子熊侯同」者，司裘職云「王大射則共虎侯、熊侯、豹侯，設其鵠。諸侯則共熊侯、豹侯」，彼畿内諸侯二侯，以熊侯爲首。此畿外諸侯，三侯與天子同，不得與天子同其大射時所用物，宜與畿内諸侯同用熊，又與天子熊侯同，故云「大侯也」。云「參讀爲糝，糝，雜也。雜侯者，豹鵠而麋飾，下天子大夫也」者，司裘云「卿大夫則共麋侯」，此則以豹皮爲鵠，以麋飾其側，不用純麋，是「下天子大夫也」。必知以豹爲鵠，以麋爲飾者，天子卿大夫用麋侯，諸侯卿大夫亦用麋侯，並據已家用之。若助祭，亦射君之第二侯，明君之第二侯用麋飾其側，侯以飾得名。又畿内諸侯第二侯用豹爲鵠，故知畿外諸侯亦以豹皮爲鵠可知。云「干讀爲豻，豻侯者，豻鵠豻飾也」者，亦取捷黠意。「大夫將祭，於已射麋侯」者，司裘云

「卿大夫共麋侯」，是天子卿大夫，以孝經云「大夫有争臣三人」，以有臣故將祭，得大射擇士。鄭言此者，以己射用麋侯，又見助君祭，亦射君之麋侯。云「士無臣，祭不射」者，孝經云「士有争友」，不言臣，以僕隸爲友。司裘「卿大夫」下不言士，故祭不言士大射。若然，士有賓射、燕射，不得大射。雖不得大射，得與君賓射，故射人注不言士者，此與諸侯之賓射，士不與也。若然，諸侯之士亦然也。

遂命量人、巾車張三侯。大侯之崇見鵠於參，參見鵠於干，干不及地武，不繫左下綱。設乏，西十，北十。凡乏用革。巾車於天子宗伯之屬，掌裝衣車者，亦使張侯。侯，巾類。崇，高也，高必見鵠，鵠所射之主。射義曰「爲人君者，以爲君鵠；爲人臣者，以爲臣鵠；爲人父者，以爲父鵠；爲人子者，以爲子鵠」，言射中此，乃能任己位也。鵠之言較，較，直也，射者所以直己志。或曰，鵠，鳥名，射之難中，中之爲俊，是以所射於侯取名也。淮南子曰「鳱、鵠知來」，然則所云正者，正也。亦鳥名，齊、魯之間，名題肩爲正，正、鵠皆鳥之捷黠者。考工記曰「梓人爲侯，廣與崇方，參分其廣而鵠居一焉」，則大侯之鵠方六尺，糝侯之鵠方四尺六寸大半寸，豻侯之鵠方三尺三寸少半寸。及，至也。武，迹也。中人之足長尺二寸，以豻侯計之，糝侯去地一丈五寸少半寸，〔一五〕大侯去地二丈二尺五寸少半寸。凡侯北面西方謂之左。前射三日，張侯設乏，欲使有事者豫志焉。〇巾車，如字，劉居覲反，後皆放此。見鵠，賢遍反，又如字，注同。掌裝，音莊。所射，食亦反，下射之，所射侯同。中此，丁仲反，下難中、中之皆同。任己，音壬。言較，音角。鳱鵠，音干。〔一六〕劉音岸，又音鴈。正者，音征，下爲正同。題肩，大西反。捷黠，户八反。參，七南反，又音三。大半，音泰，下大蔟同。

【疏】「遂命」至「用革」 注「巾車」至「志焉」 上文直命量人量侯道及乏遠近之處，此經論張侯高下之法也。云「設乏，西十，北十」者，鄉射云「乏參侯道，居侯黨之一，西五步」，注云「此乏去侯北十丈，西三丈」。云「西十，北十」，則三侯則西與北皆六丈，不得爲三分居侯黨之一者，以其三侯入堂深故也。若然，此三侯之下總云「西十，北十」，則三侯之乏皆西十北十矣，西亦六丈者，以三侯恐矢揚傷人，與一侯亦異也。云「巾車於天子宗伯之屬」者，周禮巾車屬

宗伯，故云「宗伯之屬也」。云「掌裝衣車」者，天子五路，木路無革鞔，革路有革無異飾，玉路、金路、象路有革鞔，又有玉、金、象爲飾，「孤乘夏篆，卿乘夏縵」，皆以物爲飾，故云「裝衣車」者也。云「侯，巾類」者，侯亦有飾，故鄉射記云「凡畫者丹質」，及正鵠之飾，故云「巾類」也。引射義者，欲證射以鵠爲主也。云「鵠之言較，較，直也，射者所以直己志」，并下注云「然則所云正者，正也」，此取射義解之。故射義云射者「内志正，外體直，然後持弓矢審固」，并注云「内正外直」，「正鵠之名，出自此」是也。云「或曰，鵠，鳥名，射之難中，中之爲俊，是以所射於侯取名也」，并下云「亦鳥名，〔一七〕齊、魯之間名題肩爲正，正、鵠皆鳥之捷黠者」，鄭以正鵠之名有此二義，故兩解之也。云「考工記梓人爲侯，廣與崇方，參分其廣而鵠居一焉」者，三等皆高廣等。引之者，鄭欲解經「見鵠」之義，故先知侯鵠廣狹尺寸也。云「則大侯之鵠方六尺」者，以侯道九十弓，弓取二寸，二九十八，侯中丈八尺，三分其侯而鵠居一，故知鵠方六尺也。云「糝侯之鵠方四尺六寸大半寸」者，以侯道七十弓，弓取二寸，則侯中丈四尺，三分其侯鵠居其一，丈四取丈二，三分得四尺；又於二尺之内取尺八寸，又得六寸；又二寸一寸爲三分，總六分，取二分，二分於三分爲三分寸之二，三分寸之二即是大半寸，故云「糝侯之鵠方四尺六寸大半寸」也。云「豻侯之鵠方三尺三寸少半寸」者，豻侯侯道五十弓，弓取二寸，則侯中方一丈，三分其侯鵠居一焉，一丈且取九尺，得三尺；一尺取九寸，得三寸；一寸分爲三分，得一分，則是三分寸之一，三分寸之一則是少半寸，故云「豻侯之鵠方三尺三寸少半寸」也。云「中人之足長尺二寸」者，無正文，以目驗而知。云「以豻侯計之」者，以大侯、糝侯高下無文，豻侯云「下綱不及地武」，則豻侯下綱去地尺二寸，以是從豻侯計之也。豻侯侯中一丈，上下躬及上下舌各二尺，合八尺，是丈八尺矣。又下不及地尺二寸，則豻侯上綱去地丈九尺二寸也。糝侯侯中丈四尺，中上、中下各四尺，得八尺，并之二丈二尺也。鵠居侯中三分之一，則鵠下亦有四尺六寸大半寸，通躬身四尺爲八尺六寸三分寸之二矣。〔一八〕張法，糝侯鵠下畔與豻侯之上綱齊，〔一九〕所謂「見鵠於豻」，自餘糝侯鵠下畔八尺六寸大半寸在，掩豻侯亦如之。豻

侯上綱本去地丈九尺二寸，直掩八尺，上有一丈一尺二寸在，復掩六寸，上有一丈六寸在，復掩三分寸二，唯有一丈五寸三分寸一在。「少半寸」者，即三分寸一也，〔二〇〕言「大半寸」者，即三分寸二也，故知糝侯下綱去地一丈五寸少半寸也。大侯中丈八尺，中之上下各四尺，即八尺矣，中方丈八尺，更加八尺，二丈六尺也。糝侯去地丈五寸少半寸。本上綱、下綱相去二丈二尺，其舉也，上綱去地三丈二尺五寸少半寸也。大侯鵠下畔與糝侯上綱齊，所謂「見鵠於糝」也。侯中丈八尺，三分之則鵠下亦有六尺，下躬身四尺，一丈矣，則大侯自鵠以下掩糝侯一丈也。自一丈以下猶有二丈二尺五寸少半寸在，是大侯下綱去地亦然，故注依此數也。云「前射三日，張侯設乏」，知三日者，前文云「前射三日」，下云「樂人宿縣」，下云「厥明」，自前射三日以後，論事不著異日，故知張侯與設乏同是射前三日矣。

樂人宿縣于阼階東，笙磬西面，其南笙鐘，其南鑮，皆南陳。笙猶生也，東爲陽中，萬物以生。春秋傳曰「大蔟所以金奏，贊陽出滯。姑洗所以脩絜百物，〔二一〕考神納賓」，〔二二〕是以東方鍾磬謂之笙，皆編而縣之。周禮曰「凡縣鍾磬，半爲堵，全爲肆」，有鍾有磬爲全。鑮如鍾而大，奏樂以鼓鑮爲節。○宿縣，音玄，注同。鑮，本又作鎛，音博。大蔟，七豆反。沽，音姑。洗，西典反。皆編，必連反，又甫千反，下同。爲堵，丁古反。

【疏】「樂人」至「南陳」　注「笙猶」至「爲節」　云「東爲陽中，萬物以生」者，陽氣起於子，盛於午，故東方爲陽中也。萬物以生，以其正月三陽生，大蔟用事，故萬物生焉。云「春秋傳」者，是外傳伶州鳩對周景王辭。引之者，證鍾磬爲笙之事。大蔟者，寅上候氣之管，度律均鍾，金即鍾也，故奏之所以「贊陽出滯」。云「姑洗所以脩絜百物，考神納賓」者，亦據度律均鍾，姑洗在辰三月，百物脩絜而出。「考神納賓」，謂祭祀而有助祭之賓客。但東方陽管唯有此二律，故據此二律言之，是以名東方鍾磬爲笙也。云「皆編而縣之」者，言皆者，欲解磬非應律之物。與鍾同言

之者，以其鎛與鼓雖同西面，與鍾同。不編之，而磬與鍾同十六枚而在一虡，與鍾同編，又同宮，故兼言磬。是以磬師職云「掌教擊磬，擊編鍾」，注云「磬亦編，於鍾言之者，鍾有不編，不編者鍾師擊之」，是其磬與鍾編之。此東方云笙，而西方言頌者，以其夷則、無射主西方成功收藏，故稱頌。頌者，美盛德之形容，故云頌也。但天有十二次，地有十二辰。按書傳云「天子出，撞黄鍾之鍾，右五鍾皆應；入則撞蕤賓之鍾，左五鍾皆應」，左右云「五」，則除黄鍾、蕤賓並爲陽，而應鍾、林鍾已西爲右五也，大吕、中吕已東爲左五也。云「周禮曰：凡縣鍾磬半爲堵，全爲肆」者，周禮小胥職文。鼓鎛亦縣而直言「鍾磬」者，據編縣者爲文。鼓鎛筍虡之上各縣一而已，不編之。鄭彼注云：「半之者，謂諸侯之卿大夫、士也。諸侯之卿大夫半天子之卿大夫。」天子之卿大夫判縣，東西各有鍾磬，是全之爲肆。諸侯卿大夫雖同判縣，半天子卿大夫，取一相鍾磬分爲兩相，西縣鍾，東縣磬。而天子之士特縣，直東有鍾磬，且是全之爲肆。〔一三〕諸侯之士直特縣，半天子之士，縣磬而已，或於階間，或於東方。又天子宫縣，四面皆有，諸侯軒縣，闕南面，面皆有鍾、磬、鎛及鼓，具有也。卿大夫、士皆無鎛者，若有鎛，則諸侯臣半天子臣，不得具，是以闕之。云「鎛如鍾而大」者，特牲注亦云「鎛如鍾而大」，並據國語而注之，以言鎛形如鍾而復大，以大故特一縣，不編之也。云「奏樂以鼓鎛爲節」者，按周禮鎛師云「掌金奏之鼓」，注云「謂主擊晉鼓，以奏其鍾鎛也」，以此言之則先擊鼓後擊鍾鎛，皆是與樂爲節，故鄭注以鼓鎛爲節，不言鍾磬，已注解故不言也。

建鼓在阼階西，南鼓，應鼙在其東，南鼓。建，猶樹也，以木貫而載之，樹之跗也。南鼓，謂所伐面也。應鼙，應朔鼙也，先擊朔鼙應之。〔一四〕鼙，小鼓也。在東，便其先擊小，後擊大也。鼓不在東縣南，爲君也。○應鼙，應對之應，注同，下步迷反。之跗，方于反。便其，婢面反，後皆同。

【疏】「建鼓」至「南鼓」　注「建猶」至「君也」　下西面、北面建鼓皆言一，此建鼓不言一者，彼在本方故須言一，見無他鼓；此鼓本東方，以爲君，故移來在北方，故異其文不言一也。云「建，猶樹也，以木貫而載之，樹之跗也」者，按

明堂位云「殷楹鼓，周縣鼓」，注云「楹爲之柱，貫中上出也」，此云「以木貫而載之」，則「爲之柱，貫中上出」一也。周人縣鼓，今言建鼓，則殷法也，若醮用酒之類，主於射畧於樂，故用先代鼓。云「鼓不在東縣南，爲君」者，決下「一建鼓在其南，東鼓」者爲賓復，不在東縣北者，取順君面故也。

西階之西，頌磬東面，〔二五〕其南鍾，其南鑮，皆南陳。一建鼓在其南，東鼓，朔鼙在其北。〔二六〕言成功曰頌，西爲陰中，萬物之所成。春秋傳曰「夷則所以詠歌九則，平民無忒」。無射所以宣布哲人之令德，示民軌儀」，是以西方鍾磬謂之頌。朔，始也。奏樂先擊西鼙，樂爲賓所由來也。鍾不言頌，鼙不言東鼓，義同，省文也。古文「頌」爲「庸」。○頌磬，如字，音容。無射，音亦。爲賓，于僞反，下同。省文，所景反。

【疏】「西階」至「其北」　注「言成」至「爲庸」　言「春秋傳」者，亦是外傳文。云「詠歌九則」者，謂六府三事，九功之德是也，以此九則平民，使無差慝。云「無射所以宣布哲人之令德」者，「哲人」謂后稷，后稷以稼穡之功，成於季秋。先王之業以農爲本，故云「示民軌義」，謂軌法義理也。云「先擊西鼙，樂爲賓所由來也」者，解先擊朔鼙之意。〔二七〕賓向外來，位在西，其樂主爲樂賓，故先擊朔鼙，應鼙應之也。〔二八〕云「鍾不言頌，鼙不言東鼓，義同，省文也」者，決上東方言「笙鍾」，應鼙言「南鼓」，此當言頌鍾，東鼓，義與上文同，亦合有而不言者，省文也。云「古文頌爲庸」者，此雖疊古文不從，亦通義是。尚書云「笙庸以間」，〔二九〕笙東方，鍾磬西方，是庸亦功也，亦有成功之義也。

一建鼓在西階之東，南面。言面者，國君於其羣臣備三面爾，無鍾磬有鼓而已。其爲諸侯則軒縣。

【疏】「一建」至「南面」　注「言面」至「軒縣」　云「言面者，國君於其羣臣備三面爾」者，言國君合有三面，爲辟射位，

又與羣臣射，闕北面。無鍾、磬、鎛，直有一建鼓而已，故不言「南鼓」，而言「南面」也。云「其爲諸侯則軒縣」者，若與諸侯饗燕之類，則依諸侯軒縣，三面皆有鼓與鍾、磬、鎛。

簜在建鼓之間，簜，竹也，謂笙、簫之屬，倚於堂。○簜在，大黨反。

【疏】「簜在建鼓之間」　注「簜竹」至「於堂」　按禹貢云「篠簜既敷」，注云「簜，竹」，故知此簜亦竹也。其器則管也，是以下云「乃管新宮」，注云「管謂吹簜」，故知竹管也。按小師職注云「管如篴而小，併兩而吹之，今大予樂官有焉」。〔三〇〕爾雅云：「大笙謂之巢，小者謂之和。簫大者二十三管，長尺四寸；小者十六管，長尺二寸。大笙十九簧，小者十三簧。」若然，笙、簫與管器異，以其皆用竹，故云「笙、簫之屬」也。云「倚於堂」者，管擬吹之，不倚在兩建鼓間者，以不得倚於鼓，故知倚於堂也。

鼗倚于頌磬，西紘。〔三一〕鼗，如鼓而小，有柄，賓至搖之以奏樂也。紘，編磬繩也。設鼗於磬西，倚于紘也。王制曰：「天子賜諸侯樂，則以柷將之；賜伯子男樂，則以鼗將之。」○鼗，大刀反。倚，於綺反。紘，音宏。有柄，彼命反。劉本作秉，音同。以柷，尺六反。

【疏】「鼗倚」至「西紘」　注「鼗如」至「將之」　知「鼗，如鼓而小」者，按那詩云：「猗與那與，置我鼗鼓」，傳云「猗，歎辭。那，多也」。鄭讀置爲植，「植鼗鼓者，爲楹貫而樹之。美湯受命伐桀定天下而作護樂，〔三二〕故歎之，多其改夏之制，乃始植我殷家之樂鼗與鼓也。鼗雖不植，貫而搖之，亦植之類」。以其殷人植鼓，以木貫之，而下有跗鼗，亦以木爲柄而貫之，但手執而不植爲異，故云「亦植之類」。鼗與鼓同文，是「鼗，如鼓而小」也。知「有柄，賓至搖之以奏樂」者，按眡瞭職云「掌凡樂事：播鼗、擊頌磬、笙磬」，磬言「擊」，鼗言「播」，播爲「搖之」可知。鼗所以節樂，賓至乃樂作，故至「賓至搖之」，〔三三〕以奏樂也。云「紘，編磬繩也」者，紘若天子、諸侯「冕而朱紘，用組」之類，磬又

編縣之，用紘，故知「紘，編磬繩也」。知「設鼗於磬西，倚於紘」者，以其鍾磬皆面向東，人居其前，西面，故知鼗在磬西，倚之於紘也。引王制者，證鼗以節樂之器。〔三四〕柷狀如漆筩，中有椎，所以節樂，鼗亦節樂。柷大於鼗，故賜公侯樂，則以柷將命，賜伯子男樂，則以鼗將命。自餘樂器陳於外也。

厥明，司宮尊于東楹之西，兩方壺、膳尊兩甒在南，〔三五〕有豐。冪用錫若絺，綴諸箭，〔三六〕蓋冪，加勺，又反之。皆玄尊，〔三七〕酒在北。膳尊，君尊也，後陳之，尊之也。豐以承尊也，說者以爲若井鹿盧，其爲字從豆，豊聲，近似豆大而卑矣。冪，覆尊巾也。錫，細布也。絺，細葛也。箭，篠也，爲冪蓋卷辟，綴於篠橫之也。又反之，爲覆勺也。皆玄尊，二者皆有玄酒之尊，重本也。酒在北尊，統於君，南爲上也。唯君面尊，言專惠也。今文「錫」或作「緆」，「絺」或作「綌」。古文「箭」作「晉」。○用錫，悉歷反，劉相亦反，細布也。若絺，敕其反，細葛也，劉作綌，音郤。〔三八〕綴諸，陟衛反，又丁劣反。近似，附近之近。而卑，如字，劉音婢。箭篠，素了反。爲冪，〔三九〕于僞反，下注爲隸、爲有、爲射同。卷辟，必亦反。橫之，如字，劉古曠反。作緆，悉歷反，劉余章反，又羊豉反。

【疏】「厥明」至「在北」　注「膳尊」至「作晉」　自此盡「羹定」論豫設尊、洗具饌之事。案禮記燕義諸侯射先行燕禮，此以下至「東陳」，〔四〇〕皆陳設器物，與燕禮同，但文有詳畧耳。云「說者以爲若井鹿盧」者，鹿盧之形即葬下棺碑間重鹿盧之輩，〔四一〕今見井上豎柱，夾之以索，繞而挽之是也。云「其爲字從豆，豊聲」者，此謂上聲下形之字。年和穀豆多有，故從豆爲形也。豐者承尊之器，〔四二〕象形也，是以豐年之字豊下著豆。今諸經皆以承尊爵之豊，不用本字之豊，而用豐年之豐，故鄭還依豐字解之，故云其爲字從豆爲形，以豊爲聲也。云「近似豆大而卑矣」者，既用豆爲形，還近似籩豆之豆，舉漢法而知。但豆口徑尺，柄亦長尺，口徑小而又高。此承尊之物，口、足、徑各宜

差寬，中央亦大，共高尺，比常豆而下，〔四三〕故云「近似豆而卑」，但斲一大木爲之，取其安穩。此豐若在宗廟，或兩君燕，亦謂之坫，致爵在於上，故論語云「邦君爲兩君之好，有反坫」，鄭注云「反坫，反爵之坫」是也。必用豐年之豐爲坫者，以其時和年豐，萬物成孰，粢盛豐備，以共郊廟，神歆其祀，祝嘏其福；至鄉飲酒、鄉射、燕禮、大射或君與臣下及四方之賓燕，家富民足，人情優暇，旨酒嘉肴，盈尊滿俎，於以講道論政，既獻酬侑酢，至無筭爵，行禮交樂，和上下，相歡勸，飲爲樂故也。云「錫，細布也」者，喪服記曰「錫者，十五升，抽其半，無事其縷，有事其布曰錫」，故知錫是細布也。「謂之錫者，治其布使之滑易也」。云「唯君面尊」者，玉藻文，注云「面，鄉也」，〔四四〕彼謂人君燕臣子，專其恩惠；此大射亦謂人君燕臣下，與彼是同專惠之道，故皆尊鼻鄉君。云「言專惠」者，決鄉飲酒「尊于房户之間」，賓主夾之，不得專惠故也。

尊士旅食于西鑮之南，〔四五〕**北面，兩圜壺。**〔四六〕旅，衆也。士衆食未得正禄，謂庶人在官者。圜壺，變於方也。賤，無玄酒。○兩圜，音圓。

【疏】「尊士」至「圜壺」　注「旅衆」至「玄酒」　前設縣時，鑮南更有一建鼓，今設尊不應在鼓北，而云「鑮南」者，其實在鼓南，門西北面，與燕禮同，而云「鑮南」者，遥繼鑮而言。必繼鑮者，樂以縣爲主故也。

又尊于大侯之乏東北，兩壺獻酒。爲隸、僕人、巾車、穇侯、豻侯之獲者。獻讀爲沙，沙酒濁，特泲之，必摩沙者也。兩壺皆沙酒。郊特牲曰：「汁獻涚于醆酒。」服不之尊侯時而陳於南，統於侯，皆東面。○壺獻，素河反，出注，下注獻並同。〔四七〕爲沙，素河反，下同。泲之，子禮反。涚于，始鋭反。醆酒，壯簡反。

【疏】「又尊」至「獻酒」　注「爲隸」至「東面」　知「爲隸、僕人、巾車、穇侯、豻侯之獲」者，以其此人皆有功；又下文以此尊獻之，故知也。知「沙酒濁」者，以五齊從下向上差之，醍、沈清於泛、醴，盎又在五齊之上，〔四八〕故知沙酒濁也。云「特泲之，必摩沙者也」者，此解名沙酒之意。云「郊特牲曰：『汁獻涚于醆酒』」者，此以五齊中取醆酒

盎齊涚鬱鬯之事。獻，沙也。涚鬱鬯之時，和盎齊以手摩沙，出其香汁。涚，清也。涚之使清也。此爲隸僕以下卑賤之人而獻鬱鬯者，此所得獻皆因祭侯，謂侯之神，故用鬱鬯也。云「服不之尊侯時而陳於南，統於侯，皆東面」，知此不爲大侯、服不設者，案下文云「服不之尊東面，南上」，故鄭云「侯時而陳於南，統於侯，皆東面」也。

設洗于阼階東南，罍水在東，篚在洗西，南陳，設膳篚在其北，西面。或言「南陳」，或言「西面」，異其文也。

【疏】「設洗」至「西面」　注「或言」至「文也」　云「異其文也」者，洗、篚言「南陳」，亦西面。膳篚言「西面」，亦南陳。其實所從言異，尊君故也。

又設洗于獲者之尊西北，〔四九〕水在洗北，篚在南，東陳。亦統於侯也。無爵因服不也，有篚爲奠虛爵也。服不之洗，亦侯時而陳於其南。

【疏】「又設」至「東陳」　注「亦統」至「其南」　云「亦統於侯也」者，前設尊兩獻酒亦云「服不之尊侯時而陳於南，統於侯」，今此設篚在南，後設服不之洗在南，亦統於侯。

小臣設公席于阼階上，西鄉。司宮設賓席于户西，南面，有加席。卿席賓東，東上。小卿賓西，東上。大夫繼而東上。若有東面者，則北上。席工于西階之東，東上。諸公阼階西，北面，東上。唯賓及公席布之也，其餘樹之於位後耳。小卿，命

於其君者也，席於賓西，射禮辨貴賤也。諸公大國有孤卿一人，與君論道，亦不典職，如公矣。○西鄉，許亮反，下皆同。

【疏】「小臣」至「東上」　注「唯賓」至「公矣」　知「賓及公席布之，其餘樹之於位後」者，下文更有孤卿大夫席文，故知也。此實未布而言布之者，欲辨尊卑，故先言也。孤尊而後言之者，言「若」是有無不定，故後言也。云「小卿，命於其君者也」者，按王制云大國三卿，皆命於天子。次國三卿，二卿命於天子，一卿命於其君。小國亦三卿，一卿命於天子，二卿命於其君。若言「小卿」，據次國已下有之。云「射禮，辨貴賤也」者，決燕禮大、小卿皆在尊東，西無小卿位，彼主於燕，不辨貴賤故也。云「與君論道，亦不典職，如公矣」者，成王周官云「立大師、大傅、大保，兹惟三公，論道經邦，燮理陰陽」，是三公論道無職。此大國立孤一人論道，與公同，亦無職，故云「不典職，如公」也。縱鄭不見周官，於周禮三公亦無職，考工記云「或坐而論道」，亦通及三公矣。

官饌。百官各饌其所當共之物。○當共，音恭，劉居俸反。

【疏】「官饌」　燕禮宰饌，此不言宰而言「官」者，欲見非獨宰，故鄭云「百官各饌」。

羹定。亨肉孰也。射義曰：「諸侯之射也，必先行燕禮。」燕禮牲用狗。○亨肉，普庚反。

射人告具于公。公升，即位于席，西鄉。小臣師納諸公卿大夫，諸公卿大夫皆入門右，北面，東上。士西方，東面，北上。大史在干侯之東北，北面，東上。士旅食者在士南，北面，東上。小臣師從者在東

堂下，南面，西上。大史在干侯東北，士旅食者在士南，爲有侯，入庭深也。小臣師，正之佐也。正相君，出入君之大命。○大史，音泰，後太平、大師、大史皆同。在干，音岸。從者，才用反。正相，息亮反。

【疏】「射人」至「西上」　注「大史」至「大命」　自此盡「少進」，論羣臣立位之事。云「大史在干侯東北，士旅食者在士南，爲有侯，入庭深也」者，決燕禮「士旅食者，立于門西，東上」。此不繼門而在士南繼士者，爲有侯，故入庭深也。云「小臣師，正之佐也」者，下有小臣正，正，長也，故以師爲佐。云「正相君，出入君之大命」者，小臣正，小臣中尊，如天子大僕，故引大僕職解之也。

公降，立于阼階之東南，南鄉。小臣師詔揖諸公、卿大夫，諸公、卿大夫西面，北上，揖大夫，大夫皆少進。詔，告也，變爾言揖，亦以其入庭深也。上言大夫，誤衍耳。

【疏】注「詔告」至「衍耳」　燕禮言「爾」，以其近門去君遠而言「爾」，爾，近也，移也，揖之使移近。此入庭深，故不言「爾」而言「揖」，揖之而已，不須移近之也。云「上言大夫，誤衍」者，以其大夫與公卿面有異，〔五〇〕故下別言「大夫少進」，明上有大夫，誤衍「大夫大夫」四字也。

大射正擯。大射正，射人之長。○之長，丁丈反。

【疏】「大射正擯」　注「大射正射人之長」　自此盡「門外，北面」，論請立賓之事。大射正對射人爲長，若小臣正對小臣師亦爲長。

擯者請賓。公曰：「命某爲賓。」某，大夫名。擯者命賓，賓少進，禮辭。命賓者，東面，南顧。辭，辭以不敏。

反命，以賓之辭告於君。**又命之。賓再拜稽首，受命。**又，復。○又復，扶又反，下復再同。**擯者反命。賓出，立于門外，北面。**

公揖卿大夫，升，就席。小臣自阼階下北面請執冪者與羞膳者，請士可使執君兩甒之冪及羞脯醢、庶羞於君者。方、圜壺獻無冪。

【疏】「公揖」至「膳者」　注「請士」至「無冪」　自此盡「公卿者」，論卿大夫定位及請執冪之事。云「請士可使」者，鄭知請士者，據燕禮而知。云「方、圜壺獻無冪」者，方、圜壺臣尊，獻獲者尊皆無冪。

乃命執冪者。執冪者升自西階，立于尊南，北面，東上。命者於西階前以公命命之。東上，執玄尊之冪爲上。羞膳者從而東，由堂東，升自北階，立于房中，西面，南上。不言命者，不升堂，畧之。

【疏】「乃命」至「東上」　注「命者」至「畧之」　知命之在「西階前」者，以其小臣位在東堂下，於阼階請公命，乃就西階請執冪者，以其執冪者士位在西故也。云「羞膳者從而東」者，已於燕禮釋訖。云「不升堂」者，但不由南方升，畧之，升自北堂，是亦升堂矣。

膳宰請羞于諸公卿者。膳宰請者，異於君也。

【疏】「膳宰」至「卿者」 不言命者，對君言命，於臣畧之。

擯者納賓。賓及庭，公降一等揖賓，賓辟。及，至也。辟，逡遁，不敢當盛。○賓辟，婢亦反，又音避，注同。逡，七旬反。遁，音旬。

【疏】「擯者」至「賓辟」 注「及至」至「當盛」 自此盡「賓荅再拜」，論主人迎賓拜至及獻賓之事。云「公降一等揖賓」，不言請賓至位就席者，亦是以賓與主人爲禮，禮不參，故不請也。此言「賓辟」，燕禮不言，文畧也。

公升，即席。以賓將與主人爲禮，不參之。

奏肆夏，肆夏，樂章名，今亡。吕叔玉云：「肆夏，時邁也。」時邁者，大平巡守祭山川之樂歌，其詩曰「明昭有周，式序在位」，又曰「我求懿德，肆于時夏」，奏此以延賓，其著宣王德，勸賢與？周禮曰：「賓出入，奏肆夏。」○肆夏，户雅反，凡代名及樂章九夏皆放此。巡守，手又反。

【疏】「奏肆夏」 注「肆夏」至「肆夏」 云「肆夏，樂章名，今亡」者，案周禮鍾師云「以鍾鼓奏九夏」，杜子春引吕叔玉以爲「肆夏，時邁也；繁遏，執傹也；渠，思文也」，後鄭云「以文王、鹿鳴言之，則九夏皆詩篇名，頌之族類也。此歌之大者，載在樂章，樂崩，亦從而亡，是以頌不能具」，鄭彼注破吕叔玉，此注亦云「肆夏，樂章名，今亡」，與彼注亦同。今此又引吕叔玉於下者，以無正文，叔玉或爲一義，故鄭於此兩解之也。云「祭山川之樂歌」者，以其時邁序云「巡守告祭柴望也」，謂巡守祭當方山川，則王制及尚書云「望秩於山川」是也。云「明昭有周」者，美武王有明明於周。〔五二〕云「式序在位」者，式，用也，任賢用能，序之使在官位。云「我求懿德」者，懿，美也，我求取美德之人也。云「肆于時夏」，肆，遂也；夏，大也，能如此遂於王道之大。云「奏此以延賓，其著宣王德，勸賢與」者，今國君

歌此詩延賓入者，其欲著明諸侯，宣布王之德，以勸賢人，使有德。言「與」者，鄭以義解之，無正文，故云「與」以疑之也。云「周禮曰：賓出入奏肆夏」者，按大司樂云「王出入則令奏王夏，尸出入則令奏肆夏，牲出入則令奏昭夏」，下云「大饗不入牲，其他皆如祭祀」，鄭注云「大饗，饗賓客也，彼賓客謂諸侯來朝者也。不入牲，牲不入，亦不奏昭夏也。其他謂王出入，賓客出入，亦奏王夏、肆夏」，以此言之，王用肆夏以饗諸侯來朝。今引之者，證燕時納賓亦奏之。按燕禮記云「若以樂納賓，則賓及庭，奏肆夏」，鄭云「卿大夫有王事之勞，則奏此樂焉」，此亦同彼注也。若臣無王事之勞，則如常燕，無以樂納賓法也。又此納賓樂，故諸侯亦得用，若升歌則不可。若賓醉而出，奏陔夏，與此異也。

賓升自西階。主人從之，賓右北面至再拜，賓荅再拜。 主人，宰夫也，又掌賓客之獻飲食。君於臣雖爲賓，不親獻，以其莫敢亢禮。○敢亢，苦浪反，劉音剛。

主人降洗，洗南，西北面。 賓將從降，鄉之。不於洗北，辟正主。○辟正，音避，下注上辟皆同。

【疏】「主人」至「北面」　注「賓將」至「正主」　自此至「虛爵降」，論主人獻賓之事也。云「不於洗北，辟正主」者，按鄉飲酒、鄉射主人降洗，「洗北，南面」是正主，此宰夫代君爲主，故不於「洗北，南面」也。

賓降階西，東面。主人辭降，賓對。 對，荅。 **主人北面盥，坐取觚，洗。賓少進，辭洗。主人坐奠觚于篚，興，對。賓反位。** 賓少進者，所辭異，宜違其位也。獻不用爵，辟正主。○于篚，音匪。 **主人**

卒洗，賓揖，升。賓每先升，尊也。主人升，賓拜洗，主人賓右奠觶，荅拜。降盥，賓降，主人辭降，賓對。卒盥，〔五二〕賓揖，升，主人升，坐取觶。取觶，將就瓦甒酌膳。執冪者舉冪，主人酌膳，執冪者蓋冪，酌者加勺，又反之。反之，覆勺。筵前獻賓。賓西階上拜，受爵于筵前，反位。主人賓右拜送爵。賓既拜於筵前，受爵，退復位。

【疏】注「賓既」至「復位」 云「賓既拜於筵前，受爵」者，鄭恐讀者以「拜」下讀爲句。

宰胥薦脯醢。〔五三〕宰胥，宰官之吏也。不使膳宰薦，不主於飲酒，變於燕。○宰胥，相呂反，又如字，後同。

【疏】注「宰胥」至「於燕」 云「不使膳宰薦者，不主飲酒，變於燕」者，決燕禮使膳宰薦，主於飲酒故也。

賓升筵，庶子設折俎。〔五四〕庶子，司馬之屬，掌正六牲之體者也。鄉射記曰：「賓俎脊、脅、肩、肺。」不使膳宰設俎，爲射變於燕。賓坐，左執觶，右祭脯醢，奠爵于薦右，興，取肺，坐，絶祭，嚌之，〔五五〕興，加于俎，坐挩手，執爵，遂祭酒，興，席末坐，啐酒，降席，坐奠爵，拜，告旨，執爵興。主人荅拜。降席，席西也。旨，美也。○嚌之，才計反。挩手，始鋭反。坐啐，七内反。樂闋。〔五六〕闋，止也。樂止者，尊賓之禮盛於上也。○樂闋，苦穴反。

【疏】「樂闋」 注「闋止」至「上也」 此上經云「奠爵，拜，告旨」，下經云賓「卒爵」，則此經者，是賓啐酒節，即樂闋。

燕禮記亦云「賓及庭，奏肆夏。賓拜酒，主人荅拜而樂闋」，亦據啐酒時。按郊特牲「賓入大門而奏肆夏」，又曰「卒爵而樂闋」，與此啐酒樂闋不同者，彼注謂朝聘者，故卒爵而樂闋；此燕己臣子法，故啐酒而樂闋也。云「尊賓之禮盛於上也」者，賓及庭，奏肆夏，乃至升堂飲酒乃樂止，〔五七〕是尊賓之禮，盛於堂上者也。

賓西階上北面坐，卒爵，興，坐奠爵，拜，執爵興。主人荅拜。

校勘記

〔一〕大射第七　唐石經、釋文、黄刊嚴州本、徐本「射」下俱有「儀」字，毛本亦有，阮校云陳、閩、監、葛本無，與單疏合。今按武威簡甲本無，當以無者爲是。

〔二〕大射之儀　「大」武威簡甲本作「泰」，下文同，不悉校。

〔三〕發不失正鵠者　阮校云要義同。毛本「發」下有「而」字，與射義合。

〔四〕鄭意不云　阮校云陳本、要義同，毛本「不」作「下」。

〔五〕宰戒百官　武威簡甲本無「百」字。

〔六〕凡其戒命　阮校云閩、監本「命」俱作「令」，與單疏及周禮合。今按，令、命古通用。

〔七〕冢宰之屬　「之」阮校云通解作「官」。

〔八〕干五十　「干」武威簡甲本作「竿」，下文「見鵠於干，干不及地武」同。

〔九〕設乏　「設」武威簡甲本作「埶」，即執字。下文同，不悉校。

〔一〇〕止視遠近　「止」徐、毛本作「正」，阮校引周禮射人注「貍善搏者也，行則止而擬焉，其發必獲」，則以作「止」

爲是。

〔一一〕大侯熊侯　阮校云「大侯」下通解有「者」字。

〔一二〕皆以布以皮爲鵠　阮校云「布」下通解毛本有「爲之而」三字。

〔一三〕容謂之乏　阮校云「容」上毛本有「云」字。

〔一四〕則此貍步六尺明矣　阮校云自此至「以非之也」五十一字，要義少「鄭云此」、「故先」、「故」、「注」、「彼亦」、「也」十字，陳、閩、通解俱作「則此貍步六尺明矣者先鄭注射人貍步謂一舉足爲步於今爲半步後鄭注引鄉射考工爲證者所以明步爲六尺而非三尺也」。

〔一五〕少半寸　黄刊嚴州本、徐本「半寸」下有「也」字，阮云通解及毛本無。

〔一六〕鳱鵠音干　宋本「鳱」作「鳱」，「干」作「于」，徐乾學本同。盧文弨本依葉鈔改作干、鳱，此據其說改。

〔一七〕并下云亦鳥名　阮校云陳、閩、監本同，毛本「下」作「正」。阮氏以爲當作「并下云正亦鳥名」。

〔一八〕通躬身　阮校云「身」通解、毛本作「與舌」二字。

〔一九〕張法糝侯鵠下畔　「侯」字單疏原無，通解同。毛本「侯鵠」作「鵠鵠」，阮校云上「鵠」字當作「侯」，此據其說改。

〔二〇〕即三分寸一也　阮校云「寸一」毛本作「一寸」。

〔二一〕沽洗　阮校云毛本「沽」作「姑」。

〔二二〕考神納賓　阮校云「納」陳、閩、監本俱作「内」。

〔二三〕且是全之爲肆　阮校云要義同，毛本「且」作「亦」，通解「且是」作「是以」。

〔二四〕應之　黄刊嚴州本、徐本同。阮校云毛本「應」上有「應鼙」二字，通解、楊、敖本同。

〔二五〕頌磬東面　「頌」武威簡甲本作「容」。下文同，不悉校。

〔二六〕朔鼙在其北　「鼙」武威簡甲本作「鞞」。今按，「鞞」應讀爲鼙。

〔二七〕解先擊朔鼙之意　阮校云要義同，毛本「意」作「義」。

〔二八〕故先擊朔鼙應鼙應之也　阮校云要義同，毛本「朔鼙」下無「應鼙」二字。阮氏以爲此與上節注文互誤也。

〔二九〕笙庸以間　阮校云「庸」要義作「鏞」。今按此引益稷文，作「鏞」。

〔三〇〕今大予樂官有焉　阮校云「予」要義、閩本俱作「子」。周學健云「大予」漢樂官名，作「子」誤。今按「大予」見後漢書明帝紀。

〔三一〕鼗倚于頌磬西紘　武威簡甲本「鼗」作「桃」，「紘」作「或」。今按或、紘雙聲，當通用。

〔三二〕而作護樂　阮校云要義同，毛本「護」作「濩」。

〔三三〕故至賓至摇之　阮校云上「至」字通解、毛本作「於」。

〔三四〕證鼗以節樂之器　「以」原作「爲」，阮本同，此據單疏改。

〔三五〕兩甒在南　「甒」武威簡甲本作「廡」。今按依少牢鄭注，「廡」當是古文。

〔三六〕綴諸箭　「箭」武威簡甲本作「簮」。今按鄭注古文「箭」作「晉」，又集韻云簮爲箭之異體。

〔三七〕皆玄尊　武威簡甲本無「尊」字。沈文倬異文釋云「尊」字當有，簡本誤脱。

〔三八〕若絺綌其反細葛也劉作綌音郤　徐乾學本「綌」作「敕」，「郤」作「卻」，黄焯彙校以爲作「郤」是。又盧文弨云「綌」字無考，云「音郤」，必本是「綌」字之誤。

〔三九〕爲冪　「冪」徐乾學本作「幂」。

〔四〇〕此以下至東陳　阮校云要義同，毛本「此以下」作「自此」。

〔四一〕碑間重鹿盧之輩　阮校云「碑」毛本誤作「椑」。又「輩」要義、毛本同，陳、閩通解俱作「類」。

〔四二〕豐者承尊之器　「豐」字諸本皆同。阮校云以下文考之，當作「豊」，説文無豊字，然疏甚謬云。

〔四三〕比常豆而下　阮校云要義同。「常」陳、閩、通解俱作「於」，「下」毛本、通解俱作「差短」。

〔四四〕面鄉也　阮校云「也」陳、閩俱作「尊」。今按依玉藻注當作「也」。

〔四五〕西鏄之南　「鏄」武威簡甲本作「餺」。

〔四六〕兩圜壺　「圜」武威簡甲本作「員」。沈文倬異文釋云「員」爲「圜」之假借字。

〔四七〕下注獻並同　盧文弨本改「注」爲「汁」，是。

〔四八〕鬯鬱又在五齊之上　阮校云要義同，通解、毛本「鬯鬱」作「鬱鬯」。

〔四九〕獲者之尊西北　「獲」武威簡甲本作「護」。今按「護」應讀爲獲。

〔五〇〕面有異　阮校云通解、陳、閩同。毛本「面」作「而」。

〔五一〕有明明於周　阮校云「明明」監本作「明昭」。

〔五二〕卒盥　「盥」武威簡甲本作「浣」。

〔五三〕脯醢　武威簡甲本「醢」作「𥁕」。

〔五四〕庶子設折俎　「庶子」武威簡甲本作「諸子」。今按作「諸子」與周禮夏官司馬合。

〔五五〕嚌之　「嚌」武威簡甲本作「齊」。

〔五六〕樂闋　「闋」武威簡甲本作「吃」。陳夢家校記云「吃」爲訖之異文，訖，止也，與闋訓止義同。沈文倬異文釋則云「吃」爲訖之形譌。

〔五七〕乃至升堂飲酒　阮校云要義同，通解、毛本無「乃」字。

儀禮注疏卷第十七

唐朝散大夫行大學博士弘文館學士臣賈公彦等撰〔二〕

賓以虛爵降，既卒爵，將酢也。

【疏】「賓以虛爵降」 自此盡「西序東面」，論賓酢主人之事。

主人降，賓洗南西北面，坐奠觚，少進，辭降。主人西階西東面，少進，對。賓坐取觚，奠于篚下，盥洗，篚下，篚南。主人辭洗。賓坐奠觚于篚，興，對。卒洗，及階揖，升。主人升，拜洗如賓禮。賓降盥，〔一〕主人降，賓辭降。卒盥，揖，升，酌膳，執冪如初，以酢主人于西階上。〔二〕主人北面拜受爵。賓主人之左拜送爵。賓南面授爵，乃於左拜。凡授爵，鄉所受者。○以醋，才各反，本亦作酢。

【疏】注「賓南」至「受者」 知者，以經云「主人北面」，明「凡授爵，鄉所受者」。鄉飲酒、鄉射獻酬酢皆然，故云「凡」，謂南面授與所受者也。

主人坐祭，不啐酒，辟正主也。〔三〕不拜酒，主人之義。燕禮曰：「不拜酒，不告旨。」未薦者臣也。遂卒爵。〔四〕興，坐奠爵，

拜，執爵興。賓荅拜。主人不崇酒，以虚爵降，奠于篚。不崇酒，辟正主也。崇，充也。謂謝酒，惡相充實。

賓降，立于西階西，東面。既受獻矣，不敢安盛。

【疏】「賓降」至「東面」　注「既受」至「安盛」　以堂上爲盛，故降下。下文於酬賓「降筵西，東南面立」，注云「不立於序内，位彌尊」，燕禮注云「位彌尊，禮彌卑」，是未酬已前禮盛者也。

擯者以命升賓。賓升，立于西序，東面。命，公命也。東西牆謂之序。

【疏】注「命公」至「之序」　知公命者，命由尊者出故也。云「東西牆謂之序」者，爾雅釋宫文。

主人盥，洗象觚，升，酌膳，東北面獻于公。象觚，觚有象骨飾者也。取象觚東面。不言實之，變於燕。

【疏】「主人」至「于公」　注「象觚」至「于燕」　自此盡「于篚」，論主人獻公之事。云「取象觚東面」者，鄉公爲敬故也。云「不言實之，變於燕」者，燕禮云「實之」，主於飲酒，此云「酌」，不云「實之」，主於射，畧於飲酒故也。

公拜受爵，乃奏肆夏。言乃者，其節異於賓。

【疏】「公拜」至「肆夏」　注「言乃」至「於賓」　言「異」者，賓及庭奏此，君受爵乃奏，是其節異故也。云「乃」者，緩辭也。

主人降自西階，阼階下北面拜送爵。宰胥薦脯醢，由左房。庶子設折俎，升自西階。自，由也。左房，東房也，人君左右房。鄉射記曰：「主人俎脊、脅、臂、肺也。」

【疏】注「人君左右房」以人君左右房，故云「左房」。對大夫、士東房而已，故云「東房」，不言左，以無右所對故也。

公祭，如賓禮。庶子贊授肺，不拜酒，立卒爵。坐奠爵，拜，執爵興。凡異者，君尊變於賓。

【疏】注「凡異」至「於賓」言「異」者，使庶子「授肺，不拜酒、立卒爵」之等，皆異於賓也。

主人荅拜，樂闋。升，受爵，降，奠于篚。〔五〕

更爵，洗，升，酌散以降，酢于阼階下，北面坐奠爵，再拜稽首。公荅拜。更，易也，易爵，不敢襲至尊。古文「更」爲「受」。○酌散，思但反，下皆同。

【疏】「更爵」至「荅拜」注「更易」至「爲受」自此盡「于篚」，論主人受公酢之事。

主人坐祭，遂卒爵，興，坐奠爵，再拜稽首。公荅拜。主人奠爵于篚。

主人盥洗，升，媵觚于賓，酌散，西階上坐奠爵，拜。賓西階上北

面荅拜。媵，送也。散，方壺之酒也。古文「媵」皆作「騰」。

【疏】「主人」至「荅拜」　注「媵送」至「作騰」　自此盡「南面立」，論主人受賓爵之事。

主人坐祭，遂飲。賓辭。卒爵，興。坐奠爵，拜，執爵興。賓荅拜。辭者，辭其代君行酒，不立飲也，比於正主酬也。

【疏】注「辭者」至「酬也」　上文公飲「立卒爵」，此則坐飲，故以公決之。云「比於正主酬也」者，謂於鄉飲酒、鄉射是正主酬賓之節也。

主人降洗，賓降，主人辭降，賓辭洗。卒洗，賓揖，升，不拜洗。不拜洗，酬而禮殺也。○禮殺，所界反，下禮殺皆同。主人酌膳。賓西階上拜，〔六〕受爵于筵前，反位。主人拜送爵。

賓升席，坐祭酒，遂奠于薦東。遂者，因坐而奠之，不北面也。奠之者，酬不舉也。

【疏】「主人」至「薦東」　注「遂者」至「舉也」　云「不北面也」者，此決鄉飲酒、鄉射「賓北面坐，奠觶于薦東」，注皆云「酬酒不舉」，引曲禮「君子不盡人之歡，不竭人之忠，以全交也」。

主人降，復位。賓降筵西，東南面立。賓不立於序內，位彌尊。

【疏】注「賓不」至「彌尊」 案鄉飲酒注云「位彌尊，禮彌卑」，引雜記「一張一弛」，此對酬時立于西序之時，不降于下，禮稍卑，位稍尊，此在席西，東面，位彌尊，禮彌卑也。

小臣自阼階下請媵爵者，公命長。命之，使選於長幼之中也。卿則尊，士則卑。○命長，丁丈反，注及下皆同。

【疏】「小臣」至「命長」 注「命之」至「則卑」 自此盡「反位」，論將爲賓舉旅，使二大夫媵爵之事。〔七〕云「命之使選於長幼之中」，知不取卿大夫之年長者，以其下作大夫，〔八〕不取年長。又知不取臣中位長者，以其不取卿，故鄭云「卿則尊，士則卑」，故不取之，而取下大夫尊卑處中者。

小臣作下大夫二人媵爵。作，使。媵爵者阼階下皆北面再拜稽首。公荅拜。再拜稽首，拜君命。媵爵者立于洗南，西面，北上，序進，〔九〕盥，洗角觶，升自西階，序進，酌散，交于楹北，降，適阼階下，〔一〇〕皆奠觶，再拜稽首，執觶興。〔一一〕公荅拜。序，次第也，猶代也。先者既酌，右還而反，與後酌者交於西楹北，相左，俟於西階上乃降，往來以右爲上。古文曰「降造阼階下」。○降造，七報反。媵爵者皆坐祭，遂卒觶，興，坐奠觶，再拜稽首，執觶興。公荅再拜。〔一二〕媵爵者執觶待于洗南。待，待君命。小臣請致者，請，君使一人與？二人與？不必君命。○一人與，音餘，下同。若命皆致，則序進，奠觶于篚，阼階下皆北面再拜稽首。公荅拜。媵爵者洗象觶，升，實之，序進，坐

奠于薦南，北上。降，適阼階下，皆再拜稽首，送觶。公荅拜。既酌而代進，往來由尊北，交於東楹北，亦相左。奠於薦南，不敢必君舉。

【疏】注「既酌」至「君舉」　言「亦」者，亦前酬酌自飲時，相左於西楹之北時，後者南相，東向，先者北相，西向，向西階右旋，北面，待後至降也。今此二人先者於尊西東面酌訖，於東楹之北東向向公前奠之，右旋于東楹之北，北畔西過，後者亦於罇西東面酌訖，〔一三〕於東楹之北南過，東向，於公前奠之，是亦交於楹北相左也。云「奠於薦南，不敢必君舉」者，凡舉者於右，不舉者於左，今奠於薦左，是不舉之處，故云「不敢必君舉」也。

媵爵者皆退，反位。反門右北面位。

【疏】注「反門右北面位」　但大夫初與卿在門右北面，得揖，少進中庭北面，今當反庭中位而立。云「門右北面位」者，大夫雖得揖，少進，仍是門右北面位，少進而已，故鄭還以「門右北面」言之。

公坐取大夫所媵觶，興，以酬賓。賓降，西階下再拜稽首。小臣正辭，賓升，成拜。公起酬賓於西階，降尊以就卑也。正，長也，小臣長辭，變於燕。升，成拜，復再拜稽首，先時君辭之，於禮若未成然。

【疏】「公坐」至「成拜」　注「公起」至「成然」　自此盡「復位」，論爲賓舉旅，下及大夫之事。云「小臣長辭，變於燕」者，燕禮直使小臣辭，亦是燕主歡，此射禮辨尊卑，故使小臣長辭，異於飲酒禮，故云「變於燕」也。

公坐奠觶，荅拜，執觶興，公卒觶。〔一四〕賓下拜，小臣正辭，賓升，再拜稽首。不言成拜者，爲拜故，下實未拜也。下不輒拜，禮殺也。〔一五〕下，亦降也。發端言降拜，因上事言下拜。○爲拜，于僞反，下猶爲、爲大、尊爲、君爲皆同。

【疏】「公坐」至「稽首」　注「不言」至「下拜」　自此已下皆云「公荅拜」，不言「再拜」，燕禮皆言「公荅再拜」，不同者，燕主歡，不用尊卑，故公拜皆再拜，此射禮主辨尊卑，故直云「荅拜」，荅一拜，此一拜者，正禮也。故周禮大祝「辨九拜」：「一曰稽首」，首至地，臣拜君法；「二曰頓首」，頓首平敵相拜法；「三曰空首」，君荅臣下拜，復不爲再拜，〔一六〕即「七曰奇拜」是也。云「下亦降也」者，此非訓下爲降，故以「發端言降拜，〔一七〕因上事言下拜」，直因降有上文，即云下也。經云「公卒觶，賓下拜」者，公尊不拜既爵，賓降拜，若爲君拜既爵也。

公坐奠觶，荅拜，執觶興。賓進受虛觶，降奠于篚。易觶興，洗。賓進以臣道，就君受虛爵，君不親酌。凡爵不相襲者，於尊者言更，自敵以下言易，更作新，易，有故之辭也。不言公酬賓於西階上及公反位者，尊君，空其文也。公有命，則不易不洗。〔一八〕反升，酌膳，下拜，小臣正辭，賓升，再拜稽首。公荅拜。不易，君義也。不洗，臣禮也。賓告于擯者，請旅諸臣。擯者告于公，公許。旅，序也。賓欲以次序勸諸臣酒。賓以旅大夫于西階上。擯者作大夫長升受旅。作，使也，使之以長幼之次，先孤卿，後大夫。賓，大夫之右坐奠觶，拜，執觶興。大夫荅拜。賓在右，相飲之位。○相飲，於鴆反。〔一九〕

【疏】注「賓在右，相飲之位」　賓位在左而在大夫之右者，是「相飲之位」，非賓主之位也。

賓坐祭，立卒觶，不拜。酬而禮殺。若膳觶也，則降更觶洗，升，實散，大夫拜受，賓拜送，遂就席。言更觶，尊卿，尊卿則賓禮殺。

【疏】注「言更」至「禮殺」　上注云「不相襲者，於尊言更，自敵以下言易」，此賓於卿是自敵以下，當言「易」，今言「更」者，尊卿，尊則卑賓，禮殺也。〔二〇〕

大夫辯受酬，如受賓酬之禮，不祭酒。卒受者以虛觶降，奠于篚，復位。卒，猶已也。今文「辯」作「徧」。○大辯，音遍，後并注作徧皆同。

【疏】「大夫」至「復位」　言「復位」者，亦如上復「門右北面位」，即中庭北面位也。

主人洗觚，〔二一〕升，實散，獻卿于西階上。酬賓而後獻卿，飲酒禮成於酬。

【疏】「主人」至「階上」　注「酬賓」至「於酬」　自此盡「無加席」論獻公卿之事。

司宫兼卷重席，設于賓左，東上。言兼卷，則每卿異席。重席，蒲筵緇布純席。卿言東上，統於君，席自房來。○重席，直容反，注下皆同。布純，之閏反，又章允反。

【疏】「司宫」至「東上」　注「言兼」至「房來」　上文「設席」之下注謂「唯賓及公席布之也，其餘樹之於位後耳」者，以

至獻卿乃布之。〔二二〕若然，〔二三〕此云「兼卷」者，不謂始卷之，〔二四〕直是鋪設之時兼卷而設之也。

卿升，拜受觚，主人拜送觚。卿辭重席，司宮徹之。徹，猶去也。重席雖非加，猶爲其重累，辭之辟君。○猶去，起呂反。辟君，音避，下辟君同。乃薦脯醢。卿升席，庶子設折俎。卿折俎未聞，蓋用脊、脅、臑折、肺。卿有俎者，射禮尊。○臑，奴到反。

【疏】「乃薦」至「折俎」 注「卿折」至「禮尊」 云「卿折俎未聞」者，以燕禮卿無俎，故云「未聞」。又云「蓋用脊、脅、臑折、肺」者，案鄉射記云「賓俎脊、脅、肩、肺。主人俎：脊、臂、肺」，〔二五〕又「獲者之俎脊、脅、肺、臑」，〔二六〕彼注云「臑若膊、胳、觳之折，以大夫之餘體」，以此言之，則此賓俎亦用脊、脅、肩、肺，君俎亦脊、脅、臂、肺，前體有肩、臂、臑，後體有膊、胳、觳，尊卑以次用之。故卿宜用臑，若有公，公用臑，卿宜用膊也。云「卿有俎者，射禮尊」者，對燕禮不辨尊卑，故公卿等皆無俎也。

卿坐，左執爵，右祭脯醢，奠爵于薦右，興，取肺，坐，絶祭，不嚌肺，興，加于俎。坐捝手，取爵，遂祭酒，執爵興，降席，西階上北面坐卒爵，興，坐奠爵，拜，執爵興。陳酒肴，君之惠也。不嚌啐，事在射臣之意。〔二七〕

【疏】注「陳酒」至「之意」 案燕禮不在射亦不啐者，〔二八〕彼爲臣有功，君與之燕，恩及於卿，故卿不敢啐也。卿有無俎者，自然不嚌也。

主人荅拜，受爵。卿降，復位。復西面位。不酢，辟君。辯獻卿，主人以虛爵降，奠于篚。

擯者升卿，卿皆升，就席。若有諸公，則先卿獻之，如獻卿之禮。席于阼階西，北面，東上，無加席。公，孤也，席之北面爲大尊，屈之也。亦因阼階上近君，近君則親寵，苟敬，私昵之坐。○則先，悉薦反，下注先大夫同。大尊，音泰。近君，附近之近，下同。私昵，女乙反。之坐，才卧反。

小臣又請媵爵者，二大夫媵爵如初。請致者。若命長致，則媵爵者奠觶于篚，命長致者，使長者一人致也。公或時未能舉，自優暇。一人待于洗南。不致者。長致者阼階下再拜稽首。公荅拜。再拜稽首，拜君命。洗象觶，升，實之，坐奠于薦南。降，與立于洗南者二人皆再拜稽首送觶。公荅拜。奠於薦南，先媵者上觶之處也。二人皆拜如初，共勸君飲之。○之處，昌慮反，下放此。公又行一爵，若賓，若長，唯公所賜，一爵，先媵者之下觶也。若賓，若長，禮殺也。長，孤卿之尊者也。於是言賜，射禮明尊卑。

【疏】「小臣」至「于篚」　注「命長」至「優暇」　自此盡「奠于篚」論舉旅之事。

【疏】注「於是言」至「尊卑」　案燕禮爲卿舉旅，言「若賓若長，唯公所酬」，燕禮主於飲酒，此言「所賜」，是以決之也。

以旅于西階上如初。賜賓則以酬長，賜長則以酬賓，大夫長升受旅以辯。大夫卒受者以虚觶降，奠于篚。

主人洗觚，〔二九〕升，獻大夫于西階上。大夫升，拜受觚。主人拜送觚。大夫坐祭，立卒爵，不拜既爵。主人受爵。大夫降，復位。既，盡也。大夫卒爵不拜，賤不備禮。

【疏】「主人」至「復位」　自此盡「就席」，論獻大夫之事。

注「大夫」至「備禮」　此注云「大夫卒爵不拜，賤不備禮」，燕禮注云「禮殺」者，兩注相兼乃足。〔三〇〕對公卿拜既爵，此不拜，此獻卿後，是「禮殺」，亦是「賤不備禮」也。

胥薦主人于洗北，西面，脯醢，無脀。〔三一〕胥，宰官之吏。主人，下大夫也。先大夫薦之，尊之也。不薦于上，辟正主。脀，俎實。○無脀，之承反。辯獻大夫，遂薦之。繼賓以西，東上。若有東面者則北上。卒，擯者升大夫，大夫皆升，就席。辯獻乃薦，畧賤也，亦獻後布席也。

【疏】「辯獻」至「就席」　注「辯獻」至「席也」　既言「辯獻大夫，遂薦之」，後乃云「繼賓以西，東上」以下云云者，上揔言獻大夫辯，〔三二〕乃一時薦之，〔三三〕下文更明布席位次，就席之儀，故云「辯獻乃薦，畧賤也」。「畧賤」則是獻訖降階，獻辯，擯者乃揔升之就席，就席訖，乃薦之。

乃席工于西階上少東。小臣納工。工六人，四瑟，工謂瞽矇善歌諷誦詩者也。六人，大師、少師各一人，上工四人。四瑟者，禮大樂衆也。○諷誦，方鳳反。少師，詩召反，下文及注皆同。

【疏】「乃席」至「四瑟」　注「工謂」至「衆也」　自此盡「西面，北上，坐」，論作樂及獻工之事。云「六人」者，大師、少師各一人，上工四人，皆據文而言也。云「禮大樂衆也」者，對燕禮「工四人」而言也。

僕人正徒相大師，僕人師相少師，僕人士相上工。徒，空手也。僕人正，僕人之長，師，其佐也，士，其吏也。天子視瞭相工，諸侯兼官，是以僕人掌之。大師、少師，工之長也，凡國之瞽矇正焉。杜蒯曰：「曠也，大師也。」於是分別工及相者，射禮明貴賤。○相大，息亮反，下及注皆同。視瞭，音了。杜蒯，苦怪反。分別，彼列反。

【疏】「僕人正」至「上工」　注「徒空」至「貴賤」　云「僕人正，僕人之長，師，其佐也」者，以正爲長，師爲衆，故僕人正爲長，〔三四〕僕人師爲佐也。云「士其吏也」者，以其在僕人之下，故知僕人之吏，吏則府、史之類。云「天子視瞭相工」者，見於眡瞭職文。云「大師、少師，工之長也」者，周禮春官「大師下大夫二人，小師上士四人」，鄭注云「凡樂之歌必使瞽矇爲焉，命其賢知者以爲大師、小師，是樂工之長也」。云「杜蒯曰：『曠也，大師也。』」者，禮記檀弓文。引之者，證大師爲樂工之長也。云「於是分別工及相者，射禮明貴賤」者，對燕禮主歡，不明貴賤，故不分別工　貴及相賤。元空一字

相者皆左何瑟，後首，内弦，挎越，右手相，〔三五〕謂相上工者後首，主於射，略於此樂。内弦，挎越，以右手相工，由便也。越，瑟下孔，所以發越其聲者也。古文「後首」爲「後手」。○左何，胡可反，又音何。挎越，口胡反，又口侯反。**後者徒相。入，**謂相大師、少師者也。上列官之尊卑，此言先後之位，亦所以明貴賤。凡相者以工出入。

【疏】「後者徒相。入」　注「謂相」至「出入」　「上列官之尊卑，此陳先後之位，亦是以明貴賤」者，上列官之尊卑，謂先言僕人正與大師，後言僕人士與上工，是列官尊卑也；此陳先後，則上工與瑟在前，大師、少師在後，是先後之位，既據入時行位，亦據升堂坐之先後，〔三六〕亦依此也。云「凡相者以工出入」者，欲見入時如此，出時亦然。

小樂正從之。從大師也。後升者，變於燕也。小樂正於天子樂師也。

【疏】「小樂正從之」　注「從大」至「師也」　云「從大師也。後升者，變於燕也」者，燕禮樂正先升，又不使小樂正者，彼主於樂，此則略於樂故也。

升自西階，北面東上，工六人。坐授瑟，乃降。相者也。降立于西縣之北。○西縣，音玄，下同。

【疏】「坐授瑟，乃降」　注「相者」至「之北」　鄉飲酒注云「降立于西方，近其事」，以取近其事，故在西縣之北也。

小樂正立于西階東。不統於工，明工雖衆，位猶在此。

【疏】「小樂」至「階東」　注「不統」至「在此」　云「不統於工，明工雖衆，位猶在此」者，決燕禮工四人，樂正升立于工之西，在西階東，不統於工。此雖六人，衆於彼，猶統于階，而云「西階東」不變，若使小樂正通之於工，恐工位移近西，故猶統于階也。

乃歌鹿鳴三終。鹿鳴，小雅篇也，人君與臣下及四方之賓燕，講道脩政之樂歌也。言已「有旨酒，以召嘉賓」與之飲者，樂嘉賓之來，示我以善道；又樂嘉賓有孔昭之明德，可則傚也。歌鹿鳴三終，而不歌四牡、皇皇者華，主於講道，略於勞苦與諮事。○則詨，户教反，亦作傚。於勞，力到反。

【疏】「乃歌鹿鳴三終」　注「鹿鳴」至「諮事」　云「主於講道，畧於勞苦」者，據四牡勞使臣，此不用之。云「與諮事」者，謂皇皇者華有諮謀、諮度、諮詢之事，亦畧之也。

主人洗，〔三七〕升，實爵，獻工。工不興，左瑟，工歌而獻之，以事報之也。洗爵獻工，辟正主也。工不興，不能備禮。左瑟，便其右。大師無瑟，於是言左瑟者，節也。

【疏】「主人」至「左瑟」　注「工歌」至「節也」　云「洗爵獻工，辟正主也」者，案鄉飲酒、鄉射云「大師則爲之洗」，謂君賜之樂者，其餘工不爲之洗，是正主法。今此工六人皆爲之洗，故云「辟正主也」。必知同洗者，以其更無別獻之文，故知同洗也。云「獻不用觚，工賤，異之也」者，燕禮、大射獻賓、獻卿大夫皆用觚，而獻工用爵，故云「異之」。鄉飲酒、鄉射獻同用爵者，變於君故也。云「大師無瑟，於是言左瑟者，節也」者，上言「獻工」，下云「一人拜受爵」，則六人皆在工內，而云「工不興，左瑟」，於是明大師亦入左瑟中，故須云「大師無瑟」。於是言「左瑟」者，以其六人揔當獻酒之節，故揔入「左瑟」文，不謂有瑟也。

一人拜受爵。謂大師也。言一人者，工賤，同之也。工拜於席。

【疏】「一人拜受爵」　注「謂大」至「於席」　云「謂大師也。言一人者，工賤，同之也」者，鄉飲酒、鄉射云「大師則爲之洗」，則知此「一人」謂大師，不言大師，對君工賤，不異其文，故同之，而云「一人」也。

主人西階上拜送爵。〔三八〕薦脯醢。輒薦之，變於大夫。

【疏】「主人」至「脯醢」　注「輒薦之變於大夫」　案上文云「辯獻大夫，遂薦之」，此工得獻，不待辯輒薦之，故云「變於

大夫」也。

使人相祭，使人相者，相其祭薦、祭酒。

【疏】「使人相祭」　注「使人」至「祭酒」　知「祭薦、祭酒」者，此文承一人受爵，薦脯醢之下，明二者皆祭也，若下文衆工直祭酒，不祭脯醢也。

卒爵不拜。主人受虛爵。衆工不拜受爵，坐祭，〔三九〕**遂卒爵，辯有脯醢，不祭。**相者，相其祭酒而已。**主人受爵，降，奠于篚，復位。大師及少師、上工皆降，立于鼓北，羣工陪于後。**鼓北，西縣之北也。言鼓北者，與鼓齊面，餘長在後也。羣工陪于後，三人爲列也。於是時小樂正亦降，立於其南，北面。工立，僕人立於其側，坐則在後。考工記曰：「鼓人爲皐陶，長六尺有六寸。」○陪，劉蒲來反。餘長，丁丈反，下之長同。皐陶，音遥。長六，直亮反。

【疏】「大師」至「于後」　注「鼓北」至「六寸」　知「鼓北」是「西縣之北」者，以其下文大師、少師始還向東，明此降者降在西縣之北可知。云「言鼓北者，與鼓齊面，餘長在後也」者，案前列樂縣之時，鼓在鎛南，今不言在鍾磬之北，遥據鼓而言之者，欲取形大，又面向東，工亦面向東，故遥取鼓面也。言「餘長在後」者，欲見鼓長六尺六寸，工面與鼓面齊，鼓有餘長在人後矣。言此者，工與鼓前面齊，後面不齊之意也。云「羣工陪于後，三人爲列也」者，大師、少師二人，上工四人，今若立時三人爲列，大師後有工二人，少師後亦有工二人，故云「三人爲列」也。云「於是時小樂正亦降，立於其南，北面」者，亦約還樂於東方，工西面，樂正北面。言「亦」者，亦東方也。云「工立僕人立于其側，坐則在後」者，亦約還樂東方時面位得知也。云「考工記曰：『鼓人爲皐陶，長六尺有六寸』」者，彼云「韗人

爲皋陶」，先鄭云「鞞，書或爲鞠」，玄謂「鞠者以皋陶名官，鞠即陶，字從革」。今云「鼓人」者誤，當作鞠人，鞠人掌鼓，後人誤言鼓，鼓人自在地官，「掌教六鼓」矣。云「爲皋陶」者，鼓木之名，其穹隆二十板，〔四〇〕謂鼓木長六尺六寸，賈侍中彼解爲晉鼓，引之者，證鼓東西長，工齊前面，於後有餘之義也。

乃管新宫三終。〔四一〕管，謂吹蕩以播新宫之樂，其篇亡，其義未聞。笙從工而入，既管不獻，畧下樂也。立于東縣之中。

【疏】「乃管新宫三終」　注「管謂」至「之中」　云「管謂吹蕩」者，此云「管」，上云「蕩」，故鄭合爲一事解之。云「其篇亡，其義未聞」者，以其堂下詩，故與由庚之等同亡。〔四二〕但上由庚、由儀之等，有序無詩，同云「有其義而亡其辭」，此則辭義皆亡，故云「其義未聞」。云「笙從工而入」者，案燕禮云「笙入，立于縣中」，有「笙入」之文，此上下不見笙入之文，故知「笙從工而入」也。上云蕩解爲竹，謂笙簫之屬，竹即管也，今此經云「管」，已解蕩爲管，復云「笙從工而入」者，燕禮記云「下管新宫，笙入三成」，則吹管者亦吹笙，故兼言笙，欲見笙、管相將也。云「立于東縣之中」者，燕禮「笙入立于縣中」，則於此縣而言，此辟射位，故知「立于東縣之中」也。

卒管，大師及少師、上工皆東坫之東南，西面，北上坐。〔四三〕不言縣北，統於堂也。於是時大樂正還，北面，立于其南。○東坫，丁念反。

【疏】「卒管」至「上坐」　注「不言」至「其南」　工人前不即遷于東者，爲管笙所作，不以無事亂有事，故待卒管，大師乃東坫「西面北上坐」。不言去堂遠近，當如鄉射遷工「阼階下之東南，堂前三笴，西面，北上」。云「不言縣北，統於堂也」者，上云「鼓北」，不統於堂者，彼權立，非正位故也。

擯者自阼階下請立司正，三爵既備，上下樂作，君將留羣臣而射，宜更立司正以監之，察儀法也。○以監，古銜反。

【疏】「擯者」至「司正」 注「三爵」至「法也」 自此盡「北面立」，論將射立司正察儀、安賓之事。

公許，擯者遂爲司正。君許其請，因命用之。不易之者，俱相禮，其事同也。司正適洗，洗角觶，南面，坐奠于中庭。奠觶者，著其位，以顯其事威儀多也。

【疏】注「奠觶」至「多也」 燕禮及此射禮司正不以觶升而奠之於地，比鄉飲酒及鄉射爲顯，其威儀多，自此已後還與二鄉同也。

升東楹之東，受命于公，西階上北面命賓、諸公、卿大夫：「公曰：『以我安賓。』」諸公卿大夫皆對曰：「諾，敢不安。」以我安者，君意殷勤欲留之，以我故安也。

司正降自西階，南面，坐取觶，升，酌散，降，南面坐奠觶，〔四四〕興，奠於中庭故處。右還，〔四五〕北面少立，坐取觶，〔四六〕興，坐，不祭，卒觶，奠之，興，再拜稽首，左還，南面，坐取觶，洗，〔四七〕南面反奠于其所，北面立。皆所以自昭明於衆也。將於觶南，北面，則右還；於觶北，南面，則左還，如是得從觶西往來也。〔四八〕必從觶西往來者，爲君在阼，不背之也。○不背，音佩，下爲背同。

司射適次，袒、決、遂，〔四九〕執弓，挾乘矢，於弓外見鏃於弣，右巨指鉤弦。〔五〇〕司射，射人也。次，若今時更衣處，張幃席爲之，耦次在洗東南。袒，左免衣也。決，猶闓也，以象骨爲之，著右巨指，所以鉤弦而闓之。遂，射韝也，以朱韋爲之，著左臂，所以遂弦也。〔五一〕方持弦矢曰挾。乘矢，四矢。弣，弓把也。〔五二〕見鏃焉，順其射也。右巨指，右手大擘，以鉤弦，弦在旁，挾由便也。古文「挾」皆作「接」。○挾，音協，又子協反，下皆同。乘矢，繩證反，注同。見，賢遍反。鏃，子木反，又七木反。於弣，芳甫反，或方武反。猶闓，音開。著右，丁略反，又直略反，下同。射韝，古侯反，劉苦侯反。弓把，音霸。大擘，彼革反，劉蒲歷反。

【疏】「司射」至「鉤絃」　注「司射」至「作接」　自此至「于次」，論射事將至，誓射者及比三耦之事。云「司射，射人也」者，案燕禮「射人告具」，注云「射人主此禮，以其或射」；又云「射人納賓」；又云「射人請立司正，公許，射人遂爲司正」，則射人、司正一人也；又云「乃薦司正與射人一人」，注「天子射人、司士皆下大夫二人，諸侯則上士，其人數亦如之」。又曰「若射則大射正爲司射」，注「大射正，射人之長」。此篇云「射人告具」，又曰「大射正擯」，自此以後皆止云「擯」，「擯者自阼階下請立司正，公許，遂爲司正」，則此篇司正與大射正爲一人也。下云「公就物，小射正奉決、拾以笥，大射正執弓」，注云「大射正舍，〔五三〕司正親其職」；「乃薦司正」，注云「司正，大射正」是也。云「耦次在洗東南」者，此無正文，案鄉射記云「設楅，橫奉之，南面坐奠之，南北當洗」，此下云三耦出次西行，拾取矢，又當北行向楅，則次在洗東南矣。云「方持弦矢曰挾」者，以矢橫爲方，鄉射記云「凡挾矢，於二指間橫之」是也。

自阼階前曰：「爲政請射。」〔五四〕爲政，謂司馬也，司馬政官，主射禮。

【疏】「自阼」至「請射」　注「爲政」至「射禮」　云「爲政謂司馬也」者，案大宰云〔五五〕「四曰夏官，其屬六十，掌邦政」，

是爲政謂司馬也。云「司馬政官，主射禮」者，其屬有射人，主射事，故「司馬政官，主射禮」也。

遂告曰：「大夫與大夫，士御於大夫。」因告選三耦於君。御，猶侍也。〔五六〕大夫與大夫爲耦，不足，則士侍於大夫，與爲耦也。今文「於」爲「于」。

【疏】「遂告」至「大夫」　注「因告」至「爲于」　云「不足，則士侍於大夫，與爲耦也」者，是以曲禮云「君使士射」，注謂「以備耦」是也。

遂適西階前，東面右顧，命有司納射器。納，内也。

【疏】「遂適」至「射器」　「命」，謂司射命之也。言「有司」，則前文「司士戒士射，與贊者」，注云「謂士佐執事不射者」是也。鄉射「西階前西面，命弟子納射器」，此言「東面」者，君在阼，宜向之，故東面。「右顧」者，以其有司是士，士在西階南，東面，是以右顧向之。

射器皆入，君之弓矢適東堂，賓之弓矢與中、籌、豐皆止于西堂下。〔五七〕衆弓矢不挾，總衆弓矢、楅，皆適次而俟。〔五八〕中，閭中筭器也。籌，筭也。豐，可奠射爵者。衆弓矢，三耦及卿大夫以下弓矢也。司射矢亦止西堂下。〔五九〕「衆弓矢不挾」，則納公與賓弓矢者挾之。楅，承矢器。今文「俟」作「待」。○楅，音福。

【疏】「射器」至「而俟」　注「中閭」至「作待」　云「中，閭中筭器也」者，鄉射記云「於郊，則閭中」，據此大射，故知閭中中所以盛筭，故云「筭器也」。云「司射矢亦止西堂下」者，下文云「司射卒，誘射，遂適堂西，改取一个挾之」是也。若然，司射有矢無弓，在堂西，有弓者誤。或則據司射將獻釋獲者，適阼階西，去朴，適堂西，釋弓，脱決，拾，是時

弓在西堂下也。

工人士與梓人升自北階，兩楹之間，疏數容弓，若丹，若墨，度尺而午，射正莅之。〔六〇〕工人士、梓人皆司空之屬，能正方圜者。一從一横曰午，謂畫物也。射正，司射之長。○疏數，音朔。壹從，子容反。

【疏】「工人」至「莅之」　注「工人」至「之長」　知「工人士與梓人皆司空之屬，能正方圜」者，冬官雖亡，不知官屬之號，見今考工記有三十官，有梓人之官。此工人士又與梓人同事，故知冬官未亡時屬司空也。云「能正方圜」者，以工巧之能知也。繢人職云「火以圜」，「土以黄，其象方」，梓人職「張五采之侯」之類，是知方圜也。云「一從一横曰午，謂畫物也」者，則上文「横與距隨」是也，但未知從者、横者若爲用丹，若爲用墨，或科用其一。云午十字，謂之先以左足履物，右足隨而並立也。云「度尺」者，即鄉射記從「如笴」三尺，横「如武」尺二寸是也。

卒畫，自北階下。司宫埽所畫物，自北階下。埽物，重射事也。工人士、梓人、司宫位在北堂下。

【疏】「卒畫」至「階下」　注「埽物」至「堂下」　知「工人、〔六一〕梓人、司宫位在北堂下」，雖無正文，南方不見有位，其人升降自北階，明位在北堂下。

大史俟于所設中之西，東面以聽政。中未設也，大史俟焉，將有事也。鄉射禮曰：「設中南當福，西當西序，東面。」

【疏】「大史」至「聽政」　注「中未」至「東面」　注引鄉射者，欲見大史位之所在在此也。

司射西面誓之曰：「公射大侯，大夫射參，士射干。射者非其侯，〔六二〕中

之不獲。卑者與尊者爲耦，〔六三〕不異侯。」大史許諾。誓，猶告也。古文「異」作「辭」。○公射，食亦反，次下三字同。中之，丁仲反，下注於中、矢中同。

【疏】「司射」至「許諾」　注「誓猶」至「作辭」　卑者、尊者射不異侯。〔六四〕言此者，以其誓云君射大侯，大夫射參侯，士射干侯，恐與尊爲耦亦各射己侯，故覆言此賓與君爲耦，同射大侯，士與大夫爲耦，同射參侯。以其既與尊者爲耦，不可使之别侯，别侯者，則非耦類故也。

遂比三耦。比，選次之也。不言面者，大夫在門右，北面；士西方，東面。○遂比，毗志反，劉音鼻，注同。

【疏】「遂比三耦」　注「比選」至「東面」　云「不言面者」，以下云面，故決之。云「大夫在門右，北面；士西方，東面」者，仍依朝位。以其設朝之班位以來，其位未改，明知司射命誓及比次，須還依舊位，司射面皆向之而比次也。若耦及侯數，天子大射、賓射六耦三侯，畿内諸侯則二侯四耦；畿外諸侯大射、賓射皆三侯三耦。但諸侯畿外、畿内各有一申一屈，故畿外三侯遠尊得申，與天子同，三耦則屈；畿内二侯，近尊則屈，四耦則申。若燕射則天子、諸侯例同，三耦一侯而已，以其燕私屈也。若卿大夫、士例同一侯三耦。畧言之，數備禮記射義也。

三耦俟于次北，〔六五〕西面，北上。未知其耦。今文「俟」爲「立」。

【疏】「三耦」至「北上」　注「未知」至「爲立」　云「未知其耦」者，下經始命之，故云「未知其耦」。若然，此經已言面位者，三耦雖未知與誰爲耦，要知爲三耦，故立於此。

司射命上射曰：「某御於子。」〔六六〕命下射曰：「子與某子射。」卒，遂命三耦取弓矢于次。取弓矢不拾者，次中隱蔽處。○不拾，其業反，劉其輒反，下文及拾發、拾取、既拾皆同。

【疏】「司射」至「于次」　注「取弓」至「蔽處」　云「取弓矢不拾者，次中隱蔽處」者，對鄉射堂西顯露之處拾取矢也。

司射入于次，搢三挾一个，出于次，西面揖，當階北面揖，及階揖，升堂揖，當物北面揖，及物揖，由下物少退，誘射。〔六七〕搢，扱也。挾一个，挾於弦也。个，猶枚也。由下物而少退，謙也。誘，猶教也。「夫子循循然善誘人」。○一个，古賀反，下同。捷也，初洽反，本又作扱。

【疏】「司射」至「誘射」　注「搢扱」至「誘人」　自此至「東面」，論司射誘射之事。此射人誘射與鄉射同，但鄉射往階西取弓矢，此則入次取弓矢爲異。然此云入次，「搢三挾一个」，則已前皆挾乘矢不改，鄉射亦然。引論語者，彼夫子教弟子學問事，司射教人射事，雖不同，同是教法。故引爲證也。

射三侯，將乘矢，始射干，又射參，大侯再發。將，行也。行四矢，象有事於四方。詩云：「四矢反兮，以御亂兮。」○射三，食亦反，下二字同。

卒射，北面揖，揖於當物之處。不南面者，爲不背卿。

【疏】注「不南」至「背卿」　案鄉射誘射，射卒南面揖者，〔六八〕彼尊東，或公或卿大夫位同不別，故司射不特尊之。〔六九〕

此大射辨尊卑，尊東唯有天子命卿，其餘小卿及大夫皆賓西，故特尊之不背之也。

及階揖，降，如升射之儀。〔七〇〕遂適堂西，改取一个，挾之，改，更也。不射而挾矢，示有事也。遂取扑，〔七一〕搢之，以立于所設中之西南，〔七二〕東面。扑，所以撻犯教者也。於是言立，著其位也。鄉射記曰：「司射之弓矢與扑，倚于西階之西。」〇取扑，普卜反，下同。以撻，土達反。

【疏】注「扑所」至「之西」 云「於是言立，著其位」者，案鄉射司射先立所設中之西南，三耦從之，立於西南，司射却就之，搢三挾一个，乃誘射，此則誘射卒乃始來就位者，由此有次，就次取弓矢，射訖無事，乃於此立，故云「於是言立，著其位也」。引鄉射記者，此不言司射倚弓矢之處，引之證此與彼記文同也。

司馬師命負侯者執旌以負侯。司馬師，正之佐也。欲令射者見侯與旌，〔七三〕深志於侯中也。負侯，獲者也。天子「服不氏下士一人，徒四人」，掌「以旌居乏待獲」。析羽爲旌。〇欲令，力呈反。

【疏】「司馬」至「負侯」 注「司馬」至「爲旌」 自此盡「而俟」，論司馬師命服不負侯之事也。引天子「服不氏下士一人，徒四人」者，欲見諸侯亦三侯，亦使服不氏與徒爲獲者也。云「析羽爲旌」，周禮司常文。

負侯者皆適侯，執旌負侯而俟。司射適次，作上耦射。作，使也。司射反位。

【疏】「司射反位」　此不言先反位者，爲三耦始出次，未有次前位，無所先，故不言先也。

上耦出次，西面揖，進，上射在左，並行。當階北面揖，及階，揖。上射先升三等，下射從之，中等。上射在左，便射位也。中，猶間也。○猶間，間廁之間。

【疏】注「上射」至「間也」　云「上射在左，便射位也」者，鄉射亦云「上射在左」，不云「便射位」者，彼東面位，上射在北，故在左，不取便射位之義。此次北西面位，亦上射在北居右，〔七四〕故上射須在左，以其發位並行，及升北面就物位，皆言居左履物，南面，上射乃在右，故云「上射在左，便射位也」。

上射升堂，少左，下射升。上射揖，並行，並，併也，併東行。○併也，步頂反，下皆同。皆當其物北面揖，及物揖，皆左足履物，還，視侯中，合足而俟。視侯中，各視其侯之中。大夫耦則視參中，參中十四尺。士耦則視干中，干中十尺。○合足，如字，劉音閤。

【疏】注「視侯」至「十尺」　弓二寸以爲侯中，參侯七十弓，故侯中十四尺；干侯五十弓，故侯中十尺。

司馬正適次，袒、決、遂，執弓，右挾之，出。升自西階，適下物，立于物間，左執弣，右執簫，南揚弓，命去侯。司馬正，政官之屬。簫弓末揚弓者，執下末。揚，猶舉也。適下物，由上射後東過也。命去侯者，將射當獲也。鄉射禮曰：「西南面立于物間」。○命去，起呂反，注下同，後去扑、去侯，注去麾皆同。

【疏】「司馬」至「去侯」　注「司馬」至「物間」　云「司馬正，政官之屬」者，非大司馬，大司馬之下，屬大司馬，故云「司馬屬」。案天子有大司馬卿一人，小司馬中大夫二人，此雖諸侯禮，亦應有小司馬，號爲司馬正也。知「適下物，由上射後東過也」者，案鄉射司馬命去侯時，「由上射後過，至下射西，西南面，揚弓命去侯」，故引鄉射，證此亦在物間西南面也。

負侯皆許諾，以宫趨，直西，及乏南，又諾以商，至乏聲止，〔七五〕宫爲君，商爲臣，其聲和相生也。鄉射禮曰：「獲者執旌許諾」。古文「聲」爲「磬」。

【疏】「負侯」至「聲止」　注「宫爲」至「爲磬」　云「宫爲君，商爲臣」，樂記文。云「聲和相生」者，宫生徵，徵生商，而云「相生」者，雖隔徵，亦是相生之義也。云「聲和」者，宫數八十一，商數七十二，彈宫則商應，故云「聲和」也。引鄉射者，彼臣禮，下云「諸聲不絶」，不言宫、商，引之證與此不同之意。

授獲者，退立于西方。獲者興，共而俟。大侯服不氏負侯，徒一人居乏，相代而獲。參侯，干侯徒負侯，居乏，不相代。鄉射禮曰：「獲者執旌許諾，聲不絶，以至于乏，坐，東面，偃旌，興而俟。」古文「獲」皆作「護」，非也。○共而，九勇反，下共而俟皆同。

【疏】「授獲」至「而俟」　注「大侯」至「非也」　云「大侯服不氏負侯，徒一人居乏，相代而獲」者，上注引周禮「服不氏下士一人，徒四人」，是以鄭分之於三侯之上，大侯尊，故使服不氏與一徒居乏，自餘徒三人分之於二侯，徒以少一人，不得相代也。引鄉射者，此文不具，宜與彼同。

司馬正出于下射之南，〔七六〕還其後，降自西階，遂適次，釋弓，〔七七〕説決、拾，襲，反位。拾，遂也。鄉射禮曰：「司馬反位，立于司射之南。」○南還，劉户串反，下注還其同。説決，上活反，又始鋭反，劉詩悦反，下説決拾皆同。

【疏】「司馬」至「反位」　注「拾遂」至「之南」　引鄉射者，於此司馬不言位，宜與鄉射同，故引爲證。

司射進，與司馬正交于階前，相左。由堂下西階之東，北面視上射，命曰：「毋射獲，毋獵獲。」上射揖。司射退，反位。射獲，矢中人也。從旁爲獵。○曰毋，音無，下同。射獲，食亦反，注同。拾更，音庚。乃射。上射既發，挾矢。而后下射射，拾發以將乘矢。拾，更也。將，行也。獲者坐而獲。坐言獲也。舉旌以宫，〔七八〕偃旌以商，再言獲也。〔七九〕獲而未釋獲。但言獲，未釋筭。古文「釋」爲「舍」。

【疏】「獲而未釋獲」　注「但言」至「爲舍」　云「但言獲，未釋筭」者，鄭注鄉射云「但大言獲」，此注不言「大」，省文也。

卒射，右挾之，北面揖，揖如升射。〔八〇〕右挾之，右手挾弦。上射降三等，下射少右從之，中等，並行，上射於左，與升射者相左，交于階前，相揖，適次，釋弓，説決、拾，襲，反位。上射於左，由下射階上少右，乃降待之。言襲者，凡射皆袒。

【疏】「上射」至「反位」　注「上射」至「皆袒」　云「上射降三等」者，諸侯階有七等，言三等者，欲明下射中等，是降一

等之上下，下射過向西畔，由右，故上射至地待之，乃得二人並行，上射於左也。云「與升射者相左，交于階前」者，降射者仍南行，故得階前交往來也。云「上射於左，由下射階上少右，乃降待之者，此鄭解在階下，而上射得在左之意。由下射階上少右，向西畔乃降，上射於地待之，故並行時得上射在左也。云「凡射皆袒」者，案鄉射命「三耦，各與其耦讓取弓矢，拾」，「三耦取弓，遂至，卒射。云「脱決拾，襲」而俟于堂西，南面，此則前「遂命三耦取弓矢于次」，不言袒，至此亦言「襲」，故須言「凡射皆袒」，決在此不見袒，亦袒可知也。

三耦卒射，亦如之。司射去扑，倚于階西，適阼階下，北面告于公曰：「三耦卒射。」反，搢扑，反位。

【疏】「三耦」至「反位」　云「司射去扑，倚于西階西，適阼階下，北面告于公」者，案鄉射「司射去扑，倚于西階之西，升堂，北面告于賓曰：三耦卒射」，注云「去扑乃升，不敢佩刑器即尊者之側」，此不升堂而在阼階下，而亦去扑者，尊公故也。

司馬正袒、決、遂，執弓，右挾之，出與司射交于階前，相左，出，出於次也，袒時亦適次。

【疏】「司馬」至「相左」　注「出出」至「適次」　自此至「興，反位」，論取矢設楅。〔八一〕云「出于次也，袒時亦適次」者，以此而言，則袒時入次，今更出次。知不在位上袒，而入次取弓者，凡袒、襲皆隱處，〔八二〕鄉射無次，司馬適堂西袒，執弓矢，不在位，此大射有次，明入次袒，不在位可知。

升自西階，自右物之後立于物間，西南面，〔八三〕揖弓，命取矢。揖，推之。負侯許

諾，如初去侯，皆執旌以負其侯而俟。〔八四〕俟小臣取矢，以旌指教之。司馬正降自西階，北面命設楅。此出于下射之南，還其後而降之。

【疏】注「此出」至「降之」　「此出于下射之南，還其後而降之」者，鄉射文，此亦然，故引爲證也。

小臣師設楅。司馬正東面，以弓爲畢。畢，所以教助執事者。鄉射記曰〔八五〕「乃設楅于中庭南，當洗，東肆。」

【疏】「小臣」至「爲畢」　注「畢所」至「東肆」　云「畢所以教助執事者」，以畢是助載鼎實之物，故司馬執弓爲畢以指授，若周禮執殳以爲鞭度然。引鄉射禮文者，證經設楅，故亦當洗。

既設楅，司馬正適次，釋弓，説決、拾，襲，反位。小臣坐委矢于楅，北括。司馬師坐乘之，乘，四四數之。○坐乘，承證反，注下同。數之，所主反。卒。若矢不備，則司馬正又袒，執弓升，命取矢如初，曰：「取矢不索。」乃復求矢，加于楅，卒。司馬正進坐，左右撫之，興，反位。左右撫，分上下射。此坐皆北面。○不索，悉各反，一音所伯反。乃復，扶右反，下注復言、復賓、復並行、爲復、復釋、君復皆同。

司射適西階西，倚扑，升自西階，東面請射于公，倚扑者，將即君前，不敢佩刑器也。升堂者，欲諸公、卿大夫辯聞也。

【疏】「司射」至「于公」　注「倚扑」至「聞之」　自此盡「未降」，請君行第二番射并命耦之事。云「倚扑者，將即君前，不敢佩刑器也」者，上以去扑告君，不注，至此乃注者，彼告在阼階下，遠君，故不注，至此升堂乃注，義與彼同也。上不升者，以告以三耦射，射卒事緩，〔八六〕故在下。此告欲諸公、卿大夫徧聞也，故升。但升者是其正，故鄉射升堂，大射告公，故前在堂下，此升者，欲公卿聞之故也。

公許，遂適西階上，命賓御于公，諸公卿則以耦告于上，大夫則降，即位而后告。〔八七〕告諸公卿於堂上，尊之也。司射自西階上，北面告于大夫曰：「請降。」司射先降，搢扑，反位。大夫從之降，適次，立于三耦之南，西面，北上。適次，由次前而北，西面立。

【疏】「司射」至「北上」　注「適次」至「面立」　云「告于大夫曰：『請降』」者，以諸公卿在上，故請大夫降。鄉射降告「主人與賓爲耦。遂告于大夫」。又曰「賓、主人與大夫皆未降」，注云「言未降者，見其志在射」。大夫未降者，彼臣禮主人與賓皆卑，故大夫未降，與此異也。云「適次，由次前而北，西面立」者，上云司射等適次，謂入次中；此適次者，大夫降自西階，東行適次所，過向堂東，西面立，因過次爲適次，非入次也。

司射東面于大夫之西北，耦大夫與大夫。〔八八〕命上射曰：「某御於子。」命下射曰：「子與某子射。」卒，遂比衆耦。衆耦，士也。○比，毗志反，下同。衆耦立于大夫之南，〔八九〕西面，北上。若有士與大夫爲耦，則以大夫之耦爲上。爲上，居羣士之上。

【疏】「司射」至「爲上」　注「爲上」至「之上」　「爲上，居羣士之上」者，若是士與大夫之尊者爲耦，故居羣士之上也。鄭云「羣士之上」者，既爲上射，恐在大夫之上，故云「羣士之上」。是以下注云「士雖爲上射，其辭猶尊大夫」也。若然，國皆有三卿五大夫，三耦六人而已，而云使士爲耦者，卿大夫或有故，或出使，容其不足，使士備耦之法也。

命大夫之耦曰：「子與某子射。」告於大夫曰：「某御於子。」士雖爲上射，其辭猶尊大夫。

命衆耦如命三耦之辭。諸公卿皆未降。言未降者，見其志在射。○見，賢遍反。

【疏】注「言未」至「在射」　言「未」者，後當降，故云「未」也，若終六射不得言「未」。是以鄉射記云「衆賓不與，射者不降」，注「不以無事亂有事」，是不射不得云「未」也。

遂命三耦各與其耦拾取矢，皆袒、決、遂，執弓，右挾之。此命入次之事也，司射既命而反位，不言之者，上射出當作取矢，事未訖。

【疏】「遂命」至「挾之」　注「此命」至「未訖」　自此盡「襲反位」，論命拾取矢之事。鄭知此是「命入次之事」者，上來未有三耦入次袒、決、遂之事，又下文乃云「一耦出」，明此是「命入次之事」。若然，司射命訖，當反位，不言者，以其三耦入次，出，乃當作取矢，待作取矢，即是「事未訖」，故不言反位也。仍未知令入次之後，未出之間，且在西方位？且在階下位？二者雖無文，以事緩急言之，三耦入次出則作之，宜在階下位，於義可也。又鄉射云「司射反位」者，司射反位，則有三耦位，得言「反位」。此曰「射位」在西方，去次遠，又曰「射位」若階下去次亦遠，不得言

反，故不言也。

一耦出，西面揖，當楅北面揖，及楅揖。三耦同入次。其出也，一一上射出，〔九〇〕西面立，司射作之，乃揖行也。當楅，楅正南之東西。上射東面，下射西面。上射揖，進，坐横弓，〔九一〕卻手自弓下取一个，兼諸弣，興，順羽，且左還，毋周，〔九二〕反面揖。横弓者，南踣弓也。卻手自弓下取矢者，以左手在弓表，右手從裏取之便也。兼，并也，并矢於弣，當順羽。既又當執弦順羽者，手放而下備，不整理也。左還，反其位。毋周，右還而反東面也。君在阼，還周則下射將背之。古文「且」爲「阻」。〇左還，音患，注下放此，一音環。南踣，步比反。將背，音佩，下同。

【疏】「上射」至「面揖」　注「横弓」至「爲阻」　云「左還，反其位。毋周，右還而反東面也」者，毋周者，左還行至位，即位，右還而反東面，是還不周也。云「君在阼，還周則下射將背之」者，上射左還，已還背君，而據下射而言者，上射去君遠，故據下射而言。以其下射若右還周爲背君，若左還向東，覆即右還西面，是不背君，周即背故也。

下射進，坐横弓，覆手自弓上取一个，〔九三〕兼諸弣，興，順羽，且左還，毋周，反面揖。横弓，亦南踣弓也，人東西鄉，以南北爲横。覆手自弓上取矢，以左手在弓裏，右手從表取之便也。〇覆手，芳伏反，注同。

【疏】「下射」至「面揖」　注「横弓」至「便也」　云「横弓，亦南踣弓也」者，謂南踣弓，以左手仰執弓裏以覆，右手於弓表向下取矢亦便也。〔九四〕上射、下射俱南踣弓者，取背君向南爲順故也。

既拾取矢，梱之，〔九五〕梱齊等之也。古文「梱」作「魁」。〇梱之，口本反，劉音涃。作魁，〔九六〕古回反。兼挾乘矢，皆内還，南面

揖。內還者，上射左，下射右。不皆右還，亦以君在阼，嫌下射，故左還而背之也。上以陽爲內，下以陰爲內，因其宜可也。

【疏】「兼挾」至「面揖」　注「內還」至「可也」　云「不皆右還，亦以君在阼，嫌下射，故左還而背之」者，若上下俱向內，是相向爲順，若上射左還，是不故背君，若下射右還背君，少亦左還，初時面向君，轉身南向背君，多似故背君，故不左還也。云「上以陽爲內，下以陰爲內，因其宜可也」者，上射東面左還時，以左手還，取東相陽方爲內；下射西面右還時，以右手還，取西相陰方爲內，隨其陰陽，得左右相向，是因其宜也。

適福南，皆左還，北面揖。〔九七〕搢三，挾一个，福南鄉當福之位也。揖。以耦左還，上射於左，以，猶與也。言「以」者，耦之事成於此，意相人耦也。上射轉居左，便其反位也。上射少北，乃東面。

【疏】「揖以」至「於左」　注「以猶」至「東面」　云「言以者，耦之事成於此，意相人耦也」者，揖不須言「以」，今云「以」者，必有義意，故鄭云「言以者，耦之事成於此」，謂成於此拾取矢，以其取矢後一番了，更無事，故云「成於此」人，意相存耦也。云「上射轉居左，便其反位也」者，位在次北西面，是以上射居左，至次北右還，西面便也。云「上射少北，乃東面」，知不少南者，以其次在福東南，北面揖時已在次西面，故知「上射少北，乃東面」，得東當次也。

退者與進者相左，相揖。退，釋弓矢于次，説決、拾，襲，反位。二耦拾取矢，亦如之。後者遂取誘射之矢，〔九八〕兼乘矢而取之，以授有司于次中，〔九九〕皆襲，反位。有司納射器，因留主授受之。

司射作射如初。一耦揖升如初。司馬命去侯，負侯許諾如初。司馬降，釋弓，反位。司射猶挾一个，去扑，與司馬交于階前，適阼階下，北面請釋獲于公，公許，猶守故之辭。於此言之者，司射既誘射，恒執弓、挾矢以掌射事，備尚未知，當教之也。今三耦卒射，衆足以知之矣，〔一〇〇〕猶挾之者，君子不必也。反，搢扑，遂命釋獲者設中，以弓爲畢，北面。北面，立于所設中之南，當視之也。鄉射禮曰：「設中南當楅，西當西序。」大史釋獲。小臣師執中，先首，坐設之，東面，退。大史實八筭于中，横委其餘于中西，興，共而俟。先，猶前也。命大史而小臣師設之，國君官多也。小臣師退，反東堂下位。鄉射禮曰：「横委其餘于中西，南末。」

【疏】「大史」至「而俟」　注「先猶」至「南末」　此不見執筭之人。案鄉射命釋獲者，「釋獲者執鹿中，一人執筭以從之」，彼臣禮官少，釋獲者自執中設之，尚使人執筭，況國君官臣多，大史不自執中，豈得自執筭，明亦使人執之。云「小臣師退，反東堂下位」者，其位已見篇首也。引鄉射者，證筭以「南末」爲順也。

司射西面命曰：「中離維綱，揚觸，〔一〇一〕梱復，〔一〇二〕公則釋獲，衆則不與。離，猶過也，獵也。侯有上下綱，其邪制躬舌之角者爲維。或曰，維當爲絹，絹，綱耳。〔一〇三〕揚觸者，謂矢中他物，揚而觸侯也。梱復，謂矢至侯不著而還復，〔一〇四〕復，反也。公則釋獲，優君也。衆當中鵠而著。古文「梱」作「魁」。○中離，丁仲反，注矢中、中鵠、值中、猶中、不中，下所中、中三侯、若中皆同。其邪，似嗟反。爲絹，劉候犬反，又于貧反，一音古縣反，又古犬反。〔一〇五〕不著，直略反，下同。

【疏】「司射」至「不與」　注「離猶」至「作甠」　「中」，謂中侯，注不言可知。云「離，猶過也，獵也」者，謂矢過獵，因著維與綱二者。云「侯有上下綱，其邪制躬舌之角者爲維」者，案梓人云「上綱與下綱出舌尋，縜寸焉」，〔一〇六〕注「綱，所以繫侯於植者也。上下皆出舌一尋者，亦人張手之節也。鄭司農云：縜，籠綱者；維，持侯者」。若然，則綱與維皆用繩爲之，又以布爲縜籠綱，然後以上个、下个邊，綴著縜兩頭；以綱繫著植維者，於上个、下个、上下躬兩頭皆有角，又以小繩綴角，繫著植，故矢或離綱，或離維也。云「或曰：維當爲縜，縜，綱耳」者，鄭更爲一解，縜則維也。云「縜，綱耳」者，以縜爲綱耳，離著縜也。云「衆當中鵠」者，大射鵠則梓人云「張皮侯而棲鵠」是也。

唯公所中，中三侯皆獲。」值中一侯，則釋獲。

【疏】「唯公」至「皆獲」　注「值中」至「釋獲」　云中三侯皆釋獲，則「離維綱」及「揚觸，梱復」亦釋之，不言者，以中爲主也。

釋獲者命小史，小史命獲者。傳告服不，使知此司射所命。○傳告，直專反。

【疏】注「傳告服不」〔一〇七〕　據在大侯而言，告服不則參侯、干侯告可知，舉遠見近。

司射遂進由堂下，〔一〇八〕北面視上射，命曰：「不貫，〔一〇九〕不釋」。上射揖。〔一一〇〕司射退反位。貫，猶中也，射不中鵠不釋筭。古文「貫」作「關」。

【疏】「司射」至「反位」　注「貫猶」至「作關」　案上文「離維綱」、「公則釋獲」言之，則此云不中不釋筭者，據除君而言也。

釋獲者坐取中之八筭，改實八筭，興，執而俟。執所取筭。乃射，若中，則釋獲者每一个釋一筭，〔一二〕上射於右，下射於左，若有餘筭，則反委之，委餘筭，禮貴異。又取中之八筭，改實八筭于中，〔一三〕興，執而俟。

校勘記

〔一〕賓降盥　「盥」武威簡甲本作「洗」。

〔二〕以酢主人　「酢」武威簡甲本作「作」。

〔三〕辟正主也　徐本同，阮校云毛本「主」作「君」。今按下注「不崇酒，辟正主也」同。

〔四〕遂卒爵　「遂」武威簡甲本作「述」，下文同，不悉校。今按遂、述通用。

〔五〕奠于篚　武威簡甲本「于」下有「膳」字。沈文倬異文釋云「膳」字當有，今本誤脱。

〔六〕賓西階上拜　武威簡甲本「階」作「面」，無「上」字，皆誤。

〔七〕使二大夫媵爵之事　阮校云要義同，毛本「大夫」作「人」。

〔八〕以其下作大夫　阮校云要義同，毛本「下作」作「作下」。

〔九〕序進　「序」武威簡甲本作「述」，又下文「序進」之「序」簡本作「徐」。

〔一〇〕降適阼階下　武威簡甲本無「適」字，下文「降適阼階下」同。沈文倬異文釋云古文有「適」字。

〔一一〕執觶興　武威簡甲本脱「興」字。

〔一二〕公荅再拜　武威簡甲本無「再」字。沈文倬異文釋引盛世佐説，以爲「再」字衍。

〔一三〕亦於罇西東面酌訖　阮校云「罇」閩本、通解俱作「鐏」。今按罇、鐏作爲酒器名皆尊字異體。

〔一四〕公卒觶　「公」武威簡甲本作「立」。

〔一五〕下不輒拜禮殺也　阮校云「輒」毛本作「就」，又毛本無「殺」字。今按黄刊嚴州本、徐本、通解俱有「殺」字，是。又阮本本文有「殺」字，而校勘記無，亦誤。

〔一六〕復不爲再拜　阮校云「復」毛本作「後」，是。

〔一七〕故以發端言降拜　阮校云「以」毛本作「云」，是。

〔一八〕則不易不洗　上「不」字武威簡甲本作「弗」。

〔一九〕相飲於鴆反　「鴆」宋本誤作「鳩」，此從徐乾學本改。

〔二〇〕上注云不相襲者於尊言更自敵以下言易此賓於卿是自敵以下當言易今言更者尊卿尊則卑賓禮殺也　阮校云「於尊言更」通解作「於尊者言更」，「尊則卑賓」通解「尊」下有「卿」字。

〔二一〕主人洗觚　武威簡甲本無「觚」字。沈文倬異文釋云此屬略叙，以省者爲是。

〔二二〕其餘樹之於位後耳者以至　阮校云毛本無「耳者以」三字。

〔二三〕若然　阮校云此二字毛本作「則」。

〔二四〕不謂始卷之　阮校云毛本「謂」下有「至是」二字。

〔二五〕主人俎脅臂肺　阮校云通解、要義同，毛本「俎」下有「脊」字，與鄉射記合。

〔二六〕脊脅肺臑　阮校云通解、要義同，毛本「脊」上有「折」字。今按毛本與鄉射記合。

〔二七〕事在射臣之意　阮校云徐本、通解同，毛本作「亦自貶於君」。今按徐本與毛本同，阮氏失校。又盧宣旬摘

録阮校「事」作「自」，亦誤。

〔二八〕不在射亦不啐者　阮校云毛本作「君在不嚌不啐者」。按盧宣旬摘録引同單疏，而改校勘記云「通解同，毛本『君』作『不射』，『亦』作『不嚌』」，似有誤。

〔二九〕主人洗觚　武威簡甲本無「觚」字。

〔三〇〕乃足　阮校云要義同，通解、毛本「乃」上有「其義」二字。

〔三一〕無胥　「胥」武威簡甲本作「升」。今按升與丞聲字通用。

〔三二〕獻大夫辯　阮校云通解同，毛本「辯」字在「大夫」上。

〔三三〕乃一時薦之　阮校云通解同，毛本「乃」上有「大夫」二字。

〔三四〕故僕人正爲長　阮校云要義同，通解、毛本「故」下有「云」字。

〔三五〕捊越右手相　武威簡甲本「捊」作「汙」，無「手」字。今按，汙、捊俱从于聲，字得通用。

〔三六〕亦據升堂坐之先後　阮校云「亦據」陳、閩、通解作「既然則」。「坐之先後」通解作「與坐之位」，毛本作「與坐先後之位」。今按盧宣旬摘録此條云「『與坐先後之位』毛本作『亦據升堂與坐之先後之位』」混淆而不可解。

〔三七〕主人洗　武威簡甲本「洗」下有「爵」字。

〔三八〕主人西階上　武威簡甲本脱「上」字。

〔三九〕坐祭　武威簡甲本無「坐」字。

〔四〇〕其穹隆二十板　阮校云毛本「穹」作「窮」，要義「板」作「版」。今按「隆」盧宣旬摘録作「隆」，誤。

〔四一〕乃管新宮　「宫」武威簡甲本作「管」。今按燕禮記作「宮」，簡本涉上文「管」而誤。

〔四二〕故與由庚之等同亡　阮校云毛本「庚」下有「由儀」二字，「亡」作「云」。

〔四三〕上工皆東坫之東南西面北上坐　武威簡甲本「皆」下「東」字重，「坐」字脱。沈文倬異文釋云「東」字當重，今本誤脱。

〔四四〕南面坐奠觶　阮校云石經補缺、敖氏「奠」俱誤作「取」。今按黄刊嚴州本、徐本已作「奠」，非毛本始作「奠」，盧宣旬摘録標經文作「取」，云「毛本『取』作『奠』」，殊誤。

〔四五〕右還　「還」武威簡甲本作「環」，下文「左環」同。

〔四六〕坐取觶　「觶」武威簡甲本作「觗」。陳夢家校記引鄭駁異議云：「觶字角旁友，汝、潁之間師讀所作。」（考工記疏引）段玉裁説文解字注云：「友字無理，蓋辰之誤。韻會徑改友作支，云古作觗，於形聲合矣。」陳氏云韻會作「觗」是也，友乃支之誤。

〔四七〕南面坐取觶洗　「取」武威簡甲本誤作「舉」。又此六字石經補缺脱。

〔四八〕如是得從觶西往來也　阮校云「從」通解作「於」。

〔四九〕袒決遂　「袒」武威簡甲本作「但」。又唐石經「袒」誤作「祖」。

〔五〇〕於弣右巨指鉤弦　武威簡甲本「弣」作「拊」，下文或作「符」、「付」，皆借字。「巨」簡作「鉅」，「鉤」簡作「句」。

〔五一〕所以遂弦也　阮校云「所」聶氏作「裹」。

〔五二〕弣弓杷也　阮校云「杷」楊氏作「把」，釋文同。

〔五三〕大射正舍　阮校云「舍」上陳、閩、監本俱有「射」字。

〔五四〕爲政請射　「政」武威簡甲本作「正」。

〔五五〕大宰云　今按所引是小宰職文，「大」爲「小」之誤。

〔五六〕御猶侍也　阮校云「猶」陳、閩、監、葛俱作「由」。

〔五七〕與中籌豐　武威簡甲本「籌」作「擣」，「豐」作「豊」。

〔五八〕適次而俟　「俟」武威簡甲本作「寺」。今按「寺」當讀爲待，鄭注云：「今文俟作待。」

〔五九〕司射矢亦止西堂下　阮校云疏所據本「矢」上似有「弓」字，故賈氏辨其誤，然述注仍無弓字，未詳。汪文臺識語云：「『有『弓』者誤，辨當時或本之誤，賈所據本自無『弓』字也。」

〔六〇〕射正莅之　「莅」武威簡甲本作「泣」，阮校云陳、閩、監、葛俱作「莅」。今按「泣」讀爲莅，莅、莅諸本錯出，後不悉校。

〔六一〕知工人　阮校云「人」下毛本有「士」字。

〔六二〕射者非其侯　唐石經同，黄刊嚴州本「其」字誤衍而重，黄氏校録已指出。徐本衍文未刻。

〔六三〕尊者爲耦　「耦」武威簡甲本作「偶」，下文同，不悉校。

〔六四〕卑者尊者射不異侯　阮校云要義、毛本「卑者」下有「與」字，「射」字要義作「爲耦」。

〔六五〕三耦俟于次北　「俟」武威簡甲本作「竢」，下文「而俟」、「共而俟」皆同。今按鄭注：「今文俟爲立。」沈文倬異文釋云「俟」當讀爲竢，而竢爲竢之異體。

〔六六〕某御於子　「某」武威簡甲本作「其」。

〔六七〕誘射　「誘」武威簡甲本譌作「詩」。

〔六八〕案鄉射誘射射卒　阮校云通解同，毛本不重「射」字。

〔六九〕故司射不特尊之　阮校云通解同，毛本「特」作「待」。

〔七〇〕及階揖降如升射之儀　武威簡甲本無「及階揖」三字及「射」字。沈文倬異文釋云今本「及階揖」三字乃衍

文，而簡本「射」字誤脱。

〔七一〕遂取扑　「扑」武威簡甲本作「符」，下文同，不悉校。

〔七二〕以立于所設中之西南　武威簡甲本脱「西」字。

〔七三〕欲令射者　阮校云通解無「欲」字。

〔七四〕亦上射在北居右　阮校云通解同，毛本「右」作「左」。又引周學健云：「次北西面時，上射居右；既揖而進，上射乃之左。」

〔七五〕至乏聲止　「至」武威簡甲本作「適」。

〔七六〕司馬正出于下射之南　武威簡甲本無「正」字，下文「與司馬正交于階前」同。

〔七七〕釋弓　「釋」武威簡甲本作「舍」，下文「釋獲」同。「釋」下文或作「澤」、「擇」，不悉校。

〔七八〕舉旌以宫　「旌」武威簡甲本作「菁」。下文同，不悉校。

〔七九〕再言獲也　阮校云徐本、楊氏同，通解、毛本「再」作「等」。

〔八〇〕揖如升射　「射」字武威簡甲本脱。

〔八一〕設楅　阮校云「楅」下毛本有「之事」二字。

〔八二〕皆隱處　阮校云要義同，通解、毛本「皆」下有「於」字。

〔八三〕西南面　武威簡甲本「南面」誤倒爲「面南」。

〔八四〕皆執旌以負其侯而俟　武威簡甲本「執」下有「其」字。沈文倬異文釋云「其」字當有，今本誤脱。

〔八五〕鄉射記曰　阮校浦鏜云「記」乃「禮」之誤。今按其説是也。

〔八六〕以告以三耦射射卒　阮校云毛本作「以告三耦卒射」。

〔八七〕 即位而后告　阮校云「后」毛本作「後」。又「即」字武威簡甲本作「復」，誤。

〔八八〕 司射東面于大夫之西北耦　「北」原作「比」，阮校云釋文、唐石經、徐本同，毛本、通解、楊、敖「比」俱作「北」。又引許宗彦云作「比」誤，下云「耦大夫與大夫」，有「與大夫」三字，則句首不必有比字。今按，武威簡甲本作「比」，沈文倬異文釋云簡本亦誤。此據許、沈之説改「比」爲「北」，屬上句。

〔八九〕 遂比衆耦衆耦立于　武威簡甲本「衆耦」二字不重。

〔九〇〕 一一上射出　黄刊嚴州本、徐本同。阮校云一字誤重，通解、毛本不重。

〔九一〕 坐横弓　「横」武威簡甲本作「衡」。

〔九二〕 毋周　「毋」武威簡甲本作「毎」，下文同，不悉校。

〔九三〕 覆手　「覆」武威簡甲本作「復」。

〔九四〕 向下取矢亦便也　阮校云要義同，毛本無「亦」字。

〔九五〕 梱之　「梱」武威簡甲本作「窘」，阮校云毛本作「梱」，盧宣旬摘録誤「梱」作「梱」。

〔九六〕 作兕　「兕」徐乾學本作「兕」。

〔九七〕 北面揖　武威簡甲本脱「揖」字。

〔九八〕 後者遂取誘射之矢　武威簡甲本脱「遂」字，又「誘」作「誌」。

〔九九〕 以授有司　「有」武威簡甲本作「右」。

〔一〇〇〕 衆足以知之矣　阮校云徐本、通解同，毛本無「足」字。

〔一〇一〕 維綱揚觸　武威簡甲本「綱」作「剛」，「揚」作「陽」。

〔一〇二〕 梱復　武威簡甲本「梱」作「淳」。

〔一〇三〕維當爲絹絹綱耳　阮校引朱子説云：「綱耳即籠綱，以布爲之。梓人謂之『縜』而此謂之『絹』，字雖異而音則同。」又引敖氏曰：「『絹』字恐是縜字之誤。」阮以敖説爲是。又「綱」上通解有「爲」字。

〔一〇四〕謂矢至侯不著而還復　阮校云徐本、通解、楊、敖同，毛本「謂」作「爲」。

〔一〇五〕爲絹劉候犬反又于貧反一音占縣反　「候」徐乾學本作「侯」。阮氏云「占」當作「古」。

〔一〇六〕縜寸焉　阮校云要義同，毛本「縜」作「絹」，下文「爲縜」、「著縜」並同。陳本「著縜」之「縜」作「絹」。

〔一〇七〕注傳告服不　阮校云毛本「服不」作「至所命」，是。

〔一〇八〕司射遂進　「進」武威簡甲本作「退」，誤。

〔一〇九〕不貫　「貫」武威簡甲本作「關」。今按鄭注「古文貫作關」，簡與古文合。

〔一一〇〕上射揖　「射」武威簡甲本作「司」。今按簡當涉下文而誤。

〔一一一〕則釋獲者每一个釋一筭　武威簡甲本脱「者」字，「每」作「敏」。

〔一一二〕改實八筭于中　武威簡甲本「八」誤作「入」，省「于中」二字。

儀禮注疏卷第十八

唐朝散大夫行大學博士弘文館學士臣賈公彦等撰

三耦卒射。

賓降，取弓矢于堂西。不敢與君並俟告，取之以升，俟君事畢。

【疏】「三耦」至「堂西」　注「不敢」至「事畢」　自此盡「共而俟」，論第二番射三耦訖，次公卿大夫之事。但此賓先降，取弓矢即升堂者，以其「不敢與君並待告」，故下云司射「告射于公」，小射正「取公之決、拾」，并「授弓拂弓」，是君得告乃取弓矢，是不敢與君並俟告也。云「取之以升，俟君事畢」者，案下文云「公將射，則賓降，適堂西，袒、決、遂，執弓，搢三，挾一个，升自西階」，是君事畢；君事畢，賓降袒、決、遂，乃更升。若然，賓於此不即袒、決、遂者，去射時遠，故不可即袒也。

諸公卿則適次，繼三耦以南。言繼三耦，明在大夫北。

【疏】「諸公」至「以南」　注「言繼」至「夫北」　言「適次」者，但射位在堂東，次在洗東南，今諸公卿東南適次前，北至三耦之南，〔二〕以次西面立。云「繼三耦，明在大夫北」者，以其三耦在北，大夫在南，而言「繼三耦」，明在大夫之北也。

公將射，則司馬師命負侯，皆執其旌以負其侯而俟。君尊，若始焉。〔二〕

【疏】「公將」至「而俟」　注「君尊若始焉」　云「君尊，若始焉」者，案上始時，司馬命負侯；三耦將射，司馬命去侯；今三耦卒射，君將射，司馬使更命負侯，是君尊，若始焉。

司馬師反位。〔三〕隸僕人埽侯道。〔四〕新之司射去扑，適阼階下，〔五〕告射于公。公許，適西階東，告于賓，告當射也。今文曰「阼階下」，無「適」。遂搢扑，反位。小射正一人取公之決、拾于東坫上，一小射正授弓、拂弓，皆以俟于東堂。授弓，當授大射正。拂弓，去塵。

【疏】「小射」至「東堂」　注「授弓」至「去塵」　據此經，上下或云大射正，或云司射，或云小射正，不同者，今行射禮，大射正一人爲上，司射次之，或云小射正。若然，大射正與司射各一人，據其行事小射正不止一人而已。此云「小射正一人，取公之決、拾於東坫上」，下云「小射正奉決、拾以笥」，與此一人，此又云「小射正授弓」，與取決、拾別，則小射正二人也。云「授弓，當授大射正」者，下云「大射正執弓，以袂」以授公，明此小射正授弓者，當授大射正也。

公將射，則賓降，適堂西，袒、決、遂，執弓，搢三，挾一个，升自西階，先待于物北一笴，東面立。不敢與君併。笴，矢幹。東面立，鄉君也。○一笴，工但反，劉古老反。

【疏】「公將」至「面立」　注「不敢」至「君也」　云「公將射，則賓降」者，案前文賓降適堂西，取弓矢，無賓升堂之文，但

文不具，其實即升矣。是以此文云「賓降」。云「笴，矢幹」者，案周禮矢人「矢幹長三尺」，則此賓立於物北三尺矣。

司馬升，命去侯如初。還右，乃降，釋弓，反位。還右，還君之右也，猶出下射之南，還其後也。今文曰「右還」。

【疏】注「還右」至「右還」　云「還右，還君之右也」者，君爲下射，賓爲上射，司馬在君之西南，揚弓命去侯，訖，還君之右，東而南，西向，降自西階。「猶出下射之南，還其後也」者，由如上文初將射時，司馬立於物間，南揚弓，命去侯訖，出於下射之南，還其後，降自西階，前後是同，故取彼解此。云「今文曰右還」，不從「右還」者，若「右還」則右還於上射，不得還君，故不從也。

公就物，小射正奉決、拾以笴。大射正執弓，皆以從於物。笴，萑葦器。大射正舍司正，親其職。○以笴，息嗣反，字林先字反，劉音司。萑，音完。葦，于鬼反。

【疏】「公就」至「於物」　注「笴萑」至「其職」　前解大射正與司射別人。案此注「大射正舍司正，親其職」，則大射正與司正爲一人。又案上文司射請立司正，遂立司射爲司正，則司射又與大射正爲一人，與上解似相違者，以大射正與射人俱掌射事相當，則大射正與司射別，若通而言之，射人不對大射正，射人亦名大射正，故此以射人爲大射正也。

小射正坐奠笴于物南，遂拂以巾，取決，興。贊設決，朱極三。極，猶放也，所以韜指利放弦也，以朱韋爲之。三者，食指、將指、無名指。無極放弦，契於此指，多則痛，小指短不用。○以韜，土刀反。將指，子匠反。契於，苦計反。小臣正贊袒，公袒朱襦。〔六〕卒袒，

小臣正退，俟于東堂。小射正又坐取拾，興，贊設拾，以笥退，奠于坫上，復位。既袒乃設拾，拾當以韝襦上。

【疏】注「既袒」至「襦上」　案上文設決訖，乃云「公袒朱襦」。始云小臣正「贊設拾」，拾當拾斂膚體，宜在朱襦之上，故鄭云「既袒乃設拾，〔七〕拾當以韝襦上」。鄉射云袒、決、遂，以其無襦，故遂與決得俱時設，若大夫對士射，袒纁襦，設遂，亦當在袒後。

大射正執弓，〔八〕以袂順左右隈，〔九〕上再，下壹，左執弣，右執簫，以授公。公親揉之。〔一〇〕順放之也。隈，弓淵也。揉，宛之，觀其安危也。今文「順」爲「循」。古文「揉」爲「紐」。○以袂，面世反。右隈，烏回反。揉之，而九反，劉奴丑反，又耳了反。宛，紆阮反。爲紐，女九反。

【疏】「大射」至「揉之」　注「順放」至「爲紐」　云「順放之也」者，以袂向下，於弓隈順放之。云「觀其安危也」者，案考工記弓人云「其弓安」、「其弓危」者，以弓弱者爲危，其弓強者爲安，則此云觀安危者，謂試弓之強弱。

小臣師以巾内拂矢，而授矢于公，稍屬。内拂，恐塵及君也。稍屬，不搢矢。○稍屬，之王反，注及下稍屬同。大射正立于公後，以矢行告于公。若不中，使君當知而改其度。下曰留，上曰揚，左右曰方。留，不至也。揚，過去也。方，出旁也。

公既發，大射正受弓而俟，拾發以將乘矢。〔一一〕公下射也，而先發不留，尊也。

【疏】「公既」至「乘矢」　注「公下」至「尊也」　案上三耦射者，上射射訖，乃次下射。此公爲下射，當後射，今君射前

於賓，故鄭云「先發不雷，尊也」。

公卒射，小臣師以巾退，反位。大射正受弓。受弓，以授有司於東堂。小射正以笥受決、拾，退，奠于坫上，復位。大射正退反司正之位。小臣正贊襲。公還而后賓降，釋弓于堂西，反位于階西，東面。階西，東面，賓降位。

【疏】注「階西」至「降位」　案上文賓受獻訖，降立於階西，東面，此云「反位於階西，東面」，故云「反位」也。

公即席，司正以命升賓。賓升復筵，

【疏】「公即」至「復筵」　此公與賓復升即位者，公卿以下當繼射，公與賓當觀之，故升就位也。

而后卿大夫繼射。諸公卿取弓矢于次中，袒、決、遂，執弓，搢三，挾一个，出，西面揖，揖如三耦，升射、卒射、降如三耦。適次，釋弓，説決、拾，襲，反位。衆皆繼射。釋獲皆如初。諸公卿言取弓矢，衆言釋獲，互言也。卒射，釋獲者遂以所執餘獲適阼階下，北面告于公曰：「左右卒射。」司射不告者，〔一二〕釋獲者於是有事，宜終之也。餘獲，餘筭也。無餘筭則無所執。古文曰「餘筭」。反位，坐委餘獲于中西，興，共而俟。

司馬袒，執弓，升，命取矢如初。負侯許諾，以旌負侯如初。司馬降，釋弓如初。小臣委矢于楅如初。司馬，司馬正。於是司馬師亦坐乘矢。

【疏】「司馬」至「如初」　自此盡「就席」，論射訖取矢委於楅之事。

注「司馬」至「乘矢」　知司馬是司馬正，「司馬師亦坐乘矢」者，此經皆言「如初」，案上番射，司馬正與司馬師乘矢，故知也。

賓、諸公、卿大夫之矢皆異束之以茅，卒，正坐，左右撫之。進束，反位。異束，大夫矢尊，殊之也。正，司馬正也。進，前也。又言束，整結之，示親也。

【疏】注「異束」至「殊之也」　公卿皆異束，但言大夫者，公卿自相對，其矢俱束之，及其脱之亦拾取；但三耦之内，大夫以士耦之，士矢不束，大夫束之，故曰「尊，殊之」。下注云「不言君矢，小臣以授矢人於東堂下可知」，知者，以其小臣取矢，明取之以授矢人。

賓之矢則以授矢人于西堂下。是言矢人，則納射器之有司，各以其器名官職。不言君矢，小臣以授矢人于東堂下可知。司馬釋弓，反位，而后卿大夫升，就席。此言其升前，小臣委矢於楅。

【疏】注「此言」至「於楅」　云「此言其升前，小臣委矢於楅」者，案上文「司馬降，釋弓如初」，在「小臣委矢」之上，其「司馬降，釋弓」之時，卿大夫即升就席，委矢，當依司馬「命取矢」之下，不失其次，故不即見卿大夫升事，是以於此特

言「司馬降，釋弓」，與「卿大夫升」爲節耳，故鄭亦言其次第也。

司射適階西，釋弓，去扑，襲，進，由中東，立于中南，北面，視筭。釋弓，去扑，射事已也。○眡筭，〔一三〕音視，本亦作視。

【疏】「司射」至「去扑」 自此盡「共而俟」論數筭之事。直言「去扑」，不言去矢，矢亦去之。是以下文司射「執弓，挾一个，搢扑」，明此時去矢，後更挾之。

釋獲者東面于中西坐。先數右獲，固東面矣，復言之者，少南就右獲。○先數，所主反，注數者，校數同。二筭爲純，純，猶全也，耦陰陽也。一純以取，實于左手，十純則縮而委之，〔一四〕縮，從也，於數者東西爲從。古文「縮」皆作「蹙」。○則縮，所六反。從也，子容反，下同。作蹙，子六反。每委異之，易校數。〔一五〕○易校，以鼓反。有餘純則横諸下。又異之也，自近爲下。○自近，附近之近，下注近其同。一筭爲奇，奇則又縮諸純下。又從之。○爲奇，居宜反，下同。興，自前適左，從中前北也。更端，故起。東面坐，少北於故。坐兼斂筭，〔一六〕實于左手，一純以委，十則異之。變於右也。其餘如右獲。謂所縮、所横者。司射復位，釋獲者遂進取賢獲執之，由阼階下北面告于公。賢獲，勝黨之筭也。執之者，齊而取其餘。若右勝，則曰

右賢於左。若左勝，則曰左賢於右，以純數告。若有奇者，亦曰奇。告曰某賢於某若干純、若干奇。若左右鈞，則左右各執一筭以告，〔一七〕曰左右鈞。還，復位，坐兼斂筭，實八筭于中，委其餘于中西，興，共而俟。

司射命設豐。當飲不勝者，射爵。○當飲，於鴆反，下文若飲公、飲君皆同。〔一八〕

【疏】「司射命設豐」　自此盡「徹豐與觶」，論二番射訖，行射爵之事。

司宮士奉豐由西階升，北面坐設于西楹西，降，復位。勝者之弟子洗觶，升，酌散，南面坐奠于豐上，降，反位。弟子，其少者也。不授者，射爵猶罰爵，略之。○奉豐，芳勇反，下同。其少，詩召反。

【疏】注「弟子」至「略之」　自此以上，其疏見於鄉射，於此不復言。云「不授者，射爵猶罰爵，略之」者，案詩云「兕觥其觩，旨酒思柔」，注云「觩，陳設貌。觥，罰爵，不手授」，此飲射爵，亦不手授，故云「猶罰爵」也。案獻酬之爵，皆手授之，此不手授，故云「略之」也。若然，士以下飲罰爵者取於豐，大夫已上皆手授，尊之。故下注云「授爵而不奠豐，尊大夫也」。其三耦之內，雖大夫亦取於豐者，以其作三耦，與衆耦同事，故不復殊之。

司射遂袒，執弓，挾一个，搢扑，東面于三耦之西，命三耦及衆射者：

勝者皆袒、決、遂，執張弓；執張弓，言能用之也。右手挾弦。不勝者皆襲，説決、拾，卻左手，右加弛弓于其上，遂以執弣。固襲，説決、拾矣。復言之者，起勝者也。不勝者執弛弓，言不能用之也。兩手執弣，無所挾也。○加弛，尸氏反。

【疏】注「固襲」至「挾也」　云「固襲，説決拾矣。復言之者，起勝者也」者，起勝者，射畢之時降堂，皆就次襲，説決、拾矣，故云「固襲」，今復言之者，以其勝者更袒、決、遂，故復言「不勝」襲，説決、拾，欲與勝者相起復發，〔一九〕故復言之也。

司射先反位。居前，俟所命入次而來飲。三耦及衆射者皆升，飲射爵于西階上。不勝之黨無不飲。

【疏】注「不勝之黨無不飲」　以其經云「三耦及衆射者皆升」，飲射爵者言升之，明知「不勝之黨無不飲」。但大射者，所以擇士以助祭，今若罰爵在於不勝之黨，雖數中亦受罰。及其助祭，雖飲射爵，亦得助祭。但在勝黨，雖不飲爵，〔二〇〕若不數中，亦不得助祭，以其飲、罰據一黨而言，取其助祭，取一身之藝，義故不同也。

小射正作升飲射爵者，如作射。一耦出，揖，如升射。及階，勝者先升，升堂，〔二一〕少右。先升，尊賢也。少右，辟飲者，亦因相飲之禮然。○辟飲，音避，下辟中、辟俎皆同。

【疏】注「先升」至「禮然」　云「亦因相飲之禮然」者，案鄉飲酒、鄉射獻酬之禮，獻者在右，酬者在左，故云「亦」也。

不勝者進，北面坐取豐上之觶，興，少退，立卒觶，進，坐奠于豐下，興，

揖。立卒觶，不祭不拜，受罰不備禮也。右手執觶，左手執弓。

【疏】注「立卒」至「執弓」　案鄉飲酒皆祭，坐卒爵，拜既爵，故此決之，受罰不備禮也。云「右手執觶，左手執弓」者，以其執弛弓，不釋於地，明知未飲時兩手執弓，今受罰爵，右手執爵爲便，左手執弓可知。

不勝者先降，後升先降，略之不由次也。降而少右，復並行。

【疏】「不勝者先降」　注「後升」至「並行」　云「後升先降，略之不由次也」者，案上文勝者先升，此文不勝者先降，故云「略之不由次」。云「降而少右，復並行」者，見下文「與升飲者相左」，明降至堂下，此二人少右，復並行，以其辟升者在左故也。

與升飲者相左，交于階前，相揖，適次，釋弓，襲，反位。僕人師繼酌射爵，取觶實之，反奠于豐上，退，俟于序端。僕人師酌者，君使之代弟子也。自此以下辯爲之酌。○爲之，于僞反，下爲大侯、當爲、嫌爲、爲復、爲其皆同。升飲者如初。三耦卒飲。若賓、諸公卿大夫不勝，則不降，不執弓，耦不升。此耦謂士也。諸公卿或闕，士爲之耦者，不升。其諸公、卿大夫相爲耦者，不降席，重恥，尊也。

【疏】「若賓」至「不升」　注「此耦」至「尊也」　知「此耦謂士」者，以大夫坐於上，士立於下，經云「耦不升」，故云「此耦謂士也」。是以鄭解其意云「諸公卿或闕，士爲之耦者，不升。其諸公卿大夫相爲耦者，不降席」，以其大夫在堂

上，〔二二〕故云「不降席」。云「重恥，尊也」者，解士不升，大夫已上不降席意，以其卑者對飲尊者是可恥之事，不對飲，是「重恥，尊」者也。

僕人師洗，〔二三〕升，實觶以授。賓、諸公、卿大夫受觶于席，以降，適西階上北面立飲，卒觶，授執爵者，反，就席。雖尊亦西階上立飲，不可以己尊枉正罰也。授爵而不奠豐，尊大夫也。

【疏】注「雖尊」至「夫也」　云「不可以己尊枉正罰也」者，正罰謂上文飲者在左，勝者在右，於西階之上北面跪取豐上之觶飲之是也。今雖不取於豐，亦於西階北面，是「不可以己尊枉正罰」也。

若飲公，則侍射者降，洗角觶，升，酌散，降拜，侍射，賓也。飲君則不敢以爲罰，從致爵之禮也。

【疏】「若飲」至「降拜」　注「侍射」至「禮也」　云「侍射，賓也」者，以其賓與君對射耦，自相飲，故知侍射者賓也。云「飲君則不敢以爲罰，從致爵之禮也」者，罰爵如上文，罰者飲之而已，今則從燕臣致爵於君之禮，下文所謂「夾爵」者是也。但此經云「角觶」，與上文觶皆是「三升曰觶」，觶與角連，故謂之「角觶」。或單言角，或單言觶，是以禮記少儀云「侍射則約矢，侍投則擁矢。勝則洗爵而請，不角」，注云「角謂觥，罰爵也。於尊長與客如獻酬之爵」。又詩云「我姑酌彼兕觥」，毛傳云「兕觥，角爵」，箋云「兕觥，罰爵」，是其角觶、兕觥皆罰爵，此角觶以兕角爲之，非謂「四升曰角」者也。若然，此「角觶」對下文飲君云「象觶」，故云「角觶」，謂賓酌如兕，自飲君，即下文「賓降洗象觶」，亦從獻酬之爵，不敢用罰爵也。〔二四〕

公降一等。〔二五〕小臣正辭。賓升，再拜稽首，公荅再拜。賓坐祭，卒爵，

再拜稽首，公荅再拜。賓降，洗象觶，〔二六〕升，酌膳以致，下拜，小臣正辭，升，再拜稽首，公荅再拜。公卒觶，賓進受觶，〔二七〕降，洗散觶，升，實散，下拜，小臣正辭，升，再拜稽首，公荅再拜。賓復酌自飲者，夾爵也，但如致爵，則無以異於燕也。夾爵，亦所以耻公也，所謂「若飲君，燕，則夾爵」。

【疏】注「賓復」至「夾爵」云所謂「若飲君，燕，則夾爵」者，言「所謂」鄉射文，彼云「燕」者，則此經「夾爵」也。

賓坐，不祭。卒觶，降，奠于篚，階西東面立。不祭，象射爵。

【疏】注「不祭象射爵」案上文受罰者取爵於豐，飲之不祭，此云君爵不祭，是以賓飲夾爵亦不祭，皆與射同，故云「象」。

擯者以命升賓，賓升，就席。擯者，司正也。今文「席」爲「筵」。若諸公、卿大夫之耦不勝，則亦執弛弓，特升飲。此耦亦謂士也。特，猶獨也，以尊與卑爲耦，〔二八〕而又不勝，使之獨飲，若無倫匹，孤賤也。衆皆繼飲射爵，如三耦。射爵辯，乃徹豐與觶。徹，除也。

司宮尊侯于服不之東北，〔二九〕兩獻酒，東面，南上，皆加勺。設洗于尊西北。篚在南，東肆，〔三〇〕實一散于篚。爲大侯獲者設尊也。言「尊侯」者，獲者之功由侯也。不於初設之者，不敢必君射也，君不射則不獻大侯之獲者。散，爵名，容五升。○兩獻，素多反。

【疏】「司宮」至「於篚」　注「爲大」至「五升」　自此盡「侯而侯」，論設尊獻服不之事。云「不於初設之者，不敢必君射也，君不射則不獻大侯之獲者」，若然，此設大侯之獲者，君不射則不設之，不豫設者，不敢必君射。案上張侯，先設大侯，君射大侯張之，必君射者，但聖人設法，〔三一〕一與一奪，以大射者爲祭擇士，所以助祭，人君不可不親，故奪其尊使之必射，故豫張大侯。至此設大侯之尊，君射訖乃設之者，許其自優暇，容有不射之理，是以不射則不設，射乃設之。云「散，爵名，容五升」者，案韓詩傳云「一升曰爵，二升曰觚，三升曰觶，四升曰角，五升曰散」，是其散「容五升」也。

司馬正洗散，遂實爵，獻服不。言服不者，著其官，尊大侯也。服不，司馬之屬，掌養猛獸而教擾之者。洗酌皆西面。○教擾，而小反，劉音饒。

【疏】「司馬」至「服不」　注「言服」至「西面」　云「服不者，著其官，尊大侯也」者，自此已前皆以事名之，於此而言服不，著其官，言尊大侯故也。云「服不，司馬之屬」者，以其服不在大司馬下，六十官之屬者。云「掌養猛獸而教擾之」者，猛獸熊、羆之屬，教之使擾馴人意，象王者服不服諸侯，使歸服王者。云「洗酌皆西面」者，以其設尊設洗皆東面，故知洗爵酌酒皆西面向之也。若然，獻旅食尊後酌者，爲背君，此西面不嫌背君，以其南統於侯故也。

服不侯西北三步北面拜〔三二〕，受爵。近其所爲獻。

【疏】「服不」至「受爵」　注「近其所爲獻」　云「近其所爲獻」者，以其服不得獻，由侯所爲，故不近乏而近侯獻之，故云「近其所爲獻」也。

司馬正西面拜送爵，反位。不俟卒爵，畧賤也。此終言之，獻服不之徒，乃反位。

【疏】「司馬」至「反位」　注「不俟」至「反位」　云「不俟卒爵，畧賤也」者，案上文獻服不訖，又案下文「卒祭，左个之西北三步東面，設薦俎，立卒爵」，若然，卒爵禮祭侯訖，今司馬反位，在未祭侯之前，故畧賤也。云「此終言之，獻服不之徒，乃反位」者，但大侯尊，服不與其徒二人共在獲所，獻服不亦兼獻徒。〔三三〕此經唯見獻服不，不見獻其徒，即云「司馬反位」明獻徒移，始反位。是以知反位者終言之，其實獻徒後乃反位，故下注云「司馬正皆獻之」是也。

宰夫有司薦，庶子設折俎。宰夫有司，宰夫之吏也。鄉射記曰：「獲者之俎折，脊、脅、肺。」

【疏】「宰夫」至「折俎」　注「宰夫」至「脅肺」元空二字　云「宰夫有司，宰夫之吏也」者，諸侯宰夫是士，而宰夫有司明是宰夫之吏府、史也。引鄉射記者，此俎實無文，故引之爲證。

卒錯，〔三四〕獲者適右个，薦俎從之。不言服不言獲者，國君大侯，服不負侯，其徒居乏待獲，變其文，容二人也。司馬正皆獻之，薦俎已，錯，乃適右个，明此獻己，己歸功於侯也。適右个，由侯内。鄉射記曰：「東方謂之右个。」○卒錯，劉音厝。右个，劉音幹，注及下同。

【疏】「卒錯」至「從之」　注「不言」至「右个」　云「國君大侯，服不負侯，其徒居乏待獲，變其文，容二人也」者，案上注云「天子服不氏下士一人，徒四人，掌以旌居乏待獲」，鄭言「容二人」者，欲見服不與徒二人皆得獻，故鄭云「司馬正皆獻之」。云「適右个，由侯内」者，以其既祭左个，次祭右个，乃祭於中，故云「適右个，由侯内」。

獲者左執爵，〔三五〕右祭薦俎，二手祭酒。祭俎不奠爵，不備禮也。二手祭酒者，獲者南面於俎北，當爲侯祭於豆間，爵反注，爲一手不能正也。此薦俎之設，如於北面人焉。天子祝侯曰：「唯若寧侯，無或若女不寧侯，不屬於王所，故抗而射女。強飲強食，詒女曾孫，諸侯百福。」諸侯以下祝辭未聞。○祝侯，之又反，下同。若女，音汝，下同。而射，食亦反，下始射同。彊飲，其丈反，下同。詒女，以之反，遺也。

【疏】「獲者」至「祭酒」　注「祭俎」至「未聞」　云「祭俎不奠爵，不備禮也」者，言祭俎者，謂祭俎上肺。但肺有二種，此云「祭」，是祭肺也，非是離肺。知者，案鄉射記云「獲者之俎折脊、脅、肺、臑」，又曰「釋獲者之俎折脊、脅、肺，皆有祭」，則此俎祭肺亦離肺。若然，凡祭，祭肺，皆不奠爵，是其常。云此「不奠爵，不備禮」者，但祭肺、離肺兩，有祭肺不奠爵，〔三六〕若空有祭肺亦不奠爵，今祭俎不奠，〔三七〕故云「不備禮」。云「天子祝侯曰」以下，周禮梓人文。云「諸侯以下祝辭未聞」，知諸侯不與天子祝辭同，而云「未聞」者，以本所射侯，天子中之則能服諸侯，諸侯中之則得爲諸侯，若天子云「抗而射女」，諸侯則不得云「抗而射女」，是以知祝辭有異，〔三八〕但未聞耳。

適左个，祭如右个，中亦如之。先祭个後中者，以外即之至中，若神在中。鄉射禮曰：「獻獲者俎與薦皆三祭。」

【疏】注「鄉射」至「三祭」〔三九〕　以其左、右及中，故三者皆三祭，非謂一處有三祭。

卒祭，左个之西北三步東面，此鄉受獻之位也。〔四〇〕不北面者，嫌爲侯卒爵。

【疏】「卒祭」至「東面」　注「此鄉」至「卒爵」　云「不北面者，嫌爲侯卒爵」者，前服不受獻之時，侯西北面者，欲歸功於侯故也。今卒爵雖同舊處而東面者，以其前受獻爲己，今卒爵還爲己卒爵，故東面，是以云「不北面者，嫌爲侯卒爵」也。

設薦俎，立卒爵。不言「不拜既爵」，司馬正已反位，不拜可知也。鄉射禮曰：「獲者薦右東面，立飲。」

【疏】「設薦」至「卒爵」　注「不言」至「立飲」　云「不言不拜既爵，司馬正已反位，不拜可知也」者，決鄉射「獲者薦右東面立飲，不拜既爵」，此則不言之，以其司馬在，對司馬不拜既爵，司馬已反位，不拜既爵可知，故不言。引鄉射禮者，此不言立位之處，當同鄉射薦者東面立。

司馬師受虛爵，洗，獻隸僕人與巾車〔四一〕、獲者，皆如大侯之禮。隸僕人埽侯道。巾車，張大侯及參侯、干侯之獲者，其受獻之禮，如服不也。隸僕人、巾車於服不之位受之，功成於大侯也。不言量人者，此自後以及先可知。

【疏】「司馬」至「之禮」　注「隸僕」至「可知」　云「隸僕人埽侯道」者，謂君射時，初埽之時，亦是隸僕人也。云「巾車，張大侯」者，舉尊者而言，其參侯、干侯亦張之，是以上文司馬「遂命量人、巾車張三侯」，此直云「大侯」，舉尊而言也。〔四二〕云「及參侯、干侯之獲者」，以其上文以獻大侯服不獲者，〔四三〕明此經獲者是糝侯、豻侯可知。〔四四〕云「隸僕人、巾車於服不之位受之」，知者，以其隸僕人、巾車素無其位，而經云「如大侯之禮」，明就大侯之位受獻，是以鄭云「功成於大侯也」。云「不言量人者，此自後以及先可知」者，案上張侯之時，先言量人，後言巾車，君射之時，乃有隸僕人埽侯道，受獻先言隸僕人，〔四五〕後言巾車，是自後以及先，隸僕尚得獻，明量人在巾車之先得獻可知。

卒，司馬師受虛爵，〔四六〕奠于篚。獲者之篚。獲者皆執其薦，庶子執俎從之，設于乏少南。少南，爲復射妨旌也。隸僕人、巾車、量人自服不而南。

【疏】注「隸僕」至「而南」 知「自服不而南」者，雖無正文，以其受獻於服不之位，明繼服不而南可知。

服不復負侯而俟。〔四七〕

司射適階西，去扑，適堂西，釋弓，説決、拾，襲，適洗，洗觚，升，實之，降，獻釋獲者于其位少南。獻釋獲者，與獲者異，文武不同也。去扑者，扑不升堂也。少南，辟中。

【疏】「司射」至「少南」 自此盡「反位」，論獻釋獲者之事。

注「文武不同」 言「文武不同」者，以其獻獲者於侯西北面受獻，歸功於侯，〔四八〕是其武；獻釋獲者升堂酌酒，東面獻之，就釋筭之所，是其文，故云「文武不同」。

薦脯醢折俎，皆有祭。俎與服不同，唯祭一爲異。

【疏】注「俎與」至「爲異」 云「俎與服不同」者，以其俱用一俎。云「唯祭一爲異」者，上祭侯之俎引鄉射獲者「俎與薦皆三祭」，鄭鄉射注云「祭侯三處」，至此獻釋獲者，不主祭侯，正唯一祭俎耳，故云「唯祭一爲異」。

釋獲者薦右東面拜，受爵。司射北面拜送爵。釋獲者就其薦坐，左執爵，右祭脯醢，〔四九〕興，取肺，坐祭，遂祭酒，祭俎不奠爵，亦賤不備禮。

【疏】注「祭俎」至「備禮」 上祭侯之時，祭俎不奠爵，不備禮，至此祭俎，亦祭肺，不奠爵，賤，亦不備禮。

興，司射之西，北面立卒爵，不拜既爵。司射受虚爵，奠于篚。釋獲者少西辟薦，反位。辟薦，少西之者，爲復射妨司射視筭，亦辟俎也。○辟薦，婢亦反，注同。

【疏】注「亦辟俎也」　以其薦俎相將，薦既辟，俎亦辟可知。

司射適堂西，袒、決、遂，取弓，挾一个，適階西，搢扑，以反位。爲將復射。

【疏】「司射」至「反位」　注「爲將復射」　自此盡「于公，如初」，論司射請公，爲三番射事。

司射倚扑于階西，適阼階下，北面請射于公，如初。不升堂，賓、諸公、卿大夫既射矣，聞之可知。

【疏】注云「不升堂，賓、諸公、卿大夫既射矣，聞之可知」者，決前司射升堂，請射于公，升，今不升者，諸公、卿大夫前已射聞之矣。

反，搢扑，適次，命三耦皆袒、決、遂，執弓，序出取矢。〔五〇〕皛言拾，是言序，互言耳。○皛，許亮反，注同。言拾，其業反，下大夫拾同。

【疏】「反搢」至「取矢」　注「皛言」至「言耳」　自此盡「襲，反位」，論三耦與卿大夫取矢之事。云「皛言拾」者，謂第一

射時，〔五一〕三耦云「拾取矢」。云「是言序」者，謂序出次時，一耦先後。「互」者，皆次序出次，至庭拾取矢。

司射先反位。言先，先三耦也。司射既命三耦以入次之事，即反位。三耦入次，袒、決、遂，執弓挾矢，〔五二〕乃出，反次外西面位。〔五三〕鄉不言司射先反位，三耦未有次位，〔五四〕無所先也。

【疏】「司射先反位」　注「言先」至「先也」　云「鄉不言司射先反位，三耦未有次外位，無所先也」者，凡言「反位」者，謂前已有位，今乃反之，是今禮反於舊位，舊位第一番之時，三耦次外，〔五五〕舊無位，司射雖先有位，不得言「先反位」，是以決之。〔五六〕

三耦拾取矢如初。小射正作取矢如初。小射正，司射之佐。作取矢，禮殺代之。

【疏】「三耦」至「如初」　注「小射」至「代之」　云「禮殺代之」者，決第一番不言「小射正作取矢」。

三耦既拾取矢，〔五七〕諸公卿大夫皆降如初位，與耦入於次，皆袒、決、遂，執弓，皆進當楅，進坐說矢束，上射東面，下射西面，拾取矢如三耦。「皆進當楅，進」，三耦揖之位也。凡繼射命耦而已，不作射，不作取矢，從初。○坐說，劉詩悦反，又始鋭反，下同。

【疏】「三耦」至「三耦」　注「皆進」至「從初」　云「凡繼射命耦而已，不作射，不作取矢，從初」者，言「凡繼射命耦」者，前三耦卒射後，大夫降至「三耦之南，西面，北上，司射東面于大夫西，比耦大夫與大夫，〔五八〕命上射曰：『某御於子。』命下射曰：『子與某子射。』卒，遂比衆耦」云云；至公即席後，賓升階，復位，還筵而後；卿大夫繼射後，「衆皆繼射，釋獲，皆如初」，注云「諸公卿言取弓矢，衆言釋獲，互言也」，既司射，注「司射所作唯上耦」，〔五九〕是此文小

射正但作三耦拾取矢，公以下亦無作拾文，故曰「不作取矢，從初」，從三耦法也。

若士與大夫爲耦，士東面，大夫西面。大夫進，坐説矢束，退，反位。說矢束，自同於三耦，謙也。

【疏】注「説矢」至「謙也」　云「自同於三耦，謙也」者，以其三耦是士之束，既是大夫，若束，則異於三耦，故云「説矢束，自同於三耦，謙也」。鄉射「坐説矢束」，注云「説矢束者，下耦以將拾取」，彼不言同三耦者，彼三耦非大夫故也。

耦揖，進，坐，兼取乘矢，興，順羽，且左還，毋周，反面揖。兼取乘矢，不敢與大夫拾。大夫進坐，亦兼取乘矢，如其耦。北面，搢三，挾一个，揖，進，〔六〇〕大夫與其耦皆適次，釋弓，説決、拾，襲，反位。諸公卿升，就席。大夫反位，諸公卿乃升就席，大夫與己上下位。○一个，古貨反，下同。〔六一〕

【疏】注「大夫」至「下位」　諸公卿大夫自爲耦者，拾取矢在前。大夫與士耦者，説矢束、拾取矢在後。今待大夫反位，〔六二〕乃後升「公卿乃升就席」者，以其上大夫與下大夫同是大夫爵，但上下有異耳，故上大夫待下大夫反位，乃後升就席。

衆射者繼拾取矢，皆如三耦。遂入于次，釋弓矢，説決、拾，襲，反位。

司射猶挾一个以作射如初。一耦揖升如初。司馬升，命去侯，負

侯許諾。司馬降，釋弓，反位。司射與司馬交于階前，倚扑于階西，適阼階下，北面請以樂于公，公許。請奏樂以爲節也。始射獲而未釋獲，復釋獲，復用樂行之。君子之於事也，〔六三〕始取苟能中，課有功，終用成法，教化之漸也。射用應樂爲難，孔子曰：「射者何以聽？循聲而發，發而不失正鵠者，其唯賢者乎！」○用應，應對之應，下同。失正，音征。

【疏】注「請奏」至「者乎」　云「請奏樂以爲節也」者，謂若天子騶虞九節，諸侯貍首七節，大夫采蘋、士采蘩皆五節。云「始射獲而未釋獲」者，謂第一番三耦射中時，雖唱獲未釋筭。云「復釋獲」者，謂第二番衆耦皆射釋筭，未作樂。云「復用樂行之」者，謂第三番射，非直釋筭，復用樂焉。云「射用應樂爲難」者，但禮射其容體比於樂，又須中於侯，名爲應樂節。云「孔子曰」者，禮記射義文，引之者，證射用應樂而爲難之意。〔六四〕

司射反，搢扑，東面命樂正，曰：「命用樂。」言君有命，用樂射也。樂正在工南，北面。

【疏】注「言君」至「北面」　云「樂正在工南，北面」者，此時工在洗東，西面，樂正在工南，北面，司射在西階下，東面。經云「命樂正」者，東面遥命之。

樂正曰：〔六五〕「諾。」司射遂適堂下，北面視上射，命曰：「不鼓不釋。」不與鼓節相應，不釋筭也。鼓亦樂之節，學記曰「鼓無當於五聲，五聲不得不和」。凡射之鼓節，投壺其存者也。周禮射節天子九，諸侯七，卿大夫以下五。○無當，丁浪反。

【疏】注「不與」至「下五」　引學記者，證鼓得與樂爲節之事。云「凡射之鼓節，投壺其存者也」者，射之鼓節多少無文，案今禮記投壺篇，圖出魯鼓、薛鼓，云「取半以下爲投壺節，盡用之爲射節」，是其投壺存者。〔六六〕云「周禮射節天

子九」以下者，是射人、樂師皆有此文，引之者，證射節多少。

上射揖。司射退，反位。樂正命大師曰：「奏貍首，間若一。」樂正西面受命，左還，東面命大師以大射之樂章，使奏之也。貍首，逸詩曾孫也。貍之言不來也，其詩有「射諸侯首不朝者」之言，因以名篇。後世失之，謂之曾孫，「曾孫」者，其章頭也。射義所載詩曰：「曾孫侯氏」是也。以爲諸侯射節者，采其既有弧矢之威，又言「小大莫處，御於君所。以燕以射，則燕則譽」，有樂以時會君事之志也。「間若一」者，調其聲之疏數重節。○奏貍，里之反。不朝，直遥反。有弧，音胡，弓也。疏數，音朔。

【疏】「上射」至「若一」　注「樂正」至「重節」　云「貍首，逸詩曾孫也」者，以其貍首是篇名，「曾孫」是章頭。知者，以其射義上文云，其節，天子以騶虞，諸侯以貍首，卿大夫以采蘋，士以采蘩，以類言之，騶虞、采蘋是篇名，貍首篇名可知。射義下文「諸侯君臣盡志於射」，又云「故詩曰『曾孫侯氏，四正具舉。小大莫處，御于君所』」，注云「此曾孫之詩，諸侯之射節也。四正，正爵四行也，四行者，獻賓獻公獻卿獻大夫，乃後樂作而射也」，上云貍首，下云曾孫，「曾孫」，章頭也，是以鄭云「『曾孫』，其章頭，射義所載『曾孫侯氏』是也」。云「後世失之，謂之曾孫」者，以「曾孫」爲篇名，是失之；云「『曾孫』，其章頭也」，是正世人也。云「小大莫處」已下，「則燕則譽」以上，皆射義文，彼注「以燕以射，先行燕禮乃射」是也。云「『間若一』者，調其聲之疏數重節」者，謂九節、七節、五節中間，相去或希疏，或密數，中間使如一。必疏數如一者，重此樂故也。

大師不興，許諾。樂正反位。奏貍首以射。三耦卒射。賓待于物如初。公樂作而后就物，稍屬，不以樂志，其他如初儀。〔六七〕不以樂志，君之射儀遲速從心，其發不必應樂，辟

不敏也。志，意所儗度也。〔六八〕春秋傳曰：「吾志其目。」○所儗，音擬。度也，大各反。

【疏】「大師」至「初儀」　注「不以」至「其目」　此經云「如初」者，皆如上第二番射法，唯作樂爲異耳。云「辟不敏也」者，若以樂志，不與樂節相應，則見君不敏，今不以樂志，遲速從心，其發不必應樂，是辟不敏也。引春秋傳者，定八年左氏傳文，「正月，公侵齊，門于陽州」，其時魯人顔息「射人中眉」，退曰：「我無勇，吾志其目也。」服氏注云：「志中其目，是非其誠，詐以自矜。」引之者，證志是「意所儗度」也。

卒射，如初。賓就席。諸公、卿大夫衆射者皆繼射，釋獲如初。卒射，降，反位。釋獲者執餘獲進告左右卒射如初。

司馬升，命取矢，負侯許諾。司馬降，釋弓，反位。小臣委矢，司馬師乘之，〔六九〕皆如初。司射釋弓，視筭如初。〔七〇〕釋獲者以賢獲與鈞告如初，復位。

司射命設豐，實觶如初〔七一〕。遂命勝者執張弓，不勝者執弛弓，升飲如初。卒，退豐與觶如初。

司射猶袒、決、遂，左執弓，右執一个，兼諸弦，面鏃，適次，命拾取矢如初。側持弦矢曰執。面，猶尚也，兼矢於弦，尚鏃，將止，變於射也。○乘之，繩證反。

【疏】注「側持」至「射也」　上文皆云「挾一个」，此經云「執一个」，故上注云「方持弦矢曰挾，以其將射故也」。此注云「側持弦矢曰執」，謂鏃向上，故云「兼矢於弦，尚鏃，將止，變於射也」。案鄉射禮云「矢不挾，兼諸弦弣」，不言面鏃，此言「面鏃」，不言兼弦弣，〔七二〕各舉一邊，省文之義。言「兼弦弣」者，一矢兼弦，三矢兼弣也。

司射反位。三耦及諸公、卿大夫衆射者皆袒、決、遂，以拾取矢如初，矢不挾，兼諸弦，面鏃，退適次，皆授有司弓矢，襲，反位。不挾亦謂執之，如司射。卿大夫升，就席。

司射適次，釋弓，說決，拾，去扑，〔七三〕襲，反位。司馬正命退楅、解綱。小臣師退楅，巾車、量人解左下綱。〔七四〕司馬師命獲者以旌與薦俎退。〔七五〕解，猶釋也。今文「司馬師」無「司馬」。司射命釋獲者退中與筭而俟。諸所退射器皆俟，備君復射。釋獲者亦退其薦俎。

【疏】注「諸所」至「薦俎」　云「皆俟，備君復射」者，但射已三番，於後或射或否，但臣不敢必君射，故備擬於君也。云「釋獲者亦退其薦俎」者，前辟薦俎，今既退中與筭，薦俎不可虛留，明亦退之可知。

公又舉奠觶，唯公所賜，若賓，若長，以旅于西階上如初。大夫卒受者以虛觶降，奠于篚，反位。○若長，丁丈反，下士長同。

【疏】「公又」至「反位」　此一節論射訖爲大夫舉旅之事。

司馬正升自西階，東楹之東，北面告于公，請徹俎，公許。射事既畢，禮殺人倦，宜徹俎燕坐。

遂適西階上，北面告于賓。賓北面取俎以出，諸公卿取俎，如賓禮，遂出，〔七六〕授從者于門外。自其從者。○授從，才用反，注同。大夫降，復位。門東北面位。

【疏】「司馬」至「公許」　自此盡「反位，坐」，論徹俎升坐安燕之事。

【疏】「大夫降，復位」　注「門東北面位」　云「大夫降」者，大夫雖無俎，以賓及公卿皆送俎，不可獨立於堂，故降復位。云「門東北面位」者，謂初小臣納卿大夫門東北面揖位。案下文「賓諸公卿皆入門東面北上」，謂在西階下。知大夫不復在西階下位者，以其言「復位」者，復前位，其西階下舊無位，故知非西階下。若然，公卿入西階下，鄭云「諸公卿不入門而右，以將燕，亦因從賓」者也。大夫以公卿未入，不可猶居西階，故在「門東北面位」也。

庶子正徹公俎，〔七七〕降自阼階以東。降自阼階，若親徹也。以東，去藏。○去藏，起呂反。賓、諸公卿皆入

門，〔七八〕東面北上。諸公卿不入門而右，以將燕，亦因從賓。司正升賓。賓、諸公卿大夫皆說屨，升，就席。公以賓及卿大夫皆坐，乃安，曏命以我安臣於君，尚猶跛踖，至此乃敢安。○皆說，土活反，下同。猶跛，子六反。踖，子亦反。羞庶羞。羞，進也。庶，衆也。所進衆羞，謂䐣肝膋、狗胾醢也，或有炰鼈、膾鯉、雉、兔、鶉、鴽。○謂䐣，音損，又才悶反，又士戀反。肝膋，力彫反。狗胾，莊吏反。〔七九〕有炮，薄交反，或作炰、缹，同音缶。鼈，本又作鼈，必滅反。膾鯉，古外反。鶉，市春反。鴽，音如。

【疏】「羞庶羞」　注「羞進」至「鶉鴽」　知有「䐣肝膋」者，此大射先行燕禮，燕法其牲唯有狗。又案內則云「肝膋，取狗肝一，幪之以其膋，濡炙之，舉燋其膋，不蓼」，注云「膋，腸間脂」，故知此羞中有肝膋也。又知有「狗胾醢」者，以其公食大夫有牛胾炙、羊胾炙、豕胾炙，此燕無三牲，故知胾醢亦用狗。知有「炰鼈、膾鯉」者，〔八〇〕案六月詩云「吉甫燕喜，既多受祉」，又云「飲御諸友，炰鼈膾鯉」，故知有此也。公食大夫有王事之勞，乃有之，故六月詩鄭注「以吉甫遠從鎬地來，又日月長久，今飲之酒，使其諸友恩舊者侍之，又加其珍美之饌，所以極勸之也」，是有王事之勞乃有之，無王事之勞則無，故公食大夫不見也。又知有雉、兔、鶉、鴽者，公食大夫二十豆有此四者。此仍引內則上大夫二十豆者，不引二十豆盡，以其二十豆有三牲之物，此狗，故唯引此四者。

大夫祭薦。燕乃祭薦，不敢於盛成禮。

【疏】「大夫祭薦」　注「燕乃」至「成禮」　云「燕乃祭薦，不敢於盛成禮」者，此大夫卑，不敢與公卿同時於盛成禮也。

司正升受命，皆命：「公曰：『衆無不醉。』」賓及諸公卿大夫皆興，對

曰：「諾，敢不醉！」皆反位，坐。〔八一〕皆命者，命賓、命諸公、命卿大夫，皆鄉其位也。興對必降席，敬也。司正退，立西序端。

【疏】「司正」至「位坐」　注「皆命」至「序端」　云「興對必降席」者，經直云「興」，不言「降席」，鄭知降席者，以爲「反坐」，故知降席也。言「敬也」者，決上文司正命賓與大夫「以我安」，雖未坐，不云「降而對」，故以此爲敬。若然，上不降席者，彼直云「安」，未盡殷勤，故不降，此命使醉，是盡殷勤，故興降加敬也。知「司正退，立西序端」者，案司正監酒，此將獻士，事未訖，亦如鄉飲酒監旅時，立于西序端也。

主人洗，酌，獻士于西階上。士長升，拜，受觶，主人拜送。獻士用觶，士賤也。今文「觶」作「觚」。

【疏】「主人」至「拜送」　注「獻士」至「作觚」　自此盡「奠于篚」，論獻士及祝、史等之事。云「獻士用觶，士賤也」者，言獻士用觶，對上獻大夫已上觚。〔八二〕觚二升，觶三升，用大者賤，用小者尊，故云「士賤」也。

士坐祭，立飲，不拜既爵，其他不拜，坐祭，立飲。其他，謂衆士也，升不拜受爵。

【疏】注「其他」至「受爵」　云「其他，謂衆士也」者，長謂士中之長，次云士，謂長已下。下云「其他」謂衆士者，亦謂二十七士，以其下經旅食，謂庶人在官，故知此非府、史以下。

乃薦司正與射人于觶南，北面，東上，司正爲上。司正、射人，士也，以齒受獻，既乃薦之也。司正，大射正也，射人，小射正，署其佐。

【疏】注「司正」至「其佐」　案燕禮薦司正與射人一人，司士一人，執冪二人，此不言其數，又不言司士與執冪者，以射人

是小射正，非一人，互見執事。執事者皆同獻，不言其數，不言執冪者二人，文不具。

辯獻士。〔八三〕士既獻者立于東方，西面，北上，乃薦士。士既獻易位者，以卿大夫在堂，臣位尊東也。畢獻薦之，略賤。

【疏】注「士既」至「略賤」　云「畢獻薦之，略賤」者，案上獻士立飲，是畢獻訖，乃云「乃薦司正與射人于觶南」，是獻士又獻司正已下。若然，薦士當在「乃薦司正」上，至此言之者，其實薦士在「乃薦司正」上，今此更言士得獻訖，立在東方，立畢乃薦，不畢獻，待司正薦，乃薦士也。是以「薦司正」言「乃」者緩辭，明司正已下薦在士後也。

祝史、小臣師，〔八四〕亦就其位而薦之。亦者，亦士也，辯獻乃薦也。祝、史門東，北面，東上。主人就士旅食之尊而獻之。旅食不拜受爵，坐祭，立飲。主人既酌，西面，士旅食，北面受之。不洗者，於賤略之。

【疏】注「主人」至「略之」　知「主人既酌，西面，士旅食，北面受之」者，以其不可背君南面授，故知位之如此。若然，大史等亦北面，則亦西面授酒也。其小臣師等案上文位在阼階東面，自然北面授。

主人執虛爵，奠于篚，復位。

賓降，洗，升，媵觶于公，酌散，下拜。公降一等，小臣正辭。賓升，再拜稽首，公荅再拜。〔八五〕賓受公賜多矣，禮將終，宜勸公，序厚意也。今文「觶」爲「觚」；「公荅拜」，無「再拜」。〔八六〕

【疏】「賓降」至「再拜」　自此盡「旅酌」，論賓舉爵爲士舉旅行酬之事。

注賓受至再拜　云「賓受公賜多矣，禮將終，宜勸公，序厚意也」者，上文爲賓爲卿爲大夫舉旅，皆臣自致爵，今此其賓爲士舉旅行酬，因得爲賓致爵於君，故鄭云「序賓厚意」也。

賓坐祭，卒爵，再拜稽首，公荅再拜。賓降，洗象觚，升，酌膳，坐奠于薦南，降拜，小臣正辭。賓升成拜，公荅拜。賓反位。反位，反席也。此觚當爲觶。○洗象觚，音觶，出注。

【疏】注「反位」至「爲觶」　自此已前賓位在西階下，東面，無席，户牖之間位則有席。此「賓升成拜」，不言「降，反位」，明「反位」者反於户牖之間席位。云「此觚當爲觶」者，凡旅酬皆用觶，獻士尚用觶，故知觚當爲觶，下經觚亦當爲觶。

公坐取賓所媵觚，興，唯公所賜。受者如初受酬之禮。降，更爵洗，升，酌膳，下，再拜稽首，小臣正辭，升，成拜，公荅拜。乃就席，坐行之。坐行之，若今坐相勸酒。有執爵者。士有盥升，主酌授之。

【疏】「有執爵者」　注「士有」至「授之」　知「士有盥升」者，以其爲公卿大夫使，行旅，不可不絜。知是士者，案下文云「士有執膳爵者，有執散爵者」，故知「士有盥升，主酌授之」。

唯受于公者拜。公所賜者拜，其餘則否。司正命執爵者爵辯，卒，受者興，以酬士。欲令惠均。○欲令，力呈反。

【疏】注「欲令惠均」　以堂上公、卿大夫旅徧，并堂下之士，故云「欲令惠均」也。〔八七〕

大夫卒受者以爵興，西階上酬士。士升，大夫奠爵，拜，士荅拜。興酬士者，士立堂下，〔八八〕與上坐者異也。

【疏】注「興酬」至「異也」　云「興酬士者」，決向來堂上相旅，皆坐相酬，執爵者行之，大夫未能受酬者，輒興，西階上，故鄭云「士立堂下」，與上坐者異也。

大夫立卒爵，不拜，實之。士拜受，大夫拜送。士旅于西階上辯。祝史、小臣師旅食皆及焉。

【疏】注「祝史」至「及焉」　鄭知祝史以下皆得旅酬者，前得獻祝史與旅皆得獻，明此旅酬得之可知。〔八九〕

士旅酌。旅，序也，士以次自酌，相酬，無執爵者。

【疏】「士旅酌」　注「旅序」至「爵者」　云「無執爵者」，對上文卿大夫等有執爵者，以其坐故也；士無執爵者，以其賤不坐。故以次自酌，以相酬無執爵者也。

若命曰復射，則不獻庶子。獻庶子則正禮畢，後無事。○曰復，扶又反。

【疏】注「獻庶」至「無事」　獻酬之禮，庶子以下最後得獻。若獻庶子之後正禮畢，不得更有射事，故命「復射」在「獻庶子」之前。

司射命射，〔九〇〕唯欲。司射命賓及諸公、卿大夫射，欲者則射，不欲者則止，可否之事，從人心也。

【疏】注「司射」至「心也」 此乃三番射後，爵行無筭，非直解怠，〔九一〕復有醉者，是以不可恣心所欲。

卿大夫皆降，再拜稽首，公荅拜。拜君樂與臣下執事無已。不言賓，賓從羣臣，禮在上。

【疏】注「拜君」至「在上」 云「不言賓，賓從羣臣禮在上」者，謂初酬賓，直言賓再舉旅，言「若長」，不專於賓已，〔九二〕是禮殺；第三舉旅云「唯公所賜，若賓若長」，〔九三〕至此賓、士舉旅，直云「唯公所賜」，復不言「若賓若長」，賓從羣臣禮在上。

壹發中三侯，皆獲。〔九四〕其功一也，而和者益多，尚歡樂也。〔九五〕矢揚觸或有參中者。○中三，丁仲反，注同。而和，户卧反。懽樂，音洛。

【疏】注「其功」至「中者」 上文第二番第三番，〔九六〕唯公得中三侯，皆釋獲。至此燕後復射，禮殺，臣與君同，是以鄭云「和者益多，尚歡樂也」。云「其功一也」者，謂三侯所中皆是功，故云「一也」。云「矢揚觸或有參中者」，卿大夫主射參侯，士主射豻侯，其中或揚觸，容中別侯，皆與釋。

主人洗，升自西階，獻庶子于阼階上，如獻士之禮。辯獻，〔九七〕降洗，遂獻左右正與内小臣，皆於阼階上，如獻庶子之禮。庶子既掌「正六牲之體」，又「正舞位，授舞器」，與膳宰、樂正聯事，又掌國子「戒令」，「教治」世子之官也。左右正謂樂正、僕人正也，位在中庭之左右。小樂正在頌磬之北右也，工在西即北面，工遷於東則東面；大樂正在笙磬之北左也，工在西則西面，工遷於東則北面。僕人正相大師，工升堂與其師士降立於小樂正之

北，北上，工遷於東則陪其工後。國君無故不釋縣，二正，君之近官也。內小臣，奄人，掌君陰事陰令，后夫人之官也，獻三官於阼階，別內外臣也。同獻更洗，以時事不聯也。獻正下及內小臣，則磬人、鍾人、鎛人、鼓人、僕人師、僕人士盡獻可知也。庶子內小臣，位在小臣師之東，少退，西上。○聯事，音連。教治，直吏反。相大，息亮反。釋縣，音玄。別內，彼列反。

【疏】「主人」至「之禮」　注「庶子」至「西上」　云「小樂正在頌磬之北右也，工在西即北面」者，工在西謂遷樂於下時，大師、少師、上工立於鼓北也。云「工遷於東則東面」者，案上遷樂於東之時，直云大師、少師、上工皆「東坫之東」，不見小樂正從之，〔九八〕明留在西縣之北，東面向工矣。云「大樂正在笙磬之北左也，工在西則西面」者，案上文司射「東面命樂正」，單言樂正者，謂大樂正，既東面命之，則大樂正元立於東矣，以其工在西階下，故知西面向之矣。云「工遷於東則北面」者，案上文樂正及位，〔九九〕大師既西面，明樂正北面可知。是以鄉射工遷於東，西面，北上，「樂正北面立于其南」，此亦與彼同北面也。云「國君無故不釋縣，二正，君之近官也」，言此者，人君路寢之廷樂縣不釋，樂正與僕人正同掌樂事，是君之近官也。云「同獻更洗，以時事不聯也」者，以其雖同獻於阼階上，獻有前後，故更爵洗之，是以云「時事不聯也」。云「庶子內小臣，位在小臣師之東」者，案公食堂上夾北有宰夫，內宰在東北，此射禮堂上夾北無宰位。又案執事者堂上，又非樂人，不得在樂正位。以其與小臣師同名小臣，故知小臣師之東也。又云「少退，西上」者，見公食在宰東北，少退，故知此亦少退；知西上者，以此位皆西上故也。

無筭爵。

筭，數也。爵行無次數，唯意所勸，醉而止。

【疏】「無筭爵」　自此盡「無筭樂」，論爵與樂恣意無數之事。〔一〇〇〕

士也有執膳爵者，有執散爵者。執膳爵者酌以進公，公不拜受。執散爵者酌以之公，〔一〇一〕命所賜，所賜者興，受爵，降席下，奠爵，再拜稽首，公荅再拜。席下，席西。受賜爵者以爵就席坐，〔一〇二〕公卒爵然後飲。酬之禮爵代舉，今爵並行，嫌不代也。並行猶代者，明勸惠從尊者來。

【疏】注「酬之」至「者來」　凡行酬之法，轉爵遞飲，今膳散兩有，宜得即飲，猶待公卒爵乃飲，猶代飲。然明惠從公來，嫌得即飲不代，故著嫌不卒爵，〔一〇三〕然後飲，故曰「嫌不代」。

執膳爵者受公爵，酌，反奠之。燕之歡在飲酒，成其意也。

【疏】注「燕之」至「意也」　云「燕之歡在飲酒」者，諸安燕之歡，正在於飲酒，故受公爵者，更酌反奠於公所，擬公更賜爵，是其歡燕，成之意也。〔一〇四〕

受賜者興，授執散爵者，執散爵者乃酌行之。與其所勸者。唯受于公者拜。卒爵者興，〔一〇五〕以酬士于西階上，士升，大夫不拜，乃飲，實爵，乃，猶而也。

【疏】注「乃猶而也」　鄭轉「乃」爲「而」者，乃是緩辭，於禮不切，故爲之也。〔一〇六〕

士不拜，受爵，〔一〇七〕大夫就席。士旅酌亦如之。公有命徹幂，則賓及諸

公、卿大夫皆降，西階下北面，東上，再拜稽首，命徹冪者，公意殷勤，欲盡酒。公命小臣正辭，公荅拜，大夫皆辟，升，反位。〔一〇八〕升不成拜，於將醉，正臣禮。○皆辟，劉芳益反，一音避。

【疏】注「升不」至「臣禮」　於例臣於堂下再拜稽首，得小臣以君命辭其拜不成，當升成拜，今直升不成拜者，以其拜於下，是臣之正禮，故鄭云「於將醉，正臣禮」。

士終旅於上，如初。卿大夫降而爵止，於其反席卒之。

【疏】注「卿大」至「卒之」　上文卿大夫酬辯始酬士，公命徹冪，公卿以下降而爵止，是以卿大夫升，反席，士以下相酬而卒之。

無筭樂。升歌、間、合無次數，唯意所樂。○間合，間廁之間。所樂，如字，又音洛。

宵則庶子執燭於阼階上，司宮執燭於西階上，甸人執大燭於庭，閽人爲燭於門外。〔一〇九〕宵，夜也。燭，燋也。甸人，掌共薪蒸者。庭大燭，爲其位廣也。爲，作也，作燭俟賓出。〔一一〇〕○甸人，大見反。閽人，音昏。燋也，劉哉約反，字林子弔反。掌共，音恭。薪蒸，章淩反。〔一一一〕

【疏】「宵則庶子執燭」　自此盡篇終，論禮畢容公卿出入之事。

賓醉，北面坐取其薦脯以降。取脯，重得君之賜。奏陔。陔夏，樂章也，其歌頌類也，以鍾鼓奏之，其篇今亡。賓所執脯以賜

鍾人于門內霤，遂出。必賜鍾人，鍾人以鍾鼓奏陔夏。賜之脯，明雖醉，志禮不忘樂。○內霤，力又反。

【疏】「賓所」至「遂出」　案鄉飲酒、鄉射賓出無取脯賜鍾人之事者，彼是臣禮，此爲君法，故詳畧不同。

卿大夫皆出。從賓出。公不送。臣也與之安燕交歡，嫌亢禮也。

【疏】「公不送」　注「臣也」至「禮也」　案燕義云「使宰夫爲獻主，臣莫敢與君亢禮」，鄉來安燕交歡，君若送之，是臣與君亢禮，故君不送賓也，故燕禮注云「賓禮訖，臣禮是也」。〔一一二〕

公入，驁。〔一一三〕驁夏，亦樂章也，以鍾鼓奏之，其詩今亡。此公出而言入者，射宮在郊，以將還爲入。燕不驁者，於路寢無出入也。○入驁，五刀反，注同，驁夏，樂章。

【疏】「公入驁」　注「驁夏」至「入也」　云「驁夏，亦樂章也」者，案周禮鍾師有九夏，皆樂章，其中有驁夏如陔夏，故云「亦樂章也」。云「以鍾鼓奏之」者，案鍾師「以鍾鼓奏九夏」，鄭云「先擊鍾，次擊鼓」，故云「以鍾鼓奏之」。云「其詩今亡」者，鄭注鍾師云九夏皆詩篇名，頌之族類也。此歌之大者，載在樂章，樂崩亦從而亡，是以頌不能具」，是其今亡。云「此公出而言入者，射宮在郊，以將還爲入」者，天子射在虞庠，周之小學祖西郊。、案鄉射記「於郊，則閭中」，鄭注云諸侯「大學在郊」，是諸侯大射所，故「言入者，射宮在郊，以將還爲入」也。鄭知燕在路寢者，燕禮記云「燕，朝服，於寢」，與羣臣賓客燕不合，在燕寢，故知從路寢也。此篇所解多不具者，以其諸侯、大夫射先行燕禮，大射二番多依鄉射，是以與禮同者，於此不復重釋之也。

校勘記

〔一〕至三耦之南　阮校云通解同，毛本「至」下有「其」字。
〔二〕君尊若始焉　阮校云毛本作「君尊若爲始者」。
〔三〕公將射則司馬師命負侯皆執其旌以負其侯而俟司馬師反位　武威簡甲本二「師」字脱，「反」作「復」。
〔四〕隸僕人埽侯道　「隸」武威簡甲本作「㒩」，陳夢家校記説與「肆」字同從，古肆、隸通用。又「埽」簡本作「騷」。
〔五〕適阼階下　武威簡甲本無「適」字。
〔六〕公袒朱襦　武威簡甲本脱「袒」字，「襦」作「繻」。
〔七〕乃設拾　阮校云通解、要義同，毛本「設」作「決」。
〔八〕大射正　「大」武威簡甲本作「太」。
〔九〕以袂順左右隈　武威簡甲本「順」作「循」。今按鄭注「古文順作循」。又「隈」簡本作「畏」。
〔一〇〕公親揉之　「揉」武威簡甲本作「柔」。
〔一一〕拾發以將乘矢　「拾」武威簡甲本作「柙」，他簡作「枱」。陳夢家校記云「柙」即「枱」之異文。
〔一二〕司射不告者　阮校云徐本、通解同，毛本「不」下有「言」字。
〔一三〕眂筭　「眂」徐乾學本作「眡」。「筭」盧文弨本作「算」。
〔一四〕縮而委之　「縮」武威簡甲本作「摵」，鄭注：「古文縮皆爲蹙」。下文「又縮」同。
〔一五〕易校數　阮校云「校」毛本作「枝」，陳、閩、監、葛俱誤作效。
〔一六〕東面坐坐兼斂筭　武威簡甲本「坐」字不重。沈文倬異文釋引敖繼公説，云今本衍一「坐」字，鄉射不重，是。
〔一七〕各執一筭以告　「各」武威簡甲本作「皆」。

〔一八〕若飲公　「若」宋本原作「相」，此據徐乾學本改。今按「若」與「如」通，「如」又誤爲「相」。

〔一九〕欲與勝者　阮校云通解。陳本同，毛本「欲」上有「却」字，閩、葛、監俱作「卻」。今按盧宣旬摘録誤「却」爲「邵」，誤「卻」爲「郤」。

〔二〇〕雖不飲爵　阮校云要義同，通解、毛本「飲」下有「罰」字。

〔二一〕及階勝者先升升堂　武威簡甲本「階」下衍「揖」字，「升」字不重。阮校云通解「升」字不重。沈文倬異文釋亦謂今本衍一「升」字。

〔二二〕以其大夫在堂上　阮校云毛本無「其」字。

〔二三〕僕人師洗　武威簡甲本「師」下有「拜」字。沈文倬異文釋云「拜」字當有，今本誤脱。

〔二四〕故云角觶謂賓酌如兕自飲君即下文賓降洗象觶亦從獻酬之爵不敢用罰爵也　阮校云要義同，通解略有刪潤，與此稍異，毛本作「故云角爵也」，無「觶謂」以下二十九字，非也。

〔二五〕降拜公降一等　武威簡甲本脱「拜公降」三字。

〔二六〕洗象觶　「象觶」武威簡甲本作「豫柧」。沈文倬異文釋云「柧」應讀爲「觚」。

〔二七〕受觶　武威簡甲本無「觶」字。

〔二八〕以尊與卑爲耦　阮校云徐本、楊氏同，通解、毛本無「與卑」二字。

〔二九〕于服不之東北　「之」下武威簡甲本有「乏」字。沈文倬異文釋云「乏」字當有，今本誤脱。

〔三〇〕東肆　「肆」武威簡甲本作「隸」，陳夢家校記云簡文「隸」字與「肆」字同從，古文字肆、隸通用。

〔三一〕但聖人設法　阮校云要義同，毛本「設法」作「射決」。

〔三二〕西北三步　「三」武威簡甲本作「一」，誤。

〔三三〕獻徒　阮校云「獻」下毛本有「其」字。

〔三四〕卒錯　「錯」武威簡甲本作「措」。

〔三五〕獲者左執爵　武威簡甲本、唐石經、黄刊嚴州本、徐本皆同，毛本「左」作「右」，阮本無校語而逕從毛本，不知何故。

〔三六〕祭肺不奠爵　阮校云要義同，毛本「肺」下有「皆」字。

〔三七〕今祭俎不奠　阮校云「奠」下有「爵」字。

〔三八〕是以知祝辭有異　阮校云「異」毛本作「之」。

〔三九〕注鄉射至三祭　阮校云「鄉射」毛本作「先祭」，毛本是。

〔四〇〕此鄉受獻　阮校云徐本、楊、敖同，毛本「此」作「北」。

〔四一〕獻隸　「隸」武威簡甲本作「隷」。

〔四二〕舉尊而言也　阮校云「也」要義作「之」。

〔四三〕以獻大侯服不獲者　阮校云要義同，通解「以」作「已」。

〔四四〕明此經獲者是糝侯豻侯可知　阮校云要義同，通解作「明此是糝侯、豻侯之獲者可知」，毛本「此」作「知」，餘與通解同。

〔四五〕受獻先言隸僕人　阮校云要義同，毛本「受」作「交」。

〔四六〕司馬師受虛爵　阮校云毛本無「師」字。今按武威簡甲本、唐石經有，毛本誤。

〔四七〕負侯而俟　「俟」武威簡甲本作「立」，上文鄭注「今文俟爲立」，與簡文合。

〔四八〕歸功於侯　阮校云通解同，毛本「於」下有「此」字。

〔四九〕右祭脯醢　武威簡甲本無「右」字。

〔五〇〕序出取矢　「序」武威簡甲本作「徐」。

〔五一〕謂第一射時　阮校云毛本「一」下有「番」字。

〔五二〕執弓挾矢　汪文臺識語云：「案經下云『三耦拾取矢』，則此入次時，矢尚未取，不得先言『挾矢』也。張爾岐曰：注『挾矢』字衍。是也。」

〔五三〕西面位　阮校云「位」楊氏作「立」。

〔五四〕三耦未有次位　徐本同。阮校云通解、毛本「次」下有「外」字，與疏合。

〔五五〕三耦次外　阮校云毛本「外」下有「位」字。

〔五六〕是以決之　阮校云「決」毛本作「次」。

〔五七〕三耦既拾取矢　武威簡甲本脱「拾」字。

〔五八〕于大夫西比耦大夫與大夫　阮校云毛本「比」作「北」，閩本作「比」。今按，此引前經文，可參十七卷校勘記八八條。

〔五九〕既司射注司射所作唯上耦　「司射所作唯上耦」七字乃鄉射經文，疑此節有脱文。

〔六〇〕揖進　「進」武威簡甲本作「退」。沈文倬異文釋引敖繼公説，云今本「進」字誤。

〔六一〕一个古貨反下同　盧文弨本移此條於「鼏」一條上。

〔六二〕待下大夫反位　阮校云毛本無「下」字，「反」作「及」。今按盧宣旬摘録標作「待大夫反位」，校云：「通解『待』下有『下』字」，似單疏無「下」字，誤。

〔六三〕君子之於事也　阮校云徐本、通解、楊氏同，毛本無「也」字。

〔六四〕證射用應樂而爲難之意　阮校云毛本無「樂」字。

〔六五〕樂正曰　武威簡甲本「正」下有「對」字。

〔六六〕是其投壺存者　阮校云通解、要義同，毛本無「其」字。

〔六七〕其他如初儀　「他」武威簡甲本作「也」，「儀」簡本作「義」。

〔六八〕意所儗度也　阮校云「儗」毛本作「擬」，釋文、徐本俱从人，與單疏述注合。

〔六九〕司馬師乘之　武威簡甲本無「師」字。

〔七〇〕視筭　「筭」武威簡甲本作「數」。沈文倬異文釋引鄉射同節鄭注：「今文曰『視數』也。」

〔七一〕司射命設豐實觶　武威簡甲本「設豐」二字重，「實」作「賓」。沈文倬異文釋引敖繼公、朱大韶説，依鄉射文，「設豐」二字當重。

〔七二〕此言面鏃不言兼弦弣　阮校云毛本無「鏃不言」三字。

〔七三〕去扑　「扑」武威簡甲本作「符」，漢熹平石經作「朴」。

〔七四〕解左下綱　武威簡甲本「綱」作「剛」。

〔七五〕司馬師命獲者　武威簡甲本無「司馬」二字。今按鄭注「今文司馬師無司馬」，與簡文合。

〔七六〕諸公卿取俎如賓禮遂出　武威簡甲本「卿」下有「皆」字，「如賓」下無「禮」字，「遂」作「從」。沈文倬異文釋與燕禮同節比較，認爲簡本爲優，今文脱「皆」字，衍「禮」字，「從」誤作「遂」。

〔七七〕庶子正徹公俎　「庶」武威簡甲本作「請」，陳夢家校記云「請」乃「諸」字之譌。

〔七八〕賓諸公卿皆入門　武威簡甲本無「門」字。沈文倬異文釋引盛世佐、曹元弼説，以爲今本「門」字乃衍文。

〔七九〕狗胾莊吏反　「莊」徐乾學本作「壯」。

〔八〇〕知有炰鼈膾鯉者　阮校云「炰」毛本作「炮」。今按此條注、疏「炰」或作「炰」，他本或作「炮」，嚴州本作

「炰」。黄氏校録引段玉裁曰：「炮與炰音義皆異，炮者連毛燒之，炰者爆者之也，詩韓奕正義可攷，鼈非可毛炮者。」

〔八一〕 衆無不辭賓及諸公卿大夫皆興對曰諾敢不辭皆反位坐　武威簡甲本無「衆」、「位」二字。沈文倬異文釋云今本「衆」、「位」二字衍。

〔八二〕 對上獻大夫已上觚　阮校云要義同，毛本「已上」作用，通解「已上」之下仍有「用」。

〔八三〕 辯獻士　「辯」武威簡甲本誤作「襲」。

〔八四〕 祝史小臣師　武威簡甲本脱「祝」字。

〔八五〕 公荅再拜　武威簡甲本無「再」字，與鄭注今文合。

〔八六〕 無再拜　阮校疑「拜」字衍。

〔八七〕 并堂下之士故云欲令惠均也　阮校云毛本無「故云欲令惠均」六字。

〔八八〕 士立堂下　黄刊嚴州本、徐本俱無「士」字，阮校云通解有。

〔八九〕 得之可知　阮校云要義同，毛本「之」上有「獻」字。

〔九〇〕 司射命射　「司射」武威簡甲本作「乃射」。

〔九一〕 非直解怠　「非直」單疏倒作「直非」，此依阮説，據毛本改。

〔九二〕 賓已　阮校云毛本「已」作「也」。

〔九三〕 若長　阮校云此下二十五字單疏唯有「從群臣禮在上」六字，此依通解、毛本補入。

〔九四〕 中三侯皆獲　武威簡甲本作「中三侯三侯侯皆獲」，「三侯」二字重，第三個「侯」字當衍。

〔九五〕 尚歡樂也　阮校云「歡」陳本作「勸」。

〔九六〕上文第二番　阮校云通解同，毛本「上文」作「士云」，陳、閩俱作「上云」。

〔九七〕辯獻　武威簡甲本無「獻」字。

〔九八〕不見小樂正從之　阮校云陳本、通解同，毛本「小」作「少」。

〔九九〕案上文樂正及位　阮校浦鏜云「反」誤爲「及」。

〔一〇〇〕論爵與樂恣意無數之事　阮校云毛本無「樂」字。

〔一〇一〕酌以之公　武威簡甲本無「公」字。

〔一〇二〕受賜爵者　「爵」字武威簡甲本無。

〔一〇三〕故著嫌不卒爵　阮校云要義同，通解、毛本作「故必卒爵」。

〔一〇四〕成之意也　阮校云「之」陳、閩、通解俱作「其」。

〔一〇五〕卒爵者興　「爵」武威簡甲本作「受」。沈文倬異文釋云以「卒受」爲是。

〔一〇六〕故爲之也　阮校云陳、閩、通解同，毛本「之」作「而」。

〔一〇七〕受爵　武威簡甲本無「爵」字。

〔一〇八〕反位　「位」武威簡甲本作「坐」。沈文倬異文釋云燕禮同節今本亦作「坐」，作「坐」是。

〔一〇九〕閽人　「閽」武威簡甲本作「閔」。

〔一一〇〕俟賓出　阮校云陳、徐、通解同，毛本「俟」作「侯」。

〔一一一〕薪烝章淩反　徐乾學本「烝」作「蒸」，「淩」作「凌」。

〔一一二〕賓禮訖臣禮是也　阮校浦鏜云「是臣」誤「臣禮」。今按燕禮「公不送」，鄭注：「賓禮訖，是臣也。」

〔一一三〕公入驁　「驁」武威簡甲本作「囂」。今按「驁」、「囂」通用。

儀禮注疏卷第十九

唐朝散大夫行大學博士弘文館學士臣賈公彦等撰

儀禮卷第八

聘禮第八

○聘禮第八，鄭云：「大問曰聘。諸侯相於久無事，使卿相問之禮。小聘使大夫。」

【疏】「聘禮第八」 鄭目録云：「大問曰聘。諸侯相於久無事，使卿相問之禮。小聘使大夫。周禮曰：『凡諸侯之邦交，歲相問，〔一〕殷相聘也，世相朝也。』於五禮屬賓禮，大戴第十四，小戴第十五，別録第八。」鄭云「大問曰聘」者，則此篇發首所論是也。云「久無事」者，案下記云「久無事則聘焉」，注云「事謂盟會之屬」，若有事事上相見，故鄭據「久無事」而言。云「小聘使大夫」者，下經云「小聘曰問，其禮如爲介，三介」是也。「周禮曰」者，大行人文，鄭彼注「小聘曰問。殷，中也。久無事又於殷朝者，及而相聘也。父死子立曰世。凡君即位，大國朝焉，小國聘焉，此皆所以習禮考義，正刑一德，以尊天子也。必擇有道之國而就脩之」。然歲相問，殷相聘，聘義所云「比年小聘，三年大聘」，是也。大行人云上公九介，侯伯七介，子男五介，又云「凡諸侯之卿，其禮各下其君二等」，聘義「上公七介，侯伯五介，子男三介」，是諸侯之卿介各下其君二等者也。若小聘曰問，使大夫，又下其卿二等。此聘禮是侯伯之卿大聘，以其經云五介「上介奉束錦，士介四人皆奉玉錦」，又云入竟張旜，〔二〕孤卿建旜，據侯伯之卿之聘者。必見侯伯之卿聘者，周公作經，互見爲義，此見侯伯之卿大聘。玉人云「瑑圭璋八寸，璧琮八寸，以覜聘」上公之臣，公食大夫俎實云「倫膚七」，據子男之臣。是各舉一邊而言，明五等俱有，是其互見爲義也。

儀禮 鄭氏注

聘禮。君與卿圖事，圖，謀也，謀聘故及可使者。謀事者必因朝，其位君南面，卿西面，大夫北面，士東面。○聘禮，匹正反，問也。因朝，直遥反，後皆同。

【疏】「聘禮」至「圖事」　注「圖謀」至「東面」　自此盡「官具」，論聘人及用幣之事。云「謀聘故及可使者」，謀聘者，爲久無事須聘，故謂有事，故或因聘，或特行。若記云「若有故，則卒聘，束帛加書將命」，是因聘者也；「晉侯使韓穿來言汶陽之田」之類，是特行者也。言「及可使者」，謂於三卿之中，選可使者，即經云「遂命使者」是也。其揔三事，皆須謀者也。言「謀事者必因朝」者，欲取對衆共詢之意。云「其位君南面」已下，知面位然者，此儀禮之内，見諸侯三朝，燕朝燕禮是也，又射朝大射是也，不見路門外正朝，正朝當與二朝面位同。案燕禮、大射皆云卿西面，大夫北面，士東面，公降階南面揖之，是以知正朝面位然也。若天子三朝，射人見射朝，司士見正朝，不見燕朝，以諸侯正朝與燕朝同，明天子燕朝亦與正朝同也。

遂命使者。遂，猶因也。既謀其人，因命之也。聘使卿。○命使，所吏反，下以意求之。

【疏】「遂命使者」　注「遂猶」至「使卿」　云「既謀其人，因命之也」者，謂謀其人，人亦在謀事之中，故云「因命」，即上注「可使者」是也。云「聘使卿」者，以其經云「及竟張旜」，周禮司常云「孤卿建旜」，故知使卿也。若然，使者自在謀内，〔三〕審知所聘之國遠近。何以下記云使者「既受行，出，遂見宰，問幾月之資」，注云「古者君臣謀密草創，未知所之遠近，問行用多少」？但所謀之時，經云「出聘」，不言其國，使者不得審知，故更問之。是以左氏吴公子季札遂聘齊、晉、衛、鄭之等，下文云無行則重賄反幣，是亦有歷聘之事也。

使者再拜稽首辭，辭以不敏。

【疏】「使者」至「首辭」　注「辭以不敏」　云「辭以不敏」者，鄭取孝經曾子曰「參不敏」之辭爲義也。

君不許，乃退。退，反位也。受命者必進。

【疏】「君不許，乃退」　注「退反」至「必進」　知「受命者必進」者，以其云退，故知進乃有退法，是受命前進近君也。

既圖事，戒上介，亦如之。既，已也。戒，猶命也。已謀事乃命上介，難於使者，易於介。○上介，音界，副也，下放此。易於，以豉反。

【疏】「既圖」至「如之」　注「既已」至「於介」　既謀事乃命介，在謀後別命之。謀使者是難，謀後命介是易也。

宰命司馬戒衆介，衆介皆逆命，不辭。宰，上卿貳君事者也，諸侯謂司徒爲宰。〔四〕衆介者，士也。士屬司馬，周禮司馬之屬司士「掌作士適四方使，爲介」。逆，猶受也。○大宰，音泰，官名，下放此。

【疏】「宰命」至「不辭」　注「宰上」至「受也」　天子有六卿天地四時之官，是諸侯兼官而有三卿，立地官司徒兼冢宰，立夏官司馬兼春官，立冬官司空兼秋官，是以左氏杜泄云：「吾子爲司徒，〔五〕叔孫爲司馬，孟孫爲司空。」故禮記内則云「后王命冢宰，降德于衆兆民」，鄭云「周禮冢宰掌飲食，司徒掌十二教令。〔六〕一云冢宰，記者據諸侯也。諸侯并六卿爲三，或兼職焉」，是其諸侯并六卿爲三，諸侯以司徒爲冢宰，義與此同。宰，上卿貳君事，諸侯謂司徒爲宰者也。云「士屬司馬」，引周禮者，案司士屬司馬，而云「作士適四方，使爲介」，諸侯之司馬亦然，故引以證諸侯「司馬戒衆介」也。云「不辭」者，是其副使之賤者，故不敢辭。

宰書幣，書聘所用幣多少也。宰又掌制國之用。

【疏】「宰書幣」　注「書聘」至「之用」　宰即上命司馬兼官者也。〔七〕云「書聘所用幣多少也」者，謂聘鄰國享君及夫人問卿之等幣，周禮司儀云「凡諸侯之交，各稱其邦而爲之幣，以其幣爲之禮」，鄭云「幣，享幣也，於大國則豐，於小國則殺」是也。云「宰又掌制國之用」者，案王制云「冢宰制國用，必於歲之杪」，是以使之書幣也。

命宰夫官具。宰夫，宰之屬也，命之使衆官具幣及所宜齎。

【疏】「命宰夫官具」　注「宰夫」至「宜齎」　所命者，冢宰司徒命之，以宰夫屬司徒。周禮宰夫「掌百官府之徵令」，故命諸官。云「官具」者，謂使宰夫命諸官各具所行幣，幣在官之府，其司非一，故言「衆官」幣，謂享幣，及問大夫、問卿摠具之。「及所宜齎」者，謂行道所用多少皆是。

及期，夕幣。及，猶至也。夕幣，先行之日夕陳幣而視之，重聘也。○先行，悉薦反。

【疏】「及期，夕幣」　注「及猶」至「聘也」　自此盡「受書，以行」，論陳幣付使者之事。云「夕幣，先行之日夕」，知者，下云「厥明釋幣于禰」，是行日，明此夕是先行之日夕也。云「視之」者，正謂賓及衆介視之，故下云「使者朝服，帥衆介夕」，注云「視其事」是也。

使者朝服，帥衆介夕。視其事也。古文「帥」皆作「率」。**管人布幕于寢門外。**管，猶館也，館人，謂掌次舍、帷幕者也。布幕以承幣。寢門，外朝也。古文「管」作「官」。今文「布」作「敷」。○管人，古緩反，劉音官；管人掌館舍之官，後同。布幕，音莫。

【疏】「管人」至「門外」　注「管猶」至「作敷」　云「館人，謂掌次舍帷幕者也」者，案天官有掌舍、掌次、幕人等，掌次云

「有邦事，則張幕設案」，掌舍職云「爲帷宮設旌門」，又幕人云「掌帷幕幄帟綬之事」，鄭云「在旁曰帷，在上曰幕。幕或在地，展陳于上」，即此「布幕」是也。館人即彼掌舍，以諸侯兼官，故鄭摠言之也。云「幕以承幣」者，〔八〕即下文「官陳幣」是也。云「寢門，外朝也」者，謂路門外，即正朝之處也。下記云「宗人授次，次以帷」，則館人與宗人共掌之，若賓客則宗人掌之也。

官陳幣，皮北首，西上，加其奉於左皮上；馬則北面，奠幣于其前。奉所奉以致命，謂束帛及玄纁也。馬言則者，此享主用皮，或時用馬，馬入則在幕南。皮、馬皆乘。古文「奉」爲「卷」。今文無「則」。○玄纁，許云反。皆乘，繩證反。

【疏】「官陳」至「其前」　注「奉所」至「無則」　云「官陳幣」者，即上文「官具」者也。館人布幕於地，官陳幣於其上。云「奉所奉以致命，謂束帛及玄纁也」者，所奉謂後享時奉入以致命，故知。是以下文享時，所致束帛加璧以享君，玄纁加琮以享夫人。鄭不言璧、琮者，璧、琮不陳，厥明乃授之也。云「馬言則者，此享主用皮，或時用馬」者，主用皮謂有皮之國，國無皮者乃用馬，故下云「庭實，皮則攝之」，鄭注皮「言則者，或用馬也」，記云「皮、馬相間可也」，注「間，猶代也，土物有宜」也。云「馬入則在幕南」者，以經云「馬則北面，奠幣于其前」也，是馬在幕南，故下展幣時，云「馬則幕南，北面，奠幣于其前」也。知「皮馬皆乘」者，案下賓覿時，云「總乘馬」，又云「禮玉束帛乘皮」，是皆乘也。

使者北面，衆介立于其左，東上。既受行，同位也，位在幕南。

【疏】「使者」至「東上」　注「既受」至「幕南」　云「既受行，同位」者，對未受命行已前，卿大夫士面位各異，是以記云「使者既受行日，朝同位」，鄭注云「謂前夕幣之間同位者，使者北面，介立于其左，少退，別其處，臣也」是也。知

「在幕南」者，幣在幕上，使者須視幣，故在幕南也。

卿大夫在幕東，西面，北上。大夫西面，辟使者。○辟使，音避。

【疏】「卿大」至「北上」　注「大夫」至「使者」　此謂處者大夫常北面，今與卿同西面，故云「辟使者」。

宰入，告具于君。君朝服出門左，南鄉。入告，入路門而告。○南鄉，許亮反，下以意求之。

【疏】注「入告」至「而告」　朝在路門外，故知入路門至路寢而告君，以其在路寢聽政處故也。

史讀書，展幣。展，猶校録也。史幕東西面讀書，賈人坐撫其幣，每者曰「在」。必西面者，欲君與使者俱見之也。○賈人，音嫁，後同，掌物價之官。

【疏】「史讀書，展幣」　注「展猶」至「之也」　知「史幕東西面」者，以其君南面，使者北面，故知幕東西面讀之可知，是以鄭云「欲君與使者俱見之也」。知賈人撫幣者，以其賈人主幣行者，故知賈人撫幣受之，其幣謂官具之者，非直所奉而已。若然，賈人當在幕西，東面撫之，亦欲使君與賓俱見之也。

宰執書，告備具于君，授使者。使者受書，授上介。史展幣畢，以書還授宰。宰既告備，以授使者。其受授皆北面。

【疏】注「史展」至「北面」　云「史展幣畢，以書還授宰」者，以其宰在幕東，西面，史居前西面讀書、展幣，展幣訖，明迴還授宰，宰以書授使者。云「其受授皆北面」者，當宰以書授使者之時，宰來至使者之東，北面授使者，使者北面授介，三者皆北面，向君故也。

公揖入。揖，禮羣臣。

【疏】「公揖入」 以展幣授使者訖，禮畢，故入於寢也。

官載其幣，舍于朝。待旦行也。

【疏】「官載」至「于朝」 注「待旦行也」 此云「官」，謂官人從賓行者，與前「官陳幣」者異。必知行者，以下文「入竟」又「展之」，又「有司展羣幣以告」，注云「有司，載幣者自展自告」是也。云「待旦行」者，下文「厥明，釋幣」，遂行，是也。

上介視載者，監其安處之，畢乃出。○監其，古銜反。

【疏】「上介視載者」 注「監其」至「乃出」 經直云「上介視載者」，注云「監其安處之，畢乃出」，不言餘人出，則上文「舍於朝」，不出，待旦則行，以其須守幣故也。

所受書，以行。爲當復展。○爲當，于僞反，下同。復展，扶又反，下不復入、復校、復請、不復皆同。〔九〕

【疏】「所受書，以行」 注「爲當復展」 書，謂前宰授使者。此書將行，爲當復展故也。

厥明，賓朝服，釋幣于禰。告爲君使也。賓，使者謂之賓，尊之也。天子、諸侯將出，告羣廟，大夫告禰而已。凡釋幣，設洗盥，如祭。

【疏】「厥明」至「于禰」 注「告爲」至「如祭」 自此盡「亦如之」，論賓與上介將行告禰之事。云「朝服」者，卿大夫朝服祭，故還服朝服告也。云「天子、諸侯將出，告羣廟」者，案禮記曾子問云孔子曰「諸侯適天子，必告于祖，奠于

禰」，注云「皆奠幣以告之」，是諸侯出，告羣廟。案彼下文又云孔子曰「天子、諸侯將出，必以幣、帛、皮、圭告于祖禰，遂奉以出」，是天子與諸侯同告羣廟之事。云「大夫告禰而已」者，大夫三廟，降天子，不得並告，故直告禰而已，若父在則告祖。知者，下記云「賜饔，唯羹飪。筮一尸，若昭若穆」，注云「筮尸若昭若穆，容父在，父在則祭祖，父卒則祭禰」，以此言之，明初行時，父在釋幣於祖廟可知。案昭元年「楚公子圍聘於鄭」，云「布几筵於莊、共之廟而來」，服氏云「莊謂楚莊王，圍之祖；共王，圍之父」，是大夫並告羣廟者。彼不告聘，直告娶，故得並告。古者大夫得因聘而娶，故傳云「且娶於公孫段氏」是也。云「凡釋幣，設洗盥，如祭」者，案曾子問云「凡告用牲、幣」，注云「牲當爲制」，則告無牲，直用幣而已，但執幣須絜，當有洗而盥手，其設洗如祭祀之時，亦洗當東榮，南北以堂深，水在洗東，篚在洗西。必知無祭事者，下文還時云「乃至于禰，筵几于室，薦脯醢，觴酒陳」，鄭云「行釋幣，反釋奠，略出謹入」，是其差也。

有司筵几于室中。祝先入，主人從入。主人在右，再拜，祝告，又再拜。更云主人者，廟中之稱也。祝告，告以主人將行也。○之稱，尺證反。

【疏】「有司」至「再拜」　注「更云」至「行也」　云「更云主人者，廟中之稱也」者，上云「賓」，至此更云「主人」，是廟中之稱，故特牲、少牢皆稱「主人」，對聘稱「賓」也。

釋幣，制玄纁束，奠于几下，出。祝釋之也。凡物十曰束。玄纁之率，玄居三，纁居二。朝貢禮云純四只，制丈八尺。○之率，音律，劉音類。四只，劉音紙。

【疏】「釋幣」至「下出」　注「祝釋」至「八尺」　知祝釋幣者，案曾子問「君薨而世子生，大祝裨冕，執束帛，升自西階，命無哭」，告曰「某之子生，敢告」，「奠幣於殯東」，則知此亦大祝釋之可知也。云「凡物十曰束」者，案昏禮「玄纁

束」，則每卷二丈，自餘行禮，云束者，每卷一丈八尺爲制，幣、帛、錦十卷者皆名束，至於脯十脡亦曰束，故云「凡物十曰束」也。云「玄纁之率，玄居三，纁居二」者，言率皆如是也。玄三纁二者，象天三覆地二也。〔一〇〕云「朝貢禮云純四只，制丈八尺」者，純謂幅之廣狹，制謂舒之長短。周禮趙商問「只長八寸，四八三十二，幅廣三尺二寸，大廣非其度」，鄭志荅云〔一一〕「古積畫誤爲四，當爲三，三咫則二尺四寸矣」。雜記云「納幣一束，束五兩，兩五尋」，然則每卷二丈，若作制幣者，每卷丈八尺爲制，合卷爲匹也。

主人立于户東，祝立于牖西。少頃之間，示有俟於神。

【疏】注「少頃」至「於神」　案士虞禮無尸者出户而聽，「若食間」，此無祭事，故云「有俟於神」也。

又入，取幣，降，卷幣，實于笲，埋于西階東。又入者，祝也。埋幣必盛以器，若藏之然。○必盛，音成。**又釋幣于行，**告將行也。行者之先，其古人之名未聞。天子、諸侯有常祀，在冬。大夫三祀曰門、曰行、曰厲，喪禮有毁宗躐行，出于大門，則行神之位，在廟門外西方。不言埋幣，可知也。今時民春秋祭祀有行神，古之遺禮乎？○躐行，力涉反。

【疏】「又釋幣于行」　注「告將」至「禮乎」　云「行者之先，其古人之名未聞」者，此謂平地道路之神。〔一二〕云「古人名未聞」者，謂古人教人行道路者，其人名字未聞。云「天子諸侯有常祀，在冬」者，月令「祀行」是也。言此者，欲見大夫雖三祀有行，無常祀，因行使始出，有告禮而已。至於出城，又有軷祭祭山川之神，喻無險難也。「大夫三祀曰門、曰行、曰厲」者，見祭法文。云「喪禮有毁宗躐行，出于大門」者，檀弓文。案彼云「掘中霤而浴，毁竈以綴足。及葬，毁宗、躐行，出于大門，殷道也」，下文周柩入，毁宗，雖不云躐行，亦有行可知。所毁者，毁廟門，西而云「躐行」，明行神在廟門西矣。「不云埋幣，可知」者，承上宗廟埋之，此亦埋可知。云「今時民春秋祭祀有行神，古之餘禮乎」者，〔一三〕鄭以行神無正文，雖約檀弓，猶引漢法爲況。「乎」者，猶疑之矣。若然，城外祭山川之神有軷壇，此

禮行神，〔一四〕亦當有軷壤，是月令冬祭「行」，注云「行在廟門外之西。爲軷壇，厚二寸，廣五尺，輪四尺」是也。

遂受命。賓須介來乃受命也。言遂者，明自是出，不復入。

【疏】「遂受命」　注「賓須」至「復入」　下云「上介及衆介俟于使者之門外」，是其「賓須介來乃受命也」。云「自是出，不復入」者，自釋幣於門，不復更入。若然，則待介於門矣。

上介釋幣，亦如之。如其於禰與行。

上介及衆介俟于使者之門外。俟，待也，待於門外，東面，北上。

【疏】「上介」至「門外」　注「俟待」至「北上」　自此盡「斂旜」，爲使者與介向君朝受命即行之事。知「待於門外，東面，北上」者，上云賓釋幣訖，不復入，明介待賓於大門外，賓出則向君也。言「東面，北上」者，依賓客門外之位。

使者載旜，帥以受命于朝。旜，旌旗屬也。載之者，所以表識其事也。周禮曰：「通帛爲旜。」又曰：「孤卿建旜」。至於朝門，使者北面，東上。古文「旜」皆爲「膳」。○載旜，之然反，通帛爲旜，孤卿所建。表識，如字，又音試。〔一五〕

【疏】「使者」至「于朝」　注「旜旌」至「爲膳」　云「載之者，所以表識其事」者，人見張旜，則知是孤卿爲使之事，是「表識其事也」。云「周禮曰」者，司常文。云「至於朝門」者，凡平諸侯三門：〔一六〕皐、應、路，路門外有常朝位。下文君臣皆朝，列位，乃「使卿進使者」，使者乃入至朝，即此朝門者，皐門外矣。知「北面，東上」者，還依展幣之位也。

君朝服，南鄉。卿大夫西面，北上。君使卿進使者。進之者，使者謙，不敢必君之終使己。

【疏】「君朝服」至「使者」　注「進之」至「使己」　此還依展幣之位，知大夫與卿同西面，避賓。下文使者還，亦同展幣北面東上位。

使者入，及衆介隨入，北面，東上。君揖使者，進之，上介立于其左，接聞命。進之者，有命宜相近也。接，猶續也。○相近，附近之近。賈人西面坐啓櫝，取圭，垂繅，不起而授宰。賈人，在官知物賈者。繅，所以藉圭也，其或拜則奠于其上。今文「繅」作「璪」。○櫝，大木反，函也。繅，音早，圭藉也，注璪同。藉圭，在夜反，後皆放此。

【疏】「賈人」至「授宰」　注「賈人」至「作璪」　云「賈人，在官知物賈者」，謂若王制云「庶人」之在官府、史、胥、徒之類，以知物賈，故名賈。云「其或拜則奠于其上」者，故覲禮記云「奠圭于繅上」是也。但繅有二種，一者以木爲中幹，以韋衣之，天子五采，公侯伯三采，子男二采，采爲再行，下記及典瑞皆有其文。此爲繅也，下記云「絢組」尺，及曲禮下文「執玉，其有藉者則裼」，鄭亦爲之繅。〔一七〕若韋版爲之者，奠玉於上，此則無垂繅屈繅之事。若絢組爲之者，所以繫玉於韋版，使不失墜，此乃有屈垂之法，則此經所云者是也。案向來所注，皆以韋版繅藉解之者，鄭意以承玉及繫玉，二者所據雖異，所用相將，又同名爲繅，是以和合解之，故以韋版爲之者，以解絢組之繅也。

宰執圭，屈繅，自公左授使者。屈繅者，斂之，禮以相變爲敬也。自公左，贊幣之義。

【疏】「宰執」至「使者」　注「屈繅」至「之義」　云「自公左，贊幣之義」者，禮記少儀云「詔辭自右，贊幣自左」，取地道

尊右之法，是贊幣之義，故於「公左」也。

使者受圭，同面，垂繅以受命。同面者，宰就使者北面並授之，既授之而君出命矣。凡授受者，授由其右，受由其左。

【疏】「使者」至「受命」　注「同面」至「其左」　知「宰就使者北面」者，以經言「同面」，不見使者進文，使者既先北面，故知「就使者北面」並面授之，既授與使者，即言「受命」，明知則出命矣。云「凡授受者，授由其右，受由其左」者，據此宰由其右授使者，使者受由其左，又據鄉飲酒、鄉射、燕禮獻酢酬，皆授由其右，受由其左，故云「凡」以廣之。若有所因由，則有授由左受由右。是以使者反命之時，宰自公左受玉，鄭云：「亦於使者之東，同面並受，不右，使者由便也」。又賓授覿時，士受馬，適右受，鄭云：「適牽者之右而受，由便」。又鄉飲酒云「受酬者自介右」，鄭云：「尊介，使不失故位」。如此者，皆是變例，鄭據平常行事而言也。

既述命，同面授上介。述命者，循君之言，重失誤。

【疏】「既述」至「上介」　注「述命」至「失誤」　上文授玉訖，君出命，命辭雖不知何語，要知使者既受命，使者又重述君命爲述命。述命者，重失誤。

上介受圭，屈繅，出，授賈人。衆介不從。賈人，將行者，在門外，北面。

【疏】「上介」至「不從」　注「賈人」至「北面」　云「衆介不從」者，以上介送圭向外，與賈人反來，故衆介不從，以待之。云「賈人，將行者」，知者，經言「授賈人」，使受之，則是行人，主掌此玉，故知將行者。對上云賈人出玉者是留者也。知「在門外，北面」者，以其使者在門外時，皆北面，此賈人不入，明依本北面可知。

受享束帛加璧。受夫人之聘璋，享玄纁束帛加琮，皆如初。享，獻也，既聘又獻，所以厚恩惠也。帛，今之璧色繒也。夫人亦有聘享者，以其與己同體，爲國小君也。其聘用璋，取其半圭也。君享用璧，夫人用琮，天地配合之象也。〔一八〕圭璋，特達瑞也。璧琮有加，往德也。周禮曰：瑑圭璋璧琮以覜聘。〔一九〕〇璋，音章，半圭。加琮，才宗反，劉又音綜，半璧也。繒也，似陵反，又才陵反。妃合，音配，本亦作配。瑑圭，大轉反。以覜，他弔反。

【疏】「受享」至「如初」　注「享獻」至「覜聘」　此經中三事，上經已受聘君圭，此經受享君束帛加璧，又受聘夫人璋，又受享夫人琮。案上文「夕幣」時云「官陳幣，皮北首，西上，加其奉於左皮上」，鄭注云「奉所奉以致命，謂束帛及玄纁也」，則知所陳直陳束帛及玄纁，不陳璧琮。是以此經受璧而連言束帛、玄纁者，以其享時束帛加璧於其上，玄纁加琮於其上，以相配之物，故兼言束帛、玄纁。若然，璧琮右受者，以其璧琮與圭璋同類，尊之故也。云「帛，今之璧色繒」者，周禮大宗伯云「孤執皮帛」，鄭注亦然。又案宗伯云「以蒼璧禮天」，下云「牲幣，各放其器之色」，幣即幣帛，禮天之璧用蒼色，則幣帛之色亦蒼色，是璧色繒。於漢時云「璧色繒」者，亦因周法，則此束帛亦與璧色同，以其相配，但未知正用何色耳。云「聘用璋，取其半圭」，知半曰璋者，案周禮典瑞云「四圭有邸，以祀天；兩圭有邸，以祀地；圭璧以祀日月；璋邸射，以祀山川」，以上自下差之，以兩圭半四圭，圭璧半兩圭，璋邸射又半圭璧，是半圭曰璋也。云「圭璋，特達瑞也」者，聘義云「圭璋特達德也」，鄭云「特達謂以朝聘也」，言瑞者，大宗伯云「以玉作六瑞」，「公執桓圭」以下皆是瑞，故尚書云「班瑞於羣后」，言「特達」者，不加束帛也。云「璧琮有加，往德也」者，謂加於束帛之上。言「往德」者，郊特牲云「束帛加璧，往德也」謂以束帛加璧致厚，往爲主君有德，故以玉致之。君子於玉比德，故言「往德」也，往德義出於彼。鄭言此者，欲見朝聘享用玉之意也。周禮曰玉人文云「瑑圭璋璧琮以覜聘」者，欲見此篇聘賓不用君之所執圭璋，以其公則執桓圭，侯執信圭，伯執躬圭，子執穀璧，男執蒲

璧，臣出聘圭璋璧琮則瑑之而已，無此桓信躬穀蒲之文，又所執皆降其君一等，故引之爲證也。

遂行，舍于郊，於此脱舍衣服，乃即道也。曲禮曰：「凡爲君使，〔二〇〕已受命，君言不宿於家。」○脱舍，音捨。

【疏】「遂行，舍于郊」　注「於此」至「於家」　言「遂行」者，受命則行，不留停，故云「遂行」。言「於此脱舍衣服，乃即道」者，〔二一〕上文云賓朝服告禰，及遂朝君受命，〔二二〕至此衣服未改，鄭注云「吉時道路深衣」，則此脱舍朝服，服深衣而行，故云「於此所脱舍衣服，〔二三〕乃即道也」。引曲禮者，見受君命及君言，言别有告請之事，遂行舍於郊，則彼云「不宿于家」也。

斂旜。此行道耳，未有事也。斂，藏也。

【疏】「斂旜」　注「此行」至「藏也」　云「此行道耳，未有事也」者，案下文云「及竟，張旜」，是有事也，故此自郊已後，未有事，斂藏也。

若過邦，至于竟，使次介假道，束帛將命于朝，曰請帥，奠幣。至竟而假道，諸侯以國爲家，不敢直徑也。將，猶奉也。帥，猶道也，請道己道路所當由。○于竟，音景，後同。直徑，古定反。猶道，音導，下請道同。

【疏】「若過」至「奠幣」　注「至竟」至「當由」　自此盡「執策於其後」，論過他國竟假道之事。云「諸侯以國爲家，不敢直徑」者，案左氏傳僖三十三年秦師襲鄭，不假道於晉，爲晉所敗，是其不假道直徑過。天子之師行過無假道，以其天子以天下爲家，所在如主人故也。天子微弱，則有之。是以周語「定王使單襄公聘於宋，遂假道於陳，以聘

楚」，服氏注云「是時天子微弱，故與諸侯相聘同」是也。〔二四〕

下大夫取以入告，出許，遂受幣。言遂者，明受其幣，非爲許故也，容其辭讓，不得命也。○非爲，于僞反，下爲其、且爲、所爲、來爲，來爲主、凡爲、明爲同。

【疏】「下大夫」至「受幣」　注「言遂」至「命也」　云「言遂者，明受其幣，非爲許故也」者，幣本爲行禮，非爲求許，若許受幣，〔二五〕當云「出許，受幣」，不須言「遂」。今不以許道受幣，云「遂」，是以容其辭讓，不受此幣，不得命遂受之，故云「遂」也。

餼之以其禮，上賓大牢，積唯芻禾，介皆有餼。凡賜人以牲，生曰餼。餼，猶稟也，給也。以其禮者，尊卑有常差也。常差者，上賓上介牲用大牢，羣介用少牢，米皆百筥。牲陳于門內之西北面，米設于中庭。上賓、上介致之以束帛，羣介則牽羊焉。上賓有禾十車，芻二十車，禾以秣馬。○餼之，許氣反，猶遺也，牲腥曰餼，謂殺而未孰。積唯，子賜反，或如字。用少，詩照反，下少牢皆同。以秣，音末。

【疏】「餼之」至「有餼」　注「凡賜」至「秣馬」　此謂主國所致禮。云「凡賜人以牲，生曰餼」者，言「凡」者，摠解諸文。案此下經云主國「使卿歸饔餼五牢」，云飪一牢、腥二牢、「餼二牢陳于門西」，鄭注云「餼，生也。牛羊右牽之，〔二六〕豕束之」，〔二七〕是牲生曰餼。上介及士亦皆牲生爲餼。論語云「告朔之餼羊」，鄭注亦云「牲生曰餼」；春秋傳云「餼臧石牛」，〔二八〕服氏亦云「牲生」，是凡「牲，生曰餼」。春秋僖三十三年鄭皇武子云：「餼牽竭矣。」服氏以爲「腥曰餼」，以其對「牽」，故以餼爲「腥」；詩序云：「雖有牲牢饔餼。」鄭云：「腥曰餼。」以其對生是活，故以餼爲「腥」；又不爲「牲生」者，鄭望文爲義，故注不同也。「餼，猶稟也，給也」者，於賓爲稟，稟受也；〔二九〕於主人爲給，給賓客也。云「以其禮者尊卑有常差。常差者，上賓上介牲用大牢」，經不言上介，知與賓同大牢者，若上介與羣

介同，當爲介皆少牢，是以下文大夫餼賓云上賓上介皆大牢，「米八筐」，「衆介皆少牢，米六筐」，是上介與賓同之義也。云「米皆百筥」以下盡「二十車」，皆約下文君使卿致饔餼禮。若然，上介與賓同大牢，依大夫餼賓禮，米不依大夫餼賓，與上介米八筐，而依君致饔餼者，以此經有芻禾，大夫餼賓禮無芻禾，〔三〇〕故還依主國歸饔餼之禮也。案下歸饔餼，上賓、上介米陳于門內，衆介米百筥設於門外，鄭不言者，略而不辨之也。云「上賓、上介致之以束帛，羣介則牽羊」者，案大夫餼賓禮，使「老牽牛以致之」，「上介亦如之」，不依此依歸饔餼者，以其彼此皆是國君禮，唯牽以行道之間，不依歸饔餼之法，致之用束帛，〔三一〕宜與歸饔餼同也。云「羣介則牽羊焉」者，致禮於士，無用束帛之法，但歸餼則用大牢，禮盛，宰夫朝服牽牛以致之，此衆介皆少牢，當與大夫餼賓少牢，亦牽羊以致之同也。無正文，故言「則」也。「上賓有禾十車，芻二十車」，亦與下歸饔餼同也。若然，大牢則上介與上賓同，芻禾不同者，以經上賓云「唯芻禾」，言「唯」著異，明上介無也。但下文設飧時，大夫之禮禾視死牢而已，此餼賓用生牢，不用死牢。得有禾者，此過國致禮，異於常禮，故生致而有芻禾也。以芻薪倍禾，故禾十車芻二十車也。

士帥没其竟。没，盡。**誓于其竟，賓南面，上介西面，衆介北面，東上，史讀書，司馬執策，立于其後。**此使次介假道，止而誓也。賓南面，專威信也。史於衆介之前，〔三二〕北面讀書，以勑告士衆，爲其犯禮暴掠也。禮，「君行師從，卿行旅從」。司馬主軍法者，執策示罰。○執筴，〔三三〕音策。掠也，音諒。師從，才用反，下同。

【疏】「誓于」至「其後」　注「此使」至「示罰」　此誓當在使次介假道之時，「止而誓」言之，在「士帥没其竟」之後言之者，此文因上設彼國禮法訖，乃更却本而言之，不謂此士帥没竟後，是以鄭云「此使次介假道，止而誓也」。言「賓南面，專威信」者，此聘禮雖非軍事，亦是梱外之事，使專威信，故南面若君然也。知「史於衆介之前，北面讀書」

者，以經言「衆介北面」，則言「史讀書」，明亦北面，與衆介同北面，又賓南面，復對之故也。云。〔三四〕「君行師從」已下，定四年召陵之會祝佗辭，引之者，此聘使有旅從，恐暴掠也。

未入竟，壹肄。〔三五〕謂於所聘之國竟也。肄，習也，習聘之威儀，重失誤。○一肄，以二反，劉常一反，習也，注同。

【疏】「未入竟，壹肄」 注「謂於」至「失誤」 自此盡「私事」，論雖未至主國，預習聘享威儀之事。此與下文爲目，所習之禮事在下。云「謂於所聘之國」者，鄭解未入境，境謂所聘之國境未入也。

爲壝壇，畫階，帷其北，無宮。壝土象壇也。帷其北，宜有所鄉依也。無宮，不壝土，畫外垣也。○爲壝，劉以垂反，一音以癸反。壇，大丹反，〔三六〕封土曰壇。畫階，音獲，注同。外垣，音袁。

【疏】「爲壝」至「無宮」 注「壝土」至「垣也」 案覲禮與司儀同爲「壇三成」，「宮方三百步」，此則無外宮，其壇壝土爲之，無成又無尺數，象之而已。云「帷其北，宜有所鄉依」者，雖不立主人，賓、介習禮，宜有所向，故帷其北也。云「無宮，不壝土，畫外垣也」者，不壝土爲宮，是畫外垣垣牆，壝土爲外牆土，今則不畫宮也。

朝服，無主，無執也。不立主人，主人尊也。不執玉，不敢褻也，徒習其威儀而已。

【疏】「朝服」至「執也」 注「不立」至「而已」 云「不立主人，主人尊也」者，主人則主國君受聘享者，不立臣作君，故云「主人尊也」。

介皆與，北面，西上。入門左之位也。古文「與」作「豫」。○皆與，音預，注同。

【疏】「介皆」至「西上」　注「入門」至「作豫」　此所習之禮，不習大門外内及廟門内之禮者，以其於外威儀少而易行，故畧之，但習入廟聘享、揖讓、升降、布幣、授玉之禮，〔三七〕是以直云「北面，西上」之位也。云「入門左之位」者，案下文云「賓入門，左」，「介皆入門，左，北面，西上」是也。〔三八〕

習享，士執庭實，士，士介也。庭實必執之者，皮則有攝張之節。

【疏】「習享，士執庭實」　注「士士」至「之節」　享時庭實旅百獻，國所有非止於皮，知所執是皮者，以其金龜竹箭之等，皆列之於地，〔三九〕不執之，所執者唯有皮而已，是以下聘時，賓升致命授玉之時，執皮者張之以見文，是以特言執也，是以云「皮有攝張之節」。

習夫人之聘享亦如之。習公事，不習私事。公事，致命者也。

【疏】「習夫」至「私事」　注「公事致命者也」　云「習夫人之聘享亦如之」者，以其行聘君訖，則行聘夫人；行享君訖，即行享夫人，還君受之，一如受君禮，故云「亦如之」也。云「習公事」者，謂君聘享、夫人聘享及問大夫，皆致君命，故鄭云「公事，致命者」。是以下文行君聘享，及夫人聘享訖，「擯出請，賓告事畢」，鄭注云「公事畢」。又問卿時云卿大夫「升堂，北面聽命，賓東面致命」，鄭注云「致其君之命」，皆「公事，致命者」也。私事者，謂私覿於君，私面於卿大夫，故下文「賓覿，入門右」，注云「私事自闑右」是。又問卿訖，賓西面「如覿幣，入門右，大夫辭，賓遂左」，注云「見私事，賓雖敵，謙，入門右，爲若降等然」是也。若然，大夫之幣不在朝付之，至郊乃付之，避君禮，不謂非

公事。

及竟，張旜，誓。及，至也。張旜，明事在此國也，張旜謂使人維之。

【疏】「及竟，張旜，誓」　注「及至」至「維之」　自此盡「入境，斂旜」，論賓至主國之境，謁關人見威儀之事。云「張旜，明事在此國」者，以其行道斂旜，及境張旜，明所聘之事在此國，故張旜以表其事也，是以鄭云「明事在此國也」。云「張旜使人維之」者，案禮緯稽命徵云「大夫杠五刃，〔四〇〕齊於較」。較崇八尺，人又長八尺，人維得手及之者，蓋以物接之，乃得維持之。案節服氏「掌祭祀朝覲，六人維王之大常，諸侯則四人」，但大常十二旒，人有六則一人維持二旒，鄭云「維之以縷」，用線維之，大夫無文，諸侯四人不依命數，大夫或一人，或二人維持之。

乃謁關人。謁，告也。古者竟上爲關，以譏異服，〔四一〕識異言。○以譏，音機，本亦作譏。

【疏】「乃謁關人」　注「謁告」至「異言」　「古者境上爲關」者，王城十二門，則亦通十二辰，辰有一門、一關。諸侯未知幾關。魯廢六關，半天子，則餘諸侯亦或然也。〔四二〕云「關譏異言」，〔四三〕案王制云「關譏而不征」，注亦云「幾，幾異服異言」，〔四四〕二注皆無正文。案周禮司門云「幾出入不物者」，注云「不物，衣服視占不與衆同」，鄭以出入不物幾之，則「不物」中含有此異服異言，云「衣服視占不與衆同」，則是異也。但周禮「司關上士二人，中士四人」，又云「每關下士二人」，但司關爲都捴，主十二關，居在國都，「每關下士二人」者，各主一關，今所謂「關人」者，謂告每關，關人來告司關，司關爲之告王，故司關職云「凡四方之賓客，叩關則爲之告」是也。

關人問：「從者幾人？」欲知聘問，且爲有司當共委積之具。○問從，才用反，下注授從同。幾人，居豈反。當共，音恭，本或作供同，後放此。委積，上於僞反，下子賜反，後放此。

【疏】「關人」至「幾人」　注「欲知」至「之具」　不問使人而問從者，關人卑者，不敢輕問尊者，故問從者。云「欲知聘問」者，問得從者，即知使者是大聘，亦知使者是小聘。知者，以君行師從一州之民；卿行旅從一黨之人，若大夫小聘，當一族之人百人也。〔四五〕「且謂有司當共委積之具」者，〔四六〕賓客入竟，當於廬宿，市設少曰委，多曰積，是爲行道之具也。

以介對。以所與受命者對，謙也。聘禮，上公之使者七介，侯伯之使者五介，子男之使者三介，以其代君交於列國，是以貴之。周禮曰：「凡諸侯之卿，其禮各下其君二等。」〇各下，户嫁反。

【疏】「以介對」　注「以所」至「二等」　云「以所與受命者對，謙也」者，上問從者幾人，當爲「卿行旅從」對，今不云，而以介與受命者對，是謙也。聘禮「上公之使七介」至「三介」，皆禮記聘義文，而云「聘禮」者，聘義亦得言「聘禮」也。云「以其代君交於列國，是以貴之」，貴之者，〔四七〕隨國大小節級與之介以副使者，是貴之也。引周禮者，欲見貴之，〔四八〕纔下其君二等而已也。鄭注周禮「二等」謂「介與朝位賓主之間也」。

君使士請事，遂以入竟。請，猶問也。問所爲來之故也，遂以入因道之。

【疏】「君使」至「入竟」　注「請猶」至「道之」　君得關人告，即知爲聘來，使士迎之，故聘義云「君使士迎于竟」是也。而云「使士請事」，君子不必人，故知而猶問也。云「遂以入竟」者，若然，向來賓之問，猶停關外，君使士請訖，乃導以入竟。

入竟，斂旜，乃展。復校録幣，重其事。斂旜，變於始入。

【疏】「入竟，斂旜，乃展」　注「復校」至「始入」　自此盡「賈人之館」，論三度展幣之事。云「重其事」者，亦恐有脱漏、失錯，故云「重其事」，不可輕也。「斂旜，變於始入」者，上「及竟，張旜」，注云「事在此國也」，此則入竟後乃斂，斂之者，〔四九〕謂若初出至郊「斂旜」，鄭云「行道耳，未有事也」。此亦及竟示有事於此國，張之，始入張之，去國遠，更是行道未有事，故鄭云「變於始入」。始入時，示有事於此國，今是行道去之，故云「變於始入」也。

布幕，賓朝服立于幕東，西面。介皆北面，東上。賈人北面，坐拭圭，拭，清也。側幕而坐，乃開櫝。○拭圭，音式。拭清，如字，劉才姓反。

【疏】「布幕」至「拭圭」　注「拭清」至「開櫝」　賓「西面」者，雖不對君，由是臣道異於前誓時，示威信也。知賈人「側幕」者，以其幕所陳皆賈人所主，此圭雖不陳，亦宜側近於幕，以開圭也。知賈人坐者，下文聘時於廟門外，賈人開圭，坐授上介，故知此亦坐。

遂執展之。持之而立，告在。

【疏】「遂執展之」　注「持之而立，告在」　此經告訖，下文乃云「上介北面視之」，則此所告者告賓，云在上介乃視之。

上介北面視之，退，復位。言退復位，則視圭進，違位。

【疏】「上介」至「復位」　注「言退」至「違位」　鄭言此者，見經直有退文，不見其進，故云「則視圭進」也。「違位」之言，出於曲禮，曲禮云「揖人，必違其位」，鄭云「禮以變爲敬」，今此進違位，亦是敬也。

退圭。圭璋尊，不陳之。

【疏】「退圭」　注「圭璋尊不陳之」　「尊不陳」對下文拭璧「加于左皮上」陳之爲卑故也。上不言璋，直言圭，下乃言「夫人之聘、享」，則璋未拭而并言璋者，欲見皆不陳故。

陳皮，北首，西上。又拭璧，展之。會諸其幣加于左皮上。上介視之，退。會，合也。諸，於也。古文曰「陳幣，北首」。

【疏】「陳皮」至「之退」　注「會合」至「北首」　璧言合諸幣者，享時當合，故今亦合而陳之。故小行人云「合六幣」，六幣亦是所享之物故也。

馬則幕南，北面，奠幣于其前。前，當前幕上。〔五〇〕展夫人之聘享亦如之。賈人告于上介，上介告于賓。展夫人聘、享，上介不視，貶於君也。賈人既拭璋、琮，南面告於上介，上介於是乃東面以告賓，亦所謂「放而文」之類。○放而，方往反。

【疏】「展夫」至「于賓」　注「展夫」至「之類」　知面位如此者，其賈人北面，在幕南，上介亦北面，明賈人既拭夫人聘璋享琮訖，乃迴身南面，告上介，上介於是還東面告賓可知也。云「所謂放而文之類」者，「所謂」禮器文。案禮器云「有放而文也」，〔五一〕注云「謂若天子服日月，以至黼黻」，是天子衣放象日月以下而爲文，今夫人聘享展訖，但上介不視，至於賈人南面告上介，上介東面告賓，〔五二〕放象君禮而爲文變，是其類也。

有司展羣幣，以告。羣幣，私覿及大夫者，有司載幣者，自展自告。○私覿，大歷反。

【疏】「有司」至「以告」　注「羣幣」至「自告」　云「羣幣，私覿及大夫者」，上展君及夫人幣訖，此言「有司展羣幣」，故知是「私覿及大夫者」。私覿者，行君、夫人聘享訖，賓以私禮己物見主君。云「大夫者」，亦謂賓以己物面主國之卿。必知私覿之幣是賓介自將己物者，以經、記上下唯有君及夫人聘享及問，大夫聘之幣付使者之文，不見有付賓介私覿之幣，又案下文賓將還，云「遂行，舍于郊。公使卿贈，如覿幣」，「使下大夫贈上介亦如之。使士贈衆介，如其覿幣」，還至本國，「陳幣于朝」，云「上賓之公幣私幣皆陳。上介公幣陳，他介皆否」，注云「此幣使者及介所得於彼國君、卿大夫之贈賜也」，「其禮於君者不陳，公幣，君之賜也；私幣，卿大夫之幣也」，至於賓反命訖，君使宰賜使者及介幣，以此言之，彼國所報私覿之幣，還與賓介，明知私覿是賓介私齎行可知也。夏官校人云：「凡國之使者，皆供其幣、馬」，鄭注：「使者所用私覿」。若然，彼使者謂天子使卿大夫存覜省問諸侯之事，使者得之行私覿，私覿之馬，校人供之，與諸侯禮異也。

及郊，又展如初。郊，遠郊也。周制，天子畿内千里，遠郊百里，以此差之，遠郊上公五十里，侯伯三十里，子男十里也，近郊各半之。

【疏】「及郊」至「如初」　注「郊遠」至「半之」　云「周制天子畿内千里」者，周禮大司徒云「制其畿方千里」，據周禮而言。其自殷已上，亦畿方千里，商頌云「邦畿千里，唯民所止」，夏亦千里，王制云「天子縣内方千里」，鄭據夏時。禹貢方千里曰甸服，據唐虞畿内是也。云「遠郊百里」者，司馬法文，畿方千里，王城面五百里，〔五三〕以百里爲遠郊。若公百里，〔五四〕中置國城面二百五十里，故遠郊五十里。自此已下至子男，差之可知。云「近郊各半之」者，亦約周天子遠郊百里，近郊五十里，亦無正文。尚書君陳序云「命君陳分正東郊成周」，鄭注「周之近郊五十里，今河南洛陽相去則然」。鄭以目驗知之。若然，天子近郊半遠郊，則諸侯近郊各半遠郊可知也。

及館，展幣於賈人之館如初。館，舍也。遠郊之内有候館，可以小休止、沐浴。展幣不于賓館者，爲主國之人有勞問己者，就焉便疾也。○有勞，力到反，下文及注皆同。便疾，婢

面反，後放此。

【疏】「及館」至「如初」　注「館舍」至「疾也」　案周禮遺人職云十里有廬，三十里有宿，五十里有市，市有候館，畿内道路皆有候館，鄭云「遠郊之内有候館」者據此。〔五五〕候館在遠郊之内，指而言之，不謂於此獨有也。以行道之間停息，故云「小休止、沐浴」，又得展幣也。云「展幣不于賓館者，爲主國之人有勞問己者，就焉便疾也」者，若并在賓館，則事煩不疾，若展幣於賈人之館，其賓館受勞問，是以就賈人之館展幣便疾也。案大行人諸侯朝天子，上公三勞，侯伯再勞，子男一勞，孤不問一勞。諸侯自相朝無過，如朝〔五六〕天子，遣臣相聘，無過一勞。此下文使卿近郊勞，此乃遠郊之内得有此勞問己者，謂同姓舅甥之國，而加恩厚者，別有遠郊之内問勞也。

賓至于近郊，張旜。君使下大夫請行，反。君使卿朝服，用束帛勞。請行，問所之也，雖知之，謙不必也。士請事，大夫請行，卿勞，彌尊賓也。其服皆朝服。

【疏】「賓至」至「帛勞」　注「請行」至「朝服」　自此盡「遂以賓入」，論主君使大大及卿行請勞之事。入「近郊，張旜」者，示將有事，以自表也。知「皆朝服」者，以卿勞禮重，尚朝服，明以外士大夫輕者朝服可知也，故舉後以明前也。

上介出請，入告。賓禮辭，迎于舍門之外，再拜。出請，出門西面，請所以來事也。入告，入北面告賓也。每所及至皆有舍，其有來者者，皆出請入告，〔五七〕于此言之者，賓彌尊，事彌録。○者與，音餘。

【疏】「上介」至「再拜」　注「出請」至「彌録」　云「入北面告賓也」者，此時賓當在賓館阼階西面，故上介北面告賓也。云「每所及至皆有舍，其有來者，皆出請入告，于此言之者，賓彌尊，事彌録」者，道皆有廬宿市來之舍，前出請士，〔五八〕大夫請行，亦當出請入告，於此始言之者，先士次大夫，後卿，以是先卑後尊；今復見此言，故云「賓彌尊，事彌録」也。

勞者不荅拜。凡爲人使，不當其禮。

【疏】「勞者不荅拜」　注「凡爲」至「其禮」　言「凡」者，非直此卿爲君勞賓，不敢當其禮，不荅拜，聘賓，亦初入大門主君拜，賓辟不荅拜也，如此之類皆然，故云「凡」以該之。至後儐勞者，與之荅拜，爲己故也。

賓揖，先入，受于舍門内。不受于堂，此主於侯伯之臣也，公之臣受勞於堂。

【疏】「賓揖」至「門内」　注「不受」至「於堂」　知「公之臣受勞於堂」者，案司儀云「諸公之臣，相爲國客」，及大夫郊勞，「三辭拜辱，三讓，登，聽命」，是公之臣受勞於堂之事。

勞者奉幣入，東面致命。東面，鄉賓。

【疏】「勞者」至「致命」　注「東面，鄉賓」　賓在館如主人，當入門西面，故勞者東面向之也。

賓北面聽命，還，少退，再拜稽首，受幣。勞者出，北面聽命，若君南面然。少退，象降拜。

【疏】「賓北」至「者出」　注「北面」至「降拜」　云「北面聽命，若君南面然，云少退，〔五九〕象降拜」者，下文歸饔餼，大夫

東面致命，賓降階西面，〔六〇〕再拜稽首，是此象之也。若然，此行尊卑禮訝受法，歸饔餼時，上北面受幣，〔六一〕此在庭，亦當北面訝受幣，勞者南面可知也。

授老幣。老，賓之臣。

【疏】「授老幣」　注「老，賓之臣」　大夫家臣稱老，若趙、魏「臧氏老」之類也。

出迎勞者。欲儐之。

【疏】「出迎勞者」　注「欲儐之」　司儀注云「上於下曰禮，敵者曰儐」，此言「儐」者，欲見賓以禮禮使者，故云「欲儐之」。

勞者禮辭，賓揖，先入，勞者從之。乘皮設，設於門内也。物四曰乘。皮，麋鹿皮也。○乘皮，繩證反，後乘馬、乘禽、乘皮皆同。

【疏】「勞者」至「皮設」　注「設於」至「皮也」　庭實當三分庭一，在南設之，今以儐勞者在庭，故「設於門内也」。云「皮，麋鹿皮」者，鄭於下注云「君於臣，臣於君，麋鹿皮可」者，以無正文。知用麋鹿皮者，案郊特牲云「虎豹之皮，示服猛也」，彼諸侯朝享天子法用虎豹，此臣聘君，降於享天子法，用麋鹿皮，故齊語云齊桓公使諸侯，輕其幣，用麋鹿皮四張，亦一隅也。

賓用束錦儐勞者。言儐者，賓在公館如家之義，亦以來者爲賓。○儐勞，〔六二〕必刃反，劉云與擯同。

【疏】「賓用」至「勞者」　注「言儐」至「爲賓」　云「言儐者，賓在公館如家之義，亦以來者爲賓」者，凡言儐者，謂報於

賓，今以賓館，故賓若主人，故云「儐勞者」，即以勞者爲賓故也。

勞者再拜稽首，受，稽首，尊國賓也。

【疏】「勞者」至「首受」　注「稽首尊國賓」　周禮大祝辨九拜，一曰稽首，首至地，臣拜君法；二曰頓首，頭叩地，平敵相於法；〔六三〕三曰空首，首至手，君荅臣下拜法。郊特牲云：「大夫之臣不稽首，非尊家臣，以辟君也」。今此勞者與賓同類，不頓首而稽首，故云「尊國賓也」。下賓亦「稽首送」者，以是爲君使，故亦稽首以報之也。

賓再拜稽首送幣。受送拜皆北面，象階上。

【疏】注「受送」至「階上」　知「受送拜皆北面，象階上」者，此經面位無文。案歸饔餼賓儐大夫時，賓楹間北面授幣，大夫西面受，〔六四〕此賓亦宜與彼同，北面授，還北面拜送。若然，云「受送拜皆北面」者誤，當云「授送拜皆北面」，〔六五〕並據賓而言也。

勞者揖皮，出，乃退。賓送，再拜。揖皮，出，東面揖執皮者而出。

【疏】「勞者」至「再拜」　注「揖皮」至「而出」　知「東面揖執皮者」，以其執皮者在門内當門，勞者在執皮之西，故知「東面揖皮」可知，揖之若親受之。又執皮者是賓之使者，執皮者得揖從出，勞者從人當訝受之，是以公食大夫禮云「賓三飯」，公侑食以「束帛」，庭實設乘皮，賓受幣，賓出揖庭實，出，鄭云「揖執皮者，若親受」。云「上介受賓幣，從者訝受皮」，則此從者亦訝受可知也。

校勘記

〔一〕歲相問　阮校云「問」下通解、毛本有「也」字。今按周禮大行人有「也」字，以有者爲是。

〔二〕入竟張旜　阮校云陳、通解、要義同，毛本「入」作「及」。今按下經文有「及竟，張旜，誓」。

〔三〕使者自在謀内　阮校云要義同，毛本「在」作「其」。

〔四〕諸侯謂司徒爲宰　阮校引張氏曰，此注及下注「宰夫，宰之屬也」，皆稱宰，釋文稱「大宰」，自經文「宰命司馬」以下皆不見「大」字，疑二注「宰」字上當增「大」字。古天子有大宰，諸侯則以司徒兼爲之。燕禮注「宰夫，大宰之屬」，大射注「宰夫，冢宰之屬」，不兼「大」則兼「冢」，此不應獨稱「宰之屬」。又集釋此注有「大」字，下注無。

〔五〕吾子爲司徒　阮校云要義同，通解、楊氏、毛本「吾子」俱作「季孫」。

〔六〕司徒掌十二教令　「令」原作「今」，阮校云陳、監、要義同，毛本「今」作「令」。今按當以作「令」爲是，此據毛本改。

〔七〕宰即上命司馬兼官者也　阮校云要義「馬」作「徒」。

〔八〕云幕以承幣者　阮校云毛本「幕」上有「布」字，依注當有。

〔九〕不復皆同　盧文弨本於此條下補「于禰，乃禮反」一條。

〔一〇〕象天三覆地二也　阮校云要義同，毛本「二」下有「載」字。

〔一一〕鄭志荅云　阮校云要義同，毛本、通解、楊氏「志」俱作「元」。

〔一二〕此謂平地道路之神　阮校云要義同，毛本「地」作「治」。

〔一三〕古之餘禮平者　阮校云要義同，毛本「餘」作「遺」，作「遺」與注合。

〔一四〕此禮行神　阮校云通解、毛本「禮」作「祭」。今按盧宣旬摘録云「毛本同，通解禮作祭」，誤。

〔一五〕又音試　「試」徐乾學本作「志」。

〔一六〕凡平諸侯三門　阮校云要義同，毛本無「平」字，有「平」字誤。

〔一七〕鄭亦爲之繅　阮校云要義同，通解「爲」作「謂」。

〔一八〕天地配合之象也　黄氏校録云張本改「配」作「妃」，據陸氏釋文也，集釋同。餘皆作「配」，與一本同。

〔一九〕瑑圭璋璧琮以覜聘　阮校云「覜」，葛本、集釋俱作「頫」。

〔二〇〕凡爲君使　阮校云「使」下楊氏有「者」字。今按曲禮有「者」字。

〔二一〕乃即道者　阮校云要義同，毛本「者」作「也」，依下文述注，此處當作「也者」。

〔二二〕及遂朝君受命　阮校云陳本、通解、要義同，毛本「及」作「乃」。

〔二三〕於此所脱舍衣服　阮校云毛本無「所」字。今按依注無「所」字，毛本是。

〔二四〕故與諸侯相聘同　阮校云「同」要義作「問」。

〔二五〕若許受幣　阮校云毛本「許」上有「因」字，下有「道」字。

〔二六〕牛羊右牽之　阮校云要義同，毛本「右」下有「手」字。今按依二十二卷注文當有「手」字。

〔二七〕豕束之　「束」單疏原作「東」，此依卷二十二注文改。

〔二八〕餼臧石牛　阮校云要義同，毛本「臧」作「藏」。今按作「臧」是。

〔二九〕稟受也　阮校云要義同，毛本「稟」下有「者」字。

〔三〇〕大夫餼賓禮無芻禾　阮校云毛本「無」字在「餼」字下。

〔三一〕致之用束帛　阮校云毛本「帛」字在「之」字下。

〔三二〕史於衆介之前　阮校云徐本、集釋、通解、楊氏同，毛本「史」作「使」。

〔三三〕執筴　「筴」唐石經作「策」。今按策、筴一字之異，出土秦、漢帛書、碑文多以筴爲策。

〔三四〕復對之故也云　阮校云「故也」毛本作「也故」，毛本是。

〔三五〕未入竟壹肆　「壹」釋文作「一」，阮校云集釋同。

〔三六〕壇大丹反　「丹」宋本誤作「是」，此據徐乾學本改。

〔三七〕布幣授玉之禮　阮校云通解、要義、楊氏同，毛本「授」作「受」。

〔三八〕介皆入門左　「左」單疏原作「右」，阮校浦鏜云「左」誤「右」，此據其説改。今按引文見下經文。

〔三九〕皆列之於地　阮校云通解、要義同，毛本無「之」字。

〔四〇〕大夫杠五刃　阮校云通解同，毛本「杠」作「扛」。

〔四一〕以譏異服　「譏」阮校云集釋作「幾」，與釋文同。黄氏校録云張本亦從陸氏改作「幾」。

〔四二〕亦或然也　阮校云「亦」要義作「理」。

〔四三〕云關譏異言　阮校云要義同，毛本作「云關譏異服識異言者」。

〔四四〕幾幾異服異言　阮校云要義同，毛本上「幾」字作「譏」，陳、閩俱無。今王制注作「譏譏異服，識異言」。

〔四五〕當一族之人百人也　阮校云毛本「族」作「旅」，陳、閩誤作「放」，「之」下無「人」字。阮以爲作「旅」是。

〔四六〕且謂有司　「謂」毛本作「爲」。今按依注當作「爲」。

〔四七〕是以貴之貴之者　阮校云「貴之」二字陳、閩俱不重。

〔四八〕欲見貴之　阮校云「見」毛本作「彼」。

〔四九〕乃斂斂之者　阮校云陳、閩、毛本俱不重「斂」字。

〔五〇〕幕上　阮校云「上」楊氏作「南」。

〔五一〕所謂禮器文案禮器云　阮校云毛本無「案」字，陳、閩俱無「禮器文」三字。

〔五二〕至于賈人南面告上介上介東面告賓　阮校云毛本不重「上介」二字。

〔五三〕畿方千里王城面五百里　阮校云要義同，毛本「王」字在「畿」字上。

〔五四〕若公百里　阮校云要義同，毛本、通解「百」上有「五」字。

〔五五〕有候館者據此　阮校云要義同，毛本「者」作「若」，「據此」作「此據」。

〔五六〕諸侯自相朝無過如朝　阮校云宋本已誤，「如朝」當作「無過再勞」。汪文臺識語云：「案此不誤，當連下文，不得過之。」今按汪説是也。『天子』爲句。疏意以大行人諸侯朝天子，上公三勞，侯伯再勞，子男一勞；諸侯相朝問，勞之數雖經無明

〔五七〕其有來者者皆出請入告　阮校云下「者」字毛本作「與」，徐、楊、集釋俱無「與」字，與疏合。嚴本「與」作「者」。張氏從釋文，以爲傳寫者誤以「與」作「者」，監本以其重複，遂去其一。又引朱子曰此非疑詞，不當音餘，疑本「介」字。

〔五八〕前出請士　阮校云要義同，毛本「出」作「士」，「士」作「事」。

〔五九〕云少退　阮校云毛本無「云」字，是。

〔六〇〕賓降階西面　阮校浦鏜云「面」字疑衍。

〔六一〕上北面受幣　阮校云通解、毛本「上」上有「堂」字。

〔六二〕儐勞　黄焯彙校云釋文於士冠「擯者」作「擯」，於聘禮則作「儐」，唐石經亦擯、儐雜出。

〔六三〕平敵相於法　阮校云通解、要義同，毛本「於」作「拜」。

〔六四〕大夫西面受　阮校朱子曰「西面」當作「南面」。

〔六五〕當云受送拜皆北面　阮校云「送拜」通解倒。

儀禮注疏卷第二十

唐朝散大夫行大學博士弘文館學士臣賈公彦等撰

夫人使下大夫勞以二竹簋方，玄被纁裏，有蓋。竹簋方者，器名也，以竹爲之，狀如簋而方，如今寒具筥。筥者圜，此方耳。○簋方，音甫，劉音蒲，本或作簠，外圓内方曰簋，内圓外方曰簠。〔一〕圜，音圓。

【疏】「夫人」至「有蓋」　注「竹簋」至「方耳」　自此盡「以賓入」，論夫人勞賓之事。夫人勞使下大夫者，降于君，故不使卿。凡簋皆用木而圓，受斗二升，此則用竹而方，故云「如簋而方」，受斗二升則同。「如今寒具筥」者，寒具若籩人先鄭云〔二〕「朝事謂清朝未食，先進寒具口實之籩」，實以冬食，故謂之「寒具」。筥圓此方者，方圓不同爲異也。案玉人云「案十有二，〔三〕棗栗十有二列，諸侯純九，大夫純五，夫人以勞諸侯」，彼有玉案者，謂王后法有玉案，并有竹簋，以盛棗栗，故彼引此爲證。此諸侯夫人勞卿大夫，故無案直有竹簋，以盛棗栗。

其實棗蒸栗擇，兼執之以進。兼，猶兩也，右手執棗，左手執栗。

【疏】「其實」至「以進」　注「兼猶」至「執栗」　云「兼，猶兩」者，謂一人執兩事。知「右手執棗，左手執栗」者，見下文云「賓受棗，大夫二手授栗」，則大夫先度右手，乃以左手共授栗便也，明知右手執棗可知。必用右手執棗先度之者，鄭注士虞禮云「棗美」，故用右手執棗也。

賓受棗，大夫二手授栗，受授不游手，慎之也。

【疏】注「受授」至「之也」　初兩手俱用，既受棗，不共授栗，〔四〕游暇一手，〔五〕不慎也。今右手授棗訖，即共授栗，〔六〕不游手爲謹慎也。

賓之受如初禮。如卿勞之儀。儐之如初。下大夫勞者遂以賓入。出以束錦授從者，因東面釋辭，請道之以入，然則賓送不拜。

【疏】「儐之」至「賓入」　注「出以」至「不拜」　云「出以束錦授從者，因東面釋辭，請導之」者，儐下大夫如前有束錦，則此大夫亦受得束錦；經言「遂以賓入」，明知有辭「請導之」，雖無文，鄭以意言之，大夫在西，明出時授束錦與己從者，乃得因東面釋請導之辭也。云「然則賓送不拜」者，以其云「遂以賓入」，即從之，明賓送不拜，謂若公食大夫使人戒「賓不拜送，遂從之」，其類也。案上君使士請，遂以賓入，鄭云「因導之」，鄭不言「賓送不拜」者，士請事空手無幣，賓亦不儐，請導賓，賓從入，無再拜送之理，故鄭不言「賓送不拜」；此大夫勞儐，與卿同有拜送之理，故云「賓送不拜」也。覲禮大夫勞侯氏，侯氏即從大夫入，拜送大夫，天子使尊，故雖從亦拜送，與此異。

至于朝，主人曰：「不腆先君之祧，既拚以俟矣。」賓至外門，下大夫入告，出釋此辭。主人者，公也。不言公而言主人，主人接賓之辭，明至欲受之，不敢稽賓也。腆，猶善也。遷主所在曰祧。周禮天子七廟，文、武爲祧，諸侯五廟，則祧始祖也，是亦廟也。言祧者，祧尊而廟親，待賓客者上尊者。○不腆，〔七〕他典反，善也，厚也。之祧，他條反，遠廟爲祧，謂始祖廟也。〔八〕既拚，方問反，謂洒埽也。〔九〕劉符變反。

【疏】「至于」至「俟矣」 自此盡「俟間」，論賓初至，主君請行聘禮，賓又請俟間之事。云「至于朝」者，鄭云「賓至外門」者，外門即諸侯之外朝，故下云「以柩造朝」，亦謂大門外爲外朝也。云「下大夫入告，出釋此辭」者，此下大夫，即夫人勞賓、導賓入者也。云「明至欲受之，不敢稽賓」，案覲禮云「侯氏遂從之，天子賜舍」，鄭云「且使即安」，不即言「欲受之」者，彼天子以諸侯爲臣，故使且安；此鄰國聘賓，不臣人之臣，故言「不敢稽賓也」。云「遷主所在曰祧」者，此揔解天子、諸侯稱祧也。云「周禮天子七廟，文、武爲祧」者，案周禮大宗伯序官守祧職云「奄八人」，鄭注云「遠廟曰祧」；又守祧職云「掌守先王、先公之廟祧」，鄭注云「廟謂大祖之廟及三昭三穆，遷主所藏曰祧。先公之遷主藏于后稷之廟，先王之遷主藏于文、武之廟。云『奄八人』，廟有一奄。周立七廟，通姜嫄廟爲八，故奄八人。」祭法鄭注云「祧之言超也，超上去意也」，不毁之也。云「遷主所藏曰祧」，天子有二祧，以藏遷主；諸侯無二祧，遷主藏于大祖廟，故此名大祖廟爲祧也。云「既拚」者，少儀云「埽席前曰拚」，拚者埽除之名。云「諸侯五廟」，王制與祭法文。云「則祧始祖，是亦廟也」。言祧者，祧尊而廟親，待賓客者上尊者」，下文「迎賓於大門」，「揖入」，「及廟門」，受賓聘享皆在廟，此云「先君之祧」，明下云「廟」是大祖廟可知，是以於大祖廟受聘享尊之。〔一○〕若饗食則於禰廟，燕又在寢，彌相親也。此鄭義，若孔君、王肅則以高祖之父及祖爲二祧，非鄭義也。

賓曰：「俟間。」

賓之意，不欲奄卒主人也，且以道路悠遠，欲沐浴，齊戒，俟間，未敢聞命。○俟間，如字，劉音閑。奄卒，寸忽反。齊戒，側皆反，本亦作齋。

【疏】「賓曰：俟間」 注「賓之」至「聞命」 此鄭以意解之。上文以意解主君不欲稽留於賓，此經解賓意不欲奄卒主人，故云「俟間」。必知有「齊戒、沐浴」者，案玉藻云「將適公所，宿齊戒、沐浴」，彼謂臣見己君，入廟必須齊戒、沐浴，此有齊戒、沐浴可知也。云「未敢聞命」者，謂「不腆先君之祧，既拚以俟」之命，不敢聞之也。

大夫帥至于館。卿致館，致，至也。賓至此館，主人以上卿禮致之，所以安之也。

【疏】「大夫」至「致館」　注「致至」至「之也」　自此盡「送再拜」，論主君遣卿致館之事。云「賓至此館，主人以上卿禮致之」者，案覲禮云「侯氏遂從之。天子賜舍」，辭曰「賜伯父舍」，「侯氏再拜稽首，受，儐之束帛乘馬」，注云：「王使人以命致館，無禮猶儐之者，尊王使也」，無禮，謂無束帛。此云「以上卿禮」明有束帛致亦可知。若然，有禮則稱致，覲禮不稱致，無禮故也。案司儀云諸公相爲賓，主君郊勞，云「三辭，拜受」，拜受謂拜受幣；又云「致館亦如之」，鄭云「使大夫授之，君又以禮親致焉」，亦是有幣可知；又云「諸侯、諸伯、諸子、諸男之相爲賓也，各以其禮相待也，如諸公之儀」，是五等相待，致館同有幣矣。天子待諸侯無幣，則其臣來無幣可知。據此文，侯伯之卿聘、郊勞、致館有幣，則五等待臣皆同有幣也。司儀「諸侯之臣、相爲國客」，亦皆有幣，與此同。若諸侯遣大夫小聘曰問，下云「小聘曰問，不享有獻，不及夫人，不筵几，不禮面，不升，不郊勞」，注云「記貶於大聘，所以爲小也。獻，私獻也。面，猶覿也」，雖不言「不致館」，畧之耳，亦不致也。又諸臣朝覲天子，天子無禮以致，猶儐，〔一一〕尊王使。又五等自相朝，主國皆有禮，〔一二〕皆有儐，故司儀云「賓繼主君，皆如主國之禮」，鄭玄謂「繼主君者，儐主君也」。儐之者，主君郊勞，致館，饔餼，還圭贈，郊送之時也」，此等皆主君親致館；又云「致館亦如之」，亦如郊勞時亦有儐矣。以此言，諸臣致者皆有儐也。若諸侯遣卿大夫聘王國，有用幣致館，無儐也，故司儀云諸公之臣，相爲國客，「致館如初之儀」，鄭注云「如郊勞也，不儐耳」是也。

賓迎，再拜。卿致命，賓再拜稽首。卿退，賓送，再拜。卿不俟設飧之畢，以不用束帛致故也。不用束帛致之者，明爲新至，非大禮也。○設飧，音孫，注同，〔一三〕熟食曰飧。

【疏】「賓迎」至「再拜」　注「卿不」至「禮也」　云「賓迎，再拜」者，賓在館如主人，故先拜也。卿不言「荅拜」，荅拜可知，但文略耳。雖不言「入」，言「迎」則入門可知。言「卿致命」者，亦東面致君命也。云「卿不俟設飧之畢，以不用束帛致故也」者，下直云「宰夫朝服設飧」，不言致，則此卿致館兼致飧矣，致館有束帛，致飧空以辭致君命，無束帛者，案下記云「飧不致」，鄭注云「不以束帛致命，草次饌飧具輕」，若然，卿以空拜致飧既，即退，不待宰夫設畢也，「以不用束帛致故也」。云「非大禮也」者，對下聘日致饔，鄭云「急歸大禮也」。若然，此侯伯之卿禮，其公之臣亦以幣帛致。案司儀云「諸公之臣，相爲國客」，「致館如初之儀」，鄭注云「不言致飧者，君於聘大夫，不致飧也。聘禮曰『飧不致，賓不拜』」，是也，其子男之臣，不致可知。又案司儀云君親致館，至於「致飧，如致積之禮」，鄭注云「俱使大夫，禮同也」，以此言之，致館致飧，似別人者，但致積在道，致飧在館，所致別人。若致館與致飧同時，致館者兼致飧，無嫌也。言「俱使大夫」者，言積與飧同使大夫，決君不親之義，何妨致館與致飧一人也。其臣致飧無幣，〔一四〕其五等諸侯致飧則有幣。案司儀諸侯相於致飧如致積，致積有幣，知致飧亦有幣也。

宰夫朝服設飧：

食不備禮曰飧。詩云：「不素飧兮。」春秋傳曰：「方食魚飧。」皆謂是。

【疏】「宰夫朝服，設飧」　注「食不」至「謂是」　云「食不備禮曰飧」者，對饔餼也生與腥飪俱有，餘物又多，此飧唯有腥飪而無生，餘物又少，故云「不備禮」也。引詩、傳者，案詩云「彼君子兮，不素飧兮」，毛云「熟食曰飧」，鄭云「讀如魚飧之飧」，則詩「飧」與傳「魚飧」同，是直食魚與飯爲飧。彼少牢小禮中不備此，則兩大牢大禮中不備，不備是同，故引證一邊不備，其實禮有異也。春秋傳曰「方食魚飧」者，案宣六年經書「晉趙盾、衛孫免侵陳」，公羊傳曰「趙盾弒君，此其復見何？親弒君者趙穿也。親弒君者趙穿，則曷爲加之趙盾？不討賊也。復國不討賊，此非弒

君如何？趙盾之復國奈何？靈公爲無道。」靈公使膳宰以熊膰不熟，公殺之。盾入諫，公見盾，再拜，盾拜稽首。歸，公使勇士某者往殺之。勇士入門，不見人，闚其户，「方食魚飧」，勇士曰：「嘻！子誠仁人也，是子之儉也，吾不忍殺子也。雖然，吾不可復見吾君矣，遂刎頸而死」，是「魚飧」之事。

飪一牢在西，鼎九，羞鼎三；腥一牢在東，鼎七；中庭之饌也。飪，孰也。孰在西，腥在東，象春秋也。鼎西九，東七，凡其鼎實與其陳如陳饔餼。羞鼎則陪鼎也，以其實言之則曰羞，以其陳言之則曰陪。○飪一，而審反，劉而鴆反，孰也。

【疏】「飪一」至「鼎七」　注「中庭」至「曰陪」　云「中庭之饌也」者，對下文是堂上及門外之饌也。云「象春秋也」者，腥之言生，象春物生；飪，孰也，象秋物有成孰，故云「象春秋也」。云「鼎西九東七」者，九謂正鼎九，牛、羊、豕、魚、腊、腸胃、膚，鮮魚、鮮腊；東七者，腥鼎無鮮魚、鮮腊，故七。云「凡其鼎實與其陳如陳饔餼」者，如其死牢，故掌客云諸侯之禮，饔餼九牢、七牢、五牢，其死牢如飧之陳，凡介、行人皆有飧饔餼，此則如介禮也，是飧之死牢與饔餼死牢，實與飧陳同，亦於東階、西階也。云「羞鼎則陪鼎也」，知是一物者，此云「羞鼎」，下饔餼言「陪鼎」，故知一也。陪鼎三則下云膷、臐、膮是也。

堂上之饌八，西夾六；八、六者，豆數也。凡饌以豆爲本，堂上八豆，八簋、六鉶、〔一五〕兩簠、八壺，西夾六豆、六簋、四鉶、兩簠、六壺，其實與其陳亦如饔餼。○六鉶，音刑。

【疏】「堂上」至「夾六」　注「八六」至「饔餼」　堂上與西夾所陳六、八非一，知六、八是豆者，凡設饌皆先設豆，乃設餘饌，故鄭云「凡饌以豆爲本」，無妨六、八之内兼有餘饌，故鄭言簋、鉶之等也。凡鄭所云，皆約饔餼，故云「亦如饔餼」也。鄭必約與陳饔餼同者，以其陳鼎饔餼同，故知餘亦同也。

門外，米禾皆二十車，禾，稾實并刈者也。諸侯之禮，車米視生牢，禾視死牢，牢十車。〔一六〕大夫之禮，皆視死牢而已，雖有生牢，不取數焉。米陳門東，禾陳門西。○稾實，古老反。并刈，魚廢反。

【疏】「門外」至「門西」 注「禾稾」至「門西」 「諸侯之禮，車米視生牢，禾視死牢，牢皆十車」者，案掌客云上公之禮，飧五牢，饔餼九牢，其死牢如飧之陳，牽四牢，車米視生牢，〔一七〕牢十車，車秉有五籔，車禾視死牢，牢十車；侯伯飧四牢，饔餼七牢，其死牢如飧之陳，牽三牢；子男飧三牢，饔餼五牢，其死牢如飧之陳，牽二牢，皆米視生牢，牢十車，禾視死牢，牢十車，是其義也。云「大夫之禮皆視死牢而已，雖有生牢不取數焉」者，知然者，見下歸饔餼五牢，饔三牢，餼二牢，饔三牢死牢也，門外米禾皆三十車，與死三牢同，不取餼二牢生之數，故知義然也。云「米陳門東，禾陳門西」者，此亦約下歸饔餼知之。上皆云陳如饔餼，此不云如饔餼者，至下經與薪芻并，云「凡此之陳，亦如饔餼」是也。

薪芻倍禾。各四十車。凡此之陳，〔一八〕亦如饔餼。**上介飪一牢在西，鼎七，羞鼎三；堂上之饌六，門外米禾皆十車，薪芻倍禾。**西，鼎七，無鮮魚、鮮腊。

【疏】「上介」至「倍禾」 注「西鼎」至「鮮腊」 六者與賓西夾數同，但言堂則西夾無矣。云「西，鼎七，無鮮魚、鮮腊」者，此亦約饔餼時賓飪鼎數，故下文賓腥鼎七，無鮮魚、鮮腊，此亦鼎七，故知無鮮魚、鮮腊也。

衆介皆少牢。亦飪，在西，鼎五，羊、豕、腸、胃、魚腊，新至尚孰。堂上之饌四豆、四簋、兩鉶、四壺，無簠。

【疏】「衆介皆少牢」 注「亦飪」至「無簠」 知「亦飪」者，依上介知然。知「鼎五」者，以賓九，上介七，衆介當五，降殺以兩。又約少牢五鼎，此亦少牢，故知亦五鼎也。知鼎實有羊、豕、魚、腊與腸胃者，以上介無鮮魚、鮮腊，此又無

牛，故從羊、豕以下數之得五。案少牢有膚，此無者，生人食與祭異，故玉藻「朔月少牢，五俎」，亦云羊、豕、魚、腊、腸胃，不數膚也。案上注皆不言「新至尚熟」，於此言之者，上文賓與上介皆言「飪一牢，在西」，下歸饔餼亦言「飪一牢，在西」，此衆介直言「少牢」，不言「飪」，下文歸饔餼亦直言「餼一牢」，無「飪」，恐衆介飧饔前後皆無飪，故特言之。「新至尚熟」對後無饔，直有餼，不尚熟也。必知少牢是「飪」者，承上介一牢飪，知此亦飪。云「堂上之饌四豆、四簋、兩鉶、四壺，無簠」，知數如此者，以賓與上介降殺以兩，故然也。知「無簠」者，以賓簠有二，曲禮云歲凶「大夫不食粱」，非歲凶大夫食粱，粱大夫常食，大夫禮多與賓同，簠盛稻粱，則上介亦二簠，與賓同。士非直不合食粱，差降亦無簠也。

厥明，訝賓于館。

此訝，下大夫也。以君命迎賓謂之訝，訝，迎也，亦皮弁。○訝，五嫁反。

【疏】「厥明」至「于館」　注「此訝」至「皮弁」　自此盡「每曲揖」，論將行聘禮，主君迎賓向廟之事。云「此訝下大夫也」者，案周禮有「掌訝，中士八人」爲之，此訝下大夫，非彼掌訝也。〔一九〕案下記云「卿，大夫訝。大夫，士訝，士皆有訝」，又周禮掌訝云「凡賓客諸侯有卿訝，卿有大夫訝，大夫有士訝，士皆有訝」，此大聘是卿，故使下大夫訝也。天子、諸侯雖有掌訝之官，朝聘之賓，不使掌訝爲訝，直以尊卑節級爲訝，故云「此訝，下大夫也」。言「以君命迎」者，凡舉事皆以承君命，〔二〇〕故知迎賓待君命也。云「亦皮弁」者，下文君及賓皮弁，明此大夫亦皮弁服也。

賓皮弁，聘，至于朝，賓入于次。

服皮弁者，朝聘，主相尊敬也。諸侯視朔皮弁服。入于次者，俟辦也。〔二一〕次在大門外之西，以帷爲之。○俟辦，蒲莧反，辦具之辦。

【疏】「賓皮」至「于次」　注「服皮」至「爲之」　云「服皮弁者，朝聘主相尊敬也」者，周禮大行人諸侯朝天子，各服冕

服，「廟中將幣，三享」，覲禮亦云「侯氏裨冕」在廟覲天子。此諸侯待四方朝聘皆皮弁者，入天子廟得申其上服，入己廟不可以冕服，又不可服常朝之服，故服天子之朝服。諸侯以爲視朔之服，在廟待朝聘之賓，〔一二〕是相尊敬故也。知此皮弁是諸侯視朔服者，以其玉藻云諸侯「皮弁以聽朔於大廟」是也。云「次在大門外之西，以帷爲之」者，下記云「宗人授次，次以帷，少退于君之次」，以賓位在西，故知也。

乃陳幣。有司入于主國廟門外，以布幕陳幣，如展幣焉。圭璋，賈人執櫝而俟。

【疏】「乃陳幣」　注「有司」至「而俟」　「有司入于主國廟門外」者，案下文行聘時幣在主國廟門外，知在此也。知有幕者，以言「陳幣如展幣」，明亦布幕陳幣也。云「圭璋，賈人執櫝而俟」者，案下文云「賈人東面坐啓櫝，取圭」，鄭注「賈人，鄉入，陳幣東面俟。於此言之，就有其事也」是也。〔一三〕

卿爲上擯，大夫爲承擯，士爲紹擯。擯者出請事。擯，謂主國之君所使出接賓者也。紹，繼也，其位相承繼而出也。主君公也，則擯者五人；侯伯也，則擯者四人；子男也，則擯者三人。聘義曰：「介紹而傳命。君子於其所尊，不敢質，敬之至也」。既知其所爲來之事，復請之者，賓來當與主君爲禮，爲其謙，不敢斥尊者，啓發以進之。於是時賓出次，直闑西，北面，上擯在闑東，闑外，西面。其相去也，公之使者七十步，侯伯之使者五十步，子男之使者三十步。此旅擯耳，不傳命。上介在賓西北，東面，承擯在上擯東南，西面，各自次序而下，末介、末擯，旁相去三丈六尺。上擯之請事，進，南面，揖賓俱前。賓至末介，上擯至末擯，亦相去三丈六尺。止，揖而請事。還，入告于公。天子、諸侯朝覲，乃命介紹傳命耳，其儀各鄉本受命，反面傳而下；及末則鄉受之，反面傳而上，又受命傳而下亦如之。此三丈六尺者，門容二徹參个，旁加各一步也。今文無「擯」。○而傳，大專反，下同，後傳命放此。所爲，于僞反，下爲其皆同。直，音值。闑，魚列反。闑外，音域，又沉域反。而上，時掌反。

【疏】「卿爲」至「請事」　注「擯謂」至「無擯」　此擯陳在主國大門外，主君之擯與賓之介東西相對，南北陳之。云「其

位相承繼而出也」者，從門向南陳爲繼而出。云「主君公也，則擯者五人；侯伯也，則擯者四人；子男也，則擯者三人」者，案周禮大行人天子待諸侯，云上公之禮，擯者五人；侯伯之禮，擯者四人；子男則擯者三人。今以諸侯待聘賓，用天子待已之擯數者，以諸侯自相待無文，鄭以意解之。但天子尊，得分辨諸侯尊卑以待之；〔二四〕諸侯卑，降天子，不敢分辨前人，故據己國大小而爲擯數。且春秋又有大國朝焉，小國聘焉，又有卿出並聘之事，則小國有朝大國法，無大國下朝小國之禮，若相聘問，大小皆得。若然，待其臣，據此文與待君等，天子待諸侯之臣，亦宜與君同也。又案周禮大宗伯爲上擯，小行人爲承擯，覲禮嗇夫爲末擯，若待子男三人足矣，若侯伯少一人，待上公少二人，一人二人皆以士充數也。引聘義者，案彼鄭注「質謂正，自相當」，故設擯介通情乃相見，是敬之至，引之者，證須擯介之意也。云「既知其所爲來之事」者，在道已遣士請事，大夫問行、郊勞、致館之等，是足知來事矣。云「復請之者，賓來當與主君爲禮，爲其謙，不敢斥尊者，啓發以進之」者，亦解所以立擯介通情及進相見之義也。云「於是時賓出次，直闑西，北面」者，案玉藻云「君入門，介拂闑，大夫中棖與闑之間，士介拂棖」，此謂朝君；又云「賓入不中門」，此謂聘賓，云「不中門」，則此「闑西，北面」者。若然，聘賓入門還依作介入時同，亦拂闑也。云「上擯在闑東，閾外，西面」者，主位在東，故賓在闑西，上擯在闑東，以擯位並門東，西面，故上擯亦西面向君也。云「其相去也，公之使者七十步，侯伯之使者五十步，子男之使者三十步」者，此依大行人云「諸侯之卿，其禮各下其君二等」，鄭注云「所下」者，介與賓主之間，是以步數與介數亦降二等也。云「此旅擯耳」者，案司儀云三問旅擯，鄭云旅，陳，「陳擯介，不傳辭」，故鄭此云「不傳命」也。若然，上注下注皆引聘義，云「介紹而傳命」者，若交擯傳命，則是賓介傳命，此旅擯傳命者，直是賓來，至末介下對上擯，傳本君之命也。其介相紹繼，則交擯、旅擯同，唯傳命不傳辭有異矣。是以司儀云「及將幣交擯」，鄭注亦引聘義「介紹而傳命」爲證，以其皆是相連繼於位也。云「上介在賓西北，東面，承擯在上擯東南，西面」，此謂賓直闑西，北面，主君在門內，南面。列位時云「西北」、「東

南」者，〔二五〕據賓西北望上介，介仍向正北陳之矣；上擯東南望承擯等，仍向正南陳之矣，不謂介西北邪陳，擯東南向邪陳也。云「各自次序而下」者，賓之介或七或五或三，從南向北次序，上次下至末介；主人之擯或五或四或三，從承擯向南，上次下至末擯也，東西相去三丈六尺。云「上擯之請事，進，南面，揖賓俱前」者，謂上擯入向公前，北面受命，出門南面遥揖賓，使前。擯者漸南行，賓至末介北，東面，上擯至末擯南，西面，東西相去亦三丈六尺。云「止，揖而請事」者，二人俱立定，乃揖而請所爲來之事。云「還，入告于公」者，賓對訖，上擯入告公，公乃有命納賓也。云「天子、諸侯朝覲，乃命介紹傳命耳」者，此引聘義文。自此以下，論天子諸侯交擯法。云「紹」者，亦謂使介相紹繼以傳命，傳命即擯介相傳賓主之命也。〔二六〕此交擯謂在大門外初未迎賓時。案曲禮注「春夏受摯於朝，〔二七〕受享於廟；秋冬一受之於廟」，覲禮天子不下堂而見諸侯，則秋冬受摯、受享皆無迎法，無迎法則無此交擯之義。若春夏受摯於朝，無迎法，受享於廟則迎之。故大行人云「廟中將幣，三享」，鄭注「朝先享不言朝者，朝正禮不嫌有等也」，是正朝無迎法。若然，覲禮無迎法，此云「朝覲」，彼言「覲」者，覲雖無迎法，饗食則有迎法，故齊僕云「朝覲宗遇饗食，皆乘金路。其法儀各以其等，爲車送逆之節」，故連「覲」也。云「其儀各鄉本受命，反面傳而下」者，雖言各鄉本受命，非一時之事，先上擯入受命，出傳與承擯，承擯傳與末擯，此是上擯「鄉本受命，反面傳而下」；末介向末擯邊受命，傳與次介，次介傳與上介，上介傳與賓，是「及其末則鄉受之，〔二八〕反面傳而上」也。云「又受命傳而下亦如之」者，此乃發賓傳向主君，一如前發主君傳而向下，故云「亦如之」。如此三迴爲交擯三辭，此則司儀云「諸公相爲賓，交擯三辭」者也。諸侯伯子男相爲賓，如諸公之儀，其交擯則同也。云「此三丈六尺」者，此則却計前云相去三丈六尺。云「門容二徹參个」者，〔二九〕冬官匠人云天子五門，匠人直計應門，直舉應門，則皐、庫、雉亦同。云「二徹參个」者，轍廣八尺，參个三八二十四，門容二丈四。云「傍加各壹步也」者，此無正文，但人之進退周旋不過再舉足一步，故門傍各空一步。丈二添二丈四尺，爲三丈六尺。

公皮弁，迎賓于大門内。大夫納賓。公不出大門，降于待其君也。大夫，上擯也。謂之大夫者，上序可知。從大夫，揔無所別也。於是賓、主人皆裼。○所別，彼列反。皆裼，西歷反。

【疏】注「公不」至「皆裼」　云「降于待其君也」者，〔三〇〕案司儀「諸公相爲賓」，公皮弁交擯，「車迎拜辱」出大門，此於門内，是降於待其君也。〔三一〕云「從大夫，揔無所別也」者，春秋之義，卿稱大夫，王制云「上大夫卿」，是揔無別也。云「於是賓、主人皆裼」者，案玉藻云「不文飾也，不裼」，又云「執龜玉，襲」，下文行聘時，執玉賓主人皆襲，此時未執玉，正是文飾之時，明賓主人皆裼也。

賓入門左，内賓位也。衆介隨入，北面，西上，少退。擯者亦入門而右，北面，東上。上擯進，相君。○相君，息亮反，下放此。

【疏】「賓入門左」　注「内賓」至「相君」〔三二〕　知「衆介隨入，北面，西上，少退」者，約下文入廟行聘享時，衆介入廟，隨賓入門左，相北面，〔三三〕西上，少退，不敢與賓齊也。知「擯者亦入門而右，北面，東上」者，亦約衆介統於賓北面，西上，明擯者北面，東上，亦約朝君揖位亦北面，東上而知之也。知「上擯進，相君」者，鄉黨云「君召使擯」，鄭云「有賓客使迎之」，彼據初迎賓時，至於入門之後，每事皆上擯相君也。

公再拜，南面拜迎。

【疏】「公再拜」　注「南面拜迎」　知君「南面」者，經雖不見君面位，主君尊於外國臣，猶南面，故郊特牲云「君之南鄉，荅陽之義」，故知君「南面」也。

賓辟，[三四]不荅拜。辟位逡遁，不敢當其禮。○賓辟，音避，劉房益反，注同，後實避之類并注各放此。逡，七勻反。[三五]遁，音旬。

【疏】注「不敢當其禮」云「不敢當其禮」者，以卿奉君命使，不敢賓辟，當相酬，亢之禮，故不荅拜，直逡遁而已。

公揖，入，每門、每曲揖。每門輒揖者，以相人偶，爲敬也。凡君與賓入門，賓必後君。介及擯者隨之，並而鴈行。既入，則或左或右，相去如初。玉藻曰：「君入門，介拂闑。大夫中棖與闑之間，士介拂棖。賓入不中門，不履閾。」此賓謂聘卿大夫也。門中，門之正也。不敢與君並，由之敬也。介與擯者鴈行，卑不踰尊者之迹，亦敬也。賓之介，猶主人之擯。○必後，户豆反，又如字，下及後同。鴈行，户郎反，下同。中棖，直庚反，爾雅謂之楔，門兩旁木也。

【疏】「公揖」至「曲揖」　注「每門」至「之擯」　諸侯三門皐、應、路，則應門爲中門，左宗廟，右社稷，入大門東行，即至廟門，其間得有「每門」者，諸侯有五廟，大祖之廟居中，二昭居東，二穆居西，廟皆别門，門外兩邊皆有南北隔牆，隔牆中夾通門。若然，祖廟已西，隔牆有三，則閤門亦有三，東行經三門，乃至大祖廟，門中，則相逼，入門則相遠，是以每門皆有曲，有曲即相揖，故「每曲揖」也。是以司儀亦云「每門止一相」，亦據閤門而言也。云「以相人偶」者，以人意相存偶也。云「凡君與賓入門，賓必後君」者，以賓主不敵，是以玉藻云於異國之君，稱外臣某，故知聘賓後於主國君也。言「凡」者，非直聘享向祖廟，若饗食向禰廟，燕禮向路寢，皆當後於主君，故言「凡」以廣之。云「介及擯者隨之，並前而鴈行」者，言並上擯與上介，並次儐與次介，並末擯與末介，並各自鴈行於後也。云「既入，則或左或右」者，東行賓介於左，君擯於右也。云「相去如初」者，初謂大門外相去三丈六尺也。玉藻曰：「君入門，介拂闑。大夫中棖與闑之間，士介拂棖。」鄭注云：「此謂兩君相見也。君入必中門，上介夾闑，大夫介士介鴈行於後，示不相沿也。君若迎聘客，擯者亦然。」又云：「賓入不中門，不履閾。」鄭注云：「辟尊者所從也。此經謂

聘客。」鄭君并引朝君，欲見卿大夫聘來，還與從君爲介時入門同，故并引之也。云「君入門，介拂闑」，又云「門中，門之正」，又云「卑不踰尊者之迹」，若然，聊爲一闑言之。君最近闑，亦拂之而過，上介則隨君而行，拂闑而過。所以與君同行者，臣自爲一列。主君既出迎賓，主君與賓並入，主君於東闑之內，賓於西闑之內，並行而入。上介於西闑之外，上擯於東闑之外，皆拂闑。次介、次擯皆大夫，中棖與闑之間。末介末擯皆士，各自拂棖。如是得君入中門之正，上擯上介俱得拂闑，又得不踰尊者之迹矣。又云「賓入不中門」者，此謂聘賓，大聘大夫，故鄭卿大夫並言。入門之時，還依與君爲介，來入相似，賓入還拂闑，故上注賓自闑西，擬入時拂闑西故也。云「門中，門之正也」者，謂兩闑之間。云「卑不踰尊者之迹」者，士以大夫爲尊，大夫以上介爲尊，上介以君爲尊也。云「賓之介，猶主人之擯」者，欲見擯介鴈行不別也。

及廟門，公揖入，立于中庭。公揖先入，省内事也。既則立於中庭以俟賓，不復出，如此得君行一，臣行二，於禮可矣。公迎賓于大門內，〔三六〕卿大夫以下入廟門，即位而俟之。

【疏】「及廟」至「中庭」　注「公揖」至「俟之」　自此盡公「裼，降立」，論行聘之事。云「公揖先入，省内事也」者，曲禮云「請入爲席」，彼卿大夫、士禮，是以鄭注云「雖君亦然」，「省内事」即「請入爲席」之類也。云「如此得君行一，臣行二，於禮可矣」者，言「得君行一，臣行二」者，案下文「三揖」言之，初揖注云「將曲，揖」，謂在内霤之間住，〔三七〕主君先立，無過近於内霤間，若然去門既近，去階又遠也，以此不得君行一，臣行二；下文受玉于東楹之間，彼得爲君行一，臣行二矣；下文又云「公升二等，賓升」，君階七等，君升二等，賓升一等，已上仍有五階，〔三八〕亦不得爲君行一，臣行二，與此同，欲見君行近，臣行遠之義，皆據大判而言，不可細分之矣。言「於禮可」者，以其尊者宜

逸，卑者宜勞，故言「於禮可」也。云「公迎賓於大門內，卿大夫以下入廟門，即位而俟之」者，上初命拜迎賓于館之時，卿大夫、士固在朝矣，及賓來大門外陳介之時，主君之擯亦在大門外之位；君在大門內時，其卿大夫不以無事亂有事，當於廟中在位矣。必知義然，當見行事之時，公授宰玉，又云「士受皮」，又云宰夫授公几，〔三九〕皆是於外無事，在廟始有事，更不見此官等命入廟之文，明君未入廟時，此官已在位而俟。公食大夫以其官各具饌物，皆有事，不預入廟，故公迎賓入後，乃見卿大夫以下之位，與此異也。

賓立接西塾。接，猶近也。門側之堂謂之塾。立近塾者，已與主君交禮，將有出命，俟之於此。介在幣南，北面，西上。上擯亦隨公入門東，東上，少進於士。〔四〇〕○西塾，音孰，劉又音育。猶近，附近之近，下同。

【疏】「賓立接西塾」 注「接猶」至「於士」 云「門側之堂謂之塾」者，爾雅釋宫文。云「立近塾者，已與主君交禮，將有出命，俟之於此」者，對在大門外時，未與主君交禮，直使擯傳命，故去門七十步、五十步、三十步，此將與君交禮，〔四一〕故近門也。云「於此，介在幣南，〔四二〕北面，西上」者，以上文入竟展幣時，布幕賓西面，介北面，東上，統於賓，今此陳幣，賓在門西，北面，明介「北面，西上」，統於賓也。云「上擯隨公入門東，東上，少進於士」者，案下「几筵既設，擯者出請命」，更不見上擯別入之文，明隨公入可知也；知門東有士者，案公食云「士立于門東，北面，西上」，鄭云「統於門者，非其正位也」，故知此亦然；以擯者是卿，又相君，故知進於士，在士前也。

几筵既設，擯者出請命。有几筵者，以其廟受，宜依神也。賓至廟門，司宫乃于依前設之，神尊，不豫事也。席西上。上擯待而出請，受賓所以來之命，重停賓也。至此言命，事彌至，言彌信也。周禮諸侯祭祀，席蒲筵繢純，右彫几。○依前，於豈反，本又作衣。〔四三〕繢，户内反。純，劉之閏反，一音章允反。後放此。

【疏】「几筵」至「請命」 注「有几」至「彫几」 云「有几筵者，以其廟受，宜依神也」者，此對不在廟受，不几筵，故下云聘遭喪，〔四四〕「入竟則遂也，不郊勞，不几筵」，注云「致命不於廟，就尸柩於殯宫，又不神之」；下小聘「不几筵」，注

云「記貶於聘」，是以記云「唯大聘有几筵」。覲禮不云几筵，文不具也。又案曲禮注「春夏受摯於朝，受享於廟，秋冬一受之於廟」，諸侯無此法，四時皆在於廟，亦無四時朝覲之别，名同，皆曰朝也。云「賓至廟門，司宫乃于依前設之，神尊，不豫事也」者，此對公食宰夫設筵加席几，而後迎賓，彼食禮與此異也。知在扆前者，案司几筵云「大朝覲、大饗射」，「王位「依前南鄉」」，設筵几，覲禮亦云「依前」，諸侯亦然。爾雅釋宫云：「牖户之間謂之扆。」但天子以屏風設於扆，諸侯無屏風爲異，席亦不同也。云「至此言命，事彌至，言彌信也」者，上入竟士請事，近郊下大夫請行，皆是謙問，不敢以必來之己國，不正言之；至此事益至，言則信矣，故正問之，(四五)而言「請命」，是其事至言信矣。(四六)云「周禮」至「彫几」者，周禮司几筵文。彼諸侯祭祀席三重，上更有加莞筵紛純，不引之者，文略可知。引之者，證此所設者，設常祭祀之席也。

賈人東面坐，啓櫝，取圭，垂繅，不起而授上介。賈人鄉入陳幣，東面俟，於此言之，就有事也。授圭不起，賤，不與爲禮也。不言裼，襲者賤，不裼也。繅，有組繫也。○鄉入，許亮反，下同。

【疏】「賈人」至「上介」　注「賈人」至「繫也」　「賈人鄉入陳幣，(四七)東面俟，於此言之，就有事也」者，上文賓入次，乃陳幣在門外，不言者，彼賈人未有事，今此有事，故就此言面位。以此東面，明初亦東面矣，故舉此明前東面也。云「授圭不起，賤，不與爲禮也」者，以賈人是庶人在官者，故云「賤，不與爲禮」，爲禮當起而授也。云「不言裼，襲者賤，不裼也」者，若不賤以垂繅當裼，以賤，故不裼也。云「繅，有組繫也」，知有組者，下記云「所以朝天子，圭與繅皆九寸；問諸侯，朱緑繅，八寸。皆玄纁，繫長尺，絢組」是也。

上介不襲，執圭，屈繅授賓。上介北面受圭，進西面授賓。不襲者，以盛禮不在於己也。屈繅，并持之也。曲禮曰：「執玉，其有藉者則裼，無藉者則襲。」

【疏】「上介」至「授賓」　注「上介」至「則襲」　上介裼，於賈人處垂繅受得圭，而不襲者，鄭云「以盛禮不在於己」故也，以賓執圭升堂致命爲盛禮在己者也。云「上介北面受圭，進西面授賓」者，以上介本位北面，故北面受圭；賓東面，故上介西面授賓。引曲禮者，彼記人據此絇組尺爲繅藉，不據韋皮衣，木板，畫以五采之繅藉也。云「執玉，其有藉者則裼」，據此賈人垂繅以授上介，上介不襲受之時也；云「其無藉者則襲」者，據此上介屈繅以授賓，賓襲受之時也；記人直記裼襲之義，不論盛禮在己之意，故各舉一邊而言也。

賓襲，執圭。執圭盛禮，而又盡飾，爲其相蔽敬也。玉藻曰：「服之襲也，充美也。」是故尸襲。執玉龜，襲也。○又盡，津忍反。

【疏】「賓襲執玉」　注「執圭」至「襲也」　云「執圭盛禮」者，玉藻云「執玉龜，襲」，注「重寶瑞也」。若然，云「盛禮」者，以其圭瑞以行禮，故爲盛禮也。云「又盡飾，爲其相蔽敬也」者，玉藻又云「君在則裼，盡飾也」，注云「臣於君所」，今聘，賓於主君亦是臣於君所，合裼以盡飾。今既執圭，以瑞爲敬，若又盡飾而裼，〔四八〕則掩蔽玉之敬，〔四九〕故不得裼也。云「服之襲也，充美也」者，彼注云「充，猶覆也」，是故尸襲者爲尸尊，故去飾也不裼。云「執玉龜，襲也」者，彼注云「重寶瑞也」，以龜玉爲寶瑞，若裼則盡飾，爲蔽敬，故引之證不裼也。

擯者入告，出辭玉，擯者，上擯也。入告，公以賓執圭，將致其聘命，圭，贄之重者，辭之，亦所以致尊讓也。

【疏】「擯者」至「辭玉」　注「擯者」至「尊讓」　知擯是「上擯」者，案上相禮者皆上擯，故知此亦據上擯。云「圭，贄之重者」，大宗伯云「以玉作六瑞」，君之所執；又云「以禽作六贄」，臣之所執，揔而言之，皆是贄；故左氏傳云「男贄」不過玉帛、禽鳥，但君之所執，爲贄之重者也。云「辭之，亦所以致尊讓也」，「致尊讓」，鄉飲酒義文，彼爲賓主三辭三讓，是致尊讓，此辭玉亦是「致尊讓」之事，故引之爲證也。　案文公十二年左氏傳云秦伯使西乞術來聘，襄

仲辭玉，賓對曰：「不腆敝器，不足辭也。」彼主人無三辭者，文不具，亦當三辭也。

納賓。賓入門左。公事自闑西。

【疏】「納賓。賓入門左」　注「公事自闑西」　案玉藻云「公事自闑西」，注云「聘享也」；又云「私事自闑東」，注云「覿面也」，故鄭引之，以證此「入門左」，是聘享賓入「自闑西」、「入門左」也。

介皆入門左，北面，西上。隨賓入也。介無事止於此。今文無「門」。

【疏】「介皆」至「西上」　注「隨賓」至「無門」　案司儀云「諸公之臣，相爲國客」，及將幣，「每門止一相。及廟唯君相入」，注云「唯君相入。客，臣也，相不入矣」，此介皆入，不同者，彼云「每門止一相」，鄭云絶行在後耳，非是全不入廟；又云「唯君相入」者，謂前相君禮，須入，故言之；臣相不前相禮，故不言入，其實皆入，與此同也。

三揖，君與賓也入門，將曲揖；既曲北面又揖；當碑揖。

【疏】「三揖」　注「君與」至「碑揖」　前云「公揖入，立于中庭」，三分庭一，在南，賓後獨入。得云「入門，將曲揖」者，謂公先在庭南面，賓既入門，至碑曲揖賓；既曲，北面，賓又揖主君；揖主君，二者皆向賓揖之。〔五〇〕再揖訖，亦主君東面向堂塗，〔五一〕北行，當碑，乃得賓主相向而揖。是以得君行一，臣行二，非謂賓入門時，主君更向內霤相近而揖，若然，何得云「君行一，臣行二」也。〔五二〕

至于階，三讓。讓升。**公升二等，**先賓升二等，亦欲君行一，臣行二。○先賓，悉薦反。

【疏】「公升二等」注「先賓」至「行二」 諸侯階有七等，公升二等在上，仍有五等，而得云「君行一，臣行二」者，但君行少，臣行多，大判而言，非謂即君行一，臣行二。此文出齊語晏子辭。

賓升，西楹西，東面。與主君相鄉。擯者退中庭。鄉公所立處。退者，以公宜親受賓命，不用擯相也。○立處，昌慮反。

【疏】「擯者退中庭」注「鄉公」至「相也」 上文「公揖入，立于中庭」，今公與賓升堂，云「擯者退中庭」，此文與君立中庭同，故云「鄉公所立處」。

賓致命。致其君之命也。公左還，北鄉。當拜。

【疏】「公左還，北鄉」注「當拜」 言「左還，北鄉」者，公升受賓致命時西鄉，以左手鄉外，迴身北面乃拜，故云「當拜」。

擯者進。進阼階西，釋辭於賓，相公拜也。

【疏】「擯者進」注「進阼」至「拜也」 知「阼階西」者，以其擯者在中庭，公立處直言進，則進至阼階西，不得更向阼階前，亦不可更進西階，故知「進阼階西，釋辭於賓」，復得「相公拜也」。

公當楣再拜。拜，貺也。貺，惠賜也。楣謂之梁。○當楣，亡悲反。

【疏】「公當楣再拜」注「拜貺」至「賜也」 拜貺之言，文出聘義，彼云「北面拜貺，拜君命之辱」是也。

賓三退，負序。三退，三逡遁也。不言辟者，以執圭將進授之。○言辟，音避，又扶益反。

【疏】「賓三退，負序」　注「三退」至「授之」　案上文「賓入門，公再拜。賓辟，不荅拜」，又下文云「賓訝受几於筵前」，「公一拜送，賓以几辟」，皆言「辟」，此不言「辟」，故決之也。案司儀云「諸公之臣，相爲國客」，及將幣，「客登，拜，客三辟，授幣」，注云「客三辟，三退，負序也」者，彼諸公之臣相聘之禮，與侯伯之卿聘於鄰國之禮少異故也。

公側襲，受玉于中堂與東楹之間。側，猶獨也。言獨，〔五三〕見其尊賓也。他日公有事，必有贊爲之者。凡襲于隱者，公序坫之間可知也。中堂，南北之中也，入堂深，尊賓事也。東楹之間，亦以君行一，臣行二。○見其，賢遍反，下皆可以意求之。坫之，丁念反。

【疏】「公側」至「之間」　注「側猶」至「行二」　云「他日公有事，必有贊爲之者」，案大射云公卒射，「小臣正贊襲」，是其贊爲之也。云「凡襲於隱者」，案士喪禮小斂，主人袒于户内，襲于序東，喪禮遽於事，尚襲於序東，況吉事乎？明知襲於隱者也。云「公序坫之間可也」者，〔五四〕士喪襲于序東，謂於堂東地上，此則公在堂上，堂東南角爲坫，鄭以意斟酌，隱處無過於序東坫北可也，無正文，故云「可也」。云「中堂，南北之中也，入堂深，尊賓事也」者，凡廟之室堂皆五架，棟南北皆有兩架，棟北一架下，有壁開户；棟南一架謂之楣，則楣北有二架，楣南有一架；今於當楣北面拜訖，乃更前北侵半架，於南北之中乃受玉，故云「南北之中」，乃「入堂深，尊賓事」故也。云「東楹之間，亦以君行一，臣行二」者，兩楹之間爲賓主處中，今乃於東楹之間更侵東半間，故云「君行一，臣行二」也。

擯者退，負東塾而立。反其等位，〔五五〕無事。**賓降，介逆出，**逆出，由便。**賓出。**聘事畢。**公側授宰玉，**使藏之，授於序端。

【疏】「公側授宰玉」　注「使藏」至「序端」　鄭知「授於序端」者，凡公授受，皆於序端，是以下文「公升，側受几于序

端」，故知此亦「授于序端」也。

裼，降立。裼者，免上衣見裼衣。凡當盛禮者，以充美爲敬；非盛禮者，以見美爲敬，禮尚相變也。玉藻曰「裘之裼也，見美也」，又曰「麛裘青豻褎，絞衣以裼之」，論語曰「素衣麛裘」，皮弁時或素衣，其裘同可知也。裘者爲溫，表之爲其褻也。寒暑之服，冬則裘，夏則葛。凡襢裼者左。〔五六〕降立，俟享也，亦於中庭。〔五七〕古文「裼」皆作「賜」。〔五八〕○麛，音迷，或作麑同。青豻，五旦反，胡地野犬也，劉音鴈。〔五九〕褎，本又作褏，詳又反。絞衣，户交反。爲溫，于僞反，下及注賓爲同。凡襢，音旦，劉上戰反。

【疏】「裼，降立」　注「裼者」至「作賜」　云「裼者，免上衣見裼衣」者，案玉藻云「君衣狐白裘，錦衣以裼之」，注云「君衣狐白毛之裘，則以素錦爲衣，覆之，使可裼也。袒而有衣曰裼。必覆之者，裘褻也。詩云『衣綿絅衣，裳錦絅裳』，然則錦衣復有上衣明矣。天子狐白之上衣，皮弁服與？凡裼衣象裘色也」，若然，凡服四時不同，假令冬有裘，儭身褌衫，〔六〇〕又有襦袴，襦袴之上，有裘，裘上有裼衣，裼衣之上，又有上服、皮弁、祭服之等；若夏則以絺綌，絺綌之上則有中衣，中衣之上，復有上服、皮弁、祭服之等；〔六一〕若春秋二時，則衣袷褶，袷褶之上，加以中衣，中衣之上加以上服也。言「見裼衣」者，謂袒衿前上服見裼衣也。故玉藻云「裘之裼也，見美也」，襲者奄之，〔六二〕故玉藻云「襲，充美」是也。云「凡當盛禮者，以充美爲敬；非盛禮者，以見美爲敬，禮尚相變也」者，玉藻云「執龜玉襲」，〔六三〕是禮之盛者，充美爲敬；玉藻又云「君在則裼，盡飾也」，是非盛禮者，以見美爲敬，據此二者，是禮尚有相變也。〔六四〕引玉藻者，證禮不盛者，以裼見美也。又曰「麛裘青豻褎，絞衣以裼之」，引論語「素衣麛裘」，又云「皮弁時或素衣，其裘同可知也」，鄭并引二文者，欲見諸侯與其臣視朔與行聘禮皆服麛裘，但君則麛裘，還用麛褎，臣則不敢純，如君麛裘，則青豻褎，裼衣，君臣亦有異。時若在國視朔，君臣同素衣爲裼，故鄉黨云「素衣麛裘」，彼一篇是孔子行事，鄭兼見君臣視朔之服，〔六五〕是其君臣同用素裼可知。若聘禮亦君臣同用麛裘，

但主君則用素衣爲裼，使臣則用絞衣爲裼，是以鄭揔云「皮弁時或素衣，其裘同可知也」。言「或素衣」者，在國則君臣同素衣，聘時主君亦素衣，唯臣用絞衣爲裼也。依雜記云「朝服十五升」布，〔六六〕皮弁亦天子朝服，與諸侯朝服同用十五升布，亦同素積以爲裳，白舄臣用白屨也。云「裘者爲温，表之爲褻」者，〔六七〕案月令云孟冬「天子始裘」，是裘爲温；云「表之」者，則裼衣是也。裼衣象裘色，復與上服色同也。云「凡襢裼者左」者，吉凶皆袒左是也。是以士喪禮主人左袒，檀弓云吴季札「左袒，右還其封」，大射亦左袒。若受刑則袒右，故覲禮侯氏袒右受刑是也。知「降立，俟享也」者，下文賓行享是也。

校勘記

〔一〕簠方音甫劉音蒲本或作簋外圓内方曰簠内圓外方曰簋　「簠」唐石經作「簋」，徐本、聶氏、敖氏同；通解、楊氏載經注、要義載注俱作「簠」，張氏從釋文。説文云「簋，黍稷方器也」，「簠，黍稷圜器也」。鄭注周禮舍人云「方曰簠，圜曰簋」。二説不同。黄焯彙校云證以古器，簋歛口而橢圓，鄭説近是；經云「竹簋方」，正言竹器如簋，特方異耳。

〔二〕寒具若籩人先鄭云　阮校云要義同，毛本、通解「若」作「見」。

〔三〕案十有二　阮校云要義同，毛本「二」下有「寸」字。今按籩人有「寸」字，毛本是。

〔四〕不共授粟　阮校云毛本「不」上有「而」字，下有「兩手」兩字。

〔五〕游暇一手　阮校云「游」上毛本有「則是」二字。

〔六〕即共授粟　阮校云毛本「即」下有「兩手」兩字。

〔七〕不抰「抰」徐乾學本作「抰」。今按二字通用。

〔八〕遠廟爲祧謂始祖廟也　「廟」徐乾學本作「廟」。今按作「廟」是。

〔九〕謂洒埽也　「洒」徐乾學本作「灑」。

〔一〇〕受聘享尊之　阮校云要義同，毛本「享」下有「以」字。

〔一一〕猶儐　阮校云陳、閩「儐」俱作「賓」。今按作「儐」是。

〔一二〕主國皆有禮　阮校云要義同，毛本「主」作「王」。

〔一三〕注同　盧文弨本於「注」上增「下及」二字，云飧見下經及注。

〔一四〕其臣致飧無幣　阮校云陳、閩、通解、要義同，毛本「臣」作「君」。

〔一五〕六鈃　黃氏校録云張本改「鉶」爲「鈃」，從陸也。云此卷經注凡六，其二作「鈃」，其四作「鉶」，釋文不及鉶字，必皆鈃也。今按鈃、鉶二字通用。

〔一六〕牢十車　徐本無「牢」字，與疏不合。

〔一七〕車米視生牢　單疏「視」誤作「死」。

〔一八〕凡此之陳　阮校云「此之」楊作「上所」。

〔一九〕非彼掌訝也　阮校云陳本無「彼」字。

〔二〇〕凡舉事皆以承君命　阮校云要義同，毛本作「凡舉皆是以承君命」。

〔二一〕俟辦也　阮校張氏曰監杭本「辦」作「辨」。阮氏以爲作「辨」是，説見士相見禮校勘記。

〔二二〕在廟待朝聘之賓　阮校云要義同，毛本「待」作「視」。

〔二三〕就有其事也　阮校浦鏜云誤衍「其」字。

〔二四〕得分辨諸侯尊卑以待之　阮校云要義同，毛本「辨」作「辦」，通解作「别」，下同。

〔二五〕西北東南者　阮校云陳本、通解同，毛本「者」作「面」。

〔二六〕紹繼以傳命傳命即擯介相傳　阮校云要義同，毛本不重「傳命」二字。

〔二七〕春夏受摯於朝　阮校云要義同，毛本「夏」作「秋」，「春」上有「若」字，作「夏」是也。

〔二八〕則鄉受之　阮校云「鄉」陳、閩俱作「卿」。阮氏云注中「卿」字亦或作「鄉」，釋文無音，當從「卿」爲正。

〔二九〕門容二徹參个者　阮校云「徹」毛本作「轍」。今按「轍」爲俗字。

〔三〇〕云降于待其君也者　阮校云要義「云」下有「公不出大門」五字。

〔三一〕是降於待其君也　阮校云要義同，毛本「於」作「以」。

〔三二〕注内賓至相君　「内」原作「由」，阮校云毛本「由」作「内」，與注合，此據其説改。

〔三三〕隨賓入門左相北面　阮校云毛本無「相」字，「相」字不當有。

〔三四〕賓辟　阮校云唐石經、陳、徐、閩、葛、通解、楊、敖同，毛本「賓」作「客」。今按，賓、客義同，但以作「賓」爲是。

〔三五〕七匀反　「匀」徐乾學本作「旬」。

〔三六〕公迎賓于大門内　阮校云徐本、集釋同，毛本、通解無「于」字，無「于」字與疏不合。

〔三七〕之間住　阮校云要義同，毛本「住」作「在」。

〔三八〕仍有五階　阮校云「階」毛本作「等」，以作「階」爲是。

〔三九〕宰夫授公几　阮校云陳、閩、通解、要義同，毛本「授」作「受」。今按作「授」是。

〔四〇〕少進於士　「士」黄刊嚴州本作「土」，黄氏校録云作「土」誤。徐本作「士」。

〔四一〕此將與君交禮　阮校云要義同，毛本無「將」字。

〔四二〕云於此介在幣南　阮校云要義同，毛本無「於此」二字。

〔四三〕本又作衣　「衣」徐乾學本作「扆」。

〔四四〕故下云聘遭喪　阮校云「云」毛本作「文」。

〔四五〕至此事益至言則信矣故正問之　阮校云「事益」至「矣故」八字陳、閩無，「則」毛本作「益」。

〔四六〕是其事至言信矣　阮校云陳本同，毛本「其」作「以」。

〔四七〕賈人鄉入陳幣　黄氏校録云張本改「鄉」爲「鄕」，從陸也，後鄉公、鄉將、鄉時，鄉以皆同，疏仍作「鄉」。今按曩鄕之「鄕」爲鄉之分化字。

〔四八〕若又盡飾而裼　阮校云通解、要義、楊氏同，毛本「若」作「君」。

〔四九〕則掩蔽玉之敬　阮校云要義同，毛本「蔽」作「執」。應以作「蔽」爲是，通解、楊氏兼有「蔽執」二字。

〔五〇〕賓既入門至碑曲揖賓既曲北面賓又揖主君揖主君二者　阮校云陳、閩、通解作「賓既入門至將曲之時既曲北面之時主君二者」，朱子曰：「疏説蓋印本差誤。今以文義考之，更定如此。」阮案一本與毛本略同，但改「碑曲」爲「將曲」，「賓又揖主君」爲「賓又向主君」，「揖揖主君二者」，删「揖」字。

〔五一〕亦主君東面向堂塗　阮校云陳、閩俱無「亦」字。

〔五二〕非謂賓入門時主君更向内霤相近而揖若然何得云君行一臣行二也　阮校云陳本無「賓入」至「得云」十九字，閩本作「非謂即君行一臣行二也」。

〔五三〕言獨　阮校云「獨」要義作「側」。

〔五四〕云公序坫之間可也者　阮校云要義同，毛本「可」下有「知」字。阮案：疏云「無正文，故云可也」，則無「知」

字明矣，各本注俱有「知」字，誤也。

〔五五〕反其等位　阮校云敖本無「等」字。

〔五六〕凡禮裼者左　黄氏校録云張氏曰獨監本以「禮」爲「禮」。

〔五七〕亦於中庭　阮校云「於」楊氏作「如」。

〔五八〕古文裼皆作賜　阮校浦鏜云「賜」疑爲「緆」字之誤。

〔五九〕五旦反胡地野犬也　「犬」宋本誤作「大」。又黄焯彙校云張氏識誤曰「五旦反」監本作「五但反」。

〔六〇〕覶身襌衫　阮校云要義同，毛本「覶」作「襯」，「襌」作「禪」，通解作「禪」，敖作「單」。

〔六一〕復有上服皮弁祭服之等　阮校云「祭服」毛本作「服祭」。

〔六二〕襲者奄之　阮校云要義同，毛本「奄」作「掩」，作「掩」是。

〔六三〕執鼀玉襲　阮校云要義同，誤。毛本「鼀玉」作「玉鼀」，與玉藻合。

〔六四〕是禮尚有相變也　阮校云毛本無「有」字。

〔六五〕鄭兼見君臣視朔之服　阮校云「見」毛本作「言」。

〔六六〕依雜記云　阮校云要義同，毛本「依」作「案」。

〔六七〕表之爲襃　阮校云毛本「爲」下有「其」字。

儀禮注疏卷第二十一

唐朝散大夫行大學博士弘文館學士臣賈公彦等撰

擯者出請。不必賓事之有無。

【疏】「擯者出請」　注「不必」至「有無」　自此盡「以束帛，如享禮」，論享禮之事。

賓裼，奉束帛加璧享。擯者入告，出許。許，受之。庭實，皮則攝之，毛在内，内攝之，入設也。皮，虎豹之皮。攝之者，右手并執前足，左手并執後足。毛在内，不欲文之豫見也。内攝之者，兩手相鄉也。入設，亦參分庭一在南。言則者，或以馬也。凡君於臣，臣於君，麋鹿皮可也。○則攝，之涉反，下及注皆同。并執，必性反，一音如字，下同。

【疏】「庭實」至「設也」　注「皮虎」至「可也」　知皮是虎豹皮者，經云「毛在内」，不欲文之豫見，是有文之皮。郊特牲云「虎豹之皮，示服猛也。束帛加璧，往德也」，文無所屬，則天子、諸侯皆得用之，此聘使爲君行之，故知皮是「虎豹之皮」也。齊語云「桓公知諸侯歸己」，令諸侯「輕其幣」，用麋鹿皮，非其正也。云「攝之者，右手并執前足，左手并執後足」者，下云皮「右首」，故云右手執前兩足。必以一手執兩足者，取兩足相向，得掩毛在内，俱放又得毛向外，故鄭云「内攝之者，兩手相鄉也」。知入設，「參分庭一在南」者，見昏禮記「納徵。執皮，攝之内文，兼執足，左

首。隨入，西上。參分庭一在南」，故知此亦然。但此「右首」，彼「左首」者，昏禮象生，故與此異也。云「則者，或以馬也」者，以其皮、馬相間，有皮則用皮，無皮則用馬，故云「則」見其不定故也。云「凡君於臣，臣於君，麋鹿皮可也」者，云「凡君於臣」，謂使者歸，若使卿贈，如覿幣及食饗以侑幣、酬幣、庭實皆有皮，故云「凡」也。「臣於君」謂私覿庭實設四皮及介用儷皮，此皆有麋鹿皮，故亦云「凡」也。若然，大宗伯云「孤執皮帛」，鄭云天子之孤用虎皮，諸侯之孤用豹皮，得用虎、豹者，彼所執以爲贄，〔一〕與庭實不同，故得用虎、豹也。〔二〕

賓入門左，揖讓如初，升，致命，張皮。張者，釋外足見文也。

【疏】「賓入」至「張皮」　注「張者」至「文也」　案昏禮記「賓致命，釋外足，見文。主人受幣。士受皮」，注云「賓致命，主人受幣，庭實所用爲節」，此亦然。下受皮以授幣爲節也。

公再拜，受幣。士受皮者自後右客。自，由也。從東方來，由客後西居其左受皮也。執皮者既授，亦自前西而出。

【疏】「公再」至「右客」　注「自由」至「而出」　云「執皮者既授，亦自前西而出」者，此約下私覿時，牽馬者自前西向出相類，故云「亦」也。

賓出，當之坐攝之。象受于賓。

【疏】「賓出」至「攝之」　注「象受于賓」　云「坐攝之」者，向張皮見文，今「攝之」者，還如入時執前後足內文也。

公側授宰幣，皮如入，右首而東。如入，左在前。皮右首者，變于生也。

【疏】「公側」至「而東」　注「如入」至「生也」　云「公側授宰幣」者，上云「公側襲」，側猶獨也，此已上側亦獨，無人贊之也。云「如入，左在前」者，皮四張，三人入門時，先者北面在左，西頭爲上，餘取皮向東者，亦左在前，向東爲次第也。云「皮右首者，變于生也」者，曲禮云執禽者左首，士相見贄用雉，「左頭奉之」，下大夫執鴈，上大夫執羔，「如執雉」，皆左首；雉雖死，以不可生服，〔三〕執之如羔、鴈，亦從左首，象陽；今此皮則「右首」，變於生。昏禮左首，昏禮取象生，與此異也。

聘于夫人用璋，享用琮，如初禮。如公「立于中庭」以下。若有言，則以束帛，如享禮。有言，有所告請，若有所問也。〔四〕記曰：「有故，則束帛加書以將命。」春秋臧孫辰告糴于齊、公子遂如楚乞師、晉侯使韓穿來言汶陽之田皆是也。無庭實也。○告糴，大歷反。汶陽，音問。

【疏】「若有」至「享禮」　注「有言」至「實也」　云「有言，有所告請，若有所問也」者，言「有所告」，即「告糴」之類是也；「請」即「乞師」之類是也；〔五〕「問」即「言汶陽之田」之類是也。鄭據傳而言，有此三事，皆是「有言」。「有言」即記云「有故」，一也。云「有言」，即有書致之，故記云「有故，則束帛加書以將命」也。云「春秋臧孫辰告糴」者，事在莊公二十八年也。云「公子遂如楚乞師」者，事在僖二十六年也。〔六〕云「晉侯使韓穿來言汶陽之田」，事在成公八年也。此三者皆見春秋經，引之者，證此「有言」，以束帛加書之事也。云「無庭實也」者，以經直云「束帛，如享禮」，則除束帛之外，更無所有，故知「無庭實也」。國語云「臧孫辰以鬯圭」者，是告糴之物，服注云「無庭實也」，〔七〕又哀七年左傳云「邾茅夷鴻以乘韋、束帛自請救于吴」，求救非法，故有乘韋爲庭實也。

擯者出請事，賓告事畢。公事畢。

賓奉束錦以請覿。覿，見也。鄉將公事，是欲交其歡敬也。不用羔，因使而見，非特來。

【疏】「擯者」至「事畢」　注「覿見」至「特來」　自此盡「從者訝受馬」，論賓將私覿，主人不許，而行禮賓之事。云「鄉將公事」者，聘享是也。云「是欲交其歡敬也」者，聘是公禮，非是交歡，此行私禮爲交歡敬也。案郊特牲云「爲人臣者無外交」，鄭注「私覿是外交也」者，彼謂臣爲君介，而行私覿是外交，若特行聘，則得私覿，非外交也。故彼上經云「大夫執圭而使，所以申信也」，注云「其君親來，其臣不敢私見於主國君也。以君命聘，則有私見」是也。云「不用羔，因使而見，非特來」者，謂因爲君聘使而行私見，故用束錦，非特來；若特來，則卿用羔也。若然，案士相見卿初仕，見己君及卿，皆見以羔，見他君得有羔者，案尚書有三帛二生，二生卿執羔，大夫執鴈，彼見天子法，從朝君而見，得有羔；若諸侯相朝，其臣從君，亦得執羔見主君可知；其爲君聘，則不得執羔見主君也，故鄭云「因使而見，非特來」。案定公八年經書「公會晉師于瓦」，左傳云「范獻子執羔，趙簡子、中行文子皆執鴈」，亦是從君見主君法也。

擯者入告，出辭，客有大禮，未有以待之。

【疏】「擯者入告，出辭」　注「客有」至「待之」　云「大禮」者，即上行聘享是也。云「未有以待之」者，謂主人未有以待之，以禮待之，即下「禮賓」是也。故止客私覿，即下文行「禮賓」也。〔八〕

請禮賓。賓禮辭，聽命。擯者入告。告賓許也。宰夫徹几，改筵。宰夫，又主酒食者也，將禮賓，徹神几，改神席，更布也，賓席東上。公食大夫禮曰「蒲筵常，緇布純。加萑席尋，〔九〕玄帛純」，此筵上下大夫也。周禮曰「筵國賓于牖前，莞筵紛純，加繅席畫純，左彤几」者，則是筵孤也。孤彤几，卿大夫其漆几與？○公食，音似，下親食同。加萑，音完。几與，音餘。

【疏】「宰夫徹几，改筵」　注「宰夫」至「几與」　云「宰夫，又主酒食者也」者，對上宰夫設飧，今又主酒食以禮賓也。云「賓席東上」者，對前爲神而西上也。云「公食大夫禮曰蒲筵及萑席，此筵上下大夫也」者，以公食蒲筵、萑席二者，是爲上下大夫法。又引周禮者，鄭欲推出上下大夫用漆几也。案司几筵云「諸侯酢席，莞筵紛純，加繅席畫純。筵國賓于牖前亦如之。左彤几」，注云「國賓諸侯來朝，孤、卿大夫來聘。後言几者，使不蒙如也。〔一〇〕朝者彤几，聘者彤几」。但司几筵是天子之官，几筵又是諸侯之法。又鄭云「國賓諸侯來朝，孤卿大夫來聘」，是諸侯與朝聘天子法，則孤、卿大夫是諸侯之臣也。以此言之，則天子孤、卿大夫几筵與諸侯之臣同可知。若然，公食大夫筵上下大夫禮同用蒲筵莞席，與此席不同。鄭注此「國賓」中卿大夫得與孤同者，鄭欲廣「國賓」之義，其實此「國賓中」唯有諸侯與孤，無卿大夫也。鄭必知卿大夫漆几者，司几筵有五几，從上向下序之，天子玉几，諸侯彤几，〔一一〕孤彤几，卿大夫漆几，下有素几，喪事所用，差次然也。無正文，故云「與」以疑之。

公出，迎賓以入，揖讓如初。公出迎者，己之禮更端也。

【疏】「公出」至「如初」　注「公出」至「端也」　云「公出迎者，己之禮更端也」者，前聘享俱足公禮，故不出迎。此禮賓私禮，改更其端序，故公出迎也。

公升，側受几于序端。漆几也。今文無「升」。**宰夫内拂几三，奉兩端以進。**内拂几，不欲塵坋尊者。以進，自東箱來授君。○塵坋，蒲悶反，劉本亦作坋，被也，或作被，皮義反。

【疏】「宰夫」至「以進」　注「内拂」至「授君」　知几「自東箱來」者，案覲禮記云「几俟于東箱」，又此經直云「進」，不言升，明不從下來，從東箱來可知也。

公東南鄉，外拂几三，卒，振袂，中攝之，進，西鄉。進，就賓也。

【疏】「公東」至「西鄉」　云「中攝之」者，〔一二〕擬賓用兩手，〔一三〕在公手外取之故也。〔一四〕

擯者告。告賓以公授几。賓進，訝受几于筵前，東面俟。未設也。今文「訝」爲「梧」。○爲梧，五故反。

【疏】「賓進」至「面俟」　注「未設」至「爲梧」　未設而俟者，待公拜送訖乃設之故也。

公壹拜送，公尊也。古文「壹」作「一」。

【疏】「公壹拜送」　注「公尊」至「作一」　賓再拜稽首，公乃壹拜，當空首，故注云「公尊也」。

賓以几辟，北面設几，不降，階上荅再拜稽首。辟位逡遁。○几辟，婢亦反，又音避，注同。不降，以主人禮未成也。几，賓左几。〔一五〕

【疏】注「不降」至「左几」　云「不降，以主人禮未成」者，案鄉飲酒義云「啐酒，成禮也，於席末」，據此而言，則啐酒爲成禮，此設几主爲啐酒，今未啐醴，故云「禮未成也」。云「凡賓左几」者，〔一六〕對神右几也。

宰夫實觶以醴，加柶于觶，面枋。酌以授君也。君不自酌，尊也。宰夫亦洗，升，實觶，以醴自東箱來，不面擸，不訝授也。〔一七〕○加柶，音四。面枋，彼命反。

【疏】「宰夫」至「面枋」　注「酌以」至「授也」　「宰夫亦洗，升，實觶」者，經無宰夫升降之文，以理「亦」之者，亦上授几時從下而升，東箱取几，進以授君，今又從下升，〔一八〕東箱酌醴，進以授君，故「亦」之。不言宰夫升降者，賤，略之也。云「以醴自東箱來」者，下記云「醴尊于東箱，〔一九〕瓦泰一，有豐」是也。云「不面擸，不訝授也」者，公西面向

賓，宰夫自東箱來，在公傍側，並授與公，是以下云「公側受醴」，不訝受，故不面擸也。

公側受醴。將以飲賓。以飲，於鴆反。○賓不降，壹拜，進筵前受醴，復位。公拜送醴。賓壹拜者，醴質以少爲貴。

【疏】注「賓壹」至「爲貴」 禮器云：「禮有以少爲貴者。」今賓於上下皆再拜稽首，獨此一拜，故鄭據大古之醴質，無玄酒配之，故壹拜以少爲貴也。

宰夫薦籩豆脯醢。賓升筵。擯者退，負東塾。事未畢，擯者不退中庭，以有宰夫也。

【疏】「宰夫」至「東塾」 注「事未」至「宰夫」 云「事未畢，擯者不退中庭，以有宰夫也」者，案上文「擯者退中庭」，又云「擯者進」，事未畢，在中庭可知。此下文亦云「擯者進相幣」事亦未畢，而在東塾，故決之。若然，以有宰夫主飲食之事，宰夫所主，已雖事未畢，猶得負東塾，以其間有事宰夫相，[二〇]已無事故也；若無宰夫，在中庭矣。[二一]

賓祭脯醢，以柶祭醴三。庭實設。庭實，乘馬。

【疏】注「庭實，乘馬」 鄭知「乘馬」者，下文元缺起此「賓執左馬以出」，故知也。

降筵，北面，以柶兼諸觶，尚擸，[二二]坐啐醴。降筵，就階上。○尚擸，劉音獵，一音以涉反。啐，七内反。

【疏】注「降筵，就階上」 以左手執觶，右手以柶祭醴訖，降筵北面，以柶兼并於觶，兩手奉之。「尚擸」不作上字者，尚古今通用也。云「降筵，就階上」者，以鄉飲酒賓主行禮，獻酢卒爵，皆各於其階，此降筵啐醴，明亦在西階之上。

公用束帛。致幣也。言用，尊于下也。亦受之于序端。

【疏】注「致幣」至「序端」　上文郊勞，賓用束錦儐勞者，〔二三〕下文歸饔餼於上介，云「大夫用束帛致之」，皆亦云「用」，獨於此「言用，尊於下」者，儐勞者及歸饔餼皆是賓敬君之使者，自尊之可知；〔二四〕今君親用束帛禮賓，故「言用，尊于下」也。云「亦受之于序端」者，上公側受几於序端，則知此幣亦受之於序端也。

建柶，北面奠于薦東。糟醴不啐。〔二五〕擯者進相幣。贊以辭。○相幣，息亮反，下以相并注同。賓降，辭幣。不敢當公禮也。

公降一等辭。辭賓降也。栗階升，聽命，栗階，趨君命尚疾，不連步。

【疏】注「栗階」至「連步」　凡栗階者，其始升亦連步於上，栗階不過二等。今云「不連步」者，謂不從下向上，皆連步，其始升連步，則有之也。

降拜，拜受。公辭，不降一等，殺也。○殺也，所界反。

【疏】注「不降一等，殺也」　案前賓辭幣，君「降一等」，今不降，故言「殺」。

升，再拜稽首，受幣，當東楹，北面，亦訝受而北面者，禮主於己。己，臣也。

【疏】注「亦訝」至「臣也」　前行聘享時，賓東面，主君西面訝授受，但以奉君命，故賓不北面。此以主君禮己，己，臣也，故北面受，異於聘享時也。若然，上受几受醴，亦是己之禮，以禮未成，故不北面也；此禮成，故北面也。

退，東面俟。俟君拜也。不北面者，謙若不敢當階然。公壹拜，賓降也，公再拜。不俟公再拜者，不敢當公之盛也。公再拜者，事畢成禮也。

【疏】注「不俟」至「禮也」　此賓主俱謙，公本欲再拜，賓見公一拜止，〔二六〕則降不敢當；公不止，遂再拜也。云「公再

拜者，事畢成禮也」者，前受几及醴，公送皆一拜，注云「公尊也」，今事畢成禮，不可亦自尊亢，故送幣亦再拜也。

賓執左馬以出。受尊者禮，宜親之也。效馬者，并左右靮授之。餘三馬主人牽者，從出也。○右靮，丁歷反。

【疏】注「受尊」至「出也」 案下歸饔餼於賓，賓儐大夫庭實，設乘馬，賓用束錦、乘馬，「大夫降，執左馬以出」；覲禮侯氏至郊，王使人用璧勞訖，「侯氏用束帛、乘馬儐使者」，使者受幣，「降，以左驂出」，二者皆是尊國賓故也。唯上文郊勞，賓儐勞執幣揖皮者，皮是死物，異於馬故也。云「效馬者，并左右靮授之」者，曲禮云「效馬效羊者，右牽之」，效猶呈見，故謂牽馬人爲效馬者也。云「餘三馬，主人牽者，從出也」者，以是主人庭實，出門乃有從者訝受馬，明「主人牽者，從出」可知。

上介受賓幣，從者訝受馬。從者，士介。○從者，才用反，注及下注可從，從者皆同。

【疏】注「從者，士介」 鄭云「從者，士介」，下記文。案公食云「上介受賓幣，從者訝受皮」，鄭注「從者，府、史之屬」，不爲士者，彼公食是子男之大夫，小聘，一介，其餘皆府、史以下，故知從者是府、史之屬也。既夕云賵馬兩，「士受馬」，鄭云「此士謂胥、徒之長，有勇力者」。受馬，彼據一廟下士，不應更有其屬士，故以爲「胥、徒之長」言之也。昏禮記云「士受皮」，鄭注「士謂若中士、下士不命者，以其主人爲官長」，據上士而言也。〔二七〕元缺此

賓覿，奉束錦，總乘馬，二人贊，入門右，北面奠幣，再拜稽首。不請不辭，鄉時已請也。覿用束錦，辟享幣也。總者，總八轡牽之，贊者，居馬間扣馬也。〔二八〕入門而右，私事自闑右。奠幣，再拜，以臣禮見也。贊者，賈人之屬。介特覿也。○辟享，音避，下辟堂、辟君、又辟皆同。扣馬，音口。

【疏】「賓覿」至「稽首」　注「不請」至「覿也」　自此盡「公降立」，論行私覿之事。云「不請不辭，鄉時已請也」者，云不請，賓不請；不辭，主君不辭。所以不辭者，鄉時已請覿，主人辭之，以禮賓，故今不復請，亦不辭之也。云「覿用束錦，辟享幣也」者，以上文享主君用束帛，享夫人用玄纁束帛，以今用束錦，是辟享幣也。云「總者」至「扣馬也」者，賓總八轡，在前牽之，二人贊者，各居兩馬間，各用左右手，手扣一匹，故云「在馬間扣馬也」。云「入門而右，私事自闑右」者，玉藻云「公事自闑西」，鄭注云「聘享也」；又云「私事自闑東」，注云「覿面也」，此行覿禮，故引之也。云「奠幣，再拜，以臣禮見也」者，謂由闑東，介又不從，又自牽馬，又不升堂入幣，皆是以臣禮見也。云「贊者，賈人之屬」者，既行臣禮，不使介從，明贊者是賈人之屬從行者。云「介特覿也」者，主君辭賓，賓入門左，則介五人隨入門，西北面，西上，其介五人行覿禮，各自特行，無介從，爲特覿也。

擯者辭。辭其臣。**賓出。**事畢。**擯者坐取幣，出，有司二人牽馬以從，出門，西面于東塾南。**將還之也。贊者有司受馬，乃出。凡取幣于庭北面。

【疏】注「將還」至「北面」　云「贊者有司受馬，乃出」者，賓出之時，贊扣馬者，未得出，待人受馬，乃得出。所以然者，幣可奠之於地，其馬不可散放，故待人受之，乃可以出，故云「有司受馬，乃出」也。云「凡取幣于庭北面」者，言「凡」，非一，此時辭賓，更出取幣，後門右禮訖，又取幣，皆北面；又衆介奠幣，擯者取，亦北面，故云「凡」以廣之也。

擯者請受，請以客禮受之。**賓禮辭，聽命。**賓受其幣，贊者受馬。**牽馬右之，入設。**庭實先設，客禮也。右之，欲人居馬左，任右手便也。於是牽馬者四人，事得申也。曲禮曰：「效馬效羊者，右牽之。」

【疏】「牽馬右之，入設」　注「庭實」至「牽之」　云「庭實先設，客禮也」者，對前入門右時，賓奉束錦，總乘馬，一時入，無先後之别，是臣禮。今此入設，下經乃云「賓奉幣」，是先設庭實，客禮也。云「於是牽馬者四人，事得申也」者，知四人者，若如前賛者二人，則不得云「右之」，既言「右之」，明人牽一匹，不須賓牽之，事得申，人牽一匹，賓不揔牽是也。引曲禮者，欲見牽馬在右，禮之常。彼效馬、效羊，謂尊者之物，使養之，今來呈見，此取一邊牽之法，義不與彼同也。

賓奉幣入門左。介皆入門左，西上。以客禮，入可從介。

【疏】注「以客」至「從介」　對入門右行，臣禮，不得從介也。

公揖讓如初，升。公北面再拜。公再拜者，以其初以臣禮見，新之也。

【疏】「公揖」至「再拜」　注「公再拜」至「之也」　「臣禮見」，謂初入門右，是以今再拜，「新之也」。知此不爲拜至者，下記云「禮，不拜至」，〔二九〕鄭注云「以賓不於是始至」，私覿固非始至，而爲再拜，明爲「臣禮見，新之也」。

賓三退，反還，負序。反還者，不敢與授圭同。

【疏】「賓三」至「負序」　注「反還」至「圭同」　云「反還者，不敢與授圭同」者，上行聘時「三退，負序」，不言「反還」，故决之也。

振幣，進授，當東楹，北面。不言君受，略之也。

【疏】注「不言」至「之也」　此決聘享皆言「公受」，此乃私覿，故畧之，不言其公受也。

士受馬者自前還牽者後，適其右，受。自，由也。適牽者之右而受之也。此亦並授者，不自前左，由便也，便其已授而去也。受馬自前，變於受皮。○還牽，劉户串反。

【疏】「士受」至「右受」　注「自由」至「受皮」　此庭實之馬四匹，在庭北面，西上。牽馬者亦四人，各在馬西，以右手執馬而立。士受馬者，從東方來，〔三〇〕由馬前各適牽馬者之前，還遶其後，適牽馬者之東，馬西而受之。牽馬者自前行而出之。云「此亦並授者，不自前左，由便也」者，鄉飲酒之等，於西階之上，皆授由其右，受由其左，今乃受馬者不自左而由其右受者，使授馬者授訖，〔三一〕右迴其身，於出時爲便，故鄭注云「便其已授而去也」。云「受馬自前，變於受皮」者，上受享庭實之皮，「受皮者，自後右客」，鄭注云「自，由也。從東方來，由客後西居其左受皮也」，此亦從東而來，由馬前者，馬是生物，恐驚，故由前，是「變於受皮」也。

牽馬者自前西，乃出。自，由也。

【疏】「牽馬」至「乃出」　四馬並北面，牽馬者皆在馬西，士既受馬，其最西頭者，便即出門，不須由馬之前；其次東三匹者，皆由西於馬前而出，故云「牽馬者自前西，乃出」，據三人而言也。

賓降階東拜送，君辭。拜送幣于階東，以君在堂鄉之。

【疏】「賓降」至「君辭」　注「拜送」至「鄉之」　此言賓「拜送幣」者，私覿已物故也。前享幣不拜送者，致君命非已物故也。

拜也，君降一等辭。君乃辭之，而賓由拜，〔三二〕敬也。

【疏】注「君乃」至「敬也」　經上云「拜送」，而云「君辭」，君辭復云「拜也」，是其君乃辭之，賓由拜者，敬主國君故也。

擯者曰：「寡君從子，雖將拜，起也。」此禮固多有辭矣，未有著之者，是其志而焕乎？未敢明説。

【疏】注「此禮」至「明説」　云「此禮固多有辭矣」者，謂此儀禮之內，賓主之辭固多有辭矣，但周公作經，未有顯著明言之者，直云「辭耳」。此及公食皆著其辭，此二者是志、記之言，焕乎可見。云「未敢明説」者，據此二者，觸類而長之，餘辭亦可以意量作，但疑事無質，未可造次明説，故上注每云「其辭未聞」也。

栗階升。公西鄉，賓階上再拜稽首，成拜。公少退。爲敬。賓降出。公側授宰幣，馬出。廟中宜清。

【疏】「賓降」至「馬出」　注「廟中宜清」　云「公側授宰幣」，不言出，言「馬出」者，以廟中宜清潔，出就廄。幣不言出，與上皮幣同，皆以東入藏之，故記云「賓之幣唯馬出，其餘皆東」，注云「馬出，當就廄也。餘物皆東，藏之内府」，是幣不出之義也。

公降立。

擯者出請，上介奉束錦，士介四人皆奉玉錦束，請覿。玉錦，錦之文纖縟者也。禮有以少、文爲貴者。後

言束，辭之便也。○纖縟，音辱。

【疏】「公降」至「請覿」　注「玉錦」至「便也」　自此盡「舉皮以東」，論上介、衆介行私覿之事。云「玉錦，錦之文纖縟者也」者，案聘義孔子論玉而云「縝密以栗，知也」，是玉有密致，錦之纖縟，似玉之密致者。云「禮有以少、文爲貴」者，禮器直云「有以文爲貴者，有以少爲貴者」，無「少、文爲貴」之語，但有「以少爲貴」、「以文爲貴」，明亦「有以少、文爲貴」，故鄭以義而言之也。

擯者入告，出許。上介奉幣、儷皮，二人贊，儷，猶兩也。上介用皮，變於賓也。皮，麋鹿皮。○儷皮，音麗，兩也。

【疏】注「上介用皮，變於賓」　賓用馬，今上介用皮，故云「變於賓也」。

皆入門右，東上，奠幣，皆再拜稽首。皆者，皆衆介也。贊者奠皮出。

【疏】注「贊者奠皮出」　鄭知「贊者奠皮出」者，下云「有司二人舉皮從其幣出」，無人授之，明贊者奠即出可知。

擯者辭，亦辭其臣。介逆出。亦事畢也。擯者執上幣，士執衆幣，有司二人舉皮從其幣出，請受，此請受，請于上介也，擯者先即西面位請之。釋辭之時，衆執幣者隨立門中而俟。

【疏】注「此請」至「而俟」　云「此請受，請于上介也」者，對前賓此請上介，〔三三〕亦不請衆介也。知「擯者先即西面位請之」者，以其上介等先立門西，東面，故擯西面對之。云「釋辭之時，衆執幣者隨元缺起此立門中而俟」者，〔三四〕以其「請受」之下，經云「委皮南面。執幣者西面」，故知當請之時，立于門中可知。言「隨」者，謂相隨從。故昏禮記云「納

徵執皮隨入」，注云「爲門中阸狹」，記云「凡庭實隨入，左先」，明此出時亦隨出而立也。案匠人云「廟門容大扃七个」，注「大扃，牛鼎之扃，長三尺」，七个則二丈一尺，闑東明不得並出也。〔三五〕

委皮南面，擯者既釋辭，執衆幣者進即位，有司乃得委之。南面，便其復入也。委皮當門。○其復，扶又反，下乃復、復時同。

【疏】注「擯者」至「當門」云「擯者既釋辭，執衆幣者進即位，有司乃得委」皮者，以前文云「舉皮」者「從其幣出」，皮在後可知；隨立門中之時，未得委皮，明執幣者進即位乃得委皮也。云「南面，便其復入也。委皮當門」者，此決執幣者西面，其皮不西面委之者，以皮入右首，右先，故南面横委於門中，當門北上，執皮者北面受之，而乃入便故也。

執幣者西面，北上。擯者請受。請于上介也。上言其次，此言其位，互約文也。

【疏】注「請于」至「文也」上文「擯者執上幣」，注云「請受，請于上介也」，此雖衆介所請，亦請上介，上介尊故也。云「上言其次，此言其位，互約文也」者，上云「擯者執上幣，士執衆幣，有司二人舉皮從其幣出，請受」，是其次也；此言「委皮南面，執幣者西面，北上」是其位也。言「互」者，此言「西面，北上」，則上當有「北面，東上」之文，下云士介覿幣時，「士三人東上，坐取幣，立」是也；此宜有「士執衆幣，立於南面」之文，如是者，互文也。「言約」者，雖互見其文，文猶不備，若欲備文，當上取歸賓幣之文，〔三六〕下取歸士介幣之文，〔三七〕以理推約之乃備也。若然，上當言「擯者執幣士四人，北面，東上，坐取幣。從有司二人坐舉皮從其幣出，隨立於門中。擯者出門西面，于東塾南請受。士執幣者進，立。擯南，西面，北上。執皮者南面，委皮於門中，北上」，如是乃爲文備也。

介禮辭，聽命，皆進，訝受其幣。此言皆訝受者，嫌擯者一一授之。〔三八〕

【疏】注「此言」至「授之」 「此言皆訝受者，嫌擯者一一授之」者，案上受享皮及賓私覿之馬，並不云「皆」，此獨云「皆」者，嫌擯者獨請上介，請先授上介幣，故言「皆」，明不一一授，同時訝受可知也。享幣無門外授先後之法，故不言「皆」。

上介奉幣，皮先，入門左，奠皮。皮先者，介隨執皮者而入也，入門左，介至揖位而立。執皮者奠皮，以有不敢授之義。古文重「入」。○重入，直用反。

【疏】注「皮先」至「重入」 云「介至揖位而立」者，謂賓覿時幣入門左，介皆入門左，西上，公揖讓如初升，賓至此待揖而後進，明此介亦至揖位而立。云「執皮者奠皮，以有不敢授之義」者，案享時庭實使人執之，昏禮庭實亦使人執之，亦皆東，不奠於地，以其得親授主人有司，此奠之不敢授，故下「二人坐舉皮」，〔三九〕明不授也。

公再拜。拜中庭也。〔四〇〕不受于堂，介賤也。

【疏】注「拜中」至「賤也」 知「拜中庭」者，上云公「降立」，不見更有進退之文，自受享以來，降立皆在中庭，故知此公拜，亦「中庭」可知也。

介振幣，自皮西進，北面授幣，退復位，再拜稽首，送幣。進者北行，參分庭一而東行，當君，乃復北行也。

【疏】注「進者」至「行也」 介初在揖位，君在中庭，奠皮近西，故介發揖位，經皮西北，出三分一乃東行；北向當君，乃北行，至君所，乃授幣，故云「自皮西進，北面授幣」也。

介出。宰自公左受幣，不側授，介禮輕。

【疏】「介出」至「受幣」　注「不側授，介禮輕」　案賓覿禮云「側授宰幣」，此不云「側授」，故云「介禮輕」。「宰自公左受」，即是側，不云側者，當有贊者，於公受轉授宰，故云「介禮輕」也。

有司二人坐，舉皮以東。

擯者又納士介。納者出，道入也。○道入，音導，下亦道、賓道、師道放此。〔四一〕

【疏】「擯者又納士介」　注「納者出道入也」　自此盡「序從之」，論士介行私覿之事。云「納者出，道入也」者，謂若燕禮、大射小臣納卿大夫，出，道入之也。

士介入門右，奠幣，再拜稽首。終不敢以客禮見。

【疏】注「終不」至「禮見」　上介奠幣訖，辭之，終以客禮，是士介卑，奠幣出，私覿即了，終不敢以客禮見也。

擯者辭，介逆出。擯者執上幣以出，禮請受。賓固辭，禮請受者，一請受而聽之也。〔四二〕賓爲之辭，士介賤，不敢以言通於主君也。「固」衍字，當如面大夫也。

【疏】「擯者」至「固辭」　注「禮請」至「大夫也」　知「固衍字，當如面大夫」者，案下士介面大夫時，「擯者執上幣出，禮請受，賓辭」，無「固」字，故知此「固」衍字，當如士介面大夫。

公荅再拜。擯者出，立于門中以相拜，擯者以賓辭入告，還立門中，閾外，西面，公乃遥荅拜也。相者贊告之。

【疏】注「擯者」至「告之」　鄭知擯「立門中，閾外，西面」者，以公在內，賓在門外之西，東面，擯者兩處相之，明居「閾外，西面」，向賓告之也。

士介皆辟。辟於其東面位，逡遁也。**士三人東上，坐取幣，立。**俟擯者執上幣來也。

【疏】「士三」至「幣立」　注「俟擯」至「來也」　上文擯者執上幣以出，賓辭之，士介皆辟之，乃云士三人「取幣，立」，擯者執上幣始來，明士三人立俟之可知也。

擯者進。就公所也。

【疏】「擯者進」　注「就公所也」　以公在庭，故擯者自門外來，進向公左，授幣與宰也。

宰夫受幣于中庭，以東。使宰夫受于士，士介幣輕也，受之于公左。賓幣公側授宰，上介幣宰受于公左，士介幣宰夫受于士，敬之差。

【疏】注「使宰」至「之差」　云「使宰夫受于士」者，以上文「士三人」取幣，明此宰夫所受，「受於士」也。知「受之於公左」者，禮記少儀云「贊幣自左」，是以凡受幣皆於公左也。云「賓幣公側授宰」者，即上文「公側授宰幣」于序端是也。云「上介幣宰受於公左」者，即上云庭中宰「自公左」受之是也。云「士介幣宰夫受于士」者，即經文是也。　在公左受之，是尊卑不同，敬之差也。元缺一字所受之雖不同，及其以東，其藏并是宰夫，宰夫幣所主故也。

執幣者序從之。序從者，以宰夫當一一受之。

擯者出請，賓告事畢。賓既告事畢，衆介逆道賓而出也。

【疏】「擯者」至「事畢」　注「賓既」至「出也」　自此盡「不顧」，論事畢送賓之事。云「衆介逆道賓而出也」者，介爲首，賓爲尾，謂逆道也。必知有逆出者，上文聘訖云「賓降，介逆出」又聘夫人、私覿，亦介逆出，諸聘禮之等皆逆出，故知此亦逆出可知也。

擯者入告，公出送賓。公出，衆擯亦逆道紹擯及賓並行，間亦六步。及大門内，公問君，鄉以公禮將事，無由問也。賓至始入門之位，北面將揖而出，衆介亦在其右，少退，西上，於此可以問君居處何如，序殷勤也。時承擯紹擯，亦於門東，北面，東上；上擯往來傳君命，南面。蘧伯玉使人於孔子，孔子問曰「夫子何爲」，此公問君之類也。○蘧伯，其居反。

【疏】「及大」至「問君」　注「鄉以」至「類也」　云「衆介亦在其右，少退，西上」者，案上賓初「入門左」，鄭注云「由賓位也。衆介隨入，北面，西上，少退」，今賓出至入門之位，將北面拜君而後出，故知其位亦當初入門之位，此位前後皆約聘享入廟北面，西上之位也。云「時承擯紹擯，亦於門東，北面，東上；上擯往來傳君命」者，亦約常朝入門東，北面，東上之揖位。上擯往來相君，自是其常。引論語者，彼雖非聘，亦是大夫使人往來法，問「夫子何爲」，亦是「問君之類」，故云「之類」也。

賓對，公再拜。拜其無恙。公拜，賓亦辟。○無恙，羊亮反。

【疏】注「拜其」至「亦辟」　案爾雅釋言：「恙，憂也」。言「亦」者，亦初迎賓入門，主君拜，賓辟，故云「亦」也。

公問大夫，賓對。公勞賓，賓再拜稽首，公荅拜。公勞介，勞以道路之勤。○公勞，力到反，注及下同。

介皆再拜稽首，公荅拜。賓出，公再拜送，賓不顧。公既拜，客趨辟君命，上擯送賓出，反告，賓不顧，於此君可以反路寢矣。論語説孔子之行曰：「君召使擯，色勃如也，足躩如也。賓退，必復命，曰：賓不顧矣。」○之行，下孟反，又如字。足躩，駈碧反，劉俱碧反。

【疏】「公勞」至「不顧」　注「公既」至「顧矣」　云「賓不顧」，據上擯送賓，復迴，謂君云「賓不顧」矣，故引孔子事爲證。若然，此送賓是上擯，則卿爲上擯。孔子爲下大夫，得爲上擯者，以孔子有德，君命使攝上擯，若定十年夾谷之會，令孔子爲相同也。

賓請有事於大夫，請，問，問卿也。不言問聘，〔四三〕聘亦問也，嫌近君也。上擯送賓出，賓東面而請之，擯者反命，因告之。○嫌近，附近之近，下放此。

【疏】「賓請」至「大夫」　注「請問」至「告之」　自此盡「亦如之」，論賓請問大夫訖，即館，卿大夫勞賓介之事。云「不言問聘，聘亦問也，嫌近君也」者，對文大聘曰聘，小聘曰問，揔而言之，問聘一也；不得云問卿，若言問近君矣，故云「有事于大夫」也。鄭云「擯者反命，因告之」者，但從朝以來，行聘享，行禮賓之事，事已煩矣，今日即請，未可即行，故云「反命，因告之」，告之使知而已。是以賓至館行勞賓介，及受饔餼，終日有事，明日乃行問卿之禮也。賓所請問卿，宜云「有事于某子」，故下記云「幣之所及皆勞」，鄭云「所以知及不及者，賓請有事，固曰某子某子」是也。

公禮辭，許。禮辭，一辭。**賓即館。**小休息也。〔四四〕即，就也。

【疏】「賓即館」　注「小休息也」　言「休息」者，據此一日之間，其事多矣，明旦行問卿，暫時止息，故云「小休息也」。

卿大夫勞賓，賓不見。以己公事未行。上介以賓辭辭之。

【疏】注「以己」至「辭之」 「以己公事未行」者，其聘享公事已行，仍有問大夫之等公事未行，故不敢見。云「上介以賓辭辭之」者，以經云「賓不見」，明「上介以賓辭辭之」可知，是以下言「上介受」，明此上介辭也。

大夫奠鴈，再拜，上介受。不言卿，卿與大夫同執鴈，下見于國君。周禮凡諸侯之卿見朝君，皆執羔。○下見，户嫁反。

【疏】「大夫」至「介受」 注「不言」至「執羔」 云周禮者，案周禮秋官掌客云「凡諸侯之禮，上公五積」，卿皆見以羔，「侯伯四積」，卿皆見以羔，是主國之卿見朝君，皆執羔。引之證主國卿見聘客，不得執羔，與大夫同用鴈，不見朝君故也。

勞上介，亦如之。

君使卿韋弁，歸饔餼五牢。變皮弁服韋弁，敬也。韋弁，靺韋之弁，兵服也。而服之者，皮、韋同類，取相近耳。其服蓋靺布以爲衣而素裳。牲殺曰饔，生曰餼。今文「歸」或爲「饋」。○靺韋，音味，又亡拜反，劉又武八反。

【疏】「君使」至「五牢」 注「變皮」至「爲饋」 自此盡「無儐」，(四五)論主君使卿歸饔餼於賓介之事。云「變皮弁服韋弁，敬也」者，案周禮春官司服王之吉服有九，祭服之下，先云「兵事，韋弁服」，後云「視朝，皮弁服」，則韋弁尊於皮弁。今行聘享之事等皆皮弁，至歸饔餼則韋弁，故云「敬也」。云「韋弁，靺韋之弁，兵服也」者，鄭知弁用靺韋者，

案司服注鄭引春秋傳曰「晉郤至衣韎韋之跗注」，又云「今時五伯緹衣，〔四六〕古兵服之遺色」，故知用韎韋也。韎即赤色，以赤韋爲弁也。云「兵服」者，司服云「凡兵事，韋弁服」，故云「兵服也」。云「服之者，皮、韋同類，取相近耳」者，有毛則曰皮，去毛熟治則曰韋，本是一物，有毛無毛爲異，故云「取相近耳」。云「其服蓋韎布以爲衣而素裳」者，此無正文，但正服則鄭注司服云「韋弁以韎韋爲弁，又以爲衣裳」，又「晉郤至衣韎韋之跗注」，鄭志解此「跗注」〔四七〕以跗爲幅，以注爲屬，謂制韋如布帛之幅，而連屬爲衣及裳。今此鄭云「以韎布爲衣而素裳」，全與兵服異者，鄭以意量之，此爲賓館於大夫士之廟，〔四八〕既爲入廟之服，不可純如兵服，故爲韎布爲衣而素裳。鄭志「兵服」，以其與皮弁同白舄，故以「素裳」解之，此言「素裳」又與鄭志同。若然，唯變其衣耳。以無正文，故云「蓋」以疑之也。云「殺曰饔，生曰餼」者，周禮有內饔、外饔，皆掌割亨之事，詩云「有母之尸饔」，故知「殺曰饔」；「生曰餼」者，以其對饔是腥飪，故知餼是生，故下云「餼二牢」，皆活陳之也。

上介請事，賓朝服，禮辭。朝服，示不受也。受之當以尊服。

【疏】「上介」至「禮辭」　注「朝服」至「尊服」　鄭知義然者，案下云「賓皮弁」迎大夫，〔四九〕是受之用皮弁，爲尊服，明此著朝服，朝服卑於皮弁，是示不受。言「示不受」，終受之也。

有司入陳。入賓所館之廟，陳其積。

【疏】「有司入陳」　注「入賓」至「其積」　案上文直云「致館」及「即館」，不辨廟與正客館之名。案下記云「卿館於大夫，大夫館於士」，皆是大夫、士之廟，下文又云「揖，入，及廟」，鄭據此而言，明陳之於廟也。曾子問孔子云「自卿大夫、士之家曰私館」，即卿大夫、士之廟，一也。孔子又云「公館，與公所爲曰公館」，鄭注云「公館，若今縣官宫

也」，〔五〇〕彼是正客館。彼此兩言之者，若朝聘使少，則皆於正客館；若使多，則有在大夫廟，〔五一〕多少不定，兩言之也。案大行人及掌客積與饔餼各別，此注以饔餼爲「陳其積」者，對文饔餼與積別，散文揔是委積，故云「積」也。

饔。謂飪與腥。

【疏】「饔」注「謂飪與腥」　知者，上揔言「饔餼五牢」，下陳有三處。據此「饔」下云「飪一牢」、「腥二牢」，下又別云「餼二牢」，故知饔別飪、腥二者也。若然，飪與腥共以饔目之者，以其同是死，列之以鼎故也。

飪一牢，鼎九，設于西階前。陪鼎當内廉，東面，北上，上當碑，南陳。牛、羊、豕、魚、腊、腸胃同鼎，膚、鮮魚、鮮腊，設扃鼏；膷、臐、膮，蓋陪牛、羊、豕。陪鼎三牲，臛，〔五二〕膷、臐、膮陪之，庶羞加也。當内廉，辟堂塗也。腸胃次腊，以其出牛、羊也。膚，豕肉也，唯燖者有膚。此饌先陳其位，〔五三〕後言其次，重大禮，詳其事也。宫必有碑，所以識日景，引陰陽也。〔五四〕凡碑引物者，〔五五〕宗廟則麗牲焉，以取毛血；其材宫、廟以石，窆用木。○魚臘，音昔。扃，古螢反。鼏，亡狄反。膷，音香，牛臛也。臐，許云反，羊臛也。膮，許堯反，豕臛也。牲臛，火各反，字林火郭反。唯燖，劉音尋，一本作爓，音潛。窆用，彼驗反。

【疏】注「陪鼎」至「用木」　案公食大夫「庶羞」也，以非正饌，故在正鼎後而言加也。云「當内廉，辟堂塗也」者，正鼎九雖大判繼階而言，其云「于階前」，則階東稍遠，故陪鼎猶當内廉也，而辟堂塗，堂塗之内也。〔五六〕云「腸胃次臘，以其出牛、羊也」，鄭言此者，以其膚是豕肉，腸胃是腹内之物，而在肉前者，以其腸胃出於牛、羊，故在膚前列之也。云「膚，豕肉也，唯燖者有膚」者，君子不食圂腴，犬、豕曰圂。若然，牛、羊有腸胃而無膚，豕則有膚而無腸胃也。且豕則有膚，豚則無膚，故士喪禮豚皆無膚，以其皮薄故也。縱豕以四解亦無膚，〔五七〕故既夕大遣奠少牢無膚，

以其豚解故也。云「此饌先陳其位，後言其次，重大禮詳其事也」者，先陳其位者，「南陳」已上是也；「後言其次」者，「牛、羊、豕」已下是也。案設飧時直云「飪一牢，在西，鼎九，羞鼎三，腥一牢在東，鼎七」，直言西九東七，不言次陳位，飧是小禮，輕之故也。云「宫必有碑，所以識日景，引陰陽也」者，言「宫必有碑」者，案諸經云「三揖」者，鄭注皆云「入門，將曲揖；既北面揖，〔五八〕當碑揖」，若然，士昏及此聘禮是大夫、士廟内皆有碑矣；鄉飲酒、鄉射言「三揖」，則庠、序之内亦有碑矣；祭義云「君牽牲，麗于碑」，則諸侯廟内有碑明矣，天子廟及庠、序有碑可知。但生人寢内，不見有碑。雖無文，兩君相朝，燕在寢，豈不三揖乎？明亦當有碑矣。言「所以識日景」者，周禮匠人云「爲規識日出之景與日入之景」者，自是正東西、南北，此識日景，〔五九〕唯可觀碑景邪正，以知日之早晚也。又云「引陰陽者」，又觀碑景南北長短，十一月日南至，景南北最長，陰盛也；五月日北至，景南北最短，陽盛也。二至之間，景之盈縮，陰陽進退可知。云「凡碑引物者，宗廟則麗牲焉，以取毛血」者，云「凡碑引物」，則識日景，引陰陽，皆是引物，則宗廟之中是引物。但廟碑又有「麗牲」，麗，繫也。案祭義云「君牽牲，麗于碑」，以其鸞刀以取血毛，毛以告純，血以告殺，兼爲此事也。云「其材宫廟以石，窆用木」者，此雖無正文，以義言之，葬碑取縣繩繂，暫時之間，往來運載，當用木而已。其宫廟之碑，取其妙好，又須久長，用石爲之，理勝於木，故云「宫廟以石，窆用木」也。是以檀弓云「公室視豐碑，三家視桓楹」，時魯與大夫皆僭，言「視桓楹」，桓楹宫廟兩楹之柱，是葬用木之驗也。

腥二牢，鼎二七，無鮮魚、鮮腊，設于阼階前，西面，南陳，如飪鼎，二列。有腥者，〔六〇〕所以優賓也。

【疏】「腥二」至「二列」　注「有腥」至「賓也」　云「優賓」者，案下文士「四人皆餼大牢」，無腥，是不優之也。

堂上八豆，設于户西，西陳，皆二以並，東上。韭菹，其南醓醢，屈。户，室户也。

東上，變于親食賓也。醓醢，汁也。屈，猶錯也。今文「並」皆爲「併」。○醓醢，他感反，又注曰：「醓醢，汁也。」〔六一〕

【疏】「堂上」至「醓屈」　注「户室」至「爲併」　云「設于户西，西陳，皆二以並，東上，韭菹，其南醓醢，屈」者，謂其南東上醓醢，〔六二〕醓醢西昌本，昌本西麋臡，麋臡西菁菹，菁菹北鹿臡，鹿臡東葵菹，葵菹東蝸醢，蝸醢東韭菹。案周禮天官醢人「朝事之豆」有八。「韭菹、醓醢、昌本、麋臡、菁菹、鹿臡、茆菹、麇臡」，「饋食之豆」「葵菹、蠃醢」，此經直云「韭菹、醓醢，屈」，知此昌本以下八豆者，案公食下大夫六豆，韭菹、醓醢、昌本、麋臡、菁菹、鹿臡，又云「上大夫八豆」，鄭注云「記公食上大夫，異於下大夫之數豆，〔六三〕加葵菹、蝸醢」，以充八豆。若然，案「朝事八豆」菁菹、鹿臡下，仍有茆菹、麇臡不取，〔六四〕而取「饋食」「葵菹、蝸醢」者，案少牢正祭用韭菹、醓醢、葵菹、蝸醢，朝事、饋食之豆兼用之，明此賓上大夫亦兼用朝事、饋食之豆，以充八豆可知。云「東上者，變於親食賓也」者，案公食大夫公親食賓云「宰夫自東房薦豆六，設于醬東，西上」，此云「東上」，是「變於親食賓也」。云「屈，猶錯也」者，猶下經「錯黍」，此經菹菹不自相當，〔六五〕皆交錯陳之，故云「錯」也。

八簋繼之，黍，其南稷，錯。黍在北。

【疏】「八簋」至「稷錯」　注「黍在北」　云「繼」者，繼八豆以西陳之。云「八簋」者，此陳之次第與八豆同，故鄭云：「屈，猶錯也。」八豆言「屈」，八簋言「錯」者，以八豆之實各別，直次第屈陳之，則得相變，故云「屈」也；八簋唯有黍、稷二種，雖屈陳之，則間雜，錯陳之使當行，黍、稷間錯，不得並陳設，亦相變，故鄭下注「凡饌屈錯，要相變」是也。

六鉶繼之，牛以西羊、豕，豕南牛，以東羊、豕。鉶，羹器也。

【疏】「六鉶」至「羊豕」　注「鉶羹器也」　此不言縪、屈、錯者，縪文自具，故不言之也。案此文上下縪、屈、錯似各别，鄭此注「屈，猶錯」，士喪禮「陳衣於房中，南領，西上，縪」，注云「縪，猶屈」，又似不别者，云縪、屈二者，下手陳之，少異。屈者，句而屈陳之；縪者，直屈陳之，不爲句陳。訖則相似，故注士喪禮云「縪，猶屈」。言錯者，間雜而陳之，與縪、屈同。或句屈陳而錯，此文是也；或縪陳如錯，公食大夫是也，故公食大夫云「宰夫設黍、稷六簋于俎西，二以並，東北上。黍當牛俎，其西稷，錯，以終，南陳」，是其直縪、錯之也。

兩簠繼之，粱在北。簠不次簋者，粱稻加也。凡饌屈錯，要相變。

【疏】注「凡饌」至「相變」　凡豆及簋之數皆耦兩自相對而陳之。屈、錯不相對者，欲使陳設者其要殺，各得相變，不使相當。其六鉶縪者，牛及豕二者相變，羊、豕相當，不相變。以其大牢牛、羊、豕不耦，故羊、豕不得變也。

八壺設于西序，北上，二以並，南陳。壺，酒尊也。酒，蓋稻酒、粱酒。不錯者，酒不以雜錯爲味。

【疏】「八壺」至「南陳」　注「壺酒」至「爲味」　鄭云「蓋稻酒、粱酒也」者，以下夫人「歸禮」，「醙黍清各兩壺」，此中若有黍，不得「各二壺」；若三者各二壺，則止有六壺，與夫人歸禮同；又不得各三壺，若三者各三壺，則九壺，不合八數，止有稻、粱，無正文，故云「蓋」以疑之。鄭知不直有稻、黍而爲稻、粱者，稻、粱是加，相對之物，故爲稻粱也。此陳饔餼，堂上及東西夾簋有二十，簠六。上文設飧時，與此堂上及西夾其對，則簋十四，簠四。案掌客設飧，公侯伯子男簠同十二，公簠十，侯伯簠八，子男簠六，又皆陳饔餼，其死牢如飧之陳，如何此中飧之簋數及饔餼之簠數，皆多於君者，彼是君禮，自上下爲差，此乃臣禮，或多或少，自是一法，不可以彼相並。又此中致饔餼於賓，醯醢百甕、米百筥，周禮上公甕、筥百二十，侯伯甕、筥百，子男甕、筥八十，子男少於此卿大夫禮，禮或損之而益，此

其類也。

西夾六豆，設于西墉下，北上。韭菹，其東醓醢，屈。六簋繼之，黍，其東稷，錯。四鉶繼之，牛以南羊，羊東豕，豕以北牛。兩簠繼之，粱在西，皆二以並，南陳。六壺，西上，二以並，東陳。東陳，在北墉下，統於豆。

【疏】「西夾」至「東陳」　六豆者先設韭菹，其東醓醢，又其東昌本，南麋臡，麋臡西菁菹，又西鹿臡，此陳還取朝事之豆。其六簋、四鉶、兩簠、六壺東陳，其次可知，義復與前同也。

校勘記

〔一〕彼所執以爲贄　阮校云要義無「彼」字。

〔二〕故得用虎豹也　阮校云毛本「豹」下有「皮」字。

〔三〕以不可生服　阮校云「以」陳、閩俱作「亦」。

〔四〕若有所問也　阮校云張氏曰監本無「有」字。

〔五〕請即乞師之類是也　阮校云要義無「即」字。

〔六〕事在僖二十六年也　阮校云要義同，毛本「僖」下有「公」字。

〔七〕無庭實也　阮校云「也」要義作「者」。

〔八〕下文行禮賓也　阮校云通解、毛本「文」下有「先」字。

〔九〕加萑席尋　阮校云「萑」陳本注作「莞」，疏作「萑」，閩本注、疏俱作「莞」。

〔一〇〕使不蒙如也　阮校云要義同，毛本「也」作「世」。

〔一一〕諸侯彫几　阮校云毛本「彫」作「雕」。今按唐石經作「彫」，釋文作「雕」。

〔一二〕云中攝之者　阮校云毛本作「宰夫奉几兩端，故公中攝之」，通解、楊氏俱同。

〔一三〕擬賓用兩手　阮校云楊氏同，通解、毛本「擬」上有「復」字。

〔一四〕在公手外取之故也　阮校云「在」陳、閩俱作「自」。

〔一五〕几賓左几　阮校云上「几」字集釋、通解俱作「几」。張氏曰：「疏上『几』作『凡』，從疏。」

〔一六〕云凡賓左几者　「云凡」二字單疏作「凡云」。阮校云「凡」陳本、楊氏俱作「几」。阮按：張氏曰「疏上『几』作『凡』」，則張氏所據本「凡」字亦在「云」字下。

〔一七〕不訝授也　阮校云「授」楊氏作「受」。

〔一八〕今又從下升　阮校云「又」陳本作「亦」。

〔一九〕醴尊于東廂　阮校云要義同，毛本「醴」作「禮」，作「醴」與記文合。又下文「瓦泰一有豐」，「泰」作「大」是也。

〔二〇〕以其間有事宰夫相　阮校云毛本無「事」字。

〔二一〕在中庭矣　阮校云「在」上陳、閩、通解、楊氏俱有「則」字。

〔二二〕尚攕　阮校云「攕」聶氏從木，誤，說文無「櫼」字。又云「攕」即士冠禮「面葉」之「葉」，古文作「擖」。

〔二三〕儐勞者　阮校云「儐」陳、閩、監本俱作「擯」。

〔二四〕獨於此言用尊於下者儐勞者及歸饔餼皆是賓敬君之使者自尊之可知　阮校云自「尊於」至「者自」二十字陳、閩俱無。

〔二五〕 糟醴不啐　阮校云張爾岐曰「啐」字誤。周學健云：當作「卒」，上言「啐醴」，則非「不啐」明矣。不卒爵，故建柶而奠之。他篇疏文引此者亦誤。按：此本士冠疏引此作「卒」。集釋此節釋辭已缺，尚存「不卒觶」三字，戴震云似集釋所見本亦作「卒」。

〔二六〕 賓見公一拜止　阮校云陳、閩、通解俱無「止」字。

〔二七〕 據上士而言也　阮校云「也」要義作「之」。

〔二八〕 居馬間扣馬也　阮校按疏引注，「故云」下「居」作「在」而誤爲「居」，乃疏文「居」誤爲「在」也。

〔二九〕 禮不拜至　阮校云「不」陳、閩俱作「右」，按記文作「至」。今按單疏與記同。

〔三〇〕 士受馬者從東方來　阮校云要義同，毛本「馬」下無「者」字，陳、閩「從」下俱有「者」字。

〔三一〕 使授馬者授訖　阮校云要義同，毛本「授」作「受」。

〔三二〕 而賓由拜　阮校云「由」楊、敖俱作「猶」。浦鏜云由古通猶。

〔三三〕 對前賓此請上介　阮校云「賓此」毛本作「擯出」，陳、閩「此」俱作「者」。

〔三四〕 隨立門中而俟者　「隨」原作「臨」，此據單疏本及毛本改。阮校云單疏誤作「臨」，乃誤張敦仁本爲單疏本。「門中」陳、閩誤倒，下「立于門中可知」同。

〔三五〕 闑東明不得並出也　阮校朱子云「闑東」下當有脱字。

〔三六〕 當上取歸賓幣之文　阮校云「上取」二字陳、閩俱倒。

〔三七〕 下取歸士介幣之文　阮校云陳、閩俱無「取」字。

〔三八〕 嫌擯者一一授之　「一一」徐本作「二」。阮校張氏云監杭本以「一一」爲「二」，從巾箱嚴本。

〔三九〕 故下二人坐舉皮　阮校云「二人」要義作「云」。阮按當作「故下云二人坐舉皮」。

〔四〇〕拜中庭也　阮校云「拜」下敖有「於」字。

〔四一〕亦道賓道師道　徐乾學本「亦」作「逆」，「賓道」作「道賓」，「師」作「帥」。阮校張氏云按之下文鄭注，以作「逆道」、「道賓」、「帥道」爲是。

〔四二〕一請受而聽之也　阮校云楊無「受」字。

〔四三〕不言問聘　阮校盧文弨云「聘」字疑衍。

〔四四〕小休息也　阮校云徐本、通解同，「小」毛本作「少」。

〔四五〕無儐　阮校云「儐」陳、閩俱作「擯」。今按下經唐石經、徐、陳俱作「擯」。

〔四六〕今時五伯緹衣　阮校云五百、五伯通用。

〔四七〕鄭志解此　阮校云「志」通解作「注」。

〔四八〕此爲賓館於大夫士之廟　阮校云「爲賓」陳、閩俱作「賓而」。

〔四九〕賓皮弁迎大夫　阮校云「賓」毛本作「實」。今按下經作「賓」。

〔五〇〕若今縣官宫也　阮校浦鏜云「舍」誤「宫」。今按曾子問鄭注作「宫」。

〔五一〕則有在大夫廟　阮校云「有」陳、閩俱作「自」。

〔五二〕陪鼎三牲臛　「臛」黄氏校録云李氏集釋作「膗」，與釋文同，嚴州本作「臛」，與説文合。

〔五三〕唯爓者有膚此饌　黄刊嚴州本「膚此」作「獻北」，黄氏校録已指出其誤。

〔五四〕引陰陽也　阮校朱子曰：「引」疑當作「别」。周學健云：「别」字固直截，或以繩著碑引之而定方位，則「引」字亦可解。敖氏集説改「别」。

〔五五〕凡碑引物者　「引」黄刊嚴州本作「别」，徐本作「引」，阮校以爲嚴州本誤。

〔五六〕堂塗堂塗之内也　阮校云「堂塗」陳、閩俱不重。

〔五七〕縱家以四解　阮校云「縱」上陳、閩俱有「故」字。

〔五八〕既北面揖　阮校云要義同，毛本「既」下有「曲」字。

〔五九〕此識日景　阮校云陳本、要義同，毛本「此」作「比」。

〔六〇〕有腥者　「腥」字原作「腊」，據嚴州本及徐本也。毛本作「腥」。黄氏校録及阮校皆以作「腊」誤，宜從疏作「腥」，此據其説改。

〔六一〕又注曰醓醢汁也　此據徐乾學本，宋本無「汁」字，又「醢」作「醓」。又黄焯彙校引盧文弨云：此七字疑衍。

〔六二〕謂其南東上醓醢　阮校云毛本無「南」字。

〔六三〕異於下大夫之數豆　阮校云「數豆」毛本作「豆數」。今按單疏與公食大夫禮注相合。

〔六四〕仍有茆菹麏臡　阮校云「有」字閩本擠入，陳本無「茆」字。

〔六五〕此經菹菹不自相當　阮校云下「菹」字毛本作「醢」。按「菹」字不當有。

儀禮注疏卷第二十二

唐朝散大夫行大學博士弘文館學士臣賈公彦等撰

饌于東方，亦如之，東方，東夾室。西北上。亦韭菹，其東醓醢也。

【疏】「饌于」至「北上」　云「西北上」者，則於東壁下南陳，西北有韭菹，東有醓醢，次昌本，次南麋臡，次西有菁菹，次北有鹿臡，亦屈錯也。上「西夾」，饌「六豆」，直言「北上」，不云「西北上」，此東夾獨云「西北上」者，以其西夾言「北上」，「其東醓醢」，是「西北上」可知；此東夾饌若不言「西北上」，恐東夾饌從東壁南陳，以東北爲上，其西有醓醢，與西夾相對陳之，故云「西北上」。見雖東夾，其陳亦與西夾同，是以鄭云「亦韭菹，其東醓醢」也。

壺東上，西陳。亦在北墉下，統於豆。醓醢百甕，夾碑，十以爲列。醓在東。夾碑，在鼎之中央也。醓在東，醓，穀，陽也；醢，肉，陰也。

○百甕，烏弄反。

【疏】「醓醢」至「在東」　注「夾碑」至「陰也」　案既夕禮云「甕三醯、醢、屑」，鄭注云「甕，瓦器，其容亦蓋一觳」；旊人云「簋，實一觳」，又云「豆實三而成觳」，四升曰豆，則甕與簋同受斗二升也。禮器云「五獻之尊，門外缶，門内壺，君尊瓦甒」，注云「壺大一石，瓦甒五斗」，即此壺大一石也。云「夾碑，在鼎之中央也」者，上陳鼎云「西階前，陪鼎當内廉，東面，北上，上當碑，南陳」，下腥鼎亦如之，此言「夾碑」，自然在鼎之中央可知。云「醓在東，醓，穀，陽也；

醢，肉，陰也」者，醢是釀肉爲之，在人沈重，故云「陰也」。大宗伯云「天産作陰德，地産作陽德」，注云「天産，六牲之屬；地産，九穀之屬」，以六牲爲陽，九穀爲陰，與此醢是穀物爲陽違者，物各有所對，六牲動物，行蟲也，故九穀爲陰。郊特牲云「鼎、俎奇而籩、豆偶，陰陽之義也」，又以籩、豆、醢、醢等爲陰，〔一〕鼎俎肉物揔爲陽者，亦各有所對，以鼎、俎之實以骨爲主，故爲陽；籩、豆穀物，故爲陰也。有司徹注又以庶羞爲陽，内羞爲陰者，亦羞中自相對，内羞雖有糝食，是肉物，其中有糗餌粉餈食物，故爲陰；庶羞肉物，故爲陽也。

餼二牢，陳于門西，北面，東上，牛以西羊、豕，豕西牛、羊、豕。 餼，生也。牛、羊右手牽之。豕束之，寢右，亦居其左。

【疏】「餼二」至「羊豕」　注「餼生」至「其左」　先言饔後言餼者，陳者先以孰爲主，是以先陳饔，饔下即陳孰物繼之，故六豆以下相次。此餼是生物，其下次陳芻薪、米禾之等相繼也。云「牛、羊右手牽之」者，曲禮云「效馬效羊者，右牽之」，以不噬齧人，用右手便也。言「右手牽之」，則人居其左也。云「豕束之，寢右，亦居其左」者，豕束縛其足，亦北首，寢臥其右，亦人居其左。案特牲云「牲在其西，北首，東足」，鄭注云「東足者，尚右也」，與此不同者，彼祭禮法用右胖，故寢左，上右。士虞記云「陳牲于廟門外，北首，西上，寢右」，鄭注「寢右者，當升左胖也」，變吉，故與此生人同也。

米百筥，筥半斛，設于中庭，十以爲列，北上，黍、粱、稻皆二行，稷四行。 庭實固當庭中。言當中庭者，南北之中也。東西爲列，列當醯醢南，亦相變也。此言中庭，則設碑近，如堂深也。○百筥，居吕反。二行，户郎反，下同。

【疏】「米百」至「四行」　注「庭實」至「深也」　云「庭實固當庭中。言當中庭者，南北之中也」者，上享時直言庭實「入設」，不言中庭，則在東西之中，其南北三分庭一在南；此更言「中庭」，欲明南北之中也。上文公「立於中庭」，宰「受幣於中庭」，皆南北之中也。知北上東西爲行者，以經云「北上，黍、粱、稻皆兩行，稷四行」，若南北縱陳，止得言東西，不得言北上。何者？以黍、粱、稻及稷當行皆一種，〔二〕無上下故也，明横陳可知。黍兩行在北，次粱兩行，次稻兩行，次南稷四行。所以不用稻爲上者，稻、粱是加，黍、稷是正，故黍爲上端，稷爲下端，以見上下，而稻、粱居其間。「亦相變」者，亦上綪、屈、錯之義。云「此言中庭，則設碑近，如堂深也」者，陳鼎上當其碑，南向陳之，醯醢夾碑，在鼎中央，亦南向陳之。今米爲筥，在醯醢之南北之中，則碑近北可知。言「堂深」者，猶若設洗「南北以堂深」相似。若然，碑東當洗矣。

門外，米三十車。車秉有五籔，設于門東，爲三列，東陳。大夫之禮，米、禾皆視死牢。秉、籔，數名也。秉有五籔，〔三〕二十四斛也。籔讀若不數之數。今文「籔」或爲「逾」。○五籔，劉色縷反，一音速，注「不數之數」同，卷末放此。爲逾，劉音余，後同，説文大溝反。

【疏】「門外」至「東陳」　注「大夫」至「爲逾」　云「大夫之禮，米、禾皆視死牢」者，上文飪一牢，腥二牢，是三牢死，故米三十車，并下禾三十車，亦是視死牢也。云「秉、籔，數名也。秉有五籔，二十四斛也」者，下記云「十斗曰斛，十六斗曰籔，十籔曰秉」，若然，一秉十六斛，又有五籔爲八斛，揔二十四斛也。云「籔讀若不數之數」者，鄭君時以籔爲數名，數名有數有不數，故云「不數之數」。此從音讀，其字仍竹下爲之，得爲十六斗爲籔，故下記注云「今江、淮之間量名有爲籔者」，〔四〕是十六斗量器之名。

禾三十車，車三秅，設于門西，西陳。秅，數名也。三秅，千二百秉。

【疏】注「秅數」至「百秉」　下記云：「四秉曰筥，十筥曰稯，十稯曰秅，四百秉爲一秅。」三四十二，爲千二百秉也。○三秅，丁故反，四秉爲秅；字林丈加反。〔五〕

薪芻倍禾。倍禾者，以其用多也。薪從米，芻從禾，四者之車皆陳，北輈。凡此所以厚重禮也。聘義曰：「古之用財，不能均如此。然而用財如此其厚者，言盡之於禮也。盡之於禮，則内君臣不相陵，而外不相侵，故天子制之，而諸侯務焉爾。」○北輈，丁留反，車轅。

【疏】「薪芻倍禾」　注「倍禾」至「焉爾」　云「薪從米，芻從禾」者，以其薪可以炊爨，故從米陳之；芻可以食馬，故從禾陳之。鄭言此者，〔六〕以經云「倍禾」，恐並從禾陳之故也。云「四者之車皆陳，北輈」者，以其向内爲正故也。〔七〕引聘義者，欲見主君享禮聘賓，外内皆善，故引爲證也。

賓皮弁，迎大夫于外門外，再拜，大夫不荅拜。大夫，使者，卿也。

【疏】「賓皮」至「荅拜」　注「大夫使者卿也」　云「外門外」者，謂於主人大門外，入大門東行，即至廟門也。云「不荅拜」者，亦以爲君使不敢當故也。云「大夫，使者，卿也」者，即上「卿韋弁」者也。

揖，入，及廟門，賓揖，入。賓與使者揖而入，使者止，執幣。賓俟之于門内，謙也。古者天子適諸侯，必舍於大祖廟。諸侯行，舍于諸公廟。大夫行，舍于大夫廟。○大祖，音泰。

【疏】「揖入」至「揖入」　注「賓與」至「夫廟」　云「使者止，執幣」者，下經始云「大夫奉束帛，入」，明此賓揖入時，「使者止，執幣」可知。云「賓俟之于門内，謙也」者，聘時主君揖，入，立于庭，尊卑法，此賓與使者幣，〔八〕故賓在門内，謙也。云「門内」即宁下，故下賓問卿，云「及廟門，大夫揖入」，鄭注「入者，省内事也，既而俟于宁下」是也。云「古者天子適諸侯，必舍于大祖廟」者，案禮運云「天子適諸侯，必舍其祖廟下」，記云「卿館於大夫，大夫館于士，士館

于工商」，鄭注云「不館於敵者之廟，爲大尊也」，以此差之。諸侯無正文，鄭注「舍于諸公廟」者，諸公大國之孤。云「大夫行，舍于大夫廟」者，謂卿舍于大夫也。若無孤之國，諸侯舍於卿廟也。

大夫奉束帛，執其所以將命。**入。三揖，皆行。**皆，猶並也。使者尊，不後主人。

【疏】「入。三揖，皆行」注「皆猶」至「主人」　云「使者尊，不後主人」者，主人則賓，所在若主人也。然君與使者行，當後君也。

至于階，讓。大夫先升一等，讓不言三，不成三也。凡升者，主人讓于客三，敵者則客三辭，主人乃許，升，亦道賓之義也。使者尊，主人三讓，則許升矣。今使者三讓，則是主人四讓也，公雖尊亦三讓乃許，升，不可以不下主人也。古文曰「三讓」。○不下，户嫁反，後下君、下朝皆同。

【疏】「至于」至「一等」　注「讓不」至「三讓」　云「讓不言三，不成三也。凡升者，主人讓于客三，敵者則客三辭，主人乃許，升」者，是三讓三辭成也。今賓三讓，大夫即升，無三辭，則不成三也。云「使者尊，主人三讓，則許升矣」者，即此經主人「讓，大夫先升」是也。云「今使者三讓，則是主人四讓也」者，經雖言「讓，大夫先升」，大夫之讓不明，故鄭君兩言之，但使尊終先升，若主人三讓，使人亦三讓，主人又一讓，則主人四讓，使者乃升，故鄭復言此也。案周禮司儀云「諸公之臣，相爲國客」，「大夫郊勞，三讓，登，聽命」，又云「致饔餼如勞之禮」，即得行「三讓」之禮。此中古文云「三讓」，與彼合。鄭不從者，周禮統心，舉其大率，〔九〕而云「三讓」。此儀禮據屈曲行事，觀此經直云「讓，大夫先升」，是主人或三讓，大夫無三讓，故不從古文也。云「公雖尊，亦三讓乃許，升，不可以不下主人也」者，此據公爲主人亦有三讓，故上行聘時云「至於階，三讓，公升二等，賓升」，亦是公先讓，先升，故成三讓。是以聘義云「三讓而後升」，公尊，必三讓者，不下賓客，主人之義故也。

賓從，升堂，北面聽命。北面于階上也。大夫東面致命。賓降，階西再拜稽首，拜餼亦如之。大夫以束帛，同致饔餼也。賓殊拜之，敬也，重君之禮也。

【疏】注「大夫」至「禮也」　大夫以束帛，同致饔餼五牢及陳豆、壺、車、米之等。今賓拜饔三牢及庭實，又別拜餼二牢，〔一〇〕及門外米禾，殊拜之者，敬主君，以重禮故也。

大夫辭，升成拜。尊賓。受幣堂中西，北面。趨主君命也。堂中西，中央之西。〔一一〕大夫降，出。賓降，授老幣，出迎大夫。老，家臣也。賓出迎，欲擯之。〔一二〕大夫禮辭，許。入，揖讓如初，賓升一等，大夫從，升堂。賓先升，敵也，皆北面。

【疏】「大夫」至「升堂」　注「賓先」至「北面」　前大夫奉君命歸饔餼，故先升一等，今賓私儐使者，無君命，體敵，故賓先升，在館，如主人之儀故也。知「皆北面」者，以其體敵，又下始云「賓奉幣，西面，大夫東面」，明此「北面」可知。

庭實設，馬乘。乘，四馬也。賓降堂，受老束錦。大夫止。止，不降，使之餘尊。

【疏】注「止不」至「餘尊」　凡賓主體敵之法，主人降，賓亦降，今賓降，使者不降者，使之餘尊，雖合降而不降。

賓奉幣西面，大夫東面。賓致幣。不言致命，非君命也。大夫對，北面當楣再拜稽首，稽首，尊君客也，

致對有辭也。

【疏】注「稽首」至「辭也」　賓主既行敵體之禮，當行頓首，今大夫稽首於賓，爲拜君之拜，「尊君客」故也。「致」者，賓致幣，當有辭；「對」者，大夫對，亦當有辭，所以無辭者，文不具故也。

受幣于楹間，南面，退，東面俟。賓北面授，尊君之使。

【疏】「受幣」至「面俟」　注「賓北」至「之使」　此賓儐使者，是體敵之義。〔一三〕經云「受幣于楹間，南面」，知賓不南面並授，而云「賓北面授」者，凡敵體授之義，〔一四〕授由其右，受由其左，〔一五〕今尊君之使，是以大夫南面，賓北面，故知「賓北面授」幣。

賓再拜稽首送幣。大夫降，執左馬以出。出廟門，從者亦訝受之。

【疏】注「出廟」至「受之」　言「亦」者，上賓受禮時，受幣、馬，云「賓降，執左馬以出。上介受賓幣，從者訝受馬」，此亦從者訝受馬，故云「亦」也。

賓送于外門外，再拜。明日，賓拜于朝，拜饔與餼，皆再拜稽首。拜謝主君之恩惠於大門外。周禮曰「凡賓客之治，令訝」，聽之。此拜亦皮弁服。○治令，直吏反。

【疏】「賓送」至「稽首」　注「拜謝」至「弁服」　知拜謝在「大門外」者，以其直言「賓拜於朝」，無入門之文，故知在「大門外」。若然，諸侯外朝在大門外明矣。引周禮者，秋官掌訝職云賓客「至于國，賓入館，次于舍門外，待事于客。及

將幣爲前驅。至于朝，詔其位。凡賓客之治，令訝，訝治之」。〔一六〕引之者，欲見賓客發館至朝來往，皆掌訝前驅爲之導。知「此拜亦皮弁」者，以其受時皮弁，故知此拜亦皮弁也。故公食大夫云「若不親食」，使大夫各以其爵「朝服，以侑幣致之」，「賓朝服以受。明日，賓朝服以拜賜于朝」，彼朝服受，〔一七〕還朝服拜，則知此皮弁受，亦皮弁拜可知。

上介饔餼三牢。飪一牢在西，鼎七，羞鼎三。飪鼎七，無鮮魚、鮮腊也。賓、介皆異館。

【疏】「上介」至「鼎三」　自此盡「兩馬束錦」，論主君使下大夫歸饔餼於上介之事。注「飪鼎」至「異館」　云「飪鼎七，無鮮魚、鮮腊也」者，對上賓九鼎有鮮魚、鮮腊也。云「賓、介皆異館」者，案下記云「卿館於大夫，大夫館於士，士館於工商」，彼云「卿」，即此「賓」，一也；彼云「大夫」，即此「上介」也；彼云「士」，即此「衆介也」，故知「賓、介各異館」。必異館者，所陳饔餼後無所容故也。〔一八〕

腥一牢在東，鼎七。堂上之饌六。六者，賓西夾之數。西夾亦如之，筥及甕如上賓。凡所不貶者，尊介也。言「如上賓」者，明此賓客介也。〔一九〕

【疏】「西夾」至「上賓」　注「凡所」至「介也」　云「如上賓者，明此賓客介也」者，案下云賓之公幣私幣皆陳，上介公幣陳，是上介有與賓同者。〔二〇〕前經不言「如上賓」，獨此經言「如上賓」，以其此饔餼大禮，西夾「筥及甕如上賓」，以其客，此上介「如上賓」之禮也。

餼一牢。門外米、禾視死牢，牢十車。薪芻倍禾。凡其實與陳，如上

賓。凡，凡飪以下。下大夫韋弁，用束帛致之。上介韋弁以受，如賓禮。介不皮弁者，以其受大禮似賓，不敢純如賓也。儐之兩馬束錦。

【疏】「儐之兩馬束錦」 此下大夫使者受上介之儐禮，如卿使者受賓儐禮當庭同。不言「如上大夫」者，省文也。

士介四人皆餼大牢，米百筥，設于門外。牢米不入門，略之也。米設當門，亦十爲列，北上。牢在其南，西上。

【疏】「士介」至「門外」 注「牢米」至「西上」 自此至「無儐」論使宰夫歸餼於衆介之事。上文賓與上介米，陳碑南，餼陳門內，此不入門，陳於門外者，〔二二〕鄭云「略之也」。云「米設當門，亦十爲列，北上」，彼亦當門，此直云「設於門外」，不云東西，明當門，北上，與賓同。云「牢在其南，西上」者，以此餼本設於庭，在門內，由士介賤，不得入門，且賓與上介門東有米三十車，薪六十車，門西禾三十車，芻六十車，皆統門爲上，此餼本非門外東西之物，制不在門外東西，宜當門陳之，云「牢在其南，西上」，知如此設之者，以其賓、上介餼在米南，門西，東上，明知此牢亦在米南，而「西上」爲異耳。

宰夫朝服，牽牛以致之。執紖牽之，東面致命。朝服無束帛，亦略之。士介西面拜迎。〔二三〕○執紖，直軫反。

【疏】「宰夫」至「致之」 注「執紖」至「拜迎」 案下記云「士館于工商」，則此致者在工商之館。宰夫從外來，即爲賓客，宜在門西，東面，此就大牢之中，取以致餼。云「朝服無束帛，亦略之」者，決上賓與上介皮弁，有束帛，故以爲略之也。云「士介西面拜迎」者，以其士介爲主人，故西面，每上賓與上介米禾皆視死牢，具有芻薪米禾，此士直有生餼，無死牢，則無芻薪米禾矣。

士介朝服，北面再拜稽首受。受於牢東，拜自牢後，適宰夫右受，由前東面授從者。

【疏】「士介」至「首受」　注「受於」至「從者」　知「自牢後，適宰夫右受」者，以其牢東北面拜，明在宰夫東南，從牢後來，適宰夫，至宰夫之後受，取牛便故也。必知在「宰夫右受」者，見前君使士受私覿之馬，「適其右受」，知此亦在右受也。若然，君使士受私覿由前，此由牢後，與受馬不同者，牛畜擾馴，與馬有異，故得從其後適宰夫右取便也。云「由前東面授從者」，於宰夫之後受牛，遂由宰夫之前東授從者，亦是取便也。

無擯。[二三]既受，拜送之矣。明日衆介亦各如其受之服，從賓拜於朝。

【疏】「無擯」　注「既受」至「於朝」　言「無擯」者，[二四]決上賓與上介皆有儐，[二五]士介賤，故畧之。知「明日衆介亦各如其受之服，從賓拜於朝」者，案下「夫人使下大夫韋弁歸禮，賓受如受饔之禮」，儐之乘馬、束錦，又歸禮於上介，上介「受之如賓禮，儐之兩馬、束錦。明日賓拜禮於朝」，鄭注云「於是乃言賓拜，明介從拜」，夫人歸禮，介尚從拜，則君饔餼，介皆從拜可知。

賓朝服，問卿，不皮弁，別於主君。卿，每國三人。○別於，彼列反，下同。

【疏】「賓朝服，問卿」　注「不皮」至「三人」　自此盡「無儐」，論賓齎聘君之幣，問主國卿之事。云「不皮弁，別於主君」者，對上文行聘享私覿皆皮弁，此朝服降一等，故鄭注云「別於主君」。云「卿，每國三人」者，每國三卿是其常。鄭言此者，欲見三卿皆以幣問之，其主國下大夫曾使向己國者，[二六]乃得幣問之，與卿異。

卿受于祖廟，重賓禮也。祖，王父也。

【疏】「卿受于祖廟」　注「重賓」至「父也」　卿受鄰國君所問之禮不辭讓者，以其初君送客之時，「賓請有事於大夫」，君「禮辭許」，是以卿不敢更辭，故下記云「大夫不敢辭」。云「祖，王父也」者，大夫三廟，有別子者，立大祖廟，非別子者，并立曾祖廟，王父即祖廟也。今不受於大祖廟及曾祖廟，而受於祖廟者，以其天子受於文王廟，諸侯受於祖廟，〔二七〕大夫下君，故受於王父廟。

下大夫擯。〔二八〕無士擯者，既接於君所，急見之。

【疏】「下大夫擯」　注「無士」至「見之」　行聘享於主國君時，主君擯者三人以上，并有士擯，賓又設介，今直云「大夫擯」，無士擯者，〔二九〕以其設擯介多者不敢質，示行事有漸；但賓行聘享於主君之時，卿以與賓相接，故急見之，不須士擯。

擯者出請事。大夫朝服迎于外門外，再拜，賓不荅拜。揖，大夫先入，每門每曲揖。及廟門，大夫揖，入。入者，省内事也。既而俟于宁也。○宁，直吕反，劉直慮反。

【疏】「擯者」至「揖入」　注「入者」至「宁也」　大夫二門，入大門東行，即至廟門，未及廟門而有「每門」者，大夫三廟，每廟兩旁皆南北豎牆，牆皆閤門，〔三〇〕假令王父廟在東，則有每門每曲之事。云「入者，省内事也」者，曲禮云「請入爲席」是也。云「既而俟于宁」者，宁，門屋宁也，知「俟于宁」者，下云賓入「三揖，皆行」，鄭注云「皆，猶並也」，賓與卿並行，以卿俟于宁，故得並行。與卿三揖不俟于庭者，下君也。案曲禮云「客至於寢門，則主人請入爲席，然後

出迎客，主人肅客而入」，此卿既入，〔三二〕不重出迎客者，彼曲禮平常賓客，故重出迎客，此聘問之賓與平常賓客異，上君揖賓，不重出，此卿亦不重出，與彼同，但在庭與在宁不同矣。

擯者請命。亦從入而出請。不几筵，辟君也。

【疏】注「亦從」至「君也」　「亦」者，亦君受聘時擯者從君而入。几筵既設，擯者出請，此擯者亦從卿而入，省内，然後出請。

庭實設，四皮。麋鹿皮也。賓奉束帛，入。三揖，皆行，至于階，讓。皆，猶並也。古文曰「三讓」。

【疏】注「古文曰三讓」　不從古文者，亦是不成三，故賓先升一等，大夫從升堂，故不從三讓也。

賓升一等，大夫從，升堂，北面聽命。賓先升，使者尊。賓東面致命，致其君命。大夫降，階西再拜稽首，賓辭，升，成拜，受幣堂中西，北面。於堂中央之西受幣，趨聘君之命。賓降，出。大夫降，授老幣。無擯。〔三三〕不擯賓，辟君也。

【疏】注「不擯賓辟君也」　上文賓行聘享訖而君禮賓，有束帛乘馬，敵者曰擯，今卿「不擯賓」者，辟國君也。

擯者出請事，賓面，如覿幣。面，亦見也，其謂之面，威儀質也。○亦見，如字，劉胡眄反。

【疏】「擯者」至「覿幣」　注「面亦」至「質也」　自此至「授老幣」，論賓行私面於卿之事。賓私面於卿，其幣多少與私覿於君同，故云「如覿幣」。賓私覿之時，用束錦乘馬，則此私面於卿，亦用束錦乘馬可知也。云「面，亦見也，其謂之面，威儀質也」者，覿、面並文，其面爲質，若散文面亦爲覿，故鄭司儀注云「私面，私覿也」。又左傳云「楚公子棄疾以乘馬八匹，私面鄭伯」是也。

賓奉幣，庭實從，庭實，四馬。

【疏】「賓奉幣、庭實從」　注「庭實四馬」　以其言「如覿幣」，故知「庭實，四馬」也。

入門右，大夫辭。大夫於賓入，自階下辭，迎之。

【疏】注「大夫」至「迎之」　知「階下辭」者，以其授老幣時降故也。知「迎」者，下文「揖讓如初」，明[元缺一字]迎之可知。

賓遂左。見，私事也，雖敵，賓猶謙入門右，爲若降等然。曲禮曰「客若降等，則就主人之階」，主人興，辭於客，〔三三〕「然後客復就西階」。

【疏】注「見私」至「西階」　云「爲若降等」者，主人是大夫，客是士，降等法士就東階，今此賓與卿覿者就門右，若士於大夫降等。引曲禮者，主人辭賓，賓遂左，就門右西階復正也。〔三四〕

庭實設。揖讓如初。大夫至庭中，旋並行。

【疏】「庭實」至「如初」　注「大夫」至「並行」　云「大夫至庭中，旋並行」者，賓初入門右，大夫階下辭賓，賓遂門左；大夫至庭中迎賓，大夫迴旋，與賓揖而並行，北出。言「如初」者，大夫不出門，唯有庭中一揖，至碑[元缺一字]又揖，再揖

而已。

大夫升一等，賓從之。大夫先升道賓。大夫西面，賓稱面。稱，舉也，舉相見之辭以相接。大夫對，北面當楣再拜，受幣于楹間，南面，退，西面立。受幣楹間，敵也。賓亦振幣進，北面授。

【疏】注「受幣」至「面授」　知賓「北面授」者，以云大夫「南面退，西面立」，言退，明賓不得南面；又見下文「賓當楣再拜」，明北面授，因拜可知。云「受幣楹間，敵也」者，凡授受之義，在於兩楹之間者，皆是體敵，故昏禮云「授于楹間，南面」，注云「授於楹間，明爲合好，其節同也。南面，並授也」，謂賓主俱至楹間，南面並而授。是以曲禮云「鄉與客並，然後受」，注云「於堂上則俱南面，禮敵者並授」，此是敵者之常禮也。雖是敵者，於兩楹之間，或有訝受者，皆是相尊敬之法，則此云大夫南面，賓北面授，雖是敵禮，是尊大夫，故訝受。又前致饔餼，儐使者於楹間，賓北面授幣，鄭云「賓北面授，尊君之使」。自餘不在楹間，別相尊敬，是以前云「公受玉于中堂與東楹之間」，鄭注云「東楹之間，亦以君行一，臣行二」；又云「公禮賓，賓受幣，當東楹，北面」，注云「亦訝受」；又賓覿公云「振幣，進授，當東楹，北面」，如此之類，不在兩楹之間者，皆非敵法，就文解之。〔三五〕

賓當楣再拜送幣，降，出。大夫降，授老幣。

擯者出請事。上介特面，幣如覿。介奉幣，特面者，異於主君，士介不從而入也，君尊衆介，始覿，不自別也，上賓則衆介皆從之。

【疏】「擯者」至「奉幣」　注「特面」至「從之」　自此盡「再拜送幣」，論上介私面於鄰國卿之事。云「特面者，異於主君」

者，介初覿主君之時，不敢自尊別，與衆介同執幣而入，今私面於鄰國卿，不與衆介同而特行禮焉，故云「特面者，異於主君」也。云「士介不從而入」者，對覿君時，衆介從而入，故鄭云「君尊於衆介〔三六〕，始覿，不自別也」。云「上賓則衆介皆從之」者，上介言「特面」，則賓問卿與私面，介皆從可知。

皮二人贊，亦儷皮也。

【疏】「皮二人贊」　注「亦儷皮也」　案經云「幣如覿」，則上介私面，亦與私覿於君幣同，故云「亦儷皮也」。

入門右，奠幣，再拜。降等也。

【疏】「入門」至「再拜」　注「降等也」　言「降等」者，主人是卿，上介是大夫，故「入門右」，不敢自同賓客。

大夫辭，於辭上介，則出。**擯者反幣。**出，還于上介也。

【疏】「擯者反幣」　注「出還于上介也」　不言「反皮，出，還於上介」，皮出可知，但文不具。

庭實設，介奉幣入，大夫揖讓如初。大夫亦先升一等。今文曰「入設」。

【疏】注「大夫」至「入設」　云「亦」者，亦上賓行私面，大夫升一等，賓乃升，此上介私面亦然，故云「亦」也。

介升，大夫再拜受。亦於楹間，南面而受。

【疏】注「亦於」至「而受」　「亦」者，賓行私面，大夫受幣於楹間，南面，故云「亦」得在楹間，爲敵法，上介是下大夫，與卿

小異大同，明得行敵法在楹間可知。

介降拜，大夫降辭。介升，再拜送幣。介既送幣，降出也。大夫亦授老幣。

擯者出請。衆介面，如覿幣。入門右，奠幣，皆再拜，大夫辭。介逆出。擯者執上幣出，禮請受。賓辭。賓亦爲士介辭。○亦爲，于僞反，下文注爲之、爲大夫、爲賓皆同。

【疏】「擯者」至「賓辭」　注「賓亦爲士介辭」　自此至「拜辱」，論士介私面於鄰國卿之事。云「賓亦爲士介辭」者，「亦」者，亦士介私覿於主國君時，故云「亦」也。

大夫荅再拜。擯者執上幣，立于門中以相拜，士介皆辟。老受擯者幣于中庭，士三人坐取羣幣以從之。擯者出請事。賓出，大夫送于外門外，再拜，賓不顧。不顧，言去。○相拜，息亮反，下注如相同。擯者退，大夫拜辱。拜送也。

下大夫嘗使至者，幣及之。嘗使至己國，則以幣問之也，君子不忘舊。

【疏】「下大」至「及之」　注「嘗使」至「忘舊」　自此盡「于卿之禮」，論主國下大夫嘗使至己國者，聘君使上介以幣問之事。諸侯之國皆有三卿、五大夫，其三卿不問至己國不至己國，皆以幣及之，上已論訖；其五大夫者，或作介或

特行，至彼國者，乃以幣及之，畧於三卿故也。言「君子不忘舊」者，此大夫嘗與彼國君相接，即是故舊也，今以幣及之，故云「君子不忘舊」也。

上介朝服、三介，問下大夫。下大夫如卿受幣之禮。上介、三介，下大夫使之禮也。

【疏】注「上介」至「禮也」　云「上介、三介，下大夫使之禮也」者，下經云「小聘曰問，其禮如爲介，三介」，是下大夫小聘之禮。據此篇，大聘使卿，五介，小聘使大夫，三介；若大國之卿，七介，小聘使大夫，五介；小國之卿三介，小聘使大夫一介也。曲禮云「儗人必於其倫」，故問下大夫還使上介，是各於其爵易，以相尊敬者也。

其面，如賓面于卿之禮。

大夫若不見，有故也。

【疏】「大夫若不見」　注「有故也」　自此盡「不拜」，論主國卿大夫有故，不得親受聘君之幣之事。言「有故」者，或有病疾，或有哀慘，不得受其問禮。

君使大夫各以其爵爲之受，如主人受幣禮，不拜。各以其爵，主人卿也，則使卿；大夫也，則使大夫。不拜，代受之耳，不當主人禮也。

【疏】「君使」至「不拜」　注「各以」至「禮也」　云「各以其爵，主人卿也，則使卿；大夫也，則使大夫」者，若然，經云「君使大夫」，大夫中有卿，大夫摠名也。云「各以其爵」，亦是易以相尊敬故也。〔三七〕云「不拜，代受之耳，不當主人禮也」者，案周禮宗伯云「大賓客則攝而載祼」，鄭注云宗伯「代王爲祼，拜送則王」，亦此類。拜是致敬之事，不可代

人之拜，故直授之而已，不當主人之禮拜之。

夕，夫人使下大夫韋弁歸禮。夕，問卿之夕也。使下大夫，下君也，君使之云夫人者，以致辭，當稱寡小君。

【疏】「夕夫」至「歸禮」　注「夕問」至「小君」　自此盡「賓拜禮於朝」，論主君夫人歸禮於賓與上介之事。云「夕，問卿之夕也」者，案下記云「聘日，致饔。明日，問大夫。夕，夫人歸禮」，是其問卿之夕也。云使「下大夫，下君也」者，歸饔餼使卿，此夫人使下大夫，故云「下君也」。云「君使之云夫人者，以致辭當稱寡小君」者，案隱二年傳「九月，紀裂繻來逆女。何以不稱使？婚禮不稱主人」，又云「紀有母乎？曰有。有則何以不稱母？母不通也」，何休注云「禮，婦人無外事」，明知此使下大夫歸禮者，是君使之可知；而稱「夫人使」者，以其致辭於賓客時，當稱寡小君，故稱「夫人使下大夫」，其實君使之也。

堂上籩、豆六，設于户東，西上，二以並，東陳。「籩、豆六」者，下君禮也。臣設于户東，又辟饌位也。其設脯，其南醢，屈六籩、六豆。

【疏】「堂上」至「東陳」　注「籩豆」至「六豆」　言「籩、豆六，東陳」者，其饌自户東爲首，二以並，東陳。先於北設脯，即於脯南設醢，又於醢東設脯，〔三八〕以次屈而陳之，皆如上也。云「籩、豆六者，下君禮也」者，君歸饔餼八豆，此六豆，故云「下君」也。設於户東，又辟君饌位故也。云「其設脯，其南醢，屈六籩、六豆」者，此約君禮設豆法云「韭菹，其南醓醢，屈」，故知此醢在南屈陳之。又知籩、豆各六者，下文「上介四豆、四籩」，降殺以兩，明夫人多二，六豆、六籩可知。

壺設于東序，北上，二以並，南陳，醙、黍、清，皆兩壺。醙，白酒也。凡酒稻爲上，黍次之，粱次之，皆有清、白。以黍

閒清、白者，互相備，明三酒六壺也。先言酏，白酒尊，先設之○酏，所九反，白酒也。黍閒，閒廁之閒。

【疏】「壺設」至「兩壺」　注「酏白」至「設之」　其「設壺於東序」，自北向南而陳，稻、黍、粱皆二壺並之而陳也，故言「酏、黍、清，皆兩壺」也。云「以黍閒清、白者，互相備」者，酏，白也，上言白，明黍、粱皆有白；下言清，明稻、黍亦有清故也。於清，白中言黍，明酏即是稻，清即是粱也，故言「互相備」也。三酒既有清白二色，故言「六壺」。必先言「酏」者，以白酒尊重，故先設之也。

大夫以束帛致之。致夫人命也。此禮無牢，下朝君也。

【疏】「大夫」至「致之」　注「致夫」至「君也」　案周禮掌客云上公之禮，「夫人致禮，八籩，膳大牢，致饔大牢」；侯伯以下亦皆有牢，是朝君來時有牢，此卿來聘無牢，故云「下朝君也」。

賓如受饔之禮，儐之乘馬束錦。上介四豆、四籩、四壺，受之如賓禮，四壺，無稻酒也。不致牢，下於君也。

【疏】注「四壺，無稻酒」　知者，案上致於賓六壺，稻、黍、粱皆有清白，今上介四壺，明從上去之，無稻米之酒，清白俱去之，元缺一字故四壺也。

儐之兩馬、束錦。明日，賓拜禮於朝。於是乃言賓拜，明介從拜也。今文「禮」爲「醴」。○從拜，才用反，又如字。

【疏】注「於是」至「爲醴」　鄭解若於上文賓下言之，則介從拜之事不明，故於上介之下乃云「明日，賓拜禮於朝」，則介

從元缺起此賓拜可知。

大夫餼賓大牢，米八筐。其陳於門外，黍、粱各二筐，稷四筐，二以並，南陳，無稻。牲陳於後，東上。不饌於堂庭，辟君也。

【疏】注「其陳」至「君也」　自此至「牽羊以致之」，論主國大夫餼賓及上介之事。云「陳於門外」，知者，經無牢、米入門之文，故明是門外可知，與君餼士介同。云「黍、粱各二筐，稷四筐，二以並，南陳，無稻」者，案上使卿歸饔餼之時，米百筥，設於中庭，十以爲列，北上，稻、粱、黍各二行，稷四行，此云「八筐」，黍、粱、稷亦宜法其行數，故知黍、粱各二筐，稷四筐；知「二以並，南陳」者，以其君筥米北上，故知此亦北上，南陳；知「二以並」者，以其陳筥米粱、黍、稻不雜陳，則知此筐米亦不雜陳，「二以並」可知；云「無稻」者，見記云「凡餼大夫黍、粱、稷，筐五斛」是也。云「牲陳於後，東上」者，此與君餼士介畧同，餼士介時，不言門東西，鄭注云「當門」，則知此門外亦當門；君餼賓米在庭，牲在門西，雖不正當米南，亦得牲在其南，故知此牲陳亦在米南可知，知「東上」者，君餼賓時，陳於門西，東上也。云「不饌於堂庭，辟君也」者，案上君致饔餼籩、豆在堂，牲牢米等在庭，此在門外，故云「辟君也」。若然，案掌客鄰國之君來朝，卿皆見以羔，膳大牢，侯伯子男膳特牛，彼又無筐米，此侯伯之臣得用大牢，有筐米者，彼爲君禮，此是臣禮，各自爲差降，不得以彼難此。

賓迎再拜。老牽牛以致之，賓再拜稽首受。老退，賓再拜送。老，室老，大夫之貴臣。

【疏】注「老室」至「貴臣」　案喪服「公士大夫之衆臣，爲其君布帶繩屨。傳曰：室老、士，貴臣，其餘皆衆臣也」，鄭注云「室老，家相也。士，邑宰也」，即此「室老」。「貴臣」者，家相、邑宰之屬，故爲「貴臣」也。

上介亦如之。衆介皆少牢，米六筐，皆士牽羊以致之。米六筐者，又無粱也。士亦大夫之貴臣。

【疏】注「米六」至「貴臣」　言「又無粱也」者，上文八筐無稻，從上去之，明知此亦從上去之，無粱，其稻粱是加，故去之。云「士亦大夫之貴臣」者，即是大夫邑宰也，以其大夫使之，故知大夫之貴臣也。

公於賓，壹食，再饗。饗謂亨大牢以飲賓也。公食大夫禮曰「設洗如饗」，則饗與食互相先後也。古文「壹」皆爲「一」，今文「饗」皆爲「鄉」。○壹食，音嗣注反，下皆同。亨大，普庚反。以飲，於鴆反。

【疏】注「饗謂」至「爲鄉」　此篇雖據侯伯之卿聘使，五等諸侯，其臣聘使牢禮皆同，無大國次國之別。是以掌客五等諸侯相朝，其下皆云「羣介、行人、宰、史，皆有飧饔餼，以其爵等爲之牢禮之陳數」，又云「凡諸侯之卿、大夫、士爲國客，則如其介之禮以待之」，鄭注云「尊其君以及其臣也，以其爵等爲之牢禮之數陳。〔三九〕爵卿也，則飧二牢，〔四〇〕饔餼五牢；大夫也，則飧大牢，饔餼三牢；士也，則飧少牢，饔餼大牢也，此降小禮豐大禮也。以命數則參差難等，畧於臣用爵而已」，以此言之，公侯伯子男大聘使卿，主君一食，再饗；小聘使大夫，則主君一食一饗。若然，案掌客子男一食一饗，子男之卿再饗，多於君者，以其君臣各自相望，不得以君決臣也。云「饗謂亨大牢以飲賓也」者，以其饗禮與食禮同，食禮既亨大元缺止此牢，明饗禮「亨大牢」可知。但以食禮無酒，饗禮有酒，故以「飲賓」言之。引公食，「饗與食互相先後」者，此經先言食，後言饗，則食在饗前，公食言「設洗如饗」禮，則饗在食前，饗先後出於主君之意，故先後不定也。

燕與羞，俶獻無常數，羞謂禽羞，鴈鶩之屬，成孰煎和也。俶，始也，始獻四時新物，聘義所謂「時賜」。無常數，由恩意也。古文「俶」作「淑」。○俶獻，昌叔反，始也。鴈鶩，劉下音木。

【疏】「燕與」至「常數」　注「羞謂」至「作淑」　案周禮掌客上公三燕，侯伯再燕，子男一燕，皆有常數，此臣無常數者，亦是君臣各爲一，不得相決。知「羞謂禽羞，鴈鶩之屬」者，案下記云「禽羞，俶獻」，故知是禽。知「成孰煎和」者，以其言「羞」，鼎臑之類，故知「成孰煎和」者也。知禽是「鴈鶩之屬」者，案下記云「宰夫歸乘禽，日如饔餼之數」，鄭注「乘禽，乘行之禽也，亦云鴈鶩之屬」，以無正文，故以意解之。

賓介皆明日拜于朝。上介壹食，壹饗。饗食，賓介爲介從饗獻矣，復特饗之，客之也。

【疏】注「饗食」至「之也」　不言從食者，公食介雖從入，〔四一〕不從食，賓食畢，介逆出，是不得從食矣。知「從饗」者，下記云「大夫來使，無罪，饗之，過則餼之。其介爲介」，注云「饗賓有介者，賓尊，行敵禮也」，故知介從饗。案襄二十七年「宋公兼享晉、楚之大夫，趙孟爲客，子木與之言，弗能對；使叔向侍，言焉，子木亦不能對也」，叔向爲趙孟介而得從饗，是其義也。云「復特饗之」，即此經是也。

若不親食，使大夫各以其爵，朝服致之以侑幣，如致饔，無儐。〔四二〕君不親食，謂有疾及他故也。必致之，不廢其禮也。致之必使同班敵者，易以相親敬也。致禮於卿，使卿；致禮於大夫，使大夫，非必命數也。無儐，以已本宜往。古文「侑」皆作「宥」。○以侑，音又。易以，以豉反。

【疏】「若不」至「無儐」　注「君不」至「作宥」　案上文云君使卿歸饔餼於賓館，賓儐之，今君有故，不親食，使卿生致其牢禮，亦於賓館，但無儐爲異。云「謂有疾及他故也」者，「他故」之中，兼及有哀慘。云「非必命數也」者，依典命，公侯伯之卿三命，大夫再命，子男之卿再命，大夫一命，經云「各以其爵」，故知不依命數。云「無儐，以已本宜往」

者，饔餼之等不宜召賓，故君使人致禮，賓則儐使者，此饗食之禮主君無故合速，賓之來就主君，入廟，賓無儐禮；今主君有故，生致於賓，亦無儐，故云「本宜往」。此篇據侯伯之卿來聘，是使卿致禮，鄭兼云使大夫於大夫者，小聘使大夫來，使大夫致禮也。若然，經直言「使大夫」者，大夫中兼有上大夫兼卿也。

致饗以酬幣，亦如之。酬幣，饗禮酬賓勸酒之幣也，所用未聞也，禮幣束帛乘馬，亦不是過也。禮器曰「琥璜爵」，蓋天子酬諸侯。○琥璜，音虎。

【疏】「致饗」至「如之」　注「酬幣」至「諸侯」　云「禮幣束帛乘馬，亦不是過也」者，鄭以饗之酬幣無文，故約上主君禮賓之時用束帛乘馬，此饗賓酬幣，亦不過是，故云「亦不是過」。引禮器者，案彼經云「有以少爲貴者，圭璋特，琥璜爵」，鄭注云「圭璋特，朝聘以爲瑞，無幣帛也。琥璜爵者，天子酬諸侯，諸侯相酬，以此玉將幣也」。彼經不云天子、諸侯相酬之幣，故此注云「蓋」。言「酬諸侯」者，公侯伯用琥，於子男用璜，引之者，證與此酬卿大夫不同之義。

大夫於賓，壹饗壹食，上介若食若饗。若不親饗，則公作大夫致之以酬幣，致食以侑幣。作，使也，大夫有故，君必使其同爵者爲之致之。列國之賓來，榮辱之事君臣同之。

【疏】「大夫」至「侑幣」　注「作使」至「同之」　此一經論主國卿大夫饗食，聘賓及上介之事。此直言饗食，不言燕，亦有燕，是以鄭詩羔裘云〔四三〕「知子之來之，雜佩以贈之」，鄭注云「與異國賓客燕時，雖無此物，猶言之，以致其厚意。其若有之，〔四四〕固將行之。士大夫以君命出使，主君之臣必以燕禮樂之，助君之歡」是也。又昭二年左傳云韓宣子來聘，「宴于季氏」，傳無譏文，明鄰國大夫有相燕之法。又此大夫相禮，饗、食有常數，雖有燕之，亦無常數，亦無酬幣矣。

校勘記

〔一〕又以籩豆醓醢等爲陰　阮校云「醓」閩本作「醓」。

〔二〕當行皆一種　阮校云陳本、通解、要義同，毛本「當」作「每」。

〔三〕秉有五籔　阮校云「五」徐、陳、閩、葛俱作「伍」。

〔四〕量名有爲籔者　阮校云「有」陳、閩俱作「亦」。

〔五〕字林丈加反　「丈」，徐乾學本作「疾」。黄焯彙校引吴云：儀禮經傳通解引字林音丈加反，案疾屬從紐，丈屬澄紐，二紐古通。

〔六〕鄭言此者　阮校云「言」陳、閩俱作「信」。

〔七〕以其向内爲正故也　阮校云要義同，「向内」毛本作「内向」。

〔八〕此賓與使者幣　阮校云陳本、通解俱作「幣」，毛本作「敵」。朱子曰：「幣疑當作敵」。今按，阮氏以單疏作「敵」，乃誤校。

〔九〕周禮統心舉其大率　阮校云要義同，毛本「統心」作「則」，通解無，監本作「删」。

〔一〇〕又別拜餼二牢　阮校云陳本、通解同，「別」毛本作「引」。

〔一一〕中央之西　「央」，黄刊嚴州本原作「夫」，此本同，徐本作「央」，黄氏校録云張改「夫」作「央」。此據徐、張本改。

〔一二〕欲擯之　徐本同，毛本「擯」作「儐」。今按阮氏校勘記原據毛本，故云「儐徐本、集釋俱作擯」，盧宣旬摘録阮校，照搬不改，令人誤以毛本爲嚴州本，非是。

〔一三〕是體敵之義　阮校云要義同，毛本無「是」字。

〔一四〕凡敵體授之義　阮校云要義同，毛本「授」下有「受」字。

〔一五〕授由其右受由其左　阮校云「受」陳本、要義俱作「授」，要義無上四字。

〔一六〕今訝訝治之　阮校云要義同，毛本不重「訝」字。按周禮秋官掌訝重「訝」字。

〔一七〕彼朝服受　阮校云要義同，「彼」毛本作「故」。

〔一八〕後無所容故也　阮校云單疏、陳、閩「後」俱作「厚」，毛本作「後」。今按單疏作「後」，阮校非是。

〔一九〕明此賓客介也　阮校云「客」集釋作「容」。盧文弨云疏兩「客」字亦當作「容」。許宗彦云「客」字不誤，明此以介爲賓客也。

〔二〇〕是上介有與賓同者　阮校云毛本、通解「有」下有「不」字。阮以爲「不」字當有。

〔二一〕此不入門陳於門外者　阮校云陳、閩俱無「陳於門外」四字。

〔二二〕士介西面拜迎　黄刊嚴州本、徐本「士」皆作「上」。阮校引許宗彦云當作「上」。今按阮本未提嚴本而逕作「士」，易令人誤以嚴本作「士」。

〔二三〕無擯　阮校云「擯」毛本作「儐」，唐石經、徐、陳、閩、葛、集釋、通解、楊、敖俱作「擯」，與單疏述注合。今按說文以儐、擯爲一字之異，然段玉裁注說禮經「儐」字「取賓禮相待之義，非擯相之義也」，似又有别。李如圭及胡培翬説當從毛本作「儐」。

〔二四〕言無擯者　阮校云陳本同，毛本「擯」作「儐」。

〔二五〕皆有儐　阮校云「儐」陳本作「擯」。

〔二六〕曾使向己國者　阮校云「向」閩本作「至」，又陳、閩俱無「者」字。

〔二七〕諸侯受於祖廟　阮校云要義同，毛本、通解、楊氏「於」下俱有「太」字，有「太」字是。

〔二八〕下大夫擯　「夫」唐石經誤作「大」。

〔二九〕無士擯者　阮校云「士」陳本作「上」。

〔三〇〕墻皆閤門　阮校云要義同，通解、毛本「閤」作「閣」，以作「閤」爲是。今按説文云「閤，門旁户也」。

〔三一〕此卿既入　阮校云陳、閩俱無「此」字。

〔三二〕無擯　阮校云「擯」毛本作「儐」，唐石經以下諸本俱作「擯」，注同。

〔三三〕主人興辭於客　阮校云徐、陳、通解同。黄氏校録云李本「興」作「固」，毛本同。今按曲禮作「固」，然疏并非俱引原文，作「興」可通。

〔三四〕賓遂左就門右西階復正也　阮校云陳本「遂」作「迎」，閩本作「賓遂就門左由西階復正也」。

〔三五〕就文解之　阮校云毛本「就」上有「故」字。

〔三六〕君尊於衆介　阮校云各本注俱無「於」字。

〔三七〕亦是易以相尊敬故也　阮校云陳本無「敬」字，閩本無「故」字。

〔三八〕又於醢東設脯　阮校云陳、閩俱無「又於醢」三字。

〔三九〕爲之牢禮之數陳　阮校云要義同，毛本「數陳」作「陳數」。阮氏云單疏倒。

〔四〇〕則飧二牢　阮校云「二」陳、閩俱作「三」。

〔四一〕公食介雖從入　阮校云陳、閩同，毛本「入」作「人」。

〔四二〕無儐　阮校云「儐」敖氏作「擯」。

〔四三〕是以鄭詩羔裘云　汪文臺識語云：「羔裘當作女曰雞鳴，此賈氏率筆之誤。」

〔四四〕其若有之　阮校云「若」陳本作「君」。

儀禮注疏卷第二十三

唐朝散大夫行大學博士弘文館學士臣賈公彦等撰

君使卿皮弁還玉于館。玉，圭也。君子於玉比德焉，以之聘，重禮也。還之者，德不可取於人，相切厲之義也。皮弁者，始以此服受之，不敢不終也。

【疏】「君使」至「于館」　注「玉圭」至「終也」　自此盡「賓送，不拜」，論主君使卿詣館還玉及報享之事。云「玉，圭也」者，舉聘君之圭。云「君子於玉比德焉，以之聘，重禮也」，并「相切厲之義」，並聘義文。案聘義云「天子制諸侯，比年小聘，三年大聘，相厲以禮」，又云「已聘而還圭璋，此輕財而重禮之義」，又云「夫昔者君子比德於玉焉」，是其義也。云「還之者，德不可取於人，相切厲之義也」者，既以玉比德，德在於身，不取於人，彼既將玉來，似將德與己，〔一〕己不可取彼之德，故還之不取德也；既不得取而將玉往來者，相切磋，相磨厲以德，而尊天子，故用之也。云「皮弁者，始以此服受之，不敢不終也」者，始謂受聘享在廟時，今還以皮弁還玉，是終之也。

賓皮弁，襲，迎于外門外，不拜，帥大夫以入。迎之不拜，示將去，不純爲主也。帥，道也。今文曰「迎于門外」。古文「帥」爲「率」。

【疏】「賓皮」至「以入」　注「迎之」至「爲率」　云「帥大夫以入」者，大夫即卿，卿亦大夫也。云「不純爲主也」者，〔二〕客在館如主人，卿往如賓，今不拜迎，是不純爲主也，決上君使卿歸饔餼時，賓拜迎是純爲主人故也。

大夫升自西階，鉤楹。鉤楹，由楹内。將南面致命，致命不東面，以賓在下也。必言鉤楹者，賓在下，嫌楹外也。

【疏】「大夫」至「鉤楹」　注「鉤楹」至「外也」　云「不東面，以賓在下也」者，決歸饔餼時，大夫東面致命，行聘時賓亦東面致命也。云「必言鉤楹者，賓在下，嫌楹外也」，若然，不在楹外近之者，以初行聘時在堂上楹內，故今還在楹內也。

賓自碑內聽命，升自西階，自左，南面受圭，退，負右房而立。聽命於下，敬也。自左，南面，右大夫且並受也，必並受者，若鄉君前耳。退，爲大夫降逡遁。今文或曰「由自西階」，無「南面」。○若鄉，許亮反。

【疏】「賓自」至「而立」　注「聽命」至「南面」　云「聽命於下，敬也」者，此決賓受禮時，公用束帛，賓西階上聽命；歸饔餼時，賓阼階上聽命，此特於下聽命，故云「敬也」。云「自左，南面，右大夫且並受也」者，以鄉飲酒獻酢之時，授者在右，受者在左，故右大夫也；「且並受」者，欲取如向君前然也。云「若向君前耳」者，謂於本國君前受圭璋時，北面並受，今還南面並受，面位受不同，〔三〕並受一邊不異，故云「若向君前耳」。云「退，爲大夫降逡遁」者，以大夫降，爲之逡遁而退，因即負右房南面而立。大夫士直有東房西室，天子、諸侯左右房，今不在大夫廟，於正客館，故有右房也。

大夫降中庭，賓降，自碑內東面授上介于阼階東。大夫降，出，言「中庭」者，爲賓降節也。賓授於阼階東者，欲親見賈人藏之也。還阼階下西面立。

【疏】「大夫」至「階東」　注「大夫」至「面立」　云「大夫降，出，言中庭者，爲賓降節也」者，以其大夫授賓圭訖，降自西階，將出門，至中庭，不止，今云「大夫降，出中庭」者，大夫中庭，賓乃降，故鄭云「爲賓降節也」。云「授於阼階東

者，欲親見賈人藏之也」者，賈人是上啓櫝者，〔四〕是掌玉之人，此時無事，在堂東待此玉，故賓向阼階東得見之。云「賓還阼階下西面立」者，以其賓在館，如主人，在階下西面立，是其常處，立者，以待授璋也。

上介出請，賓迎。大夫還璋，如初入。出請，請事於外，以入告也。賓雖將去，出入猶東，唯升堂由西階。凡介之位，未有改也。

【疏】注「唯升堂」至「改也」　案上文云賓「自碑内」聽命，「升自西階」，是其升堂由西階也。云「凡介之位，未有改也」者，以其賓唯升自西階，明介猶在東方，故上文授上介于阼階東也，故言「未有改」。

賓裼，迎。大夫賄用束紡，賄，予人財之言也。紡，紡絲爲之，今之縳也。〔五〕所以遺聘君，可以爲衣服，相厚之至。〔六〕○賄用，呼罪反，劉音誨，下同。束紡，劉敷网反。〔七〕之縳，劉音須，一本作縛，息絹反；案説文「白鮮色也」，居掾反；聲類以爲今正絹字。以遺，唯季反。

【疏】「賓裼」至「束紡」　注「賄予」至「至也」　此則未知何用之財，若是報享之物，不應在「禮玉」之上，今言此「束紡」者，以其上圭璋是彼國之物，下云「禮玉、束帛」，報聘君之享物，彼君厚禮於此，此亦當厚禮於彼，故特加此「束紡」，是以鄭云「相厚之至」也。云「賄，予人財之言也」者，案下記云「賄，在聘于賄」，又云「無行，則重賄，反幣」，鄭注周禮云「布帛，白賄」，是賄爲財物，是與人財物謂之賄也。云「紡，紡絲爲之」者，因名此物爲紡。云「今之縳也」者，鄭注周禮内司服亦云「素紗者，今之白縳也」，則此「束紡」者，素紗也，故據漢法況之。

禮玉束帛乘皮，禮，禮聘君也，所以報享也，亦言玉，璧可知也。今文「禮」皆作「醴」。

【疏】「禮玉束帛乘皮」　注「禮禮」至「作醴」　云「禮，禮聘君也」者，此謂報享之物，以其彼持享物來禮此主君，此主君亦以物禮彼君，〔八〕故云「禮，禮聘君也」。云「所以報享也」者，彼以物享此君，此君亦以物享彼君。曲禮云「往而

不來，非禮也；來而不往，亦非禮也」，今以來而往，是相享之法，故云「報享也」。云「亦言玉，璧可知也」者，上文聘賓行享之時，束帛加璧，束錦加琮，今報享物亦有璧、琮致之，故云「亦言玉，璧可知」此玉則琮也。以其經言「玉」，故以「玉」言之。若然，經言「束帛」，兼有束錦矣。案下記云「賄，在聘于賄」，又云「無行，則重賄，反幣」，則此禮也。

皆如還玉禮。〔九〕**大夫出，賓送，不拜。**

公館賓，爲賓將去，親存送之，厚殷勤，且謝聘君之意也。公朝服。

【疏】「公館賓」　注「爲賓」至「朝服」　自此盡「賓退」，論明日賓將發，主君就館拜謝聘君使臣來禮己國之事。云「公朝服」者，以其行聘享在廟之時，相尊敬重，故著皮弁，此拜謝之禮輕，故知著朝服。

賓辟，不敢受主國君見己於此館也。〔一〇〕此亦不見。言「辟」者，君在廟門敬也。凡君有事於諸侯臣之家，〔一一〕車造廟門乃下。○車造，七到反，下同。

【疏】「賓辟」　注「不敢」至「乃下」　云「此亦不見。言辟者，君在廟門敬也」者，此言「亦」者，亦勞賓時，故上文賓即館，卿大夫勞賓，賓不見，以其不見，故遣上介聽命，故知此賓亦不見；凡言「辟」者，將見而不見，則謂之辟，此本不見而言「辟」者，以其君在廟門外，雖不見而言「辟」，故鄭云「敬也」。云「凡君有事於諸臣之家，車造廟門乃下」者，以其卿館于大夫之廟，此館則是諸臣之家。案公食記云「賓之乘車在大門外」，又曲禮云「客車不入大門」，以此言之，君車入大門矣。大夫、士有兩門，入門東行，則是廟門矣，既至廟門，須與賓行禮，故鄭云「造廟門乃下」也。

上介聽命。聽命於廟門中西面，如相拜然也。擯者每贊君辭，則曰：「敢不承命，告于寡君之老。」

【疏】「上介聽命」注「聽命」至「之老」 云「聽命於廟門中西面，如相拜然也」者，案前受士介幣之時，「賓固辭。公荅再拜。擯者出，立于門中以相拜」，注云「立門中，閾外，西面」，此中賓不見，使介聽命，明「如相拜然」，取其視外便也。必知在「門中西面」者，以其君來如賓禮，東面，介西面，面公可知。〔一二〕云「擯者每贊君辭，則曰：『敢不承命，告于寡君之老』」者，以其君尊，不自出辭，以是故君之擯者每事贊君出辭。則曰「敢不承命」者，謂上介荅君之辭；知告賓云「告于寡君之老」者，案玉藻云「擯者曰寡君之老」，注云「擯者之辭，主於見他國君」，〔一三〕今上介當擯者之處，故知告于賓，稱「告于寡君之老」。

聘享、夫人之聘享、問大夫、送賓，公皆再拜。拜此四事。公東面拜，擯者北面。

【疏】「聘享」至「再拜」 注「拜此」至「北面」 云「聘享」者，謂賓聘君以圭，享君以璧。「夫人聘享」者，謂賓聘夫人以璋，享夫人以琮。「問大夫」者，問三卿及嘗聘彼國之下大夫。「送賓」以登路。云「拜此四事」者，君禮一，夫人禮二，大夫禮三，送賓禮四，四事皆再拜。云「公東面」者，公如賓禮，門西東面，擯者向公，向介，故知「北面」爲相而言也。

公退，賓從請命于朝。賓從者，實爲拜主君之館已也。言請命者，以己不見，不敢斥尊者之意。○爲拜，于僞反，下爲且、見爲、爲行，注君爲酢、爲之爲皆同。〔一四〕

【疏】「公退」至「于朝」 注「賓從」至「之意」 云「言請命者，以己不見，不敢斥尊者之意」者，案司儀云「君館客，客辟。介受命，遂送，客從拜辱于朝」，此經不言「拜辱」，而言「請命」，凡言「請」者，得不由君，君聽則拜；此下經直云「公辭，賓退」，不見「拜」文，是君不受其謝，故云「請命者，以己不敢斥尊者之意」，故不言「辱」而言「請」。

公辭，賓退。辭其拜也，退還館裝駕，爲旦將發也。周禮曰：「賓從拜辱于朝。明日客拜禮賜，遂行之。」

【疏】「公辭，賓退」　注「辭其」至「行之」　云「退還館裝駕」者，以明旦將發，故裝束駕乘。引周禮者，證「明日客拜禮賜，遂行之」事。鄭彼注云「禮賜」者，「謂乘禽」，即此下文賓「拜乘禽」是也。

賓三拜乘禽於朝，訝聽之。發去乃拜乘禽，明已受賜，大小無不識。

【疏】「賓三」至「聽之」　注「發去」至「不識」　自此盡「送至于竟」，論賓、介發行，主國贈送之事。云「明已受賜，大小無不識」者，以其乘禽是禮以細小，〔一五〕尚記識而拜之，況饔餼食禮之大者，記識可知，故云「大小無不識」。

遂行，舍于郊。始發且宿近郊，自展軨。○展軨，力丁反，劉音領。

【疏】「遂行，舍于郊」　注「始發」至「展軨」　曲禮云「已駕，僕展軨」，鄭注云「具視也」，彼是君車，故使僕展之，此卿大夫，故鄭云「自展軨」，恐不得所故也。

公使卿贈，如覿幣。贈，送也，所以好送之也。言「如覿幣」，見爲反報也。今文「公」爲「君」。○以好，呼報反。見爲，賢遍反。

【疏】「公使」至「覿幣」　注「贈送」至「爲君」　「所以好送之」者，來而不往非禮，以禮來往，皆是和好之事，故云「好送之」也。云「言如覿幣，見爲反報也」者，以其贈之多少，一如覿幣，故鄭云「見爲反報也」。

受于舍門外，如受勞禮，無儐。不入，無儐，明去而宜有已也。「如受勞禮」，以贈、勞同節。○受勞，力到反，後同。

【疏】注「不入」至「同節」　言「不入，無儐」，對歸饔餼入設而有儐，此則「不入，無儐」，明賓去禮宜有已。云「如受勞禮，

以贈，勞同節」者，賓來勞之，去有贈之，皆在近郊，禮又不別，故言「同節」也。

使下大夫贈上介，亦如之。使士贈衆介，如其覿幣。大夫親贈，如其面幣，無儐，贈上介亦如之。使人贈衆介，如其面幣。士送至于竟。

使者歸，及郊，請反命，郊，近郊也，告郊人使請反命於君也。必請之者，以已久在外，嫌有罪惡，不可以入。春秋時，鄭伯惡其大夫高克，使之將兵，逐而不納，此蓋請而不得入。○惡其，烏路反。使之將，子匠反，一本作「使之將兵」，兵則後加字。〔一六〕

【疏】「使者」至「反命」　注「郊近」至「得入」　自此盡「拜其辱」論使者反命之事。知郊是「近郊」者，以下文云「朝服載旜」，鄭云「行時稅舍於此郊，今還至此，正其故行服，以俟君命，敬也」者，初行云「舍於郊，斂旜」，今至此載旜而入，故知「近郊」也。云「告郊人使請反命於君」者，以其使者至所聘之國，謁關人，明此至郊告郊人，使請可知。引春秋者，案閔二年公羊傳云「鄭伯惡高克，使之將，〔一七〕逐而不納，棄師之道也」，何休云「使將師救衛，隨後逐之」，彼無「大夫」文，言「大夫」者，鄭君加之也。

朝服，載旜，行時稅舍于此郊，今還至此，正其故行服，以俟君命，敬也。古文「旜」作「膳」。禳，乃入。禳，祭名也，爲行道累歷不祥，禳之以除災凶。○禳乃，如羊反。

【疏】「禳，乃入」　注「禳祭」至「災凶」　案春官小祝云掌「侯禳禱祠之祝號」，鄭注云「禳，禳卻凶咎」，故鄭此云禳是「祭名」也。

乃入陳幣于朝，西上。上賓之公幣私幣皆陳，上介公幣陳，他介皆否。皆否者，公幣、私幣皆不陳。此幣，使者及介所得於彼國君、卿大夫之贈賜也，其或陳，或不陳，詳尊而略卑也。其陳之及卿大夫處者，待之如夕幣。其禮於君者不陳。上賓，使者。公幣，君之賜也。私幣，卿大夫之幣也。他介，士介也。言他，容衆從者。

○衆從，才用反。

【疏】「乃入陳」至「皆否」　注「皆否」至「從者」　云「此幣，使者及介所得於彼國君、卿大夫之贈賜也」者，於君所得爲公幣，於卿大夫所爲私幣。〔一八〕賓之公幣有八：郊勞幣，一也；禮賓幣，二也；致饔餼，三也；夫人歸禮幣，四也；侑食幣，五也；再饗幣，六也；夕幣，七也；〔一九〕贈賄幣，八也，此八者皆主君禮賜使者，皆用束錦，故曰公幣。賓之私幣，略有十九：主國三卿、五大夫皆一食有侑幣，饗有酬幣，皆用束錦，則是十六，有三卿郊贈，則十九也。其上介公幣，則有五：致饔餼，一也；夫人致禮幣，二也；侑食幣，三也；饗酬幣，四也；郊贈幣，五也。降於賓者，以其上介無郊贈幣，又無禮賓幣，又闕一饗幣，故賓八上介五也。上介私幣有十一：主國三卿、五大夫或饗、或食不備，要有其一，則其幣八也，又三卿皆有郊贈，如其面幣，通前則十一也。主國下大夫嘗使己國者聘，亦有幣及之，則亦有報幣之事，其數不定。士介四人，直有郊贈報私幣，主國卿大夫報士介私面，士介私幣數不甚明。云「禮於君者不陳」者，謂賄用束紡，禮用束帛、乘皮，不陳之者，以經云「公幣」，又云「上介，公幣，〔二〇〕他介皆否」，若禮於君者一統於賓，不得云介之幣，故知「禮於君者不陳」。必禮於君不陳，禮於已始陳者，以其禮於君者是其正，故不陳之；禮於已者，以其榮，故陳之。是以下注云「不加於其皮上，榮其多」，是其義也。若然，聘君以幣問卿，而其卿不見報聘君之幣者，以其尊卑不敵，若報之，嫌其敵體故也。

束帛各加其庭實，皮左。不加於其皮上，榮其多也。

【疏】注「不加」至「多也」 此決初夕幣時，束帛皆加「于左皮上」，今不言加「於皮上」者，若加於皮上，相掩蔽，故不加於皮上，榮其多也。

公南鄉。亦宰告于君，君乃朝服，出門左，南鄉。

【疏】「公南鄉」 注「亦宰」至「南鄉」 此陳幣當如初夕幣之時，「管人布幕于寢門外」，「使者北面。衆介立于其左，東上。卿大夫在幕東，西面，北上」，宰告於君，「君朝服，出門左，南鄉」，是以鄭此注亦依夕幣而言之。

卿進使者。使者執圭垂繅，北面。上介執璋屈繅，立于其左。此主於反命，士介亦隨入，並立，東上。

【疏】「卿進」至「其左」 注「此主」至「東上」 案上行聘禮之時，上介「屈繅授賓，賓襲」，受之，今此賓「執圭垂繅」，賓則裼，變於賓故也。必變之者，反命致敬，少於鄰國致命時，故賓於君前得裼，見美爲敬也。〔二一〕「上介執璋屈繅」者，變於賓彼國致命時也。〔二二〕云「士介亦隨入，並立，東上」者，此言「亦」者，亦初行受于朝時，「君使卿進使者，入，衆介隨入，北面，東上」，此中雖不云「士介入」，明「亦隨入」可知。

反命曰：「以君命聘于某君，某君受幣于某宮，某君再拜；以享某君，某君再拜。」君亦揖使者進之，乃進反命也。某君，某，國名也。〔二三〕某宮，若言桓宮、僖宮也。某君再拜，謂再拜受也。必言此者，明彼君敬君，己不辱命。〔二三〕

【疏】「反命」至「再拜」 注「君亦」至「辱命」 云「君亦揖使者進之，乃進反命也」者，「亦」謂亦受命於朝位，立定時，君揖使者，乃進受命，明反命亦然。「某君，〔二四〕某，國名」者，若云鄭國君、齊國君。云「某宮若言桓宮、僖宮」者，左傳有桓宮之楹，宮是廟名，其受聘享於廟，故以宮言之。但受聘享在大祖廟，〔二五〕不在親廟四，〔二六〕而云桓宮、僖

宮者，畧舉廟名而言也。

宰自公左受玉。亦於使者之東，同面並受也。不右，使者由便也。

【疏】「宰自公左受玉」　注「亦於」至「便也」　此言「亦」者，亦於出使初受玉時，宰「自公左授使者」圭，「同面」，注云「北面並授之。凡並授者，授由其右，受由其左」。此中受由其右者，因東藏之便，故鄭云：「不右，使者由便也。」

受上介璋，致命，亦如之。變反言致者，若云非君命也。致命曰：「以君命聘於某君夫人，某君再拜，以享于某君夫人，某君再拜。」不言受幣于某宮，可知畧之。

【疏】「受上」至「如之」　注「變反」至「畧之」　云「變反言致者，若云非君命也」者，君與夫人聘於鄰國君與夫人，各有所當聘，鄰國君受命於君，今使者還反命於君，聘於鄰國夫人，當受命於夫人，使者還反命於夫人，但婦人無外事，雖聘夫人亦君命之，今使還反命，不云反命於君，變反言「致命」者，若本非君命，猶夫人之命然，〔二七〕故變反言「致」也。若然，夫人既無外事，〔二八〕而承君命聘鄰國夫人者，以其夫婦一體，共事社稷，故下記云「君以社稷故，在寡小君拜」，是賓主相對之辭也。云「致命曰」已下，聘夫人反命無文，此鄭君依記、上文反命於君之辭而言之。云「不言受幣於某宮，可知畧之」者，以其夫人受聘享，皆因君聘享，同時同宮，故畧之也。

執賄幣以告，曰：「某君使某子賄。」授宰。某子若言高子、國子。凡使者所當以告君者，上介取以授之，賄幣在外也。

【疏】「執賄」至「授宰」　注「某子」至「外也」　此「賄幣」者，即上文「賄用束紡」是也。云「某子若言高子、國子」者，案閔公二年冬，經書「齊高子來盟」，僖三十三年經書「齊國歸父來聘」，左傳曰「國子爲政，齊猶有禮」者是也。云「凡使者所當以告君者，上介取以授之」者，以上受上介璋，是上介授賓明，其餘皆上介取以授之。云「賄幣在外」者，以

其上文云「禮於君者不陳」，此賄幣即是禮於君前，明在外也。

禮玉，亦如之。亦執束帛加璧也，告曰：「某君使某子禮。」宰受之，士隨自後左，士介受乘皮，如初。上介出取玉、束帛，士介從取皮也。

【疏】「禮玉，亦如之」　注「亦執」至「皮也」　此即上云「禮玉束帛乘皮」，鄭注云「禮，禮聘君也，所以報享也」。云「亦執束帛加璧也」者，言「亦」，亦上文行享時，「束帛加璧」者也。云「宰受之，士隨自後左，士介受乘皮」者，此約初行享之時，「公側授宰幣」，「士受皮」皆「自後右客」，今執享皮幣、玉，宰受之可知。言「宰受之，士隨自後」，隨宰自後，〔二九〕謂自士介後；其在東上者，不須云自後，其餘三人皆後，乃得左之，必左士介者，取向東藏之便故也。云「上介出取玉束帛，士介從取皮也」者，此亦初享之時，賓奉束帛加璧，是上介取以授賓，明士介從取皮可知。

執禮幣以盡言賜禮。禮幣，主國君初禮賓之幣也。「以盡言賜禮」，謂自此至於贈。○盡言，津忍反。

【疏】注「禮幣」至「於贈」　云「禮幣，主國君初禮賓之幣也」者，謂從郊勞已後，至於贈賄，八度禮賓皆有幣，是自郊勞爲「初」也。云「以盡言賜禮，謂自此至於贈」者，「此」則郊勞也。

公曰：「然，而不善乎！」善其能使於四方。而猶女也。○猶女，音汝。**授上介幣，再拜稽首，公荅再拜。**授上介幣，當拜公言也。不授宰者，當復陳之。○當復，扶又反，下將復、又復、復以、復記同。

【疏】「授上」至「再拜」　注「授上」至「陳之」　云「不授宰者，當復陳之」者，此幣皆先陳之，今賓執以告君，賓釋辭，君曰「勤勞使於四方」，故授上介幣，當拜荅君言；此幣不授與宰者，當復陳之於本處；此幣入於己者，故不授宰也。上賄幣禮君者，反命訖，皆授宰，故以此決之。

私幣不告。亦詈卑也。君勞之，再拜稽首，君荅再拜。勞之以道路勤苦。若有獻，則曰：「某君之賜也，言此物某君之所賜予爲惠者也。其所獻雖珍異，不言某爲彼君服御物，謙也。其大夫出，反，必獻忠孝也。

【疏】「若有」至「賜也」　注「言此」至「孝也」　此獻物謂入賓者，故下記云「既覿，賓若私獻，奉獻將命」，注云「時有珍異之物，或賓奉之，猶以君命致之」，則是賓亦言有私獻於彼君，則彼君亦有私獻報賓，則此獻者也。云「大夫出，反，必獻忠孝也」者，案下曲禮云「大夫私行出疆，必請，反必有獻」，彼私行出疆，反必有獻，此以公聘出疆，反亦有獻，故云「大夫出，反，必獻」，此以入己之物獻於君者，「忠孝也」。事君言忠，事父言孝，此獻君，忠也，而兼言「孝」者，忠臣出孝子之門，故連言「孝」也。

君其以賜乎？」不必其當君也。獻不拜者。爲君之荅己也。

【疏】「君其以賜乎」　注「不必」至「己也」　言「君其以賜乎」者，大夫所獻之物，謙不必當君所須，此物君其以賜臣下乎？言「乎」者，或當君意，或不當君意，故言「乎」以疑之。云「不拜者，〔三〇〕爲君之荅己也」者，士拜國君，國君不拜，士賤故也；大夫拜國君，國君即荅拜，大夫尊故也。故云「不拜者，爲君之荅己」者，自此以前，皆是彼國報君之物，賓直告事而已，君受之而無言，故賓不拜，君有言及己者，乃拜之，拜君言也；此獻是彼國君賜於己，理須拜送，是以玉藻云「凡獻於君，大夫使宰，士親，皆再拜稽首送之」，又郊特牲云「大夫有獻弗親，不面拜，爲君之荅己」，亦此類，故鄭云「獻不拜者，爲君之荅己」。若然，玉藻不親，此親者，此因反命，故親獻也。

上介徒以公賜告，如上賓之禮。徒謂空手，不執其幣。君勞之，再拜稽首，君荅拜。勞士介亦如之。士介四人，旅荅壹拜，又賤也。

【疏】注「士介」至「賤也」　鄭知旅荅士介共「一拜」者，「君勞」上介，上介「再拜稽首」「君荅拜」不言再拜，則君荅上介「一拜」矣；勞士亦「如之」，不言皆，則揔荅一拜矣。勞賓君荅再拜，勞上介君荅一拜，對賓再拜已是賤矣，今此士介四人共荅一拜，故云「又賤也」。此一拜荅臣下，則周禮大祝辨九拜「七日奇拜」是也。是以彼注云「一拜荅臣下」也。案曲禮云「君於士不荅拜」，此君荅拜士者，以其新行反命，君勞苦之，故荅拜，異於常也。

君使宰賜使者幣，使者再拜稽首。以所陳幣賜之也。禮，臣子人賜之而必獻之君父，不敢自私服也，〔三一〕君父因以予之，則拜受之，如更受賜也。既拜，宰以上幣授之。

【疏】「君使」至「稽首」　注「以所」至「授之」　云「禮，臣子人賜之而必獻之君父，不敢自私服也，君父因以予之，則拜受之，如更受賜也」者，案內則云「婦或賜之衣服，則受而獻諸舅姑，舅姑受之則喜；若反賜之，則辭；不得命，如更受賜」，臣子於君父亦然。言此者，證此經君使宰以所獻之物反賜使者，使者辭，不得命，再拜稽首受之，如更受賜。云「既拜，宰即以上幣授之」者，以其上文云「執禮幣，授上介」者，是執上幣，不執下幣，明知宰所執授之者，是上幣可知。

賜介，介皆再拜稽首。士介之幣，〔三二〕皆載以造朝，不陳之耳。與上介同受賜命俱拜，既拜，宰亦以上幣授上介。乃退。君揖入，皆出去。

【疏】「乃退」　注「君揖入皆出去」　知「君揖入，皆出去」者，初賓將行，君前受命訖，君「揖入」，揖賓介出，故知此君退者，亦反命訖，賓介出可知。

介皆送至于使者之門，將行俟于門，反又送于門，與尊長出入之禮也。○尊長，丁丈反。

【疏】「介皆」至「之門」　注「將行」至「禮也」　云「將行，俟於門」，是出之禮，初行之時，介皆至賓門俟賓同行，今行反，又送至于門，是入之禮，故云「與尊長出入之禮」。

乃退，揖。揖，別也。**使者拜其辱。**隨謝之也。再拜上介，三拜士介。

【疏】注「再拜上介三拜士介」　上介是大夫，與已同類，故知再拜。士卑，與已異類，各一拜，故言「三拜士介」。

釋幣于門，門，大門也。主于闑，布席于闑西，閾外，東面，設洗于門外東方，其餘如初于禰時。出于行，入于門，不兩告，告所先見也。○於闑，〔三三〕魚列反，劉魚子反。于禰，乃禮反。

【疏】「釋幣于門」　注「門大」至「見也」　自此盡「亦如之」，論賓上介使還禮門神及奠於禰之事。知「門」是「大門」者，以其從外來，先至大門，即禮門神，故知「門」是「大門」也。案特牲筮時云「席於門中，闑西，閾外」，故知此亦「席于闑西，閾外」。知「東面」者，神居東面爲正故也。云「設洗于門外東方」者，以其廟在學設洗，〔三四〕皆云「洗當東榮」，故在門外亦在「東方」也。云「其餘如初于禰時」者，初出亦「釋幣於行」，不如之者，以其初出於廟，禮文具設，于行其文略，故此云如「禰時也」。言「如」者，謂釋幣於祝「先入」，已下「埋于西堦東」是也。云「出于行，入于門，不兩告，告所以先見也」者，〔三五〕出時自廟出，先見行，即告行，入時先見門，故告門，出入皆告一，故云「不兩告」也。

乃至于禰。筵几于室，薦脯醢。告反也。薦，進也。

【疏】「乃至」至「脯醢」 注「告反也薦進也」 云「筵几于室」者，還以特牲、少牢「司宫設席于奥，東面，右几」，但無牲牢，進脯醢而已，以告祭，非常故也。

觴酒陳。主人酌，進奠，一獻也。言陳者，將復有次也。先薦後酌，祭禮也。行釋幣，反釋奠，略出謹入也。

【疏】「觴酒陳」 注「主人」至「入也」 云「言陳者，將復有次也」者，但云主人一獻當言奠，今不言奠而言「陳」者，以其下仍有室老及士獻，以備三獻，故言「陳」，陳，有次第之言，以其三時次第皆列于坐者也。云「先薦後酌，祭禮也」者，以其特牲、少牢皆先薦饌，乃後獻「奠于鉶南」，此與彼同，故云「先薦後酌，祭禮也」。云「行釋幣，反釋奠，略出謹入也」者，必「略出謹入」者，出時以禱祈，入時以祠報，故不同也。

席于阼，爲酢主人也。酢主人者，祝取爵酌，不酢於室，異於祭。

【疏】「席于阼」 注「爲酢」至「於祭」 鄭知「祝取爵酌」者，案特牲、少牢尸酢主人，祝取爵以酢主人，但此無尸爲異也。「不酢於室，異於祭」者，此決特牲、少牢皆於室内，尸東西面受酢，此乃於外行來告反，故在阼不在室，知與正祭異也。〔三六〕又於正祭時有尸，尸飲卒爵，以尸爵酢主人，此告祭，〔三七〕無尸，元缺一字〔三八〕爵兼奠，故別取爵以酢主人，亦異也。

薦脯醢，成酢禮也。

【疏】「薦脯醢」 注「成酢禮也」 此奠謂若特牲、少牢主人受酢時，皆席于户内，有薦俎，此雖無俎，亦薦脯醢于主人之前，以成酢禮也。

三獻。室老亞獻，士三獻也。每獻奠輒取爵酌，主人自酢也。

【疏】「三獻」 注「室老」至「酢也」 鄭注喪服云「室老，家相；士，邑宰」，知無主婦而取士者，以其自外來，主於告反，即釋奠於禰廟，故知主婦不與而取士備三獻。必知有室老與士者，以其前大夫致饔餼於賓時，使「老牽牛以致之」，鄭注云皆「大夫之貴臣」，故知此亦貴臣爲獻也。〔三九〕云「每獻奠輒取爵酌」者，此通三獻皆獻奠訖，別取爵自酢，故云「輒取爵酌」也。別云「主人自酢」者，對正祭有尸，三獻，皆獻尸訖尸酢主人、主婦、賓長，今此無尸，皆自酢，獨云「主人」者，主人爲首正，故舉前以包後。

一人舉爵，三獻禮成，更起酒也。主人奠之未舉也。

【疏】「一人舉爵」 注「三獻」至「舉也」 云「三獻禮成」者，大夫、士家祭三獻，特牲、少牢禮是也。云「更起酒」者，此欲獻酬從者，不得酌神之尊，是以特牲行酬時設「尊兩壺於阼階東，西方亦如之」，鄭注云「謂酬賓及兄弟」，則此亦當然，故知別取酒也。云「主人奠之未舉」者，以其下文云「獻從者」乃云行酬，似鄉飲酒、鄉射一人舉觶未舉，待獻介、衆賓後，乃行酬亦然也。

獻從者，從者，家臣從行者也。主人獻之，勞之也，皆升飲酒於西階上。不使人獻之，辟國君也。○獻從，才用反，注同。辟國，音避。

【疏】「獻從者」 注「從者」至「君也」 知升，飲於上者，案特牲禮獻衆賓及兄弟之等，皆升飲於西階上，故此獻從者，亦於「階上」可知。云「不使人獻之，避國君」者，若正祭，雖國君亦自獻，故祭統云「尸飲五，君洗玉爵獻卿，尸飲七，君洗瑤爵獻大夫」之等。若然，則告祭非常，〔四〇〕今獻從者從燕法。案燕禮使宰夫爲獻主，是國君不親獻，此大

夫親獻，故云「避國君也」。

行酬，乃出。主人舉奠酬從者，下辯，室老亦與焉也。○下辯，音遍，下文辯復、明辯同。亦與，音預。

【疏】注「室老亦與」 知者，案燕禮使者勞者在者亦與，故知此室老亦與。不言士者，文不具，亦與可知。

上介至，亦如之。

聘遭喪，入竟則遂也。遭喪，主國君薨也。入竟則遂，國君以國爲體，士既請事，已入竟矣。關人未告則反。

【疏】「聘遭喪，入竟則遂也」 注「遭喪」至「則反」 自此盡「卒殯乃歸」，上陳告行聘之事，此以下論或遭主國君喪，或聘君薨於後，或使者與介身卒，安不忘危，故見此非常之事。從此盡「練冠以受」，論主國君或夫人薨，或世子死，行變禮之事。云「以國爲體」者，謂公羊傳宋人執鄭祭仲，使之逐忽而立突，仲以逐忽則國存，不逐則國滅，故逐忽而立突，是以國爲體。但聘君主以聘國，故君雖薨而遂入。「關人未告則反」者，聘使至關，乃謁關人，關人入告君，〔四一〕君知乃使士請事，已入關自然入矣；若關人未告君，君不知，使者又未入，聞主國君死，理當反矣。

不郊勞，子未君也。

【疏】「不郊勞」 注「子未君也」 案文公八年天王崩，九年，毛伯來求金，公羊傳曰「何以不稱使？當喪未君也。踰年矣，何以謂之未君？即位矣而未稱王也。未稱王何以知其即位？以諸侯踰年即位，亦知天子之踰年即位也。〔四二〕以天子三年然後稱王，亦知諸侯於其封内三年稱子」，若然，云「子未君」，公羊傳文，但彼據踰年即位後，

此據新遭父喪。引之者，以其同是「子未君」故也。

不筵几，致命不於廟，就尸柩於殯宫，又不神之。

【疏】「不筵几」　注「致命」至「神之」　「不筵几，致命不於廟」，決正聘設几筵也。「就尸柩於殯宫」者，國君雖以國爲體，主聘其國，但聘亦爲兩君相好，〔四三〕今君薨當就尸柩，故不就祖廟也。云「又不神之」者，以其鬼神所在曰廟，則殯宫亦得爲廟，則設几筵亦可矣，但始死不忍異於生，不神之，故於殯傍無几筵也。曾子問云「君薨世子生」告殯「殯東」有几筵者，鄭云「明繼體也」，然則尋常則殯東不設几筵，當在室内矣。

不禮賓。喪，降事也。

【疏】「不禮賓」　注「喪降事也」　云「不禮」者，謂既行聘享訖，不以醴酒禮賓也。

主人畢歸禮，賓所飲食，〔四四〕不可廢也。禮謂饔餼饗食。○饗食，音嗣，凡饗食皆同。

【疏】「主人畢歸禮」　注「賓所」至「饗食」　知「歸禮」中兼有「饗食」者，主人有故，雖饗食亦有生致法，故主人亦歸之。且下文云「賓唯饔餼之受」，明本并饗食亦歸賓，乃就中受饔餼。若本不歸饗食，空歸饔餼，何頓云「饔餼之受」，〔四五〕明其時并致饗食也。

賓唯饔餼之受。受正不受加也。

【疏】「賓唯饔餼之受」　注「受正不受加也」　饔餼大禮是其正，自饗食之等是其加也。

不賄，不禮玉，不贈。喪殺，禮爲之不備。○喪殺，色界反。

【疏】「不賄，不禮玉，不贈」 注「喪殺禮爲之不備」 云「不賄」者，皆據上文，謂不以束紡。「不禮玉」者，謂不以束帛乘皮以報享。「不贈」者，賓出至郊，不以物贈之也。

遭夫人、世子之喪，君不受，使大夫受于廟，其他如遭君喪。夫人世子死，君爲喪主，使大夫受聘禮，不以凶接吉也。「其他」，謂禮所降。

【疏】「遭夫」至「君喪」 注「夫人」至「所降」 云「夫人、世子死，君爲喪主」者，案禮記服問云「君所主夫人、妻、大子適婦」，鄭注云「言妻，見大夫以下，亦爲此三人爲喪主也」，故云「君爲喪主」。既爲喪主，是以「使大夫受」聘禮，不以凶接吉也。云「其他，謂禮所降」者，謂「不禮」以下，「不贈」以上皆闕之。

遭喪，將命于大夫，主人長衣、練冠以受。遭喪，謂主國君薨，夫人、世子死也。此三者皆大夫攝主人。長衣，素純布衣也。去衰易冠，不以純凶接純吉也。吉時在裏爲中衣，中衣、長衣，繼皆掩尺，表之曰深衣，純袂寸半耳。君喪不言使大夫受，〔四六〕子未君，無使臣義也。○素純，諸允反，又之閏反，下純同。去衰，起呂反，下七回反，下注皆同。

【疏】「遭喪」至「以受」 注「遭喪」至「義也」 此經揔説上三人死，主君不得受命，故使將命於大夫，主人即大夫，故鄭云「此三者皆大夫攝主人」也。云「長衣，素純布衣」者，此長衣則與深衣同布，但袖長素純爲異，故云「長衣，素純布衣也」。此長衣之緣以素爲之，故云「素純」也。「去衰易冠」者，謂脱去斬衰之服，而著長衣，脱去六升、九升之冠，而著練冠，故云「去衰易冠」也。云「不以純凶接純吉」者，聘禮是純吉禮，爲君三升衰裳，六升冠，爲夫人世子六升

衰裳，〔四七〕九升冠，是純凶禮，麻絰與屨不易，直去衰易冠而已，故云「不以純凶接純吉」。云「吉時在裏爲中衣，中衣長衣繼，皆掩尺，表之，曰深衣，純袂寸半耳」，鄭言此者，欲廣解長衣、中衣、深衣三者之義。此三者之衣，皆用朝服，十五升布，六幅，分爲十二幅，而連衣裳，袖與純緣則異，故云「吉時在裏爲中衣」。「中衣與長衣，繼皆掩尺」者，案玉藻云「長中，繼掩尺」，鄭注云「其爲長衣、中衣則繼袂，揜一尺」，此鄭云「吉時之服」。「純袂寸半」者，純爲衣裳之側，袂爲口緣，皆寸半，表裏共三寸。案深衣目録云「深衣，連衣裳而純以采，純素曰長衣，〔四八〕有表則謂之中衣」，以此言之，則長衣、中衣皆用素純。云「君喪不使大夫受，子未君，無使臣義也」者，其疏見於上。若然，臣爲君斬，爲夫人、世子期，輕重不同，今受鄰國之聘禮，同用「長衣、練冠」者，但接鄰國者，禮不可以純凶，故權制此服，畧爲一節耳。向來所釋，皆是君主始薨，假令君薨踰年，嗣子即位，鄰國朝聘，以吉禮受之於廟，故成十七年經書「邾子貜且卒」，十八年「邾宣公來朝」，傳云「即位而來見」，踰年可以朝他國，他國來朝，亦得以吉禮受之於廟矣；雖踰年而未葬，則不得朝人，人來朝已，亦使人受之於廟，於夫人、世子亦然，以其本爲死者來故也。

聘，君若薨于後，入竟則遂。既接於主國君也。

【疏】「聘君」至「則遂」　注「既接於主國君也」　自此盡「唯稍，受之」，論聘者遭己君之喪，行非常之禮事。云「接於主國」者，〔四九〕謂謁關人，關人告君，〔五〇〕君使士請事，是「接於主國」矣，〔五一〕故「入境則遂」也。

赴者未至，則哭于巷，衰于館，未至，謂赴告主國君者也。「哭于巷」者，哭于巷門，未可爲位也。「衰于館」，未可以凶服出見人。其聘享之事，自若吉也。今文「赴」作「訃」。○作訃，音赴。

【疏】「赴者」至「于館」　注「未至」至「作訃」　「未至，謂赴告主國君者也」，以其本國遭喪，赴者有兩使，一使告聘者，一

使告主國。云「未可爲位」者，以其赴主國之使未至，是以未可爲位，受人弔禮。云「哀于館，未可以凶服出見人」者，對下經「赴者至，則衰而出」。云「其聘享之事自若吉」者，下云「受饔餼」之禮，故知先行聘享，乃後受禮，以其主國未得赴告，故「自若吉」也。

受禮， 受饔餼也。

【疏】「受禮」 注「受饔餼也」 上文遭主國之喪，「賓唯饔餼之受」，受禮，亦饔餼之禮。

不受饗食。 亦不受加。

【疏】「不受饗食」 注「亦不受加」 上文遭主國之喪，云「唯饔餼之受」，注云「受正不受加也」，加即此「饗食」也，故此云「亦不受加」也。

赴者至，則衰而出。 禮，爲鄰國闕，於是可以凶服將事也。

【疏】「赴者」至「而出」 注「禮爲」至「事也」 云「禮，爲鄰國闕」者，案襄二十三年春秋左氏傳云「杞孝公卒，晉悼夫人喪之，平公不徹樂，非禮也。禮，爲鄰國闕」，服注云「鄰國尚爲之闕樂，況舅甥之親乎」。若然，赴者至主國，君使者衰而出，則主國可以闕樂。云「於是可以凶服將事」者，謂主人所歸禮，則賓可以凶服受之。其正行聘享，則著吉服矣，故雜記云「執玉不麻」是也。

唯稍受之。 稍，稟食也。

【疏】「唯稍受之」　注「稍，稟食也」　禮，君行師從，卿行旅從，從者既多，不可闕於稍食。案周禮每云「稍事」，皆謂米稟，以其稍稍給之，故謂米稟爲稍。

歸，執圭復命于殯，升自西階，不升堂。復命于殯者，臣子之於君父，存亡同。

【疏】「歸執」至「升堂」　注「復命」至「亡同」　自此盡「即位，踴」，論使者喪還執圭，還國復命之事。云「臣子之於君父，存亡同」者，案禮記奔父母之喪，升自西階，此「復命於殯」，亦「升自西階」。法，生時出必告，反必面，故云「臣子於君父，存亡同」也。

子即位不哭。將有告請之事，宜清浄也。〔五二〕不言世子者，君薨也。諸臣待之，亦皆如朝夕哭位。

【疏】「子即位不哭」　注「將有」至「哭位」　云「不言世子者，君薨也」者，案公羊傳「君存稱世子，君薨稱子某，既葬稱子，踰年稱君」。案上文稱「世子」，此文單稱「子」，是知其君薨，故君不稱某，而與此既葬同號者，以其既不得稱世子，畧云「子」而已，故不言某，其實正法稱子某。是以雜記在殯待鄰國之使，皆稱某。云「諸臣待之，亦皆如朝夕哭位」者，但臣子一列。〔五三〕上下文唯言子，不言羣臣，與子同；知「如朝夕哭位」者，案奔喪云「奔父之喪」，在家者待之皆如朝夕哭位，故知此亦然。

辯復命，如聘，自陳幣至于上介，以公賜告，無勞。

【疏】「辯復命，如聘」　注「自陳」至「無勞」　言「辯復命，如聘」者，上文君存時，使者復命，自「陳公幣」已下，至「賜告」

之等，今復命於殯所，亦盡陳之，故言「辯」。知「無勞」者，勞，主君出命，今君薨，不可代君出命，故知「無勞」也。

子、臣皆哭。使者既復命，子與羣臣皆哭。

【疏】「子、臣皆哭」　注「使者」至「皆哭」　此據子在位哭，亦兼羣臣，故鄭云「子與羣臣皆哭」。

與介入，北鄉哭。北鄉哭，新至，别於朝夕。○别於，彼列反，下别處同。

【疏】「與介入，北鄉哭」　注「北鄉」至「朝夕」　使者升階復命訖，不見「出」文，而言「與介入」者，以其復命之時，介在幣南，北面，去殯遠，復命訖，除去幣，賓更與介前入，近殯，北鄉哭，鄉内爲入，故云「與介入，北鄉哭」也。云「北鄉哭，新至，别於朝夕」者，朝夕哭位在阼階下，西面，今於殯前，北鄉，故云「别於朝夕」也。

出，袒，括髮。悲哀變於外臣也。○括髮，古活反。

【疏】「出，袒，括髮」　注「悲哀變於外臣也」　案奔喪云「至於家，入門左，升自西階」，東面哭，括髮，袒於殯東，是於内者子故也。此使者出門，「袒，括髮」，變於外者，臣故也。

入門右，即位，踊。從臣位自哭至踊，如奔喪禮。

【疏】「入門右，即位踊」　注「從臣」至「喪禮」　案奔喪云袒，括髮於西階東，即位踊，「襲，絰於序東」，此門外袒，括髮「入門右，即位，踊」，亦當襲、絰於序東，故鄭云「自哭至踊，如奔喪禮」也。

若有私喪，則哭于館，衰而居，不饗食。私喪，謂其父母也。「哭于館，衰而居」，不敢以私喪自聞于主國，凶服干君之吉使。〔五四〕春秋傳曰：「大夫以君命出，聞喪，徐行而不反。」

【疏】「若有」至「饗食」 注「私喪」至「不反」 自此盡「從之」，論使者有父母之喪，行變禮之事。云「不敢以私喪自聞于主國」者，解「哭于館」。又云「凶服于君之吉使」者，亦取「不敢」解之，言「衰而居」，謂服衰居館，行聘享即皮弁吉服，故不敢「凶服干君之吉使」也。引春秋傳者，案宣八年經書「夏六月，公子遂如齊，至黄乃復」，公羊傳云「其言至黄乃復何？有疾也。何言乎有疾乃復？譏。何譏爾？大夫以君命出，聞喪，徐行而不反」，何氏注「聞大喪而不反，重君命也。徐行者，爲君當使人追代之。以喪喻疾者，喪猶不還，而況疾乎」是也。以此言之，使雖未出國境，聞父母之喪，遂行，不敢以私廢王事，君使人代之可也。以此言之，明至彼所使之國，雖聞父母之喪，不反可知，是以「哭于館，衰而居」。

歸，使衆介先，衰而從之。已有齊、斬之服，不忍顯然趨於往來，其在道路，使介居前，歸又請反命，已猶徐行隨之，君納之乃朝服。既反命，出公門，釋服，哭而歸。其佗如奔喪之禮。吉時道路深衣。

【疏】「歸使」至「從之」 注「已有」至「深衣」 云「已有齊、斬之服」者，以其私喪之内，有爲父斬，爲母齊衰，故齊、斬並言之也。云「不忍顯然趨於往來」者，解經並「使衆介先，衰而從之」意。〔五五〕經云「歸」據反國時，兼云「往」者，鄭意去時聞父母之喪，不敢即反，亦「使衆介先，衰而從之」，故往、來並言。云「在道路，使介居前」者，謂去向彼國時。云「歸又請反命，已猶徐行隨之」者，此謂還國至近郊，使人請反命，君許入，猶使介居前，徐行於後，隨介至國也。

云「君納之乃朝服」者，以其行聘之時，猶不以凶服干君之吉使而服吉服，〔五六〕知此反命時，亦不以凶服干君之吉使而服朝服，如吉時反命矣。云「出公門，釋服，哭而歸」者，案雜記云「大夫、士將與祭於公，既視濯而父母死，則猶是與祭也，次於異宮。既祭，釋服出公門外，哭而歸」，亦云「其它如奔喪之禮」，明此亦出公門，〔五七〕釋朝服而歸，但彼祭服不可著出，故門内釋服，此朝服可以著，出門乃釋服爲異也。云「其他如奔喪之禮」者，案奔喪云「至於家，入門左，升自西階，殯東西面坐，哭盡哀，括髮，袒。降堂東即位，西鄉哭，成踊。襲絰于序東，絞帶反位。拜賓，成踊。送賓，反位。有賓後至者，則拜之，成踊，送賓皆如初。衆主人、兄弟皆出門，出門哭止，闔門，相者告就次。於又哭，括髮，袒，成踊。於三哭，猶括髮，袒，成踊。三日成服，拜賓送賓皆如初」。云「吉時道路深衣」者，以其朝服之下，唯有深衣，庶人之常服，既以朝服反命，出門去朝服，還服吉時深衣，三日成服乃去之。

校勘記

〔一〕將德與已　阮校云「與」毛本作「於」。

〔二〕云不純爲主也者　阮校云「云」下要義有「將去」二字。

〔三〕面位受不同　阮校云通解、毛本無「受」字。

〔四〕賈人是上啓櫝者　阮校云「是」毛本作「至」。今按作「是」是。

〔五〕今之縛也　「縛」釋文作「縳」。阮校戴震云周禮内司服注「素紗者，今之白縛也」，聲類以「縛」爲「絹」字之異，是；「縳」乃繻之俗體，因有「湏」音，「須」乃絹之訛字。阮氏以爲戴説是。

〔六〕相厚之至　阮校云徐、陳、通解、敖氏同，集釋、楊氏、毛本「至」下有「也」字。

〔七〕劉敷网反　「网」徐乾學本作「罔」。阮云説文以「罔」爲「网」之或字。

〔八〕禮此主君此主君亦以物禮彼君　阮校云要義同，毛本「此主君」三字不重出。

〔九〕皆如還玉禮　黄刊嚴州本、徐本同，與單疏標目合。阮校云此五字集釋、楊氏、毛本與上節「禮玉束帛乘皮」相連。

〔一〇〕主國君　阮校云徐本、集釋、通解、楊氏同，毛本無「主」字。

〔一一〕諸侯臣之家　阮校云徐本、通解同，毛本無「侯」字。張曰疏無「侯」字，當從疏。

〔一二〕介西面面公　阮校云毛本上「面」字作「命」，下「面」字作「向」。今按經云「上介」，注云「西面」，疏約經注而云「介西面」，單疏是也。

〔一三〕擯者之辭主於見他國君　今按玉藻鄭注此條「主於見」作「主謂見於」。

〔一四〕下爲且見爲爲行注君爲酢爲之爲皆同　徐乾學本「且」作「旦」，「注」作「爲」，盧文弨本删「之爲」爲字。張氏識誤云案鄭注有曰「爲君之答己也」，又曰「爲酢主人也」，又曰「喪禮殺爲之不備」，當曰「爲君爲酢爲之皆同」。阮云，宋本「且」字誤，「爲君」當在「爲行」之前，諸本并誤倒，宋本作「注君」亦誤，「之爲」下當脱「鄰」字，非衍文。今按張、阮二氏説皆是也。

〔一五〕是禮以細小　阮校云「以」要義作「之」。

〔一六〕使之將兵兵則後加字　下「兵」字原作「將」，此據盧文弨本改。阮云公羊本文無「兵」字，陸説是。今按陸説固與公羊合，然鄭注并非引公羊本文，乃撮述其意，故不能肯定必無「兵」字。

〔一七〕使之將　阮校云毛本「將」下有「兵」字。

〔一八〕於卿大夫所爲私幣　阮校云要義同，毛本「所」下有「得」字。

〔一九〕夕幣七也　阮校朱子曰：「主國禮賜無有夕幣。疏於上介公幣云無郊贈及無禮賓幣，又闕一饗幣，故賓八上介五，則此夕字當是饗字之誤，而其次亦當在再饗之前。」

〔二〇〕又云上介公幣　阮校云要義「幣」下有「陳」字。

〔二一〕變於賓彼國致命時也　阮校云通解、毛本無「賓」字。

〔二二〕某國名也　阮校云「名」集釋、敖氏俱作「君」，是。

〔二三〕明彼君敬君已不辱命　阮校云「君已」二字閩、監、葛本、集釋俱倒。

〔二四〕某君　阮校云要義同，毛本「某」上有「云」字。

〔二五〕但受聘享在大祖廟　阮校云「在」毛本作「於」。

〔二六〕不在親廟四　阮校云「在」毛本作「出」，「四」字通解、毛本無。

〔二七〕若本非君命猶夫人之命然　阮校云要義無「猶夫人之命」五字。

〔二八〕夫人既無外事　阮校云要義「夫」作「婦」。

〔二九〕士隨自後隨宰自後　阮校云毛本上「後」字下有「者」字，而無「隨宰自後」四字。今按下「自」字阮誤作「在」。

〔三〇〕云不拜者　阮校云毛本「云」下有「獻」字，「獻」字當有。

〔三一〕不敢自私服也　阮校敖氏曰「服」字恐誤，因改「服」爲「之」。汪文臺識誤則云「服謂服用，敖改非」。

〔三二〕士介之幣　阮校云「士」陳本作「上」。

〔三三〕於闑　張氏識誤引釋文同，徐乾學本「於」作「于」。

〔三四〕以其廟在學設洗　阮校云要義同，毛本、通解無「在」字。

〔三五〕告所以先見也者　阮校云要義、毛本無「以」字，按各本注俱無「以」字。

〔三六〕知與正祭異也　阮校云「正」陳本俱誤作「鄭」，「鄭」或是「奠」字之誤。

〔三七〕此告祭　「告」阮本作「吉」。阮校云毛本「吉」作「告」，作「吉」是也。汪文臺識誤云「作告是也」。今按單疏本作「告」不作「吉」，阮氏誤校。

〔三八〕無尸　盧宣旬補案云「尸」下誤空一字。

〔三九〕故知此亦貴臣爲獻也　阮校云陳、閩俱無「故」字。

〔四〇〕則告祭非常　阮校云「告」閩本作「吉」。

〔四一〕乃謁關人關人入告君　阮校云要義同，「謁」陳、閩俱誤作「請」，毛本「關人」二字不重出。

〔四二〕亦知天子之踰年即位也　阮校云陳本、要義同，毛本「知」作「如」。今按作「知」是。

〔四三〕但聘亦爲兩君相好　阮校云要義同，毛本「亦」作「則」。

〔四四〕賓所飲食　阮校云「所」集釋作「於」。

〔四五〕何頓云饔餼之受　阮校云「頓」要義作「須」。

〔四六〕君喪不言使大夫受　阮校云疏無「言」字。

〔四七〕爲夫人世子六升衰裳　阮校云自此句「子」字起至下「略爲一節耳」二百九十三字，單疏本誤錯喪服傳疏。

〔四八〕而純以綵純素曰長衣　阮校云陳本「以」作「衣」，「綵純」二字倒。

〔四九〕云接於主國者　阮校云要義同，毛本「國」下有「君」字。按疏標起訖，則注文當有「君」字。

〔五〇〕謂謁關人關人告君　阮校云要義同，毛本「關人」二字不重。

〔五一〕是接於主國矣　阮校云要義同，毛本、通解「國」作「君」。今按當作「是接於主國君矣」。

〔五二〕宜清浄也　黄氏校録云「浄」李本作「静」，作「静」是。

〔五三〕但臣子一列　阮校云要義同，毛本「列」作「例」。

〔五四〕凶服干君之吉使　阮校云徐、陳、監本、集釋、敖氏同，嚴州、鍾、閩本、通解、楊氏「干」作「于」。今按作「干」是。

〔五五〕解經並使衆介先衰而從之意　阮校云要義同，毛本「並」作「歸」。

〔五六〕猶不以凶服干君之吉使　阮校云陳本、要義同，閩、監、毛本「干」作「于」，下同。

〔五七〕明此亦出公門　阮校云「亦」陳、閩俱作「之」。

儀禮注疏卷第二十四

唐朝散大夫行大學博士弘文館學士臣賈公彦等撰

賓入竟而死，遂也。主人爲之具而殯。具，謂始死至殯所當用。〔一〕○爲之具，于僞反，又如字，下爲之棺同。

【疏】「賓入」至「而殯」　注「具謂」至「當用」　自此盡「卒殯乃歸」，論賓介死之事。〔二〕云「賓入境而死，遂也」者，若未入境，即反來。云「主人爲之具而殯」者，謂從始死至殯所當用者，主人皆供之。鄭云「具，謂始死至殯所當用」，直云「至殯所當用」，明不殯於館，取其至殯節。〔三〕主人供喪具。以其大斂訖即殯，故連言殯，故下文「歸，介復命」之時，柩止門外，明斂於棺而已。

介攝其命。爲致聘享之禮也。初時上介接聞命。○爲致，于僞反，下爲大，下文爲客同。

【疏】「介攝其命」　注「爲致」至「聞命」　云「初時上介接聞命」者，鄭解介得代賓致命之意。以其命出於君，初賓受命於君之時，賓介同北面，上介接聞君命矣，以是今賓死，〔四〕得攝其命。

君弔，介爲主人。雖有臣子親因，〔五〕猶不爲主人，以介與賓並命於君，尊也。

【疏】「君弔，介爲主人」　注「雖有」至「尊也」　古者賓聘，家臣、適子皆從行，是以延陵季子聘於齊，其子死，葬於嬴、博之間，故鄭云「雖有臣子親因，猶不爲主人」，以其介尊故也。

主人歸禮幣，必以用。當中奠贈、諸喪具之用，不必如賓禮。

【疏】「主人」至「以用」　注「當中」至「賓禮」　賓既死，主人所歸禮與幣，必以當喪者之用。云「當中奠贈」者，解經中小斂、大斂之用。云「當中奠贈、諸喪具之用」者，具，謂襲與小斂、大斂，解經「幣」。云「不必如賓禮」者，不必如致飧饔之禮，〔六〕束紡、皮帛之類，〔七〕不堪喪者之用故也。

介受賓禮，無辭也。介受主國賓已之禮，無所辭也，以其當陳之以反命也。有賓喪，嫌其辭之。

【疏】「介受賓禮，無辭也」　注「介受」至「辭之」　云「介受主國賓已之禮」者，謂公幣、私幣之屬，故鄭云「當陳之以反命也」。言「無辭」者，雖無三辭，以其賓受饔餼之時禮辭，受食三辭，明介亦有禮辭。云「無所辭也」者，以有賓喪，〔八〕嫌介有三辭，故云「介受賓禮，無辭」也。

不饗食。

【疏】「不饗食」　案上遭君喪，受饔餼，不受饗食，鄭云受正「不受加」，此云「不饗食」，介不就君受饗食，明受饔餼正禮也。

歸，介復命，柩止于門外。門外，大門外也。必以柩造朝，達其忠心。

【疏】「歸介」至「門外」　注「門外」至「忠心」　知「門外」是「大門外」者，國君有三門，皋、應、路，又有三朝，內朝在路寢庭，正朝在路門外，應門外無朝，外朝當在皋門外。〔九〕經直云「止於門外」，無入門之言，明知止於大門外外朝之上，是以上賓拜賜皆云「於門外」，亦在外朝矣，故鄭云「必以柩造朝，達其忠心」也。

介卒復命，出，奉柩送之。君弔，卒殯。卒殯，成節乃去。

【疏】「介卒」至「卒殯」　注「卒殯成節乃去」　當介復命之時，賓之尸柩在外朝上，介卒復命，謂復命訖，出君大門，奉賓之柩，送至賓之家。尸柩入，殯於兩楹之間，君往就弔。「卒殯」者，謂殯訖。殯是喪之大節，故云「卒殯，成節乃去」，謂君與大夫盡去。

若大夫介卒，亦如之。不言上介者，小聘，上介士也。

【疏】「若大」至「如之」　注「不言」至「士也」　云「不言上介者，小聘，上介士也」者，案經「大夫介卒」，據大聘上介是大夫而言，今鄭以經不言「上介」，則「大夫介卒」中，兼有聘使大夫，其卒亦如之，故鄭云「不言上介，小聘，上介士也」，欲兼見小聘之法也。若小聘，上介、末介皆士，則入下文「士介死」中，以其下文更不見小聘賓介死法，故此兼言之也。

士介死，爲之棺，〔一〇〕斂之，不具佗衣物也，〔一一〕自以時服也。○棺，古患反，一讀如字。斂之，力豔反，下同。

【疏】注「不具」至「服也」　以其士介卑，其禮降於賓與上介，非直具棺，他衣物亦具之，此士介直具棺，不具他物也，〔一二〕其士介從者，自用時服斂之。

君不弔焉。主國君使人弔，不親往。

【疏】「君不弔焉」　注「主國」至「親往」　云「主國君使人弔，不親往」者，對上經賓死「君弔」，介爲主人，此士云「不弔」

者，明不親弔，使人弔之可知也。

若賓死，未將命，則既斂于棺，造于朝，介將命。未將命，謂俟間之後也。〔一三〕以柩造朝，以已至朝，志在達君命。○俟間，劉音閑，又如字。

【疏】「若賓」至「將命」　注「未將」至「君命」　前云「賓入境而死」，謂在路死，未至國，此經更説賓至朝，俟間之後，使大夫致館，未行聘享，而賓在館死之事，故鄭云「俟間之後」。是以鄭云「以柩造朝」，以其既至朝，「志在達君命」。則知上國外死，不以柩造朝可知。

若介死，歸復命，唯上介造于朝。若介死，雖士介，賓既復命，往，卒殯乃歸。往，謂送柩。

小聘曰問。不享，有獻，不及夫人，主人不筵几，不禮，面不升，不郊勞。記貶於聘，所以爲小也。獻，私獻也。面，猶覿也。○不享，〔一四〕本又作饗。

【疏】「小聘」至「郊勞」　注「記貶」至「覿也」　自此盡「三介」，論侯伯行小聘之事。云「不享」者，謂不以束帛加璧，獻國所有。云「不禮」者，聘訖，不以齊酒禮賓。「面不升」者，謂私覿庭中受之，不升堂，此對大聘升堂受。〔一五〕若然，不言「私覿」而言「面」者，對大聘言「覿」，故辟之而言「面」也。

其禮如爲介，三介。如爲介，如爲大聘上介。

【疏】「其禮」至「三介」 注「如爲」至「上介」 云「其禮如爲介」者，謂特問使大夫，得主國之禮多少，如大聘卿。此大夫爲上介之時，即上文介之禮飧饔餼及食燕之等。「三介」者，大夫降於卿二等故也。舉此侯、伯之小聘，則公之臣、子男之臣小聘禮數，其義可知也。

記。久無事，則聘焉。事，謂盟會之屬。

【疏】「記久」至「聘焉」 注「事謂盟會之屬」 此云「久無事，則聘焉」者，則周禮「殷聘」也。是以周禮大行人云「凡諸侯之邦交，歲相問也，殷相聘也，世相朝也」，注云「小聘曰問。殷，中也，久無事又於殷朝者，及而相聘也」。云「事，謂盟會之屬」者，案春秋有事而會，不協而盟。是以春秋有會而不盟，盟必因會，若有盟會相見，故云「久無事，則聘焉」。

若有故，則卒聘，束帛加書將命。百名以上書於策，不及百名書於方。故，謂災患及時事相告請也。將，猶致也。名，書文也，今謂之字。策，簡也。方，板也。〔一六〕〇百名，名，謂文字也。以上，時掌反，凡以上放此。方版，音板。

【疏】「若有」至「於方」 注「故謂」至「板也」 云「故，謂災患及時相告請」者，〔一七〕此即上經云「若有言」，一也。言，災患，上注引春秋臧孫辰告糴于齊，公子遂如楚乞師；此云「及時事」者，即上注引春秋「晉侯使韓穿來言汶陽之田」是也。云「名，書文，今謂之字」者，鄭注論語亦云「古者曰名，今世曰字」，許氏説文亦然，言此者，欲見經云「名」，名者，即今之文字也。云「策，簡。方，板也」者，簡謂據一片而言，〔一八〕策是編連之稱，是以左傳云「南史氏執簡以

往」，是簡者未編之稱；此經云「百名以上書之於策」，是其衆簡相連之名；鄭作論語序云「易、詩、書、禮、樂、春秋，策皆尺二寸，〔一九〕孝經謙半之，論語八寸策者，三分居一，又謙焉，是其策之長短」，鄭注尚書，三十字一簡之文。服虔注左氏云「古文篆書，一簡八字」，〔二〇〕是一簡容字多少者；云「方，板」者，以其百名以下，書之於方，若今之祝板，不假連編之策，一板書盡，故言方板也。

主人使人與客讀諸門外。受其意，既聘享，賓出而讀之。讀之不於內者，〔二一〕人稱處嚴，不得審悉。主人，主國君也。〔二二〕人，內史也。書必璽之。○人稱，直由反。處嚴，昌慮反，下常處同。必璽，音徙。

【疏】「主人」至「門外」　注「受其」至「璽之」　云「既聘享，賓出而讀之」者，上經云「若有言，則以束帛，如享禮」，文承聘享之後，故知此「讀諸門外」，故云「既聘享」也。鄭知「人」是「內史」者，案內史職云「凡四方之事書，內史讀之」，此云「使人與客讀諸門外」者，亦是「四方事書」，故知人是「內史」也。知「書必璽之」者，案襄二十九年左傳云公如楚，「還及方城，季武子取卞，使公治問，璽書追而與之」，故知此書亦「璽之」也。

客將歸，使大夫以其束帛反命于館。爲書報也。

【疏】「客將」至「于館」　注「爲書報也」　此爲書報上有故之事。〔二三〕彼以「束帛加書將命」，此亦以束帛加書，反命于館。

明日，君館之。既報館之，書問，尚疾也。

【疏】「明日，君館之」　注「既報」至「疾也」　爲昨日爲書報之，〔二四〕今日君始就館送客者，書問之道尚疾故也。必須

尚疾者，以其所報告請，多是密事，是以鄭云：「既報館之，書問，尚疾也。」

既受行，出，遂見宰，問幾月之資。資，行用也。古者君臣謀密草創，未知所之遠近，問行用當知多少而已。古文「資」作「齎」。○幾月，居豈反。作齎，子兮反。

【疏】「既受」至「之資」　注「資行」至「作齎」　使者受命於君，但知出聘，不知遠近，故云「古者君臣謀密草創，未知所之遠近」，〔二五〕故問宰行糧多少，即知遠近也，故知須問之。

使者既受行日〔二六〕，朝同位。謂前夕幣之間。同位者，使者北面，介立于左，少退，别其處，〔二七〕臣也。

【疏】「使者」至「同位」　注「謂前」至「臣也」　云「既受行日」者，謂已受命日夕幣之前。使者及介朝君之時，皆同位北面，〔二八〕東上，在朝處臣東方，西面，北上，故鄭云：「同位者，北面，〔二九〕介立于左，少退，以别處臣也。」

出祖，釋軷，祭酒脯，乃飲酒于其側。祖，始也。既受聘享之禮，行出國門止，陳車騎，釋酒脯之奠於軷，爲行始也。詩傳曰「軷，道祭也」，謂祭道路之神；春秋傳曰「軷涉山川」，〔三〇〕然則軷山行之名也。道路以險阻爲難，是以委土爲山，或伏牲其上，使者爲軷，祭酒脯祈告也，卿大夫處者於是餞之，飲酒於其側，禮畢乘車轢之，而遂行，舍於近郊矣，其牲犬羊可也。古文「軷」作「祓」。○釋軷，蒲末反，道神也，注跋涉音同。車輢，其義反。爲難，乃旦反。餞之，在淺反，送行飲酒也。轢之，力秋反。作祓，芳弗反，又音廢。

【疏】「出祖」至「其側」　注「祖始」至「作祓」　云「既受聘享之禮，行出國門止，陳車騎，釋酒脯之奠於軷」者，凡道路之

神有二，在國内釋幣於行者，謂平敵道路之神；〔三一〕出國門釋奠於軷者，謂山行道路之神。是以委土爲山，象國中不得軷名，國外即得軷稱。引「詩傳曰」者，證軷祭道路之神也。引「春秋傳曰」者，案襄二十八年左氏傳子大叔云「軷涉山川，蒙犯霜露」，引之者證軷是山行之名，涉者水行之稱，故鄘詩云「大夫軷涉，我心則憂」，毛傳云「草行曰軷，水行曰涉」。云「是以委土爲山」者，案月令「冬祀行」，鄭注「行廟門外之西，〔三二〕爲軷壤，厚二寸，廣五尺，輪四尺。祀行之禮，北面設主於軷上。國外祀山行之神爲軷壤，大小與之同」。鄭注夏官大馭云「封土爲山，象以菩芻棘柏爲神主。既祭之，以車轢之而去，喻無險難也」。云「或伏牲其上」者，案周禮犬人云「掌犬牲。凡祭祀供犬牲，用牷物，伏瘞亦如之」，鄭注云「伏謂伏犬，以王車轢之」，故知有伏牲。其上云「使者爲軷，祭酒脯祈告也」者，案周禮大馭「掌馭玉路以祀。及犯軷，王自左馭，馭下祝，登受轡」，彼天子禮，使馭祭，此大夫禮，故使者自祭，犯軷而去。云「卿大夫處者於是餞之」者，案詩云「飲餞于禰」，是處者送行人而飲酒名曰餞也。云「遂行舍于郊」者，即上經云「舍于近郊」是也。云「其有牲犬羊可」者，〔三三〕犬人職云「伏瘞亦如之」，是用犬也；詩云「取羝以軷」，是用羊也，是犬羊各用其一，未必並用之；言「可」者，人君有牲，大夫無牲，直用酒脯。若然，此見出行時祭軷。案韓奕詩云「韓侯出祖，出宿于屠。顯父餞之，清酒百壺」，是韓侯入覲天子，出京城爲祖道。又左氏傳「鄭忽逆婦嬀于陳，先配而後祖。陳鍼子曰：是不爲夫婦，誣其祖矣」。鄭志以祖爲祭道神，是亦將還而後祖道，此聘使還亦宜有祖，但文不具。

所以朝天子，圭與繅皆九寸，剡上寸半，厚半寸，博三寸，繅三采六等，朱、白、倉，〔三四〕圭，所執以爲瑞節也。剡上，象天圜地方也。〔三五〕雜采曰繅，以韋衣木板，飾以三色，再就，所以薦玉重慎也。九寸，上公之圭也。〔三六〕古文「繅」或作「藻」。今文作「璪」。○與繅，

音早，注藻及璪音同。剡上，以冉反，字林才冉反，云鋭。厚半，户豆反。韋衣，於既反。

【疏】「所以」至「白倉」　注「圭所」至「作璪」　云「圭，所執以爲瑞節」者，案周禮大宗伯云「以玉作六瑞，以等邦國」，又云「王執鎮圭，公執桓圭，侯執信圭，伯執躬圭，子執穀璧，男執蒲璧」，是以其圭爲瑞。又案周禮掌節有「玉節」之節，即是節與瑞別矣，今此云「瑞節」，但連言節者，案節不得言瑞，瑞亦是節信，〔三七〕故連言節也。云「剡上，象天圜地方也」者，下不剡象地方，上剡象天圜。案雜記贊大行曰「博三寸，厚半寸，剡上左右各寸半」，此經直「剡上寸半」，不言左右，文不具也。凡圭，天子鎮圭，公桓圭，侯信圭，皆博三寸，厚半寸，剡上左右各寸半，唯長短依命數不同。云「雜采曰繅」者，凡言繅者，皆象水草之文，天子五采，公侯伯三采，子男二采，皆是雜采也。云「以韋衣木板，飾以三色，再就」者，依漢禮器制度而知也。但木板大小一如玉制，然後以韋衣之，〔三八〕大小一如其板。經云「三采六等」，注云「三色，再就」者，就即等也，是一采爲再就，三采即六等也，是以鄭注典瑞云「一帀爲一就」，典瑞云侯伯「三采三就」者，以一采雖有再帀，併爲一就，覲禮注云「朱白倉爲六色」者，亦是一采一帀爲二色，三采故六色。三采據公侯伯，子男則二采，故典瑞云「子男皆二采再就」是也。「所以薦玉重慎」者，玉者寶而脆，今以繅藉薦之，是其重慎也。

問諸侯，朱緑繅，八寸，

二采再就，降於天子也。於天子曰朝，於諸侯曰問，記之於聘文互相備。

【疏】「問諸」至「八寸」　注「二采」至「相備」　此諸侯使臣聘繅藉之等。云「二采再就」者，上云「三采六等」，此二采不云四就者，此臣禮與君禮異。此二采雖與子男同，子男即一采爲一帀，二采爲再帀，爲四等，今臣一采爲一就，二采共爲再就，是二采當君一采之處，是以典瑞云「瑑圭璋璧琮，繅皆二采一就，以覜聘」，〔三九〕亦是臣二采共當君

一采一帀之處。云「降於天子」者，案典瑞王執「鎮圭，繅藉五采五就」，言「五就」者，據一采爲一等，若據一采一帀而言，即五采十等，此二采二等是降於天子也。此亦降於諸侯，而言「降於天子」者，此鄭君指上文「朝天子」而言，故言聘諸侯降於朝天子也。云「於天子曰朝」者，據上文「所以朝天子」是也，則諸侯自相朝亦同，圭與繅九寸，侯伯以下亦依命數。云「於諸侯曰問」者，諸侯遣臣自問。〔四〇〕若遣臣問天子，圭與繅亦八寸。是以云「記之於聘文互相備」。案玉人云「瑑圭璋八寸、璧琮八寸以覜聘」，無所依據，則於天子、諸侯同言八寸者，據上公之臣。侯伯之臣則六寸，子男之臣則四寸，各降其君二等。若然，經言「八寸」者，據上公之臣也。

皆玄纁繫，長尺，絢組。采成文曰絢。繫無事則以繫玉，因以爲飾，皆用五采組，上以玄，〔四一〕下以絳爲地。今文「絢」作「約」。○玄纁，許云反，劉又音訓。繫，音計，劉胡帝反。長尺，直亮反，又如字。絢，呼縣反，劉音舊音縣，李胥倫反，一音巡。組，音祖。作約，音巡，劉音圜，聲類以爲約字。〔四二〕

【疏】「皆玄」至「絢組」　注「采成」至「作約」　上文繅藉尊卑不同，此之組繫尊卑一等。云「采成文曰絢」，鄭注論語「文成章曰絢」，〔四三〕與此語異義同。云「繫無事則以繫玉，因以爲飾」者，「無事」，謂在櫝之時，亦以繫玉，因以爲飾。此組繫亦名繅藉，即上文反命之時，「使者執圭，垂繅；上介執璋，屈繅」。又曲禮下云「執玉其有藉者則裼，無藉者則襲」，鄭注亦云「藉，繅也」，裼襲皆據有繅無繅之時，是其「因以爲飾」。云「皆用五采組」者，以其言絢，絢是文章之名，經又言「皆」，復無尊卑之別，故知「皆用五采組」也。云「上以玄，下以絳爲地」者，以其皆用五采，而經直云「玄纁」爲地，上加五采，上下皆據垂之爲上下。必知「上玄下絳」者，上玄以法天，下絳以法地故也。經云「纁」，注云「絳」者，爾雅「三入赤汁爲纁」，絳則赤也，故本絳以解纁。〔四四〕

問大夫之幣俟于郊，爲肆，又齎皮馬。肆，猶陳列也。齎，猶付也。使者既受命，宰夫載問大夫之禮，待於郊，陳之爲行列，至則以付之也。使者初行，舍于

近郊，幣云肆，馬云齎，因其宜，亦互文也。不於朝付之者，辟君禮也。必陳列之者，不夕也。古文「肆」爲「肄」。○又賣，〔四五〕子兮反，注同。爲行，户郎反，下有行同。爲肄，以二反。

【疏】「問大夫」至「皮馬」 注「肆猶」至「爲肄」〔四六〕 知載大夫幣是宰夫者，以其初宰衆官具幣，故知載幣於郊付使者，亦是宰夫可知。云「幣云肆，馬云齎，因其宜，亦互文也」者，以其幣是財賄，易可陳列，故言肆，不言齎，亦付使者矣；馬是難陳之物，故直言齎，亦付使者，亦陳之，是「因其宜，互文也」。

辭無常，孫而説。孫，順也。大夫使受命，不受辭，辭必順且説。○孫而説，音遜，下音悦，注及卷末注同。

【疏】注「受命，不受辭」 「受命」謂受君命，聘於鄰國，不受賓主對荅之辭。必「不受辭」者，以其口及則言辭無定準，以辭無常，故不受之也。

辭多則史，少則不達。史，謂策祝。

【疏】注「史，謂策祝」 案周禮大史、内史皆掌策書。尚書金縢云「史乃策祝」，是策書祝辭，故辭多爲文史。〔四七〕

辭苟足以達，義之至也。至，極也。今文「至」爲「砥」。○爲砥，之氏反。 辭曰：「非禮也，敢。」對曰：「非禮也，敢辭。」〔四八〕辭，不受也。〔四九〕對，荅問也。二者皆卒曰「敢」，言不敢。

【疏】「辭曰」至「敢辭」 注「辭不」至「不敢」 辭，謂賓辭主人；荅，謂賓荅主人，介則在旁曰「非禮也，敢」，故易旅卦初六云「瑣瑣，斯其所取災」，〔五〇〕鄭云「瑣瑣，猶小小。爻互體艮，〔五一〕艮小石，小小之象。三爲聘客，初與二，其

介也。介當以篤實之人爲之，而用小人瑣瑣然，客主人爲言不能，辭曰『非禮不能』，對曰『非禮，每者不能以禮行之，則其所以得罪』」，是其義也。

卿館於大夫，大夫館於士，士館於工商。館者必於廟。不館於敵者之廟，爲大尊也。自官師以上有廟有寢，工商則寢而已。○爲大，音泰，劉唐餓反，下大宜同。

【疏】「卿館」至「工商」　注「館者」至「而已」　云「館者必於廟」，案上歸饔餼云「於廟」，明其禮皆在廟可知。云「不館於敵者之廟，爲大尊也」者，以其在廟，尊則尊矣，故就降等而已。若又在敵者之廟，以上是其大尊。云「自官師以上有廟有寢」者，案祭法云「適士二廟」，「官師一廟」，鄭云「官師謂中士、下士」，是其官師有廟。知廟有寢，案周禮隸僕云掌「五寢之埽除」，鄭注云「五寢，五廟之寢。天子七廟，唯祧無寢」。詩云『寢廟奕奕』，相連之貌」，故左傳云「大叔之廟在道南，其寢在道北」，是其前曰廟，後曰寢。「工商則寢而已」者，案爾雅釋宫云「室有東西廂曰廟」，注云「夾室前堂」；又云「無東西廂有室曰寢」注云「但有大室」，是其自士以上有廟者必有寢，庶人在官者、工商之等有寢者，則無廟。故祭法云「庶士、庶人無廟」，祭於寢是也。

管人爲客三日具沐，五日具浴。管人，〔五二〕掌客館者也。客，謂使者，下及士介也。**飧不致。**不以束帛致命，草次饌飧具輕。○飧不，素昆反。

【疏】「飧不致」　注「不以」至「具輕」　君「不以束帛致命」者，〔五三〕對饔餼以束帛致之，此不以束帛致。「草次饌具輕」者，〔五四〕以其客始至則致之，故言「草次」也；對聘日致饔餼生死俱有，禮物又多爲重，故以此物爲輕而不致。

賓不拜。以不致命。

【疏】「賓不拜」注「以不致命」云「不拜」者，宰夫朝服設食，賓無拜受之文，以其不以束帛致故也。

沐浴而食之。自絜清，尊主國君賜也。記此，重者沐浴可知。○絜清，才性反，又如字。

【疏】「沐浴而食之」注「自絜」至「可知」云「記此，重者沐浴可知」者，以其食禮輕，尚沐浴而食，饔餼食重者，沐浴而食可知。

卿，大夫訝。大夫，士訝。士，皆有訝。卿，使者。大夫，上介也。士，衆介也。訝，主國君所使迎待賓者，如今使者護客。○訝大，五嫁反。

【疏】「卿大」至「有訝」注「卿使」至「護客」云「卿，大夫訝」者，謂大聘使卿，主人使大夫迎。「士訝」者，〔五五〕小聘使大夫，主人使士迎。〔五六〕言「皆有訝」者，自介已下皆迎之。云「卿，使者。大夫，上介。士，衆介也」者，據此篇是侯伯之卿大聘而言，其實小聘使大夫，亦使士迎之。所迎者，謂初行聘及饗食燕皆迎之，〔五七〕故鄭君無所止定。〔五八〕

賓即館，訝將公命，使已迎待之命。

【疏】「賓即館，訝將公命」注「使已迎待之命」案秋官掌訝職云「賓入館，次于舍門外，待事于客」，注云「次，如今官府門外更衣處，〔五九〕待事于客，通其所求索」，彼謂天子有掌訝之官，共承客禮，此諸侯使無掌訝，是以還遣所使

大夫、士訝，將公命，有事通傳于君。

又見之以其摯。又，復也。復以私禮見者，訝將舍於賓館之外，宜相親也。大夫訝者執鴈，士訝者執雉。○其贄，〔六〇〕音至。

【疏】「又見之以其摯」　注「又復」至「執雉」　云「復以私禮見者，訝將舍於賓館之外，宜相親也」者，禮，掌訝舍於賓之館門外，此大夫、士君使爲訝，雖非掌訝之官，亦爲次，舍于賓之館外，宜相親，故執摯以相見。「大夫訝者執鴈，士訝者執雉」，案士相見及大宗伯文也。

賓既將公事，復見之以其摯。〔六一〕既，已也。公事，聘享問大夫。復，報也，使者及上介執鴈，羣介執雉，各以見其訝。

【疏】「賓既」至「其摯」　注「既已」至「其訝」　云以「公事聘享問大夫」者，此並行君物，〔六二〕享主國君及問大夫，故云「公事」也。云「復，報也」者，有報訝者，〔六三〕以摯私見已，今還以摯私報之。知「使者及上介」同「執鴈」不執羔者，見上文主國卿大夫勞賓同執鴈，則知此使者及上介同執鴈可知。「各以見其訝」者，謂使者見大夫之訝者，上介見士之訝者，士介亦見士訝者。

凡四器者，唯其所寶以聘可也。言國獨以此爲寶也。四器謂圭、璋、璧、琮。

【疏】「凡四」至「可也」　注「言國」至「璧琮」　案周禮大宗伯云「以玉作六瑞。王執鎮圭，公執桓圭」，以下人執之曰瑞；又云「以玉作六器，以禮天地四方」，謂禮神曰器，此四者人所執，不言瑞而言「器」者，對文執之曰瑞，禮神曰器，散文則通，雖執之亦曰器，是以尚書云「五器卒乃復」，與此文皆稱「器」。云「言四國獨此以爲寶」者，〔六四〕案周

禮天府職「凡邦國之玉鎮大寶器藏焉」，注云「玉鎮大寶器，玉瑞玉器之美者」，是其玉稱「寶」。〔六五〕云「四器謂圭、璋、璧、琮」者，是據上經圭、璋以行聘，璧、琮以行享而言，此據公侯伯之使者用圭、璋、璧、琮，若子男使者，聘用璧琮，享用琥璜。

宗人授次，次以帷，少退于君之次。 主國之門外，諸侯及卿大夫之所使者，次位皆有常處。

【疏】「宗人」至「之次」 注「主國」至「常處」 主國門外，以其行朝聘陳賓介皆在大門外，故次亦在大門外可知。云「諸侯及卿大夫之使者，〔六六〕次位皆有常處」者，以其上公九十步，侯伯七十步，子男五十步，使其臣聘使，大聘小聘，〔六七〕又各降二等，其次皆依其步數，就西方而置之；未行禮之時，止於次中，〔六八〕至將行禮，賓乃出次；〔六九〕凡爲次，君次在前，臣次在後，故云「少退於君之次」，故云「皆有常處」。

上介執圭如重，授賓。 慎之也。曲禮曰：「凡執主器，執輕如不克。」

【疏】「上介」至「授賓」 注「慎之」至「不克」 此謂當將聘於主君廟門外，〔七〇〕上介屈繅以授賓，賓襲受之節。引曲禮者，彼「器」即此玉，欲證執玉如重之義也。

賓入門，皇。升堂，讓。將授，志趨。 皇，自莊盛也。讓，謂舉手平衡也。志，猶念也，念趨謂審行步也。孔子之「執圭，鞠躬如也，如不勝。上如揖，下如授。〔七一〕勃如戰色，足蹜蹜如有循」。古文「皇」皆作「王」。○鞠窮，〔七二〕劉音弓，本亦作躬。不勝，音升。上如，示掌反。蹜蹜，所六反。

【疏】「賓入」至「志趨」　注「皇自」至「作王」　「賓入門，皇」，謂未至堂時。「升堂，讓」，謂升堂東面向主君之時。「將授，志趨」，謂賓執玉向楹，將授玉之時。「念」鄉入門在庭時，執玉徐趨，今亦然，〔七三〕若降堂後趨進翼如，則疾趨也。云「讓，謂舉手平衡也」者，謂若曲禮云「凡奉者當心」；下又云「執天子之器則上衡」，注云「謂高於心」；「國君則平衡」，注云「謂與心平」，則此亦執國君器也，故引之爲證。〔七四〕引孔子之「執圭」者，〔七五〕鄉黨論孔子爲君聘使法。彼足「蹜蹜如有循」，謂徐趨，據入彼國廟門執玉行步之時，以足容重退之在降堂之下，與此「趨」同，故爲證也。

授如争承，下如送。君還而后退。重失隊也。而后，猶然後也。○如争，争鬭之争。失隊，直類反。

【疏】「授如」至「後退」　注「重失」至「後也」　授謂就東楹授玉於主君時，〔七六〕如與人争承取物，〔七七〕恐失墜。云「下如送，君還而后退」者，以上文次言之，此「下如送」者，止謂聘享，每訖，君實不送，而賓之敬如君送然，故云「下如送」也。君迴還，賓則退出廟門，更行後事，非謂賓出大門也。

下階，發氣，怡焉。再三舉足，又趨。發氣，舍息也。再三舉足，自安定乃復趨也。至此云「舉足」，〔七八〕則志趨，卷遯而行也。〔七九〕孔子之「升堂，鞠躬如也，屏氣似不息者。出，降一等，逞顔色，怡怡如也。没階，趨進，翼如也」。○怡焉，以之反。卷，去院反。〔八〇〕豚，他門反。〔八一〕

【疏】「下階」至「又趨」　注「發氣」至「如也」　云「下階，發氣，怡焉」者，即論語云「出降一等，逞顔色，怡怡如也」。云「再三舉足，自安定乃復趨也」者，謂降時再三舉足，故又「趨進，翼如也」。云「發氣，舍息」者，以將授玉，「屏氣似不息」，今既授玉降階，縱舍其氣怡然和悦也。云「至此舉足，則志趨，卷遯而行也」者，〔八二〕是釋「志趨」爲徐趨，此「舉足」爲疾趨也。

及門，正焉。容色復故。〔八三〕此皆心變見於威儀。○見於，賢遍反，下不見同。

【疏】「及門，正焉」注「容色」至「威儀」 此謂聘訖，〔八四〕將更有享而出門時。云「心變見於威儀」者，以其貌從心起，觀威儀省禍福，覩貌可以知心故也。

執圭入門，鞠躬焉，〔八五〕如恐失之。記異說也。

【疏】「執圭」至「失之」 注「記異說也」 亦謂將聘執圭入廟門時。〔八六〕云「鞠躬焉」，則「鞠躬如也」。「如恐失之」者，即「執輕如不克」也。云「記異說」者，以上文已記執圭，此又記執圭之儀，以同記事，而言有差，異人記事，說有不同也。

及享，發氣焉，盈容。發，舍氣也。〔八七〕孔子之於享禮有容色。

【疏】「及享」至「盈容」 注「發舍」至「容色」 云「及享，發氣焉，盈容」者，即孔子行「享禮有容色」，一也，故注引爲證也。此「發氣」即上注云「舍息」，一也。

衆介北面，蹌焉。容貌舒揚。○蹌，七羊反。

【疏】「衆介北面，蹌焉」 注「容貌舒揚」 此謂賓行聘，衆介從入門左，北面。曲禮云「大夫濟濟，士蹌蹌」，鄭云「皆行容止之貌」，故此注亦云「容貌舒揚」也。但彼大夫云「濟濟」，諸侯云「皇皇」，上文「賓入門，皇」，得與諸侯同者，以其執君圭璋，志在重玉，故行容得與君同，若尋常行，則大夫「濟濟」也。

私覿，愉愉焉。容貌和敬。○愉愉，羊朱反，劉音庾。

【疏】「私覿，愉愉焉」 注「容貌和敬」 上文享時「盈容」，對聘時儀貌戰色顏舒緩，此「私覿」對享時。又「愉愉」和敬，舒於「盈容」也。

出，如舒鴈。威儀自然而有行列。舒鴈，鵝。○鶩也，五何反。

【疏】「出，如舒鴈」 注「威儀」至「鴈鵝」 此出廟門之外，行步如鵝，又舒緩於愉愉也。〔八八〕云「舒鴈，鵝」者，爾雅釋鳥文。

皇且行，入門，主敬。升堂，主慎。復記執玉異說。

【疏】「皇且」至「主慎」 注「復記執玉異說」 上已二度記執玉行步之法，今又云「皇且行」，是別有人更記此執玉行法，故云「復記執玉異說」也。

凡庭實隨入，左先，皮馬相間可也。隨入，不並行也。間，猶代也。土物有宜，君子不以所無爲禮，畜獸同類，可以相代。古文「間」作「干」。○相間，間廁之間，注及下猶間同。畜獸，許又也。

【疏】「凡庭」至「可也」 注「隨入」至「作干」 云「左先」者，以皮馬以四爲禮，北面，以西頭爲上，故左先入陳也。云「君子不以所無爲禮」者，案禮器云「天不生，地不養，君子不以爲禮」，言當國有馬而無虎豹皮，則用馬，或有虎豹皮并

有馬，則以皮爲主而用皮也。云「畜獸同類可以相代」者，畜謂馬，獸謂虎豹，爾雅釋云「在家曰畜，在野曰獸」，云「同類」者，爾雅又云「二足而羽謂之禽，四足而毛謂之獸」，若然，則馬畜亦是四足之類，故云「同類可以相代」也。

賓之幣唯馬出，其餘皆東。馬出當從廄也。餘物皆東藏之内府。○從廄，居又反。

【疏】「賓之」至「皆東」　注「馬出」至「内府」　云「馬出當從廄也」者，若有皮之國用皮，則不出，亦從餘物東藏也。知「東藏之内府」者，案天官内府職云「凡四方之幣獻之，金玉、齒革、兵器，凡良貨賄入焉」，注云「諸侯朝聘所獻國珍」，彼天子禮，諸侯亦當有内府，諸侯自朝聘，其貨獻珍異，〔八九〕亦入内府，故注依之也。

多貨，則傷于德。貨，天地所化生，謂玉也。君子於玉比德焉，朝聘之禮，以爲瑞節，重禮也。多之則是主於貨，傷敗其爲德。

【疏】「多貨，則傷于德」　注「貨天」至「爲德」　此經主論聘享所用圭璋璧琮不得過多之事也。云「貨，天地所化生，謂玉也」者，鄭注周禮九職亦云「金玉曰貨，布帛曰賄」，故此注云「貨，天地所化生，謂玉也」；下注云「幣，人所造成」，幣則布帛，曰賄，對金玉是自然之物也。〔九〇〕云「君子於玉比德焉」者，聘義文，云「重禮也」，亦聘義文。云「多之則是主於貨，傷敗其爲德」者，以玉比德，故朝聘用之，相厲以德，不取重寶珍美之意，若多之，則是主於貨物，不取相厲以德，是傷敗其爲德，是以圭璧聘享主國君，璋琮聘享主國夫人，各用一而已也。

幣美，則没禮。幣，人所造成，以自覆幣，〔九一〕謂束帛也。愛之，斯欲衣食之，君子之情也。是以享用幣，所以副忠信，美之則是主於幣，而禮之本意不見也。○衣食，於既反，下音嗣。

【疏】「幣美，則没禮」　注「幣人」至「見也」　此主論享時用束帛，故享君用束帛，享夫人用束錦，皆不得過美。云「幣，人所造成，以自覆幣，謂束帛也」者，案禮記檀弓「伯高之喪，孔氏之使者未至，冉子攝束帛乘馬而將之。孔子曰

『異哉，徒使我不誠於伯高』」，鄭注云「禮所以副忠信也。忠信而無禮，何傳乎？」〔九二〕是知自覆者，覆忠信而已。若更美，則主意於財美，而禮不見，故「没禮」也。云「愛之，斯欲衣食之，君子之情也」者，禮記檀弓云「愛之斯録之矣」，彼據愛父母而作重，此亦微取彼文，〔九三〕但此云「愛之，斯欲衣食之」，兼言食，謂以幣欲之，君子之情則忠信。

賄，在聘于賄。賄，財也。于讀曰爲，言主國禮賓，當視賓之聘禮而爲之財也。賓客者，主人所欲豐也，若苟豐之，是又傷財也。周禮曰：「凡諸侯之交，各稱其邦而爲之幣，以其幣爲之禮。」古文「賄」皆作「悔」。○聘于，于音爲，羽危反，出注。各稱，〔九四〕尺證反。

【疏】「賄，在聘于賄」　注「賄財」至「作悔」　鄭轉「于」作「爲」者，欲就司儀之文爲解故也。云「言主國禮賓」者，釋經「賄」是「主國禮賓」也。云「當視賓之聘禮」者，釋經「在聘」，謂在賓聘財多少。云「而爲之財也」者，釋經「于賄」也，謂主人視賓多少爲財賄報賓。云「若苟豐之，是又傷財也」者，凡行禮用財者，取不豐不儉，取於折中，若苟且豐多，則傷於貪財。引周禮者，秋官司儀職文。案彼注云「幣謂享幣也，於大國則豐，於小國則殺」，解經「各稱其邦而爲之幣」；彼又注云「主國禮之，如其豐殺之禮」，解經「以其幣爲之禮」，謂賄用束紡、禮玉束帛乘皮，〔九五〕及贈之屬是也。

凡執玉，無藉者襲。藉，謂繅也。繅所以緼藉玉。○以緼，於問反。

【疏】「凡執玉，無藉者襲」　注「藉謂」至「藉玉」　凡繅藉有二種，若以木爲中幹，施五采三采者，此繅常有，不得云「無藉」，今此云「無藉者襲」，據絇組尺繅藉而言，〔九六〕若廟門外賈人啓櫝，取玉垂繅以授上介，上介裼受，上介屈繅

以授賓，賓即襲受，即此「執玉，無藉者」是也。此文與曲禮同，故曲禮「凡執玉其有藉者則裼，無藉者則襲」是也。

禮，不拜至。以賓不於是始至。今文「禮」爲「醴」。

【疏】「禮，不拜至」 注「以賓」至「爲醴」 此文承執玉帛之下聘臣事。據鄉飲酒賓主升堂，主人有拜至之禮，此賓昨日初至之時，主人請賓行禮，賓言「俟間」，此時賓已至矣，故聘時不拜至，是以鄭云「以賓不於是始至」。

醴尊于東箱，瓦大一，有豐。瓦大，瓦尊。豐，承尊器，如豆而卑。○瓦大，音泰。而卑，劉音婢。薦脯五膱，祭半膱橫之。膱，脯如版然者，或謂之脡，皆取直貌焉。○五膱，音職。之脡，大頂反。

【疏】注「膱脯」至「貌焉」 此脯，禮賓時所用薦脯是也。案鄉飲酒禮云「薦脯五脡」，故云「或謂之脡，皆取直貌」。

祭醴再扱，始扱一祭，卒再祭。卒，謂後扱。○再扱，初洽反。主人之庭實，則主人遂以出，賓之士訝受之。此謂餘三馬也，左馬賓執以出矣。士，士介從者。

【疏】「主人」至「受之」 注「此謂」至「從者」 此「主人之庭實」者，謂主人禮賓時設乘馬也。經云「賓執左馬以出」，三馬在後，主人從者牽之，遂從賓以出於門外，賓之士介迎受之，故鄭云「此謂餘三馬也」。知「士」是「士介從者」，以其經云「從者訝受馬」，此既云「士」，故知「士介從者」也。

既覿，賓若私獻，奉獻將命。時有珍異之物，或賓奉之，所以自序尊敬也。猶以君命致之。

【疏】「既覿」至「將命」　注「時有」至「致之」　云「猶以君命致之」者，以經云「將命」，是以知雖是私獻，已物與君物同，皆云君命致之，〔九七〕臣統於君故。

擯者入告，出禮辭。辭其獻也。賓東面坐奠獻，再拜稽首。送獻不入者，奉物禮輕。

【疏】注「送獻」至「禮輕」　云「奉物禮輕」者，謂以奉私獻入，則是主於貨，傷敗於享，覿，故不入。

擯者東面坐取獻，舉以入告，出，禮請受。東面坐取獻者，以宜並受也。其取之由賓南，而自後右客也。

【疏】「擯者」至「請受」　注「東面」至「客也」　「擯者東面坐取獻，舉以入告」者，謂擯者從門東適南方，西行，於賓北舉幣，〔九八〕入告於君。及出，一請於賓而受之，故云「出禮請受」。云「東面坐取獻者，以宜並受也」者，獻物在門外，擯者出受之，擯者與賓敵並受，〔九九〕故云「宜並受也」。云「其取之由賓南，而自後右客也」者，案上受享之時，「受皮者，自後右客」，鄭注云「自，由也。從東方來，由客後西，居其左受皮也」，此賓門西東面奠獻，擯者從東，由賓南，自客後居賓左取獻物，故云「自後右客」也。〔一〇〇〕

賓固辭。公答再拜，拜受於賓也。「固」亦衍字。

【疏】注「固亦衍字」〔一〇一〕　知「固」是衍字者，以其上擯者「禮請受」，不云「固」，明知賓不固辭，故云「固衍字」。云「亦」者，亦士介私覿時，「賓固辭」，鄭注云「固衍字，當如面大夫也」。

擯者立于閾外以相拜，賓辟。相，贊也。古文「閾」爲「蹙」。○以相，息亮反，注及下注相拜同。爲蹙，子六反。擯者授宰夫于中庭。東藏之，既，乃介覿。若兄弟之國，則問夫人。兄弟，謂同姓，若昏姻、甥舅有親者。問，猶遺也，謂獻也。不言獻者，變於君也。非兄弟，獻不及夫人。○猶遺，唯季反。

【疏】注「兄弟」至「夫人」　云「兄弟，謂同姓」者，若魯於晉、鄭之等同姓也。云「若昏姻、甥舅有親者」，若魯取齊女以爲舅，齊則以魯爲甥，是「有親」者也。云「非兄弟，獻不及夫人」者，以其經云「兄弟之國，則問夫人」，則非兄弟，問「不及夫人」可知。

若君不見，君有疾，〔一〇二〕若他故，不見使者。

【疏】「若君不見」　注「君有」至「使者」　云「他故」者，病之外或新有哀慘也。

使大夫受，受，聘享也。大夫，上卿也。

【疏】「使大夫受」　注「受聘」至「卿也」　知「受，聘享」者，以其在後雖有覿獻之法，聘享在前，是以據在先者而言。云「大夫，上卿也」者，以其卿上大夫，故以卿爲大夫，必知使卿不使下大夫者，以其君無故君親受，今既有故，明使上卿代君受之。

自下聽命，自西階升受，〔一〇三〕負右房而立，賓降亦降，此儀如還圭，然而賓、大夫易處耳。今文無「而」。

【疏】注「此儀」至「處耳」　案上使大夫「還玉於館」，「大夫升自西階，鉤楹。賓自碑内聽命，升自西階，自左，〔一〇四〕南

面受圭。退，負右房而立。大夫降中庭，賓降自碑內，東面，授上介于阼階東」，此中與彼還玉皆升自西階，此非易處也；但還玉時，賓自大夫左受之，此中大夫於賓左受之，其賓主之位皆易處於還玉時，故云「易處」也。

不禮。辟正主也。古文「禮」作「醴」。〔一〇五〕○辟正，音避。

【疏】「不禮」　注「辟正主也」　案上聘享及私覿訖，主君禮賓，此大夫代君不禮，故云「辟正主也」。

幣之所及皆勞，不釋服。以與賓接於君所，賓又請有事于己，不可以不速也。所不及者，下大夫未嘗使者也。不勞者，以先是賓請有事於己同類，既聞彼爲禮所及，則已往有嫌也。所以知及、不及者，賓請有事，固曰某子某子。

【疏】「幣之」至「釋服」　注「以與」至「某子」　云「不可以不速也」者，釋經「不釋服」，即注云「所不及者，下大夫未嘗使者」。以其經云「下大夫嘗使至者，幣及之」，故知所不及者，是下大夫未嘗使者也。〔一〇六〕云「不勞者，以先是賓請有事於己同類，既聞彼爲禮所及，則已往有嫌也」者，此勞賓在後，賓請有事於大夫在聘日。云「先是賓請有事於己同類」，同類謂幣所及者，故鄭云「既聞彼爲禮所及」。云「則已往有嫌」者，彼國幣及己，是以禮加於己，今勞賓者是以禮報之，若幣不及己，若往勞賓，則是己有禮於賓，是譏賓無禮於己之嫌，是以不往勞之，故云「已往有嫌也」。云「所以知及、不及者，賓請有事，固曰某子某子」者，當賓請事於大夫之時，顯此張子、李子之等，使受禮者預知爾。時不道己姓，則知己乃幣所不及。

賜饔，唯羹飪，筮一尸，若昭若穆。羹飪，謂飪一牢也。肉謂之羹，唯是祭其先，大禮之盛者也。筮尸，若昭若穆，容父在，父在則祭祖，父卒則祭禰，腥餼不祭，則士介不祭也。士之初行，不釋幣于禰，不祭可也。古文「羹」爲「羔」，「飪」作「腍」。○若昭，式遥反，注同。作腍，而甚反，劉音審。

【疏】「賜饔」至「若穆」 注「羹飪」至「作腍」 古者天子、諸侯行，載廟木主，大夫雖無木主，亦以幣帛主其神，是以受主國饔餼，故筮尸祭，然後食之，尊神以求福故也。昭穆言「若」者，以其昭穆不定，故云「若」也。云「腥餼不祭，則士介不祭也」者，上致饔餼之時，云「上介饔餼三牢」，則飪腥餼三者皆有，故云「士介四人，〔一○七〕皆餼大牢」，無飪可祭，故知「士介不祭」也。

僕爲祝，祝曰：「孝孫某，孝子某，薦嘉禮于皇祖某甫，皇考某子。」僕爲祝者，大夫之臣攝官也。○祝祝，上之六反，下之又反。

【疏】「僕爲」至「某子」 注「僕爲」至「官也」 經並云孝孫、孝子，皇祖、皇考，以其不定，故兩言之。云「僕爲祝者，大夫之臣攝官也」者，若然，諸侯不攝官，使祝祝策矣。案定四年祝佗云「嘉好之事，君行師從，卿行旅從，則臣無事」，若君到主國祭饔之時，得不攝官乎？諸侯不使人攝，〔一○八〕是以覲禮云「侯氏裨冕，釋幣于禰」，注云「釋幣于禰之禮既，則祝藏其幣，歸乃埋之於祧西階之東」，大夫使僕攝祝，則是本無祝官，與諸侯異矣。其諸侯禮，大祝不行。知不使小祝行者，以其掌客云「羣介行人宰史」，是諸侯從官，不言祝，明大小祝俱不行矣。

如饋食之禮。如少牢饋食之禮。不言少牢，今以大牢也。今文無「之」。

【疏】「如饋食之禮」 注「如少牢」至「無之」 云「如少牢饋食之禮」者，案少牢禮有尊、俎、籩、豆、鼎、敦之數，陳設之儀，陰厭、陽厭之禮，九飯三獻之法，上大夫又有正祭於室，儐尸於堂，此等皆宜有之。至於致爵、加爵及獻兄弟、弟子等，固當畧之矣。

假器於大夫。不敢以君之器爲祭器。

【疏】「假器於大夫」 注「不敢」至「祭器」 案曲禮云「大夫士去國，大夫寓祭器於大夫，士寓祭器於士」，注云「與得用者，言寄覬己後還」。若然，卑者不得用尊者之器。是以此大夫聘使，不得將己之祭器而行，致饔餼雖是祭器，人臣不敢以君之器爲祭器，是以聘使是大夫，還於主國大夫假祭器而行之。

肦肉及廋車。肦，猶賦也。廋，廋人也；車，巾車也，二人掌視車馬之官也。賦及之明辯也。古文肦作紛。○肦肉，音班，賦也。及廋，所求反。

【疏】「肦肉及廋車」 注「肦猶」至「作紛」 此謂祭訖，歸胙在下。云「廋，廋人也；車，巾車也」者，案周禮天子夏官有廋人職，掌養馬，春官有巾車職，諸侯雖兼官，亦當有廋人、巾車，是故引周禮爲證。

聘日致饔。急歸大禮。〔二〇九〕**明日，問大夫。**不以殘日問人，崇敬也。古文曰「問夫人也」。**夕，夫人歸禮。**與君異日，下之也。今文「歸」作「饋」。○下之，户嫁反。**既致饔，旬而稍，宰夫始歸乘禽，日如其饔餼之數。**稍，稟食也。乘禽，乘行之禽也，謂鴈鶩之屬，其歸之以雙爲數，其賓與上介也。古文「既」爲「餼」。

【疏】「既致」至「之數」 注「稍稟」至「爲餼」 云「既致饔，旬而稍」者，以其賓客之道，十日爲正，行聘禮既訖，合歸。一旬之後，或逢凶變，或主人留之，不得時反，即有稍禮。故下文云「既將公事，賓請歸」，注云「謂已問大夫事畢，請歸，不敢自專，謙也。主國留之，饗食，燕獻無日數，〔一一〇〕盡殷勤也」，是主人留之。是以周禮漿人亦「共賓客之稍禮」，注云「稍禮，非飧饔之禮，留間王稍所給賓客者，漿人所給亦六飲而已」，諸侯相待亦如之，是其留間致稍者也。云「乘禽，乘行之禽也」者，别言此者，欲見此乘非物四曰乘。言「如其饔餼之數」者，一牢當一雙，故聘義云「乘禽日五雙」，是此饔餼五牢者也。云「鴈鶩之屬」者，案爾雅「二足而羽」，若然，上介三牢則三雙也，士介一牢則一雙也，羽謂之禽，故以禽爲鴈鶩之屬。云「其賓與上介也」者，以其下文别有士介故也。

士中日則二雙。中，猶間也。不一日一雙，大寡不敬也。○士中，丁仲反，注同。凡獻，執一雙，委其餘于面。執一雙，以將命也。面，前也。其受之也，上介受以入告之，〔一一一〕士舉其餘從之。賓不辭，拜受于庭。上介執之以相拜于門中，乃入授人。上介受亦如之。士介拜受于門外。

【疏】「凡獻」至「于面」 注「執一」至「門外」 云「上介受以入告之，士舉其餘從之」者，此乘禽而云「凡獻」，宜約私獻，私獻擯者取獻以入，士舉其餘，此若上介受入，明其餘士舉從入可知。云「不辭，拜受于庭」者，以其經無辭文，又饔餼云「禮辭」，明此禽禮輕無辭，受于庭可知。「上介執之以相拜于門中，乃入授人」者，此亦約私獻，私獻之時，擯者取獻以入，又云「擯者立于閾外以相拜，賓辟。擯者授宰夫」，是其約也。云「上介受亦如之」者，以其受饔餼之時，上介受已如賓禮，故知受乘禽亦如賓也。云「士介拜受於門外」者，以其受餼在門外，此受乘禽在門外可知。

禽羞、俶獻比。比，放也。其致之禮如乘禽也。禽羞，謂成孰有齊和者。俶獻，四時珍美新物也。俶，始也，言其始可獻也，聘義謂之時賜。○比放也，甫往反。有齊，才計反。和者，户卧反。

【疏】「禽羞，俶獻比」 注「比放」至「時賜」 云「禽羞，謂成孰有齊和」者，以其稱「羞」，謂若庶羞、内羞之等，故稱「禽」

則以鴈鶩等爲之，故以「成孰」解之。「聘義謂之時賜」者，案聘義云「燕與時賜無數」，時賜謂四時珍異以賜諸賓客，與此俶獻是一物，故引以爲證。

歸大禮之日，既受饔餼，請觀。聘於是國，欲見其宗廟之好，百官之富，若尤尊大之焉。○請觀，古亂反，下注同，又如字。**訝帥之，自下門入。**帥，猶道也。從下門外入游觀，非正也。○猶道，音導。

各以其爵，朝服。此句似非其次，宜在「凡致禮」下，絶爛在此。〔一一二〕

【疏】「各以其爵，朝服」　注「此句」至「在此」〔一一三〕　云「宜在『凡致禮』下」者，以其各以其爵朝服爲致禮而言，故知義然。

士無饔，無饔者無擯。〔一一四〕謂歸餼也。

【疏】「士無」至「無擯」　注「謂歸餼也」　案上經直云「宰夫朝服」以致之，是其無饔，宰夫退去，士介不儐之是也。

大夫不敢辭，君初爲之辭矣。此句亦非其次，宜在「明日問大夫」之下。〔一一五〕○爲之，于僞反。

【疏】「大夫」至「辭矣」 注「此句」至「之下」 此謂賓問卿之時，卿「不敢辭」者，以賓聘享訖出大門請，有事於大夫，君禮辭，許，是君初爲之辭，故卿不辭也。

凡致禮，皆用其饗之加籩、豆。凡致禮，謂君不親饗賓及上介，以酬幣致其禮也。其，其賓與上介也。加籩豆，謂其實也，亦實於罋筐。饗禮今亡。

【疏】「凡致」至「籩豆」 注「凡致」至「今亡」 云「其，其賓與上介也」者，案上經「賓壹食壹饗，上介若食若饗」，唯士介不言饗，故知其中唯有賓與上介耳。云「加籩豆，謂其實也，亦實于罋」者，案致饗餼醯醢，是豆實實于罋，明此饗之豆實，亦實于罋可知也。案昭六年「夏，季孫宿如晉，拜莒田也。晉侯享之以加籩。〔一一六〕武子退使行人告曰：小國之事大國也，苟免於討，不敢求貺，得貺不過三獻。〔一一七〕今豆有加，下臣弗堪，無乃戾也」，此中致饗有加籩、豆者，饗使者無加籩、豆之正禮，此云「加籩、豆」者，殷勤之義也。云「饗禮今亡」者，以其食禮在，知其豆數，饗禮亡，無文以知之。

無饔者無饗禮。士介無饗禮。

【疏】「無饔者無饗禮」 注「士介無饗禮」 「無饔者無饗禮」，文承「饗」下，故鄭以「無饗禮」解之。〔一一八〕以其賓與上介饔餼俱有，故有饗；士介唯有餼而已，無饔，故無饗禮也。

凡餼，大夫黍、粱、稷，筐五斛。謂大夫餼賓、上介也。器寡而大畧。

【疏】「凡餼」至「五斛」　注「謂大」至「大罯」　案上經云「大夫餼賓大牢，米八筐，衆介米八筐」，〔一一九〕不辨大小，故此記人辨之。云「筐五斛」，云「器寡而大罯」者，以其君歸饔餼于賓與大夫、介，筥米小而多者，是尊者所致，以多器爲榮；今大夫致禮於賓、介，器寡而大，是罯之於卑者也。

既將公事，賓請歸。謂已問大夫事畢，請歸，不敢自專，謙也。主國留之，饗食燕獻無日數，盡殷勤也。

【疏】「既將公事，賓請歸」　注「謂已」至「勤也」　云「已問大夫」者，請問三卿與下大夫嘗使於彼國幣所及，皆是君命及以君物行禮者，皆是公事，事訖，故請歸也。云「主國留之，饗食燕獻無日數，盡殷勤也」者，亦謂至旬，賓乃將歸，主君乃留賓，有此饗食燕獻之等，故燕禮注云「今燕又宜獻焉」是也。云「無日數」者，謂行此饗食之等，相去希數，無常日數，盡主人殷勤也。

凡賓拜于朝，訝聽之。拜，拜賜也。唯稍不拜。

【疏】「凡賓」至「聽之」　注「拜拜」至「不拜」　案上經云「賓三拜乘禽於朝，訝聽之。遂行，舍于郊」，又案司儀云「明日客拜禮賜，遂行」，是臨行大小禮皆拜賜，則知唯米禀芻薪等不拜也。〔一二〇〕

燕，則上介爲賓，賓爲苟敬，饗食君親爲主，尊賓也。燕，私樂之禮，崇恩殺敬也，賓不欲主君復舉禮事禮已，于是辭爲賓，君聽之，從諸公之席命爲苟敬。苟敬者，主人所以小敬也，更降迎其介以爲賓。介，大夫也，雖爲賓，猶卑於君，君則不與亢禮也。主人所以致敬者，自敵以上。○私樂，音洛。恩殺，所介反。君復，扶又反，下同。

【疏】「燕則」至「苟敬」　注「饗食」至「以上」　云「饗食君親爲主，尊賓也」者，以其饗食在廟爲賓，故君親爲主，至後燕禮在寢，又以醉爲度，崇於恩殺於敬，故賓辭而使介爲賓也。以「苟敬」爲「小敬」者，以阼階西近主爲位，〔一二二〕諸公坐位，故云「小敬」，對户牖南面爲大敬。〔一二三〕云「更降迎其介以爲賓」者，介在廟門内，西北面，降至庭迎之。云「不與亢禮也」者，畧取燕義文，解君不親爲獻主，而使宰夫之意也。云「主人所以致敬者，自敵以上」者，謂兩君相見，兩大夫、兩士以上，則主人親獻也。

宰夫獻。爲主人代公獻。

無行，則重賄，反幣。無行，謂獨來，復無所之也。必重其賄與反幣者，使者歸以得禮多爲榮，所以盈聘君之意也，反幣謂禮玉、束帛、乘皮，所以報聘君之享禮也。昔秦康公使西乞術聘于魯，辭孫而説，襄仲曰「不有君子，其能國乎？」厚賄之」，此謂重賄反幣者也。今文曰「賄，反幣」。

【疏】「無行」至「反幣」　注「無行」至「反幣」　云「重其賄」，即上「賄在聘于賄」是也。「反幣」謂上「禮玉、束帛、乘皮」是也。云秦康公者，案文公十二年左氏傳云「秦伯使西乞術來聘」云云是也。此特來，非歷聘，歷聘則吳公子札聘於上國，聘齊聘魯是也。

曰：「子以君命在寡君，〔一二三〕寡君拜君命之辱。」此贊君拜聘享辭也。在，存也。

【疏】「曰子」至「之辱」　此及下三經即上經云「公館賓，賓辟。上介聽命。聘享，夫人之聘享，問大夫，送賓，公皆再

拜」，注云「拜此四事」，彼見其拜，此見其贄辭也。

「君以社稷故在寡小君，拜」。此贄拜夫人聘享辭也。言「君以社稷故」者，夫人與君體敵，不敢當其惠也。其卒亦曰：「寡君拜命之辱。」

【疏】「君以」至「君拜」 注「此贄」至「之辱」 云「言『君以社稷故』者，夫人與君體敵，不敢當其惠也」者，釋經云「社稷故」。以其禮記哀公問孔子云取夫人「爲社稷主」，婦人無外事，天地并社稷后夫人雖不與，以夫婦一體，故夫人亦得云「社稷主」。是其云「社稷故」者，見夫人與君體敵，今夫人使致禮來，主人不敢當；下文云「君貺寡君，延及二三老」，是與君不敵，敢當之也。

「君貺寡君，延及二三老，拜」。此贄拜問大夫之辭。貺，賜也。大夫曰老。又拜送。〔一二四〕拜送賓也。其辭蓋云：「子將有行，寡君敢拜送。」自「拜」聘享至此，亦非其次，宜承上「君館」之下。〔一二五〕

【疏】「又拜送」 注「拜送」至「之下」 此即上經君即館拜送賓，故鄭云此宜承上「君館」之下。

賓於館堂楹間釋四皮、束帛，賓不致，主人不拜。賓將遂去是館，留禮以禮主人，所以謝之也。不致，不拜，不以將別崇新敬也。

【疏】注「不致」至「敬也」 若賓敬，〔一二六〕主宜致，主人敬賓宜拜，皆是崇敬，若致與拜即是崇新敬，故不爲，若鄉飲酒送賓，賓不荅，禮有終相類也。

大夫來使，無罪，饗之，樂與嘉賓爲禮。

【疏】「大夫」至「饗之」　注「樂與嘉賓爲禮」　案鹿鳴序「燕羣臣嘉賓」，此無罪饗之，〔一二七〕亦是樂賓爲禮者也。

過，則餼之。餼之，腥致其牢禮也。〔一二八〕其致之辭不云君之，有故耳。聘義曰「使者聘而誤，主君不親饗食，所以愧厲之也」，不言罪者，罪將執之。

【疏】「過，則餼之」　注「餼之」至「執之」　云「過則餼之」謂禮有失誤。故引聘義「使者聘而誤，主君」。〔一二九〕云「不言罪者，罪將執之」者，〔一三〇〕春秋之義，聘賓有罪皆執之。若然，上經云「無罪饗之」，有罪非但不饗又執之，此「過則餼之」，雖不饗猶生致，過輕故也。若然，上云「罪」，下云「過」，互見其義也。

其介爲介。饗賓有介者，賓尊，行敵禮也。

【疏】「其介爲介」　注「饗賓」至「禮也」　謂饗賓於廟之時，還以聘之，上介爲介。若然，上經上介主人別行饗，則是從賓爲介，得介得饗，〔一三一〕復別饗也。云「賓尊，行敵禮也」者，若鄉飲酒賓主行敵禮而有介然也。

有大客後至，則先客不饗食，致之。卑不與尊者齊禮。〔一三二〕

【疏】「有大」至「致之」　注「卑不」至「齊禮」　此據聘禮而言，則無君朝之事。〔一三三〕若然，則前有小國之卿大夫來聘，將行饗食；有大國卿大夫來聘，則廢小國饗食之禮，以其卑，不與尊齊禮並行之。

唯大聘有几筵。謂受聘享時也，小聘輕，雖受于廟，不爲神位。

【疏】「唯大聘有几筵」注「謂受」至「神位」　案上經云「几筵既設，擯者出請命」者，行聘享及私覿禮畢，云「宰夫徹几改筵」，是行聘享爲神位，今小聘不爲神位，屈也。

十斗曰斛，十六斗曰籔，十籔曰秉，秉，十六斛。今江、淮之間量名有爲籔者。今文「籔」爲「逾」。〔一三四〕○量名，音亮。二百四十斗。謂一車之米，秉有五籔。四秉曰筥。此秉謂刈禾盈手之秉也。筥，穧名也，若今萊、易之間，〔一三五〕刈稻聚把有名爲筥者。詩云「彼有遺秉」，又云「此有不斂穧」。○穧名，才計反，下同。萊易，〔一三六〕音來。聚把，百馬反。

【疏】「四秉曰筥」注「此秉」至「斂穧」　云「此秉爲刈禾盈手之秉也」，對上文「秉」爲量名也。引詩者，證此秉爲盈手，穧即此筥亦一，即今人謂之一鋪兩鋪也。

十筥曰稯，十稯曰秅，四百秉爲一秅。一車之禾三秅，爲千二百秉，三百筥，三十稯也。古文「稯」作「緵」。○曰稯，劉宰孔反，字林子工反。作緵，劉音總。

【疏】注「一車」至「作緵」　云「一車之禾三秅」，即經致饔餼時云「禾三十車，車三秅」也。

校勘記

〔一〕謂始死至殯　阮校云「始」陳本作「如」。今按作「始」是。

〔二〕論賓介死之事　阮校云要義同，毛本無「論」字。

〔三〕直云至殯所當用明不殯於館取其至殯節　阮校云自「至殯」至「取其」十二字陳、閩俱無，通解、毛本有，惟「殯」下多一「爲」字。

〔四〕以是今賓死　阮校云要義同，毛本無「賓」字。

〔五〕雖有臣子親因　阮校云徐本同，集釋、通解、毛本「因」俱作「姻」，與單疏述注不合。今按，徐本亦作「姻」，阮校非是。

〔六〕不必如致飧饔之禮　阮校云要義無「如」字。

〔七〕束紡皮帛之類　阮校云「類」要義作「贈」。

〔八〕以有賓喪　阮校云陳、閩、要義同，毛本「有」作「其」。

〔九〕外朝當在皋門外　阮校云陳、閩、通解、要義同，毛本「當」作「應」。

〔一〇〕士介死爲之棺　阮校云「爲」上要義有「則」字。

〔一一〕不具佗衣物也　阮校云「物」通解作「服」。

〔一二〕不具他物也　阮校云要義同，毛本「物」上有「衣」字。

〔一三〕謂侯間之後也　阮校云徐本、集釋、通解、楊、敖同，毛本「謂」作「請」。

〔一四〕不享　「享」原作「亨」，此據徐乾學本改。

〔一五〕此對大聘升堂受　阮校云要義同，毛本「聘」下有「時」字。

〔一六〕方板也　阮校云「板」釋文、集釋、通解、楊氏俱作「版」。今按，板、版二字通用。

〔一七〕及時相告　阮校云要義同，毛本「時」下有「事」字。按各本注俱有「事」字。

〔一八〕簡謂據一片而言　阮校云「簡」毛本作「皆」，陳、閩、要義「皆」上俱有「簡」字，要義無「皆」字，陳、閩無

「謂」字。

〔一九〕皆尺二寸　阮校引春秋序疏云：「鄭玄注論語，序以鉤命決云『春秋二尺四寸書之，孝經一尺二寸書之』，故知六經之策皆長二尺四寸。」阮氏據此謂「尺二寸」爲「二尺四寸」之譌。今按阮説是。

〔二〇〕古文篆書一簡八字　「八」下原有「分」字，阮校云要義同，毛本無「分」字。今按，無「分」字是，此删。

〔二一〕賓出而讀之讀之不於内者　阮校云徐本、集釋同，毛本、通解「讀之」二字不重。

〔二二〕主國君也　阮校云徐本、集釋、通解、要義、楊氏俱無「主」字，敖氏、毛本有。

〔二三〕此爲書報　阮校云閩本同，毛本「此爲」作「爲此」。

〔二四〕爲昨日爲書報之　阮校云要義同，毛本、通解、楊氏俱無上「爲」字。

〔二五〕未知所之遠近　阮校云「遠」上陳、閩俱有「以」字。

〔二六〕使者既受行日　唐石經無「既」字，按疏有「既」字。

〔二七〕少退别其處　阮校云徐本、集釋、楊本同，毛本「别」下有「於」字。張氏曰：「釋文『别於』之注云『别處同』，謂此也，無『其』、『於』二字。」按前經「使者北面」疏引與此同，無「於」字而有「其」字。

〔二八〕皆同位　阮校云陳、閩俱無「同」字。

〔二九〕北面　阮校云毛本「北」上有「使者」二字，阮氏以爲當有。

〔三〇〕軷涉山川　黄氏校録云張氏悉改「軷」爲「跋」，據釋文也。

〔三一〕謂平敵道路之神　阮校云要義同，毛本、通解「敵」作「適」。按「適」字是。

〔三二〕鄭注行廟門外之西　阮校云要義同，毛本「注」下有「云」字，「行」下有「在」字。按月令注有「在」字。

〔三三〕云其有牲犬羊可者　阮校云毛本無「有」字。按各本注俱無「有」字。

〔三四〕朱白倉　阮校云唐石經、集釋、敖氏同，與單疏標目合，「倉」通解、楊氏、毛本作「蒼」。又云禮記雜記疏引重「朱白蒼」三字。今按「倉」、「蒼」古今字。

〔三五〕象天圜地方也　阮校云「圜」毛本作「圓」。

〔三六〕上公之圭也　阮校云「上」毛本作「三」。

〔三七〕瑞亦是節信　阮校云通解、要義同，毛本「是」作「皆」。

〔三八〕以韋衣之　阮校云「衣」下毛本有「包」字。

〔三九〕以覜聘　阮校云陳、閩、通解同，毛本「覜」作「頫」。今按典瑞作「覜」。

〔四〇〕諸侯遣臣自問　阮校云要義同，毛本「問」上有一「相」字。

〔四一〕上以玄　阮校云「玄」下聶有「爲天」二字。

〔四二〕聲類以爲約字　黄焯彙校引惠云玉篇「約」乃「絇」或字，此當云「聲類以爲絇字」。

〔四三〕鄭注論語文成章曰絢　阮校云要義同，毛本「文」作「云」。按「文成章」三字當連讀。

〔四四〕本綘以解纁　阮校云毛本「本」作「舉」。今按阮校誤「綘」爲「降」。

〔四五〕又賫　「賫」徐乾學本作「賫」，黄焯彙校引嚴云：玉篇「賫，俗齎字」，賫與賫同，依説文當作齎。

〔四六〕注肆猶至爲肄　「肄」原作「隸」，據單疏及注改。今按阮校云單疏作「隸」，乃誤以張敦仁本爲單疏。

〔四七〕故辭多爲文史　阮校云「爲」要義作「則」。

〔四八〕辭曰非禮也敢對曰非禮也敢辭　黄氏校録云張本去末「辭」字，又引段玉裁經韻樓集云「敢」下不當有「辭」字。阮校云唐石經、徐本俱有下「辭」字，與單疏標目合，集釋、通解、楊、敖、毛本俱無。又引張氏説，嘗疑注「辭，不受也」之句上更有一「辭」字，傳寫者誤以注文作經文。又引石經考文提要，則以爲末「辭」字當

有。阮氏以張説爲是，云蓋自唐石經後，誤讀已久，校疏者不知，故單疏標經文起止仍有「辭」字。今按張、阮之説皆是，末「辭」字不當有。又胡培翬儀禮正義亦從張氏，惟説經「辭」字涉注誤衍，不必如張氏説須「減經以還注」。

〔四九〕辭不受也　徐本同。阮校云要義、敖氏載注同，毛本、通解、集釋、楊氏「辭」字重，又張氏引注無「也」字。今按「辭」不當重，説見上條。

〔五〇〕瑣瑣斯其所取災　阮校云「瑣瑣」上要義有「旅」字。

〔五一〕爻互體艮　阮校云要義無「體」字。按王應麟輯周易鄭注有「體」字。

〔五二〕管人　阮校云「管」通解作「館」。

〔五三〕君不以束帛致命者　阮校疑「君」爲「云」字之誤。

〔五四〕草次饌具輕者　阮校云要義同，毛本「饌」作「飧」。今按據前注，「饌」下脱「飧」字，毛本亦脱誤。

〔五五〕大夫迎士訝者　阮校云陳、閩、通解、楊氏俱無「迎士」、「者」三字。汪文臺識語云當衍「士訝者」三字，疏正以「迎」解「訝」也。今按汪説是。

〔五六〕主人使士迎　阮校云「迎」閩本作「迓」，陳本、通解俱作「訝」。

〔五七〕及饗食燕皆迎之　阮校云通解、要義、楊氏同，毛本無「燕」字。

〔五八〕故鄭君無所止定　阮校云要義同，毛本、通解「止」作「指」。

〔五九〕如今宫府門外更衣處　阮校云通解同，「宫」毛本、要義、楊氏俱作「官」。按毛本不誤，否則與周禮注不合。

〔六〇〕其贄　「贄」徐乾學本作「摯」。

〔六一〕復見之以其摯　唐石經、徐本同。阮校云「之」毛本、通解、楊氏俱作「訝」。石經考文提要云通解引此記與

上文「又見之以其摯」不相屬，故改爲「訝」，傳寫者不得其意而沿之。

〔六二〕此並行君物　阮校云要義同，毛本「物」作「聘」。

〔六三〕有報訝者　阮校云要義同，毛本「有」上有「向」字。

〔六四〕言四國獨此以爲寶　阮校云毛本、要義無「四」字，又「此以」注作「以此」。今按注亦無「四」字。

〔六五〕是其玉稱寶　阮校云要義同，毛本「其」作「以」。

〔六六〕卿大夫之使者　阮校云要義同，毛本「之」下有「所」字。按注有「所」字。

〔六七〕使其臣聘使大聘小聘　阮校云通解、要義、楊氏同，毛本下「使」字作「侯」。

〔六八〕止於次中　阮校云「止」要義作「至」，「次」陳、閩、通解俱作「其」。

〔六九〕賓乃出次　阮校云「次」陳、閩、通解、要義俱作「也」。

〔七〇〕當將聘於主君廟門外　阮校云毛本「當」下有「時」字。

〔七一〕下如授　阮校云「授」陳本作「受」。

〔七二〕鞠窮　「窮」論語經文作「躬」。阮校云集釋經文作「窮」。張氏識誤引爾雅「鞠、究，窮也」，云當從釋文作「窮」。盧文弨則引廣雅「𨉖匑，謹敬也」，云「此與鞠窮字異而義同」。今按躬、窮音近通用，鞠躬又爲聯綿字，不必求何爲正字。

〔七三〕今亦然　阮校云要義同，毛本「今」下有「當」字。

〔七四〕故引之爲證　阮校云「之」下要義有「以」字。

〔七五〕引孔子之執圭者　阮校云要義同，毛本無「引」字。

〔七六〕授玉於主君　阮校云陳、閩同，毛本「授」作「受」。

〔七七〕爭承取物　阮校云「承」通解、毛本作「接」。

〔七八〕至此云舉足　阮校云徐本、集釋俱無「至」字，通解、毛本有。按疏有「至」字，而無「云」字。

〔七九〕則志趨卷遯而行也　阮校云徐本同，毛本、釋文「遯」作「豚」，張氏從之。

〔八〇〕去阮反　「阮」徐乾學本作「阮」。

〔八一〕他門反　張氏識誤引釋文「豚，大本反」，盧文弨本同。

〔八二〕卷遯而行　阮校云「遯」要義、毛本作「豚」。

〔八三〕容色復故　阮校云「容」陳本作「客」。今按作「容」是也。

〔八四〕此謂聘訖　阮校云要義同，毛本「訖」作「畢」。

〔八五〕鞠躬焉　阮校云魏氏曰温本作「鞠窮焉」。按以「躬」爲「窮」，經注凡三見，釋文於前注作音，不云「下同」者，蓋偶遺之，實皆作「窮」耳。

〔八六〕亦謂將聘執圭入廟門時　阮校云要義同，毛本「將」作「方」。

〔八七〕發舍氣也　徐本同，毛本「發」下有「氣」字。

〔八八〕又舒緩於愉愉也　阮校云「舒」陳本作「紓」。今按張敦仁本「舒」作「紓」，阮本從之不改，致校語與正文不合，今改從單疏。

〔八九〕其貨獻珍異　阮校云「貨」陳本作「貢」。

〔九〇〕金玉是自然之物　阮校云要義無「是」字。今按當以要義爲是。

〔九一〕以自覆幣　汪文臺識誤引張爾岐説，疑「幣」當作「蔽」。

〔九二〕忠信而無禮何傳乎　阮校云毛本「何」作「可」。按檀弓注原文作「何」，釋文云：「傳，直專反，本亦作傅，音附。」

〔九三〕此亦微取彼文　阮校云「取彼」毛本作「改」。

〔九四〕各稱　「各」宋本誤作「谷」，此據徐乾學本改。

〔九五〕禮玉束帛乘皮　阮校云毛本作「禮用玉帛乘皮」，要義作「禮用束帛乘皮」。

〔九六〕據絢組尺繅藉而言　阮校云毛本「尺」字在「據」字下。

〔九七〕皆云君命致之　阮校云「云」要義作「以」。

〔九八〕於賓北舉幣　阮校云毛本「北」下有「坐」字，陳、閩、通解「坐」上有「東面」二字。

〔九九〕擯者與賓敵並受　阮校云通解、楊氏俱無「並受」二字。

〔一〇〇〕故云自後右客也　阮校云毛本「云」作「亦」，無「客」字。

〔一〇一〕注固亦衍字　阮校云陳本同，毛本作「注拜受至衍字」，毛本是。

〔一〇二〕君有疾　阮校云「疾」葛本作「病」。

〔一〇三〕自西階升受　「階」唐石經誤作「門」。

〔一〇四〕自左　阮校云「左」閩本作「下」。今按依上經當作「左」。

〔一〇五〕古文禮作醴　阮校云此五字諸本盡脱，唯嚴州本、集釋、通解、敖氏俱有，敖氏「古」誤作「今」。

〔一〇六〕是下大夫未嘗使者也　阮校云陳本無「下」字，閩本擠入。

〔一〇七〕故云士介四人　阮校云陳、監本同，毛本「故」作「後」。今按似以作「後」爲是。

〔一〇八〕不使人攝　阮校云要義同，毛本「不」作「亦」。阮校許宗彦云疏意始終謂諸侯亦攝，雖引覲禮而後申之以「大小祝俱不行」，是其意謂釋幣之祝，亦是使人攝之者。

〔一〇九〕急歸大禮　阮校云此注毛本俱脱，徐本、集釋、通解、楊氏俱有。浦鏜云四字脱，從周禮外饔、司儀、掌客

諸校補。阮按亦以爲當有。

〔一一〇〕饗食燕獻無日數　阮校云要義同，毛本「獻」作「饗」。按作「獻」與下文注與疏並合。

〔一一一〕其受之也上介受以入告之　阮校云徐本、集釋、楊、敖同，毛本、通解「也」作「止」，下「之」字敖在「以」字上。

〔一一二〕此句似非其次宜在凡致禮下絶爛在此　阮校云通解、毛本俱脱「似非其次」、「絶爛在此」八字，徐本、集釋、敖氏俱有，與單疏標目合。

〔一一三〕注此句至在此　阮校云「在此」二字毛本作「禮下」。

〔一一四〕無擯　阮校云「擯」毛本作「儐」，李氏曰當作「儐」。

〔一一五〕此句亦非其次宜在明日問大夫之下　阮校云毛本脱「亦非其次」四字，徐本、集釋俱有，通解作「此宜在明日問大夫下」。

〔一一六〕晉侯享之以加籩　阮校浦鏜云「有」誤「以」。今按左傳作「有」。

〔一一七〕得貺不過三獻　阮校云「得貺」要義作「云云」。今按左傳作「得貺」，單疏是。

〔一一八〕故鄭以無饗禮解之　阮校云「以」下要義有「士介」二字。

〔一一九〕衆介米八筐　阮校云「八」聶氏作「六」。按作「六」與上經合。

〔一二〇〕芻薪等不拜　阮校云通解、要義同，毛本無「等」字。

〔一二一〕以阼階西近主爲位　阮校云「階」陳本作「間」。

〔一二二〕對户牖南面爲大敬　阮校云陳本無「牖」字，閩本「牖」字擠入。

〔一二三〕曰子以君命在寡君　阮校云「曰」上集釋、通解俱有「辭」字。

〔一二四〕又拜送　阮校云此節經注唐石經、徐本、集釋俱在「君貺寡君」節下，敖同毛本。

〔一二五〕自拜聘享至此亦非其次宜承上君館之下　阮校云徐本、集釋俱如是，通解祇有下七字。

〔一二六〕若賓敬　阮校云「賓敬」陳本作「不拜」。

〔一二七〕此無罪饗之　阮校云陳本同，毛本「饗」作「享」。

〔一二八〕餼之腥致其牢禮也　阮校云徐、陳、通解、楊氏同，毛本、集釋「腥」作「生」。

〔一二九〕主君　阮校云毛本「君」下有「不親饗食所以愧厲之也」十字，要義有「云云」二字。按既無下十字，則「主君」下當加「云云」二字，文義方足，當從要義。

〔一三〇〕云不言罪者罪將執之者　阮校云毛本無「者罪」二字，要義無「云」字，有「者罪」二字。按上既有「云云」二字，則此句之首不加「云」字，凡疏例述注亦有無「云」字者。

〔一三一〕則是從賓爲介得介得饗　阮校云毛本無「得介則饗」四字，「介」下有「之外」二字，通解、楊氏同。今按「得」阮云單疏作「則」，非。

〔一三二〕卑不與尊者齊禮　阮校云徐本、集釋、通解同，毛本、楊氏無「者」字。

〔一三三〕則無君朝之事　阮校云要義同，毛本「則」作「而」。

〔一三四〕今文籔爲逾　阮校云「文」毛本作「八」。

〔一三五〕若今萊易之間　「易」原作「陽」，據毛本也。今按嚴州本、徐本皆作「易」，此據改。此本經注用嚴州本，此忽用毛本，自亂條例。阮本亦誤從此本。阮校云「陽」通解、楊、敖俱作「易」，不提嚴、徐，亦未細校。

〔一三六〕萊易　「易」徐乾學本作「易」，黃氏校録云段玉裁曰：凡釋文「陽」字無有作「易」者，是。

儀禮注疏卷第二十五

儀禮卷第九

唐朝散大夫行大學博士弘文館學士臣賈公彦等撰

公食大夫禮第九

○公食，音嗣，下注後食饗、食禮同。〔一〕

【疏】「公食大夫禮第九」 鄭目録云「主國君以禮食小聘大夫之禮，於五禮屬嘉禮。大戴第十五，小戴第十六，別録第九」。 鄭知是「小聘大夫」者，案下文云「宰夫自東房薦豆六於醬東」，「設黍稷六簋」，又設庶羞十六豆，此等皆是下大夫小聘之禮； 下乃別云「上大夫八豆、八簋」，又云「上大夫庶羞二十豆」，是食上大夫之法，故知此篇據「小聘大夫」也。 若然，聘禮據侯伯之大聘，此篇據「小聘大夫」者，〔二〕周公設經，互見爲義。 案篇末云「魚、腸胃、倫膚，若九若十有一。下大夫則若七若九」，鄭注云「此以命數爲差，九謂再命者，十一謂三命者，七謂一命者。九或上或下者，再命謂小國之卿，次國之大夫也。 卿則曰上，大夫則曰下。 大國之孤視子男」，以此言之，魚、腸胃、倫膚皆七者，謂子男小聘之大夫。 此公食序在聘禮之下，是因聘而食之。 不言食賓與上介，直云「大夫」者，若云食賓與上介，則小聘使下大夫，上介乃是士，是以直云「大夫」，兼得大夫聘賓與上介，亦兼小聘之賓。 若然，聘禮據大聘，因見小聘，此公食先見小聘，後言大聘者，欲見大聘、小聘或先或後不常之義。

儀禮　鄭氏注

公食大夫之禮。使大夫戒，各以其爵。戒，猶告也。告之必使同班敵者，易以相親敬。○易以，以鼓反。

【疏】「公食」至「其爵」　注「戒猶」至「親敬」　自此盡「如聘」，論主君使大夫就館戒聘客，使來行食禮之事。云「各以其爵」者，此篇雖據子男大夫爲正，兼見五等諸侯大聘使卿之事，故云「各以其爵」也。

上介出請，入告。問所以來事。〔三〕○以爲，于僞反，下爲既、爲從、爲公、爲賓同。

【疏】「上介出請，入告」　注「問所以來事」　據大夫就賓館之門外，賓使上介出請大夫所爲來之事。

三辭，爲既先受賜，不敢當。○三辭，息暫反，又如字。

【疏】「三辭」　注「爲既」至「敢當」　「既先受賜」者，謂聘日致饔，受賜大禮，故今辭食不敢當之。但受饔之時，禮辭而已，至於饗食，皆當三辭。

賓出，拜辱。拜使者屈辱來迎已。○拜使，所吏反，下同。大夫不荅拜，將命，不荅拜，爲人使也。將，猶致也。賓再拜稽首。受命。

大夫還。復於君。賓不拜送，遂從之。不拜送者，爲從之不終事。

【疏】「賓不」至「從之」　注「不拜」至「終事」　案鄉飲酒主人拜送，賓不荅拜，云「禮有終」，此賓不拜送，「爲從之不終事」，故「賓不拜送」也。若然，鄉飲酒、鄉射戒賓，遂從之，而云「拜辱」、「拜送」者，以其主人先反，不相隨，故得拜辱、拜送。覲禮使者勞賓於門外，侯氏再拜，遂送之，使者既不先反，猶拜送者，尊天子使故也。

賓朝服即位于大門外，如聘。於是朝服，則初時玄端。如聘，亦入于次俟。○賓朝，直遥反，下及注同。

【疏】「賓朝」至「如聘」 注「於是」至「次俟」 云「大門外，如聘」者，則賓主設擯介以相待，如聘時。云「於是朝服，則初時玄端」者，初時謂賓發館時服玄端，若鄉射「主人朝服，乃速賓」，鄭注云「射，賓輕也，戒時玄端」，以此言之，亦賓在館拜所戒大夫，即玄端，賓遂從大夫至君大門外，入次乃去玄端，著朝服出次即位也。云「如聘，亦入於次俟」者，案聘禮「賓皮弁，聘至于朝，賓入于次」，注云「入于次者俟辦」，〔四〕則此入次，亦俟主人辦也。若然，聘禮重，賓發館即皮弁，此食禮輕，及大門乃朝服。

即位，具。主人也。擯者俟君於大門外，卿大夫、士序及宰夫具其饌物，皆於廟門之外。

【疏】「即位，具」 注「主人」至「之外」 云「擯者俟君於大門外」者，解即位之事。云「卿大夫、士序及宰夫具其饌物，皆於廟門之外」者，以其君迎賓入，始言卿大夫以下廟内之位，則知此具饌物時，皆在廟門外也，故鄭下文注云「自卿大夫至此，不先即位，從君而入者，明助君饗食，賓自無事」，故不在大門内，是其義也。

羹定，肉謂之羹。定，猶孰也。著之者，下以爲節。○羹定，多佞反，注同。〔五〕

【疏】「羹定」 注「肉謂」至「爲節」 云「肉謂之羹」者，爾雅文。云「著之者，下以爲節」者，「羹定」與下文「陳鼎」之節爲目也。

甸人陳鼎七，當門，南面，西上。設扃鼏，鼏若束若編〔六〕。七鼎，一大牢也。甸人，冢宰之屬，兼亨人者。「南

面，西上」，以其爲賓統於外也。扃，鼎扛，所以舉之者也。凡鼎鼏蓋以茅爲之，長則束本，短則編其中央。今文「扃」作「鉉」。古文「鼏」皆作「密」。○ 若編，必緜反，劉方緜反。兼亨，普庚反。鼎扛，音江。作鉉，胡犬反，一音扃，劉古頑反，又音玄，又音闗。

【疏】「甸人」至「若編」　注「七鼎」至「作密」　云「七鼎，一大牢也」者，案聘禮致飧與饔餼皆九鼎，此亦一大牢而七鼎者，此食禮輕，無鮮魚、鮮腊，與聘禮「腥一牢，鼎七」同也。〔七〕云「甸人，冢宰之屬，兼亨人者」，案天官有甸師氏，兼有亨人，皆屬冢宰，彼天子禮，諸侯比天子爲兼官，故甸人兼亨人也。必使「甸人陳鼎」，兼亨人者，案亨人職云「掌共鼎鑊」，又案甸師職云掌「帥其徒以薪蒸，役外内饔之事」，故使甸人兼亨人陳鼎。若然，案少牢「羹定」，饔人陳鼎者，以其無甸人官，故饔人陳鼎也。既夕士禮云「甸人抗重」，又云「甸人築坅坎」，以士無臣，使屬吏攝甸人之事，非謂置此官也。云「凡鼎鼏蓋以茅爲之」者，諸文多言鼎鼏，皆不言所用之物，此經雖言「若束若編」，亦不指所用之體，故鄭云「蓋」以疑之。然必知用茅者，詩云「白茅苞之」，〔八〕尚書孔傳云「苴以白茅」，茅是絜白之物，故疑用茅也。

設洗如饗。必如饗者，先饗後食，如其近者也。饗禮亡，燕禮則設洗於阼階東南。古文「饗」或作「鄉」。

【疏】「設洗如饗」　注「必如」至「作鄉」　云「必如饗者，先饗後食，如其近者也」，鄭據此文行食禮而云「如饗」，明先饗，設洗訖乃後食，故鄉前如之，是先饗後食也。案聘禮云「公於賓壹食再饗」，則食在饗前矣；不言如燕禮者，饗食在廟，燕在寢，則是饗食重，先行之，故二者自相先後，是以不得用燕禮決之也。引燕禮者，欲見設洗之法，燕與饗食同，故無饗禮，引燕禮而言也。

小臣具槃匜，在東堂下。爲公盥也。公尊不就洗，小臣於小賓客饗食，掌正君服位。○ 槃匜，以支反。

【疏】「小臣」至「堂下」　注「爲公」至「服位」　知此「爲公盥」者，案特牲尸尊不就洗，盥用槃匜，故知此所設槃匜，亦爲公盥，不就洗也。云「小臣於小賓客饗食，掌正君位」者，按夏官小臣職云「小祭祀賓客饗食，如大僕之法」，此諸侯之聘客饗食，故亦小臣掌之也。

宰夫設筵，加席几。設筵於户西，南面，而左几。公不賓至授几者，親設湆醬，可以略此。○設湆，劉羌立反，下及注並同。

【疏】「宰夫」至「席几」　注「設筵」至「略此」　云「設筵於户西，南面，而左几」者，以其賓在户牖之間南面，又生人左几，異於神右几故也。云「公不賓至授几者，親設湆醬，可以略此」者，決聘禮禮賓時公親授几者，以無設湆醬之事故也，故下記云「不授几」，鄭云「異於醴也」。

無尊。主於食，不獻酬。飲酒、漿飲，俟于東房。飲酒，清酒也。漿飲，截漿也。其俟奠於豐上也。飲酒先言飲，明非獻酬之酒也。漿飲先言漿，別於六飲也。○截漿，昨再反。別於，彼列反。

【疏】「飲酒」至「東房」　注「飲酒」至「飲也」　云「飲酒，清酒也」者，按周禮酒正注「先鄭云：清酒，祭祀之酒」，後鄭從之，則此賓客用之者，優賓故也。云「漿飲，截漿也」者，截之言載，以其汁滓相載，故云截，漢法有此名故也。云「其俟奠於豐上也」者，下云「飲酒實於觶，加于豐」是也。此云「奠」，即彼「加」也。云「飲酒先言飲，明非獻酬之酒也」者，以其鄉飲酒、燕禮等獻酬之酒，皆不言飲，飲之可知，此擬酳口，故言「飲」是異於獻酬酒故也。是以酒人云「共賓客之禮酒、飲酒」，鄭注云「禮酒，饗燕之酒」，「不言飲食之酒，云飲亦是其義也。云「漿飲先言漿，別於六飲也」者，按漿人云「共王六飲：水、漿、醴、涼、醫、酏」，彼先云「六飲」，後云水漿，與此先云「漿」不同，故云「先云漿，別於六飲」。必別於「六飲」者，彼「六飲」爲渴而飲，此漿爲酳口，不爲渴，故異之。

凡宰夫之具，饌于東房。凡，非一也。飲食之具，宰夫所掌也。酒漿不在凡中者，雖無尊，猶嫌在堂。

【疏】「凡宰」至「東房」　注「凡非」至「在堂」　云「酒漿不在凡中者，雖無尊，猶嫌在堂」者，以其酒漿常在堂，若不特言之，則「凡」中不含之，言謂酒漿仍在堂，〔九〕故上特言之。

公如賓服，迎賓于大門内。不出大門，降於國君。

【疏】「公如」至「門内」　注「不出」至「國君」　自此盡「階上北面再拜稽首」，論主君迎賓入拜至之事。云「不出大門，降於國君」者，按周禮司儀云將幣「交擯，三辭，車逆拜辱」，「賓車進，荅拜」，又云致饔餼、饗食「皆如將幣之儀」，是國君來則出迎也。

大夫納賓。大夫，謂上擯也。納賓以公命。**賓入門左，公再拜，賓辟，再拜稽首。**左，西方賓位也。不敢當君拜也。○賓辟，婢亦反，又音避，及下同。**公揖入，賓從。**揖入，道之。○賓從，才用反。道之，音導。**及廟門，公揖入，**廟，禰廟也。

【疏】「及廟門，公揖入」　注「廟，禰廟也」　儀禮之内，單言廟者，皆據禰廟，是以昏禮納采云「至于廟」，記云「凡行事必用昏昕，受諸禰廟」，以此而言，則言廟皆禰廟也。若非禰廟，則言廟祧，若聘禮云「不腆先君之祧」，問卿云「受于祖廟」之類是也。但受聘在祖廟，食饗在禰，燕輕於食饗，又在寢，是其差次也。

賓入，三揖，每曲揖，及當碑，揖，相人偶。**至于階，三讓。**讓先升。

【疏】「至于階，三讓」 按曲禮云「客若降等，則就主人之階。主人固辭，然後客復就西階」，此亦降等，初即就西階者，此君與客食禮，禮之正，彼謂大夫、士以小小燕食之禮，故與此不同也。

公升二等，賓升。遠下人君。○遠下，户嫁反。

【疏】「公升二等，賓升」 注「遠下人君」 言「遠下人君」者，亦取君行一，臣行二之義也。

大夫立于東夾南，西面，北上。東夾南，東西節也。取節於夾，明東於堂。○東夾，古洽反，劉古協反。

【疏】「大夫」至「北上」 注「東夾」至「於堂」 此謂主國卿大夫立位。云「取節於夾，明東於堂」者，序已西爲正堂，序東有夾室，今大夫立于夾室之南，是「東于堂」也。

士立于門東，北面，西上。統於門者，非其正位，辟賓在此。

【疏】「士立」至「西上」 注「統於」至「在此」 案燕禮、大射士在西方，東西，北上，不統於門，又在門東北面，宜東統於君，今在門東，西上，統於門者，以賓在門西，辟賓，在此非正位故也。

小臣東堂下，南面，西上。宰東夾北，西面，南上。宰，宰夫之屬也。古文無「南上」。

【疏】「小臣」至「南上」 注「宰宰」至「南上」 云「宰東夾北，西面，南上」者，謂在北堂之南，與夾室相當，故云「夾北」也。云「宰，宰夫之屬也」者，以經云「南上」，則非止一人，但宰官之内，有宰夫之等，是以下有宰夫之官，皆於此立可知，故云「之屬也」。若然，宰尊官，在小臣之下者，〔一〇〕以其小臣位在北堂南，故先見之，非謂尊卑先後爲

次也。

内官之士在宰東北，西面，南上。夫人之官，内宰之屬也。自卿大夫至此不先即位，從君而入者，明助君饗食，賓自無事。

【疏】「内官」至「南上」　注「夫人」至「無事」　云「夫人之官，内宰之屬也」者，經云「内官」，按周禮天官内宰下大夫，掌王后已下，彼天子内官，諸侯未必有内宰，以其言「内官之士」，以士爲之，明當天子内宰，故舉内宰況之也。云「自卿大夫至此不先即位，從君而入者，明助君饗食，賓自無事」者，按前聘時，君迎客于大門内時，卿大夫已下入廟即位者，受聘事重，非饗食之事，故先入廟即位，此已下雖有宰及宰夫者，皆有事，及大夫二牲，〔一〕士庶羞之等，皆助君食賓，非己之事，故後入也。

介門西，北面，西上。西上，自統於賓也。然則承擯以下，立於士西，少進，東上。

【疏】「介門」至「西上」　注「西上」至「東上」　云「然則承擯以下，立于士西，少進，東上」者，以其介統於賓而「西上」，則擯統於君而「東上」可知。承擯以下，既是有事之人，承擯是大夫，又尊於士，故知「少進，東上」。不言上擯者，上擯有事，其位不定，故不言。

公當楣，北鄉，至再拜。賓降也，公再拜。楣謂之梁。至再拜者，興禮俟賓，嘉其來也。公再拜賓降矣。○北鄉，許亮反，後皆放此。

【疏】「公當」至「再拜」　注「楣謂」至「降矣」　自此盡「稽首」，論公拜至，賓荅拜之事。云「公再拜賓降矣」者，釋經「賓降」在「至再拜」下，「公再拜」上。以其「至再拜」者，公已一拜，賓即降，下「公再拜」者，賓降後又一拜，雖一拜本當再拜，故皆以「再拜」言之。猶下侑幣之時，「公一拜，賓降，公再拜」，注云「賓不敢俟成拜」也。若然，鄭云「公再拜

賓降矣」者，解經「至再拜」者「賓降」也。〔一二〕

賓西階東，北面荅拜，西階東，少就主君，敬也。**擯者辭。**辭，拜於下。**拜也，公降一等，辭曰：「寡君從子，雖將拜，興也。」**賓降再拜。公降，擯者釋辭矣，賓猶降，終其再拜稽首。興，起也。

【疏】「賓西」至「荅拜」　自此盡「稽首」，論賓降荅拜之事。此云「荅拜」，下云「拜也」，並據公未降之前，賓爲一拜。以其賓始一拜之間，公降一等，故間在一辭之中，是以鄭云「賓降再拜」，釋經「北面荅拜」及「拜也」。云「公降，擯者釋辭矣」者，解經「辭曰：『寡君從子，雖將拜，興也』」。鄭注云「賓猶降，終其再拜稽首」者，按下文「賓栗階升，不拜」，升既不拜，畧於下雖辭，賓猶終降再拜稽首也。若然，擯者辭拜於下之時，其位在下，故下記云「卿擯由下」，注云「不升堂」是也。按下文云「擯者退，負東塾而立」，注云「無事」；又云「擯者進相幣」，然則擯者有事則進，無事則退，故「負東塾」也。

賓栗階升，〔一三〕**不拜，**自以已拜也。栗，寔栗也，不拾級連步。趨主國君之命，不拾級而下曰辵。○不拾，音涉，下同。曰辵，勑略反。〔一四〕

【疏】「賓栗階升，不拜」　注「自以」至「曰辵」　云「自以已拜也」者，於堂下終爲再拜稽首，故於堂上不拜也。云「栗，寔栗也」者，謂疾之意也。云「不拾級連步」者，曲禮云「拾級聚足，連步以上」，鄭注云「拾當爲涉，聲之誤也。級，等也。涉等聚足，謂前足躡一等，後足從之并」，此涉級也；「連步」，鄭云「重蹉跌也。連步謂足相隨，不相過也」，其連步據足而言，涉級據階而說，其實一也。此等尋常升法，此栗階據趨君命而上。按燕禮記云「凡君所辭皆栗階」，注云「栗，蹙也，謂越等急趨君命也」；又曰「凡栗階不過二等」，注云「其始升，猶聚足連步，越二等，左右足各一發而升堂」，是栗階之法也。云「不拾級而下曰辵」者，凡升降有四種，云辵者，君臣急諫諍，則越三等爲辵階，越

一等爲歷階，又有連步，又有栗階，爲四等也，義已具於燕禮記疏也。

命之成拜，階上北面再拜稽首。賓降拜，主君辭之，賓雖終拜，於主君之意猶爲不成。

【疏】「命之」至「稽首」　注「賓降」至「不成」　按論語孔子云「拜下禮也，今拜乎上，泰也」，是以上文主君雖辭，賓猶終拜於下，盡臣之禮，爲成拜，主君之意猶以爲不成，故命之升，成拜，賓遂主君之意，故升更拜也。

士舉鼎，去冪於外，〔一五〕**次入，陳鼎于碑，南面，**〔一六〕**西上。右人抽扃，坐奠于鼎西，南順，出自鼎西。左人待載。**入由東，出由西，明爲賓也。今文「奠」爲「委」。古文「待」爲「持」。○去鼎，起吕反，卷末注去會同。

【疏】「士舉」至「待載」　注「入由」至「爲持」　自此盡「逆退，復位」論鼎入已載之事。〔一七〕云「去冪於外，次入」者，〔一八〕「次入」謂序入也，故少牢云「序入」；「去冪於外」者，以其入當載於俎，故去之也。士喪、士虞皆入乃去冪者，〔一九〕喪禮變于吉故也。

雍人以俎入，陳于鼎南。旅人南面加匕于鼎，退。旅人，雍人之屬，旅食者也。雍人言入，旅人言退，文互相備也。出入之由，亦如舉鼎者。匕、俎每器一人，諸侯官多也。

【疏】「雍人」至「鼎退」　注「旅人」至「多也」　云「旅人，雍人之屬」者，即燕禮云「尊士旅食于門西，兩圜壺」，鄭云士旅食者，「所謂庶人在官者也」，引王制解之者是也。云「雍人言入，旅人言退，文互相備也」者，雍人言入亦退，旅人

言退亦入，皆入而退去，故云「文互相備也」。云「每器一人，諸侯官多也」者，按少牢云「鼎序入，雍正執一匕以從，雍府執四匕以從，司士合執二俎以從，司士贊者二人皆合執二俎以相從」，〔二〇〕是大夫官少，故每人兼執也。若然，特牲云「贊者執俎及匕從鼎入」，士虞亦云「匕、俎從」，士昏禮亦云「匕、俎從設」，彼注云「執匕者、執俎者從鼎而入設之」，不言并合者，士官彌少，并合可知。不言者，文不具，或可。士禮又異於大夫，〔二一〕執鼎人兼執匕俎，故士喪禮小斂、大斂奠，舉鼎者兼執俎也，若依前釋，則士喪禮畧威儀故也。

大夫長盥，洗東南，西面，北上，序進盥，退者與進者交于前。卒盥，序進，南面匕。〔二二〕長，以長幼也。序，猶更也。前，洗南。○大夫長，丁丈反，注及下注之長同。猶更，音庚。

【疏】「大夫」至「面匕」　注「長以」至「洗南」　云「進盥，退者與進者交于前」，鄭云「前」，謂「洗南」，但言「前」，不云「北」，鄉飲酒、鄉射賓盥北面，則此大夫亦皆北面可知。云「長，以長幼也」者，若燕禮云「命長」之類，皆據長幼爲長，不謂衆中之長者也。

載者西面。載者，左人。〔二三〕亦序自鼎東，西面於其前。大夫匕則載之。

【疏】「載者西面」　注「載者」至「載之」　前云「左人待載」，其時鼎東，南面，今大夫鼎北面，南匕之左人當載，故序自鼎東，西面於其前矣。俎正當鼎南，則載者在鼎南稍東也。

魚腊飪。飪，孰也。食禮宜孰，饗有腥者。○腊飪，而審反。

【疏】「魚腊飪」　注「飪孰」至「宜孰」　上文直云「羹定」，肉謂之羹，恐魚腊不在羹定之中，故此特著「魚腊飪」也。以食

禮尚孰，故皆飪也。　注「饗有腥者」　樂記云大饗「而俎腥魚」，鄭注云「以腥魚爲俎實，不臑孰之」，是饗禮有腥也。又宣公十六年冬晉侯「使士會平王室，定王享之，原襄公相禮，殽烝。武子私問其故。王聞之，召武子曰：季氏而弗聞乎？王享有體薦，宴有折俎。公當享，卿當宴，王室之禮也」。又國語云「禘郊之事，則有全烝；王公立飫，則有房烝；親戚宴饗，則有殽烝」，以此觀之，明饗有腥，以饗禮用體薦，體薦則腥矣。〔二四〕故禮記云「腥其俎」，謂豚解而腥之，豚解者皆腥也。

載體，進奏。體，謂牲與腊也。奏，謂皮膚之理也。進其理本在前。下大夫體七个。○進奏，千豆反，注同。七个，〔二五〕古賀反。

【疏】「載體，進奏」　注「體謂」至「七个」　三牲與腊皆載體，直言體，不辨體形及數，以下魚、腸胃、倫膚皆言七，則此亦七體，故鄭云「下大夫體七个」。若然，七个此不言體形，按士虞記云「升左肩、臂、臑、肫、骼、脊、脅」七體，彼喪禮用左。又按鄉飲酒、鄉射記皆云「右胖進腠」，則此亦用右胖肩、臑、臂、肫、胳、脊、脅可知。〔二六〕既用右胖，則左胖爲庶羞。其庶羞者，此下大夫十六豆，上大夫二十豆是也。若致飧及歸饔餼腥鼎，皆無庶羞。鄉飲酒、鄉射、燕禮、大射雖同用狗一牲，以其亨，亨亦皆有庶羞也。云「奏謂皮膚之理。進其理本在前」者，此謂生人食法，故進本，本謂近上者。若祭祀，則進末，故少牢云「進下」，鄭云「變於食生」是也。

魚七，縮俎，寢右。右首也。寢右，進鬐也。乾魚近腴，〔二七〕多骨鯁。○鬐也，巨之反。魚近，附近之近，下宜近、相近同。腴，羊朱反。骨鯁，古孟反。

【疏】「魚七，縮俎，寢右」　注「右首」至「骨鯁」　云「縮俎」者，於人爲横。縮，縱也。魚在俎爲縱，於人亦横。云「寢右」，鄭云「右首也，寢右，進鬐也」，賓在户牖之間南面，俎則東西陳之，魚在俎，首在右，腹腴鄉南。鬐，脊也，進脊在北鄉賓。必以脊鄉賓者，鄭云「乾魚近腴，多骨鯁」，故不欲以腴鄉賓。取脊少骨鯁者鄉賓，優賓故也。若祭祀

則進腴，以鬼神尚氣，腴者，氣之所聚，故少牢「進腴」是也。

腸胃七，同俎。以其同類也，不異其牛羊，腴賤也。此俎實凡二十八。

【疏】「腸胃七，同俎」 注「以其」至「十八」 云「以其同類也」者，釋經「同俎」，以其牛羊同是畜類也。云「不異其牛羊，腴賤也」者，以牲體則異俎，及此腸胃即同俎，以其腹腴賤，故畧之同俎也。云「此俎實二十八」者，牛羊各有腸胃，腸胃各七，四七二十八也。但此腸胃與牲或同鼎同俎，或別鼎別俎，何者？據此下文七鼎，腸胃與牲別鼎別俎，是其正法，取其鼎俎奇也。少牢五俎腸胃與牲同鼎者，以其有鮮獸，若腸胃別鼎，則六不得奇，故并腸胃與牲同鼎，有司徹亦然。此「腸胃七」者，以其與牲體別鼎，故取數於牲，亦七，少牢并腸胃於牲鼎，故云「腸三胃三」，取數於脊脅各三也。賓尸禮殺於正祭，故腸胃各一。既夕盛葬奠，故腸胃五也。

倫膚七。倫，理也，謂精理滑脃者。〔二八〕今文「倫」或作「論」。○滑脃，七歲反。

【疏】「倫膚七」 倫膚，謂豕之皮革爲之。但此公食大夫爲賓用爲美，故膚與腸胃皆別鼎俎，特牲腥有三鼎，魚腊不同鼎，故膚從牲同鼎，有司徹雖同少牢，亦止三鼎而已，羊豕魚皆一鼎，故膚還從於牲鼎也。又此膚與牲體之數亦七，而少牢膚九者，此食禮，故膚從體數，少牢大夫之祭，膚出下牲，故取數於牲之體而九也。

腸胃、膚皆横諸俎，垂之。順其在牲之性也。腸胃垂及俎拒。○俎拒，劉音巨。

【疏】「腸胃」至「垂之」 注「順其」至「俎拒」 腸胃得在牲而垂，膚亦言順牲之性者，從多而言。云「垂及俎拒」者，少牢云「腸三、胃三，垂及俎拒」是也。

大夫既匕，匕奠于鼎，逆退，復位。事畢宜由便也。士匕載者，又待設俎。○由便，婢面反，下放此。

【疏】「大夫」至「復位」　注「事畢」至「設俎」　「士匕，載者，又待設俎」者，以上文云「士舉鼎」，又云「左人待載」，下文云「士設俎于豆南」，是「載者，又待設俎」可知也。

公降盥。將設醬。

【疏】「公降盥」　注「將設醬」　自此盡「各卻于其西」，論公與宰夫爲賓設正饌之事。云「將設醬」者，下云「公設之」，是以盥手也。

賓降，公辭。辭其從己。卒盥，公壹揖，壹讓，公升，賓升。揖讓皆壹，〔二九〕殺於初。古文「壹」皆作「一」。○殺於，所界反。宰夫自東房授醯醬，授，授公也。醯醬，以醯和醬。○授醯，呼西反。

【疏】「宰夫」至「醯醬」　注「授授」至「和醬」　按記云「蒲筵常」，長丈六尺，於堂上户牖之間，南面設之。乃設正饌於中席已東，自中席已西設庶羞也。云「醯醬，以醯和醬」者，按歸饔餼醯醢別，知此醯醬不別而以醯和醬者，此經所陳物，異者皆別器，此醯醬下但言「醬」，不別言醯，明以醯和醬可知。祭祀無此法，以生人尚褻味，故有之。

公設之。以其爲饌本。賓辭，北面坐遷而東遷所。東遷所，奠之東側其故處。○處也，昌慮反，下放此。

【疏】「賓辭」至「遷所」　注「東遷」至「故處」　云「東遷所」者，謂以西爲上，君設當席中，故東遷之，辟君設處。側，近

也，近其故處。

公立于序内，西鄉。不立阼階上，示親饌。

【疏】「公立」至「西鄉」　注「不立」至「親饌」　云「不立阼階上，示親饌」者，以其君之行事，皆在阼階上，今近阼北者，以其設饌在户西，近北，今君亦近北，是亦親監饌故也。〔三〇〕

賓立于階西，疑立。不立階上，以主君離阼也。疑，正立也，自定之貌。今文曰「西階」。○疑立，魚乞反，又魚力反，注同。君離，力智反。宰夫自東房薦豆六，設于醬東，西上，韭菹，以東醓醢、昌本，昌本南麋臡，以西菁菹、鹿臡。醓醢，醢有醓。昌本，昌蒲本，菹也。醢有骨謂之臡。菁蓂，菁菹也。今文「臡」皆作「麋」。○醓，他感反。麋臡，奴兮反，醢有骨者也，字林作腝，人兮反。菁，子丁反，劉音精。蓂，亡丁反。

【疏】「宰夫」至「鹿臡」　注「醓醢」至「作麋」　云「醓醢，醢有醓」者，按周禮醢人云「朝事之豆韭菹、醓醢」，已下依此爲次，彼注云「醓，肉汁也」，則此醓醢是肉之汁。「昌本」者，彼注云「昌蒲根」。又按彼注韲菹之稱，菜肉通，又云「細切爲韲，全物若牒爲菹」。又按彼經爲「菹」者，經言「菹」不言「韲菹」者，即是韲也，彼言昌本亦即韲也。此注云「菹」者，韲菹麤細爲異，通而言之，韲亦得爲菹，故云「菹」也。云「醢有骨者謂爲臡」，案爾雅釋器云「肉爲之醢，有骨者謂之臡」；〔三一〕又鄭司農云「有骨爲臡，無骨爲醢也」。云「菁蓂，菁菹也」者，即今之蔓菁也。〔三二〕

士設俎于豆南，西上，牛、羊、豕，魚在牛南，腊、腸胃亞之，亞，次也。不言綪錯，〔三三〕俎尊。○不綪，側耕反。

【疏】「士設俎」至「亞之」　注「亞次」至「俎尊」　云「不言綪錯，俎尊」者，上設豆綪陳之，下設黍稷錯陳之，此設俎不綪

不錯者，但尊故也。〔三四〕

膚以爲特。直豕與腸胃東也。〔三五〕特膚者，出下牲，賤。○直豕，音值。

【疏】「膚以爲特」　注「直豕」至「牲賤」　云「出下牲，賤」者，以豕在牛羊之下，賤膚豕之所出，故云「出下牲，賤」，特之於俎東也。

旅人取匕，甸人舉鼎，順出，奠于其所。以其空也，其所，謂當門。

【疏】「旅人」至「其所」　前旅人以匕入，加於鼎，退出，今還使之取匕。前士舉鼎入，今不使士舉鼎出者，以其士載訖，遂設俎於賓前，事未畢，故甸人舉鼎而出也。

宰夫設黍稷六簋于俎西，二以並，東北上。黍當牛俎，其西稷，錯以終，南陳。並，併也，今文曰「併」。古文「簋」皆作「軌」。○並併，步頂反，下皆同。大羹湆不和，實于鐙。宰右執鐙，左執蓋，由門入，升自阼階，盡階，不升堂，授公，以蓋降，出，入，反位。大羹湆，煑肉汁也，大古之羹。不和，無鹽菜。瓦豆謂之鐙。宰，謂大宰，宰夫之長也。有蓋者，饌自外入，爲風塵。今文「湆」爲「汁」，又曰「入門自阼階」，無「升」。○不和，户卧反，注不和同。于鐙，音登，瓦豆也。大古，音泰，下大宰皆同。爲風，于僞反，下爲其、爲將同。

【疏】「大羹」至「反位」　注「大羹」至「無升」　云「以蓋降，出，入，反位」者，宰位在東夾北，西面，南上，今以蓋降出，送於門外，乃更入門，反於東夾北位也。云「大羹湆，煑肉汁也，大古之羹」者，謂是大古五帝之羹。云「不和，無鹽菜」也，大古質，故不和以鹽菜，對鉶羹調之以鹽菜者也。云「瓦豆謂之鐙」，詩云「于豆于登」，毛亦云「木曰豆，瓦曰登」。云

「宰謂大宰，宰夫之長」者，以單言宰，諸侯三卿，無大宰，以司徒兼大宰，大宰之下有宰夫，故云「宰夫之長也」。

公設之于醬西。賓辭，坐遷之。亦東遷所。

【疏】「公設」至「遷之」　注「亦東遷所」　言「亦」者，亦前醬「東遷所」，以醬既東遷所，今於醬西遷之，明「亦東遷所」，移之故醬處也。

宰夫設鉶四于豆西，東上，牛以西羊，羊南豕，豕以東牛。鉶，菜和羹之器。○設鈃，音刑。

【疏】「宰夫」至「東牛」　注「鉶菜和羹之器」　云「鉶，菜和羹之器」者，下記云「牛藿、羊苦、豕薇」，是菜和羹，以鉶盛此羹，故云「之器」也。據羹在鉶言之，謂之鉶羹；據器言之謂之鉶鼎；正鼎之後設之，謂之陪鼎；據入庶羞言之，謂之羞鼎，其實一也。

飲酒實于觶，加于豐。豐，所以承觶者也，如豆而卑。○而卑，劉音婢，又如字。**宰夫右執觶，左執豐，進設于豆東。**食有酒者，優賓也。設于豆東，不舉也。燕禮記曰：「凡奠者於左。」○食有，音嗣，下爲食、食禮同。

【疏】「宰夫」至「豆東」　注「食有」至「於左」　云「食有酒者，優賓也」者，按下文宰夫執漿飲，賓興，受，唯用漿酳口，不用酒，今主人猶設之，是優賓。引燕禮者，〔三六〕彼據酒主人奠於薦左，賓不飲，取奠於薦右，此酒不用，故亦奠於豆東，酒義雖異，不舉是同，故引爲證也。按燕禮無此文，鄉飲酒、鄉射記皆云「凡奠者於左，舉者於右」，不同之，而引燕禮記者，〔三七〕此必轉寫者誤，〔三八〕鄭本引鄉飲酒、鄉射之等也。

宰夫東面坐，啓簠會，各卻于其西。會，簠蓋也，亦一一合卻之，各當其簠之西。

【疏】注「會簠」至「之西」　云「亦一一合卻之」者，卻者，仰也，簠蓋有六，〔三九〕兩兩皆相重而仰之，謂之合卻，〔四〇〕故云「一一卻合之，各當其簠之西」，爲兩處。「亦」者，亦少牢，故少牢云「佐食啓會蓋二，以重設于敦南」也。

贊者負東房，南面告具于公。負東房，負房户而立也。南面者，欲得鄉公與賓也。

【疏】「贊者」至「于公」　注「負東」至「賓也」　自此盡「醬湆不祭」，論賓所祭饌之事。經直云「負東房」，鄭知「負房户而立」者，以公在東序内，賓在户西，雖告具于公，且欲使賓聞之，故知於房近西，是以鄭云「得鄉公與賓也」。

公再拜，揖食。再拜，拜賓饌具。賓降拜，荅公拜。公辭，賓升，再拜稽首。不言成拜，降未拜。賓升席，坐取韭菹，以辯擩于醢，上豆之間祭。擩，猶染也。今文無「于」。○以辯，音遍，下同。擩于，人悦反，劉而玄反，又日誰反。染也，人漸反，又七内反。贊者東面坐取黍，實于左手，辯，又取稷，辯，反于右手，興，以授賓，賓祭之。取授以右手便也。賓亦興，受，坐祭之，於豆祭也。獨云贊興，優賓也。少儀曰：「受立，授立，不坐。」○少儀，詩召反。

【疏】「贊者東面」至「祭之」　注「取授」至「不坐」　此所授者，皆謂遠賓者，故菹醢及鉶皆不授，以其近賓，取之易，故不言。按曲禮云「殽之序，辯祭之」，故知雖不授亦祭可知也。經直云「祭」，知祭之「於豆祭」者，按少牢云「尸取韭菹，辯擩于三豆，祭于豆間」，故知於豆祭也。云「獨云贊興，優賓」者，欲見賓坐而不興，是優賓，其實俱興也。引

少儀者，欲見贊興賓亦興之義，以其賓坐贊亦坐故也。

三牲之肺不離，贊者辯取之，壹以授賓。肺不離者，刌之也。不言刌，刌則祭肺也。此舉肺不離而刌之，便賓祭也。祭離肺者，絶肺祭也。壹，猶稍也。古文「壹」作「一」。〔四一〕

○刌之，寸本反。

【疏】「三牲」至「授賓」　注「肺不」至「作一」　云「肺不離者，刌之也」者，按少儀云「牛羊之肺，離而不提心」，鄭云「提，猶絶也，刌之，〔四二〕不絶中央少者」，此即爲食而舉肺也。少牢云「舉肺一，長終肺，祭肺三，皆切之」，是祭肺切，舉肺不切。云「不言刌，刌則祭肺也」者，是與祭肺同，〔四三〕其實舉肺。云「祭離肺者，絶肺祭也」者，此鄭解舉肺將祭之時，絶末而祭之，〔四四〕與祭肺異也。凡舉肺有二名：一名離肺，亦名舉肺。祭肺亦名刌肺也。

賓興受，坐祭，於是云「賓興受，坐祭」，重牲也。賓亦每肺興，受祭，於豆祭。挩手，扱上鉶以柶，辯擩之，上鉶之間祭。扱，以柶扱其鉶菜也。挩，拭也，拭以巾。○挩手，始鋭反。扱上，初洽反。拭也，音式。

【疏】「挩手」至「間祭」　注「扱以」至「以巾」　此云「上鉶之間祭」者，著其異於餘者，餘祭於上豆之間，此鉶別自祭鉶間。云「挩，拭也，拭以巾」者，案内則「左佩紛帨」，帨即佩巾，而云「挩，拭，拭手以巾。似帨不名巾者，本名帨者，以拭手爲名，其實名巾，故鄭舉其實稱也。此有四鉶而云扱上鉶，辯擩，則唯有一柶優賓，故用一柶而已。少牢二鉶祭神，故宜各有柶也。

祭飲酒於上豆之間，魚、腊、醬、湆不祭。不祭者，非食物之盛者。

【疏】「祭飲」至「不祭」　注「不祭」至「盛者」　此「不祭」者，以在正饌之內，〔四五〕以其有三牲之體，魚、腊、湆、醬非盛者，故不祭也。若入庶羞則祭之，故下文云「士羞庶羞，皆有大」，又云「辯取庶羞之大，興，一以授賓，賓受，兼壹祭之」。〔四六〕少儀云「祭膴」，膴詁爲大魚肉之臠，是亦祭之。

宰夫授公飯粱，公設之于湆西。賓北面辭，坐遷之。既告具矣，而又設此，殷勤之加也。遷之，遷而西之，以其東上也。

【疏】「宰夫」至「遷之」　注「既告」至「上也」　自此盡「降，出」，論設加饌粱與庶羞之事。云「遷之，遷而西之，以其東上也」，知粱東上者，下文「宰夫膳稻于粱西」，是以粱在東爲上也。

公與賓皆復初位。位，序內階西。

【疏】「公與賓皆復初位」　注「位序內階西」　按上公設醬時，立于序內，賓立於階西，此云「公與賓復初位」，故知公還在序內，賓還在階西也。

宰夫膳稻于粱西。膳，猶進也。進稻粱者以篚。

【疏】「宰夫」至「粱西」　注「膳猶」至「以篚」　知進稻以篚者，下記云「篚有蓋冪」，鄭注云「稻粱將食乃設，去會於房，蓋以冪」，上云設黍稷訖，云卻會，此稻粱不云卻會者，先於房去之故也。

士羞庶羞皆有大、蓋，執豆如宰。羞，進也。庶，衆也。進衆珍味可進者也。大，以肥美者，特爲臠，所以祭也。魚或謂之膴，膴，太也，唯醢醬無大。如宰，如其進大羹湆，「右執鐙，〔四七〕左執蓋」。○爲臠，力轉反。之膴，火奴反。

【疏】「士羞」至「如宰」 注「羞進」至「執蓋」 曰：云「皆有大」者，中有二物，三物之肉，兼有魚也。云「魚或謂之膴，膴，大也」者，或，有司徹云〔四八〕「尸俎五魚」、「侑主人皆一魚」、「皆加膴祭于其上」是也，少儀云「膴祭」也。云「唯醢醬無大」者，鄭注周禮醢人作醢之法「先膊乾其肉，乃後莝之，雜以粱麴及鹽，漬以美酒，塗置甀中，百日則成矣」，何大臠之有也？醬則醢也，亦無大臠也。

先者反之，由門入，升自西階。庶羞多羞，人不足，則相授於階上，復出取也。○復出，扶又反，下復告、復發、將復、不復、復自皆同。

【疏】「先者反之」 「反之」者，〔四九〕以其庶羞十六豆，羞人不足，故先至者反取之。下文云「先者一人升，設於稻南」，其人不反，則此云「先者反之」，謂第二已下爲「先者」也。

先者，一人升，設于稻南，簋西，間容人。簋西，黍稷西也。必言稻南者，明庶羞加，不與正豆併也。「間容人」者，賓當從間往來也。

【疏】注「簋西」至「來也」 「簋西，黍稷西也。必言稻南」者，以其黍稷西近北有稻，故庶羞設黍稷西南，南陳之，是稻粱與庶羞俱是加，〔五〇〕故南北相繼，而在黍稷正饌之西，〔五一〕是下不與正豆併也。〔五二〕云「間容人者，賓當從間往來也」者，下文賓「左擁簠粱，〔五三〕右執湆，以降。公辭，升，反奠于其所」，是賓往來也。

旁四列，西北上。不統於正饌者，雖加，自是一禮，是所謂羹胾中別。

【疏】「旁四列，西北上」注「不統」至「中別」　云「所謂羹胾中別」者，按曲禮云「左殽右胾」，彼云殽，骨體也，此肉謂之羹，亦一也；殽爲正饌，胾謂切肉，〔五四〕則庶羞；云「左殽右胾」，則曰此正饌在東，庶羞在西，間容人同，故謂「所謂羹胾中別」也。

膷，以東臐、膮、牛炙。膷、臐、膮，今時臛也，牛曰膷，羊曰臐，豕曰膮，皆香美之名也。古文「膷」作「香」，「臐」作「薰」。○膷，音香。臐，許云反。膮，呼堯反。牛炙，章夜反，下同。臛，火各反，又火沃反。

炙南醢，以西，牛胾、醢、牛鮨。先設醢，綪之以次也。內則謂鮨爲膾，〔五五〕然則膾用鮨。今文「鮨」作「鰭」。○牛鮨，巨支反，注鰭音同，郭璞云：「鮨，鮓屬」。〔五六〕

【疏】注「先設醢綪之以次也」　此云「先設醢，綪之次」，而特牲注云「以有醢不得綪也」，與此「先設醢，〔五七〕綪之以次」違者，大凡醢配胾是其正，〔五八〕而醢卑于胾，今牛羊豕胾皆在醢下者，直是綪之次，非尊卑之列，特牲以一「有醢」，若綪之當醢在胾上，不成错，故不得綪；少牢四豆，羊胾，醢，故得綪而错，與此同也。

鮨南羊炙，以東羊胾、醢、豕炙。炙南醢，以西豕胾、芥醬、魚膾。芥醬，芥實醬也。內則曰：「膾，春用葱，秋用芥。」衆人騰羞者盡階不升堂，授，以蓋降，出。騰當作媵，媵，送也。授，授先者一人。○衆人騰，依注音媵，以證反，又繩證反。

贊者負東房，告備于公。復告庶羞具者，以其異饌。〔五九〕

【疏】「贊者」至「于公」　自此盡「兼壹祭之」，〔六〇〕論贊告饌具賓祭之事。

贊升賓。以公命命賓升席。

【疏】「贊升賓」 注「以公命命賓升席」 前設饌訖，贊者「告具于公。公再拜，揖食」，此使「贊升賓」者，以其禮殺故也。是以上文正饌，公先拜，賓荅拜，此賓先拜公，公荅拜爲異也。

賓坐席末，取粱即稻，祭于醬湆間。即，就也。祭稻粱不於豆祭，〔六一〕祭加宜於加。〔六二〕

【疏】注「即就」至「於加」 云「祭稻粱不於豆祭，祭加宜於加」者，按下文云「賓三飯，以湆醬」，注云「每飯歠湆，以肴擩醬食正饌也，三飯而止」；又云「不以湆醬」，注云「不復用正饌也」，則此湆醬是正饌，而云「加」者，但湆醬與粱皆是加，故公親設之。下文爲正饌，而此云「加」者，〔六三〕爲湆醬雖是加，以在正饌之上，得與正饌爲本，故名正饌，其實是正饌之加，故公親設之也。

贊者北面坐，辯取庶羞之大，興，一以授賓。賓受，兼壹祭之。壹壹受之而兼一祭之，〔六四〕庶羞輕也。自祭之於腳臐之間，以異饌也。

【疏】「贊者」至「祭之」 注「壹壹」至「饌也」 「壹壹受之而兼一祭之，庶羞輕也」者，決上三牲之腩祭之，〔六五〕今此祭庶羞并之，故云「輕也」。云「自祭之於腳臐之間，以異饌也」者，不云「於豆祭」，而云「於腳臐之間」，以祭宜於加故也。

賓降拜，拜庶羞。

【疏】「賓降拜」 注「拜庶羞」 自此盡「魚腊不與」，論賓正食受侑幣，至於食終之事。

公辭，賓升，再拜稽首，公荅再拜。賓北面自間坐，左擁簠粱，〔六六〕右執湆以降。自間坐，由兩饌之間也。擁，抱也。必取粱者，公所設也。以之降者，堂尊處，欲食於階下然也。公辭。賓西面坐奠于階西，東面對，西面坐取之，栗階升，北面反奠于其所。降辭公，奠而後對，成其意也。降辭公，敬也。必辭公者，爲其尊而親臨己食，侍食贊者之事。

【疏】注「奠而」至「之事」 云「成其意」者，謂成其食降階下之意，故奠乃對，此決下文大夫相食，賓執粱與湆之西序端，主人辭，賓反之而不奠也。

公許。賓升，公揖，退于箱。箱，東夾之前，俟事之處。

【疏】注「箱東」至「之處」 按爾雅「有東西廂曰廟」，其夾皆在序外故也。知是「俟事之處」者，正以此文公揖退于廂而俟賓食，即待事之處也。

擯者退，負東塾而立。無事。賓坐，遂卷加席，公不辭。贊者以告公，公聽之，重來，優賓。

【疏】「賓坐」至「不辭」 注「贊者」至「優賓」 知云「贊者以告公，公聽之」者，公既在序外，賓食在户西，若不告公，公何以知之，明知贊者告公也。云「重來，優賓」者，若公來則勞賓，不來則賓不勞，故難重來，而不來則優饒賓也。

賓三飯，以湆醬。每飯歠湆，以肴擩醬，〔六七〕食正饌也。三飯而止，君子食不求飽。不言其肴，優賓。○三飯，扶晚反，注同。歠湆，昌悦反。

【疏】「賓三飯，以涪醬」注「每飯」至「優賓」　云「每飯歠涪，以殽擩醬」者，按曲禮「三飯，主人延客食胾，〔六八〕然後辯殽」，鄭注云「先食胾，後食殽，殽尊」。此先食殽者，彼鄭云「大夫、士與客燕食之法，其禮食宜放公食大夫禮云」。若然，此爲禮食，故先食殽；大夫、士與客燕食，〔六九〕則先食胾，故不同。又按昏禮同牢，云「贊爾黍，授肺、脊，皆食以涪醬，皆祭舉、食舉也」，注云「皆食黍也。〔七〇〕以，用也。用者，謂歠涪咂醬」，而不食殽者，此公食賓禮，解體折節，明食殽可知，彼豚解者，皆不食，故彼不食殽也。是以彼又云「三飯卒食」，注「同牢示親，不主爲食起，三飯而成禮也」，故不食殽也。但涪言啜，淡故也；醬言擩，鹹故也。云「三飯而止，君子食不求飽」者，解「三飯而止」，故下宰夫進漿，是不求飽，故引論語學者「食不求飽」爲證也。云「不言其殽，優賓」者，案特牲、少牢尸食時舉殽，皆言次第，此不言者，任賓取之，是優賓也。

宰夫執觶漿飲與其豐以進。此進漱也，非爲卒食，爲將有事，緣賓意欲自絜清。○漱，所又反。**賓捝手，興，受。**受觶。**宰夫設其豐于稻西。**酒在東，漿在西，是所謂左酒右漿。

【疏】「宰夫」至「稻西」　注「酒在」至「右漿」　云「酒在東，漿在西」者，案上「飲酒實于觶」，宰夫「設于豆東」，是酒在東也；云漿在西者，即此經設於「稻西」是也。云「是所謂左酒右漿」者，按曲禮云「酒漿處右」，鄭云「此言若酒若漿耳，兩有之則左酒右漿」。云「兩有」者，據此公食而言「左酒右漿」也。

庭實設。乘皮。○乘皮，繩證反，下乘皮，下文之乘同。**賓坐祭，遂飲，奠於豐上。**飲漱。**公受宰夫束帛以侑，西鄉立。**束帛，十端帛也。侑，猶勸也。主國君以爲食賓殷勤之意未至，復發幣以勸之，欲用深安賓也。西鄉立，序內位也，受束帛于序端。○以侑，音又。

【疏】「公受」至「鄉立」　注「束帛」至「序端」　云「西鄉立，序内位也」者，按上文公設醬，「公立于序内，西鄉」，此經亦云「西鄉立」，故知亦在「序内位也」。云「受束帛于序端」者，按大射禮，〔七一〕公凡受於序端，〔七二〕故每云「公之所受」者，皆約之受於序端。

賓降筵，北面。以君將有命也，北面於階上。〔七三〕

【疏】「賓降筵，北面」　注「以君」至「階上」　云「以君將有命」者，謂有束帛侑食之命，故賓降筵北面，於西階上以待主君之命。

擯者進相幣。爲君釋幣，辭於賓。○相幣，息亮反。爲君，于僞反，下爲其、爲之致同。**賓降辭幣，升，聽命，**降辭幣，主國君又命之升，聽命，釋許辭。

【疏】「賓降」至「聽命」　注「降辭」至「許辭」　云「主國君又命之升」，知者，約聘禮禮賓「賓降辭幣，公降一等辭，栗階升，聽命」是也。

降拜。當拜受幣。**公辭。賓升，再拜稽首，受幣，當東楹。北面，**主國君南面授之。當東楹者，欲得君行一，臣行二也。

退，西楹西，東面立。俟主國君送幣也。退不負序，以將降。

【疏】「退，西楹西，東面立」　注「俟主」至「將降」　按聘禮「賓三退，負序」，注云「三退，三逡遁也。不言辟者，以執圭將進授之」，彼皆當楣再拜，故賓退負序。此亦爲公拜送幣，但在楹西耳，故賓在階西，「不負序，以將降」故也。

公壹拜，賓降也，公再拜。賓不敢俟成拜。**介逆出。**以賓事畢。**賓北面揖，執庭實以出。**揖執者，示親受。

公降立。侯賓上介受賓幣，從者訝受皮。從者，府、史之屬。訝，迎也。今文曰「梧受」。○從者，才用反，注同。曰梧，五故反。

【疏】注「從者」至「梧受」　云「從者，府、史之屬」，知非士介者，此子男小聘使大夫，士介一人而已，介已受賓幣，故知訝受者非士介，是府、史之屬也。

賓入門左，没霤，北面再拜稽首。便退則食禮未卒，不退則嫌，更入行拜，若欲從此退。

【疏】「賓入」至「稽首」　注「便退」至「此退」　云「便退則食禮未卒，不退則嫌」者，此鄭探解賓意食禮自有常法，三飯之後，當受侑幣，更入以終食禮，故送庭實而後入，是以鄭云「便退則食禮未卒」，解經「賓入」之意，云「不退則嫌」者，謂有貪食之嫌，解「再拜稽首」將辭之意。是以「更入行拜，若欲從此退」者，待公設辭留賓之意也。

公辭，止其拜，使之卒食。揖讓如初。如初入也。升，賓再拜稽首，〔七四〕公荅再拜。賓拜，拜主國君之厚意。賓揖介入復位。

【疏】注「賓揖介入復位」　上文云「介逆出」，下更云「介逆出」，明知中間介復入可知，但復入之節，當此賓入之時也。

賓降辭公，如初。將復食。賓升。公揖，退于箱。賓卒食會飯，三飲，卒，已也，已食會飯，三漱漿也。〔七五〕會飯，謂黍稷也。此食黍稷，則初時食稻粱。

【疏】注「卒已」至「稻粱」　知「會飯」是「黍稷」者，見上文云「宰夫東面坐啓簋會，各卻於其西」，此云「食，會飯」，故知會飯者，是黍稷也。前賓三飯不云會，以其簠盛稻粱，以其稻粱無會，〔七六〕故鄭云「此食黍稷，則初時食稻粱」矣。

不以醬湆。不復用正饌也。初時食加飯，用正饌，此食正飯，用庶羞，互相成也。後言湆者，湆或時後用。

【疏】「不以醬湆」　注「不復」至「後用」　云「初時食加飯，用正饌，此食正飯，用庶羞，互相成也」者，按上文「賓三飯以湆醬」，注云「每飯歠湆，以殽擩醬」，是正饌，稻粱是其加。此云「卒食，會飯三飲，不以醬湆」，鄭意以庶羞黍稷是其正，〔七七〕庶羞是其加，互相成而已。言「相成」者，既非互文，直取饌食互相成而已。云「後言湆者，湆或時後用」者，〔七八〕前文「賓三飯以湆醬」，先言湆，後言醬，是先用湆，此後言湆，或容前三飯後用湆也，故作文有先後也。

捝手，興，北面坐取粱與醬以降，西面坐奠于階西，示親徹也。不以出者，非所當得，又以已得侑幣。

【疏】注「示親」至「侑幣」　云「不以出者，非所當得，又以已得侑幣」者，〔七九〕云「不以出者」，決士昏禮賓取脯出，以授從者，彼是己所當得，此非直已得侑幣。下文「有司卷三牲之俎，歸于賓館」，是己所當得，鄭不言「三牲」而言「侑幣」者，據已得者而言之。

東面再拜稽首。卒食拜也，不北面者，異於辭。

【疏】「東面再拜稽首」　注「卒食」至「於辭」　云「卒食拜也，不北面者」，按上文賓受侑幣出，「入門左，没霤，〔八〇〕北面，再拜稽首」，其時辭欲退，公留之卒食，故決之。以其待公留，故北面，此卒食禮終，故東面，爲意有異，故面位不同，是以鄭云「不北面者，異於辭也」。

公降，再拜。荅之也，不辭之，使升堂，明禮有終。介逆出。賓出，公送于大門内，再拜。賓不

顧。初來揖讓而退，不顧，退禮畧也，示難進易退之義。擯者以賓不顧告公，公乃還也。○易退，以豉反。

【疏】「介逆」至「不顧」 注「初來」至「還也」 云「擯者以賓不顧告公，公乃還也」者，知擯者告公者，按經「公送于大門內」，公不見賓矣，而云「賓不顧」，明知擯者告公，公還入宴寢也。此擯者告賓不顧，即論語云「賓退，必復命曰：賓不顧矣」，但彼據聘享訖，此據食禮訖，事雖不同，復命云「賓不顧矣」即不異。

有司卷三牲之俎，歸于賓館。卷猶收也，無遺之辭也。三牲之俎，正饌尤尊，盡以歸賓，尊之至。歸俎者，實于篚，它時有所釋故。○盡以，津忍反。它時，士多反，本又作他。

【疏】「有司」至「賓館」 注「卷猶」至「釋故」 云「歸俎者，實于篚」者，此食禮無胕俎，而言「卷三牲之俎」，不言「用俎」，唯云「實于篚」。按士虞禮亦無胕俎，尸舉牲體皆盛於篚，吉凶雖不同，無胕俎是一，故知同用篚也。云「它時有所釋故」者，〔八二〕解「三牲之俎」言「卷」。案特牲及士虞「尸卒食」，取俎歸於尸「三个」，是有所釋，此無所釋，故稱卷也。彼注云「釋，猶遺也」，遺者，君子不盡人之歡，不竭人之忠也。

魚、腊不與。以三牲之俎無所釋故也。禮之有餘，爲施惠。不言腸胃、膚者，在魚、腊下，不與可知也。古文「與」作「豫」。○不與，音預，注同。爲施，如字，又注式豉反。

校勘記

〔一〕 下注後食饗食禮同 徐乾學本同，盧本於「禮」上增「食」字。黄焯彙校引張氏識誤云「食饗」當作「饗食」。阮元云：案「後食」指下注「先饗後食」，「饗食」指下注「小臣於小賓客饗食」，今本不誤，惟「禮」字疑衍文。

〔二〕 此篇據小聘大夫者 阮校云通解、楊氏同，毛本無「據」字。

〔三〕問所以來事　阮校云毛本「以」下有「爲」字，嚴州本、集釋、要義俱無。張本同釋文。引盧文弨云：「疏云『賓使上介出請大夫所爲來之事』，無『以』字，釋文或本是『所爲』，誤作『以爲』也。」今按盧説殆是，「爲」字當有。又徐本有「爲」字，阮氏失校。

〔四〕入于次者俟辨　阮校云陳本、通解、要義同，毛本「辨」作「辨」。

〔五〕注同　「注」原誤作「生」，此據徐乾學本改。

〔六〕鼏若束若編　阮校云「鼏」聶氏作「幂」，下同。

〔七〕與聘禮腥一牢鼎七同也　「一」原作「二」，此據單疏改。阮校云監本誤作「二」。今按聘禮云「腥二牢，鼎二七」，則「腥一牢」自然「鼎七」，單疏是，此本誤據監本。

〔八〕詩云白茅苞之　「云」原作「曰」，乃據陳本也，此據單疏改。今按阮本亦據張敦仁本作「曰」，與校記作「云」不同，殊誤。

〔九〕言謂酒漿仍在堂　阮校浦鏜云「言」疑「嫌」字誤。

〔一〇〕宰尊官在小臣之下者　阮校云「在」上陳、閩、通解俱有「反」字。

〔一一〕及大夫二牲　阮校浦鏜云「二」爲「七」字之誤。

〔一二〕解經至再拜者賓降也　阮校云陳、閩、通解同，毛本「也」作「矣」，又「者」字衍文。

〔一三〕賓栗階升　唐石經無「賓」字。集釋校以爲不當有，石經是。按上有「公降一等」，擯者釋「辭」，則此「賓」字不宜删；燕禮「公有命」單疏引亦有「賓」字，石經非也。今按阮説是。

〔一四〕勑略反　「勑」徐乾學本作「勅」。

〔一五〕士舉鼎去幂於外　阮校云唐石經同釋文、毛本「幂」作「鼏」。今按徐本亦作「鼏」。

〔一六〕陳鼎于碑南面　阮校云徐本、楊氏重「南」字，唐石經、嚴州本、集釋、通解、敖氏不重。敖氏曰「碑」下脱一「南」字。

〔一七〕論鼎入已載之事　阮校浦鏜云「已」爲「七」之誤。

〔一八〕去幂於外　阮校云「幂」毛本作「鼏」。

〔一九〕士喪士虞　阮校云「士喪士虞」陳本作「士喪禮」，「禮」字下空一字，閩本作「士喪禮云」。

〔二〇〕二俎以相從　阮校云通解同，毛本「從」下有「入」字。今按少牢經文有「入」字。

〔二一〕或可士禮又異於大夫　阮校云監本同，毛本「可」作「云」。今按「可」字從上句讀亦通。

〔二二〕南面匕　阮校瞿中溶云唐石經原刻「南面」，下有「西上」二字，後磨改删去。

〔二三〕載者左人　阮校云集釋、楊、敖同，毛本「人」下有「也」字。今按徐本有「也」字，汪文臺識語云通解亦有。

〔二四〕以饗禮用體薦體薦則腥矣　阮校云要義同，「體薦」二字毛本不重。

〔二五〕七个　徐乾學本同，盧文弨本「个」作「介」。

〔二六〕亦用右胖肩臑臂肫胳脊脅可知　「胳」毛本作「骼」，阮校云閩本作「胳」。今按阮校及盧宣旬摘録皆作「骼」，乃誤以毛本作單疏。

〔二七〕乾魚近腴　阮校云「近」陳、閩、葛、通解、楊氏俱誤作「進」，釋文爲「近」字作音。又「腴」字徐本作「腴」，亦誤。

〔二八〕謂精理滑脃者　阮校云「脃」徐、陳、閩、監、葛本俱作「脆」。按説文「脃」从肉从絶省，作「脆」非也。今按《玉篇》説「脃」同「脆」。

〔二九〕揖讓皆壹　阮校云徐本、集釋、通解、楊氏同，毛本「壹」作「一」。

〔三〇〕是亦親監饌故也　阮校云「亦」毛本、通解作「示」。

〔三一〕謂之鬵　阮校云毛本「之」作「爲」。

〔三二〕即今之蔓菁也　阮校云「菁」陳、閩俱作「青」。

〔三三〕不言絳錯　阮校云張氏從釋文，「不絳」中無「言」字。按疏有。

〔三四〕但尊故也　阮校云「但」毛本作「俎」。今按「但」當爲「俎」之譌字。

〔三五〕直豕與腸胃東也　阮校云「也」通解作「北」。

〔三六〕引燕禮者　阮校云「禮」下要義有「記」字。

〔三七〕不同之而引燕禮記者　阮按「同」字疑誤，或是「引」字。

〔三八〕此必轉寫者誤　阮校云通解、要義同，毛本「轉」作「傳」，「者」下有「之」字，張淳作「傳」，無「之」字。

〔三九〕簋蓋有六　阮校云「蓋」要義作「會」。

〔四〇〕謂之合卻　「合卻」原作「卻谷」，阮校云「卻合」二字要義倒，下同。今按依注當作「合卻」，要義是，此據改。

〔四一〕壹猶稍也古文壹作一　黄刊嚴州本無「也」字。阮校云「古」上今本有一圈，不知何故。按此節經注據士冠疏，則經當云「一以授賓」，注當云「古文一作壹」，今本與賈説不合，當由後人妄改，然諸本皆然，其誤久矣。

〔四二〕刌之　阮校云「刌」下毛本、通解有「離」字。今按少儀注有「離」字，毛本是。

〔四三〕是與祭肺同　「與」原作「興」，此據單疏改。阮本亦沿張敦仁本之誤。

〔四四〕絶末而祭之　阮校云通解同，毛本「末」作「未」。今按作「末」是。

〔四五〕以在正饌之内　「在正」原作「正在」，阮校云「正在」毛本作「在正」，毛本是，此據改。

〔四六〕壹祭之　阮校云通解同，毛本「壹」作「一」。

〔四七〕右執鐙　「鐙」黄刊嚴州本、徐本、毛本俱作「豆」。今按依上經作「鐙」是，阮本同。然阮氏無校記而逕從張敦仁本，亦自亂條例。

〔四八〕或有司徹云　阮校云通解、毛本無「或」字。

〔四九〕反之者　阮校云此段疏五十三字今本俱誤作注，通解載此疏於下節注下。

〔五〇〕稻粱與庶羞俱是加　阮校云通解、毛本無「粱」字。

〔五一〕而在黍稷正饌之西　阮校云監本同，毛本「而」作「俱」。

〔五二〕是下不與正豆併也　阮校浦鏜云「下」字誤衍。

〔五三〕左擁簠粱　阮校云「簠」字毛本作「簋」。按簋盛黍稷，簠盛稻粱，下經舊本俱作「簠」。

〔五四〕胾謂切肉　阮校云通解同，毛本「謂」作「爲」。

〔五五〕内則謂鮨爲膾　「内」原作「肉」，黄氏校録云張本改「肉」爲「内」，據監本也，此據改。「膾」黄刊嚴州本、徐本俱作「鱠」。阮校云徐、陳「膾」俱作「會」，乃誤校。又「肉」徐本作「内」，阮氏未指出。今按「肉」爲「内」之誤，「内則」指禮記之内則篇。

〔五六〕郭璞云鮨鮓屬　「鮓」徐乾學本作「鮮」，黄焯彙校云作「鮓」是。

〔五七〕先設醢　「先」原誤作「設」，此據單疏改。今按阮本亦承張敦仁本之誤。

〔五八〕大凡醢配胾是其正　「凡」單疏本作「汎」，阮校云通解同。

〔五九〕復告庶羞具者　「復」徐本作「隨」。阮校云集釋、通解、楊、敖俱作「復」。

〔六〇〕兼壹祭之　阮校云「壹」毛本作「一」。

〔六一〕不於豆祭　阮校云嚴州本、楊氏同，與單疏述注合，毛本「於」作「以」，陳本重「以」字。今按徐本亦作「以」，

阮校疏漏。

〔六二〕祭加宜於加　「加宜」二字徐本倒。阮校云陳本無「宜」字。

〔六三〕而此云加者　阮校云要義同，毛本「此云」二字倒。今按自上下文看，應以單疏、要義爲是，而阮氏按云「此本與要義俱倒」，易使人誤以毛本爲是，不足取。

〔六四〕壹壹受之而兼一祭之　阮校云集釋「壹壹」作「一一」，「兼一」作「兼壹」。

〔六五〕三牲之脯　阮校云「脯」盧文弨改爲「肺」。

〔六六〕左擁簠粱　阮校云「左」監本誤作「右」，「擁」誤作「擯」。「簠」唐石經、嚴州本、集釋、通解同，與前「先者一人升」節所引合，徐本、楊氏、毛本俱作「簋」。石經考文提要曰：曲禮「執食興，辭」，注引公食禮正作「左擁簠粱」。

〔六七〕以肴擩醬　阮校云徐、陳、通解、楊氏同，毛本「肴」作「殽」，閩、葛於此作「殽」，於下「不言其肴」又作「肴」。肴、殽通用，後不悉校。

〔六八〕主人延客食胾　阮校云要義、通解同，「客」陳、閩俱作「之」，「食」毛本作「有」。今按單疏與曲禮合。

〔六九〕大夫士與客燕食　阮校云要義同，毛本、通解「大」上有「彼」字。阮氏以爲「彼」字當有。

〔七〇〕皆食黍也　阮校浦鏜云脱一「食」字。

〔七一〕大射禮　阮校云「大」閩本作「上」，按「射」亦當作「聘」。

〔七二〕公凡受於序端　阮校云盧文弨改作「公受几於序端」。按「公凡受」三字當作一逗，言公凡有所受必於序端也，觀疏下文自明。

〔七三〕北面於階上　阮校云敖氏同，徐本、集釋、通解、楊氏俱「於」下有「西」字。張氏曰：疏云「西階上」，從疏。

〔七四〕升賓　「升」原在上句「揖讓如初」下，此據嚴州本改，徐本、毛本同，阮本亦承張敦仁本之誤。

〔七五〕已食會飯三漱漿也　阮校云八字閩本夾行細書。

〔七六〕以其稻粱無會　阮校云要義無「以其稻粱」四字。

〔七七〕庶羞黍稷是其正　阮校云要義同，毛本無「庶羞」二字。今按下句云「庶羞是其加」，則此句無「庶羞」爲是。

〔七八〕云後言湆者湆或時後用者　阮校云毛本無「者湆」二字，要義删存「云後言湆者」五字。

〔七九〕不以出者非所當得又以已得侑幣者　阮校云「不以出者」下十一字諸本俱脱。

〔八〇〕入門左没霤　阮校云毛本、通解「入」上有「更」字。

〔八一〕它時　阮校云要義同，毛本「它」作「他」，與釋文一本同。

儀禮注疏卷第二十六上

唐朝散大夫行大學博士弘文館學士臣賈公彦等撰

明日，賓朝服拜賜于朝，拜食與侑幣，皆再拜稽首。朝，謂大門外。○賓朝，直遥反，除之朝一字皆同。拜食，音嗣，下以意求之。

【疏】「明日」至「稽首」　注「朝謂大門外」　自此盡「訝聽之」，論賓拜謝主君之事。云「朝，謂大門外」者，以其經云「拜賜于朝」，無賓入之文，又聘禮「以柩造朝」，亦無喪入之文，〔一〕皆言「朝」，故云〔二〕「朝，謂大門外」也。若然，案閔二年左氏傳云季友將生，使卜，楚丘之父卜之，曰：「男也，其名曰友，在公之右，間於兩社，爲公室輔。」注：「兩社，周社、亳社之間，朝廷執政所在。」但諸侯左宗廟，右社稷，在大門之内，則諸侯外朝不在大門内者，但外朝在大門外兩社之間，遥繫外朝，而言「執政所在」。又此食禮拜侑幣、聘禮歸饔餼直言拜饔與餼，不拜束帛者，彼使人致之，故不拜，此食禮君親賜，故拜之。

訝聽之。受其言，入告出報也。此下大夫有士訝。

【疏】「訝聽之」　注「受其」至「士訝」　云「此下大夫，有士訝」者，此篇是子男使下大夫小聘，又案周禮掌訝「大夫有士訝」，故云「此下大夫有士訝」也。

上大夫八豆、八簋、六鉶、九俎，魚、腊皆二俎。記公食上大夫異於下大夫之數。豆加葵菹、蝸醢，四四爲列，俎加鮮魚、鮮腊，三三爲列，無特。○蝸醢，力禾反。

【疏】「上大夫」至「二俎」　注「記公」至「無特」　云「豆加葵菹、蝸醢」者，案周禮醢人朝事之豆云「韭菹、醓醢、昌本、麋臡、菁菹、鹿臡、茆菹、麋臡」。案上文下大夫六豆，用鹿臡，以下仍有茆菹、麋臡在，〔三〕今上大夫八豆，不取茆菹、麋臡，而取饋食之豆「葵菹、蝸醢」者，鄭以特牲、少牢參之，彼二篇俱以饋食爲始，皆用周禮饋食之豆，特牲兩豆，用饋食葵菹、蝸醢；少牢四豆，二豆與特牲同，兩豆用朝事之豆「韭菹、醓醢」，注云「韭菹、醓醢，朝事之豆也，而饋食用之，豐大夫禮」。以此觀之，故此公食大夫兼用饋食之豆，亦是「豐大夫禮」也。云「俎加鮮魚、鮮腊」者，上文下大夫七俎，牛、羊、豕、魚、腊、腸胃與膚，此云「九俎」，明加鮮魚、鮮腊。云「無特」者，陳饌要方，上七俎者，東西兩行，爲六俎，一俎在特于俎東，此九俎爲三行，故無特，雖無特，膚亦爲下。

魚、腸胃、倫膚，若九，若十有一；下大夫則若七，若九。此以命數爲差也，九謂再命者也，十一謂三命者也，七謂一命者也。九或上或下者，再命謂小國之卿，次國之大夫也，卿則曰上，大夫則曰下，大國之孤視子男。

【疏】「魚腸」至「若九」　注「此以」至「子男」　云「此以命數爲差也」者，案周禮典命公侯伯之卿三命，大夫再命，士一命，子男之卿再命，大夫一命，士不命，則諸侯之臣分爲三等，三命、再命、一命，不命與一命同；此經魚、腸胃、倫膚亦分爲三等，有十一，有九，有七，則十一當三命，九當再命，七當一命。若然，唯有上下二文者，以公侯伯之大夫與子男之卿同再命，卿爵尊爲上，大夫爵卑爲下，則上言「若九」者，子男之卿也；下言「若九」者，公侯伯大夫

也，〔四〕故鄭云「卿則曰上，大夫則曰下」。云「大國之孤視子男」者，欲見此經唯見三命以下。案周禮典命大國之孤四命，又大行人云「大國之孤，執皮帛以繼」子男，又云「其他皆視小國之君」，若然，孤與子男同十三，侯伯十五，上公十七，差次可知。

庶羞，西東毋過四列。謂上、下大夫也。古文「毋」爲「無」。〔五〕

【疏】「庶羞」至「四列」 注「謂上」至「爲無」 上文云庶羞「旁四列」，此上大夫饌内言「庶羞西東毋過四列」，則東西横行，上下大夫皆四以爲行，下大夫四四十六，東西四行，南北亦四行，上大夫東西四行，南北五行矣。

上大夫庶羞二十，加於下大夫以雉、兔、鶉、鴽。鴽，無母。○鶉，音淳。鴽，音如。〔六〕

【疏】「上大」至「鶉鴽」 注「鴽無母」 云「鴽無母」者，案爾雅釋鳥云「鴽，鴾母」，郭氏曰「䳺也，青州人呼曰鴾母」。莊子曰「田鼠化爲鶉」，淮南子云「蝦蟆所化」也，月令曰「田鼠化爲鴽」，然則鴽、鶉一物也。

若不親食。謂主國君有疾病，若它故。

【疏】「若不親食」 注「謂主」至「它故」 自此盡「聽命」，論主君不親食，使大夫致禮於賓館之事。疾病之外，别云「他故」者，君有死喪之事，故聘禮云「主人畢歸禮，賓唯饔餼之受」，謂畢致饗食，但賓不受之。

使大夫各以其爵，朝服，以侑幣致之。執幣以將命。豆實實于罋，陳于楹外，二以

並，北陳。簋實實于筐，〔七〕**陳于楹內兩楹間，二以並，南陳。**陳罋、筐於楹間者，象授受於堂中也。南北相當，以食、饌同列耳。罋北陳者，變於食。罋數如豆，醢芥醬從焉，筐米四。今文「並」作「併」。○于罋，烏送反。

【疏】「豆實」至「南陳」　注「陳罋」至「作併」　云「南北相當，以食、饌同列耳」者，案上文正食之時，黍稷亦南陳，今於楹間陳，筐米亦南陳，是正食及此饌陳是同列也。云「罋北陳者，變於食」者，上文正食之時，「宰夫自東房薦豆六，設於醬東，西上」陳之，今於楹間，二一以併，北陳，故云「變於食」也。云「罋數如豆」者，以菹、醢各異物，不可同罋，故罋數如豆，〔八〕上大夫八豆則八罋，下大夫六豆則六罋。云「醢芥醬從焉」者，以其三牲不殺生，列於門內，醢經百日乃成，不由不殺，故有醢庶羞之醢，同是醬類，故使之相從。但庶羞之醢，更無別種，宜同一罋，芥醬宜亦一罋。知有芥醬者，以其有生魚，故知有也。云「筐米四」者，上文上大夫八簋，今乃生致之，黍稷宜各一筐，稻粱又二筐，故云「筐米四」。

庶羞陳于碑內。生魚也，魚、腊從焉，上大夫加鮮魚、鮮腊、雉兔、鶉鴽。不陳于堂，辟正饌。○辟正，音避。

【疏】「庶羞陳于碑內」　注「生魚」至「正饌」　云「生魚」者，上文「魚膾」是魚之中膾者，皆是生魚也。案鄭注周禮云「燕人膾魚方寸，切其腴以啗所貴」是也，此則全生不膾，何者？十膾在豆，與胾炙俱設。今胾炙在牲未殺，膾全不破可知。若然，庶羞之內，衆羞俱有，鄭獨云「生魚」者，以其胾炙在牲不殺，於此無矣，〔九〕雖有乾腊、雉兔之等，以生魚爲主，故云「生魚」也。云「魚、腊從焉」者，雖無三牲之肉，有乾魚、腊可知。云「上大夫加鮮魚、鮮腊、雉兔、鶉鴽」者，以其下大夫七鼎，無鮮魚、鮮腊，上大夫九鼎，加鮮魚、鮮腊可知；雉兔、鶉鴽亦生致之矣。云「不陳于堂，辟正饌」者，以其庶羞本在堂上正饌之西，今在「碑內」，故云「辟正饌」也。若然，不陳於碑南者，以其本合在堂，今

宜近堂，故在碑北。

庭實陳于碑外。執乘皮者也，不參分庭一在南者，以言歸，宜近內。〔一〇〕

【疏】「庭實陳于碑外」注「執乘」至「近內」 「執乘皮者，不參分庭一在南者，以言歸，宜近內」者，庭實正法，皆參分庭一，在南而陳之，故昏禮記云納徵執皮者「參分庭一在南」；今云「碑外」，繼碑而言，近北矣。彼「參分庭一在南」陳之者，謂在主人之庭，參分庭陳之，〔一一〕擬與賓向外，故近南，此陳於客館，擬與賓入內，〔一二〕故鄭云「以言歸，故在內」也。

牛羊豕陳于門內西方，東上。爲其踐汙館庭，使近外。

【疏】「牛羊」至「東上」 注「爲其」至「近外」 案上庶羞與庭實在碑之內，近內陳之，此牛羊豕「陳於門內」，繼門言之，云「爲其踐汙館庭，使近外」也。若然，致饔餼牛羊豕亦在此，此云「使近外」者，以饔餼有腥有熟，故畧其生者，近門是其常，此既不殺牛羊豕，宜近內，故決之也。

賓朝服以受，如受饔禮。朝服，食禮輕也。

【疏】「賓朝」至「饔禮」 注「朝服，食禮輕也」 云「朝服，食禮輕」者，以其歸饔餼時，卿韋弁，賓皮弁受，此食禮賓朝服受，不皮弁，故云「食禮輕」。

無擯。〔一三〕以己本宜往。

【疏】「無擯」 注「以己本宜往」 云「以己本宜往」者，明主君無故速賓，在廟行食禮，而有侑幣，賓無儐法，主君有，故致食禮并有侑幣，亦不合有儐，故云「以己本宜往」。

明日，賓朝服以拜賜于朝，訝聽命。 賜，亦謂食侑幣。〔一四〕

【疏】注「賜亦謂食侑幣」 云「亦」者，亦上速賓食時，拜食與侑幣，今亦然，故云「亦」。

大夫相食，親戒，速。 記異於君者也。速，召也。先就告之，歸具，既具，復自召之。

【疏】「大夫」至「戒速」 注「記異」至「召之」 自此盡「大夫之禮」，論主國大夫食賓之禮，別於主君之事。云「記異於君者」，案下文「其他皆如公食大夫之禮」，故知自此已下，皆記異於君法，〔一五〕是以此經大夫「親戒，速」，決君不親戒，速，此則異於君也。以其下諸文皆異，故云「記異於君者也」。云「先就告之，歸具，既具，復自召之」者，以其戒具兩有，皆親爲之，故爲此解，與鄉飲酒、鄉射同，故彼二文皆云戒賓，既歸布筵設尊，乃親速賓是也。

迎賓于門外，拜至，皆如饗拜。 饗，大夫相饗之禮也，今亡。古文「饗」或作「鄉」。**降盥。受醬、湆、侑幣束錦也，皆自阼階降堂受，授者升一等。** 皆者，謂受醬、受湆、受幣也。侑用束錦，大夫文也。降堂謂止階上。今文無「束」。**賓止也。** 主人三降，賓不從。

【疏】「賓止也」 注「主人三降賓不從」 云「主人三降」者，案上文鄭注「皆者，謂受醬、受湆、受幣」，皆自阼階降，此鄭云「主人三降」，即上三者。不數主人降盥者，案鄉飲酒所言降盥者，皆爲洗爵，故賓從降，此降盥不爲洗爵，故鄭不數之。案聘禮致饔餼，「賓降堂，受老束錦。大夫止」，注云：「止不降，使之餘尊」，此賓不降者，雖賓主敵，以主

人降堂不至地，故賓止不降也。

賓執粱與湆之西序端。不敢食於尊處。

【疏】「賓執」至「序端」　注「不敢食於尊處」　此兩大夫敵，故之西序端。上公食大夫，大夫降階下，〔一六〕臣卑故也。

主人辭，賓反之。卷加席，主人辭，賓反之。辭幣，降一等，主人從。從辭賓降。

受侑幣，再拜稽首。主人送幣亦然。敵也。

【疏】「受侑」至「亦然」　注「敵也」　案郊特牲云「大夫之臣不稽首，非尊家臣，以辟君也」，又案左氏傳哀十七年〔一七〕「公會齊侯盟于蒙，孟武伯相。齊侯稽首，公拜。齊人怒武伯曰：非天子，寡君無所稽首」。若然臣於君乃稽首，平敵相於，〔一八〕當頓首，今言敵而稽首者，以食禮相尊敬，雖敵亦稽首，與臣拜君同故也。

辭於主人，降一等。主人從。辭，謂辭其臨己食。卒食，徹于西序端。亦親徹。東面再拜，降出。拜，亦拜卒食。其他皆如公食大夫之禮。

【疏】「其他」至「之禮」　云「其他」，〔一九〕謂豆數、俎體、陳設皆不異上陳。但禮異者，謂「親戒，速」，君則不親迎賓，公不出；此大夫出大門；公受醬湆幣不降，此大夫則降也，公食大夫，大夫降食於階下，此言「西序端」；上公食「卷加席」，公不辭，此則辭之，皆是異也。

若不親食，則公作大夫朝服以侑幣致之。作，使也。大夫有故，君必使其同爵者爲之致禮。列國之賓來，榮辱之事君臣同。

賓受于堂，無擯。〔二〇〕與受君禮同。

【疏】「賓受于堂，無擯」 注「與受君禮同」 云「與受君禮同」者，聘禮賓受致饔幣云「堂中西，北面」，注「趨主君之命也，堂中西，中央之西」，此雖無儐，受幣亦與之同也。

記。不宿戒。食禮輕也。此所以不宿戒者，謂前期三日之戒。申戒爲宿，謂前期一日。

【疏】「記。不宿戒」 注「食禮」至「一日」 祭祀散齊七日爲戒，致齊三日爲宿，此則與祭祀異。此不宿戒者，謂不爲三日之戒，又不爲一日之宿，故鄭云「此所以不宿戒者，謂前期三日之戒，申戒爲宿，謂前期一日」者。若然，必知三日之戒，一日之宿者，大射前期三日，「宰夫戒宰及司馬」，又少牢辟人君，有前期一日之宿。此雖人君禮，以食禮輕，故知有三日之戒，一日之宿，既無前日之事，宜與鄉飲酒、鄉射禮同，當日爲之，故皆不言日數，故下注云「食賓之朝，宿與戒之。賓則從戒而來，不復召」是也。

戒不速。食賓之朝，夙興戒之。賓則從戒者而來，不復召。不授几。異於醴也。

【疏】「不授几」 注「異於醴也」 決禮賓時公親授几也。

無阼席。公不坐。

亨于門外東方。〔一二〕必於門外者，大夫之事也。東方者主陽。○亨于，普庚反。

【疏】「亨于門外東方」　注「必於」至「主陽」　案上經甸人、亨人之等，亨人是士官，不得言「大夫之事」，言「大夫之事」者，解亨在門外之禮也。燕禮注云「亨於門外，臣所掌也」，言臣亦是大夫事。少牢饔爨饔爨皆在門外，亦大夫事；特牲云「主婦視饎，爨于西堂下」者，以其無饔人主之，故在內。若然，鄉飲酒雖是大夫之事，以其取祖陽氣之始，故亦於門內。

司宮具几與蒲筵常，緇布純。加萑席尋，玄帛純，皆卷自末。司宮，大宰之屬，掌宮廟者也。丈六尺曰常，半常曰尋。純，緣也。萑，細葦也。末，經所終，有以識之。必長筵者，以有左右饌也。今文「萑」皆爲「莞」。〔一三〕○布純，諸閏反，又諸允反，下及注同。加萑，音丸。純緣，以絹反。作莞，音官，或音丸。

【疏】「司宮」至「自末」　注「司宮」至「爲莞」　云「司宮，大宰之屬，掌宮廟」者，案燕禮云「司宮尊于東楹之西」，注「司宮天子曰小宰，聽酒人之成要者也」，注雖不同，其義一也。但燕禮司宮云設尊，故以「小宰」解之，此司宮設几席，故以「大宰之屬」解之。案大宰之下有宮人，掌宮中除汙穢之事，即此司宮。彼不言設几席者，以天子具官，別有司几筵，又有小宰，諸侯兼官，故司宮兼司几筵及小宰也。云「丈六尺曰常，半常曰尋」者，此皆無正文，案周禮考工記云「車有六等之數」，云「軫崇四尺，謂之一等」，又云「戈長六尺六寸，既建而迆之，崇於軫四尺，謂之二等。人長八尺，崇於戈四尺，謂之三等。殳長尋有四尺，崇於人四尺，謂之四等。車戟常崇于殳四尺，謂之五等。酋矛常有四尺，崇于戟四尺，謂之六等」，自軫至矛皆以四尺爲差，以是約之，即知常是丈六尺，尋是八尺也。云「萑，細葦」

者，以類言之，其實全别，是以詩云「葭菼」，注云「葭蘆菼薍」，則葦一名蘆，一名薍，一名萑，一名菼。此萑又與莞蒲之莞不同，彼莞謂蒲也。云「有以識之」者，席無異物爲記，但織之自有首尾可爲記識耳。云「必以長筵者，以有左右饌」者，賓在户牖之間，〔二三〕南面，上陳饌之時，正饌在左，庶羞在右，陳饌雖不在席上，皆陳於席前，當席左右，其間容人，故謂「長筵」也。〔二四〕

宰夫筵，出自東房。筵本在房，宰夫敷之也。天子、諸侯左右房。○敷之，如字，又普吴反，劉芳蒲反。

【疏】「宰夫」至「東房」　注「筵本」至「右房」　上云司宫具几筵，具之在房，宰夫敷之而已。「天子、諸侯左右房」，以其言東房對西房，若大夫、士直有東房而已，故直云「在房」也。

賓之乘車在大門外西方，北面立。賓車不入門，廣敬也。凡賓即朝，中道而往，將至下行，而後車還，立于西方，賓及位而止，北面。卿大夫之位，當車前。凡朝位，賓主之間各以命數爲遠近之節也。

【疏】「賓之」至「面立」　注「賓車」至「節也」　云「賓車不入門，廣敬也」者，曲禮云「客車不入大門」，與此同。覲禮云「偏駕不入王門」，偏駕謂同姓金路之等，乘墨車以朝，墨車亦云「不入大門」，與此亦同。云「凡賓即朝，中道而往」者，内則云「男子由右，女子由左」，車從中央，故賓乘車中道。云「而後車還，立于西方」者，案少儀云「僕於君子，始乘則式，君子下行，然後還立」，注云「還車而立，以俟其去」，是還立于西方，鄉外。云「賓及位而止，北面」者，案玉藻云「賓立不當門」，彼亦謂聘使也。云「卿大夫之位，當車前」者，案大行人云上公「立當軹」，侯伯「立當前疾」，〔二五〕子男「立當衡」，又云大國之孤「朝位當車前」者，則卿大夫立亦與孤同一節。兼云「大夫」者，小聘曰問，

使下大夫，立與孤卿同，當車前，故連言也。云「凡朝位，賓主之間各以命數爲遠近之節」者，案大行人云上公「朝位賓主之間九十步」，侯伯「七十步」，子男「五十步」，注云「朝位，謂大門外賓下車及王車出迎所立處」；又云「凡諸侯之卿，其禮各下其君二等，以下及大夫、士皆如之」。若然，如諸侯則依命數，臣下其君二等，則不得依命數矣，而云「依命數」者，依命數據君而言，其臣依君命數而降之，故鄭揔以命數言之也。

鉶芼，牛藿，〔二六〕**羊苦，豕薇，皆有滑。**藿，豆葉也。苦，苦荼也。滑，堇、荁之屬。今文「苦」爲「芐」。○鈃芼，亡報反。豕薇，音微。苦荼，音徒。堇荁，音丸。爲芐，音户，爾雅云「地黄也」，劉又云芐，一音遐嫁反。

【疏】「鉶芼」至「有滑」　注「藿豆」至「爲芐」　云「滑，堇，荁之屬」者，案士虞記云「鉶芼，用苦若薇，有滑，夏用葵，冬用荁」，鄭注云「荁，堇類也，乾則滑。夏秋用生葵，冬春用乾荁」，此經云「皆有滑」，不言所用之物，故取士虞記解之。云「之屬」者，其中兼有葵也。

贊者盥，從俎升。俎，其所有事。

【疏】「贊者盥，從俎升」　注「俎其所有事」　直言此者，豆亦從下升，不言「從豆升」者，贊者不佐祭豆，直佐祭俎，故云「俎，其所有事」，是以上經云「三牲之肺不離，〔二七〕贊者辯取之，壹以授賓」。若然，黍稷亦贊祭，不從黍稷升者，〔二八〕黍稷設之在後故也。黍稷雖後升，先祭者，以其先食黍稷，後食肉故也。

簠有蓋、冪。稻粱將食乃設，去會於房，蓋以冪。冪，巾也。今文或作「幕」。〔二九〕○作幕，音莫。

【疏】「簠有蓋，冪」 注「稻粱」至「作幕」 簠簋相將，簋既有會，明簠亦有會可知。但黍稷先設，故卻會於敦南，簠盛稻粱，將食乃設，故鄭云「去會于房，蓋以冪。冪，巾也」。至於陳設，冪亦去之，經云「有蓋、冪」者，據出房未設而言。

凡炙無醬。已有鹹和。〔三〇〕○凡炙，章夜反。和也，户卧反。

【疏】「凡炙無醬」 注「已有鹹和」 云「凡」者，欲解儀禮一部之内，牛羊豕炙皆無醬配之。云「已有鹹和」者，若今人食炙然。

上大夫蒲筵，加萑席，其純皆如下大夫純。謂三命大夫也。孤爲賓則莞筵紛純，加繅席畫純也。○加繅，音早。

【疏】「上大」至「夫純」 注「謂三」至「純也」 經云「上大夫」，不辨命數，則子男之卿再命，其席亦同下大夫。鄭言「謂三命大夫」者，欲見公侯伯之卿三命，亦與子男下大夫同，公之孤四命，其席則異，鄭據三命而言。云「孤爲賓則莞筵紛純，加繅席畫純」者，案周禮司几筵云「筵國賓于牖前」，「莞筵紛純，加繅席畫純」，云「左彤几」，與此記三命已下席不同，故知彼國賓謂筵孤也。無正文，故云「則」也。

卿擯由下。不升堂也。

【疏】「卿擯由下」 注「不升堂也」 此謂上擯，擯詔賓主升降周還之事，故云「不升堂」。

上贊，下大夫也。上，謂堂上。擯贊者事相近，以佐上下爲名。

【疏】「上贊，下大夫也」 注「上謂」至「爲名」 案上經云「贊者告具於公」，而贊賓食，故云「上贊」，使「下大夫」爲之。

上大夫庶羞，酒飲、漿飲，庶羞可也。於食庶羞，宰夫又設酒漿，以之食庶羞可也，以優賓。

【疏】「上大夫」至「可也」 注「於食」至「優賓」 案上經云「上大夫庶羞二十」豆，此記人復記之者，欲見上大夫食加飯之時，得兼食庶羞，又食會飯及庶羞之時，宰夫更設酒飲、漿飲，故鄭云「於食庶羞，宰夫又設酒漿，所以食庶羞可也」，〔三〕所以然者，「優賓」故也。

拜食與侑幣，皆再拜稽首。嫌上大夫不稽首。

校勘記

〔一〕亦無喪入之文 「文」字原無，此據單疏補。今按阮本亦無「文」字，乃承張敦仁本之誤也。

〔二〕皆言朝故云 原作「故皆言朝云云」，阮本同誤，此據單疏改。

〔三〕仍有茆菹麇臡在 阮校云「麇」毛本作「鹿」，陳、閩、監本、通解、要義俱作「麇」，下同。

〔四〕公侯伯大夫也 阮校云「伯」下要義有「之」字。

〔五〕古文毋爲無　阮校云「爲」鍾本作「作」。

〔六〕鴽音如　黄焯彙校云盧文弨本於此條下補「無毋，音牟」一條。今按宋本、徐乾學本皆無。

〔七〕簋實實于筐　阮校云唐石經、集釋、通解、敖氏同，徐、陳、閩、葛、楊氏「筐」俱作「篚」。按注及疏内「筐」字各本皆同，則經文亦當作「筐」。

〔八〕故罋數如豆　阮校云陳、閩俱無「罋」字。

〔九〕於此無矣　阮校云陳、閩、通解、要義同，毛本「此」作「兔」。按「此」是也。

〔一〇〕宜近内　阮校云集釋、通解、楊氏同，徐本「宜」作「且」。

〔一一〕參分庭陳之　阮校云監本、要義同，毛本「庭」下有「一」字。

〔一二〕擬與賓入内　阮校云通解、要義同，毛本「與」作「於」。

〔一三〕無擯　阮校云唐石經、徐本、集釋、敖氏同，通解、楊氏、毛本「擯」作「儐」。

〔一四〕亦謂食侑幣　阮校云「食」下敖氏有「與」字。今按依文意，「與」字當有。

〔一五〕皆記異於君法　「法」原作「注」，此據單疏改。阮校云陳、監本與單疏同，毛本「法」作「者」。阮本作「者」，未述理由。

〔一六〕上公食大夫大夫降階下　阮校云陳、閩、通解同，毛本「大夫」二字不重出。

〔一七〕哀十七年　阮校云「哀」下陳、閩俱有「公」字。

〔一八〕平敵相於　阮校云陳本、通解、要義同，毛本「於」作「施」。

〔一九〕云其他　阮校云此段疏八十四字今本俱誤作注。

〔二〇〕無擯　阮校云唐石經、集釋、敖氏同，徐本、通解、楊氏、毛本「擯」俱作「儐」。

〔二一〕 亨于門外東方　「亨」原誤作「享」，嚴州本、徐本、釋文皆作「亨」，此據改。

〔二二〕 爲莞　「爲」釋文作「作」，與疏異。

〔二三〕 賓在户牖之間　阮校云通解同，毛本「賓」作「實」。

〔二四〕 故謂長筵也　阮校浦鏜云「謂」爲「必」之誤。

〔二五〕 侯伯立當前疾　阮校按大行人「疾」字，詩疏引作「侯」，是唐初人所見本作「侯」，此本亦作「疾」，未知賈氏原本如是，抑後人誤改歟？

〔二六〕 牛藿　阮校周學健云石經「牛」字作「半」。按「半」字今已刓缺，蓋初作「半」，後改爲「牛」也。「藿」徐、陳、閩、葛、通解俱作「霍」，徐本注仍作「藿」。

〔二七〕 三牲之肺不離　「牲」原作「特」，此據上經及單疏改。阮本亦承張敦仁本之誤。

〔二八〕 不從黍稷升者　「從」原作「彼」，此據單疏改。阮本亦承張敦仁本之誤。

〔二九〕 今文或作幕　「幕」徐本作「鼏」。

〔三〇〕 已有鹹和　阮校云「和」下釋文、集釋俱有「也」字。

〔三一〕 所以食庶羞可也　阮校云「所以」毛本作「以之」。今按毛本與注合。

儀禮卷第十

儀禮注疏卷第二十六下

覲禮第十

○覲禮第十，鄭云「覲，見也，諸侯秋見天子之禮」曰覲禮。

【疏】「覲禮第十」　鄭目録云：「覲，見也，諸侯秋見天子之禮。春見曰朝，夏見曰宗，秋見曰覲，冬見曰遇，朝宗禮備，覲遇禮省，是以享獻不見焉，三時禮亡，唯此存爾。覲禮於五禮屬賓，〔一〕大戴第十六，小戴第十七，〔二〕別録第十。」鄭云「春見曰朝」等，大宗伯文。云「朝宗禮備，覲遇禮省」者，按曲禮下云「天子當扆而立，諸侯北面而見天子，曰覲；天子當宁而立，諸公東面，諸侯西面，曰朝」，鄭注「諸侯春見曰朝，受摯於朝，受享於廟，生氣文也。秋見曰覲，一受之於廟，殺氣質也。朝者位於内朝而序進，覲者位於廟門外而序入，王南面立於扆宁而受焉。夏宗依春，冬遇依秋。春秋時，齊侯唁魯昭公，以遇禮相見，取易畧也。覲禮今存，朝宗遇禮今亡」。據此彼而言，〔三〕是朝宗禮備，覲遇禮省可知。鄭又云「是以享獻不見焉」者，享謂朝覲而行三享，獻謂三享後行私覿，私覿後即有私獻，獻其珍異之物。故聘禮記云「既覿，賓若私獻，奉獻將命」，注云「時有珍異之物，或賓奉之，所以自序尊敬也，猶以君命致之」，臣聘猶有私獻，況諸侯朝覲有私獻可知。是以周禮大宰職云〔四〕「大朝覲、會同，贊玉幣、玉獻」，注云「幣，諸侯享幣。玉獻，獻國珍異。亦執玉以致之」，大朝覲、會同既有私獻者，四時常朝有私獻可知。案下文有享，亦當有獻，而云「享獻不見」者，案周禮大行人云上公「冕服九章」，介九人，「賓主之間九十步」，「廟中將幣三享」，侯伯子男亦云，鄭云「朝先享，不言朝者，朝正禮，不嫌有等」，彼據春夏朝宗而言，不見秋冬者，以四時相

對，朝宗禮備，故見之，覲遇禮省，故畧而不言。此下文見享者，不對春夏，故言之。鄭云「是以享獻不見」者，據周禮大行人而說也。必知鄭據大行人者，以其引周禮四時朝見，即云「是以享獻不見」，明鄭據周禮大行人而言也。有人解享字上讀，以獻不見爲義者，苟就此文有享無獻，不辭之甚也。

儀禮　鄭氏注

覲禮。○覲禮，其靳反。〔五〕

至于郊，王使人皮弁用璧勞。侯氏亦皮弁，迎于帷門之外，再拜。郊，謂近郊，去王城五十里。小行人職曰「凡諸侯入王，則逆勞于畿」，〔六〕則郊勞者，大行人也。皮弁者，天子之朝朝服也。璧無束帛者，天子之玉尊也。不言「諸侯」，言「侯氏」者，明國殊舍異禮，不凡之也。郊舍狹寡，爲帷宫以受勞，掌舍職曰：「爲帷宫設旌門。」○璧勞，力到反，注同，下王勞，注勞之、勞其、以勞請，事勞同。之朝、朝服，並直遥反，下以意求之。

【疏】「覲禮」至「再拜」　注「郊謂」至「旌門」　自此盡「乃出」，論侯氏至近郊，天子使使者勞侯氏之事。云「郊，謂近郊」者，案聘禮云「至於近郊」，君使卿勞，故知此郊者，亦「近郊」也。知近郊「去王城五十里」者，成周與王城相去五十里，而君陳序云「分正東郊成周」，鄭云「今河南、洛陽，相去則然」，是近郊五十里也。引小行人職者，約近郊勞是大行人，以其尊者宜逸，小行人既勞于畿，明近郊使大行人也。案大行人上公三勞，侯伯再勞，子男一勞。此雖不辨勞數，案小行人云「凡諸侯入王，則逆勞于畿」，不辨尊卑，則五等同有畿勞，其子男唯有此一勞而已，侯伯又加遠郊勞，上公又加近郊勞，則此云「近郊」，據上公而言。若然，聘禮使臣聘，而云「近郊」勞者，臣禮異於君禮，君禮宜先遠，臣禮宜先近故也。若然，書傳畧說云「天子之子十八曰孟侯者，於四方諸侯來朝，迎於郊」，孝經注亦云「天子使世子郊迎」者，皆異代法，非周禮也。案玉人職云「案十有二寸，棗栗十有二列，諸侯純九，大夫純五，夫人

以勞諸侯」，注云「夫人謂王后，勞諸侯皆九，勞大夫皆五」，此文不見者，以其聘禮於聘客主國夫人尚有〔七〕「勞，以二竹簋方」，明后亦有，畧言王勞，不言后，文不具也。云「皮弁者，天子之朝朝服」者，司服云「眡朝則皮弁」，故知在朝服皮弁，至入廟乃裨冕也。云「璧無束帛者，天子之玉尊」者，此對諸侯玉卑，故聘禮云「束帛加璧」，是諸侯臣所執；小行人「合六幣」，云「璧以帛，琮以錦，琥以繡，璜以黼」是諸侯所執以致享，皆有束帛配之，諸侯玉卑故也，此乃行勞所用，以享禮況之耳。云「不言諸侯，言侯氏者，明國殊舍異禮，不凡之也」者，言「諸侯」則凡之揔稱，言「侯氏」則指一身，不凡之也。而所勞之處，或非一國，舍處不同，故不揔言諸侯，而云「侯氏」也。云「郊舍狹寡，爲帷宮以受勞」者，周禮十里有廬，三十里有宿，五十里有市，市有館，郊關之所，各自有舍，或來者多，館舍狹寡，故不在館舍，以帷爲宮，以受勞禮也。云「掌舍職曰『爲帷宮設旌門』」者，謂爲帷宮，則設旌旗以表四門，彼天子所舍，平地之事；引之者，證諸侯行亦有帷宮，設旌爲門之事也。案聘禮使卿勞賓，受於門内；司儀「諸侯之臣，〔八〕相爲國客」，亦是受勞於館，不爲帷宮者，彼臣禮卿行旅從，徒衆少，故在館，此諸侯禮君行師從，徒衆多，故於帷宮。襄二十八年左氏傳云「子産相鄭伯以如楚，舍不爲壇」，注云「至敵國郊，除地封土爲壇，以受郊勞」，又「外僕言曰：先大夫相先君適四國，未嘗不爲壇。今子草舍，無乃不可乎？子産曰：大適小，則爲壇；小適大，苟舍而已，焉用壇」，彼亦是諸侯相朝，當爲壇，以帷爲宮受勞之事也。〔九〕

使者不荅拜，遂執玉，三揖，至于階。使者不讓先升。侯氏升，聽命，降，再拜稽首，遂升受玉。不荅拜者，爲人使不當其禮也。不讓，先升，奉王命尊也。升者，升壇。使者東面致命，侯氏東階上西面聽之。○使者，所吏反，下放此。爲人，如字，又于僞反。

【疏】「使者」至「受玉」　注「不荅」至「聽之」　云「升者，升壇」者，以帷宮無堂可升，故知「升者，升壇」也。云「使者東面致命，侯氏東階上西面聽之」者，知面位如此者，並約下文就館賜侯氏車服而知也。

使者左還而立。侯氏還璧，使者受。侯氏降，再拜稽首，使者乃出。左還，還南面，示將去也。立者，見侯氏將有事於己，俟之也。還玉重禮。○見侯，賢遍反，下侯見、卑見同。

【疏】「使者」至「乃出」　注「左還」至「重禮」　直云「使者左還」，不云「拜送玉」者，凡奉命使，皆不拜送，若卿歸饔餼不拜送幣，亦斯類也。若身自致者乃拜送，下文「儐使者」，及聘禮私覿、私面皆「拜，送幣」是也。云「左還，還南面，示將去也」者，以其東面致命而左還，明「左還」者「南面」也，未降而南面，「示將去」故也。云「立者，見侯氏將有事於己，俟之」者，經云「而立」，即云「侯氏還璧」，故知立者，見侯氏將有還玉之事於己，故俟之不降。云「還玉重禮」者，案聘義圭璋還之，璧琮加束帛報之，所以「輕財重禮」，彼以璧琮不還則爲輕財者，以其璧琮加束帛故爲輕財不還，此以天子之璧不加束帛，尊之與圭璋同，故亦還之，爲重禮也。

侯氏乃止使者，使者乃入，侯氏與之讓升。侯氏先升，授几，侯氏拜送几。使者設几，荅拜。侯氏先升，賓禮統焉。几者安賓，所以崇優厚也。上介出止使者，則已布席也。〔一〇〕

【疏】「侯氏」至「荅拜」　注「侯氏」至「席也」　自此盡「遂從之」，論侯氏儐使者，遂從入朝之事。〔一一〕云「侯氏先升，賓禮統焉」者，行賓禮是賓客之禮，是以賓在館爲主人，主人先升，使者爲賓，賓後升，故云「禮統焉」，謂賓統有此堂也。云「几者安賓，所以崇優厚」者，按大宰云「贊玉几」，注云「立而設几，優尊也」，此使者亦不坐而設几，故云「所以優厚也」。聘禮卿勞受，儐不設几者，諸侯之卿卑，故不與此同也。云「上介出止使者，則已布席」者，經不云「上介出

止使者」，〔一二〕鄭云「上介出止使者」，案至館皆不敢當，皆使上介出請事，又見此經云「使者乃入」，始云「侯氏與之讓升」，是侯氏不出，故知使上介止使者也。云「則已布席」者，以其素不云「布席」，而云「設几」，几不可設於地，明有席，席之所設，唯在此時。案聘禮受聘云「几筵既設」，是几筵相將，故云「上介出止使者，則已布席也」。

侯氏用束帛、乘馬儐使者，使者再拜受。侯氏再拜送幣。儐使者，所以致尊敬也。拜者，各於其階。○乘馬，繩證反，下乘馬皆同。

【疏】「侯氏」至「送幣」　注「儐使」至「其階」　云「儐使者，所以致尊敬也」者，案聘禮使卿用束帛勞賓，賓不還束帛，賓儐卿以束錦，此使者以玉勞侯氏，侯氏還玉，仍亦「儐使者」，是致尊敬天子之使故也。知「拜，各於其階」者，此賓與使行敵禮，若鄉飲酒、鄉射賓主拜各於其階也。

使者降，以左驂出。侯氏送于門外，再拜，侯氏遂從之。騑馬曰驂。左驂，設在西者。其餘三馬，〔一三〕侯氏之士遂以出，授使者之從者于外。從之者，遂隨使者以至朝。○左驂，七南反。騑，芳非反。之從者，才用反。

【疏】「使者」至「從之」　注「騑馬」至「至朝」　知「左驂，設在西」者，陳四馬與人以西爲上。案聘禮禮賓時，「賓執左馬以出」，此亦「以左驂出」，故知「左驂，設在西」也。又知「其餘三馬，侯氏之士遂以出，授使者之從者于外」者，亦案聘禮禮賓「執左馬以出」，記云「主人之庭實，則主人遂以出，賓之士訝受之」，此侯氏在館，如主人，明三馬亦侯氏之士以出，授使者從者可知。云「從之者，遂隨使者以至朝」者，亦如聘禮云下大夫勞賓，使者「遂以賓入，至於朝」，其義同，故知義然也。

天子賜舍。以其新至道路勞苦，未受其禮，且使即安也。賜舍，猶致館也，所使者司空與！小行人爲承擯。今文「賜」皆作「錫」。〔一四〕○司空與，音餘，篇末注月與、館與同。

【疏】「天子賜舍」　注「以其」至「作錫」　自此盡「乘馬」，論賜侯氏舍館侯氏儐使之事。云「賜舍，猶致館」者，猶聘禮賓至於朝，君使「卿致館」。此不言「致館」，言「賜舍」者，天子尊極，故言「賜舍」也。云「所使者司空與」者，聘禮使卿致館，此亦宜使卿，知是司空非卿者，周禮以天、地、春、夏、秋、冬六卿，無致館之事，司空主營城郭宮室，館亦宮室之事，故知所使者司空也。但司空亡，無正文，〔一五〕故云「與」以疑之。知「小行人爲承儐」者，〔一六〕案聘禮致館，賓主人各擯介，故知此亦陳擯介，必知使「小行人爲承擯」者，案小行人云「及郊勞、眡館、將幣，爲承而擯」，是其義也。

曰：「伯父，〔一七〕女順命于王所，賜伯父舍」。此使者致館辭。○女順，音汝，下注猶女同。

【疏】「曰伯」至「父舍」　注「此使者致館辭」　此及下經皆云「伯父」者，案下文謂同姓大國，舉同姓大國則同姓小國及異姓之國禮不殊也。

侯氏再拜稽首。受館。儐之束帛乘馬。王使人以命致館，無禮猶儐之者，〔一八〕尊王使也。侯氏受館於外，既則儐使者於內。

【疏】「儐之束帛乘馬」　注「王使」至「於内」　云「王使人以命致館，無禮猶擯之者，尊王使也」者，決聘禮卿無禮致館，賓無束帛擯卿，此王使亦無禮致館，其賓猶擯使者，用束帛乘馬，故云「尊王使也」。云「侯氏受館於外」者，案聘禮「大夫帥至館，卿致館」，而云「賓迎，再拜」，「卿退，賓送，再拜」，則聘禮致館不在外；此不見大夫帥至館，即云「天

子賜舍」，是侯氏受舍于外可知，與聘禮異也。知「既則儐使者於内」者，以其既受館，則爲己所有，明儐使者在内可知也。

天子使大夫戒曰：「某日，伯父帥乃初事。」大夫者，卿爲訝者也。掌訝職曰：「凡訝者，賓客至而往，詔相其事。」戒，猶告也，其爲告使，順循其事也。初，猶故也。古文「帥」作「率」。〔一九〕

○卿爲，或作鄉，非。訝者，五嫁反。〔二〇〕詔相，息亮反。

【疏】「天子」至「初事」　注「大夫」至「作率」　自此盡「再拜稽首」，論天子使大夫戒侯氏期日，使行覲禮之事。知大夫是「卿爲訝」者，〔二一〕以其周禮秋官掌訝職云「諸侯有卿訝」，故知大夫即卿爲訝者。云「其爲告使，順循其事也。初，猶故」者，以其四時朝覲，自是尋常，故使恒循故事之常也。

侯氏再拜稽首。受覲日也。

諸侯前朝，皆受舍于朝。同姓西面，北上。異姓東面，北上。言「諸侯」者，明來朝者衆矣，顧其入覲不得並耳。受舍於朝，受次於文王廟門之外。聘禮記曰「宗人授次，次以帷，少退于君之次」，則是次也，言舍者，尊舍也，天子使掌次爲之，諸侯上介，先朝受焉。此覲也言朝者，覲遇之禮雖簡，其來之心猶若朝也。分别同姓、異姓受之，將有先後也。春秋傳曰「寡人若朝于薛，不敢與諸任齒」，則周禮先同姓。○先朝，悉薦反。分别，彼列反。諸任，音壬。

【疏】「諸侯」至「北上」　注「言諸」至「同姓」　此一經論前朝一日，諸侯各遣上介受次於朝之事。云「言諸侯者，明來朝

者衆矣」者，上注云「言侯氏者，明國殊舍異禮，不凡之」，於此言「諸侯」，凡之者，以其諸國同時遣上介，故言「來朝者衆矣」。若其行禮，自有前後，故鄭云「顧其入覲不得並耳」。云「受舍於朝，受次于文王廟門之外」者，以其春夏受贄於朝無迎法，受享於廟有迎禮，秋冬受贄、受享皆在廟，並無迎法，是以大門外無位，既受覲於廟，故在大門外受次。知在文王廟門外者，案聘禮云「不腆先君之祧，既拚以俟」，則諸侯待朝聘之賓，皆在大祖之廟。以其諸侯者無二祧，遷主所藏，皆在始祖之廟，故以始祖爲祧。案天子待覲遇亦當在祧，祭法云天子七廟，「有二祧」，又案周禮守祧職云「掌守先王、先公之廟祧」，鄭注「遷主所藏曰祧」；穆之遷主藏於文王廟，昭之遷主藏於武王廟，今不在武王廟而在文王廟者，父尊而子卑，故知在文王廟也。若然，先公木主藏於后稷廟，受覲遇不在后稷廟者，后稷生非王，故不宜在焉。云「言舍者，尊舍也」者，此賓以帷爲次，非屋舍，尊天子之次，故以屋舍言之，是「尊舍」也。若天子春夏受享，諸侯相朝聘，迎賓客者，皆有外次，即聘禮記「宗人授次」是也。有外次於大門外者，則無廟門外之内次，天子覲遇在廟者，有廟門外之内次，無大門外之外次，此文是也。云「天子使掌次爲之」者，案周禮掌次云「掌王次舍之法，〔三三〕以待張事」，故知使掌次爲之。諸侯兼官無掌次，使館人爲之，故聘禮云「館人布幕于寢門外」，鄭注云「館人，掌次舍帷幕者」是也。云「諸侯上介，先朝受焉」者，知使上介者，案下文「諸侯覲於天子，爲宫，方三百步」，「上介皆奉其君之旂，置于宫」，明知此亦使上介也。云「其來之心猶若朝也」者，案周禮大宗伯云「春曰朝，秋曰覲」，鄭注云「朝之言朝也，欲其來之早。覲之言勤，欲其勤王事」，各舉一邊而言，其實早來、勤王通有也，故鄭云「其來之心猶若朝」，故變覲言朝也。云「分别同姓、異姓受之，將有先後」者，案此經同姓西面，異姓東面。案下曲禮云「天子當依而立，諸侯北面而見天子，曰覲」，彼此皆是覲禮，彼諸侯皆北面，不辨同姓、異姓，與此不同者，此謂廟門外爲位時，彼謂入見天子時，故鄭注云「覲者位於廟門外而序入」，入謂北面見天子時。引春秋者，案隱十一年經書「滕侯、薛侯來朝」，左傳曰：「争長。薛侯曰：『我先封』。滕侯曰：『我周之卜正也，薛，庶

姓也，我不可以後之。』公使羽父請於薛侯曰：『君與滕君，辱在寡人。周諺有之曰：山有木，工則度之，賓有禮，主則擇之。周之宗盟，異姓爲後。寡人若朝于薛，不敢與諸任齒；君若辱貺寡人，則願以滕君爲請。』薛侯許之，乃長滕侯也」。若然，彼服注云「争長先登授玉」，此位在門外，引之者，以其在先即先登，外内同，故引以爲證。

侯氏裨冕，釋幣于禰，將覲，質明時也。裨冕者，衣裨衣而冠冕也。裨之爲言埤也。天子六服，大裘爲上，其餘爲裨，以事尊卑服之，而諸侯亦服焉。上公衮無升龍，侯伯鷩，子男毳，孤絺，〔二三〕卿大夫玄，此差司服所掌也。禰，謂行主、遷主矣，而云禰，親之也。釋幣者，告將覲也。其釋幣如聘大夫將受命「釋幣于禰」之禮，既則祝藏其幣，歸乃埋之於祧西階之東。今文「冕」皆作「絻」。〔二四〕○裨冕，婢支反，劉音卑，注同。衣裨衣，上於既反，下注字，下衣此衣放此。而冠，古亂反，下冠冕同。言埤，毗支反，一音卑。公衮，工本反。鷩，必列反。毳，尺鋭反。孤絺，丁里反，劉本作希，張里反。於祧，他彫反。

【疏】「侯氏」至「于禰」注「將覲」至「爲絻」　此經明諸侯之在館内，將覲於王，先釋幣告於行主之禮。知「將覲，質明時」者，案聘禮賓「厥明，釋幣于禰」，故知此亦「質明時」也。云「裨之言埤」者，讀從詩「政事一埤益我」，取裨陪之義。云「天子六服，大裘爲上，其餘爲埤」者，〔二五〕天子吉服有九，而言六服者，據六冕而言，以大裘爲上，無埤義，衮冕以下皆爲裨，故云「其餘爲裨」。〔二六〕云「以事尊卑服之」者，即司服所云王「祀昊天、上帝則大裘而冕，祀五帝亦如之。祀先王則衮冕」，以下至「羣小祀則玄冕」，舉天子而言，故云「以事尊卑服之」。云「而諸侯亦服焉」者，亦據司服而言，諸侯唯不得有大裘，上公則「衮冕」以下，故鄭云「此差司服所掌也」。云「上公衮無升龍」者，案白虎通引禮記曰「天子乘龍，載大旗，象日月升龍。傳曰：天子升龍，諸侯降龍」，以此言之，上得兼下，下不得僭上，則天子升降俱有，諸侯直有降龍而已。〔二七〕若然，彼「升龍」文承「大旗」之下，知不施於旌旗而據衣服者，案司常云「交龍爲旂」，又云「諸侯建旂」，注云「諸侯畫交龍，一象其升朝，一象其下復」，則旌旗升降俱有，而白虎通云「諸侯

降龍」者，據衣服而言。案玉藻「諸侯玄冕以祭」，不得服衮冕以下，是以鄭注司服云諸侯自於其家則降。若然，諸侯自家祭降，魯與二王之後皆不得用衮冕、驚冕、毳冕，則此及孤卿大夫絺冕、玄冕者，〔二八〕是入君廟及入天子之廟，故服也。今云諸侯告禰用裨冕者，將入天子之廟，故服以告禰，謂若曾子問云諸侯「裨冕以朝」，鄭注云「爲將廟受」，亦斯之類也。云「禰謂行主、遷主矣」者，案禮記曾子問云「師行，必以遷廟主行乎？」孔子曰：「天子巡守，以遷廟主行，載于齊車，言必有尊也」，彼雖據天子，其諸侯行亦然，以其皆有遷廟木主。若然，大夫無木主，聘禮賓「釋幣于禰」者，大夫雖無木主，以幣帛主其神，亦爲行主也。「而云禰，親之」者，以其在外唯有遷主可事，故不言「遷主」而云「禰」也。云「其釋幣如聘大夫將受命，釋幣于禰之禮」者，案聘禮將行「釋幣于禰」，此禰無文，故約與之同，乃受命即出行，故云「將受命，釋幣于禰」，皆是告將行，無祭祀。知「既則祝藏其幣，歸乃埋之於祧西階之東」者，此無正文，案聘禮祝告，祝「又入取幣降，卷幣實于笲，埋于西階東」，此亦與彼同。云「祧」者，諸侯遷主藏於始祖之廟，諸侯既以始祖之廟爲祧，遷主歸，還入祧廟，故知此幣埋於「祧西階之東」也。

乘墨車，載龍旂、弧、韣，乃朝，以瑞玉，有繅。

墨車，大夫制也。乘之者，入天子之國，車服不可盡同也。交龍爲旂，諸侯之所建。弧，所以張縿之弓也。弓衣曰韣。瑞玉謂公桓圭，侯信圭，伯躬圭，子穀璧，男蒲璧。繅，所以藉玉，以韋衣木廣袤，各如其玉之大小，以朱白蒼爲六色。〔二九〕今文「玉」爲「圭」，〔三〇〕「繅」或爲「璪」。○弧，音胡。韣，音獨。有繅，音早。張縿，所銜反，又所感反，本又作幓，下同。侯信，音申。以藉，才夜反，下繅藉同。韋衣，於既反。廣袤，上古曠反，下音茂。爲璪，音早。

【疏】「乘墨」至「有繅」　注「墨車」至「爲璪」　自此盡「乃出」，論諸侯發館至天子廟門之外，以次行覲禮之事。云「墨車，大夫制也」者，案周禮巾車職云「孤乘夏篆，〔三一〕卿乘夏縵，大夫乘墨車，士乘棧車，庶人乘役車」，故知「墨車

大夫制也」。必言「墨車，大夫制」者，對玉路、金路、象路之等天子、諸侯之制也。云「乘之者，入天子之國車服不可盡同」者，巾車云同姓金路，異姓象路，四衛革路，並得與天子同，據在本國所乘。下記云「偏駕不入王門」，「偏駕」金路、象路等是也。既不入王門，舍於客館，乘此墨車以朝也。云「交龍爲旂，諸侯之所建」者，司常職文也，云「弧，所以張縿之弓也」者，爾雅説旌旗正幅爲縿，故以此弧弓張縿之兩幅，〔三二〕故云「張縿之弓也」。云「弓衣曰韣」者，案月令云「后妃帥九嬪御。乃禮天子所御，帶以弓韣，授以弓矢，于高禖之前」，言「帶以弓韣」，韣是弓衣可知。云「瑞玉謂公桓圭」之等，皆大宗伯典瑞職文。云「繅，所以藉玉」，〔三三〕至「爲六色」，其義疏已見於聘禮記。

天子設斧依於户牖之間，左右几。依，如今綈素屏風也，有繡斧文，〔三四〕所以示威也。斧謂之黼。几，玉几也。左右者，優至尊也。其席莞席紛純，加繅席畫純，加次席黼純。○斧依，於豈反，注依如同。今綈，大西反。屏風，步丁反。莞席，音官。紛純，諸允反，劉之閏反，下同。

【疏】「天子」至「右几」　注「依如」至「黼純」　云「依，如今綈素屏風也」者，案爾雅「牖户之間謂之扆」，以屏風爲斧文，置於依地。〔三五〕孔安國顧命傳云「扆，屏風，畫爲斧文，置户牖間」是也。言「綈素」者，綈，赤也；素，白也。漢時屏風以綈素爲之，象古者白黑斧文，故鄭以漢法爲況。云「有繡斧文，所以示威也」者，案周禮繢人云「青與赤謂之文，赤與白謂之章，白與黑謂之黼，黑與青謂之黻，五色備謂之繡」，此白黑斧以比方，〔三六〕繡次爲之，故云「有繡斧文，所以示威也」。云「斧謂之黼」者，據繡次言之，白與黑謂之黼，即爲此黼字也；據文體形質言之，刃白而銎黑，則爲此斧字，故二字不同也。云「几，玉几也」者，案周禮司几筵云「左右玉几」，故知此几是「玉几」也。注「左右有几，優至尊也」，亦與此同；又案大宰云「贊玉几」，鄭注云「玉几，王所依也。立而設几，優尊者」，但几唯須其一，又几坐時所以馮依，今左右及立而設之，皆是優至尊也，兩注相兼乃具。云「其席莞席」，以下亦司几筵文，案彼云「大朝覲，大饗射，凡封國命諸侯，王位設黼依，依前南鄉，設莞席紛純」等，鄭注云「紛純者，紛如綬，有文而

狹。繅席者，削蒲弱展之，編以五采，若今合歡矣。畫純者，謂畫雲氣。次席者，桃枝席，〔三七〕有次列成文」，此次席即顧命所謂「篾席」也，篾謂竹青，據竹而言。次謂次列，據文體而説。是以顧命云「牖間南嚮，敷重篾席」，孔傳云「桃枝竹」，義與鄭同。

天子衮冕，負斧依。衮衣者，裨之上也，繢之繡之，爲九章，其龍天子有升龍有降龍衣。此衣而冠冕，南鄉而立，以俟諸侯見。○繢之，户内反。南鄉，許亮反，下放此。

【疏】「天子衮冕，負斧依」　注「衮衣」至「侯見」　云「負斧依」者，負，謂背之南面也。云「衮衣者，裨之上也」者，但裨衣者，自衮冕至玄冕，五者皆裨衣，故云「裨之上也」。上文云「裨衣」者，揔五等諸侯，指其衣有三等，不得定其衣號，故言揔裨衣。〔三八〕此據天子一身，故指其衣體言「衮冕」。云「繢之繡之，爲九章」者，〔三九〕衣繢而裳繡，衣在上爲陽，陽主輕浮，故對方爲繢次；裳在下爲陰，陰主沈深，故刺之爲繡次。是以尚書衣言作繢，裳言絺。「繡爲九章」者，鄭注司服云「冕服九章，登龍於山，登火於宗彝，尊其神明也。九章初一曰龍，次二曰山，次三曰華蟲，次四曰火，次五曰宗彝，皆畫以爲繢；次六曰藻，次七曰粉米，次八曰黼，次九曰黻，皆絺以爲繡」，則衮之衣五章，裳四章，凡九也。云「南鄉而立」者，此文及司几筵雖不云立，案下曲禮云「天子當宁而立」，又云「當扆而立」，在朝在廟皆云「立」，故知此南面而立，以俟諸侯之見也。

嗇夫承命，告于天子。嗇夫，蓋司空之屬也，爲末擯，承命於侯氏，下介傳而上，上擯以告于天子。天子見公擯者五人，見侯伯擯者四人，見子男擯者三人，皆宗伯爲上擯。春秋傳曰：「嗇夫馳。」

○傳，大專反，〔四〇〕下傳此、傳而皆同。而上，時掌反，下而上同。

【疏】「嗇夫」至「天子」　注「嗇夫」至「夫馳」　云「嗇夫，蓋司空之屬也」者，無正文，知「司空屬」者，案五官之内，無嗇夫之名，故知是司空之屬，但司空職亡，故言「蓋」以疑之。云「末擯承命於侯氏，下介傳而上，上擯以告於天子」者，

案周禮司儀職兩諸侯相朝，皆爲「交擯」，則此諸侯見天子，交擯可知。此所陳擯介當在廟之外，門東陳，擯從北鄉南，門西陳，〔四一〕介從南鄉北，各自爲上下。此經先云「嗇夫承命，告于天子」，則命先從侯氏出，下文天子得命，呼之而入，命又從天子下至侯氏，即令入，故下注云「君乃許入」。若然，此覲遇之禮，畧唯有此一辭而已，無三辭之事。司儀云「交擯，三辭」者，據諸侯自相見於大門外法，其天子春夏受享於廟，見於大門外亦可，交擯三辭矣。云「天子見公擯者五人」以下，並大行人文。云「皆宗伯爲上擯」者，案大宗伯職云「朝覲會同，則爲上相」，鄭注云「相，詔王禮也。出接賓曰擯，入詔禮曰相」。若四時常朝，則小行人爲承擯，故小行人職云「將幣，爲承而擯」。此文嗇夫爲末擯，若子男三擯，此則足矣，若侯伯四擯，別增一士，若上公五擯，則別增二士。若時會殷同，則肆師爲承擯，故肆師職云「大朝覲佐擯」，鄭注云「爲承擯」，是其義也。引春秋傳者，案左氏傳昭十七年夏六月朔，日有食之，叔孫昭子救日食，引夏書云「辰不集于房，瞽奏鼓，嗇夫馳，庶人走」，鄭引者，欲見嗇夫是卑官，得爲末擯之意也。

天子曰：〔四二〕「非他，伯父實來，予一人嘉之。伯父其入，予一人將受之。」言非他者，親之辭。嘉之者，美之辭也。上擯又傳此而下至嗇夫，侯氏之下介受之，傳而上，上介以告其君，君乃許入。今文「實」作「寔」，「嘉」作「賀」。

【疏】「天子」至「受之」　注「言非」至「作賀」　此經直云「伯父其入」，不云迎之，禮記郊特牲云「覲禮，天子不下堂而見諸侯」，故無迎法。若然，案夏官齊僕云「掌馭金路以賓。朝覲宗遇饗食，皆乘金路。其法儀各以其等，爲車送逆之節」者，覲遇雖無迎法，至於饗即與春夏同，故連言之。

侯氏入門右，坐奠圭，再拜稽首。入門而右，〔四三〕執臣道，不敢由賓客位也。〔四四〕卑者見尊，〔四五〕奠摯而不授。

【疏】「侯氏」至「稽首」　注「入門」至「不授」　云「卑者見尊，奠摯而不授」者，案士昏禮云壻執鴈，升，「奠鴈」，又云「若不親迎，則婦入三月，然後壻見。主人出門，壻入門，奠摯，再拜，出」，鄭注云「奠摯者，壻有子道，不敢授也」；又士相見凡臣見於君「奠摯，再拜」，與此「奠圭」皆是卑者不敢授而奠之。

擯者謁。 謁，猶告也。上擯告以天子前辭，欲親受之，如賓客也。其辭所易者曰「伯父其升」。

【疏】「擯者謁」　注「謁猶」至「其升」　云「其辭所易者曰『伯父其升』」者，此又不見謁告之辭，鄭注云「上擯告以天子前辭」者，謂擯者謁以上辭，云「天子曰：『非他，伯父實來，予一人嘉之。伯父其入，予一人將受之』」，是擯者於門外傳王辭告之，使入。此擯者謁告，還用彼辭，所改易者，唯改「入」字爲「升」，故云「伯父其升」也，以其喚使升堂，親受之也。

侯氏坐取圭，升，致命，王受之玉。侯氏降，階東北面再拜稽首。擯者延之曰：「升。」升，成拜，乃出。〔四六〕擯者請之，侯氏坐取圭，則遂左降，拜稽首送玉也。從後詔禮曰延，延，進也。

【疏】「侯氏」至「乃出」　注「擯者」至「進也」　云「侯氏坐取圭，則遂左降」者，以經侯氏得擯者之告，坐取圭，即言「升，致命」，無出門之文，明知遂向門左，從左堂塗升，自西階致命也。云「從後詔禮曰延，延，進也」者，以其賓升堂，擯者不升，若特牲、少牢「祝延尸」使升，「尸升，祝從升」，與此文同，皆是從後詔禮之事。

校勘記

〔一〕 覲禮於五禮屬賓　阮校云「賓」下集釋有「禮」字。

〔二〕小戴第十七　「第」字原無，胡培翬云「小戴」下集釋有「第」字，此據其説補。

〔三〕據此彼而言　阮校云要義同，陳、閩俱無「彼」字，盧文弨改「彼」爲「注」。

〔四〕是以周禮大宰職云　阮校云要義無「職」字。

〔五〕覲禮其靳反　「靳」徐乾學本作「覲」。黄焯彙校云宋本是。

〔六〕則逆勞於畿　「逆」徐本作「迎」。

〔七〕主國　阮校云「主」陳、閩俱作「王」。今按單疏作「主」是。

〔八〕司儀諸侯之臣　阮校云「侯」陳本作「公」。今按周禮司儀作「公」。

〔九〕以帷爲宫　阮校云要義同，毛本「帷爲」二字倒。

〔一〇〕則已布席也　阮校張氏曰：注曰「上介出止使者，則已布席也」，按杭本「己」作「已」，從杭本。按嚴、徐、鍾本、集釋俱作「已」。

〔一一〕遂從入朝之事　阮校云陳、閩、要義同，毛本「朝」作「廟」。

〔一二〕經不云上介出止使者　阮校云要義無「出」字。今按此云經與注不同，依注則「出」字當有。

〔一三〕其餘三馬　阮校云集釋同，徐、陳、閩、葛、通解、楊氏「三」俱作「二」。按疏作「三」。

〔一四〕今文賜皆作錫　阮校云集釋同，毛本無「皆」字。

〔一五〕但司空亡無正文　阮校云陳、閩、監本、要義、楊氏同，毛本無「無」字。

〔一六〕知小行人爲承儐者　「儐」單疏作「擯」。

〔一七〕曰伯父　唐石經無「曰」字。

〔一八〕無禮猶儐之者　「儐」原作「擯」，此據黄刊嚴州本改。阮校云徐、陳、閩、葛作「擯」誤。

〔一九〕古文帥作率　「古」徐本、毛本作「今」。

〔二〇〕五嫁反　「反」徐乾學本作「同」，誤。

〔二一〕知大夫是卿爲訝者　「知」原誤作「如」，此據單疏改。

〔二二〕掌王次舍之法　阮校云要義無「王」字。按周禮作「掌王次之灋」，單疏誤衍「舍」字。今按「法」毛本作「灋」，阮本正文從單疏作「法」，校勘記則作「灋」，前後不一。法、灋固一字，但有古、今之別，依阮本通例，當從單疏，不當從毛本作「灋」。

〔二三〕孤絺　阮校云陸氏曰「絺」劉本作「希」。按司服注讀希爲絺，以「希」爲字之誤。

〔二四〕今文冕皆作絻　阮校云嚴州本有此六字，與單疏標目合，徐、毛本俱脱，「作」單疏標目作「爲」。

〔二五〕其餘爲埤者　阮校云毛本、要義「埤」作「裨」。

〔二六〕衮冕以下皆爲裨故云其餘爲裨　阮校云毛本下「裨」字作「埤」。按注云「大裘爲上，其餘爲裨」，以「裨」對上，則似當作「埤」。疏内除「云裨」之外，凡「裨」字疑皆當作「埤」。

〔二七〕諸侯直有降龍而已　阮校云「直」陳本作「宜」。

〔二八〕則此　阮校云要義、毛本「此」下有「等」字。

〔二九〕以朱白蒼爲六色　阮校云單疏聘禮疏引此句「蒼」作「倉」。

〔三〇〕今文玉爲圭　阮校云通解同，毛本「圭」作「璧」。

〔三一〕孤乘夏篆　「乘」原誤作「墨」，此據單疏改。下句「故知墨車大夫制也」，「墨」原又誤作「乘」，當由二字鄰行互易也。阮本沿張敦仁本之誤。

〔三二〕故以此弧弓張縿之兩幅　阮校云陳、閩俱無「此」字，「縿」陳誤作「驂」。

〔三三〕 云纅　阮校云「云」上要義有「后」字。

〔三四〕 有繡斧文　阮校云集釋、通解、楊、敖同，與疏合，徐、陳、閩、葛「繡」俱作「屏」。

〔三五〕 置於依地　阮校云「地」要義作「也」。

〔三六〕 以比方　「比」毛本作「此」。

〔三七〕 桃枝蓆　「蓆」毛本作「篨」。阮校浦鏜云「席」誤「篨」。今按席、蓆、篨字通。

〔三八〕 故言總禕衣　阮校云「言總」二字要義倒。

〔三九〕 爲九章者　阮校云「者」陳、閩作「首」，是也。汪文臺識語云「首」字非是。今按汪説是。

〔四〇〕 傳大專反　「大」徐乾學本作「丈」。下文「四傳」條同。黄焯彙校云丈屬澄紐，大屬定紐，古音澄紐歸定，故大、丈通用。

〔四一〕 門西陳　阮校云陳本、要義同，毛本「門」作「行」。

〔四二〕 天子曰　阮校云石經補缺脱「曰」字。

〔四三〕 入門而右　阮校云集釋、通典、楊、敖同，毛本、通解無「而」字。

〔四四〕 不敢由賓客位也　阮校張氏曰監本「客」作「之」，從監本。

〔四五〕 卑者見尊　阮校張氏曰釋文「見佚」注云「卑見同」，「卑見」謂此也，中無「者」字。

〔四六〕 乃出　阮校云「出」通解作「退」。

儀禮注疏卷第二十七

唐朝散大夫行大學博士弘文館學士臣賈公彦等撰

四享皆束帛加璧，庭實唯國所有。四當爲三。古書作三、四或皆積畫，此篇又多四字，字相似，由此誤也。大行人職曰諸侯「廟中將幣」，皆「三享」，其禮差，又無取於四也。初享或用馬，或用虎豹之皮。其次享三牲、魚腊、籩豆之實，龜也，金也，丹漆、絲纊、竹箭也，其餘無常貨。此地物，〔一〕非一國所能有，唯所有，〔二〕分爲三享，皆以璧帛致之。○四享，四依注音三，享音鄉丈反，劉虚讓反。積畫，音獲。絲纊，音曠，劉古曠反。

【疏】「四享」至「所有」　注「四當」至「致之」　自此盡「事畢」，論侯氏行覲禮訖，相隨即行三享之事。云「四當爲三，古書作三、四或皆積畫，此篇又多四字，字相似，由此誤也」者，知四當爲三者，諸文唯謂「三享」，無四享之事；所以誤作四者，由「古書作三、四」之字，「或皆積畫」者，堯典云「帝曰：『次三岳』」、皋陶云「外薄三海」、泰誓序云「作泰誓三篇」，是古書三、四皆積畫也；云「此篇又多四字」者，下有「四傳擯」，又云「路下，四亞之」，又云「束帛四馬」、「四門」、「四尺」四字既多，積畫三又似三，由此故誤爲四字也。引大行人者，欲證「三享」爲正文。〔三〕云「其禮差，又無取於四也」者，案聘禮「小聘曰問，不享」，大聘雖有享，不言數，明一享而已；案大行人五等諸侯，皆同三享；若然，三與一及不享，是其禮之差，是無取於四之義，故從三爲正。云「初享或用馬，或虎豹之皮」者，案下經先陳馬，聘禮特言皮，故知初享以此二者爲先；言「或」者，聘禮記云「皮馬相間可也」，又聘禮經夕幣時，「皮則左首」，展幣時更云「馬則幕南，北面」，此下經亦用馬；案郊特牲云「虎豹之皮，示服猛也」，是其或用馬，或用虎

豹之皮，爲初享也。云「其次享三牲、魚腊、籩豆之實」，以下皆禮器文。是以禮器云：「大饗其王事與？三牲、魚腊，四海九州之美味也。籩豆之薦，四時之和氣也。內金，示和也。束帛加璧，尊德也。龜爲前列，先知也。金次之，見情也。丹漆、絲纊、竹箭，與衆共財也。其餘無常貨，各以其國之所有，則致遠物也。」彼諸侯國，王爲祫祭而致之，與此因覲致之同，以其因覲即助祭，因祭即致享物，若不當三年祫祭，即特致三享也。云「皆以璧帛致之」者，案聘禮「束帛加璧」享君，「束錦加琮」享夫人，小行人亦云「璧以帛，琮以錦」，是五等諸侯享天子與后，此云「璧帛致之」者，據享天子而言，若享后，即用琮錦。但三享在庭，分爲三段，一度致之，據三享而言，非謂三度致之爲「皆」也。凡享者貢國所有，或因朝而貢，或歲之常貢。歲之常貢則小行人云「春入貢」及大宰「九貢」是也。因朝而貢者，則大行人云「侯服歲一見，其貢祀物」之等是也，皆有璧帛以致之。案小行人云「合六幣，圭以馬，璋以皮，璧以帛，琮以錦，琥以繡，璜以黼。此六物者，以和諸侯之好」，故注云「合，同也。六幣，所以享也。五等諸侯享天子用璧，享后用琮，其大各如其瑞，皆有庭實，以馬若皮。皮，虎豹之皮。用圭璋者，二王之後也。二王後尊，故享用圭璋而特之。禮器曰『圭璋特』，義亦通於此。其於諸侯，亦用璧琮耳。子男於諸侯，則享用琥璜，下其瑞也。凡二王後，諸侯相享之玉，大小各降其瑞一等」。若如此言，鄭知五等享玉，「各如其瑞」者，見玉人職云「璧琮九寸，諸侯以享天子」，言九寸，據上公。琮以享后，不言者，文不具。公依命數與瑞等，則侯伯子男之享玉亦如其瑞可知。又知五等自相享，「各降其瑞一等」者，又見玉人職云「瑑琮八寸，諸侯以享夫人」，鄭云「獻於所朝聘君之夫人」，兼言「聘」者，欲見聘使亦下君之瑞一寸，與君同。直言瑑琮享夫人，不言瑑璧以享君，亦文不具。若然，侯伯子男自相享，各降其瑞一寸可知。圭璋據二王後享天子與后者，五等諸侯既用璧琮，二王後尊，明用圭以享天子，用璋以享后可知。又知二王後自相享，亦用璧琮者，以五等諸侯降於享天子，明二王後退用璧琮可知。子男自相享用琥璜者，以其子男瑞用璧，享天子可與瑞同，自相享，不得與瑞等，降用琥璜可知。若然，子男之臣自相聘，亦

享用琥璜，不得踰君故也。又知五等之臣聘享之玉，皆降其君一寸者，又見玉人云「瑑圭璋八寸，璧琮八寸，以覜聘」，八寸據上公之臣，則侯伯子男臣各降其君一寸可知。案孝經緯援神契云「二王後稱公，大國稱侯」，則二王之後爲公而則前謂公者，案典命云「上公九命爲伯，其國家、宮室、車旗、衣服、禮儀皆以九爲節」，鄭注云「上公者，謂王之三公有德者，加命爲二伯，二王之後亦爲上公」。若然，典命云「王之三公八命」，有功加一命爲二伯，則周公、召公是也；本國猶稱侯，則魯侯、燕伯是也。

奉束帛，匹馬卓上，九馬隨之，中庭西上，奠幣，再拜稽首。卓讀如卓王孫之卓，卓，猶的也，以素的一馬以爲上。書其國名，後當識其何産也。馬必十匹者，不敢斥王之乘，(四)用成數，敬也。○卓上，劉丁角反。

【疏】「奉束」至「稽首」　注「卓讀」至「敬也」　云「中庭西上」者，案昏禮云「參分庭一，在南」，又聘禮云「庭實，皮則攝之」，注云「參分庭一，在南」；又「米筥設于中庭」，鄭注云「言當中庭者，南北之中也」，則此云「中庭」，亦是南北之中。不「參分庭一，在南」者，以其三享同陳，須入庭深設之故也。云「卓讀如卓王孫之卓，卓，猶的也」者，以音字既同，而讀從之。卓王孫是司馬相如之妻文君之父也。於十馬之内「以素的一馬以爲上」，故訓卓爲的也。云「書其國名，後當識其何産也」者，謂若晉有鄭之小駟，復有屈産之類是也。云「馬必十匹者，不敢斥王之乘，用成數，敬也」者，此爲庭實，故用十匹。案康王之誥二伯率諸侯而入，「皆布乘黄朱」，而陳四匹者，彼據二王之後，以國所有享新王，享物陳於庭，用圭以馬致享，馬不得上堂，亦陳於庭，直以圭升堂致命，乘馬若乘皮，故以四爲禮，非所享之物，故用四馬，與此異也。

擯者曰：「予一人將受之。」亦言王欲親受之。

【疏】「擯者」至「受之」　注「亦言」至「受之」　云「亦言王欲親受之」者，亦上親「受之」也。

侯氏升，致命。王撫玉。侯氏降自西階，東面授宰幣，西階前再拜稽首，以馬出授人，九馬隨之。王不受玉，撫之而已，輕財也。以馬出，隨侯氏出，授王人於外也。〔五〕王不使人受馬者，至于享，〔六〕王之尊益君，侯氏之卑益臣。

【疏】「侯氏」至「隨之」　注「王不」至「益臣」　云「授宰幣」，王既撫玉，不受幣，幣即束帛加璧，并玉言幣，故小行人「合六幣」皮、馬與玉皆爲幣。此單言宰，即大宰，大宰主幣，故周禮大宰職云「大朝覲會同贊玉幣、玉獻、玉几、玉爵」，注云「助王受此四者」是也。云「王不受玉，撫之而已，輕財也」者，案聘義圭璋還之爲「重禮」，璧琮不還爲「輕財」，〔七〕是以圭璋親受，璧琮初即不受，爲輕財故也。云「以馬出，隨侯氏出，授王人於外也」者，謂侯氏牽馬而出，馬隨侯氏之後出，授王人於外也。云「王之尊益君，侯氏之卑益臣」者，春夏受贄於朝，雖無迎法，王猶在朝，至受享又迎之，而稱賓主；至覲禮受享皆無迎法，不下堂而見諸侯，已是王尊爲君禮，臣卑爲臣禮，王猶親受其玉；今至于三享，貢國所有，行供奉之節，故使自執其馬，王不使人受之於庭者，是王之尊益君，侯氏之卑益臣故也。聘禮享用皮及賓私覿，馬皆使人受之者，見他國之君不臣人之臣，故與此異也。若然，聘禮享君尚有幣問卿大夫，此諸侯覲天子，享天子訖，亦當有幣問公卿大夫。是以隱七年左氏傳云「初，戎朝于周，發幣于公卿，而凡伯不賓」，〔八〕服注云「戎以朝禮及公卿大夫，發陳其幣。凡伯以諸侯爲王卿士，不脩賓主之禮，敬報於戎」，是以「冬，天王使凡伯來聘，還，戎伐之於楚丘，以歸」，是諸侯朝天子，亦有聘及公卿大夫之事也。

事畢。三享訖。

乃右肉袒于廟門之東，乃入門右，北面立，告聽事。右肉袒者，刑宜施於右也。凡以禮事者，左袒。入更從右者，臣益純也。告聽事者，告王以國所用爲罪之事也。易曰：「折其右肱，無咎。」〔九〕○折其，之設反。右肱，古弘反。

【疏】「乃右」至「聽事」 注「右肉」至「無咎」 自此盡「降出」，論侯氏受刑，王免之降出之事。刑袒於右者，右是用事之便，又是陰，陰主刑，以不能用事，故刑袒於右也。云「凡以禮事者，左袒」，左袒者，無問吉凶，禮皆袒左。知者，士喪禮云「主人出，南面，左袒，扱諸面之右」，檀弓云「延陵季子葬其子於嬴、博之間」，葬訖「左袒」，故云「凡」以該之。引易曰「折其右肱，無咎」者，案易豐䷶卦九三云「折其右肱，無咎」，凡卦爻二至四，三至五，兩體交互，各成一卦，先儒謂之互體，故鄭隨其義而注云「三，艮爻，艮爲手。互體爲巽，巽又爲進，退手而便於進，退右肱也。猶大臣用事於君，君能誅之，故無咎」。引之者，證刑理宜於右之義。云「告聽事者，告王以國所用爲罪之事也」者，加「得」字解之，當云「告王以國所用爲者，得非罪之事也」，正是罪之一辭，解擬受刑之意。又解云「告王以己無罪」，引下文「伯父無事」解之，不辭之甚也。

擯者謁諸天子。天子辭於侯氏，曰：「伯父無事，歸寧乃邦。」謁，告；寧，安也。乃，猶女也。

侯氏再拜稽首，出。自屏南適門西，遂入門左，北面立。王勞之。再拜稽首。擯者延之，曰：「升。」升成拜，降出。王辭之不即左者，當出隱於屏而襲之也，天子外屏。勞之，勞其道勞也。

【疏】「侯氏」至「降出」 注「王辭」至「勞也」 云「當出隱於屏而襲之也」者，以屏外不見天子爲隱。向者右袒，今王辭以無事，故宜襲也。云「天子外屏」者，據此文出門乃云「屏南」，即是外屏，云「天子外屏」，取禮緯之文，故禮緯云

「天子外屏，諸侯内屏，大夫以簾，士以帷」是也。

天子賜侯氏以車服，迎于外門外，再拜。賜車者，同姓以金路，異姓以象路；服則衮也，驚也，毳也。古文曰「迎于門外也」。

【疏】「天子」至「再拜」注「賜車」至「外也」　自此盡「亦如之」，論王使人賜侯氏車服之事。云「同姓金路，異姓象路」，案周禮巾車掌「五路」，自玉路至木路，玉路以祀，尊之不賜諸侯，金路云「同姓以封」，象路云「異姓以封」，革路云「以封四衛」，木路云「以封蕃國」，鄭云同姓「謂王子母弟，率以功德出封。雖爲侯伯，其畫服猶如上公，賜魯侯、鄭伯」，服則衮冕，得乘金路以下，與上公同，則大公與杞、宋雖異姓，服衮冕乘金路矣；「異姓」謂舅甥之國與王有親者，得乘象路，異姓侯伯，同姓子男皆乘象路以下。「四衛」謂要服以内庶姓，與王無親者，自侯伯子男，皆乘革路以下。「蕃國」據外爲揔名，皆乘木路而已。鄭直言金路、象路者，畧之也。云「服則衮也，驚也，毳也」，據司服而言。案司服上陳王之吉服有九，下云「公之服，自衮冕而下，如王之服。侯伯自驚冕而下，如公之服。子男自毳冕而下，如侯伯之服」也。

路先設，西上。路下四，亞之。重賜無數，在車南。路，謂車也，凡君所乘車曰路。路下四，謂乘馬也。亞之，次車而東也。詩云：「君子來朝，何錫予之？雖無予之，路車乘馬。又何予之，玄衮及黼。」重，猶善也。所加賜善物多少，由恩也。春秋傳曰：「重錦三十兩。」

【疏】「路先」至「車南」　注「路謂」至「十兩」　云「凡君乘車曰路」者，〔一〇〕鄭注周禮云「路，大也。君之居以大爲名，是以云路寢、路門之等」。引春秋者，閔二年左氏傳云「狄人伐衛」，又云「及狄人戰于熒澤，衛師敗績，遂滅衛」，「夜與國人出，狄入衛，遂從之，又敗諸河」。「宋桓公逆諸河，宵濟，立戴公」，「以廬於曹」，「齊侯使公子無虧帥車三百

乘，甲士三千人以成曹。歸公乘馬，祭服五稱，牛羊豕雞狗皆三百與門材。歸夫人魚軒，重錦三十兩」，鄭引之，證「重賜無數，在車南」也。

諸公奉篋服，加命書于其上，升自西階，東面，大史是右。言諸公者，王同時分命之，而使賜侯氏也。右讀如「周公右王」之右，是右者始隨入，於升東面，乃居其右。古文「是」爲「氏」也。○奉篋，苦協反。大史，音泰，後大史、大常、大陰皆同。是右，音右，亦如字，注右王之右同。

【疏】「諸公」至「是右」　注「言諸」至「氏也」　云「言諸公者，王同時分命之，而使賜侯氏也」者，以其言「諸」，非一之義，以諸侯來觀者衆，各停一館，故命諸公分往賜之。云「右讀如『周公右王』之右」者，案襄公二十一年左氏傳「晉欒盈出奔楚」，「范宣子殺羊舌虎，囚伯華。」「於是祁奚老矣，聞之，乘馹而見宣子」。祁奚曰：「〔二〕『夫謀而鮮過，惠訓不倦者，叔向有焉。社稷之固也，猶將十世宥之，以勸能者。今壹不免其身，以棄社稷，不亦惑乎？鯀殛而禹興，伊尹放太甲而相之，而卒無怨色，管、蔡爲戮，周公右王，若之何其以虎也棄社稷？』」鄭引此者，證「大史是右」，是佐公而在公右之義也。云「是右者始隨入，於升東面，乃居其右」者，大史卑，明始時隨公，後升訖，公東面，大史乃居其右，故云「是右」，謂於是乃居公右，而並東面。知並立者，以其在公右宣王命故也。

侯氏升，西面立。大史述命。讀王命書也。**侯氏降，兩階之間，北面再拜稽首，**受命。**升成拜。**大史辭之，降也。春秋傳曰「且有後命，以伯舅耋老，毋下拜」，此辭之類。○耋老，大結反，又音鐵。毋下，音無。

【疏】「升成拜」　注「大史」至「之類」　引春秋者，僖九年經：「夏，公會宰周公、齊侯、宋子、衛侯之等于葵丘。」傳云「王使宰孔賜齊侯胙。曰：『天子有事于文、武，使孔賜伯舅胙。』齊侯將下拜，孔曰：『且有後命，天子使孔曰：以伯

舅耋老，加勞賜一級，無下拜！』對曰：『天威不違顔咫尺，小白余敢貪天子之命，無下拜。恐隕越于下，以遺天子羞，敢不下拜。』下拜，登受。」鄭引之者，證此大史述王辭，侯氏下拜，亦如此，故鄭云「此辭之類」也。〔一二〕但彼以齊侯年老，故未降已辭，此下拜禮也，故降拜乃辭之。彼齊侯不升成拜者，亦以年老故也。

大史加書于服上。侯氏受。受篋服。**使者出，侯氏送，再拜。儐使者，諸公賜服者束帛四馬，儐大史亦如之。**既云拜送，乃言儐使者，以勞有成禮，畧而遂言。

【疏】「使者」至「如之」　注「既云」至「遂言」　云「既云拜送，乃言『儐使者』，以勞有成禮，畧而遂言」者，經云「侯氏送，再拜」者，事勢宜終，故連言之，其實「儐使者」在拜送前，必以之儐，後畧言者，以擯有成禮可依，故後畧言。案上篇以來，每有儐禮，皆是成篇之法，是「成禮」也。

同姓大國，則曰伯父，其異姓則曰伯舅。同姓小邦則曰叔父，其異姓小邦則曰叔舅。據此禮云伯父，〔一三〕同姓大邦而言。

【疏】「同姓」至「叔舅」　注「據此」至「而言」　案周禮冢宰職云「掌建邦之六典，以佐王治邦國」，注云「大曰邦，小曰國，邦之所居亦曰國」者，彼經或「邦國」連言，或單言「國」，則「邦國」連言據諸侯，單言「國」據王，以邦在國上，故云「大曰邦，小曰國」。唯王建國是邦之所居，亦曰「國」，彼對文則例，散文則通，故此「大國」言「國」，小國言「邦」也。鄭云「據此禮云伯父，同姓大邦而言」者，鄭欲解稱「伯父」、「叔父」不要同姓爲定之意。云「據此云伯父」者，即上

文云「伯父」，此文即云「同姓大國，則曰伯父」，是以云「據此禮云伯父，同姓大邦而言」，若也據文，〔一四〕則不要同姓與大國。案下曲禮東西二伯，不問同姓異姓，皆稱伯父，州牧而稱叔父，鄭云「牧尊於大國之君，而謂之叔父，辟二伯，亦以此爲尊」是也。〔一五〕又云「同姓大國，則曰伯父」者，唯據此禮而云「伯父」而言，不據他文，故鄭此注決爲不定之意。

饗、禮，乃歸。禮，謂食、燕也，王或不親以其禮幣致之，畧言饗、禮，〔一六〕互文也。掌客職曰上公「三饗，〔一七〕三食，三燕」；侯伯再饗，「再食，再燕」；子男「一饗，一食，一燕」。○謂食，音嗣，下同。

【疏】「饗、禮，乃歸」注「禮謂」至「一燕」 云「禮，謂食、燕也」者，案聘禮及諸文言「饗」，皆單云「饗」，無云禮，鄭所引掌客五等，饗、食、燕三者具有，今「饗」下有「禮」，故以「禮」爲「食、燕」也。云「王或不親以其禮幣致之」，鄭言此者，欲解經變「食、燕」而言之「禮」，見王有故不親食、燕，則以禮幣致之，故言之「禮」。云「畧言饗、禮，互文」者，直言「饗」，見王無故親饗之，〔一八〕若王有故，亦以侑幣之禮致之。食、燕公之禮，見王有故以幣之禮致之，亦宜有王無故親食、燕，故云「互文也」。引掌客者，見五等諸侯饗、食、燕皆具有，證經之「禮」是「食、燕」之義也。以此文爲互，則饗、食、燕皆有酬幣侑幣，是以掌客職「三饗，三食，三燕」云云，即云「若弗酌，則以幣致之」，鄭注云「若弗酌，謂君有故不親饗、食、燕」，彼是諸侯自相待法，此鄭引之，證經天子待諸侯法，則天子待諸侯三者皆有幣可知。案掌客云王巡守，「從者三公眡上公之禮，卿眡侯伯之禮，大夫眡子男之禮」，則天子使公卿大夫存覜省，至諸侯之國，〔一九〕諸侯與之饗、食、燕皆有幣，〔二〇〕與諸侯同可知也。若大國之孤聘於天子及鄰國，其饗、食、燕有侑幣酬幣，亦與子男同，故大行人云「凡大國之孤，執皮帛以繼小國之君，出入三積，不問一勞」，又云「其他皆眡小國之君」，鄭注云「他，謂貳車及介牢禮，賓主之間，擯者將幣，祼酢饗食之數」，故知饗、食、燕亦有幣也。案聘禮云「若不親食，使大夫各以其爵朝服致之，以侑幣如致饔，無儐。致饗以酬幣，亦如之」，是親饗、食之有幣可知。又云

「燕與俶獻，無常數」，〔二一〕又不言致燕以幣，則無致燕之禮，親燕亦無酬幣。鹿鳴序云「燕羣臣嘉賓也。既飲食之，又實幣帛筐篚，以將其厚意」，則飲食據饗食有幣。若然，發首云「燕羣臣嘉賓」者，文王於羣臣嘉賓恩厚，燕之無數，故先言，其實無幣也。若然，天子燕己臣及四方卿大夫，諸侯燕己臣及四方卿大夫，皆無酬幣也。

諸侯覲于天子，爲宮，方三百步，四門。壇十有二尋，深四尺，加方明于其上。四時朝覲，受之於庿，此謂時會殷同也。宮，〔二二〕謂壝土爲埒，以象墻壁也。爲宮者，於國外春會同則於東方，夏會同則於南方，秋會同則於西方，冬會同則於北方。八尺曰尋，十有二尋則方九十六尺也。深，謂高也，從上曰深。〔二三〕司儀職曰「爲壇三成」，成，猶重也。三重者，自下差之爲三等，而上有堂焉，堂上方二丈四尺。上等、中等、下等每面十二尺。方明者，上下四方神明之象也。上下四方之神者，所謂神明也。〔二四〕會同而盟，明神監之，則謂之天之司盟。有象者，猶宗廟之有主乎！王巡守至于方嶽之下，諸侯會之，亦爲此宮以見之。司儀職曰：「將會諸侯，〔二五〕則命爲壇三成，宮旁一門，詔王儀，南鄉見諸侯也。」○壝之，以垂反，後同。爲埒，音劣。猶重，直龍反，下同。監之，工銜反。巡守，音狩，下同。

【疏】「諸侯」至「其上」　注「四時」至「侯也」　自此盡「四傳儐」，論會同王爲壇見諸侯之事。云「四時朝覲，受之於廟」者，案曲禮下經言之，春夏朝宗，在朝不在廟，而言「四時朝覲」皆在廟者，朝宗雖在朝，受享則在廟，故并言之。云「此謂時會殷同也」者，以司儀職云「將合諸侯，則令爲壇三成」，與此爲一事，則合者，合諸侯也，故知此爲壇見諸侯，謂時會殷同時也。案大宗伯云：「時見曰會，殷見曰同」，鄭注云「時見者，言無常期。諸侯有不順服者，王將有征討之事，則既朝覲，王爲壇於國外，合諸侯而命事焉。春秋傳曰『有事而會，不協而盟』是也。殷，猶衆也。十二歲王如不巡守，則六服盡朝。朝禮既畢，王亦爲壇，合諸侯以命政焉。所命之政，如王巡守，殷見四方，四方四

時分來，〔二六〕終歲則徧」。若如此注，則時會殷同亦有朝覲在廟，而獨云四時朝覲在廟者，以其周禮大行人諸侯依服數來朝，時會無常期，假令當方諸侯有不順服，則順服者皆來朝王，其中則有當朝之歲者，復有不當朝之歲者，若當朝之歲者，自於廟朝覲，若不當朝之歲者，當在壇朝。若十二年王不巡守，則殷朝亦云既朝。乃於壇者，六服之内，若以當歲者即在廟，則依服數十二歲合有侯服年。年朝者在廟朝覲，其五服自甸男采衛要五服，若以十二歲王巡守揔合朝服，不得獨在廟，在壇朝，故鄭會同皆言既朝，覲乃爲壇於國外也。朝事儀未在壇朝，而先言「帥諸侯拜日」，亦謂帥已朝者諸侯而言也。云「爲宫者，於國外春會同則於東方」云云者，經直言爲壇，鄭知逐四方爲之者，案司儀云「將合諸侯，則令爲壇三成」，鄭注云「合諸侯，謂有事而會也，爲壇於國外以命事。天子春帥諸侯拜日於東郊，則爲壇於國東；夏禮日於南郊，則爲壇於國南；秋禮山川丘陵於西郊，則爲壇於國西；冬禮月與四瀆於北郊，則爲壇於國北。既拜禮而還，加方明於壇上而祀焉」，鄭引此文，下及朝事儀而言，故知爲壇皆依方爲之。但四方之壇並宜在四郊之内，以其拜日之等於近郊，退來就壇，明壇在近郊之内，但去城不知遠近。或四方皆依成數，東方八里，南方七里，西方九里，北方六里，四方 此其定分。案職方王會同或出畿，在諸侯之國，故職方氏令諸侯共待之事，〔二七〕則無常數。云「八尺曰尋」者，依考工記云「殳長尋有四尺」，從軫差之，知尋長八尺。云「三重者，自下差之爲三等，而上有堂焉。堂上方二丈四尺，上等、中等、下等每面十二尺」者，此以下基九十六尺，上下三等，每等兩相各丈二尺，共二丈四尺，三等揔七丈二尺，通堂上二丈四，合九丈六尺也。云「方明者，上下四方神明之象也」者，謂合木爲上下四方，故名方；此則神明之象，故名明。此欒解得名方明神之義也。〔二八〕云「所謂明神也」者，「所謂」，秋官司盟之職云「北面詔明神，既盟則貳之」是也。云「則謂之天之司盟，有象者」，案春秋襄十一年經書「公會晉侯、宋公之等伐鄭」，「鄭人懼，行成。秋七月，同盟于亳。范宣子曰『不慎必失諸侯』。乃盟，載書曰：『凡我同盟，毋蘊年，毋壅利，毋保姦，毋留慝，救災患，恤禍亂，同好惡，獎王室。或間茲

命，司慎、司盟，名山、名川，明神殛之』」，注云「二司，天神」，司盟、司慎不敬者，盟司察明者，〔二九〕是爲天之司盟也。云「有象者，猶宗廟之有主乎」者，以其宗廟木主亦上下四方爲之，故云「猶宗廟之有主」，無正文，約同之，故云「乎」以疑之。雖同四方爲之，但宗廟主止一神而已。此下文以六色爲六神，用六玉禮之，有此別，但取四方同而已。云「王巡狩至於方岳之下，諸侯會之，亦爲此宫以見之」者，案下文「祭天，燔柴；祭山丘陵，升；祭川，沈；祭地，瘞」，鄭注云「升、沈，必就祭者也」，則是謂王巡守，及諸侯之盟祭也者，〔三〇〕是王巡守在方岳，亦爲此宫可知。是以司儀注云「王巡守殷國而同，則其爲宫亦如此與」，以其與宫同也。案司儀云王「合諸侯」，令爲宫，據時會而言，其巡守據王就方岳殷國，此王有故不行，諸侯同來，此二者其壇文約與時會同，故云「與」以疑之。是以鄭注大宗伯云「殷同王亦爲壇於國外」，亦時會有文者也。引司儀者，彼此同是一事，但文有詳畧，此文言者取司儀以足之。云「南鄉見諸侯也」者，王在堂上，公於上等，侯伯於中等，子男於下等，奠玉拜，皆升堂，授玉乃降也。

方明者，木也，方四尺，設六色：東方青，南方赤，西方白，北方黑，上玄，下黄。設六玉：上圭，下璧，南方璋，西方琥，北方璜，東方圭。六色象其神，六玉以禮之。上宜以蒼璧，下宜以黄琮，而不以者，〔三一〕則上下之神，非天地之至貴者也。設玉者，刻其木而著之。○方琥，音虎。黄琮，才宗反。

【疏】「方明」至「方圭」　注「六色」至「著之」　云「上宜以蒼璧，下宜以黄琮」者，案大宗伯云「蒼璧禮天，黄琮禮地，青圭禮東方，赤璋禮南方，白琥禮西方，玄璜禮北方」，據彼文上宜用蒼璧，下宜用黄琮，今於四方還依宗伯，唯上不用璧，下不用琮，故鄭云：「而不以者，則上下之神，非天地之至貴者也。」案宗伯注「此禮天以冬至，謂天皇大帝在北極者也；禮地以夏至，謂神在崐崘者也」，鄭云「非天地之貴」，其天地之貴即昊天、崐崘是也。既非天地之貴，即日月之神，故下云「祭天

燔柴，祭地瘞」，鄭注天地謂「日月」也。若然，日月用圭璧者，典瑞云「圭璧以祀日月」，故用圭璧也。四方用圭璋之等，案大宗伯注云「禮東方以立春，謂蒼精之帝，而大昊、句芒食焉」，餘三方皆據天帝、人帝、人神，則此亦非彼神也。以其下文有日月、四瀆、山川、丘陵之神，迎拜以爲明神，〔三二〕故知非天帝、人帝之等。〔三三〕是以司盟云「凡邦國有疑會同，則掌其盟約之載，及其禮儀，北面詔盟神」，〔三四〕鄭注云「有疑，不協也。明神，神之明察者，謂日月、山川也」。觀禮「加方明」於壇上，所以依之也」，是鄭解方明之神，明日月、山川之等非天帝也。若然，四方禮神還用圭、璋、琥、璜，非天神還用禮玉者，尊此明神而與天神同，故用之也。云「刻其木而著之」者，雖無正文，以意言之，以其非置於坐以禮神，於上下猶南北爲順，刻木於四方亦順，不刻木安於中，則不可，故知義然也。

上介皆奉其君之旂，置于宫，尚左。公侯伯子男皆就其旂而立。置於宫者，建之豫爲其君見王之位也。諸公中階之前，北面東上；諸侯東階之東，西面北上；諸伯西階之西，東面北上；諸子門東，北面東上；諸男門西，北面東上。尚左者，建旂，〔三五〕公東上，侯先伯，伯先子，子先男，而位皆上東方也。諸侯入壝門，或左或右，各就其旂而立，王降階，南鄉見之，三揖。土揖庶姓，〔三六〕時揖異姓，天揖同姓，見揖，位乃定。古文「尚」作「上」。○見王，賢遍反。侯先，悉薦反，下同。

【疏】「上介」至「而立」　注「置於」至「作上」　云「上介皆奉其君之旂，置于宫，尚左」者，此雖不言前期，鄭云「豫爲其君見王之位也」，則亦前期一日可也。公侯就旂，據臨朝之時也。此旂鄭雖不解，鄭注夏官中夏辨號名，此表朝位之旂，與銘旌及在軍徽幟同，皆以尺易刃，小而爲之也。云「中階之前」已下，皆朝事儀明堂位文，以朝事儀論會同之事，明堂位周公「朝諸侯于明堂」，不在宗廟，皆與此同，故鄭依之也。言上者，皆以近王爲上。云「尚左者，建旂公東上，侯先伯，伯先子，子先男。而位皆上東方」者，以其侯伯别階相對，子男雖隔門，亦相對，皆以東爲上，故云「侯先伯」，「子先男」也。云「諸侯入壝門，或左或右，各就其旂而立」者，案下注云「諸侯初入門，王官之伯帥之」，

則此云「諸侯入壝門，或左或右」者，是二伯初帥之，各依左右，若康王之誥云「大保帥西方諸侯，入應門左，畢公帥東方諸侯，入應門右」，皆北面。此雖無應門，亦二伯帥諸侯，初入宮門，或左或右，亦皆北面立定，乃始各就其旂而立，王乃降南面見之而揖。必知王有降揖之事者，燕禮、大射公降揖羣臣，使定位，故知王亦然。又知王「土揖庶姓」之等者，此是司儀職王在壇揖諸侯之事，彼與此同，鄭彼注云：「土揖，推手小下之也。時揖，平推手也。天揖，推手小舉之。」以推手曰揖，引手曰撎，故爲此解也。若然，覲禮天子不下堂而見諸侯，今王降者，以在壇會同相見，與覲異故也。以其覲禮廟門設擯，〔三七〕此則堂壝門設擯，是以雖繼覲禮之下，覲禮無降揖法，此與諸侯對面相見，故有降揖之事。

四傳擯。王既揖五者升壇，設擯，升諸侯以會同之禮。其奠瑞玉及享幣，公拜於上等，侯伯於中等，子男於下等，擯者每延之升堂致命。王受玉撫玉，降拜於下等，及請事勞，皆如覲禮，是以記之。覲云「四傳擯」者，每一位畢，擯者以告，乃更陳列而升，其次公也，侯也，伯也，各一位；子男俠門，而俱東上，亦一位也，至庭乃設擯。則諸侯初入門，王官之伯帥之耳。〔三八〕古文「傳」作「傅」。○四傳，大專反，〔三九〕注同，一音孚。作傅，音付。〔四〇〕俠門，古洽反。

【疏】「四傳擯」　注「王既」至「作傅」〔四一〕　知「奠瑞玉及享幣，公拜於上等，侯伯於中等，子男於下等，擯者每延之升堂致命。王受玉撫玉，降拜於下等」者，三等拜禮，皆司儀職文，「擯者延之升堂」以下，約上覲禮之法。云「王受玉」，謂朝時，「撫玉」，謂享時。是以司儀三等之下，云「其將幣亦如之」，鄭云「將幣，享也」。又云「及請事勞，皆如覲禮」者，「請事」謂上文侯氏奠圭，擯者請侯氏，王欲親受之，「勞」謂侯氏受刑後王勞之，故云「皆如覲禮」。云「公也，侯也，伯也，各一位」者，以其面位同，故各自設擯。云「子男俠門，而俱東上，亦一位也」者，以其雖隔門，相去近，又同北面東上，故共一位設擯，故有「四傳擯」。云「至庭乃設擯」者，對上覲禮門外設擯；案此上經，諸侯各「就其旂而立」，乃云「四傳擯」，則在諸侯之北，故知至庭乃設擯。云「則諸侯初入門，王官之伯帥之耳」者，約顧命而知之。

天子乘龍，載大旆，〔四二〕象日月、升龍、降龍，出拜日於東門之外，反祀方明。此謂會同以春者也。馬八尺以上爲龍。大旆，大常也。王建大常，縿首畫日月，其下及旒交畫升龍、降龍。朝事儀曰：「天子冕而執鎮圭，尺有二寸，繅藉尺有二寸，〔四三〕搢大圭，乘大路，建大常，十有二旒，樊纓十有二就；貳車十有二乘，帥諸侯而朝日於東郊，所以教尊尊也，退而朝諸侯。」由此二者言之，已祀方明，乃以會同之禮見諸侯也。凡會同者，不協而盟。司盟職曰：「凡邦國有疑，會同則掌其盟約之載書及其禮儀，北面詔明神，既盟則藏之。」〔四四〕言「北面詔明神」，則明神有象也，象者，其方明乎？及盟時又加於壇上，乃以載辭告焉，詛祝掌其祝號。○樊纓，步干反。二乘，繩證反。盟約，如字，又於妙反。詛祝，莊慮反。

【疏】「天子」至「方明」　注「此謂」至「祝號」　自此盡「西門外」，論將見諸侯，先禮日月山川之事。云「此謂會同以春者也」者，案下文於南門、北門、西門之外禮日月四瀆，會同以夏秋冬，此云「拜日於東門之外」，故知「會同以春者也」。云「馬八尺以上爲龍」者，是周禮廋人職文，案彼云：「馬八尺以上爲龍，七尺以上爲騋，六尺以上爲馬，五尺以上爲駒。」云「大旆，大常也」者，案周禮司常云「日月爲常，交龍爲旂」，則旂與常別，此既象日月，則是大常，而云「大旆」者，九旗各有定稱，亦有通名；故桓二年臧哀伯云「三辰旂旗」，服氏注云「九旗之摠名」，故大常亦謂之大旂，是以諸侯建交龍爲旂，亦謂之常。大行人云五等諸侯亦曰「建常九斿」，亦是通稱也。云「王建大常，縿首畫日月，其下及旒交畫升龍、降龍」，知義然者，以其先言日月，後言龍，故知「縿首畫日月」；依爾雅說旌旗云正幅爲縿，「長尋曰旐」，〔四五〕謂旌旗身也；其下屬旒乃畫日月交龍。案左傳云「三辰旂旗」，服注云「三辰，謂日月星」，孔君尚書傳亦云「畫日月星於衣服、旌旗」，鄭注司服亦云「王者相變，至周而以日、月、星辰畫於旌旗，所謂『三辰旂旗，昭其明也』」。若然，大常當有星，所以司常及此直云「日月」，不云「星」者，既言「三辰」，則日月星俱有。周禮司常不言星者，司常九旂皆以二字爲名，故畧不言星，是以此文亦畧不言星。案文大常之上，又有交龍，則諸侯

交龍爲旂，無日月；王之大常非直有日月，兼有交龍，司常不言交龍，亦是於文畧。引朝事儀以下至「朝諸侯」，此亦同法，故引之，證此「拜日於東門」之事。云「天子冕而執鎮圭」者，案玉藻「天子玄冕，拜日於東門之外」，則知此亦玄冕也。「搢大圭」者，則周禮玉人職「大圭長三尺，杼上終葵首」是也。云「乘大路」者，則周禮「玉路」也。以周之玉路，因殷之大路，飾之以玉，故猶以大路爲名。云「樊纓十有二就」者，案巾車鄭注云：「樊，馬大帶；纓，馬鞅；就，成也；以五采罽飾之，一帀爲一成，樊與纓各飾爲十二帀，十二就也。」云「貳車十有二乘」者，案周禮大行人云上公貳車九乘，侯伯七乘，子男五乘，而天子十二以爲節，故十二乘。貳車者，飾皆與正路同，當亦飾之以玉，使人乘之，少儀云「乘貳車則式，佐車則否」是也。云「帥諸侯朝日於東郊」者，朝日即拜日，一也，以其朝必有拜。〔四六〕云「所以教尊尊也」者，天子至尊，猶往朝日，是教天下尊敬其所尊者，〔四七〕故云「教尊尊」也。云「退而朝諸侯」者，朝日於東郊，退就壇，使諸侯朝己。云「由此二者言之，已祀方明，乃以會同之禮見諸侯也」者，言二者，諸侯朝事儀與此覲禮其朝事儀，朝日退乃始朝諸侯，此覲禮加方明於壇上，公侯伯子男就其旂而立，王乃「四傳擯」見之，是已祀方明乃始見諸侯，二者同，故云「由此二者言之」。若然，朝事儀直有朝日，禮畢退見諸侯，此覲禮祀方明禮畢，乃朝諸侯。不同者，以其邦國有疑，則有盟事，〔四八〕朝日既畢，乃祀方明於壇，祀方明禮畢，退去方明於下，天子乃升壇與諸侯相見，朝禮既畢，乃更加方明於壇，與諸侯行盟誓之禮。若邦國無疑，王帥諸侯朝日而已，無祀方明之事。是以朝事儀直云朝日，教尊尊而朝諸侯，不言祀方明之事。鄭云「已祀方明」者，據此覲禮上下有盟誓而言，此天子「乘龍」及下文「禮日」之等，若有盟誓，文當在「宫方三百步」之上，今退文在下者，欲見盟誓非常，尋常無盟誓之事，直朝日而已故也。云「凡會同者，不協而盟」者，左氏傳云「有事而會，不協而盟」。引此者，解此經反祀方明之意。反祀方明者，爲不協而盟故也，故引司盟證之。云「既盟則藏之」者，盟誓既訖，寫此盟辭，頒之於六官司盟之官，覆寫一通自藏，擬後覆驗。云：「言『北面詔明神』，〔四九〕則明神有象也。象者，其方明

乎？」鄭云此者，司盟云「詔明神」，不言方明，此文直言「方明」，不言明神，鄭欲合爲一事，故云「言『北面詔明
神』，則明神有形象可告，以其方明有四方四色，是其象，無正文，以義約爲一事，故言「乎」以疑之。云「及盟時又
加於壇上，乃以載辭告焉」者，對前祀方明加於壇上，祀訖退而乃朝諸侯，訖又加於壇上，以載辭告之。云「詛祝掌
其祝號」者，案春官詛祝職云「掌盟、詛、類、造、攻、説、禬、禜之祝號」，注云「八者之辭皆所以告神明也。盟詛主要
誓，大事曰盟，小事曰詛」，又云「作盟詛之載辭，以叙邦國之信」是也。〔五〇〕

禮日於南門外，禮月與四瀆於北門外，禮山川丘陵於西門外。此謂會同以夏冬秋者也。〔五一〕變拜言禮者，容祀也。〔五二〕禮月於北郊者，月大陰之精，以爲地神也。盟神必云日月山川焉者，尚著明也。詩曰：「謂予不信，有如皦日。」春秋傳曰：「縱子忘之，山川神祇，其忘諸乎？」此皆用明神爲信也。○皦，古了反。

【疏】「禮日」至「門外」　注「此謂」至「信也」　知「此謂會同夏秋冬」者，以經「禮日」之等各於其門外，上經禮日「於東門之外」，已是春會同，明知此是夏秋冬也。既所禮各於門外爲壇，亦各合於其方。是以司儀云「將合諸侯，則令爲壇三成，宮旁一門」，鄭注云「天子春率諸侯拜日於東方，〔五三〕則爲壇於國東。夏禮日於南郊，則爲壇於國南，秋禮山川丘陵於西郊，則爲壇於國西。冬禮月、四瀆於北郊，則爲壇於國北」。云「變拜言禮者，容祀也」者，〔五四〕言拜無祀，祀則兼拜。上春云「拜日」，〔五五〕無盟誓，不加方明於壇，直拜日，教尊尊而已。此經三時皆言「禮」，見有盟誓之事，加方明於壇，則有祀日與四瀆及山川之事，〔五六〕故言「禮」，是以或言「拜」，或言「禮」。云「禮月於北郊者，月大陰之精，以爲地神也」者，鄭據經三時，〔五七〕先北後西，不以次第，以其祭地於北郊，祭月四瀆亦於北郊，與地同；但日者大陽之精，故於東郊、南郊，於陽方而禮之；以月是地神，四瀆與山陵俱是地神，以山陵出見爲微陰，故配西方四瀆爲極陰，故月同配北方，又以月尊，故先言之，而又祭於北郊也。云「盟神必云日月山川焉者，爲其著明也」者，以山川是著，見日月是其明，故同爲盟神也。〔五八〕引詩者曰明，〔五九〕詩人以爲明證。引春秋者，定元

年二月，「孟懿子會城成周。宋仲幾不受功」，即云，〔六〇〕士彌牟曰「晉之從政者新，子姑受功歸，吾視諸故府」，仲幾曰「縱子忘之，山川鬼神，其忘諸乎」？引之者，山川神爲盟神義也。不言月者，諸文無以月爲盟神之事，〔六一〕故不引。據此覲禮言月，以月明爲盟神可知。

祭天，燔柴。祭山丘陵，升。祭川，沈。祭地，瘞。升、沈必就祭者也，就祭則是謂王巡守，及諸侯之盟祭也。其盟揭，其著明者，燔柴、升、沈、瘞，祭禮終矣備矣。郊特牲曰：「郊之祭也，迎長日之至也，大報天而主日也。」宗伯職曰：「以實柴祀日月星辰。」則燔柴祭天，謂祭日也。柴爲祭日，則祭地瘞者，祭月也。日月而云天地，靈之也。王制曰：「王巡守，至于岱宗柴。」是王巡守之盟，其神主日也。春秋傳曰：「晉文公爲踐土之盟。」而傳云「山川之神」，是諸侯之盟，其神主山川也。月者，大陰之精，〔六二〕上爲天使，臣道莫貴焉，是王官之伯，〔六三〕會諸侯而盟，其神主月與？古文「瘞」作「殪」。○燔柴，音煩。地瘞，乙例反。揭，〔六四〕苦蓋反。作殪，一計反。

【疏】「祭天」至「地瘞」　注「升沈」至「作殪」　上論天子在國行會同之禮於國之四郊，拜禮於日月山川之神，以爲盟主，已備於上。今更言祭日月山川者，據天子巡守於四岳，各隨方向祭之，〔六五〕以爲盟主，故重見此文。云「升、沈必就祭者也」者，對上經山川丘陵但於四郊望祭之，故不言升、沈之事，此經言升、沈，必是就山川丘陵，故言升、沈。案爾雅云「祭山曰庪懸，祭川曰浮沈」，不言升，此山丘陵云「升」者，「升」即「庪懸」也；此祭川直言「沈」，不言「浮」者，以牲體或沈或浮，不言浮亦文畧也。云「就祭則是謂王巡守，及諸侯之盟神也」者，〔六六〕此經主爲天子春東郊，夏南郊，皆禮日，即此經「祭天，燔柴」也；秋西郊，即此經「祭山丘陵，升」是也；冬北郊，即此經「祭川，沈，祭地，瘞」也，以其川即四瀆也。鄭兼言「諸侯之盟」者，以其諸侯自盟，亦祭山川爲神主，故兼言之。此經兼有王

官之伯，以月爲神主，不言者，無正文，故不言也。云「其盟揭於著明」者，〔六七〕亦如上釋以日月爲明，山川爲著也。云「燔柴、升、沈、瘞，祭禮終矣」者，案周禮禋祀實柴燎是歆神始禮，未終而言「禮終」者，以其祭禮有三始，樂爲下神始，禋柴爲歆神始，牲體爲薦饌始，燔柴是樂，爲下神之後，〔六八〕是下神之禮終，故云「禮終」。案爾雅「祭天曰燔柴，祭地曰瘞埋」，柴與瘞相對，則瘞埋亦是歆神。若然，則升、沈在柴、瘞之間，則升、沈亦是歆神之節，皆據樂爲下神之後，而爲祭禮終矣，或可。周禮此三者爲歆神，至祭祀之後，更有此柴、瘞、升、沈之事，若今時祭祀訖，始有柴、瘞之事者也。引郊特牲者，案易緯：「三王之郊，〔六九〕一用夏正，春分以後始日長，於建寅之月郊天。」云「迎長日之至」者，預迎之。又云「大報天而主日也」者，鄭注云：「大，猶徧，〔七〇〕謂郊天之時，祭尊可以及卑，日月以下皆祭，以日爲主。」又云大宗伯職曰「以實柴祀日月星辰」者，此所引不取月與星辰之義，直取日而已，與此經燔祭文同。鄭引此諸文者，欲證此經「祭天燔柴」是祭日，非正祭天神。以其日亦是天神，故以「祭天」言之，是以鄭云：「則燔柴祭天，謂祭日也。」又云「柴爲祭日，則祭地瘞者，祭月也」者，以其前文天子在國祀日月，燔祭既是日，〔七一〕祭地是月可知，亦非正地神也。云「日月而云天地，靈之」者，以其尊之，欲爲方明之主，故變「日月」而云「天地」，是神靈之也。云「王制曰『王巡守至於岱宗，柴』，是王巡守之盟，其神主日也」者，案彼注以爲「告至」。案祀典「歲二月，東巡守，至於岱宗，柴」，〔七二〕注「爲考績燔燎柴」，此又爲「祭日」柴，不同者，但巡守至岱宗之下，有此三種之柴，告至訖，別有考績，皆正祭之神，別有祭日，以爲方明之主。尚書與王制并此文唯有「柴」之文，故注不同，互見爲義，明皆有是，以此引王制之柴以爲祭日。引春秋者，僖公二十八年，晉文公敗楚於城濮，爲踐土之盟，傳云「山川之神」。引之證諸侯之盟，用山川爲主。此不言宋仲幾者，所引之言皆是諸侯之事。云「月者，大陰之精，上爲天使，臣道莫貴焉」者，鄭注周禮九嬪職，引孔子云：「日者天之明，月者地之理，陰契制，故月上屬爲天，使婦從夫，放月紀。」此二處俱是緯文，鄭言此者，證王官之伯，臣中最尊，奉王使出，「與諸侯盟，其神主月」，以

其無正文，故言「與」以疑之。鄉來所解，諸侯以山爲主，〔七三〕王官之伯以月爲主。案襄十一年左傳云「秋七月，諸侯同盟於亳」，云「司慎司盟，名山名川」，彼非直有山川，兼有二司，則此所云「日月山川」者，兼有此二司可知。又王官之伯，非直奉王使出會諸侯而盟；若受弓矢之賜，得專征伐，亦與諸侯爲盟。

記。几俟于東箱。〔七四〕王即席乃設之也。東箱，東夾之前，相翔待事之處。○之處，昌慮反。

【疏】「記。几俟于東箱」　注「王即」至「之處」　云「王即席乃設之也」者，案公食大夫記「宰夫筵，出自東房」，則此天子禮，几筵亦在東房，其席先敷，其几且俟于東箱，待王即席乃設之，謂若聘禮賓即席乃授几。若然，公食大夫「宰夫設筵，加席几」，同時預設者，公親設湆，可以署几，故以几與席同時設之。若爲神，几筵亦同時而設，故聘禮：「几筵設，擯者出請命。」云「東箱，東夾之前」者，案上文覲在文王廟中，案鄭周禮注，宗廟路寢，制如明堂，明堂有五室四堂，〔七五〕無箱夾，則宗廟亦無箱夾之制；此有東夾者，此周公制禮，據東都乃有明堂，此文王廟仍依諸侯之制，是以有東夾室。若然，樂記注云「文王廟爲明堂制」者，彼本無「制」字，直云「文王廟爲明堂」。云「相翔待事之處」者，翔謂翱翔無事，故公食賓將食，辭於公親臨己食，「公揖，退於箱」，以俟賓食，是相翔待事之處也。

偏駕，不入王門。在旁與己同曰偏。〔七六〕同姓金路，異姓象路，四衛革路，蕃國木路，駕之與王同，謂之偏駕，不入王門，〔七七〕乘墨車以朝是也。偏駕之車，舍之於館與？

【疏】「偏駕，不入王門」　注「在旁」至「館與」　云「在旁與己同曰偏」者，依周禮巾車掌王五路，〔七八〕玉路「以祀」，不賜諸侯；金路「以賓，同姓以封」；象路「以朝，異姓以封」；革路「以即戎，以封四衛」；木路「以田，以封蕃國」，此五路者，天子所乘爲正，四路者，諸侯乘之爲偏，是據諸侯在旁與王同爲偏。云「不入王門，乘墨路以朝是也」

者，〔七九〕據上文而言。云「偏駕之車，舍之於館與」者，偏駕既云「不入王門」，又云「乘墨車」而至門外，〔八〇〕諸侯各停於館，明舍在館，無正文，故言「與」以疑之。

奠圭于繅上。謂釋於地也。古文「繅」作「璪」。〔八一〕

【疏】「奠圭于繅上」 此解「侯氏入門，右，〔八二〕奠圭」釋於地時，當以繅藉承之，元損一字乃釋於地。此繅謂韋衣木版，〔八三〕朱白蒼與朱緑畫之者，非謂絢組尺爲繫者，彼所以繫玉固者也。〔八四〕

校勘記

〔一〕此地物 阮校云集釋無「地」字。

〔二〕唯所有 「唯」黄刊嚴州本、徐本同，毛本作「惟」，阮本本文作「唯」，而校記引作「惟」，前後不一。又阮校云「唯」下集釋有「國」字。

〔三〕欲證三享爲正文 阮校云「正文」陳、閩俱作「文也」。今按作「正文」是。

〔四〕不敢斥王之乘 「斥」原誤作「厈」，此據黄刊嚴州本改。又阮校云「之」通典作「所」。

〔五〕授王人於外也 阮校云「王」閩、葛、通解俱作「玉」。

〔六〕主于享 阮校云徐、陳、閩、葛、集釋、通解同，毛本、楊氏「主」作「至」。張氏曰：按疏云「今至于三享」云云，詳其義「主」字當作「至」。

〔七〕璧琮不還爲輕財 阮校云要義同，毛本「不」下有「授」字，陳、閩「授」俱作「受」。

〔八〕而凡伯不賓　阮校云陳、閩俱無「而」字，「不」俱作「弗」。今按陳、閩與左傳同。

〔九〕無咎　「無」黄刊嚴州本、通解同，徐、毛作「无」。今按今本易「无咎」字皆作「无」，馬王堆帛書本同。

〔一〇〕凡君乘車曰路者　阮校云「凡」毛本作「几」。按「乘」上注有「所」字。今按「几」誤。

〔一一〕祁奚曰　「祁」字原誤作「祈」，此據單疏改。

〔一二〕故鄭云此辭之類　阮校云陳、閩俱無「故鄭云此」四字。

〔一三〕據此禮云伯父　阮校云敖本「據」字在「伯父」下，屬下句。

〔一四〕同姓大邦而言若也據文　阮校云「若」要義作「者」。引許宗彦云「若也據文」乃「若據他文」之誤。

〔一五〕以此爲尊是也　阮校云「也」要義作「此」。

〔一六〕略言饗禮　阮校云「饗」楊氏作「享」，下並同。

〔一七〕上公三饗　阮校云徐、陳、閩、葛、集釋、通解、敖氏同，毛本「饗」作「享」。

〔一八〕見王無故親饗之　阮校云陳、閩、要義同，毛本「饗」作「享」。

〔一九〕至諸侯之國　阮校云「國」陳、閩俱作「禮」。

〔二〇〕諸侯與之饗食燕皆有幣　阮校云陳、閩、要義同，毛本「燕」作「禮」。今按作「燕」是。

〔二一〕燕與俶獻無常數　今按聘禮「與」下有「羞」字，此脱。

〔二二〕宫　嚴州本如此，他本皆作「宫」，黄氏校録云張本改「官」爲「宫」，據他本也。今按「宫」字是。阮校云嚴本作「宫」，乃阮誤校。

〔二三〕從上曰深　阮校浦鏜云：按秋官司儀疏引此作「從上向下曰深」，義尤悉。阮按：通典巡守篇引此亦有「向下」二字。

〔二四〕所謂神明也　阮校云「神明」監本、集釋、楊氏俱作「明神」，與疏合。

〔二五〕將會諸侯　今按司儀「會」作「合」。

〔二六〕殷見四方四方四時分來　阮校云「四方」二字陳、閩俱不重出。

〔二七〕令諸侯共待　阮校云「共待」陳、閩俱作「供侍」。今按盧宣旬摘録「侍」誤作「待」。

〔二八〕此欒解得名方明神之義也　阮校云「欒」要義作「鄭」。今按作「鄭」是。

〔二九〕司盟司慎不敬者盟司察明者　毛本同，唯「明」作「盟」。阮校云要義作：「司慎，司不敬者；司盟，司察盟者。」

〔三〇〕及諸侯之盟祭也者　阮校云陳、閩無「及」字。

〔三一〕而不以者　阮校云「以」下通典有「此」字。

〔三二〕迎拜以爲明神　阮校云「拜」閩本作「帝」。

〔三三〕故知非天帝人帝之等　阮校云陳、閩俱無「帝人帝」三字。

〔三四〕詔盟神　阮校云「盟」毛本作「盥」誤，此作「盟」亦誤，依周禮應作「明」。

〔三五〕尚左者建旐　阮校云陳、閩、葛、集釋、通解同，毛本、楊氏「者」作「皆」，徐無「皆」字。今按作「者」與疏合。

〔三六〕土揖庶姓　阮校云「土」毛作「上」，閩、葛誤作「士」。

〔三七〕以其覲禮廟門設擯　阮校云要義同，毛本「擯」作「儐」，下同；陳本此作「擯」，下作「儐」。

〔三八〕王官之伯帥之耳　阮校張氏曰：注曰「王官之伯帥之耳」，吉觀國所校監本改「王」爲「曰」，未知孰據？據篇末之注有「是王官之伯會諸侯而盟」，從諸本。「官」通解作「宫」。

〔三九〕大專反　「大」徐乾學本作「丈」。黄焯彙校云「丈」、「大」古通用。

〔四〇〕作傅音付　徐乾學本此條在「俠門」條下。今按依注當以徐本爲是。

〔四一〕注王既至作傅　「傅」單疏作「傳」，阮校云要義同，與釋文不合。今按依注「傳」應作「傅」，此據改。

〔四二〕天子乘龍載大旆　黄刊嚴州本、徐本同。阮校云唐石經、集釋、楊、敖「旆」俱作「旂」，注同，與疏合。張氏從諸本作「旂」。今按作「旂」是。

〔四三〕繅藉尺有二寸　阮校云「藉」徐、閩、葛俱從竹。按藉、籍諸本錯出，不悉校。今按古字偏旁竹、艸每混用，然黄刊嚴州本作「籍」，不知阮本此字何故從毛本而不從嚴州本。

〔四四〕既盟則藏之　阮校盧文弨云：「藏」戴校集釋依本文改「貳」，但疏云「司盟之官覆寫一通自藏，擬後覆驗」，則注疏本自作「藏」。然藏即是貳，兩者俱可通，而藏字義較顯。按前「諸侯覲於天子」節疏引此句作「貳」。

〔四五〕長尋曰旐　「旐」原作「辰」，阮校云監本誤作「辰」。今按依爾雅釋天當作「旐」，單疏亦誤，阮本未指出。

〔四六〕以其朝必有拜　阮校云陳、閩俱重「朝」字。

〔四七〕是教天下尊敬其所尊者　阮校云「下」陳、閩俱作「子」。今按作「下」是。

〔四八〕則有盟事　阮校云「盟」陳、閩俱作「明」。

〔四九〕詔明神　「明」阮校云陳、閩俱作「盟」。

〔五〇〕邦國之信　今按詛祝無「邦」字，「信」下有「用」字。

〔五一〕夏冬秋　阮校云「冬秋」疏作「秋冬」。

〔五二〕容祀　阮校云集釋、通解同，與單疏述注合，毛本「容」作「客」。今按徐本亦作「客」，阮氏漏校。

〔五三〕拜日於東方　今按司儀鄭注「方」作「郊」。

〔五四〕容祀也者　阮校云要義同，毛本「容」作「客」。

〔五五〕上春云拜日　阮校云要義同，毛本「春」作「經」。今按阮本與毛本同，不合體例。盧宣旬摘録阮校，云「經

要義作春」，不提單疏，亦非。

〔五六〕祀日與四瀆　阮校云「與」閩本作「月」。

〔五七〕鄭據經三時　阮校云「時」陳、閩作「等」。今按作「時」是。

〔五八〕故同爲盟神也　阮校云「盟」毛本作「明」。

〔五九〕引詩者曰明　阮校云「曰」毛本作「日」。今按詩云「皦日」，以作「日」爲是。

〔六〇〕即云　阮校云毛本重「云」字。

〔六一〕諸文無以月爲盟神之事　阮校云「盟」陳、閩俱作「明」。按誓必以明神爲信，故稱明神爲「盟神」。

〔六二〕月者大陰之精　阮校云「大」通解作「乃」。今按作「大」是。

〔六三〕是王官之伯　阮校云「王」通解作「五」。

〔六四〕愒　徐乾學本作「揭」，與注不合。今按注「愒」字阮校云集釋、楊氏、毛本誤作「揭」。

〔六五〕各隨方向祭之　「向」單疏作「西」，誤。毛本及張敦仁本皆作「向」，是。阮本與張敦仁本同。阮校云要義無「向」字，浦鏜改「向」爲「而」。

〔六六〕及諸侯之盟神也者　汪文臺識語云「神」毛本作「祭」，與注合。

〔六七〕其盟愒於著名者　阮校云「愒」毛本作「揭」，按「於」注作「其」。

〔六八〕是欒爲下神之後　阮校云「後」陳、閩俱作「神」。

〔六九〕三王之郊　阮校云「三」閩本、要義俱作「二」。

〔七〇〕鄭注云　阮校云「注」要義作「彼」，陳本作「披」。今按「披」爲「彼」之誤。

〔七一〕燔祭既是日　阮校云「祭」要義作「柴」。今按依經、注當以「柴」字爲是，又下文「祭」字似當屬上句。

〔七二〕案祀典歲二月東巡守至於岱宗柴　阮校按段玉裁校本「祀典」作「堯典」。今按引文見今本尚書舜典。

〔七三〕諸侯以山爲主　阮校云毛本「山」下有「川」字。

〔七四〕記几俟于東厢　阮校云徐本、要義「記」作「設」，以下三句爲記文無疑，唐石經補缺亦作「記」，徐本作「設」者，殆因注而誤也。又云嚴本與徐本同，而張氏不加論辨，豈宋時諸本俱誤作「設」歟？「俟」石經補缺、徐、陳、閩、葛俱作「侯」。今按黄刊嚴州本作「記」不作「設」，而黄氏校録無校語，是嚴本不作「設」，阮謂嚴本與徐本同，未知何據。「俟」徐本誤作「侯」。

〔七五〕明堂有五室四堂　「五」原誤作「正」，此據單疏改。

〔七六〕在旁與己同曰偏　「在」徐、毛作「左」。阮校云監本、集釋、通解、楊氏作「在」。今按阮未提徐本，殊疏。

〔七七〕謂之偏駕不入王門　阮校云集釋、楊氏俱重「偏」字。按重「偏」字，則當讀「謂之偏」，而以「偏駕」二字屬下句。以疏考之，此句宜作「謂之偏」，下句却無「偏駕」二字。

〔七八〕掌王五路　阮校云要義同，下並同。毛本「路」作「輅」，陳、閩唯「四路」字作「輅」。按周禮作「路」。

〔七九〕乘墨路以朝　阮校云「路」要義、毛本作「車」，單疏作「路」似誤。

〔八〇〕至門外　阮校云「至」閩本作「舍」。

〔八一〕古文繅作璪　阮校云此五字諸本俱脱，嚴本有。

〔八二〕此解侯氏入門右　「右」毛本作「在」。今按上經作「右」。

〔八三〕此繅謂韋衣木版　阮校云「謂」下毛本有「以」字。

〔八四〕彼所以繫玉固者也　阮校云毛本「玉」下有「使」字。

儀禮注疏卷第二十八　儀禮卷第十一

唐朝散大夫行大學博士弘文館學士臣賈公彦等撰

喪服第十一

○喪服經傳第十一，鄭云：「天子以下死而相喪，衣服、年月、親疏、隆殺之禮也。」喪必有服，所以爲至痛飾也。

【疏】「喪服第十一」　案鄭目録云：〔一〕「天子以下死而相喪，衣服、年月、親疏、隆殺之禮。不忍言死而言喪，喪者，棄亡之辭，若全存居於彼焉，已亡之耳。〔二〕大戴第十七，小戴第九，劉向別録第十一。」　案禮器云：「經禮三百，曲禮三千。」鄭云「經禮，謂周禮也。曲，猶事也，事禮謂今禮也。　禮篇多亡，本數未聞，〔三〕其中事儀三千」。　若然，未亡之時，有天子、諸侯、卿大夫、士之喪服，其篇各別，今皆亡，唯士喪禮在。　若然，據喪服一篇，揔包天子以下服制之事，故鄭目録云：「天子以下相喪，衣服、親疏之禮。」喪服之制，成服之後，宜在士喪始死之下。　今在士喪之上者，以喪服揔包尊卑上下，不專據士，故在士喪之上，是以喪服爲第十一。　喪服所陳，其理深大，今之所釋，且以七章明之。　第一明黄帝之時，朴畧尚質，行心喪之禮，終身不變。　第二明唐、虞之日，淳朴漸虧，雖行心喪，更以三年爲限。　第三明三王以降，澆僞漸起，故制喪服以表哀情。　第四明既有喪服，須明「喪服」二字。　第五明喪服章次，以精麤爲序。　第六明作傳之人，并爲傳之意。　第七明鄭玄之注，經傳兩解之。「第一明黄帝之時，朴畧尚質，行心喪之禮，終身不變」者，案禮運云「昔者先王未有宫室，食鳥獸之肉，衣其羽皮」，此乃伏羲之時也；又云「後聖有作，治其絲麻，以爲布帛，養生送死，以事鬼神」，此謂黄帝之時也。　又案易繫辭云「古之葬者，厚衣之以薪，葬之中野，〔四〕不封不樹，喪期無數」，在黄帝九事章中，亦據黄帝之日言「喪期無數」，是其心喪終身者也。「第二明唐、虞

之日，淳朴漸虧，雖行心喪，更以三年爲限」者，案禮記三年問云「將由夫患邪淫之人與？則彼朝死而夕忘之，然而從之，則是曾鳥獸之不若也，夫焉能相與羣居而不亂乎？將由夫脩飾之君子與？〔五〕則三年之喪，二十五月而畢，若駟之過隙，然而遂之，則是無窮也。故先王焉爲之立中制節，壹使足以成文理，則釋之矣。然則何以至期也？曰：『至親以期斷。』是何也？曰：『天地則已易矣，四時則已變矣，其在天地之中者，莫不更始焉，以是象之也』」，鄭注云「法此變易，可以期也」；又云「然則何以三年也？」注云「言法此變易，可以期，何以乃三年爲」；又云「曰：『加隆焉爾也，焉使倍之，故再期也』」，注云「言於父母加隆其恩，〔六〕使倍期也」，據此而言，則聖人初欲爲父母期，加隆焉，故爲父母三年。必加隆至三年者，孔子荅宰我云：「子生三年，然後免於父母之懷」，是以子爲之三年報之。三年問又云：「三年之喪，人道之至文者也。〔七〕夫是之謂至隆，是百王之所同，古今之所壹也，未有知其所由來者也。」注云：「不知其所從來，喻此三年之喪，前世行之久矣。」既云喻「前世行之久」，則三年之喪實「知其所從來」，但喻久爾。故虞書云：「二十八載，帝乃殂落，百姓如喪考妣。三載，四海遏密八音。」是心喪三年，未有服制之明驗也。「第三明三王已降，澆僞漸起，故制喪服，以表哀情」者，案郊特牲云「大古冠布，齊則緇之」，鄭注云「唐、虞已上曰大古」；又云「冠而敝之，可也」，注云「此重古而冠之耳。三代改制，齊冠不復用也，以白布冠質，以爲喪冠也」，據此而言，則唐、虞已上，吉凶同服，惟有白布衣、白布冠而已，故鄭注云白布冠爲喪冠。又案三王以來，以唐、虞白布冠爲喪冠。又案喪服記云「凡衰外削幅，裳內削幅」，注云「大古冠布衣布，先知爲上，外殺其幅，以便體也；後知爲下，內殺其幅，稍有飾也。後世聖人易之，以此爲喪服」，據此喪服記與郊特牲兩注而言，則鄭云「後世聖人」，夏禹也，是三王用唐、虞白布冠、白布衣爲喪服矣。「第四明既有喪服，須明『喪服』二字」者，案鄭目録云「不忍言死，而言喪，喪者，棄亡之辭，若全存於彼焉，已棄亡之耳」，又案曲禮云「天子曰崩，諸侯曰薨，大夫曰卒，士曰不禄，庶人曰死」，爾雅曰「崩、薨、卒、不禄」皆訓「死也」，是士以上爲義稱，〔八〕庶人言死，得其揔名，

鄭注曲禮云「死之言澌，精神澌盡」，又案檀弓孔子云「喪欲速貧」，春秋左氏傳魯昭公出居乾侯，齊侯唁公於野井，公曰「喪人其何稱？」是喪棄亡之辭，棄於此，存於彼，是孝子不忍言父母精神盡澌，雖棄於此，猶存於彼，以此鄭義言之，其喪字去聲讀之。人或以平聲讀之者，雖不與同，〔九〕義亦通也。死者既喪，生人制服，〔一〇〕服之者，但貌以表心，服以表貌，故禮記間傳云「斬衰何以服苴？苴，惡貌也，所以苴其内見諸外。〔一一〕斬衰貌若苴，齊衰貌若枲，大功貌若止，小功、緦麻，容貌可也」，下又云「斬衰三升，三升半，齊衰四升」以下，是其孝子喪親，以衣服表心。但吉服所以表德，凶服所以表哀，德有高下，章有升降，哀有淺深，布有精麤不同者也。「第五明喪服章次，以精麤爲叙」者，案喪服上下十有一章，從斬至緦麻，升數有異。異者，斬有二義不同，〔一二〕爲父以三升爲正，爲君以三升半爲義，其冠同六升。三年齊衰，惟有正之四升，〔一三〕冠七升，繼母慈母雖是義，以配父，〔一四〕故與因母同，是以署爲節，有正而已。杖期、齊衰有正而已。父在爲母與爲妻同，正服齊衰五升，冠八升。「不杖」、「齊衰期」章有正有義二等，正則五升，冠八升，義則六升，冠九升。「齊衰三月」章皆義服齊衰六升，冠九升。曾祖父母計是正服，但正服合以小功，以尊其祖，不服小功而服齊衰，非本服，故同義服也。〔一五〕殤大功有降有義，爲夫之昆弟之長子殤是義，其餘皆降服也。降服衰七升，冠十升，義服衰九升，冠十一升。「大功」章有降有正有義，姑姊妹出適之等是降，婦人爲夫之族類爲義，自餘皆正，衰冠如上釋也。繐衰唯有義服四升半，皆冠七升而已。以諸侯、大夫爲天子，故同義服也。殤小功有降有義，婦人爲夫之族類是義，自餘皆降服，降則衰冠同十升，義則衰冠同十二升。小功亦有降亦有正有義，〔一六〕如前釋。緦麻亦有降有正有義，皆如上陳，但衰冠同十五升，抽去半而已。自斬以下至緦麻，皆以升數，升數少者在前，升數多者在後，要不得以此升數爲叙者，〔一七〕一則正、義及降升數不得同在一章，又繐衰四升半在大功之下，小功之上。鄭下注云「在小功之上」者，欲審著縷之精麤。若然，喪服章次雖以升數多少爲前後，要取縷之精麤爲次第也。「第六明作傳之人，又明作傳之義」，〔一八〕「傳曰」者，〔一九〕

不知是誰人所作，人皆云孔子弟子卜商字子夏所爲。案公羊傳是公羊高所爲，公羊高是子夏弟子。今案公羊傳有「云者何」、「何以」、「曷爲」、「孰謂」之等，今此傳亦「云者何」、「何以」、「孰謂」、「曷爲」等之問，師徒相習，語勢相遵，〔二〇〕以弟子却本前師，此傳得爲子夏所作，是以師師相傳，蓋不虚也。其傳内更云「傳」者，是子夏引他舊傳，以證己義。〔二一〕儀禮見在一十七篇，餘不爲傳，獨爲喪服作傳者，但喪服一篇揔包天子已下五服差降，六術精麤，〔二二〕變除之數，既繁出入，正殤交互，恐讀者不能悉解其義，是以特爲傳解。「第七明鄭玄之注，經傳兩解之」，云鄭氏者，北海郡高密縣人，姓鄭名玄，字康成，漢僕射鄭崇八世孫也。後漢徵爲大司農而不就，年七十四卒於家。云「注」者，注義於經傳之下，辨其義意。若傳不釋經者，則注在傳上以釋經；若傳義難明者，〔二三〕則在傳下以釋傳。又在傳下注，皆須題云〔二四〕「玄謂」以别傳，若在傳上注者，不須題玄，義可知。或云注，或云傳，出注述者意耳。〔二五〕或有解云前漢以前云傳，後漢以後云注。若然，王弼、王肅之等後漢之人云傳，此説非也。

子夏傳〔二六〕　儀禮　鄭氏注

喪服。斬衰裳，〔二七〕苴絰、杖、絞帶，冠繩纓，菅屨者。

者者，明爲下出也。凡服上曰衰，下曰裳。麻在首在要皆曰絰，絰之言實也，明孝子有忠實之心，故爲制此服焉。〔二八〕首絰象緇布冠之缺項，要絰象大帶，又有絞帶象革帶。齊衰以下用布。○苴，七如反，有子之麻。絰，大結反，實也。菅，古顔反，草也，毛詩傳云茅已漚爲菅。〔二九〕屨，九具反，履也。明爲，于僞反，下同。在要，一遥反，後放此。之缺，丘蘂反，劉屈絹反。齊衰，音咨，緝也，後同。

【疏】「喪服」至「屨者」　題此二字於上者，與此一篇爲揔目。言「斬衰裳」者，謂斬三升布以爲衰裳。不言裁割而言「斬」者，取痛甚之意。知者，案三年問云「創鉅者其日久，痛甚者其愈遲」，雜記縣子云「三年之喪如斬，期之喪如

剡」，謂衰有深淺，是斬者痛深之義，故云「斬」也。若然，斬衰先言「斬」，下疏衰後言「齊」者，以斬衰先斬布後作之，故先言「斬」；疏衰先作之，後齊之，故後云「齊」，斬、齊既有先後，是以作文有異也。云「苴絰，杖，絞帶」者，以一苴目此三事，謂苴麻爲首絰、要絰，又以苴竹爲杖，又以苴麻爲絞帶。知此三物皆同苴者，以其「冠繩纓」不得用苴，明此三者皆用苴。又喪服小記云：「苴杖，竹也。」記人解此杖是苴竹也。又絞帶與要絰象大帶，與革帶二者同在要，要絰既苴，明絞帶與要絰同用苴可知。又喪服四制云「苴衰不補」，則衰裳亦同苴矣。云「冠繩纓」者，以六升布爲冠，又屈一條繩爲武，垂下爲纓。冠在首，退在帶下者，以其衰用布三升，冠六升，冠既加飾，故退在帶下。又齊衰冠纓用布，則知此繩纓不用苴麻，用枲麻，故退冠在下，更見斬義也。云「菅屨」者，謂以菅草爲屨。詩云「白華菅兮，白茅束兮」，鄭云「白華已漚，名之爲菅，濡刃中用」，〔三〇〕則此菅亦是已漚者也。已下諸章並見年月，唯此斬章不言三年者，以其喪之痛極，莫甚於斬，故不言年月，表創鉅而已。是以衰設人功之疏，〔三一〕經又言麻之形體。至於齊衰已下，非直見人功之疏，又見經去麻之狀貌。舉齊衰云「三年」，明上斬衰三年可知。然此一經，爲次若此者，以先喪而後服，故「服」在「喪」下，又先斬後乃爲衰裳，故「斬」文在「衰裳」之上。絰、杖、絞帶俱蒙於苴，故苴又在前經中。絰有二事，仍以首絰爲主，故「絰」文在上。杖者，各齊其心，故在「絞帶」之前。冠纓雖加於首，以其不蒙於苴，故退文在下。屨乃服中之賤，〔三二〕最後爲宜，聖人作文倫次然。注「者者」至「用布」。云「者者，明爲下出也」者，周公設經，上陳其服，下列其人，此經所陳服者，明爲下人所出，故服下出者，明臣子爲君父等所出也。案下諸章皆言「者」，鄭止一解，〔三三〕餘皆不釋，義皆如此也。云「凡服上曰衰，下曰裳」者，言「凡」者，鄭欲兼解五服。案下記云衰廣四寸，長六寸，綴之於心，揔號爲衰，非正當心而已，〔三四〕故諸言衰皆與裳相對。至於弔服三者亦謂之爲衰也。云「麻在首在要皆曰絰」，知一絰而兼二者，〔三五〕以子夏傳要、首二絰俱解，禮記諸文亦首、要並陳，〔三六〕故士喪禮云「要絰小焉」，故知一絰而兼二文也。云「絰之言實也，明孝子有忠實之心，

故爲制此服焉」，檀弓云「絰也者，實也」；「明孝子有忠實之心，故爲制此服焉」，案問喪云「斬衰貌若苴，齊衰貌若枲」之等，皆是心內苴惡，貌亦苴惡，服亦苴惡，是服以象貌，貌以象心，是孝子有忠實之心。若服苴而貌美，心不苴惡者，是中外不相稱，無忠實之心者也。云「首絰象緇布冠之缺項」者，案士冠禮「緇布冠，青組纓屬於缺」，鄭注云「缺讀如『有頍者弁』之頍。緇布冠之無笄者，著頍圍髮際，結項中，隅爲四綴，以固冠也」，此所象無正文，但喪服法吉服而爲之，吉時有二帶，凶時有二絰，以要絰象大帶，明首絰象頍項可知。以彼頍項，〔三七〕爲吉時緇布冠，無笄，故用頍項以固之。今喪之首絰，與冠繩纓別材而不相綴，今言「象之」者，直取經法象頍項而爲之。至於喪冠亦無笄，直用六升布爲冠，一條繩爲纓，與此全異也。云「要絰象大帶」者，案玉藻云大夫以下大帶用素，天子「朱裏，終裨」，〔三八〕以玄黃，士則「練帶」，裨，下末三赤用緇，〔三九〕是大帶之制。今此要絰下傳名爲帶，明象吉時大帶也。云「又有絞帶，象革帶」者，案玉藻韠之形制云「肩革帶博二寸」，吉備二帶，大帶申束衣，革帶以佩玉佩及事佩之等，〔四〇〕今於要絰之外，別有絞帶，明絞帶象革帶可知。案士喪禮云「苴絰大鬲，〔四一〕要絰小焉」，又云「婦人之帶牡麻結本」，注云「婦人亦有首絰，但言帶者，記其異」，此齊衰婦人斬衰，婦人亦有苴絰。以此而言，則婦人吉時雖云女鞶絲，以絲爲帶，而無頍項，今於喪禮哀痛甚，亦有二絰與絞帶以備喪禮，故此經具陳於上，〔四二〕男女俱言於下，明男女共有此服也。云「齊衰已下用布」者，即下「齊衰」章云「削杖布帶」是也。若然，案此經凶服，〔四三〕皆依舊名，唯衰與絰特制別名者，案禮記檀弓云「有以故興物者」，鄭云「衰、絰之制」，以絰表孝子忠實之心，衰明孝子有哀摧之義，故制此二者而異名，見其哀痛之甚故也。

傳曰：斬者何？〔四四〕不緝也。〔四五〕苴絰者，麻之有蕡者也。〔四六〕苴絰，大搹，〔四七〕左本在下，〔四八〕去五分一以爲帶。齊衰之絰，〔四九〕斬衰之帶也，去

五分一以爲帶。大功之絰，齊衰之帶也，去五分一以爲帶。小功之絰，大功之帶也，去五分一以爲帶。緦麻之絰，小功之帶也，去五分一以爲帶。苴杖，竹也。削杖，桐也。杖各齊其心，〔五〇〕皆下本。杖者何？爵也。無爵而杖者何？擔主也。〔五一〕非主而杖者何？輔病也。童子何以不杖？不能病也。婦人何以不杖？亦不能病也。絞帶者，繩帶也。冠繩纓，條屬，右縫。〔五二〕冠六升，外畢，〔五三〕鍛而勿灰，〔五四〕衰三升。菅屨者，菅菲也，外納。居倚廬，寢苫枕塊，〔五五〕哭晝夜無時。歠粥，朝一溢米，〔五六〕夕一溢米，寢不説絰帶。既虞，翦屏，〔五七〕柱楣，寢有席，食疏食，水飲，朝一哭，夕一哭而已。既練，舍外寢，始食菜果，飯素食，〔五八〕哭無時。

盈手曰搹，〔五九〕搹，扼也，中人之扼圍九寸。以五分一爲殺者，象五服之數也。爵，謂天子、諸侯、卿大夫、士也，無爵謂庶人也。擔，猶假也，無爵者假之以杖，尊其爲主也。非主，謂衆子也。屬，猶著也，通屈一條繩爲武，垂下爲纓，著之冠也。布八十縷爲升，升字當爲登，登，成也。今之禮皆以「登」爲「升」，俗誤已行久矣。雜記曰：「喪冠條屬，以別吉凶。三年之練冠，亦條屬右縫。小功以下左」縫。「外畢」者，冠前後屈而出縫於武也。二十兩曰溢，爲米一升二十四分升之一。楣謂之梁，柱楣所謂梁闇。疏，猶麤也。舍外寢，於中門之外，屋下壘墼爲之，〔六〇〕不塗墍，所謂堊室也。素，猶故也，謂復平生時食也。斬衰不書受月者，天子、諸侯、卿大夫、士虞、卒哭異數。〇不

緝，七入反，下同。有蕡，扶云反，麻實。大搹，音革，扼也。去五，起呂反，下同。各齊，如字，劉才計反。擔主，市豔反，注同。條屬，音燭，注同。六升，衆並如字，鄭音登，登，成也。鍛，力亂反。菲也，扶未反，杜預云草屨反。倚，於綺反。廬，力居反。寢苫，失占反，草心。枕，之鴆反。塊，苦對反，土也；本又作凷；說文云塊俗凷字。歠，昌悅反。〔六一〕粥，之六反，劉音育。一溢，如字，劉音實；鄭云：「二十兩曰溢，爲米一升二十四分升之一。」射慈同，王肅、劉逵、袁準、孔倫、〔六二〕葛洪皆云滿手曰溢。柱，丁主反，注同。楣，亡悲反，梁也。疏食，音嗣，又如字。飯素，劉扶晚反，今本多作飰字。食，如字，又音寺。扼也，於革反。爲殺，所界反，劉所例反。猶著，直略反，下同。右縫，〔六三〕扶弄反，下左縫、出縫皆同。梁闇，烏南反。〔六四〕壘，劣委反，又力水反。墼，古狄反，劉薄歷反。〔六五〕涂塈，劉其既反，又許氣反，一古慨反。

【疏】「傳曰」至「無時」　云「斬者何」，問辭，以執所不知，故云「者何」。　云「不緝也」者，荅辭。此對下「疏衰裳齊」齊是緝，此則不緝也。云「苴絰者，麻之有蕡者也」，案爾雅釋草云「蕡，枲實」，孫氏注云「蕡，麻子也」。以色言之謂之苴，以實言之謂之蕡」。下言「牡」者，對「蕡」爲名；言「枲」者，對「苴」生稱也，是以云「斬衰貌若苴，齊衰貌若枲」也。若然，枲是雄麻，蕡是子麻，爾雅云「蕡，枲實」者，舉類而言，若圓曰簞，方曰笥。鄭注論語云「簞，笥」，亦舉其類也。下傳云「牡麻」者，〔六六〕枲麻也，不連言絰，此苴連言「絰」者，欲見「苴絰」別於苴杖，故下傳別云「苴杖」。後傳「牡麻」不連言絰，此「苴」連言「絰」者，彼無他物之嫌，獨有絰，故不須連言絰也。云「苴絰，大搹，左本在下」者，士喪禮文與此同。彼此皆云「苴絰，大搹」，連言「苴」者，但經連言「苴絰」，經中有此二言，絰大搹，先據首絰而言也。雷氏以搹、搤不言寸數，則各從其人大小爲搤，非鄭義。據鄭注，無問人之大小，皆以九寸圍之爲正，若中人之跡尺二寸也。云「左本在下」者，本謂麻根。案士喪禮鄭注云「下本在左，重服統於内而本陽也」，以其父是陽，左亦陽，言「下」是内，故云「重服統於内」，以言痛從心内發故也。此對爲母右本在上，輕服統於外，而本陰也。云「去五分一以爲帶」者，以其首絰圍九寸，取五寸，去一寸，得四寸，餘四寸，寸爲五分，揔二十分，去四分餘十六分，

取十五分五分爲寸，爲三寸，添前四寸爲七寸，并一分，揔七寸五分寸之一也。云「齊衰之絰，斬衰之帶也」者，以其大小同，故疊而同之也。云「去五分一以爲帶」者，謂七寸五分寸之一也，中五分去一爲齊衰之帶，今計之以七寸中取五寸，去一寸，得四寸，餘二寸，寸分爲二十五分，二寸合爲五十分，餘一分者，又破爲五分，添前爲五十五分，亦五分去一，揔去一十一分，餘四十四分，在又二十五分爲一寸，餘十九分在齊衰之帶，揔五寸二十五分寸之十九也。云「大功之絰，齊衰之帶也，去五分一以爲帶」者，就五寸中去一寸，得四寸，前二十五分破寸，今大功百二十五分破寸，則以十九分者，各分破爲五分，十九分揔破爲九十五，與百二十五分破寸相當，就九十五分中五分去一，去十九，餘七十六，則大功之絰五寸二十五分寸之十九，帶則四寸百二十五分寸之七十六。又云「小功之絰，大功之帶也，去五分一以爲帶」者，又就四寸百二十五分寸之七十六中，五分去一，前百二十五分破寸，今亦四倍加之，以六百二十五分破寸，然後五分去一，爲小功帶。又云「緦麻之絰，小功之帶，去五分一以爲帶」，則亦四倍加之，前六百二十五分破寸，今則三千一百二十五分破寸，五分去一，取四以爲緦麻之帶。絰、帶之等，皆以五分破寸，既有成法，何假盡言。然斬衰有二，齊衰有四，大功、小功，成人與殤各有二等，「緦麻殤」與「成人」章又不別，若使絰、帶各依升數，則參差難等，是以子夏作傳，五服各爲一節計之，似周禮掌客云「羣介、行人、宰史」，各以爵等爲牢禮之數，鄭云「以命數則參差難等，畧於臣，用爵而已」，此經亦然也。士喪禮云「苴絰大鬲，下本在左，要絰小焉」，鄭注云「絰帶之差，自此出焉」，謂子夏言絰帶之差，出於士喪之經，故鄭指而言之也。但斬衰之絰圍九寸者，首是陽，故欲取陽數極於九，自齊衰以下，自取降殺之義，無所法象也。云「苴杖，竹也。削杖，桐也」者，傳意見經唯云「苴杖」，不出杖體所用，故言「苴杖」者，「竹也」；下章直云「削杖」，亦不辨木名，故因釋之，云「削杖」者，「桐也」。若然，經言「苴杖」，因釋「削杖」，唯上下二章不通於下，是以兼釋之。至於絰帶五服自明，故不兼釋。然爲父所以杖竹者，父者，子之天，竹圓亦象天，竹又外內有節，象子爲父亦有外內之痛；又竹能貫四時而不變，

子之爲父哀痛亦經寒温而不改，故用竹也。爲母杖桐者，欲取桐之言同，内心同之於父；外無節，象家無二尊，屈於父，爲之齊衰，經時而有變。又案變除「削之使方」者，〔六七〕取母象於地故也。此雖不言杖之麤細，案喪服小記云「絰殺五分而去一，杖大如絰」，鄭注云「如要絰也」。鄭知「如要絰」者，〔六八〕以其先云絰五分爲殺爲要絰，其下即云「杖大如絰」，明「如要絰」也；「如要絰」者，以杖從心已下與要絰同處，故「如要絰」也。云「杖各齊其心」者，杖所以扶病，病從心起，故杖之高下以心爲斷也。云「皆下本」者，本，根也。案士喪禮「下本」注云「順其性也」。云「杖者何？爵也」者，自此已下有五問五荅，皆爲杖起文。云「者何」者，亦是執所不知，以其吉時五十已後乃杖，〔六九〕所以扶老，今爲父母之喪有杖有不杖，不知故執而問之。云「爵」，以爵荅之，以其有爵之人必有德，有德則能爲父母致病深，故許其以杖扶病。云「無爵而杖者何」，問辭也，庶人無爵，亦得杖。〔七〇〕云「檐主也」者，荅辭也，以其雖無爵無德，然以適子故，假取有爵之杖，爲之喪主，〔七一〕拜賓送賓，成喪主之義也。云「非主而杖者何」，問辭也。「輔病也」，〔七二〕荅辭也，鄭云「謂衆子」，雖非爲主，子爲父母致病是同，亦爲輔病也。云「童子何以不杖」者，案此子夏之問辭有不同，或云「者何」，或云「何以」，或云「何如」，或云「孰後」，或云「孰謂」，或云「何大夫」，或云「曷爲」，有此七者荅有義意。〔七三〕凡言「者何」，皆謂執所不知，故隱元年公羊傳云「元年者何？」何休云「諸據疑問所不知，故曰者何」，即此問「杖者何」是也。〔七四〕稱「何以」者，皆據彼決此，〔七五〕即下云「父爲長子，何以三年」，據期章爲衆子期，適庶皆子，長子獨三年，是據彼決此也，此即公羊傳云「何以不言即位」，何休云「據文公言即位，隱不稱即位」是也。云「何如」者，問比類之辭，即下傳云「何爲而可爲人後者？同宗則可爲人後」，〔七六〕是其問比類也。云「孰後」者，不問比類，依「不杖」章子夏傳云「孰後，後大宗」，禮有大宗、小宗，故問誰爲後。云「孰謂」者，亦是問比類，但舊君有二等，一是待放之臣，二是致仕之臣，俱爲舊君，〔七七〕是以「齊衰三月」章云「舊君」，傳曰「爲舊君者孰謂也？仕焉而已者也」，由其有二等，故問比類也，即公羊傳云「王者孰謂？謂文

王」是也。云「何大夫」者，亦是據彼決此，即「齊衰三月」章云「大夫爲舊君」，傳曰「何大夫之謂乎？言其以道去君而猶未絶也」，由其大夫有致仕者，有待放者不同，故舉「何大夫」之問也。言「曷爲」者，〔七八〕亦是據彼決此，故「不杖」章云「大夫曷爲不降命婦也」，云「謂據大夫於姑姊妹」出嫁，宜降不降，故舉「曷爲」之問也。今云「童子何以不杖」，問辭也。「不能病也」，荅辭也。此庶童子非直不杖，以其未冠，首加免而已，故問喪云「免者以何爲也？曰：『不冠者之所服也。』」言「何以」者，據當室童子及成人皆杖，唯此庶童子不杖，故云「何以」決之也。知當室童子杖者，案問喪云「禮曰：『童子不緦，唯當室緦』，緦者其免也，當室則免而杖矣」，謂適子也。案雜記云「童子哭不偯，不踴，不杖，不菲，不廬」，注云「未成人者，不能備禮也」，此獨云「不杖」，餘不言者，此上下皆釋杖，故言杖。不云餘者，其實皆無，直有衰裳絰帶而已。又云「婦人何以不杖？亦不能病也」者，此亦謂童子、婦人，〔七九〕若成人婦人正杖。知者，此「喪服」上陳其服，下陳其人，「喪服」之下男子、婦人俱列，男子、婦人同有苴杖。又喪大記云「三日子、夫人杖，五日大夫、世婦杖」，謂經皆有婦人杖文，故知成人婦人正杖也，明此童子婦人。案喪服小記云「女子子在室，爲父母，其主喪者不杖，則子一人杖」，鄭注云「女子子在室，亦童子也，無男。昆弟使同姓爲攝主，不杖，則子一人杖，謂長女也」。許嫁及二十而笄，笄爲成人，成人正杖也」，是其童女爲喪主，則亦杖矣。若然，童子得稱「婦人」者，案小功章云「爲姪、庶孫、丈夫、婦人之長殤」，是未成人稱婦人也。雷氏以爲此喪服妻爲夫，妾爲君，女子子在室爲父，女子子嫁及在父之室，爲父三年，如傳所云「婦人」者，皆不杖。喪服小記「婦人不爲主而杖者」，唯著此一條，明其餘不爲主者皆不杖。此說非，何者？此四等婦人皆在杖科之内，何得不杖。又禮記記文說婦人杖者甚衆，何言「無杖」也。云「絞帶者，繩帶也」者，以絞麻爲繩作帶，故云「絞帶也」。王肅以爲絞帶如要經，馬、鄭不言，〔八〇〕當依王義。雷氏以爲絞帶在要經之下言之，則要經五分去一爲帶。但首經象頍項之布，又在首，要經象大帶，用繒，又在要，故須五分去一以爲帶。今絞帶象革帶，與要經同在要，一則無上下之差，一則

無麤細可象，而云去要經五分一爲絞帶，失其義也。但經帶至虞後變麻服葛，絞帶虞後雖不言所變，案公士衆臣爲君服布帶，又齊衰已下亦布帶，則絞帶虞後變麻服布，於義可也。云「冠繩纓，條屬」者，喪用繩爲纓，屬，著也，著之冠，垂之爲纓也。云「外畢」者，前後兩畢之末而向外攝之也。云「鍛而勿灰」者，以冠爲首飾，布倍衰裳，而用六升，又加以水濯，勿用灰而已。冠六升勿灰，則七升已上故灰矣，故大功章鄭注云「大功布者，其鍛治之功麤沽之」，〔八一〕則七升已上皆用灰也。云「衰三升」者，不言裳，裳與衰同，故舉衰以見裳。爲君義服衰三升半，不言者，以縷如三升半，成布三升，故直言「三升」，舉正以包義也。云「菅屨者，菅菲也，外納。居倚廬」者，〔八二〕周公時謂之屨，子夏時謂之菲，案士喪禮「屨外納」鄭注云「納收餘也」，王謂正向外編之。「居倚廬」，孝子所居，居在門外東壁，〔八三〕倚木爲廬，故既夕記云「居倚廬」，鄭注云「倚木爲廬，在中門外東方北户」。又喪大記云「凡非適子者，自未葬以於隱者爲廬」，〔八四〕注云「不欲人屬目，蓋廬於東南角」。若然，適子則廬於其北顯處爲之，以其適子當應接弔賓，故不於隱者。若然，此下有臣爲君，則亦居廬。案周禮宫正云「大喪授廬舍，辨其親疏貴賤之居」，注云「親者、貴者居倚廬，疏者、賤者居堊室」，又雜記朝廷卿大夫、士居廬，都邑之士居堊室，見諸侯之臣爲其君之禮。案喪大記云「婦人不居廬」，若然，此經云「居倚廬」，專據男子生文。云「寢苫枕塊」，既夕文與此同，彼注云：「苫，編藁。塊，堛也。」彼又云：「不説經帶。」鄭注云：「哀戚不在於安。」若然，在中門外者，哀親之在外；寢苫者，哀親之在草故也。此之「衰三升，枕塊」，〔八五〕據大夫已上，若士，則大夫適子爲士者，得行大夫禮，若正士則枕草，衰則縷三升半，成布三升。雜記所云齊晏平仲爲其父麤衰斬、枕草是也，但平仲謙爲父服士服耳。云「哭晝夜無時」者，哭有三「無時」：始死未殯已前，哭不絶聲，一「無時」；既殯已後，卒哭，祭已前阼階之下，爲朝夕哭，在廬中思憶則哭，二「無時」；既練之後，無朝夕哭，唯有廬中，或十日或五日，思憶則哭，三「無時」也。卒哭之後，未練之前，唯有朝夕哭，是一有時也。云「歠粥，朝一溢米，夕一溢米」者，孝子遭父母之喪，當爲父母致病，故喪大記云

水漿不入口，三日之後乃始食；　必三日許食者，聖人制法不以死傷生，恐至滅性，故禮許之食，雖食，猶節之，〔八六〕使朝夕各一溢米而已也。曾子有母之喪，水漿不入於口七日者，〔八七〕失禮之法，故子思非之，云：「先王制禮，過之者俯而就之，不至者跂而及之，故君子執親之喪，水漿不入於口者三日，杖而後能起，是禮之常法也。」云「寢不説絰帶」者，案雜記孔子云「少連、大連，善居喪，三月不解」，鄭注云「不解，倦也」。又案既夕文與此同，鄭注云「哀戚不在於安」，絰帶在衰裳之上，而云「不説」，則衰裳在内，不説可知。此據未葬前，故文在「虞」上，既虞後寢有席，衰絰説可知也。云「既虞，翦屏，柱楣」者，案王制云「天子七月而葬，諸侯五月而葬，大夫、士三月而葬」，又案士虞禮既葬，反，「日中」而虞；鄭注士喪「三虞」，云「虞，安也」，葬時送形而往，迎魂而反，反哭之時，入廟中上堂不見，入室又不見，乃至適寢之中，舊殯之處，爲虞祭以安之，禮記檀弓云「葬日虞，不忍一日離也。是日也，以虞易奠」〔八八〕是也；依公羊傳云，天子九虞，諸侯七虞，大夫五虞，士三虞，今傳言「既虞」，謂九虞、七虞、五虞、三虞之後，乃改舊廬，西鄉開户，翦去户傍兩廂屏之餘草。「柱楣」者，前梁謂之楣，楣下兩頭豎柱施梁，乃夾户傍之屏也。云「寢有席」者，案間傳云「既虞，卒哭」，「柱楣翦屏，苄翦不納」，鄭云「苄，今之蒲苹」，即此「寢有席」，謂蒲席加於苫上也。云「食疏食，水飲」者，〔八九〕未虞以前，「朝一溢米，夕一溢米」，而爲粥，今既虞之後，用麤疏米爲飯而食之，明不止朝一溢、夕一溢而已，當以足爲度。云「飲水」者，未虞以前，渴亦飲水，而在「既虞」後，與「疏食」同言「水飲」者，恐虞後飲漿、酪之等，故云「飲水」而已也。云「朝一哭夕一哭而已」者，此當士虞禮「卒哭」之後，彼云「卒哭」者，謂卒去廬中無時之哭，唯有朝夕於阼階下有時之哭。喪服之中，三「無時」哭外，唯此卒哭之後，未練之前一節之間，是有時之哭，故云「而已」，言其不足之意。云「既練舍外寢」者，謂十三月服七升冠，男子除首絰而帶獨存，婦人除於帶而絰獨存，〔九〇〕又練布爲冠，著繩屨，止舍外寢之中，不復居廬也。云「始食菜果，飯疏食」者，案喪大記「祥而食肉」，間傳云「大祥有醯醬，中月而禫，而飲醴酒」。〔九一〕始飲酒者，先飲醴酒。始食肉

者，先食乾肉。曲禮云父母之喪，「有疾，飲酒食肉，疾止復初」，皆爲不以死傷生也。云「哭無時」者，此三「無時」哭中，謂練後堊室之中，或十日，或五日，思憶則哭。大記云「祥而外無哭」者，「禫而内無哭」者，皆在「哭無時」之限也。

注「盈手」至「異數」　云「以五分一爲殺者，象五服之數也」者，鄭五服之内，〔九二〕升數至多，若經帶象升數，降殺參差難等，若五服服爲一節，則降殺易明，故鄭云「象五服之數也」。云「爵謂天子、諸侯、卿大夫、士也」者，案白虎通云「天子，爵號」，又「夏、殷之士無爵，周之道爵及命士，卿大夫自然皆爵也」，〔九三〕是天子以下皆曰爵也。云「屬，猶著也，通屈一條繩爲武，垂下爲纓，著之冠也」者，〔九四〕案禮記云「喪冠條屬，以別吉凶」，若然，吉冠則纓、武別材，凶冠則纓、武同材，是以鄭云「通屈一條繩爲武」，謂將一條繩從額上約之，至項後交過，兩相各至耳，〔九五〕於武綴之，各垂於頤下結之。云「著之冠」者，武、纓皆上屬著冠，「冠六升，外畢」是也。云「布八十縷爲升」者，此無正文，師師相傳言之，是以今亦云「八十縷謂之宗」，宗即古之升也。云「今之禮皆以登爲升，俗誤已行久矣」者，案鄭注儀禮之時，古今二禮並觀，疊古文者，則從經今文；若疊今文者，則從經古文，今此注而云「今之禮皆以登爲升」，與諸注不同，則今古禮皆作升，字俗誤已行久矣也。若然，論語云「新穀既升」，升亦訓爲成，今從登不從升者，凡織紝之法，皆縷縷相登上，乃成繒布，登義强於升，故從登也。引雜記者，證條屬是喪冠，若吉冠則纓、武異材。云「三年之練冠，亦條屬」者，欲見條屬以至大祥除衰杖，大祥除喪之際，朝服縞冠當纓、武異材，從吉法也。〔九六〕云「右縫，小功以下左」者，〔九七〕案大戴禮云「大功已上唯唯，〔九八〕小功已下額額然。孝子朝夕哭，在阼階之下，西面。弔賓從外入門，〔九九〕北面見之。大功以上哀重，其冠三辟積，鄉右爲之從陰，陰唯唯然順。小功緦麻哀輕，其冠亦三辟積，鄉左爲之，從陽。弔賓入門，北鄉，望之額額然，逆鄉賓」，二者皆條屬，但從吉從凶不同也。云「外畢者，冠前後屈而出縫於武也」者，冠廣二寸，落頂前後，兩頭皆在武下，鄉外出反屈之，縫於武而爲之兩頭，縫畢鄉外，故云「外畢」。案曲禮云「厭冠不入公門」，鄭注云「厭，猶伏也，喪冠厭伏」，是五服同名，由在武

下出，反屈之，故得厭伏之名。檀弓云「古者冠縮縫，〔一〇〇〕今也衡縫，故喪冠之反吉，非古也」，是吉冠則辟積無殺横縫，〔一〇一〕亦兩頭皆在武上，鄉内反屈而縫之，不得厭伏之名。云「二十兩曰溢，爲米一升二十四分升之一」者，依筭法，百二十斤曰石，則是一斛，若然，則十二斤爲一斗，取十斤分之，升得一斤。餘二斤，斤爲十六兩，二斤爲三十二兩，升，取三十兩十升，升得三兩，添前一斤十六兩，爲十九兩；餘二兩，兩爲二十四銖，二兩爲四十八銖，取四十銖十升，升得四銖；餘八銖，一銖爲十纍，〔一〇二〕八銖爲八十纍，十升，升得八纍，添前則是一升得十九兩四銖八纍，於二十兩仍少十九銖二纍；則別取一升破爲十九兩四銖八纍，分十兩，兩爲二十四銖，則爲二百四十銖，又分九兩，兩爲二十四銖，則九兩者，二百一十六銖，并四銖八纍，〔一〇三〕添前四百六十銖八纍，揔爲二十四分，直取二百四十銖；餘二百二十銖八纍，在又取二百一十六銖，二十四分，分得九銖，添前分得十九銖；有四銖八纍，四銖銖爲十纍，揔爲四十纍，通八纍爲四十八纍，二十四分，分得二纍，是一升爲二十四分，分得十九銖，添前四銖爲二十三銖，將二纍，添前八纍則爲十纍，則十纍爲一銖；以此一銖，添前二十三銖，則爲二十四銖，爲一兩，一兩添十九兩，揔二十兩曰溢。云「楣謂之梁，所謂梁闇」者，「所謂」書傳文。案喪服四制云「高宗諒闇三年」，鄭注云「諒古作梁，楣謂之梁。闇讀如鶉鵪之鵪，闇，謂廬也。廬有梁者，所謂柱楣也」，即此「柱楣」者也。云「舍外寢，於中門之外，屋下壘墼爲之，不塗墍，所謂堊室也」者，今至練後不居舊廬，還於廬處爲屋，但天子五門，諸侯三門，得有中門，大夫、士唯有大門、内門兩門而已，無中門，而云「中門外」者，案士喪禮及既夕外位唯在寢門外，其東壁有廬、堊室；若然，則以門爲中門，據内外皆有哭位，其門在外内位中，故爲中門，非謂在外門、内門之中爲中門也；言「屋下壘墼爲之」者，東壁之所舊本無屋，而云「屋下爲之」者，謂兩下爲屋，謂之屋下，對廬偏加東壁，非兩下謂之廬也。云「不塗墍」者，謂翦屏而已，不泥塗墍飾也；云「所謂堊室」者，間傳云「父母之喪，既虞，翦屏；期而小祥，居堊室」，彼練後居堊室，即此外寢，故鄭云「所謂堊室」也。云「謂復平生時食也」者，此食爲飼

讀之，不得爲食讀之。知者，天子已下平常之食，皆有牲牢魚腊，練後始食菜果，未得食肉，飲酒，何得平常時食，明專據米飯而言也。以其初據一溢米而言，既虞，飯疏食，食亦米飯也。此既練後，復平生時食，食亦據米飯而言。〔一〇四〕以其古者名飯爲食，〔一〇五〕與公食大夫者同音也。云「斬衰不書受月者」云云，凡喪服所以表哀，哀有盛時殺時，服乃隨哀以降殺，故初服麤，至葬後、練後、大祥後，漸細加飾。是以冠爲受，斬衰裳三升，冠六升；既葬後以其冠爲受，衰裳六升，冠七升；小祥又以其冠爲受，衰裳七升，冠八升，自餘齊衰以下受服之時差降可知。然葬後有受服，有不受服。案下齊衰三月章及殤大功章，皆云「無受」，正大功章即云「三月受」，以小功衰即葛九月者，今此斬衰章及齊衰章應言受月而不言，故鄭君特解之。案雜記云天子七月而葬，九月而卒哭；諸侯五月而葬，七月而卒哭；大夫三月而葬，五月而卒哭；士三月而葬，是月而卒哭，是天子已下虞、卒哭異數。尊卑皆葬訖，反，日中而虞，天子九虞，諸侯七虞，大夫五虞，虞訖即受服，士三虞，待卒哭乃受服。必然者，以其大夫已上卒哭在後，月虞在前，月日已多，是以虞即受服，不得至卒哭；士葬月卒哭，與虞同月，故受服待卒哭後也。今不言受月者，喪服揔包天子以下，若言七月，唯據天子，〔一〇六〕若言五月，唯據諸侯，皆不該上下，故周公設經，没去受服之文，欲見上下俱含故也。〔一〇七〕

校勘記

〔一〕案鄭目録云　阮校云要義同，毛本無「案」字。按禮記疏引鄭目録俱有「案」字，儀禮惟此篇有之，正與禮記同例，今本删去，蓋認鄭目録云云爲注也。今按阮説固有理，然儀禮與禮記疏體例容有不同，未可以彼律此。

〔二〕若全存居於彼焉己亡之耳　阮校云下文又引此二句，無「居」字，「己」下有「棄」字。

〔三〕本數未聞　單疏、要義同，毛本「本」作「大」，阮以爲作「大」不誤。今按阮本本文用單疏作「本」，而校勘記標目從毛本作「大」，前後不符，此盧宣旬摘録阮校之誤也。

〔四〕葬之中野　阮校云「之」陳、閩俱作「於」。今按繫辭作「之」。

〔五〕將由夫修飾之君子與　阮校云要義同，「飾」毛本作「飭」。按作「飾」與三年問合。

〔六〕言於父母加隆其恩　「恩」原作「使」，此據單疏改。

〔七〕人道之至文者也　阮校云陳本、要義同。按單疏是也。毛本「文」作「大」。汪文臺識語云毛本誤。今按盧宣旬摘録阮校云作「大」是也，乃誤阮意，三年問作「文」。

〔八〕是士以上爲義稱　阮校云「爲」上聶氏有「各」字是也。

〔九〕雖不與同　阮校云陳、閩俱無「與」字。

〔一〇〕生人制服　阮校云「制」上陳、閩俱有「爲」字。

〔一一〕所以苴其内見諸外　今按間傳「苴」作「首」，「内」下有「而」字。

〔一二〕斬有二義不同　阮校云陳、閩、要義同，毛本「二」作「正」，通解作「斬有二有正有義」，無「不同」二字。

〔一三〕惟有正之四升　阮校云聶氏、要義同，毛本、通解「之」作「服」。

〔一四〕以配父　阮校云「父」上陳、閩俱有「其」字。

〔一五〕故同義服也　阮校云「故」陳、閩俱作「皆」。

〔一六〕小功亦有降亦有正有義　阮校云要義同，毛本無下「亦」字。

〔一七〕以此升數爲叙者　阮校云「叙」陳、閩俱作「殺」。

〔一八〕又明作傳之義　阮校云「義」毛本作「意」，陳、閩作「義」。今按阮氏未提單疏，亦非，單疏亦作「意」。

〔一九〕傳曰者　阮校云通解無「曰」字。按單疏本因題中無「傳」字，故舉篇中「傳曰」二字釋之，黄氏删「曰」字，蓋未達賈氏之意。

〔二〇〕語勢相遵　阮校云要義同，毛本「遵」作「連」。

〔二一〕以證已義　阮校云通解、要義、楊氏同，毛本「義」作「意」。今按單疏是。

〔二二〕六術精麤　阮校云陳、閩、通解、楊氏俱無「六術」二字。

〔二三〕若傳義難明者　阮校云陳、閩俱無「義」字。

〔二四〕又在傳下注皆　阮校云「皆」毛本作「者」，屬上句。

〔二五〕出注述者意耳　阮校云「述」下陳、閩俱有「之」字。今按若有「之」字，則「者」字不當有。

〔二六〕喪服第十一子夏傳　釋文作「喪服經傳第十一」，單疏作「喪服第十一」，皆無「子夏傳」三字。阮校瞿中溶云：石本原刻作「喪服經傳第十一」，後磨改。按隋唐經籍志馬融等注喪服，其題皆曰喪服經傳，則此四字乃舊題也。疏云：「傳曰者，不知何人所作，人皆云孔子弟子子夏所爲。師師相傳，蓋不虚也。」若題中本有「子夏傳」三字，則賈氏何必云爾。此蓋唐石經誤改而後人習焉不察也。今按瞿説是，武威簡服傳甲、乙兩本皆無「子夏」二字，即爲明證。

〔二七〕斬衰裳　「裳」武威簡甲、乙、丙本作「常」。

〔二八〕故爲制此服焉　阮校云此六字毛本脱，徐本、通典、聶氏、集釋、通解俱有，與本疏及疏序合，惟楊氏無。

〔二九〕茅已漚爲菅　「茅」宋本誤作「第」，此據徐乾學本改。

〔三〇〕濡刃中用　阮校云通解、要義同，毛本「刃」作「韌」。今按今本毛詩鄭玄箋「濡刃」作「柔忍」。

〔三一〕是以衰設人功之疏　阮校浦鏜云「没」誤爲「設」。按段玉裁校本作「説」。

〔三二〕屨乃服中之賤　阮校云通解同，毛本「賤」下有「者」字。

〔三三〕鄭止一解　「止」單疏與毛本作「君」，阮校云陳、閩俱作「止」，是也，此據改。今按阮本作「止」，又盧宣旬摘録以單疏與陳、閩同，皆誤。

〔三四〕非正當心而已　阮校云「正」通解作「止」。按篇中「止」字皆誤作「正」。盧文弨謂唐人書「止」多作「正」，不必改，未知何據，俟考。汪文臺識語按莊子應帝王云「萌乎不震不正」，釋文「正，崔本作止」；在宥云「禍及止蟲」，崔本作「正蟲」；詩賓之初筵傳「舞不能自正也」，「正」或作「止」；終風序箋云「正猶止也，正、止通用」，盧君殆據是歟？然正義則無此例，篇中「止」字作「正」皆誤也。今按阮、汪説是，「止」、「正」乃形近而誤，非音近通用。

〔三五〕知一經而兼二者　阮校云「二」下要義有「文」字。

〔三六〕亦首要並陳　阮校云「首要」二字要義倒。

〔三七〕以彼頍項　阮校云「彼」陳、閩俱作「後」。今按作「後」非是。

〔三八〕天子朱裏終裨　阮校云「裨」陳、閩俱作「辟」。按玉藻作「辟」。

〔三九〕下末三赤用緇　阮校云要義同，「赤」毛本作「尺」。今按玉藻文義，以作「尺」字爲是。

〔四〇〕佩玉佩　阮校云「玉」下要義無「佩」字。

〔四一〕苴經大鬲　阮校云要義同，毛本「鬲」作「搹」。今按士喪禮作「鬲」。

〔四二〕故此經具陳於上　阮校云「經」陳、閩俱作「絰」。

〔四三〕案此經凶服　阮校云陳、閩俱無「案」字，「凶」俱作「喪」。

〔四四〕傳曰斬者何　阮校云此傳三節徐本、釋文、集釋、要義俱合爲一節，注總在傳後，與疏合。通解、楊氏俱與毛本同。

〔四五〕不緝也　「緝」武威簡甲、乙本皆作「緍」。今按緍與緝通用。

〔四六〕麻之有蕡者也　「蕡」武威簡甲、乙本作「賁」。

〔四七〕苴絰大搹　「搹」武威簡甲、乙本作「鬲」。

〔四八〕左本在下　武威簡乙本同，甲本「本」誤作「末」。

〔四九〕齊衰之絰　武威簡甲、乙本「齊」作「資」。今按齊、資通用。

〔五〇〕杖各齊其心　「杖」武威簡甲本作「長」。沈文倬異文釋云此言杖之長度依人之長度爲定，「長」字是。

〔五一〕擔主也　武威簡甲、乙本「擔」作「儋」，乃正字。

〔五二〕冠繩纓條屬右縫　武威簡甲、乙本無「冠」字，「條」字从「彳」旁，「屬」下無「右縫」二字。

〔五三〕外畢　「畢」武威簡甲、乙本作「縪」。阮校云通典「畢」作「縪」。今按既夕記作「縪」。

〔五四〕鍛而勿灰　武威簡甲、乙本「鍛」作「段」。沈文倬異文釋云「段」正字，「鍛」假字。

〔五五〕居倚廬寢苫枕塊　釋文云「塊」本又作「凷」。武威簡甲本「苫」作「蕈」。

〔五六〕歠粥朝一溢米　武威簡甲、乙本「歠」作「吹」，「溢」作「洫」。沈文倬異文釋云「洫」即玉篇「泏」字，訓「器滿」。

〔五七〕翦屏　武威簡甲本作「贊楄」。沈文倬異文釋云贊翦、楄屏並爲一聲之轉。

〔五八〕始食菜果飯素食　武威簡乙本「菜」作「采」，「飯」作「反」。沈文倬異文釋云據鄭注，應作「反」。敖氏亦謂「傳之『飯』似當作『反』」，白虎通作「反」。作「飯」乃後人臆改。

〔五九〕盈手曰掬　阮按篇題疏云「在傳下注，皆須題云『玄謂』以别傳，若在傳上注者，不須題玄，義可知」，若然，傳下之注，注首本有「玄謂」二字。士喪禮「衆婦人户外，北面」，疏引喪服記傳曰：「小功以下爲兄弟，玄謂於此發兄弟傳者」云云，尤可爲證。今本俱無，蓋後人所删也。又疑鄭氏原本傳、注連寫，故題「玄謂」以示識别，與周禮同例，亦猶毛詩之「箋云」也。但詩箋必在傳後，故傳首不加「傳」字，此則有於傳上作注者，故傳首復加「傳曰」以别之。凡傳與注皆連寫，故傳下之注必總在傳末，不得分一傳爲數節。

〔六〇〕壘墼爲之　阮校云「壘」集釋作「纍」。

〔六一〕昌悦反　「昌」字宋本作「畐」，此據徐乾學本改。

〔六二〕劉逵袁準孔倫　宋本「逵」作「達」，「倫」字未刻，此據徐乾學本。

〔六三〕右縫　盧文弨云此條當在前「條屬」之下，誤脱在後。阮云盧説非也。今按此爲注作音，阮説是。

〔六四〕烏南反　「烏」宋本誤作「鳥」，此據徐乾學本改。

〔六五〕劉薄歷反　黄焯彙校引吴云：據説文，墼、甓互訓，疑昌宗讀墼爲甓，故音薄歷反，非墼字本有「薄歷」之音，即字書、韻書亦無與劉音相應者。黄云：此疊韻互音之理，劉未爲失。又云：辟聲字有喉音，何嫌毄聲字有唇音乎？

〔六六〕牡麻者　阮校云陳、閩俱無「者」字。按下傳有「者」字。

〔六七〕變除削之使方　阮校云聶氏「除」下有「云」字，「使」下有「下」字。案隋志有喪服變除一卷，葛洪撰。

〔六八〕鄭知如要經者　阮校云要義同，毛本「知」作「云」，聶氏「鄭云」作「必知」。

〔六九〕五十已後　阮校云「已」毛本作「以」。

〔七〇〕亦得杖　阮校云要義同，毛本「亦」上有「何」字。

〔七一〕爲之喪主　阮校云陳、閩俱無「之」字。

〔七二〕輔病也　阮校云要義同，毛本「輔」上有「云」字，「也」下有「者」字。

〔七三〕荅有義意　阮校浦鏜云「荅」當爲「各」字之誤。

〔七四〕即此問　阮校云陳、閩俱無「此」字。今按依文義「此」字當有。

〔七五〕據彼決此　阮校云「決此」陳、閩俱作「所決」。

〔七六〕何爲而可爲人後者同宗則可爲人後　今按下傳「何爲」作「何如」，二「人」字俱作「之」。

〔七七〕俱爲舊君　阮校云「爲」閩本作「是」。

〔七八〕言曷爲者　阮校云「言」毛本作「云」。

〔七九〕此亦謂童子婦人　阮校云「此」字下陳、閩俱有「蓋」字。

〔八〇〕王肅以爲絞帶如要絰馬鄭　阮校云通解、要義同，毛本「馬」作「焉」，屬上句。

〔八一〕其鍛治之功麤沽之　阮校云通解、要義同，毛本「沽」作「治」。按作「沽」與大功章注合。

〔八二〕菅菲也外納居倚廬者　阮校云要義同，通解、毛本無「外納居倚廬」五字。按毛本分節既與疏異，不得不删易疏文。

〔八三〕孝子所居居在門外　阮校云要義同，通解、楊氏、毛本俱不重「居」字。

〔八四〕自未葬以於隱者爲廬　阮校云陳本、通解、要義同，毛本「以」作「倚」，通解「以」下有「前」字。按喪大記作「以」，無「前」字。

〔八五〕此之衰三升枕塊　阮校云毛本、要義「之」作「云」。

〔八六〕雖食猶節之　阮校云「猶」通解作「由」。

〔八七〕水漿不入於口七日者　阮校云毛本「者」字在「七日」上。

〔八八〕是日也以虞易奠　「日」，檀弓下作「月」。

〔八九〕云食疏食水飲者　阮校云陳、閩、通解俱無上「食」字。今按依傳文當有。

〔九〇〕婦人除於帶　阮校云陳本、要義同，毛本「於」作「要」。

〔九一〕中月而禫而飲醴酒　阮校云陳、閩俱重「禫」字。按聞傳重「禫」字。

〔九二〕鄭五服之内　阮校浦鏜云「鄭」下當脱「以」字。

〔九三〕卿大夫自然皆爵也　「卿」原作「通」，此據單疏改。阮校云陳、閩誤作「通」。

〔九四〕垂下爲纓著之冠也者　阮校云陳、閩俱無「著之冠也」四字。

〔九五〕兩相各至耳　阮校云通解同，毛本「相」作「廂」。

〔九六〕從吉法也　「吉」原作「古」，此從單疏改。阮校云陳、閩作「古」。

〔九七〕小功以下左者　阮校云通解、要義同，毛本「左」下有「縫」字。按各本注俱有「縫」字。

〔九八〕大功已上唯唯　阮校云「唯」字陳、閩俱不重，毛本「已」作「以」。

〔九九〕弔賓從外入門　阮校云聶氏、要義同，毛本「入」作「大」。今按作「大」非。

〔一〇〇〕檀弓云　阮校云「檀」上陳、閩俱有「禮」字。

〔一〇一〕則辟積無殺横縫　阮校云「殺」通解作「數」。

〔一〇二〕一銖爲十絫　「絫」原作「參」。阮校云陳、閩、監作「絫」，通解作「參」。按絫、絫古今字，「參」者「絫」字之誤。今按阮説是，此及以下諸「參」字皆據改，然阮校未提單疏，失校。

〔一〇三〕并四銖八絫　阮校云通解同，毛本「并」作「升」。今按「升」字誤。

〔一〇四〕 復平生時食食 阮校云通解、要義同，毛本不重「食」字。

〔一〇五〕 古者名飯爲食 阮校云陳、閩俱重「食」字。

〔一〇六〕 唯據天子 「據」原誤作「武」，此據單疏改。

〔一〇七〕 欲見上下俱含故也 阮校云毛本「欲」作「亦」，「含」作「合」，通解同。

儀禮注疏卷第二十九

唐朝散大夫行大學博士弘文館學士臣賈公彦等撰

父。

傳曰：爲父何以斬衰也？父至尊也。○爲父，于僞反，凡爲服之例放此意求之。

【疏】「父」 周公設經，上陳其服，下列其人，即此文「父」已下是，爲其人服上之服者也。先陳「父」者，此章恩義並設，忠臣出孝子之門，義由恩出，故先言父也。又下文「諸侯爲天子」、「妻爲夫」、「妾爲君」之等，皆兼舉著服之人於上，乃言所爲之人於下。若然，此「父」與「君」直單舉所爲之人者，餘者，若直言天子，臣皆爲天子，故舉「諸侯」也。若直言夫，則妾於君體敵，亦有夫義，妾爲君，若直言君，與前「臣爲君」，文不殊，已外亦皆嫌疑，〔一〕故兼舉著服之人。子爲父，臣爲君，二者無嫌疑，故單舉所爲之人而已。云傳曰〔二〕「爲父何以斬衰也？父至尊也」者，言「何以」者，問比例，以父母恩愛等，〔三〕母則在齊衰，父則入於斬，比並不例，〔四〕故問何以斬不齊衰？荅云「父至尊」者，天無二日，家無二尊，父是一家之尊，尊中至極，故爲之斬也。

諸侯爲天子。

【疏】「諸侯爲天子」 此文在「父」下「君」上者，以下文君中雖言天子，兼有諸侯及大夫，此「天子」不兼餘君，君中最尊上，〔五〕故特著文於上也。

傳曰：天子至尊也。

【疏】「傳曰：天子至尊也。」　不發問而直荅之者，義可知，故直荅。而云「天子至尊」，同於父也。

君。

【疏】「君」　臣爲之服。此「君」内兼有諸侯及大夫，故文在「天子」下。鄭注曲禮云「臣無君猶無天」，則君者臣之天，故亦同之於父，爲至尊，但義，故還著義服也。

傳曰：君至尊也。天子、諸侯及卿大夫有地者皆曰君。

【疏】注「天子」至「曰君」　卿大夫承天子、諸侯，則天子、諸侯之下卿大夫有地者，〔六〕皆曰君。案周禮載師云「家邑任稍地，小都任縣地，大都任畺地」，〔七〕是天子、卿大夫有地者。若魯國季孫氏有費邑，叔孫氏有郈邑，孟孫氏有郕邑，晉國三家亦皆有韓、趙、魏之邑，是諸侯之卿大夫有地者皆曰君，以其有地則有臣故也。天子不言公與孤，諸侯大國亦有孤，鄭不言者，詩云「三事大夫」，謂三公，則大夫中含之也。但士無臣，雖有地，不得君稱，故僕隸等爲其長，〔八〕弔服加麻，不服斬也。

父爲長子。不言適子，通上下也。亦言立適以長。○長子，丁丈反，後長子、長殤皆同。言嫡，本又作適，同，丁歷反。〔九〕

【疏】「父爲長子」　君父尊外，次長子之重，故其文在此。

注「不言」至「以長」　言長子「通上下」，則適子之號唯據大夫、士，不通天子、諸侯，若言大子，〔一〇〕亦不通上下。案服問云「君所主夫人妻、大子、適婦」，鄭注云「言妻，見大夫已下，亦爲此三人爲喪主也」，則大子下及大夫之

子，〔一一〕不通士，若言世子，亦不通上下，唯據天子、諸侯之子。是以鄭云「不言適子，〔一二〕通上下」，非直長子得通上下，冢子亦通上下，故內則云「冢子則大牢」，注云「冢子，猶言長子，通於下也」，是冢子亦通上下也。云「亦言立適以長」者，欲見適妻所生皆名適子，第一子死也，則取適妻所生第二長者立之，亦名長子，若言適子，唯據第一者，若云長子，通立適以長故也。

傳曰：何以三年也？正體於上，〔一三〕又乃將所傳重也。庶子不得爲長子三年，不繼祖也。此言爲父後者，然後爲長子三年，重其當先祖之正體，又以其將代己爲宗廟主也。庶子者，爲父後者之弟也。言庶者，遠別之也。小記曰：「不繼祖與禰。」此但言祖，不言禰，容祖禰共廟。○所傳，太專反。〔一四〕與禰，乃禮反。

【疏】「傳曰何」至「祖也」 云「何以」者，亦是問比例。以其俱是子，不杖章父爲衆子期，此章長子則爲之三年，故發「何以」之傳也。〔一五〕不問斬而問三年者，斬重而三年輕。長子非尊極，〔一六〕故舉輕以問之，輕者尚問，明重者可知，故舉輕以明重也。云「正體於上，又乃將所傳重也」者，此是荅辭也。以其父祖適，適相承爲上，〔一七〕己又是適，〔一八〕承之於後，故云「正體於上」，云「又乃將所傳重」者，爲宗廟主，是有此二事，乃得三年。云「庶子不得爲長子三年，不繼祖也」者，此明適適相承，故須繼祖，乃得「爲長子三年」也。

注「此言」至「共廟」 云「此言爲父後者，然後爲長子三年」者，經云「繼祖」，即是爲祖後，〔一九〕乃得爲長子三年。鄭云「爲父後者，然後爲長子三年」，不同者，周之道有適子，無適孫，適孫猶同庶孫之例，要適子死後，乃立適孫，乃得爲長子三年，是「爲父後者，然後爲長子三年」也。云「重其當先祖之正體」者，解經「正體於上」。又云「又以其將代己爲宗廟主也」者，釋經「傳重也」。云「庶子者，爲父後者之弟也」者，謂兄得爲父後者，是適子，其弟則是

庶子，是「爲父後者之弟」，不得爲長子三年。此鄭據初而言，其實繼父祖身三世，長子四世乃得三年也。云「言庶者，遠別之也」者，庶子妾子之號，適妻所生第二者是衆子，今同名庶子，遠別於長子，故與妾子同號也。云「小記曰：『不繼祖與禰。』此但言祖，不言禰，容祖禰共廟」者，案祭法云「適士二廟，官師一廟」，鄭注云「官師，中下之士」，〔二〇〕「祖禰共廟」，則此容祖禰共廟，據官師而言。若然，小記所云。祖、禰并言者，是適士二廟者也。祖禰共廟，不言禰直言祖，舉尊而言也。鄭注小記云「言不繼祖禰，則長子不必五世」者，鄭前有馬融之等，解爲長子五世，鄭以義推之，已身繼祖與禰，通已三世，即得爲長子斬，長子唯四世，不待五世也，此微破先師馬融之義也。以融是先師，故不正言，而云「不必」而已也。若然，雖承重不得三年有四種：一則正體不得傳重，謂適子有癈疾，不堪主宗廟也；二則傳重非正體，庶孫爲後是也；三則體而不正，立庶子爲後是也；四則正而不體，立適孫爲後是也。案喪服小記云「適婦不爲舅後者，則姑爲之小功」，鄭注云「謂夫有癈疾他故，若死而無子。不受重者」，婦既小功，不大功，則夫死亦不三年期可知也。

爲人後者。

【疏】「爲人後者」　此出後大宗，其情本疏，故設文次在長子之下也。案喪服小記云「繼別爲大宗，繼禰爲小宗」，大宗即下文「爲宗子齊衰三月」，彼云「後大宗」者，則此所後，亦後大宗者也。

傳曰：何以三年也？受重者，必以尊服服之。何如而可爲之後？〔二一〕同宗則可爲之後。〔二二〕何如而可以爲人後？支子可也。〔二三〕爲所後者之祖父母、妻，妻之父母、昆弟、昆弟之子，若子。〔二四〕若子者，爲所爲後之親，如親子。○爲所爲，上于僞反，注同，下如字。

【疏】「傳曰」至「若子」 云「何以三年」者，以生己父母三年，彼不生己，亦爲之三年，故發問比例之傳也。云「受重者必以尊服服之」者，荅辭也。雷氏云：「此文當云『爲人後者，爲所後之父』，闕此五字者，以其所後之父或早卒，今所後其人不定，或後祖父，或後曾高祖，故闕之，見所後不定故也。」云「何如而可爲之後」，問辭。「同宗則可爲之後」，荅辭。此問亦問比類，以其取後取何人爲之，荅以「同宗則可爲之後」，以其大宗子當收聚族人，非同宗則不可謂同，承別子之後，一宗之内，若別宗同姓，亦不可以其收族故也。又云「何如而可以爲人後」，問辭。云「支子可也」，荅辭。以其他家適子當家自爲小宗，小宗當收斂，五服之内，亦不可闕，則適子不得後他，故取支子，支子則第二已下庶子也。不言庶子，云「支子」者，若言庶子，妾子之稱，言謂妾子得後人，適妻第二已下子不得後人，是以變庶言「支」。支者，取支條之義，不限妾子而已。若然，適子不得後人，無後亦當有立後之義也。云「爲所後者之祖父母」已下之親至「若子」，謂如死者之親子，則死者祖父母，則當己曾祖父母，齊衰三月也；妻謂死者之妻，即後人之母也；「妻之父母、昆弟、昆弟之子」，並據死者。妻之父母，妻之昆弟，妻之昆弟之子，於後人爲外祖父母及舅與内兄弟，皆如親子，爲之著服也。若然，上經直言「爲人後」，不言「爲父」，此經直言「爲所後者」之祖父母及妻，及死者外親之等，不言死者緦麻、小功、大功及期之骨肉親者，子夏作傳，舉疏以見親，言外以包内，骨肉親者，「如親子」可知。

妻爲夫。〔二五〕

傳曰：夫至尊也。

【疏】「妻爲夫。傳曰：夫至尊也。」 自此已下，論婦人服也，婦人卑於男子，故次之。案曲禮云「天子曰后，諸侯曰夫人，大夫曰孺人，士曰婦人，庶人曰妻」，后以下皆以義稱，士、庶人得其揔名。妻者，齊也，婦人無爵，從夫之爵，坐

以夫之齒，是言妻之尊卑與夫齊者也。若然，此經云「妻爲夫」者，上從天子，下至庶人，皆同爲夫斬衰也。傳言「夫至尊」者，雖是體敵齊等，夫者猶是妻之尊敬，以其在家天父，出則天夫；又婦人有三從之義，在家從父，出嫁從夫，夫死從子，是其男尊女卑之義，故云「夫至尊」，同之於君父也。

妾爲君。

傳曰：君至尊也。妾謂夫爲君者，不得體之，加尊之也，雖士亦然。

【疏】「妾爲君。傳曰：君至尊也。」妾賤於妻，故次妻後。案內則云「聘則爲妻，奔則爲妾」，鄭注云「妾之言接，聞彼有禮，走而往焉，以得接見於君子」，是名妾之義。但其並后匹適，則國亡家絶之本，故深抑之，別名爲妾也。既名爲妾，故不得名壻爲夫，故加其尊名，名之爲君也。亦得接於夫，又有尊事之稱，故亦服斬衰也。云「君至尊也」者，既名夫爲君，故同於人君之至尊也。

注「妾謂」至「亦然」　云「不得體之，加尊之也」者，以妻得體之，得名爲夫，妾雖接見於夫，不得體敵，故加尊之而名夫爲君，是以服斬也。云「雖士亦然」者，案孝經士言「争友」，則屬隸不得爲臣，則士身不合名君；至於妾之尊夫，與臣爲異，〔二六〕是以雖士妾，得稱夫爲君，故云「雖士亦然」也。

女子子在室爲父，女子子者，子，女也，別然男子也。〔二七〕言「在室」者，謂已許嫁。〔二八〕

【疏】「女子」至「爲父」　注「女子」至「許嫁」　自此盡「爲父三年」，論女子子爲父出及在室之事，制服又與男子不同。云「女子子者，子，女也，別於男子也」者，男子、女子各單稱子，是對父母生稱，今於女子別加一字，故雙言二「子」，以別於男一「子」者。云「言在室者，關已許嫁」者，鄭意經直云「女子子爲父」得矣，而別加「在室」者，關已許嫁。

關，通也，通已許嫁。內則「女子十年不出」，又云「十有五年而笄」。女子子十五許嫁而笄，謂女子子年十五笄，四德已備，許嫁與人，即加笄，與丈夫二十而冠同，死而不殤，則同成人矣。身既成人，亦得爲父服斬也。雖許嫁爲成人，及嫁，要至二十乃嫁於夫家也。

布總、箭笄、〔二九〕髽、衰三年。此妻、妾、女子子喪服之異於男子者。總，束髮，謂之總者，既束其本，又總其末。箭笄，篠竹也。〔三〇〕髽，露紒也，猶男子之括髮。斬衰，括髮以麻，則髽亦用麻，以麻者自項而前，〔三一〕交於額上，卻繞紒，如著幓頭焉。小記曰：「男子冠而婦人笄，男子免而婦人髽。」凡服上曰衰，下曰裳，此但言衰，不言裳，婦人不殊裳，衰如男子衰，下如深衣，深衣則衰無帶下，〔三二〕又無衽。○布總，子孔反。箭笄，音雞。髽，側瓜反。篠也，素了反。露紒，音計，下同。之括，如字，劉音活。如著，丁略反。幓頭，七消反。子冠，古亂反。子免，音問。無衽，而甚反，又而鴆反，裳際也。

【疏】「布總」至「三年」　注「此妻」至「無衽」　上文不言布，不言三年，至此言之者，上以哀極，故沒其布名與年月，至此須言之故也。以其笄既用箭，則總不可不言用布。又上文經至練有除者，此經三者既與男子有殊，並終三年乃始除之矣。案喪服小記云婦人帶「惡笄以終喪」，彼謂婦人期服者，帶與笄終喪，此斬衰帶亦練而除，笄亦終三年矣，故以三年言之。云「此妻、妾、女子子喪服之異於男子者」，鄭據經上下婦人服斬者而言。若然，周公作經，越妻妾而在女子子之下言之者，雷氏云：「服者本爲至情，故在女子之下爲文也。」若然，經之體例，皆上陳服，下陳人，此服之異，在下言之者，欲見與男子同者如前，與男子異者如後，故設文與常不例也。以上陳服，下陳人，則上服之中亦有女子子，今更言「女子子」，是言其異者。若然，上文列服之中，冠、繩纓非女子所服，此布總、笄、髽等亦非男子所服，是以爲文以易之也。云「謂之總者，既束其本，又總其末」者，鄭解此經云「布總」者，只爲出紒後垂爲飾者而言，以其布總六升，與男子冠六升相對，故知據出見者而言，是以鄭云「謂之總者，既束其本，又總其末」也。云「箭笄，篠竹也」者，〔三三〕案尚書禹貢云「篠簜既敷」，孔云「篠，竹箭」，是箭篠爲一也。又云「髽，露紒也，猶男子

之括髮」者，髽有二種。案士喪禮曰：「婦人髽于室」，注云「始死，婦人將斬衰者，去笄而纚，將齊衰者，骨笄而纚。今言髽者，亦去笄纚而紒也。齊衰以上至笄猶髽。髽之異於括髮者，既去纚而以髮爲大紒，如今婦人露紒其象也，其用麻布，亦如著幓頭然」，是婦人髽之制也。二種者，一是未成服之髽，即士喪禮所云者是也，將斬衰者用麻，將齊衰者用布；二者成服之後露紒之髽，即此經注是也。云「斬衰，括髮以麻，則髽亦用麻」者，案喪服小記云「斬衰括髮以麻，免而以布」，男子髻髮與免用布有文，婦人髽用麻布無文，鄭以男子髻髮，婦人髽，同在小斂之節，明用物與制度亦應不殊，但男子陽，以外物爲名，名爲括髮，婦人陰，以内物爲稱，稱爲髽爲異耳。鄭引漢法「幓頭」況者，古之括髮，其髽之狀亦如此，故鄭注士喪禮云「其用麻布，亦如著幓頭也」。引喪服小記者，彼男子冠婦人笄，相對有二時，一者男子二十而冠，婦人許嫁而笄，吉時相對也；一者成服後，男子喪冠，婦人箭笄，喪中相對也。今此小記所云，參上下文，是據喪中冠、笄相對而言。引之者，證經「箭笄」是與男冠相對之物也。云「男子免而婦人髽」者，亦小記之文，此免既齊衰以下，用布爲免，〔三四〕則髽是齊衰以下，亦同用布爲髽，相對而言也。但男子陽多變，斬衰名括髮，齊衰以下名免耳；婦人陰少變，故齊、斬婦人同名髽。案士喪禮鄭注云「衆主人免者齊衰，將袒，以免代冠。免之制未聞，舊説以爲如冠狀，廣一寸」，亦引小記「括髮」及漢幓頭爲説，則括髮及免與髽三者雖用麻布不同，皆如著幓頭不别。若然，成服以後，斬衰至緦麻皆冠如著幓頭，婦人皆露紒而髽也。云「凡服上曰衰，下曰裳，此但言衰，不言裳，婦人不殊裳」者，以其男子殊衣裳，是以衰綴於衣，衣統名爲衰，故衰裳並見。案周禮内司服王后六服皆單言衣，不言裳，以連衣裳，不别見裳，則此喪服亦連裳於衣，衰亦綴於衣而名衰，故直名衰，無裳之别稱也。云「衰如男子衰」者，婦人衰亦如下記所云「凡衰，外削幅」以下之制，如男子衰也。云「下如深衣」者，如深衣六幅，破爲十二，闊頭鄉下，狹頭鄉上，縫齊倍要也。云「深衣則衰無帶下」者，案下記云「衣帶下尺」，注云「衣帶下尺者，要也廣尺，足以掩裳上際也」，今此裳既縫著衣，不見裏衣，故不須要以掩裳上際，故知無

要也。云「又無衽」者，又案下記云「衽二尺有五寸」，注云「衽所以掩裳際也」，彼據男子陽，多變，故衣裳別制，裳又前三幅後四幅，開兩邊，露裏衣，是以須衽，屬衣兩旁垂之，以掩交際之處；此既下如深衣縫之，以合前後，兩邊不開，故不須衽以掩之也。案深衣云「續衽鉤邊」，注云「續，猶屬也。衽，在裳旁者也，屬連之，不殊裳前後也」，「鉤邊，如今曲裾也」，彼吉服深衣，須有曲裾之衽，此婦人凶服之衰，下連裳，雖如深衣，不得盡如深衣并有衽，故鄭總云「下無衽」，則非直無喪服之衽，亦無吉服、深衣之衽也。

傳曰：總六升，長六寸。箭笄長尺，〔三五〕**吉笄尺二寸。**總六升者，首飾象冠數。長六寸，謂出紒後，所垂爲飾也。○長六，直亮反，後放此。

【疏】「傳曰總」至「二寸」　云「箭笄長尺，吉笄尺二寸」者，此斬之笄用箭，下記云「女子子適人，爲父母，婦爲舅姑」用「惡笄」，鄭以爲榛木爲笄，則檀弓「南宮縚之妻之姑之喪」云「蓋榛以爲笄」是也。吉時大夫、士與妻用象，〔三六〕天子、諸侯之后、夫人用玉爲笄，今於喪中唯有此箭笄及榛二者，若言寸數亦不過此二等，以其斬衰尺，吉笄尺二寸，檀弓南宮縚之妻爲姑「榛以爲笄」亦云一尺，則大功以下不得更容差降。鄭注小記云：「笄，所以卷髮」，既在同卷髮，故五服略爲一節，皆用一尺而已。是以女子子爲父母，既用榛笄，卒哭之後，折吉笄之首，歸於夫家，以榛笄之外無可差降，故用吉笄也。若然，「總」不言吉，而「笄」言之者，以其喪中有用吉笄之法，故小記無折笄之法當記文，〔三七〕故小記「折吉笄之首」是也。

注「總六」至「飾也」　云「總六升者，首飾象冠數」也，上云「男子冠六升」此女子子總用布，當男子冠用布之處，故同六升，以同首飾故也。十五升，首飾尊，故吉服之冕三十升，亦倍於朝服十五升也。云「長六寸，謂出紒後，所垂爲飾也」，鄭知者，若據其束本，入所不見，〔三八〕何寸數之有乎？故鄭以六寸，據垂之者。此斬衰六寸，南宮縚妻

爲姑緫八寸以下，雖無文，大功當與齊同八寸，緦麻小功同一尺，吉緫當尺二寸，與笄同也。

子嫁，反在父之室，爲父三年。

謂遭喪後而出者，始服齊衰，期，出而虞，則受，以三年之喪受，既虞而出，則小祥亦如之，既除喪而出，則已。凡女行於大夫以上曰嫁，行於士、庶人曰適人。

【疏】「子嫁」至「三年」　不言女子子，直云「子嫁」者，上文已云「女子子」，别於男子，此承上，故不須具言，直云「子嫁」，是女子子可知。直云「反，爲父」足矣，而云「反在父之室」者，以其出時父已死，初服齊衰，不與在室同；既服齊衰後反被出，更服斬衰，即與在室同，故須言在「室」也。言「三年」者，亦有事須言，以其初死服朞服，死後被出向父家，更服斬衰三年，與上在室者同，故須言「三年」也。〔三九〕

注「謂遭喪」至「適人」　鄭知遭喪後被出者，〔四〇〕若父未死被出，自然是在室，與上文同，何須設此經，明是遭喪後被七出者。云「始服齊衰」者，以其遭父喪時未出，即不杖，期麻屨章云「女子子嫁爲父母」是也。云「出而虞，則受以三年之喪」，受者，若不被出，則虞後以其冠爲受。嫁女在室，爲父五升衰裳，八升緫。今未虞而出，是出而乃虞，虞後受服，與在家兄弟同受斬衰。斬衰初死三升。衰裳，六升冠，既葬，以其冠爲受，受衰六升，冠七升，此被出之女，亦受衰裳六升，緫七升，與在室之女同，故云「受，以三年之喪受」也。云「既虞而出，則小祥亦如之」者，未虞已前未被出，至受後，受以出嫁之受，以八升衰裳，九升緫，今既虞後乃被出至家，又與在室女同，至小祥練祭，在室之女受衰七升，緫八升，此被出之女與之同，故云「既虞而出，小祥亦如之」。云「既除喪而出，則已」者，此謂既小祥而出者，以其嫁女爲父母朞，至小祥已除矣，除服後乃被出，不復爲父更著服，故云「既除而出，則已」也。云「凡女行於大夫已上曰嫁，行於士、庶人者曰適人」，案齊衰三月章云「女子子嫁者、未嫁者爲曾祖父母」，傳曰「嫁者，嫁於大夫；未嫁者，成人而未嫁者」，是行於大夫曰嫁。不杖章云「女子子適人者，爲其父母、昆弟之爲父

後者」，傳雖不解，喪服本文是士，故知行於士庶人曰適人。庶人，謂庶人在官者，府史胥徒名曰庶人，至於民庶，亦同行士禮，以禮窮則同之。行大夫以上曰嫁，若天子之女嫁於諸侯，諸侯之女嫁於大夫，出嫁爲夫斬，仍爲父母不降。知者，〔四一〕以其外宗、內宗，及與諸侯爲兄弟者，爲君皆斬，明知女雖出嫁，反爲君不降。若然，下傳云「婦人不二斬」，猶曰不二天，今若爲夫斬，又爲父斬，則是二天，與傳違者，彼不二天者，以婦人有三從之義，無自專之道，欲使一心於其天，此乃尊君宜斬，不可以輕服服之，不得以彼決此。若然，外宗、內宗與諸侯爲兄弟服斬者，豈不爲夫服斬乎？明爲君斬，爲夫亦斬矣。

公、士、大夫之衆臣，爲其君布帶、繩屨。士，卿士也。公、卿、大夫厭於天子、諸侯，故降其衆臣布帶、繩屨。貴臣得伸，不奪其正。○厭於，一葉反，後皆放此。

【疏】「公士」至「繩屨」　注「士卿」至「其正」　云「士，卿士也」者，以其在公之下，大夫之上，尊卑當卿之位，故知是卿士也。不言公卿言「士」者，欲見公無正職，大夫又承副於卿；士之言事，卿有職事之重，故變言「士」見斯義也。云「公、卿、大夫厭於天子、諸侯，故降其衆臣布帶、繩屨」者，鄭解公、卿、大夫、天子、諸侯並言之者，欲見天子、諸侯下皆有公、卿大夫，公、卿大夫下皆有貴臣、衆臣。若然，天子、諸侯下公、卿大夫，〔四二〕周禮典命及大宰具有其文，此諸侯下公、卿，典命「大國立孤一人」是也。以其諸侯無公，故以孤爲公卿。燕禮云「若有諸公，則先卿獻之」，鄭注云「諸公者，大國之孤也。孤一人言諸者，容牧有三監」，是以其孤爲公。言「厭於天子、諸侯，故除其衆臣布帶、繩屨」二事，其餘服、杖、冠、絰則如常也。其布帶則與齊衰同，其繩屨則與大功等也。云「貴臣得伸，不奪其正」者，下傳云「室老、士，貴臣」，故云「貴臣得伸」，得伸者，依上文「絞帶、菅屨」，故云「不奪其正」也。

傳曰：公卿大夫室老、士，貴臣，其餘皆衆臣也。〔四三〕君，謂有地者也，〔四四〕衆臣杖不以即位。近臣，君服斯服矣。〔四五〕繩屨者，繩菲也。〔四六〕室老，家相也。士，邑宰也。近臣，閽寺之屬。君，嗣君也。斯，此也。近臣從君，喪服無所降也。繩菲今時不借也。○家相，息亮反。閽寺，音昏，守門人也；寺，內小臣。

【疏】「傳曰公」至「菲也」　云「室老、士，貴臣，其餘皆衆臣也」者，傳以經直云「衆臣」不分别上下貴賤，故云「室老、士」二者是貴臣，其餘皆衆臣也。云「有地者，衆臣杖不以即位」，欲見公、卿大夫或有地，或無地，衆臣爲之皆有杖，但無地公卿大夫，其君卑，衆臣爲之皆得以杖，與嗣君同，即阼階下朝夕哭位；若有地公卿大夫，其君尊，衆臣雖杖，不得與嗣君同，即阼階下朝夕哭位，下君故也。

注「室老」至「借也」　云「室老，家相也」者，案左氏傳云「臧氏老」，論語云「趙、魏老」，是家臣稱老；云「家相」者，案曲禮云「大夫不名家相、長妾」，以大夫稱家，是室老相家事者也。云「士，邑宰也」者，雜記云「大夫居廬，士居堊室」，鄭注云「士居堊室，亦謂邑宰也」，與此同，皆謂邑宰爲士也。若然，孤卿大夫有菜邑者，〔四七〕其邑既有邑宰，又有家相，若魯三卿公山弗擾爲季氏費宰，子羔爲孟氏之郕宰之類，皆爲邑宰也。陽貨、冉有、子路之等爲季氏家相，亦名家宰。若無地卿大夫則無邑宰，直有家宰，則孔子爲魯大夫，而原思爲之宰，是直有家相者也。此等諸侯之臣而有貴臣、衆臣之事。案周禮載師云「家邑任稍地，小都任縣地，大都任畺地」，是天子、公、卿大夫有菜地者也。案鄭志荅云「天子之卿其地見賜乃有，何由諸侯之臣正有此地」，則天子下有無地者也，有菜地者有邑宰，復有家相；無地者直有家相可知。云「近臣，閽寺之屬」者，周禮天子宫有閽人、寺人，閽人掌守中門之禁，晨夜開閉，墨者，使守門者也；寺人，掌外内之通令；奄人，使守后之宫門者也。是皆近君之小臣，又與衆臣不同，無所

降，其服又得與貴臣等，不嫌相逼通也，〔四八〕是以喪服小記云：「近臣，君服斯服矣。」其餘從而服，不從而税，彼亦是近君小臣，與大臣異也。云「君，嗣君也」者，釋傳云「君服」，但其君以死矣，〔四九〕更有君爲死君之服，故知是嗣君。若然，案王制畿内諸侯不世爵而世禄，彼則天子公、卿大夫未爵命得有嗣君者，以世禄降，未得爵亦得爲嗣君，況其中兼畿外諸侯下卿大夫也。〔五〇〕且詩云「維周之士，不顯亦世」，左氏傳云「官有世功，則有官族」，皆是臣有世功，子孫得襲爵，故雖畿内公、卿大夫有嗣君也。云「繩菲，今時不借也」者，周時人謂之屨，子夏時人謂之菲，漢時謂之不借者，此凶茶屨，不得從人借，亦不得借人，皆是異時而别名也。

校勘記

〔一〕已外亦皆嫌疑　阮校云「皆」毛本作「有」。

〔二〕傳曰　阮校云毛本「傳」上有「釋曰」二字。

〔三〕以父母恩愛等　阮校云「以」要義作「於」。

〔四〕比並不例　阮校云「不」陳、閩俱作「此」，「例」要義作「同」。

〔五〕不兼餘君君中最尊上　阮校云「君」字陳、閩俱不重。今按依文意當重。

〔六〕卿大夫有地者　阮校云陳、閩作「有地者卿大夫」。今按依注則陳、閩俱誤。

〔七〕畺地　阮校云要義同，毛本、通解「畺」作「疆」。按周禮載師作「畺」。

〔八〕爲其長　阮校云「長」陳、閩、通解俱作「喪」，要義無。

〔九〕丁歷反　「歷」徐乾學本作「狄」，阮云作「丁歷」與集韻合。

〔一〇〕若言大子　阮校云「大」陳、閩俱作「天」。

〔一一〕則大子下及大夫之子　阮校云上「大」字要義作「天」。

〔一二〕不言適子　阮校云「適」陳、閩俱作「世」。

〔一三〕正體於上　「於」武威簡甲本已殘，乙本作「乎」。

〔一四〕太專反　「太」徐乾學本作「丈」，作「太」是。

〔一五〕故發何以之傳也　阮校云「傳」陳、閩俱作「問」。

〔一六〕長子非尊極　阮校云要義同，毛本「尊極」作「極尊」。

〔一七〕相承爲上　阮校云「爲」陳、閩通解俱作「於」。

〔一八〕已又是適　阮校云「已」上陳、閩俱有「爲」字。

〔一九〕即是爲祖後　阮校云「即」陳、閩俱作「只」。

〔二〇〕官師中下之士　阮校云祭法注作「官師中士下士」。

〔二一〕可爲之後　武威簡甲、乙本無「之」字。沈文倬異文釋云今本「之」字衍。

〔二二〕同宗則可爲之後　武威簡甲、乙本脱「可」字。

〔二三〕支子可也　武威簡甲、乙本無「也」字。

〔二四〕爲所後者之祖父母妻妻之父母昆弟昆弟之子若子　武威簡甲本作「爲所爲祖母〻妻〻之父〻母〻昆〻弟〻之子若子」，乙本「祖」上有「後」字，「父母」二字不重。沈文倬異文釋云乙本於義爲長。甲、乙本俱脱「之」字，甲本「祖父母」脱「父」字，今本「祖父母」下脱「父母」二字，甲本「妻之父〻母〻」，「父母」二字誤重。

〔二五〕妻爲夫　武威簡甲本此句上有「衆臣杖不以即位近臣君服斯服矣」十四字，乙本「以」作「敢」，今本在「有地

者也」之後。沈文倬異文釋云今本是。

〔二六〕與臣爲異　阮校云「爲」毛本、通解作「無」。

〔二七〕別然男子也　徐本「然」作「於」。黄氏校録云張本改「然」作「於」，據監本也。李氏作「于」。阮本從監本。

〔二八〕謂已許嫁　徐本同。黄氏校録云張氏云監、巾箱、杭本「謂」作「闕」。阮本同監本。

〔二九〕箭笄　「箭」武威簡丙本作「晉」，甲、乙本服傳作「習」。今按「晉」爲「箭」之古文。

〔三〇〕篠竹也　阮校云徐本、集釋、楊氏同，釋文、通典、通解、敖氏、毛本俱無「竹」字。按段玉裁云「篠」上仍當有「箭」字。

〔三一〕以麻者自項而前　阮校云徐本、集釋、楊氏同，通解、毛本「以麻者」作「蓋以麻」。

〔三二〕深衣則衰無帶下　阮校云「衰」集釋作「裳」。

〔三三〕云箭笄篠竹也者　阮校云要義同，毛本無「竹」字。

〔三四〕用布爲免　阮校云「爲」要義作「而」。

〔三五〕箭笄長尺　「箭」武威簡甲本作「簮」，乙本殘。

〔三六〕大夫士與妻用象　阮校云浦鏜改「與」爲「之」。

〔三七〕故小記無折笄之法當記文　阮校引周學健云十一字蓋緣下文「故小記」三字而誤衍。

〔三八〕入所不見　阮校云「入」要義作「人」，通解作「入」。

〔三九〕故須言三年也　阮校云陳、閩俱無「故須」二字。

〔四〇〕鄭知遭喪後被出者　阮校云陳、閩俱無「遭」字。今按依注當有「遭」字。

〔四一〕仍爲父母不降知者　阮校云「知」要義作「之」。

〔四二〕天子諸侯下公卿大夫　阮校云「公」上閩本有「有」字。

〔四三〕公卿大夫室老士貴臣其餘皆衆臣也　武威簡甲、乙本「公」上有「衆臣者何也」五字，今本奪。阮校云上「臣」字下通典有「也」字。

〔四四〕君謂有地者也　武威簡甲、乙本無「君謂」兩字。阮校云通典作「君有菜地者皆曰君也」。按通典八十七卷五服成服篇及八十八卷斬縗三年篇兩引皆同。今按「君謂」兩字當有，簡本誤脱。

〔四五〕衆臣杖不以即位近臣君服斯服矣　武威簡甲、乙本此十四字在經文「妻爲夫」之前。

〔四六〕繩屨者繩菲也　武威簡甲、乙本此六字在「衆臣者何也公卿」之上。

〔四七〕孤卿大夫有菜邑者　阮校云通解同，要義、毛本「菜」作「采」。

〔四八〕不嫌相逼通也　阮校云陳、閩、通解俱無「通」字。

〔四九〕但其君以死矣　阮校云要義同，毛本「以」作「已」。

〔五〇〕況其中兼畿外諸侯下卿大夫　阮校云「外」陳、閩俱作「内」，「下」毛本作「公」，陳、閩、要義俱作「下」。按以下文考之，「外」字當從陳、閩作「内」；以前節疏考之，「下」、「公」二字宜兼有之。汪文臺識語云：「案此本是也。疏説『嗣君』具三義：王制畿内諸侯不世爵，疑不得有嗣君，而未爵命者以世禄，故得爲嗣君，此一義；況其中兼有畿外諸侯下卿大夫之世爵者，故稱嗣君，此又一義；且詩及左傳皆是臣有世功，子孫得襲爵，故雖畿内公卿大夫，有嗣君也，此又一義。此言『況』，下文言『且』，文理甚明，不得依下改上。又謂『下、公二字宜兼有』，則前節疏云『大國立孤一人。以其諸侯無公，故以孤爲公卿』，正指『畿外諸侯』言之，與校『畿外』爲『畿内』自相違伐也。」今按汪説是。

儀禮注疏卷第三十

唐朝散大夫行大學博士弘文館學士臣賈公彥等撰

疏衰裳，齊，[一]牡麻絰，冠布纓，削杖，布帶，疏屨，[二]三年者。疏，猶麤也。○牡麻，茂后反。

【疏】「疏衰」至「年者」　注「疏猶麤也」　此齊衰三年章，以輕於斬，[三]故次斬後。疏，猶麤也。麤衰者，案上斬衰章中，爲君三升半麤衰，[四]鄭注雜記云「微細焉則屬於麤」，則三升正服斬不得麤名，三升半成布三升，微細，則得麤稱。麤衰爲在三升斬内，以斬爲正，故没義服之麤，至此四升始見麤也。若然，爲父哀極，直見深痛之斬，不没人功之麤，至於義服、斬衰之等，乃見麤稱；至於大功、小功，更見人功之顯，緦麻極輕，又表細密之事，皆爲哀有深淺，故作文不同也。斬衰先言斬者，一則見先斬其布，乃作衰裳；二則見爲父極哀，先表斬之深重。此齊衰稍輕，直見造衣之法，衰裳既就，乃始緝之，是以斬衰斬在上，齊衰齊在下。「牡麻絰」者，斬衰絰不言麻，此齊衰絰見麻者，彼有杖，杖亦苴，故不得言麻，此絰文孤不兼杖，故得言麻也。云「冠布纓」者，案斬衰「冠繩纓」退在「絞帶」下，使不蒙苴齊，冠布纓無此義，故進之使與絰同處此。布纓亦如上繩纓，以一條爲武，垂下爲纓也。云「削杖，布帶」者，並不取蒙苴之義，故在常處。但杖實是桐，不言桐者，以斬衰杖不言竹，使蒙苴，故闕竹字。此既不取蒙苴，亦不言桐者，欲見母比父削殺之義，故亦没桐文也。「布帶」者，亦象革帶，以七升布爲之，此即下章「帶緣各視其冠」

是也。齊、斬不言布，此纓、帶言「布」者，以對斬衰纓帶用繩，故此須言用布之事也。「疏屨」者，疏取用草之義，〔五〕即爾雅云「疏，不熟」之疏。若然，注云「疏，猶麤」者，直釋經「疏衰」而已，不釋「疏屨」之疏。〔六〕若然，斬衰章言「菅屨」見草體者，以其重，故見草體，舉其惡貌；此言「疏」，以其稍輕，故舉草之揔稱。自此以下，各舉差降之宜，故不杖章言「麻屨」，齊衰三月與大功同「繩屨」，小功、緦麻輕，又没其屨號。言「三年」者，以其爲母稍輕，故表其年月。若然，父在爲厭，降至期，今既父卒，直申三年之衰。猶不申斬者，以天無二日，家無二尊也，是以父雖卒後，仍以餘尊所厭，直申三年，不得申斬也。云「者」者，亦如斬衰章文，明「者」爲下出也。

傳曰：齊者何？緝也。〔七〕**牡麻者，枲麻也。**〔八〕**牡麻絰右本在上。冠者沽功也。**〔九〕**疏屨者，藨蒯之菲也。**〔一〇〕沽，猶麤也。冠尊加其麤，麤功，大功也。齊衰不書受月者，亦天子、諸侯、卿大夫、士虞卒哭異數。◯枲麻，思似反。沽功，音古，後同。藨，皮表反。劉扶表反。蒯，古怪反，草也。

【疏】「傳曰」至「菲也」　注「沽猶」至「異數」　緝則今人謂之爲緶也。上章傳先云「斬者何？不緝也」，此章言「齊」，對「斬」，故亦先言「齊者何？緝也」。云「牡麻者，枲麻也」者，此「枲」對上章「苴」，〔一一〕苴是惡色，則枲是好色，故間傳云「斬衰貌若苴，齊衰貌若枲」也。云「牡麻絰右本在上」者，上章爲父「左本在下」者，陽統於内，則此爲母，陰統於外，故「右本在上」也。云「疏屨者，藨蒯之菲也」者，藨是草名，案玉藻云「屨蒯席」，〔一二〕則蒯亦草類。云「冠尊加其麤，麤功，大功也」者，此鄭雖據齊衰三年而言，冠尊加服皆同，是以衰裳升數恒少，冠之升數恒多，冠在首尊，既冠從首尊，故加飾而升數恒多也。斬冠六升不言功者，六升雖是齊之末，未得沽稱，故不見人功。此三年齊冠七升，初入大功之境，故言沽功，始見人功沽麤之義，〔一三〕故云「麤功」，見人功麤大，不精者也。云「齊衰不書受

月者，亦天子、諸侯、卿大夫、士虞卒哭異數」者，其義説與斬章同，故云「亦」也。

父卒則爲母。尊得伸也。

【疏】「父卒則爲母」　注「尊得伸也」　此章專爲母三年，重於期，故在前也。直云「父卒爲母」足矣，而云「則」者，欲見父卒三年之内而母卒，仍服期，要父服除後而母死，乃得伸三年，故云「則」以差其義也。必知義如此者，案内則云女子「十有五而笄，二十而嫁。有故，二十三年而嫁」，注云「故，謂父母之喪」，言「二十三而嫁」，不止一喪而已，故鄭并云「父母喪」也。若前遭母喪，後遭父喪，自然爲母期，爲父三年，二十三而嫁可知；若前遭父服未闋，〔一四〕即得爲母三年，則是有故，二十四而嫁，不止二十三也。知者，假令女年二十，二月嫁娶之月，將嫁，正月而遭父喪，并後年正月爲十三月，小祥，又至後年正月大祥，女年二十二，欲以二月將嫁，又遭母喪，至後年正月十三月大祥，女年二十三，將嫁。〔一五〕此是父服將除，遭母喪，猶不得爲申三年，況遭父喪在小祥之前，何得即申三年也，是父服未除，不得爲母三年之驗一也；又服問注曰「爲母既葬衰八升」，亦據父卒爲母，與父在爲母同五升衰裳，八升冠，既葬，以其冠爲之受衰八升，是父卒爲母未得申三年之驗二也；間傳云爲母「既虞卒哭，衰七升」者，乃是父服除後，乃爲母申三年，初死衰四升，冠七升，既葬，以其冠爲之受衰七升，與此經同是父服除後，爲母乃申三年之驗，是三也。〔一六〕諸解者全不得思此義，〔一七〕妄解「則」文，説義多塗，〔一八〕皆爲謬也。「尊得伸」者，得伸三年，猶未伸斬。

繼母如母。

【疏】「繼母如母」　繼母本非骨肉，故次親母後。謂己母早卒，或被出之後，繼續己母，喪之如親母，故云「如母」。但父卒之後「如母」，明父在如母可知。下期章不言者，舉父没後，明父在如母可知。慈母之義亦然，皆省文也，故皆舉

後以明前也。若然，直言「繼母」，載在三年章內，自然「如母」可知，而言「如母」者，欲見生事死事，一皆如己母也。

傳曰：繼母何以如母？〔一九〕繼母之配父，與因母同，故孝子不敢殊也。因，猶親也。

【疏】「傳曰」至「殊也」　傳發問者，以繼母本是路人，今來配父，輒如己母，故發斯問。荅云「繼母配父」，即是片合之義，〔二〇〕既與己母無別，故孝子不敢殊異之也。

慈母如母。

【疏】「慈母如母」　慈母非父片合，故次後也。云「如母」者，亦生禮死事，皆如己母。

傳曰：慈母者何也？傳曰：妾之無子者，妾子之無母者，〔二一〕父命妾曰：「女以爲子。」命子曰：「女以爲母。」若是，則生養之，終其身如母，〔二二〕死則喪之三年如母，貴父之命也。此主謂大夫、士之妾，妾子之無母，父命爲母子者，其使養之，不命爲母子，則亦服庶母慈己之服可也。〔二三〕大夫之妾子，父在爲母大功，〔二四〕則士之妾子，爲母期矣，父卒則皆得伸也。○女以，音汝，下同。期矣，音基，本又作朞，後皆放此。

【疏】「傳曰」至「命也」　傳別舉傳者，是子夏引舊傳，證成己義故也。欲見慈母之義，舊已如此，故須重之如己母也。云「妾之無子」者，謂舊有子今無者，失子之妾，有恩慈深，則能養他子以爲己子者也。若未經有子，恩慈淺，則不得立後而養他。〔二五〕不云「君命妾曰」，而云「父」者，對子而言父，故言「父」也。必先命母者，容子小未有所識，乃

命之或養子是然，故先命母也。云「若是，則生養之，終其身」者，案內則云「孝子之身終。終身也者，非終父母之身，終其身也」，彼「終其身」爲終孝子之身，此「終其身」下乃云「如母，死則喪之三年」，則以慈母輕於繼母，言「終其身」，唯據終慈母之身而已，明三年之後，不復如是。以小記云「慈母不世祭」，亦見輕之義也。傳所引唯言妾之子與妾相事者，案喪服小記云「爲慈母後者，爲庶母可也，爲祖庶母可也」，鄭云「緣爲慈母後之義，父之妾無子者，亦可命己庶子爲後」，又云「即庶子爲後。此皆子也，傳重而已，不先命之，與適妻使爲母子也」，若然，此「父命妾」之文，兼有庶母、祖庶母，但不命女君與妾子爲母子而已。

注「此謂」至「伸也」　鄭知「此主謂大夫、士之妾、妾子之無母，父命爲母子者」，知非天子、諸侯之妾與妾子者，案下記云「公子爲其母練冠，麻衣縓緣，既葬除之」，父没乃大功，明天子庶子亦然，何有命爲母子，爲之三年乎！故知「主謂大夫、士之妾」與「妾子」也。〔二七〕云「其使養之，不命爲母子，則亦服庶母慈己之服可也」者，小功章云「君子子爲庶母之慈己者」，注云「君子子者，大夫及公子之適妻子」，彼謂「適妻子」，備三母，有師母、慈母、保母，慈居中服之，則師母、保母服可知。是庶母爲慈母，服小功。下云「其不慈己，則緦可也」，是大夫之適妻子，不命爲母子，慈己加服小功，若妾子爲父之妾慈己，加服小功可知。若不慈己，則緦麻矣。士爲庶母，緦麻章云「士爲庶母」，傳曰「以名服也」，故此云「不命爲母子，則亦服庶母慈己者之服可也」。云「大夫之妾子，父在爲其母大功」者，大功章云「大夫之庶子爲其母」，是大功也。云「士之妾子，爲其母期矣」者，期章云「父在爲母」，不可言「士之妾子，爲其母」，鄭知者，推究其理，大夫妾子厭降，爲母大功，士無厭降，明如衆人服期也。云「父卒則皆得伸也」者，士父在已伸矣，但大夫妾子父在大功者，父卒則與士皆得伸三年也。

母爲長子。

【疏】「母爲長子」　長子卑，故在母下。但父爲長子在斬章，母爲長子在齊衰，以子爲母服齊衰，母爲之不得過於子爲己，故亦齊衰也。若然，長子與衆子爲母，父在期，若夫在爲長子，豈亦不得過於子爲己服期乎？然者，〔二八〕子爲母，有降屈之義，父母爲長子，本爲先祖之正體，無厭降之義，故不得以父在屈至期，明母爲長子，不問夫之在否也。

傳曰：何以三年也？父之所不降，母亦不敢降也。不敢降者，不敢以己尊，降祖禰之正體。

【疏】「傳曰」至「降也」　云「何以三年」者，此亦問比例。父母爲衆子期，等是子，此何以獨三年，云「父之所不降，母亦不敢降也」者，斬章又云「何以三年」？荅云「正體於上，將所傳重」，不降，故於母亦云「不敢降」，故荅云「父之所不降，母亦不敢降」。若然，夫不敢降，妻亦不敢降，而云「父母」者，以其父母各自爲子，故父母各云「何以三年」而問之，是以荅各據父母爲子而言，不據夫妻也。

注「不敢」至「正體」　云「不敢以己尊，降祖禰之正體」者，上傳於父已荅云「正體於上」，是以鄭解母「不降」，亦與父同，以夫婦一體，故「不降」之義亦等。

疏衰裳，齊，牡麻絰，冠布纓，削杖，布帶，疏屨，期者。〔二九〕○期矣，音基，本又作朞，後皆放此。

【疏】「疏衰」至「期者」　案下章不言疏衰已下者，還依此經所陳，唯言不杖及麻屨異於上者。此章「疏衰」已下與前章不殊，唯「期」一字與前「三年」有異。今不直言其異，而還具列之者，以其此一「期」，與前三年懸絶，恐服制亦多不同，故須重列七服者也。〔三〇〕但此章雖止一期，而禫、杖具有。案下雜記云「期之喪，十一月而練，十三月而祥，十

五月而禫」，注云「此謂父在爲母」，即是此章者也。母之與父，恩愛本同，爲父所厭屈而至期，是以雖屈，猶申禫、杖也。爲妻亦申，妻雖義合，妻乃天夫，爲夫斬衰；爲妻報以禫、杖。但以夫尊妻卑，故齊、斬有異。

傳曰：問者曰：「何冠也？」曰：「齊衰、大功，冠其受也；〔三一〕**緦麻、小功，冠其衰也。**〔三二〕**帶緣各視其冠。」**問之者，見斬衰有二〔三三〕，其冠同。今齊衰有四章，不知其冠之異同爾。緣，如深衣之緣。今文無「冠布纓」。○帶緣，以絹反，注同。

【疏】「傳曰」至「其冠」　云「問者曰：『何冠也』」者，此還子夏之問荅，而言「問者曰」者，子夏欲起發前人，使之開悟，故假他問，荅己之言也。云「曰『齊衰、大功，冠其受也』」者，降服齊衰四升，冠七升，既葬以其冠爲受，衰七升冠八升；正服，齊衰五升，冠八升，既葬，以其冠爲受，衰八升，冠九升；義服齊衰六升，冠九升，既葬，以其冠爲受，受服衰九升，冠十升。降服大功衰七升，冠十升，既葬以其冠爲受，受衰十升，冠十一升；正服大功衰八升，〔三四〕冠十升，既葬以其冠爲受，受衰十升，冠十一升；義服大功衰九升，冠十一升。既葬，以其冠爲受，受衰十一升，冠十二升。以其初死，冠升皆與既葬衰升數同，〔三五〕故云「冠其受也」，大功亦然。云「緦麻、小功，冠其衰也」者，以其降服小功衰十升，正服小功衰十一升，義服小功衰十二升，緦麻十五升，抽其半七升半，〔三六〕冠皆與衰升數同，故云「冠其衰也」，義疏備於下記也。云「帶緣，各視其冠」者，帶謂布帶，象革帶者；緣謂喪服之内，中衣緣用布緣之，二者之布升數多少，視猶比也，各比擬其冠也。然本問齊衰之冠，因荅大功與緦麻、小功，并荅「帶緣」者，子夏欲因問博陳其義，是以假問荅，異常例也。

注「問之」至「布纓」　云「問之者，見斬衰有二，〔三七〕其冠同」者，下記云「斬衰三升，三升有半，冠六升」，是其冠同

也。云「今齊衰有四章，不知其冠之異同爾」者，下記云「齊衰四升，其冠七升。既葬，以其冠爲受，受衰七升，冠八升」，唯見此降服齊衰，不見正服、義服，及三月齊衰一章不見，以不知其冠之異同，故致此問也。云「緣，如深衣之緣」者，案深衣目録云「深衣連衣裳而純之以采，素純曰長衣，有表則謂之中衣」，此既在喪服之内，則是中衣矣，而云「深衣」，以其中衣與深衣同是連衣裳，其制大同，故就深衣有篇目者而言之。案玉藻云其爲「長、中，繼揜尺」，注云「其爲長衣、中衣，則繼袂揜一尺，若今褎矣，深衣則緣而已」，若然，中衣與長衣袂皆手外長一尺。案檀弓云練時「鹿裘，衡長袪」，注云「袪謂褎緣袂口也。練而爲裘，横廣之，又長之，又爲袪，則先時狹短，無袪可知」。若然，此初喪之中衣，緣亦狹短，不得如玉藻。中衣繼袂，揜一尺者也，但吉時麛裘，即凶時鹿裘，吉時中衣。深衣目録云「大夫以上用素」，士中衣不用布，〔三八〕緣皆用采，況喪中緣用布，明中衣亦用布也。其中衣用布雖無明文，亦當視冠。若然，直言緣視冠，不言中衣緣用采，故特言緣用布，何妨喪時中衣亦用布乎？云「今文無冠布纓」者，鄭注儀禮從經今文者，注内疊出古文，不從古文；若從經古文者，注内疊出今文，〔三九〕不從今文，此注既疊出今文，明不從今文，從經古文，有「冠布纓」爲正也。

父在爲母。

【疏】「父在爲母」　斬章直言「父」，即知子爲之可知。今此言「母」，亦知子爲之。而言「父在爲母」者，欲明父母恩愛等，爲母期者，由父在厭，故爲母屈至期，故須言「父在爲母」也。

傳曰：何以期也？屈也。〔四〇〕至尊在，不敢伸其私尊也。〔四一〕父必三年然後娶，達子之志也。

【疏】「傳曰」至「之志也」　上章已論斬衰不同訖，故傳直言「何以期」，而不三年決之也。「屈也」者，荅辭，以家無二尊，

故於母屈而爲期，是以云「至尊在，不敢伸其私尊也」，解父在母屈之意也。言「不敢伸其私尊」，明子於父母本尊。若然，不直言尊而言「私尊」者，其父非直於子爲至尊，妻於夫亦至尊，母則於子爲尊，夫不尊之，直據子而言，故言「私尊」也。若然，夫妻敵體而言「屈」，公子爲母練冠，在五服之外，不言屈者，舉尊以見卑，屈可知。大夫妾子爲母大功，亦斯類也。云「父必三年然後娶，達子之志也」者，子於母屈而期，心喪猶三年，故父雖爲妻期而除，〔四二〕三年乃娶者，通達子之心喪之志故也。不云心而言「志」者，心者萬慮之摠，喜怒哀樂好惡六情皆是情，則爲「志」，母雖一期，哀猶未絶，是六情之中，而哀偏在，故云「志」也，不云心也。左氏傳晉叔向云「一歲王有三年之喪二」，據大子與穆后。天子爲后亦期，而云「三年」喪者，據達子之志，而言「三年」也。

妻。〔四三〕

傳曰：爲妻何以期也？妻至親也。適子父在則爲妻不杖，以父爲之主也。服問曰：「君所主夫人妻、大子、適婦。」父在子爲妻以杖即位，謂庶子。○大子，音泰。

【疏】「妻傳曰」至「親也」　妻卑於母，故次之。夫爲妻，年月禫杖亦與母同，故同章也。以其出嫁天夫，爲夫斬，故夫爲之，亦與父在爲母同。傳曰「何以期也」者，傳意以妻擬母，母是血屬得期，怪妻義合亦期，〔四四〕故發此之傳也。〔四五〕此問異於常例。上問母直云「何以期」，今云「爲妻」乃云「何以期」者，雷氏云：「妻卑以擬同於母，故問深於常也。」云「妻至親也」，荅以「妻至親」，故同於母。言「妻至親」者，妻既移天齊體，與已同奉宗廟，爲萬世之主，故云「至親」也。

注「適子」至「庶子」　云「適子父在則爲妻不杖，以父爲之主也」者，不杖章之文也。又引服問者，鄭彼注云：「言妻，見大夫已下亦爲此三人爲喪主也。」若士卑，爲此三人爲喪主可知。若然，至此經「爲妻」，非直是庶子爲妻，欲見兼有適子，父没爲妻在其中。云「父在子爲妻以杖即位，謂庶子」者，案喪服小記云「父在子爲妻以杖即位可」是

也。〔四六〕引之者，證經云是天子以下，至士庶人，父皆不爲庶子之妻爲喪主，故夫皆爲妻杖得伸也。

出妻之子爲母。出，猶去也。

【疏】「出妻之子爲母」 此謂母犯七出去，〔四七〕謂去夫氏，或適他族，或之本家，子從而爲服者也。〔四八〕七出者：無子，一也；淫泆，二也；不事舅姑，三也；口舌，四也；盜竊，五也；妬忌，六也；惡疾，七也。天子、諸侯之妻，無子不出，唯有六出耳。雷氏云：「子無出母之義，〔四九〕故繼夫而言『出妻之子』也。」

傳曰：出妻之子爲母期，則爲外祖父母無服。傳曰：「絶族無施服，〔五〇〕**親者屬。」出妻之子爲父後者，則爲出母無服。**〔五一〕**傳曰：與尊者爲一體，**〔五二〕**不敢服其私親也。**在旁而及曰施。親者屬，母子至親，無絶道。○無施，以豉反，注同。

【疏】「傳曰」至「私親也」 云「出妻之子爲母期，則爲外祖父母無服」者，傳意似言出妻，〔五三〕即是絶族，故於外祖可以無服，恐人疑爲之服，故傳明言之也。又云「傳曰」者，子夏引他舊傳，證成己義。云「絶族」者，嫁來承奉宗廟，與族相連綴，今出則與族絶，故云「絶族也」。「無施服」者，傍及爲施，以母爲族絶，即無傍及之服也。云「親者屬」者，舊傳解母彼出猶爲之服也。云「出妻之子爲父後者，則爲出母無服」者，舊傳釋「爲父後者」，謂父没適子承重，不合爲出母服意。〔五四〕云「傳曰」者，子夏釋舊傳意。云「與尊者爲一體」者，不言與父爲體，而言「與尊者」，上斬衰章已有傳云「正體於上，將所傳重」，〔五五〕釋相承父祖已上，皆是尊者，故不言父也。但事宗廟祭祀者，不欲聞見凶人，故雜記云有死於宫中，三月不祭，況有故可得祭乎？是以云「不敢服其私親也」。父已與母無親，子獨親之，故云「私親也」。

注「在旁」至「絶道」　云「在旁而及曰施」者，詩云「莫莫葛藟，施于條枚。蔦與女蘿，施于松上」，皆是在旁而及曰施。此以母爲主，旁及外祖，今母已絶族，不復及在旁，故云「無施服」也。云「親者屬，母子至親，無絶道」者，屬猶續也，孝經云「父母主之，續莫大焉」，故謂母子爲屬，對父與母義合有絶道，故云「母子至親，無絶道」。

父卒，繼母嫁，從爲之服，報。傳曰：何以期也？〔五六〕貴終也。嘗爲母子，貴終其恩。○從爲，于僞反。

【疏】「父卒，繼母嫁，從爲之服，報」　云「父卒，繼母嫁」者，欲見此母爲父已服斬衰三年，恩意之極，故子爲之一期，得伸禫杖。但以不生己，父卒改嫁，故降於己母，雖父卒後，不伸三年，一期而已。云「從爲之服」者，亦爲本是路人，暫時之與父片合，〔五七〕父卒還嫁，便是路人，子仍著服，故生「從爲」之文也。「報」者，喪服上下并記云「報」者十有二，無降殺之差，〔五八〕感恩者皆稱報。若此子念繼母恩終，從而爲服，〔五九〕母以子恩不可降殺，即生「報」文，餘皆放此。

不杖，麻屨者。此亦齊衰，言其異於上。

【疏】「不杖，麻屨者」　注「此亦」至「於上」　案上斬章「布總，箭笄」，亦是異於上，鄭不言之，至此乃注者，彼亦是異於上，〔六〇〕不言者，以下文更有「公、士、大夫之衆臣，爲其君布帶、繩屨」，亦是異於上，同是斬衰，而有二文皆異，故不得言異於上，直注云「此妻、妾、女子子異於男子」而已；此則雖是別章，唯此二事異於上，故得言之也。此不杖章輕於上禫杖，故次之。又云，此章與上章雖「杖」與「不杖」不同，其正服齊衰，裳皆同五升而冠八升，則不異也。必知父在爲母，不衰四升，冠七升，〔六一〕與上三年齊衰同者，見鄭注雜記云「士以臣從君，服之齊衰，爲其母與兄

弟」，是父在爲母與兄弟同，正服五升，八升之驗也。又鄭注服問云爲「母既葬，衰八升」，是初死衰五升，冠八升，既葬以其冠爲受，受衰八升，冠九升，是亦爲母同正服衰五升之驗也。又案此章云「不杖，麻屨」，鄭云「言其異於上」，則上章下「疏衰」之等亦同，又是爲母同正服五升之驗也。案下記云「齊衰四升，冠七升」，及間傳云「爲母，既虞，受衰七升」者，唯據上章父卒爲母齊衰三年者也。

祖父母。

【疏】「祖父母」　孫爲之服。喪服條例皆親而尊者在先，故斬章先父三年，齊衰先母，此不杖期先祖，亦是其次。若然，此章有降有正有義。服之本制，若爲父期，祖合大功；爲父母加隆至三年，祖亦加隆至期，是以祖在於章首，得其宜也。

傳曰：何以期也？至尊也。〔六二〕

【疏】「傳曰」至「尊也」　云「何以期也，至尊也」者，此據母而問，所生之母至親，唯期而已，祖爲孫止大功，〔六三〕孫爲祖既疏，何以亦期？荅云「至尊也」者，祖爲孫降至大功，似父母於子降至期，祖雖非至親，是至尊，故期。若然，不云祖至尊而直云「至尊」者，以是父之至尊，非孫之至尊，故直云「至尊」也。

世父母、叔父母。

【疏】「世父母、叔父母」　世、叔既卑於祖，故次之。伯言「世」者，欲見繼世。爲昆弟之子亦期。不言報者，以昆弟之子猶子，若言報爲疏，故不言報也。

傳曰：世父、叔父何以期也？與尊者一體也。然則昆弟之子何以亦

期也？〔六四〕旁尊也，不足以加尊焉，故報之也。父子一體也，夫妻一體也，昆弟一體也。故父子，首足也；夫妻，牉合也；〔六五〕昆弟，四體也，故昆弟之義無分。然而有分者，則辟子之私也。子不私其父，則不成爲子。故有東宮，有西宮，有南宮，有北宮，異居而同財，有餘則歸之宗，不足則資之宗。〔六六〕世母、叔母何以亦期也？以名服也。〔六七〕宗者，世父爲小宗，典宗事者。資，取也。爲姑姊妹在室，〔六八〕亦如之。○旁尊，劉薄浪反；下注同反，如字。牉合，〔六九〕普半反。則辟，音避，下注辟大同。

【疏】「傳曰」至「名服也」 傳發「何以期」問比例者，雷氏云：「非父之所尊，嫌服重，故問也。」不直云「何以言世父、叔父」者，以經揔言而傳離釋，故二文欲別問也。云「與尊者一體也」者，雖非至尊，既與尊者爲一體，故服期。不言與父爲一體者，直言「尊者」，明父爲一體也，爲與二尊，故加期也。〔七〇〕云「然則昆弟之子何以亦期也」者，以世叔父與二尊爲體，故加期，昆弟之子無此義，何以亦期，故怪而致問也。云「旁尊也，不足以加尊焉，故報之也」者，凡得降者，皆由己尊也，故降之，世叔非正尊，故生報也。云「父子一體」已下云云，傳云此者，上既云「一體」，故傳又廣明「一體」之義。凡言體者，若人之四體，故傳解父子、夫妻、兄弟，還比人四體而言也。云「父子一體也」者，謂子與父骨血是同爲體，因其父與祖亦爲一體，又見世叔與祖亦爲一體也。云「夫妻一體也」者，亦見世叔母與世叔父爲一體也。〔七一〕云「昆弟一體也」者，又見世叔與父，亦爲一體也。故馬云：「言一體者，還是至親。」因父加於世叔，故云「昆弟一體」。因世叔加於世叔母，故以夫妻一體也。〔七二〕因上世叔是旁尊，故以下廣明尊有正有旁之

義也。人身首足爲上下，父子亦是尊卑之上下，故父子比於首足。因父子兼見祖孫，故馬云：「首足者，父尊若首，加祖在期，子卑若足，曾孫在緦也。」云「夫婦牉合也」者，郊特牲云「天地合，而后萬物興焉」，是夫婦半合，〔七三〕子胥生焉，是半合爲一體也。云「昆弟四體也」者，「四體」謂二手二足，在身之旁，昆弟亦在父之旁，故云「四體」也。云「故昆弟之義無分」者，此傳兄弟有合離之義，以手足四體，本在一身，不可分別，若昆弟共成父身，亦不可分別，是昆弟之義不合分也。云「然而有分者，則辟子之私也」者，昆弟理不合分，然而分者，則辟子之私也，使昆弟之子各自私朝其父，故須分也。云「子不私其父，則不成爲子」者，內則云「子事父母，鷄初鳴咸盥漱、櫛縰、笄總」，朝事父母，若兄弟同在一宮，則尊崇諸父之長者。第二已下，其子不得私其父，不成爲人子之法也。〔七四〕云「故有東宮，有西宮」云云，案內則云「命士以上，父子異宮」，不命之士，父子同宮，縱同宮，亦有隔別，亦爲四方之宮也。云「世母、叔母何以亦期也？以名服也」者，二母是路人，以來配世叔父，則生母名，既有母名，則當隨世叔而服之，故云「以名服也」。

注「宗者」至「如之」　案喪服小記云「繼別爲大宗」，「繼禰爲小宗」。大宗繼別子之後，百世不遷之宗，在五服之內者，族人爲之月筭，如邦人。如爲齊衰，齊衰三月章「宗子」是也。〔七五〕小宗有四：皆據五服之內，依常著服，五世別高祖，則別事親者。今宗子在期章之內，明非大宗子，是世父爲小宗典宗事者也。云「爲姑姊妹在室，亦如之」者，大功章云「爲姑嫁，大功」，明未嫁在此期章。若然，不見姑者，雷云：「不見姑者，欲見時早出之義。」

大夫之適子爲妻。

○適子，丁狄反，本又作嫡，後除適人之類，可以意求之。

【疏】「大夫之適子爲妻」　云「大夫之適子爲妻」，在此不杖章，則上杖章「爲妻」者，是庶子爲妻。父沒後適子亦爲妻杖，亦在彼章也。

傳曰：何以期也？父之所不降，子亦不敢降也。何以不杖也？父在則爲妻不杖。大夫不以尊降適婦者，重適也。凡不降者，謂如其親服服之。降有四品：君大夫以尊降，公子、大夫之子以厭降，公之昆弟以旁尊降，爲人後者女子子嫁者以出降。〔七六〕

【疏】「傳曰」至「不杖」　怪所以期，發比例而問者，大夫衆子爲妻皆大功，今令適子爲妻期，故發問也。云「父之所不降，子亦不敢降也」者，大功章有「適婦」，注云「適子之妻」，是父不降適婦也。云「子亦不敢降」者，謂不敢降至大功，與庶子同也。云「何以不杖也」者，既不降，怪不杖，故發問也。「父在，爲妻不杖」者，父爲適子之婦爲喪主，故適子不敢伸而杖也。服問云：「君所主夫人、妻、大子適婦」，是大夫爲適婦爲喪主也，故子不杖也。若然，此適子爲妻，通貴賤。今不云長子通上下，而云「適子」，唯據大夫者，以五十始爵，爲降服之始，嫌降適婦，其子亦降其妻，故明舉大夫不降，天子諸侯雖尊，不降可知。

注「大夫」至「出降」　云「大夫不以尊降適婦者，重適也」者，此解經文「所不降」適子之婦，對大夫爲庶子之婦小功，是尊降也。云「凡不降者，謂如其親服服之」者，謂依五服常法服之。云「降有四品」者，鄭因傳有「降」、「不降」之文，遂摠解喪服上下降服之義。云「君大夫以尊降」者，天子、諸侯爲正統之親后夫人與長子、長子之妻等不降，餘親則絶。天子、諸侯絶者，大夫降一等，即大夫爲衆子大功之等是也。云「公子、大夫之子以厭降」者，此非身自尊，受父之厭屈，以降無尊之妻。下記云「公子爲其母練冠，麻，麻衣縓緣。爲其妻縓冠，葛絰，帶，麻衣」，父卒乃大功，是也。「大夫之子」，即小功章云「大夫之子爲從父昆弟」在小功皆是也。云「公之昆弟以旁尊降」者，此亦非已尊旁及昆弟，故亦降其諸親，即小功章云「公之昆弟，爲從父母昆弟」是也。案大功章云「公之庶昆弟爲母妻、昆弟」，傳曰：「先君餘尊之所厭不得過大功。」若然，公之昆弟有兩義：既以旁尊，又爲餘尊厭也。云「爲人後者、女子子嫁者以出降」者，謂若下文云「爲人後者，爲其父母報」，又下文云「女子適人者，爲其父母昆弟爲父後者」，此

二者是出也。凡大夫之服，例在正服後，今在「昆弟」上者，以其妻本在杖期，直以父爲主，故降入不杖章，是以進之在「昆弟」上也。

昆弟。 昆，兄也。爲姊妹在室，〔七七〕亦如之。

【疏】「昆弟」　注「昆兄」至「如之」。昆弟卑於世叔，故次之此，亦至親以期斷。云「昆，兄也」者，昆，明也，以其次長，故以明爲稱。弟，弟也，〔七八〕以其小，故以次弟爲名。云「爲姊妹在室，亦如之」者，義同於上「姑在室」也。

爲衆子。 衆子者，長子之弟及妾子。女子子在室，〔七九〕亦如之。士謂之衆子，未能遠別也。大夫則謂之庶子，降之爲大功，天子、國君不服之。內則曰：「冢子未食而見，必執其右手；適子、庶子已食而見，必循其首。」〇而現，賢遍反，下同。

【疏】「爲衆子」　注「衆子」至「其首」　衆子卑於昆弟，故次之。注兼云女子之義，〔八〇〕如上「姑姊妹」，但上注鄭云「在室」，此不云「在室」可知，故略不言也。「昆弟」、「衆子」及下「昆弟之子」者皆不發傳者，以其同是一體，故無異問。姊妹、女子子在室不見者，亦如上姑不見。雷氏云：「欲見出當及時。」又大功章見姑姊妹、女子子嫁，大功，明此在室可知，故略之也。云「士謂之衆子，未能遠別也」者，經不云士，鄭云「士」者，喪服本文是士，〔八一〕故言士可知也。云「大夫則謂之庶子，降之爲大功」者，下文大夫之子皆云「庶子」，降一等，故大功云天子、國君「不服」之者，以其絶旁親，故知不服。〔八二〕若然，經所云唯據士也。引內則者，案彼云子生「三月之末，釋日翦髮爲鬌，〔八三〕以見於父」。若冢子生，則見於正寢，其日夫妻共食，具視朔食，天子則大牢，諸侯則少牢，大夫特牲，士特豚，「冢子未食而見，必執其右手，咳而名之」，執右，明授之室事，退入夫之燕寢，乃食。下云其非冢子皆降一等，云「適子、庶子已食而見，必循其首」者，不授室事故也，而鄭注「未食已食，急正緩庶之義」，言冢子猶言長子，通於下也。

彼言「適子」，謂適妻所生，第二已下；庶子，謂妾子也。引之者，證言「庶子」是別於適長者也。

昆弟之子。傳曰：何以期也？報之也。〔八四〕檀弓曰：「喪服，兄弟之子猶子也，蓋引而進之。」

【疏】「昆弟之子」注「檀弓」至「進之」　昆弟子疏於親子，故次之世叔父爲之。此兩相爲服，不言報者，引同己子，與親子同，故不言報，是以檀弓爲證。〔八五〕言「進」者，進同己子故也。

大夫之庶子爲適昆弟。兩言之者，適子或爲兄，或爲弟。

【疏】「大夫」至「昆弟」　注「兩言」至「爲弟」　此大夫之妾子，故言「庶」；若適妻所生，第二已下，當直云「昆弟」，不言庶也。云「兩言之者」，以其適妻所生適子，或長於妾子，或小於妾子，故云「兩言之，適子或爲兄，或爲弟」，是以經「昆弟」並言之。

傳曰：何以期也？父之所不降，子亦不敢降也。大夫雖尊，不敢降其適，重之也。適子爲庶昆弟，庶昆弟相爲，亦如大夫爲之。

【疏】「傳曰」至「降也」　云「父之所不降」者，即斬章父「爲長子」是也。云「子亦不敢降」者，於此服期是也。發「何以」傳者，餘兄弟相爲皆大功，獨爲適服期，故發問比例之傳也。

注「大夫」至「爲之」　云「大夫雖尊，不敢降其適，重之也」者，釋傳「父之所不降」。云「適子爲庶昆弟」已下，鄭廣明大夫與適子所降者，以大夫適子得行大夫禮，故父子俱降庶，庶又自相降也，如大夫爲之，皆大功也。

適孫。

【疏】「適孫」　孫卑於昆弟，故次之。此謂適子死，其適孫承重者，祖爲之期。

傳曰：何以期也？不敢降其適也。〔八六〕有適子者無適孫，孫婦亦如之。周之道，適子死則立適孫，是適孫將上爲祖後者也。長子在，則皆爲庶孫耳，孫婦亦如之。適婦在，亦爲庶孫之婦。凡父於將爲後者非長子皆期也。○將上，時掌反。

【疏】「傳曰」至「如之」　傳云「何以」，問比例者，亦爲衆孫大功，此獨期，故發問也。云「有適子者無適孫」者，謂適子在，不得立適孫爲後也。云「孫婦亦如之」，亦謂不立之，故云「亦如之」也。

注「周之」至「期也」　云「周之道，適子死則立適孫，是適孫將上爲祖後者也」者，此釋祖爲孫服重之義。言「周之道」，對殷道則不然，以其殷道適子死，弟乃當先立，故言「周之道」也。云「長子在，則爲庶孫耳」者，〔八七〕既適子在，不得立孫，明同庶孫之例。云「凡父於將爲後者，非長子皆期也」者，案喪服小記云「適婦不爲舅後者，則姑爲之小功」，注云「謂夫有廢疾他故，若死而無子，不受重者。小功，庶婦之服也。凡父母於子，舅姑於婦，將不傳重於適，及將傳重者非適，服之皆如衆子、庶婦也」，是以鄭云「凡父母於子，舅姑於婦」，「非長子皆期」，明非長子婦，及於非適孫傳重，同於庶孫，大功可知也。若然，長子爲父斬，父亦爲斬；適孫承重爲祖斬，祖爲之期，不報之斬者，父子一體，本有三年之情，故特爲祖斬，祖爲孫本非一體，但以報期，故期不得斬也。〔八八〕

爲人後者，爲其父母，報。〔八九〕

【疏】「爲人後者，爲其父母，報」　此謂其子後人，反來爲父母在者，〔九〇〕欲其厚於所後，薄於本親，抑之，故次在孫後也。若然，既爲本生，不降斬至禫杖章者，亦是深抑，厚於大宗也。言報者，既深抑之使同，本疏往來相報之法故也。

傳曰：何以期也？不貳斬也。何以不貳斬也？持重於大宗者，降其

小宗也。爲人後者，孰後？〔九一〕後大宗也。曷爲後大宗？大宗者，尊之統也。〔九二〕禽獸知母而不知父。野人曰：父母何筭焉。〔九三〕都邑之士則知尊禰矣。〔九四〕大夫及學士則知尊祖矣。諸侯及其大祖。天子及其始祖之所自出。尊者尊統上，卑者尊統下。大宗者，尊之統也；大宗者，收族者也，不可以絶，故族人以支子後大宗也，〔九五〕適子不得後大宗。都邑之士，則知尊禰，近政化也。大祖，始封之君。始祖者，感神靈而生，〔九六〕若稷、契也。自，由也，及始祖之所由出，謂祭天也。上，猶遠也。下，猶近也。收族者，謂别親踈，序昭穆。大傳曰：「繫之以姓而弗别，〔九七〕綴之以食而弗殊，雖百世昏姻不通者，周道然也。」○孰後，如字，又音侯，下放此。何算，素管反，劉音選。大祖，音泰，注大祖同。近政，附近之近。稷契，息列反。序昭，市遥反，又如字，下昭穆皆放此。綴之，丁劣反。

【疏】「傳曰」至「大宗」　問者，本生父母應斬及三年，今乃不杖期，故問比例也。云「不貳斬」者，荅辭。又「不貳斬者，持重於大宗者」，〔九八〕降其小宗，此解「不貳斬」之意也。此問荅雖兼母，專據父，故荅以斬而言。案喪服小記云「别子爲祖，繼别爲大宗」，謂若魯桓公適夫人文姜生大子名同，後爲君，次子慶父、叔牙、季友，此三子謂之别子；别子者，皆以臣道事君，無兄弟相宗之法，與大子有别，又與後世爲始，故稱别子也；大宗有一，小宗有四；大宗一者，别子之子，適者，爲諸弟來宗之，即謂之大宗，自此以下，適適相承，謂之百世不遷之宗。五服之内，親者月筭，如邦人；五服之外，皆來宗之，爲之齊衰。齊衰三月章爲宗子之母妻是也。小宗有四者，謂大宗之後生者，謂别子之弟。小記注云「别子之世，長子」兄弟宗之，第二已下長者，親弟來宗之，爲繼禰小宗；更一世長者，非直親兄弟，〔九九〕又從父昆弟，亦來宗之，爲繼祖小宗；更一世長者，非直親昆弟、從父昆弟，又有從祖昆弟來宗之，爲

繼曾祖小宗；更一世長者，非直有親昆弟、從父昆弟、從祖昆弟來宗之，又有從曾祖昆弟來宗之，爲繼高祖小宗也；更一世絶服，不復來事。〔一〇〇〕以彼自事五服内，繼高祖已下者也。四者皆是小宗，則家家皆有。兄弟相事長者之小宗，雖家家盡有小宗仍世事繼高祖已下之小宗也。是以上傳云「有餘則歸之宗」，亦謂當家之長爲小宗者也。云「爲人後者，孰後？後大宗也」者，此問小宗、大宗二者，與何者爲後，後大宗也。案何休云「小宗無後當絶」，與此義同也。又云「後大宗」者，降其小宗，此則繼爲人後爲父母，父母尚降，明餘皆降也。故大功章云「爲人後者，爲其昆弟」，是降小宗之類也。云「曷爲後大宗？大宗者，尊之統」者，此問必後大宗何意也，明宗子尊統領。〔一〇一〕是以書傳云「宗子燕族人於堂，宗婦燕族人於房，序之以昭穆」，既有族食族燕齒序族人之事，是以須後，不可絶也，故云「尊之統」也。云「禽獸」已下者，因上尊宗子，遂廣申尊祖宗子之事也。〔一〇二〕云「禽獸知母不知父」者，爾雅云「兩足而羽謂之禽，四足而毛謂之獸」，彼對文而言之也，若散文言之，獸亦名禽。禽獸所生唯知隨母，不知隨父，是知母不知父。云「野人曰：父母何筭焉」者，「野人」謂若論語鄭注云「野人粗畧」，與都邑之士相對，亦謂國外爲野人；野人稍遠政化，都邑之士爲近政化，周禮云：「野自六尺之類者，不知分別父母尊卑也。」云「都邑之士則知尊禰」者，士下對野人，上對大夫，則此士所謂在朝之士，并在城郭，士民知義禮者，揔謂之爲士也。云「大夫及學士則知尊祖」者，此學謂鄉庠序及國之大學、小學之學士，文王世子〔一〇三〕亦云學士雖未有官爵，以其習知四術，閑知六藝，〔一〇四〕知祖義父仁之禮，故敬父，遂尊祖，得與大夫之貴同也。諸侯及其大祖、天子及其始祖，皆是爵尊者其德所及遠之義也。云「大宗收族」已下，謂論大宗立後之意也。〔一〇五〕云「適子不得後大宗」者，以其自當主家事，并承重祭祀之事故也。

注「都邑」至「道然也」。「都邑之士」者，對天子諸侯曰國采地，大夫曰都邑，故周禮載師有家邑、小都、大都，春秋左氏諸侯下大夫采地亦云「邑曰築，都曰城」；〔一〇六〕散文天子已下皆名都邑，都邑之内者，其民近政化；若然，

天子諸侯施政化民，無以遠近爲異，但近者易化，遠者難感，故民近政化者識深，則知尊父，遠政化者識淺，不知父母有尊卑之别也。「大祖，始封之君」者，案周禮典命云三公八命，卿六命，大夫四命，其爵皆加一等。「加一等」者，八命爲上公九命，爲牧八命，爲侯伯七命，爲子男五命，〔一〇七〕此皆爲大祖後，世不毁其廟。若魯之周公、齊之大公、衛之康叔、鄭之桓公之類，皆是大祖者也。云「始祖感神靈而生，若后稷、契也。自，由也。及始祖所由出，謂祭天」者，謂祭所感帝，還以始祖配之。案大傳云「王者禘其祖之所自出，以其祖配之」，是后稷感東方青帝靈威仰所生，契感北方黑帝汁光紀所生。易緯云「三王之郊，一用夏正」，郊特牲云「兆日於南郊，就陽位」，則王者建寅之月，祀所感帝於南郊，還以感生祖配祭，周以后稷，殷以契配之，故鄭云謂祖配「祭天」也。又鄭注大傳云「王者之先祖，皆感大微五帝之精以生」，則不止后稷與契而已。但后稷感青帝所生，即生民詩云「履帝武敏歆」，據鄭義帝嚳後世妃姜原，〔一〇八〕履青帝大人跡，而生后稷；〔一〇九〕殷之先母有娀氏之女簡狄，吞燕卵而生契，此二者文著，故鄭據而言之，其實帝王皆有所感而生也。云「上，猶遠也。下，猶近」者，天子始祖，諸侯及大祖，並於親廟外祭之，是尊統遠；大夫三廟，適士二廟，中下士一廟，是卑者尊統近也。若然，此論大宗子而言天子、諸侯、大夫、士之等者，欲見大宗子統領百世而不遷。又上祭别祖子大祖而不易，〔一一〇〕亦是尊統遠，小宗子唯統五服之内，是尊統近，故傳言尊統遠近，而云「大宗者，尊之統也」，又云「大宗者，收族」，是大宗統遠之事也。引大傳者，案彼稱姓謂正姓，若殷子、周姬之類。「綴之以食」者，以食禮相連綴，使不相疏，若宗子與族人，〔一一一〕行族食、族燕者也。云「百世婚姻不通，周道然」者，對殷道則不然，謂殷家不繫之以正姓，〔一一二〕但五世絶服，以後庶姓别於上而戚單於下，下婚姻通也。〔一一三〕引之者，證周之大宗子統領族人，序以昭穆，百世不亂之事也。

女子子適人者，爲其父母、昆弟之爲父後者。○適人，施隻反。

【疏】「女子子」至「父後者」　女子卑於男子，故次男子後。

傳曰：爲父何以期也？婦人不貳斬也。婦人不貳斬者何也？婦人有三從之義，無專用之道，〔一一四〕故未嫁從父，既嫁從夫，夫死從子。故父者，子之天也；夫者，妻之天也。婦人不貳斬者，猶曰不貳天也，婦人不能貳尊也。〔一一五〕爲昆弟之爲父後者何以亦期也？婦人雖在外，必有歸宗，曰小宗，故服期也。從者，從其教令。歸宗者，父雖卒，猶自歸宗其爲父後特重者，〔一一六〕不自絶於其族類也。曰小宗者，言是乃小宗也，小宗明非一也。小宗有四，丈夫、婦人之爲小宗，各如其親之服，〔一一七〕辟大宗。

【疏】「傳曰」至「服期也」　經兼言父母，傳特問父不問母者，家無二尊，故父在爲母期，今出嫁仍期，但不杖禫而已，未多懸絶，故不問。女子子在室斬衰三年，今出嫁，與母同在不杖麻屨，〔一一八〕懸絶故問，云「爲父何以期也」。「婦人不貳斬也」，荅辭。云「婦人不貳斬者何」，更問不貳斬之意也。云「婦人有三從之義」已下，荅辭。前斬章云「爲人後」，不云丈夫不貳斬，至此女子子云「婦人不貳斬」者，則丈夫容有貳斬，故有爲長子皆斬，又喪服四制云「門内之治，恩揜義；門外之治，義斷恩」，至於君父別時而喪，仍得爲父申斬，則丈夫有二斬。至於女子子，在家爲父，出嫁爲夫，唯一無二，故特言「婦人」，是異於男子故也。若然，案雜記云「與諸侯爲兄弟者服斬」，〔一一九〕是婦人爲夫并爲君得二斬者，然則此「婦人不貳斬」者，在家爲父斬，出嫁爲夫斬，爲父期，此其常事；彼爲君不可以輕服，服君非常之事，不得決此也。言「婦人有三從之義」者，欲言「不貳斬」之意，婦人從人，所從即爲之斬。若然，夫死

從子，不爲子斬者，子爲母齊衰，母爲子不得過齊衰，故亦不斬也。云「婦人不能二尊」者，欲見不二斬之義。云「曰小宗，故服期」者，欲見大宗子百世不遷，婦人所歸，雖不歸大宗，宗内丈夫，婦人爲之齊衰三月；小宗，宗内兄弟，父之適長者爲之，婦人之所歸宗者，歸此小宗，遂之期，〔一二〇〕與大宗別，傳恐人疑爲大宗，故辨之曰：「小宗，故服期也。」

注「從者」至「大宗」「歸宗者，父雖卒，猶自歸宗」。知義然者，若父母在，嫁女自當歸寧父母，何須歸宗子？傳言「婦人雖在外，必歸宗」，明是據父母卒者，故鄭據父母卒而言。若然，天子、諸侯夫人父母卒不得歸宗，以其人君絶宗，故許穆夫人衛侯之女，父死不得歸，賦載馳詩是也。云「小宗者，言是乃小宗也」者，鄭解傳意，言「曰小宗」者，傳重釋歸宗是乃小宗也。云「明非一」者，欲見家家皆有也。云「小宗有四」者，已於上釋。云「丈夫、婦人爲小宗，各如其親之服」者，謂各如五服尊卑服之，無所加減。云「避大宗」者，大宗則齊衰三月，云丈夫婦人五服外皆齊衰三月，五服内月筭如邦人，亦皆齊衰，無大功、小功、緦麻，故云「避大宗」也。

校勘記

〔一〕疏衰裳齊　武威簡丙本「裳」作「常」，脱「齊」字，服傳甲本殘，乙本「齊」作「資」。阮校云唐石經每章皆跳行。

今按武威簡本章頭有「●」號。

〔二〕疏屨　武威簡丙本，服傳甲、乙本作「踈屨」。

〔三〕以輕於斬　阮校云陳、閩俱作「輕於斬衰章」。

〔四〕爲君三升半麤衰　阮校云陳、閩俱無「衰」字。

〔五〕疏取用草之義　阮校云陳、閩俱無「疏」字。

〔六〕直釋經疏衰而已不釋疏屨之疏　阮校云毛本「經」作「絰」，陳、閩俱脱「疏衰而已不釋」六字。今按作「絰」誤。

〔七〕齊者何緝也　武威簡乙本「齊」作「資」，「緝」作「緝」，甲本殘。今按緝、緝通用。

〔八〕枲麻也　「枲」武威簡乙本作「恃」，甲本殘。今按枲、恃通用。

〔九〕冠者沽功也　「沽」武威簡乙本作「古」，甲本殘。今按既夕鄭注：「今文沽作古」。

〔一〇〕藨蒯之菲也　「藨蒯」武威簡乙本作「麃類」。今按類與蒯通，麃不見於字書，沈文倬異文釋云「麃」即「麃」之形譌。

〔一一〕此枲對上章苴　阮校云「此」陳、閩俱作「以」。

〔一二〕屨蒯席　「屨」張敦仁本誤作「屨」，毛本同，阮本又沿其誤。阮校云「屨」陳、閩、通解、要義俱作「屨」。按玉藻作「屨」，單疏不誤。今按阮本誤從張敦仁本，盧宣旬摘録阮校，云「按玉藻作屨」，曲解阮意。汪文臺識語云：「按玉藻作屨」，固是，然此乃盧氏之誤而非阮氏之誤也。此據單疏改。

〔一三〕始見人功沽麤之義　阮校云「始」陳、閩俱作「姑」。

〔一四〕父服未闋　阮校云「服」要義作「喪」，通解「喪」、「服」俱有。

〔一五〕女年二十三將嫁　阮校云要義同，通解「年」作「是」，通解、毛本「將」作「而」。按「而」字是。

〔一六〕是三也　阮校云要義同，毛本、通解無「是」字。

〔一七〕全不得思此義　阮校云要義無「思」字。今按要義是。

〔一八〕妄解則文説義多塗　阮校云通解無「義」字。按此八字當四字爲一句，「妄解則文」者，妄解經文「則」字之義也；黄氏删「義」字，則七字作一句，恐非。

〔一九〕繼母何以如母　武威簡乙本上「母」字下有「也」字。

〔二〇〕片合　阮校云通解、要義作「片」，下節疏同，毛本作「牉」。魏氏曰：「片合」下經云「牉合」，普半反。

〔二一〕妾子之無母者　武威簡甲本脱「子」字，甲、乙本「者」下衍「也」字。

〔二二〕如母　武威簡甲、乙本同。阮校云「如」閩、葛、通解俱作「慈」。按傳文兩言「如母」，疏俱屬下讀，於文義未順，宜俱屬上讀，謂生養、死喪皆如母也，如此則通解以「如」爲「慈」之誤不辨自明。今按阮説是，今即依之斷句。

〔二三〕此主謂大夫士之妾妾子之無母父命爲母子者其使養之不命爲母子則亦服庶母慈已之服可也　阮校云徐本、通典、集釋、通解、要義、敖氏俱如此，與疏合；毛本脱二十字，衍一「也」字，楊氏同。通典、通解、敖氏「已」下有「者」字。

〔二四〕父在爲母大功　阮校浦鏜云「爲母」疏作「爲其母」，下句同。

〔二五〕則不得立後而養他　阮校云要義同，毛本、通解「他」下有「子」字。

〔二六〕一非骨血之屬　阮校云陳本、要義同，毛本、通解、敖氏「血」作「肉」。

〔二七〕主謂大夫士之妾　阮校云「謂」閩本作「爲」。今按謂、爲通用。

〔二八〕然者　阮校云陳、閩、通解俱作「而母爲長子不問夫之在否皆三年者」。按此皆黄氏臆改。

〔二九〕期者　「期」武威簡甲、乙本作「基」，下同。沈文倬異文釋云簡本與今本同用古文。

〔三〇〕故須重列七服者也　阮校云「七」陳、閩俱作「士」。

〔三一〕冠其受也　武威簡甲、乙本「受」誤作「綬」，無「也」字。

〔三二〕緦麻小功冠其衰也　武威簡甲、乙本無「麻」、「也」二字。沈文倬異文釋云「麻」字爲後人臆加。

〔三三〕見斬衰有二　阮校云徐本集釋、通解、要義同，毛本無「見」字，「二」作「三」。

〔三四〕正服大功衰八升　阮校云「八」陳、閩俱作「七」。

〔三五〕皆與既葬衰升數同　阮校云通解、要義同，毛本無「皆」字。

〔三六〕緦麻十五升抽其半七升半　阮校云陳、閩俱無「七升半」三字。

〔三七〕見斬衰有二　阮校云要義同，毛本「二」作「三」。

〔三八〕士中衣不用布　阮校云陳、閩、通解、要義同，毛本無「不」字。按「不」字疑衍文。

〔三九〕若從經古文者注内疊出今文　阮校云陳、閩俱無下七字，閩本「從」作「然」。

〔四〇〕屈也　「屈」武威簡甲、乙本作「詘」。今按玉篇云屈亦作詘。

〔四一〕不敢伸其私尊也　「伸」武威簡甲本作「信」，乙本誤作「降」。今按士相見鄭注：「古文伸作信。」

〔四二〕故父雖爲妻期而除　阮校云陳、閩俱無「而除」二字。

〔四三〕妻　武威簡甲、乙本無。

〔四四〕怪妻義合　阮校云「怪妻」陳、閩、通解俱作「妻惟」。

〔四五〕故發此之傳也　阮校云「此」下陳、閩俱有「何以」二字，無「此」字。

〔四六〕父在子爲妻以杖即位可是也　阮校云要義同，毛本「是」作「知」。按作「是」是也，喪服小記作「父在庶子爲妻」，此脱「庶」字。

〔四七〕母犯七出去　阮校云「去」要義作「出」。

〔四八〕子從而爲服者也　阮校云陳、閩俱無「爲」字，通解「爲」下有「之」字。

〔四九〕子無出母之義　阮校云陳、閩、通解俱無「子」字。

〔五〇〕絶族無施服　武威簡甲、乙本「施」作「易」。沈文倬異文釋引禮記大傳「絶族無移服」，釋文：「移本或作施。」沈氏據此謂此所引舊傳即大傳文。施、移、易通用。

〔五一〕出妻之子爲父後者則爲出母無服　武威簡甲本脱「者」、「母」二字，乙本無「者」，下殘。

〔五二〕與尊者爲一體　武威簡甲本無「一」字。

〔五三〕傳意似言出妻　阮校云「似」陳、閩俱作「是」。

〔五四〕不合爲出母服意　阮校云陳、閩俱無「爲」字。

〔五五〕已有傳云正體於上　阮校云「於」陳、閩俱作「與」。今按卷二十九傳作「於」。

〔五六〕何以期也　武威簡甲、乙本無「期」字。沈文倬異文釋云無「期」字甚善。

〔五七〕暫時之與父片合　阮校云要義同，毛本、通解無「之」字，「片」毛本作「牉」，要義、通解俱作「片」。

〔五八〕無降殺之差　「差」原誤作「羞」，此據單疏改。阮校云「差」陳、閩、通解俱作「義」。

〔五九〕從而爲服　阮校云陳本、通解、要義同，毛本「服」作「報」。

〔六〇〕彼亦是異於上　阮校云「彼」陳、閩俱作「從」。

〔六一〕不衰四升冠七升　阮校云「七」陳、閩俱作「十」。

〔六二〕至尊也　武威簡甲、乙本無「至」字。

〔六三〕祖爲孫止大功　阮校云「止」陳、閩俱作「正」。

〔六四〕然則昆弟之子　武威簡甲、乙本「則」下有「爲」字。沈文倬異文釋云有「爲」字義長。

〔六五〕夫妻牉合也　武威簡甲、乙本「牉」作「辨」。汪文臺識語云「牉」不成字，周禮媒氏注引作「判合」是也。沈文倬異文釋云簡用古文假字。

〔六六〕資之宗　「之」武威簡甲、乙本作「於」。

〔六七〕以名服也　武威簡甲、乙本此句下有「夫之昆弟之子何以亦基(期)也報之也」十四字，今本在三十一卷「公妾大夫」之前，今本「子」下有「傳曰」二字，無「亦」字。

〔六八〕爲姑姊妹在室　黄刊嚴州本、徐本同。阮校云集釋同，與疏合，毛本無「姊妹」二字。盧文弨校疏云：「『姊妹』二字衍，宋本注中已誤。金曰追云：鄭於下「昆弟」節注云「爲姊妹亦如之」，疏云「義同於上章『姑在室』」也，則此之誤衍明矣。許宗彦云：姑姊妹連文或姑姊或姑妹通稱姑姊妹，左傳「以公之姑姊娶之」是也，應是注脱二字，非疏衍也。今按許説是也。

〔六九〕牉合　徐乾學本「牉」作「胖」。

〔七〇〕故加期也　阮校云陳、閩俱無「加」字。

〔七一〕與世叔父爲一體也　阮校云陳、閩俱無「父」字。

〔七二〕故以夫妻一體也　阮校云要義同，毛本「以」作「云」。

〔七三〕是夫婦半合　阮校云要義同，毛本「半」作「牉」，下同。

〔七四〕不成爲人人之子之法也　阮校云要義同，毛本不重「人」字，陳、閩、通解、敖氏「人」下俱無「之」字。

〔七五〕如爲齊衰齊衰三月章　阮校云「齊衰」二字陳、閩俱不重。

〔七六〕女子子嫁者以出降　阮校云「嫁」上通典有「許」字。

〔七七〕爲姊妹在室　阮校云「爲」下通典有「姑」字。

〔七八〕弟弟也　阮校云下「弟」字毛本作「第」。按説文無「第」字，後人妄生分别。

〔七九〕女子子在室　阮校云徐本、集釋、敖氏同，通解、楊氏、毛本俱不重「子」字。盧文弨云「在室」二字疏無。

〔八〇〕注兼云女子之義　阮按「之」疑「子」字之誤。

〔八一〕喪服本文是士　「本」原作「平」，阮校云要義同，毛本「平」作「本」。今按作「本」是，此據毛本改。

〔八二〕故知不服　阮校云陳、閩俱無「知」字。

〔八三〕釋曰翦髮爲鬌　「釋」內則作「擇」，「鬌」毛本作「鬐」，與內則不合。

〔八四〕昆弟爲衆子昆弟之子傳曰何以期也報之也　武威簡甲、乙本無此十八字，丙本有經文九字。

〔八五〕是以檀弓爲證　阮校云要義此下有「滕伯文爲孟虎齊衰」八字，今疏無此説，唯通解於經傳後附載檀弓一條，要義蓋本諸此。當附注篇末或别記於上方，抄本誤與疏文相連耳。

〔八六〕不敢降其適也　武威簡甲、乙本脱「敢」字。

〔八七〕則爲庶孫耳者　阮校云要義同，毛本「則」下有「皆」字。按各本注俱有「皆」字。

〔八八〕故期不得斬也　阮校云陳、閩、通解俱無「期」字。

〔八九〕爲人後者爲其父母報　武威簡甲、乙本無「報」字。

〔九〇〕反來爲父母在者　阮按云「在」下疑脱「此」字。

〔九一〕孰後　武威簡甲、乙本末尾有「也」字。

〔九二〕大宗者尊之統也　武威簡甲、乙本無「大宗者」三字。沈文倬異文釋云今本誤衍此三字。

〔九三〕父母何筭焉　「筭」字武威簡甲、乙本作「選」。

〔九四〕都邑之士則知尊禰矣　「禰」字武威簡甲、乙本作「璽」。

〔九五〕族人以支子後大宗也　武威簡甲、乙本無「人」、「也」二字。

〔九六〕感神靈而生　黄氏校録云張氏從監本改「感」作「咸」，誤，嚴州本不誤。

〔九七〕繫之以姓而弗別　「繫」字黄刊嚴州本、徐本俱作「繼」，阮校云通解、要義同，通典、集釋、敖氏、毛本作「繫」。黄氏校録云「繼」乃誤字。今按大傳作「繫」，黄氏説是。

〔九八〕持重於大宗者　阮校云陳本、要義同，毛本「持」作「特」。

〔九九〕非直親兄弟　阮校云「直」下陳、閩、通解俱有「有」字。

〔一〇〇〕不復來事　阮校云通解、要義同，毛本「復」作「服」。

〔一〇一〕明宗子尊統領　阮校云要義同，毛本、通解「領」下有「族人」二字。

〔一〇二〕遂廣申尊祖宗子之事也　阮校云「祖」下陳、閩通解俱有「以及」二字。

〔一〇三〕文王世子　「王」下原有「之」字，阮校云「之」字衍，此據其説删。

〔一〇四〕閑知六藝　阮校云閩本、通解、要義同，毛本「知」作「之」。

〔一〇五〕謂論大宗立後之義也　阮校云「謂論」二字要義倒。按「論謂」疑當作「論爲」。

〔一〇六〕亦云邑曰築　阮校云要義作「亦曰邑邑曰築」。

〔一〇七〕八命爲上公九命爲牧八命爲侯伯七命爲子男五命　阮校云毛本作「三公爲上公九命卿爲牧爲侯伯七命大夫爲子男五命」，要義與單疏同。

〔一〇八〕姜原　阮校云「原」毛本作「嫄」。

〔一〇九〕履青帝大人跡而生后稷　阮校云陳、閩同，毛本「履」作「屨」。今按作「屨」誤。

〔一一〇〕又上祭別祖子大祖而不易　阮校云陳本同，毛本「子」作「於」。按當云「又上祭別子爲大祖而不易」。

〔一一一〕若宗子與族人　「與」原作「於」，乃誤據陳、閩，今據單疏改。

〔一一二〕謂殷家不繫之以正姓　阮校云陳、閩俱無「殷」字。

〔一一三〕下婚姻通也　阮校云陳、閩俱無「下」字。

〔一一四〕無專用之道　武威簡甲、乙本作「無專用道之行」。沈文倬異文釋云簡本義不可通。

〔一一五〕故父者子之天也夫者妻之天也婦人不貳斬者猶曰不貳天也婦人不能貳尊也　此三十二字武威簡甲、乙本移在下經「曰小宗故服期也」之後。毛本「貳」作「二」，誤。沈文倬異文釋云簡本誤。

〔一一六〕其爲父後特重者　「特」原作「持」，黄刊嚴州本作「特」，徐本作「服」。阮校云徐本、要義俱作「特」，毛本、通解作「服」，通典、集釋作「持」。今按阮本誤從張敦仁本，而張本又誤從集釋，而阮云徐作「特」亦誤校，今據嚴州本改。

〔一一七〕各如其親之服　阮校云通典「服」下有「服之」二字。

〔一一八〕與母同在不杖麻屨　阮校云要義同，毛本「屨」作「履」。

〔一一九〕雜記云與諸侯爲兄弟者服斬　今按「與諸侯爲兄弟者服斬」，乃喪服小記文，非雜記文，疏誤。

〔一二〇〕遂之期　阮校云要義同，毛本、通解「遂」下有「爲」字。

唐朝散大夫行大學博士弘文館學士臣賈公彦等撰

儀禮注疏卷第三十一

繼父同居者。

【疏】「繼父同居者」 繼父本非骨肉，故次在「女子子」之下。案郊特牲云「夫死不嫁，終身不改」，詩恭姜自誓，不許再歸，此得有婦人將子嫁而有繼父者。彼不嫁者，自是貞女守志，而有嫁者，〔一〕雖不如不嫁，聖人許之，故齊衰三年章有繼母，此又有繼父之文也。

傳曰：何以期也？傳曰：夫死，妻稺子幼，子無大功之親，與之適人，而所適者亦無大功之親，所適者以其貨財爲之築宮廟，歲時使之祀焉，妻不敢與焉，若是則繼父之道也。同居則服齊衰期。異居則服齊衰三月，〔二〕必嘗同居然後爲異居。未嘗同居，則不爲異居。妻稺，謂年未滿五十。子幼，謂年十五已下。子無大功之親，謂同財者也，爲之築宮廟於家門之外，〔三〕神不歆非族。妻不敢與焉。恩雖至親，族已絶矣，夫不可二，〔四〕此以恩服爾。未嘗同居，則不服之。○妻稺，直吏反。爲之，于僞反，下爲其同。敢與，音預，注同。

【疏】「傳曰」至「異居」 「何以期也」者，以本非骨肉，故致問也。「傳曰」已下，並是引舊傳爲問荅。自此至「齊衰朞」，

謂子家無大功之内親，繼父家亦無大功之内親，繼父以財貨爲此子築宫廟，使此子四時祭祀不絶，三者皆具，即爲同居，子爲之朞，以繼父恩深故也。言「妻」不言母者，已適他族，與已絶，故言「妻」欲見與他爲妻，不合祭已之父故也。云「異居則服齊衰三月，必嘗同居，然後爲異居」者，此一節論異居。繼父言「異」者，昔同今異，謂上三者若闕一事，則爲「異居」。假令前三者仍是具，〔五〕後或繼父有子，〔六〕即是繼父有大功之内親，亦爲「異居」矣，如此父死，爲之齊衰三月，〔七〕入下文齊衰三月章「繼父」是也。云「必嘗同居然後爲異居」者，欲見前時三者具爲同居，後三者一事闕即爲「異居」之意。云「未嘗同居，則不爲異居」，謂子初與母往繼父家時，或繼父有大功内親，或已有大功内親，或繼父不爲已築宫廟，三者一事闕，雖同在繼父家，亦名不同居繼父，全不服之矣。

注「妻穉」至「服之」　鄭知「妻穉，謂年未滿五十」者，案内則妾年五十，閉房不復御，何得更嫁，故「未滿五十」也。云「子幼，謂年十五已下」者，案論語云「可以託六尺之孤」，鄭亦云「十五已下」。知者，見周禮鄉大夫職云「國中自七尺以及六十，野自六尺以及六十有五，皆征之」，七尺謂年二十，六尺謂年十五，十五則受征役，何得隨母，則知子幼，十五已下。言「已下」，則不通十五，以其十五受征，明據十四至年一歲已上也。云「大功之親，謂同財者」，下記云「小功已下爲兄弟」，則小功已下疏，故得「兄弟」之稱，則大功之親，容同財共活可知。云「爲之築宫廟於家門之外」者，以其中門外有已宗廟，則知此在大門外築之也。必在大門外築之者，神不歆非族故也。若在門内，於鬼神爲非族，恐不歆之，是以大門外爲之。隨母嫁得有廟者，非必正廟，但是鬼神所居曰廟，若祭法云「庶人祭於寢」也。〔八〕「神不歆非族」，大戴禮文。云「夫不可二」者，據傳云「妻」，明據繼父而言，以其與繼父爲妻，不可更於前夫爲妻而祭，故云「夫不可二」也。云「此以恩服爾」者，并解爲繼父期與三月。云「未嘗同居則不服之」者，以其「同居」與「異居」有服，明「未嘗同居」不服可知。

爲夫之君。

傳曰：何以期也？從服也。

【疏】「爲夫之君傳曰」至「從服也」　此以從服，故次「繼父」下。但臣之妻，皆稟命於君之夫人，不從服小君者，欲明夫人命，亦由君來，故臣妻於夫人無服也。不直言「夫之君」而言「爲」者，以「夫之君」而言「爲」者，以「夫之君」從服輕，故特言「爲夫之君」也。「傳曰：何以期」者，問比例者，〔九〕怪人疏而同親者，故發問。云「從服也」，以夫爲君斬，故妻從服期也。

姑姊妹、女子子適人無主者，姑姊妹報。〔一〇〕

【疏】「姑姊」至「姊妹報」　此等親出適，已降在大功，雖矜之服期，不絶於夫氏，故次義服之下。女子子問在上不言報者，〔一一〕女子子出適大功，反爲父母，自然猶期，不須言報，故不言也。姑對姪，姊妹對兄弟，出適反爲姪與兄弟大功，姪與兄弟爲之降至大功，今還相爲期，故須言報也。

傳曰：無主者，謂其無祭主者也。〔一二〕何以期也？爲其無祭主故也。〔一三〕無主後者，人之所哀憐，不忍降之。

【疏】「傳曰」至「主者也」　云「無主者，謂其無祭主者」，無主有二，謂喪主、祭主，傳不言喪主者，喪有無後，無無主者。若當家無喪主，或取五服之内親；又無五服親，則取東西家；若無，則里尹主之。今無主者，謂無祭主也，故可哀憐而不降也。

注「無主」至「降之」　云「人之所哀憐」者，謂行路之人，見此無夫復無子而不嫁，猶生哀愍，況姪與兄弟及父母，故不忍降之也。若然，除此之外，餘人爲之服者，仍依出降之服，而不服加，〔一四〕以其餘人恩疏故也。不言嫁而云

「適人」者，若言適人，即謂士也；若言嫁之，嫁之乃嫁於大夫，〔一五〕於本親又以尊降，不得言報，故云「適人」不言嫁。

爲君之父母、妻、長子、祖父母。

【疏】「爲君之父、母、妻、長子、祖父母」　此亦從服，輕於夫之君及姑姊妹、女子子無主，故次之。言「爲」者，亦如「爲夫之君」也。

傳曰：何以期也？從服也。父母、長子，君服斬。妻則小君也。父卒，然後爲祖後者服斬。此爲君矣，而有父若祖之喪者，謂始封之君也。若是繼體，則其父若祖有廢疾不立。〔一六〕父卒者，父爲君之孫，〔一七〕宜嗣位而早卒，今君受國於曾祖。

【疏】「傳曰」至「者服斬」　云「父、母、長子君服斬」者，欲見臣從君服期。若然，君之母當在齊衰，與君父同在斬者，以母亦有三年之服，故并言之。云「妻則小君也」者，欲見臣爲小君期是常，非從服之例。云「父卒，然後爲祖後者服斬」者，傳解經臣爲君之祖父母服期，若君在則爲君祖父母從服期。

注「此爲」至「曾祖」　云「此爲君矣，而有父若祖之喪者，謂始封之君也」者，若周禮典命「三公八命，其卿六命，大夫四命。出封皆加一等」，是五等諸侯爲始封之君，非繼體，容有祖、父不爲君而死，君爲之斬，臣亦從服期也。云「若是繼體，則其父若祖有廢疾不立」者，此祖與父合立，爲廢疾不立，已當立，是受國於曾祖。若然，此二者自是不立，今君立不闕父、祖。又云「父卒者，父爲君之孫，宜嗣位而早卒，今君受國於曾祖」者，此解傳之「父卒」耳，鄭意以父祖有廢疾，必以今君受國於曾祖，〔一八〕不取受國於祖者；若今君受國於祖，〔一九〕祖薨則羣臣爲之斬，何得從服期，故鄭以新君受國於曾祖。若然，曾祖爲君薨，羣臣自當服斬；若君之祖薨，君爲之服斬，臣從服期也。若

然，「父卒」者，父爲君之孫，宜嗣位而早卒，則君之祖亦是癈疾，或早死不立，是以君之父受國於祖，復早卒，今君乃受國於曾祖也。趙商問：「已爲諸侯，父有癈疾，不任國政，不任喪事，而爲其祖服制度之宜，年月之斷云何？」荅云：「父卒爲祖後者三年斬何疑。」趙商又問：「父卒爲祖後者三年，已聞命矣。所問者父在爲祖如何？欲言三年，則父在，欲言期，復無主斬杖之宜，主喪之制，未知所定？」荅曰：「天子諸侯之喪，皆斬衰，無期。」彼志與此注相兼乃具也。

妾爲女君。

【疏】「妾爲女君」　妾事女君，使與臣事君同，故次之也。以其妻既與夫體敵，妾不得體夫，故名妾。妾，接也，接事適妻，故妾稱適妻爲「女君」也。

傳曰：何以期也？妾之事女君，與婦之事舅姑等。〔二〇〕

女君，君適妻也。女君於妾無服，報之則重，降之則嫌。

【疏】「傳曰」至「姑等」　傳意謂妾或是妻之姪娣，同事一人，忽爲之重服，故發問也。荅曰「妾之事女君，與婦之事舅姑等」者，婦之事舅姑亦期，故云「等」，但並后匹適，傾覆之階，故抑之，雖或姪娣，使如子之妻，與婦事舅姑同也。注「女君」至「則嫌」　云「女君於妾無服」者，諸經傳無女君服妾之文，故云「無服」。必「無服」者，〔二一〕鄭解其不服之意。是以云「報之則重」，還報以期，無尊卑降殺，大重也。云「降之則嫌」者，若降之大功、小功，則似舅姑爲適婦、庶婦之嫌，故使女君爲妾無服也。

婦爲舅姑。

【疏】「婦爲舅姑」　文在此者，既欲抑妾事女君，使如事舅姑，故婦事舅姑在下。〔二二〕欲使妾情先於婦，故婦文在後也。

傳曰：何以期也？從服也。

【疏】「傳曰」至「從服也」　問之者，本是路人，與子判合，〔一三〕則爲重服，服夫之父母，故問也。云「從服也」者，荅辭，既得體其子爲親，故重服爲其舅姑也。

夫之昆弟之子。男女皆是。

【疏】「夫之昆弟之子」　注「男女皆是」　檀弓云「兄弟之子猶子也，蓋引而進之」，進同己子，故二母爲之亦如己子，服期也。云「男女皆是」者，據女在室與出嫁，與二母相爲服同期與大功，故子中兼男女。但以義服情輕，同婦事舅姑，故次在下也。

傳曰：何以期也？報之也。

【疏】「傳曰：何以期也？報之也」　「報之」者，二母與子本是路人，爲配二父而有母名，爲之服期，故二母報子還服期。若然，上世叔之下，〔一四〕不言報，至此言之者，二父本是父之一體，又引同己子，不得言報，至此本疏，故言報也。

公妾、大夫之妾，爲其子。

【疏】「公妾、大夫之妾，爲其子」　二妾爲其子應降而不降，重出此文，故次之。

傳曰：何以期也？妾不得體君，爲其子得遂也。此言二妾不得從於女君尊降其子也。女君與君一體，唯爲長子三年，其餘以尊降之，與妾子同也。

【疏】「傳曰」至「遂也」 傳嫌二妾承尊應降，今不降，故發問。荅云「妾不得體君，爲其子得遂也」者，諸侯絶旁期，爲衆子無服，大夫降一等，爲衆子大功，其妻體君，皆從夫而降之，至於二妾賤，皆不得體君，君不厭妾，故自爲其子得伸遂，而服期也。

注「此言」至「同也」 云「唯爲長子三年」，更云「其餘」，謂已所生第二已下，以尊降與妾子同，諸侯夫人無服，大夫妻爲之大功也。

女子子爲祖父母。

【疏】「女子子爲祖父母」 章首已言「爲祖父母」，兼男女，彼女據成人之女，此言「女子子」，謂十五許嫁者，亦以重出其文，故次在此也。

傳曰：何以期也？不敢降其祖也。經似在室，傳似已嫁，明雖有出道，猶不降。

【疏】「傳曰」至「祖也」 祖父母正期也，已嫁之女可降旁親，祖父母正期，故不降也，故云「不敢降其祖也」。

注「經似」至「不降」 知「經似在室」者，以其直云「女子子」，無嫁文，故云「似在室」。云「傳似已嫁」者，以其言「不敢」，則有敢者，敢謂出嫁降旁親，是已嫁之文；此言「不敢」，是雖嫁而不敢降祖，故云「傳似已嫁」也。經、傳互言之，欲見在室、出嫁同不降，故鄭云「明雖有出道，猶不降」也。云「出道」者，女子子雖十五許嫁，始行納采、問名、納吉、納徵四禮，即著笄爲成人，得降旁親，要至二十乃行，謂請期、親迎之禮，以其笄而未出，故云「明雖有出道，猶不降」。不直言「出」而言「道」者，實未出，故云「出道」。猶如鄭注論語云「雖不得禄，亦得禄之道」，是亦未得「禄」而云之「道」，亦此類也。

大夫之子，〔二五〕爲世父母、叔父母、子、昆弟、昆弟之子、姑姊妹女子子無主者，〔二六〕爲大夫命婦者，唯子不報。傳曰：大夫者，其男子之爲大夫者也。命婦者，其婦人之爲大夫妻者也。無主者，命婦之無祭主者也。何以言「唯子不報」也？女子子適人者，爲其父母期，故言「不報」也，〔二七〕言其餘皆報也。何以期也？〔二八〕父之所不降，子亦不敢降也。大夫曷爲不降命婦也？夫尊於朝，妻貴於室矣。命者，加爵服之名。自士至上公凡九等，君命其夫，則后、夫人亦命其妻矣。此所爲者，凡六命夫、〔二九〕六命婦。無主者，命婦之無祭主，謂姑姊妹女子子也。其有祭主者，如衆人。唯子不報，男女同不報爾，傳以爲主謂女子子，〔三〇〕似失之矣。大夫曷爲不降命婦？據大夫於姑姊妹女子子，既以出降，〔三一〕其適士者，又以尊降在小功也。夫尊於朝，與已同，妻貴於室，〔三二〕從夫爵也。◯於朝，直遥反，注及下章注同。

【疏】「大夫之子」至「於室矣」　此言「大夫之子」，爲此六命夫、六命婦服期不降之事，〔三三〕其中雖有子女，重出其文，其餘並是應降而不降，故次在女子爲祖下。但大夫尊降旁親一等，此男女皆合降至大功，爲作大夫與已尊同，故不降，還服期。若姑姊妹女子子，若出嫁大功，適士又降至小功，今嫁大夫雖降至大功，爲無祭主，哀憐之不忍降，還服期也。傳云「無主者，命婦之無祭主者也」者，鄭兼言命婦，欲見既爲命婦不降，又無祭主更不降，服期之意也。傳云「何以言唯子不報也」，鄭云子中兼男女，傳唯據「女子子」，鄭不從也。云「何以期也？父之所不降，子亦不敢降也」者，欲見此經云「大夫之子」，得行大夫禮，降與不降，一與父同，故傳據父爲大夫爲本，〔三四〕以子「亦」

之也。云「大夫曷爲不降命婦也」已下，欲見大夫是尊同大夫，妻是婦人非尊同，亦不降者。傳解妻亦與夫同尊卑之意，是以云「夫尊於朝，妻貴於室」。以其大夫以上貴，士以下賤，此中無士與士妻，〔三五〕故以「貴」言之也。

注「命者」至「爵也」。云「命者，加爵服之名」者，見公羊傳云：「錫者何？賜也。命者何？加我服也」；又案覲禮「諸公奉篋服，加命書於其上」，以命侯氏，是「命者，加爵服之名也」。云「自士至上公凡九等」者，不據爵，皆據命而言，故大宗伯云「以九儀之命正邦國之位：壹命受爵，再命受服，三命受位，四命受器，五命賜則，六命賜官，七命賜國，八命作牧，九命作伯」，伯則分陝。上公者，是九等者也。以其典命上公九命，侯伯七命，子男五命，大國孤四命，公、侯、伯卿三命，大夫再命，士一命；子、男卿一命，大夫一命，士不命；天子三公八命，其卿六命，大夫四命，上士三命，中士二命，下士一命。此經雖無士，鄭揔解天子、諸侯命臣，后、夫人命妻之事，故兼言「士」也。云「君命其夫」者，君中揔天子、諸侯。云「后、夫人亦命其妻矣」者，案禮記云「夫人不命於天子，自魯昭公始也」，由昭公娶同姓，不告天子，天子亦不命，明臣妻皆得后、夫人命也。鄭言此者，經云「命夫、命婦」，〔三六〕不辨天子、諸侯之臣，則天子、諸侯下但是大夫、大夫妻，〔三七〕皆是「命夫、命婦」也。〔三八〕云「此所爲者，凡六命夫、六命婦」者，〔三九〕「六命夫」謂世父一也，〔四〇〕叔父二也，子三也，昆四也，弟五也，昆弟之子六也；「六命婦」者，世母一也，叔母二也，姑三也，姊四也，妹五也，女子子六也。云「無主者，命婦之無祭主，謂姑姊妹女子子也」，鄭言此者，經「六命婦」中，有世母、叔母，故鄭辨之；以其世母、叔母無主、有主皆爲之期，故知唯據此四人而言也。云「其有祭主者，如衆人」者，自爲大功矣。〔四一〕云「唯子不報，男女同不報爾」者，以其男女俱爲父母三年，父母唯爲長子斬，其餘降，何得言報，故知子中兼男女，是知傳唯據「女子子」失之矣。云「大夫曷爲不降命婦者，據大夫於姑姊妹女子子，既以出降，〔四二〕其適士者，又以尊降在小功也」者，此亦「六命婦」中有二母，故鄭辨之也。云「夫尊於朝」已下，鄭亦解姑姊妹女子子之夫貴與己同之義。若然，案曲禮云四十强而仕，五十艾服官政，爲大夫，何得大夫子又

爲大夫，又何得爲弟之子爲大夫者。五十命爲大夫，自是常法，大夫之子有德行茂盛者，豈待五十乃命之乎？是以殤小功有「大夫爲其昆弟之長殤」，大夫既爲兄弟殤，明是幼爲大夫，舉此一隅，不得以常法相難也。

大夫爲祖父母、適孫爲士者。

【疏】「大夫」至「爲士者」　祖與孫爲士卑，故次在此也。

傳曰：何以期也？〔四三〕大夫不敢降其祖與適也。〔四四〕不敢降其祖與適，〔四五〕則可降其旁親也。

【疏】注「不敢」至「親也」　大夫以尊降其旁親，雖有差約不顯著，故於此更明之。經云不降祖與適，明於餘親降可知，大夫降旁親明矣。

公妾以及士妾爲其父母。

【疏】「公妾」至「父母」　以出嫁爲其父母，亦重出其文，故次在此。云「公」，謂五等諸侯皆有八妾，士謂一妻一妾，中間猶有孤，猶有卿大夫妻，不言之者，舉其極尊、卑，其中有妾爲父母可知。

傳曰：何以期也？妾不得體君，得爲其父母遂也。〔四六〕然則女君有以尊降其父母者與？春秋之義，雖爲天王后，猶曰「吾季姜」，是言子尊不加於父母，此傳似誤矣。禮，妾從女君而服其黨服，是嫌不自服其父母，故以明之。○者與，音餘。

【疏】「傳曰」至「遂也」　傳曰「何以期也」問者，以公子爲君厭，爲己母不在五服，又爲己母黨無服，公妾既不得體君，君不厭，故妾爲父母得伸遂而服期也。

注「然則」至「明之」　鄭欲破傳義，故據傳云「妾不得體君，得爲其父母遂也」，然則女君體君者，有以尊降其父母者與？言「與」猶不正執之辭也。云「春秋之義」者，案桓九年左傳云「紀季姜歸于京師」，杜云「季姜，桓王后也，季，字，姜，紀姓也。書字者，伸父母之尊」，是王后猶不待降父母，是子尊不加父母，傳何云「妾不得體君」乎？豈可女君降其父母，〔四七〕是以云「傳似誤矣」，言「似」亦是不正執，故云「似」，其實誤也。云「禮，妾從女君而服其黨服」者，雜記文也。云「是嫌不自服其父母，故以明之」者，鄭既以傳爲誤，故自解之。鄭必不從傳者，一則以女君不可降父母，二則經文兼有卿大夫、士，何得專據公子以決父母乎？是以傳爲誤也。

疏衰裳，齊，牡麻絰，無受者。

〔四八〕無受者，服是服而除，不以輕服受之。不著月數者，天子、諸侯葬異月也。小記曰：「齊衰三月，與大功同者繩屨。」

【疏】「疏衰」至「受者」　此齊衰三月章，以其義服，日月又少，故在不杖章下。上皆言冠、帶，此及下傳大功皆不言冠、帶者，以其輕故畧之。至正大功言冠，見其正，猶不言帶。緦麻又直言緦麻，餘又畧之。若然，禮記云「齊衰居堊室」者，據期，故譙周亦云「齊衰三月，不居堊室」。

注「無受」至「繩屨」　云「無受者，服是服而除，不以輕服受之」者，凡變除皆因葬練祥乃行，但此服至葬即除，無變服之理，故云「服是服而除」。若大功已上至葬後以輕服受之，若斬衰三升、冠六升，葬後受衰六升，是更以輕服受之也。云「不著月數者，天子、諸侯葬異月也」者，大夫、士三月葬，此章皆三月葬後除之，故以三月爲主。三月者，法一時天氣變，可以除之。但此經中有「寄公爲所寓」，又有「舊君」，舊君中兼天子、諸侯，〔四九〕又有「庶人爲國君」，鄭云「天子畿内之民服天子亦如之也」。但天子七月葬，諸侯五月葬，爲之齊衰者，皆三月藏其服，至葬更服之，葬後乃除，是以不得言少以包多，亦不得言多以包少，是以不著月數者，天子、諸侯葬異月故也。云小記者，彼

記人見此喪服齊衰三月與大功皆不言屨，故解此二章同繩屨，是以鄭還引之，證此章著繩屨也。

寄公爲所寓。〔五〇〕○寓，亦寄也，爲所寄之國君服。所寓，音遇，寄也。

【疏】「寄公爲所寓」　注「寓亦」至「君服」　此章論義服，故以疏者爲首，故寄公在前。言「寓，亦寄」者，詩式微云「黎侯寓於衛」，寓即寄，其義同，故云「寓，亦寄也」。作文之勢，不可重言寄公爲所寄，故云「寓」也。

傳曰：寄公者何也？失地之君也。何以爲所寓服齊衰三月也？言與民同也。諸侯五月而葬而服齊衰三月者，三月而藏其服，至葬，又反服之，〔五一〕既葬而除之。

【疏】「傳曰」至「同也」　傳依上例執所不知稱「者何」問比例者，等是諸侯，〔五二〕各有國土，而寄在他國，故發問也。「失地之君也」，荅辭也。「失地君」者，謂若禮記射義貢士不得其人，「數有讓」，數有讓黜爵削地，削地盡，〔五三〕君則寄在他國。詩式微黎侯寓於衛，彼爲狄人所迫，逐寄在衛，黎之臣子勸以歸，是失地之君，爲衛侯服齊衰三月，藏其服至葬更服，葬訖乃除也。云「言與民同也」者，以客在主國，得主君之恩，故報主君與民同，則民亦服之三月，藏其服至葬，又反服之，既葬訖乃除也。

注「諸侯」至「除之」　上以釋變除，要待葬後。諸侯五月葬而言「三月」，故知三月藏服，至葬更服，葬後乃除可知。不於章首言之，欲就「三月」之下解之故也。

丈夫、〔五四〕**婦人爲宗子、宗子之母、妻。**婦人，女子子在室及嫁歸宗者也。宗子，繼別之後，百世不遷，所謂大宗也。

【疏】「丈夫」至「母妻」　此與大宗同宗親，如寄公爲所寓，故次在此。言「丈夫、婦人」者，謂同宗男子、女子皆爲大宗

子，并宗子母、妻齊衰三月也。注「婦人」至「大宗也」 此經「爲宗子」，謂與大宗别高祖之人，皆服三月也。案斬章「女子子在室」及女「反在父室」者，又不杖章中歸宗婦人爲當家小宗親者期，爲大宗疏者三月也。云「宗子，繼别之後」者，案喪服小記及大傳云「繼别爲大宗」，又云「有五世則遷之宗」，小宗有四是也；有「百世不遷之宗」，「繼别爲大宗」是也。云「所謂大宗也」者，即上文「大宗者，尊之統」是也。

傳曰：何以服齊衰三月也？尊祖也。尊祖故敬宗。敬宗者，〔五五〕尊祖之義也。宗子之母在，則不爲宗子之妻服也。〔五六〕

【疏】「傳曰」至「妻服也」 傳以丈夫、婦人與宗子服絶，而越大功、小功與曾祖同，怪其大重，故問比例，何以服齊衰三月？云「尊祖也」至「之義也」，荅辭也，「祖」謂别子爲祖，百世不遷之祖；當祭之日，同宗皆來陪位及助祭，故云「尊祖也」。云「尊祖故敬宗」者，是百世不遷之宗，大宗者，尊之統，故同宗敬之。云「敬宗者，尊祖之義也」者，以宗子奉事别子之祖，是尊祖之義也。「宗子之母在，則不爲宗子之妻服也」者，謂宗子父已卒，宗子主其祭，王制云「八十齊喪之事」不與，〔五七〕則母七十亦不與，今宗子母在，未年七十，母自與祭，母死宗人爲之服；宗子母七十已上，則宗子妻得與祭，宗人乃爲宗子妻服，故云然也。必爲宗子母、妻服者，以宗子燕食族人於堂，其母、妻亦燕食族人之婦於房，皆序以昭穆，故族人爲之服也。

爲舊君、君之母、妻。

【疏】「爲舊君、君之母、妻」 舊君舊蒙恩深，以對於父，今雖退歸田野，不忘舊德，故次在宗子之下也。但「爲舊君」有二，一則致仕，二則待放未去，此則致仕者也。不云舊臣而云「舊君」者，若云舊臣，言謂舊君爲之，非喪服體例，故

云「舊君」，若斬章云「父」、「君」者，則臣子爲之，此不復言臣，法如君也。

傳曰：爲舊君者孰謂也？仕焉而已者也。〔五八〕**何以服齊衰三月也？言與民同也。君之母、妻，則小君也。**仕焉而已者，謂老若有廢疾而致仕者也。爲小君服者，恩深於民。

【疏】「傳曰」至「小君也」　云「爲舊君者孰謂也」者，此經上下臣爲「舊君」有二，故發問云「孰謂也」。云「仕焉而已者也」者，荅辭也。傳意以下「爲舊君」，是待放之臣，以此爲致仕之臣也。云「何以服齊衰三月」者，怪其舊服斬衰，今服三月也。云「言與民同也」者，以本義合，且今義已斷，〔五九〕故抑之使與民同也。云「君之母、妻，則小君也」者，雖前後不得同時，皆是小君，故齊衰三月，恩深於人故也。注「仕焉」至「於民」　云「仕焉而已者，謂老若有廢疾而致仕者也」者，此解「仕焉而已」，有仕已老者，曲禮云大夫七十而致仕；云「有廢疾者」，謂未七十而有廢疾亦致仕，是致仕之中有二也。〔六〇〕云「爲小君服者，恩深於民也」者，下文「庶人爲國君」無小君，是恩淺，此爲小君，是恩深於民也。

庶人爲國君。〔六一〕不言民而言庶人，庶人或有在官者。〔六二〕天子畿内之民服天子，亦如之。○圻內，巨衣反，本又作畿同。

【疏】「庶人」爲「國君」　注「不言」至「如之」　案論語云「民可使由之，不可使知之」，注云「民者，冥也，其見人道遠」。案王制云：「庶人在官者，其禄以是爲差也」，庶人謂府、史、胥、徒。經不言民而言「庶人」，「庶人或有在官者」，據在官者而言之。檀弓云「君之喪，諸達官之長杖」，謂士大夫爲君杖，則庶人不爲君杖斬，則下同於民三月也。云「天子畿内之民亦如之」者，以其畿外上公五百里，侯四百里已下，其民皆服君三月，則畿内千里，是專屬天子，故知爲天子，亦如諸侯之境内也。

大夫在外，其妻、長子爲舊國君。在外，待放已去者。

【疏】「大夫」至「國君」　注「在外待放已去者」　此大夫在外，不言爲本君服與不服者，案雜記云「違諸侯，之大夫，不反服；違大夫，之諸侯，不反服」，以其尊卑不敵。若然，其君尊卑敵乃反服舊君服，則此大夫已去他國，不言服者，是其君尊卑不敵，不反服者也，是以直言「其妻、長子爲舊國君」。注云「在外，待放已去」者，知是「待放已去」者，對上下文而知。以其上傳以爲「仕焉而已」，下傳云「而猶未絶」，此傳云「長子」，言未去，明身是已去他國，與本國絶者，故鄭云「待放已去者」也。

傳曰：何以服齊衰三月也？妻，言與民同也，長子，言未去也。妻雖從夫而出，古者大夫不外娶，婦人歸宗，往來猶民也。春秋傳曰：「大夫越竟逆女，非禮。」君臣有合離之義，長子去，可以無服。○越竟，音景。

【疏】「傳曰」至「未去也」　并服而問者，怪其重。何者？妻本從夫服君，今夫已絶，妻不合服而服之；長子本爲君斬者，亦大夫之子得行大夫禮，從父而服之，今父已絶於君，亦當不服矣，而皆服衰三月，故發問也。

注「妻雖」至「無服」　云「妻雖從夫而出，古者大夫不外娶」者，鄭欲解傳云「妻言與民同」之意，以古者不外娶，是當國娶婦，婦是當國之女，今身與妻俱出他國，大夫雖絶而妻歸宗往來，猶是本國之民，其歸者則期章云「爲昆弟之爲父後者，曰小宗」者是也。云春秋者，案春秋公羊傳莊二十七年「莒慶來逆叔姬」，傳曰：「大夫越竟逆女，非禮」。彼云「婦」，此云「女」，鄭以義言之，以其未至夫家，故云「女」。引之者，證古者大夫不外娶之事。云「君臣有合離之義」者，謂諫争從臣，是有義則合，三諫不從是無義，則離；子既隨父，故去，可以無服矣。〔六三〕

繼父不同居者。〔六四〕嘗同居，今不同。

【疏】「繼父不同居者」 注「嘗同居今不同」 此則期章云「必嘗同居，然後爲異居」者也。但章皆有傳，唯「庶人爲國君」及此「繼父」不傳者，以其庶人已於「寄公」與上下「舊君」釋訖，繼父已於期章釋了，〔六五〕是以皆不言也。

曾祖父母。傳曰：何以齊衰三月也？〔六六〕**小功者，兄弟之服也，不敢以兄弟之服服至尊也。**〔六七〕正言小功者，服之數盡於五，則高祖宜緦麻，曾祖宜小功也。據祖期，則曾祖宜大功，〔六八〕高祖宜小功也。高祖、曾祖，〔六九〕皆有小功之差，則曾孫、玄孫爲之服同也。重其衰麻，尊尊也；減其日月，恩殺也。○恩殺，所界反。

【疏】「曾祖父母」 曾、高本合小功，加至齊衰，故次繼父之下。此經直云「曾祖」，不言高祖，案下緦麻章鄭注云「族祖父者，亦高祖之孫」，則高祖有服明矣，是以此注亦兼曾、高而説也。若然，此曾祖之內，合有高祖可知。不言者，見其同服故也。

「傳曰」至「尊也」 云「何以齊衰三月也」者，問者，怪其三月大輕，齊衰又重，故發問也。云「小功者，兄弟之服也」，案下記傳云凡「小功已下爲兄弟」，是以云「小功者，兄弟之服也」。云「不敢以兄弟之服服至尊也」者，傳釋服齊衰之意也。

注「正言」至「殺也」 云「正言小功者，服之數盡於五」者，自斬至緦是也。云「則高祖宜緦麻，曾祖宜小功也」，據爲父期而言。故三年問云：「何以至期也？曰：至親以期斷。是何也？曰：天地則已易矣，四時則已變矣，其在天地之中，莫不更始焉，以是象之也。」彼又云：「然則何以三年也？曰：加隆焉爾也。焉使倍之，故再期也。」

是本爲父母加隆至三年，故以父爲本而上殺下殺也，是故言爲高祖緦麻者，謂爲父期，爲祖宜大功，曾祖宜小功，高祖宜緦麻。又云「據祖期」，是爲父加隆三年，爲祖宜期，「曾祖宜大功，高祖宜小功」，故鄭云「高祖、曾祖皆有小功之差」。此鄭揔釋傳云「小功者，兄弟之服」，其中含有曾、高二祖而言之也。〔七〇〕又云「則曾孫、玄孫爲之服同也」者，曾祖中既兼有高祖，是以云曾孫、玄孫，各爲之齊衰三月也。云「重其衰麻，尊尊也」者，既不以兄弟之服服至尊，故云「重其衰麻」，謂以義服六升衰、九升冠，尊此尊者也。〔七一〕云「減其日月，恩殺也」者，謂減五月爲三月者，因曾、高於己非一體，恩殺故也。

大夫爲宗子。

【疏】「大夫爲宗子」　大夫尊，降旁親皆一等。尊祖故敬宗，是以大夫雖尊，不降宗子，爲之三月。宗子既不降，母、妻不降可知。

傳曰：何以服齊衰三月也？大夫不敢降其宗也。

【疏】「傳曰」至「其宗也」　以大夫於餘親皆降，獨不降宗子，故并服而問。荅云「不敢降其宗也」者，於餘親則降也。

舊君。〔七二〕大夫待放未去者。

【疏】「舊君」　注「大夫待放未去者」　此「舊君」以重出，故次在此也。鄭知此「舊君」是「待放未去」之「大夫」者，鄭據傳而言也。案上下四經，皆爲舊君，不言國。「庶人爲國君」，言「國」；「其妻、長子爲舊國君」言「國」，此「舊君」又不言國者，據繼在土地，而爲之服，正如爲舊君，止是不敢進同臣例，故服之三月，非爲土地，故不言國；庶人本繼土地，〔七三〕故言「國」也；其妻、長子本爲繼土地，故言「國」，此待放未去，本爲君埽其宗廟爲服，〔七四〕不繼土地，

故不言國也。

傳曰：大夫爲舊君，何以服齊衰三月也？大夫去，君埽其宗廟，〔七五〕故服齊衰三月也，言與民同也。何大夫之謂乎？〔七六〕言其以道去君，而猶未絶也。以道去君，爲三諫不從〔七七〕，待放於郊。未絶者，言爵禄尚有列於朝，出入有詔於國，妻、子自若民也。

【疏】「傳曰」至「絶也」　此爲舊君服，對前已去不服舊君，此雖未去，已在境而爲服，故怪其重，所以并服而問也。又餘皆不并人問，直云「何以齊衰」，唯此與「寄公」并人而問者，所怪深重者，并人而言，至如「寄公」，本是體敵，一朝重服，故并言「寄公」；〔七八〕此待放之臣，已在國境，可以不服而服之，〔七九〕故并言大夫也。

注「以道」至「若民也」　云「以道去君，謂三諫不從，待放」者，此以道去君，據三諫不從，在境待放，得環則還，得玦則去，如此者謂之「以道去君」。有罪放逐，若晉放胥甲父於衛之等，爲非道去君。云「未絶者，言爵禄有列於朝，出入有詔於國」者，下曲禮文。「爵禄有列」，謂待放大夫，舊位仍在。「出入有詔於國」者，謂兄弟、宗族猶存，吉凶之事書信往來，相告不絶。引之者，證大夫去，君埽其宗廟，詔使宗族祭祀，爲此大夫雖去，猶爲舊君服。若然，君不使埽宗廟，爵禄已絶，則是得玦而去，則亦不服矣。云「妻、子自若民也」者，此鄭還約上「大夫在外，其妻、長子爲舊國君」也。上下「舊君」皆不言士者，上「仕焉」者有士可知，是以傳亦不言大夫。次云「大夫在外」，言「大夫」者，以其士妻亦歸宗，與大夫同，其大夫長子，父在朝，長子得行大夫禮，未去爲君服斬，若士之長子與衆子同，父去子雖未去，即無服矣，與大夫長子異，故特言「大夫」也。此不言士者，此主爲待放未絶，大夫有此法，士雖有三諫不從出國之時，案曲禮踰竟，素服，乘髦馬，不蚤鬋，不御婦人，三月而後，即向他國，無待放之法，是出國即不服舊君矣，是以此舊君，〔八〇〕唯有大夫也。若然，不言公卿及孤者，詩云「三事大夫」，則三公亦號大夫，則大夫中揔

兼之矣。

曾祖父母爲士者，如衆人。傳曰：何以齊衰三月也？〔八一〕大夫不敢降其祖也。

【疏】「曾祖」至「其祖也」　問者以大夫尊，皆降旁親，今怪其服，故發問。經不言大夫，傳爲「大夫」解之者，以其言曾祖爲士者，故知對「大夫」下，爲之服，明知曾孫是大夫。

女子子嫁者、未嫁者，爲曾祖父母。

【疏】「女子子」至「未嫁」　此亦重出，故次在男子曾孫下也。但未嫁者同於前「爲曾祖父母」，今并言者，女子子有嫁逆降之理，故因已「嫁」，并言「未嫁」。

傳曰：嫁者，其嫁於大夫者也。未嫁者，其成人而未嫁者也。何以服齊衰三月？〔八二〕不敢降其祖也。言嫁於大夫者，明雖尊猶不降也。成人，謂年二十已笄醴者也。此著不降，〔八三〕明有所降。

【疏】注「言嫁」至「所降」　云「言嫁於大夫者，明雖尊猶不降也」者，以舉尊以見卑，欲明適士者以下，不降可知也。云「成人，謂年二十已笄醴者也」者，以其云「成人」，明據二十已笄，以醴禮之，若十五許嫁，亦笄，爲成人，亦得降，與出嫁同，但鄭據二十不許嫁者而言之。案上章爲祖父母，本無降理，不須言「不敢」，又女子子爲祖父母，〔八四〕傳亦不敢言降其祖者，〔八五〕至此乃言者，謂曾祖輕，尚不降，況祖父母重者，不降可知，是舉輕以見重也。云「此著不降，〔八六〕明有所降」者，案大功章「女子子嫁者、未嫁者爲世、叔父母」，如此類是有所

降也，餘者皆不次。

大功布衰裳，牡麻絰，無受者。大功布者，其鍛治之功麤沽之。

【疏】「大功」至「受者」　章次此者，以其本服齊衰、斬，爲殤死，降在大功，故在正大功之上，義齊衰之下也。不云月數者，下文有「纓絰」、「無纓絰」須言「七月」、「九月」，彼已見月，故於此畧之。且此經與前不同，前期章具文，於前杖章，下不杖章直言其異者，此殤大功章首爲文畧於正具文者，欲見殤不成人故，故前畧後具，〔八七〕亦見相參取義。云「無受」者，以傳云殤文「不縟」，〔八八〕不以輕服受之。

注「大功」至「沽之」　云「大功布者，其鍛治之功麤沽之」者，斬麤皆不言布與功，以其哀痛極，未可言布體與人功，〔八九〕至此輕，可以見之。言「大功」者，斬衰章傳云「冠六升」，不加灰，則此七升，言「鍛治」，可以加灰矣，但麤沽而已。若然，言「大功」者，用功麤大，故沽踈。其言小者，對大功，是用功細小。

子、女子子之長殤、〔九〇〕中殤。殤者，男女未冠笄而死可殤者，〔九一〕女子子許嫁，不爲殤也。○未冠，古亂反。

【疏】「子、女子子之長殤、中殤」　注「殤者」至「殤也」　「子、女子子」在章首者，以其父母於子哀痛情深，故在前。云「殤者，男女未冠笄」者，案禮記喪服小記云「男子冠而不爲殤，女子笄而不爲殤」，故知。「男女未冠笄而死可哀殤者，女子子許嫁，不爲殤」者，女子笄與男子冠同，明許嫁笄，雖未出，亦爲成人，不爲殤可知。兄弟之子亦同此而不別言者，以其兄弟之子猶子，明同於子，故不言。且中殤或從上，或從下，是則殤有三等。制服唯有二等者，欲使大功下殤有服故也。〔九二〕若服亦三等，則大功下殤無服故，〔九三〕聖人之意然也。

傳曰：何以大功也？〔九四〕未成人也。何以無受也？喪成人者其文縟，〔九五〕喪未成人者其文不縟，故殤之經不樛垂，〔九六〕蓋未成人也。〔九七〕年十九至十六爲長殤，十五至十二爲中殤，十一至八歲爲下殤，不滿八歲以下皆爲無服之殤。無服之殤，〔九八〕以日易月。以日易月之殤，殤而無服。故子生三月，則父名之，〔九九〕死則哭之，未名則不哭也。〔一〇〇〕縟，猶數也。其文數者，謂變除之節也。不樛垂者，不絞其帶之垂者，雜記曰：「大功以上散帶。」以日易月，謂生一月者，哭之一日也。殤而無服者，哭之而已。爲昆弟之子、女子子亦如之。凡言子者，可以兼男女。又云「女子子」者殊之，以子關適庶也。○文縟，音辱。不樛，〔一〇一〕居虯切。猶數，音朔，下同。散帶，悉但切。

【疏】「傳曰」至「不哭也」　云「何以大功也」問者，以成人皆期，今乃大功，故發問也。云「未成人也」者，荅辭，以其未成人，故降至大功。云「何以無受也」問者，以其成人至葬後，皆以輕服受之，今喪未成人即無受，故發問也。云「喪成人者其文縟」已下，荅辭，遂因廣解四等之殤年數之別，并哭與不哭，具列其文。但此殤次成人，是以從長以及下，與無服之殤。又三等殤，皆以四年爲差，取法四時穀物變易故也。又以八歲已上爲有服，七歲已下爲無服者，案家語本命云「男子八月生齒，八歲齔齒；女子七月生齒，七歲齔齒」，今傳據男子而言，故八歲已上爲有服之殤也。傳必以三月造名始哭之者，以其三月一時天氣變，有所識眄，〔一〇二〕人所加憐，故據名爲限也。云「未名則不哭也」者，不止依以日易月而哭，初死亦當有哭而已。

注「縟猶」至「庶也」　云「其文數者，謂變除之節也」者，成人之喪，既葬，以輕服受之，又變麻服葛，緦麻者除之；至小祥又以輕服受之，男子除於首，婦人除於帶，是有變除之數也；今於殤人喪象物不成，則無此變除之節數，月滿則除之。又云「不樛垂者，不絞帶之垂者」，〔一〇三〕凡喪至小斂，皆服未成服之麻，麻絰麻帶，〔一〇四〕大功以上散帶之垂者，至成服乃絞之，小功以下初而絞之；今殤大功亦於小斂服麻散垂，至成服後亦散不絞，以示未成人，故與成人異，亦無受之類，故傳云「蓋不成也」。〔一〇五〕引雜記者，證此殤大功有散帶，要至成服，則與成人異也。云「以日易月，謂生一月者，哭之一日也」，若至七歲，歲有十二月，則八十四日哭之。此既於「子、女子子」下發傳，則唯據父母於子，不關餘親。云「殤而無服，哭之而已」者，此鄭總解無服之殤以日易月哭之事也。云「昆弟之子、女子子亦如之」者，以其成人同是期，與衆子同，今經、傳不言者，以其亦猶子故也。云「凡言子者，可以兼男女」者，謂若期章云「子」，又云「昆弟之子」，是「子」中兼男女也。又云「女子子者，〔一〇六〕殊之，以子關適庶」，關，通也，爲「子」中通有長之適。若然，成人爲之斬衰三年，今殤死與衆子同者，以其殤不成人，與穀物未熟故同，入殤大功也，故別言「子」，見斯義也。王肅、馬融以爲日易月者，以哭之日易服之月，殤之期親則以旬有三日哭，緦麻之親者則以三日爲制。若然，哭緦麻三月喪與七歲同，又此傳承父母、子之下而哭緦麻孩子，疎失之甚也。

叔父之長殤、中殤。姑姊妹之長殤、中殤。昆弟之長殤、中殤。夫之昆弟之子、女子子之長殤、中殤。適孫之長殤、中殤。大夫之庶子爲適昆弟之長殤、中殤。公爲適子之長殤、中殤。大夫爲適子之長殤、中殤。公，君也，諸侯。大夫不降適殤者，重適也，天子亦如之。

【疏】「叔父」至「中殤」 自此盡「大夫庶子爲適昆弟之長殤」，〔一〇七〕中殤」，皆是成人齊衰、朞，長殤、中殤，殤降一等在功，〔一〇八〕故於此摠見之，又皆尊卑爲前後，次第作文也。云「公爲適子」、「大夫爲適子」，皆是正統成人斬衰，今爲殤死，不得著代，故入大功。特言「適子」者，天子、諸侯於庶子則絶而無服，大夫於庶子降一等，故於此不言，唯言「適子」也。若然，二「適」在下者，亦爲重出其文故也。

注「公君」至「如之」 云「公，君也」者，直言「公」，恐是公士之公，及三公與孤皆號公，故訓爲「君」，見是五等之君，故言「諸侯」。言天子「亦如之」者，以其天子與諸侯同絶宗故也。

其長殤皆九月，纓絰。其中殤七月，不纓絰。絰有纓者，爲其重也。自大功以上絰有纓，以一條繩爲之，小功已下，絰無纓也。○爲其，于僞反。

【疏】「其長殤」至「纓絰」 注「絰有」至「纓也」 絰之有纓，所以固絰，猶如冠之有纓以固冠，亦結於頤下也。五服之正，無七月之服，唯此大功中殤有之，故禮記云：「九月、七月之喪，三時」是也。云「絰有纓者，爲其重也」者，以經云「九月，纓絰」，「七月，不纓絰」，故知絰有纓，爲其情重故也。「自大功已上絰有纓」，此鄭廣解五服有纓、無纓之事，但諸文唯有「冠纓」，不見絰有纓之文，鄭檢此經長殤有纓法，則知成人大功已上「絰有纓」明矣。〔一〇九〕鄭知「一條繩爲之」者，見斬衰「冠繩纓」，通屈一條繩，屈之武，〔一一〇〕垂下爲纓〔一一一〕故知此絰之纓，亦通屈一條，屬之絰，垂下爲纓可知。「小功已下，絰無纓也」者，亦以此經「中殤七月」絰無纓，明小功五月已下「絰無纓」可知。

大功布衰裳，〔一一二〕牡麻絰，纓，布帶，三月，受以小功衰，即葛，九月者。〔一一三〕受，猶承也。

傳曰：大功布九升，小功布十一升。此受之下也，以發傳者，明受盡於此也。又受麻絰以葛絰，間傳曰：「大功之葛，與小功之麻同。」凡天子、諸侯、卿大夫既虞，〔一一四〕士卒哭而受服。正言三月者，天子、諸侯無大功，主於大夫、士也。此雖有君，爲姑姊妹、女子子嫁於國君者，非内喪也。古文依此禮也。〔一一五〕

【疏】「大功」至「月者」　注「受猶承也」　此成人大功章輕，於前殤章既畧，於此具言。〔一一六〕

「傳曰」至「十一升」　注「此受之」至「禮也」　云「大功布九升，小功布十一升」者，此章有降有正有義，降則衰七升，冠十升；正則衰八升，冠亦十升；義則衰九升，冠十一升。十升者降小功，十一升者正小功。傳以受服，不言降大功與正大功，直言義大功之受者，鄭云「此受之下」，正據「受之下」發傳者，明受盡於此義服大功。以其小功至葬，唯有變麻服葛，因故衰無受服之法，〔一一七〕故傳據義大功而言也。云「又受麻絰以葛絰」者，言受衰、麻俱受，而傳唯發「衰」，不言受麻以葛，〔一一八〕故鄭解之，云「又受麻以葛絰」。引間傳者，證經大功既葬，其麻絰受以小功葛者，以其大功既葬，變麻爲葛，五分去一，大小與小功初死同，即間傳云大功之葛，小功之麻，同一也，故引之爲證耳。云「凡天子、諸侯、卿大夫既虞，〔一一九〕士卒哭而受服」者，以於斬章釋訖，言此者，欲見天子七月而葬，諸侯五月而葬，虞而受服。若然，經正「三月」者，〔一二〇〕以其天子、諸侯絶旁朞，無此大功喪。以此而言，經言「三月」者，主於大夫、士三月葬者。若然，大夫除死月數，亦得爲三月也。云「此雖有君，爲姑姊妹、女子子嫁於國君者，非内喪也」者，彼國自以五月葬後服此，諸侯爲之，自以三月受服，同於大夫、士，故云「主於大夫、士也」。

姑姊妹、女子子適人者。

【疏】「姑姊」至「人者」　此等並是本朞，出降大功，故次在此。

傳曰：何以大功也？出也。出必降之者，蓋有受我而厚之者。

【疏】「傳曰」至「出也」 問之者，以本朞，〔一二一〕今大功，故發問也。注「出必」至「之者」 案檀弓云「姑姊妹之薄也，蓋有受我而厚之者也」，鄭取以爲説。若然，女子子出降，亦同受我而厚之，皆是於彼厚夫，自爲之禫杖朞，故於此薄，爲之大功。〔一二二〕

從父昆弟。〔一二三〕世父、叔父之子也。其姊妹在室亦如之。

【疏】「從父昆弟」 注「世父」至「如之」 昆弟親爲之朞，〔一二四〕此「從父昆弟」降一等，故次「姑姊妹」之下。云「其姊妹在室亦如之」者，義當然也。謂之「從父昆弟」，世叔父與祖爲一體，又與己父爲一體，緣親以致服，故云「從」也，降於親兄弟一等，是其常，故不傳問。

爲人後者，爲其昆弟。

【疏】「爲人」至「昆弟」 在此者，以其小宗之後，大宗欲使厚於大宗之親，故抑之，〔一二五〕在「從父昆弟」之下。

傳曰：何以大功也？爲人後者，降其昆弟也。〔一二六〕

【疏】「傳曰」至「昆弟也」 案下記云「爲人後者，於兄弟降一等」者，〔一二七〕故大功也。若然，於本宗餘親，皆降一等也。

庶孫。男女皆是。下殤小功章曰「爲姪，庶孫丈夫、婦人」同。

【疏】「庶孫」 注「男女」至「人同」 卑於昆弟，故次之。庶孫從父而服祖朞，故祖從子而服孫大功，降一等，亦是其常，故傳亦不問也。云「男女皆是」者，女孫在室與男孫同，其義然也。引殤小功者，欲見彼殤既男女同，證此成人同不異也。

校勘記

〔一〕而有嫁者　阮校云通解、要義同，毛本「而」作「亦」。

〔二〕異居則服齊衰三月　武威簡甲、乙本無「服」字，「月」下唐石經有「也」字。

〔三〕爲之築宫廟於家門之外　阮校云「家門之外」通典作「家之門外」。

〔四〕夫不可二　黄刊嚴州本、徐本同，毛本「夫」作「天」。

〔五〕仍是具　阮校云要義同，毛本、通解「仍是」作「皆」。

〔六〕後或繼父有子　阮校云通解、要義同，毛本「後」上有「其」字。

〔七〕如此父死爲之齊衰三月　阮校云通解、要義同，毛本「如」作「知」。今按依文意，作「如」是。

〔八〕祭法云庶人祭於寢也　今按「庶人祭於寢」乃王制文，非祭法文，疏誤；也可能「祭法」指祭祀之法，非禮記祭法篇。

〔九〕問比例者　阮校云陳本、要義同，毛本「比」作「此」。

〔一〇〕姑姊妹報　武威簡甲、乙本無此四字。

〔一一〕女子子間在上不言報者　阮校云陳、閩、通解、要義同，毛本「間」作「問」。

〔一二〕謂其無祭主者也　武威簡甲、乙本無「謂其」二字，「也」上脱「者」字。

〔一三〕爲其無祭主故也　武威簡甲、乙本無「故」字。

〔一四〕不服加　阮校云「不服」要義作「不復」。

〔一五〕若言嫁之嫁之乃嫁於大夫　阮校云要義同，毛本、通解無「之嫁之」三字。

〔一六〕則其父若祖有廢疾　阮校云徐本、通典、集釋、通解、楊氏、敖氏同，毛本無「祖」字。

〔一七〕父爲君之孫　阮校云「孫」上通典有「子」字。

〔一八〕必以今君受國於曾祖　阮校云「以」要義作「於」。今按作「於」似誤。

〔一九〕不取受國於祖者若今君受國於祖　阮校云下八字今本俱脱，要義有，但無上六字。按通解、楊氏此處俱經删潤，尚存下七字。今按依文意，當以單疏爲是。

〔二〇〕與婦之事舅姑等　武威簡甲、乙本「舅」作「咎」，丙本作「晷」。今按士昏禮鄭注：「古文舅皆作咎。」

〔二一〕必無服者　阮校云毛本無「必無服」三字。

〔二二〕使如事舅姑故婦事舅姑在下　阮校云通解同，毛本無「故婦事舅姑」五字。

〔二三〕與子判合　阮校云陳本、通解同，毛本「判」作「牉」。

〔二四〕世叔之下　阮校云「叔」下要義有「父」字。

〔二五〕大夫之子　黄刊嚴州本、徐本、集釋俱經傳合爲一節，注揔在傳後，與單疏標目合，通解、楊氏俱同毛本。

〔二六〕女子子無主者　武威簡丙本無「者」字，甲、乙本服傳同。阮校云「女子子」下通典有「適人」二字。今按此二字不當有。

〔二七〕爲其父母期故言不報也　武威簡甲、乙本無「其」字，「言不」二字誤倒。

〔二八〕何以期也　武威簡甲、乙本「以」下有「服」字。

〔二九〕凡六命夫　阮校云「命」通典作「大」。按經、傳皆以「大夫」與「命婦」對言，此「命」字當依通典作「大」。今按疏亦作「大夫」，但下文又解釋「六命夫」是哪六種，故據文意，當以「命」字爲是，參看〔三九〕條。

〔三〇〕傳以爲主謂女子子　阮校云徐本、通典、集釋、通解、楊氏同，毛本作「傳唯據女子子」。

〔三一〕既以出降　阮校云徐本、通典、集釋、通解同，與疏合，毛本「以」作「已」，「降」下有「大功」二字，徐本、集釋

俱無，與述注合，通典、通解有，通典「大」上有「在」字。按以下句考之，則此句當依通典。

〔三二〕妻貴於室　阮校云徐本、通典、集釋、通解同，毛本「妻」作「婦」。

〔三三〕爲此六命夫六命婦服期不降之事　「命」原作「大」，阮校云通解同，毛本「大」字作「命」。按「大」與通典合。此據毛本改。

〔三四〕故傳據父爲大夫爲本　阮校云毛本「據」下有「其」字。

〔三五〕此中無士與士妻　阮校云下「士」字毛本作「主」。

〔三六〕經云命夫命婦　阮按經不云「命夫」，此「命夫」亦當作「大夫」。今按阮説似非。

〔三七〕但是大夫大夫妻　阮校云要義同，毛本「大夫」不重出。

〔三八〕皆是命夫命婦也　阮校云要義同，毛本無「命夫」二字。按疏内惟此「命夫」不誤，蓋此乃作疏者解説之詞，非述經注也。

〔三九〕六命夫　「命」原作「大」，阮校云毛本「大」作「命」。今按據注應作「命」，此改。

〔四〇〕六命夫謂世父一也　阮按上句述注既作「大夫」，則此句「命」字亦當作「大」。

〔四一〕故知唯據此四人而言也云其有祭主者如衆人者自爲大功矣　阮校云下十六字毛本脱，通解有「其有祭主者自爲大功矣」十字。

〔四二〕既以出降　阮校云毛本「降」下有「大功」二字。

〔四三〕何以期也　武威簡甲、乙本「期」作「基」。

〔四四〕大夫不敢降其祖與適也　武威簡甲本無「大夫」、「敢」、「與」四字，乙本唯無「與」字。

〔四五〕不敢降其祖與適　阮校云通典無「敢」字，與疏合。今按疏述經文，經有「敢」字，武威簡乙本亦有，則或爲

疏之遺漏，而注不誤。

〔四六〕得爲其父母遂也　武威簡甲、乙本無「也」字。

〔四七〕豈可女君降其父母　阮校云要義同，毛本無「可」字。

〔四八〕無受者　武威簡丙本「受」作「綬」，甲、乙本服傳同。

〔四九〕又有舊君舊君中兼天子諸侯　阮校云「舊君」二字毛本、通解不重出。今按依文意二字當重出。

〔五〇〕寄公爲所寓　武威簡丙本「寓」字作「禺」，甲、乙本服傳同。今按禺、寓古今字。

〔五一〕又反服之　阮校云徐本、通典、集釋、敖氏同，毛本「反」作「更」。按疏云「至葬更服」。

〔五二〕等是諸侯　阮校云「等」毛本作「尊」，今按作「等」是。

〔五三〕黜爵削地削地盡　阮校云要義同，毛本「削地」二字不重出。

〔五四〕丈夫　「夫」武威簡甲本誤作「人」，乙本不誤。

〔五五〕敬宗者　武威簡甲本無「者」字，乙本已殘。

〔五六〕則不爲宗子之妻服也　武威簡甲本無「也」字，乙本殘。

〔五七〕八十齊喪之事不與　阮校云要義同，毛本、通解「喪」作「衰」。按王制是「喪」字，通解非也。今按「不與」王制作「弗及」。

〔五八〕仕焉而已者也　武威簡甲、乙本「仕」作「士」，無「也」字。

〔五九〕且今義已斷　阮校云要義、楊氏同，毛本「且」作「但」。

〔六〇〕是致仕之中有二也　阮校云要義同，毛本無「是致仕」三字。

〔六一〕庶人爲國君　武威簡丙本同，甲、乙本服傳則删此五字。

〔六二〕庶人或有在官者　阮校云通典作「庶人或有自在宫者」，下有「謂工匠之屬也」六字。今按通典非是，注暗用王制之文。

〔六三〕可以無服矣　阮校云陳本、通解同，毛本「矣」作「也」。

〔六四〕繼父不同居者　武威簡丙本脱「者」字，甲、乙本服傳六字俱删。

〔六五〕繼父已於期章釋了　阮校云毛本、通解「了」作「訖」，楊氏誤作「子」。

〔六六〕何以齊衰三月也　武威簡甲、乙本「以」下有「服」字。

〔六七〕服至尊也　「至尊」武威簡乙本作「尊者」，甲本已殘。

〔六八〕宜大功　阮校云徐本、通典、集釋、通解、楊氏同，毛本無「宜」字。

〔六九〕高祖曾祖　阮校云通典作「曾祖高祖」。盧文弨云通典先「曾」後「高」，與下言「曾孫玄孫」語相貫。

〔七〇〕其中含有曾高二祖而言之也　阮校云要義同，毛本、通解「曾高」作「高曾」。按「曾高」正與通典所引注合。

〔七一〕尊此尊者也　阮校云通解、要義同，毛本「尊此」作「此尊」，毛本是。汪文臺識語云疏因注「尊尊」析言之，毛本非。今按汪説是。

〔七二〕舊君　武威簡乙本删此二字，甲本已殘。

〔七三〕庶人本繼土地　阮校云「土」毛本作「上」。今按作「上」誤。

〔七四〕埽其宗廟　阮校云要義同，毛本「埽」作「歸」，下節疏並同。

〔七五〕埽其宗廟　武威簡乙本「埽」作「騒」，甲本殘。阮校云毛本「埽」作「歸」。今按埽、騒通用，「歸」字顯誤。

〔七六〕何大夫之謂乎　武威簡甲、乙本「乎」作「也」。

〔七七〕爲三諫不從　阮校云徐、陳、通解、楊氏同，毛本、通典、集釋「爲」俱作「謂」。

〔七八〕故并言寄公　阮校云毛本無「故」字。

〔七九〕可以不服而服之　阮校云陳、閩俱無「而服」二字。

〔八〇〕是以此舊君　阮校云通解同，毛本無「此」字。

〔八一〕何以齊衰三月也　武威簡甲、乙本無「齊衰三月」四字。

〔八二〕齊衰三月　武威簡甲、乙本「月」下有「也」字。

〔八三〕此著不降　「此著」，黄刊嚴州本作「止者」，黄氏校録云嚴本誤。毛本「著」作「者」。徐本、集釋作「此著」。今按徐本是。

〔八四〕又女子子爲祖父母　阮校云陳、閩「又」作「及」，毛本無「母」字，通解有。

〔八五〕傳亦不敢言降其祖父母傳不言不敢降其祖者　阮校云毛本無「者」字。按此二句疑有誤，當云：「傳亦不言不敢降其祖」。諸本衍九字，此本「者」字亦衍。通解祇有「傳不言不敢降」六字。又按前「女子子」傳明言「不敢降其祖也」，此疏云云，亦不可解。

〔八六〕云此著不降　阮校云通解同，毛本「著」作「者」。

〔八七〕欲見殤不成人故故前略後具　阮校云毛本不重「故」字。

〔八八〕殤文不縟　阮校云「文」毛本作「女」。今按此即下傳「喪未成人者其文不縟」，毛本非是。

〔八九〕人功　阮校云毛本、通解「人」作「大」。

〔九〇〕子女子子　武威簡甲、乙本服傳同，丙本「女子」二字誤重。

〔九一〕可殤者　阮校云戴校集釋改「殤」爲「傷」。按疏云「可哀殤者」，亦當爲「可哀傷者」。

〔九二〕欲使大功下殤有服故也　阮校云陳本、通解同，毛本「殤」作「爲」。

〔九三〕則大功下殤無服故　阮校云毛本、通解「故」作「矣」。

〔九四〕何以大功也　「以」下武威簡甲、乙本有「服」字。

〔九五〕其文縟　「縟」武威簡甲、乙本作「儒」。沈文倬異文釋云「儒」蓋聲之誤。

〔九六〕殤之絰不樛垂　武威簡甲本「殤」誤作「喪」，「樛」作「滲」，乙本殘。瞿中溶云「樛」石本原刻作「摎」，從手旁。

〔九七〕蓋未成人也　武威簡甲本作「蓋弗成也」，乙本殘。

〔九八〕皆爲無服之殤無服之殤　阮校云毛本「爲」上無「皆」字，唐石經以下諸本皆有。武威簡甲、乙本不重「無服之殤」四字，沈文倬以爲重者是。

〔九九〕父名之　「名」武威簡甲、乙本作「命」。

〔一〇〇〕未名則不哭也　「名」武威簡甲、乙本作「命」，「不」武威簡甲、乙本作「弗」。又此句下有「叔父之長殤……七月不纓絰」九十二字經文，武威簡甲、乙本俱删。

〔一〇一〕不樛　黄焯彙校引段云：依玉篇引「樛」當從手。

〔一〇二〕有所識盻　阮校云要義同，毛本作「盼」，陳、閩、監本、通解俱作「眄」。按玉篇云：「眄，俗作盻」，説文「眄，目偏合也」，俗以眄、盻、盼混爲一字，故遂誤爲盻、盼，宜作眄。

〔一〇三〕不絞帶之垂者　阮校云要義同，毛本、通解無「者」字。

〔一〇四〕麻絰麻帶　阮校云要義同，毛本無「麻絰」二字。

〔一〇五〕蓋不成也　阮校云要義同，毛本作「蓋未成人也」，閩本作「蓋未成人也」。今按毛本與傳合。

〔一〇六〕又云女子子者　阮校云毛本「又」作「及」，通解無「及」字，亦無「又」字。

〔二〇七〕自此盡大夫庶子　阮校云「自此盡」通解、楊氏俱作「自叔父至」。

〔二〇八〕殤降一等在功　阮校云「殤降」二字楊氏倒，要義無「殤」字。「在功」二字要義、楊氏同，毛本、通解「在」下有「大」字。

〔二〇九〕則知成人大功已上經有纓明矣　阮校云陳本、通解同，毛本「上」作「下」。

〔二一〇〕通屈一條繩屈之武　阮校云通解、毛本「屈之武」作「爲武」，聶氏作「屬之於武」。按此本「屈」字蓋「屬」字之誤；通解作「爲武」，與前注合。

〔二一一〕垂下爲纓　「纓」字原無，阮校云「爲」下單疏脱一「纓」字，應據聶氏、通解、毛本補入。今按阮説是此據補。然阮本在下句「亦通屈一條，屬之經，垂下爲纓」末字旁加一「▲」，似位置不妥。

〔二一二〕大功布衰裳　武威簡丙本「裳」下有「帶」字，甲、乙本無，與今本同。

〔二一三〕即葛九月者　武威簡甲、乙本脱「即」字，丙本殘。丙本無「者」字，甲、乙本有。

〔二一四〕凡天子諸侯卿大夫既虞　阮校云自此以下五十四字，徐本、集釋俱在此節注末，與此本合，通解、楊氏俱在上節，與毛本同。盧文弨云金曰追亦謂脱誤在上，文弨細審當以在上者爲是，宋本不可從。按此亦可爲傳、注連寫之證，經下注云「受猶承也」，即載傳而釋之曰「此受之下也」，經注與傳注一氣相承，以下或釋經，或釋傳，皆發明受服之意，此注之變例，不必與他節同也。

〔二一五〕古文依此禮也　阮校云毛本脱此六字，徐本、集釋俱有，與單疏合，通解、楊氏俱無。戴校集釋云「古文」下當有脱誤。

〔二一六〕於此具言　阮校云通解同，毛本「具」作「其」。今按「具」字是。

〔二一七〕受服之法　阮校云「受」陳、閩俱作「之」。

〔一一八〕不言受麻以葛　阮校云要義、楊氏同，毛本無「以」字。

〔一一九〕云凡天子諸侯卿大夫既虞　阮校云自此至末共一百五十四字毛本在上節注下。

〔一二〇〕經正三月者　阮校云毛本、通解、楊氏「正」下有「言」字。

〔一二一〕以本朞　阮校云毛本「以」下有「其」字。

〔一二二〕故於此薄爲之大功　阮校云通解、楊氏同，毛本「此」下有「從」字，「功」下有「也」字。

〔一二三〕從父昆弟　此四字武威簡甲、乙本俱删。

〔一二四〕昆弟親爲之朞　阮校云「昆」字要義作「兄」。今按「昆」字是。

〔一二五〕故抑之　阮校云陳、閩、監本、通解同，毛本「抑」作「次」。

〔一二六〕降其昆弟也　武威簡甲、乙本無「也」字。

〔一二七〕於兄弟降一等者　阮校云要義同，毛本、通解「兄」作「昆」。今按喪服記作「兄」，「昆」字誤。

儀禮注疏卷第三十二

唐朝散大夫行大學博士弘文館學士臣賈公彦等撰

適婦。適婦，適子之妻。

【疏】注「適婦適子之妻」　疏於孫，故次之。其婦從夫而服其舅姑期，其舅姑從子而服其婦大功，降一等者也。

傳曰：何以大功也？不降其適也。婦言適者，從夫名。

【疏】此傳問者，以其適庶之子，其妻等是婦，而爲庶婦小功，特爲適婦服大功，故發問也，荅「不降其適」故也。若然，父母爲適長三年，今爲適婦不降一等服期者，長子本爲正體於上，故加至三年，婦直是適子之妻，無正體之義，故直加於庶婦一等，大功而已。

女子子適人者，爲衆昆弟。〔一〕父在則同，父没乃爲父後者服期也。

【疏】前云「姑姊妹、女子子」出適在章首者，情重故。至此「女子子」反「爲昆弟」在此者，抑之欲使厚於夫氏，故次在此也。爲本親降一等，是其常，故無傳也。云「父没，乃爲父後者服期也」者，不杖章所云是也。

姪丈夫、婦人，報。〔二〕爲姪男女服同。○姪，大結反，字林丈一反。

【疏】注「爲姪男女服同」　姪卑於昆弟，故次之。不言男子、女子，而言「丈夫、婦人」者，姑與姪在室、出嫁同，以姪女言「婦人」，見嫁出，因此謂姪男爲「丈夫」，亦見長大之稱，是以鄭還以「男女」解之。

傳曰：姪者何也？謂吾姑者，〔三〕吾謂之姪。

【疏】云「謂吾姑者，吾謂之姪」者，名唯對姑生稱，若對世叔，唯得言昆弟之子，不得姪名也。

夫之祖父母、世父母、叔父母。

【疏】以其義服，故次在此，記云爲夫之兄弟降一等，此皆夫之朞，故妻爲之大功也。〔四〕

傳曰：何以大功也？從服也。夫之昆弟何以無服也？其夫屬乎父道者，妻皆母道也；其夫屬乎子道者，妻皆婦道也。謂弟之妻婦者，是嫂亦可謂之母乎？〔五〕故名者人治之大者也，〔六〕可無慎乎！〔七〕道，猶行也，言婦人棄姓，無常秩，嫁於父行則爲母行，嫁於子行則爲婦行。〔八〕謂弟之妻爲婦者，卑遠之，故謂之婦。嫂者尊嚴之稱，是嫂亦可謂之母乎？〔九〕嫂，猶叟也，叟，老人稱也，〔一〇〕是爲序男女之別爾。若己以母、婦之服服兄弟之妻，兄弟之妻以舅子之服服己，則是亂昭穆之序也。治，猶理也。父母、兄弟、夫婦之理，人倫之大者，可不慎乎！大傳曰：「同姓從宗，合族屬，異姓主名，治際會。名著而男女有別。」○嫂，本又作㛐同，〔一一〕素早反。人治，直吏反，注治猶同。猶行，户郎反，下同。卑遠，于萬反。猶傻，素口反。人稱，尺證反。之別，彼列反，〔一二〕下有別并傳同。

【疏】「傳曰」至「慎乎」　問者怪無骨肉之親，而重服大功，故致問也。荅「從服也」，從夫而服，故大功也。若然，夫之祖

父母、世父母爲此妻著何服也？案下緦麻章云婦爲「夫之諸祖父母報」，〔一三〕鄭注謂夫所服「小功」者，則此夫所服朞，不報限。〔一四〕王肅以爲父爲衆子朞，妻小功，爲兄弟之子朞，其妻亦小功；以其兄弟之子猶子，引而進之，進同己子，明妻同可知。「夫之昆弟何以無服」已下，摠論兄弟之妻，不爲夫之兄弟服，夫之兄弟不爲兄弟妻服之事。云「其夫屬乎父道者，妻皆母道也；其夫屬乎子道者，妻皆婦道也」，此二者尊卑之叙，並依昭穆相爲服，即此經爲夫之世、叔父母服是也。云「謂弟之妻婦者，是嫂亦可謂之母乎」者，此二者欲論不著服之事。若著服，則相親近于淫亂，故不著服；推而遠之，遠乎淫亂，故無服也。又云「名者，人治之大者也，可無慎乎」者，欲明母之與婦，本是路人，今來嫁于父子之行，則生母、婦之名，既名母、婦，即有服，有服則相尊敬，遠于淫亂者也，是母、婦之名，人理之大，可不慎乎？當慎之。若然，兄弟之妻，本無母、婦之名，名兄妻爲嫂者，尊嚴之稱；名弟妻爲婦，與子妻同號者，推而遠之，下同子妻也。是兄弟妻既無母、婦之名，今名爲嫂、婦者，假作此號，使遠于淫亂，故不相爲服也。

注「道猶」至「有別」　云「謂弟之妻爲婦者，卑遠之，故謂之婦」者，使下同子妻，則本無婦名，假與子妻同，遠之也。云「嫂者，尊嚴之稱，是嫂亦可謂之母乎」者，此因弟妻名爲婦，以致斯問，言不可也。云「嫂，猶叟也，叟，老人稱也」者，叟有兩號，若孔注尚書「西蜀叟」，叟是頑愚之惡稱；若左氏傳云「趙叟在後」，叟是老人之善名，是以名爲嫂，嫂，婦人之老稱，故云「老人之稱」。云「是爲序男女之別爾」者，謂不名兄妻爲母，是次序昭穆之別也。云「若己以母、婦之服服兄弟之妻，兄弟之妻以舅子之服服己，則是亂昭穆之序也」者，此解不得之意。何者？以弟妻爲婦，即以兄妻爲母，而以母服服兄妻，又以婦服服弟妻，又使妻以舅服服夫之兄，又使兄妻以子服服己夫之弟，則兄弟反爲父子，亂昭穆之次序，故不得以兄妻爲母者也。故聖人深塞亂源，使兄弟之妻本無母、婦之名，不相爲服也。引大傳者云〔一五〕「同姓從宗，合族屬」者，謂大宗子同是正姓姬、姜之類，〔一六〕屬，聚也，合聚族人於宗子之

家，在堂上行食燕之禮，即繫之以姓而弗別，綴之以食而弗殊是也；又云「異姓主名，治際會」者，主名謂母與婦之名，治，正也，際，接也，以母、婦正接之會聚，則宗子之妻，食燕族人之婦於房是也；云「名著而男女有別」者，謂母、婦之名明著，則男女各有分別，而無淫亂也。

大夫爲世父母、叔父母、子昆弟、昆弟之子爲士者。〔一七〕子，謂庶子。

【疏】注「子謂庶子」　大夫爲此八者本朞，今以爲士，故降至大功，亦爲重出此文，故次在此也。云「子，謂庶子」者，若長子在斬章，故謂庶子也。

傳曰：何以大功也？尊不同也。尊同則得服其親服。尊同，謂亦爲大夫者。親服，期。

【疏】注「尊同」至「服期」　「尊同，謂亦爲大夫者」，經言「大夫爲」之，明「尊同」，是「亦爲大夫」也。云「親服，期」者，此八者並見期章是也。

公之庶昆弟、大夫之庶子，爲母、妻、昆弟。〔一八〕公之庶昆弟，則父卒也。大夫之庶子，則父在也。其或爲母，謂妾子也。

【疏】云「公之庶昆弟、大夫之庶子」者，此二人各自爲母、妻，爲昆弟服大功，此並受厭降，卑於自降，故次在自降人之下。

注「公之」至「子也」　若云公子，是父在，今繼兄而言「昆弟」，〔一九〕故知「父卒」也。又公子父在爲母、妻在五服之外，今服大功，故知「父卒」也。云「大夫之庶子，則父在也」者，以其繼父而言，又大夫卒，子爲母妻得伸，今但大功，故知「父在」也。云「其或爲母，謂妾子也」者，以其爲妻、昆弟其禮並同，又於適妻，君大夫自不降，其子皆得

伸，今在大功，明妾子自爲己母也。

傳曰：何以大功也？先君餘尊之所厭，不得過大功也。〔二〇〕大夫之庶子，〔二一〕則從乎大夫而降也。父之所不降，〔二二〕子亦不敢降也。言從乎大夫而降，則於父卒如國人也。昆弟，庶昆弟也。舊讀昆弟在下，其於厭降之義，宜蒙此傳也，是以上而同之。父所不降，謂適也。○上而，時掌反。

【疏】「傳曰」至「降也」　問者怪此等皆合重服期，今大功，故發問也。荅云「先君餘尊之所厭，不得過大功也」者，此直荅公之庶昆弟，以其公在爲母、妻厭，在五服外，公卒，猶爲餘尊之所厭，不得過大功。其大夫之子，據父在有厭，從於大夫，降一等。大夫若卒，則得伸，無餘尊之厭也。云「父之所不降，子亦不敢降也」者，此傳云「而降」，遂言「不降」者也。此傳雖文承「大夫」下，亦兼解公之昆弟，未悉公爲何人不降，弟公不降，子亦不降，與大夫同也。注「言從」至「適也」　以大夫尊少，身在降一等，身没其庶子則得伸，如國人也。云「昆弟，庶昆弟也」者，若適則在「父之所不降」之中，故知「庶昆弟也」。云「舊讀『昆弟』在下，其於厭降之義，宜蒙此傳也，是以上而同之」者，言「舊讀」，謂鄭君以前馬融之等以「昆弟」二字抽之在傳下，今皆易之在上；鄭檢經義，「昆弟」乃是「公之庶昆弟、大夫之庶子」所爲者；父以尊降庶子，則庶子亦厭而爲昆弟大功，是知宜蒙此傳，則「昆弟」二字當在傳上，與母、妻宜蒙此傳同，爲厭降之文，不得如舊讀也。〔二三〕云「父所不降，謂適也」者，不指不降之人，而云「謂適」者，欲見適中非一，謂父爲適妻、適子之等皆是也。

皆爲其從父昆弟之爲大夫者。皆者，言其互相爲服，尊同則不相降。其爲士者，降在小功。適子爲之，亦如之。○相爲，于僞反，下其爲、爲之，下文所爲同。

【疏】注「皆者」至「如之」　此文承上「公之庶昆弟、大夫之庶子」之下，則是上二人爲此「從父昆弟之爲大夫者」，以其二人爲父所厭降親，今此「從父昆弟爲大夫」，故此二人不降而服大功，依本服也。言「皆」者，鄭云「互相爲服」者，以彼此相爲同是「從父昆弟」相爲著服，故云「皆」互相見之義故也。云「其爲士者，降在小功」者，降一等故也。云「適子爲之，亦如之」者，雖適不降同故也。

爲夫之昆弟之婦人子適人者。婦人子者，〔二四〕女子子也。不言女子子者，因出見恩疏。○見恩，賢遍反，下以見同。

【疏】注「婦人」至「恩疏」　此亦重出，故次「從父昆弟」下。此謂世叔母爲之服在家期，出嫁大功。云「不言女子子者，因出見恩疏」者，女，在家室之名，是親也。婦者，事人之稱，是見疏也。今不言女與母，而言「夫之昆弟」與「婦人子」者，是「因出見恩疏」故也。

大夫之妾爲君之庶子。下傳曰「何以大功也？妾爲君之黨服，得與女君同」，指爲此也。妾爲君之長子亦三年，〔二五〕自爲其子期，異於女君也。士之妾爲君之衆子亦期。

【疏】注「下傳」至「亦期」　妾爲君之庶子，輕於爲夫之昆弟之女，故次之。引「下傳曰『何以大功也，妾爲君之黨服，得與女君同』，指爲此也」者，彼傳爲此經而作，故云「指爲此」。在下者，鄭彼云「文爛在下爾」故也。云「妾爲君之長子亦三年」者，妾從女君服，得與女君同，故亦同女君三年。又云「自爲其子期，異於女君也」者，以其女君從夫，降其庶子大功，夫不厭妾，故自服其子期，是異於女君也。云「士之妾爲君之衆子亦期」，謂亦得與女君期者，亦是與己子同故也。

女子子嫁者、未嫁者，〔二六〕爲世父母、叔父母、姑、姊妹。舊讀合「大夫之妾爲君之庶子、女子子嫁者、未嫁者」，言

大夫之妾爲此三人之服也。

【疏】注「舊讀」至「服也」 此是女子子逆降旁親，又是重出，故次之於此。 知逆降者，此經云「嫁者」爲世父已下出降大功，自是常法，更言「未嫁者」亦爲世父已下，非未嫁逆降如何。云「舊讀合『大夫之妾爲君之庶子、女子子嫁者、未嫁者』，言大夫之妾爲此三人之服也」者，此馬融之輩舊讀如此。鄭以此爲非，故此下注破之也。

傳曰：嫁者，其嫁於大夫者也。未嫁者，成人而未嫁者也。何以大功也？妾爲君之黨服，〔二七〕得與女君同。下言爲世父母、叔父母、姑、姊妹者，謂妾自服其私親也。〔二八〕此不辭，即實爲妾遂自服其私親，當言「其」以明之。〔二九〕齊衰三月章曰「女子子嫁者、未嫁者，爲曾祖父母」，經與此同，足以明之矣。傳所云「何以大功也？妾爲君之黨服，得與女君同」，文爛在下爾。女子子成人者，有出道降旁親，及將出者，明當及時也。

【疏】云「嫁者，其嫁於大夫者也。未嫁者，成人而未嫁者也」，此二者依鄭爲世父已下七人本服皆期，未嫁者逆降之，服大功也。云「何以大功也？妾爲君之黨服，得與女君同」者，此傳當在上「大夫之妾爲君之庶子」下，爛脱誤在此，但「下言」二字及「者謂妾自服其私親也」九字，總十一字，既非子夏自著，又非「舊讀」者自安，是誰置之也？今以義，必是鄭君置之。鄭君欲分別舊讀者如此意趣，然後以注破之。云「此不辭」者，謂此分別文句，不是解義言辭也。云「即實爲妾遂自服其私親，當言其以明之」者，此鄭欲就舊章讀破之。案不杖期章云「女子子適人者，爲其父母、昆弟之爲父後者」也，又云「公妾以及士妾，爲其父母」，自爲其親，皆言「其」，以明妾爲私親。今此不言其，明非妾爲私親。一人逆降，一人合降，不得合云「二人」，是二人爲此七人等逆降者。又引「齊衰三月章曰：『女子

子嫁者、未嫁者，爲曾祖父母。』經與此同，足以見之矣」者，〔三〇〕彼二人爲曾祖，是正尊，雖出嫁亦不降；此則爲旁親，雖未嫁亦逆降，聖人作文是同，足以明之，明是二人爲此七人，不得以嫁者、未嫁者上同君之庶子。下文「爲世父」以下「爲妾自服私親也」。云「傳所云『何以大功也，妾爲君之黨服，得與女君同』，文爛在下爾」者，此傳爲「大夫之妾爲君之庶子」而發，應在「女子子」之上，「君之庶子」之下，以簡札韋編爛斷，後人錯置於下，是以舊讀將爲本在於此，是以遂誤也。云「女子子成人者，有出道降旁親」者，此鄭依經正解之，以其嫁者降旁親是其常。而云「未嫁者，成人未嫁」，亦降旁親者，謂女子子十五已後，許嫁笄爲成人，有出嫁之道，是以雖未出，即逆降世父已下旁親也。云「及將出者，明當及時也」者，謂女子子年十九後，年二月冠子娶妻之月，其女當嫁，今年遭此世父已下之喪，若依本服期者，過後二月，不得及時，逆降在大功，大功之末，可以嫁子，則於二月得及時而嫁，是以云「明當及時也」。

大夫、〔三一〕大夫之妻、大夫之子、公之昆弟，爲姑、姊妹、女子子嫁於大夫者。君爲姑、姊妹、女子子嫁於國君者。

【疏】此等「姑姊」已下，應降而不降，又兼重出其文，故次在此也。此大夫、大夫妻、大夫之子、公之昆弟四等人尊卑同，皆降旁親。姑姊已下一等大功，又以出降，當小功，但嫁於大夫尊同，無尊降，直有出降，故皆大功也。但大夫妻爲命婦，若夫之姑、姊妹在室及嫁皆小功；若不爲大夫妻，又降在緦麻；假令彼姑、姊妹亦爲命婦，唯小功耳。今得在「大夫」科中者，此謂命婦爲本親姑、姊妹、已之女子子因大夫，大夫之子爲姑、姊妹、女子子，寄文於夫與子姑、姊妹之中，不煩別見也。云「君爲姑、姊妹、女子子嫁於國君者」，國君絶期已下，今爲尊同，故亦不降，依嫁服大功。

傳曰：何以大功也？尊同也，尊同則得服其親服。諸侯之子稱公子，公子不得禰先君；公子之子稱公孫，公孫不得祖諸侯：此自卑別於尊者也。若公子之子孫有封爲國君者，則世世祖是人也，不祖公子，此自尊別於卑者也。是故始封之君不臣諸父、昆弟，封君之子，不臣諸父，而臣昆弟，封君之孫，盡臣諸父、〔三二〕昆弟。故君之所爲服，子亦不敢不服也；〔三三〕君之所不服，子亦不敢服也。不得禰不得祖者，不得立其廟而祭之也。卿大夫以下祭其祖、禰，則世世祖是人，不得祖公子者。〔三四〕後世爲君者，祖此受封之君，不得祀別子也。公子若在高祖以下，則如其親服。後世遷之，乃毀其廟爾。因國君以尊降其親，故終説此義云。○不復，扶又反。

【疏】「傳曰」至「不敢服也」　云「何以大功也」問者，以諸侯絶旁服，則大夫降一等，今此大功，故發問也。荅曰云「尊同也，尊同則得服其親服」者，大夫與諸侯所以亦爲服者，各自以爲尊同，故服之也。若然，大夫之下則云「命婦」，大夫之子、國君之下不云夫人，世子亦同國君，不降可知。云「諸侯之子稱公子」已下，因尊同，遂廣説尊不同之義也。但諸侯之子適適相承象賢，而旁支庶已下，並爲諸侯所絶，不得稱諸侯子，變名公子。案檀弓注云「庶子言公，卑遠之」，是以子與孫皆言「公」，見疏遠之義故也。云「此自卑別於尊者也」者，謂適既立廟，支庶子孫不立廟，是自卑別於尊者也。云「若公子之子孫有封爲國君者」，謂若周禮典命云公八命，卿六命，大夫四命，其出封，皆加一等，是公之子孫或爲天子臣，出封爲五等諸侯，是公子有封爲國君之事。云「則世世祖是人也，不祖公子，此自尊別於卑者也」者，謂後世將此始封之君，世世祖是人也；不祖公子，謂不復祀別子也。云「是故始封之君，不臣

諸父、昆弟」者，以其初升爲君，〔三五〕諸父是祖之一體，又是父之一體，其昆弟既是父之一體，又是已之一體，故不臣此二者，仍爲之著服也。云「封君之子不臣諸父，而臣昆弟」者，以其諸父尊，故未得臣，仍爲之服；昆弟卑，故臣之，不爲之服。亦既不臣，當服本服期；其不臣者，爲君所服當服斬。以其與諸侯爲兄弟者，〔三六〕雖在外國，猶爲君斬，不敢以輕服服至尊，明諸父、昆弟雖不臣，亦不得以輕服服君，爲之斬衰可知。云「封君之孫盡臣諸父、昆弟」者，繼世至孫，漸爲貴重，故盡臣之。不言不降，而言「不臣」，君是絶宗之人，親疏皆有臣道，故雖未臣子孫，終是爲臣，故以臣言之。云「故君之所爲服，子亦不敢不服也」者，此欲釋臣與不臣，君之子與君同之義。云「君之所爲服」者，謂君之所不臣者，君爲之服者，子亦服之，故云「子亦不敢不服也」。云「君之所不服，子亦不敢服也」者，然此謂君所臣之者，君不爲之服，子亦不敢服之，以其子從父升降故也。

注「不得」至「義云」。云「不得禰不得祖者，不得立其廟而祭之也」者，鄭恐人以傳云「不得禰」「不得祖」，令卑別之，不得將爲禰祖，故云「不得」者「不得立其廟而祭之」名爲「不得」也。以其廟已在適子爲君者立之，旁支庶不得並立廟，故云「不得」也。云「卿大夫以下，〔三七〕祭其祖、禰」，鄭言此者，欲見公子、公孫若立爲卿大夫，得立三廟，若作上士，得立二廟，若作中士，得立一廟，並得祭其祖、禰。既不祖、禰先君，當立別子已下，以其公子、公孫並是別子。若魯桓公生世子名同者，後爲君，慶父、叔牙、季友等謂之公子，公子並爲別子，不得禰先君桓公之廟。慶父等雖爲卿大夫，未有廟，至子孫已後，乃得立別子爲大祖，不毁廟，已下二廟祖、禰之外，次第則遷之也，故云「卿大夫已下，祭其祖、禰」也。雖得祭祖、禰，但不得禰、祖先君也。云「則世世祖是人，不得祖公子」者，〔三八〕此謂鄭疊傳文也。〔三九〕云「後世爲君者，祖此受封之君，不得祀別子也」者，〔四〇〕此鄭解義語，以其後世爲君，祖此受封君，解「世世祖是人」；「不得祀別子」，解「不祖公子」者也，以其別子卑，始封君尊，是爲自尊別於卑者也。云「公子若在高祖以下，則如其親服」者，此解始封君得立五廟，五廟者，〔四一〕大祖與高祖已下四廟。〔四二〕今始封君後世

乃不毁其廟，爲大祖。於此始封君，未有大祖廟，唯有高祖以下四廟，則公子爲别子者，得入四廟之限，故云「公子若在高祖以下，則如其親」。如其親，謂自禰已上至高祖，〔四三〕以次立四廟。云「後世遷之，乃毁其廟爾」者，謂始封君死，其子立，即以父爲禰廟，前高祖者爲高祖之父，當遷之，又至四世之後，始封君爲高祖，父當遷之時，轉爲大祖，通四廟爲五廟，定制也，故云「後世遷之，乃毁其廟也」。云「因國君以尊降其親，〔四四〕故終説此義云」者，自諸臣之子已下，既非經語，而傳汎説降與公子之義，故云「終説」也。

繐衰裳，牡麻絰，既葬，〔四五〕除之者。○繐衰，音歲。

【疏】此繐衰是諸侯之臣爲天子。在大功下、小功上者，以其天子七月葬，既葬除，故在大功九月下，小功五月上。又縷雖如小功升數，又少，故在小功上也。此不言帶屨者，以其傳云〔四六〕「小功之繐也」，則帶屨亦同小功可知。

傳曰：繐衰者何？以小功之繐也。

〔四七〕治其縷如小功，而成布尊四升半，〔四八〕細其縷者，以恩輕也；升數少者，以服至也。〔四九〕凡布細而疏者謂之繐，今南陽有鄧繐。

【疏】注「治其」至「鄧繐」 傳問者，正問縷之麤細，不問升數多少，故荅云「小功之繐也」。若然，小功繐知據縷麤細非升數者，下記人記出升數，而「繐衰四升有半」，鄭彼注云「服在小功之上」者，欲著其縷之精麤也，故云注亦云〔五〇〕「治其縷如小功，而成布四升半」也。云「細其縷者，以恩輕也」者，以其諸侯大夫是諸侯臣，於天子爲陪臣，唯有聘問接見天子，天子禮之而已，故服此服，是恩輕也。云「升數少者，以服至尊也」者，諸侯爲天子服至尊，義服斬，縷加三升半，陪臣降君，改服至尊加一升，四升半也。云「凡布細而疏者謂之繐」者，此喪服謂之繐，由繐

而疏，若非喪服，細而疏亦謂之繐，故云「凡」以揔之。云「今南陽有鄧繐」者，謂漢時南陽郡鄧氏造布有名繐。言此者，證凡布細而疏，即是繐之義。

諸侯之大夫爲天子。

【疏】此經直云大夫，則大夫中有孤卿，以其小聘使下大夫，大聘或使孤或使卿也，故大行人云諸侯之孤以皮帛繼子男，故知大夫中兼孤卿。

傳曰：何以繐衰也？諸侯之大夫以時接見乎天子。〔五一〕接，猶會也，諸侯之大夫，以時會見於天子而服之，則其士庶民不服可知。○接見，賢遍反，注同。下章不見并注放此。

【疏】注「接猶」至「可知」　傳問者，怪其重，此既陪臣，何意服四升半布，〔五二〕七月乃除。荅云「以時接見乎天子」者，爲有恩故服之。云「接，猶會也，諸侯之大夫，以時會見於天子而服之」者，案周禮大宗伯有「時見曰會」，彼諸侯聘，時見曰會，無常期曰時會。此鄭云「以時會見」者，直據諸侯大夫時復會其問覜天子禮，此即周禮大宗伯云「時聘曰問，殷覜曰視」，鄭注云「時聘者，亦無常期，天子有事乃聘之焉。竟外之臣，既非朝歲，不敢瀆爲小禮」，是天子有事乃遣大夫來聘。彼又注云「殷覜謂一服朝之歲，以朝者少，諸侯乃使卿以大禮衆聘焉。一服朝在元年、七年、十一年」，此時唯有侯服一服朝，故餘五服，並使卿來見天子，此並是以時會見天子，天子待之以禮，皆有委積，飧饔、饗食、燕與時賜，加恩既深，故諸侯大夫報而服之也。云「則其士庶民不服可知」者，上文云「庶人爲國君」，注云「天子畿內之民服天子，亦如之」，即知畿外之民不服可知。今又言之者，以畿外內民庶於天子有服、無服無明文，今因畿外諸侯大夫接見天子者，乃有服，不聘天子者，即無服，明民庶不爲天子服可知，故重明之。若然，諸侯

之士，約大夫，不接見天子，則無服，明士不接見，亦無服可知。其有士與卿大夫聘時作介者，〔五三〕雖亦得禮，介本副使，不得天子接見，亦不服可知。

小功布衰裳，澡麻帶絰，〔五四〕**五月者。**澡者，治去莩垢，不絶其本也。小記曰：「下殤小功，帶澡麻，不絶其本，屈而反以報之。」○澡麻，音早。治去，起呂反，後注猶去、則去同。莩，音敷。垢，苦口反。

【疏】「小功」至「月者」 此殤小功章在此者，本齊衰大功之親，爲殤降在小功，〔五五〕故在成人小功之上也。但言小功者，對大功是用功麤大，則小功是用功細小、精密者也。自上以來，〔五六〕皆帶在絰下，今此帶在絰上者，以大功已上經帶有本，小功以下斷本，此殤小功中有下殤，小功帶不絶本，與大功同，故進帶於絰上，倒文以見重，故與常例不同也。且上文多直見一經包二，〔五七〕此別言帶者，亦欲見帶不絶本，與絰不同，故兩見之也。又殤大功直言「無受」，不言月數，此直言月，不言「無受」者，聖人作經，欲互見爲義，大功言「無受」，此亦無受，此言五月彼則九月、七月可知。又且下章言「即葛」，此章不言即葛，亦是兼見無受之義也。又不言布帶與冠，〔五八〕文畧也。不言屨者，當與下章同，吉屨無絇也。〔五九〕

注「澡者」至「報之」 云「澡者，治去莩垢」者，謂以枲麻又治去莩垢，使之滑淨，以其入輕竟故也。引小記者，欲見下殤小功中有本，是齊衰之喪，故特言下殤。若大功下殤，則入緦麻，是以特據下殤。云「屈而反以報之」者，謂先以一股麻不絶本者爲一條，展之爲繩。報，合也，以一頭屈而反鄉上，合之乃絞垂。必屈而反以合者，見其重故也。引之者，證此帶亦不絶本，屈而反以報之也。若然，此章亦有大功長殤在小功者，未知帶得與斬衰下殤小功同不？絶本不？案服問云「小功無變也」，又云「麻之有本者，變三年之葛」，彼云「小功無變」，據成人小功無變，三

年之葛有本得變之，則知大功殤長中，在小功者，輕帶無本也。以此而言，經注專據齊斬下殤小功重者而言，〔六〇〕其中無有大功之殤在。小功帶麻絕本者，似若斬衰章兼有義服，傳直言「衰三升，冠六升」，不言義服衰三升半者也。若然，姑、姊妹出適，降在小功者，以其成人，非所哀痛，帶與大功之殤同，亦無本也。

叔父之下殤。適孫之下殤，〔六一〕**昆弟之下殤。大夫庶子，**〔六二〕**爲適昆弟之下殤，爲姑、姊妹、女子子之下殤。爲人後者爲其昆弟、從父昆弟之長殤。**

【疏】此經自「叔父」已下至「女子子之下殤」，八人皆是成人期，長殤、中殤大功，〔六三〕已在上殤大功章，以此下殤小功，故在此章也，仍以尊者在前，卑者居後。云「爲人後者，爲其昆弟」之長殤、〔六四〕「從父昆弟之長殤」，此二者以本服大功，今長殤、中殤小功，〔六五〕故在此章。從父昆弟情本輕，故在出降昆弟後也。

傳曰：問者曰：中殤何以不見也？大功之殤中從上，小功之殤中從下。問者，據從父昆弟之下殤在緦麻也。大功、小功，皆謂服其成人也。大功之殤中從上，則齊衰之殤，亦中從上也。此主謂大夫之爲殤者服也。〔六六〕凡不見者，以此求之也。

【疏】注「問者」至「求之也」　不直云「何以」而云「問者曰」者，以其傳總問大功、小功，所問非一，故云「問者曰」，與常例不同。鄭云「問者，據從父昆弟之下殤在緦麻也」者，以其緦麻章見「從父昆弟之下殤」，此章見「從父昆弟之長殤」，唯中殤不見，故致問，是以據「從父昆弟」也。云「大功、小功，皆謂服其成人也」者，以其緦麻章傳云「齊衰之殤中從上，大功之殤中從下」，據此二傳言之，禮無殤在齊衰，則下齊衰之殤，與大功之殤據成人，明此大功與小功

之殤，據服其成人可知也。若然，此經大功之殤，唯有「爲人後者」爲「昆弟」及「從父昆弟」二者長殤、中殤在此小功，其成人小功之殤中從下，自在緦麻。於此言之者，欲使小功與大功相對，故兼言之也。云「大功之殤中從上，則齊衰之殤，亦中從上也」者，以此傳云「大功之殤中從上，小功之殤中從下」而言，則大功重者中從上，齊衰重於大功，明從上可知，故謂舉輕以明重也。又云「此主謂丈夫之爲殤者服也」者，鄭以此云「大功之殤中從上，小功之殤中從下」，緦麻章云「齊衰之殤中從上，大功之殤中從下」，兩文相反，故鄭以彼謂婦人爲夫之族類，此謂丈夫爲殤者服也。鄭必知義然者，以其此傳發在「從父昆弟」丈夫下，下文發傳在婦人爲夫之親下，〔六七〕故知義然也。云「凡不見者，以此求之也」者，周公作經，不可具出，畧舉以明義，故云「不見者，以此求之也」。

爲夫之叔父之長殤。不見中殤者，中從下也。

【疏】注「不見」至「下也」　夫之叔父義服，故次在此，成人大功，故長殤降一等在小功。云「不見中殤者，中從下也」者，下傳云「大功之殤中從下」，主謂此婦人爲夫之黨類，故知「中從下」在緦麻也。

昆弟之子、女子子、夫之昆弟之子、女子子之下殤。爲姪、庶孫丈夫、婦人之長殤。

【疏】云「昆弟之子、女子子，夫之昆弟之子、女子子之下殤」者，此皆成人爲之齊衰期，長、中殤在大功，故下殤在此小功也。云「爲姪、庶孫丈夫、婦人之長殤」者，謂姑爲姪成人大功，長殤在此小功。不言中殤，中從下。〔六八〕不言男子女子而言「丈夫、婦人」，亦是見恩疏之義。「庶孫」者，祖爲之大功，長殤、中殤亦在此小功。言「丈夫、婦人」，亦是見恩疏也。

大夫、公之昆弟、大夫之子爲其昆弟、庶子、姑、姊妹、女子子之長殤。大夫爲昆

弟之長殤小功，謂爲士者，若不仕者也，以此知爲大夫無殤服也。公之昆弟不言庶者，此無服，〔六九〕無所見也。大夫之子不言庶者，關適子亦服此殤也。云公之昆弟爲庶子之長殤，則知公之昆弟猶大夫。

【疏】云「大夫、公之昆弟、大夫之子爲其昆弟、庶子、姑、姊妹、女子子之長殤」者，謂此三人爲此六種人成人，以尊降至大功，故長殤小功，中亦從上。此一經亦尊卑爲次序也。

注「大夫」至「大夫」　云「大夫爲昆弟之長殤小功，謂爲士者，若不仕者也」者，凡爲昆弟成人期，長殤在大功，今大夫爲昆弟長殤小功，明大夫爲昆弟降一等，成人大功，長殤、中殤在小功。若昆弟亦爲大夫，同等則不降。〔七〇〕今言降在小功，明是昆弟爲士，若不仕者也。云「以此知爲大夫無殤服也」者，已爲大夫則冠矣，丈夫冠而不爲殤，是以知大夫無殤服矣。若然，大夫身用士禮，已二十而冠，而有兄姊殤者，已與兄姊同十九，而兄姊於年終死，已至明年初二十因喪而冠，是已冠成人，〔七一〕而有兄姊殤也。且五十乃爵命，今未二十已得爲大夫者，五十乃爵命，自是禮之常法，或有大夫之子有盛德，謂若甘羅十二相秦之等，未必要至五十，是以得有幼爲大夫者也。若然，曲禮云「四十强而仕」，則四十然後爲士，〔七二〕今云殤死者爲士，若不仕則爲士而殤死，亦是未二十得爲士者，謂若士冠禮鄭目録云「士之子」任士職，「居士位，二十而冠」，則亦是有德未二十爲士，至二十乃冠，故鄭引管子書四民之業，士亦世焉，是也。云「公之昆弟不言庶者，此無服，無所見也」者，經云「公之昆弟」，多兼言「庶」，此特不云公之庶昆弟，直云「公之昆弟」者，若爲母則兼云「庶」，以其適母適庶之子皆同服，妾子爲母見厭不申，今此經不爲母服，爲昆弟已下，並同長殤，〔七三〕故不言庶也。云「大夫之子不言庶者，關適子亦服此殤也」者，若言大夫庶子爲昆弟，謂言適子不服之，若不言庶子，則兼適庶，是以鄭云「不言庶子者，關適子」，關，通也，通適子亦服此服也。「云公之昆弟爲庶子之長殤，則知公之昆弟猶大夫」者，舊疑大夫與公之昆弟尊卑異，今案此經云公之昆弟與大夫同降昆弟已下，成人大功，長殤同小功，則知此二人尊卑同，故云「猶大夫也」。

大夫之妾爲庶子之長殤。君之庶子。

【疏】注「君之庶子」 妾爲君之庶子成人在大功，已見上章。今長殤降一等，在此小功。云「君之庶子」者，若適長則成人隨女君三年，長殤在大功，與此異，故言「君之庶子」以別之也。

校勘記

〔一〕女子子適人者爲衆昆弟 此十字武威簡甲、乙本俱删。

〔二〕姪丈夫婦人報 武威簡丙本「姪」誤作「絰」，無「報」字，甲、乙本服傳「丈夫夫人報」五字俱删。沈文倬異文釋云「報」字今本誤衍。

〔三〕謂吾姑者 武威簡甲本「吾」作「我」，乙本已殘。

〔四〕故妻爲之大功也 阮校云通解與要義同，毛本無「妻」字。今按自三十二卷起至三十七卷止單疏並缺，皆依要義。

〔五〕是嫂亦可謂之母乎 武威簡甲、乙本「之母乎」作「母也」。

〔六〕故名者 武威簡甲、乙本無「故」字。

〔七〕可無慎乎 「無」武威簡甲、乙本作「毋」。

〔八〕言婦人棄姓無常秩嫁於父行則爲母行嫁於子行則爲婦行 阮校云此二十四字毛本脱，徐本、通典、集釋、通解俱有，楊氏無。浦鏜云爾雅疏亦有。今按徐本「母」誤作「毋」。

〔九〕是嫂亦可謂之母乎　阮校云此八字毛本脱，徐本、通典、集釋、通解俱有，與疏合；通典「乎」下更有「言不可」三字。阮按以爲依文意此三字當有，汪文臺識語云禮記疏引「是嫂亦可謂之母乎？言其不可也」。今按阮、汪説是，「言不可」三字當有。

〔一〇〕叟老人稱也　阮校云「人」下集釋有「之」字。

〔一一〕本又作嫂　「又」張氏識誤引作「亦」。

〔一二〕彼列反　盧文弨本「列」誤作「别」。

〔一三〕婦爲夫之諸祖父母報　阮校云陳本、要義同，毛本「報」作「服」。今按依三十三卷經文作「報」是。

〔一四〕則此夫所服朞不報限　阮校云「報限」毛本作「服報」。

〔一五〕引大傳者云　阮校云毛本無「者」字。

〔一六〕姬姜之類　阮校云「之」陳、閩俱作「子」。

〔一七〕子昆弟昆弟之子爲士者　阮校云通典「昆弟」二字不重。今按武威簡丙本「昆弟」二字重，以重者爲是。

〔一八〕爲母妻昆弟　武威簡甲、乙本無「昆弟」二字，丙本有。

〔一九〕今繼兄而言昆弟　阮校云要義、通解、楊氏同，毛本無「昆」字。

〔二〇〕不得過大功也　武威簡甲、乙本無「也」字。阮校瞿中溶云石刻原本無「過」字。

〔二一〕大夫之庶子　武威簡甲、乙本無「庶」字。

〔二二〕父之所不降　自此句至「適人者」三十五字傳文武威簡甲、乙本俱删。

〔二三〕不得如舊讀也　阮校云陳、閩俱脱「讀」字。

〔二四〕婦人子者　阮校云徐、陳、通典、通解、楊、敖同，毛本、集釋無「子」字，要義無「者」字。

〔二五〕妾爲君之長子亦三年　阮校云徐、陳、通典、集釋、通解、楊氏同，毛本「年」作「等」。今按「年」字是。

〔二六〕女子子嫁者未嫁者　阮校瞿中溶云石本原刻無「女子」。今按依文意當有。

〔二七〕妾爲君之黨服　阮校云「爲」下通典有「女」字，前經並本傳兩注並同。按喪服小記「妾從女君而出，則不爲女君之子服」，注「妾爲女君之黨服，得與女君同」，亦有「女」字。按有「女」字非是，經云「君之庶子、女子子」，是「君之黨」而非女君之黨也。

〔二八〕下言爲世父母叔父母姑姊妹者謂妾自服其私親也　阮按此二十一字乃鄭所引「舊讀」之文，與下「此不辭」相連，皆爲注文。而上節鄭注「舊讀」以下三十二字當次於傳文「女君同」之下，則一氣相連，曰「言」，曰「下言」，文義顯然矣。鄭引此「舊讀」而破之，曰「此不辭」。蓋鄭破舊説而欲顛倒傳文也。自寫者誤分注爲兩截，竄「舊讀」三十二字於「傳曰」之前，而又誤鄭注「下言」二十一字爲傳文，遂爲學者大疑。向使此二十一字爲傳，則「舊讀」甚是，鄭若破之，是破傳非破「舊讀」矣。蓋鄭意謂傳「何以」至「君同」十六字爲「庶子」以下之傳文，而誤爛在「女子子」節「嫁者」至「者也」十九字傳文之下。唐以前寫校之人麤淺不審，因「爛下」之文，遽疑「下言」二十一字爲傳文而爛在下耳。今按阮説是，武威簡甲、乙本服傳無此二十一字，足證其非傳文；但簡本傳文次序與今所見諸本及唐石經同，其是否如鄭説在後漢以前已顛倒，已難於判斷。

〔二九〕當言其以明之　阮校云徐本、通典、集釋、敖氏同，毛本「明」作「見」。張氏引釋文「見恩」注「下以見同」，謂誤「以」爲「明」。按疏述注亦作「見」。今按阮氏所指乃毛疏，非阮本所用之要義疏，要義疏仍作「明」，阮本又誤作「名」，盧宣旬摘録不知變通，致校勘記與本文不符。

〔三〇〕足以見之矣者　今按「見」注作「明」。

〔三一〕大夫　自此至「嫁於大夫者」二十六字武威簡甲、乙本俱删。

〔三二〕盡臣諸父　武威簡甲、乙本無「盡」字。

〔三三〕子亦不敢不服也　武威簡甲、乙本無「亦」字。

〔三四〕不得祖公子者　阮校張氏曰：注曰「不得祖公子」，又曰「不得祀別子」。按釋文云「不復，扶右反」，「復」謂此二句「得」字誤也。「不復」云者，蓋既祖此，則不再祖彼焉爾。經于上「禰先君」、「祖諸侯」皆云「不得」，于下止言「不祖」，義可見矣。今改二句之「得」爲「復」，從釋文。按張説是矣，但疏以「則世世祖是人，不得祖公子者」兩句爲疊傳，則「得」字、「者」字宜俱屬衍文，下句「得」字乃當作「復」爾，釋文不云「下同」，明注中止一「復」字。

〔三五〕以其初升爲君　阮校云「初」閩本作「祖」。今按作「初」是。

〔三六〕以其與諸侯爲兄弟　阮校云「其」閩本作「昔」。今按作「其」是。

〔三七〕云卿大夫以下　阮校云「云」陳、閩俱作「六」。今按作「云」是。

〔三八〕不得祖公子者　阮按「得」字亦疑衍。

〔三九〕此謂鄭疊傳文也　阮校云「謂」字疑衍。

〔四〇〕不得祀別子也者　阮按此「得」字亦當作「復」，後人既改注，併改疏。

〔四一〕此解始封君得立五廟五廟者　阮校云毛本「五廟」二字不重出。

〔四二〕大祖　阮校云「祖」下毛本有「一廟」二字。

〔四三〕則如其親如其親謂自禰已上　阮校云毛本「如其親」三字不重出。

〔四四〕以尊降其親　阮校云毛本「以」下有「太祖」二字，與注不合。

〔四五〕既葬　「既」武威簡丙本作「溉」。

〔四六〕以其傳云　阮校云通解、楊氏同，毛本「以其」作「案下」。

〔四七〕繐衰者何以小功之繐也　武威簡甲、乙本此十字移於下「時妾（接）見乎天子」之下，無「衰」、「何以」三字。唐石經同於今本，陳夢家校記云石渠禮論則近於簡本。阮校引段玉裁、程瑶田説「繐」爲「縷」之誤，阮引許宗彦説以爲二説非是。今按阮校是，簡本作「繐」不作「縷」，即其明證。

〔四八〕而成布尊四升半　阮校云徐本同，毛本無「尊」字。

〔四九〕以服至也　徐本同，毛本「至」下有「尊」字。黄氏校録引張氏云「而成布尊四升半」多一「尊」字，當移於此句「至」字下。今按張氏説是也。

〔五〇〕故云注亦云　阮校疑上「云」字當作「此」。

〔五一〕諸侯之大夫以時接見乎天子　武威簡甲、乙本脱「以」字，「接」作「妾」。

〔五二〕何意服四升半布　阮校云毛本「布」作「而」。

〔五三〕其有士與卿大夫聘時作介者　阮校云毛本、通解無「有」字。

〔五四〕澡麻帶絰　武威簡丙本「澡」作「嫪」，乃借字。

〔五五〕降在小功　阮校云聶氏、通解同，毛本「在」下有「外」字。

〔五六〕自上以來　阮校云聶氏同，毛本「上」作「士」。

〔五七〕一經包二　阮校云「包」要義作「苞」，是也，通解作「包」。

〔五八〕又不言布帶與冠　阮校云通解、敖氏同，毛本「又」作「入」，今按作「又」是。

〔五九〕吉屨無絇也　阮校云「吉」陳、閩、通解俱作「言」。

〔六〇〕專據齊斬　「齊斬」二字與陳、閩、監本同，毛本作「斬衰」，阮校云通解作「齊衰斬」。今按阮本用要義，而盧

氏摘録標目仍依毛本，前後不符。

〔六一〕適孫之下殤　自此至「爲其昆弟」三十九字武威簡甲、乙本俱删。

〔六二〕大夫庶子　武威簡丙本「夫」下有「之」字。

〔六三〕長殤中殤大功　阮校云通解、楊氏同，毛本「中」作「下」。

〔六四〕云爲人後者爲其昆弟之長殤　阮校云毛本無「之長殤」三字。按經云「爲人後者，爲其昆弟」，李氏以爲「昆弟」下少「之長殤」三字，蓋據疏知之也。

〔六五〕今長殤中殤小功　阮校云通解同，毛本無「中殤」二字。

〔六六〕此主謂大夫之爲殤者服也　阮校云徐本、集釋、通典同，通解、毛本、楊、敖「大」作「丈」。張氏曰：「疏作丈，從疏。」今按作「丈」是。

〔六七〕爲夫之親下　「夫」毛本作「服」。今按作「夫」是，毛本誤。

〔六八〕中從下　「下」原作「上」。阮校云「上」要義作「下」，通解、楊氏俱作「上」。今按依上傳及注作「下」是。此改從要義。

〔六九〕此無服　阮校云通典「無」下有「母」字，通解「無」作「庶」。張氏引疏文，改「無」爲「庶」。黄氏校録引段氏説當作「庶」。阮氏按謂當如通典作「此無母服」，乃合疏意。今按阮説是。

〔七〇〕同等則不降　阮校云通解同，毛本「則」作「期」。

〔七一〕已冠成人　阮校云「已」通典、毛本作「以」。今按以、已通用，依文義則作「已」是。

〔七二〕則四十然後爲士　阮校云要義「士」作「仕」，通解、毛本作「士」。今按作「士」是。

〔七三〕爲昆弟已下並同長殤　阮校云下四字張氏釋誤引作「長殤並同」。

儀禮注疏卷第三十三

唐朝散大夫行大學博士弘文館學士臣賈公彦等撰

小功布衰裳，牡麻絰，〔一〕即葛，五月者。即，就也，小功輕，三月變麻，因故衰以就葛絰帶而五月也。間傳曰：「小功之葛，與緦之麻同。」舊説小功以下，吉屨無絇也。○無絇，其俱切。

【疏】注「即就」至「絇也」　此是小功成人章，輕於殤小功，故次之。此章有三等正降義，其衰裳之制，澡絰等與前同，故略也。云「即葛，五月者」，以此成人文縟，故有變麻從葛，故云「即葛」，但以日月爲足，〔二〕故不變衰也。不列冠屨，承上大功，文略，小功又輕，故亦不言也。言日月者，成人文縟，故具言也。云「即，就也」者，謂去麻就葛也。引間傳，欲見小功有變麻服葛法，既葬大小同，故變同之也。引「舊説」云「小功以下，吉屨無絇也」者，以小功輕，非直喪服不見屨，諸經亦不見其屨，以輕略之，是以引「舊説」爲證。絇者，案周禮屨人職，屨舄皆有絇繶純。純者，於屨口緣；繶者，牙底接處縫中有絛；絇者，屨鼻頭有飾，爲行戒。吉時有行戒，故有絇，喪中無行戒，故無絇，以其小功輕，故從吉屨，爲其大飾，故無絇也。

從祖祖父母、〔三〕從祖父母，報。祖父之昆弟之親。

【疏】注「祖父」至「之親」　此亦從尊向卑，故先言從祖祖父母，已上章已先言父，次言祖，次言曾，此從祖祖父母，是曾

祖之子，祖之兄弟，〔四〕故次之，是以鄭言「祖父之昆弟之親」者。云「從祖父母」者，是從祖祖父之子，〔五〕是父之從父昆弟之親，故鄭并言「祖父之昆弟之親」。云「報」者，恩輕，欲見兩相爲服，故云「報」也。

從祖昆弟。父之從父昆弟之子。

【疏】注「父之」至「之子」　此是從祖父之子，〔六〕故鄭云「父之從父昆弟之子」，己之再從兄弟。以上三者，〔七〕爲三小功也。

從父姊妹。父之昆弟之女。

【疏】注「父之昆弟之女」　此謂從父姊妹在家大功，出適小功，不言出適與在室，姊妹既逆降，宗族亦逆降報之，故不辨在室及出嫁也。

孫適人者。孫者，子之子。女孫在室，亦大功也。

【疏】注「孫者」至「功也」　以女孫在室與男孫同大功，故出適小功也。

爲人後者，〔八〕**爲其姊妹適人者。**不言姑者，舉其親者，而恩輕者降可知。

【疏】注「不言」至「可知」　云「不言姑者，舉其親者，而恩輕者降可知」，案詩云「問我諸姑，遂及伯姊」，注云「先姑後姊，尊姑也」，是姑尊而不親，姊妹親而不尊，故云「不言姑」，舉姊妹「親者」也。

爲外祖父母。〔九〕**傳曰：何以小功也？以尊加也。**

【疏】發問者，是傳之不得決此，以云外親之服不過緦，〔一〇〕今乃小功，故發問。云「以尊加也」者，以言「祖」者，祖是尊名，故加至小功。言「爲」者，以其母之所生情重，故言「爲」。〔一一〕猶若衆子恩愛與長子同，退入朞，故特言「爲衆子」也。

從母。丈夫、婦人報。〔一二〕從母，母之姊妹。

【疏】注「從母母之姊妹」　母之姊妹，與母一體，從於己母而有此名，故曰「從母」。言「丈夫、婦人」者，母之姊妹之男女，與從母兩相爲服，故曰「報」。云「丈夫、婦人」者，馬氏云「從母報姊妹之子男女也。丈夫、婦人者，異姓無出入降」，若然，是皆成人長大爲號。

傳曰：何以小功也？以名加也。外親之服皆緦也。〔一三〕外親異姓，正服不過緦。丈夫，婦人，姊妹之子男女同。

【疏】注「外親」至「女同」　云「以名加也」者，以有母名，故加至小功。云「外親之服皆緦也」者，以其異姓，故云「外親」，以本非骨肉情疏，故聖人制禮無過緦也。言此者，見有親與母名即加服之意耳。注云「外親異姓」者，從母與姊妹子，舅與外祖父母，皆異姓，故揔言「外親」也。

夫之姑、姊妹、娣姒婦，報。〔一四〕夫之姑、姊妹不殊，在室及嫁者，因恩輕，畧從降。○娣，大計反。姒，音似，兄弟之妻娣姒；或云謂先後，亦曰妯娌。

【疏】注「大夫」至「從降」　夫之姑、姊妹，夫爲之期，妻降一等，出嫁小功，因恩疏畧從降，故在室及嫁同小功，若此釋，恐謂未當報。然文不爲娣姒設，以其「娣姒婦」兩見，更相爲服自明。何言報也？既報字不爲娣姒，其報於娣姒上者，以其於夫之兄弟，使之遠別，故無名，使不相爲服。要娣姒婦相爲服，亦因夫而有，故「娣姒婦」下云「報」，使

「娣姒」上蒙「夫」字以冠之也。

傳曰：娣姒婦者，弟長也。〔一五〕何以小功也？以爲相與居室中，則生小功之親焉。娣姒婦者，兄弟之妻相名也。長婦謂穉婦爲娣婦，娣婦謂長婦爲姒婦。○弟，大計反，本亦作娣。長，丁丈反，注同。

【疏】注「娣姒」至「姒婦」　傳云「娣姒婦者，弟長也」者，此二字皆以女爲形，以弟爲聲，〔一六〕則據二婦立稱，〔一七〕謂年小者爲娣，故云「娣」，「弟」，是其年幼也；年大者爲姒，故云「姒」，「長」，是其年長。假令弟妻年大，稱之曰姒，兄妻年小，謂之曰娣，〔一八〕是以左氏傳穆姜是宣公夫人，大婦也，聲伯之母是宣公弟叔肸之妻，小婦也。「聲伯之母不聘」，穆姜，云「吾不以妾爲姒」，是據二婦年大小爲娣姒，不據夫年爲小大之事也。

大夫、〔一九〕大夫之子、公之昆弟爲從父昆弟、庶孫、姑、姊妹、女子子適士者。從父昆弟及庶孫，亦謂爲士者。

【疏】注「從父」至「士者」　從父昆弟、庶孫本大功，此三等以尊降入小功。姑、姊妹、女子子本期，〔二〇〕此三等出降，入大功，若適士又降一等，入小功也。此等以重出其文，姑、姊妹又以再降，故在此。鄭云「從父昆弟及庶孫，亦謂爲士者」，以經「女子子」下摠云「適士」，鄭恐人疑，故鄭别言之。以其從父昆弟及庶孫已見於大功章，今在此，故三等人降親一等，故知此文「亦謂爲士者」也。

大夫之妾爲庶子適人者。〔二一〕君之庶子，女子子也。庶女子子在室大功，其嫁於大夫，亦大功。

【疏】注「君之」至「大功」　此云「適人者」，謂士，是以本「在室大功」，出降，故小功。鄭云「嫁於大夫，亦大功」者，直有

出降，無尊降故也。

庶婦。夫將不受重者。

【疏】注「夫將不受重者」　經云於支庶，舅姑爲其婦小功。鄭云「夫將不受重」，則若喪服小記注云「世子有廢疾不可立，而庶子立」，其舅姑皆爲其婦小功，則亦兼此婦也。

君母之父母，從母。君母，父之適妻也。從母，君母之姊妹。

【疏】注「君母」至「姊妹」　此亦謂妾子爲適妻之父母及君母姊妹，知適妻子爲之同也。

傳曰：何以小功也？君母在則不敢不從服，君母不在則不服。不敢不服者，恩實輕也。凡庶子爲君母，如適子。

【疏】注「不敢」至「適子」　「何以」發問者，以既不生己母，又非骨肉，怪爲小功，故發問也。荅云「不敢不從服」者，言無情實，但畏敬，故云「不敢不從服」也。云「君母不在」者，或出或死，故直云「不在」，容有數事不在也。鄭云「不敢不服者，恩實輕也」者，以解「不敢」意也。云「如適子」者，則如適妻之子，非正適長，而據君母在而云「如」，若君母不在，則不如。〔二二〕若然，君母在既爲君母父母，其己母之父母，或亦兼服之。若馬氏義，君母不在，乃可申矣。

君子子爲庶母慈己者。〔二三〕君子子者，大夫及公子之適妻子。

【疏】注「君子」至「妻子」　鄭云「君子子者，大夫及公子之適妻子」者，禮之通例，云君子與貴人，皆據大夫已上，公子尊

卑比大夫，故鄭據而言焉。又國君之子爲慈母無服，士又不得稱君子，亦復自養子，無三母具，故知此二人而已。必知「適妻子」者，妾子賤，亦不合有三母故也。

傳曰：君子子者，貴人之子也。〔二四〕**爲庶母何以小功也？**〔二五〕**以慈己加也。**〔二六〕云君子子者，則父在也，父没則不服之矣。以慈己加，則君子子亦以士禮爲庶母緦也。内則曰：「異爲孺子室於宫中，擇於諸母與可者，必求其寬裕、慈惠、温良、恭敬、慎而寡言者，使爲子師，其次爲慈母，其次爲保母，皆居子室，他人無事不往。」又曰：「大夫之子有食母」，庶母慈己者，此之謂也。其可者，賤於諸母，謂傅姆之屬也。〔二七〕其不慈己，則緦可矣。不言師、保，慈母，居中服之可知也。國君世子生，「卜士之妻、大夫之妾，使食子」，「三年而出，見於公宫則劬」，非慈母也。「士之妻自養其子」。○孺子，而注反。有食，音嗣。傅母，音茂，劉音母，字林亡又反。見於，賢遍反。則劬，其俱反。

【疏】注「云君」至「其子」　云「爲庶母何以小功也」發問者，以諸侯與士之子皆無此服，唯此貴人大夫與公子之子猶有此服，故發問也。荅云「慈己加也」，故以緦麻上加至小功也。「云君子子者，則父在也」者，以其言子繼於父，故云「父在」。且大夫公子不繼世，身死則無餘尊之厭，如凡人，則無三母慈己之義，故知「父在也」。云「父没則不服之矣」者，以其無餘尊，雖不服小功，仍服庶母緦麻也，如士禮，故鄭又云「以慈己加，則君子子以士禮爲庶母緦也」，〔二八〕是其本爲庶母緦麻也。「内則」已下，至「非慈母也」，皆内則文。彼文承國君與大夫、士之子生之下，鄭彼注云「爲君養子之禮」，今此鄭所引，證大夫公子養子之法，以其大夫公子適妻亦得立三母故也。云「異爲孺子室於宫中」者，鄭注云「特埽一處以處之」，更不別室，還於側室生子之處也。云「擇於諸母與可者」，諸母謂父之妾，即此經「庶母」者也。云「可」者，彼注云「可者，傅御之屬也」，謂母之外，別有傅母、御妾之等有德行者，可以充三母也。云「必求其寬裕、慈惠、温良、恭敬、慎而寡言者」，寬謂寬弘，裕謂容裕，慈謂恩慈，惠謂惠愛，温謂温潤，良謂良善，恭謂恭恪，敬謂敬肅，慎謂能謹慎，寡言謂審詞語，有此十行者，得爲子師，師經與子爲模範，故取德行

高者爲之也，故彼注云「子師，教示以善道者」。〔二九〕云「其次爲慈母」，〔三〇〕彼注云「慈母，知其嗜欲者」，德行稍劣者爲慈母，即此經「慈母」是也。又云「其次爲保母」者，〔三一〕德行又劣前者，爲保母，彼注云「保母，安其居處者」。云「皆居子室」者，以皆是子母，是以居子之室也。云「他人無事不往」者，彼注云：「爲兒精氣微弱，將驚動也。」又云「大夫之子有食母」者，彼注云：「選於傅御之中，喪服所謂乳母也。」案下章云「乳母」，注云「謂養子者有他故，賤者代之慈己」者，若然，大夫三母之內，慈母有他故，使賤者代慈母養子，謂之乳母，死則服之三月，與慈母服異。引之者，證三母中又有此母也，君與士皆無此事。云「庶母慈己者，此之謂也」者，謂此經庶母慈己，則內則所云之謂也。云〔三二〕「其可者，賤於諸母，謂傅姆之屬也」者，傅姆謂女師。鄭注昏禮云姆「婦人年五十，無子出而不復嫁，能以婦道教人者，若今時乳母矣」，鄭注內則云「可者，傅御之屬」，與此注不同者，無正文，故注有異，相兼乃具。云「其不慈己，則緦可矣」者，覆解子爲三母之服，謂諸母也。傳云「以慈己加」，若不慈己，〔三三〕則不加，明本當緦也。云「不言師保慈母，居中服之可知也」者，周公作經，舉中以見上下，故知皆服之矣。云「國君世子生，卜士之妻、大夫之妾，使食子，三年而出，見於公宫則劬，非慈母」者，引此者，彼既摠據國君與卿大夫、士養子法，向來所引，唯據大夫與公子養子法，故更見國君養子之禮。但國君子之三母，具如前説，三母之外，別有食子者，〔三四〕二者之中，先取士妻，無堪者，乃取大夫妾，不并取之。案彼注謂「先有子」者，以其須乳故也。劬勞三年，子大出見公宫，則勞之以束帛，此經慈母，以其無服故也。知國君子於三母無服者，案曾子問孔子曰「古者男子，外有傅，内有慈母，君命所使教子也，何服之有」？以此而言，則知天子、諸侯之子，於三母皆無服也。云「士之妻自養其子」者，此亦内則文，取之者，以其君、大夫養子已具，故因論士之養子法，彼注云：「賤，不敢使人也。」

緦麻三月者。

緦麻，布衰裳而麻絰帶也。不言衰絰，略，輕服省文。○緦麻，音絲。省文，色景反。

【疏】注「緦麻」至「省文」　此章五服之内輕之極者，故以緦如絲者爲衰裳，又以澡治莩垢之麻爲絰帶，故曰「緦麻」也。「三月」者，凡喪服變除，皆法天道，故此服之輕者，法三月一時天氣變，可以除之，故三月也。云「緦麻，布衰裳」者，緦則絲也，但古之緦絲字通用，故作緦字。直云「而麻絰帶也」，案上殤小功章云「澡麻絰帶」，況緦服輕，明亦澡麻可知。〔三五〕云「不言衰絰，畧，輕服省文」者，據上殤小功言絰帶，故成人小功與此緦麻有絰帶可知，〔三六〕故云「畧，輕服省文」也。

傳曰：緦者，十五升抽其半，〔三七〕有事其縷，無事其布，曰緦。謂之緦者，治其縷細如絲也。或曰有絲，朝服用布，何衰用絲乎？抽，猶去也。雜記曰：「緦冠繰纓。」○朝服，直遥反，後章放此。

【疏】注「謂之」至「繰纓」　云「緦者，十五升抽其半」者，以八十縷爲升，十五升千二百縷，抽其半六百縷，縷麤細如朝服，數則半之，可謂緦，而疏服最輕故也。云「有事其縷，無事其布，曰緦」者，案下記云「大夫弔於命婦，錫衰」，傳曰「錫者，十五升抽其半，無事其縷，有事其布，曰錫」，鄭注云：「謂之錫者，治其布使之滑易也。不錫者，不治其縷，〔三八〕哀在内也。〔三九〕緦者不治其布，哀在外。」若然，則二衰皆同升數，但錫衰重，故治布不治縷，哀在内故也；此緦麻衰治縷不治布，哀在外故也。云「謂之緦者，治其縷細如絲也」者，以其麤細與朝服十五升同，故細如絲也。云「或曰有絲」者，有人解有用絲爲之，故云緦。又曰「朝服用布，何衰用絲乎」者，此鄭以義破，或解朝服，謂諸侯朝服緇布衣，〔四〇〕及天子朝服皮弁，服白布衣，皆用布，至於喪衰何得反絲乎？故不可也。引雜記「緦冠繰纓」者，以其斬衰纓，纓重於冠，齊衰已下纓，纓與冠等，上傳曰「齊衰大功，冠其受也；緦麻小功，冠其衰也」，則此云「緦冠」者，冠與衰同用緦布，但繰纓者，以灰繰治布爲纓，與冠別。以其冠與衰皆不治布，纓則繰治，以其輕，故特異於上也。

族曾祖父母、〔四一〕族祖父母、族父母、族昆弟。族曾祖父者，曾祖昆弟之親也。族祖父者，〔四二〕亦高祖之孫，則高祖有服明矣。

【疏】注「族曾」至「明矣」　此即禮記大傳云：「四世而緦，服之窮也。」名爲四，緦麻者也。云「族曾祖父母」者，己之曾祖親兄弟也。云「族祖父母」者，己之祖父從父昆弟也。云「族父母」者，己之父從祖昆弟也。云「族昆弟」者，己之三從兄弟，皆名爲族。族，屬也。骨肉相連屬。以其親盡，恐相疏，故以族言之耳。云祖父之從父「昆弟之親」者，欲推出高祖有服之意也。以己之祖父與族祖父，相與爲從昆弟，族祖父與己之祖，俱是高祖之孫，此四緦麻，又與己同出高祖已上，至高祖爲四世，旁亦四世，旁四世既有服，於高祖有服明矣。鄭言此者，舊有人解，見齊衰三月章，直見「曾祖父母」，不言高祖，以爲無服，故鄭從下鄉上推之，高祖有服可知。上章不言者，鄭彼注「高祖、曾祖皆有小功之差」，〔四三〕服同，故舉一以見二也。然則又云「族祖父」者，鄭意以族祖父者，上連祖父之從父昆弟爲義句也，故下「亦高祖之孫」也，明己之祖父，即高祖之正孫，族祖父、高祖之旁孫也。

庶孫之婦。庶孫之中殤。庶孫者，成人大功，其殤中從上，此當爲下殤，言中殤者，字之誤爾。又諸言中者，皆連上下也。○庶孫之中殤，依注中音下。

【疏】注「庶孫」至「下也」　「庶孫之婦」緦者，以其適子之婦大功，庶子之婦小功，適孫之婦小功，庶孫之婦緦，是其差也。云「庶孫之中殤」，注云「庶孫者，成人大功，其殤中從上」者，則長、中殤皆入小功章中，故云「此當爲下殤，言中殤者，字之誤爾」。又諸言中者，皆連上下也」者，謂大功之殤中從上，小功緦麻之殤中從下，謂殤之內，無單言中殤者。此經單言「中殤」，故知誤，宜爲下也。

從祖姑、姊妹適人者，報。從祖父、從祖昆弟之長殤。不見中殤者，中從下。○不見，賢遍反，章末注同。

【疏】注「不見」至「從下」　此一經皆本服小功，是以此經或出適，或長殤降一等，皆緦麻。云「不見中殤者，中從下」者，以其小功之殤中從下故也。其云「從祖父」長殤，謂叔父者也。

外孫。女子子之子。

【疏】注「女子子之子」　云「外孫」者，以女出外適而生，故云外孫。

從父昆弟、姪之下殤。〔四四〕夫之叔父之中殤、下殤。言中殤者，明中從下。〔四五〕

【疏】注「言中」至「從下」　從父昆弟成人大功，長、中殤在小功，〔四六〕故下殤在此章也。姪者爲姑之出降大功，長、中殤小功，故下殤在此也。夫之叔父，成人大功，長殤在小功，故中、下殤在此。以下傳言之，婦人爲夫之族類，大功之殤中從下，故鄭據而言之也。

從母之長殤，報。

【疏】「從母」者，母之姊妹，成人小功，故長殤在此。中、下之殤則無服，故不言。云「報」者，以其疏，亦兩相爲服也。案小功章已見從母「報」服，此殤又云「報」者，以前章見，兩俱成人，以小功相報，此章見從母與姊妹子，亦俱在殤死，相爲報服，故二章並言「報」也。

庶子爲父後者爲其母。〔四七〕

【疏】此爲無冢適，唯有妾子，父死庶子承後，爲其母緦也。

傳曰：何以緦也？傳曰：「與尊者爲一體，〔四八〕不敢服其私親也。」然

則何以服緦也？有死於宫中者，〔四九〕則爲之三月不舉祭，因是以服緦也。君卒庶子爲母大功。大夫卒庶子爲母三年也。士雖在，庶子爲母皆如衆人。○則爲，于僞反，下記所爲、下注必爲、相爲、爲其同。

【疏】「傳曰」至「緦也」　傳發問者，怪其親重而服輕，〔五〇〕故問。引舊傳者，子夏見有成文，引以爲證。云「與尊者爲一體」者，父子一體，如有首足者也。云「不敢服其私親也」者，妾母不得體君，不得爲正親，故言「私親」也。云「然則何以服緦也」，又發此問者，前荅既云「不敢服其私親」，即應全不服，而又服緦何也？荅曰「有死於宫中者，則爲之三月不舉祭，因是以服緦也」者，〔五一〕云「有死宫中者」，縱是臣僕，死於宫中，亦三月不舉祭，故此庶子因是爲母服緦也。有死即廢祭者，不欲聞凶人故也。

注「君卒」至「衆人」　云「君卒，庶子爲母大功」者，大功章云「公之庶昆弟」爲其母是也。以其先君在，公子爲母在五服外，記所云是也。先君卒，則是今君庶昆弟，爲其母大功。先君餘尊之所厭，不得過大功，今庶子承重，故緦。云「大夫卒，庶子爲母三年也」者，以其父在大功，父卒無餘尊所厭，故伸三年。「士雖在，庶子爲母皆如衆人」者，士卑無厭故也。鄭并言大夫士之庶子者，欲見不承後者如此服，若承後則皆緦，故并言之也。向來經傳所云者，據大夫、士之庶子承後法，若天子、諸侯庶子承後，爲其母所服云何？案曾子問云「古者天子練冠以燕居」，鄭云「謂庶子王爲其母」無服；案服問云「君之母非夫人，則羣臣無服，唯近臣及僕、驂乘從服，唯君所服服也」，注云「妾，先君所不服也。禮庶子爲後，爲其母緦。言唯君所服，申君也。春秋之義，有以小君服之者。時若小君在，則益不可」，據彼二文而言，曾子問所云據小君在則練冠，五服外，服問所云，據小君没後，其庶子爲得申，故鄭云「申君」，是以引春秋之義，母以子貴。若然，天子、諸侯禮同，與大夫、士禮有異也。

士爲庶母。

【疏】上下體例，平文皆士。若非士，則顯其名位。傳云「大夫已上爲庶母無服」，則「爲庶母」是「士」可知。而經云「士」者，當云大夫已上，不服庶母，庶人又無庶母，「爲庶母」服者，唯士而已，故詭例言「士」也。

傳曰：何以緦也？以名服也。大夫以上爲庶母無服。〔五二〕

【疏】發問者，除士以外皆無服庶母服，獨士有服，故發問。荅云「以名服也」，以有母名，〔五三〕故有服。云「大夫以上爲庶母無服」者，以其降，故無服，此傳解特稱「士」之意也。

貴臣、貴妾。

【疏】「貴臣、貴妾」 此貴臣、貴妾，〔五四〕謂公士、大夫爲之服緦，以等非南面，故服之也。

傳曰：何以緦也？以其貴也。此謂公士、大夫之君也，〔五五〕殊其臣妾貴賤而爲之服。貴臣，室老、士也；貴妾，姪娣也。天子、諸侯降其臣妾無服。士卑無臣，則士妾又賤不足殊，有子則爲之緦，無子則已。

【疏】發問者，以臣妾言不應服，〔五六〕故發問之也。荅云「以其貴也」，以非南面，故簡貴者服之也。注「此謂」至「則已」 云「此謂公士、大夫之君也」者，若士則無臣，又不得簡妾貴賤，天子諸侯又以此二者無服，則知爲此服者，是公、卿大夫之君，得「殊其臣妾貴賤而爲之服」也。云「貴臣，室老、士也」者，上斬章鄭已注云：「室老，家相也。士，邑宰也。」云「貴妾，姪娣也」者，案曲禮云「大夫不名家相、長妾」，士昏云〔五七〕「雖無娣，媵先」，是士姪娣不具，卿大夫有姪娣爲長妾可知，故以「貴妾，姪娣也」。〔五八〕云「天子、諸侯降其臣妾無服」者，以其絶朞已下故也。云「士卑無臣」者，孝經以諸侯、天子大夫皆云「争臣」，士有「争友」，是士無臣也。云「妾又賤不足殊」者，

以大夫已上身貴，妾亦有貴，士身賤，妾亦隨之賤者，故云「妾又賤不足殊」也。云「有子則爲之緦，無子則已」者，喪服小記文。

乳母。謂養子者有他故，賤者代之慈己。

【疏】注「謂養」至「慈己」　案内則云「大夫之子有食母」，彼注亦引此，云「喪服所謂乳母」。以天子、諸侯其子有三母，具皆不爲之服，士又自養其子，若然，自外皆無此法，唯有大夫之子有此食母，爲乳母，其子爲之緦也。云「爲養子者有他故」者，謂三母之内慈母有疾病或死，則使此賤者代之養子，故云「乳母」也。

傳曰：何以緦也？以名服也。

【疏】怪其餘人之子皆無此乳母，獨大夫之子有之，〔五九〕故發問也。荅「以名服」，有母名即爲之服緦也。

從祖昆弟之子。族父母爲之服。

【疏】注「族父母爲之服」　云「從祖昆弟之子」者，據己於彼爲再從兄弟之子。云「族父母，爲之服」者，據彼來呼己爲族父母，爲之服緦也。

曾孫。孫之子。

【疏】注「孫之子」　據曾祖爲之緦。〔六〇〕不言玄孫者，此亦如齊衰三月章，直見曾祖，不言高祖，以其曾孫，玄孫爲曾、高同，曾、高亦爲曾孫、玄孫同，故二章皆畧不言高祖、玄孫也。

父之姑。〔六一〕歸孫爲祖父之姊妹。

【疏】注「歸孫」至「姊妹」　案爾雅云「女子謂晜弟之子爲姪，〔六二〕謂姪之子爲歸孫」，是以鄭據而言焉。

從母昆弟。

傳曰：何以緦也？以名服也。

【疏】傳問者，怪外親輕而有服者。荅云「以名服」者，因從母有母名，〔六三〕而服其子，故云「以名服也」。必知不因兄弟名，以其昆弟非尊親之號，是以上小功章云爲「從母」，小功云「以名加也」；「爲外祖父母」，「以尊加也」，知此「以名」者，亦因從母之名而服其子爲義。

甥。姊妹之子。

【疏】注「姊妹之子」　云「甥」者，舅爲「姊妹之子」。

傳曰：甥者何也？謂吾舅者，吾謂之甥。〔六四〕何以緦也？報之也。

【疏】發問者，五服未有此名，故問之。荅云「謂吾舅者，吾謂之甥」，以其父之昆弟有世叔之名，母之昆弟不可復謂之世叔，故名爲舅，舅既得別名，故謂姊妹之子爲甥，〔六五〕亦爲別稱也。云「何以緦也？報之也」者，此怪其外親而有服，故發問也。荅曰「報之」者，甥既服舅以緦，舅亦爲甥以緦也。

壻。〔六六〕女子子之夫也。○壻，息計反，女之夫。

傳曰：何以緦？報之也。

【疏】發問之者，怪女之父母爲外親女夫服。荅云「報之」者，壻既從妻而服妻之父母，妻之父母遂報之服。前疑姪及甥之名而發問，此不疑壻而發問者，姪甥本親而疑異稱，故發問，而壻本是疏人，宜有異稱，故不疑而問之也。

妻之父母。傳曰：何以緦？從服也。從於妻而服之。

【疏】注「從於妻而服之」 傳發問者，亦怪外親而有服。荅云「從服」，故有此服。若然，上言「甥」，不次言舅，此言「壻」，次即言「妻之父母」者，舅甥本親不相報，故在後別言舅；此壻本疏，恐不是從服，故即言「妻之父母」也。

姑之子。外兄弟也。

傳曰：何以緦？報之也。

【疏】云「外兄弟」者，姑是内人，以出外而生，故曰「外兄弟」。〔六七〕傳發問者，亦疑外親而服之，故問也。荅云「報之」者，姑之子既爲舅之子服，舅之子復爲姑之子兩相爲服，故云「報之」也。

舅。〔六八〕母之昆弟。〔六九〕

傳曰：何以緦？從服也。從於母而服之。

【疏】注「從於母而服之」 傳發問者，亦疑於外親而有服。荅「從服」者，從於母而服之。不言報者，既是母之懷抱之親，不得言報也。

舅之子。內兄弟也。

【疏】云「内兄弟」者，對姑之子，云「舅之子」，本在内不出，故得内名也。傳發問者，亦以外親服之，故問也。荅云「從服」者，亦是從於母而服之。不言報者，爲舅既言從服，其子相於，〔七〇〕亦不得言報也。

傳曰：何以緦？從服也。

夫之姑、姊妹之長殤。夫之諸祖父母，報。〔七一〕諸祖父者，〔七二〕夫之所爲小功，從祖祖父母、〔七三〕外祖父母。〔七四〕或曰曾祖父母，曾祖於曾孫之婦無服，而云報乎？曾祖父母正服小功，妻從服緦。

【疏】注「諸祖」至「服緦」　夫之姑、姊妹成人，婦爲之小功，長殤降一等，故緦麻也。〔七五〕云「諸祖父者，夫之所爲小功」者，妻降一等，故緦麻者，以其本疏，兩相爲服，則生報名。云「從祖祖父母、外祖父母」者，此依小功章，夫爲之小功者也。云「或曰曾祖父母」者，或人解「諸祖」之中兼有夫之曾祖父母，凡言「報」者，兩相爲服，曾祖爲曾孫之婦無服，〔七六〕何得云報乎？鄭破或解也。云「曾祖父母正服小功，妻從服緦」者，此鄭既破或解，更爲成人而言，〔七七〕若今本不爲曾祖齊衰三月，而依差降服小功，其妻降一等，得有緦服，今既齊衰三月，明爲曾孫妻無服。

君母之昆弟。

【疏】前章不云君母姊妹而云「從母」者，以其上連「君之父母」故也。〔七八〕此「昆弟」單出，不得直云舅，故云「君母之昆弟」也。

傳曰：何以緦？從服也。從於君母而舅服之也。〔七九〕君母在則不敢不從服，君母卒則不服也。

【疏】注「從於」至「服也」 傳發問者，怪非己母而服之。荅云「從服」者，雖本非己親，敬君之母，故從於君母而服緦也。云「君母在，則不敢不從服；君母卒，則不服也」者，君母之昆弟從服，〔八〇〕與君母之父母，故亦同取於上傳解之也。〔八一〕皆徒從，〔八二〕故所從亡則已也。

從父昆弟之子之長殤。昆弟之孫之長殤。爲夫之從父昆弟之妻。〔八三〕

【疏】「從父昆弟之子之長殤。昆弟之孫之長殤」，此二人本皆小功，故長殤在緦麻，中殤從下殤無服。「夫之從父昆弟之妻」，同堂娣姒，〔八四〕降於親娣姒，故緦也。〔八五〕

傳曰：何以緦也？以爲相與同室，〔八六〕則生緦之親焉。長殤、中殤降一等，下殤降二等。齊衰之殤中從上，大功之殤中從下。同室者，不如居室之親也。齊衰、大功，〔八七〕皆服其成人也。〔八八〕大功之殤中從下，則小功之殤亦中從下也。此主謂妻爲夫之親服也，凡不見者，以此求之。

【疏】「傳曰」至「從下」 「何以緦」發問者，以本路人，夫又不服之，今相爲服，故問之。荅云「以爲相與同室，則生緦之親焉」者，以大功有同室同財之義，故云：「相與同室，則生緦之親焉。」云「長殤、中殤降一等，下殤降二等」者，即云「齊衰之殤中從上」，乃是婦人爲夫之族著殤法，則此一等、二等之傳，雖文承上男子爲殤之下，要此傳爲下婦人著殤服而發之。若云「長殤、中殤降一等」者，〔八九〕據下齊衰中殤從上，在大功也；「下殤降二等」者，亦是齊衰下殤在小功者也。

注「同室」至「求之」　云「同室者，不如居室之親也」者，言「同室」者，直是舍同，未必安坐；言「居」者，非直舍同，又是安坐。以上小功章親娣姒婦發傳，而云「相與居室」，此從父昆弟之妻相爲，即云「相與同室」，是親疏相並；「同室」不如「居室」中，故輕重不等也。云「齊衰、大功，皆服其成人也」者，以其無殤在齊衰之服，明據成人齊衰；既是成人，明大功亦是成人可知也。云「大功之殤中從下，則小功之殤亦中從下」者，則舉上以明下。上殤小功注云〔九〇〕「大功之殤，中從上，則齊衰之殤亦中從上」，彼注舉下以明上，皆是省文之義，故言一以包二也。云「此主謂妻爲夫之親服也」者，此傳又承婦人在夫家相爲著服之下，又上文殤小功章已發傳，據大功、小功，不據齊衰，以其重，故據男子爲殤服而言；此不言小功，上取齊衰對大功，以其輕，故知婦人義服，爲夫之親而發也。云「凡不見者，以此求之」者，以其婦人爲夫之親從夫服而降一等，而經傳不見者以此求之也，事意盡可知。前章注爲大夫而言，此章更爲婦人出，故兩處並見也。

記。〔九一〕

【疏】儀禮諸篇有記者，皆是記經不備者也。作記之人，其疏已在士冠篇。

公子爲其母，練冠，麻，麻衣縓緣；爲其妻，縓冠，葛絰帶，〔九二〕麻衣縓緣。皆既葬除之。公子，君之庶子也。其或爲母，謂妾子也。麻者，緦麻之絰帶也。此麻衣者，如小功布深衣，爲不制衰裳，變也。詩云「麻衣如雪」。縓，淺絳也，一染謂之縓。練冠而麻衣縓緣，三年練之受飾也。檀弓曰：「練練衣黃裏，縓緣。」諸侯之妾子厭於父，爲母不得伸，權爲制此服，不奪其恩也。爲妻縓冠，葛絰帶，妻輕。○縓，七絹反，范倉亂反。緣，以絹反，下及注同。一染，而漸反。

【疏】注「公子」至「妻輕」　云「練冠，麻，麻衣縓緣」者，以練布爲冠；麻者，以麻爲絰帶；又云「麻衣」者，謂白布深衣；云「縓緣」者，以縉爲縓色，與深衣爲領緣。「爲其妻，縓冠」者，以布爲縓色爲冠。「葛絰帶」者，又以葛爲絰帶。云

「麻衣縓緣」者，與爲母同。「皆既葬除之」者，與緦麻所除同也。云「公子，君之庶子也」者，〔九三〕則君之適夫人第二已下，及八妾子皆名庶子。云「其或爲母，謂妾子也」者，以其適夫人所生第二已下爲母，自與正子同，〔九四〕故知「爲母，妾子也」。云「麻者，緦麻之絰帶也」者，以絰有二「麻」，上「麻」爲首絰、腰絰。知一麻而含二絰者，斬衰云「苴絰」，鄭云「麻在首在要皆曰絰」，故知此經亦然。知如緦之麻者，以其此言麻，緦麻亦云麻，〔九五〕又見司服「弔服環絰」，〔九六〕鄭云「大如緦之絰」，則此云子爲母雖在五服外，絰亦當如緦之絰，故鄭以此麻兼緦言之也。云「此麻衣者，如小功布深衣」，知者，案士之妾子父在爲母朞，大夫之妾子父在爲母大功，則諸侯妾子父在小功，是其差次，故知此當「小功布」也。〔九七〕云「爲不制衰裳，變也」者，此記不言衰，明不制衰裳；變者，以其爲深衣，不與喪服同，故云「變也」。「詩云『麻衣如雪』」者，彼「麻衣」，及禮記檀弓云子游麻衣，并間傳云「大祥，素縞，麻衣」，注皆云「十五升布深衣」，與此「小功布深衣」異，引之者，證麻衣之名同取，升數則異。禮之通例，麻衣與深衣制同，〔九八〕但以布緣之，則曰麻衣；以采緣之，則曰深衣；以素緣之，袖長在外，則曰長衣；又以采緣之，袖長在衣內，則曰中衣，又以此爲異也。皆以六幅，破爲十二幅，連衣裳則同也。云「縓，淺絳也」者，對三入爲纁爲淺絳。云「一染謂之縓」者，爾雅文，案彼云：「一染謂之縓，再染謂之赬，三染謂之纁也。」云「縓緣，三年練之受飾也」，知者，引檀弓云「練衣黃裏，縓緣」，注云「練，中衣，以黃爲內，縓爲飾」，爲中衣之飾，據重服三年變服後爲中衣之飾也。此公子爲母，在五服外輕，故將爲人初死，深衣之飾輕重有異，故不同也。云「諸侯之妾子厭於父，爲母不得申，權爲制此服，不奪其恩也」者，諸侯尊絶，朞已下無服，公子被厭，不合爲母服，不奪其母子之恩，故五服外權爲制此服。必服麻衣縓衣者，〔九九〕麻衣大祥受服，縓緣練之受飾，雖被抑猶容，有三年之哀故也。云「爲妻縓冠、葛絰帶，妻輕」者，以縓布爲冠，對母用練冠，以葛是葬後受服而爲絰帶，對母用麻，皆是爲「妻輕」故也。

傳曰：何以不在五服之中也？君之所不服，子亦不敢服也。君之所

爲服，子亦不敢不服也。〔一〇〇〕君之所不服，謂妾與庶婦也。君之所爲服，謂夫人與適婦也。諸侯之妾貴者視卿，賤者視大夫，皆三月而葬。

【疏】注「君之」至「而葬」　既曰「傳」發問者，怪親母與妻，其服大輕，故問之。荅云「君之所不服」者，以尊降諸侯絶旁朞已下，故不服妾與庶婦也。公子以厭降，亦不敢私服母與妻。又云「君之所爲服，子亦不敢不服也」者，謂君之正統者也。注云「君之所不服，謂妾與庶婦也」者，解傳意，還釋上公子爲母與妻者也。云「君之所爲服，謂夫人與適婦也」者，正統，故不降也。云「諸侯之妾貴者視卿，賤者視大夫，皆三月而葬」者，大戴禮文。鄭不於上經「葬」之下注之，至於此傳下乃引之者，鄭意注傳云「君之所不服，謂妾與庶婦也」下，乃解妾有貴賤，葬有早晚，故至此引之，見此意也。云「妾貴」者，謂諸侯一娶九女，夫人與左右媵各有姪娣，二媵與夫人之娣三人爲貴妾，餘五者爲賤妾也。〔一〇二〕卿大夫「三月而葬之」，〔一〇二〕王制文。

大夫、〔一〇三〕公之昆弟、大夫之子，於兄弟降一等。兄弟，猶言族親也，凡不見者，以此求之。○不見，賢遍反。

【疏】注「兄弟」至「求之」　此三人所以降者，大夫以尊降，昆弟以旁尊降，大夫之子以厭降，是以揔云「降一等」。上經當已言訖，今又言之者，上雖言之，〔一〇四〕恐猶不盡，記人揔結之，是以鄭云：「凡不見者，以此求之。」云「兄弟，猶言族親也」者，以下云「小功已下爲兄弟」，恐此「兄弟」亦據小功已下得降，故曰「猶族親也」，則此「兄弟」及下文「爲人後者爲兄弟」，皆非小功已下，〔一〇五〕猶族親，所容廣也。

爲人後者於兄弟降一等，〔一〇六〕報；於所爲後之兄弟之子，〔一〇七〕若子。言報者，嫌其爲宗子不降。○嫌其爲，如字，又于僞反。

【疏】注「言報」至「不降」 謂支子爲大宗子後，反來爲族親兄弟之類降一等。云「於所爲後之兄弟之子，若子」者，此等服其義已見於斬章。云「言報者，嫌其爲宗子不降」者，以其出降本親，又宗子尊重，恐本親爲宗子有不敢降服之嫌，〔一〇八〕故云「報」以明之，言「報」，是兩相爲服者也。

兄弟皆在他邦，〔一〇九〕加一等。〔一一〇〕不及知父母，與兄弟居，加一等。皆在他邦，謂行仕，出遊，若辟仇。不及知父母，父母早卒。○若辟，音避，下同。

【疏】注「皆在」至「早卒」 云「在他邦，加一等」者，二人共在他國，一死一不死，相愍，不得辭於親眷，故加一等也。云「不及知父母，與兄弟居，加一等」者，謂各有父母，或父母有早卒者，與兄弟共居而死，亦當愍其孤幼相育，特加一等。云「皆在他邦，謂行仕」者，孔子身行七十二國，不見仕者，以古者有出他國之法，故云「行仕」也。又云「出遊」者，謂若孔子弟子、朋友，同周遊他國，〔一一一〕兄弟容有死者。又云「若辟仇」者，周禮調人云「從父兄弟之仇不同國」。〔一一二〕兄弟之仇辟諸千里之外」，皆有兄弟共行之法也。云「不及知父母，父母早卒」者，或遺腹子，或幼小，未有知識，而父母早死者也。

傳曰：何如則可謂之兄弟？〔一一三〕傳曰：「小功以下爲兄弟。」於此發兄弟傳者，嫌大功已上又加也。大功以上若皆在他國，則親自親矣；若不及知父母，則固同財矣。

【疏】注「於此」至「財矣」 發問者，上經及記已有「兄弟」，皆是降等，唯此兄弟「加一等」，故怪而致問。引舊傳者，以有成文，故引之。云「小功已下爲兄弟」者，以其加一等故也。鄭云「於此發兄弟傳者，嫌大功以上又加也」者，鄭亦

據於此兄弟加一等發傳者，嫌大功已上親則親矣，又加之，故於小功發傳也。云「大功以上若皆在他國，則親自親矣」者，不可復加者也。云「若不及知父母，則固同財矣」者，據經「不及知父母，與兄弟居」，既親重，則財食是同，雖無父母，恩自隆重，不可復加也。

校勘記

〔一〕小功布衰裳牡麻絰　武威簡甲、乙、丙本脱「牡麻絰」三字。

〔二〕但以日月爲足　阮校云「足」聶氏作「促」。

〔三〕從祖祖父母　自此至「其姊妹適人者」三十三字武威簡甲、乙本俱删。

〔四〕祖之兄弟　阮校云此句下「故次之是以鄭云祖父之昆弟之親者云」十六字毛本、通解、楊氏俱無。阮氏以爲此承上啓下之辭，毛本等删節疏文而失其意。

〔五〕是從祖祖父之子　阮校云「父」下聶氏、要義俱有「母」字。今按當從要義增「母」字。

〔六〕此是從祖父之子　阮校云「父」下聶氏有「母」字，通解、楊氏俱無，要義「父」下有「祖」字，似誤。

〔七〕以上三者　阮校云通解、楊氏、毛本同，聶氏、要義「以」作「此」。

〔八〕爲人後者　武威簡丙本無「者」字。

〔九〕爲外祖父母　武威簡甲、乙本無「爲」字。

〔一〇〕不過緦　阮校云通解、楊氏同，毛本「緦」下有「麻」字。

〔一一〕故言爲　阮校云毛本無此下「猶若衆子恩愛與長子同退入朞故特言爲衆子」十九字。

〔一二〕丈夫婦人報　此五字武威簡甲、乙本俱删。

〔一三〕外親之服皆緦也　武威簡甲、乙本脱「外」字。

〔一四〕娣姒婦報　「娣姒」熹平石經同，武威簡甲、乙本作「弟以」，丙本作「弟似」。沈文倬異文釋云「似」爲本字，「以」借字，「姒」爲後製正字。

〔一五〕傳曰娣姒婦者弟長也　阮校云「弟」敖氏作「娣」，與釋文一本同。按傳意似以「弟」訓「娣」，以「長」訓「姒」。敖氏謂此句釋「娣婦」之爲長婦也，下有脱文，此説誤甚。娣婦爲長婦，未之前聞。今按阮説是。

〔一六〕以弟爲聲　阮校云陳、閩俱無「以」字，聶氏作「弟似爲聲」。按當作「弟以爲聲」，「似」字即「以」字之誤。

〔一七〕則據二婦立稱　阮校云「立稱」毛本作「互稱」，聶氏作「立名」。

〔一八〕謂之曰娣　阮校云「謂」通解、毛本作「稱」。

〔一九〕大夫　自此至「庶婦」三十八字武威簡甲、乙本俱删。

〔二〇〕女子子　阮校云通解同，毛本不重「子」字。今按依文意「子」字當重。

〔二一〕大夫之妾爲庶子適人者　阮校云「爲」下唐石經初刻及通典俱有「君之」二字，通典「庶子」下有「女子子」三字。按大功章云「大夫之妾爲君之庶子」，又殤小功章云「大夫之妾爲庶子之長殤」，注云「君之庶子」，此經注云「君之庶子女子子也」，二經皆蒙大功章文，省去「君之」二字，注特補之，通典以注入經，故於注不載首八字。

〔二二〕若君母不在則不如　阮校云陳本同，毛本「如」作「加」。今按「如」字是。

〔二三〕君子子　武威簡乙本、丙本同，甲本「君子」二字皆重。今按甲本似誤。

〔二四〕貴人之子也　武威簡甲、乙本無「之」字。

〔二五〕爲庶母何以小功也　武威簡甲、乙本「小」上有「服」字。

〔二六〕以慈己加也　武威簡乙本同，甲本脱「己」字。

〔二七〕其可者賤於諸母謂傅姆之屬也　阮校云此十三字毛本脱，徐本、通典、集釋俱有，與疏合。按釋文出「傅姆」二字。今按「出」上盧宣旬摘録添一「重」字，致文義不可解。

〔二八〕則君子子以士禮爲庶母緦也　阮校云聶氏同，毛本不重「子」字。

〔二九〕子師教示以善道者　阮校云陳本同，「教」毛本作「敬」。按内則注作「教」。

〔三〇〕云其次爲慈母　阮校云「云」毛本作「至」，毛本無此句下「彼注云慈母」五字。

〔三一〕其次爲保母　阮校云毛本無「次」字。今按内則有「次」字。

〔三二〕則内則所云之謂也云　阮校云毛本無「之謂也云」四字。

〔三三〕傳云以慈己加若　阮校云毛本「傳」作「傅」，「若」作「者」。今按疏引傳文，「傅」字誤。

〔三四〕别有食子者　阮校云「食」陳、閩俱作「養」。

〔三五〕況緦服輕明亦澡麻可知　阮校云「明」要義作「服」，通解、毛本作「明」。今按依文意作「明」是。

〔三六〕與此緦麻　阮校云通解、要義同，毛本「與」作「於」。今按毛本誤。

〔三七〕抽其半　武威簡甲、乙本「抽」作「陶」。沈文倬異文釋云「陶」爲借字。

〔三八〕不錫者不治其縷　阮校云聶氏無上「不」字。

〔三九〕哀在内也　阮校云陳本、聶氏、通解同，毛本「哀」作「衰」，下兩言「在内」，一言「在外」，三「哀」字俱放此。

〔四〇〕謂諸侯朝服緇布衣　阮校云要義無上五字，通解無「朝服」二字。

〔四一〕族曾祖父母　武威簡丙本脱此五字，甲、乙本服傳自此起至「從母之長殤報」六十八字經文俱删。

〔四二〕族祖父者　阮校云通典「父」下有「母」字，又此上有「祖父之從父昆弟父昆弟之親」十二字。按通典與疏合，惟重出「父昆弟」三字，當爲衍文。

〔四三〕高祖曾祖皆有小功之差　阮校云毛本無「曾祖」二字。今按三十一卷鄭注有「曾祖」二字，毛本誤。

〔四四〕姪之下殤　武威簡丙本「姪」作「經」。

〔四五〕明中從下　徐本同。阮校云通解、毛本無「明」字。

〔四六〕長中殤在小功　阮校云通解、楊氏同，毛本無「中」字。

〔四七〕庶子爲父後者　武威簡丙本及甲、乙本服傳無「父」、「者」二字。

〔四八〕傳曰與尊者爲一體　武威簡甲、乙本無「一」字，「與」上脱「傳曰」二字。

〔四九〕有死於宫中者　武威簡甲、乙本無「於」字。

〔五〇〕怪其親重而服輕　阮校云「怪」毛本作「惟」。今按作「怪」是。

〔五一〕因是以服緦也者　阮校云陳、閩俱無「緦」字、「者」字。今按依文意此二字當有。

〔五二〕大夫以上爲庶母無服　武威簡甲、乙本脱此九字。

〔五三〕以有母名　阮校云陳本、通解同，毛本「有」作「其」。

〔五四〕貴臣貴妾　阮校云毛本無「貴臣」二字。

〔五五〕此謂公士大夫之君也　阮校云此節全注徐本、通典、集釋俱在傳下，通解、楊氏、毛本俱在傳前。

〔五六〕以臣妾言　阮校云毛本作「以臣與妾」。

〔五七〕士昏云　阮校云毛本、通解「昏」下有「禮」字。

〔五八〕故以貴妾姪娣也　阮校云通解、毛本「以」作「曰」。

〔五九〕獨大夫之子有之　阮校云「子」要義作「法」。

〔六〇〕據曾祖爲之緦　阮校云「據」下要義有「彼」字，通解無。

〔六一〕從祖昆弟之子曾孫父之姑　此十一字武威簡甲、乙本俱刪。

〔六二〕㡯弟之子　阮校云毛本、通解、楊氏「㡯」作「昆」。今按爾雅釋親作「㡯」。

〔六三〕因從母有母名　阮校云通解、楊氏同，毛本「因」作「用」。

〔六四〕謂吾舅者吾謂之甥　武威簡甲、乙本「謂」作「胃」，「吾」作「我」，「舅」作「咎」，下「謂」字甲本無。

〔六五〕故謂姊妹之子爲甥　阮校云毛本「謂」下有「之」字。

〔六六〕壻　武威簡甲、乙、丙本作「聟」。沈文倬異文釋云「聟」爲「壻」字傳寫別構。

〔六七〕以出外而生故曰　阮校云通解、楊氏同，毛本「曰」作「也」。今按「也」字誤。

〔六八〕舅　武威簡丙本作「咎」，甲、乙本作「咎」，下「舅之子」同。

〔六九〕母之昆弟　阮校云徐本、集釋、通解同，毛本、楊氏「昆」作「兄」。戴震校集釋云：「考篇內及爾雅釋親皆不稱兄弟，母妻之黨始稱之，又爲小功以下通稱，不宜溷同。」

〔七〇〕其子相於　阮校云陳本同，毛本、通解「於」作「施」。

〔七一〕夫之姑姊妹之長殤夫之諸祖父母報　此十五字武威簡甲、乙本俱刪。

〔七二〕諸祖父者　阮校云徐、陳、通解、要義同，毛本、通典、集釋「父」下有「母」字，閩本「父母」二字擠刻。

〔七三〕從祖祖父母　阮按通典此句下有「即祖之兄弟也從祖父母即父之堂兄弟也」十七字；又注末「妻從服緦」下有「於夫皆有名於已從輕遠故不復條目而總言諸祖也唯曾祖外祖父母不報」三十字，不類鄭注，蓋杜氏所坿益，唯「從祖父母」四字宜據補。

〔七四〕外祖父母　阮校程瑶田云注及疏「外祖」字皆當爲「從祖」之譌。又段玉裁校本云當作「外祖父母正服小功妻從服緦」，此以「外祖父母」破「曾祖父母」之説也。許宗彦云曾祖父母齊衰三月是尊尊之義，其正服是小功。若外祖父母小功，乃是加服，其正服當緦。此明載上傳，鄭氏不誤，段説非也。今按許説是，程、段二説皆非。

〔七五〕故緦麻也　阮校云此句下「云諸祖父者夫之所爲小功者妻降一等故緦麻者」二十字毛本無，通解有十四字。

〔七六〕曾祖爲曾孫之婦無服　阮校云「無」下要義有「降」字，通解無。

〔七七〕更爲成人而言　「成」原誤作「或」，據阮校乃陳、閩之誤，今改。

〔七八〕以其上連君之父母故也　阮校浦鏜云「君」下脱「母」字。今按上章云「君母之父母、從母」，浦鏜説是。

〔七九〕從於君母而舅服之也　阮校云徐本同，「而舅服之也」集釋、通解、毛本俱作「而服緦也」。

〔八〇〕君母之昆弟　阮校云要義無「之」字。

〔八一〕故亦同取於上傳　阮校云「同」字誤在「故亦」下，要義無「於」字。

〔八二〕皆徒從　毛本「從」下有「之」字。今按阮本正文從要義無「之」字，而盧宣旬摘録校勘記從毛本標目有「之」字，前後不符。

〔八三〕從父昆弟之子之長殤昆弟之孫之長殤爲夫之從父昆弟之妻　自「從父」至「爲」十七字武威簡甲、乙本删，「夫」乙本誤作「妻」。

〔八四〕同堂娣姒　阮校云「堂」要義作「室」，通解作「堂」。

〔八五〕故緦也　阮校云通解、毛本「緦」下有「麻」字，通典作「故服緦也」。

〔八六〕以爲相與同室　「以爲」二字武威簡甲、乙本脱。

〔八七〕齊衰大功　「衰」原誤作「齊」，此據阮本改。

〔八八〕皆服其成人也　阮校云徐本、通典、集釋、要義同，與疏合。「服」通解作「明」，上有「謂」字，與前小功殤注同。

〔八九〕若云長殤中殤降一等者　阮校云「若」下通解有「然」字。

〔九〇〕上殤小功注云　阮校云「小」通解、要義俱作「大」。今按作「小」是，見三十二卷。

〔九一〕記　武威簡甲、乙、丙本無「記」字，但甲、乙本有表示記文開首之方框，丙本有黑點。

〔九二〕葛絰帶　武威簡甲、乙、丙無「絰帶」二字。沈文倬異文釋云「絰帶」二字依例可省，簡本爲長。

〔九三〕君之庶子也者　阮校云要義無「者」字，通解「者」作「然」。

〔九四〕自與正子同　「正」原作「世」，毛本作「正」，阮校云通解、要義俱誤作「出」。按「正子」有誤作「出子」者，無作「世子」者，此本作「世子」誤也，今改從毛本。蓋長適固多爲世子，然左氏云「誓於天子則爲世子，未誓於天子則爲公子，故有世子而非適長者可知，適長不得輒稱世子，鄭故以「正子」言之。汪文臺識語云此賈疏，不得云「鄭」。

〔九五〕緦麻亦云麻　阮校云通解「云」作「言」，毛本無末三字。

〔九六〕弔服環絰　今按司服原文作「凡弔事弁絰服」。

〔九七〕故知此當小功布也　阮校云「此」毛本作「已」。

〔九八〕麻衣與深衣制同　阮校云毛本無「與深衣」三字。

〔九九〕必服麻衣縓衣者　阮校云段玉裁校本下「衣」字作「緣」。

〔一〇〇〕子亦不敢不服也　武威簡甲、乙本無「亦」字。

〔一〇一〕餘五者爲賤妾也　阮按要義於此下云：「又引齊王子有其母死云云。」今疏無此説。惟通解於經傳後附載孟子一條，與前不杖期章「昆弟之子」疏引孟皮事同。但要義於此云「下又引」，則似疏原有此語，尤不可曉。

〔一〇二〕三月而葬之　阮校云「之」字衍。

〔一〇三〕大夫　自此至「加一等」四十七字武威簡甲、乙本俱删。

〔一〇四〕上雖言之　阮校云「上」通解作「以」。

〔一〇五〕皆非小功已下　阮校云「非」下通解有「專據」二字。

〔一〇六〕爲人後者於兄弟降一等　阮校云「於」要義作「爲」，與上節疏合。按各本俱作「於」，賀循引亦作「於」。古於、爲二字通用，前注云「曾祖於曾孫之婦無服」，疏亦作「爲」。

〔一〇七〕於所爲後之兄弟之子　武威簡丙本無「之子」二字，沈文倬異文釋云簡本誤脱。阮校引戴震校集釋云古人昆弟不稱兄弟，凡稱兄弟皆疏遠者，上節注云「兄弟，猶言族親」是也。「所爲後之子」者，其女子子也，「所爲後之兄弟」，則其族親也，舉遠以該近之辭。若言「兄弟之子」，則義不可通矣。通典載賀循引喪服制曰「爲人後者，爲兄弟降一等，報。於所爲後者之子，兄弟若子」，其所見記文未舛，今據以訂正。盧文弨同意戴説。阮按以爲援通典以正此節之誤，始於金榜，而戴氏其解未見的確。程瑶田云「所爲後之子」，設言所後者之真子也，真子之兄弟，小功以下之親也，今爲之服，如真子一般，故云「若子」。兩「子」字非有二物，如是而後此經可定，蓋合傳、記兩「若子」而「爲人後者」之服畢舉矣。許宗彦云「昆弟之子」舉其親，「兄弟之子」舉其疏，記文本不誤。今按許説是，胡培翬正義亦云石經不誤。

〔一〇八〕有不敢降服之嫌　阮校云通解、要義同，毛本無「敢」字。

〔一〇九〕兄弟皆在他邦　「他邦」武威簡丙本作「也國」。今按「國」爲「邦」之避諱字。

〔一一〇〕加一等　「加」武威簡丙本作「駕」，與特牲簡同。

〔一一一〕同周遊他國　阮校云要義同，毛本無「周」字。

〔一一二〕從父兄弟之仇　阮校云「兄」要義作「昆」。今按周禮調人作「兄」。

〔一一三〕謂之兄弟　武威簡甲、乙本無「之」字。

儀禮注疏卷第三十四

唐朝散大夫行大學博士弘文館學士臣賈公彦等撰

朋友皆在他邦，袒免，歸則已。〔一〕謂服無親者，當爲之主。每至袒時則袒，袒則去冠，代之以免。舊説云以爲免象冠，〔二〕廣一寸。已，猶止也。歸有主則止也，主若幼少，〔三〕則未止。小記曰：「大功者主人之喪，有三年者則必爲之再祭，朋友虞祔而已。」○袒，徒旱反。免，音問，字或作絻，注同。幼小，詩召反。虞祔，音附。

【疏】注「謂服」至「而已」 謂同門曰朋，同志曰友，或共遊學，皆在他國而死者，每至可袒之節，則爲之袒而免，與宗族五世袒免同。云「歸則已」者，謂在他國袒免，爲死者無主，歸至家自有主，則止不爲袒免也。鄭云「謂服無親者，當爲之主」者，以其有親入五服，今言「朋友」，故知是義合之，輕無親者也，既孤在外，明爲之作主可知。云「每至袒時則袒」者，凡喪至小斂節，主人素冠環絰以視斂訖，〔四〕投冠括髮，將括髮，先袒乃括髮。括髮據正，主人齊衰已下，皆以免代冠，以冠不居肉袒之禮故也。云「舊説云以爲免象冠，廣一寸」者，鄭注士喪禮云「免之制未聞，舊説以爲如冠狀，廣一寸」，引喪服小記曰齊衰「括髮以麻，免而以布」，「此用麻布爲之，狀如今之著幓頭矣。自項中而前反於項上，卻繞紒也」，是著免之義也。云「歸有主則止也，主若幼少，〔五〕則未止」者，本以在外爲無主，與之爲主；今至家，主若幼少，〔六〕不能爲主，則朋友猶爲之主，未止。引小記者，證主幼少，不能主喪，朋友爲主之義。以雖有子，是三年之人小，不能爲主大功。爲主者，「爲之再祭」，謂練祥，朋友輕，爲之虞祔而已，以其又無大功已下之親，〔七〕此朋友自外來，及在家朋友，皆得爲主，虞祔乃去。彼鄭注以義推之，又云小功緦麻爲之練祭可也，是

親疏差降之法也。

朋友麻。朋友雖無親，有同道之恩，相爲服緦之絰帶，檀弓曰：「羣居則絰，出則否。」其服弔服也，周禮曰凡弔當事，則「弁絰服」，弁絰者，如爵弁而素，加環絰也。其服有三，錫衰也，緦衰也，〔八〕疑衰也。王爲三公六卿錫衰，爲諸侯緦衰，爲大夫、士疑衰。諸侯及卿大夫亦以錫衰爲弔服，當事乃弁絰，〔九〕否則皮弁，辟天子也。士以緦衰爲喪服，其弔服則疑衰也。舊說以爲士弔服，布上素下，或曰素委貌冠加朝服。論語曰「緇衣羔裘」，又曰「羔裘玄冠不以弔」，何朝服之有乎？然則二者皆有似也。此實疑衰也，其弁絰、皮弁之時，則如卿大夫然。又改其裳以素，辟諸侯也。朋友之相爲服，即士弔服疑衰，素裳。〔一〇〕庶人不爵弁，則其弔服素冠委貌。〔一一〕〇錫衰，思狄反。

【疏】注「朋友」至「委貌」　云「朋友麻」者，上文據在他國加袒免，今此在國相爲弔服，麻絰帶而已。注云「朋友雖無親，有同道之恩，相爲服緦之絰帶」者，案禮記禮運云「人其父生而師教之，朋友成之」，〔一二〕又學記云「獨學而無友，則孤陋而寡聞」，論語云「以文會友，以友輔仁」，以此而言，人須朋友而成也，故云「朋友雖無親，有同道之恩」，故爲之服。知「緦之絰帶」者，以其緦是五服之輕，爲朋友之絰帶約與之等，故云「緦之絰帶」也。云「檀弓曰『羣居則絰，出則否』」者，彼注「羣，謂七十二弟子相爲朋友」，彼亦是朋友相爲之法。云「居則絰」，經謂在家居止，則爲之絰，出家行道則否。引之者，證此亦然也。彼又云「孔子之喪，二三子皆絰而出」，是爲師出行亦絰也。云「其服弔服也」者，以其不在五服，五服之外，唯有弔服，故即引周禮弔服之等也，周禮者，司服職文。彼云「凡弔事，弁絰服」，鄭注亦云：「弁絰者，如爵弁而素，加環絰」也。言「爵弁」者，制如冕，以木爲中幹，廣八寸，長尺六寸，前低一寸二分，以三升布，〔一三〕上玄下纁，爵弁之體，廣長亦然，亦以三升布，但染作爵頭色，赤多黑少之色，置之於版上，今則以素爲之。又「加環絰」者，一股麻爲骨，又以一股麻爲繩，〔一四〕纏之如環然，謂之環絰，加於素弁之上，彼注云「絰大如緦之絰」，是弔服之絰。但此文云「朋友麻」，鄭引周禮王弔諸臣之絰及三衰證此者，以其王於諸臣，諸侯於諸臣皆有朋友之義，故泰誓武王謂諸侯云〔一五〕「我友邦冢君」，是謂諸侯爲友；洛誥周公謂成王云「孺

子其朋」，是王以諸臣爲朋，諸侯於臣，亦有朋友之義可知，故引周禮弁經與三衰，證此「朋友麻」也。若然，弁經唯一，衰則有三，則一弁冠三衰也。云「其服有三，錫衰也，緦麻也，〔一六〕疑衰也」者，案彼云「王爲三公六卿錫衰，爲諸侯緦衰，爲大夫、士疑衰」，「鄭司農云：錫，麻之滑易者也，十五升去其半，有事其布，無事其縷。緦亦十五升去其半，有事其縷，無事其布。疑衰十四升。玄謂無事其縷哀在內，〔一七〕無事其布哀在外。〔一八〕疑之言擬也，擬於吉」者也。云「諸侯及卿大夫亦以錫衰爲弔服，當事乃弁經，否則皮弁，辟天子也」者，案禮記服問云「公爲卿大夫錫衰以居，出亦如之，當事則弁經，大夫相爲亦然。爲其妻，往則服之，出則否」，注云「出謂以他事不至喪所」，是諸侯及卿大夫亦以錫衰爲弔服也；天子常弁經，諸侯、卿大夫當事大斂、小斂，及殯時乃弁經，〔一九〕非此時則皮弁，〔二〇〕是辟天子也。云「士以緦衰爲喪服」者，士卑無降服，是以緦爲喪服。既以緦爲喪服，不得復將緦爲弔服，故向下取疑衰爲弔服也。〔二一〕舊說者，以士弔服無文，故舊說云：「以爲士弔服，布上素下。」云「或曰素委貌冠加朝服」者，前有此二種解者，故鄭引論語破之。云「論語曰『緇衣羔裘』」，言此者，欲解「緇衣羔裘」與下「羔裘玄冠」爲一物，並是朝服，是以云又曰「羔裘玄冠不以弔，何朝服之有乎」？此破舊，以言朝服不合首加素委貌，又布上素下，近是天子之朝服，〔二二〕又不言首所加，故非之也。云「然則二者皆有似也」者，以其未小斂已前，容有著朝服弔法，則子游、曾子弔是也，但非正弔法之服，又布上素下，近士之弔服素下，故云「二者皆有似也」。云「此實疑衰也」者，揔破二者也。云「弁經、皮弁之時，則如卿大夫然」者，以其三衰共有弁經，當事著皮弁亦同，故知二者「如卿大夫然」也。云「又改其裳以素，辟諸侯也」者，諸侯及卿大夫否則皮弁，辟天子，此諸侯之士，不著疑裳，而用素，又辟諸侯也。云「朋友之相爲服，即士弔服，疑衰，素裳」者，是鄭正解士之弔服。云「庶人不爵弁者，則其冠素委貌」，不言其服，則白布深衣，〔二三〕以白布深衣庶人之常服，又尊卑始死未成服已前服之，故庶人得爲弔服也。向來所釋，皆據鄭君所引而言。案司服諸侯「如王之服」言之，鄭則諸侯皆如王，亦有三衰。服問直云君弔用

錫衰，未辨緦衰、疑衰所施用。〔二四〕案文王世子注云「君雖不服臣，卿大夫死則皮弁錫衰以居，往弔當事則弁絰，於士蓋疑衰，同姓則緦衰」。若然，案士喪禮「君若有賜焉，則視斂」，注云「賜，恩惠也。斂，大斂。君視大斂皮弁服，襲裘。主人成服之後，往則錫衰」。此注又與文王世子違者，士喪禮既言有恩惠，則君與此士有師友之恩，〔二五〕特加與卿大夫同，其諸侯、卿大夫則有錫衰，士唯疑衰，其天子、卿大夫、士既執摯，與諸侯之臣同，則弔服亦同也。天子孤與卿同六命，又亦名爲卿，諸侯孤雖四命與卿異，及其聘之介數，與卿降君二等等同，則孤弔服皆與卿同也。天子三公與王子母弟得稱諸侯，其弔服亦與畿外諸侯同三衰也。凡弔服直云素弁環絰，不言帶，或有解云有絰無帶，〔二六〕但弔服既著衰，〔二七〕首有絰，不可著吉時之大帶，吉時之大帶既有采矣，麻既不加于采，采可得加於凶服乎？明不可也。案此經注「服緦之絰帶」，則三衰絰帶同有可知。其以三衰所用，〔二八〕皆是朋友，〔二九〕故知凡弔皆有帶矣。首言環絰，則其帶未必如環，〔三〇〕但亦五分去一，爲帶糾之矣。其弔服除之，案雜記云「君於卿大夫，比葬不食肉，比卒哭不舉樂」，是知未吉則凡弔服亦當依氣節而除，並與緦麻同，三月除之矣。爲士雖「比殯不舉樂」，其服亦當既葬除矣。

君之所爲兄弟服，室老降一等。公士、大夫之君。

【疏】注「公士」至「之君」　天子、諸侯絶朞，今言「爲兄弟服」，明是公士、大夫之君。於旁親降一等者，室老、家相降一等。不言士，士邑宰遠，臣不從服。若然，室老似正君近臣，〔三一〕故從君所服也。〔三二〕

夫之所爲兄弟服，妻降一等。庶子爲後者，〔三三〕爲其外祖父母、從母、舅無服。不爲後如邦人。

【疏】妻從夫服其族親，即上經「夫之諸祖父母」，見於緦麻章；「夫之世叔」，見於大功章，夫之昆弟之子不降嫂，叔又無服，今言從夫降一等，記其不見者，當是夫之從母之類乎？云「庶子爲後者，爲其外祖父母、從母、舅，無服」者，以其與尊者爲一體，既不得服所出母，是以母黨皆不服之。〔三四〕不言兄弟而顯尊親之名者，雷氏云：「爲父後者服其本族，若言兄弟，恐本族亦無服，故汎著其尊親之號，以別於族人也。」

宗子孤爲殤，大功衰、小功衰皆三月，親則月筭如邦人。言孤，有不孤者，不孤則族人不爲殤服服之也。不孤，謂父有廢疾，若年七十而老，子代主宗事者也。孤爲殤，長殤、中殤大功衰，下殤小功衰，皆如殤服而三月，謂與宗子絕屬者也。親，謂在五屬之內。筭，數也。月數如邦人者，與宗子有期之親者，成人服之齊衰期，長殤大功衰九月，中殤大功衰七月，下殤小功衰五月。有大功之親者，成人服之齊衰三月，卒哭，受以大功衰九月。其長殤、中殤大功衰五月，下殤小功衰三月。有小功之親者，成人服之齊衰三月，卒哭受以小功衰五月，其殤與絕屬者同。有緦麻之親者，成人及殤皆與絕屬者同。

【疏】注「言孤」至「者同」。宗子，謂繼別爲大宗，百世不遷，收族者也。云「孤爲殤」者，謂無父，未冠而死者也。云「大功衰、小功衰」者，以其成人齊衰，故長殤、中殤皆在大功衰，下殤在小功衰也。云「皆三月」者，以其衰雖降，月本三月，法一時，不可更服，故還依本三月也。云「親則月筭如邦人」者，上三月者是絕屬者，若在五屬之內親者，月數當依本親爲限，故云「如邦人也」。注云「言孤，有不孤者」，鄭以記文云「孤」，明對「不孤」者，故曲禮注云「是謂宗子不孤」，彼「不孤」對此「孤」也。云「不孤，則族人不爲殤服服之也」者，以父在猶如周之道，有適子，無適孫，以其父在爲適子，〔三五〕則不爲適孫服，同於庶孫，明此本無服，父在亦不爲之服殤可知也。云「不孤，謂父有廢疾」者，案喪服小記云「適婦不爲舅後者，則姑爲之小功」，注云「謂夫有廢疾他故，若死而無子，不受重者」，是子不孤，謂父有廢疾不立，其子代父主宗事。云「若年七十而老，子代主宗事」者，案曲禮云「七十曰老而傳」，注云：「傳家事，任子孫，是謂宗子」。不孤是父年七十，「子代主宗事者」。云「與宗子有期之親者，成人服之齊衰期」者，謂宗子

親昆弟及伯叔昆弟之子、姑姊妹在室之等皆是也；自大功親以下，盡小功親以上，成人月數雖依本，皆服齊衰者，以其絶屬者猶齊衰三月，明親者無問大功、小功、緦麻皆齊衰者也；既皆齊衰，故三月既葬受服，乃始受以大功、小功、齊衰也。至於小功親已下，殤與絶屬者同者，以其成人小功，五月殤即入三月，〔三六〕是以與絶屬者同，皆大功衰，小功衰三月，故「與絶屬者同」也。云「有緦麻之親者，成人及殤皆與絶屬者同」者，以其絶屬者爲宗子齊衰三月，緦麻親亦三月，是以成人及殤死，皆與絶屬者同也。

改葬緦。謂墳墓以他故崩壞，將亡失尸柩也。〔三七〕言改葬者，〔三八〕明棺物毀敗，改設之，如葬時也。其奠如大斂，從廟之廟，從墓之墓，禮宜同也。服緦者，臣爲君也，子爲父也，妻爲夫也。必服緦者，親見尸柩，不可以無服。緦，三月而除之。○謂墳，扶云反。屍，音尸。柩，其右反。大斂，〔三九〕力驗反。

【疏】注「謂墳」至「除之」　云「謂墳墓以他故崩壞，將亡失尸柩者也」者，鄭解改葬之意。云「他故」者，謂若遭水潦漂蕩之等，墳墓崩壞，將亡失尸柩，故須別處改葬也。云「改葬者，明棺物毀敗而改設，不言衣服，則所設者，唯此棺「如葬時也」」者，直言棺物毀敗而改設，不言衣服，則所設者，唯此棺「如葬時也」。云「其奠如大斂」者，案既夕記朝廟至廟中更設遷祖奠，云「如大斂」奠，即此移柩向新葬之處，所設之奠亦如大斂之奠，士用肫三鼎，則大夫已上，更加牲牢，大夫用特牲，諸侯用少牢，天子用大牢可知。云「從廟之廟，從墓之墓，禮宜同也」者，即設奠之禮，朝廟是也；又朝廟載柩之時，〔四〇〕士用輁軸，大夫已上用輴，不用蜃車，飾以帷荒，〔四一〕則此從墓之墓，亦與朝廟同可知，故云「禮宜同也」。云「服緦者，臣爲君也，子爲父也，妻爲夫也」，知者，若更言餘服，無妨更及齊衰已下，今直言緦之輕服，明知唯據極重而言，故以三等也。不言妾爲君，以不得體君，差輕故也。不言女子子，婦人外成在家，又非常，故亦不言。諸侯爲天子，諸侯在畿外差遠，改葬不來，故亦不言也。云「必服緦者，親見尸柩，不可以無服」者，君親死已多時，哀殺已久，可以無服，但親見君父尸柩，暫時之痛，不可不制服以表哀，故皆服緦也。故云「三月而除」者，謂葬時服之，及

其除也，亦法天道一時，故亦三月除也。若然，鄭言三等，舉痛極者，而言父爲長子，子爲母，亦與此同也。

童子唯當室緦。〔四二〕童子，未冠之稱也。當室者，爲父後承家事者。爲家主，與族人爲禮於有親者，雖恩不至，不可以無服也。○之稱，尺證反。

【疏】注「童子」至「服也」 此云「當室」者，周禮謂之「門子」，與宗室往來，故爲族人有緦服。云「童子，未冠之稱」者，謂十九已下。案內則年二十敦行孝弟，〔四三〕十九已下未能敦行孝弟，非當室則無緦麻，以當室，故服緦也。云「當室者，爲父後承家事」者，以其言當室，是代父當家事，故云「爲家主，與族人爲禮於有親者」，則族內四，緦麻以來皆是也。云「雖恩不至，不可以無服也」者，以其童子未能敦行孝弟，故云「恩不至」，與族爲禮而爲服，故服之也。若然，不在緦章者，若在緦章，則外內俱報，此當室童子，直與族人爲禮有此服，不及外親，故不在緦章，而在此記也。

傳曰：不當室，則無緦服也。〔四四〕

【疏】記自云「唯當室緦」，自然不當室則無緦服，而傳言之者，案曲禮云「孤子當室，冠衣不純采」，但是孤子皆不純以采，曲禮言之者，嫌「當室」與「不當室」異，故言之；此傳恐「不當室」與「當室」者同，〔四五〕故明之也。

凡妾爲私兄弟，如邦人。〔四六〕嫌厭降之也。私兄弟，自其族親也。〔四七〕然則女君有以尊降其兄弟者，〔四八〕謂士之女爲大夫妻，大夫之女爲諸侯夫人，〔四九〕諸侯之女爲天王后也。〔五〇〕父卒，昆弟之爲父後者，宗子亦不敢降也。

【疏】注「嫌厭」至「降也」 妾言「凡」者，揔天子以下至士，故「凡」以該之也。云「嫌厭降之也」者，解記此之意，君與女君不厭妾，故云「嫌厭」之，其實不厭，故記人明之。云「私兄弟，自其族親也」者，以其兄弟總外內之稱，若言「私兄

弟」，則妾家「族親」也。云「然則女君有以尊降其兄弟者」，以其女君與君體敵，故得降其兄弟旁親之等。子尊不加父母，唯不降父母，則可降其兄弟旁親。云「謂士之女爲大夫妻，大夫之女爲諸侯夫人，諸侯之女爲天王后」者，此等皆得降其兄弟旁親也。云「父卒，昆弟之爲父後者，宗子亦不敢降也」者，雖得降其兄弟，此爲父後，皆不得降，容有歸宗之義，歸於此家，故不降。

大夫弔於命婦錫衰。命婦弔於大夫亦錫衰。〔五一〕弔於命婦，命婦死也。弔於大夫，大夫死也。小記曰：「諸侯弔，必皮弁，錫衰。」服問曰：「公爲卿大夫錫衰以居，出亦如之，當事則弁絰。」大夫相爲亦然。爲其妻往則服之，出則否。

【疏】注「弔於」至「則否」　云「弔於命婦，命婦死也」者，鄭恐以記云「大夫弔命婦」者，以爲大夫死，其妻受弔於命婦，故云「命婦死也」。知不弔命婦，〔五二〕爲命婦夫死者，以其記人作文，宜先弔大夫身，然後弔其婦，故以命婦死，弔其夫解之也。引小記者，以記人直言身上衰，不言首服，故引小記也。言「諸侯弔必皮弁」者，言「諸侯」不言君，謂諸侯因朝弔異國之臣，著皮弁，錫衰，雖成服後亦不弁絰也。引服問者，有已君并有卿大夫與命婦相弔法。云「以居」者，君在家服之，「出亦如之」，出行不至喪所亦服之。云「當事則弁絰」者，謂當大小斂及殯皆弁絰也。云「大夫相爲亦然」者，一與君爲卿大夫同。爲其妻降于大功，出則否。引之者，證大夫與命婦相弔，服錫衰同也。

傳曰：錫者何也？麻之有錫者也。〔五三〕錫者十五升，抽其半，〔五四〕無事其縷，有事其布，曰錫。〔五五〕謂之錫者，治其布使之滑易也。不錫者，不治其縷，〔五六〕哀在內也。緦者不治其布，哀在外。君及卿大夫弔，士雖當事，〔五七〕皮錫衰而已，〔五八〕士之相弔，則如朋友服矣，疑衰，素裳。凡婦人相弔，吉笄無首，素總。〇滑易，以豉反。素總，子孔反。

【疏】注「謂之」至「素總」 問者先問其名，荅云「麻之有錫者也」，荅以名錫之意，但言麻者，以麻表布之縷也。又云「錫者十五升，抽其半」者，以其縷之多少與緦同。云「無事其縷，有事其布」者，事，猶治也，謂不治其縷，治其布，以哀在内故也。緦則治縷不治布，哀在外，以其王爲三公六卿重於畿外諸侯故也。鄭云「謂之錫者，治其布使之滑易」，以治解事，以滑易解錫，謂使錫錫然滑易也。云「君及卿大夫弔，士雖當事，皮弁錫衰而已」者，是士輕無服弁絰之禮，有事無事，皆皮弁衰而已，〔五九〕見其不足之意也。若然，文王世子注諸侯爲異姓之士「疑衰」，同姓之士「緦衰」，今言士與大夫又同錫衰者，此言與士喪禮注同，亦是君於此士，〔六〇〕有師友之恩者也。云「士之相弔，則如朋友服矣」者，「朋友麻」，是朋友服也，上注士弔服用疑衰，〔六一〕素裳，腰首服麻弔，亦朋友服也。云「凡婦人相弔，吉笄無首，素總」者，上文「命婦弔於大夫」錫衰，未解首服，至此乃解之者，婦人弔之首服無文，故特傳釋錫衰後，下近「婦人吉笄無首，布總」，乃解之。必知用「吉笄，無首，素總」者，下文「女子子」爲「父母」，卒哭，折吉笄之首，布總，此弔服用吉笄，無首，素總，又男子冠、婦人笄相對，婦人喪服又笄、總相對，〔六二〕上注男子弔用素冠，故知婦人弔亦「吉笄，無首，素總」也。

女子子適人者爲其父母，〔六三〕婦爲舅姑，惡笄有首以髽。〔六四〕卒哭，子折笄首以笄，布總。〔六五〕

言以髽，則髽有著笄者明矣。○折，之設反。有著，丁略反，下同。

【疏】注「言以」至「明矣」 此二者皆期服，但婦人以飾事人，是以雖居喪内，不可頓去脩容，故使惡笄而有首。至卒哭，女子子哀殺，歸於夫氏，故折吉笄之首而著布總也。案斬衰章「吉笄尺二寸」，斬衰以「箭笄長尺」，檀弓齊衰笄亦云「尺」，則齊衰已下，〔六六〕皆與斬同一尺，不可更變，故折吉笄首而已。其總斬衰已「六升長六寸」，鄭注「總六升，象冠數」，則齊衰總亦象冠數，〔六七〕正服齊衰冠八升，則正齊衰總亦八升，〔六八〕是以總長八寸，笄總與斬衰長短爲

差。但笄不可更變，折其首，總可更變，宜從大功，總十升之布總也。言「以髽」者，則髽有著笄明矣。鄭言此者，舊有人解喪服小記云「男子免而婦人髽」，免而無笄，則髽亦無笄矣，但免髽自相對，不得以婦人與男子有笄無笄相對，故鄭以經云「惡笄有首以髽」，髽笄連言，則髽有著笄明矣。

傳曰：笄有首者，惡笄之有首也。〔六九〕惡笄者，櫛笄也。〔七〇〕折笄首者，〔七一〕折吉笄之首也。吉笄者，象笄也。何以言子折笄首而不言婦？〔七二〕終之也。櫛笄者，以櫛之木爲笄，或曰榛笄。有首者，若今時刻鏤摘頭矣。卒哭而喪之大事畢，女子子可以歸於夫家，而著吉笄。吉笄尊，變其尊者，婦人之義也。折其首者，爲其大飾也。據在夫家，宜言婦。終之者，終子道於父母之恩。○櫛，莊乙反。榛笄，莊巾反。刻鏤，劉音陋。摘頭，他狄反。大飾，音泰，劉唐餓反。

【疏】注「櫛笄」至「之恩」　案記自云「惡笄之有首也」，即惡笄自有首明矣，而傳更云「笄有首」重言之者，但惡者，直木理麤惡，非木之名。若然，斬衰笄用箭，〔七三〕齊衰用櫛，〔七四〕俱是惡，傳恐名通於箭，故重疊言之，名不通於箭，直謂此齊衰櫛木爲惡木也。又云「惡笄者，櫛笄也」者，既疊不通箭，乃釋木名，故云櫛木之笄也。云「折笄首者，折吉笄之首也」者，以記「折笄首」文承「惡笄」之下，恐折惡笄之首，故傳辨之，以折首去飾，不可以初喪重時有首，至卒哭哀殺之後，乃更去首，應輕更重，於義不可，故傳以爲初死惡笄有首，至卒哭更著吉笄，嫌其大飾，乃折去首而著之也。〔七五〕又云「吉笄者，象笄也」者，傳明吉時之笄以象骨爲之，據大夫、士而言。案弁師天子、諸侯笄皆玉也。鄭云「櫛笄者，以櫛之木爲笄」者，此櫛亦非木名，案玉藻云「沐櫛用樿櫛，髮晞用象櫛」，鄭云樿白理木爲櫛，櫛即梳也，以白理木爲梳櫛也。彼「樿」木與「象櫛」相對，此「櫛笄」與「象笄」相對，〔七六〕故鄭云「櫛笄者，以櫛之木爲笄」。云「或曰榛笄」者，案檀弓云「南宮縚之妻之姑之喪，夫子誨之髽，曰：『爾毋從從爾，爾毋扈扈爾。』蓋榛以

爲笄，長尺，而總八寸。』」彼爲姑用榛木爲笄，此亦婦人爲姑，與彼同，但此用櫄木，彼用櫛木，〔七七〕不同耳，蓋二木俱用，故鄭兩存之也。云「笄有首者，若今刻鏤摘頭矣」，鄭時摘頭之物，刻鏤爲之，此笄亦在頭，而去首爲大飾，明首亦刻鏤之，故舉漢法況之也。云「卒哭而喪之大事畢，女子子可以歸於夫家」者，但以出適女子，與在家婦俱著惡笄，婦不言卒哭折吉笄首，女子子即言「折吉笄之首」，明女子子有所爲，故獨折笄首耳。所爲者，以女子外成，既以哀殺，事人可以加容，故著吉笄，仍爲大飾折去其首，故以「歸於夫家」解之。若然，喪大記云女子子「既練而歸」，與此注違者，彼小祥歸，是其正法，此歸者容有故，許之歸，故云，可以權許之耳。云「吉笄尊，變其尊者，婦人之義也」，婦人之事人，不可頓凶，居喪不可盡飾，故著吉笄，又折笄首，是婦人事人之義，異於男子也。若然，案服問云「男子重首，婦人重要」，〔七八〕此云「笄尊」者，彼男女相對，故云「婦人重要」，若婦人不同對男子，然亦是上體尊於下體，故云「笄尊」也。云「據在夫家，宜言婦」者，傳解記文女子適人猶云「子」，折笄首。云「終之者，終子道於父母之恩」者，子對父母生稱，婦對舅姑立名，出適應稱婦，故雖出適，猶稱子，終初未出適之恩也。

妾爲女君、〔七九〕君之長子，惡笄有首，布總。

【疏】妾爲女君之服，〔八〇〕得與女君同。爲長子亦三年，但爲情輕，故與上文婦事舅姑齊衰同「惡笄有首，布總」也。

凡衰外削幅，裳内削幅，幅三袧。〔八一〕削，猶殺也。大古冠布衣布，先知爲上，外殺其幅，以便體也；後知爲下，内殺其幅，稍有飾也。後世聖人易之，以此爲喪服。

袧者，謂辟兩側，空中央也。祭服、朝服，辟積無數。凡裳，前三幅，後四幅也。○三袧，劉音鉤，又恪憂反。猶殺，色界反，劉色例反，下同。大古，音泰。以便，婢面反。謂辟，音壁，博歷反，下皆同。

【疏】注「削猶」至「幅也」。自此已下，盡「祛尺二寸」，記人記衰裳之制，用布多少，尺寸之數也。云「凡」者，總五服而言，故云「凡」以該之。云「衰外削幅」者，謂縫之邊幅向外。「裳内削幅」者，〔八二〕亦謂縫之邊幅向内。云「幅三袧」

者，據裳而言。爲裳之法，前三幅，後四幅，幅皆三辟攝之，以其七幅，布幅二尺二寸，幅皆兩畔各去一寸，爲削幅，則二七十四尺，［八三］若不辟積其腰中，則束身不得就，故須辟積其腰中也。［八四］腰中廣狹，在人麤細，［八五］故袧之辟攝亦不言寸數多少，但幅別以三爲限耳。鄭云「大古冠布衣布」者，案禮記郊特牲云「大古冠布，齊則緇之」，鄭注云「唐虞以上曰大古也」，是「大古冠布衣布」也。云「先知爲上，外殺其幅，以便體也；後知爲下，內殺其幅，稍有飾也」者，此亦唐虞已上，黄帝已下，故禮運云「未有麻絲，衣其羽皮」，謂黄帝已前。下文云「後聖有作，治其絲麻，［八六］以爲布帛」，「後聖」謂黄帝，是黄帝始其布帛，是時「先知爲上，後知爲下」。「便體」者，邊幅向外，於體便。「有飾」者，邊幅向內，觀之美也。［八七］云「後世聖人易之，以此爲喪服」者，又案郊特牲云緇布冠，「冠而敝之可也」，注：「此重古而冠之耳。三代改制，齊冠不復用也，以白布冠質，以爲喪冠也。」以此言之，唐虞以下，［八八］冠、衣皆白布，吉凶同，齊則緇之，鬼神尚幽闇。三代改制者，更制牟追、章甫、委貌，爲行道朝服之冠。緇布冠，三代將爲始冠之冠。白布冠質，三代爲喪冠也。若然，此「後世聖人」，指夏禹身也，以其三代最先故也。云「袧者，謂辟兩側，空中央也」者，案曲禮「以脯脩置者，左朐右末」，鄭云「屈中云朐」，［八九］則此言袧者，亦是屈中之稱。一幅凡三處屈之，辟兩邊相著，自然中央空矣，幅別皆然也。云「祭服朝服，辟積無數」者，朝服謂諸侯與其臣以玄冠服爲朝服，天子與其臣以皮弁服爲朝服；祭服者，六冕與爵弁爲祭服。［九〇］不云玄端，亦是士家祭服中兼之。凡服唯深衣、長衣之等六幅，破爲十二幅，狹頭向上，不須辟積，其實腰間已外，皆辟積無數，似喪冠三辟積，吉冠辟積無數也。［九一］然「凡裳，前三幅，後四幅」者，前爲陽，後爲陰，故前三後四，各象陰陽也；唯深衣之等，連衣裳十二幅，以象十二月也。

若齊，裳內衰外。齊，緝也。凡五服之衰，一斬四緝。緝裳者，內展之；緝衰者，外展之。

【疏】注「齊緝」至「展之」　據上齊斬五章，有一斬四齊，此據四齊而言。不一斬者，〔九二〕上文已論五服衰裳縫之外内，斬衰裳亦在其中，此據衰裳之下緝之用針功者，斬衰不齊，無針功，故不言也。「若」言者，不定辭，以其上有斬，〔九三〕不齊，〔九四〕故云「若」也。言「裳内衰外」者，上言「衰外削幅」，此齊還向外展之；上言「裳内削幅」，此齊還向内展之，並順上外内而緝之。此先言裳者，凡齊據下裳而緝之，裳在下，故先言裳，順上下也。鄭云「齊，緝也」者，據上傳而言之也。云「凡五服之衰，一斬四緝」者，謂齊衰至緦麻並齊，齊既有針功緦之名，則没去齊名，亦齊可知也。〔九五〕言「展之」者，若今亦先展訖，乃行針功者也。

負廣出於適寸。

負，在背上者也。適，辟領也。負出於辟領外旁一寸。○廣，古曠反。

【疏】注「負在」至「一寸」　以一方布置於背上，上畔縫著領，下畔垂放之，以在背上，故得負名。「適，辟領」，即下文「適」也。出於辟領外旁一寸，揔尺八寸也。

適博四寸，出於衰。

博，廣也。辟領廣四寸，則與闊中八寸也，〔九六〕兩之爲尺六寸也。出於衰者，旁出衰外。〔九七〕不著寸數者，可知也。

【疏】注「博廣」至「知也」　此辟領廣四寸，據兩相而言。云「出於衰」者，謂比胷前衰而言出也。云「博，廣也」者，若言博，博是寬狹之稱，〔九八〕上下兩旁俱名爲博，若言廣，則唯據横闊而言，今此「適四寸」據横，故博爲廣，見此義焉。云「辟領廣四寸」者，據項之兩相向外，各廣四寸。云「則與闊中八寸也」者，謂兩身當縫中央，揔闊八寸，一邊有四寸，并辟領四寸爲八寸。云「兩之爲尺六寸也」者，一相闊與辟領八寸，故兩之揔一尺六寸。云「出於衰者，旁出衰外」者，以兩旁辟領向前，望衰之外也。云「不著寸數者，可知也」者，以衰廣四寸，辟領横廣揔尺六寸，除中央四寸當衰，衰外兩旁各出衰六寸，故云：「不著寸數，可知也。」

衰長六寸，博四寸。廣袤當心也。前有衰，後有負板，左右有辟領，孝子哀戚無所不在。○袤，音茂。

【疏】注「廣袤」至「不在」　袤，長也，據上下而言也。綴於外衿之上，故得廣長當心。云「前有衰，後有負板」者，謂負廣出於適寸，及衰長六寸，博四寸。云「左右有辟領」者，謂左右各四寸。云「孝子哀戚無所不在」者，以衰之言摧，孝子有哀摧之志。負在背上者，〔九九〕荷負其悲哀在背也。云適者，以哀戚之情指適，緣於父母，不兼念餘事，是其四處皆有悲痛，是無所不在也。

衣帶下尺。衣帶下尺者，要也。廣尺，足以掩裳上際也。

【疏】注「衣帶」至「際也」　謂衣腰也。云「衣」者，即衰也，但衰是當心廣四寸者，取其哀摧在於偏體，故衣亦名爲衰。今此云據在上曰衣，舉其實稱。云「帶」者，此謂帶衣之帶，非大帶、革帶者也。云「衣帶下尺」者，據上下闊一尺，若橫而言之，不著尺寸者，人有麤細，取足爲限也。〔一〇〇〕云「足以掩裳上際也」者，若無腰，則衣與裳之交際之間，露見表衣，〔一〇一〕有腰則不露見，故云「掩裳上際也」。言「上際」者，對兩旁有衽，掩旁兩廂下際也。

衽二尺有五寸。衽，所以掩裳際也。二尺五寸，與有司紳齊也。上正一尺，燕尾二尺五寸，〔一〇二〕凡用布三尺五寸。

【疏】注「衽所」至「五寸」　云「掩裳際也」者，對上腰而言，此掩裳兩廂下際不合處也。云「二尺五寸，與有司紳齊也」者，玉藻文。案彼士已上大帶垂之，皆三尺。又云「有司二尺有五寸」，謂府、史。紳即大帶也，紳，重也，屈而重，故曰紳。此但垂之二尺五寸，故曰「與有司紳齊也」。云「上正一尺」者，取布三尺五寸，廣一幅，留上一尺爲正，正者，正方不破之言也。一尺之下，從一畔旁入六寸，乃向下，〔一〇三〕邪向下一畔一尺五寸，去下畔，亦六寸，橫斷

之，畱下一尺爲正，如是，則用布三尺五寸，得兩條衽，衽各二尺五寸，兩條共用布三尺五寸也；然後兩旁皆綴於衣，垂之向下，掩裳際。此謂男子之服，婦人則無。以其婦人之服，連衣裳，故鄭上斬章注云「婦人之服如深衣」，則衰無帶下，又無衽是也。

袂屬幅。屬，猶連也，連幅，謂不削。○袂屬，音燭，劉又音蜀。

【疏】注「屬猶」至「不削」 屬幅者，謂整幅二尺二寸。〔一〇四〕凡用布爲衣物及射侯，皆去邊幅一寸爲縫殺，今此屬連其幅，則不削去其邊幅。取整幅爲袂。必不削幅者，欲取與下文「衣二尺二寸」同縱横，皆二尺二寸，正方者也。故深衣云袂中「可以運肘」，二尺二寸，亦足以運肘也。

衣二尺有二寸。〔一〇五〕此謂袂中也，言衣者，明與身參齊。二尺二寸，其袖足以容中人之肱也。衣自領至要二尺二寸，倍之四尺四寸，加辟領八寸，〔一〇六〕而又倍之，凡衣用布一丈四寸。○之肱，古弘反。

【疏】注「此謂」至「四寸」 云「此謂袂中也」者，上云「袂」，據從身向袪而言，此「衣」據從上向掖下而言。〔一〇七〕云「言衣者，明與身參齊」者，袂所以連衣爲之，衣即身也。兩旁袂與中央身揔三事，下與畔皆等，故變袂言衣，欲見袂與衣齊參也，故云「與身參齊」。云「二尺二寸，其袖足以容中人之肱也」者，案深衣云袂中「可以運肘」，鄭注云「肘不能不出入」，彼云「肘」，此云「肱」也。凡手足之度，鄭皆據中人爲法，故云「中人也」。云「衣自領」已下云云者，鄭欲計衣之用布多少之數。「自領至腰」皆「二尺二寸」者，衣身有前後，今且據一相而言，故云「衣二尺二寸」，倍之爲四尺四寸，揔前後計之，故云「倍之」爲「四尺四寸」也。云「加闕中八寸」者，闕中謂闕去中央安項處，當縫兩相，揔闕去八寸，若去一相，正去四寸，若前後據長而言，則一相各長八寸，通前兩身四尺四寸，揔五尺二寸也。云「而又倍之」者，更以一相五尺二寸并計之，故云「又倍之」。云「凡衣用布一丈四寸」者，此唯計身不計袂與袪，及負衽之

等者，彼當丈尺寸自見，又有不全幅者，故皆不言也。

袪尺二寸。袪，袖口也。尺二寸，足以容中人之併兩手也。吉時拱，尚左手。喪時拱，尚右手。○袪尺，起魚反。併兩，步頂反。拱尚，九勇反。

【疏】注「袪袖」至「右手」　云「袪，袖口也」者，則袂末接袪者也。云「尺二寸」者，據複攝而言，圍之則二尺四寸，與深衣之袪同，故云「尺二寸，足以容中人之併兩手也」。吉時拱，尚左手。喪時拱，尚右手」者，案檀弓云「孔子與門人立，拱而尚右，二三子亦皆尚右。孔子曰：『我則有姊之喪故也。』二三子皆尚左」，鄭云「復正也。喪尚右，右，陰也。吉尚左，左，陽也」，是其吉時拱尚左，喪時拱尚右也。以袪橫，既與深衣尺二寸既據橫而言。〔一〇八〕不言緣之深淺、尺寸者，〔一〇九〕同，故緣口深淺，亦與深衣同寸半可知，故記人略不言也。

衰三升，三升有半，其冠六升。以其冠爲受，受冠七升。衰，斬衰也。或曰三升半者，義服也。其冠六升，齊衰之下也，斬衰正服，變而受之此服也。三升，三升半，其受冠皆同，以服至尊，宜少差也。

【疏】注「衰斬」至「差也」　自此至篇末，皆論衰冠升數多少也。以其正經言斬與齊衰，及大功、小功、緦麻之等，並不言布之升數多少，故記之也。云「衰三升，三升有半，其冠六升」者，衰異冠同者，以其三升半謂縷如三升半，成布還三升，故其冠同六升也。云「以其冠爲受，受冠七升」者，據至虞變麻服葛時，更以初死之冠，六升布爲衰，更以七升布爲冠，以其葬後衰殺，衰冠亦隨而變輕故也。云「衰，斬衰也」者，摠二衰皆在斬衰章也。云「或曰三升半者，義服也」者，以其斬章有正、義，子爲父、父爲長子、妻爲夫之等是正斬，云諸侯爲天子、臣爲君之等是義斬，此三升半，〔一一〇〕實是義服，〔一一一〕但無正文，故引或人所解爲證也。上章子夏傳亦直云衰三升冠六升，亦據正斬而言。不言義服者，欲見義服成布同三升故也。云「六升，齊衰之下也」者，齊衰之降服四升，〔一一二〕正服五升，義服六

升，以其六升是義服，故云「下」也。云「斬衰正服，〔一一三〕變而受之此服也」者，下注云「重者輕之」故也。云「三升，三升半，其受冠皆同。以服至尊，宜少差也」者，以父與君尊等，恩情則別，故恩深者三升，恩淺者三升半，成布還三升，故云「少差」也。

齊衰四升，其冠七升。以其冠爲受，受冠八升。言受以大功之上也，此謂爲母服也。齊衰正服五升，其冠八升，義服六升，其冠九升，亦以其冠爲受。凡不著之者，服之首，主於父母。

【疏】注「言受」至「父母」　此據父卒爲母齊衰三年而言也。云「言受以大功之上也」者，以其降服大功衰七升，正服大功衰八升，故云「大功之上」。云「此謂爲母服也」者，據父卒爲母而言，若父在爲母在正服齊衰，前已解訖。云「齊衰正服五升，其冠八升，義服六升，其冠九升，亦以其冠爲受。凡不著之者，服之首主於父母」者，上斬言「三升」主於父，此言「四升」，主於母，正服以下輕，故不言從，可知也。

繐衰四升有半，其冠八升。此謂諸侯之大夫爲天子繐衰也。〔一一四〕服在小功之上者，欲著其縷之精麤也。升數在齊衰之中者，不敢以兄弟之服服至尊也。

【疏】注「此謂」至「尊也」　云「諸侯之大夫，爲天子繐衰也」者，是正經文也。云「服在小功之上者，欲著其縷之精麤也」者，據升數合在杖期上，以其升數雖少，以縷精麤與小功同，不得在杖期上，故在小功之上也。云「升數在齊衰之中者，不敢以兄弟之服服至尊也」者，據縷如小功，小功已下乃是兄弟，故云「不敢以兄弟之服服至尊」，至尊，則天子是也。

大功八升若九升。小功十升若十一升。此以小功受大功之差也。不言七升者，主於受服，欲其文相值。言服降而在大功者衰七升，正服衰八升，

其冠皆十升，義服九升，其冠十一升，亦皆以其冠爲受也。斬衰受之以下，大功受之以正者，重者輕之，輕者從禮，聖人之意然也。其降而在小功者衰十升，正服衰十一升，義服衰十二升，皆以即葛及緦麻無受也。此大功不言受者，其章既著之。

【疏】注「此以」至「著之」　云「此以小功受大功之差也」者，以其小功、大功俱有三等，此唯各言二等，故云「此以小功受大功之差也」。以此二小功衰衰，〔一一五〕受二大功之冠爲衰，二大功初死，冠還用二小功之衰，故轉相受也。云「不言七升者，主於受服，欲其文相值」者，以其七升乃是殤大功。殤大功章云「無受」，此主於受，故「不言七升者」也。云「欲其文相值」，值者，當也。以其正大功衰八升，冠十升，與降服小功衰十升同；既葬，受衰十升，冠十一升，義服大功衰九升，其冠十一升，與正服小功衰同；既葬，以其冠爲受，受衰十一升，〔一一六〕冠十二升；初死冠皆與小功衰相當，故云「文相值也」，是冠、衰之文相值。云「言服降而在大功者衰七升，正服衰八升，其冠皆十升，義服九升，其冠十一升，亦皆以其冠爲受也」，鄭言此者，既解爲文相值，又覆解文相值之事。若然，降服既無受而亦覆言之者，欲見大功正服與降服冠升數同之意。必冠同者，以其自一斬及四齊衰，與降大功冠皆校衰三等。及至正大功衰八升，冠十升，冠與降大功同上校二等者，若不進正大功冠與降同，則冠宜十一升。義大功衰九升者，冠宜十二升，則小功緦麻冠衰同，則降小功衰冠當十二升，正服小功冠衰同十三升，義服小功當冠衰十四升，緦麻冠衰當十五升，十五升即與朝服十五升同，與吉無別。故聖人之意進正大功冠與降大功同，則緦麻不至十五升。若然，正服大功不進之，使義服小功至十四升，緦麻十五升，抽其半，豈不得爲緦乎然者？若使義服小功十四升，則與疑衰同，非五服之差故也。又云「斬衰受之以下，大功受之以正者，重者輕之，輕者從禮，聖人之意然也」者，聖人之意，重者恐至滅性，故抑之，受之以輕服，義服齊衰六升是也；輕者從禮者，正大功八升，冠十升，既葬衰十升，受以降服小功，義服大功衰九升，冠十一升，既葬衰十一升，受以正服小功二等，大功皆不受以義服小功，是從禮也，是聖人有此抑揚之義也。云「其降而在小功者，衰十升，正服衰十一升，義服衰十二升，皆以即葛及緦麻無

受」者，此鄭云皆以即葛及無受，文出小功、緦麻章。以其小功因故衰，唯變麻服葛爲異也。其降服小功已下升數文，出間傳，故彼云：「斬衰三升，齊衰四升、五升、六升，大功七升、八升、九升，小功十升、十一升、十二升，緦麻十五升去其半，有事其縷，無事其布，曰緦，此哀之發於衣服者也。」鄭注云：「此齊衰多二等，大功、小功多一等，服主於受，是極列衣服之差也。」鄭彼注顧此文校多少而言，云「服主於受」，據此文不言降服大功、小功、緦麻之受，以其無受；又不言正服、義服齊衰者，二者雖有受，齊斬之受主於父母，故亦不言。若然，此言十升、十一升小功者，爲大功之受，而言非小功有受。彼注云「是極列衣服之差」者，據彼經揔言，是極盡陳列衣服之差降，故其言之與此異也。

校勘記

〔一〕朋友皆在他邦袒免歸　武威簡丙本「朋」作「崩」，「他邦」作「也國」，「袒」作「但」。武威簡甲、乙本自「朋友」起至「改葬緦」八十三字經文俱刪。沈文倬異文釋云「但」爲正字。

〔二〕舊説云　阮校云集釋、要義、敖氏俱無「云」字，盧文弨云疏亦當刪。

〔三〕主若幼少　阮校云「少」要義作「小」。

〔四〕以視斂　阮校云毛本重「斂」字，陳、閩「斂斂」二字俱誤作「見」。

〔五〕主若幼少　阮校云「少」要義亦作「小」，下「證主幼少」仍作「少」，陳本惟「證主幼少」作「小」，餘皆作「少」。

〔六〕主若幼少　阮校云要義無「少」字。

〔七〕以其又無大功已下之親　阮校云毛本「又」作「有」。今按作「又」是。

〔八〕 緦衰也　阮校云徐本、集釋同，毛本「衰」作「麻」。今按「衰」字是。

〔九〕 乃弁絰　阮校云「乃」徐本、集釋俱作「乃」，毛本作「則」。

〔一〇〕 疑衰素裳　阮校云此句下集釋有「冠則皮弁加絰」六字。浦鏜云下按周禮司服疏引此注有「冠則皮弁之絰」六字。

〔一一〕 則其弔服素冠委貌　阮校云陳、閩、監、葛俱作「則其冠素委貌」，與疏合。

〔一二〕 禮記禮運云人其父生而師教之朋友成之　汪文臺識語云禮運無「朋友成之」四字。

〔一三〕 以三升布　阮校浦鏜云「三」上脱「十」字。汪文臺識語云：「當云『升』上脱『十』字，下『亦以三升布』同。」今按司服賈疏「以三十升布染爲爵頭色」，汪説是。

〔一四〕 一股麻爲骨又以一股麻爲繩　阮校云陳、閩俱無兩「一」字，毛本上「一」字上有「以」字。

〔一五〕 故泰誓武王謂諸侯云　阮校云陳本同，毛本「謂」作「告」，又誤「泰」爲「秦」。

〔一六〕 緦麻也　阮校云「麻」要義作「衰」，與徐本注合。今按作「衰」是。

〔一七〕 玄謂無事其縷　阮校云毛本「玄」下有「蓋」字。

〔一八〕 無事其布哀在外　阮校云毛本「無」作「有」。

〔一九〕 及殯時乃弁絰　阮校云毛本「乃」作「及」，浦鏜作「乃」，段玉裁校本作「則」。

〔二〇〕 非此時則皮弁　阮校云毛本無「時」字。

〔二一〕 故向下取疑衰爲弔服也　阮校云毛本無「向」字。

〔二二〕 近是天子之朝服　阮校云毛本「近是」作「是近」。

〔二三〕 其服則白布深衣　阮校云要義無「其服」二字，「深衣」下無「以白布深衣」五字。

〔二四〕未辨緦衰疑衰所施用　阮校云「疑衰」二字陳、閩俱重出。

〔二五〕則君與此士有師友之恩　阮校云「恩」毛本作「惠」。

〔二六〕有經無帶　阮校云「無」毛本作「有」。

〔二七〕但弔服既著衰　阮校云「但」毛本作「袒」。今按作「但」是。

〔二八〕其以三衰所用　阮疑「其以」當作「以其」。

〔二九〕皆是朋友　阮校云「是」毛本作「于」。

〔三〇〕則其帶未必如環　阮校云「其」陳、閩俱作「有」。

〔三一〕室老似正君近臣　阮校云「正」毛本作「止」。按「止」疑「是」字之誤。

〔三二〕故從君所服也　阮校云「故」陳、閩俱作「敬」。

〔三三〕庶子爲後者　武威簡丙本無「者」字。

〔三四〕是以母黨皆不服之　阮校云通解、要義同，毛本無「之」字。

〔三五〕以其父在爲適子　阮校云通解、要義同，毛本「爲」作「無」。

〔三六〕五月殤即入三月　阮校云通解、要義、楊氏同，毛本「五月」作「至下」。

〔三七〕將亡失尸柩也　阮校云毛本、聶氏「柩」下有「者」字，徐本、集釋、要義、敖氏無。

〔三八〕言改葬者　黄刊嚴州本、徐本同，毛本無「言」字。

〔三九〕大斂　「大」宋本誤作「其」。阮校云注「其奠如大斂」之「奠」要義作「斂」，張氏亦從宋本釋文改「奠」作「斂」，與疏不合。今按阮説是，此從徐乾學本。

〔四〇〕即設奠之禮朝廟是也又朝廟載柩之時　阮校云陳、閩俱無「朝廟是也又」五字。

〔四一〕飾以帷荒　阮校云毛本「荒」作「幌」。

〔四二〕童子唯當室緦　武威簡甲、乙本「唯」作「雖」，丙本「當」誤作「堂」。阮校云此節及下「凡妾爲私兄弟如邦人」要義併作一條，其注亦併爲一，未知何義。

〔四三〕敦行孝弟　阮校云毛本「敦」作「故」，浦鏜改「故」爲「敦」。

〔四四〕不當室則無緦服也　武威簡甲、乙本「不」上有「童子」二字。

〔四五〕不當室與當室者同　阮校云通解「不」字在「與」字下。

〔四六〕凡妾爲私兄弟如邦人　此九字武威簡甲、乙本俱删。

〔四七〕自其族親也　徐本、黄刊嚴州本同，毛本「自」作「目」。

〔四八〕然則女君有以尊降其兄弟者　阮校云徐本、集釋同，毛本無「然則」二字。

〔四九〕大夫之女　阮校云徐本、集釋同，毛本「大」上有「與」字。今按毛本當誤。

〔五〇〕爲天王后也　阮校云徐本、集釋同，毛本「也」作「者」，要義無。

〔五一〕亦錫衰　武威簡丙本及甲、乙本服傳俱無「亦」字。

〔五二〕知不弔命婦　阮校云「不」字陳、閩俱在「婦」字下。

〔五三〕麻之有錫者也　武威簡甲、乙本無「之」、「者」二字。阮校云敖氏疑「有錫」爲「滑易」之誤，非是。今按簡本同有「有錫」二字，足見敖説無據。

〔五四〕抽其半　「抽」武威簡甲、乙本作「陶」。

〔五五〕曰錫　武威簡甲、乙本「錫」下有「也」字。

〔五六〕不錫者不治其縷　阮校云毛本「錫」上無「不」字，又前「緦麻三月者」疏引此注惟聶氏無「不」字，各本俱有。

汪文臺識語云錫者濯治也，錫衰但以濯治其布得名耳，此云「不治其縷」，則「錫」上無「不」字者非矣。

〔五七〕士雖當事　阮校云徐、陳、集釋同，與疏合，毛本「雖」作「唯」。

〔五八〕皮錫衰而已　徐本同，阮校云毛本「皮」下有「弁」字。

〔五九〕皆皮弁衰而已　阮校云「衰」要義作「言」。

〔六〇〕亦是君於此士　阮校云「士」上要義有「公」字。

〔六一〕士弔服　阮校云「弔服」要義作「喪禮」。今按作「弔服」是。

〔六二〕笄總相對　阮校云「對」要義作「將」。

〔六三〕爲其父母　武威簡丙本及甲、乙本服傳無「其」字。

〔六四〕惡笄有首以髽　武威簡丙本及甲、乙本服傳「髽」作「緥」，「笄」作「枅」。

〔六五〕布總　武威簡甲、乙本無此二字。

〔六六〕則齊衰以下　阮校云通解、要義同，毛本無「則」字。

〔六七〕則齊衰總亦象冠數　毛本無此八字，阮校云通解、要義俱有。

〔六八〕則正齊衰總亦八升　「升」原誤作「另」，此據阮本改。

〔六九〕惡笄之有首也　武威簡甲、乙本無「之」字。

〔七〇〕櫛笄也　「櫛」武威簡甲、乙本作「樳」。沈文倬異文釋云「樳」即「桲」字，與「榛」聲同假借。毛詩之「螓首」，說文作「頵首」。

〔七一〕折笄首者　武威簡甲、乙本「折」上衍「子」字。

〔七二〕不言婦　武威簡甲、乙本「婦」下有「也」字。

〔七三〕若然斬衰笄用箭　阮校云陳、閩無「用箭」二字，又誤「若」爲「笄」。

〔七四〕齊衰用櫛　阮校云陳、閩俱無「齊衰」二字。今按此二字當有。

〔七五〕折去首　阮校云「首」要義作「笄」。

〔七六〕此櫛笄與象笄相對　阮校云此八字通解、要義有，毛本無。

〔七七〕彼用櫛木　阮疑「櫛」當作「榛」。今按阮説是。

〔七八〕婦人重要　今按「要」喪大記原文作「帶」。

〔七九〕妾爲女君　自此句起至下「若十一升」記文一百三十七字武威簡甲、乙本俱删。

〔八〇〕妾爲女君之服　阮校引程瑶田曰：「『妾爲女君』見不杖麻屨章，爲『君之長子』，經不見其服。故賈疏曰：『妾爲君之黨服，得與女君同，爲長子亦三年』也。今疏作『妾爲女君之服』，蓋『君之黨』三字轉寫譌作『女君之』三字也。今據經傳服例參考改正。按大功章『大夫之妾爲君之庶子』，疏云：『妾爲君之長子亦三年者，妾從女君服，得與女君同，故亦同女君三年。』此疏與彼正同。然則此句但須改『爲』字作『從』。若據小記『妾爲女君之黨服，得與女君同』，則可於『之』下加『黨』字。

〔八一〕幅三袧　武威簡丙本「袧」作「絇」，誤。

〔八二〕裳内削幅者　阮校云通解、要義、楊氏同，毛本無「裳」字。今按「裳」字當有。

〔八三〕二七十四尺　阮校云通解、楊氏、毛本「四」下有「丈四」二字，非是。

〔八四〕故須辟積其腰中也　阮校云通解、要義同，毛本無「其」字。

〔八五〕在人麤細　阮校云毛本、通解、敖氏「在」作「任」。

〔八六〕治其絲麻　阮按禮運當作「麻絲」。

〔八七〕觀之美也　阮校云毛本、聶氏同，通解、要義俱作「覩之善也」。
〔八八〕唐虞以下　阮校云「以」毛本作「已」，「下」聶氏作「上」。
〔八九〕曲中云朐　今按「云」曲禮鄭注作「曰」。
〔九〇〕六冕與爵弁爲祭服　阮校云陳本、通解、要義同，毛本「六」作「衮」。今按作「六」是。
〔九一〕似喪冠三辟積吉冠辟積無數也　阮校云陳本、要義同，毛本上「冠」字作「服」，無「吉冠辟積」四字，通解有。
〔九二〕而言不一斬者　阮校云陳、閩、通解、要義同，毛本「言不」作「不言」。按「而言」二字屬上「此據四齊」爲句，「一」字疑亦當作「言」。汪文臺識語云此承上句省「言」字，「一斬」與「四齊」相對，非誤。今按汪説是。
〔九三〕以其上有斬　阮校云「上」陳、閩俱作「止」。
〔九四〕不齊　阮校云通解、要義同，毛本「不」上有「下」字，陳本作「不不齊」。
〔九五〕亦齊可知也　阮校云陳、閩、通解、要義同，毛本「亦」作「而」。
〔九六〕則與濶中八寸也　阮校引李氏曰：「濶中或作闕中，謂闕去中央以安項也。」
〔九七〕旁出衰外　阮校云毛本無「外」字，與疏不合。
〔九八〕博是寬狹之稱　阮校云通解「是」作「見」。今按「是」字是。
〔九九〕負在背上者　阮校云通解、要義同，毛本無「上」字。
〔一〇〇〕取足爲限也　阮校云陳、閩、通解、要義、敖氏同，毛本「足」作「定」。
〔一〇一〕露見表衣　阮校云「表」通解作「裏」。
〔一〇二〕燕尾二尺五寸　阮校云「二」敖氏作「一」，是。用布三尺五寸，兩端各留正一尺，中間一尺五寸邪裁之，爲燕尾也。但諸本皆誤，不知敖氏何據改之。黄氏校録亦云李本改「二」作「一」是。

〔一〇三〕乃向下　阮校云通解、楊、敖俱無「向下」二字，要義有。

〔一〇四〕整幅二尺二寸　阮校云上「二」字毛本作「三」。今按作「二」是。

〔一〇五〕二尺有二寸　武威簡丙本無「有」字。

〔一〇六〕加辟領八寸　阮校云徐本、集釋、通解、楊氏同，毛本「辟領」作「濶中」，賈氏作「闊中」。

〔一〇七〕此衣據從上向掖下而言　阮校云通解無「此」字。

〔一〇八〕既與深衣尺二寸既據橫而言　阮校云通解無兩「既」字。按此處疑有錯簡，當云「以袪橫據橫而言，既與深衣尺二寸同」。許宗彥云當作「不言緣之深淺尺寸者，以袪據橫而言，既與深衣尺二寸同，故緣」云云。

〔一〇九〕不言緣之深淺尺寸者　阮校云「者」下要義有「同故」二字，毛本無。按「同」字當在上文「既與深衣尺二寸」下。「故」即疏末「故記人」之「故」。要義節去末句，遂升「故」字於「緣口」之上耳。今按阮說當是，此疏自「以袪橫」至末，因有錯簡，文不可卒讀，亦無法準確斷句。

〔一一〇〕此三升半　阮校云「半」闔本作「并」，陳本初作「并」，後改「半」。今按作「半」是。

〔一一一〕實是義服　阮校云毛本「實是」作「是實」。

〔一一二〕齊衰之降服四升　阮校云毛本「衰」作「服」，通解、要義俱作「衰」。今按毛本誤。

〔一一三〕斬衰正服　「斬」原誤作「齊」，此據注及阮本改。

〔一一四〕此謂諸侯之大夫　阮校云徐本、集釋、通解、要義、敖氏同，毛本無「謂」字。

〔一一五〕二小功衰衰　阮校云「功」下陳、闔俱有「大功」二字，毛本不重「衰」字。

〔一一六〕受衰十一升　阮校云「衰」陳、闔俱作「冠」。